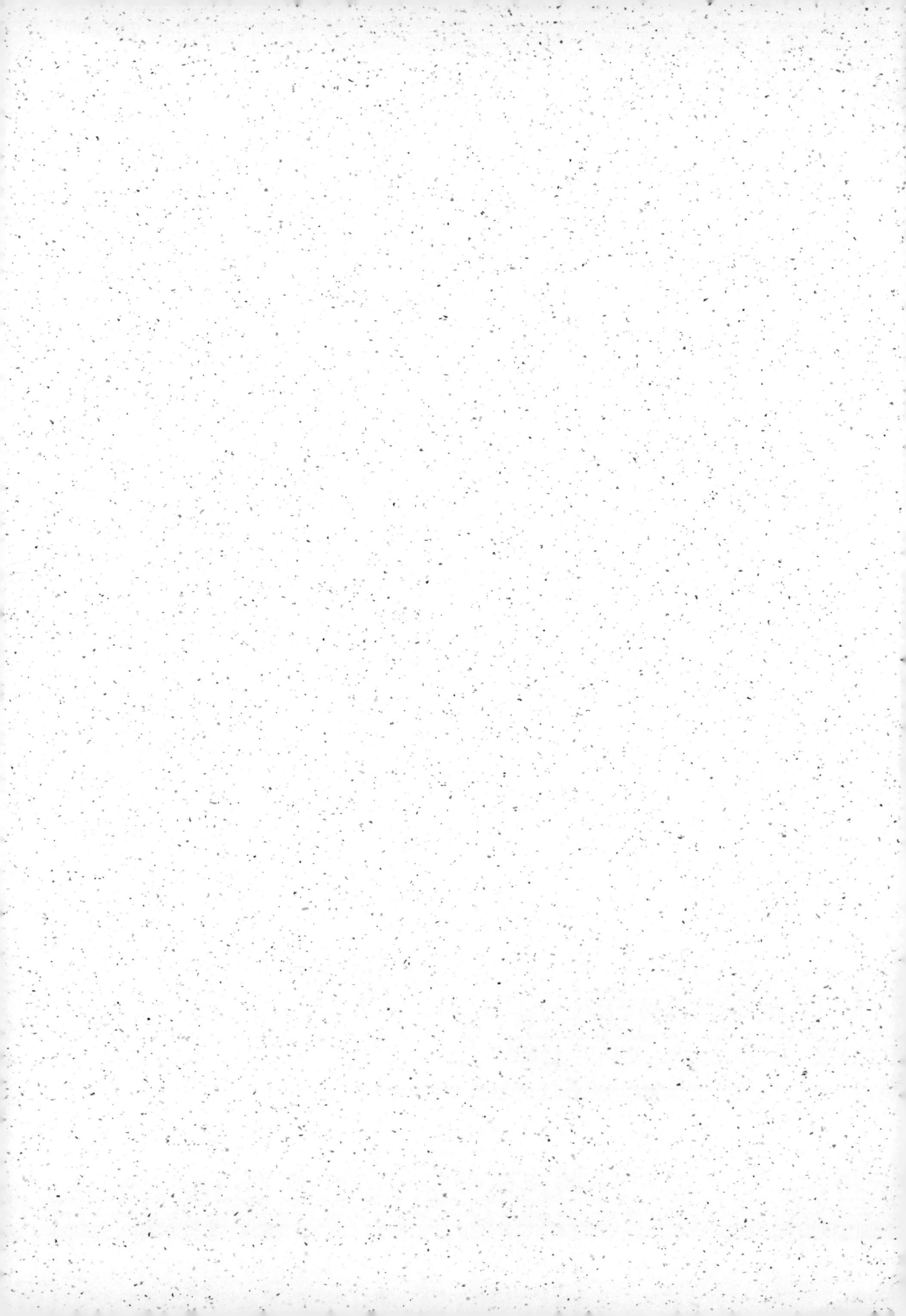

中國古籍總目編纂委員會 編

中國古籍總目 索引 2

中華書局 上海古籍出版社

3

3010₁ 空

00 空齋遺集、古質疑、春秋質疑、唐宋節錄　集
　　3－13453
　　空言　叢2－2262
　　空言存畧　子4－22063
10 空一切盦詞　集7－46421、48243　叢2－898
　　空石齋文集、詩剩　集4－24138
　　空石齋詩文合刻　集4－24139
16 空碧草堂詩鈔（蟬雪吟）　集5－36518
20 空香亭集　集3－14538
22 空山夢　集4－33353,7－50398
　　空山人遺稿　集5－41060
　　空山堂文集（空山堂古文）　集3－19692
　　空山堂文集、詩集　叢2－1449
　　空山堂詩集（焚餘草、金臺詩草、秦徽詩草、
　　　允吾詩草、金城詩草、歸田詩草）　集3－
　　　19691
　　空山堂史記評註　史1－5307
　　空山堂史記評注　叢2－1449
　　空山堂全集九種附刊二種　叢2－1449
27 空色同參　集4－31073
37 空洞詞　叢2－943
43 空城計　集7－53604
44 空華集、飲河集、止啼齋集、石頭菴集　集
　　2－10572
47 空桐子詩草　集4－24394
50 空中語　集2－10541
　　空中飛艇　子7－37667
　　空中樓閣棋譜、寄閑齋精選官子譜　子3－
　　　18083
　　空青石傳奇　集7－50266
　　空青水碧齋文集　集4－32947
　　空青水碧齋文集、詩集　叢2－1014
　　空青水碧齋文集、詩集、補遺　集4－32946
　　空青館詞稿　集4－32706～7,7－47880
67 空明子文集　叢2－1370
　　空明子文集、雜錄　集3－17070
　　空明子雜錄　子4－21069　叢2－1370
　　空明子詩集　叢2－1370
　　空明子詩集、雜錄　集3－17075
　　空明子詩後集、文後集、雜錄續　集3－

17073
　　空明子詩續集、文續集　集3－17072
　　空明子詩初集　集3－17071
　　空明子詩餘　集7－47218　叢2－1370
　　空明子詩餘集、文餘集、偶吟雜稿、雜錄　集
　　　3－17074
　　空明子後集　叢2－1370
　　空明子崇川貞女傳　叢2－1370
　　空明子崇川獨行傳　史2－7806　叢2－1370
　　空明子崇川節婦傳　史2－7807　叢2－1370
　　空明子外州縣節婦傳　叢2－1370
　　空明子續集　叢2－1370
　　空明子偶吟雜藁　叢2－1370
　　空明子家乘私志　叢2－1370
　　空明子初集　叢2－1370
　　空明子茸城賦註　叢2－1370
　　空明子茸城賦注　史7－50070
　　空明子全集九種附一種　叢2－1370
　　空明子餘集　叢2－1370
　　空明閣集　集3－16114
　　空明谷詞　集7－47108　叢2－815
77 空同文選　叢2－7573,6－42048～9
　　空同詩集　叢2－7548,6－41953
　　空同詩選　叢2－7553、7557
　　空同詩選、增選　叢2－7554
　　空同詩鈔　叢2－7551
　　空同詞　集1－4069,7－46352、46357、46371、
　　　46380、46693　叢2－698(13)、720(2)
　　空同子　子1－20、61,4－20369　叢1－13、14
　　　(2)、22(20)、46
　　空同子集、目錄　集2－7566
　　空同子集、目錄、附錄　集2－7564
　　空同子八篇　集2－7574
　　空同子纂　子4－20370　叢1－61～4、174、
　　　195(2)、2－730(3)、731(11)
　　空同集　集2－7561、7563、7565、7567　叢1－
　　　223(65)、227(10)
　　空同集、空同子　集2－7562
　　空同集選　集2－7558～9,6－41950
　　空同精華集　集2－7571
　　空居閣詩集、北征集、浮海集　集3－13124
　　空際格致　子3－11361　叢1－448
　　空際格致、地震解　子3－11362
　　空門游戲　集2－12408
80 空谷跫音　叢2－1508
　　空谷香　集7－49438、49449
　　空谷集　子7－34412、34414～5
90 空堂話　集7－48780、49813

3010₄ 塞

01 塞語　子1-3795　叢2-731(59)、782(3)
10 塞爾維亞國志　子7-36397
　　塞爾維羅馬尼蒲加利三國合考　史7-49318(22)、54845
11 塞北紀行　史7-49314　叢1-528
　　塞北紀程　史7-49316、49318(2)
　　塞北紀聞　史1-3678,7-49338
　　塞北漠南諸水彙編　史7-49317(7)、49318(10)、52856
　　塞北路程考　史7-49730
　　塞北小鈔　史7-49316、49318(2)、53884　叢1-201、203(5)、210～1,2-1354
21 塞上雜記　史7-49318(2)、49970
　　塞上詩塞上竹枝詞　集4-27881
　　塞上集　集3-16422
　　塞上行吟存草　集5-39972
　　塞上歸來集　集4-28168
　　塞上鴻　子3-17581、17772
　　塞上草　集2-11039,4-23177
　　塞上曲　集2-8587
　　塞上吟　集4-22696,5-39478、41082
　　塞上閒吟　集5-41078
23 塞外雜識　史7-51294　叢1-269(4)、270(3)、272(5),2-731(58)
　　塞外詩另編　集4-29032
　　塞外詞　集7-47289
　　塞外行軍指掌　子1-3082～3、3090、3342
　　塞外紀程　史7-53906　叢2-885
　　塞外紀聞　子4-23211　叢2-1560
　　塞外封藩草　集3-18802
　　塞外草　史7-56085
　　塞外橐中集(出塞橐中集)、出塞日記　集3-19221
　　塞外吟　集3-17899、18144,4-30944
26 塞程別紀　史7-49316、49318(2)、53878　叢1-201、203(4)
27 塞向翁書剳　集5-38856
37 塞鴻尺牘　集2-8837
38 塞遊草　集3-18638
　　塞遊日記　史7-49357、54017
41 塞垣集　集5-35776
　　塞垣吟草、東歸途詠　集4-22193
44 塞菴詩　集2-11152
　　塞菴詩一續　集2-11151
　　塞菴遺文　集2-11152
60 塞愚詩話　集6-46193～4

80 塞翁編偶錄　集6-44580

室

34 室法要論　子3-13579

3010₆ 宣

00 宣廟聖政記　史1-1516
　　宣廟御製總集　集2-6701
　　宣府鎮志[正德]　史7-55104
　　宣府鎮志[嘉靖]　史7-55105
　　宣府鎮賦役全書　史6-43651
　　宣夜說　子3-11261　叢2-775(5)
05 宣靖備史　史1-2478　叢1-538,2-612
　　宣靖妖化錄　叢1-19(7)、20(5)、21(7)、24(8)、374
　　宣講醒世編　子4-24749
　　宣講集　叢2-724
　　宣講集要　子4-24710　集7-53019～20
　　宣講條約　子1-2391　叢2-1368
　　宣講儀注　子1-2391　叢2-1368
　　宣講博聞錄　子4-24532
　　宣講拾遺　子4-24675　集7-53017
　　宣講拾遺續編　集7-53018
10 宣平縣志[順治]　史7-57713
　　宣平縣志[道光]　史7-57715
　　宣平縣志[嘉靖]　史7-57712
　　宣平縣志[乾隆]　史7-57714
　　宣平縣志[民國]　史7-57717
　　宣平縣志[光緒]　史7-57716
　　宣平陶氏宗譜[浙江武義]　史5-33486～7
　　宣西通　子3-11445～6
13 宣武集　集3-18014
16 宣聖世系年表辨證　史1-4790,2-11034
18 宣政雜錄　史1-1914　叢1-11～2、17～8、19(6)、20(4)、22(8)、23(7)、24(7)、56、95,2-730(2)
20 宣統高要縣志、志　史8-61113
　　宣統二年庚戌科優貢授職官職錄　史3-14886
　　宣統二年庚戌科優貢授職官錄　史3-24530
　　宣統二年庚戌科浙江歲貢卷　史3-23481～3
　　宣統二年庚戌科浙江恩貢卷　史3-23644～8
　　宣統二年庚戌科直省舉貢會考齒錄　史3-14885

宣統二年庚戌科舉貢會考同年齒錄 史 3-14884

宣統二年庚戌年制科孝廉方正錄 史 3-14887

宣統二年紹郡義倉修理並粥廠收支徵信錄 史 6-44695

宣統二年份上海學堂一覽表 史 6-42479

宣統二年通商各關華洋貿易論畧 子 7-37371

宣統二年吉林教育官報總目錄 史 8-66412

宣統二年奏事摺片 史 6-48087

宣統三年順直諮議局臨時會議案公佈錄 史 6-41817

宣統三年山西歲出入預算總册表 史 6-43274

宣統三年寧屬地方行政歲出經費清册 史 6-43301

宣統三年中央教育會第一屆開會議決案 史 6-42396

宣統元年京口駐防正黃旗蒙古兩甲及身而止兵丁等數目名册(滿漢文對照) 史 6-47447

宣統元年京口駐防鑲藍旗蒙古兩甲及身而止兵丁等數目名册(滿漢文對照) 史 6-47446

宣統元年部庫出入款目表 史 6-43244

宣統元年己酉正科安徽選拔貢卷 史 3-22923

宣統元年己酉科山東優貢卷 史 3-22671

宣統元年己酉科安徽優貢卷 史 3-22577

宣統元年己酉科安徽優行貢卷 史 3-22578

宣統元年己酉科安徽選拔貢卷 史 3-22921~2、22924~5

宣統元年己酉科安徽拔貢卷 史 3-22920

宣統元年己酉科江寧貢卷 史 3-22915

宣統元年己酉科江寧選拔貢卷 史 3-22917

宣統元年己酉科江寧省試優貢卷 史 3-22575

宣統元年己酉科江南江寧選拔貢卷 史 3-22916

宣統元年己酉科江蘇優貢卷 史 3-22570~4、22576

宣統元年己酉科江蘇優行貢卷 史 3-22579

宣統元年己酉科江蘇選拔試藝 史 3-22914

宣統元年己酉科江蘇選拔貢卷 史 3-22899~913、22919

宣統元年己酉科江蘇拔貢卷 史 3-22918

宣統元年己酉科河南優拔試卷選刻 史 3-22675

宣統元年己酉科福建選拔貢卷 史 3-23198

宣統元年己酉科浙江優貢卷 史 3-22641~2、22645、22647~9

宣統元年己酉科浙江優選貢卷 史 3-22643~4

宣統元年己酉科浙江歲貢卷 史 3-23478~80

宣統元年己酉科浙江選優貢卷 史 3-22646、22650~1

宣統元年己酉科浙江選拔貢卷 史 3-23139~44、23146~55、23157~65、23167~71、23173~80、23182~3、23185~91、23193

宣統元年己酉科浙江選拔原卷 史 3-23145

宣統元年己酉科浙江拔貢試卷 史 3-23181

宣統元年己酉科浙江拔貢卷 史 3-23156、23166、23172

宣統元年己酉科浙江恩貢卷 史 3-23641、23643

宣統元年己酉科湖北拔貢優貢同年錄 史 3-14996

宣統元年己酉科湖南優貢卷 史 3-22693~4

宣統元年己酉科十八省優貢同年全錄 史 3-14881

宣統元年己酉科甘肅選拔貢卷 史 3-23285

宣統元年己酉科拔貢名單 史 3-14880

宣統元年己酉科四川選拔試卷 史 3-23278

宣統元年己酉恩科浙江恩貢卷 史 3-23642

宣統元年己酉恩科同年齒錄 史 3-14882

宣統元年上海勸學所調查各學堂一覽表 史 6-42478

宣統元年湖南省城各學堂職教員調查一覽表 史 6-42560

宣統西清書畫記 子 3-14904

宣統西清書畫續紀 子 3-14905

宣統己酉科山東拔優貢同年齒錄 史 3-14992

宣統己酉科浙江優拔貢同年全錄 史 3-14953

宣統己酉科浙江選拔貢卷 史 3-23184

宣統己酉科浙江拔貢卷 史 3-23192

宣統政紀 史 1-1647~8

宣統重修黃巖西街池氏宗譜[浙江黃巖] 史 4-26919

宣統條約 史 6-44954~5

宣統大事鑑　史1-4327　叢2-2225

宣統四年全國豫算歲入歲出說明書　史6-43250

24 宣化府志[乾隆]　史7-55107～8

宣化縣新志[民國]　史7-55110

宣化縣鄉土志[民國]　史7-55113

宣化縣鄉土志[光緒]　史7-55111

宣化縣滙覽[民國]　史7-55112

宣化縣志[康熙]　史7-55109

宣化錄、撫豫宣化錄　史6-48698

宣德五年進士登科錄　史3-13527

宣德五年會試錄　史3-13526

宣德元年福建鄉試錄　史3-14307

宣德聖政記　史1-2798

宣德鼎彝譜　子4-18571　叢1-196、223(38)、273(4)、275,2-689、731(32)

宣德鼎彝譜、宣鑪博論　子4-18572

宣德彝器譜　子4-18573　叢2-689

宣德彝器譜、宣爐雜記　子4-18574

宣德彝器圖譜　叢2-689

宣德別錄　史1-2799

宣德八年進士登科錄　史3-13529

宣德八年會試錄　史3-13528

26 宣和高麗圖經　史7-54546

宣和論畫雜評　子3-14692、16030

宣和石譜　子4-19469　叢1-19(5)、20(3)、21(4)、22(16)、23(15)、24(5)

宣和北苑貢茶錄　子4-18978～80、19004、19006　叢1-19(9)、20(7)、21(8)、22(15)、23(15)、24(9)、29(6)、223(38)、278

宣和北苑貢茶錄、北苑別錄　子4-19005

宣和乙巳奉使金國行程錄　史1-1918、2479　叢2-649

宣和集古印史　史8-64922～3

宣和牌譜　子3-18235～8　叢1-22(27)、37、173、181

宣和御製宮詞(宮詞)　集1-3106

宣和遺事　子5-28113～8、28121　叢2-624(2)、675

宣和畫譜　史2-6742　子3-15859　叢1-27、169(3)、223(37)、268(3)、2-731(36)

宣和奉使高麗圖經　史7-54542～3　叢1-223(26)、244(4)、383,2-708、731(59)、735(4)

宣和奉使高麗圖經校　史7-54545　叢1-337,2-731(3)

宣和書譜　史2-6732～3　叢1-169(3)、223(37)、268(3)、2-731(35)

宣和書譜、宣和畫譜　史2-6722

宣和册禮圖　子4-18865　叢1-513

30 宣室志　叢1-15、19(3,7)、20(5)、21(5,7)、22(6)、24(4,8)、255(2)

宣室志、補遺　子5-27533　叢1-99～101、223(45),2-731(50)、735(3)

宣室志佚文　叢2-777

宣室考　叢1-374

宣宗章皇帝御製官箴　史6-42945

宣宗政記　史1-1601

宣宗皇帝御製詩　集2-6699　叢1-51、55、84(1),2-730(8)、731(43)

宣宗皇帝梓宮大差程站單　史6-42174

宣宗御製詩　叢1-50

宣宗實錄隨記　史1-1719

宣宗成皇帝大事檔　史6-47396

宣宗成皇帝大事奏檔　史6-47391

34 宣漢縣志[民國]　史8-62006

38 宣道指歸七章　子7-35649

40 宣大山西三鎮圖說　史6-45612　叢2-741

宣大鎮史二官車達難列傳　史1-1929

宣南雜俎　叢1-496(6)

宣南坊草　集4-22481

宣南草　集3-21754

宣南日記(清同治十二年)　史2-13139

43 宣城記　史7-50506　叢2-776

宣城鄧氏族譜[安徽宣城]　史5-38809

宣城李氏述德錄[安徽宣州]　史4-27310

宣城右集　集6-44760

宣城縣志[康熙]　史7-58096

宣城縣志[順治]　史7-58095

宣城縣志[嘉慶]　史7-58098

宣城縣志[乾隆]　史7-58097

宣城縣志[光緒]　史7-58099

宣城縣志畧[民國]　史7-58100

宣城陳氏族譜[安徽宣城]　史4-33187

53 宣威州鄉土志[宣統]　史8-62395

宣威州志[道光]　史8-62393

宣威州志[乾隆]　史8-62392　叢2-889

宣威州志補[光緒]　史8-62394

宣威叢書四種　叢2-889

宣威縣志稿[民國]　史8-62396

宣威縣地誌[民國]　史8-62397

58 宣撫資政鄭公(剛中)年譜　史2-11292

60 宣恩縣志[同治]　史8-60401

宣邑丁卯死事畧　史1-3984

宣邑雷氏宗譜[浙江麗水]　史5-37151

宣邑昭義莘潭樊氏宗譜[安徽宣州]　史5-39171

67 宣明方論　叢1-223(33)

72 宣氏宗譜[浙江諸暨]　史4-31022

77 宣卿詞　集7-46369、46375、46572

78 宣驗記　子5-26840　叢1-22(20)、23(19)、29(1)

81 宜鑪博論　子4-18572　叢1-275,2-689
84 宜鎮下北路志[康熙]　史7-55114
　　宜鎮西路志[康熙]　史7-55136
91 宜爐雜記　子4-18574
　　宜爐歌註　叢1-201,203(3)
　　宜爐歌注　叢2-934
　　宜爐注　史1-1933
　　宜爐博論　叢1-223(38)
　　宜爐小志　叢2-689

3010₇ 宜

00 宜亭草　集4-30066,6-42007(1)
　　宜廬詩草　集5-38991
　　宜齋詩鈔　集3-16359～60
　　宜齋詩鈔(百堂初稿、夷門集、掃花篇、瓦屋閒吟)　集3-16358
　　宜齋野乘　子4-20142,5-26218　叢1-4～5,9～10,22(2)、23(2)、38、114(4)、175、241、242(3)、245、490,2-617(2)、731(6)、798～801
　　宜章鄧氏族譜[湖南宜章]　史5-38874
　　宜章縣志[康熙]　史8-60640
　　宜章縣志[嘉慶]　史8-60642
　　宜章縣志[乾隆]　史8-60641
　　宜章縣志[民國]　史8-60643
03 宜識字齋詩鈔　集5-37561～2
09 宜麟策、續集　子2-4770
　　宜麟策、續編　子2-8054、8219
　　宜麟策、續篇　子2-4639
10 宜雨宜晴山館文存　集5-35734
　　宜弦堂詩鈔　集4-24864
11 宜北縣志八編[民國]　史8-61422
　　宜琴樓遺稿　集5-35461
17 宜忌日表　子3-13842
　　宜君縣志[雍正]　史8-62759
　　宜君縣志[順治]　史8-62758
22 宜川鄉土志　史7-54921
　　宜川鄉土志[光緒]　史8-62746
　　宜川縣志[乾隆]　史8-62743
　　宜川縣志[民國]　史8-62745
　　宜山縣志[民國]　史8-61423
23 宜稼堂叢書七種　叢1-343
　　宜稼堂書目　史8-65776
26 宜泉山房詩鈔　集4-25182
　　宜泉閣詩集　集5-37237
27 宜壑詩鈔　集4-22055
29 宜秋集　集2-6533

宜秋山趙禮讓肥雜劇　集7-48767(3)　叢2-698(15)
　　宜秋館詩餘鈔　集7-46377
　　宜秋館詩　集4-32093
　　宜秋館詩鈔、詞鈔　集4-32094
30 宜永貴揭帖(順治十二年)　史6-47872、48602
　　宜之集　集1-4844,5293～4
　　宜良縣志[康熙]　史8-62369
　　宜良縣志[乾隆]　史8-62370～1
　　宜良縣志[民國]　史8-62372
　　宜賓縣志[嘉慶]　史8-61943
32 宜州乙酉家乘　史2-12506　叢1-244(4),2-731(54)
　　宜州家乘　叢2-735(4)
37 宜祿堂收藏金石記　史8-63653、63655
　　宜祿堂收藏金石記、補編　史8-63654　叢2-1719
40 宜古堂詩集　集5-39627
42 宜荊朱氏續修宗譜[江蘇宜興]　史4-26443
　　宜荊吳氏族譜[江蘇宜興]　史4-27769
　　宜荊吳氏宗譜[江蘇宜興]　史4-27770
　　宜荊城鄉籌濟公所各項章程辦法彙錄　史6-44716
43 宜城志[正德]　史8-60148
　　宜城縣續志[光緒]　史8-60152
　　宜城縣志[康熙]　史8-60150
　　宜城縣志[嘉靖]　史8-60149
　　宜城縣志[同治]　史8-60151
44 宜黃叢書第一輯四種　叢2-871
　　宜黃洪氏三修宗譜[江西宜黃]　史4-31010
　　宜黃縣志[康熙]　史8-58814
　　宜黃縣志[道光]　史8-58815
　　宜黃縣志[同治]　史8-58816
　　宜黃縣志考訂[嘉靖]　史8-58813
　　宜黃竹枝詞　史7-50592　叢1-367～8
　　宜黃棠陰羅氏尚義門房譜[江西宜黃]　史5-41076
　　宜黃棠陰羅氏尚義門錦二公房譜[江西宜黃]　史5-41079
　　宜焚全稿　史6-48555
　　宜焚小疏　史6-48554
47 宜都記　史7-50712　叢1-19(2)、21(2)、22(11)、23(10)、24(3)、29(2)
　　宜都山川記　史7-49307、50713、50715　叢2-779
　　宜都縣志[康熙]　史8-60348
　　宜都縣志[同治]　史8-60349
50 宜春記　史7-50593　叢2-767

宜春石里登南橋吳氏族譜[江西宜春]　史
4 - 28122

宜春北關五甲楊氏支譜[江西宜春]　史 5 -
36963

宜春北關楊氏族譜[江西宜春]　史 5 -
36962

宜春張氏所著書二種　叢 2 - 870(5)

宜春香質四集　子 5 - 27724

宜春傳信錄　史 7 - 50594　叢 1 - 19(7)、20
(4)、22(7)、23(7)、24(7)、2 - 617(4)

宜春淏溪何氏支譜[江西宜春]　史 4 -
28362

宜春袁氏族譜[江西宜春]　史 4 - 31360～1

宜春楊氏族譜[江西宜春]　史 5 - 36964

宜春東隅張氏族譜[江西宜春]　史 5 -
35217

宜春縣志[康熙]　史 8 - 58849～50

宜春縣志[道光]　史 8 - 58851

宜春縣志[同治]　史 8 - 58852

宜春縣志[民國]　史 8 - 58853

宜春館詩　集 4 - 32092

宜春館詩選　集 5 - 41664

51 宜振書室印存　子 3 - 17468

宜軒府君(申保齡)行述　史 2 - 10464

宜軒印娛　子 3 - 17387

60 宜園詩文集　集 5 - 39794

宜園詩集　集 5 - 39922

宜園詩稿　集 5 - 39793

宜園詩鈔　集 5 - 39808

宜園詞　叢 2 - 718

宜園總記　史 7 - 51981

宜園近草　集 3 - 15643

宜園近草二集、擬古百首　集 3 - 15644

宜田彙稿　集 6 - 44957

宜昌府志[同治]　史 8 - 60341

宜昌縣曉峯易氏家乘[湖北宜昌]　史 4 -
29527

宜畧識字　經 2 - 13455　叢 2 - 1660

宜畧識字齋雜著　叢 2 - 1679

宜邑廖氏族譜[湖南宜章]　史 5 - 38556、
38558

宜邑謝氏六修宗譜[江西宜黃]　史 5 -
40754

宜邑謝氏六修宗譜[江蘇宜興]　史 5 -
40697

宜邑柳溪周氏族譜[江西宜春]　史 4 -
30101

宜邑鍾氏醫書歌訣　子 2 - 5152

70 宜雅堂詩二集　集 4 - 29940～1

宜雅堂詩錄　集 5 - 39878

宜雅堂詞　集 7 - 47574

宜雅堂詞續錄　集 7 - 47575

宜雅堂集　集 3 - 14063

宜雅堂遺集　集 4 - 23051

71 宜長樂齋印學　子 3 - 17179

76 宜陽廖氏族譜[湖南宜章]　史 5 - 38557

宜陽槎溪永山洞口易氏重修支譜[河南宜
陽]　史 4 - 29524

宜陽槎溪永山洞口易氏宗譜[河南宜陽]
史 4 - 29525

宜陽羅氏續修宗譜[江西宜春]　史 5 -
41080

宜陽縣志[康熙]　史 8 - 59630

宜陽縣志[乾隆]　史 8 - 59631

宜陽縣志[同治]　史 8 - 59632

宜陽縣志[民國]　史 8 - 59634

宜陽縣志[光緒]　史 8 - 59633

77 宜興天生里戴氏族譜[江蘇宜興]　史 5 -
40498

宜興西施蕩沈氏宗譜[江蘇宜興]　史 4 -
29012

宜興上黃芮氏六宗家乘[江蘇宜興]　史 4 -
27047

宜興豐義儲氏分支譜[江蘇宜興]　史 5 -
40583

宜興任保貽堂信驗良方　子 2 - 9694

宜興汪氏重修宗譜[江蘇宜興]　史 4 -
28688

宜興奇案雙壇記　子 5 - 28546

宜興荊溪舊志五種　史 7 - 54914

宜興荊溪縣新志　史 7 - 54914

宜興荊溪縣新志[光緒]　史 7 - 56933

宜興縣鄉評備考　史 2 - 7845

宜興縣志　史 7 - 54914

宜興縣志[康熙]　史 7 - 56927

宜興縣志[嘉慶]　史 7 - 56929

宜興縣志[萬曆]　史 7 - 56926

宜興岳氏族譜　史 4 - 29603

宜興陳氏家言　集 6 - 45076　叢 2 - 918

宜興周氏宗譜[江蘇宜興]　史 4 - 29883

80 宜翁消寒集(消寒八十一詠)　集 5 - 35828

宜年集　史 2 - 10744

87 宜錄堂收藏金石記　史 8 - 63509

88 宜鑑無雙論　史 1 - 5674　子 4 - 21331　叢
2 - 1929

90 宜堂小草　集 3 - 18105

3010₉　鎰

22 鎰山剩稿　集 4 - 27383

鎏山賸稿　叢2-984

3011₁ 漉

10 漉雲齋詩存　集5-40802
　　漉雲齋詩存、集句　集5-40803
88 漉灕集、遺集　集2-11779

3011₃ 流

00 流離雜記　子4-21685　叢2-1928
　　流離草　集5-33858
10 流露詞　集5-34741
　　流霞書屋遺集　集5-38623
12 流水高山　集7-54740
14 流璜張氏宗譜[江蘇江陰]　史5-34847
17 流翠山房輯選八大家論文要訣　集6-
　　46233
20 流香一覽　史7-51610　叢2-832(1)
21 流行坎止軒主人年記前集　史2-12321
　　流行坎止軒主人年記前集、後集　史2-
　　12322
30 流寇瑣記　史1-1935、3084
　　流寇瑣聞　史1-1961、3085～6
　　流寇編年　史1-3083
　　流寇志　史1-3065～6
　　流寇長編、始終錄、補遺　史1-3081
　　流寇陷巢記　史1-3127
　　流寇陷巢記(沈存仲再生記紀異錄)　叢2-
　　745
　　流寓詩畧　集6-44927
37 流通古書約　史8-65339　叢1-244(2)、
　　486、511
39 流沙訪古記　史7-53764　叢1-589
　　流沙墜簡、考釋、補遺、補遺考釋　史8-
　　65246　叢2-597
　　流沙墜簡考釋補正　史8-65247　叢2-630
44 流芳亭記　史7-52002　叢2-832(4)
　　流芳實錄、雲間忠義錄　史2-7414
　　流芳實錄、雲間忠義錄、蒙難始末、雲間兵
　　事　史1-3359
　　流芳錄　史2-8831
　　流楚集　集7-50662
55 流轉章　子7-33796
60 流星撮要　子3-11249
63 流賊張獻忠陷廬州紀、明季羣賊名目　史
　　1-3183

流賊傳　史1-1935、3063
72 流質重學節錄　叢2-1792
　　流質考　子7-36240(4)
77 流民記　史1-4074
87 流鉛集　集3-15325
90 流光玉鑑　子3-14358
　　流光玉鑑三元遁甲祕本　子3-14359
91 流類手鑒　集6-45495
　　流類手鑒　集6-45547　叢1-114(3)

宛

00 宛言　子4-21777

3011₄ 准

33 准補鳳山知縣張星鍔稟揭台澎道劉璈　叢
　　2-2061
56 准提三昧行法　子6-32091(68)
58 准敕草　集3-13258

注

10 注疏辯正　經2-11524
　　注疏瑣言　叢1-203(12)
　　注疏瑣語　經1-82, 2-11892～3　叢1-202
　　(6)、515
　　注疏考證　經1-111(2)
20 注維摩詰經　子7-33086
24 注續通鑑地理　史1-1478
26 注釋文中子要語　子1-10
　　注釋列子要語　子1-10
　　注釋繪圖六千字文　經2-13507
　　注釋字體蒙求　經2-13191
　　注釋九子全書(九子全書)　子1-26
　　注釋古周禮、考工記　經1-4987
　　注釋莊子要語　子1-10
　　注釋荀子要語　子1-10
　　注釋老子道德經要語　子1-10
　　注釋增廣千字文類　經2-13428
　　注釋素問玄機原病式(新刊注釋素問玄機
　　原病式)　子2-5424
　　注釋揚子要語　子1-10
　　注釋居業堂課童草　子1-2905

注釋分類玉堂故事　子5－26450

27 注解章泉澗泉二先生選唐詩　叢1－265(5)、
　　2－1047

注解正蒙　子1－632　叢1－223(30)

注解傷寒論　子2－4564、6290～1、6323　叢
　　2－635(4)

注解傷寒論(傷寒論注釋)、圖解運氣圖　子
　　2－6322

注解神農本草經　子2－4700、5507

注解十子全書　子1－63

注解牙牌靈數　子3－14665

注解胎產大通論　子2－4699、7979

30 注穴痧症驗方　子2－7059

注穴痧症驗方(繪圖各注穴痧症驗方)　子
　　2－7031

注穴痧症驗方等四種　子2－7059

38 注肇論疏　子6－32091(70)

40 注真三十二篆體金剛經　子3－15332

44 注蘇例言、王注正譌、注蘇姓氏傳　集1－
　　2503　叢1－223(52)

注蘇姓氏　集1－2503

注韓居詩鈔　集4－23559　叢2－1444

注韓居初編五種　叢2－1444

注華嚴法界觀門　子6－32081(57)、32088
　　(42)、32090(64)、32091(62)、32092(42)、
　　32093(50)、7－33343、33877、33879

注老子道德真經　子5－29090

49 注妙法蓮華經　子7－33415

50 注蟲魚齋讀疋集釋　經2－11264

60 注易日記(清嘉慶十八年至二十一年)　史
　　2－12627

67 注鸚初刻　集3－14588

淮

00 淮裔鄭氏家譜[浙江江山]　史5－38660

10 淮雨叢談、續編、補　子4－21688、21823

淮雨賸編、雪鴻集　集4－24811

淮西小草　集4－23523、23529

淮雲問答　子1－1349　叢2－811

淮雲問答、續編　叢1－364

淮雲問答續編　子1－1350

淮雲問答初編、續編、補遺　叢2－1279

淮雲問答輯存　子1－1351　叢2－1268

11 淮北三場利弊說畧、磚池沙基走私商竈情
　　形條說並臆說　史6－43874

淮北三場各垣產數表、池圩圖　史6－43875

淮北三場池圩各圖　史6－43876

淮北票鹽續畧　史6－43871

淮北票鹽續畧二編　史6－43872

淮北票鹽志畧　史6－43869～70

淮北票鹽志餘　史6－43873

淮北水利說　史6－46866、7－49317(9)、49318
　　(10)

淮北水陸透私圖說　史6－44165

淮北鹽務雜記　史6－43879

12 淮水說　史6－46697、7－49318(9)

淮水編　史7－49318(9)、52819

淮水考　史6－46696、7－49318(9)

17 淮郡文獻志、補遺　史2－7783

淮郡文渠志　史7－52877～9　叢2－2057

21 淮上詩　集2－10048

淮上吟　集2－12405

22 淮山肄雅錄、附載、序廡　史2－7784

淮山郝氏宗譜[江蘇淮安]　史4－30683

26 淮程旅韻　叢1－415

28 淮鹺斑管　史6－43857

淮鹺備要、圖　史6－43855

淮鹺本論　史6－43840　集3－14429　叢2－
　　1271

淮鹺駁案類編　史6－43861

淮鹺問會　史6－43856　叢2－1686

淮鹺問答　集4－27221

淮鹺分類新編　史6－43851

30 淮流一勺　集4－33038

淮寧遵辦保甲章程　史6－45437

淮寧縣志[道光]　史8－60040

淮寧縣志[乾隆]　史8－60039

淮安府安東縣志[雍正]　史7－56685

淮安府寶錄備草[崇禎]　史7－56652

淮安府志[康熙]　史7－56653

淮安府志[正德]　史7－56649

淮安府志[天啟]　史7－56651

淮安府志[萬曆]　史7－56650

淮安府志[乾隆]　史7－56654

淮安府志[光緒]　史7－56655

淮安府歷科進士題名碑　史3－14909

淮安詩城　集6－44445

淮安北門城樓金天德大鐘款識　史8－
　　64186

淮安北門城樓金天德大鐘款識、淮安府學
　　元鑄祭器錄、淮安府城南宋古甄記　史
　　8－64185

淮安北門城樓金天德年大鍾款識　叢2－
　　1766

淮安張氏族譜[江蘇淮安]　史5－34783～4

淮安鮑氏族譜[江蘇淮安]　史5－40250

淮安河下志[民國]　史7－56663

淮安藝文志　史8－66069

淮安倉項下嘉慶十九年分收放錢糧四柱奏

銷文册 史 6-43443

淮安倉項下嘉慶貳拾肆年分實征錢糧奏銷文册 史 6-43445

淮安倉項下嘉慶拾玖年分實征錢糧奏銷文册 史 6-43444

33 淮浦詩 集 3-16316

淮浦閒草 集 5-34756

34 淮漢爐餘稿 集 2-8076

37 淮軍平撚記 叢 1-496(3)

淮軍平捻記 史 1-3982

38 淮海詩餘、淮海詩餘補遺 集 7-46497

淮海詞 集 6-41713,7-46352、46356、46380、46382、46494、46496 叢 1-223(72),2-698(13)、720(2)

淮海集 集 1-2759 叢 2-1745

淮海集、後集 集 1-2763

淮海集、後集、詞、補遺、續補遺、攷證、重編淮海先生年譜節要 集 1-2767

淮海集、後集、詞、補遺、續補遺、考證、重編淮海先生年譜節要 叢 2-698(10)

淮海集、後集、長短句 集 1-2758、2765 叢 1-223(52)、227(9),2-635(10)

淮海集、後集、長短句、詩餘 集 1-2761

淮海集補鈔 集 1-2773,6-41901

淮海集鈔 集 1-2770～2、2819,6-41900、41908

淮海後集、長短句 集 1-2764

淮海先生(秦觀)年譜 史 2-11267

淮海先生文集、後集 集 1-2762

淮海先生文集、後集、長短句、補遺 集 1-2760

淮海先生文粹 集 1-2775,6-42039

淮海先生閑居集 集 1-2766

淮海秋笳集 集 7-46419

淮海英靈集甲集、乙集、丙集、丁集、戊集、壬集、癸集 叢 1-344,2-731(38)

淮海易譚 叢 2-1108～9

淮海易談 經 1-701 叢 2-885

淮海題跋 子 3-14914 叢 1-169(4),2-731(34)

淮海居士長短句(淮海長短句) 集 7-46493

淮遊紀畧 史 7-53105 叢 2-1372

淮遊吟 集 5-39444

40 淮南雜識 子 4-19726

淮南雜著 集 5-38813

淮南詩鈔 集 3-16070

淮南課桑備要 子 1-4472

淮南調劑志畧 子 4-19727

淮南許高二注異同考 子 4-19705

淮南許高注二家異同考 子 4-19704

淮南許註鉤沈 叢 2-2150

淮南許注異同詁 子 4-19707

淮南許注異同詁、補遺、續補 子 4-19706

淮南許注異同詁續補 子 4-19709

淮南許注異同詁補遺 子 4-19708

淮南許注鉤沈 子 4-19711

淮南王五行火蓮經 子 5-30246

淮南王萬畢術 叢 2-772(4)、773(4)

淮南天文訓補注 子 4-19713 叢 1-272(3)、410

淮南天文訓存疑、淮南正朝夕圖解 子 4-19714

淮南北軍情圖說 史 1-3981

淮南水利考 史 6-46766

淮南子 子 1-18～20、24～7、30、55、62～5、67～9,4-19672～9 叢 1-15、19(3)、21(5)、24(4)、67、237,2-697、698(7)

淮南子評註、雜錄 子 4-19695

淮南子許注考證 叢 2-2187

淮南子許注異同詁三續 子 4-19710

淮南子正誤 子 4-19725 叢 2-1548

淮南子要畧篇釋 叢 2-2261

淮南子佚文 子 4-19731 叢 2-777

淮南子注 子 4-19697 叢 2-773(4)

淮南子注釋評林 子 1-28

淮南子補校 子 4-19702 叢 2-653(2)、1571～2

淮南子鴻烈解 叢 1-183

淮南子選 子 4-19680

淮南子校語 叢 2-758

淮南子校注 子 4-19701

淮南子校勘記 子 4-19700

淮南子莊浙本異文補校小識 子 4-19712

淮南子萬畢術 子 4-19715

淮南子萬畢術輯 子 4-19723

淮南子斠補 子 4-19734

淮南子揚搉 子 4-19733

淮南子删評 子 4-19694

淮南子周易古義、補佚 經 1-211

淮南子箋釋 子 4-19703

淮南集 集 2-11578

淮南集解補正 叢 2-944

淮南何氏宗譜[安徽] 史 4-28342

淮南經說 叢 2-2063

淮南剩草 集 4-31933

淮南參政殘草 史 2-11110

淮南吳柴菴三種 叢 2-1227

淮南釋音 子 4-19699

淮南官書局書目 史 8-66439

淮南汪廣洋朝宗先生鳳池吟藁 集 2-6088

淮南近詩 集 3-13537

淮南鴻烈解 子1-22、61,4-19681～90、19732,5-29530(23)、29535(4)、29536(4) 叢1-74～7,223(39)、227(7),2-635(5)、731(11)、1906

淮南鴻烈解輯畧 子1-74,4-19691～2 叢1-138

淮南鴻烈閒詁 子4-19693 叢1-547(2),2-2173

淮南內編雜誌、補遺 叢2-923

淮南內篇 子4-19728

淮南內篇雜志、補遺 子4-19729

淮南內篇平議 子1-82,4-19730 叢2-1920

淮南萬畢術 子1-56,4-19716～7,19719～21 叢1-22(2)、23(2)、260～1、439、547(2),2-731(15)、2173

淮南萬畢術、補遺、再補遺 子4-19718 叢2-628、731(15)、770

淮南萬畢術、補遺、附錄 子4-19722 叢2-775(5)

淮南枕中記 子2-10948 叢2-775(5)

淮南中十塲志 史6-43865

淮南學些歌 集3-19111

淮南鹽法紀畧 史6-43866

41 淮壖小記 史7-50137

淮壖小記、校勘淮壖小記 史7-50138

43 淮城記事 史1-1938

淮城紀事 史1-1979、1982、3115

淮城日記 史1-3114 叢1-537

44 淮封日記 史7-53834 叢2-1081

淮榷志遺 史6-43968

56 淮揚下河疏治備議 史6-46774

淮揚下河水利集要 史6-46774

淮揚下河水利彙議 史6-46774

淮揚水利圖說 史6-46767

淮揚水利圖說、淮揚治水論 史6-46768

76 淮陽詩集 集1-4814

淮陽詩餘 集7-46748

淮陽集 集1-4814

淮陽集、詩餘 叢1-223(59)

淮陽集、附錄詩餘 集1-4812

淮陽樂府 集7-46369、46749

淮陽獻武王集 集1-4816

淮陽鄉村風土記[民國] 史8-60043

淮陽縣志[民國] 史8-60041～2

77 淮關統志 史6-43965～6

78 淮鹽紀畧 史6-43860

淮陰縣志徵訪稿[民國] 史7-56676

淮陰區鄉土史志[民國] 史7-56656

淮陰脞錄 子4-23300～1

淮陰金石僅存錄、編、補遺 史8-63866

叢1-537

潼

12 潼水閣文集、詩集、補遺 集3-14907

潼水閣文集、補遺 集3-14906

22 潼川府志[乾隆] 史8-61730

潼川府志[光緒] 史8-61731

潼川州志[萬曆] 史8-61729

潼川志[嘉靖] 史8-61728

潼川書院志 子1-2428 叢2-1643

潼山子 子1-18、20,4-19665

31 潼江草 叢2-1924

40 潼南縣志[民國] 史8-61844

77 潼關衛志[康熙] 史8-62782

潼關鄉土志稿[光緒] 史8-62785

潼關縣新志[民國] 史8-62784

80 潼谷集 集2-8411

潌

22 潌川藍田高氏族譜[福建建寧] 史4-32434

28 潌谿四家詩抄 叢2-1535

濰

60 濰邑劉氏族譜[山東濰坊] 史5-39422

濰邑陳氏族譜[山東濰坊] 史4-33269

62 濰縣文獻叢刊八種 叢2-825

濰縣職官傳稿 叢2-693

濰縣鄉土志[光緒] 史8-59187

濰縣宏福寺造像碑考 史8-63985 叢2-824～5

濰縣志[康熙] 史8-59184

濰縣志[萬曆] 史8-59183

濰縣志[乾隆] 史8-59185

濰縣志稿[民國] 史8-59186

濰縣古城考 史7-51443

濰縣陳氏族譜[山東濰坊] 史4-33268

濰縣陳氏寶簠齋藏古目 史8-64318

濰縣陳氏寶簠齋藏日照許氏東武李氏利津李氏集金文冊目釋 史8-64322

濰縣陳氏寶簠齋藏器目 史8-64319

濰縣陳氏寶簠齋藏劉氏集金文册目釋　史
8-64323
濰縣陳氏寶簠齋藏金文册目釋　史8-
64321
濰縣陳氏寶簠齋金文册目　史8-64320
濰縣陳氏金文拓本釋　史8-64201
濰縣全城記　史1-3325
濰縣金石志　史8-63983~4
濰縣金石志、遺文錄　史8-63982
濰縣竹枝詞　叢2-825
濰縣竹枝詞自註　史7-50614　叢2-824~
5
76 濰陽紀事詩　集5-38640　叢2-825

灘

31 灘江匡溪凍溪胡氏續修族譜［江西泰和］
史4-30583

瀤

10 瀤憂集　集6-44031
31 瀤江雜記　史7-49317(9)、49318(13)、50931
叢2-799~801
瀤江王氏族譜［江西泰和］　史4-25371
瀤江歸權集　集4-24206
瀤江送別詩　集4-22753
瀤江遊草　集5-36848　叢2-799~800
36 瀤湘二水記　史7-49317(7)、49318(10)、
52994

灘

11 灘頭柳氏宗譜［浙江臨海］　史4-30354
32 灘溪涂氏宗譜　史4-32600
88 灘簧調集　集7-53022
灘簧雅集　集7-53021

3011₆ 澶

32 澶州吟稿　集3-20053
澶淵雜著　集2-11000

3011₇ 沆

37 沆瀣子　子4-20485　叢1-22(20)
60 沆旱懺　子5-31671

瀛

09 瀛談　子4-23546
15 瀛珠館贅筆　子4-21782
16 瀛環新志　史7-54315
瀛環志畧　叢1-373(3)
瀛環志畧、辨正　史7-54309
瀛環志畧、續集　史7-54310
瀛環志畧、續集、補遺　史7-54311
瀛環志畧訂誤　史7-49318(22)、54314
瀛環志畧續集　子7-37708
瀛環志畧節錄、雜碎語　史7-54312
22 瀛川章氏家譜［安徽績溪］　史5-34593
瀛仙閣詩集　集5-36343
瀛山寄興　集3-20875
瀛山書院志　史7-52045~7
27 瀛舟筆談　子4-21304　叢1-373(6)
30 瀛寰譯音異名記　史7-54419
瀛寰瑣記　叢1-496(2)
瀛寰瑣紀　史7-54362
瀛寰志畧　史7-54306~8
瀛寰全志　史7-54445
31 瀛涯勝覽　史1-1933,7-54248~9　叢1-
13、14(3)、22(24)、34、50~2、55、84(2)、109、
111(5)、175,2-730(10)、731(59)
瀛涯勝覽集　叢1-84(3),2-730(10)
32 瀛州人物考畧　史2-7735
瀛洲方氏宗譜［安徽休寧］　史4-25837~8
瀛洲集　集3-20238
瀛洲集、容台集　集4-25912
瀛洲鄒氏祖譜［福建福州］　史5-36353
瀛洲社十老小傳　集6-43785
瀛洲咫聞　子4-21936　叢2-2230
34 瀛波第宴　集7-49696
38 瀛海論　史7-49317(2)、49318(18)、54317、
54330
瀛海集、白河集、灤陽集、冰壺唱和　集3-
21836
瀛海埰問紀實　史7-49318(18)
瀛海攀轅錄（李箬汀）　史2-10212

瀛海採問紀要　史7-49317(8)

瀛海採問紀實　史7-54346　叢2-1965

瀛海長春錄　史2-8969

瀛海卮言　史7-49317(2)

瀛海卮言　史7-49318(18)、54342

瀛海掌錄　史7-50050

40 瀛奎律髓(紫陽方先生瀛奎律髓)　集6-42274

瀛奎律髓、重刻紀言　集6-42275

瀛奎律髓　集6-42276~7　叢1-223(69)、232

瀛奎律髓刊誤　叢1-461

瀛奎律髓選　集6-42278

瀛臺存稿　集3-17577

瀛壺文鈔　叢2-2267

瀛壺文鈔補　叢2-2267

瀛壺詩鈔　叢2-2267

瀛壺聯鈔　叢2-2267

瀛南子　子4-20518

41 瀛壖雜誌　史7-49318(14)　叢2-752、1973

瀛壖雜志　史7-49317(8)、50047~8　叢2-735(2)

瀛壖金鑑　史7-54563

3011₈ 泣

15 泣珠集　集4-30327

泣珠集(黃雨珠)　史2-10675

27 泣血輯存　集5-40282

47 泣桐記　史1-1945、3316

63 泣賦眼兒媚　集7-48777、49234

3012₁ 淳

32 淳溪老屋自娛集、補遺、芷湘吟稿　集4-29929

淳溪老屋題畫詩　集4-29930

3012₃ 濟

04 濟諸方等學經　子6-32083(5)

10 濟一子證道祕書　子5-29577

11 濟北先生文粹　集1-2821,6-42039

濟北晁先生雞肋集　叢2-635(10)

濟北晁先生雞肋集(雞肋集)　集1-2817

濟北頌言　史2-9719　叢2-1656

21 濟上鴻泥圖題冊　子3-16244

濟顛語錄　子5-27699

22 濟川詩草　集4-24125

25 濟生産寶論方　子2-7995

濟生方　子2-4703,9171　叢1-223(33)

濟生集　子2-8279

濟生津梁　子2-5162

濟生拔粹方(濟生拔粹)　子2-9184

濟生拔粹方十九種　叢2-730(1)

濟生錄　子2-10050

27 濟急便覽　子2-9511

濟急仙方　子2-4554,9223

濟急良方　子2-9579

濟急法　子7-36231(6)

濟急丹方　子2-9531

30 濟寧文氏家譜[山東濟寧]　史4-25681

濟寧孫駕航(楫)都轉事畧　史2-10350

濟寧州鄉土志[光緒]　史8-59353

濟寧州志[康熙]　史8-59347

濟寧遺事記　史7-50620

濟寧直隸州續志[咸豐]　史8-59350

濟寧直隸州續志[民國]　史8-59351

濟寧直隸州志[道光]　史8-59349

濟寧直隸州志[乾隆]　史8-59348

濟寧直隸州擬稿[民國]　史8-59352

濟寧李氏礦墨亭叢書六十四種　叢1-448

濟寧縣志[民國]　史8-59354

濟寧金石志　史8-63971

31 濟源縣志[乾隆]　史8-59654

32 濟州學碑釋文　史8-63973　叢2-807、1314

濟州金石志　史8-63972

濟溪游氏宗譜[江西婺源]　史5-36522

34 濟瀆考　史7-49318(9)、52969

38 濟遊詞鈔　集7-48199

40 濟南商埠巡警章程十四條　史6-45383

濟南府志[康熙]　史8-58968

濟南府志[道光]　史8-58969

濟南百詠　集2-11505

濟南郡林氏家乘[浙江泰順]　史4-29305

濟南集　集1-2891　叢1-223(52)

濟南集、文粹、補遺　集1-2892

濟南集、德隅堂畫品　集1-2893

濟南先生文粹　集1-2894,6-42039

濟南先生師友談記　子4-19981　叢1-2~3,6~7,538

濟南朱氏詩文彙編　集6-44976

濟南紀政　叢2-731(54)、816

濟南遊記　史7-54186

濟南草　集3-18146,6-44974

濟南林氏宗譜[浙江松陽]　史4-29307

濟南金石志　史8-63966

濟南竹枝詞　史7-50609　叢2-1492～3

41 濟垣存稿　史6-49060

濟顛大師醉菩提全傳　子5-28856

44 濟荒要畧　史6-44601

濟荒粥賑章程　史6-44621

濟荒必備　叢2-1728

濟麓齋滙草　集5-34786

濟世元真傷寒全部解義先聖遺範　子2-6429

濟世經驗良方　子2-9432

濟世良方　子1-78,2-9489、9608、9666、9867、9926

濟世良方、補遺　子2-9706

濟世寶筏編　子5-30527

濟世達生撮要　子2-8258

濟世達生篇　子2-8178

濟世神驗良方　子2-9368

濟世神鍼　子2-10392

濟世袖珍方　子2-9916

濟世內科經驗全方　子2-7096

濟世奇方　子2-9611

濟世專門編　子2-4752

濟世全書　子2-4591

濟世養生集　子2-9496～8、9500、9502、9505

濟世養生集、養生經驗補遺、痘疹選要　子2-9499、11102

濟世錄　子2-9415

50 濟中日記　史2-13269

濟忠堂叢書八種　叢2-747

66 濟嬰集祕傳看驚妙法　子2-8558

濟嬰祕訣　子2-8590

72 濟剛節公(昌)表忠錄　史2-9882

濟剛節公(周濟昌)表忠錄　史2-10107

76 濟陽文通江氏譜[四川德陽]　史4-26918

濟陽詩鈔　集3-16329

濟陽詩鈔(濟陽詩稿)　集3-16328

濟陽郡丁氏宗譜[浙江縉雲]　史4-24661

濟陽江氏重修宗譜　史4-26848

濟陽江氏統宗簿[安徽黟縣]　史4-26892

濟陽江氏統會宗譜　史4-26845、26849

濟陽江氏總譜　史4-26846

濟陽江氏宗譜[安徽祁門]　史4-26894

濟陽江氏宗譜[安徽黟縣]　史4-26891

濟陽江氏宗譜[江西婺源]　史4-26906

濟陽江氏宗譜[江蘇常州]　史4-26851

濟陽江氏宗譜[浙江蘭溪]　史4-26862～3

濟陽查氏世譜[安徽]　史4-30705

濟陽蔡氏宗譜[江西樂平]　史5-38036

濟陽縣續志[順治]　史8-58992

濟陽縣志[萬曆]　史8-58991

濟陽縣志[乾隆]　史8-58993

濟陽縣志[民國]　史8-58994

濟陽羑谿蔡氏族譜[浙江東陽]　史5-38013

濟陽堂江氏四修族譜[江西萬載]　史4-26901

78 濟陰元機輯要　子2-8319

濟陰綱目　子2-8043～4

濟陰綱目、保生碎事　子2-8045

濟陰寶筏、論　子2-8179

濟陰近編　子2-4600、8077

濟陰全生集　子2-8318

79 濟勝一覽　史7-51442

80 濟人自濟經驗諸方　子2-9349

濟人良方　子2-9843

濟人寶笈、新增屢驗奇方　子2-9374

濟人神效方　子2-9985

濟美錄　集1-5545

濟美錄摘畧　集2-7767,6-45026

濟美篇　子7-35856

濟美堂集　集2-9365　叢2-1106

濟美堂集、粵西疏稿、留都疏稿　集2-9364

濟美堂遺集　集5-36316

濟公傳　集7-51146

濟貧利鄉篇經驗方、續編　子2-10012

3012₇ 湑

40 湑南王公(鴻漸)榮哀錄　史2-8933

滂

40 滂喜齋試帖　集5-35254

滂喜齋宋元本書目　史8-65842　叢1-585

滂喜齋叢書五十種　叢1-419

滂喜齋藏書記、滂喜齋宋元本書目　史8-65840

滂喜齋藏書記目、湖海樓詞所見人名、道光五年夏季搢紳錄輯要、國朝章氏進士題名錄　史8-65841

滂喜齋藏書志殘稿　史8-65839

滂喜齋日記(清同治二年、光緒七年至十六年)　史2-12939

滂喜齋學錄　叢2－1978
滂喜齋尺牘　叢2－759

滴

10 滴露漫錄　子4－20595
　滴露軒雜著　子4－20880
　滴露堂小品　集7－46435、47075
　滴天髓　子3－14116　叢1－430
12 滴水珠　集7－53564
　滴水巖紀畧　史7－52456
　滴水歸源　子5－25479
27 滴血成珠元宵會　集7－53723

3013₀ 汴

00 汴京勾異記　子5－27013　叢1－233、496
　　(5),2－731(50)
　汴京遺蹟志　史7－51467　叢1－223(25),
　　2－826
12 汴水說　史7－49318(10)、52977　叢1－203
　　(5)
30 汴宋竹枝詞　史7－50642　集4－29588　叢
　　2－826
33 汴梁宮人詞　叢1－407(4)
　汴梁賣書記　子4－23614
37 汴洛鐵路借款合同　史6－44316
　汴洛鐵路總核算處造送光緒三十一年九月
　　初三日至十月初四日工程收支四柱譯册
　　史6－44317
　汴洛鐵路合同　史6－44315
38 汴遊冰玉稿　集5－37411
　汴遊冰玉稿、附編　集5－37413
　汴遊冰玉稿二集　集5－37412
　汴遊錄　史7－53634、53836　叢1－97,2－
　　1206～7
　汴遊錄(明崇禎四年)　史2－12544
41 汴垣蠥學府試類編　叢2－966
43 汴城籌防備覽　史6－45281
47 汴都平康記　子5－26297　叢1－22(12)、23
　　(11)、29(6)
　汴都遺聞　史7－50640
　汴都賦　史7－50635　叢2－833
48 汴故宮記　史7－51515　叢1－22(12)、23
　　(11)、407(3)
60 汴圍濕襟錄　史1－1937、1944、1982、3099～
　　100　叢1－256,2－617(3)

汴圍濕襟錄、補遺　史1－3101
77 汴學二體石經考　叢2－2265

3013₁ 灩

40 灩古錄　子2－5632

3013₂ 泫

40 泫志拾遺[乾隆]　史7－55701

滾

27 滾盤珠祕本　子3－13693
45 滾樓　集7－52185
　滾樓子弟書　集7－52108

濠

21 濠上雜著初集　子4－22057
　濠上唱酬詩　集3－21447
32 濠洲去思集　史2－10544
33 濠梁詩文集　集3－17564
　濠梁集、高齋集　集2－8983
　濠梁樂趣畫册　子3－16398
　濠梁游草　集4－30786
　濠梁萬氏宗譜[浙江寧波]　史5－35801
　濠梁萬氏宗譜内集[浙江寧波]　史5－
　　35800
37 濠湖吟館詩鈔、補編　集5－37848
52 濠堅私議　叢2－2041
72 濠隱存稿、詩詞、都門紀變百詠　集5－
　　40587
77 濠叟文稿　集4－32414
　濠叟詩鈔　集4－32413
　濠叟古今體詩　集4－32412

3013₆ 蜜

00 蜜裏調油一枝　集7－51844

20 蜜香樓集　集3-14357
48 蜜梅花館文錄　集4-24933　叢2-731(46)
　　蜜梅花館文錄、詩錄　叢2-662
　　蜜梅花館詩集、文錄　叢1-344
　　蜜梅花館詩錄　叢2-731(44)
57 蜜蜂記寶卷　集7-54401
　　蜜蜂飼養法　子7-37093

3013_7　濂

00 濂亭文集　集5-34135
　　濂亭文稿　集5-34136
　　濂亭遺詩、遺文　集5-34133
　　濂亭遺集　集5-34134
31 濂江林氏家譜[福建閩侯]　史4-29316
　　濂江公牘　史6-47336
32 濂溪集　集1-2175
　　濂溪先生集　集1-2171
　　濂溪通書　子1-96、592
　　濂溪志　史2-8662~3、8665
　　濂溪志(周敦頤)　史2-8661
　　濂溪書院勸學編　子1-2407
　　濂溪書院興學編　子1-2406
　　濂溪周元公集　集1-2177
　　濂溪周氏家譜[江西九江]　史4-30087
37 濂洛書堂著述卷目　史2-7009
　　濂洛風雅　集6-43581~3、43590~1　叢1-
　　　213~4,2-731(38)、859、1048
　　濂洛關閩六先生傳、本朝崇祀三先生傳　史
　　　2-7577
　　濂洛關閩源流考　子1-1611
　　濂洛關閩書　子1-143　叢1-213~4,2-
　　　731(12)
　　濂洛關閩性理集解　子1-144
60 濂墨軒文集　集5-40606
77 濂學編　史2-6690　子1-1907

濂

00 濂亭評文　集6-46319

3014_0　汶

12 汶水口林氏宗譜[浙江松陽]　史4-29306

21 汶上縣志[康熙]　史8-59391
　　汶上縣志[萬曆]　史8-59390
22 汶川採訪册[民國]　史8-62087
　　汶川圖說[民國]　史8-62089
　　汶川縣志[民國]　史8-62088
　　汶川縣概說[民國]　史8-62090
40 汶志紀畧[嘉慶]　史8-62086
60 汶邑楊柳店張氏支譜[山東汶上]　史5-
　　35256
76 汶陽端平詩雋　集1-4188,6-41745、41888、
　　41891~2、41919
　　汶陽汪氏家乘[山東泰安]　史4-28943

3014_1　澼

77 澼月樓詞草　集7-46413、48041

3014_6　漳

10 漳平縣志[康熙]　史8-58406
　　漳平縣志[道光]　史8-58407
　　漳平縣志[嘉靖]　史8-58405
31 漳江興頌、小學註鈔、蒙求釋註　集6-
　　44274
　　漳河源流考　史7-49318(10)、52844
32 漳州府志[康熙]　史8-58361
　　漳州府志[正德]　史8-58358
　　漳州府志[萬曆]　史8-58359~60
　　漳州府志[乾隆]　史8-58362
　　漳州府志[光緒]　史8-58363
　　漳州府札移　史6-47299
　　漳州府義倉章程　史6-44705
　　漳州官話引　經2-14881
　　漳溪林氏族譜[福建建寧]　史4-29325
　　漳溪盛氏宗譜[安徽南陵]　史5-34300
33 漳浦先生全書目錄　史8-66031
　　漳浦黃先生年譜　集2-11723
　　漳浦縣志、續志、再續志[光緒]　史8-
　　58376
　　漳浦縣志、續志[康熙]　史8-58375
36 漳湟邵氏續修宗譜[江蘇常州]　史4-
　　29204
62 漳縣志[民國]　史8-63218~9

中國古籍總目・索引

3014₇ 淳

00 淳庵文集　集4-24159
　淳庵詩文稿手迹　集4-24156
　淳庵存筆　集4-24157
　淳庵未刻稿　集4-24158
24 淳化祕閣法帖彙考　子3-15517
　淳化祕閣法帖源流考　子3-15402　叢1-
　　203(17)
　淳化祕閣法帖考正　子3-15388、15390　叢
　　1-223(28)、515、2-637(2)
　淳化祕閣法帖考正、釋文　子3-15389
　淳化祕閣法帖考正、淳化閣帖釋文　子3-
　　15391
　淳化志[隆慶]　史8-62892
　淳化帖釋文　子3-15001、15359、15394、15514
　淳化縣志[康熙]　史8-62893
　淳化縣志[乾隆]　史8-62894
　淳化閣法帖釋文(淳化閣釋文)　子3-
　　15401
　淳化閣帖釋文　史8-63509　子3-15396、
　　15403　叢1-223(28)、227(8)、2-731(35)
　淳化閣帖釋文(淳化閣帖釋)　子3-15395
　淳化閣帖釋文集釋　子3-15400
　淳化閣帖考釋、敍說、附錄　子3-15398
　淳化閣帖跋　子3-15387　叢1-202(8)、203
　　(14)
30 淳安始新王氏宗譜[浙江淳安]　史4-
　　24938
　淳安荒政紀畧　史6-44693
　淳安縣志[康熙]　史7-57225
　淳安縣志[順治]　史7-57224
　淳安縣志[嘉靖]　史7-57223
　淳安縣志[乾隆]　史7-57226
　淳安縣志[光緒]　史7-57227
32 淳溪徐氏第九次重修譜[江蘇高淳]　史4-
　　31797
34 淳祐臨安志　史7-57130
　淳祐臨安志存　叢1-265(2)、2-832(2)
　淳祐臨安志輯逸　史7-57131　叢2-832
　　(6)
43 淳朴園稿、外集、外集補　集2-7391
44 淳村文集拾遺　集3-13769
　淳村家誡初集、二集　子1-2214
60 淳口朱氏族譜[湖南瀏陽]　史4-26704~5
62 淳則齋文存　集4-30973
　淳則齋文鈔　集4-30972
　淳則齋雜錄　集4-31158

　淳則齋詩　叢2-1812
　淳則齋詩集　集4-30971
　淳則齋駢體文　集4-30974
77 淳熙三山志　史8-58147　叢1-223(23)
　淳熙玉堂雜記　史6-42868　叢1-3、6、169
　　(3)、268(2)
　淳熙玉堂雜紀　叢1-2
　淳熙重修文書式　經2-13707
　淳熙稿　集1-3786　叢1-223(55)、230(5)、
　　2-731(42)
　淳熙薦士錄　史2-7052、3-13518　叢1-
　　246、282(2)、283(2)、367~8、2-731(61)

渡

01 渡龍下滙蕭氏宗譜[浙江平陽]　史5-
　　39954
11 渡頭余氏族譜[湖南]　史4-28630
22 渡川湯氏宗譜[浙江麗水]　史5-36562
23 渡台紀程(光緒十一年六月至九月)　叢2-
　　2061
31 渡江草　集5-35123
32 渡溪鍾氏宗譜[浙江蘭溪]　史5-40601~3
38 渡海後記　史7-49318(15)
　渡海輿記　史7-53767
　渡海輿記、褒海編　史7-53768
　渡海輿圖便覽　史7-51238
45 渡坤舟傳　子7-34700

3014₈ 洨

33 洨濱語錄　叢2-782(3)
　洨濱蔡先生文集　集2-8348~50
　洨濱蔡先生語錄(洨濱語錄)　子1-1045
　洨濱蔡先生遺書(洨濱蔡先生文集、語錄)
　　集2-8346
77 洨民叢稿　子4-22714
　洨民遺文　集5-40722　叢1-524

3016₁ 涪

20 涪乘啓新[光緒]　史8-61507
32 涪州石魚文字所見錄　史8-64072　叢2-
　　611
　涪州石魚題名記　史8-64073　叢1-491

涪州志[道光]　史8-61504
涪州志[乾隆]　史8-61503
涪州志[同治]　史8-61505
涪州典禮備要　史6-42202
70 涪雅　集4-23540
涪雅堂詩草　集5-36930
74 涪陵縣續修涪州志[民國]　史8-61506
80 涪翁雜說　子4-22140　叢1-22(3)、23(3)、2-617(5)

3019₆ 涼

47 涼棚夜話、續　子5-26459
涼棚夜話、續編　子5-26458

涼

07 涼記　史1-2348、2353　叢2-653(6)、731(65)
32 涼州府志備考[道光]　史8-63134
涼州記　史1-2350~1　叢1-19(2)、22(11)、23(10)、24(3)、2-731(58)、763
涼州剩草　集4-23063
涼州異物志　史7-51169　叢2-731(56)、763
50 涼夷譯語　叢2-1985
涼夷彙編綱要　叢2-1985
62 涼踽堂二集　集3-17657
84 涼鎮志[順治]　史8-63132

3020₁ 寧

31 寧河廉琴舫侍郎遺書三種　叢2-1844
38 寧海將軍固山貝子功績錄　叢1-223(21)

寧

00 寧瘦居草、續集、是何庵集、天叫集、石棺集　集2-12714
10 寧靈廳誌草[光緒]　史8-63322
寧夏府志[乾隆]　史8-63316
寧夏新志[弘治]　史8-63313
寧夏新志[嘉靖]　史8-63314

寧夏志[正統]　史8-63312
寧夏俞氏族譜[寧夏]　史4-30852
寧夏鎮哱哱拜哱承恩列傳　史1-1929
寧晉縣鄉土志[光緒]　史7-55475
寧晉縣志[康熙]　史7-55472
寧晉縣志[民國]　史7-55474
13 寧武府志[乾隆]　史7-55747
寧武府志序　集3-18566
寧武守禦所志[康熙]　史7-55746
寧武關　集7-52193
17 寧子　子1-328　叢2-774(8)
寧郡紫薇王氏家譜[浙江鄞州]　史4-24972
寧郡徐氏支譜[浙江鄞州]　史4-31921
寧郡洪氏宗譜[浙江寧波]　史4-30942
寧郡城河丈尺圖志　史6-46824
寧郡益智學堂章程　史6-42529
寧郡義倉第一次徵信錄　史6-44670
18 寧政堂增訂武經體註　子1-3329
23 寧我南稿　集4-24148
寧我草堂詩鈔、詩餘　集3-19150
24 寧化縣誌[崇禎]　史8-58268
寧化縣志[康熙]　史8-58269
寧化縣志[民國]　史8-58270
寧化風俗志　史7-49318(13)、50541
寧德縣志[嘉靖]　史8-58436
寧德縣志[萬曆]　史8-58437
寧德縣志[乾隆]　史8-58438
27 寧鄉談氏五修族譜[湖南寧鄉]　史5-39740
寧鄉王氏族譜十部[湖南寧鄉]　史4-25436
寧鄉平岡老鴉塘周氏續修支譜[湖南寧鄉]　史4-30144
寧鄉雲山書院志　史7-52113
寧鄉硐子口楊氏三修紹綸譜[湖南寧鄉]　史5-37002
寧鄉硐子口楊氏四修紹綸譜[湖南寧鄉]　史5-37003
寧鄉盧氏族譜[湖南寧鄉]　史5-40106
寧鄉盧氏重修族譜[湖南寧鄉]　史5-40107
寧鄉鄉土地理[民國]　史8-60449
寧鄉徐氏四修族譜[湖南寧鄉]　史4-32161
寧鄉徐氏四修譜[湖南寧鄉]　史4-32162
寧鄉澗西周氏族譜[湖南寧鄉]　史4-30139
寧鄉道林蔣氏九修族譜[湖南寧鄉]　史5-38159
寧鄉袁家河袁氏家譜[湖南寧鄉]　史4-

31388

寧鄉袁家橋袁氏續修家譜[湖南寧鄉]　史4-31389

寧鄉勸誡士民條約　史6-45462

寧鄉黃氏七修族譜[湖南寧鄉]　史5-34021

寧鄉黃氏四修族譜[湖南寧鄉]　史5-34024

寧鄉楊氏五修家譜[湖南寧鄉]　史5-37006

寧鄉楊氏紹綸譜[湖南寧鄉]　史5-37001

寧鄉胡氏族譜[湖南寧鄉]　史4-30606

寧鄉成氏三修族譜[湖南寧鄉]　史4-26253

寧鄉易氏八修家譜[湖南寧鄉]　史4-29538

寧鄉縣志[康熙]　史7-56009,8-60443

寧鄉縣志[嘉慶]　史8-60445

寧鄉縣志[乾隆]　史8-60444

寧鄉縣志[同治]　史8-60446

寧鄉縣志[民國]　史8-60447

寧鄉縣志勘誤[民國]　史8-60448

寧鄉長橋張氏支譜[湖南寧鄉]　史5-35306

寧鄉周氏族譜[湖南寧鄉]　史4-30142

寧鄉陶氏四修家譜[湖南寧鄉]　史5-33504

寧鄉歐陽氏族譜[湖南寧鄉]　史5-39094、39098、39101~2

寧鄉金氏續修族譜[湖南寧鄉]　史4-29797

寧鄉鍾氏重修族譜[湖南寧鄉]　史5-40643、40647

寧鄉鍾氏四修支譜[湖南寧鄉]　史5-40649

28 寧儀孔氏家志[河南寧陵]　史4-25963

30 寧安縣志[民國]　史7-56358

31 寧河縣鄉土志[光緒]　史7-55010

寧河縣志[乾隆]　史7-55008

寧河縣志[光緒]　史7-55009

32 寧州郡志[康熙]　史8-62429

寧州宋氏宗譜、寧州張氏族譜、蒙自李氏家譜、蒙自閔氏家譜、蒙自湯氏族規　叢2-888

寧州志[康熙]　史8-58508、63175

寧州志[宣統]　史8-62433

寧州志[嘉慶]　史8-62430

寧州志[嘉靖]　史8-58507

寧州志[乾隆]　史8-58509

寧州志[光緒]　史8-62431

寧州舊志稿[光緒]　史8-62432

34 寧波府通判諭保甲條約　史6-45436

寧波府志[雍正]　史7-57417　叢1-373(7)

寧波府志[康熙]　史7-57416

寧波府志[嘉靖]　史7-57415

寧波府鄞縣錫山寶嚴寺誌　史7-51644

寧波府中學堂重訂章程　史6-42527

寧波府知府九春楊公(之炳)行狀　史2-9093

寧波府簡要志[成化]　史7-57414　叢2-845(3)

寧波郡志[成化]　史7-57413

寧波師範學堂第一次改訂章程　史6-42528

寧波鄞縣郭氏宗譜[浙江鄞州]　史4-32286

寧波鄞縣西袁氏家乘[浙江寧波]　史4-31329

寧波口華洋貿易情形論畧　史6-43989

寧波學人著書目　史8-66099

寧遠府志[嘉慶]　史8-62150

寧遠州鄉土志[光緒]　史7-56203

寧遠州志[康熙]　史7-56201　叢2-785

寧遠州志[光緒]　史7-56202

寧遠縣志[康熙]　史8-60679、63130

寧遠縣志[嘉慶]　史8-60681

寧遠縣志[萬曆]　史8-60678、63129

寧遠縣志[乾隆]　史8-60680

寧遠縣志[民國]　史8-60683

寧遠縣志[光緒]　史8-60682

寧遠縣志續畧[乾隆]　史8-63131

寧遠堂文集　集4-25262

寧遠堂詩集　集3-15033~4

寧遠堂集　集4-25261

寧遠堂精選良方　子2-9452

35 寧津縣鄉土志[光緒]　史8-59132

寧津縣志[萬曆]　史8-59128

寧津縣志[光緒]　史8-59130

寧津縣志稿[康熙]　史8-59129

寧津縣志料[民國]　史8-59131

37 寧澹齋全集　集2-11317

寧澹齋全集、留芳錄、請恩疏稿　集2-11315

寧澹語　子1-1212　叢2-937

寧澹居集　集2-10662

寧澹居遺文　集2-10663　叢2-937

寧澹居奏議　史6-48506　叢2-937

38 寧洋縣志[康熙]　史8-58408、58410

寧洋縣志[永曆]　史8-58409

寧洋縣志[同治]　史8-58411

寧海將軍固山貝子(富喇塔)功績錄　史2-

9265

寧海將軍固山貝子功績　史2-9265

寧海將軍固山貝子功績錄　史2-9266　叢
　1-269(3)、270(2)、272(4)

寧海紀行　史8-63310

寧海州志[康熙]　史8-59242

寧海州志[嘉靖]　史8-59241

寧海州志[同治]　史8-59243

寧海縣志[康熙]　史7-57465

寧海縣志[崇禎]　史7-57464

寧海縣志[光緒]　史7-57466

40 寧南侯左良玉舉兵東下請誅馬阮疏　史1-
　1953、3071

寧志備考[崇禎]　史7-57344

寧志餘聞[乾隆]　史7-57351

寧古塔記畧　叢1-508、530～1,2-731(58)

寧古塔山水記、城外集　史7-52143

寧古塔紀畧　史2-13291,7-49314、49316、
　49317(7)、49318(2)、49338　叢1-202(6)、
　203(12)、320、525、528

寧古塔紀畧[康熙]　史7-56353～5

寧古塔志　叢1-201、203(6)

寧古塔志畧　叢1-506,2-2060

寧古塔地方鄉土志[光緒]　史7-56357

寧古塔村屯里數　史7-50025

寧壽鑑古　史8-64153

寧壽堂經驗濟急丹方　子2-9532～3

41 寧極齋稿　集1-4601　叢1-223(58)

寧極齋樂府　集7-46359、46373～4、46395、
　46730

寧極齋藁　集6-41932

43 寧城江氏宗譜[浙江寧波]　史4-26858

寧城木欄橋呂氏宗譜[浙江寧波]　史4-
　26291

寧城倉基陳氏家譜[浙江鄞州]　史4-
　32852

寧城倉基陳氏宗譜[浙江鄞州]　史4-
　32849

44 寧藩放款　史6-43299

寧藩各屬發典生息出入款目　史6-43299

寧藏七十九族番民考　史7-49317(6)、
　49318(3)、50980

45 寧坤祕笈、濟世論、祕傳良方　子2-8134

47 寧都麻田盧氏民籍十修族譜[江西寧都]
　史5-40097

寧都三魏全集　集6-45144

寧都宣城鄧氏初修族譜[江西寧都]　史5-
　38824

寧都安福劉氏人成族譜[江西寧都]　史5-
　39380

寧都州南郊上官氏重修族譜[江西寧都]

史4-24708

寧都直隸州志[道光]　史8-58670

寧都南必富陳氏五修族譜[江西寧都]　史
　4-33236

寧都縣志[萬曆]　史8-58668

寧都縣志[乾隆]　史8-58669

寧都曾氏叢鈔三種　叢1-208

50 寧東羅譜禮俗譜　史7-50894　叢2-2199

52 寧靜縣圖志[民國]　史8-62653

53 寧戚相牛經(相牛經)　子1-4515

60 寧國府宣城縣志[順治]　史7-58095

寧國府志[康熙]　史7-58090

寧國府志[嘉慶]　史7-58092

寧國府志[嘉靖]　史7-58088

寧國府志[萬曆]　史7-58089

寧國府志[乾隆]　史7-58091

寧國縣通志[光緒]　史7-58105

寧國縣志[康熙]　史7-58103

寧國縣志[順治]　史7-58102

寧國縣志[道光]　史7-58104

寧國縣志[嘉靖]　史7-58101

寧國縣志[民國]　史7-58106

寧園文集　集5-39816

寧邑麻山何氏支譜[湖南寧鄉]　史4-
　28386

寧邑諒房支譜[湖南寧鄉]　史5-40789

寧邑謝氏續修族譜[湖南寧鄉]　史5-
　40780

寧邑許氏支譜[湖南寧鄉]　史5-34482

寧邑西河林氏纂修族譜[湖南寧鄉]　史4-
　29370

寧邑鄧氏重修支譜[湖南寧鄉]　史5-
　38837

寧邑白石楊氏四修族譜[湖南寧鄉]　史5-
　37005

寧邑吳氏世譜[湖南寧鄉]　史4-28148

寧邑流沙周氏續修支譜[湖南寧鄉]　史4-
　30145

寧邑河塢周氏五修族譜[湖南寧鄉]　史4-
　30151

寧邑河塢周氏四修族譜[湖南寧鄉]　史4-
　30150

寧邑漆樹灣陳氏族譜[湖南寧鄉]　史4-
　33292

寧邑造鍾何氏族譜[湖南寧鄉]　史4-
　28384

寧邑造鍾何氏八修宗譜[湖南寧鄉]　史4-
　28385

寧邑澗西下象沖軍門陳氏三修支譜[湖南
　寧鄉]　史4-33298

寧邑灰陽蔣氏支譜[湖南寧鄉]　史5-

38195

寧邑李氏續修族譜［湖南寧鄉］　史4-27473

寧邑彭氏族譜［湖南寧鄉］　史5-35580

寧邑花橋劉氏譜［湖南寧鄉］　史5-39492

寧邑花橋劉氏三修支譜［湖南寧鄉］　史5-39490

寧邑蕭氏重修族譜［湖南寧鄉］　史5-39987

寧邑蕭氏續修族譜［湖南寧鄉］　史5-39982、39986

寧邑黃材何氏續修族譜［湖南寧鄉］　史4-28383

寧邑蔡氏重修族譜［湖南寧鄉］　史5-38044

寧邑喻氏續修族譜［湖南寧鄉］　史5-35938

寧邑喻氏續修支譜［湖南寧鄉］　史5-35939～40

寧邑喻氏九修支譜［湖南寧鄉］　史5-35941

寧邑喻氏支譜［湖南寧鄉］　史5-35942

寧邑長橋張氏族譜［湖南寧鄉］　史5-35305

寧邑劉氏族譜［湖南寧鄉］　史5-39477

寧邑劉氏三修族譜［湖南寧鄉］　史5-39493

寧邑劉氏重修族譜［湖南寧鄉］　史5-39478

寧邑劉氏續修支譜［湖南寧鄉］　史5-39494

寧邑陳氏重修族譜［湖南寧鄉］　史4-33294

寧邑周氏四修族譜［湖南寧鄉］　史4-30149

寧邑歐陽氏續修族譜［湖南寧鄉］　史5-39099

寧邑姜姓續修支譜［湖南寧鄉］　史4-31072

寧邑余氏族譜［湖南寧鄉］　史4-28611、28615

寧邑鍾氏族譜［湖南寧鄉］　史5-40646、40650

寧邑鍾氏支譜［湖南寧鄉］　史5-40644～5

寧邑鍾氏裘房支譜［湖南寧鄉］　史5-40651

67 寧明州志［光緒］　史8-61384

寧明縣志［民國］　史8-61385

72 寧氏族譜［河南潁川］　史5-38779

寧氏家譜　史5-38784

寧氏家譜［安徽懷寧］　史5-38776

寧氏宗譜舊記　史5-38785

74 寧陝廳志［道光］　史8-63041

寧陵疾苦條陳　叢2-1138

寧陵呂氏小兒語　子1-2782

寧陵縣志［康熙］　史8-59850

寧陵縣志［順治］　史8-59849

寧陵縣志［宣統］　史8-59851

寧陵縣志［民國］　史8-59852

76 寧陽存牘　史6-47339

寧陽縣鄉土志［光緒］　史8-59420

寧陽縣志［康熙］　史8-59415～6

寧陽縣志［萬曆］　史8-59414

寧陽縣志［乾隆］　史8-59417

寧陽縣志［咸豐］　史8-59418

寧陽縣志［光緒］　史8-59419

寧陽馬氏族譜［山東寧陽］　史4-31628

77 寧岡縣志、後志［民國］　史8-58901

寧屬廉俸章程　史6-43525

寧屬興地志畧［光緒］　史8-62152

80 寧益沅三縣甘氏三修族譜［湖南］　史4-26057

寧羌州鄉土志　史7-54921

寧羌州鄉土志［光緒］　史8-62981

寧羌州志［道光］　史8-62979

寧羌州志［萬曆］　史8-62978

寧羌州志［光緒］　史8-62980

寧善何氏宗譜［浙江富陽］　史4-28265

90 寧光先奏稿　史6-48521

3020₂ 廖

10 廖天一齋文稿、詩稿　集4-31587

廖天一齋曲譜　集7-54774

廖天一閣文　集6-41766　叢2-2089

廖天一閣詩集　集4-33294

22 廖山樵唱　集5-39007

30 廖廖集　叢1-413

76 廖陽殿問答編　子5-29574、31443

廖陽館詩草　集5-40916

3020₇ 穿

10 穿天論　叢2-774(10)、845(4)

30 穿窟山志　史7-52296～7

77 穿門遊草　集6-45142

3021₁ 完

01 完顏文勤公詩集　集4-33517
　　完顏文勤公年譜　史2-12230
　　完顏氏文存　集3-18671
05 完訣　子1-1195
10 完玉堂詩集　集3-16840
　　完石齋集　集3-15091
　　完吾賸稿　集3-18780
12 完璞齋吟薇閣喬梓詩集合稿　集5-34927
　　完璞齋吟草　集5-36949
　　完璞堂吟稿　集3-19156
22 完巢剩稿　集5-38644
26 完白山民寄鶴書　集4-22586
　　完白山人集　集4-22584
　　完白山人篆刻偶存　子3-17080
44 完菴集　集2-6754～6
47 完穀山房集四種(館課詩鈔、館課賦鈔、課蒙草、囈語鈔存)　集5-37296
62 完縣新志[民國]　史7-55343
　　完縣鄉土志[光緒]　史7-55344
　　完縣志[雍正]　史7-55342
　　完縣志[康熙]　史7-55341
80 完鏡集　集6-44065

寵

16 寵硯錄　集6-41964
40 寵壽堂詩集　集3-14096～7
90 寵光錄　史5-36129

扉

50 扉青詩鈔　集5-36907

3021₂ 宛

10 宛平王氏宗譜[北京豐臺]　史4-24756
　　宛平歲時志稿　史7-49324、49821
　　宛平寶翰堂集　集3-14859、6-41969
　　宛平縣志[康熙]　史7-54934

　　宛西李氏重修宗譜[安徽宣州]　史4-27313
17 宛羽堂詩鈔　集4-31056
　　宛疋　集6-44759
20 宛委山房詩詞剩稿　集6-41760
　　宛委山房集　集3-21406、6-41986
　　宛委山房剩稿(宛委山房詩詞剩稿)　集4-32247
　　宛委山人詩集　集3-17669～70、17672
　　宛委山人詩集、炊臼集、西園詩選　集3-17671
　　宛委別藏　叢1-265(1)
　　宛委別藏續總目提要　史8-65496
　　宛委別藏總目提要　史8-65495
　　宛委餘編　子4-20884　叢1-22(23)、2-1111
　　宛舫居文集　集3-17608
21 宛上同人集　集6-41996
28 宛谿先生滄洲摘藁、滄州近藁、無文漫草　集2-8930
31 宛渠螺詞稿　集3-18976
32 宛溪詩文殘存　集3-15239
　　宛溪集　集4-28469
37 宛湄書屋文鈔、詩集、詩後集、詩續錄　集4-32194
40 宛在堂文集　集2-12545
　　宛南任氏家譜[安徽旌德]　史4-26792
　　宛南陝右行役記　史7-53124
47 宛鳩居詩　集3-13613
50 宛東嵇氏宗譜[安徽宣城]　史5-35979
　　宛東林氏宗譜[安徽宣州]　史4-29313
60 宛署雜記[萬曆]　史7-54933
70 宛雅、續宛雅　集6-44757
　　宛雅初篇、二篇、三篇　集6-44758
72 宛丘詩集　集1-2856、6-41908
　　宛丘詩鈔　集1-2855、6-41900
　　宛丘集補鈔　集1-2857、6-41901
　　宛丘先生文集　集1-2840、2847
　　宛丘先生文集、補遺　集1-2846、2848
　　宛丘先生文集、柯山樂府　集1-2841
　　宛丘先生文集、目錄、補遺　集1-2849
　　宛丘先生文粹　集1-2858、6-42039
　　宛丘題跋　集1-2859　叢1-169(4)、2-731(2)
74 宛陵詩集　集1-1989、6-41908
　　宛陵詩選　集1-1988、6-41903
　　宛陵詩鈔　集1-1987、6-41900
　　宛陵二水評　史7-52946　叢1-22(25)
　　宛陵羣英集　集6-44756　叢1-223(69)
　　宛陵郡志備要[道光]　史7-58093
　　宛陵集、拾遺、附錄　叢1-223(51)、227(9)

宛陵集校勘記　集1-1986
宛陵先生(梅堯臣)年譜　史2-11214
宛陵先生(梅堯臣)年譜、文集拾遺、附錄
　史2-11015
宛陵先生文集　叢2-698(9)
宛陵先生文集(宛陵集)　集1-1983
宛陵先生文集(梅聖俞全集、宛陵集、宛陵
　先生集)、拾遺、附錄　集1-1984
宛陵先生文集、拾遺、附錄補遺、續金針詩
　格、附宛陵先生年譜　集1-1985
宛陵先生集、拾遺、附錄　叢2-635(8)
宛陵宣林梅氏宗譜[安徽宣州]　史5-
　34145
宛陵遺稿　集1-5202
宛陵遊草　集4-28044
宛陵錄　子6-32091(65),7-34055、34058
97 宛鄰文　集4-25072　叢2-797
宛鄰文集　叢2-798
宛鄰詩　叢2-797
宛鄰詩、文、立山詞　集4-25073～4
宛鄰詩、蓬室偶吟、立山詞　集4-25071
宛鄰草稿、隨錄　集4-25070
宛鄰書屋叢書十三種　叢1-327
宛鄰書屋古詩錄　集6-42334　叢1-327

3021₃ 寬

27 寬甸縣鄉土志[光緒]　史7-56170
寬甸縣志畧[民國]　史7-56169
30 寬房季常公垂裕堂冊[江西萬載]　史4-
　29596

3021₄ 寇

17 寇子翼定時捉將雜劇　集7-48774(7)、
　49013
22 寇變紀、寇變後紀、寨堡紀、堡城紀　史1-
　3320
40 寇難瑣記　史1-4158
寇難紀畧、詩　史1-3969
44 寇萊公集(寇忠愍公集)　集1-1873
寇萊公遺事　子5-26220　叢1-40、96
寇萊公思親罷宴　集7-49397、49435
50 寇忠愍公詩集　集1-1871,6-41895
寇忠愍公集　集1-1873

3021₆ 寬

40 寬大詔　集7-49514
50 寬夫文集　集4-24343

3021₇ 扈

21 扈行雜記、易水紀行　史2-9843
27 扈嶼葉氏世譜[福建閩侯]　史5-35746
28 扈從詩　集1-5551～2
扈從親耕記　叢2-934
扈從西巡日錄　史7-49316、49318(2)、53883
　叢1-201、203(5)、210～1、223(22),2-
　1353～4
扈從集　叢1-223(61)
扈從紀程　史7-49318(2)、53885
扈從木蘭行程日記　史7-53927　集3-
　21231　叢2-1494
扈從東巡日錄　史7-49318(2)、53881～2
　叢2-785、1353～4
扈從賜遊記　史7-49317(7)、49318(2)
扈從賜遊記(清康熙四十七年)　史1-4468
扈從錄　史1-3669

3022₇ 宥

00 宥齋弄筆　叢2-2270(4)

宵

25 宵練匣　子1-1013　叢1-22(20)、61～4,2-
　730(4)

寡

37 寡過編　子4-21211
寡過未能齋詩集　集4-29225

房

10 房露詞　集 7 - 46440、47227
21 房術奇書　子 2 - 11050
22 房山集　集 1 - 4884
　房山山房叢書十一種　叢 2 - 654
　房山志料[咸豐]　史 7 - 54939
　房山縣志、續志[康熙]　史 7 - 54937
　房山縣志[康熙]　史 7 - 54936
　房山縣志[萬曆]　史 7 - 54935
　房山縣志[乾隆]　史 7 - 54938
　房山縣志[民國]　史 7 - 54940
25 房仲詩選　集 3 - 19110
31 房江集選　集 2 - 12950,6 - 41942
38 房海客侍御疏　史 6 - 48485
62 房縣志[同治]　史 8 - 60123
　房縣志鈔三十三類[乾隆]　史 8 - 60122
72 房氏族譜[湖南瀏陽]　史 4 - 30286
　房氏宗譜[山東]　史 4 - 30284

扁

27 扁舟子文稿　集 5 - 35211
　扁舟子雜稿　集 5 - 35209
　扁舟子雜藁　叢 2 - 1979
　扁舟子外集　集 5 - 35210　叢 2 - 1979
　扁舟子自記履歷　叢 2 - 1979
　扁舟子叢稿七種　叢 2 - 1979
　扁舟了口記簿(清同治七年)　史 2 - 12931
　扁舟集　集 5 - 38766
　扁舟載酒詞　集 7 - 47378　叢 2 - 1619
47 扁鵲傳　子 2 - 4575
　扁鵲心書、神方　子 2 - 4603、4750、4794〜5
　扁鵲神應鍼灸玉龍經　子 2 - 4623　叢 1 -
　　223(33)
　扁鵲游秦祕術　子 2 - 9021
　扁鵲脈書難經輯注　子 2 - 5474
　扁鵲鍼灸神應玉龍經,扁鵲神應鍼灸玉龍
　　經　子 2 - 10229
　扁鵲鍼灸纂要　子 2 - 10259
80 扁善齋文存、詩存　集 5 - 38629
　扁善齋詩選　集 5 - 38628
　扁善齋詩存　叢 2 - 800

肩

10 肩雲草堂詩再續　集 4 - 28714

扇

10 扇面第　子 3 - 16662

褅

08 褅說　經 1 - 163(1)、6139、6145　叢 1 - 257、
　　349
38 褅祫辨誤　經 1 - 6138
　褅祫觿解篇　經 1 - 137、6140
　褅祫考、祼考　經 1 - 6142
　褅祫考辨　經 1 - 6137
　褅祫問答　經 1 - 163(3)、6144
　褅祫問答　叢 1 - 203(5)
　褅祫答問　叢 1 - 242(4)

窮

00 窮交十傳　史 2 - 7646
13 窮酸嘆　集 7 - 52439
26 窮鬼白嘆　集 7 - 52438
29 窮愁志　子 4 - 19881　叢 1 - 22(4)、23(4)、2 -
　　617(2)
　窮愁志、客窗偶筆　子 4 - 19882
　窮愁錄　子 4 - 21737
30 窮塞微吟　集 5 - 38414
35 窮神錄　子 4 - 23357
37 窮通寶鑑欄江綱　子 3 - 14159
40 窮大奶奶逛白雲觀一枝　集 7 - 51892
71 窮阮籍醉罵財神　集 7 - 49397〜8、49404
77 窮居集　集 2 - 8271
90 窮忙小記　史 1 - 4350　叢 2 - 700、1006、
　　1008〜9
97 窮怪錄　子 5 - 26855　叢 1 - 22(19)、23(19)、
　　249(2)

肩

77 肩鳳齋存稿　集4-26597,6-42006

3023₂ 家

00 家主戲鬟　集7-52364～5
　家廟塾中條規　子1-2446
　家廟記　史5-39866
　家廟總圖　史4-32709
　家庭庸言　子1-2137　叢2-1124
　家庭雜志　子7-36237
　家庭講話　子1-2245　叢2-724
　家庭直講　子1-2247
　家庭教育法　子7-36232
　家慶圖詠　叢2-908
　家言　子1-1695　叢2-1640
　家言隨記、退齋遺稿、歷下七十二泉考　子
　　4-23442
　家言類纂　子1-2282
01 家語　子1-192,197～8,202～3,214,226　叢
　　1-140、236～7
　家語證僞　子1-224　叢1-479,2-662、
　　1448
　家語疏證　子1-225　叢1-416～7
　家語毛本正誤　子1-231
　家語集註　子1-230
　家語佚文　子1-193　叢2-777
　家語弟子補注　子1-229
02 家訓　子1-2120、2147、2167、2189、2239、
　　2244、2318　叢1-182、197(1)、198,2-674、
　　771(1)
　家訓詩話　子4-21440
　家訓十二事宜　子1-2283、2295
　家訓筆錄　子1-2089　叢1-282(2)、283
　　(2),2-731(20)
　家訓恆言　子1-2213
　家訓類編　子1-2145
03 家誡　叢2-951
　家誡要言　子1-2155　叢1-195(3)、366～
　　8,2-731(20)
　家誡輯要　叢1-375
　家誡錄　子1-2231　叢2-1506
04 家諱編　叢2-1679
　家諱考　史6-42261　叢2-2247
05 家塾座右銘　子1-2383　叢1-197(4)

家塾課程　子1-2434　叢1-508
家塾課藝　集4-27124
家塾誨規、關帝戒士子文註　子1-2421
家塾瑣語　子1-2922　叢2-2015
家塾私言　子4-20438　叢2-1205
家塾緒言　子4-20770
家塾準繩　子1-2445
家塾邇言　子1-2396
家塾蒙求　子1-2825
家塾孝經　經2-8575、8580
家塾孝經集解　經2-8574、8578～9
家塾孝經集解(家塾孝經)　經2-8413
家塾孝經集解三種　經2-8579
家塾事親　子4-23845
家塾問業　子1-2826
08 家譜約編[安徽歙縣]　史4-28857
　家譜寶卷　子7-36119
10 家王故事　史1-2439　叢1-17、19(6)、20
　　(4)、21(6)、22(7)、23(7)、24(7)、29(5)、199、
　　374
17 家帝集　集3-19516～7
　家君(劉岳晙)戰事紀彙刊、先母事畧　史
　　2-10399
18 家珍集文鈔　集4-31242
　家政須知　子1-2168　叢2-1235
　家政法　子1-4094　叢2-774(9)
　家政學　子7-37270
20 家信　叢2-2185
　家雞集　集6-44982
　家乘備覽　叢2-1361
　家乘述聞　叢2-972
22 家山何氏宗譜[浙江諸暨]　史4-28278
　家山鄉眷錄[嘉慶]　史7-57497
　家山圖書　子1-2109　叢1-223(30)、229、
　　306
24 家牘寶言　集6-44273
25 家傳　史2-7829
　家傳、鐵牛翁遺稿　叢1-223(58)
　家傳痘疹探微　子2-8682
　家傳產後歌訣治驗錄　子2-7987
　家傳新法保赤全書　子2-8418
　家傳課讀　子2-5145
　家傳經驗良方　子2-4731,9943
　家傳太素脈祕訣　子2-6271
　家傳喉科　子2-7619
　家傳脈訣　子2-6066
　家傳醫宗大成　子2-5294
　家傳醫祕　子2-4635、5091
　家傳醫學入門　子2-5272
27 家饗圖說　叢2-1705

家祭禮　叢2-1268
28 家儀部　子4-23694
　家儀答問　經1-6335
30 家宴　集7-49377
　家寶摘要　子4-24455
　家寶合編　集2-9195
35 家神擁護寶卷　集7-54274
　家禮　經1-6291　叢1-223(9)、449、574(5)
　家禮、圖、深衣考　經1-6296
　家禮辨說　經1-6319　叢1-386～7
　家禮辨定　經1-6323
　家禮正衡　經1-6314
　家禮要節　經1-6307
　家禮集說　經1-6301～2
　家禮集要　經1-6309
　家禮維風　經1-6317
　家禮經典參同　經1-6326
　家禮喪祭拾遺　經1-6322、6359
　家禮考　叢2-771(1)
　家禮摘要　叢2-1216
　家禮拾遺　經1-147、6321
　家禮易簡編　經1-6310
　家禮會通　經1-6300、6346
　家禮銓補　經1-6311
　家禮箋補　經1-6294
　家禮節要　經1-6305
44 家蔭堂詩鈔、文鈔　叢2-1655
　家蔭堂詩鈔、文鈔、尺牘　集4-26233
　家蔭堂一瞬錄、家蔭堂來西錄　史2-9724
　家蔭堂彙刻(家蔭堂存稿)九種　叢2-1655
　家蔭堂家言　子1-2278
　家蔭堂來西錄　子4-23321　叢2-1655
　家蔭堂感深知己錄、續刊　子4-23322
　家蔭堂尺牘、家言　叢2-1655
　家藏手輯水經圖說　史7-52743
　家藏集　叢1-227(10)
　家藏集、補遺　叢1-223(64)
　家藏心典　子2-5079
　家藏古今玉諸器款識　子4-23726
　家藏蒙筌　子2-5084
　家藏書畫記　子3-14853、14877　叢2-1857
　家藏書畫題詠、摺扇書畫冊　子3-14967
　家菌長養法、蕈種栽培法　子7-37087
　家世舊事　叢1-11～2、22(8)、23(8)
　家世舊聞　史2-8066、8194　子4-20118、
　　22923　叢1-4～5、9、17、19(3)、20(2)、21
　　(6)、22(7)、23(7)、24(3)、29(5)、134,2-731
　　(52)、1037
50 家中祕　子2-10181
　家中聞見錄　史4-29936

家事集　集3-20773
　家事彙記　叢2-1511
　家書　集2-10026　叢2-1191、1935、2000
53 家戒彙　子1-2107
56 家規　子1-2255　叢2-1593
　家規部　子4-23694
　家規輯彙　子1-2118～9　叢1-213,2-
　　1054
　家規輯彙補　叢2-1802
　家規省括　子1-2226
　家規類編　叢1-213
60 家園記　史1-4131
　家園樂　集7-52363
66 家嚴(吳錫五)慈十次受封行彙　史2-9998
77 家風述彙　集3-17623
　家兒私語　史2-7953　子4-20741　叢2-
　　646、753、791
　家用膏丹丸散方　子2-7743、10020
　家用良方　子2-9796
　家居自述　子2-9688
　家居醫錄　子2-4559
　家居小適　史7-51925　叢2-1144
　家學淵源　子2-5037
　家學淵源集　集6-45098
　家學淺論　子7-35380
　家學樹坊　史8-66053　叢2-2129(2)、
　　2130～1
　家學堂遺書二種　集6-45861
80 家人子語　子1-2187　叢1-201、203(2)、
　　366～8
　家人衍義　子1-2144
　家人箴　子1-2117　叢1-83
　家奠儀　叢2-2270(4)
　家食蕘　集2-9897
81 家矩　子1-2158　叢2-728、838
88 家範　子1-2083　叢1-83、218、223(29)、
　　451,2-669
　家範(溫公家範)　子1-2082
　家範輯要　子1-2084
90 家堂寶卷(家堂妙典)　集7-54273
　家常語　子1-1964、2889
　家常必讀　子1-2299

宸

00 宸章集錄　史1-1924　叢1-50～1
22 宸斷兩河大工錄　史6-46622
41 宸垣識彙　史7-49833　叢1-373(6)
　宸垣識餘　史7-49834　叢1-202(6)、203

　　　　（12）
48 宸翰樓叢書五種　叢2-595
　　宸翰樓叢書八種　叢2-596
　　宸翰樓所藏書畫目錄　叢2-2198
　　宸翰錄　史6-47618

宷

60 宷園攟談　叢2-1889
80 宷翁叢稿三種　叢2-1932

宸

44 宸華堂集、續集　集2-10033

永

00 永康鄉土志[民國]　史7-57595
　　永康蔣氏宗譜[浙江永康]　史5-38139
　　永康樓氏宗譜[浙江永康]　史5-39018～9
　　永康胡氏義田錄　史6-44696
　　永康縣志[康熙]　史7-57591～2
　　永康縣志[正德]　史7-57590
　　永康縣志[道光]　史7-57593
　　永康縣志[光緒]　史7-57594
　　永康周氏宗譜[浙江永康]　史4-30024
　　永慶昇平　子5-28779、28781
　　永慶昇平前傳　子5-28778、28780
　　永慶答問　子1-77
　　永言　史2-9219
　　永言(趙時腴)　史2-9218
02 永新縣志[萬曆]　史8-58950
　　永新縣志[乾隆]　史8-58951
　　永新縣志[同治]　史8-58956
　　永新縣志稿[同治]　史8-58955
10 永二公房譜[江西宜黃]　史5-41077
　　永平府志[康熙]　史7-55170～1
　　永平府志[弘治]　史7-55167
　　永平府志[萬曆]　史7-55168
　　永平府志[乾隆]　史7-55172
　　永平府志[光緒]　史7-55173
　　永平府賦役全書　史6-43653
　　永平詩存、續編　叢2-1857
　　永平三子遺書　叢2-1857

　　永平元和尚頌古　子6-32093(53)
　　永平撫寧金氏大門世譜[河北撫寧]　史4-29616
　　永平縣志稿[民國]　史8-62517
　　永平縣志書[民國]　史8-62516
　　永平公案　叢2-1222
11 永北府志[乾隆]　史8-62476
21 永順府志[乾隆]　史8-60790
　　永順府志[同治]　史8-60791
　　永順宣慰司志　史8-60789
　　永順縣志[乾隆]　史8-60806～7
　　永順縣志[同治]　史8-60808
　　永順縣志[民國]　史8-60809
　　永順風土誌[民國]　史8-60810
　　永順小志　史7-49318(13)、50805
22 永川縣志[道光]　史8-61524
　　永川縣志[乾隆]　史8-61523
　　永川縣志[光緒]　史8-61525
　　永川公牘　史6-47226
　　永川舒氏宗譜[浙江永康]　史5-36313～4
　　永豐鄉人雜著八種續編六種附一種　叢2-2193
　　永豐鄉人稿四種　叢2-2191
　　永豐鄉人續稿七種　叢2-2192
　　永豐鄉人甲稿、乙稿、丙稿、丁稿　集5-40375
　　永豐縣志[康熙]　史8-58930
　　永豐縣志[順治]　史8-58929
　　永豐縣志[嘉靖]　史8-58718
　　永豐縣志[同治]　史8-58931
　　永樂北藏(北藏)　子6-32090(1)
　　永樂聖政記　史1-2779
　　永樂十二年福建鄉試錄　史3-14306
　　永樂十三年會試錄　史3-13525
　　永樂十八年浙江鄉闈小錄　史3-14181
　　永樂九年進士登科錄　史3-13524
　　永樂大典　子5-26100
　　永樂大典廣字韻　子5-26102
　　永樂大典玄字韻　子5-26101
　　永樂大典現存卷目表　子5-26105
　　永樂大典九真韻　子5-26103
　　永樂大典書目考　史8-65429　叢2-785
　　永樂大典輯本考　叢2-673
　　永樂大典目錄　史8-65428　叢1-359
　　永樂大典目錄、韻總歌括、韻總　子5-26104
　　永樂大典錄出書考　叢2-673
　　永樂大典簡目　史8-65430
　　永樂南藏(再刻南藏)　子6-32089(1)
　　永樂別錄　史1-2780

永綏廳志[宣統]　史8-60802
永綏廳志[乾隆]　史8-60800
永綏直隸廳志[同治]　史8-60801
24 永牘　史1-3057　叢2-885
永德堂詩草　集3-19261
26 永息教案策　子7-38152
永和縣志[康熙]　史7-55893
永和縣志[民國]　史7-55894
30 永濟融禪師語錄　子6-32091(74)
永濟縣志[光緒]　史7-55917
永淳縣志[康熙]　史8-61243
永淳縣志[民國]　史8-61244
永寧虞氏宗譜[浙江東陽]　史5-37216~7、37219、37221
永寧山扈從紀程、雜記　史7-54058
永寧州志[康熙]　史7-55986
永寧州志[順治]　史7-55985
永寧州志[道光]　史8-62221
永寧州志[光緒]　史7-55987,8-61275、62223
永寧州志補遺[咸豐]　史8-62222
永寧祇謁筆記　史7-49318(2)、53140
永寧通書　子3-14497
永寧縣鄉土志[光緒]　史8-61939
永寧縣志[康熙]　史8-58897、59636
永寧縣志[順治]　史8-59635
永寧縣志[道光]　史8-58899
永寧縣志[萬曆]　史7-54975
永寧縣志[乾隆]　史8-58898、59637~8
永寧縣志[同治]　史8-58900
永寧陳氏宗譜[浙江東陽]　史4-33063
永憲錄　史1-3702~3、3705　叢2-611
永憲錄、續　史1-3704
永宇溪莊識署、續識署　子4-21366
永安上水曾氏族譜[福建永安]　史5-36615
永安州志[嘉慶]　史8-61317
永安州志[光緒]　史8-61318
永安湖秋泛詩　集6-44606
永安坊陳氏宗譜[浙江諸暨]　史4-32905~6
永安耆獻狀　史2-8143
永安黃氏族譜[福建永安]　史5-33923~4
永安縣誌[順治]　史8-58256
永安縣三志[道光]　史8-60923
永安縣續志[道光]　史8-58258
永安縣次志[康熙]　史8-60922
永安縣志[雍正]　史8-58257
永安縣志[萬曆]　史8-58255、60921
永安人壽保險公司簡明章程　史6-44516
永字八法　子3-15000、15110

永定邵氏族譜[江蘇宜興]　史4-29210
永定邵氏世譜[江蘇宜興]　史4-29212
永定衛志[康熙]　史8-60450
永定侯初譜[福建永定]　史4-30724
永定河水利事宜　史6-46714
永定河續志、補錄　史7-52831
永定河源考　史7-49318(10)、52827
永定河道石臞王公(念孫)行狀　史2-9571
永定河志　史7-52828~9
永定河志、治河摘要　史7-52830
永定縣鄉土志[光緒]　史8-60453
永定縣志[康熙]　史8-58417
永定縣志[道光]　史8-58419
永定縣志[嘉慶]　史8-60451
永定縣志[乾隆]　史8-58418
永定縣志[同治]　史8-60452
永定縣志[民國]　史8-58420
31 永江宋氏族譜[湖南郴州]　史4-29188
永福唐氏族譜[廣西永福]　史4-32581
永福天衢　子7-35330
永福寺　集7-52549
永福縣志[道光]　史8-61276
永福縣志[萬曆]　史8-58184
永福縣志[乾隆]　史8-58185
永福縣志[民國]　史8-61277
32 永州府志[康熙]　史8-60664~5
永州府志[弘治]　史8-60662
永州府志[洪武]　史8-60661
永州府志[道光]　史8-60666
永州府志[隆慶]　史8-60663
永州紀勝　史7-49318(13)、51479
永州圖經　史7-49309、50787
永州風土記　史7-49309、50786
35 永清庚辛紀署　史1-3966
永清文徵　叢2-1529
永清徐氏宗譜[浙江金華]　史4-32018
永清縣志[康熙]　史7-55229
永清縣志[乾隆]　叢2-1529
永清縣志二十五篇附文徵[乾隆]　史7-55230
永清堂剩稿　集5-38094
36 永祝長清　集7-49715
37 永初山川記　史7-49307~8、49461
永初山川古今記　史7-49463　叢2-779
40 永嘉高僧碑傳集、補　史2-8097　叢2-934
永嘉文選　集1-3701
永嘉證道歌　子7-33972
永嘉韶川邵氏宗譜[浙江永嘉]　史4-29251
永嘉三百詠　史7-50478

永嘉瑞安石刻文字　史8-63919

永嘉郡記　史7-50472、50474～5　叢1-22(11)、23(10)

永嘉郡記[劉宋]　史7-57651

永嘉集　子6-32089(50)、32090(64)、32092(41)

永嘉集外編　集6-44740

永嘉先生三國六朝五代年總辦　史1-6029

永嘉先生集　集2-6008　叢2-867

永嘉先生八面鋒　子5-25555　叢1-301,2-731(45)

永嘉叢書十三種　叢2-865

永嘉叢書十五種　叢2-866

永嘉叢書八種　叢2-864

永嘉禪宗集　子7-33985

永嘉禪宗集注　子7-33986

永嘉真覺大師證道歌　子7-33980、33987、33989～90

永嘉書目　史8-66112

永嘉四靈詩　集6-44738～9

永嘉縣鄉土志[民國]　史7-57683

永嘉縣志[康熙]　史7-57679

永嘉縣志[萬曆]　史7-57678

永嘉縣志[乾隆]　史7-57680

永嘉縣志[光緒]　史7-57682

永嘉縣志摘抄[咸豐]　史7-57681

永嘉嘯翁彬遠和尚村居以後詩(嘯翁老人村居以後詩)　集3-16795

永嘉覺禪師語錄　子7-32102

永嘉聞見錄　史7-50476～7

永嘉金石百詠　史8-63920

永吉縣鄉土資料[民國]　史7-56253

永吉縣鄉土志[光緒]　史7-56252

永吉縣志[民國]　史7-56250～1

永壽項氏宗譜[浙江東陽]　史5-35509～10

永壽縣新志[乾隆]　史8-62876

永壽縣重修新志[光緒]　史8-62878

永壽縣志[康熙]　史8-62875

永壽縣志餘[嘉慶]　史8-62877

43 永城紀畧　史1-3056　叢2-885

永城縣志[康熙]　史8-59839

永城縣志[嘉靖]　史8-59838

永城縣志[光緒]　史8-59840

44 永慕廬文集　集4-27365　叢2-807

永慕園叢書六種　叢2-597

永慕堂藏書目錄、碑目　史8-65897

永慕堂葬法　子3-13640

46 永觀堂海內外雜文　集5-41340　叢2-630

47 永報堂詩集　集4-22217　叢2-1551

永報堂集五種　叢2-1551

48 永增詩文集十一種　集4-22990

50 永泰鄉土志[民國]　史8-58187

永泰縣志[民國]　史8-58186

永春州志[乾隆]　史8-58341～2

永春戴氏宗譜[安徽祁門]　史5-40540

永春縣志[康熙]　史8-58340

永春縣志[嘉靖]　史8-58338

永春縣志[萬曆]　史8-58339

永春縣志[民國]　史8-58343

53 永感錄　子4-22983

永感錄(顧家相)　史2-10750

60 永思集　集4-24776

永思集誄辭　史2-9372

永思樓遺稿　集3-17833

永思錄　史2-9122　集2-8912～3　叢1-375

永思錄內編、外編、續編、孫氏敦本堂約　子4-24358

永昌府志[康熙]　史8-62451

永昌府志[乾隆]　史8-62452

永昌府志[光緒]　史8-62453

永昌郡傳　史7-51064　叢2-767

永昌土司論　史7-49317(6)、49318(14)、51069

永昌縣誌　史7-54920

永昌縣誌[乾隆]　史8-63099

永昌縣志[嘉慶]　史8-63101

永昌縣志[乾隆]　史8-63100

永昌縣志[民國]　史8-63102

永邑社川河頭鄭家牌清沙張氏族譜[浙江永嘉]　史5-35118

67 永明心賦註　子6-32092(42),7-34007

永明禪師念佛訣、天如禪師淨土或問、獨讚淨土論　子7-34558

永明道迹　子7-34786

永明壽禪師語錄　子7-32102

永明縣志[康熙]　史8-60684～5

永明縣志[道光]　史8-60686

永明縣志[光緒]　史8-60687

永明智覺禪師方丈實錄　子7-34781

永明智覺禪師定慧相資歌　子7-33974

永明智覺禪師唯心訣　子6-32091(65)

永明智覺禪師唯心訣、定慧相資歌　子6-32093(51)

永明智覺禪師唯心訣、智覺禪師定慧相資歌、警世、宗鏡錄序　子6-32089(52)、32090(67)

71 永歷紀事　史1-1937、1953～7、1959、3474

永歷紀年　史1-1982、3456　叢2-1261

永歷實錄　史1-1697

永歷帝入緬本末　史1-3508

永曆實錄　史1-3446　叢2-1292~3
74 永陞傳、富青阿等傳　史2-10117
　永陂王氏宗譜[湖南湘潭]　史4-25486
76 永陽遊草　集4-31656
77 永覺和尚瀼言、續瀼言　子7-34101
　永覺和尚瀼言、續瀼言、洞上古轍　子7-34100
　永覺和尚洞上古轍　子7-34102
　永覺和尚古轍　子7-34103
　永興集　集6-44674
　永興鄉土志[光緒]　史8-60639
　永興縣志[嘉慶]　史8-60637
　永興縣志[乾隆]　史8-60635~6
　永興縣志[光緒]　史8-60638
　永興陳氏五修族譜[湖南永興]　史4-33389
80 永矢集　叢2-1827
　永年申氏遺書十三種　叢2-782(3)
　永年縣鄉土志[光緒]　史7-55558
　永年縣志[康熙]　史7-55555
　永年縣志[崇禎]　史7-55554
　永年縣志[乾隆]　史7-55556
　永年縣志[光緒]　史7-55557
　永年縣志料[民國]　史7-55559
　永善縣志畧[嘉慶]　史8-62467
　永善縣志畧[光緒]　史8-62468
　永善堂紀事　史6-44725
90 永懷集　集3-18923
　永懷堂文鈔、詩鈔　集5-33807
　永懷堂詩稿　集3-19490
　永堂隨筆　集5-39513
91 永類鈐方　子2-9188

襄

50 襄蠱奇書　子2-7238

竆

40 竆櫶詩質　集5-35661　叢2-934
　竆櫶日記鈔　叢2-645
　竆櫶日記鈔(清光緒十年至十一年)　史2-12999
77 竆叟墨錄　子4-18835
80 竆盦日劄(清光緒二十一年至二十二年)　史2-12998

竆翁文鈔　集4-33221

3024₁ 穿

15 穿珠集　子7-34388
22 穿山記　史7-49318(19)、52300
　穿山透地真傳　子3-13510
　穿山志初稿[民國]　史7-57103
　穿山小識　史7-49318(19)
　穿山小識[道光]　史7-57099~100、57102
　穿山小識補遺[道光]　史7-57101
32 穿透真傳　子3-13509
37 穿鑿附會　叢2-2270(4)

3026₁ 宿

31 宿源心語　子1-1905
　宿遷王氏池東書庫簡目　史8-65914
　宿遷縣志[康熙]　史7-56639~40
　宿遷縣志[嘉慶]　史7-56641
　宿遷縣志[萬曆]　史7-56638
　宿遷縣志[同治]　史7-56642
　宿遷縣志[民國]　史7-56643
32 宿州志[康熙]　史7-57769
　宿州志[道光]　史7-57770
　宿州志[嘉靖]　史7-57767
　宿州志[萬曆]　史7-57768
　宿州志[光緒]　史7-57771
38 宿游唱和草　集4-30910
44 宿花龕詩草　集3-16494
　宿花龕集　集3-16493
48 宿松縣志[康熙]　史7-57930
　宿松縣志[道光]　史7-57931
　宿松縣志[同治]　史7-57932
　宿松縣志[民國]　史7-57933
67 宿曜儀軌　子6-32093(38)
77 宿月詩草　集3-21571
80 宿命智陀羅尼　子6-32083(31)
　宿命智陀羅尼經　子6-32083(31)

寤

00 寤齋先生遺稿　集2-9446　叢2-855
　寤言　子4-21938　叢1-31、106,2-2110

中國古籍總目·索引

癗言、質疑　子1-1838　叢2-1904
癗言質疑　子1-1948　叢2-967
癗言錄　子5-32007
癗言堂詩　集3-16065
01 癗語抄　叢2-1298
03 癗詠　集2-12766～7
16 癗硯齋集　集3-17086
17 癗歌室詩集　集5-38611
30 癗寐說　子1-4478
60 癗園山人素辭　集2-10708
93 癗怡亭詩　集3-16623

癉

77 癉凡　叢1-146

3029₄ 寐

77 寐叟乙卯稿　集5-38107
　寐叟題跋一集、二集　集5-38110
88 寐餘　子4-21295

癊

88 癊餘錄　集4-24973

褋

00 褋言　叢1-21(4)
33 褋述　叢2-1113
40 褋志　叢1-21(1)
44 褋藏經　子7-32717
　褋薰　子4-24742
87 褋錄　子4-23461
　褋俎　集6-44376

3030₁ 進

05 進講錄　子1-1068　集2-8875
　進講錄、禮部存稿、秋痕　集2-12122

10 進石臺孝經表　經2-8580、8582
24 進化論　子7-37795
　進化真詮　子7-37802
　進德叢書六種　叢2-627
27 進修齋集　集5-36337
　進修譜　子1-1685　叢2-1652
　進修筆錄　子4-21382
　進修堂詩集　集4-31678
　進修堂奏稿　史6-49040
32 進溪皇甫族譜[湖南武陵]　史4-30761
40 進士杜公詩稿　集4-23084
　進士題名碑錄(明洪武四年至崇禎十六年)
　　史3-13447
　進士館條規　史6-42354
44 進藏紀程　史7-49318(3)、51078　叢1-202
　　(2)、203(7)
48 進教要理　子7-35366
　進教切要　子7-35476
　進教問答　子7-35381
50 進奉文　叢2-2016
　進書始末　史1-4081
60 進呈鷹論　叢1-467
　進呈文藁　叢2-782(5)
　進呈詩　集3-17992
　進呈書像　子7-35296
　進呈冊　集6-45481
77 進學經　子6-32081(31)、32083(21)、32085
　　(30)、32088(22)
　進賢說　叢1-201、203(2)
　進賢縣鄉土志[民國]　史8-58493
　進賢縣志[康熙]　史8-58490
　進賢縣志[道光]　史8-58491
　進賢縣志[嘉靖]　史8-58489
　進賢縣志[同治]　史8-58492
　進賢堂稿　集3-13271
88 進笈詩草　集3-21500

3030₂ 適

00 適庵詩稿　集5-34513
　適庵詩存、詩餘　集5-34514
　適廬雜抄　子4-24698
　適廬詩存　集5-38737
　適廬詞草　集7-48137
　適齋詩集　史2-12230
　適齋詩集、惕盦年譜　集4-33518
　適齋居士集、行述　集4-26725
　適意草　集3-17848,4-30086

適意吟　集4-23130
10 適一子　子1-25
適吾廬詩存　集3-19682
適晉稿　集2-8370
適可齋記言　史6-41495、47525　子7-
　36249
適可齋記言、記行　史7-54375
適可齋記行　史6-41495
適可齋紀行　史6-47526
適可集　集4-30157
適可軒文集　叢2-1271
適可軒詩集　叢2-1271
適可軒詩集、文集、李贄、疏稿、淮鹺本論
　集3-14429
適可軒詩草　集3-17144
適可軒集　集3-14430
適可居詩集、鳳山牧笛譜　集5-39122
23 適我廬詩鈔　集4-22676
適我集　集3-15248,4-30565
30 適適草　集2-11644
適適吟草　集5-35574
適安廬詩鈔、詞鈔　集5-38704
適安廬詞鈔　集7-47851
適安藏拙餘稿　集1-4257,6-41744、41893、
　41895、41917
適安藏拙餘稿、乙稿　集6-41891
適安藏拙餘稿、乙卷　集6-41745、41912、
　41924
適安藏拙餘藁　集1-4255
適安藏拙餘藁、乙藁　集1-4256
適安藏拙餘藁、乙卷　集6-41899
適安藏拙餘藁　集6-41897~8、41904、41923
適安藏拙餘藁、乙卷　集6-41746、41888、
　41892
適安堂詩草、刪餘詩草　集4-22912
40 適有餘廬詩鈔　集4-33673
適志齋集、修齊要覽、許氏惠邑恤宗錄　集
　2-10234
適志齋稿　集2-10235
適志編　集2-11618,6-42828
適來子　子4-21040~1　叢1-203(16)、300
44 適暮稿　集7-50622
適菴韻對　子5-26113
適菴藏拙餘稿　集6-41894(3)
適其適齋詩鈔　集4-30864
適其適齋遺集　集4-30243
60 適園文錄　集5-34608
適園雜著　子4-20326　叢2-1098
適園語錄　子4-20327　叢1-134,2-731
　(12)
適園詩集　集4-30983、30986

適園詩稿、廛隱集詩草、文稿　集4-30984
適園詩存　集4-30244
適園詩錄　集4-23180
適園詩鈔　集3-16108,5-35422
適園剩稿　集4-30985
適園自娛草　集4-32927
適園自娛草、易畫軒題贈詩文彙編　集4-
　32926
適園叢稿　集4-30988~90
適園叢稿十四種　叢2-1805
適園叢書七十四種　叢2-615(1)
適園遺稿　集5-39471
適園藏書志　史8-65967
適園老人年譜　史2-12459
適園吟草　集4-33028
適園印譜　子3-17247
適園印存　子3-17249
適園印印　子3-17248
適園駢體文　集4-30992
適園箋啓　子4-21606
72 適所性齋詩鈔　集5-34229
77 適興草　集3-18580
80 適龕詩集　集4-31909
88 適餘堂集　集3-13160
95 適情雅趣　子3-17975、18011
適情錄　子3-18004

3030₃　寒

00 寒疫論　子2-4647、6949
寒疫合編　子2-6953
寒瘦集　集6-43429
寒瘦山房鬻存善本書目　史8-65965　叢
　2-2210
寒齋詩文集　集4-23691,6-45100
寒廳詩話　集6-45943~4　叢1-203(16)
寒夜集　叢2-1824
寒夜叢談　子4-21298　叢1-373(5)、550,
　2-640、1552
寒夜錄　子4-20961~2　叢1-195(5),2-
　731(54)
寒夜錄、校勘記、校勘續記　叢2-870(3)
寒訪亭詩集　集3-17333
02 寒氈雜詠　集4-22757
04 寒讀偶編　子4-21388
10 寒玉集、寒光集、寒香集　集2-11848
寒玉居集、碎金集　集3-16947
寒石詩鈔　集3-16266

中國古籍總目·索引

寒石先生文集　集2-12066～7
寒石先生集　集2-12065
寒雲手寫所藏宋本提要二十九種　史8-66011
寒雲泉簡　史8-64909
寒雲書景　史8-63508、66490
11 寒砧小草　集4-24050
16 寒碧孤吟　子5-26234　叢2-934
寒碧山齋詩集　集3-18226
寒碧山房吟草　集5-35846
寒碧樓詩集　集5-41071
寒碧軒雜著、綠蔭山館詞　集3-19003
寒碧軒詩　集5-41630
寒碧軒詩存　集5-36629　叢1-481
寒碧軒詩鈔、題詠　集4-23687
寒碧軒剩墨　集5-40229
寒碧簃瑣談　子4-22061
寒碧堂文集　集5-34624
寒碧堂詩茸　集3-15538　叢2-934
寒碧堂尺牘　集5-34625
17 寒蛩集　叢2-1405
寒蛩吟　集4-23444
寒瓊遺稿　集5-41479
寒翠軒詩鈔、續鈔、外集　集4-22639
寒翠軒集(獨旦草、湃潮集、江村集)　集4-22354
寒翠居文草、吟草、續鈔　集5-38462
寒翠居吟草　集5-38463
寒翠簃試律　集4-28454
寒翠簃詩集　集4-28455
寒翠簃詩籤　集4-28453
20 寒秀艸堂筆記　叢1-433
寒秀草堂筆記　子4-21664　叢2-731(7)
寒香亭傳奇　集7-50185
寒香集　集2-11848
寒香集(南詢先生寒香集)　集3-14210
寒香集選(寒香集)　集2-11853
寒香閣詩集　集3-18796
寒香館文鈔、詩鈔、崇祀鄉賢錄　集4-28441
寒香館遺稿　集2-12318
寒香館藏真帖、寒香館法帖　子3-15455
22 寒崖集　集5-40341
寒山誌傳　史2-8556　叢2-645
寒山詩　集1-671　叢2-635(6)
寒山詩、豐干拾得詩　叢2-635(6)
寒山詩集　子6-32091(70)　叢1-223(48)、2-616
寒山詩集、豐干拾得詩　集1-668
寒山詩集、豐干拾得詩(天台山國清禪寺三

隱集記)　集1-669
寒山詩合選　集2-11847
寒山詩餘　集7-46399～400、46895
寒山帚談、拾遺、寒山金石林甲乙表、金石林緒論　叢1-223(37)
寒山帚談、拾遺、附錄　子3-15120
寒山子詩　集6-41820
寒山子詩集　集1-672
寒山子詩集(御選妙覺普度和聖寒山大士詩)　集1-670
寒山子詩集(寒山子詩)、豐干拾得詩　集1-667
寒山志　史7-52282、52284
寒山志、復記、歸復華山記　史7-52283
寒山寺名賢記詠　集6-44473
寒山寺志　史7-51585　叢2-2119
寒山寺小志　史7-51584
寒山蔓草　集6-43828
寒山舊廬詩　子3-15417　叢2-832(5)
寒山拾得詩集　子7-32102
寒山留緒　史2-8557　叢2-796
寒山金石林部目　史8-63541　叢1-585
寒山堂金石林時地考　史8-63542～3　叢1-456(4)、2-731(34)
寒山堂金石林時地考、部目　史8-63544～5
24 寒牡丹　子7-38162
25 寒生草堂詞錄　集7-47626
26 寒泉子牧石吟　集2-12859
寒泉子直木堂詩集　集3-14311
27 寒螿詩藁存　集2-9051
寒螿詩藁存　叢2-644
寒綠齋小集、粉廊剩稿　集4-30311
28 寒儉書室偶錄　子4-24706
30 寒窗感寓集　集2-11549
31 寒江集　集2-11849
32 寒溪詩草　集3-13254
36 寒溫條辨(傷寒瘟疫條辨)、溫病壞證、撥正散　子2-6931
寒溫條辨治疫彙編　子2-6934
寒溫補議　子2-5173
寒溫指迷　子2-4744、6880
寒溫明辨　子2-4734、6870
40 寒支集初集、二集　集2-12418～9
寒喜集　集2-11851
寒木春華詞　集5-34741
寒木居詩鈔　集2-12734　叢2-715
寒木堂看香草　集3-16204
41 寒圩小志[嘉慶]　史7-56480
寒柯堂詩　集5-41583
寒柯堂避寇詩草　集5-41582

42 寒桃記　子7-38163
44 寒莊文編　集5-40154
　　寒莊外編　集5-40155
　　寒村雜錄　子4-24253
　　寒村詩文　集3-15692~3
　　寒村詩文選　集3-15694
　　寒村集　集2-8610
　　寒村七十祝辭　叢1-263
　　寒村舉業偶存、補遺　叢1-263
45 寒熱同治感傷分理合刊　子2-7138
48 寒檠膚見　子4-20691　叢1-22(23)、29(7)
　　寒松庵佚稿　集3-14847
　　寒松稊子雜著、雜吟　集3-20662
　　寒松大師拈來草　集3-14742
　　寒松草　集3-20149
　　寒松草堂試律　集4-33638
　　寒松老人自序　史2-10384
　　寒松操禪師語錄　子6-32091(80)
　　寒松晚翠堂初集、外集、詩集、制藝　集5-37168
　　寒松閣文　集5-35046
　　寒松閣雜鈔　子4-23487
　　寒松閣詩　集5-35040~1、35044　叢2-1975
　　寒松閣詩詞　集5-35039
　　寒松閣詩翰書劄　集5-35049
　　寒松閣詞　集7-48087~9　叢2-1975
　　寒松閣詞、綠羅詞　集7-48090
　　寒松閣談藝瑣錄　子3-16106　叢2-839~40
　　寒松閣集　集1-4044~6,5-35036~7,6-41784　叢1-223(57)
　　寒松閣集五種　叢2-1975
　　寒松閣老人集　集5-35038
　　寒松閣書目　史8-65836
　　寒松閣題跋　子3-14969　叢1-572,2-642、751
　　寒松閣駢體文、續　集5-35048　叢2-1975
　　寒松閣鈔書　集6-41762
　　寒松閣懷人詩、感舊詩　集5-35045
　　寒松堂庸言　子4-21833
　　寒松堂詩集　叢2-731(43)
　　寒松堂詩稿初集　集3-13929
　　寒松堂集　叢2-731(45)
　　寒松堂集、詩集　叢2-782(5)
　　寒松堂奏疏(寒松堂全集)　史6-48611
　　寒松堂全集　集3-13971
　　寒松堂全集、年譜　集3-13972
50 寒中詩集　集3-17455
　　寒青室稿　集3-17576
58 寒拾里人稿　集1-4972

60 寒田集　集6-44643
61 寒號集　集4-31496　叢2-900
77 寒閨年譜　史2-11893
88 寒筎初集　集3-16557
　　寒竽集　叢2-1358
90 寒光集　集2-11848
92 寒燈絮語　子1-2223　叢1-202(6)、203(12)

遮

00 遮庵遺稿　集5-39935
17 遮那德自伐八事　子7-38263

3030₄ 避

00 避庵詩存　集5-39300
04 避諱錄　史6-42258　叢1-352
22 避亂追憶記　叢2-706
　　避亂錄　史1-2507　叢1-22(7)、29(5)
25 避債臺　集7-49572
30 避寇紀畧　史1-3860
　　避寇日記　史1-3967
　　避寇日記(清咸豐十年、同治元年至三年)　史2-12935
40 避難叢鈔　史1-5271
44 避地三策、改折始末論　子4-20971　叢2-811、1268
45 避熱窩稿　集5-35555
52 避靜要引節錄　子7-35449
　　避靜神功　子7-35364
　　避靜入門　子7-35484
53 避戎夜話　史1-1982、2481~2　子5-26219~20　叢1-39~40、155,2-624(2)
　　避戎嘉話　史1-1914　叢1-22(7)、29(5)、95,2-730(2)
60 避園擬存　叢2-720(5)
　　避園擬存詩集　集2-11419　叢2-1197
　　避園擬存詩集、律陶、弈律　集2-11416
　　避暑一枝　集7-51662
　　避暑山莊紀事詩　叢2-683
　　避暑漫抄　史1-1914　叢1-11~2、22(7)、23(7)、29(6)、56、96,2-624(2)、731(52)
　　避暑漫錄　子4-23009
　　避暑漫鈔　叢1-95,2-730(2)
　　避暑錄　叢1-18
　　避暑錄語　叢1-17

避暑錄話　子 4 - 20024～7　叢 1 - 20(2)、22
　　(3)、23(3)、27～8、29(6)、31、100～1、169(4)、
　　223(41)、268(3)、547(4),2 - 731(51)、1036
72 避兵紀畧(清咸豐十年)　史 2 - 13006
　　避兵紀畧附鈔　史 1 - 4151
　　避兵十日記　史 1 - 3859
　　避兵吟草　集 4 - 33174,5 - 37830

3030₇　之

31 之江濤聲　史 7 - 50339　叢 2 - 2175
32 之溪老先集(勸影堂詞)　集 7 - 46942
　　之溪老生集、勸影堂詞　集 3 - 16337
34 之滇日記　史 7 - 53891
38 之游唾餘錄、不夜書屋試律偶存　集 4 -
　　31687
　　之遊唾餘錄、不夜書屋偶存　叢 1 - 505
80 之無集　子 5 - 24759

3032₇　寫

00 寫麠麈詞　集 7 - 48003
02 寫刻繡像元龍太子全傳　集 7 - 51357
06 寫韻山房詩存　集 4 - 31884
　　寫韻室存稿初刻　集 4 - 28286
　　寫韻樓詩集　集 4 - 25553
　　寫韻樓詩草　集 5 - 35784
　　寫韻樓詩草、詞草　集 4 - 25552
　　寫韻樓詩鈔　集 4 - 30377
　　寫韻樓遺草　集 4 - 33612
　　寫韻軒詩稿　集 4 - 26964
　　寫韻軒小稿　集 4 - 24796
10 寫憂集、壞中雜詠　集 3 - 15321
　　寫憂剩稿　集 5 - 40632
21 寫經齋文稿　集 5 - 38616　叢 2 - 2042
　　寫經齋續稿　集 5 - 38615　叢 2 - 2042
　　寫經齋初稿　集 5 - 38614　叢 2 - 2042
　　寫經齋全集八種　叢 2 - 2042
　　寫經樓題贈集、養竹山房題贈　集 6 - 44319
　　寫經樓金石目　史 8 - 63770～1
　　寫經堂文鈔、詩鈔、詞　集 5 - 35820
22 寫山水訣　子 3 - 15900　叢 1 - 371
　　寫山樓詩存　集 4 - 25128
27 寫像祕訣　子 3 - 15906
30 寫定樓遺稿　集 5 - 41381
　　寫定尚書二十八篇　經 1 - 3044

33 寫心雜劇十八種　集 7 - 49457
　　寫心詩集　集 5 - 34838
　　寫心二集(晚明百家尺牘)　叢 2 - 721
　　寫心集(晚明百家尺牘)　叢 2 - 721
　　寫心劇十六種　集 7 - 49458
　　寫心偶存、續存、再存　集 4 - 30116
34 寫法切要　子 7 - 33968
35 寫禮廎文集、詩集　集 5 - 37847
　　寫禮廎文集、補遺　叢 2 - 2062
　　寫禮廎詩集　叢 2 - 2062
　　寫禮廎讀碑記　史 8 - 64436　叢 2 - 2062
　　寫禮廎遺詞　叢 2 - 646
　　寫禮廎遺箸四種　叢 2 - 2062
40 寫十三經堂詩集　集 4 - 23575
　　寫真幻　子 5 - 27802
　　寫真祕訣　子 3 - 15859、15987、15996
47 寫均廔詞　集 7 - 47658
　　寫趣軒近稿　集 5 - 39049
　　寫趣軒舊稿(寫趣軒吟稿)　集 5 - 39047
　　寫趣軒吟稿　集 5 - 39048
50 寫本曲譜琴譜　子 3 - 17754
62 寫別錄　子 4 - 23082
67 寫照瑣言　子 3 - 14690　叢 2 - 1364
77 寫風情　集 7 - 48776、49163　叢 2 - 672
　　寫鷗館梅花百韻　集 5 - 35703
88 寫竹雜記　子 3 - 15970　叢 1 - 469、495、586
　　(3)、2 - 716(3)
　　寫竹簡明法　子 3 - 16393
95 寫情集　集 2 - 8233,7 - 46793

3033₂　宓

17 宓子　子 1 - 278　叢 2 - 774(8)
72 宓氏宗譜[浙江嵊縣]　史 4 - 30272

3033₃　寋

00 寋庵日記(清光緒十七年至十八年)　史 2 -
　　13079　叢 2 - 2058

3033₆　窓

00 窓齋文稿　集 5 - 35933
　　窓齋雜錄　史 8 - 63719

窓齋詩存　集5-35932
窓齋詩鈔　集5-35931
窓齋集古錄　史8-64211〜3
窓齋集古錄敦文考釋、爵文考釋　史8-64215
窓齋集古錄釋文賸稿　史8-64214
窓齋集古錄校勘記　史8-64216　叢2-745
窓齋自省錄　子1-1881
窓齋藏器目　史8-64333　叢1-524,2-731(32)
窓齋甄瓦錄　史8-65228
窓齋撫湘奏稿　史6-49071
窓齋所藏古刻目　史8-63779
窓齋所藏封泥目　史8-65102
窓齋尺牘　集5-35937
窓齋金石塼瓦題跋、窓齋文稿、恆軒詩存　史8-63718
窓齋金石目　史8-63779
窓齋公遺稿　集5-35930

憲

00 憲章外史續編　史1-1610
憲章錄　史1-1532〜3
憲章類編　史6-41651
10 憲天聖學　叢2-1317〜8
18 憲政論　子7-38097
憲政編查館咨議局章程及選舉章程解釋彙鈔　史6-41776
憲政編查館考核直省巡警道官制細則例冊　史6-45351
憲政編查館奏京旗選舉歸併順屬辦理摺　史6 41812
憲政編查館奏請通飭各衙門設立憲政籌備處摺　史6-41763
憲政編查館奏調員分任館務摺　史6-42753
憲政編查館奏議覆吳士鑒奏請申明議案許可權摺　史6-41777
憲政編查館奏議覆法部大理院奏修訂法律摺　史6-46005
憲政編查館奏議覆趙炳麟奏捐納流品太雜請變通辦法　史6-43416
憲政編查館奏議覆閩浙總督奏鄉官考試任用章程摺　史6-42784
憲政編查館奏覆核民政部修訂法律大臣奏禁煙條例摺　史6-45968
憲政編查館奏酌擬各省具奏事件改咨各衙門分別彙奏專奏摺附清單　史6-41791

憲政編查館奏稿　史6-48056
憲政編查館奏補行考核第三年第二次續報各省籌辦憲政成績摺　史6-41771
憲政編查館奏遵辦民政財政統計編訂表式酌舉例要摺　史6-43237
憲政編查館奏遵議憲法大綱等籌備事宜摺　史6-45954
憲政編查館奏遵旨議覆國籍條例候頒行摺　史6-45943
憲政編查館奏遵旨議覆國籍條例頒行摺　史6-45944
憲政編查館奏遵限考核京外各衙門第一屆籌辦憲政成績併臚陳第二次籌備憲政成績摺　史6-41766
憲政編查館奏遵限考核京外各衙門第二屆籌辦憲政成績摺　史6-41767
憲政編查館奏遵限考核京外各衙門第三年第一次籌辦憲政成績摺　史6-41769
憲政編查館奏遵限考核京外各衙門第三年第二次籌辦憲政成績摺　史6-41770
憲政編查館奏遵限考核各衙門第一屆憲政成績摺　史6-41765
憲政編查館奏遵限考核各衙門籌辦憲政成績摺　史6-41764
憲政編查館奏核議沈家本等奏編定現行刑律摺　史6-46001
憲政編查館奏核議法部奏酌擬死罪施行詳細辦法摺　史6-46295
憲政編查館奏核覆自治研究所章程摺附清單　史6-41806
憲政編查館奏城鎮鄉地方自治章程並選舉章程摺、選舉票式報照式　史6-41794
憲政編查館奏考核京外各衙門第二年第二次籌辦憲政成績摺　史6-41768
憲政編查館奏考核各省州縣事宜摺　史6-41804
憲政編查館奏考核州縣事實分別勸懲摺　史6-41803
憲政編查館奏考核違警律摺、清單一件　史6-45330
憲政編查館奏考核直省巡警道官制細則摺　史6-45352
憲政編查館奏考核直省勸業道官制細則酌加增改摺　史6-42776
憲政編查館奏考核報律原摺單　史6-45956
憲政編查館奏考核提法使官制並考用屬官章程摺　史6-42759
憲政編查館奏擬訂各省會議廳規則摺附清單　史6-41807
憲政編查館奏擬訂宗室覺羅訴訟章程摺

史6-45941

憲政編查館奏陳諮議局章程權限摺　史6-41775

憲政編查館奏會議禁革買賣人口舊習辦法摺　史6-45960

憲政編查館奏會議禁革買賣人口舊習酌擬辦法摺　史6-45959

憲政編查館擬訂律例法制奏摺　史6-45971

憲政編查館原咨三件　史6-41762

憲政編查館學部會奏游學畢業生廷試錄用章程京處各衙門調用人員辦法例冊　史6-42754

憲政編查館會奏議覆法律館請編定現行刑律摺　史6-46000

憲政編查館會奏覆核各部院九年籌備未盡事宜摺　史6-41790

憲政編查館會奏各省諮議局章程及案語並議員選舉章程摺單　史6-41772

憲政編查館會奏遵設專科考核議院籌備事宜摺　史6-41789

憲政編查館會奏遵議憲法大綱暨選舉各法摺　史6-45955

憲政編查館會奏摺　史6-41760

憲政編查館會奏擬訂結社集會律原摺清單　史6-45957

憲政俚言、地方自治俚言　史6-41805

憲政條陳書　史6-49130

憲政資料　史6-41758

憲政增補最新職官全錄(清宣統二年夏季)　史3-24514

憲政增補最新職官全錄(清宣統二年冬季)　史3-24523

憲政增補最新職官全錄(清宣統元年冬季)　史3-24504

憲政最新職官全錄、大清中樞備覽(清光緒三十四年春)　史3-24475

憲政最新搢紳全書(清宣統二年)　史3-24529

憲政最新搢紳全書、大清中樞備覽、新增直省候補同官錄(清宣統元年春季)　史3-24492

憲政最新搢紳全書、大清中樞備覽、並新增直省候補同官錄(清宣統三年夏)　史3-24538

憲政八年籌備事宜表　史6-41746

27 憲綱事類　史6-42940

30 憲之魂　子5-28578

憲定丹徒甲辰漕案善後勒石章程　史6-44166

34 憲法　子7-36231(2)

憲法三編　子7-36634

憲法研究書　子7-36598

憲法綱要　史6-46039

憲法治原　史6-46038

憲法大綱要領　史6-46036

憲法古義　史6-46037

憲法精理　子7-36633

44 憲世編　子1-1146

50 憲本　史6-49120

72 憲兵教程纂要　子7-36894

窀

80 窀前黃氏族譜[江西樟樹]　史5-33972

3034₂ 守

00 守齋詞　集7-46398～400、46943

守高贈言　叢1-263

守庚申法　子2-11181,5-31295　叢1-173

守麋紀畧　叢1-426

守麋紀畧　史1-1947、3489

守意龕詩集、南陔遺草附刻　集4-23021

守意龕詩鈔、應制詩、試帖　集4-23020

守玄閣詩學　經1-4477

04 守護大千國土經　子6-32083(28)

守護國界主陀羅尼經　子6-32089(32)、32090(39)、32091(37)、32092(25)、32093(33)

守護國界主陁羅尼經　子6-32084(29)、32085(52)、32086(62)、32088(39)

守護國界章　子6-32093(53)

07 守望新書四編　子1-3340

守贛實記　史1-3662

10 守一齋詩詞　集4-31887

守一齋詩集　集4-31886

守一齋制藝剩草　集4-24498

守一齋筆記、客牕二筆　子5-27205　叢2-799～801

守三詩草、試帖　集4-30139

守正庵畫譜　子3-16446

守玉山房存稿　集4-31497

守吾素齋詩草　集4-31747

11 守研生印存　子3-17311

16 守硯齋試帖初集、二集　集5-38298

17 守己草廬日記　史2-13244　子1-1935

守柔齋詩鈔　集4-30425

　　守柔齋詩鈔初集、續集　集4-30426
　　守柔齋行河草　集4-30427
20 守信錄　子4-23597
　　守禾日紀　史6-47496
21 守衢紀畧、吳艾生行述　史1-3964
　　守虞日記　史1-3914　叢1-496(4),2-793
　　守貞要規　子7-35605
　　守貞須知　子7-35603
　　守貞規範　子1-2985
　　守貞節孟母三移雜劇　集7-48774(3)、
　　　49006
　　守經堂詩集　集4-30667~8、30670~1
　　守經堂詩集、自著書、補亡書目　集4-
　　　30669
　　守經堂集、桐花閣詞　集4-28491
　　守經堂剩稿　集4-26169
22 守山閣剩稿　集4-30416
　　守山閣叢書一百十二種　叢1-274(1)
　　守山閣賸稿　叢1-272(5)
23 守我盧稿　集4-30955
　　守皖讞詞　史6-46484
24 守先閣歸公書目　史8-65875
　　守先閣藏書志　史8-65874
　　守待函　叢2-1175
　　守岐紀事　史1-4052
　　守岐公牘彙存　史6-47201
26 守白論　叢2-1240
27 守鄉輯畧　史1-3109
　　守身執玉軒遺文　集4-33290　叢1-508,
　　　2-731(46)
　　守約篇三集六十三種　叢1-389
　　守約堂詩稿　集4-26878
　　守約堂集　集3-13976
30 守汴日誌　叢1-203(15),210~1
　　守汴日志　史1-1935,3097
　　守寧行知錄　史6-42992
　　守寧隨筆　集5-37207
　　守官漫錄　子4-23073
31 守濬記　集7-49536
　　守濬日記　史2-12657
32 守溪長語　子4-22978　叢1-87~9,2-730
　　　(1)
　　守溪筆記　子4-22977　叢1-84(3),2-730
　　　(10)
36 守邊輯要　史6-41532、45610
40 守志彌敦齋詩鈔　集5-35750
　　守來山房詩鈔(守來山房囊鞭餘吟)　集5-
　　　36606
41 守瓻堂詩文稿　集4-29526
42 守樸堂文稿　集5-37340
　　守樸堂詩稿　集5-37341

　　守樸堂課幼文稿　集5-37342
43 守城要畧　子1-3092
　　守城要覽(守城要覽節要、守城要畧)　子
　　　1-3476
　　守城條辨　史6-45262
　　守城祕要　子1-3468
　　守城補遺　子1-3361
　　守城法　子1-3466,3480
　　守城清鄉卷存　史6-47257
　　守城遺事　史1-1974,3339
　　守城機要　叢1-223(32)、386
　　守城機要、建炎德安守禦錄　子1-3464
　　守城救命書　史6-45143
　　守城事宜　史6-45142
　　守城輯要　子1-3484
　　守城全書　子1-3479
　　守城善後紀畧　史1-4065　集4-29318
　　守城錄　子1-3081,3462~3　叢1-196,223
　　　(32)、273(4)、274(4)、360,377,394,2-731
　　　(19)、1844
44 守坡居士詩集　集3-20104~5
　　守坡居士詩錄　集3-20106
　　守坡居士詩錄、續集詩　集3-20107
　　守蒙紀畧、圍守圖　史1-4067
46 守恕堂詩鈔　集5-34359
　　守如印存　子3-17369
48 守敬齋稿　集4 31876
　　守梅山房詩稿　集5-40248
　　守梅館詩草　集5-37069
50 守中立奏案　史6-48050
　　守中正齋叢書十七種　叢2-1817
　　守素齋詩鈔　集4-30616~7
　　守素堂詩集　集4-25606~7
52 守拙盧詩草、插菊吟　集4-31444
　　守拙齋文稿　集5-41223
　　守拙齋文存　叢2-944
　　守拙齋詩稿　集4-31912
　　守拙齋詩存　叢2-944
　　守拙齋詩存、文存　集5-37146
　　守拙齋詩鈔　集4-31191,5-37147、40190
　　守拙齋遺稿　集4-25613
　　守拙齋初稿　集5-39868
　　守拙齋未定稿　集4-31379
　　守拙齋未定草　集4-32469
　　守拙山房詩存　集5-35573
　　守拙山房詩草　集5-41273
　　守拙軒詩集　集4-31963
　　守拙軒政書　史6-47206
　　守拙軒剩稿　集5-39927
　　守拙軒吟稿　集5-39835~6

中國古籍總目·索引

　　守拙居士自編年譜　史2-12014
　　守拙居日記(清同治十二年)　史2-12721
　　守拙堂詩集、附集　集5-40179
　　守拙堂詩續集　集5-40180
　　守拙堂遺稿　集5-40776
53 守戎公牘　叢2-1985
　　守戎必持　子7-33939
56 守揚練兵輯要　子1-3816
58 守撫紀署　史1-1987、3990　叢2-683
60 守□造臺諸法　子7-36966
　　守墨山房遺稿　集4-32673
　　守黑齋遺稿　集2-6624
　　守愚詩存　集5-40103
　　守圍撮要　子4-21888
　　守圍全書　子1-3475
63 守默齋雜著　集5-35352
　　守默齋雜著、詩稿　集5-35347
　　守默齋詩集(寄生草、東州草)　集4-29006
　　守默齋詩稿　集5-35351,6-42007(3)
　　守默齋詩初稿　集5-35349
　　守默齋續刻詩文稿　集5-35348
67 守郿記署　史1-1979
　　守郿紀署　史1-1982、3104
68 守黔書牘　叢2-1849
70 守雅堂文集、南旋詩草　集4-24495
　　守雅堂稿輯存　集4-24494
　　守燒齋詩集　集4-30816
　　守燒齋詩鈔　集4-30817
77 守閒齋詩鈔　集5-35318　叢2-1442
　　守閒齋手札　叢2-1442
　　守閒齋隨筆　叢2-1442
　　守閒齋隨筆八種　叢2-1442
　　守閒堂詩　集3-13751
　　守丹山房古詩摘鈔、續鈔　集4-32548
　　守闕齋詩鈔　集5-39870
78 守臨清日記　子1-2561
　　守臨清日記、崇祀鄉賢錄、景行錄　史1-
　　　3730
80 守令寶鑑錄　史2-6537
　　守令懿範　史2-6535
81 守瓶文剩　集4-30749

3040₁　宇

40 宇内高山大河考　史7-49318(10)

宰

07 宰邠集　史6-47126
17 宰子(予)年譜　史2-11065
　　宰子書　子1-95、244
24 宰德小記　史6-47199　叢2-1852
36 宰湘節錄　子4-24659
40 宰嘉訓俗　子1-1965、2049
42 宰桃譜　史6-43136
44 宰莘退食錄[康熙]　史8-62824
　　宰英彙記　史6-43146
46 宰相守令合宙　史2-6530
50 宰惠紀署　史6-43162　叢2-1852
　　宰婁隨筆　史6-43145

準

00 準齋雜說　叢1-223(30)、273(4)、275,2-731
　　　(12)、833
　　準齋雜說(準齋雜記)　子1-866
　　準齋心製幾漏圖式　子3-11294
07 準望簡法、割圜弧矢補論、句股割圜全義
　　　圖、方圜比例數表　子3-12564
56 準提三昧行法　子6-32091(79)
　　準提淨業　子6-32091(69)
　　準提咒疏　子7-33672
　　準提咒印儀釋集要　子7-33677
　　準提陀羅尼經　子7-32906
　　準提陀羅尼經、音釋大悲心陀羅尼經、尊勝
　　　陀羅尼經、穢跡金剛咒經　子7-32799
64 準噶爾旗墾務案奏摺　史6-44871
　　準噶爾考　史1-3680

3040₄　安

00 安亭志[嘉慶]　史7-56432
　　安亭茅氏世傳女科　子2-8004
　　安序堂文鈔　集3-15372～5
　　安庸集　叢1-263
　　安庸集(文)　叢1-263
　　安廓菴先生日記(明崇禎八年至十七年)
　　　史2-12529
　　安康縣鄉土志[宣統]　史8-63033

安康縣志[嘉慶] 史8-63032
安康縣興賢學倉志、飲餞詩 史7-52135
安慶府望江縣志[康熙] 史7-57936~8
安慶府宿松縣志[康熙] 史7-57930
安慶府潛(灊)山縣志[康熙] 史7-57920
安慶府太湖縣志[康熙] 史7-57924~5
安慶府太湖縣志[順治] 史7-57923
安慶府志[康熙] 史7-57903~4
安慶府志[正德] 史7-57901
安慶府志[嘉靖] 史7-57902
安慶府懷寧縣志[康熙] 史7-57905
安慶礮臺正面圖 子1-3671
安慶程氏大成宗譜[安徽安慶] 史5-36042~3
安慶清丈洲地章程 史6-44879
安廣縣鄉土志[宣統] 史7-56235
安文陳氏宗譜[浙江東陽] 史4-33057~60
安文陳氏小宗譜[浙江磐安] 史4-33109
01 安龍紀事 史1-1982、3502 叢1-496(3)、2-885
安龍逸史 史1-3468 叢2-670、885
04 安詩集 集6-41975
10 安正忘筌集 子1-96、713
安正忘筌集(忘筌書) 子1-712
安五路 集7-52239
安五路子弟書 集7-52146
安平縣雜記[光緒] 史8-63484
安平縣志[康熙] 史7-55417
安平縣志[道光] 史8-62219
安平縣志[萬曆] 史7-55416
安平縣志稿[民國] 史7-55418
安天論 叢2-774(10)、845(4)
安天會 集7-49718
安天會一段 集7-51379
安西縣採訪錄[民國] 史8-63156
11 安玩堂賦稿 集4-23628
17 安孟公手訂文稿 集3-14979 叢2-915
20 安重根傳 史2-10965
21 安順府志[咸豐] 史8-62218
安順書牘摘抄 史6-47350
安順書牘摘鈔 集5-34567~8
安仁里嚴氏族譜[江蘇吳縣] 史5-41188
安仁縣志[康熙] 史8-58562
安仁縣志[道光] 史8-58564~5
安仁縣志[嘉慶] 史8-60659
安仁縣志[乾隆] 史8-58563
安仁縣志[同治] 史8-58566、60660
安儒敦睦堂蔣氏譜[浙江東陽] 史5-38171
安儒蔣氏元房房譜[浙江東陽] 史5-38174
安儒蔣氏仁房宗譜[浙江東陽] 史5-38173
安儒蔣氏宗譜[浙江東陽] 史5-38172
安處廬稿 集4-25352,6-42021
22 安豐聯詠 叢1-415
安鼎名臣錄 史2-7225
安樂齋文稿 集4-27487
安樂唐氏宗譜[江蘇江陰] 史4-32508
安樂王氏七修家譜[湖南湘鄉] 史4-25476
安樂延年室叢書六種 叢1-560
安樂集 子7-34432、34438
安樂行品 子3-15673
安樂行義 子6-32089(49)
安樂鄉人詩集(藥夢詩)、藥夢詞 集5-40514
安樂窩吟 集1-2153,6-41894(1)、41896
安樂銘 子4-24450 叢2-724
安樂銘(傳家必讀安樂銘) 子1-2078
23 安我素先生(希范)年譜 史2-11541
24 安化王王公(稟)忠壯錄 史2-8714
安化王氏宗譜[浙江海寧] 史4-24954
安化彌圓祖遺鍼灸祕本 子2-10269
安化縣志[康熙] 史8-60513
安化縣志[嘉慶] 史8-60514
安化縣志[嘉靖] 史8-60512
安化縣志[同治] 史8-60515
安德詩搜 集6-44829
安德春投友一段 集7-51378
安德明詩選遺 集6-44830 叢2-949
26 安得長者言 子4-20674 叢1-110、111(5)、2-731(8)、1170~2
安吳論書 子3-15199 叢1-433,2-731(35)
安吳王氏世譜[安徽涇縣] 史4-25297
安吳包慎伯手劄 集4-26428
安吳四種 叢2-1662
安吳居士未定稿、補遺 集4-26420
27 安危注 史2-7324
安鄉潘經峯父子遺書十五種 叢2-998
安鄉縣鄉土志[光緒] 史8-60474
安鄉縣志[康熙] 史8-60470~1
安鄉縣志[乾隆] 史8-60472
安鄉縣志[民國] 史8-60473
安阜洲劉氏重修宗譜[江蘇揚州] 史5-39207
安舟雜鈔、安舟遺稿 子4-24326
安舟遺稿 集3-19250
安般簃詩續鈔、春闈雜詠 集5-37546
安般簃詩鈔 集5-37545

安般簃集　叢2-731(44)

安般簃集(安般簃詩續抄)　叢1-507

安般簃集(安般簃詩續鈔)　叢1-508

28 安徽諮議局議複案附陳請資政院核辦案
　　史6-41886

安徽諮議局複選議員被撤全案　史6-41885

安徽建德縣紙阬山周氏宗譜[安徽東至]
　　史4-30073

安徽優貢卷　史3-18541

安徽巢湖中廟廟志　史7-51843

安徽叢書二十三種　叢2-814

安徽巡撫造送大計不入舉劾各官年歲履歷
　　事實考語清册　史6-47455

安徽清理財政局試辦蕪湖常關宣統三年預
　　算報告總册表　史6-43328

安徽袖珍同官錄(庚戌秋季)　史3-23757

安徽袖珍同官錄(辛亥春季)　史3-23758

安徽袖珍同官錄(乙酉春季)　史3-23756

安徽泗縣鄉土志[光緒]　史7-57788

安徽通志[道光]　史7-57749

安徽通志[光緒]　史7-57750

安徽通志稿[民國]　史7-57751

安徽嘉慶二十四年分撫標左右二營朋扣總
　　數黃册　史6-47454

安徽嘉慶十六年撫標左右二營朋扣總數黃
　　册　史6-47453

安徽嘉慶十二年分撫標左右二營朋扣總數
　　黃册　史6-47452

安徽概覽[民國]　史7-57752

安徽地畧　史7-49318(19)、50482

安徽考畧　史7-49317(1)、49318(1)、50481

安徽勸辦柞蠶案　子1-4456

安徽撫院官抄　史6-47295

安徽財政沿革利弊說明書　史6-43326

安徽同官錄　史3-23753~4

安徽同官錄、安徽省城各學堂局所員紳職
　　名表　史3-23755

安徽輿圖表說　史7-50484

安徽全省同官錄　史3-23752

安徽全省鐵路圖說　史6-44304

安徽金石古物存真　史8-63925

安徽金石畧　史8-63924　叢1-557~8

安徽金石錄　叢2-1575

安徽會館錄　史7-50485

安徽籌辦賑捐章程　史6-44699

安徽省不符册　史6-46356

安徽省宣統三年國家歲出預算表　史6-43327

安徽省城各學堂局所員紳職名表　史6-

42534

安徽省第九區風土志畧[民國]　史7-58094

安俗趙氏宗譜[浙江諸暨]　史5-38319~20

30 安塞縣志[順治]　史8-62725

安塞縣志[民國]　史8-62726~7

安宜日記(清光緒十年至十二年)　史2-12937

安流舫存稿　集3-18103

安寧州續志[光緒]　史8-62351

安寧州鄉土志合編[宣統]　史8-62352

安寧州志[雍正]　史8-62350

安寧州志[康熙]　史8-62349

安寧楊文襄公文集、詩集、附錄　集2-7211

安寧縣志稿[民國]　史8-62353

安家渡馬氏宗譜[浙江上虞]　史4-31599

安安送米　集7-51079

安宅神咒經　子6-32083(13)、32089(15)

安定席氏宗譜[浙江龍游]　史4-32483

安定言行錄　史2-8636　叢1-458

安定先生(胡瑗)年譜　史2-11213

安定程氏成訓義莊規條、續增　子1-2070

安定胡氏族譜[上海]　史4-30371、30373

安定胡氏重修族譜[湖南寧鄉]　史4-30603

安定胡氏宗譜[江蘇無錫]　史4-30389

安定胡氏宗譜[浙江蘭溪]　史4-30459

安定胡氏世譜[江蘇崑山]　史4-30392

安定胡氏世譜[浙江紹興]　史4-30429

安定縣鄉土志[光緒]　史8-63205

安定縣志[雍正]　史8-62723

安定縣志[康熙]　史8-63204

安定縣志[道光]　史8-62724

安定縣志[萬曆]　史8-63203

安定錄　史2-8637

安蹇齋叢殘稿　集5-40422

安蹇齋隨筆　子3-15844

安蹇詩存　集5-40420

安蹇劣齋詩鈔　集5-37273

31 安酒意齋詩草　集5-38855

安酒意齋尺牘(塞向翁書劄)　集5-38856

安福樓閒吟(安福樓剩草)　集4-25012

安福縣志[康熙]　史8-58946~7

安福縣志[道光]　史8-60485

安福縣志[乾隆]　史8-58948

安福縣志[同治]　史8-58949、60486

32 安州詩錄　集6-44394

安州志[康熙]　史7-55315

安州志[道光]　史7-55316

安溪先生注解正蒙　子1-632

　　安溪清水祖師籤譜　史7-52460
　　安溪志名勝諸景詩集　史7-51429
　　安溪李文貞公解三種(安溪先生解義三種)
　　　叢2-1345
　　安溪四種書注　叢2-1348
　　安溪縣志[康熙]　史8-58336
　　安溪縣志[嘉靖]　史8-58335
　　安溪縣志[乾隆]　史8-58337
33　安心竟齋詩鈔　集4-26715
34　安法戰紀、聖朝盛事　史1-4260
　　安遠濂江城東孫氏四修族譜[江西安遠]
　　　史5-33661
　　安遠縣志[康熙]　史8-58653
　　安遠縣志[順治]　史8-58652
　　安遠縣志[道光]　史8-58655
　　安遠縣志[乾隆]　史8-58654
　　安遠縣志[同治]　史8-58656
　　安遠縣志稿[民國]　史8-58657
　　安達堂詩　集3-14681
　　安達縣志[民國]　史7-56362~3
36　安遇齋詩集(安遇齋近體詩集)、蜀輶吟草
　　　集4-33198
　　安遇齋古近體詩　集4-33199
　　安遇詩集、蜀輶吟草　集4-33197
　　安遇草堂文稿　集4-32985
　　安遇堂集　集5-40680
　　安邊紀事　叢2-593~4
　　安邊書　史6-45579
37　安瀾紀要　史6-46650　叢1-361
　　安次縣志　史7-54910
　　安次縣志[民國]　史7-55211
　　安次縣舊志四種合刊　史7-54910
　　安祿山事迹、校記　叢1-546
　　安祿山事跡、校記　子5-26226　叢1-547
　　　(3)
　　安祿山事蹟　史2-8570　叢1-195(1)、511
　　安祿山事蹟、五國故事　史2-8569
　　安祿山事蹟、校記　史2-8571
38　安海志[康熙]　史8-58318
　　安道公(陳瑚)年譜　史2-11666　叢2-812
　　安道公年譜、世系　史2-11667
40　安南棄守本末　史1-2790
　　安南棄守本末、補、校記　史1-2792
　　安南棄守本末補　史1-2791
　　安南雜記　史7-49318(15)、54666　叢1-
　　　195(7)、201、210~1、355、2-731(59)
　　安南記遊　叢2-731(59)
　　安南論　史7-49318(21)
　　安南水程日記　叢1-29(8)
　　安南行記　叢1-19(8)、20(6)、21(8)、24(9)、
　　　374
　　安南變通興盛記　史7-49319
　　安南供役紀事　史1-3429　叢2-1218
　　安南使事紀要　史1-3618
　　安南使事紀畧　史1-3619
　　安南傳　史7-54662　叢1-84(2)、2-730
　　　(9)、731(59)
　　安南鄉土志三編[光緒]　史8-62312
　　安南紀遊　史7-49318(15)、54667　叢1-
　　　210~1、249(3)、355、2-617(5)
　　安南紀畧　史1-1887、7-54669
　　安南襍記　叢1-203(2)
　　安南軍營紀畧　史1-1986、3741
　　安南志　史7-54665
　　安南志、安南國形勢考畧、廣西苗傜各族風
　　　土記　史7-54668
　　安南志畧　史7-54656~9　叢1-223(23)
　　安南來威圖册、輯畧　史1-2856　叢2-741
　　安南莫茂洽列傳　史1-1929
　　安南世系畧　史6-45015　集3-15076
　　安南史　子7-36418
　　安南奏議　史1-1929、6-47820~1　叢1-
　　　50~2、55
　　安南圖誌　史7-54664　叢2-727
　　安南圖說　史7-49334、54663
　　安南縣志[雍正]　史8-62309
　　安南縣志[民國]　史8-62310
　　安南縣志稿[民國]　史8-62311
　　安南小志　史7-49318(15)
　　安希范遊記　史7-53087
　　安吉施氏遺著五種　叢2-977
　　安吉州志[康熙]　史7-57292
　　安吉州志[嘉靖]　史7-57290~1
　　安吉州志[乾隆]　史7-57293
　　安吉州思溪法寶資福禪寺大藏經目錄　史
　　　8-66332
　　安吉縣志[同治]　史7-57294
43　安城記　史7-50595　叢1-22(11)、23(10)
　　安越堂文稿　集5-35479
　　安越堂殘稿十一種　叢2-1995
　　安越堂外集、駢文　集5-35478
44　安蔬齋詩詞　集4-32455
　　安蔬草堂試帖　集4-26363
　　安蔬草堂詩鈔　集4-26368
　　安蔬草堂五言排律　集4-26366
　　安老書　子2-10999
　　安老懷幼書　子2-10999
　　安楚錄　史1-2831
　　安楚堂詩鈔　集4-31076
　　安桂坡遊記　史7-53069
46　安如蔣氏梅房宗譜[浙江東陽]　史5-

38170
50 安事齋詩錄　叢 1－344
安事齋詩錄、詞錄　集 4－24000
安事室遺詩、詩餘　集 5－37445
安肅縣志[康熙]　史 7－55282
安肅縣志[乾隆]　史 7－55283
安奉鐵路觀工記　史 6－44256,7－49357
安素軒讀畫集　子 3－16278
安素軒讀畫集(煮石齋稿之一)　叢 2－719
安素軒題畫詩　集 5－35601
安素園詩存　集 3－18543
安素居日記(光緒二十三年至二十五年、二十八年)　史 2－13101
安素堂詩謎集　子 3－18386
安素堂詩跡集　集 4－29335
安東改河議　史 6－46673
安東教習蠶桑樹藝公局案牘章程　史 6－44893
安東縣志[雍正]　史 7－56685
安東縣志[康熙]　史 7－56684
安東縣志[民國]　史 7－56161
安東縣志[光緒]　史 7－56686
安東縣志摘要[光緒]　史 7－56160
52 安拙窩印寄　子 3－17038
安靜子文集　集 3－14876
安靜子集五種附一種　叢 2－1331
53 安成復真書院志　史 7－52091
安成劉氏三修族譜[湖南寧鄉]　史 5－39504
安成周氏家集　集 6－45010～1
安甫遺學　經 2－11653　叢 1－314、439
55 安農詩鈔　集 4－29255
57 安邦續宋志　集 7－53970
安邦傳　集 7－53666
安邦志(安邦定國全志、安邦志七夢緣、七夢緣)　集 7－53667
安邦志(定國志)　集 7－53668
安邦志、定國志　集 7－53669
60 安愚齋集　集 4－22718
安愚詩草　集 4－23265
安愚集　集 4－24168　叢 2－1671
安愚堂文鈔　集 4－27691
安圖縣志[宣統]　史 7－56298
安圖縣志[民國]　史 7－56299
安邑唐氏族譜[湖南安化]　史 4－32548
安邑縣續志[光緒]　史 7－55909
安邑縣志[康熙]　史 7－55907
安邑縣志[萬曆]　史 7－55906
安邑縣志[乾隆]　史 7－55908
安邑縣志[民國]　史 7－55911

安邑縣志續編[民國]　史 7－55912
安邑縣志續輯[民國]　史 7－55910
62 安縣續志[民國]　史 8－61745
安縣志[嘉慶]　史 8－61742
安縣志[乾隆]　史 8－61741
安縣志[同治]　史 8－61743
安縣志[民國]　史 8－61744
63 安默庵先生文集　叢 2－731(40)、782(3)
67 安晚堂詩集　集 1－4074、4077～8,6－41784、41888、41894(3)、41896、41920
安晚堂詩集、江湖後集　集 1－4075
安晚堂詩集、補編、補遺、輯補　叢 2－845(5)
安晚堂詩集、補遺、補編、輯補　集 1－4076
安晚堂集　叢 1－223(57)
安晚堂集(安晚堂詩集)　集 1－4073
70 安雅廎藏書目錄　史 8－65806
安雅居吟稿　集 4－22250
安雅錄　集 6－45422
安雅堂文集　集 1－5441～2,3－13794
安雅堂詩　集 3－13789
安雅堂詩、未刻稿、入蜀集　叢 2－698(11)
安雅堂詩集　集 3－13790
安雅堂詩選　集 6－41960
安雅堂詩存　集 5－35122
安雅堂集　集 1－5440,3－20525　叢 1－223(60)、227(10)
安雅堂稿　集 2－12565、12570
安雅堂觥律　子 3－18306　叢 1－22(15)、23(15)、37
安雅堂酒令　子 3－18305　叢 1－19(9)、20(6)、21(8)、24(9)
安雅堂書啓　集 3－13796
安雅堂拾遺文集　集 3－13795
安雅堂拾遺詩　集 3－13793
72 安丘張氏詩稿　集 3－16595
安丘張氏家乘、續家乘[山東安丘]　史 5－35250
安丘縣志[萬曆]　史 8－59188
安丘縣學崇祀鄉賢小傳、續安丘鄉賢小傳　史 2－8178
安丘劉氏族譜[山東安丘]　史 5－39423
安所遇軒詩鈔　集 4－29199,6－42007(2)
安所遇軒西遊草　集 4－29200
安氏族譜[浙江紹興]　史 4－26923
安氏族譜[湖南漢壽]　史 4－26924
安氏族譜[貴州水西]　史 4－26925
安氏家乘拾遺、罨畫樓墨餘、孟公不在茲集[江蘇無錫]　史 4－26921
安氏家集三種　叢 2－915
安岳集　叢 1－223(51)
安岳馮太師文集(安岳馮公太師文集)　集

1-2307
安岳縣鄉土志[光緒]　史 8-62038
安岳縣志[康熙]　史 8-62034
安岳縣志[道光]　史 8-62036
安岳縣志[乾隆]　史 8-62035
安岳縣志[光緒]　史 8-62037
安岳吟稿　集 1-2308,6-41894(1)
73 安胎保産全書　子 2-8047
74 安陸府志[康熙]　史 8-60172
安陸集　集 1-1932、1935,7-46455　叢 1-
223(72)
安陸集、補遺、附錄　集 1-1934
安陸集詩、詞、補遺、附錄　集 1-1933
安陸集詞　集 7-46456
安陸縣志[道光]　史 8-60197
安陸縣志補[同治]　史 8-60198
安陵吳氏族譜[山東陵縣]　史 4-28125
76 安陽許子家規家訓　叢 2-1316
安陽張承小說　叢 2-1205
安陽張氏宗譜[江蘇無錫]　史 5-34838
安陽集　集 1-2071　叢 1-223(51)、227(9)
安陽集、別錄、遺事、忠獻韓王家傳　集 1-
2070
安陽集補鈔　集 1-2076,6-41901
安陽集鈔　集 1-2074～5,6-41900、41908
安陽朱公(靖旬)行狀　史 2-10467
安陽蔣邨馬氏宗譜[河南安陽]　史 4-
31630
安陽楊氏重修族譜[江蘇無錫]　史 5-
36803～4
安陽楊氏宗族譜[江蘇無錫]　史 5-36805～6
安陽縣鄉土志[光緒]　史 8-59746
安陽縣志[康熙]　史 8-59741
安陽縣志[嘉慶]　史 8-59743～4
安陽縣志[乾隆]　史 8-59742
安陽縣金石錄　史 8-64003
安陽馬氏四種條規　子 1-2449
安陽金石錄　史 8-59743
安陽金石錄目　史 8-64004
77 安邱新志[道光]　史 8-59192
安邱新志乘韋[道光]　史 8-59191
安邱曹氏家集十三種　叢 2-952
安邱曹氏遺集　集 6-45067
安邱縣鄉土志[光緒]　史 8-59194
安隆十八先生考證　史 2-8300
安兒送米三本　集 7-52598
安居鄉周氏宗譜[重慶銅梁]　史 4-30239
安居金鏡　子 3-13210
安母吳孺人葬錄　史 2-9008
安民實務　子 1-3508
80 安分齋集　集 2-5950

安義縣志[康熙]　史 8-58487
安義縣志[同治]　史 8-58488
安谷周氏宗譜[浙江金華]　史 4-30016
88 安節先生年譜　集 2-6609、6612
安餘齋遺詩　集 3-17283
90 安懷堂文集、申椒二集、紅萼詞二集　集 3-
16102
安尚邵氏宗譜[江蘇武進]　史 4-29205
92 安恬馬氏己譜[浙江東陽]　史 4-31619
安恬馬氏宗譜[浙江東陽]　史 4-31618

宴

33 宴梁園　集 7-48784
38 宴海管見　史 6-45586
79 宴滕王子安檢韻　集 7-49456

3040₇ 字

00 字辨　經 2-10973、13032～3、13038
字辨、正體字辨　經 2-14534
字辨證篆　經 2-13188～9
字音辨譌　經 2-14272
字音正譌　經 2-14110
字音正訛正編、次編、補編　經 2-13018
字音正謬　經 2-14094
字音正謬、發恭執筆寫字管見圖式　經 2-
14095
字音彙集　經 2-14015
字音考異　經 2-14248
字音會集　經 2-12917
02 字訓　經 2-14716、15142
字訓、字畫考　經 2-14809
03 字誼指歸　經 2-12919
04 字詁　經 2-14693、14757、14759、15119　叢
1-223(15)、272(3)、2-1649
字詁、兄字說　叢 2-814
字詁　經 2-14735、15142
06 字緹　經 2-12955～7、15116、15137、15142
叢 1-495,2-716(2)
字課新編　經 2-13511
08 字說　經 2-14784、14798　叢 2-1092、1604
字說外篇　叢 2-1604
字譜　經 2-14736、15142
10 字雲巢文集　叢 2-870(5)
字雲巢文稿　集 3-19482～5

字雲巢詩鈔　集3-19481
字雲巢外集　集3-19486
12 字形彙考　經2-13043、13870
字形聲辨　經2-13121
20 字香亭梅花百詠　集3-17103
字系　經2-12928
字統　經2-12787～91、15116、15119、15137、
　　15142　叢1-495、586(2)、2-716(2)、766、
　　772(2)、773(2)、774(8)
字統輯逸　經2-12792　叢2-2063
22 字觿　經2-12930
字學　經2-13025　叢1-223(16)、362、586
　　(2)
字學、篆體偏旁點畫辨訣　經2-13026
26 字觸　子3-14639　叢1-456(2)，2-731
　　(16)、735(5)
字觸補　子3-14640
字總錄　經2-13180
字釋　叢2-2011
27 字彙補十二集附拾遺　經2-12856
字彙補拾遺　經2-12857
字彙十二集、韻法直圖、韻法橫圖　經2-
　　12854
字彙十二集首　經2-12855
字彙數求聲　經2-12859
字彙四集　經2-12920
30 字字珠　集4-22321
31 字源攷畧　經2-13062
32 字溪詩集　集1-4150
字溪集　集1-4149　叢1-223(57)
34 字法真傳　子3-15503
37 字通　經2-12997　叢1-223(16)、244(6)、
　　353,2-731(22)
44 字考啓蒙　經2-12826
字苑　經2-12746～7、12749～50、15116、
　　15119、15137、15142　叢1-495、586(2)、2-
　　716(2)
字林　經1-119,2-12751、12762、15140　叢
　　1-22(14)、23(14)、331、353,2-766
字林便覽　經2-12893～4
字林經策萃華　經2-12886　叢1-440～1
字林補逸　經2-12756　叢2-2045
字林古今正俗異同通考、六書辨異、補遺
　　經2-13069
字林考逸　經2-12752、12763、15118　叢1-
　　416、491,2-1522
字林考逸、字林考逸補本、補附錄　經2-
　　12753
字林考逸、字林考逸補本、校誤　經2-
　　12758
字林考逸、字林考逸補本、校誤、校誤補、說

郭字林　經2-12760
字林考逸補本　經2-12755
字林考逸補附錄　經2-12757
字林考逸校誤　經2-12759
字林考逸校誤補　經2-12761
字林考逸附錄　經2-12754
47 字格　子3-15024　叢1-22(14)、23(14)
48 字樣　經2-12961～2、15141～2　叢2-630
50 字串　經2-13538～9
字畫辨譌　經2-13035
字畫辨疑　經2-10509
字畫指南　子3-14716
字本義　叢2-706
字書　經2-12740～5、15116、15119、15137、
　　15142　叢1-495、586(2)、2-716(2)、772
　　(2)、773(2)
字書、字詁、字統　叢2-766
字書音義　經2-14740、15142
字書誤讀　經2-14025、15120～1、15129、
　　15140　叢1-22(14)、23(14)、125～6、162、
　　173、299～300、330～1、353
字書三辨　經2-13067　叢2-1591
字書四種　經2-15140
51 字指　經2-14711～5、15116、15119、15137、
　　15142　叢1-495、586(2)、2-716(2)、772
　　(2)、773(2)、774(8)
55 字弗　經2-13488
字典　經2-12806、15142
字典論說　叢1-312
字典翼　叢2-1921
字典翼初稿　叢2-1921
字典翻音易知　經2-12935
字典紀字　經2-11983、12876　叢2-1461、
　　1463
字典校錄　經2-12878
字典考證　經2-12877　叢2-923
60 字易　子3-13760
字易、測字經驗　叢2-1547
字畧　經2-12782～5、15116、15119、15137、
　　15142　叢1-495、586(2)、2-716(2)、772
　　(2)、773(2)
字畧正譌　經2-12786
字畧考　叢2-1423
70 字雅　經2-14685
71 字原　子1-2763～6　叢1-223(17)
字原釋義　經2-13001
字原徵古　史8-63606　叢2-1516
75 字體　經2-12952～4、15116、15137、15142
　　叢1-495、586(2)、2-716(2)
字體辨訛、補遺、附錄　經2-13096
字體辨正　經2-13053、15120～1　叢1-

299～300
字體疏源　經2-13098
字體蒙求　經2-13190～1　叢1-412
77 字學辨　叢1-285
字學辨正集成、敬避字樣抬頭式　經2-12902
字學辨似醒誤　經2-13029
字學辨畧　子4-24059
字學音韻辨　經2-14086　叢2-938
字學新書摘鈔　子3-14692、15081
字學韻學　經2-15100　叢2-2047
字學一覽　經2-13555　叢1-358
字學三正　經2-13012
字學三種　經2-15129
字學三書　經2-15128
字學正韻通　經2-14319
字學正本　經2-13852
字學尋原　經2-13568
字學便覽　經2-13084、13473
字學繹買　經2-13565
字學彙海　經2-13562～3
字學彙考　經2-13569
字學源流　經2-13552　子3-15000、15095
字學源流講義　經2-13576
字學源流策　經2-13553
字學心傳　子3-15134
字學海珠　叢2-932
字學大成　子3-15152
字學大全　經2-12825
字學七種　經2-13591
字學指南　經2-12853
字學易知　經2-13512
字學臆參、書論　子3-15221
字學舉隅　經2-13082、13085-7、13092、15130、15132～3、15135
字學舉隅辨音　經2-13083
字學舉隅續編　經2-13089～90、15134～5
字學舉隅補正　經2-13088
字學類辨　經2-13028
字母　經2-14437、14536
字母拼音官話書　經2-14483
字貫　經2-12880
字貫案　史1-3731　叢2-2203
80 字鏡　經2-14737、15142
字孳補　經2-12895
字義　叢2-1092
字義辨同　經2-14797
字義要錄十集　經2-12931
字義總畧　經2-12841
字義補　經2-14793、15139

字義聲韻辨異　經2-14805
字義擬　經2-14788
字義鏡新　經2-14794　叢2-2030
字義錄要十二集　經2-12932
87 字錄　經2-13046
88 字鑑　經2-12999、15115、15128　叢1-223(16)、444、468、2-731(22)
91 字類　經2-12803～5、15142
字類標韻　經2-13856、13858
字類標韻、古詩通韻叶韻　經2-13854

3041₃ 冤

25 冤債志　子5-26222、26893　叢1-154、185、255(3)
27 冤緣循報一段　集7-51627
冤緣寶卷(雙奇冤寶卷)　集7-54512

3041₇ 究

00 究竟一乘寶性論　子6-32081(24)、32083(16)、32084(14)、32085(24)、32086(27)、32088(17)、32089(43)、32090(50)、32091(48)、32092(33)、32093(26)、7-32752、32764
33 究心編痘科　子2-8896
71 究原尋真　子7-36002

3042₇ 寓

00 寓庵詩集　叢2-870(5)
寓庵詩集、校勘記、校勘續記　集1-5238
寓庵集　集1-4746～7　叢1-511
寓庵先生詩　集1-4745
寓齋偶筆文稿　集5-38233
寓齋隨筆　子4-23214
寓庸室詩稿　集4-30295
寓庸室殘稿　集4-30293
寓庸室遺詩　集4-30294
寓庸室遺草　集5-36029　叢1-537
寓意於物齋文編　集4-31739
寓意編　子3-14747、5-26219　叢1-39、195(6)、220～1、223(37)、342、371、2-731(34)
寓意草　子2-4584、10499　叢1-223(34)
寓意草、校勘記、校勘續記　叢2-870(3)
寓意草註釋　子2-10500

寓意錄　子3-14787　叢1-401
寓言　叢2-1339
寓言集　集7-46397～400
16 寓理草　集3-17256
22 寓巖詩稿　集3-19088～9
寓山詩稿　集3-14529
寓山續志　史7-52340
寓山注　史7-52338～9　叢1-520
寓山十六景詩餘　集6-44669
寓山志　史7-52337
寓山題詠　集6-44670
寓崇雜記　史7-50078　叢2-1953
25 寓穗集　集5-39817
27 寓舟詩集　集3-19295
寓鵝山房詩存　集4-28362
30 寓寓亭詩存　集4-25239
37 寓鴻亭文鈔　集3-16492
39 寓沙冬餘漫筆　子4-23413
40 寓真軒詩鈔　集5-36650
寓杭日記　集4-27728
寓杭日記(道光二年至三年)　史2-12672
42 寓瓠詩存、續稿　集4-27366
44 寓蘭日記(民國三年至五年)　史2-13261
寓燕疏草　史6-48389
寓楚雜著　史1-3111　叢2-1220
寓枕日記　叢2-1697
寓林集、詩集　集2-10657
寓林清言　叢1-22(25)
50 寓惠錄、傳附錄　集1-2424
51 寓軒詩集、拾遺　集2-6207
52 寓拙軒稿　集4-22218
60 寓蜀草、雪嶠外集　集4-29870
寓圃雜記　子4-22969～70　叢1-22(23)、
　29(8)、46、50～3、55、57、84(4)、2-730(11)、
　731(52)、743
寓圃雜記、續書筆記　子4-22968
寓園叢書七種　叢2-2145
67 寓嘐雜詠　史7-50077　叢2-811
77 寓同谷老杜興歌　集7-49456
80 寓無竟室悼亡草(羅亨奎)　史2-10774
寓無意齋詩存(爐餘草、鴻雪集、槐蟬吟、秋
　江晚唱集)　集5-34589
87 寓歗殘稿　集4-30711
88 寓簡　子4-20069～71　叢1-22(3)、23(3)、
　31、223(41)、244(1)、2-617(3)、731(6)

3043₀ 突

60 突星閣詩鈔　集3-16171～4

3043₂ 宏

07 宏詞綱要　子4-21816
22 宏豐公司前後交涉案情節署　史6-44837
48 宏教真君孝經　子4-21439
宏教柳貞君訓孝戒淫歌　子4-21438
55 宏農郡楊氏家譜[江蘇吳縣]　史5-36829
宏農郡楊氏宗譜[浙江縉雲]　史5-36924～6
宏農蓬塘譚氏四修族譜[湖南常寧]　史5-
　41296
宏農楊氏宗譜[福建安溪]　史5-36948
72 宏所諫疏　史6-48242
86 宏智禪師廣錄　子7-34192

3050₂ 搴

20 搴香吟館遺稿　集4-24600
44 搴華堂文集　集3-15501

牢

32 牢溪生詩稿　集5-38472
牢溪生詩鈔　集5-38471

3051₆ 窺

10 窺天外乘　子4-20585　叢1-22(23)、31、84
　(4)、2-730(11)、731(51)、1136
窺天外乘、閩部疏　子4-20586
25 窺生鐵齋詞　集7-46421、48245
27 窺豹雜存　子4-23541
窺豹集　子4-23376　集5-33804　叢2-
　1907
窺豹集、續集　集5-33805
60 窺園詩鈔　集3-21802
窺園詩鈔、補遺　集3-14999
窺園百二詩　集3-13427
窺園集　集6-41959
窺園稿　集3-14737～8
窺園吟稿、江上吟　集3-18836
窺園留草、窺園詞、自定年譜、窺園先生詩

傳　集5-38806
77 窺聞錄　史1-2269

3060₁ 窨

71 窨厓詩草　集4-26354

窨

44 窨花書屋遺稿　集4-24464

謇

00 謇齋瑣綴錄　史1-1914、1929、4398～9　子4-22963　叢1-50～2、55、88～9、95～6、2-730(3)
　謇齋瑣綴錄(瑣綴錄)　子4-22962
06 謇諤堂文稿　集5-41065
　謇諤堂詩稿　集5-41064
10 謇靈修館詩、詞　集5-41346
30 謇謇詩草　集5-40430
46 謇柏百六詞　集5-40122

3060₄ 客

00 客亭類稿　集1-3717～9、6-41784　叢1-223(56)、2-873
　客座新聞　子4-22964　叢1-22(22)、29(7)、57～8
　客座軒渠　子5-26491
　客座贅語　史7-50104　子5-26339　叢1-206、2-787
　客座贅語摘抄　叢1-564
　客座醫話　子2-4633、4695、4749、4771(4)、10597　叢2-1611～2
　客齋詩話　集6-45815
　客齋使令　叢1-142
　客齋使令反　子5-27432　叢1-197(4)、2-617(2)
　客齋餘話　子4-21566　叢2-808
02 客話本字　經2-14894
08 客旋草　集4-30376
09 客談　集6-45810　叢2-1191

15 客建集　集2-9147　叢2-1096
17 客子光陰　集4-23895
20 客乘　集2-10800
22 客山閒事、客山傳　叢1-408
23 客皖紀行　史2-12617　叢1-373(4)
　客皖紀行、客皖錄(清乾隆五十五年至五十六年)　史2-12616
26 客牕二筆　子5-27205　叢2-799～801
　客牕偶談　史6-42674　子2-10516　叢1-202(2)、203(7)
　客牕偶筆　子5-27206
　客牕摘覽　子4-24463
　客牕暇弋　子5-27228
　客牕質語　子4-21845
　客牕賸語　叢2-729
　客魏遺事　史1-4402
　客程紀勝　集3-19561
　客程隨筆(清同治五年至六年)　史2-12717
30 客淮偶吟　集4-26038
　客窓隨筆　子4-19490
　客窓餘錄詩林玉屑　子5-25113
　客寓雜錄　子4-21518　叢2-1545
　客窗夜話　子3-17582、17780
　客窗雜詠　集3-20530
　客窗雜錄　叢2-1831
　客窗偶談　子2-4592
　客窗偶談(客牕偶談)　子2-10516
　客窗偶吟　集4-23711　叢2-909
　客窗偶筆　子4-19882
　客窗隨筆　子5-26227、26393
　客窗閒話　子5-27332、27335
　客窗閒話、續　子5-27333　叢1-496(2)
　客窗閒話初集、續集　子5-27334　叢2-735(3)、736
　客窗賸語　子4-19494
33 客滬集、詩餘　集6-44160
34 客滇述　史1-1979、1982、3126
37 客退紀談　子5-26931　叢1-22(6)、23(6)
38 客塗閒詠　集2-12052
　客遊草　集3-15592、18693
　客途秋恨　集7-52815
40 客杭詩帳　史7-49355
　客杭日記　史2-12515　子4-18785　叢1-244(1)、2-731(55)、735(4)、832(2)
　客杭日記、續記(清同治十二年)　史2-13012
43 客越集　集2-9845
　客越近詠　集3-15284
　客越志　史7-53838～9　叢1-13、14(3)、22(24)、119～20、2-648、1132、1134～5

中國古籍總目・索引

客越志畧　叢2-832(2)
44 客燕雜記、北京歲華記　史7-49813
　客燕詩存、粵吟　集3-17533
　客燕草　集3-15589
　客草　叢2-1224
　客韓筆記　史7-54584
　客世行年　史2-12060
48 客樨先生小學遺說　經2-15097
50 客中一得　經1-2003
　客中異聞錄　叢1-496(5)
67 客路紀程(清雍正六年至七年)　史2-
　12597
　客路吟草　集4-33490
68 客蹤日記　叢2-1875
71 客長日記(元至大元年)　史2-12514
77 客居所居堂稿　集5-35156
　客居所居堂聞筆　子4-24278
　客問　子4-20317　叢1-61～4、174、195(2)、
　2-730(4)
　客問雜錄　子4-23347
　客問詩　叢2-1110
　客問條答　子7-35419
　客問篇　子4-20930
　客邸塵談　子7-34073
　客邸調養救急便方　子2-9357
80 客人三先生詩選　叢2-704
　客人叢書三種　叢2-704
　客人對　史7-50861　叢2-704
　客人駢體文選　叢2-704
　客舍偶聞　史1-3068　子4-23104　叢1-
　369、448、472

　　　　　害

46 害相思一套　集7-50846
50 害蟲要說　子7-37026
　害蟲驅除全書　子7-37025

3060₅ 宙

00 宙亭詩集　集3-15404
43 宙載　子4-20505　叢2-886(2)
80 宙合編　子4-20641

3060₆ 宮

00 宮庭睹記　史1-1964、1981
07 宮詞　集1-1256、1817、1823、2239、2310、
　3106、2-6590、9766、6-41714、41812～3、
　41815～6、42041　叢1-202(7)、203(12)、
　269(5)、319、587(2)、2-731(44)、1238
　宮詞(宋文安公宮詞)　集1-1839
　宮詞一百首　集1-4042
　宮詞薈錄　集4-28710
　宮詞曲譜　集7-54670
　宮詞小纂　叢1-269(5)、2-731(44)
　宮調總論　叢2-1461、1463
　宮調總錄　叢2-1462
08 宮譜錄要　集7-48646
12 宮廷睹記　史6-42056
22 宮巖詩集　集3-18279
23 宮傅楊果勇侯自編年譜　史2-12030～1
24 宮豔　子5-27571
　宮侍御奏疏　史6-48665
26 宮保霍文敏公年譜黃淮集　史2-11474
　宮保繹梅公遺集　集2-10242
　宮保大司空潘公傳　史2-8974
27 宮詹司馬張公別山遺詩(張忠烈公遺集)、
　浩氣吟　集2-12539
　宮詹遺稿、外編　集2-6751
30 宮室考　經1-6172　叢1-223(8)、558、2-
　1092、1389
　宮室考、校勘記　經1-6173
　宮室考校勘記　經1-6174
　宮室圖　經1-6227
　宮室圖說　經1-6226
　宮室類識字法　子7-36237
　宮室類字釋名　子7-36237
37 宮鴻曆詩選　集6-44441
　宮選經驗奇妙春方　子2-8312
40 宮大用雜劇一種　叢2-720(5)
　宮南莊醒世要言　子1-1969　叢1-574(5)
　宮壽卿詩前後集　集4-27791
44 宮花報喜(報喜)　集7-52325
　宮老爺勸善　集7-51435
46 宮觀碑誌　史7-51719　子5-29530(19)
48 宮教集　集1-3546　叢1-223(55)、527
72 宮氏族譜[江蘇泰州]　史4-31039
77 宮閨文選(歷代宮閨文選)、姓氏小錄　集
　6-43161
　宮閨詞　叢2-2049
　宮閨百詠　集5-36571

宮閨聯名譜　史2-6449　叢1-496(1)

宮閨組韻　集4-28332

宮閨祕典　史1-2957

宮閨氏籍藝文考署　集6-43003

宮閨小名錄　史2-13393　叢2-1287

宮閨小名錄、後錄　史2-13394　子5-25820

宮同蘇館經世文雜鈔、目錄校勘記　史6-47516

宮同蘇館奏疏擬稿　史6-48962

宮門掛御帶　集7-53152

90 宮省賢聲錄(郭正域)　史2-9013

富

10 富盂何氏宗譜[江蘇江陰]　史4-28252

富平縣鄉土志[光緒]　史8-62833

富平縣志[萬曆]　史8-62829

富平縣志[乾隆]　史8-62830~1

富平縣志稿[光緒]　史8-62832

富石豐氏宗譜[浙江遂安]　史5-40925

13 富強新書　史6-47536　子7-37344

富強務本新策　史6-47557

富強叢書正集七十七種續集一百二十一種　子7-36228(1)

15 富建道中詩　史7-54522

20 富秀王氏宗譜[浙江淳安]　史4-24939

21 富順自流井珍珠山王氏寶祠四修家譜[四川富順]　史4-25516

富順縣鄉土志[光緒]　史8-61916

富順縣志[康熙]　史8-61910

富順縣志[道光]　中8-61913　叢1-373(3)

富順縣志[乾隆]　史8-61911~2

富順縣志[同治]　史8-61914

富順縣志[民國]　史8-61915

富處塘頭李氏族譜[湖南]　史4-27632

富處塘頭李氏族譜[湖南桂陽]　史4-27608

22 富川荊源馮氏宗譜[湖北黃石]　史5-36458~9

富川縣鄉土志[光緒]　史8-61441

富川縣志[乾隆]　史8-61439

富川縣志[光緒]　史8-61440

富山遺稿　叢1-223(58)

富山遺稿(青溪富山先生遺藁)　集1-4403

富山樓詩稿　集5-34366

富山嫩藁　集1-4402

30 富安吳氏重修族譜[江蘇泰州]　史4-27710

富良江源流考　史7-49318(10)、53031

富察氏敦禮臣年譜　史2-12371

31 富江西山鄭氏宗譜[浙江淳安]　史5-38605、38608

富江鄭氏宗譜[浙江淳安]　史5-38606~7、38609

32 富州縣志[民國]　史8-62614

富溪譚氏族譜[江西萍鄉]　史5-41252

富溪程氏祖訓家規封邱淵源合編　子1-2314

富溪大本堂汪氏世系承流統譜[安徽歙縣]　史4-28828

40 富克錦興地署　史7-50039

45 富樓那問經　子6-32093(3)

47 富桐潘氏宗譜[浙江]　史5-39781~2

48 富教初桃錄　子4-24642

50 富春唐棣朱氏宗譜[浙江富陽]　史4-26466

富春唐氏宗譜[浙江富陽]　史4-32509

富春龍門孫氏宗譜[浙江富陽]　史5-33579

富春施氏譜[浙江富陽]　史4-30878

富春靈峯里山許氏宗譜[浙江富陽]　史5-34393

富春靈橋朱氏副譜[浙江富陽]　史4-26465

富春張氏宗譜[浙江富陽]　史5-34887~9

富春孫氏宗譜[江蘇鎮江]　史5-33541

富春環山裘氏宗譜[浙江富陽]　史5-37170~1

富春環路劉氏宗譜[浙江富陽]　史5-39248

富春上館盛氏宗譜[浙江富陽]　史5-34285

富春山居圖卷　子3-16473

富春山館遺集　集5-41443

富春吳氏宗譜[浙江富陽]　史4-27803

富春漁山施氏宗譜[浙江富陽]　史4-30877

富春祥風華氏宗譜[浙江富陽]　史4-31445~7

富春祥鳳陳氏宗譜[浙江富陽]　史4-32818

富春遊草　叢2-1612

富春壺源徐氏宗譜[浙江富陽]　史4-31889

富春橫槎何氏宗譜[浙江富陽]　史4-28263

富春樓　集7-53573

富春楊氏宗譜[浙江富陽]　史5-36834

富春東梓許氏宗譜[浙江富陽]　史5-

34392

富春曹氏宗譜[浙江富陽]　史5-34178～80

富春嚴氏宗譜[浙江淳安]　史5-41195、
41199、41202

富春瓜邱孫氏宗譜[浙江富陽]　史5-
33584

富春堂經驗方書、方雜記　子2-9614

富貴雙全　集7-49691

富貴山　集7-50247

富貴寶笈　子4-24310

富貴源頭　子4-21695

富貴叢譚　子5-26638

富貴神僊　集7-50368、50417、53574

富貴壽考一枝　集7-51726

富貴長春　集7-49680～1

60 富里李氏五修族譜[湖南醴陵]　史4-
27547

富里李氏四修族譜[湖南醴陵]　史4-
27546

富國須知　子7-36230、37308

富國真理　子7-37310

富國農書　子1-4172

富國學問答　史6-47562

富國養民策　子7-36244、36249～50、36254、
37309

富國策　史6-41535　子7-36250、36263、
37307、37343

富國精言　子7-36254

富邑青龍頭黃氏宗譜[浙江富陽]　史5-
33755

76 富陽夏氏叢刻七種　叢2-967

富陽志備採[同治]　史7-57188

富陽縣新志補正[宣統]　史7-57192

富陽縣新舊志校記[光緒]　史7-57191

富陽縣志[康熙]　史7-57186～7　叢1-
373(7)

富陽縣志[光緒]　史7-57189

富陽縣學堂現定章程　史6-42521

富陽縣輿地小志[光緒]　史7-57190

富陽長春章氏宗譜[浙江富陽]　史5-
34525

富陽節孝全錄　史2-7995

77 富民縣志[雍正]　史8-62368

富民縣志[康熙]　史8-62367

80 富翁傳　子5-28468

富公子拜年一枝　集7-51005

84 富饒吳氏會通譜[安徽歙縣]　史4-28012～3

87 富鄭公詩集　集1-1992

3060₈ 容

00 容庵存稿　集6-44580

容齋文鈔　集3-21860

容齋詩話　集6-45585　叢1-195(4)、2-
731(46)

容齋詩集　集3-21858

容齋詩集(威信公詩集)　集3-18544

容齋詩集、古香詞　集3-21859

容齋詩錄　集4-33482

容齋詩餘　集7-46397～400、46906

容齋千首詩　集3-15528

容齋集　集3-15529、6-41969

容齋四六叢談　集6-45586　叢1-195(4)、
2-731(48)

容齋題跋　集1-3415　叢1-169(4)、2-731
(2)

容齋隨筆、續筆　子4-20080

容齋隨筆、續筆、三筆、四筆、五筆　子4-
20082～3　叢1-223(40)、2-636(3)、735
(3)、943

容齋隨筆、四筆　子4-20081

容齋筆記　叢1-312

17 容子山人學詩存稿　集3-18021

21 容經學凡例　經1-5365　叢2-2129(2)

22 容川詩稿　集4-33689

容川詩鈔　集5-35897

容山教事錄　子1-1712

容山曹氏家乘[江蘇句容]　史5-34159

23 容我軒雜稿　史6-47124

容台集　集4-25912

27 容船客子集　集3-21489

30 容安齋文集　集3-18642

容安齋詩集　集3-18644　叢2-661

容安齋穌譚　子4-20802

容安齋外集　集3-18645

容安詩草　集3-15176

容安軒詩鈔　集3-14016

容安軒詩鈔初稿　集4-31928

容安小室詩鈔、詩餘　集5-36646

容窗集　集1-5329

40 容臺文集　集2-10566

容臺文集、詩集　集2-10560

容臺文集、詩集、別集　集2-10558～9

容臺文集、別集　集2-10561

容臺集　集4-23526

容臺稿　集2-8668

容臺佐議　史6-42052　叢2-978

容臺存草　集 3-18471
容臺別集　集 2-10564～5
容臺隨筆　子 4-20725　叢 1-22(20)
42 容瓠軒詩鈔　集 3-20177
43 容城文靖劉先生文集　集 1-4899
　容城孫氏世系錄[河北容城]　史 5-33521
　容城忠愍楊先生文集　集 2-9218
　容城縣志[康熙]　史 7-55324
　容城縣志[乾隆]　史 7-55325
　容城縣志[咸豐]　史 7-55326
　容城縣志[民國]　史 7-55328
　容城縣志[光緒]　史 7-55327
　容城鍾元孫先生文集　集 3-13069
44 容莊遺文、遺詩　集 4-23893
　容菴(袁世凱)弟子記　史 2-12396
　容菴詩集、辛卯集、容菴文集　集 2-12441
　容菴集　叢 2-855
　容菴集、周易傳義存疑　集 2-8064
　容菴集、周易傳義存疑、書　集 2-8065
　容菴遺文鈔、存稿鈔　集 2-12442　叢 2-834～5
　容菴存稿　集 2-12443
　容菴存稿、孤臣述　集 2-12444
　容村雜記　叢 1-312
50 容春堂雜鈔　叢 2-1066
　容春堂集　集 2-7278
　容春堂續集、別集、後集　集 2-7282
　容春堂前集　集 2-7284
　容春堂前集、後集、續集、別集　叢 1-223(65)
　容春堂前集、後集、續集、別集(邵二泉先生容春堂集)　集 2-7279
　容春堂前集、續集、別集、泉齋勿藥集　集 2-7280
　容春堂前集、別集　集 2-7281
　容春精舍詩集　集 5-36767
52 容拙齋文鈔　集 4-29413
　容拙齋古文　集 4-29412
53 容甫先生(汪中)年譜　史 2-11929　叢 2-926～7
　容甫先生遺詩、補遺、題詞　叢 2-926
　容甫先生遺詩、補遺、題辭　叢 2-927
　容甫先生遺詩、補遺、附錄　集 4-22714　叢 2-609、635(13)
　容甫金石跋尾　史 8-63610
60 容園隨筆　子 4-22672
　容園詞綜　集 7-48611　叢 2-2150
　容園謎存　子 3-18465
　容圓通義　子 3-12402
　容圓七術　子 3-12399
　容圓七術、曲面容方　子 3-12780

62 容縣志[光緒]　史 8-61343
74 容膝軒文集、詩草　叢 2-845(5)
　容膝軒文稿　集 5-38390
　容膝軒詩草　集 5-36350
　容膝軒詩鈔　集 5-38391
　容膝軒古近體詩存草　集 4-31736
　容膝居雜錄　子 4-21048
　容膝居詩鈔　集 4-27353
77 容居堂文鈔　集 3-16938
　容居堂詩鈔、詞鈔　集 3-16937
　容居堂詞　集 7-46398～400、47117
　容居堂詞鈔　集 7-47337
　容居堂三種曲　集 7-50283
　容與集　集 4-22746
　容與堂漢詩釋　集 6-43180
80 容美紀游　史 7-49338、53646
　容美紀遊　史 7-49318(13)

窗

06 窗課存稿　集 5-36704
　窗課抄　叢 2-2270(3)
20 窗稿　叢 2-2170
77 窗間記聞　叢 1-22(5)、23(5)

3060₉　審

00 審病定經　子 2-5065
　審齋詞　集 7-46352、46357、46380、46427、46573　叢 1-223(73),2-698(14)、720(2)
　審辦盜案緝捕功過章程　史 6-46994
　審音鑒古錄六十六折　集 7-54629
　審音精說　子 7-36229、37638
01 審証傳方　子 2-9609
11 審頭許親　集 7-53651
16 審理馬新貽被刺案疏鈔　史 1-4058
20 審看擬式　史 6-46236
　審看擬式、審看論畧十則　史 6-46237
22 審嚴文集、詩集　集 4-22730,6-41757　叢 2-954
　審嚴集　集 4-22729,6-41757
　審嚴遺文　集 4-22731
30 審安齋詩集　叢 2-2189
　審安齋稿　集 5-40726
　審安齋遺稿六種　叢 2-2189
　審定虛實大法　子 2-6216

　　審定風雅遺音　經1-4755　叢2-731(25)、
　　782(4)、845(4)
　　審案須知　史6-46501
36 審視瑤函　子2-7384
40 審吉平　集7-53033
47 審聲　經2-14166、15122
50 審青羊　集7-53258
60 審國病書　叢2-2211
　　審是齋詩鈔　集3-21827
　　審是集　集1-3033
　　審是帙(雜言)　子4-20546　叢1-143
61 審題要旨　叢2-1509
80 審合編　子4-20931
87 審錄廣東案稿　史6-47331
　　審錄山東題稿　史6-48388
92 審判廳檢察廳章程規則　史6-46033
　　審判要畧　史6-46500
　　審判稿　史6-46499　叢2-2146～7

3062₁ 寄

00 寄亭詩稿　集3-20193
　　寄亭詩遺　集1-2319,6-41894(2)
　　寄亭公自述　史2-9622
　　寄亭公自述、平生心迹、聯桂堂記　史2-
　　11971
　　寄塵詩稿　集5-33849
　　寄塵山房詩編　集4-23425
　　寄塵室見聞雜記　子4-21709
　　寄庵文鈔、續、續附　集4-22983
　　寄庵雜著　集4-28781～2
　　寄庵試律剩稿　集5-38299
　　寄庵詩文鈔　集4-22974　叢2-886(3)
　　寄庵詩集　集3-13290、13702
　　寄庵詩稿　集4-24433
　　寄庵詩稿、文集　集4-24432
　　寄庵詩鈔　集4-22975～6、22978～9,5-
　　38074～5
　　寄庵詩鈔、續、續附　集4-22977
　　寄庵詩鈔、續鈔、續附、文鈔、續文　集4-
　　22973
　　寄庵遺稿　集5-37473
　　寄廬文草　集5-41254
　　寄廬雜記　子4-21640
　　寄廬詩稿　集4-28056
　　寄廬詩剩　集5-37923
　　寄廬詩草、詩續存　集4-32649
　　寄廬詞存　集7-47758

　　寄廬遺稿　集3-18972
　　寄廬草堂初稿　集4-31624
　　寄廬梅花詩　集3-15861
　　寄廬春莫懷人詩　集4-32650
　　寄廬賦鈔、留餘堂賦存　集5-34246
　　寄廬吟　集4-28671
　　寄廬吟草　集4-32448
　　寄齋文草、詩鈔　集5-40729
　　寄齋詩存　叢2-1436
　　寄齋日記　史2-13238
　　寄言　叢2-2082
　　寄京醫札　子2-4688、10761
01 寄龍乙志　子5-26559
　　寄語畧　史1-2690
02 寄氈詩文草　集5-39420
06 寄韻切音指南　叢2-2201
10 寄吾廬詩　集3-18452
　　寄吾廬詩稿續存　集5-34843
　　寄吾廬詩草拾遺　集4-27312
　　寄吾廬初稿選鈔　集4-26510
　　寄吾草　集4-31664
　　寄雲山館詩鈔、詞鈔　集4-30479
　　寄雲游草　集4-30065
　　寄雲樓詩集(松下清齋詩稿)　集3-20494
　　寄雲樓小草　集4-27174
　　寄雲閣詩鈔　集5-41104
　　寄雲公書訣摘要　子3-15245
　　寄雲館詩鈔　集4-30881
12 寄發電報章程附電報號碼表　史6-44395
16 寄魂谷詩草　集5-34915
20 寄舫試帖初稿、律賦初稿　集4-31910
21 寄紅生詩存　集4-28384
22 寄嶽雲齋試帖詳注　集4-26554
　　寄嶽雲齋初稿、補遺、迴文賦　集4-26553
　　寄巢詩　集2-12806
　　寄巢詩稿　集5-34330
　　寄巢遊草　集5-33991
　　寄巢舊主詩選　集5-41277
　　寄巢閑話　子4-21843
25 寄府君(堵城)年譜　史2-12280
　　寄生山館詩賸、瘦玉詞鈔　集4-31640　叢
　　1-498
　　寄生山館隨筆　子4-23453
　　寄生草　集4-29979
　　寄生樓遺稿　集5-33957
　　寄生吟草　集5-35376
　　寄生館文集　集4-26551
　　寄生館集　集4-26550　叢1-310
　　寄生館焚餘稿　集3-19269
　　寄生館駢文　叢2-807

寄生錄(清同治元年)　史2-12845

26 寄自鳴稿存　集5-35778
　　寄自鳴編　集5-35777
27 寄槃詩稿　集5-38210
　　寄綠軒類稿　集4-33329
28 寄傲山房塾課新增幼學故事瓊林　子5-
　　25609
　　寄傲山房塾課撰輯春秋備旨　經1-7858
　　寄傲山房塾課纂輯御案易經備旨、圖　經
　　1-1249
　　寄傲山房塾課纂輯易經備旨、周易精義　經
　　1-1250
　　寄傲山房謎稿　子3-18367、18394
　　寄傲山房隱語、續選、增選　子3-18395
　　寄傲樓詩　集4-33009
　　寄傲軒詩草　集5-40279
　　寄傲軒讀書隨筆、續筆、三筆　子4-21297
　　　叢2-1552
　　寄傲閒吟　集5-40450
　　寄傲盦遺集　集5-41665
29 寄愁集　集4-23785
30 寄窩鈔存　叢2-2039
　　寄安室日記　史2-12982
　　寄寄山房塞愚詩話　叢2-2201
　　寄寄山房叢鈔　叢2-2201
　　寄寄山房叢鈔續集　叢2-2201
　　寄寄山房叢鈔又集　叢2-2201
　　寄寄山房鼠疫雜誌　叢2-2201
　　寄寄山房全集七種附一種　叢2-2201
　　寄寄山房公牘錄遺　史6-47218　叢2-
　　2201
31 寄漚文鈔、詩鈔、詞　集5-37187
　　寄漚詩存　集5-36689
　　寄漚詩鈔　集5-37188
　　寄漚外集　集5-37190
　　寄漚遺集　集5-36690
　　寄漚書巢詩文稿　集5-37186
　　寄漚館拾餘草　集4-32874、6-42007(2)
　　寄迂草堂集(司直詩存、司直寄迂草、司直
　　　古文草)　集4-32435
33 寄心集　集2-9995　叢2-1147~8
　　寄心盦詩話　集6-46072
36 寄禪安禪師語錄　子7-34389
　　寄禪遺詩　集5-38458　叢2-715
37 寄鴻堂文集　集4-25433
　　寄鴻堂詩稿　集4-25432
　　寄漁詞話　集7-48736
　　寄通齋詩草　集5-39054
38 寄遊八景　史2-9402
　　寄遊八景(錦雲家集)　集3-16889
40 寄南園二子詩鈔　集6-42011

　　寄樵山館詩鈔　集4-28296
　　寄樵山館集　集4-28295
41 寄樗齋客窗續筆　子5-26642
　　寄梧軒詩草　集4-33203
44 寄萍小草　集4-32438
　　寄萍小草詩集　集4-32437
　　寄夢廬傷寒述注　子2-6424
　　寄夢堂屈子離騷論文　集1-123
　　寄蕉樓詩　集5-38061
　　寄蒼樓文鈔　集4-29703
　　寄蒼樓集　集4-29702
　　寄菴雜稿　集2-12953
　　寄菴詩存　集2-12087
　　寄蘦盦隨筆(清光緒五年)　史2-12769
　　寄楮備談　叢2-1900~1
45 寄樓鱗爪集　叢2-2267
47 寄報章程、電報號碼　史6-44394
48 寄榆庵詩鈔續集　集5-36032
　　寄榆盦詩鈔　集5-36031
　　寄梅館詩鈔　集4-24288,6-41999
50 寄青齋詩稿(寄青齋遺稿)、綠雲館遺集　集
　　5-34373
　　寄青齋詞稿　集7-48351
　　寄青霞館弈選、續刻弈選　子3-18141
　　寄青霞館弈選、續編　子3-18142
　　寄春吟、詞　集4-22200
　　寄素堂雜著　子4-24560
　　寄素堂詩稿、雜著　集3-19167~8
51 寄軒詩鈔　集3-19626
　　寄軒集　集4-24162
　　寄軒初稿　集4-26121
　　寄軒草　集3-17240,6-44644
52 寄靜草堂己未詩稿　集4-30379
53 寄感篇　集4-28817
54 寄蝸廬詩文集　集5-37441
　　寄蝸廬詩集、文集　集5-37440
56 寄暢園詩文錄　集5-40141
　　寄螺行館書牘　叢2-2080
57 寄蝸殘贅　子4-23441
60 寄曠廬詩集　集4-22021~2
　　寄圃詩稿　集4-23205
　　寄圃詩草次集　集4-27491
　　寄圃詩草初集　集4-27490
　　寄園詩、寄園十六詠　集6-44165
　　寄園詩存　集4-22720
　　寄園詩草、師友遺文錄　集5-38581
　　寄園詩鈔　集4-33652
　　寄園于日記(清咸豐八年)　史2-12861
　　寄園集詩　集6-44166
　　寄園集字詩　叢2-1330

寄園寄所寄　子5－26404
寄園寄所寄摘錄　叢1－587(6)
寄園七夕集字詩　集6－44166
寄園藏稿　集3－13356
寄園吟草　集4－22903
寄園吟鈔　叢1－300
寄園所寄　子5－26403
寄園爐餘集　集5－37295
寄思齋詩文集　集4－24350
寄思齋藏稿、補遺、公孫龍子注、辛筠谷年
　譜　集4－24349
寄思軒詩稿　集5－34222～3
寄愚室文鈔、詩鈔　集5－34512
62 寄影廬詩存　集5－39737
寄影廬剩稿　集5－37195
寄影軒詩鈔　集4－32766、33263,6－42007(4)
寄影軒詩鈔(焚餘集、爪雪集、海田集、禪山
　吟稿、北上詩草、聽刁集、海田續集、豐山
　寄影小草、庚辛集、禪山續稿、禪餘詩草、
　龍州集、丁戊集)、附詞　集4－32767
寄影軒詞稿　集7－47848
65 寄嘯廬傳奇兒孫福　集7－50295
71 寄願堂文測　子1－1483
77 寄閒齋雜志、三槎浦櫂歌　子4－24320
寄閒詩草　集3－18070
寄閒草廬詞鈔　集7－47599
寄閒吟館謎稿　子3－18367、18390
寄閒館詩稿　集4－25308
寄閒小草　集4－25728、26986
寄閒堂詩集　集3－19919
寄閒堂稿　集2－8648
寄學速成法　子4－22065
寄鷗遊草、存稿　集5－34289
寄鷗吟草　集5－39938
寄鷗居詩　集5－37133
寄鷗館辛未詩錄　集4－31153
寄鷗館雜著、拾遺　叢2－1940
寄鷗館詩集　集4－31151
寄鷗館詩錄　集4－31155,6－42008
寄鷗館讀史六百韻　史1－6089
寄鷗館集五種　叢2－1940
寄鷗館行卷　集4－31152
寄鷗館奏疏、補編　叢2－1940
寄鷗館日記(清光緒七年至九年)　史2－
　12898
寄閒齋精選官子譜　子3－18083
80 寄龕文賡　集5－36713
寄龕文存　集5－36714
寄龕詩質、詞問　集5－36712
寄龕詞　集7－48259

寄龕詞問　集7－48260
寄龕褧著四種　子4－22658
寄龕日記(清光緒二十一年至二十三年)
　史2－13073
寄龕甲志、乙志、丙志、丁志　子4－23486
88 寄籬稿詩、文、雜稿、附錄　集2－9173
寄簃文存　集5－36673　叢2－2109
寄簃文存二編　集5－36674
寄簃詩存　集5－40995
95 寄情詩草　集5－37112
寄情集　子4－24734
寄情稿　集1－5820
寄情草堂詩鈔　集4－26668
寄情歡悅(寄情歡樂)一枝　集7－51767
寄情軒詩稿節鈔　集3－20723
寄情小草七律　集4－25375

3071₄ 宅

08 宅譜　子3－13200
宅譜修方　子3－13160
宅譜修方催生　子2－8097
宅譜邇言　子3－13160、13208
宅譜指要　子3－13160、13209
21 宅經　子3－13162～3　叢1－22(18)、23(17)、
　173、223(36)、268(3)
44 宅墳圖訣　經1－1957
宅葬書十一種　子3－13141
47 宅埠陳氏宗譜[浙江諸暨]　史4－32919、
　32921
宅埠陳氏十三修宗譜[浙江諸暨]　史4－
　32922
宅埠陳氏世譜[浙江諸暨]　史4－32918、
　32920

3071₇ 宦

17 宦豫草　叢2－1924
26 宦粵吟草　集4－26652
27 宦鄉應酬備覽　子4－24507
宦鄉新要則　史6－43064
宦鄉要則　史6－43061～2
34 宦濛草　集4－28342
宦滇畧存　集5－38746
38 宦游偶記　史6－43176
宦游偶錄　史1－4507
宦游紀實　史6－43167

宦游紀畧　史6-41531、43150、43155
宦游紀畧纂要　史6-43165
宦游紀聞　叢1-97
宦游草堂詩鈔　集4-31629
宦海　子5-28603
宦海潮　子5-28584
宦海指南五種　史6-41533
宦海見聞錄　子5-27269
宦海慈航　叢1-197(4)、322,2-617(2)
宦遊雜詠　集4-25419
宦遊雜記(清道光二十九年至咸豐八年)
　史2-12696
宦遊詩草初集、二集　集5-39583
宦遊詞選　集7-48548
宦遊集　叢2-1431
宦遊稿、歸田稿　集2-7874
宦遊偶記　叢2-2257
宦遊偶錄　叢2-1928
宦遊紀畧　叢2-1698
宦遊紀畧纂要　史2-9628
宦遊紀聞　子5-26385　叢1-22(22),2-
　799～801
宦遊存稿　集3-20133,4-29038
宦遊草　集3-19289　叢2-1450
宦遊草、陵陽別言、秋浦驪歌　集3-18604
宦遊日記　史6-43111　叢2-731(13)、816
宦遊吟　集4-23311
宦遊吟草　集4-33484,5-39821,6-42007
　(4)　叢2-1852
宦遊筆記(清光緒六年至十四年)　史2-
　12772
宦遊小草　集4-30348,5-34794
宦途吟稿　集4-31632
40 宦寺考　史2-6569
44 宦草　集6-41958
宦者雜記　史1-801
宦者記　史1-801
58 宦拾錄　集4-22802
60 宦蜀詩鈔　集4-26120
宦蜀紀程　史7-53889、54008　叢2-1924
宦蜀草　叢2-1924
71 宦歷漫紀　史6-47100
72 宦氏宗譜[江蘇鎮江]　史4-31037
宦氏宗譜[貴州遵義]　史4-31038
77 宦舄波餘　叢2-1213
宦學集　集5-38595
宦邸便方　子2-9270

竈

10 竈王功過格　子5-30542
竈王真經　子5-30516
17 竈君經　集7-54591
竈君傳諭　集7-49700
竈君寶卷　集7-54267
竈君勸善文靈籤　子5-30517
26 竈皇寶卷(竈皇妙典、竈家寶卷、竈君寶卷)
　集7-54267
30 竈家寶卷　集7-54267
35 竈神顯祐　集7-49705
41 竈嫗解　叢2-784
80 竈前戒忌說　叢2-771(1)

3072₇ 窃

77 窃聞、續　史2-9258　集6-45102～5
窃聞、續窃聞　子5-26387
窃聞、彤奩續　子5-26388

窈

77 窈居文集　集3-13221
窈聞、續　叢1-547(4),2-720(6)

3073₂ 寰

30 寰瀛畫報　叢1-496(2)
寰宇訪碑錄　史8-63792、63802、63804、63807
　叢1-303～4、353,2-731(34)
寰宇訪碑錄、刊謬　史8-63503、63793　叢
　1-305
寰宇訪碑錄校勘記　史8-63794、63805　叢
　2-2202
寰宇訪碑錄校勘記、補　史8-63795
寰宇訪碑錄合編　史8-63803
寰宇記　史7-49521　叢1-22(10)、23(10)
寰宇瑣紀　史7-54361　叢1-496(2)
寰宇貞石圖　史8-63808
寰宇貞石圖目錄　史8-63809

寰宇述要　子3-11359
寰宇通衢　史7-49553
寰宇通志　史7-49554　叢2-742
寰宇分合志　史1-5536
寰宇分合志、增輯　史1-5537
40 寰有詮　子7-35292

良

00 良方　子2-9595、10102
良方二五叢殘　子2-9351
良方集要　子2-4665、9482、9570、9659、9714
良方集腋　子2-4714、9734
良方集腋、良方合璧、婦嬰至寶、慎疾芻言、
　世補齋不謝方　子2-4782
良方集腋合璧　子2-4714
良方集腋合璧(良方合璧)　子2-9735
良方便檢　子2-9839
良方續錄　子2-9697
良方續錄(慈恩玉曆彙錄、良方彙錄、慈恩
　玉曆良方彙錄)、補遺　子2-9698
良方彙編　子2-9497
良方滙　子2-9752
良方滙抄　子2-10129
良方滙錄　子2-4756、10046
良方揀要　子2-9505
良方擇鈔　子2-10164
良方輯要　子2-9911
良方輯要、外科醫鏡　子2-9863
良方隨錄　子2-10179
良方合璧　子2-9869
良方類編　子2-9243
良夜吟　集4-28355
良言瑣記、補遺　子4-23507
27 良鄉縣志[康熙]　史7-54941～2
良鄉縣志[民國]　史7-54944
良鄉縣志[光緒]　史7-54943
30 良宵引　子3-17583、17788
31 良源張氏十一修族譜[湖南瀏陽]　史5-
　35286
良源張氏九修支譜[湖南瀏陽]　史5-35285
33 良心書　叢2-2223
38 良遊緣阻　集7-49705
44 良藥滙編　子2-9932
50 良吏述　史2-7501　叢1-203(10)
良吏述補　史2-7502
良貴錄　史2-7609
良貴堂文鈔　集3-16362　叢2-1376

71 良辰樂事　集7-50598
86 良知同然錄　子1-968
90 良常仙系記　史2-6891　叢1-22(21)

3077₂ 密

00 密庵集　集2-6171
密庵自治官書　集4-32071
密庵和尚語錄　子7-34197
密齋文集　集4-25792
密齋詩存　集4-25793
密齋儒行　叢2-1361
密齋書牘、雜語　叢2-1361
密齋隨錄　叢2-686
密齋騷賦儷辭韻語　叢2-1361
密齋筆記、續記　子4-20158　叢2-854
密齋筆記、續記、校譌、續校　子4-20159
密齋筆記、續筆記　叢1-223(41)、490
密齋筆記、續筆記、校譌、續校　叢1-376,
　2-731(52)
密訪康有維一段　集7-51512
02 密證錄　子1-1506　叢2-906、1355～6
06 密韻樓景宋本七種　叢2-660
08 密諭錄、閣諭錄　史6-48181
10 密雲禪師語錄　子7-34260
密雲禪師語錄、年譜　子6-32091(65)
密雲圓悟禪師語錄、年譜　子6-32089(52)
密雲圓悟禪師天童直說　子7-34098
密雲縣志[雍正]　史7-54982
密雲縣志[康熙]　史7-54981
密雲縣志[民國]　史7-54984～5
密雲縣志[光緒]　史7-54983
密雲悟禪師語錄　子6-32092(44)
12 密礄齋詩稿　集4-22793
15 密建遊宮一段　集7-51513
21 密行忍禪師語錄、嗣燈和尚語錄　子6-
　32091(81)
30 密迹金剛力士經　子6-32093(2)
密之先生雜志　子4-23108
密密如絲一枝　集7-51845
44 密藏開禪師遺稿、密藏禪師定制楞嚴寺規
　約　子6-32091(71)
密菴詩藁、文藁　叢2-637(4)
密菴集　叢1-223(62)
密菴先生稿　集2-6172
密菴傑禪師語錄　子6-32091(72)
密菴寱言　子1-1269
密菴藁、文藁　集2-6170

密菴厄言　子4-20773

46 密娛齋詩集、後集　集2-10998

密娛齋稿　集2-10997

48 密教啓請次第　子7-35072

密教觀行次第　子7-35073

密教散食儀　子7-35069

密梅花館詩錄　集4-27547

密梅花館詩錄、文錄　集4-27546

60 密跡力士大權神王經　子6-32088(38)

密跡力士大權神王經偈頌　子6-32090
(56)、32091(54)、32092(37)、32093(31)

62 密縣志[康熙]　史8-59541

密縣志[順治]　史8-59539~40

密縣志[嘉慶]　史8-59543

密縣志[乾隆]　史8-59542

密縣志[民國]　史8-59544

65 密蹟金剛神咒注　子5-29574,7-33778

66 密呪圓因往生集　子7-34636

密哩幹巴上師道果　子7-32948

密咒圓因往生集　子6-32085(54)、32086
(65)、32088(40)、32089(48)、32090(60)、
32091(58)、32092(42)、32093(47)

密嚴經　子6-32083(35)

71 密厓文鈔　叢2-1924

88 密箴　子1-2500　叢1-62~4,2-730(4)、
731(8)

90 密堂詩鈔　集5-38561

宻

39 宻湫子　子1-1906

窨

66 窨器說　子4-18590　叢1-202(8)、203(14)

3077₇ 官

00 官音咀華　經2-14482

02 官話　子4-21349

官話聖經備典　子7-35227

官話經訓類纂　子7-35215

官話萃珍　子7-38148

官話合聲字母　經2-14491

06 官韻考異　經2-14113~4　叢1-241、242(2)

10 官工處歎拾聲　集7-53161

12 官聯條辨　經1-5083

官礄淩氏宗譜[湖北漢陽]　史4-34658

13 官職會通　史6-42651　叢2-1087

17 官子譜　子3-14982~3、18043、18135、18148

20 官爵志　史6-42657　叢1-195(3)、2-731
(18)

21 官衙名目　經2-15062

官銜嘆　集7-52329

22 官制　叢1-460

官制論說　子7-36240(2)

官制備考　史6-42653~4　集6-43916　叢
2-1183

官制沿革表　史6-42605　叢2-1914

官制考　子7-36240(2)　叢2-1092

官制事實　集6-43905

官制奏議　子7-36240(2)

官山彭氏支譜[湖南長沙]　史5-35572

24 官牘　叢2-1778

25 官紳約　叢1-536

26 官吳稟牘　史6-47282

官釋　叢1-136

27 官級由陞　史6-42656　叢1-114(2)

30 官窺外篇　叢1-223(30)

官賽余氏宗譜[浙江龍游]　史4-28558

官寮瞿氏緯公支譜[湖南]　史5-40941

31 官源朱氏宗譜[江西婺源]　史4-26683

官源洪氏總譜[江西婺源]　史4-31003~4

32 官溪張氏三修族譜[江西宜春]　史5-35213

官溪張氏重修族譜[江西宜春]　史5-35212

35 官禮制考　史6-42655　叢1-114(2)

官禮陳氏宗譜[安徽青陽]　史4-33186

40 官太常疏稿　史6-48443

41 官板大字全像批評三國志　子5-27992

42 官橋下宅陳氏房譜[浙江東陽]　史4-
33050

官橋楊氏宗譜[浙江武義]　史5-36911~2

官橋陳氏譜外小集[浙江東陽]　史4-
33046、33049

官橋陳氏宗譜[浙江東陽]　史4-33043~5、
33047~8

44 官莊楊氏宗譜[江蘇宜興]　史5-36826

官幕同舟錄、急救應驗良方　史6-43037

官林孫氏家乘　史5-33697

官林宗氏續修譜[江蘇]　史4-30269

45 官精陳氏宗譜[浙江東陽]　史4-33065

47 官埠橋彭氏族譜[湖南湘鄉]　史5-35608

48 官場諷世小說傀儡記初集　子5-28581

官場現形記　子5-28555、28559

官場現形記三編　子5-28556

中國古籍總目·索引

官場現形記五編　子5-28557～8
官場維新記　子5-28580
官場風流案十三章　子5-28587
官樣文章　叢2-632
官梅集　集3-13964
50 官書　叢2-1958
官書拾存　集5-38852
60 官田始末記　史6-44853
官品令　史6-42666
72 官兵借支行裝銀兩花名底册　史6-47430
77 官閣聯吟　叢2-993
官閣消寒集　集3-21436　叢2-755
88 官箴　史6-42923　叢1-2～6、8～9、19(10)、20(7)、21(9)、22(12)、23(12)、24(10)、50、66、223(26)、268(2)，2-731(18)
官箴、雜說　史6-42924
官箴集要　史6-42946
90 官常政要二十二種　史6-41519
官常政要十一種　史6-41518

3080₁ 定

00 定庵文集　集4-29180
定庵文集、集外未刻詩、詞、詩集定本　集4-29161
定庵文集、續集、文集補、續集、別集、文集補編、文集增補　集4-29185
定庵文集、續集、續錄、雜詩、文集補編　集4-29159
定庵文集、續集、續錄、古今體詩、雜詩、詞選、詞錄、文集補編、文拾遺、文集補　集4-29158
定庵文集、續集、續錄、古今體詩、己亥雜詩、庚子雅詞　集4-29156
定庵文集、續集、補、文集補編　集4-29184
定庵文集、續集、補、補編　集4-29179
定庵文集、續集、古今體詩、雜詩、別集、文集補編、佚文　集4-29157
定庵文集、補、續錄、續集、文集補編　集4-29174
定庵文集、餘集　集4-29171
定庵文集補、餘集　集4-29176
定庵文集補編　集4-29173
定庵文集古今體詩破戒草、破戒草之餘　集4-29163
定庵文補遺　集4-29183
定庵文拾遺　集4-29182
定庵雜詩、詞選　集4-29168
定庵詩集、雜詩並未刻詩、文集、續集、補

編、補續錄並拾遺　集4-29160
定庵詩集定本、集外未刻詩、定庵別集　集4-29166
定庵詩稿　集4-26039
定庵詩存、詩續存、詩餘、楹聯錄存　集5-41341
定庵破戒草　集4-29162
定庵集、榮壽錄　集2-6892
定庵集外文　集4-29177～8
定庵集外未刻詩　集4-29167
定庵集定本　集4-29155
定庵續集己亥雜詩　集4-29165
定庵自定文稿　集4-29170
定庵遺著　集4-29154
定庵類稿　叢1-223(55)
定庵類稿(定菴類稿)　集1-3196
定廬集　集4-27574～5
定齋詩鈔　集3-18044
定齋集　集1-3764　叢1-223(55)，2-798
定齋制藝　叢2-1431
定齋先生詩集　集2-8649
定齋先生猶存集　集3-18092　叢2-885、1431
定齋河工書牘　史6-46600　叢2-885
定齋易箋　經1-1208　叢2-1431
定府隨侍瑞拜唐阿斌(瑞斌)庚子殉難記　史2-10958
定唐　集7-53728
定襄縣補志[光緒]　史7-55730
定襄縣志[雍正]　史7-55729
定襄縣志[康熙]　史7-55728
定襄縣志[萬曆]　史7-55727
定襄金石考　史8-63834
10 定正洪範、補注　經1-3322
定正洪範集說　經1-77(2)、3321
定王府譜牒　史5-37890
定王臺志　史7-51959　集6-41691
定西縣採記錄[光緒]　史8-63206
定雲樓遺集五種　叢2-1203
12 定水楊氏宗譜[浙江江山]　史5-36889
13 定武蘭亭　子3-15567
定武蘭亭真本　子3-15568
定武蘭亭考　叢2-1511
定武敷文　集3-19970
定武學記　子4-21767～8
定武警探報簿　史1-4013
20 定位須知　子3-12383
定舫旋吟剩稿　集4-29650
定番州志[康熙]　史8-62293
定番州志[民國]　史8-62294

定番縣鄉土教材調查報告［民國］ 史 8 - 62295

定香亭筆談 子 4 - 21206～7 叢 1 - 202(6)、203(12)、344、373(5)、462,2 - 731(47)

定香樓小草 集 5 - 33901

定香閣詩稿 集 5 - 34517

21 定傾論 史 6 - 47481

定穎記事 史 6 - 47503

22 定川遺書 叢 2 - 845(3)

定川草堂文集小品 子 3 - 14856 叢 2 - 642

定川草堂詩集 集 4 - 28429

定例章程 史 6 - 42281

定例續編、增補 史 6 - 46093

定例彙編(嘉慶元年至道光三十年) 史 6 - 46096

定例彙編(乾隆十八年至光緒九年) 史 6 - 46094

定例彙編(咸豐元年至四年) 史 6 - 46097

定例彙編(光緒八年至九年、十一年至十五年)、定例章程(光緒九年、十一年) 史 6 - 46098

定例彙編重訂目錄 史 6 - 46095

定例成案合鑴、續增、逃人事例、續增 史 6 - 46088

定例全編、續刊 史 6 - 46092

定例類鈔、目錄 史 6 - 46090

定鼎江南紀畧 史 1 - 3590

定鼎奇聞 子 5 - 28197、28200

定峯文選 集 6 - 41760

定峯樂府 集 3 - 14711

定山語錄 子 4 - 23329

定山刻石 子 3 - 17395

定山集 叢 2 - 788

定山集、補遺 叢 1 - 223(64)

定山先生集 集 2 - 7051

定山先生集(定山集) 集 2 - 7052

定山先生集、補遺、莊文節公年譜 集 2 - 7053

定山金氏宗譜［浙江東陽］ 史 4 - 29721

定山堂詩集、詩餘 集 3 - 13851

定山堂詩餘 集 7 - 46845 叢 2 - 698(12)

定山堂集四種 叢 2 - 1281

定山堂古文小品 集 3 - 13854

定山堂古文小品、續集、雜序 叢 2 - 1281

定山堂古文小品、續集、詩餘 集 3 - 13855

25 定律彙編 史 6 - 45892

定律彙編(乾隆十八年至光緒二十年) 史 6 - 45893

26 定泉詩話 集 6 - 45951 叢 2 - 718

27 定鄉雜著 史 7 - 50318 集 4 - 25686 叢 2 - 832(2)、1642

定鄉古蹟畧 史 7 - 51393

定鄉縣圖志［民國］ 史 8 - 62147

定鄉小識 史 7 - 50323～4 叢 2 - 832(3)、1921

定峰文選 集 3 - 14713

30 定空欽禪師語錄 子 7 - 34269

定宇詩餘 集 7 - 46373、46757

定宇集 集 1 - 4932～3

定宇集、年表 叢 1 - 223(60)

定宇先生(陳櫟)年表 史 2 - 11386

定宇先生年表 集 1 - 4933

定安縣鄉土地理志［宣統］ 史 8 - 61485

定安縣志［康熙］ 史 8 - 61481

定安縣志［宣統］ 史 8 - 61484

定安縣志［乾隆］ 史 8 - 61482

定安縣志［光緒］ 史 8 - 61483

32 定州志［康熙］ 史 7 - 55251

定州志［嘉靖］ 史 7 - 55250

定州志輯要［康熙］ 史 7 - 55252

定州郝氏家譜［河北定州］ 史 4 - 30682

定溪詩稿 叢 2 - 1689

34 定法 子 3 - 11582

定法平方算術 子 3 - 12475

定遠方氏吉金彝器款識 史 8 - 64205

定遠廳志［光緒］ 史 8 - 62987

定遠縣鄉土志［光緒］ 史 8 - 61826

定遠縣志［康熙］ 史 7 - 57860～1,8 - 62548

定遠縣志［道光］ 史 7 - 57862,8 - 61823、62549

定遠縣志［嘉慶］ 史 8 - 61822

定遠縣志［嘉靖］ 史 7 - 57859

定遠縣志［同治］ 史 8 - 61824

定遠縣志［光緒］ 史 8 - 61825

定遠縣志初稿［民國］ 史 7 - 57864

定遠縣採訪清册［光緒］ 史 7 - 57863

36 定邊紀畧 史 7 - 54505

定邊縣鄉土志［光緒］ 史 8 - 63011

定邊縣志［康熙］ 史 8 - 62533

定邊縣志［嘉慶］ 史 8 - 63010

定邊防邊議 史 6 - 45592

37 定湖筆談 子 4 - 23328

38 定海廳洋面島嶼表、定海全境輿圖 史 7 - 50398

定海廳志［光緒］ 史 7 - 57404

定海鄉土教科書 史 7 - 50399

定海遺愛錄 史 2 - 9396 叢 1 - 509

定海縣志［康熙］ 史 7 - 57403、57421

定海縣志［嘉靖］ 史 7 - 57419

定海縣志［民國］ 史 7 - 57405

定海縣闔邑士民留葬實錄(繆燧) 史 2 -

中國古籍總目·索引

9393
定海營旂兵年籍箕斗清冊　史6-45276
40 定南廳志[道光]　史8-58667
　　定南廳志[乾隆]　史8-58666
　　定南橫江三甲陳坑朱氏族譜[江西定南]
　　　史4-26681
　　定南縣志[康熙]　史8-58665
　　定南縣志畧[順治]　史8-58664
41 定樞錄、窮神錄、從心錄、至命錄　子4-
　　23357
44 定盦類稿　集1-3196
46 定觀經　子5-29547、29586
　　定觀經約解　子5-29580、29976
47 定磬氏倨句令鼓旁線中縣而縣居線右解
　　叢2-1638
50 定中原附工譜(徽劇)　集7-54784
　　定夫詩文集　集4-23005
　　定青縣圖志[民國]　史8-62651
　　定本尚書大義、古文僞書考書序考證尚書
　　　附錄　經1-3113
51 定軒存稿　集2-11178
　　定軒存稿(書、詩、賦、議、說、序、疏、雜文)
　　　集2-11177
　　定軒存稿、拾遺　集2-6932　叢2-854
52 定靜邨年譜、一品夫人鈕祜祿氏年譜、瑚旺
　　吉雅爾氏祭祀章程、訓子要言　史2-
　　12244
53 定甫詩草　集3-20950
55 定慧生盦詩集　集5-40864
60 定日鈴　子3-11585
　　定蜀記　史1-1982
　　定國安邦後集　集7-54577
　　定國志　集7-53668~9
　　定國志安邦中集　集7-54578
　　定圃先生遺稿　集3-20517
　　定圃集　集2-11788、3-13357
　　定思近稿　集4-30795
　　定思小記　史1-1981、3161
　　定思小紀　叢2-647
　　定思小紀、北還紀變　史1-3162
62 定縣志[民國]　史7-55256
64 定時刻鈴　子3-11585
　　定跨陳氏宗譜[江蘇宜興]　史4-32790
67 定瞻廳志畧[光緒]　史8-62132
71 定曆玉衡　子3-11641
72 定質考　子7-36240(4)
74 定陵注畧　史1-1845~6
76 定陽張氏族譜[山西介休]　史5-34750~1
　　定陽投贈集　集4-25777
77 定風珠　集7-50461
　　定風軒活句參　集6-46259

定陶縣志[順治]　史8-59488
定陶縣志[乾隆]　史8-59489
定陶縣志[民國]　史8-59490
定興鹿氏二續譜[河北保定]　史5-34627
定興鹿氏續修家譜[河北保定]　史5-34626
定興鹿氏家譜[河北保定]　史5-34625
定興鹿氏叢刻四種　叢2-783
定興鹿氏簡明世表[河北保定]　史5-34628
定興縣新徵志料[民國]　史7-55298
定興縣志[康熙]　史7-55295
定興縣志[乾隆]　史7-55296
定興縣志[光緒]　史7-55297
80 定盦文集、續集、文集補、文集補編　集4-
　　29175
　　定盦文集、續集、文集補、續集、別集、文集
　　　補編、文集增補　叢2-698(12)
　　定盦文集、續集、補　叢2-635(13)
　　定盦文集、年譜　集4-29181
　　定盦文集、餘集　集4-29172
　　定盦文集補編　叢2-635(13)
　　定盦詩集定本、詞定本、集外未刻詩、集外
　　　未刻詞　叢2-609
　　定盦詞　集7-47528
　　定盦詞集　集7-47530
　　定盦詞定本　集7-47531
　　定盦先生(龔自珍)年譜　史2-12098、12100
　　定盦先生年譜、後記　史2-12099
　　定盦先生年譜外記　史2-12101　叢2-655
　　定盦遺箸　叢2-655
　　定氛外史　史1-3034
　　定命錄　子5-26245　叢1-15
83 定鋪鎮唐氏宗譜[浙江安吉]　史4-32511
95 定性齋文集　集3-18498
　　定性齋集　集3-18499
　　定性齋集、蓮塘遺集　集4-22180
　　定性書、附說　子1-735
　　定性堂(程濬)奠章、行述、輓詩　史2-9371

寊

00 寊齋詩稿　集5-35729
　　寊齋草　集5-35730

寨

00 寨齋瑣綴錄　叢2-624(3)

　　蹇齋剩墨　集5-40423
50 蹇忠定(義)年譜　史2-11408
60 蹇愚集　集3-13142
80 蹇盦詞　集7-48325　叢2-899
　　蹇盦謎存　子3-18463

3080₂　穴

07 穴部　子3-13139、13462
08 穴譜大全　子2-10373
34 穴法　子3-13140
　　穴法賦　子3-13503
　　穴法分受　子3-13321、13534
78 穴腧都數　子2-10221
95 穴情賦　子3-13139、13368

3080₆　寅

00 寅齋聞見　子5-27018
20 寅舫藏書目　史8-65822
30 寅賓錄　叢1-537,2-670
　　寅賓錄(閻爾梅)　史2-9198
40 寅吉存草　集3-14465
50 寅夫集　集1-5678
51 寅軒遺稿　集4-29039
53 寅甫日記　子1-1819
　　寅甫日記、寅甫小稿　叢2-1759～60
　　寅甫小稿　集4-33254
80 寅谷遺稿　集4-22432

　　　　實

00 實庵遺詩　集4-33134
　　實齋文集　集4-22106
　　實齋文集、外集　集4-22108
　　實齋詠梅集　集1-4259,6-41904
　　實齋詩稿　集4-23089
　　實齋隨筆　子4-23253
　　實齋印存　子3-17301
　　實齋劄記鈔　子4-22493　叢1-520
18 實政錄　史6-42961～3　子4-20640　叢
　　2-1317～8
　　實政錄(海寧查公治獄錄)　史6-46424
　　實政錄、紀事　史6-43107

　　實政錄五種　叢2-1140
　　實政錄節鈔　史6-42964
21 實行記　叢2-1153
　　實行普及教育分期辦法　史6-42406
27 實修館遺訓後集　叢2-1644
　　實修館遺訓前集　叢2-1644
　　實紀　叢2-859
30 實實有趣(時時有趣)一枝　集7-51931
　　實賓錄　子5-25539～40　叢1-19(2)、20
　　(1)、21(2)、22(2)、23(2)、24(2)、223(43)
32 實業教育　子7-36232、36739
　　實業錄　叢2-2133
44 實獲齋文鈔　叢1-584
　　實菴詩畧　集6-41969
　　實其文齋集(實其文齋文鈔初集、詩鈔、亦
　　園記、完貞伏虎圖集、兵部公牘)　集4-
　　33554
46 實相文殊般若經　子7-32353、32355
　　實相般若波羅蜜經　子6-32081(2)、32083
　　(2)、32084(1)、32085(2)、32086(1)、32088
　　(2)、32089(2)、32090(1)、32091(2)、32092
　　(1)、32093(41)
　　實相般若波羅密經　子7-32354
　　實相般若大明咒經　子7-32358
50 實事求是齋經義　經1-163(3)
　　實事求是齋遺稿　集4-24074
　　實事求是齋遺稿續集　集4-24075
　　實事求是齋印譜　子3-17287
　　實事求是之齋雜著　叢2-1747
　　實事求是之齋經說　叢2-1747
　　實事求是之齋經義　經2-11676　叢2-
　　1747
　　實事求是之齋叢著四種　叢2-1747
　　實事求是之齋存稿　集4-30270
　　實事求是之齋古文　叢2-1747
　　實夫詩存　集4-25226
　　實夫未定稿　集4-25264
55 實扶垤里亞血清療法　子7-37887
63 實踐錢行簿記法　子7-37288
　　實踐錄　子1-1584
65 實蹟聖傳　子7-35188
77 實風虛風圖　子2-4723　叢2-1817
　　實用編　叢2-1146
　　實用力學　子7-37578
　　實用雄辯術　子4-21970
　　實用教育學　子7-36711
　　實用學校園　子7-36712
　　實用銀行簿記　子7-37289
　　實學文導　子1-1880
　　實學考　子1-1801
78 實驗植物學教科書　子7-37816

實驗學校行政法　子7-36710
實驗罐藏食物製造法　子7-37218
實驗小學教授術　子7-36709
實驗小學管理術　子7-36708
85 實缺職官册　史6-42765
87 實錄館新定規條　史6-47069
實錄館漢校對處字體畫　經2-13104

寶

00 寶應文苑事畧　史2-7799　叢2-1867
寶應王巖白田文集稿本　集3-13363
寶應儒林事畧　史2-7798　叢2-1867
寶應白田王氏小湖公本支世系圖[江蘇寶
　應]　史4-24810
寶應名勝紀畧　史7-51372
寶應祀典紀畧　史6-42206
寶應吉氏家乘[江蘇寶應]　史4-26238
寶應成氏家譜[江蘇寶應]　史4-26251
寶應圖經[道光]　史7-56754
寶應縣志[康熙]　史7-56753
寶應縣志[道光]　史7-56755
寶應縣志[萬曆]　史7-56752
寶應縣志[隆慶]　史7-56751
寶應縣志[民國]　史7-56757～9
寶應縣志畧[嘉靖]　史7-56750
寶應長湖墾殖公司計畫說明書、招股簡章、
　創辦簡章　史6-44875
寶應劉氏家譜[江蘇寶應]　史5-39210～1
寶應人物志列傳　史2-7797
寶應錄　叢1-56,2-731(65)
寶應鄭氏家譜　叢2-930
寶應鄭氏家譜[江蘇寶應]　史5-38589
寶應鄭氏贈言錄　叢2-930
寶慶府志[康熙]　史8-60705～6
寶慶府志[道光]　史8-60708
寶慶府志[乾隆]　史8-60707
寶慶府志[隆慶]　史8-60704
寶慶語錄　子1-1205　叢2-1167
寶慶中狀元　集7-51421
寶慶本草折衷　子2-5526
寶慶四明志　史7-54917
寶慶四明志、開慶四明續志　叢1-223(23)
寶慶會稽續志　史7-57482
寶文堂新刻百蟲名　集7-51386
寶文堂詩集　叢1-300
寶文堂遺稿、篠盦書跋　集4-31235
寶章待訪錄　史2-8697　子3-14692、15266

～7　集1-2780　叢1-2～6、8～10、22
(15)、23(14)、223(37)、353、569,2-873、1034
01 寶顏堂訂正席上腐談　叢1-107
寶顏堂訂正庚申外史　叢1-107
寶顏堂訂正讀書雜鈔　子4-22165
寶顏堂訂正靖康緗素雜記　叢1-109
寶顏堂訂正談苑　叢1-106
寶顏堂訂正三事遡真　叢1-106
寶顏堂訂正朔考　叢1-107
寶顏堂訂正玉峯先生脚氣集　叢1-107
寶顏堂訂正玉堂漫筆　叢1-106
寶顏堂訂正王氏談錄　子4-19966　叢1-
107
寶顏堂訂正丙丁龜鑑、續　子3-14427
寶顏堂訂正丙丁龜鑑、續錄　叢1-107
寶顏堂訂正兩同書　叢1-107
寶顏堂訂正雨航雜錄　叢1-107
寶顏堂訂正无上祕要　叢1-106
寶顏堂訂正西堂日記　叢1-106
寶顏堂訂正可談　叢1-106
寶顏堂訂正建州女直考　叢1-109
寶顏堂訂正集異志　叢1-106
寶顏堂訂正衍極　子3-15069　叢1-109
寶顏堂訂正歲華紀麗譜、牋紙譜、蜀錦譜
叢1-107
寶顏堂訂正鼎錄　叢1-106
寶顏堂訂正後山談叢　叢1-106
寶顏堂訂正樂府指迷　叢1-106
寶顏堂訂正傳疑錄　子4-22243　叢1-107
寶顏堂訂正偶譚　叢1-105
寶顏堂訂正偶談　子5-29309
寶顏堂訂正吳社編　叢1-106
寶顏堂訂正疑仙傳　叢1-106
寶顏堂訂正物類相感志　子4-23666　叢
1-107
寶顏堂訂正鉛山餘話　叢1-106、129
寶顏堂訂正寱言　叢1-106
寶顏堂訂正汲古叢語　叢1-107
寶顏堂訂正次柳氏舊聞　叢1-106
寶顏堂訂正海內十洲記　叢1-107
寶顏堂訂正海內十洲記、農田餘話　子5-
26792
寶顏堂訂正道德寶章　子5-29045　叢1-
109
寶顏堂訂正真西山政訓　叢1-106
寶顏堂訂正真珠船　叢1-108、111(3)
寶顏堂訂正木几冗談　叢1-107
寶顏堂訂正荆溪林下偶談　叢1-106
寶顏堂訂正荆楚歲時記　叢1-107
寶顏堂訂正燕閒錄　叢1-107
寶顏堂訂正老子解　子5-29033　叢1-107

寶顏堂訂正耄餘雜識　叢1-106、129
寶顏堂訂正桂苑叢談　子5-26884　叢1-106
寶顏堂訂正鶴山渠陽經外雜抄　叢1-107,2-731(6)
寶顏堂訂正畫說　子3-15920　叢1-106、129
寶顏堂訂正春渚紀聞　叢1-108
寶顏堂訂正春風堂隨筆　叢1-107
寶顏堂訂正貴耳集　子4-20170　叢1-107
寶顏堂訂正東谷贅言　叢1-107
寶顏堂訂正四夷考　叢1-106
寶顏堂訂正靐采館清課　子5-26359　叢1-107
寶顏堂訂正羅湖野錄　叢1-106
寶顏堂訂正願豐堂漫書　叢1-106
寶顏堂訂正長水日抄　子5-26334　叢1-106
寶顏堂訂正長松茹退　叢1-106
寶顏堂訂正脈望　叢1-106
寶顏堂訂正閩部疏　叢1-107
寶顏堂訂正同異錄　叢1-108、111(3)
寶顏堂訂正丹鉛續錄經說　子4-22226　叢1-107
寶顏堂訂正賢奕編　叢1-106
寶顏堂訂正賢弈編　子4-23020
寶顏堂訂正金臺紀聞　叢1-106
寶顏堂訂正金丹四百字解　叢1-107
寶顏堂訂正兼明書　叢1-109
寶顏堂訂正無上祕要　子5-29596
寶顏堂訂正知命錄　子5-27063　叢1-106、111(2)
寶顏堂訂正羯鼓錄　叢1-107
寶顏堂訂正省心錄　子1-722　叢1-106
寶顏堂訂正慎言集訓　子1-1037　叢1-106
寶顏堂訂朱文公政訓　叢1-106
寶顏堂後集武林舊事　叢1-107
寶顏堂祕笈二百二十八種　叢1-111
寶顏堂清明曲　叢1-110、130
寶顏堂增訂讀書鏡　子4-20664　叢1-110
寶顏堂井觀瑣言　叢1-106
02 寶刻叢編　史8-64350　叢1-223(28)、465,2-731(34)
寶刻類編　史8-64362　叢1-223(28)、456(5)、457,2-731(31)
寶訓　子1-4168　叢2-1596
07 寶記　叢1-22(16)、23(15)
10 寶玉夢遊人虛空一枝　集7-52637
寶玉探病一段　集7-51393
寶玉哭靈一枝　集7-52638

寶王三昧念佛直指　子6-32091(69),7-34423、34476
寶王三昧念佛直指、破妄念佛說　子7-34477
寶露園詩草　集2-11236
寶元天人祥異　子3-13037
寶元天人祥異書　子3-13036
寶元御製天人玉歷祥異圖說　子3-13038
寶雨經　子6-32083(5)
寶石齋詩集　集3-21033
寶石城　子7-38184
寶晉齋明珠記　集7-49784
寶晉齋鳴鳳記　集7-49820
寶晉磚室詞集　集7-47486
寶晉山林集拾遺　集1-2776~8,6-41715
寶晉英光集　集1-2786~8　叢1-223(52)
寶晉英光集、補遺　集1-2789　叢1-336~7,2-731(39)、873
寶晉書院志　史7-52036~7
寶雲詩集　叢2-843
寶雲詩集、禪樂府　集3-14265
寶雲經　子6-32083(5)、32084(5)、32085(6)、32088(5)、32093(8)
寶雲山館詩稿　集4-25780
11 寶琴閣詩鈔　集5-40470
寶研齋詩集　集4-23160
寶研齋詩鈔　集4-29357
寶研齋詩鈔、試帖詩鈔　集4-26895
寶研齋吟草　集4-27665
寶研山房詩集　集4-23349
16 寶硯齋詩詞集(質之遺稿)(拙餘詩稿、寶硯齋詩稿、瘦石吟稿、易安吟稿、詩餘)　集5-37816
寶硯齋印譜　子3-16956~7
寶硯樓文鈔　集4-29980
寶硯堂詩稿、潔廬詞稿　集5-37043
寶硯堂硯辨　子4-18762　叢2-689
寶硯堂集　集4-27424
17 寶帚詩畧　集5-35104
18 寶嫠碎金　叢2-1689
寶嫠獻編　史2-8077
20 寶悉地成佛陀羅尼經　子6-32093(38)
寶雙璠瑛齋遺稿　集4-30762
寶雞金石志　史8-64102
寶香山館詩集　集4-25062
寶爵齋碑帖目錄　史8-64740
21 寶仁堂鹿革囊　叢1-369
寶行王正論　子6-32081(25)、32083(16)、32084(15)、32085(25)、32086(28)、32088(18)、32089(43)、32090(51)、32091(49)、32092(33)、32093(27)

寶穎堂詩集　集3-18936

22 寶豐縣志[道光]　史8-59920

寶豐縣志[嘉慶]　史8-59919

寶豐縣志[乾隆]　史8-59918

寶制堂錄　集2-7687

寶巖堂詩集　集3-21531

寶峯詩人詩鈔　集3-21726

寶峯雲庵真淨禪師語錄、偈頌　子7-34188

寶峯毛氏宗譜[浙江鄞州]　史4-25592

寶峯集　集1-5315

寶峯解脫山房古今體詩集　集4-28118

寶山記遊　史7-49318(12)、53187

寶山袁霓孫先生事署　史2-10471

寶山樓通俗小說目錄　史8-66314

寶山縣新志備[民國]　史7-56405

寶山縣再續志[民國]　史7-56404

寶山縣續志[民國]　史7-56403

寶山縣志[乾隆]　史7-56400

寶山縣志[光緒]　史7-56401

寶山錢氏數典錄[上海寶山]　史5-40125

寶山堂詩鈔　集4-24029

23 寶稼軒詩鈔　集4-31882

24 寶德堂詩鈔、附存　集4-31103

25 寶生陀羅尼經　子6-32083(29)、7-32688

寶積三昧文殊師利菩薩問法身經　子6-
　32083(8)、32086(11)、32089(9)、32090(11)、
　32091(10)、32092(7)

寶積經　子3-14996

寶積經瑜伽釋　子7-32751

26 寶泉新牘　史6-44419

寶泉局事宜　叢2-1980

27 寶盤銘釋文　史8-64261

寶雞縣志[康熙]　史8-62906

寶雞縣志[順治]　史8-62905

寶雞縣志[乾隆]　史8-62907~8

寶雞縣志[民國]　史8-62909

寶彝室集刊八種　叢2-677

寶彝堂文集　集5-36975

寶色燈雲　子7-32111

寶網經　子6-32083(11)

寶稧軒詩集　集4-24103

28 寶倫集　集3-15830

寶儉堂集　集3-21866

寶綸樓集　集2-11986

寶綸堂文鈔　集3-19523　叢1-422、424、
　469、586(4)、2-716(4)

寶綸堂文鈔、詩鈔　叢1-487

寶綸堂詩鈔、文鈔　集3-19524

寶綸堂集、拾遺　集2-12189

寶綸堂集古錄　子4-23371

寶綸堂稿　集3-14797~8、6-41969

寶綸堂外集　集3-19526

寶綸堂續集　集3-19525

寶繪錄(四朝寶繪錄)　子3-16257

30 寶安(郭葵圃)贈言集　史2-9898

寶安黃氏族譜[廣東寶安]　史5-34101

寶安縣廈村鄧氏族譜[廣東寶安]　史5-
　38896

寶字錄　子4-21498

寶寶丸散集　子2-10121

33 寶梁經　子6-32093(3)

34 寶漢樓碑刻目錄　史8-64756

寶祐登科錄　叢1-456(6)、2-731(61)

寶祐四年登科錄　集3-13420、13515、13517

寶祐四年登科錄、淳熙薦士錄　集3-13518

寶祐四年會天曆　子3-11730

35 寶清縣志[民國]　史7-56351

寶禮堂宋本書錄　史8-65961

寶禮堂宋本書錄總目　史8-65960

37 寶通賢首傳燈錄　子7-34750

寶通賢首傳燈錄、寶通賢首傳燈續錄　子7
　-34751

38 寶海鈎玄　子3-13394

40 寶奎堂文集　集3-21786

寶奎堂餘集　集3-21783

寶幢詩鈔　集3-21093

寶女所問經　子6-32081(4)、32082(4)、32083
　(3)、32084(4)、32085(4)、32086(4)、32088
　(3)、32089(4)、32090(5)、32091(4)、32092
　(3)、32093(5)、7-32195

寶韋齋文錄　集5-34697

寶韋齋詩錄　集5-34695

寶韋齋官書　史6-47170

寶韋齋奏疏　史6-49041

寶韋齋尺牘　集5-34698

寶韋齋類稿八種　叢2-1958

寶古堂重修古玉圖　子4-18597

寶古堂重考古玉圖　史8-65122~3　叢1-
　326

寶嗇堂詩稿　集3-16308

寶嗇堂碎金　子4-24382

寶真齋法書贊　子3-15329　叢1-223(37)、
　230(3)、2-731(35)

42 寶坻政書　史6-43102、47261　叢2-1126

寶坻縣志[康熙]　史7-55001

寶坻縣志[乾隆]　史7-55002

寶坻單氏家乘[天津寶坻]　史5-35956

寶瓠齋文鈔　集5-34034

44 寶塔凌空　集7-53082

寶藏　集7-50507

寶藏論　子6-32093(50)、7-33809、33815

叢 1－282(1)、283(1),2－731(16)

寶藏天女陀羅尼法　子6－32093(39)

寶藏山房文集、補遺、遺詩　集4－26275

寶藏神大明曼拏羅儀軌經　子6－32083(29)

寶藏興焉　子7－36231(4)、37110

寶蓮燈　集7－53698

寶蓮燈、別母亂箭、一捧雪、除三害　集7－53548

寶蓮燈救母全傳　集7－54301

寶蕊樓詩　集2－12967

寶蘇銅元局舊廠收支盈餘盤查存數總册　史6－44798

寶蘇堂印存　子3－17481

寶藪　史8－65086～90

寶華山志　史7－52267～8

寶華山見月和尚律規　子7－33947

寶華律堂齋天科儀、金光明懺齋天法儀　子7－35078

寶華傳戒祕本　子7－33949

寶菌堂遺詩　集3－17667

寶菴集　集2－10332～3

寶芸齋詩草　集4－32046～7

寶樹謝氏重修宗譜[浙江東陽]　史5－40723～4

寶樹謝氏宗譜[浙江東陽]　史5－40725～6

寶樹堂遺書　集5－34639

寶樹堂遺書三種　叢2－1931

寶蘊樓彝器圖錄　史8－64247

寶檀記　子5－26219～20、27009　叢1－22(24)、29(8)、39～40,2－617(3)、624(3)

46 寶如來三昧經　子6－32081(7)、32082(7)、32083(6)、32085(8)、32086(8)、32088(6)、32089(7)、32090(12)、32091(11)、32092(8)

48 寶翰樓增訂四體書法　子3－15209

寶翰樓增訂四體書法、書法摘要善本、篆法偏旁正訛歌　子3－15210

寶翰堂藏書考　史8－65690

寶松齋周易　經1－1432

50 寶史齋印存　子3－17476

寶書閣著錄　史8－65911　叢2－631

寶書堂詩集　叢2－2165

寶書堂詩鈔　集4－24269

寶書堂遺稿　集4－27810～1

寶素齋詩鈔　集4－29317

寶素名言祕錄　子2－10670

寶素室金石書畫編年錄　史2－9847、12094　叢2－611

寶素軒自訂初稿　集4－22043

寶素堂時文　集4－29320

52 寶授菩薩菩提行經　子6－32081(49)、32082(25)、32083(31)、32085(45)、32086(54)、32087、32088(33)、32089(28)、32090(37)、32091(35)、32092(24)、32093(11),7－32290

寶拙齋讀經隨筆　經2－11794

54 寶持總禪師語錄　子6－32091(78)

58 寶輪齋稿　叢1－373(9)

60 寶日軒詩集、附存詩　集3－20550

寶日堂雜抄　史1－2694

寶日堂初集　集2－11299

寶墨齋記　子4－18795

寶墨齋叢書十一種　叢1－523

寶墨樓詩册　集4－32594,6－42007(2)

寶墨樓詩册、楹聯　集4－32593

寶星陀羅尼經　子6－32083(4)、32086(4)、32089(4)、32090(5)、32091(4)、32092(3)、32093(5),7－32199

寶星陁羅尼經　子6－32081(4)、32082(4)、32084(4)、32085(4)、32088(3)

寶恩堂詩稿　集3－18289

寶昌雜錄　史7－49914

67 寶鴨齋詩草　集5－37161

寶鴨齋詩鈔、詞鈔、雜著　集5－37160

寶鴨齋題跋　史8－63752

70 寶甓齋文集　經1－111(4),2－11876

寶甓齋札記　經2－11875

寶甓齋剳記　經1－111(4)

72 寶髻經　子6－32093(3)

寶髻經論　子6－32081(22)、32082(13)、32083(15)

寶髻經四法憂波提舍　子6－32084(13)、32085(22)、32088(16)、32093(27)

寶髻經四法優波提舍　子6－32086(24)、32089(41)、32090(50)、32091(48)、32092(33)

77 寶月童子問法經　子6－32083(29)、32089(25)

寶月錄節　子4－24258

寶閒齋詩集　集3－19704

寶閒齋藏書目　史8－65673

寶閒堂集　集3－19988～9

寶印齋印式　史8－64935

寶賢陀羅尼經　子6－32083(32)、32089(29)、32090(36)、32091(35)、32092(24)

寶賢堂集古法帖校語、考正　叢2－744

80 寶鏡　子7－32111

寶鏡三昧(佛祖心髓續刻)　子7－34159

寶鏡圖(諏吉便覽寶鏡圖)　子3－14513

寶前兩溪志畧　叢2－843

寶前兩溪志畧[嘉慶]　史7－57268

寶善齋課稿　集4－27735

寶善編甲集、乙集　史2－7213

寶善書屋詩稿　集4－32739

寶善堂詩選　集3－18054

寶善堂詩草　集4-27733
寶善堂集　集3-17217　叢1-263
寶善堂稿　集2-10577
寶善堂偶錄　子4-21212
寶善堂家訓　子1-2240
寶善堂遺稿　史6-48852　集5-33964　叢1-520
寶善堂葉案　子2-10878
寶命經直解　子7-35923
寶命真詮附前賢醫案　子2-4942
寶命真經　子7-35921～2
寶命真經讚　子7-35933
寶氣亭集　集3-18545
81 寶餌留春　子2-9834
83 寶鐵齋詩錄　集4-27584～5、27587
寶鐵齋詩錄、續錄　集4-27588
寶鐵齋金石文跋尾　史8-63677～8　叢1-419,2-731(32)
87 寶釵產玉　集7-52249
寶釵代繡　集7-52175
寶鄭齋雜錄　子4-24449
88 寶簠齋集各家彝器釋　史8-64200
寶鑑編　史6-46324
寶簿　史6-41680
寶笏樓詩集　集5-39729
寶笏堂遺稿　集5-36601
寶筏精華　子7-34127～8
寶籀齋文玉　子3-16938
90 寶光殿天真祝萬壽雜劇　集7-48774(6)、49262
寶卷玉言　集7-54384
寶米齋遊草　叢2-1874
97 寶惲室帖　子3-15725

寶存　子4-21497
43 寶娥冤　集7-48778、54375
寶娥寶卷　集7-54374
44 寶蘭泉(�)先生行狀　史2-9978
48 寶松濤詩　集3-13940
52 寶靜庵先生遺書十二種　叢2-1367
60 寶圖山記　史7-49317(4)、49318(8)、52635
64 寶曉湘集(澹遠軒文集、綺雲樓雜著)　集5-37291
72 寶氏族譜[山西平定]　史5-41333～4
寶氏聯珠集　集6-41855、45147～9　叢1-223(68)、447,2-637(4)、660、829
寶氏連珠集　集6-41872
77 寶母張太恭人家傳　史2-10245
80 寶公訓女　集7-52305
90 寶常詩　集6-41882

寶

00 寶庠詩　集6-41882
10 寶玉傳　叢1-56
12 寶烈女(桂娘)傳　史2-8580
17 寶子紀聞類編　子4-20695
寶羣詩　集6-41882
寶翬詩　集6-41882
22 寶山公家議　史3-24579
23 寶牟詩　集6-41882
27 寶叔向詩　集6-41872、41882
40 寶太師外科全書　子2-7659
寶太師流注指要賦　子2-10291　叢2-730(1)、731(29)

賓

10 賓雲仙館詩集　集4-30908
11 賓頭盧突羅闍爲優陀延王說法經　子6-32081(41)、32082(19)、32085(39)、32088(28)、32089(35)、32090(55)、32091(53)、32092(36)、32093(22)
賓頭盧突羅闍爲優陀延王說法緣經　子6-32083(26)、32086(45)
21 賓衢世父方伯公(許祥光)逸事述畧　史2-10214
賓紅閣樂府　集5-40813
賓紅閣豔體詩　集5-40812
22 賓川州志[雍正]　史8-62513
賓川縣志稿[民國]　史8-62514
24 賓告　叢1-201、202(7)、203(6)、319
27 賓叔柳公(興恩)崇祀鄉賢錄　史2-9894
32 賓州志[道光]　史8-61246
賓州志[萬曆]　史8-61245
賓州志[光緒]　史8-61247
37 賓退紀談　史1-4510　叢2-1958
賓退錄　史1-4422　子4-20154～5　叢1-17～8、19(2,6)、20(1,4)、21(2)、22(3)、23(3)、24(2,6)、31、195(5)、223(40)、510,2-616、658、731(6,51)、816
44 賓萌集、外集　集5-33752～3　叢2-1920
48 賓松堂詩集　集3-15416
51 賓虹詩草、補遺　集5-40003
60 賓易子年譜　史2-11812～3
62 賓縣縣志[民國]　史7-56321
72 賓氏五修通譜[湖南衡陽]　史5-38775
賓氏四修族譜[湖南衡陽]　史5-38773～4

中國古籍總目書名索引

76 賓陽縣志八編[民國] 史8－61248
77 賓朋宴語 叢1－22(6)、23(6)
　　賓印詩草 集2－10714
　　賓興捐田錄 集6－43158
84 賓銕藏印 子3－17388
88 賓竹遺稿 集2－7254,6－41933
　　賓竹居初稿 集4－25716
　　賓節屆 集7－49686

賽

21 賽上劉氏惠戶宗譜[湖南邵陽] 史5－
　　39663
40 賽樵詩鈔 集5－40469
50 賽秦坑 集7－49656
80 賽金丹 子2－9681
　　賽會考 子7－36240(3)

3090₁ 宋

00 宋唐詩 集3－14574

宗

00 宗主新歌 子7－35722
　　宗廟考辨 經1－6162
　　宗玄集 叢1－223(48)
　　宗玄先生文集 子5－29530(20)
　　宗玄先生文集(宗玄集)、玄綱論、南統大君
　　　內丹九章經 集1－1155
　　宗玄先生文集(宗玄先生集) 集1－1156
　　宗玄先生玄綱論 子5－29530(20)
　　宗玄先生玄綱論(玄綱論) 子5－31917
01 宗譚六種、槎菴燕語 子4－20779
08 宗議 史6－41967 叢2－775(2)
　　宗譜纂要 史2－6682 叢1－202(6)、203
　　　(12)
10 宗工鐵筆 子3－17473
11 宗麗生遺詩 集4－30590
12 宗孔編 子1－1917
16 宗聖譜 史2－6320
　　宗聖要旨 子2－4636
　　宗聖志 史2－8427～9
　　宗聖曾子年譜 史2－11062

17 宗丞遺文 集3－18493
　　宗孟課本初編 子1－2897
　　宗子相集 集2－9491～5,6－41935(3) 叢
　　　1－223(66)
　　宗子相先生集 集2－9496
20 宗統編年 子7－34707
21 宗衡 集3－13981
　　宗經齋易圖說 經1－2246
24 宗先生子相文集 集2－9497～8
　　宗德文鈔 集3－18933
　　宗徒瑪特斐乙聖福音經 子7－35166
　　宗徒列傳 子7－35103、35178
　　宗徒行實 子7－35179
　　宗徒大事錄 子7－35103、35180、35812
25 宗傳圖考 經2－8580～2
　　宗傳咏古 史2－6652
　　宗朱子要法 子1－1520
26 宗伯集 集1－2656,2－10641、10648 叢1－
　　　223(66),2－870(5)
　　宗伯集、校勘記 集1－2657
　　宗伯馮先生尺牘 集2－10649
　　宗伯公遺詩 集3－19459
　　宗伯公賜閒隨筆 集2－11841 叢2－987
　　宗和郭氏宗譜[浙江諸暨] 史4－32288～92
27 宗約歌 子1－1955,4－23931 叢2－1138～
　　　40
　　宗約歌、閨戒 子4－23932
28 宗儀、家人箴 子1－2117 叢1－83
　　宗牧厓南歸日記(清道光十年) 史2－
　　　12673
30 宗室諸王傳 史2－7455
　　宗室王公章京世襲爵秩冊 史3－23678
　　宗室王公功績表傳、表 史1－903
　　宗室王公世職章京爵秩襲次全表 史3－
　　　23679
　　宗室貢舉備考 史6－42271
　　宗室武岡王集 集2－9675,6－41935(2)
　　宗室勳戚文武職官俸 史6－43934
　　宗室伯弗太史(壽富)絕筆稿、庚子十二月
　　　初四日中外日報專件 史2－10873
　　宗室孝行詩 集6－43779
　　宗室匡南詩集 集2－10483,6－41935(2)
　　宗定九新柳堂集 集3－14224
　　宗寶獨禪師語錄 子6－32092(44)
34 宗法論 經1－6188 叢1－203(13)
　　宗法小記 經1－108、111(2)、6189
　　宗法小紀 叢2－814
36 宗禪辯 子7－34941 叢1－134,2－731(16)
37 宗祀議 史6－42214
38 宗冷二子合刻 集6－41755
　　宗海集 集1－5101

40 宗支全圖　史4-26769
　　宗李堂稿　集4-33429
44 宗藩慶系錄　史5-38224
　　宗藩訓典　史2-6520
　　宗藩條例　史6-41650
48 宗教律諸家演派　子7-34748
　　宗教家與哲學家之長短得失　子7-36251
　　宗教志　子7-34759
　　宗教警策　叢2-1192
50 宗本投機頌　集3-13213
　　宗忠簡文鈔　集1-2913
　　宗忠簡詩集　集6-41895
　　宗忠簡集　集1-2897、2907　叢1-223(53)
　　宗忠簡公(澤)年譜　史2-11277~8
　　宗忠簡公文集　集1-2897、2910
　　宗忠簡公文集、補遺、遺事　集6-41795
　　宗忠簡公集　集1-2898、2904,6-43118
　　宗忠簡公集、忠簡公年譜　集1-2899
　　宗忠簡公全集　集1-2903
56 宗規　子1-2268　叢1-201、203(6)
72 宗氏家乘[江蘇宜興]　史4-30267
　　宗氏世譜[安徽旌德]　史4-30271
　　宗氏忠武堂世乘[江蘇丹徒]　史4-30266
　　宗氏明本及印譜書目　史8-65954
77 宗風師法真傳　集6-41990
　　宗月鋤先生遺著八種　叢2-1953
　　宗月鋤先生日記墨蹟(清咸豐十年至十一
　　　年)　史2-12905
　　宗閭王氏族譜[江西萍鄉]　史4-25325
　　宗門玄鑑圖　子7-34075
　　宗門雜錄　子7-34019
　　宗門三關密旨　子7-34068
　　宗門統要集　子7-34046
　　宗門統要續集　子6-32088(41)、32089(48)、
　　　32090(62)、32091(60)、32093(51)
　　宗門寶積錄　子7-34732
　　宗門拈古滙集　子7-34421
　　宗門頌古摘珠　子7-34419
　　宗賢和尚集　集3-13286,6-41753
80 宗鏡會要　子7-34000
　　宗鏡錄　子6-32081(50)、32082(26)、32085
　　　(51)、32086(61)、32088(38)、32089(48)、
　　　32090(60)、32091(58)、32092(42)、32093
　　　(51),7-33998
　　宗鏡錄序　子6-32089(52)、32090(67)
　　宗公(源翰)行狀　史2-10455
88 宗鑑語要　子7-34336
　　宗鑑法林　子7-34123~4
　　宗鑑法林原稿　子7-34125
　　宗鑑指要　子7-34335

　　宗範　子7-34147~8
97 宗輝錄　子1-1723
99 宗營衛貫解　叢2-2235

察

00 察病指南　子2-4768、5963
　　察夜營全譜　集7-54809
20 察舌辨症新法　子2-4771(2)
　　察舌辨症法　子2-4766、6242
31 察邇言錄　叢2-2214
40 察木多西諸部考　史7-49318(3)、51114
50 察吏六條　史6-43091
68 察哈爾地署　史7-49318(20)、49947
　　察哈爾口北六縣調查記[民國]　史7-
　　　55102
　　察哈爾省通志[民國]　史7-55101
70 察雅縣圖志[民國]　史8-62652
76 察隅縣圖志附原梯縣歸化州[民國]　史8-
　　　62661

3090₄ 宋

00 宋廬陵誠齋先生錦繡策　子4-19954
　　宋廬陵誠齋楊先生錦繡策　集1-3544
　　宋齊梁陳方鎮年表　史1-4563、4740
　　宋方山房先生文集　集1-4343
　　宋方蛟峯先生文集、外編、山房先生遺文
　　　集1-4344
　　宋方鎮年表　史1-10(3)、4732
　　宋高僧傳　子6-32089(47)、32090(61)、32091
　　　(59)、32092(40)、32093(52),7-34711　叢
　　　1-223(46)
　　宋高宗御製翰墨志　子3-15001、15060
　　宋高宗書馬侍郎繪唐風圖　子3-16466、
　　　16764
　　宋應星四種　叢2-1211
　　宋文康集　集3-13191
　　宋文文山先生全集　集1-4451
　　宋文雜選　叢1-564
　　宋文正范先生文集　集6-42036
　　宋文山先生全集　集1-4450
　　宋文歸　集6-42872
　　宋文紀　集6-43224　叢1-223(70)
　　宋文約選　集6-43049
　　宋文憲集　集6-42058
　　宋文憲先生集選　集6-42055

宋文憲公(濂)年譜　史2-11395

宋文憲公文集、詩集、詩、潛溪燕書　集2-5895

宋文憲公集　集2-5910、6-42057、42059

宋文憲公集(宋文憲先生集選)　集2-5912

宋文憲公全集　集2-5889、5893　叢2-698(11)

宋文憲公全集、潛溪錄　集2-5892

宋文憲公全集、年譜、潛溪錄　集2-5891

宋文安公宮詞　集1-1839、6-41816

宋文清公(聚)年譜　史2-11391　叢2-2071

宋文選　叢1-223(68)

宋文鑑删　集6-43608

宋文鑑　叢1-223(68)、227(11)

宋文鑑删　集6-42949

宋衷周易注　經1-2321

宋六子傳　史2-7082

宋六家詞　集7-46393

宋六十一家詞選　集7-48596

宋六十名家詞　叢2-698(13)、720(2)

宋六十家詞選　集7-46438、48595

01 宋龍圖閣學士王公墓誌銘　集1-3327

02 宋端明殿學士蔡忠惠公文集　集1-2159

宋端明殿學士蔡忠惠公文集、目錄　集1-2158

04 宋謝康樂集　集1-477

宋謝文節公集　集1-4376　叢1-394

宋謝泌題　子3-15633、15845

宋謝枋得注解　叢1-265(5)

宋詩、姓名爵里　集6-41787

宋詩正體　集6-43585

宋詩百一鈔(宋詩別裁、宋詩別裁集)　集6-43601

宋詩紀事　集6-45956　叢1-223(72)、373(8)

宋詩紀事補遺、小傳補正　集6-45957　叢2-2004

宋詩紀事選　叢1-407(4)

宋詩紀事摘錄　集6-45958

宋詩約　集6-41783

宋詩選　集6-43595~6

宋詩英華　集6-43587

宋詩拾遺　集6-43584

宋詩畧　集6-43602

宋詩別裁　集6-41778

宋詩吸醨集　集6-43588

宋詩删　集6-43594

宋詩善鳴集　集6-43599

宋詩鈔　叢1-223(71)、227(11)

宋詩鈔補　集6-41901

宋詩鈔初集　集6-41900

宋詩鈔小傳　史2-7098

宋詩類選　集6-43598

宋諸王世表　史1-10(3)、4729

宋諸名家表　集6-43624

07 宋望之集　集2-9414

宋詞　集7-46394

宋詞媛朱淑真事畧　史2-8720　叢1-587(3)

宋詞賞心錄　集7-48519

08 宋論　史1-5275、5911、5920~1　叢2-698(5)、1292~3、1295

宋譜溯源　叢2-913

10 宋二孫先生奏議事畧　史6-47783

宋二十家詞　集7-46382

宋三大臣彙志　史2-6203

宋玉文鈔　集6-41794

宋玉集　集1-156

宋王珪宮詞　集1-2239、6-41810

宋王岐公宮詞　集1-2239、6-41811、41814

宋王堯臣等編　叢1-515、2-731(1)

宋王荊公文　集1-2285

宋王荊公文集摘粹　集1-2293

宋王黃州小畜集(小畜集)　集1-1856

宋王梅溪先生溫陵留墨　集1-3338、6-41786

宋王忠文公文集、目錄、梅溪王忠文公年譜　集1-3328

宋五子書　子1-100

宋五子節要四種　叢2-691(3)

宋五先生學約　子1-2343

宋五家詞　集7-46385~6

宋元詩　集6-41779~80

宋元詩會　集6-42301　叢1-223(71)

宋元戲曲考　叢2-2227、2229

宋元科舉三錄　史3-13420

宋元科舉題名錄　史3-13421

宋元釋藏刻本考　叢2-2193

宋元釋藏刊本考　史8-66455

宋元名家詞十五種　集7-46370　叢1-579

宋元名家詞七十種　集7-46357

宋元名家詞鈔二十二種　集7-46363

宋元綱目經史品藻　史1-5401

宋元以來畫人姓氏錄　史2-6754　子3-16095

宋元通鑑　史1-1190~1

宋元通鑑、通鑑釋文辯誤　史1-1192

宋元通鑑目錄、朔考　史1-1194

宋元資治通鑑　史1-987

宋元舊本書經眼錄　史8-65386~8　叢2-1021、1843

中國古籍總目・索引

宋元檢驗三錄　史6-46308
宋元史鑑甕得編　史1-5918
宋元事鑑考異　叢2-1549
宋元本行格表、附錄補遺　史8-65323
宋元本書目　叢1-540～1、547(3)
宋元四家詩鈔　集6-41785
宋元四家詞　集7-46359
宋元四明六志　史7-54917
宋元四明六志校勘記　史7-54917
宋元明六家詞　集7-46365
宋元明詩三百首　集6-42306
宋元明詩三百首、摘句　集6-42305
宋元明詩三百首箋　集6-42307
宋元明詩約鈔三百首　集6-42304
宋元明三十三家詞　集7-46356
宋元明三朝狀元及第　史3-13422
宋元明本書影　史8-66500
宋元明人詞四種　集7-46366
宋元明八家詞　集7-46362
宋元學案　史2-6672
宋元學案、備覽　史2-6671
宋元學案、考畧　史2-6673　叢2-698(7)
宋元學案補遺　史2-6675
宋元學案補遺、別附　史2-6676　叢2-845
　(4)
宋元學案校補　史2-6674
宋元學案摘要　史2-6678
宋元學案粹語　史2-6677
宋元人詩集　集6-41784
宋元人詞　集7-46375
宋元八家詞　集7-46372
宋元小簡精選　集6-45232
宋兩名相集　集6-42036
宋天文志、步天歌　史1-697
宋天文書　子3-11293
宋百名人小傳　史2-7049
宋百家詩存　集6-41904　叢1-223(71)
宋石齋筆談　叢2-809
宋石學士詩集　集1-1947
宋西太乙宮碑銘　史7-51750　子5-29530
　(19)
宋西事案　史1-2466,6-47835
宋晉之遺稿　集5-37142
11 宋張方平題　子3-15634、15845
宋張樗寮華嚴經墨蹟　子3-15659
12 宋聯奎暨妻史氏馬氏諾命　史2-9233
宋孫仲益內簡尺牘　叢2-798
宋孫仲益內簡尺牘(內簡尺牘)、目錄　集1
　-3080
宋孫莘老先生(覺)年譜、補遺　史2-11244

16 宋理學淵源正錄、前錄、後錄、別錄　子1-
　136
17 宋丞相文山先生別集　史2-6203　集1-
　4472
宋丞相文山先生全集　集1-4447
宋丞相文山先生全集(廬陵宋丞相信國公
　文忠烈公先生全集)　集1-4449
宋丞相崔清獻公(與之)全錄　史2-8776
宋丞相崔清獻公言行錄內集、外集　史2-
　8777
宋丞相李忠定公(綱)輔政本末　史2-8724
宋丞相李忠定公奏議　史6-48136
宋丞相李忠定公輔政本末　子1-61　叢1-
　386
宋丞相李忠定公別集　史2-6203
宋丞相韓忠獻公家傳　史2-6203
宋子　叢2-774(10)
宋司星子韋書　叢2-774(10)
宋司馬溫國文正公家範(溫公家範)　子1-
　2081
宋邵康節先生伊川擊壤集、集外詩　集1-
　2142、2143
18 宋政和禮器文字考　經2-13222、13226
19 宋瑣語　史1-574～5　叢2-735(4)、1596
宋瑣碎錄　子5-24842
20 宋季三朝政要　史1-1500～1　叢1-196、
　223(18)、268(2)、274(3)、456(3),2-595～6、
　731(66)、735(4)
宋季忠義錄　史2-7089
宋季忠義錄、補錄　史2-7092　叢2-845
　(2)
宋季昭忠祠記　叢2-771(2)
宋季昭忠錄　叢1-386～7
21 宋版書目　叢2-731(1)
宋上皇御斷金鳳釵　集7-48774(4)、48882
宋仁山金先生(履祥)年譜　史2-11374
　叢2-1048
宋何衡陽集　集1-467,6-41698
宋儒文肅公黃勉齋先生文集(勉齋集)　集
　1-3844
宋儒朱子論舞大畧　經1-6586
宋儒龜山楊先生(時)年譜　史2-11019、
　11271
宋儒袁正獻公從祀錄　史2-8771　集1-
　3798
宋儒楊龜山先生(時)通紀　史2-8703
宋儒楊龜山先生通紀、續　史2-8704
宋儒學案約編　子4-21988
宋儒舒文靖公(璘)言行考　史2-8766
宋貞士羅滄州先生集　集1-4406～7,6-
　41745

22 宋俘記　史1-1918、2584　叢2-649
　　宋山陵議狀　子3-13369
　　宋樂類編　集7-48646　叢2-1461～3
　　宋欒城詩選　集1-2617
23 宋狀元及第圖　史3-13426
　　宋代五十六家詩集　集6-41908
　　宋代金文著錄表　史8-64340　叢2-599、
　　　2227～9
　　宋傅光祿集　集1-468,6-41698
　　宋牟益搗衣圖卷　子3-16467
24 宋豓　子5-26668　叢2-735(3)
　　宋化卿詩草　集2-11896
　　宋化卿詩草、續集、花影編　集2-11895
　　宋先生詩　集6-41971
　　宋待制徐文清公(僑)家傳、毅齋詩集別錄
　　　史2-8780
　　宋特進左丞相許國公奏議　史6-48153
25 宋仲溫急就章墨蹟　經2-13300
　　宋律、律音義　叢1-265(3)
　　宋傳　史2-7050
　　宋朱晦庵先生名臣言行錄後集(三朝名臣
　　　言行錄)　史2-6202
　　宋朱晦庵先生名臣言行錄前集(五朝名臣
　　　言行錄)　史2-6202
　　宋朱晦菴先生名臣言行錄後集　史2-7034
　　宋朱晦菴先生名臣言行錄前集　史2-7033
26 宋白樓先生年譜　史2-12238
　　宋吳處士墓志　子3-15661、15845
　　宋吳允文集　集1-4598,6-41748
　　宋程卓書吳邑州行狀　子3-15660、15845
　　宋程純公年譜　史2-11249
　　宋穆參軍先生文集　集1-1905
　　宋稗類鈔　子4-24208～9　叢1-223(44)
27 宋將相大臣年表　史1-10(3)、4731
　　宋詹元善遺集　集1-3784
　　宋名家詞　集7-46381
　　宋名家詞六十一種　集7-46380
　　宋名臣言行畧　史2-7080
　　宋名臣言行錄　史2-6202
　　宋名臣言行錄外集(皇朝道學名臣言行外
　　　錄)　史2-6202、7038～9
　　宋名臣言行錄續集(皇朝名臣言行續錄)
　　　史2-6202、7035
　　宋名臣言行錄別集(四朝名臣言行錄)　史
　　　2-6202、7037
　　宋名臣言行錄前集、後集、續集、別集、外集
　　　叢1-223(21)
　　宋名臣言行錄前集、後集、續集、別集、外
　　　集、外集附　叢1-574(3)
　　宋名臣奏議　叢1-223(21)
　　宋名臣奏議選　集6-47769

　　宋名賢七家詞　集7-46383
　　宋名賢畫像　史2-7096
　　宋魯齋王文憲公遺集　集1-4202
　　宋魯齋王文憲公遺集、補遺　集1-4204
　　宋包孝肅公集　集1-1968
　　宋紀　史1-1456　叢2-776
　　宋紀受終考　史1-2464　叢1-34
　　宋紹興祕書省四庫闕書目　史8-65426
28 宋徵君(衡)年譜補箋　史2-12405
　　宋徽宗聖濟經　子2-4793　叢1-465,2-
　　　731(28)
　　宋徽宗御解道德真經　子5-29038、29530
　　　(14)
　　宋徽宗宮詞　集1-3105,6-41812　叢1-
　　　407(4),2-731(38)
　　宋徽宗道德真經解義　子5-29039、29530
　　　(14)　叢1-265(4)
　　宋徽欽二帝赴燕京北行紀畧、阿計替傳　史
　　　1-2531
　　宋僧詩選補　集6-43575
　　宋僧元淨外傳　史2-8660,7-50308　叢2-
　　　832(4)
　　宋徐鼎臣臨秦碣石頌　史8-64527
　　宋牧九(運貢)先生行狀、墓誌家傳　史2-
　　　10786
30 宋濂溪周元公先生集　集1-2173、2176、
　　　2178
　　宋濂溪周元公先生集(濂溪周元公集)、世
　　　系遺芳集　集1-2177
　　宋淳化元年殘曆　叢2-604
　　宋淳熙敕編古玉圖譜　子4-18596
　　宋家家乘[湖北武漢]　史4-29179
　　宋永初山川記　史7-49462　叢2-776
　　宋之問集　集1-735～6,6-41739～40、
　　　41824、41839、41844～5、41867
　　宋之問集、校勘記　叢2-636(3)
　　宋寫本乾象新書殘卷　叢2-605
　　宋宰輔編年錄　史3-23662　叢1-223(26),
　　　2-867
　　宋安尹氏家乘[江蘇宜興]　史4-25895
　　宋宮詞　集6-41714
　　宋宮人詩　叢1-392
　　宋寶章閣直學士忠惠鐵庵方公文集　集1-
　　　4113
　　宋寶章閣直學士忠惠鐵庵方公文集(方鐵
　　　菴文集)　集1-4114
　　宋寶章閣直學士忠惠鐵菴方公文選　集1-
　　　4117
　　宋寶祐四年內辰科題名錄　史3-13519
　　宋寶祐四年登科錄　史3-13516　叢1-223
　　　(22)

宋宗伯徐清正公存稿　集6-45043

宋宗伯徐清正公存稿(清正存稿)　集1-
　4024

宋宗伯徐清正公存稿、校勘記　叢2-870(4)

宋宗伯徐清正公存稿、校勘記、年譜　集1-
　4025

宋宗澤簡公全集　集1-2900

宋宗忠簡公(澤)本傳、年譜、文集　史2-
　11005

宋宗忠簡公文集、補遺、遺事　集1-2911
　叢1-574(3)

宋宗忠簡公文集、補遺、附錄遺事　集1-
　2912

宋宗忠簡公集　集1-2905　叢1-394

宋宗忠簡公集(宋東京留守宗忠簡公文集、
　宗忠簡集)　集1-2897

宋宗忠簡公集、雜錄、始末徵　集1-2896

宋宗忠簡公遺事　史2-8711

宋宗忠簡公本傳、年譜、文集　史2-11279

宋宗忠簡公全集　集1-2901

宋宗忠簡公全集、附編　集1-2902

31 宋江殺樓　集7-53035

宋汪文定公(應辰)行實　史2-8752

宋潛虛集　叢1-373(5)

宋潛溪文集　集2-5913

宋潛溪先生祠墓防護錄、潛溪錄目錄　史7
　-51947

32 宋州郡志校勘記　史1-8、10(3)、566,7-
　49311　叢1-439,2-653(4)、731(4)、1867

宋州從政錄　史6-43142

33 宋浚儀趙氏慶源譜[河北涿縣]　史5-
　38228

宋祕書孫氏太白齋遺稿(太白山齋遺稿)
　集1-4597

34 宋洪魏公進萬首唐人絕句、目錄　集6-
　43269

宋遼金元四史朔閏考　史1-8、10(5)、797~
　8　子3-11658　叢1-456(2),2-653(4)、
　1489

宋遼金元四史朔閏考、通鑑注辨正　子3-
　11659

宋遼金元別史(四朝別史)五種　史1-1916

35 宋遺民廣錄　史2-7087

宋遺民廣錄訂誤　叢1-295

宋遺民錄　史2-7084~6　集6-41782　叢
　1-244(6)、448,2-735(4)

宋遺民類集序例總目　史8-66379

36 宋湘颿先生(其沅)行述　史2-9775

宋湘颿先生行述　叢2-1680

宋湘颿先生遺著二種附一種　叢2-1680

宋澤吳氏續修族譜[江蘇常州]　史4-
　27740

37 宋鴻儒詩選　集3-20189

宋祠部集　集2-8879

40 宋十五家詩選　集6-41903

宋十家小集　集6-41899

宋十彭集(鴻嗷盾墨合編)　集5-35278

宋十賢傳　史2-7095

宋左丞相陸公全書、續編　集1-4435

宋九家詞　集7-46390

宋大將岳飛精忠雜劇　集7-48774(6)、
　49048

宋大家王文公文鈔　集1-2281~2,6-41797

宋大家王荊公文選　集6-41802

宋大家蘇文定公文鈔　集1-2621,6-41797

宋大家蘇文忠公文選　集1-2543~4,6-
　41802

宋大家蘇文忠公文鈔　集1-2537,6-41797

宋大家蘇文忠公文鈔(宋大家蘇文忠公文
　集)　集1-2535

宋大家蘇文公文鈔　集6-41797

宋大家蘇文公文鈔(老泉文鈔)　集1-2125

宋大家蘇子由先生文選　集6-45173

宋大家蘇穎濱文選　集6-41802

宋大家蘇老泉文選　集6-41802

宋大家蘇東坡先生文選　集6-45173

宋大家歐陽文忠公文選　集1-2042,6-
　41802

宋大家歐陽文忠公文抄　集1-2034

宋大家歐陽文忠公文鈔　集6-41797

宋大家歐陽文忠公文鈔(歐陽文忠公文鈔)
　集1-2033

宋大家曾文定公文鈔　集1-2225~6,6-
　41797

宋大家曾南豐文選　集6-41802

宋大觀法帖　子3-15319

宋大事記講義　叢1-223(29)

宋大夫集　集6-41694

宋大臣年表　史1-10(5)、4792

宋太府卿王清叔先生(卿月)年譜　史2-
　11333

宋太宗皇帝實錄　史1-1651

宋太祖龍虎風雲會　集7-48769~70、48774
　(7)、48959

宋太學石經考　經2-11379

宋太學生陳東盡忠錄　集1-3162

宋臺秋唱　叢2-1011

宋查元方題　子3-15625、15845

宋南渡十將傳　叢1-586(2),2-716(2)

宋布衣詩集(宋布衣集)　集2-11648

宋布衣集　集2-11649　叢1-223(66),2-
　731(41)、782(3)

宋布衣集(宋布衣文集、宋布衣詩集)清平閣倡和詩 集2-11647

宋布衣集、雙鵝集、清平閣倡和詩 集2-11646

宋存書室宋元祕本書目 史8-65846

宋存書室目錄 史8-65847

宋志(新錄宋志、安邦續宋志) 集7-53970

宋李梅亭先生四六標準 集1-4065

宋李忠定行狀 史2-8725

宋李忠定公文集選 集1-3121

宋李忠定公梁谿先生文集(忠定集選) 集1-3123

宋李忠定公奏議選、文集選、目錄(新刻祕府藏本宋李忠定公全集選) 集1-3120

宋七家詞選 集7-46384、46438

宋袁陽源集 集6-41698

宋袁陽源集(袁忠憲集) 集1-486

宋真西山先生溫陵留墨 集1-4090,6-41786

宋真宗御製玉京集 子5-29530(7) 集1-1897

宋校勘五經正義奏請雕版表 經2-11933 叢2-2116

宋校勘五經正義奏請雕板表 叢2-2118

41 宋板書目 叢1-456(3)

宋柘耕文集 集4-32797

宋柘耕詩文集 集4-32796

42 宋荊公臨川王介甫先生古詩 集1-2275

44 宋芷灣先生詩 叢2-704

宋地理志圖 史7-49313、49542

宋范文正公流寓長山事蹟考 史2-8631

宋考功集 集1-738

宋藏山藏帖 叢2-1994

宋藏遺珍 子7-32119

宋蘇文定公策論選 集1-2632

宋蘇文忠公海外集 集1-2415

宋蘇文忠公海外集(蘇文忠公海外集)、東坡先生年譜 集1-2416

宋蘇文忠公膠西詩集 集1-2442

宋蘇文忠公居儋錄 集1-2592

宋蘇子瞻表啓 集1-2579

宋蘇東坡先生(軾)年譜 史2-11005

宋孝肅包公奏議、潔身堂集刻 史6-48114

宋荔裳入蜀詩 集3-13792

宋韓忠獻公(琦)年譜 史2-11008、11011~2、11218

宋若昭女論語 子1-1976~7

宋著作王先生文集 集1-3108

宋著作工先生文集(王著作集) 集1-3107

宋世耀行述 史2-9630

宋藝圃集 叢1-223(70)

宋藝圃集、續集 集6-43586

宋薛常州先生(季宣)年譜初稿 史2-11329

宋舊宮人詩詞 叢1-244(6),2-731(38)

宋楚王元佐題 子3-15629、15845

宋黃文節公文集 集1-2684

宋黃文節公文集、外集、別集(宋黃山谷先生全集) 集1-2689

宋黃文節公全集(正集、外集、別集、續集、詞) 集1-2690

宋黃宣獻公周禮說 經1-4924

宋黃太史公集選 集1-2691

宋蔡忠惠文集 集1-2157

宋蔡忠惠書畫錦堂記 子3-15632、15845

宋葉文康公禮經會元 經1-4931

宋葉文康公禮經會元節本 經1-4932 叢1-440~1

宋杜清獻公集 集1-4103

宋杜清獻公集、別錄 集1-4099

宋林和靖先生詩集 集6-41779~80

宋林和靖先生詩集、補 集1-1882 叢2-635(8)

宋林和靖先生詩集、補遺、省心錄、附錄 集1-1877

45 宋坤侯詩稿 集5-41158

46 宋楊文靖公龜山先生年譜 史2-11272

宋楊太后宮詞 集6-41810

47 宋朝文鑒 集6-43607

宋朝名畫評 子3-16024 叢1-223(37)

宋朝大詔令集 史6-47605

宋朝南渡十將傳 史2-7069 叢1-452

宋朝燕翼詒謀錄 史1-2460~1 叢1-2~3、6,2-731(66)

宋朝事實 史6-41616 叢1-223(26)、230(3)、273(4),2-731(17)

宋胡忠簡公(銓)經筵玉音問答 史2-8733

宋胡忠簡公經筵玉音問答 史1-4380

宋起居注 史1-1747 叢2-776

48 宋教仁文集 集5-41540

宋故尚書刑部員外郎徐公行狀 叢1-223(26)

49 宋趙子固蘭譜 子3-16469

宋趙重修族譜[浙江臨海] 史5-38378

宋趙忠定奏議 史6-48145 叢1-547(2)

50 宋中太乙宮碑銘 史7-51751 子5-29530(19)

宋中書舍人南豐先生曾公謚議 史6-48151

宋中興三公年表 史1-10(5)、4791

宋中興百官題名 史3-23661

宋中興學士院題名 史6-42870 叢2-832

中國古籍總目·索引

(4)
宋中興學士院題名、東宮官寮題名、行在雜
　買務雜賣場提轄官題名、三公年表　叢
　1-511
宋中興館閣儲藏圖書記　子3-14729
宋中興館閣書目輯釋　叢2-2170
宋史　史1-15～7、693
宋史、考證　史1-20、695　叢2-698(4)
宋史、目錄　史1-12～4、694　叢1-227(5)
宋史、目錄、考證　叢1-223(18)
宋史雜記　叢2-2270(2)
宋史評署　史1-5925
宋史新編　史1-713
宋史記　史1-714
宋史記凡例　史1-5349
宋史論　史1-5915　叢2-1059
宋史夏國傳集註、系表　叢2-986
宋史列傳補遺稿　史1-706
宋史列傳姓名錄　史1-705
宋史豫記　叢2-2270(2)
宋史翼　史1-717　叢2-2004
宋史稿　叢2-1549
宋史外國傳地理考證　史1-701,7-49310
宋史紀事本末　史1-1770～5、1801～4　叢
　1-223(19)、227(6)
宋史紀事本末後論、元史紀事本末後論　史
　1-5909
宋史宰輔表考證　史1-704
宋史道學傳　史1-707
宋史李重進列傳注　史2-8607　叢2-773
　(6)
宋史李衡傳　叢1-223(39)
宋史奇書　集7-53916
宋史地理志、考證　史1-698,7-49311
宋史地理志考異　史1-10(5)、700
宋史菁華錄、遼史菁華錄、金史菁華錄、元
　史菁華錄　史1-5250
宋史孝宗紀補脫　史1-696　叢1-258,2-
　731(2)、847、1466
宋史藝文志　史1-702,8-65262　叢2-731
　(1)
宋史藝文志補　史1-8、10(5)、703,8-65262
　叢1-258,2-653(5)、731(1)、786～7、847、
　1466
宋史本傳　史2-6577、11253　集1-2390、
　2503　叢1-223(52、57)、227(9)、241、242
　(2)
宋史忠義傳王稟補傳　史2-8715　叢2-
　630
宋史岳飛傳、岳忠武廟名賢詩　史2-8740
宋史質、舊宋史目錄　史1-712

宋史闡幽　史1-5914
宋史全文　叢1-223(18)
宋史全文續資治通鑑　史1-1502
宋史全文續資治通鑑、增入名儒講義續資
　治通鑑宋季朝事實　史1-1503
宋史筆斷　史1-5917
宋本方言校勘記　經2-14830～1
宋本廣韻　經2-13677
宋本廣韻訂　經2-13674
宋本廣韻校札　叢2-731(24)
宋本說文校勘表　經2-12089
宋本御覽所引水經注　史7-52734
宋本傷寒論注　子2-6419　叢2-1792
宋本泊宅編　叢2-857
宋本十三經註疏併經典釋文校勘記　經1-
　20
宋本古文孝經　經2-8304　叢1-223(12)、
　388
宋本校刊韓晏合編二種　叢1-308
宋本韓柳二先生年譜　史2-11013
宋忠獻韓魏王君臣傳　史2-8649
宋忠獻韓魏王君臣相遇傳　史2-6203
宋忠獻韓魏王君臣相遇遺事　史2-6203、
　8651
宋忠獻韓魏王君臣相遇別錄　史2-6203、
　8650
宋忠定趙周王別錄　叢1-547(2)
宋忠定趙周壬(汝愚)別錄　史2-8768
宋忠勤公(慶)行述　史2-10232
宋忠肅陳了齋四明尊堯集　史1-5901
宋書　史1-11～7、562～3　叢1-227(5),2-
　776
宋書、札記　叢1-559
宋書、考證　史1-20、564　叢1-223(17),2-
　698(3)
宋書州郡志、考證　史1-565,7-49311
宋書補表　史1-10(3)、4728
宋書札記　史1-26、576
宋書考論　史1-6035
宋書夷貊傳地理考證　史1-569,7-49310
宋東京考　史7-50639　叢1-373(9)
宋東京留守宗忠簡公文集　集1-2897、2908
　～9
宋東太一宮碑銘　史7-51749　子5-29530
　(19)
宋東莞遺民錄、詩文補遺　史2-8271　叢
　2-1011
宋東萊呂成公(祖謙)外錄　史2-8767
51　宋拓唐房梁公碑　子3-15591
宋拓唐九成宮醴泉銘　子3-15583
宋拓唐人小楷六種　子3-15589

宋拓麻姑仙壇記合本　子3-15606
宋拓顏書李元靖碑　子3-15609
宋拓西樓蘇帖　子3-15637
宋拓晉帖五種　子3-15574
宋拓孔廟碑　子3-15551
宋拓破邪論(破邪論)　子3-15304、15543
宋拓孟法師碑　子3-15596
宋拓虞世南東廟堂碑　子3-15546
宋拓化度寺碑　子3-15308
宋拓化度寺碑重模本　史8-64695
宋拓絳帖後卷　子3-15561
宋拓淳化閣帖　子3-15627
宋拓漢夏承碑　史8-64590
宋拓禮器碑真蹟　子3-15552
宋拓道因禪師碑　史8-63501、64702
宋拓十三行　子3-15557
宋拓九成宮醴泉銘　子3-15582
宋拓太清樓書譜　子3-15031
宋拓李北海雲麾碑(宋拓雲麾碑)　子3-
　　15603
宋拓蘇書豐樂亭記　子3-15639
宋拓韓叔節禮器碑　史8-63501、64570
宋拓黃庭內景經　子3-15556
宋拓東坡西樓帖　子3-15636
宋拓賜潘貴妃蘭亭序　子3-15560
宋拓善才寺碑　子3-15590
宋拓館本十七帖　子3-15295
宋拓智永正草千字文　子3-15578
宋拓懷仁集右軍聖教序　史8-63501、64705
52 宋槧文苑英華殘本校記　叢2-2194
宋槧漢書殘本考異　史1-279
56 宋提刑洗冤集錄　史6-46309～12
宋提刑洗冤集錄、聖朝頒降新例　史6-
　　46308、46313　叢1-286、2-731(30)
58 宋拾遺錄　史1-4365　叢1-22(10)、23(9)、
　　2-617(2)
60 宋星五遺著　集5-40896
宋蜀大字本史記校勘記　史1-95
宋國錄流塘詹先生集　集1-4043
宋四六話　集6-46055、46294　叢1-453、2-
　　731(48)
宋四六叢珠彙選　子5-25558
宋四六選　集6-43627
宋四子抄釋　子1-97　叢1-347、2-731
　　(12)
宋四名家詩　集6-41902
宋四家詞選　集7-48553～4　叢1-419、2-
　　731(48)
宋四家外紀　史2-6205
宋四家律選　集6-41906
宋四十三家集　集6-41924

宋四十名家小集　集6-41923
宋四書文正義　經2-10991
宋四賢祠附祀諸賢實錄　史7-51799
宋四賢書　叢1-312
宋思陵敕書四道墨跡　子3-15658、15845
宋呂祖謙集註　叢1-265(5)
宋景文雜說　子4-19961　叢1-195(2)、2-
　　731(11)
宋景文集　集1-1960、1963
宋景文公集、佚存叢書殘本景文宋公集　叢
　　2-731(39)
宋景文公集存　叢2-778
宋景文公筆記　子4-19959　叢1-2～3、5～
　　6、8～9、22(3)、23(3)、26、268(3)、2-731(6)、
　　873
宋景文公筆記(筆記)　子4-19958
宋景文筆記　子4-19960　叢1-195(5)、223
　　(40)、388～90
宋景濂文鈔　集6-41794
宋景濂先生文選　集2-5914、6-41807
宋景濂先生未刻集　集2-5917
宋景濂未刻集　集2-5918　叢1-223(62)
63 宋賦韻讀　經2-14176、14532～3
67 宋明謚法　史6-42231
宋明兩蘇先生易說合刪　經1-743
宋明十六家詞　集7-46374
宋明九家詞北樂府　集7-46358
71 宋歷科狀元錄　史3-13424
宋歷科狀元錄、元朝歷科狀元姓名　史3-
　　13425
宋巨然山水長卷神品　子3-16461
宋臣奏議雜抄　史6-47784
72 宋劉文靖公屏山全集　集1-3268
宋劉須溪先生較書(合刻宋劉須溪點校書)
　　九種附一種　叢1-141
宋劉後村先生集　集1-4159
宋劉澄之永初山川記　史7-49461
宋劉澂之永初山川記　史7-49307　叢2-
　　767
宋劉昞敦煌新錄　史1-2357　叢2-771(4)
宋氏文房譜　子4-18678
宋氏文房譜、宋氏閨房譜、膳夫經手錄、雲
　　林堂飲食製度集　子4-18541
宋氏六修族譜[湖南]　史4-29181
宋氏六修宗譜[湖南沅江]　史4-29182
宋氏族譜　史4-29138～9、29194
宋氏族譜[廣東鶴山]　史4-29189
宋氏族譜[山東濰縣]　史4-29174
宋氏族譜[浙江新昌]　史4-29165
宋氏族譜[湖南平江]　史4-29183～4
宋氏五修族譜[湖南]　史4-29180

宋氏傳芳錄 叢1-34
宋氏綿津詩鈔 集3-15518,6-41966
宋氏家譜 史4-29193
宋氏家要部、家儀部、家規部、燕閒部 子4-23694
宋氏家傳纂言、漫錄 子4-24089
宋氏宗譜[安徽休寧] 史4-29170～1
宋氏女寶卷 集7-54462
宋氏世譜[上海崇明] 史4-29143～4
宋氏樹畜部 子1-4117
宋氏閨房譜 子4-23695
宋氏義莊志 史6-44736
宋氏養生部 子4-18931
宋岳武穆王世系譜牒、續[河南湯陰] 史4-29611
宋岳忠武王集 叢1-394
宋岳鄂王文集、宋岳鄂王年譜 集1-3299
宋岳鄂王年譜 史2-11300
75 宋陳亮酌古論 史1-5378
宋陳文節公詩集、文集(宋陳文節公詩文集) 集1-3697
宋陳龍川先生文集 集1-3778
宋陳修撰文集 集1-3158
宋陳忠肅公(瓘)言行錄 史2-8705
宋陳忠肅公言行錄 史2-8706～8
宋陳無擇三因司天方、圖說 子2-9155
宋陳少陽先生(東)盡忠錄、續錄 史2-8726
宋陳少陽先生文集 集1-3156
宋陳少陽先生盡忠錄 史2-8727
宋陳少陽先生盡忠錄(宋太學生陳東盡忠錄) 集1-3162
宋陳少陽先生盡忠錄、補錄 史2-8728
77 宋周公謹雲煙過眼錄 子4-23674 叢1-105
宋學商求 叢2-1093
宋學重要問題及其線索 叢2-2270(4)
宋學淵源記 叢2-709
宋學淵源記、記 叢2-731(60)
宋學士文集 叢2-635(11)
宋學士文粹、補遺 集2-5915
宋學士集 集1-737,2-5896、5904,6-41935(1)
宋學士先生文集 集2-5906～7
宋學士續文粹 集2-5916
宋學士徐文惠公存稿 集1-4185,6-45043
宋學士徐文惠公存稿(矩山存稿) 集1-4184
宋學士全集 集2-5886～8
宋學士全集、補遺、附錄 集2-5890 叢2-731(41)、859

宋興張氏宗譜[安徽宣州] 史5-35161
宋賢雜佩 叢1-179
宋賢從祀錄 史2-7097
宋賢事彙 子4-23973
79 宋滕忠節公使金本末、遺詩 史1-2559
80 宋人文集目錄 史8-66378
宋人文集敍錄 史8-66377
宋人詩圍精華 集6-43597
宋人詞 集7-46389
宋人手寫發願經 子3-15638,7-32409
宋人絕句 集6-43589 叢1-373(6)
宋人遺褊雜抄 子4-18864 叢1-513
宋人小說 叢1-373(3)
宋人小說(宋元人說部書)二十八種 叢2-652
宋人小集 集6-41744～7、41905、41911～5
宋人小傳 史2-7051
宋人小史三種 叢2-870(2)
宋八家詩鈔 集6-41909
宋八家詞 集7-46388
宋金齋文集 集2-9664
宋金交聘表 史1-4811 叢1-281,2-1695
宋金三家詩選 集6-41781
宋金元詩永、補遺 集6-42300
宋金元詩選 集6-42302
宋金元詩刪 集6-42303
宋金元詞集見存卷目 史8-66387
宋金元石刻 史8-64762
宋金元本書影 叢2-661
宋金元明十六家詞 集7-46367
宋金元明賦選 集6-42589
宋金元明人詞十七種 集7-46373
宋金仁山先生大學疏義 叢2-1048
宋金明人九家詞 集7-46371
宋介山文鈔 集3-15951
宋慈抱年譜 史2-12503
宋會要 史6-41605、41612
宋會要、宋會要考畧、宋會要輯 史6-41615
宋會要校記 史6-41613
宋會要輯稿 史6-41614
宋公明排九宮八卦陣雜劇 集7-48774(2)、49056
宋公明鬧元宵雜劇 集7-49214
宋余襄公詩附鈔 集1-1973
宋余仁仲本公羊經傳解詁校記 經1-7306 叢2-1795
82 宋劍南詩集摘選 集1-3461
87 宋鄭楷復齋先生龍圖陳公文集、拾遺 集1-4028
宋舒閬風(岳祥)年譜、雜錄 史2-11369

88 宋簽判龍川陳先生文鈔　集1-3781
　 宋簽判龍川陳先生文鈔、傳　叢1-386
89 宋鎮碎錄　子5-24930
90 宋少師忠敏公(莊夏)年譜　史2-11353
　 宋少保右丞相信國公文山集(文山傳、指南
　　 錄、吟嘯集、附錄)　集1-4459
　 宋少保右丞相信國公文山指南錄、吟嘯集、
　　 指南後錄、傳　集1-4439
　 宋少保右丞相兼樞密使信國公文天祥傳
　　 史2-8793
　 宋少保右丞相兼樞密使信國公文山先生
　　 (文天祥)紀年錄　史2-11375
　 宋少保岳鄂王(飛)行實編年　史2-11297
　　 叢1-386
　 宋少陽公文集　集1-3156
　 宋尚宮女論語　子1-1975、2936　叢1-574
　　 (5)
　 宋米元章題　子3-15653、15845
　 宋米南宮樂兄帖墨跡　子3-15654、15845

宷

00 宷音初編　經2-14014

寨

26 寨堡紀　史1-3320
31 寨福遺稿　集5-36354
42 寨橋劉氏宗譜[江蘇常州]　史5-39232

案

50 案中奇緣　子5-28539
　 案事編　史6-47227

3092₇ 竊

51 竊打朝　集7-52431
88 竊符記　集7-49838
94 竊憤錄　史1-2519~20、2522~5
　 竊憤錄、續錄　史1-1919、1982、2526　叢1-
　　 195(2)、580,2-735(4)

　 竊憤錄、續錄、南渡錄大署　史1-2528~9
　 竊憤錄、續錄、阿計替傳　史1-2527

3094₇ 寂

00 寂音尊者智證(圓珍)傳、靈巖寶鏡三昧　史
　　 2-8593~4
　 寂音尊者智證傳、雲巖寶鏡三昧　子6-
　　 32091(70)
07 寂調音所問經　子6-32081(22)、32086(24)、
　　 32088(15)、32089(39)、32091(42)
　 寂調音所問經(如來所說清淨調伏經)　子
　　 6-32084(13)、32085(21)、32090(44)、32092
　　 (29)、32093(22)
40 寂志果經　子6-32083(18)
60 寂園詩草　集2-9998
　 寂園說印　子3-16824　叢2-2169
　 寂園叢書(寂園志)十一種　叢2-2169
67 寂照神變三摩地經　子6-32081(20)、32083
　　 (14)、32084(12)、32085(19)、32086(22)、
　　 32088(14)、32089(16)、32090(22)、32091
　　 (20)、32092(14)、32093(9)
90 寂光豁禪師語錄　子6-32091(79)
　 寂光境　史2-6812

3098₂ 竅

38 竅啟吟草　集4-29831

3111₀ 江

00 江亭龍女傳　叢1-168(2)
　 江亭詩鈔　集4-26151
　 江亭集　集1-5141
　 江亭倡和　叢1-263
　 江亭秋興詩　集5-40695
　 江亭芙先生(仁徵)年歷　史2-12363
　 江文通文集　集1-529,6-41695~7
　 江文通文鈔　集6-41794
　 江文通集　集1-527~9,6-41699、41767　叢
　　 1-182~3、223(47),2-698(8)
　 江文通集(梁江文通集)　集1-522
02 江刻書日三種　史8-65253
10 江震兩學題名錄　史3-14928
　 江震殷氏族譜[江蘇]　史4-32204~5

江震學册　史3-14927

江震人物備考　史2-7899

江震人物續志　史2-7900

江震人物續志、補遺　史2-7901

江震人物志初稿、補志初稿、襍識　史2-7902

江夏環峯黄氏族譜[福建建陽]　史5-33922

江夏老人八十壽言　史2-10539

江夏黄氏孟季合譜[福建連江]　史5-33919

江夏黄氏家譜[江蘇蘇州]　史5-33750

江夏黄氏宗譜[江西南豐]　史5-33963

江夏黄氏宗譜[浙江東陽]　史5-33843～5

江夏黄氏宗譜[浙江餘姚]　史5-33777

江夏黄氏支譜[福建漳浦]　史5-33932

江夏縣志[康熙]　史8-60099～101

江夏縣志[乾隆]　史8-60102

江夏縣志[同治]　史8-60103

江夏陳氏義莊條規　史2-9807　子1-2066

江夏姜孺人別傳　史2-9963

江夏合族譜[廣東]　史5-34089

江夏堂黄氏族譜[廣東高明]　史5-34108

江干雜詠　集5-35470

江干詩集、外集　集3-17341

江干幼客詩集　集3-19362

江干叢語　子4-23303

江干草　叢2-1235

江干草堂剩稿　集3-18880

江天秋雨吟　集4-33590

江天暮雪一枝　集7-51782

江西主考門生錄(光緒二十七、二十八年)　史3-14416

江西商務情形說畧　史6-43992

江西度支摘要　史6-43330

江西交盤簡明條欵全書　史6-43483

江西新軍操練章程　史6-45279

江西新城雲路啓賢陳氏三修家譜[江西黎川]　史4-33243

江西新城雲路啓賢陳氏五修家譜[江西黎川]　史4-33244

江西新城鄧氏八修宗譜[江西黎川]　史5-38817

江西新城鼎元朱氏族譜[江西黎川]　史4-26690

江西新城縣保甲全圖　史6-45438

江西新城縣志[道光]　史8-58800

江西新城縣志[同治]　史8-58801

江西詠古詩　集4-26834

江西詩派小序　集6-45660　叢1-244(3),2-731(47)

江西詩社宗派圖錄　史2-8154　叢1-202(4)、203(9)、244(3),2-731(61)

江西講武館章程　史6-45280

江西議敘知縣趙公撝叔(之謙)行署　史2-10373

江西疏稿　史6-48560

江西要覽　史7-50560

江西水道考　史7-49317(7)、49318(10)、52955～6　叢2-1774

江西理學編、友教江西理學編　子1-1621

江西委署現行章程　史6-41897

江西統捐章程　史6-43627

江西德化李氏家乘[江西九江]　史4-27342

江西鄉試錄(道光十一年至二十六年)　史3-14393

江西各項財政說明書　史6-43331

江西守城日記　史2-12718

江西宦遊紀事　集5-36175

江西瀘溪縣警察局習藝所章程合刻　史6-45382

江西清訟章程附月報册式　史6-45934

江西漕運備覽　史6-44174

江西通志[雍正]　史8-58466　叢1-223(24)

江西通志[康熙]　史8-58464

江西通志[嘉靖]　史8-58461

江西通志[光緒]　史8-58467

江西通志十編[民國]　史8-58469

江西道院集　集1-3512

江西道院集鈔　集1-3534,6-41900

江西大臣傳、循吏傳、忠義傳　史2-8148

江西賣雜貨　集7-50753、53634

江西地畧　史7-49318(20)、50559

江西萍宜萬三縣清鄉善後章程附結式誓詞　史6-45439

江西考古錄　史7-51430

江西考畧　史7-49317(1)、49318(1)、50558

江西胡思敬請罷新政疏　史6-47553

江西青雲譜志　史7-51741

江西忠義錄　史2-8150

江西奏議　史6-48220

江西農工商礦紀畧　史6-44812

江西買雜貨　集7-53183

江西賦役經制全書　史6-43694～8

江西賦役紀　史6-43693

江西賦役全書　史6-43692

江西輿地圖說　史7-50555　叢1-84(4),2-730(11)、731(57)

江西鹽餉稟稿　史6-43895

江西全省文武同官錄(清宣統庚戌冬季)

史 3 - 23763
江西全省文武同官錄(清光緒二十六年春
季) 史 3 - 23762
江西全省地方自治籌辦處第二次報告書
史 6 - 41898
江西全省輿圖 史 7 - 50556～7
江西金石存佚總目 史 8 - 63949
江西金石目 史 8 - 63512、63950
江西谷印譜 子 3 - 16942、17266
江西鐵路章程 史 6 - 44307
江西節孝朱貞女傳 史 2 - 9479
江西省贛州府長寧縣壙田曾氏三修族譜
[江西尋鄔] 史 5 - 36630
江西省大志[嘉靖] 史 8 - 58462
江西省大志[萬曆] 史 8 - 58463
江西省城地理白話教科書 史 7 - 50561
江西省陶政志 史 6 - 44813
11 江北廳鄉土志[光緒] 史 8 - 61499
江北廳志[道光] 史 8 - 61497
江北水利書 叢 2 - 1411
江北卹疏 史 6 - 46404
江北清理財政局編送江北所轄局庫倉說明
書 史 6 - 43307
江北運程 史 6 - 44154
江北七子詩選 集 6 - 44158
江北縣志稿[民國] 史 8 - 61498
江頭何氏族譜[湖南桂陽] 史 4 - 28419
12 江水篇 叢 2 - 2170
江瓢集 集 3 - 14537
15 江建霞古泉精選拓本 史 8 - 64894
江醴陵集 集 1 - 525～6,6 - 41694、41698
17 江子屏先生(藩)年譜 史 2 - 11987
20 江采蘋 集 7 - 49463、49471
江采蘋愛梅錫號 集 7 - 49475
21 江上雜疏 史 7 - 50132 叢 2 - 730(13)、731
(57)
江上詠花集 集 6 - 41992
江上詩集 集 3 - 14513～4
江上孤忠錄 史 1 - 1944、1979、3347、3349,2 -
7814 叢 1 - 242(5),2 - 731(67)、799～801
江上孤忠錄、後錄 史 2 - 7813
江上孤臣錄 史 1 - 3164
江上聽鵑館詩選 集 4 - 32483
江上集 集 4 - 30877
江上維舟詞 集 7 - 46419、48028
江上峯青館詩存 集 5 - 39339
江上遺聞 史 1 - 1982、3351 叢 1 - 309、496
(3),2 - 799～801
江上草堂詩集 集 4 - 28424
江上草堂詩存 集 4 - 27039
江上草堂前稿 叢 1 - 554,2 - 2043

江上萬峯樓詩鈔 集 4 - 25295
江上日記(清道光二十六年) 史 2 - 12699
江上愚忠錄 史 1 - 1945,2 - 7812
江上野史三種 史 1 - 1974
江上吟 集 3 - 18836
江上吟、遺稿 集 4 - 30330
江上小蓬萊吟舫詩存、詩餘 集 4 - 31434
江上怡雲集 集 3 - 18454
江止庵遺集 集 2 - 12354～5,6 - 43118
江行雜詠 集 4 - 23011
江行雜錄 史 1 - 1914 子 5 - 26307 叢 1 -
11～2、22(8)、23(7)、27、56、95～6,2 - 624
(2)、730(2)、731(52)
江行詩草 集 4 - 28523
江行稿、白門稿、武夷稿、燕草、笏谿草、東
遊草、洛草、帆前草 集 2 - 10084
江行紀程 集 4 - 24853
江行草 集 3 - 18395
江行日記 史 7 - 49317(6)、49318(12)、53954
叢 1 - 373(5),2 - 1635～6
江行小集 集 4 - 25822
22 江川縣志[嘉慶] 史 8 - 62417
江川縣志稿[民國] 史 8 - 62418
江片石詩存 集 4 - 22175
江變紀事 史 1 - 1953
江變紀畧 史 1 - 1937～8、1941、1954～9、
1963、1982,3471～2 叢 2 - 869
江峯漫稿、湖南書院訓規 集 2 - 8683
江山文選 叢 2 - 1767
江山雜詠 集 3 - 16886
江山集 集 3 - 13886
江山白話 集 5 - 34511
江山萬里樓詩鈔、詞、雜文 集 5 - 41218
江山萬里樓詩鈔、詞鈔 集 5 - 41217
江山縣志[康熙] 史 7 - 57550～2
江山縣志[天啓] 史 7 - 57549
江山縣志[乾隆] 史 7 - 57553
江山縣志[同治] 史 7 - 57554
江山風月譜 集 7 - 47827 叢 2 - 731(49)
江山風月譜、有聲畫 叢 1 - 335
江山人集 集 2 - 8624
23 江皖籌賑新捐例章 史 6 - 44701
24 江壯節公(忠濟)行狀 史 2 - 10194
江壯節公行狀 集 4 - 32190
江先生詩古文遺集 集 4 - 25428
26 江白仙先生著痧疹點雪紅爐 子 2 - 8866
江皋過眼錄 子 3 - 14851
江皋集、遺稿 集 2 - 10487
江皋小築集、附稿 集 6 - 44898
江程一覽 史 6 - 44155

中國古籍總目書名索引

27 江鄉集　集6-42446
　江鄉漁話　子4-22079　叢1-584
　江鄉節物詩　史7-50315　叢2-832(3)
30 江宜匋詩文存畧　集3-16991
　江流記　集7-50455
　江注詩集　集2-12708　叢2-814
　江淮旅稿　集3-21435　叢2-755
　江淮異人錄　子5-26220、26945～6、29530
　　(12)　叢1-22(10)、23(9)、40、180、223(46)、
　　244(3)、246、249(1)、282(2)、283(2)、312、
　　395,2-617(2)
　江淮異人錄、十洲記　子5-26947
　江淮吟　集3-20266
　江寧商務分類總册　史6-43985
　江寧府志[康熙]　史7-56543～4
　江寧府志[嘉慶]　史7-56545
　江寧府志[光緒]　史7-56546
　江寧府志柬要　史7-56547
　江寧府七縣地形考畧　史7-50129
　江寧石刻記　史8-63848
　江寧鄧氏家藏名賢書畫册目錄　史8-
　　66304
　江寧布政使司財政檔册　史6-43299
　江寧李氏宗譜[江蘇江寧]　史4-27099
　江寧蕭梁石刻見存目　史8-63507、63849
　江寧縣新志[乾隆]　史7-56570
　江寧縣鄉土志[民國]　史7-56574
　江寧縣鄉土志畧[民國]　史7-56573
　江寧縣志[康熙]　史7-56569
　江寧縣志[正德]　史7-56567　叢2-795
　江寧縣志[萬曆]　史7-56568
　江寧同官錄　史3-23735
　江寧輿圖說　史7-50130
　江寧金石記、待訪目　史8-63845
　江寧金石待訪目　史8-63846　叢1-524,
　　2-731(32)
　江寧金石待訪錄　史8-63847　叢1-261
　江寧簡字半日學堂章程　史6-42496
　江安縣志[道光]　史8-61953　叢1-373
　　(2)
　江安縣志[嘉慶]　史8-61952
　江安縣志[乾隆]　史8-61950～1
　江安縣志[民國]　史8-61954
　江窗山水記　史7-54027
31 江河紀行草　集5-35607
　江潭漁唱　集4-33251,7-48181
　江源記　史7-49318(9)、52802、52804　叢1-
　　202(5)、203(11)、2-776
　江源考　史7-49318(9)、52803、52805　叢1-
　　371
　江源考證　史7-52806
　江源考證、校勘記　叢2-870(6)
32 江州司馬青衫淚　集7-48766、48769、48774
　　(7)、48889　叢2-720(3)
　江州司馬青衫淚雜劇　集7-48767(2)　叢
　　2-698(15)
　江州義門陳氏續修宗譜[安徽寧國]　史4-
　　33188
　江州筆談　叢2-1765
　江州餘草　集2-10452
　江洲筆談　子4-23404
　江淛行省興復海道漕運記　叢1-46
　江兆神驗祕方　子2-10091
　江浙張氏家乘　史5-34729
　江浙行程紀　叢2-1671
　江浙紀行集句　集6-41894(4)
　江浙紀行集句詩　集6-41897
　江浙士民會爭蘇杭甬鐵路事代表函電錄
　　要、外郵部摺片合同問答記錄　史6-
　　44283
　江浙著名尼姑小傳　子7-34752
　江浙鐵路拒款風潮叢錄　史6-44284
　江浙鐵路風潮　史6-44285
　江灣里志、附刊　史7-56417
33 江心志　史7-51665～6
　江滬雜詠　集5-35172
　江浦埠乘[光緒]　史7-56580
　江浦縣志[雍正]　史7-56579
　江浦縣志[崇禎]　史7-56577
　江浦縣志[萬曆]　史7-56575～6
　江浦縣圖說　史7-49357、50125
　江浦閒吟　集3-18761～2
34 江淹年譜　史2-11155
　江漢文集　集3-14067
　江漢叢談　史7-50680～1　叢1-22(23)、
　　223(25)、241、242(2)、2-731(56)、872、1103
　江漢吟　集3-20267
　江漢吟、白華吟、江淮吟　集3-20266
　江漢小草　集4-30756
　江汝社稿　集2-10885
　江渚貞烈志　史2-7818
　江洪江塲圖說　史7-49319、50901
35 江津君文稿　集3-16638
　江津縣鄉土志[光緒]　史8-61530
　江津縣志[嘉慶]　史8-61527
　江津縣志[乾隆]　史8-61526
　江津縣志[民國]　史8-61529
　江津縣志[光緒]　史8-61528
　江油縣志[雍正]　史8-61721
　江油縣志[道光]　史8-61722
　江油縣志[光緒]　史8-61723
37 江湖夜雨集　集3-17543,4-22755

江湖夜雨集(蘿筵齋稿) 集3-17544

江湖後集 集1-4075,6-41890~1、43574 叢1-223(69)

江湖客詞 集3-18700,7-47198 叢2-1418

江湖必用買賣機關 子4-22052

江湖海底 史6-47573

江湖博覽按摩修養淨髮須知 子7-36206

江湖載酒集 集7-46397、46399~400、46430、47020~2

江湖異人傳圖詠 史2-7709

江湖長翁文集(江湖長翁集) 集1-3643

江湖長翁詩鈔 集1-3644,6-41900

江湖長翁集 集1-3645,6-41901 叢1-223(56)

江湖小集 集6-41889 叢1-223(69)

江漁詩鈔 集5-39629

江涵暾先生非驚論 子2-8552

38 江瀚哀啓、訃告 史2-10809

江泠閣文集、續編、詩集、詩餘小令 集3-14715

江泠閣文集、續編、補遺、詩集、詩餘小令、續編、外集、補遺 集3-14716

江泠閣文集校補、詩集校補、詩集目、詩文集校勘表 集3-14719

江泠閣詩集、文集、續 集6-41755

江泠閣詩集、文集、續編 集3-14714

江泠閣緒風唫 集6-41755

江泠閣緒風吟稿、遊虞山詩、遊支硎山詩、遊西泠詩 集3-14717

江滸迂談 集2-8785~6

江海殲渠記 史1-1914、2840 子5-26220 叢1-40、87、95,2-730(2,3)、731(67)

江海備覽外編 叢2-1023

江海安瀾 集7-49701

江海關訂定五項專章 史6-44192

江海關西曆壹千玖百伍年第貳結造報華洋貿易冊簿 史6-44017

江海關各口經費清冊 史6-43551

江海關專定上海長江等口暫行紅箱章程 史6-43553

江海門詩鈔 集4-32255

江遊草 集4-22343

江道編 史7-49318(9)、52807

40 江左謝氏族譜 史5-40839、40841

江左謝氏家譜 史5-40846

江左三大家詩畫合璧 子3-14990

江左三大家詩鈔 集6-44440

江左王謝世系考 史2-7782 叢2-896

江左王氏家譜[浙江淳安] 史4-24943

江左王氏宗譜[浙江淳安] 史4-24941~2、24944~5

江左石刻文編 史8-63839

江左延令狄氏族譜[江蘇鎮江] 史4-28649

江左十五子詩選 集6-44441

江左校士錄 史3-14903

江左書林書目 史8-66440

江左鎮杜氏家譜 史4-27037

江壇集 集5-39212

江塘龍氏族譜[江西萬載] 史5-40277~8

江南高等師範學堂現行章程 史6-42495

江南高等學堂羣英錄 史6-42467

江南高等學堂算學課藝續編 子3-12832

江南新宣等衛司賦役全書 史6-43678

江南新安歙縣潛川汪氏家乘[安徽歙縣] 史4-28837

江南疏稿 史6-48376

江南天主教姚主教諭單 子7-35583

江南北水災流民圖 子3-16444

江南北沿海州縣要隘記畧 史7-51303

江南北大營紀事本末 史1-3977

江南水師學堂造呈學堂第三起駕駛管輪兩頭班堂課畢業學生花名等第年籍清冊 史6-42465

江南巡警章程 史6-45365

江南碑目 史8-63840

江南經畧 子1-3791 叢1-223(32)

江南催耕課稻編 子1-4294 叢2-1768

江南製造局稟報藥水槍子煉鋼三廠成績全案 史6-44786

江南製造局譯書 子7-36231(1)

江南製造局記 史6-44785

江南製造局出品說明書 史6-44787

江南製造局移設蕪湖各疏稿 史6-48072

江南製造全案 史6-47166

江南總督洪承疇詳查舊額解南本折錢糧及酌定支用起解事宜冊 史1-1985,6-43296

江南鄉試硃卷(光緒八年、十四年、十九年、二十六年、二十七年、二十九年) 史3-18655

江南鄉試墨卷 史3-17687

江南將弁學堂學案 史6-45272

江南魚鮮品 叢1-197(2)

江南名勝圖 史7-51355

江南名勝圖詠 史7-51354

江南各廳全河圖考 史6-46745

江南督署模範小學同學錄 史6-42468

江南徵書文牘、司鐸箴言 叢2-867

江南淮安府桃源縣胡氏宗譜[江蘇泗陽] 史4-30375

江南寧國府太平縣館田李氏宗譜[安徽黄山]　史4-27303

江南安慶府賦役全書　史6-43674

江南安徽全圖　史7-50483

江南安徽等處提刑按察使司稿　史6-47292

江南安屬歸併外衛賦役全書　史6-43677

江南安屬歸併省衛賦役全書　史6-43676

江南江寧同官錄　史3-23736

江南額解舊南京民糧屯糧本色數目册(順治四年七月)　史1-1985,6-43297

江南池州府賦役全書　史6-43675

江南通志[康熙]　史7-56530

江南通志[乾隆]　史7-56531　叢1-223(24)

江南通省各標鎮營朋嘉慶十六年分扣等銀數目册　史6-47442

江南遊草　集5-36341

江南直隸通州志[道光]　史7-56804

江南蘇州府報恩講寺志　史7-51576

江南蘇州府報恩講寺志、續修蘇州府報恩寺志　史7-51577

江南觀風詩集　集6-44444

江南好詞　史7-49326,50111

江南好辭　集4-28853　叢2-795

江南松江府上海縣太平邨蘭英寶卷(蘭英寶卷)　集7-54367

江南松江府華亭縣白沙邨孝修回郎寶卷(大孝殺兒奉母古典,回郎寶卷、回郎古典)　集7-54361

江南松江府華亭縣白沙邨孝修回郎寶卷(孝修回郎寶卷、回郎寶卷)　集7-54362

江南松江府華亭縣白沙邨孝修回郎寶卷(回郎寶卷)、七七寶卷、吃齋經(吃素經)、花名寶卷、法船經　集7-54363

江南書局書目　史8-66438

江南書局書目、淮南官書局書目、楚江編譯官書局書目　史8-66439

江南春　集6-43781

江南春雜體文　集4-32513

江南春詞　集7-48471

江南春詞、附考　集7-48472

江南春詞集、附考　叢2-799~800

江南春稿　集4-32511

江南春夢庵筆記　史1-3923

江南按察司審土國寶招擬文册　史1-3591

江南按察司審土國寶招擬文册(順治八年十一月)　史1-1985

江南撫事　史1-3589

江南星野辨　史7-50079　叢1-203(4)

江南星野考　叢1-201

江南圖書館書目　史8-65540

江南別錄　史1-1914,2421　叢1-11、18、19(2、9)、20(1、7)、21(2、10)、24(2、9)、56、95、166、195(1)、223(22)、273(4),2-624(2)、730(2)

江南賦役全書　史6-43665~70

江南財政總局試辦章程　史6-43309

江南財政公所規章　史6-43308

江南野史　史1-2416~8　叢1-223(22)

江南野史、佚文　史1-2419

江南野史、校勘記　史1-2420　叢2-870(2)

江南野錄　叢1-11~2、15~6、18、19(2)、20(1)、21(2)、22(9)、23(9)、24(2)、29(5)

江南陸師學堂學案　史6-45271

江南風雅　集6-44442

江南聞見錄　史1-1946、1977、1982、3341

江南闈　史1-3598　叢2-2203

江南鐵淚圖　史1-3976

江南鐵淚圖新編、附編　子4-24493

江南錄　史1-2422　叢1-19(2、10)、20(8)、21(2、9)、24(2、11)

江南籌辦地方自治總局文件錄要初編　史6-41852

江南籌辦地方自治總局特別開會啓　史6-41851

江南籌欵總局詳訂牙捐章程　史6-43606

江南籌欵總局整頓稅契章程　史6-43568

江南餘載　史1-2428　叢1-223(22)、244(3)、249(1)、282(2)、283(2)、357、407(3),2-624(2)、731(66)

江南省江寧布政司所屬八府五州賦役全書　史6-43672

江右鄧氏族譜[江西萬載]　史5-38821

江右先賢錄　史2-8149

江右紀變　史1-3270~3、3473　叢2-847

江右永新蕭氏家世源流記[江西永新]　史5-39971

江右初集、二集　叢2-1685

江右古文選　集6-44804

江右校士錄　子4-21820

43　江城文獻　史2-7754

江城總講　集7-53594

江城名蹟　史7-51432　叢1-223(25)

江城名蹟詩　史7-51435

江城名蹟記、古今名詩補　史7-51431

江城舊事　史7-50571

江城舊事、九芝仙館文鈔、詩俠圖題咏　子4-23243

江城縣志初稿[民國]　史8-62489

江城縣採訪省誌資料[民國]　史8-62490

44 江藻錢氏宗譜[浙江諸暨]　史5-40216~7

江花夢(瓊花夢)　集7-50205

江花品藻　叢1-37、168(3)、350

江蘇六十一縣志[民國]　史7-56537

江蘇調查記　史7-50087

江蘇諮議局議事細則　史6-41859

江蘇諮議局研究會報告　史6-41862

江蘇諮議局決規畫全省教育案　史6-42489

江蘇諮議局釐金改辦認捐案文牘　史6-43608

江蘇諮議局第一年度報告第四第五第　史6-41860

江蘇諮議局第二屆臨時會議案報告　史6-41858

江蘇諮議局第二年度報告第　史6-41861

江蘇諮議局省議會常年臨時會議史案摘要　史6-41857

江蘇仕學館學案　史6-42491

江蘇備志稿[民國]　史7-56536

江蘇各級審判廳試辦章程　史6-46030

江蘇督學所采訪冊　史6-47273

江蘇句容赤山法忍塔銘(赤山法忍大禪師塔銘)　子7-34792

江蘇寧屬清理財政局編造說明書三編　史6-43302

江蘇官書坊各種書核實價目　中8-66443

江蘇巡撫梁章鉅墓誌銘　史2-9749

江蘇法政學堂校外學員姓名錄　史6-44963

江蘇速成師範學校參觀日本東京學校慈善事業及各處工場筆記　史6-42494

江蘇沿海圖說、海島表　史7-50086

江蘇通州建築女子師範學校收支清帳　史6-42497

江蘇通州志稿[光緒]　史7-56807

江蘇通志[宣統]　史7-56532

江蘇通志稿[民國]　史7-56534

江蘇通志藝文志存　史8-66068

江蘇海運全案、道光丙戌海運記　史6-44163

江蘇海塘新志　史6-46795

江蘇布政司查荒條呈(光緒十二年)　史6-44668

江蘇存古學堂三種　叢1-575

江蘇存古學堂綱要　史6-42492　叢1-575

江蘇嘉慶二十一年分撫標左右二營並蘇州營官兵馬匹數目文冊　史6-47445

江蘇地畧　史7-49318(19)、50081

江蘇考畧　史7-49317(1)、49318(1)、50080

江蘇茅麓明農有限公司續收第二起股本章程　史6-44799

江蘇蘇松太道辦理保嬰稟稿條規附各種單式　史6-44678

江蘇蘇屬諮議辦處報告書　史6-41856

江蘇藝文志　史8-66067

江蘇都督程雪樓先生書牘　史6-47275

江蘇教育總會章程規則一覽表　史6-42485

江蘇教育總會章程題名表　史6-42484

江蘇教育總會全省各學堂成績展覽會之報告　史6-42487

江蘇教育總會會員姓名住址錄　史6-42486

江蘇書局各書價目　史8-66441

江蘇採訪書目　史8-66203

江蘇採集遺書總錄　史8-65460

江蘇採輯遺書目錄　史8-65459

江蘇採購書目　史8-66204

江蘇暫定小學堂章程　史6-42493

江蘇撫標左右二營並蘇州營官兵朋嘉慶十一年分扣椿銀數目文冊　史6-47444

江蘇賑捐援照順直請獎章程　史6-44669

江蘇賦役全書　史6-43671

江蘇同官錄　史3-23733

江蘇學政徵書公牘　史6-47274

江蘇學政提名錄　史3-23734

江蘇學務文牘四編　史6-42490

江蘇學務總會會計報告　史6-42488

江蘇全省輿圖　史7-50083~5

江蘇金石記　史8-63838

江蘇省不符冊　史6-46354

江蘇省例、續編、三編、四編　史6-41853

江蘇省鄉土志[民國]　史7-56538

江蘇省物料價值則例　史6-46538

江蘇省減賦全案　史6-43441

江蘇省通志稿[民國]　史7-56533

江蘇省地志[民國]　史7-56535

江蘇省蘇州府崑山縣光緒十五年分熟田地漕等銀民欠散數徵信冊　史6-43449

江蘇省蘇屬清理財政局編訂說明書、蘇鎮松太五屬水旱各統收捐則　史6-43306

江蘇省會輯要[民國]　史7-56842

江草集　集6-41978

江孝通遺集　集5-39352

江華縣志[雍正]　史8-60702

江華縣志[萬曆]　史8-60700~1

江華縣志[同治]　史8-60703

江甘災賑各稿　史6-44673

江楚行吟　集4-23070

江楚會奏變法摺　史6-48075

江村集　集2-12043、3-14301、18531、5-41653　叢2-944

江村山人未定稿、續稿、補遺、閏餘稿　集3-17975

江村山人未定藁、續藁、補藁、閏餘藁　叢2-963

江村先生集　集1-5291

江村洪氏家譜[安徽休寧]　史4-30986

江村遺藁　集6-41922

江村賀氏河西分支宗譜[江蘇常州]　史5-36713

江村書畫目　子3-14779

江村隨筆　子4-21338　叢2-963

江村銷夏錄　叢1-223(38)

45 江樓雜詠　集2-10985

47 江聲草堂詩集　集3-18360

江都卞氏族譜[江蘇江都]　史4-25661

江都許氏家集　集6-45069

江都于氏重修家譜[江蘇江都]　史4-24714

江都張氏善二公重修支譜[江蘇江都]　史5-34789

江都張氏善二公支譜[江蘇江都]　史5-34790

江都焦氏家集七種　集6-45089

江都仙女鎮梅氏三修宗譜[江蘇江都]　史5-34135

江都鄉賢錄　史2-7791　叢2-1397

江都汪氏叢書七種　叢2-926

江都李氏所著書　經1-144

江都李氏所著書九種　叢2-1865

江都戴氏族譜[江蘇江都]　史5-40477~8

江都秦氏遺書四種　叢2-928

江都縣新志[民國]　史7-56727

江都縣續志[嘉慶]　史7-56724

江都縣續志[民國]　史7-56726

江都縣續志[光緒]　史7-56725

江都縣志[雍正]　史7-56722

江都縣志[康熙]　史7-56721

江都縣志[萬曆]　史7-56720

江都縣志[乾隆]　史7-56723

江都縣志書　叢1-358

江都陳氏叢書七種　叢2-929

48 江翰臣詩文雜鈔　集5-34480

江檻集　集1-5489、6-41932

江梅夢　集7-49554

江梅夢雜劇　集7-49552~3　叢2-1780

50 江忠烈公(忠源)行狀　史2-10074

江忠烈公後集、補遺　集4-32192

江忠烈公神道碑銘　史2-10076

江忠烈公遺集　集4-32189、32193

江忠烈公遺集、後附　集4-32191

江忠烈公遺集、江忠烈公行狀、江壯節公行狀　集4-32190

江忠濟行狀　史2-10075

江表傳　史1-2289~90　叢2-776

江表遺事　史1-3281

江表志　史1-2426~7　叢1-18、19(9)、20(7)、21(10)、22(7)、23(7)、24(9)、195(1)、204、223(22)、235、242(4)、273(4)、569

江表忠畧　史2-8110　叢2-2110

江素山詩　集4-23176

江東詞稿　集7-48338

江東詞社詞選　集7-47832

江東集鈔　集1-3533、6-41900

江東白苧、續　集7-50603　叢2-672

江東紀畧　史1-1949、3424

江東十鑑　史1-5367　子1-3772　叢1-250

江東志[光緒]　史7-56514

江東戴氏譜[浙江鄞州]　史5-40509

江東藏書目錄小序　叢1-106、368

江東書院講義　叢1-368

55 江慧濟詩稿　集5-39974

57 江抱冬初存詩稿　集4-30882

江邨遺稿　集6-45051　叢1-223(56)

江邨遺藁　集6-41748

江邨草堂紀　叢1-201、203(5)

江邨草堂紀、詩　史7-52007

江邨書畫目　叢2-604

江邨銷夏錄　叢2-609

江邨銷夏錄(江村銷夏錄、銷夏錄)　子3-14778

60 江口巡船章程　史6-44191

江口鄧氏族譜[湖南湘鄉]　史5-38863

江口行船章程　叢2-2081

江口巡船章程　史6-45252

江口巡船章程、水師說畧四條彭剛直公長江百條(錄三十四條)苦口藥　叢2-2079

江口縣志畧[民國]　史8-62243

江口周氏五修族譜[湖南]　史4-30230

江園集　集3-14361

江邑邵氏宗譜[江蘇江陰]　史4-29209

江邑救荒筆記　史6-44729

70 江防集要　史6-45475　叢1-195(3)

江防總論　史6-45473、7-49318(9)　叢1-195(3)

江防述論　史6-45474

江防述畧　叢1-195(3)

江防海防策　史6-45469、7-49317(7)、49318(14)

江防考　史6-41653、45472

江防圖考　史6-45471,7-49334

71 江辰六文集　叢2-885

72 江戶繁昌記　叢2-752

江氏音學十書七種附一種　經2-14532

江氏音學十書七種附三種　經2-14533

江氏音學敍錄　經2-14179　叢2-630

江氏六修宗譜[福建邵武]　史4-26898

江氏韻書三種　經2-14531

江氏族譜[安徽歙縣]　史4-26890

江氏族譜[江西上饒]　史4-26899

江氏族譜[江西南豐]　史4-26907

江氏族譜[浙江衢州]　史4-26860

江氏族譜[湖北監利]　史4-26910

江氏族譜[湖南]　史4-26916

江氏譜牒[安徽徽州]　史4-26873

江氏五修宗譜[福建邵武]　史4-26897

江氏百問目講禪師地理書、地理索隱　子3
-13397　叢2-681

江氏廷系俊支二修族譜[湖南平江]　史4-
26911

江氏廷德兩系三修族譜[湖南平江]　史4-
26912

江氏聚珍版叢書(文學山房叢書)二十九種
叢2-662

江氏統會宗譜　史4-26843~4

江氏統會宗譜、江氏統會文集　史4-26842

江氏續修支譜[湖南]　史4-26914

江氏傷科學　子2-4769

江氏家規　子4-24054

江氏宗譜[安徽潛山]　史4-26870~1

江氏宗譜[安徽桐城]　史4-26865

江氏宗譜[安徽懷寧]　史4-26869

江氏宗譜[江西吉安]　史4-26908

江氏宗譜[江蘇江陰]　史4-26853

江氏宗譜[江蘇常州]　史4-26850

江氏叢書七種　叢2-1619

江氏達詁　經2-14822

江氏初修族譜[江西]　史4-26909

江氏著書七種　叢2-2097

江氏數學翼梅　子3-12557

江氏圖書府　子3-16918

江氏周禮舉要　叢1-312

江氏筆錄　子4-19927

74 江陂童氏家譜[江蘇無錫]　史5-36485

江陂楊氏宗譜[江蘇無錫]　史5-36822

江陵雜著　叢1-31

江陵鄉土志[宣統]　史8-60323

江陵紀事　史1-1937、1953~8、1963、2911

江陵遺事　史1-4402

江陵志餘[順治]　史8-60318

江陵縣志[康熙]　史8-60319

江陵縣志[乾隆]　史8-60320

江陵縣志[光緒]　史8-60322

江陵縣志刊誤　叢2-1592

江陵縣志刊誤[嘉慶]　史8-60321

76 江陽何氏宗譜[浙江江山]　史4-28303

江陽嵩高柴氏宗譜[浙江江山]　史4-
31525

江陽山人詩草　集5-38872

江陽草　集5-36294

江陽鄭氏世美宗譜[浙江江山]　史5-
38658~9

77 江月草堂集　集4-28898

江月松風集　集1-5796~7　叢1-223(61)

江月松風集、續集、補遺　集1-5799

江月松風集、續集、補遺、附文、附錄　叢1-
491

江月松風集、補遺　集1-5798

江月松風集、補遺、文錄、附錄　集1-5800
叢2-833

江月松風集、錢思復詩補　集1-5801

江民表心性說　子1-96、701

江關集　集3-17959

78 江陰章氏支譜[江蘇江陰]　史5-34512

江陰六氏宗譜[江蘇江陰]　史4-25671

江陰龍砂姜氏宗譜[江蘇江陰]　史4-
31048

江陰詩粹　集6-44547

江陰夏氏宗譜[江蘇江陰]　史4-31663

江陰石莊許氏宗譜[江蘇江陰]　史5-
34376

江陰西郭陳氏宗譜[江蘇江陰]　史4-
32780

江陰季綸全鹽務彙稿　史6-43821

江陰季氏叢刻八種　叢1-504

江陰先哲遺書四種　叢2-803

江陰積穀徵信錄　史6-44677

江陰吳氏宗譜[江蘇江陰]　史4-27758

江陰繆氏藏書目　史8-65896

江陰守城記　史1-1937,3342

江陰汪氏合譜[江蘇江陰]　史4-28686

江陰叢書三十二種　叢2-801

江陰近事錄　史7-56923

江陰沈愛堂遺稿　集4-23374

江陰祝氏宗譜[江蘇江陰]　史4-31094

江陰大橋陳氏宗譜[江蘇江陰]　史4-
32781

江陰太寧邢氏支譜[江蘇江陰]　史4-
26226

江陰李氏得月樓書目　史8-65600

江陰李氏得月樓書目摘錄　史8-65601
　　叢2-798～801
江陰袁氏宗譜[江蘇江陰]　史4-31315～6
江陰來昭里陳氏宗譜[江蘇江陰]　史4-
　　32777
江陰城守記　史1-3343
江陰城守後紀　史1-1982
江陰城守紀　史1-1937、1982
江陰城守紀事　史1-1954～8、1963
江陰城守紀畧　史1-3344
江陰莊氏宗譜[江蘇江陰]　史4-31493
江陰藝文志、校補　史8-66076　叢2-799
　　～801
江陰黃氏家集十一種　集6-45097
江陰楊舍葉氏族譜中摘錄宗範規數則　子
　　1-2280
江陰忠義恩旌錄　史2-7841
江陰忠義錄　史2-7842
江陰溥漊石氏續修宗譜[江蘇江陰]　史4-
　　25996
江陰縣續志[民國]　史7-56923
江陰縣志[康熙]　史7-56919
江陰縣志[弘治]　史7-56916
江陰縣志[崇禎]　史7-56918
江陰縣志[道光]　史7-56921
江陰縣志[嘉靖]　史7-56917
江陰縣志[乾隆]　史7-56920
江陰縣志[光緒]　史7-56922
江陰明威郭氏宗譜[江蘇江陰]　史4-
　　32280
江陰陳氏支譜[江蘇江陰]　史4-32783
江陰節義畧　史2-7840　叢2-706、2223
80 江人事　史2-7408～9
江令尹集　叢1-183
江令君集　集1-596～7,6-41694、41698
90 江光祿集、集遺　集1-524
94 江慎修先生(永)年譜　史2-11816
97 江鄰幾雜誌　子4-19924
江鄰幾雜志　叢1-31、99～101、109、111(4)、
　　325,2-622、735(4)
江鄰幾雜志、補　子4-19926　叢2-673
江鄰幾雜志、補遺　子4-19925

汕

00 汕亭自刪詩　叢2-1278
汕亭自刪詩、琴譜指法省文　集3-13709
汕亭刪定文集　集3-13710　叢2-1278
汕庵詩鈔　集5-41215

44 汕村詩鈔　集5-33788

3111₁ 沅

20 沅香閣存草　集4-22062
22 沅川記　史7-49309、52998
31 沅江李氏族譜[湖南沅江]　史4-27493
沅江縣志[康熙]　史8-60507
沅江縣志[嘉慶]　史8-60508～9
沅江劉氏續譜[湖南沅江]　史5-39528
32 沅州府志[乾隆]　史8-60740～1
沅州府志[同治]　史8-60742
沅州記　史7-50799　叢2-776
沅州志[康熙]　史8-60739
沅州圖經　史7-49309、50800
沅州善後策、偏累議、復議　史6-45140
沅溪詩集　集2-7878
36 沅湘通藝錄、四書文　叢1-524,2-731(4)
50 沅青詩錄　集4-33677
60 沅邑汾陽郭氏四修支譜[湖南沅江]　史4-
　　32361
74 沅陵記　史7-49307、49309、50797～8　叢2-
　　767
沅陵縣志[康熙]　史8-60743～4
沅陵縣志[同治]　史8-60745
沅陵縣志[民國]　史8-60746

淫

10 淫西草堂詩鈔　集3-19671
淫西書屋詩稿、文稿　叢1-339～40
淫西書屋詩稿、文稿、附錄　集4-28413
22 淫川童氏宗譜[安徽淫縣]　史5-36508
淫川文載小傳　史2-8327　集6-44944
　　叢1-451
淫川譙國曹氏宗譜[安徽淫縣]　史5-
　　34222
淫川詩話　集6-46115　叢2-731(47)、816
淫川西陽胡氏宗譜[安徽淫縣]　史4-
　　30539
淫川北亭都一甲唐氏續修宗譜[安徽淫縣]
　　史4-32526
淫川張香都朱氏續修支譜[安徽淫縣]　史
　　4-26666
淫川張香都朱氏支譜[安徽淫縣]　史4-
　　26665
淫川張氏宗譜[安徽淫縣]　史5-35165～8

涇川水東翟氏宗譜[安徽涇縣] 史 5-38924～7

涇川朱氏家譜[安徽涇縣] 史 4-26656

涇川朱氏宗譜[安徽涇縣] 史 4-26658

涇川朱氏支譜[安徽涇縣] 史 4-26659～62

涇川白華鄭氏宗譜[安徽涇縣] 史 5-38732

涇川吳氏統宗族譜[安徽涇縣] 史 4-28085

涇川倪氏支譜[安徽涇縣] 史 4-31760

涇川徐氏宗譜[安徽涇縣] 史 4-32131

涇川叢書、種續七種 叢 2-816

涇川左氏重修宗譜[安徽涇縣] 史 4-26034

涇川左氏宗譜[安徽涇縣] 史 4-26033

涇川查氏族譜[安徽涇縣] 史 4-30710

涇川查氏族譜世系[安徽涇縣] 史 4-30707

涇川草 集 3-15588

涇川柳氏宗譜[安徽涇縣] 史 4-30357

涇川秦峯程氏宗譜[安徽涇縣] 史 5-36140

涇川后氏宗譜[安徽涇縣] 史 4-26826

涇川金石記 史 8-63496、63928 叢 1-557～8,2-731(32)、816

23 涇獻文存、外編 叢 2-828

涇獻詩存、外編 叢 2-828

26 涇皋淵源錄 史 2-7576

涇皋藏稿 集 2-10396 叢 1-223(66),2-1162

27 涇舟老人洪琴西先生(汝奎)年譜 史 2-12255

涇墺陳氏宗譜[浙江溫嶺] 史 4-33124

31 涇渠志、圖考 史 7-53038

32 涇州誌[乾隆] 史 8-63185

涇州鄉土志[光緒] 史 8-63187

涇州採訪新志[宣統] 史 8-63186

涇州採訪錄[民國] 史 8-63188

40 涇南詩稿 集 5-36528

涇南筆記(清光緒十四年) 史 2-12780

44 涇林雜記、續記 子 4-20513

涇林詩文集 集 2-8383

涇林續記 子 4-20514 叢 1-420,2-674、731(54)

50 涇東小藁 集 2-6816～7

60 涇里家塾三書 叢 2-1162

62 涇縣續志[道光] 史 7-58124

涇縣朱氏家譜[安徽涇縣] 史 4-26657

涇縣吳氏宗譜[安徽涇縣] 史 4-28089

涇縣鄉土記[光緒] 史 7-58125

涇縣汪氏宗譜[安徽涇縣] 史 4-28907

涇縣查氏統譜[安徽涇縣] 史 4-30708

涇縣查氏支譜[安徽涇縣] 史 4-30709

涇縣志[順治] 史 7-58120

涇縣志[嘉慶] 史 7-58123

涇縣志[嘉靖] 史 7-58118～9

涇縣志[乾隆] 史 7-58121～2

涇縣胡氏樸學齋藏書目錄 史 8-65263、65988

67 涇野子外篇 子 1-994

涇野子內篇 子 1-993 叢 1-223(31)

涇野集理學、經濟 子 1-104、995

涇野先生文集 集 2-7785～8

涇野先生文集、續刻 集 2-7789

涇野先生語錄 子 1-997

涇野先生五經說(呂涇野五經說) 經 1-45

涇野先生毛詩說序 經 1-45、4683

涇野先生禮問 經 1-45 叢 2-731(21)

涇野先生春秋說志 經 1-45

涇野先生別集 集 2-7791～2

涇野先生周易說翼 經 1-45 叢 2-731(9)

涇野先生尚書說要 經 1-45、2711

76 涇陽文獻叢書十種 叢 2-828

涇陽魯橋鎮志[道光] 史 8-62861

涇陽縣後志[乾隆] 史 8-62856

涇陽縣鄉土志[光緒] 史 8-62860

涇陽縣志[雍正] 史 8-62855

涇陽縣志[康熙] 史 8-62854

涇陽縣志[宣統] 史 8-62859

涇陽縣志[道光] 史 8-62858

涇陽縣志[嘉靖] 史 8-62853

涇陽縣志[乾隆] 史 8-62857

滙

00 滙方 子 2-10163

12 滙刊經驗方 子 2-9505

17 滙聚增補庭訓 子 2-5105

20 滙香詞 集 7-46988 叢 2-970

滙集靈效丹方 子 2-10172

滙集經驗良方 子 2-9411

滙集良方 子 2-10100

滙集前輩諸名家案 子 2-10854

23 滙編驗方類要 子 2-10070

25 滙生集要 子 2-9634

31 滙源堂叢稿 集 5-35993

33 滙治眼目痛藥性及治諸病之方 子 2-7302

37 滙選經驗一切良方 子 2-9427

40 滙古菁華 集 6-42826

44 滙菊軒文集　集4-22402
50 滙東手談　子4-23179
88 滙纂種植養蠶淺說　子1-4392
　　滙纂楞嚴經直捷解　子7-33776

瀝

37 瀝滘衛氏仗義建祠備錄、重修大宗祠仗義
　　衆孫題簽千子會名份錄[廣東番禺]　史
　　5-39158
38 瀝海所志稿[民國]　史7-57533

瀧

31 瀧江集詩選　集3-15402
　　瀧潭南岡龍氏族譜[江西泰和]　史5-
　　40288
32 瀧溪紀遊　史7-49318(16)

灑

00 灑亭詩選　集3-19537
10 灑雪詞　集7-47800
80 灑金扇一枝　集7-52737

3111₄　汪

00 汪立名論古韻通　子5-26214
　　汪廣期醫方　子2-9610
　　汪文端評點古文　集6-43057
　　汪文定公集　集1-3388
　　汪文摘謬、校記　叢1-547(4)
　　汪六可先生集、幼兒問答　集2-12965
　　汪六安稿　集6-45336
01 汪龍莊集　集3-21379
　　汪龍莊先生遺書　叢1-427
　　汪龍莊遺書(汪龍莊先生遺書)四種　叢2-
　　1500
02 汪刻繫傳攷正　經2-12103
04 汪謹堂府君行述　史2-9480
07 汪訒庵孫位金合選醫方歌括　子2-9746
10 汪玉卿遺稿　集6-41827

汪王廟志畧　史7-51797
汪王廟志畧、續編、王祖年譜　史7-51798
汪石山先生醫讀　子2-4841
汪石山醫書七種　子2-4557
汪石潭集　集2-7337
汪雲壑稿　集4-23831
11 汪研山手錄自著詩稿　集4-32891
　　汪研村詩　集3-17315
12 汪水雲詩　集6-41916
　　汪水雲詩題後　集1-4511
　　汪水雲詩鈔　集1-4507
17 汪孟慈文集　集4-28078　叢2-712
　　汪子文錄　集3-20930
　　汪子文錄、詩錄、遺詩、讀佛祖四十偈私記
　　集3-20928
　　汪子文錄、二錄、三錄　集3-20929
　　汪子文錄、二錄、三錄、詩錄　叢2-1479
　　汪子詩錄　集3-20926
　　汪子詩錄、文錄、二錄、三錄　集3-20927
　　汪子遺書　集3-20923~4
　　汪子遺書二種　叢2-1479
　　汪子中詮　子1-1149
　　汪子中詮、續先卿行畧　子1-1150
　　汪子全集　集3-20925
20 汪雙池先生(紱)行狀　史2-9482
　　汪雙池先生(紱)年譜　史2-11005、11835
　　叢1-483
　　汪雙池先生行狀、墓表　史2-9483
　　汪雙池先生叢書(汪子遺書、汪雙池遺書、
　　雙池叢書)二十種　叢2-1421
　　汪禹父集　集2-9309
　　汪穰卿先生傳記　叢2-733
　　汪穰卿先生傳記遺文二種　叢2-733
　　汪穰卿先生遺文　叢2-733
　　汪穰卿遺著　集5-39543
　　汪穰卿筆記　子5-26756
21 汪仁峯先生文集、外集　集2-12963
　　汪虞卿詩　集2-11701
　　汪虞卿梅史　子3-16299
　　汪師訓詞存藁　集2-8282
23 汪狀元稿　集4-23830
　　汪稼門(志伊)行述　史2-9566
24 汪侍郎蘇杭甬路案申明書駮議　史6-
　　44282
25 汪仲伊雜病輯逸　子2-4688
　　汪仲伊所著書十二種　叢2-2018
26 汪伯玉文鈔　集6-41794、42047
　　汪伯玉集　集6-42046
　　汪伯玉先生太函集　集2-9515
　　汪伯子箐菴遺稿　叢2-904

27 汪叔明手鈔詩選　集6-42509

28 汪作黼同年哀輓錄　史2-10564

30 汪容甫文箋　叢2-2252

　　汪容甫先生詩集　叢1-533

　　汪容甫先生遺文　叢2-678

　　汪良翰詩集　集5-35084

32 汪兆銘庚戌被逮供詞　史1-4334　叢2-715

34 汪遠孫崇祀鄉賢錄　史2-9828

35 汪清簡公奏疏　史6-48363

37 汪祠譜序　史2-8115

38 汪遵詩　集6-41882

　　汪啟東剩稿　集5-41194

40 汪大紳文鈔　集6-42069

　　汪士鐸年譜補　史2-12149

　　汪直傳　史1-2871　叢1-269(3)、270(2)

　　汪堯峯先生(琬)年譜　史2-11710　叢2-640

　　汪南溟集　集2-9519,6-42056

　　汪南溟尺牘箋註　集2-9520

　　汪南明年譜　集2-9523

　　汪有泉集(倚劍集畧、鷦螟集畧、天游草、炊玉編、鶯嘲編)　集2-7464

　　汪右丞詩集　集2-6086,6-44892

　　汪右丞集　集2-6087,6-41935(3)

　　汪喜荀行述　史2-9809

41 汪柯庭彙刻賓朋詩　集6-41964

42 汪韜廬集　集5-36215

44 汪夢梧詩鈔　集4-23379

　　汪荻民(昉)行述　史2-9941

47 汪柳門稿　集5-36533

48 汪梅村先生集、外集　集4-30674

　　汪梅樹詞　集7-47390

　　汪梅翁自書記事　史2-12148

50 汪青湖稿　集2-8070,6-45336

　　汪本隸釋刊誤　史8-64358　叢1-316～7,2-731(3)、943

　　汪忠烈(喬年)文行錄　史2-9110～1

　　汪忠愍公遺詩鈔、補遺　集2-9132

　　汪東峯先生奏議　史6-48255

60 汪羅彭薛四家合鈔　集6-42069

67 汪明生詩草、借研齋草、齊梁草、秦草　集2-10205

72 汪氏痘書　子2-8631

　　汪氏病夢回生記　子2-10797

　　汪氏病夢回生記、救急方　子4-24534

　　汪氏文獻考[山東泰安]　史4-28944

　　汪氏雜鈔　了4-24260

　　汪氏族譜　史4-28962

　　汪氏族譜[安徽]　史4-28753

汪氏族譜[安徽霍山]　史4-28904

汪氏族譜[安徽休寧]　史4-28864、28866

汪氏族譜[安徽潛山]　史4-28814

汪氏族譜[安徽歙縣]　史4-28830、28849

汪氏族譜[江蘇蘇州]　史4-28694～5

汪氏族譜[浙江淳安]　史4-28723

汪氏族譜[湖南]　史4-28950～1、28957

汪氏族譜[四川中江]　史4-28958

汪氏族原[安徽歙縣]　史4-28847

汪氏說鈴　子4-24199～201　叢1-369

汪氏譜稿[安徽歙縣]　史4-28827

汪氏譜傳[江西婺源]　史4-28936

汪氏一家稿　集6-45005

汪氏二修統宗正脈譜[安徽]　史4-28770

汪氏二家詞　集7-46392

汪氏登原藏稿、登原題咏署[安徽績溪]　史4-28919

汪氏珊瑚網名畫題跋　叢2-615(3)

汪氏珊瑚網名畫題跋(珊瑚網名畫題跋)　子3-16142

汪氏珊瑚網法書題跋　叢2-615(3)

汪氏珊瑚網法書題跋(珊瑚網法書題跋)　子3-15281

汪氏珊瑚網法書題跋(珊瑚網法書題跋)、名畫題跋　子3-14940

汪氏重修族譜[湖南]　史4-28956

汪氏重修族譜[四川仁壽]　史4-28960

汪氏重修譜[安徽旌德]　史4-28914

汪氏重修統宗譜[安徽]　史4-28779

汪氏重修統宗譜[安徽歙縣]　史4-28824

汪氏乘言[浙江開化]　史4-28742

汪氏統譜纂要[浙江淳安]　史4-28712～3

汪氏統宗譜[安徽]　史4-28759～61、28764～5、28767～8、28792

汪氏統宗譜[浙江開化]　史4-28743、28745

汪氏統宗譜本源[安徽]　史4-28766

汪氏統宗譜纂要[安徽]　史4-28762

汪氏統宗正脈[安徽]　史4-28769、28772～5

汪氏統宗正脈黟北石鼓山續修統宗譜[安徽黟縣]　史4-28894

汪氏維新公遷錫家譜[江蘇無錫]　史4-28685

汪氏續修統宗譜[安徽]　史4-28758

汪氏續修宗譜[安徽旌德]　史4-28911

汪氏傳家集(鈍翁全集)五種　叢2-904

汪氏得羅公正脈統宗譜[浙江淳安]　史4-28714～8

汪氏總族譜[安徽]　史4-28791

汪氏總譜淵源世糸[安徽]　史4-28780

汪氏徽譜[江蘇六合]　史4-28680

汪氏儀禮喪服答問　叢1-312

汪氏家譜[廣東新會]　史4-28961
汪氏家譜[安徽休寧]　史4-28868
汪氏家譜[安徽歙縣]　史4-28848
汪氏家譜[安徽懷寧]　史4-28805、28808
汪氏家譜[浙江杭州]　史4-28704~5
汪氏家乘[安徽歙縣]　史4-28839
汪氏家乘[江蘇武進]　史4-28684
汪氏家乘[江蘇宜興]　史4-28687
汪氏家集三種(汪氏三先生集)　集6-45001
汪氏家傳集　集6-45004
汪氏家範　子1-2241
汪氏宗譜[安徽]　史4-28924~6
汪氏宗譜[安徽旌德]　史4-28915
汪氏宗譜[安徽休寧]　史4-28884
汪氏宗譜[安徽寧國]　史4-28905~6
汪氏宗譜[安徽祁門]　史4-28903
汪氏宗譜[安徽歙縣]　史4-28825~6、28855
汪氏宗譜[安徽懷寧]　史4-28807
汪氏宗譜[江西婺源]　史4-28941
汪氏宗譜[江西弋陽]　史4-28931
汪氏宗譜[浙江淳安]　史4-28719~22、28724~5、28729~30
汪氏宗譜[浙江富陽]　史4-28707
汪氏宗譜[浙江鄞州]　史4-28733
汪氏宗譜[浙江奉化]　史4-28736~7
汪氏宗譜[湖北黃岡]　史4-28948~9
汪氏宗譜[四川簡陽]　史4-28959
汪氏宗譜正脈[安徽]　史4-28776
汪氏宗譜正脈續輯[安徽]　史4-28777
汪氏宗譜纂要[安徽]　史4-28763
汪氏宗賢　史2-8113
汪氏淵源錄[安徽]　史4-28752
汪氏淵源錄[安徽休寧]　史4-28867
汪氏祕傳神效方　子2-9426
汪氏湖山墓祠紀　史7-51934
汪氏通宗譜[安徽]　史4-28787
汪氏通宗世譜[安徽]　史4-28782~6
汪氏十六族譜[安徽歙縣]　史4-28844~6
汪氏支譜[安徽]　史4-28923
汪氏支譜[安徽潛山]　史4-28810
汪氏支譜[安徽歙縣]　史4-28858
汪氏支譜[江蘇蘇州]　史4-28692
汪氏世譜[安徽]　史4-28790
汪氏世譜[安徽休寧]　史4-28875
汪氏世譜[浙江海寧]　史4-28732
汪氏世譜世錄、遷浙支代表[浙江]　史4-28697
汪氏世乘錄[江西婺源]　史4-28933

汪氏世系歌[安徽]　史4-28788
汪氏世紀[安徽歙縣]　史4-28823
汪氏世守譜[安徽績溪]　史4-28920
汪氏槐塘支派譜抄[安徽歙縣]　史4-28860
汪氏本支譜署[安徽]　史4-28928
汪氏書畫記　子3-14791
汪氏原始流衍統譜總要[安徽]　史4-28781
汪氏兵學三書　子1-3095　叢1-508
汪氏學行記　史2-11931
汪氏學行記、壽母小記　史2-7792　叢2-926~7
汪氏醫學六種　子2-4700
汪氏分遷大里支譜[安徽歙縣]　史4-28851
汪氏義門世譜[安徽旌德]　史4-28912
汪氏鑑古齋墨藪　子4-18826
汪氏第九十二世小宗譜[浙江杭州]　史4-28702
汪氏小宗譜[浙江杭州]　史4-28703
77 汪陶村梅花詩　集3-20534
汪母程太夫人奠章　史2-9312
汪母潘太夫人七十徵壽詩文　史2-10735
汪母秦太夫人行述　史2-10687
80 汪義婦辭　集6-44377
汪公(應蛟)哀終錄　史2-9027
81 汪斅惇詩草　集4-33089
82 汪劍潭詩稿　集4-23027
85 汪鈍翁文鈔　集6-42063
汪鈍翁題跋　史8-65627
88 汪節安(延楷)行述　史2-9665
95 汪精衛先生(兆銘)年譜、著述年表　史2-12492
98 汪悔庵詩文集　集4-30673
汪悔翁詩續鈔　集4-30676
汪悔翁乙丙日記　史1-4066
99 汪榮寶日記(宣統元年至民國元年)　史2-13225

溉

00 溉亭述古錄　經1-111(3),2-11864~5　叢1-262、312、344、416~7
溉齋算學五種　子3-12390
26 溉泉樓文集、詩詞　集5-39769
30 溉之集　集1-5228
60 溉園詩集　集2-11531,5-38664　叢2-870(5)

溉園集選　集2-11532,6-41949
　溉園初集、二集　集2-11529
71 溉鸄集　集6-44643
80 溉釜家書　集5-38819
88 溉餘集　集4-27054
　溉餘吟草　集4-27055～6
90 溉堂詩選　集3-14238
　溉堂詩存、詩鐘　集5-38401
　溉堂詩餘　集7-47042
　溉堂詞　集7-46398～400,47041
　溉堂前集、後集、續集、文集、詩餘　集3-14236
　溉堂前集、續集　集3-14237
　溉堂前集、續集、文集、詩餘　集3-14235

3111₆ 洰

07 洰詞　叢1-223(65),2-1083
　洰詞(崔文敏公洰詞)　集2-7756
　洰詞、士翼、程志、崔文敏公年譜　集2-7758
　洰詞記事抄、續抄　子4-22990　叢1-97
　洰詞記事鈔、續鈔　史1-4414

漚

22 漚巢詩話　集6-46166
34 漚波舫文近稿、淵雅堂編年詩稿　集4-23809
　漚波舫近文　集4-23810
44 漚夢詞　叢2-2210
60 漚羅盦文稿　集4-30386
　漚羅盦詩稿　集4-30384
　漚羅盦詩稿、夢蝶詞　集4-30385
85 漚鉢羅花館詩稿　集5-37704
88 漚簃擬墨　叢1-508,2-731(39)

3111₇ 瀘

10 瀘西縣志稿[民國]　史8-62602
　瀘西縣地區資料[民國]　史8-62603
12 瀘水誌[民國]　史8-62501
28 瀘谿縣志[康熙]　史8-60795
　瀘谿縣志[乾隆]　史8-60796

30 瀘定縣鄉土志[民國]　史8-62123
　瀘定縣圖志[民國]　史8-62122
32 瀘州九姓鄉志[光緒]　史8-61927
　瀘州南門高氏寶仁堂族譜[四川瀘州]　史4-32463
　瀘州志[康熙]　史8-61919
　瀘州志[永樂]　史8-61917
　瀘州志[嘉慶]　叢1-373(2)
　瀘溪縣志[雍正]　史8-58826
　瀘溪縣志[康熙]　史8-58825
　瀘溪縣志[道光]　史8-58828
　瀘溪縣志[乾隆]　史8-58827
　瀘溪縣志[同治]　史8-58829
　瀘溪歐陽氏續修族譜[湖南邵陽]　史5-39110
40 瀘志[康熙]　史8-61918
62 瀘縣鄉土地理[民國]　史8-61926
　瀘縣志[民國]　史8-61925

3112₀ 汀

01 汀龍黃氏四修族譜[湖南長沙]　史5-34001
10 汀西詩集　集2-6591
32 汀州府志[弘治]　史8-58393
　汀州府志[崇禎]　史8-58395
　汀州府志[嘉靖]　史8-58394
　汀州府志[乾隆]　史8-58396
　汀州藝文志[民國]　史8-58397
　汀州會館志　史7-50553
67 汀鷺文鈔、詩鈔、詞鈔　集5-35153
　汀鷺詩餘　集7-48009　叢1-509
　汀鷺題畫詩鈔、詞　集5-41632
77 汀風閣詩　集3-19666

河

10 河工諸議、新議　史6-46701
　河工備覽　史6-46706
　河工考　史6-46705
　河工書　史6-46700　叢2-1138～9
　河工成規　史6-46704
　河工見聞錄　集3-15483
　河工器具圖說　史6-46702～3
　河工聞見錄　史6-46707
　河工料物堭土擇要便覽　史6-46663

河下志[宣統]　史7-56662
河干詩集　集3-17507
河干詩鈔　集4-22408
河干集　叢2-1607
河干草堂集　集3-15115
河干問答　史6-46648　叢2-885、1431
河西楊氏家譜　叢2-2230
河西縣志[康熙]　史8-62427
河西縣志[乾隆]　史8-62428
河西陳氏家乘[江蘇常州]　史4-32750
11 河北致用精舍學規　子1-2465　叢2-2079
河北采風錄　史7-52836
河北通志稿[民國]　史7-55018
河北地理雜抄　史7-49898
河北奉使奏草　史6-48118　集1-2007~8
　　叢2-635(8)、698(9)、2-1029
河北劉老鎮台功績紀事圖總序、十二圖集
　　唐題詩　史2-9460
河北省慶雲縣程氏族譜[山東慶雲]　史5-
　　36171
河北省六縣各任内稟稿批迴底簿　史6-
　　47436
河頭周氏三修族譜[湖南湘潭]　史4-
　　30182
18 河務所聞集　史6-46588、46681
21 河上語　史6-46678
河上集　集5-40079
河上楮談　子4-20618　叢2-1143
河上楮談、汾上續談、浣水續談、游宦餘談
　　子4-20617
河上易注　經1-1552
河上易注、圖說　經1-1551
22 河嵩神靈芝慶壽　集7-48774(8)、49083、
　　49109
河嶽英靈集　集6-41840~1、41853、43239~
　　41　叢1-223(68),2-948
河嶽英靈集選　集6-41876
河山黃氏宗譜[浙江浦江]　史5-33862
27 河紀　史6-46631
31 河源鄺氏桃源公祠族譜[廣東河源]　史5-
　　40316
河源記　史7-49316、49318(9)、52779　叢1-
　　195(4)、366~8,2-731(55)
河源記署承修稿　叢2-731(55)
河源紀署承修稿　史7-52783　叢1-242
　　(4),2-1530
河源志　史7-52773　叢1-19(7)、20(5)、21
　　(6)、22(11)、23(11)、24(8)、374
河源考　叢1-371
河源圖說　史7-49318(9)、52784
河源異同辨　史7-49318(9)、52790

河源縣志[康熙]　史8-60918
河源縣志[乾隆]　史8-60919
河源縣志[同治]　史8-60920
河源歐陽氏族譜[四川資中]　史5-39119
河渠　叢1-460
河渠備徵　叢2-2037
河渠彙覽　史7-52765
河渠紀聞　史6-46588,7-52764
河渠考畧　史7-52762
河渠原委　史7-57779
32 河州志[康熙]　史8-63264~5
河州志[嘉靖]　史8-63263
河州採訪事迹[宣統]　史8-63266
河州景忠錄、記　史7-51164　叢1-242(5)
河溪張氏族譜[湖南醴陵]　史5-35345
33 河濱遺集(河濱遺書鈔、詩選、文選)　集3-
　　13345
河濱遺書抄六種　叢2-1239
河濱遺書鈔　叢2-829
34 河池州志[光緒]　史8-61412
河池縣志[民國]　史8-61413
河瀆奏疏　史6-48566~7
35 河津縣志[康熙]　史7-55922
河津縣志[嘉慶]　史7-55924
河津縣志[乾隆]　史7-55923
河津縣志[同治]　史7-55925
河津縣志[光緒]　史7-55926
河清集後編　子4-21195
河清鄉土實錄[民國]　史8-61776
河漕記　史1-801
河漕備考、歷代黃河指掌圖說　史6-44156
37 河潤淩氏三修族譜[廣東平遠]　史4-
　　34668
河洛讖　經1-171　叢1-273(3)、274(3),2-
　　731(15)
河洛記　叢1-15
河洛正宗　叢2-1758
河洛理數　子3-13719
河洛私見　集2-7264
河洛私見、太極圖說　子1-580
河洛源流、補正　叢2-1316
河洛源流六篇　叢2-1318
河洛真數　子3-13720
河洛數　子3-13721
河洛數釋　叢2-2269
河洛精蘊　子3-13757
河湄園花史　子4-19194
河運備纂　叢2-2037
河運日記(清同治九年)　史2-12836
38 河汾詩集　集2-6652

河汾諸老詩集　集6-41931、44398　叢1-223(69)、456(1),2-731(38)

河汾諸老詩集、校語　叢2-635(14)

河汾諸老詩集、萬柳溪邊舊話　集6-44399

河汾旅話　史7-53925　叢2-618

河汾王氏宗譜[浙江東陽]　史4-25156～9

河汾淵源　史2-7747　叢2-1497

河汾燕閒錄　子4-20411　叢2-1081

河汾教　子1-1270

河海崑崙錄　史7-54167～8

40 河內練氏宗譜[福建上杭]　史5-39872

河內寶君(鳳翔)家傳、寶母張太恭人家傳　史2-10245

河內縣志[康熙]　史8-59651

河內縣志[順治]　史8-59650

河內縣志[道光]　史8-59652

河內縣志[萬曆]　史8-59649

河南商丘賈氏家乘[浙江海寧]　史5-37107

河南方氏家譜[浙江瑞安]　史4-25806

河南方氏宗譜[安徽涇縣]　史4-25849

河南方氏宗譜[安徽歙縣]　史4-25835

河南方氏宗譜[浙江蘭溪]　史4-25774

河南方氏大衆世譜[浙江瑞安]　史4-25807

河南廳州縣契稅明細表　史6-43491

河南府張鼎勘頭巾　集7-48771、48774(1)、48955　叢2-720(4)

河南府張鼎勘頭巾雜劇　集7-48767(4)　叢2-698(15)

河南府續志[雍正]　史8-59600

河南府志[康熙]　史8-59599

河南府志[順治]　史8-59598

河南府志[乾隆]　史8-59601

河南廣西雲南金石摘錄　史8-64110

河南文職武職候補同官錄　史3-23777

河南新志[民國]　史8-59522

河南試辦禁煙牌照各項章程　史6-45969

河南諮議局宣統二年常年會及臨時會公佈議案　史6-41905

河南議處祿糧稿　史6-43489

河南二程經說　叢2-961

河南二程全書　叢2-961

河南二程全書七種　叢2-961

河南王氏牡丹譜　叢1-348

河南夏氏家譜[河南濟源]　史4-31700

河南巡警簡明章程　史6-45385

河南邵氏聞見後錄　子4-22920　叢1-169(4)、268(4),2-731(50)

河南邵氏聞見前錄　叢1-169(4)、268(4),2-731(50)

河南邵氏聞見前錄、河南邵氏聞見後錄　子4-22918

河南邵氏聞見錄　子4-22919　叢2-652

河南郡方氏重修統宗譜世譜　史4-25712

河南郡方氏重修統宗世譜　史4-25721

河南郡方氏宗譜[浙江淳安]　史4-25748

河南郡汲黯發倉　集7-49398

河南郡志[弘治]　史8-59597

河南郡蕭氏宗譜[浙江平陽]　史5-39955

河南郡蕭氏通譜[湖北武漢]　史5-39972

河南郡蕭氏通譜[湖南]　史5-39977

河南郡邱氏宗譜[浙江龍游]　史4-28466、28468

河南郡邱氏接修族譜[湖南醴陵]　史4-28497

河南集　叢1-223(51)

河南集、遺事　集1-1908

河南集、遺事、穆參軍遺事　叢2-618

河南山東山西闈　史1-3599　叢2-2203

河南先生文集　集1-1978～81,6-42040　叢2-635(8)

河南先生文集(河南集)　集1-1977

河南程氏文集　子1-661

河南程氏文集、遺文、附錄　叢1-450～1,2-960

河南程氏正宗譜世系[河南伊川]　史5-36173

河南程氏經說　經2-11456　子1-661　叢1-450～1,2-960

河南程氏外書　子1-660～1　叢1-450～1、574(1),2-698(6)、960～1

河南程氏外書(二程外書)　子1-670

河南程氏遺書　子1-656、660～1　叢1-451、574(1),2-698(6)、960

河南程氏遺書(程氏遺書)　子1-662

河南程氏遺書、伊川先生年譜　叢1-450

河南程氏全書　子1-661　叢1-451

河南程氏全書(二程全書)六種　叢2-960

河南程氏粹言　子1-661、675　叢1-450～1,2-960

河南穆參軍集、遺事　叢1-448

河南穆先生文集　集1-1905

河南穆先生詩文集、遺事　集1-1906

河南穆公集　集1-1904～5

河南穆公集、遺事、校補　叢2-635(8)

河南總志[成化]　史8-59513

河南各廳州縣宣統元年秋季倉穀表、倉儲改良議　史6-44713

河南秋審絞犯全案(光緒二十年)　史6-46167

河南守城保案奏稿　史6-48904

河南巡撫衙門河工檔案　史6-47465

河南巡撫造送不入舉劾平等各官履歷考語
　　事實清冊　史6-47467

河南法政學堂章程　史6-42546

河南清理訟獄章程　史6-45935

河南通志[雍正]　史8-59518～9　叢1-
　　223(24)

河南通志[康熙]　史8-59516～7

河南通志[順治]　史8-59515

河南通志[嘉靖]　史8-59514

河南通志[民國]　史8-59524

河南通志稿[民國]　史8-59523

河南通志鄭縣採訪稿[民國]　史8-59529

河南通省現任文職務官簡明履歷官冊(清
　　光緒二十□年)、候補正印簡明履歷官冊
　　史3-23775

河南通省驛站賦稅徵收支解確冊　史6-
　　43490

河南布政司賦役全書　史6-43726

河南志[宋]　史8-59596

河南古物調查表證誤　史8-63513、64001

河南始祖蔡氏開派各省通譜　史5-37961

河南地志[民國]　史8-59521

河南地畧　史7-49318(20)、50623

河南考畧　史7-49317(1)、49318(1)、50622

河南圖書館書目　史8-65542

河南賦役總會文冊　史6-43722

河南財政說明書　史6-43344

河南蠶桑織務紀要　子1-4357

河南陝西省造象蒐錄　史8-64112　叢2-
　　2162

河南邱氏宗譜[浙江龍游]　史4-28467

河南邱氏宗譜[浙江金華]　史4-28469

河南同官錄　史3-23774

河南開封府花栁良願龍圖寶卷全集(花栁
　　良願龍圖寶卷)　集7-54341

河南開封府賦役全書　史6-43727

河南關塞形勝說　史7-49317(5)、49318
　　(13)、50624

河南全省文武各員同官錄　史3-23776

河南全省警費宣統三年預算歲出表　史6-
　　45386

河南管河道事宜　史6-46872

河南省調查廳州縣款項冊式　史6-43346

河南省宣統三年公佈豫算案　史6-43345

河南省圖　史7-50625

河南省賦役全書　史6-43723～5

河南糧儲驛鹽道任內文稿　史6-47495

河套新編、外編[民國]　史7-56034

河套調查記[民國]　史7-56035

河套志[乾隆]　史7-56031

河套志畧　史7-49316、49950

河套圖志[民國]　史7-56033

河套圖考　史7-51298　叢2-829

河套畧　史7-49318(2)

河套畧[光緒]　史7-56032

41 河壖雜誌　史6-46662

河壖雜誌、河工料物垛土擇要便覽　史6-
　　46663

河壖褳誌、稟復廖工部鴻荃委查黃河水源
　　史6-46664

河壖贅筆　子4-19497　叢2-1955

河標中右廟灣佃湖四營朋嘉慶二十一年分
　　椿皮髒銀兩數目冊　史6-47425

河標中右廟灣佃湖四營朋嘉慶二十四年分
　　椿皮髒銀兩數目冊　史6-47426

44 河莊詩文抄　叢1-556

河莊詩鈔　集4-23621　叢2-834～5

河橫老屋詩集　集4-23670

50 河中吟稿　集4-23088

河東文告　集2-11650

河東文錄　集6-42067

河東詩鈔　集1-1419,6-41773

河東記　子5-26875　叢1-19(2)、21(2)、22
　　(10)、23(10)、24(2)

河東記佚文　叢2-777

河東君(卓靜姝)行述　史2-10946

河東君(柳如是)傳　史2-9273

河東君詩　集3-14060

河東君殉家難事實　叢2-791、793

河東君傳　史2-9274　叢1-406、587(3)

河東君遺事　史1-1971,2-9276

河東君尺牘、湖上草、我聞室賸稿、附錄　集
　　3-14061

河東集(十六爲行狀)　叢1-223(50)

河東集錄　集6-41799

河東先儒醒世文　子1-1503　叢2-1497

河東先儒遺訓　子1-1502　叢2-1497

河東先生文集　集1-1425

河東先生龍城錄　子5-26244　叢1-2～3、
　　6、8、100～1

河東先生集　集1-1414　叢2-635(8)

河東先生集(河東集)、行狀　集1-1854

河東先生集、行狀　集6-42040

河東先生集、外集　集1-1410

河東先生集、外集、龍城錄、傳　集1-1411

河東先生全集錄、外集　集1-1400

河東先生全集錄、外集錄　集6-41708

河東家乘[江蘇吳江]　史4-30345

河東河道總督奏事摺底(咸豐至同治)　史
　　6-47991

河東獅吼　集7-49700

河東橋寶卷　集7-54340
河東薛氏世譜[江蘇江陰]　史5-39927
河東柳仲塗先生文集(河東先生集、河東先生文集)　集1-1853
河東奉使奏草　史6-48117　集1-2007～8　叢2-635(8)、698(9)、1029
河東呂氏族譜　史4-26265
河東呂氏宗譜[浙江衢縣]　史4-26310
河東路氏譜牒[山西安邑]　史5-37228
河東路氏譜牒[山西運城]　史5-37227
河東鹽政彙纂　史6-43803
河東鹽政紀要稿本　史6-43810
河東鹽務議畧　史6-43811
河東鹽法調劑紀恩錄　史6-43805
河東鹽法備覽　史6-43807、43809
河東鹽法考、陝西靈州鹽法考、廣東鹽法考　史6-43806
河東令狐氏族譜　史4-26171～2
河東小集　集2-11451
55 河曲縣志[順治]　史7-55756
河曲縣志[道光]　史7-55757
河曲縣志[同治]　史7-55759
河曲縣志採遺[道光]　史7-55758
57 河邨文集　集2-12596
河邨集選　集2-12595,6-41949
60 河圖　經1-172　叢2-771(2)、773(2)
河圖帝系譜　經1-172
河圖帝視萌　經1-172　叢2-821、1872
河圖帝通記　叢2-1872
河圖帝通紀　經1-171　叢1-273(3)、274(3),2-731(15)、772(2)、773(2)、821
河圖帝覽禧　經1-171　叢2-821、1872
河圖帝覽嬉　經1-172　叢1-273(3)、274(3),2-731(14)、771(2)、772(2)、773(3)
河圖雜緯篇　經1-171　叢1-273(3)、274(3),2-731(15)
河圖雜篇　叢2-821、1872
河圖龍文　經1-172　叢2-821、1872
河圖說徵　叢2-772(2)、773(2)、821、1872
河圖說徵祥　叢2-821、1872
河圖說命徵宋注　叢2-775(3)
河圖玉版　經1-171～2　叢1-273(3)、274(3),2-731(15)、773(3)、821、1872
河圖玉板　叢2-771(2)
河圖要元　叢2-772(2)、773(2)
河圖要元篇　經1-171～2　叢1-273(3)、274(3),2-731(15)、821、1872
河圖天靈　叢2-772(2)、773(2)、821、1872
河圖聖洽　經1-172
河圖聖洽符　叢2-771(2)、772(2)、773(4)
河圖稽命徵　經1-171～2、176　叢1-22

(2)、23(2)、273(3)、274(3)、330～1,2-731(15)、771(2)、772(2)、773(3)、821、1872
河圖稽耀鉤　經1-171～2　叢1-22(2)、273(3)、274(3),2-731(14)、772(2)、773(3)、821、1872
河圖稽耀鉤　經1-176　叢1-23(2)、330～1,2-771(2)
河圖緯　經1-177　叢1-273(3)、274(3)、441,2-731(14)、771(2)、772(2)、773(2)、821、1872
河圖皇參待　叢2-821、1872
河圖皇參持　經1-172　叢2-772(2)、773(2)
河圖絳象　經1-171　叢1-273(3)、274(3),2-731(14)、772(2)、773(2)
河圖絳象(河圖緯象)　經1-172
河圖心法合纂直講、洛書心法合纂直講　子3-13767
河圖祕徵　經1-171　叢1-273(3)、274(3),2-731(15)、772(2)、773(2)、821、1872
河圖祕徵篇　經1-172
河圖洛書　經1-2197
河圖洛書論　叢2-1110
河圖洛書更正先天八卦圖式　經1-2170
河圖洛書解　叢2-1126
河圖洛書俱不可考說　叢2-1019
河圖洛書原舛編　經1-2171　叢2-1309～10
河圖洛書同異考　叢1-202(3)、203(9)
河圖祿運法　叢2-771(2)、773(3)
河圖道原　子3-13759　叢2-1929
河圖赤伏符　經1-172　叢2-772(2)、773(2)、821、1872
河圖真紀鉤　經1-171～2　叢1-273(3)、274(3),2-731(15)、821、1872
河圖真鉤　叢2-772(2)、773(2)
河圖卦版　叢2-1302～4
河圖始開圖　經1-171～2、176　叢1-22(2)、23(2)、273(3)、274(3)、330～1,2-731(14)、771(2)、772(2)、773(3)、821、1872
河圖考靈曜　經1-171～2　叢1-273(3)、274(3),2-731(15)、772(2)、773(2)
河圖考鉤　經1-172　叢2-821、1872
河圖著命　經1-171　叢1-273(3)、274(3),2-731(15)、772(2)、773(2)、821、1872
河圖扑光篇　叢2-821、1872
河圖揆命篇　叢2-821、1872
河圖挺佐輔　經1-171～2　叢1-273(3)、274(3),2-731(14)、771(2)、773(3)、821、1872
河圖括地象　經1-171～2、176　史7-49307～8　叢1-22(2)、23(2)、273(3)、274

（3）、330～1,2-731（14）、767、771（2）、821、
　　1872
　河圖括地象、括地圖　叢2-772（2）、773（3）
　河圖提劉　經1-172　叢2-772（2）、773（2）
　河圖提劉篇　經1-171　叢1-273（3）、274
　　（3）,2-731（15）、821、1872
　河圖握矩記　經1-171　叢1-273（3）、274
　　（3）,2-731（14）、771（2）、773（3）
　河圖握矩紀　經1-172
　河圖握矩起　叢2-821、1872
　河圖叶光紀　叢2-772（2）、773（2）
　河圖叶光篇　經1-172
　河圖闓苞受　經1-172
　河圖闓苞授　叢2-772（2）、773（2）、821、1872
　河圖八丈　經1-172
　河圖今占篇　叢2-821、1872
　河圖合古編　叢2-773（2）
　河圖合古篇　叢2-772（2）、821、1872
　河圖合古篇（河圖令占篇）　經1-172
　河圖會昌符　經1-171～2　叢1-273（3）、
　　274（3）,2-731（15）、772（2）、773（2）、821、
　　1872
　河圖錄運法　經1-172　叢2-821、1872
　河圓帝通紀　經1-172
63 河賦　史7-52788　叢1-511
70 河防　叢2-771（1）
　河防雜著　叢2-691（1）、2107
　河防記　史6-46612　叢1-195（4）,2-731
　　（31）
　河防一覽　史6-46617　叢1-223（24）
　河防一覽、附存　史6-46588、46618
　河防一覽榷　史6-46619
　河防一覽纂要、南河志書纂要　史6-46620
　河防疏畧　史6-48606
　河防獻曝　史6-46655
　河防芻議　史6-46632、46676
　河防紀要　史6-46669
　河防紀畧　史6-46675　叢2-1897
　河防述言　史6-46641～2　叢1-223（25）、
　　330
　河防通議　史6-46588、46610　叢1-223
　　（24）、274（3）、386～7,2-731（31）
　河防通議（重訂河防通議）　史6-46611
　河防志　史6-46640、46667～8
　河防考　史6-41653
　河防輯要　史6-46687
　河防錄　史7-57779
72 河岳英靈集、校文　叢2-635（14）
76 河陽空心砲臺圖式、許州空心砲臺記　子
　　1-3592
　河陽金石記　史8-64007

77 河間府新志［乾隆］　史7-55357
　河間府獻縣一枝　集7-51748
　河間府志［康熙］　史7-55356
　河間府志［嘉靖］　史7-55353
　河間府志［萬曆］　史7-55355
　河間府賦役全書　史6-43656
　河間郡章氏宗譜［浙江淳安］　史5-34529
　河間郡西各俞氏張翁公支四修宗譜［江西
　　婺源］　史4-30850
　河間郡淩氏族譜［江西宜春］　史4-34656
　河間乘史［萬曆］　史7-55354
　河間獻王書　子1-374　叢2-774（8）
　河間傳　叢1-168（3）
　河間傷寒心要　子2-4564
　河間傷寒心要（傷寒心要）　子2-6478
　河間馮公（國璋）榮哀錄　史2-10820
　河間淩氏族譜［安徽懷寧］　史4-34652～3
　河間淩氏族譜［河北］　史4-34634
　河間淩氏宗譜［江蘇太倉］　史4-34643
　河間淩氏宗譜［河北］　史4-34635
　河間縣志［康熙］　史7-55358
　河間縣志［乾隆］　史7-55359
　河間劉氏書目考　史8-66041　叢2-653
　　（1）
　河間俞氏支譜［江西婺源］　史4-30849
78 河陰志稿［光緒］　史8-59557
　河陰縣志［康熙］　史8-59556
　河陰縣志［民國］　史8-59558
87 河朔訪古新錄　史8-63513、63821
　河朔訪古記　史7-51339　叢1-223（26）、
　　230（3）、274（3）、289、456（6）、457
　河朔訪古隨筆　史8-63513、63822
　河朔新碑目　史8-63513、63820
　河朔古蹟圖識　史8-63817
　河朔書院志　史7-52097
　河朔學堂書目　史8-65526
　河朔金石文字新編初集、二集、目錄　史8-
　　63819
　河朔金石目、待訪目　史8-63513、63818
　河朔前塵　集5-40295

3112₁　涉

00 涉齋集　集1-3808　叢1-223（55）,2-867
10 涉需堂集　集3-17730
11 涉北程言（明崇禎四年）　史2-12550
31 涉江詩說　經1-4410
　涉江詩草　集2-10587

涉江詞　集7-46431、47359

涉江集、吳榜集　集3-18805

涉江集選　集2-10591、6-41949

涉江遺稿　集5-39069

涉江草　集3-15566

38 涉洋管見　史7-49317(2)、49318(18)、54348
　叢2-1965

涉洋管見(談瀛錄)　叢2-1460

40 涉志　史2-12523　叢2-1125

涉志、窵詠、譏賦　集2-12767

涉志、窵詠、譏賦、寄語　集2-12766

涉古記事　子4-20859　叢2-1191

42 涉獵摘記　子4-23594

涉獵醫書誤傷人論　叢2-771(1)

44 涉世雄譚　史1-5471

涉世鏡　子4-24102

47 涉趣園詩集　叢2-2256

涉趣園集、別集　叢2-2256

涉趣園全集(涉趣園集、別集、詩集、來南雜
　組)　集5-40403

涉趣園全集三種　叢2-2256

50 涉史偶悟　史1-5708

涉史隨筆　史1-5278、5280、5379～81　集1-
　3807　叢1-34、166、223(29)、244(1)、326、
　2-731(62)、735(2)、857、859

60 涉四山房雜著　集4-30685

涉園文集、詩集　集3-18668

涉園文存　集4-32477

涉園瑣記　子4-23097

涉園集　集3-13566

涉園修褉集　集6-44608

涉園修褉集　集6-44279

涉園七十年紀署　史2-12445

涉園藏石目　史8-64773

涉園圖詠　史8-65332

涉園題詠　集6-44607

涉園題詠、永安湖秋泛詩　集6-44606

涉園所見宋版書影　史8-66496

涉田山房雜著　叢2-1804

涉異志　子5-27002　叢1-22(23)、29(7)、
　58、84(4)、2-730(11)、731(50)

涉異錄　叢1-57

62 涉縣志[康熙]　史7-55542

涉縣志[順治]　史7-55541

涉縣志[嘉慶]　史7-55543

涉縣志[嘉靖]　史7-55540

涉縣楊氏支譜[河北涉縣]　史5-36760

77 涉聞梓舊二十二種　叢1-336

涉聞梓舊二十五種　叢1-337

3112₇ 沔

62 沔縣新志[光緒]　史8-62976

沔縣誌[康熙]　史8-62975

沔縣鄉土志[同治]　史8-62977

68 沔贈　叢2-1224

76 沔陽州志　叢2-874

沔陽州志[康熙]　史8-60331

沔陽州志[乾隆]　史8-60332

沔陽州志[光緒]　史8-60333

沔陽州志舉正[民國]　史8-60334

沔陽叢書十二種　叢2-874

沔陽志[嘉靖]　史8-60330

77 沔聞　叢2-1224

渦

10 渦西李氏家乘[江蘇武進]　史4-27131～2

32 渦溪潘氏宗譜[江蘇武進]　史5-39763

33 渦濱周氏世譜[江蘇宜興]　史4-29881

濡

00 濡亳十箋、草木識　叢2-1168

10 濡雪堂集　集3-19700

21 濡須唐氏宗譜[安徽含山]　史4-32525

濡須詩志、二集　集6-44769

濡須王氏宗譜[安徽無爲]　史4-25288

濡須張氏宗譜[安徽無爲]　史5-35158

濡須季氏宗譜[安徽無爲]　史4-29594

濡須李氏家譜[安徽無爲]　史4-27309

濡須蘇南丁氏宗譜[安徽無爲]　史4-24666

濡須胡氏續修宗譜[安徽無爲]　史4-30534

濡須陳氏宗譜[安徽無爲]　史4-33185

40 濡南翟氏支譜[安徽無爲]　史5-38923

濡南查林王氏宗譜[安徽無爲]　史4-25289

灄

22 灄山集　集1-3259　叢1-223(54)

灄山集、補遺、附錄　集1-3260　叢1-244

(5)、2－731(40)
灂山守禦志、外編　史1－3989
76 灂陽操氏宗譜［安徽潛山］　史5－40053

灞

74 灞陵山人詩鈔　集3－19148
灞陵賓語　子4－21650

馮

00 馮立方文鈔　集4－24877
馮文所詩稿　集2－10005、10011　叢2－1123
馮文所巖棲稿　集2－10020
馮文敏集　集2－10013
馮文敏公(琦)墓誌銘　史2－9018
馮文敏公詩文集　集2－10006
07 馮翊五瑞堂白氏族譜［北京昌平］　史4－26206
馮翊雷氏宗譜［福建邵武］　史5－37153
馮翊郡雷氏族譜［福建福鼎］　史5－37156
10 馮一甫王文娟雙得慰　集7－53143
馮三石集　集2－8317,6－41935(4)
馮玉蘭夜月泣江舟雜劇　集7－48767(2)、49000　叢2－698(17)
馮王兩侍郎墓錄　史7－51946　叢2－845(2)
馮元成雜著九種　叢2－1121
馮元成壬子續北征集　集2－10009
馮元成先生選集　集2－10017
馮元成寶善編選刻　集2－10022
馮元成選集　集2－10016
馮元成選集、目錄　集2－10008
馮元成選集文、詩　集2－10007
馮元敏天池集四種　叢2－1122
馮元敏集□□種　叢2－1123
馮元敏荄茹稿　叢2－1122
馮酉卿(本懷)行狀　史2－10110
11 馮北湖先生鳴春集　集2－8962
馮琢庵先生北海集、目錄　集2－10644
12 馮廷韶家書　集5－36638
17 馮孟亭(浩)先生行述　史2－9524
馮孟亭文集　集3－20511
馮孟文冊　集4－26294
馮子文編　集4－22664
馮君木書牘　集5－41037

21 馮經生雜稿　集4－31705
24 馮魁賣妻一段　集7－51430
馮侍御遺稿　集4－26811～2
馮侍御奏疏　史6－48240
馮侍郎遺書　叢2－845(2)
馮偉人文集　集4－22661
25 馮仲廉文抄　集4－22662
26 馮伯紳(光勛)行述　史2－10485
馮程合稿　集6－42000
27 馮魯川文錄　集4－32562
馮魯川先生詩稿墨蹟　集4－32559
29 馮秋水先生評定存雅堂遺稿、補刊、西塘十景詩　集1－4513
30 馮安岳集　集1－2306
馮宮保援越紀實　史1－3848
馮宗伯集　集2－10647
31 馮潛齋先生(成修)年譜　史2－11854
34 馮汝言詩紀匡謬(詩紀匡謬)　集6－42224
37 馮淑妃(小憐)傳　史2－8540
馮淑妃傳　叢1－168(1)
38 馮海粟梅花百詠　集6－41930
馮海粟梅花百詠(海粟梅花百詠)　集1－4987
馮海粟梅花百詠詩　集1－4986,6－41788
馮海鯤遺集　集3－15585
馮海浮集　集2－8967,6－41935(5)
馮道立行述　史2－9781
40 馮太保文集　集2－11933～4
馮太史評選酉戌二三塲程式旁訓　集6－45415
44 馮夢華雜著　子4－24550
馮蒿盦師癸亥生日詩　集5－37175
馮燕傳　叢1－29(4)、249(2)、255(3)、395、587(4)、2－731(49)
馮杜陵詩　集2－11279,6－41943
馮桂山自訂年譜　史2－12145
47 馮柳東雜稿　集4－27524
馮柳東先生(登府)年譜　史2－12067
50 馮曳甫詩集　集2－10606
馮申之先生日記(清咸豐七年、十一年,光緒三至四年、十年)　史2－12991
馮忠卿集(小有亭集、寐言)　集2－10161
馮春暉年譜　史2－12035　叢2－1656
55 馮曲陽集　集1－197～8,6－41694、41698　叢2－827
60 馮景亭(桂芬)行狀　史2－10034
67 馮明期詩　集2－11161,6－41949
馮野臣詩草　集4－30939
馮煕奏稿　史6－49131　集5－37177
68 馮黔庵遺文　叢2－791

72 馮氏痘疹祕傳　子2-9087
　馮氏族譜　叢2-1167
　馮氏族譜[廣東鶴山]　史5-36476
　馮氏族譜[江蘇南通]　史5-36401
　馮氏族譜[湖南瀏陽]　史5-36461
　馮氏族譜[湖南芷江]　史5-36472
　馮氏族譜[陝西西安]　史5-36480
　馮氏族譜續編[江蘇南通]　史5-36402～3
　馮氏五先生集　集6-45094
　馮氏重修族譜[廣東仁化]　史5-36473
　馮氏泉拓　史8-64890
　馮氏家譜[浙江杭州]　史5-36421
　馮氏家譜[浙江慈溪]　史5-36431
　馮氏家乘　史5-36396　叢2-1167
　馮氏家乘[山東臨朐]　史5-36457
　馮氏家乘[陝西西安]　史5-36481
　馮氏宗譜　史5-36397
　馮氏宗譜[安徽績溪]　史5-36452
　馮氏宗譜[安徽歙縣]　史5-36449
　馮氏宗譜[江西浮梁]　史5-36456
　馮氏宗譜[江蘇武進]　史5-36410
　馮氏宗譜[江蘇吳江]　史5-36418
　馮氏宗譜[江蘇宜興]　史5-36417
　馮氏宗譜[江蘇丹徒]　史5-36406
　馮氏宗譜[江蘇無錫]　史5-36413
　馮氏宗譜[江蘇鎮江]　史5-36405
　馮氏宗譜[江蘇常州]　史5-36407
　馮氏宗譜[浙江桐鄉]　史5-36428
　馮氏治喉祕方　子2-7614
　馮氏祠堂規條　史3-24588
　馮氏支譜[上海崇明]　史5-36400
　馮氏世譜[江蘇常熟]　史5-36419～20
　馮氏本房世譜[廣東新會]　史5-36474
　馮氏惠宗祠支譜[浙江慈溪]　史5-36434
　馮氏四六狐白　集2-10651
　馮氏四修族譜[湖南長沙]　史5-36460
　馮氏醫案　子2-10911
　馮氏錢譜　史8-64830
　馮氏錦囊祕錄　子2-4597
　馮氏錦囊祕錄雜症大小合參　子2-4963
　馮氏小集　集3-13329　叢1-325,2-1242
74 馮驥市義　集7-49386
77 馮用韞先生北海集　集2-10643、10645～6
　馮用韞先生書牘　集2-10650
　馮開之稿　集2-10364
　馮母范氏墓誌銘　史2-9049
　馮母俞太恭人七十壽言　史2-10536
　馮譽驄行述　史2-10708
　馮具區稿　集2-10365～6,6-45336、45340
80 馮夒颺稿　集3-18788

　馮舍人遺詩　集3-16447
　馮公(德材)行狀　史2-10710
90 馮少洲集　集2-9002,6-41935(2)
　馮少墟集　集2-10593
　馮少墟集(馮恭定公全書)六種　叢2-1167
　馮少墟集(少墟集)　集2-10596
　馮少墟集、續集　集2-10594、10597～8
　馮少墟集、續集、附錄　集2-10595
　馮少墟關中四先生要語錄　叢2-1643
　馮少墟關中四先生要語錄(關中四先生要
　　語錄)　子1-177
　馮少墟關學編　史2-8312　子1-107　叢
　　2-1643
　馮光祿詩集　集2-9003

3113_2　涿

32 涿州續志[同治]　史7-55262
　涿州馮氏世譜[河北涿州]　史5-36398
　涿州志[康熙]　史7-55260
　涿州志[正德]　史7-55258
　涿州志[嘉靖]　史7-55259
　涿州志[乾隆]　史7-55261
　涿州志[民國]　史7-55263
51 涿拓蘭亭十三跋、翁刻天冠山題咏　子3-
　　15662
　涿拓米元章行書帖　子3-15651

3113_6　濾

77 濾月軒詩集、詩續集、文集、文續集、詩餘
　　集4-28442　叢1-423
　濾月軒詩餘　集7-47648

3114_0　汗

17 汗子　子1-18、20,4-19630
36 汗漫記遊草　集5-36235
　汗漫集　集3-20380～1　叢2-886(3)
　汗漫游　集2-10106
　汗漫草　集5-38222
50 汗青閣文集　叢2-037
　汗青閣集　集3-15711
64 汗吐下三法解　子2-5173

88 汗筠齋叢書第一集(蘭芬齋叢書初集)四種　叢1-264
　汗簡　經2-13125　叢2-636(2)、653(2)
　汗簡、目錄　經2-13127
　汗簡、目錄敘畧　經2-13126　叢1-223(15)
　汗簡韻編　經2-13230
　汗簡箋正(汗簡)、目錄　經2-13128
　汗簡箋正、目錄　叢2-885、1814

汧

21 汧上錄　集5-36923
60 汧國夫人傳　子5-26224　叢1-22(19)、23(18)、168(3)
76 汧陽述古編　史7-51156　叢1-554,2-2043
　汧陽述古編[光緒]　史8-62939
　汧陽述古編金石編　史8-63512、64104
　汧陽志(石門遺事)[順治]　史8-62935

洱

38 洱海叢談　史7-49317(8)、49318(13)、51039～40　叢1-202(4)、203(9)

3114₆ 浭

76 浭陽詩集　集3-19991

潭

00 潭庵集選　集2-11749,6-41949
　潭享邨謝氏陳氏族譜[廣東始興]　史5-40831
10 潭西詩集　集3-16255～6　叢2-1402
　潭西草　集4-22980
　潭西樓集　集2-7528
　潭西精舍紀年　史7-52094
22 潭川程氏宗譜[安徽歙縣]　史5-36082
23 潭台舒氏族譜[湖南湘鄉]　史5-36324
30 潭渡黃氏族譜[安徽歙縣]　史5-33885
31 潭源姜氏宗譜[浙江江山]　史4-31064

32 潭州霜板橋傅氏族譜[湖南湘潭]　史5-36278
　潭州神鼎山第一代諲禪師語錄　子7-34177
　潭州易氏支譜[湖南湘潭]　史4-29553
　潭溪張氏牌册[江西萬載]　史5-35237
　潭溪朱氏宗譜[浙江金華]　史4-26547～9
　潭溪吳氏族譜[江西南豐]　史4-28115
　潭溪李氏丁册　史4-27689
　潭溪黃祠信房族譜[江西萬載]　史5-33979
　潭溪黃氏族譜[江西萬載]　史5-33977～8
　潭溪林氏族譜[江西萬載]　史4-29357
　潭溪狗腦郭氏支譜[江西萬載]　史4-32342
　潭溪劉氏宗譜[江西奉新]　史5-39400
33 潭濱居士年譜　史2-11519
41 潭柘山岫雲寺志　史7-51541～3
　潭柘紀遊詩　集5-40538
60 潭田譚氏七修族譜[湖南攸縣]　史5-41267
　潭邑雞足山前明節烈文母張太孺人墓地紀源　史2-9071
　潭邑黃氏族譜[湖南湘潭]　史5-34053
62 潭影山房詩鈔　集5-34503
　潭影軒詞　集7-47643
76 潭陽熊氏宗譜[福建建陽]　史5-38933
77 潭月山房吟草　集5-36594

3114₉ 潯

40 潯南辨惑　叢2-709
　潯南詩話　集6-45688　叢1-244(2)、249(2),2-617(5)、731(47)、735(4)
　潯南集、詩話　集1-4663
　潯南集、續編詩　叢1-223(58)、227(10)
　潯南先生文集、續編潯南先生詩　集1-4665
　潯南遺老王先生文集(潯南遺老集、潯南集、潯南先生文集、潯南王先生文集)、續集　集1-4664
　潯南遺老王先生文集、續　集1-4666
　潯南遺老集、詩集、續編詩集　集1-4667　叢2-731(40)、782(2)
　潯南遺老集、續　叢2-635(11)
　潯南遺老集補遺　集1-4668,6-41926

3116₀ 酒

00 酒痕詞　集7-46424、48279

　　酒痕錄　叢2-1544
　　酒癡吟草　集5-39470
08 酒旗兒飄蕩一枝　集7-51799
　　酒譜　子4-18535、19077～8、19097　叢1-
　　2～7、9～10、19(9)、20(7)、21(8)、22(15)、23
　　(15)、24(10)、26～8、223(39)
10 酒一枝　集7-51796
　　酒五經吟館詩草、詩餘、自訂年譜　集5-
　　34437
　　酒五經吟館詩餘草　集7-47797
　　酒爾雅　子4-19088　叢1-22(16)、23(15)
18 酒政六則　子3-18334　叢1-197(4)
20 酒乘　子4-19090　叢1-22(15)、23(15)
21 酒顛補　子5-25739
　　酒經　子4-19075、19079～82　叢1-4、9～
　　10、20(6)、21(7)、22(15)、23(15)、37、86、121、
　　244(3)、447、519、2-730(7)
　　酒經(北山酒經)　叢1-19(8)、22(15)、23
　　(15)、24(8)
25 酒律　叢1-197(2)、2-1362
26 酒牌　子3-16320
27 酒名記　子4-19089　叢1-22(16)、23(15)、
　　29(6)
　　酒名兒一枝　集7-51798
　　酒色財氣　集7-53194
　　酒色財氣四枝　集7-51800
　　酒約　子4-19113　叢1-197(4)、2-617(2)
　　酒緣　子4-19107　叢1-176、371
30 酒家一枝　集7-51797
　　酒家傭(香鞋記)　集7-50300
34 酒社芻言　叢1-201、203(3、18)
36 酒邊詞　集4-33577、7-46380、48267　叢1-
　　223(73)、2-698(13)、720(2)、1883
　　酒邊琹外詞　集7-47266
　　酒邊集　集7-46352、46356～7、46538
　　酒邊花外詞　集7-47473、47475
40 酒志　叢1-9、22(11)、23(10)
41 酒顛　子4-18968～9、19101　叢2-617(5)
　　酒顛補　子4-19102～3　叢1-453、2-629
　　酒概　子4-19099
44 酒考　子4-19104　叢1-128～9
45 酒樓　集7-52369
48 酒警　子3-18329　叢1-197(4)
50 酒史　子4-19092、19094、19110　叢1-108、
　　111(4)、2-622、731(30)
　　酒史、續編　子4-19093
　　酒史、觴政　子4-19096
　　酒史、中郎觴政　子4-19095
　　酒春秋　叢1-315
　　酒囊閒遊草、續草　集3-19433
60 酒罷茶餘　集7-54743

75 酒肆傳名　集7-49700
80 酒人觴政　子3-18340
　　酒人賦　叢2-771(1)
　　酒翁年錄　史2-12323
　　酒令　子3-18318　叢1-177
　　酒令二十圖　子3-18361
　　酒令狀元籌譜　子3-18348
　　酒令叢鈔　子3-18354　叢2-735(4)
　　酒令撮要　子3-18347
　　酒令全篇　子3-18355
84 酒餚集益　子4-19111
87 酒錄　子4-19114
88 酒簾唱和詩　集6-44291～2
　　酒箴　子3-17958、18325　叢1-197(2)
90 酒小史　子4-19087　叢1-22(16)、23(15)
　　酒堂遺集　集5-38861
94 酒懂　集7-48781、49259

3116₁ 浯

32 浯溪新志[乾隆]　史8-60699
　　浯溪記　史7-49317(8)、49318(11)、53675
　　浯溪程氏家譜[安徽休寧]　史5-36100
　　浯溪紀遊詩　史7-53676　叢2-1851
　　浯溪志　史7-50806
　　浯溪考　史7-52996　叢1-254、485、2-
　　1336、1851
　　浯溪考、補遺　叢2-948
40 浯塘胡氏十修族譜[江西樂安]　史4-
　　30579

潛

00 潛亭雜誌　子4-24655
　　潛庵文鈔　集6-42064
　　潛庵先生疏稿　叢2-1322
　　潛庵先生遺稿　集3-14806　叢2-1322
　　潛庵先生遺稿文錄　集3-14808
　　潛庵先生遺冀文錄　集6-42066
　　潛庵先生志學會約　叢2-1322
　　潛庵先生志學會約(志學會約)　子1-1387
　　潛庵先生擬明史稿　史1-819　叢2-
　　1322～3
　　潛庵先生全集、疏稿、困學錄、志學會約　叢
　　1-482
　　潛庵漫筆　子5-26727　叢1-496(2)

潛廬文集　叢2-2099
潛廬文稿　集5-40515
潛廬文存　叢2-2098
潛廬文鈔、詩集　集5-38923　叢2-2100
潛廬雜記　叢2-2098
潛廬雜記六種(潛廬六種)　叢2-2098
潛廬雜存　集5-40262
潛廬雜錄　子4-23309
潛廬詩存　集5-36591、40260
潛廬詩錄　集5-39759　叢2-875
潛廬續稿　集5-39758　叢2-2164
潛廬劫餘館吟　集5-39957
潛廬隨筆　叢2-875
潛廬全集五種附一種　叢2-2100
潛廬篋存草　集5-40414
潛廬類稿　叢2-875
潛齋文集　集3-13846
潛齋文集(應潛齋先生文集)　集3-13847
潛齋詩集　集5-41188
潛齋詩鈔　集1-4393,4-26285,6-41900
潛齋詩鈔(潛齋詩稿)　集3-21915
潛齋詞　集7-46369、46375、46706
潛齋集　叢1-223(58)
潛齋集補鈔　集1-4394,6-41901
潛齋先生文集　集1-4396
潛齋先生文集(何潛齋先生文集)　集1-4397
潛齋先生文集(潛齋集)　集1-4395
潛齋先生批定崇正集　子3-13536
潛齋遺集　集3-21916
潛齋漫集　叢2-682
潛齋秦先生批注葬書八種　子3-13535
潛齋醫話　子2-4771(4)
潛齋醫書三種　子2-4644
潛齋醫書五種　子2-4645
潛齋醫學叢書八種　子2-4646
潛齋簡效方　子2-4646,9783、10655
潛齋尚書六十賜壽圖　史2-10683
01 潛龍佩　集7-51320
10 潛一齋遺稿　集2-9928
潛玉齋稿、春雪篇、近稿、解嘲篇　集2-11445
潛西偶存　集5-34303
潛西精舍詩文稿　集5-34301
潛雲堂日記(清宣統元年至民國二年)　史2-13174
11 潛孴堂說文答問疏證　經2-12131　叢2-653(2)
潛研堂文集　經1-111(2),2-11863　集3-21166、21170
潛研堂文集、詩集、詩續集　叢2-635(13)、1488~9
潛研堂文錄　集6-42066
潛研堂詩集、詩續集、文集　集3-21167
潛研堂詩集、續集　集3-21165
潛研堂集　叢1-373(6)
潛研堂書品考　子3-15173
潛研堂題跋　叢2-673
潛研堂全書十六種　叢2-1488
潛研堂金石文字目錄　史8-63766　叢2-1488~9
潛研堂金石文跋尾　史8-63599、63601　叢2-1489
潛研堂金石文跋尾、續、又續、三續　史8-63600　叢2-1488
潛研堂答問　子4-22446
14 潛確居類書　子5-25165
潛確錄　史2-9338　叢2-1325、1327~8
17 潛子　子1-563
潛子詩鈔　集5-41067~8
20 潛采堂宋人集目錄、元人集目錄　史8-65257、66382　叢1-547(3)
潛采堂宋人集金人詩集元人文集目　史8-65251、66381
潛采堂宋金元人集目　叢2-611
潛采堂書目四種　史8-65249　叢1-585
21 潛虛　經1-2329　子3-12931　叢1-22(1)、23(1)、26~8、47、223(35)、244(4),2-637(2)、731(15)
潛虛文鈔　集3-16770
潛虛詩鈔、文鈔、崇祀錄　集4-23244
潛虛發微論　經1-2329　子3-12933　叢1-47、223(35)、244(4),2-637(2)、731(15)
潛虛制義鈔　集4-23245
潛虛先生(戴名世)年譜、戴憂庵先生事畧　史2-11781
潛虛先生集　集3-16769、16773
潛虛先生文集、遺集、年譜　集3-16771
潛虛解　子3-12935　叢1-241、242(3),2-731(15)
潛虛述義、考異　子3-12934　叢2-731(15)、881
潛虛校正　子3-12932　叢1-258,2-731(3)、847、1466
潛穎詩集、文集　集5-38922
22 潛川汪氏敬思流芳集、後集[安徽歙縣]　史4-28834
潛川汪氏本支世譜[安徽歙縣]　史4-28835
潛川胡氏宗譜[安徽潛山]　史4-30520
潛川中市汪氏祖先像贊[安徽歙縣]　史4-28838
潛川唱和集　集6-41958

潛川惇本祠汪氏溯源家譜[安徽歙縣]　史
　4-28836
潛山詩存　集5-38757
潛山集　集1-4284　叢1-223(57)
潛山外集　叢1-373(7)
潛山縣志[順治]　史7-57919
潛山縣志[乾隆]　史7-57921
潛山縣志[民國]　史7-57922
潛山縣蔣氏八修宗譜[安徽潛山]　史5-
　38189
23 潛皖偶錄　子4-23605
24 潛德譜　子7-35402
潛德編　史2-7520
27 潛修軒集　集3-16294
潛修堂吟草　集4-33453,6-42007(2)
30 潛室陳先生木鐘集　子1-831
潛室陳先生木鐘集(木鐘集)　子1-830
潛室劄記　子1-1322　叢2-731(13)、782
　(5)
潛室劄記、崇祀鄉賢錄、刁氏闃墨　叢2-
　1237
潛㝎先生(唐錫晉)行狀、碑誌傳　史2-
　10688
潛究室札記　叢2-2122
潛究室劄記　子4-22772
31 潛江貞石記　叢2-875
潛江舊聞　史7-50716　叢2-875
潛汀書微　史8-66127　叢2-2164
潛江縣志[康熙]　史8-60383~4
潛江縣志稿[光緒]　史8-60386
潛江縣志續[光緒]　史8-60385
32 潛州集　集3-15684
潛溪文鈔　集2-5911
潛溪詩眼　集6-45486　叢1-22(13)、23
　(13)
潛溪集　集2-5897~900
潛溪後集　集2-5903
潛溪先生集　集2-5901~2
潛溪續編新增傷寒蘊要全書　子2-6507
潛溪邃言　子4-20262　叢1-22(20)、61~
　4、195(2),2-730(4)、731(11)
潛溪燕書　集2-5894~5
潛溪書院志畧、續增　史7-52132
潛溪錄　集2-5891~2,5919
潛溪錄(宋濂)　史2-8818
潛溪錄目錄　史7-51947
33 潛心堂集　經1-150　集5-34102
潛心精舍詩鈔　集5-34300
潛沱詩鈔(無事且靜坐齋集)　集4-22239
34 潛波小集　集4-27650
37 潛初子文集　集2-10619

潛初子集　集2-10618
38 潛滄集　集3-13986
40 潛壼集　集3-13248~9
潛志樓初集(卓庵居士初稿)　集4-25644
潛吉堂雜著　子3-16219　叢2-644
潛吉堂詩錄、雜著、詞錄　集4-27110
潛索錄　子4-21124
44 潛莊文鈔　集4-32713
潛莊詩偈　集5-40246
潛菴文正公家書　叢2-1324
潛菴先生疏稿　史6-48584　叢2-1324
潛菴先生遺稿　叢2-1324
潛菴先生志學會約　叢2-1324
潛村醫案　子2-10540
50 潛夫雜著稿　集4-28448
潛夫詩文存　集4-33669
潛夫詩稿　集5-37627
潛夫詩鈔、百花吟　集3-18142~3
潛夫論　子1-61、83、450~1、455~6　叢1-
　69、71~2、74~7、182、223(29)、227(7)、301、
　579,2-635(4)、698(6)、730(6)、731(10)
潛夫論平議補錄　子1-458
潛夫論佚文　子1-452　叢2-777
潛夫論校記　叢2-1614
潛夫論箋　子1-454　叢2-759
潛書　子4-21078,22082　叢2-2100、2146~7
潛書、行笥　子4-21079
52 潛虯齋續刻大小題稿　集3-17767
潛虯山人詩集　集2-6586
潛虯小草　集4-23794
60 潛口西山汪氏流芳世譜[安徽歙縣]　史4-
　28833
潛圃野叟葆生歌　子5-31329
潛園文集　叢2-2146~7
潛園文續鈔　叢2-2146
潛園詩　集3-13201
潛園詩集　叢2-2146~7
潛園詩續鈔　叢2-2146
潛園詩存　集5-35806
潛園詩錄　集5-35436
潛園讀書法　叢2-2146~7
潛園詞　叢2-2146~7
潛園詞續鈔　叢2-2146
潛園二十四種續編二種全集四種　叢2-
　2147
潛園正集　叢2-2146
潛園正集(潛園詩集、詞集、文集、詩續鈔、
　詞續鈔、文續鈔)　集5-40277
潛園丙午集　集5-40276
潛園集錄　子5-26229

潛園統編　叢2－2146
潛園剩稿　集4－30472
潛園總集十七種　叢2－2004
潛園友朋書問　集6－45325
潛園書牘、續稿　集5－40278　叢2－2146～7
潛園或問　叢2－2146～7
潛園學說　叢2－2146～7
潛園全集四種　叢2－2147
潛思齋文集　集5－40738
76 潛陽謝氏宗譜［浙江臨安］史5－40700
潛陽王氏宗譜［安徽潛山］史4－25250
潛陽瑯琊王氏三修譜［安徽潛山］史4－25249
潛陽吳氏宗譜［安徽潛山］史4－28002
潛陽徐氏宗譜［安徽潛山］史4－32106
潛陽牧亭方氏宗譜［浙江臨安］史4－25733～4
潛陽富源童氏宗譜［浙江臨安］史5－36486
潛陽汪氏族譜［安徽潛山］史4－28813
潛陽太原王氏族譜［安徽潛山］史4－25248、25255
潛陽太原王氏族譜［浙江臨安］史4－24925
潛陽太原王氏譜條例簿　史4－25248
潛陽李氏族譜［安徽潛山］史4－27297、27299
潛陽李氏支譜［安徽潛山］史4－27298
潛陽袁氏重修族譜［安徽潛山］史4－31356
潛陽黃氏宗譜［安徽潛山］史5－33881
潛陽葉氏族譜［安徽潛山］史5－35727
潛陽葉氏宗譜［安徽潛山］史5－35725
潛陽林氏族譜［安徽潛山］史4－29311
潛陽阮氏宗譜［安徽潛山］史4－26962
潛陽金氏族譜［安徽潛山］史4－29772
77 潛邱劄記　經1－111(2),2－11850　子4－22359～61　叢1－223(40)
潛居錄　子5－26936　叢1－22(6)、23(6)
潛叟漫稿　集5－38638
潛學稿　集2－9604～5
潛學編　集2－9606
80 潛並廬雜存　叢2－2225
潛並廬詩存　叢2－2225
潛並廬詩存初續　叢2－2225
潛翁隨筆　子4－23340

3116₈ 濬

00 濬亭詩稿　集4－25032

10 濬元　子3－12992
21 濬上南北馬家浜河工案牘　史6－46709
濬上南川都臺浦河工案牘　史6－46708
22 濬川府君行述　史2－9510
26 濬吳淞江議　史6－46790,7－49317(6)、49318(10)
28 濬復西湖錄　史7－52909
31 濬河事例　史6－46677
濬河錄　史6－46699
62 濬縣衙齋二十四咏印章、四百三十二峯草堂印章、陝州衙齋二十一咏印章　子3－17413
濬縣志［康熙］史8－59721
濬縣志［嘉慶］史8－59722
濬縣志［嘉靖］史8－59719
濬縣志［萬曆］史8－59720
濬縣金石錄　史8－64002
77 濬卿遺文　集5－34410
90 濬小清河議　史6－46871,7－49318(10)
95 濬性淵源　子5－32025

3118₆ 滇

12 滇水紀行　史7－49318(11)、53693

瀕

37 瀕湖二十七脈歌　子2－6098
瀕湖脈學　子2－4571、4581、4588、4598、4746、6096～7、6184　叢1－223(34)
38 瀕海集　集4－22344

3119₁ 漂

10 漂粟手牘　子5－26933　叢1－22(6)、23(5)
34 漂染棉布論　子7－37234
40 漂麥書屋遺稿　集5－37930
77 漂母祠志　史7－51765

3119₄ 溧

04 溧詩選初集　集6－44551

12 溧水徵訪册[民國]　史7-56587
　溧水縣永折全書　史6-43442
　溧水縣志[康熙]　史7-56584
　溧水縣志[順治]　史7-56583
　溧水縣志[萬曆]　史7-56581～2
　溧水縣志[乾隆]　史7-56585
　溧水縣志[光緒]　史7-56586
76 溧陽諸呂呂氏七修宗譜[江蘇溧陽]　史4-26276
　溧陽孫氏宗譜[江蘇溧陽]　史5-33556
　溧陽仙山黃劬雲年譜　史2-11739
　溧陽程氏宗譜[江蘇溧陽]　史5-35989～90
　溧陽宋少司農(晉)年譜　史2-12146
　溧陽沙漲里普氏家乘[江蘇溧陽]　史5-36688
　溧陽土山呂氏宗譜[江蘇溧陽]　史4-26277
　溧陽南門彭氏宗譜[江蘇溧陽]　史5-35545
　溧陽姚氏宗譜[江蘇溧陽]　史4-31162
　溧陽城南湯氏宗譜[江蘇溧陽]　史5-36552
　溧陽舊縣董氏宗譜[江蘇溧陽]　史5-35865
　溧陽黃氏宗譜[江蘇溧陽]　史5-33744
　溧陽狄氏宗譜[江蘇溧陽]　史4-28650
　溧陽史氏大宗分支邵埭重修家乘[江蘇江都]　史4-26122
　溧陽縣續志[光緒]　史7-56890
　溧陽縣志[康熙]　史7-56887
　溧陽縣志[弘治]　史7-56886
　溧陽縣志[嘉慶]　史7-56889
　溧陽縣志[乾隆]　史7-56888
　溧陽路總管水鏡元公詩集(水鏡詩集、水鏡元公詩集)　集1-5285
　溧陽陶氏遷常支譜[江蘇常州]　史5-33465

3119₆ 源

30 源流頌　子6-32091(75)
31 源潭詹氏宗譜[浙江蘭溪]　史5-37907
　源潭俞氏宗譜[浙江金華]　史4-30821

3121₇ 凴

72 凴隱詩餘　叢2-970

3126₆ 福

00 福亭彭氏三修族譜[湖南湘鄉]　史5-35619
　福亭彭氏續譜[湖南湘鄉]　史5-35618
　福亭彭氏橫洲澗房墨譜[湖南湘鄉]　史5-35620
　福庵藏印　子3-17426～7
　福康安檔册　史6-47375
　福康安奏疏　史6-48778
　福唐葉文忠公全集六種　叢2-1176
　福唐風雅集　集6-44787
　福音之全備論　子7-35162
　福音大旨　子7-35155
　福音史記課程　子7-35161
　福音闡微　子7-35159
　福音輿地問答　子7-35160
　福音合參　子7-35157
10 福王登極實錄　史1-1979、3301　叢1-309
15 福建方言志　經2-14907
　福建高僧傳、列仙傳　史2-8127
　福建高士傳　史2-8122
　福建文苑傳　史2-8126
　福建票鹽志畧　史6-43886　叢2-1951
　福建儒林傳、補遺　史2-8125
　福建續志[乾隆]　史8-58142
　福建鄉賢遺翰姓氏錄　史2-8121
　福建名勝志　史7-51423
　福建督糧道造報光緒間鑄錢收存動用銅鉛錫四柱清册　史6-44467
　福建嶅政全書　史6-43882
　福建寧化石壁流傳支派陳氏家譜[福建寧化]　史4-33205
　福建梧州壩大使錢利用任內公牘彙鈔　史6-47303
　福建通志[康熙]　史8-58140
　福建通志[道光]　史8-58143
　福建通志[乾隆]　史8-58141　叢1-223(24)
　福建通志[民國]　史8-58146
　福建通志列傳補編　史8-58144
　福建通志山川古迹訂訛[同治]　史8-58145
　福建通志忠義列傳　史2-8123
　福建通省賦役總册全書　史6-43690
　福建運司誌、續志　史6-42829
　福建運司志　史6-43881、43883　叢2-741
　福建道監察御史程文彝奏疏　史6-48677

福建內地府州縣總圖　史7-50525
福建南安縣知事章君(廷華)墓誌銘　史2-10856
福建南安縣知事章君墓誌銘　叢2-706
福建城守紀　史1-3438～9
福建地畧　史7-49318(20)、50521
福建考畧　史7-49317(1)、49318(1)、50520
福建孝義傳　史2-8124
福建藝文志、補遺　史8-66115
福建林氏纂修支譜[湖南湘鄉]　史4-29375
福建按察司副使陸公(偶)暨妻楊氏行實　史2-8892
福建賦役全書　史6-43689、43691
福建財政沿革利弊說明書　史6-43329
福建閩廈兩口各礮臺圖　子1-3672
福建學務處章程　史6-42538
福建興化縣志[正統]　史8-58301
福建鹽務公牘　史6-43888　叢2-2169
福建鹽法　叢2-783
福建鹽法議　叢2-1193
福建鹽法志　史6-43884
福建全省總圖　史7-50523
福建全省地輿圖說　史7-50524
福建省不符冊　史6-46358
福建省例　史6-41888
福建省例、續、再續　史6-41889
福建省清代搢紳錄　史3-24555
福建省道光五年三次帶銷展限嘉慶二十五年分帶銷盈餘引目　史6-43480
福建省城防禦火患事宜　史6-47483
福建省全屬地丁平餘規費數目表　史6-43481
17 福聚馮氏宗譜[浙江慈溪]　史5-36430
22 福鼎縣鄉土志[光緒]　史8-58447
福鼎縣志[嘉慶]　史8-58446
福鼎縣志[民國]　史8-58448
福山王文敏藏古鉢印考　史8-65030
福山王氏傳家集　集6-44970
福山石塢王君(季寅)年譜　史2-12330
福山朱卷合集(雍正、乾隆、同治、光緒諸科)　集6-45482
福山縣志[康熙]　史8-59237
福山縣志[萬曆]　史8-59236
福山縣志[乾隆]　史8-59238
福山縣志稿[民國]　史8-59239
福山金石志殘稿　史8-63986
福山公遺集　集2-10744,6-44988
24 福豔樓遺詩　集5-38204
福幼編　子2-4621、4652、4660～2、4665、
4676、4690、4704、4752、4769、7970、8219、
8425、8490、8510、8515～6、8539、8552　叢
1-300
福幼編(福幼篇、經驗福幼編、生生福幼編)　子2-8491
福幼叢編　子2-8552
福幼篇　子2-4657～9、4663、4679、4702
26 福和奏議　史6-48832
27 福緣寶藹、受生寶卷　集7-54333
福緣善慶　集7-51724
福緣善慶寶卷　集7-54332
30 福濟全珍　子2-4665
福寧府志[乾隆]　史8-58435
福寧紀事、福寧從政紀畧、泉州從政紀畧　史1-3986
福寧州志[嘉靖]　史8-58431
福寧州志[萬曆]　史8-58432～4
福寧鎮標中營水陸七營花名冊　史3-23761
福永堂彙鈔　子1-2270　叢1-574(5)
福安縣鄉土志[光緒]　史8-58444
福安縣志[康熙]　史8-58440
福安縣志[道光]　史8-58442
福安縣志[萬曆]　史8-58439
福安縣志[乾隆]　史8-58441
福安縣志[光緒]　史8-58443
31 福源石屋珙禪師語錄　子6-32091(72),7-34222
福源石屋珙禪師山居詩　集1-5185
福源石屋珙禪師山居室　集1-1826
32 福州府稟奏稿　史6-48074
福州府志[正德]　史8-58148
福州府志[萬曆]　史8-58149～50、58152
福州府志[乾隆]　史8-58153
福州府志藝文志補[乾隆]　史8-58154
福州郭氏支譜[福建福州]　史4-32329～30
福州烏石山石刻　史8-63945
福州通賢龔氏家譜[福建福州]　史5-41465
福州通賢龔氏支譜[福建福州]　史5-41464
福州李氏家乘[福建福州]　史4-27319
福州李氏支譜[福建福州]　史4-27320
福州英領事混爭天安寺紀實　史6-45074
福州猴王神記　叢1-29(7)
福州團練紀事　史1-3818
福州駐防志　史6-45277
福州歷代溶湖事畧　史6-46890
福州長樂柯氏家譜[福建福州]　史4-30328
35 福清縣志[康熙]　史8-58155

福清縣志[乾隆]　史8-58156
福禮堂四書文課本　經2-10743
36 福澤諭吉談叢　子7-37988
福澤諭吉傳　子7-36493～4
37 福祿鴛鴦閣遺稿　集5-34883
福祿壽儸官慶會　集7-48774(5)、49083、49089
福祿壽財喜　集7-49675
福祿壽榮　集7-49668
福祿來崇　子3-14607
福祿明珠記(盤龍寶扇全本)　集7-53870
38 福海奏稿　史6-47908
40 福女瑪利亞亞納傳　子7-35865
福女瑪利亞納傳　子7-35864
福女瑪加利大傳　子7-35861
福喜攸同　集7-49700
福壽要言　子5-29582
福壽緣二部　集7-51122
福壽永康　子3-14608
福壽寶藏一百四十種　叢2-724
福壽陽秋五種附三種　子4-24205
福壽全書　子4-24110～2
福壽全書廣集　子4-23817
福壽金鑑全錄、二集　子4-24113
43 福城鄉進士題名記　史3-14982
福城圩都氏宗譜[江蘇宜興]　史4-31295
44 福蓋正行所集經　子6-32093(31)
福菴所藏印存　子3-17428
48 福增壽添一枝　集7-51725
50 福中丞奏稿　史6-48906
福惠全書　史6-43001
55 福慧雙修庵小記　叢2-685
福慧雙修館算稿三種　子3-12403
60 福星輪船被澳順輪船撞沉全案　史6-45077
福星照　集7-50490
福國鎮宅靈應竈王寶卷(護國鎮宅靈應竈王寶卷)　集7-54266
福田自動織機圖說　子7-37197
62 福喇塔傳　史2-9267
66 福嚴韜明禪師語錄　子7-34291
70 福雅堂詩鈔　集5-41465～6
77 福履理路詩鈔　集5-41652　叢2-944
79 福勝庵八詠　叢2-12088
80 福全圩黃氏宗譜[江蘇宜興]　史5-33749
福全蔣氏四房北廳序譜[福建泉州]　史4-32435
90 福堂詩鈔　集4-24191
福省政事錄　史6-41895

3128₆ 顧

00 顧亭林詩校記　叢2-737、868
顧亭林先生(炎武)年譜　史2-11022、11668～73　叢1-456(5)、2-637(2)、731(61)、1275～6
顧亭林先生(炎武)年譜、校補　叢2-670
顧亭林先生詩譜　史2-11676
顧亭林先生詩箋注、集外詩補　集3-13749
顧亭林先生遺書十種補遺十一種　叢2-1276
顧亭林先生尺牘　集6-45195
顧亭林先生年譜、校補　史2-11674
顧亭林祠會祭題名　叢2-2187
顧亭林年譜校錄　史2-11675
顧廬文鈔　集5-35077
顧齋(王軒)簡譜　史2-12245
顧齋詩錄　集5-34057
顧齋遺集　叢2-821
顧齋簡譜　叢2-821
顧庸集　叢2-1827
顧庸菴集　集2-11743
顧廉訪集　集2-8516,6-41935(4)
顧文康公文草、詩草　集2-7541
顧文康公文草、詩草、續稿、三集　集2-7543
顧文康公疏草、文草　集2-7542
顧襄敏公(養謙)年譜　史2-11520
02 顧端文公(憲成)年譜、譜前、譜後　史2-11530
顧端文公證性編　叢2-1161
顧端文公集　集2-10394
顧端文公仁文商語　叢2-1161
顧端文公虞山商語　叢2-1161
顧端文公經正堂商語　叢2-1161
顧端文公自反錄　叢2-1161
顧端文公遺書十二種附一種　叢2-1161
顧端文公遺書十五種附一種　叢2-1162
顧端文公還經錄　叢2-1161
顧端文公南嶽商語　叢2-1161
顧端文公志矩堂商語　叢2-1161
顧端文公東林商語　叢2-1161
顧端文公東林會約　叢2-1161
顧端文公年譜　史2-11531　叢2-1161～2
顧端文公小心齋劄記　叢2-1161
顧端文公當下繹　叢2-1161
04 顧詩箋注校補　集3-13750
06 顧誤錄　集7-54864

09 顧麟士詩　集2-11955,6-41943
10 顧雨田醫案　子2-10575
　　顧雨棠先生醫案　子2-10885
　　顧天柔詩　集2-12825,6-41943
　　顧西巘先生合稿　集3-13487
　　顧西疇方案　子2-4695
　　顧西疇方案(顧西疇老先生方案)　子2-
　　　10574
　　顧西疇城南診治　子2-4695
　　顧雲詩、文　叢2-818
　　顧雲詩稿　集5-37467
　　顧雲馭詩集　集3-13567
11 顧北集　集1-5618　叢2-852
　　顧非熊詩　集1-1148,6-41872　叢1-223
　　　(48)
　　顧非熊詩集　集6-41818、41858、41878
　　顧非熊詩集(顧非熊集)　集1-1609
12 顧瑞屏稿　集2-11866～7,6-45336、45340
　　顧瑞屏太史評閱韓昌黎先生集(顧瑞屏太
　　　史評閱韓昌黎先生全集)　集1-1273
　　顧發千雜著　集3-19852
　　顧延卿詩集　集5-37904
17 顧子方詩　集2-12826,6-41943
　　顧子方帖、鄒公履帖　子3-15344
　　顧子新言　子1-505～6　叢2-774(9)、775
　　　(4)
　　顧子義訓　子1-534　叢2-774(9)
　　顧司寇集　集2-7680,6-41935(1)
20 顧重象集　叢1-353
　　顧千里先生(廣圻)年譜　史2-12016　叢
　　　2-643
　　顧雙溪集(雙溪詩集、詞)　集3-20529
22 顧鼎臣雙玉玦寶卷(玉玦妙典)　集7-
　　　54337
　　顧山人集　集2-10130,6-41935(5)
23 顧允若膏丸方　子2-9981
　　顧允若醫案　子2-10812
　　顧臧事畧　史2-10933
24 顧幼蘭先生(寶清)年譜　史2-12344
25 顧仲方百詠圖譜　集2-11159
　　顧仲方百詠圖譜、新詞圖譜　集2-11158
　　顧仲瑛玉山草堂集　集6-44494
　　顧仲恭文集　集2-11408
　　顧仲恭討錢岱檄　史6-48532　叢1-587
　　　(1),2-789～90
　　顧仲恭爲錢瞿辯寃呈稿　史6-48534　叢
　　　1-406,2-789～90、792
　　顧仲恭爲錢瞿呈稿　史6-48533
26 顧伯子(起經)葬紀　史2-8965
　　顧伯子集　集2-9416,6-41935(5)
　　顧伯虬遺詩　集5-36300　叢2-788

28 顧給舍集　集2-8595,6-41935(4)
30 顧淳慶(鶴巢)行述　史2-9976
　　顧憲副集　集2-8022,6-41935(4)
　　顧賓谷(大綱)先生基誌銘家傳及行述　史
　　　2-10733
31 顧涇陽集　集2-10395
　　顧涇陽稿　集2-10397～9,6-45336、45340
　　顧涇陽先生學庸意　經2-10142
32 顧冰一先生七十以前自述附錄　史2-
　　　12456
33 顧逋翁詩集　集1-1151,6-41878
　　顧梁汾先生詩集、詞集、補遺　集3-15709
36 顧況集　集1-1147,6-41743、41819、41838、
　　　41872
37 顧漁溪先生遺集　集5-39286
　　顧澹湖筆記　子4-23170
　　顧祠聽雨閣詩錄　集4-32078
38 顧肇熙日記　史2-13057
40 顧左史集　集2-9319
　　顧大司馬攬苣微言　子4-20634
　　顧大司馬籌陝存牘類抄　史6-47099、48452
　　顧太僕(崑揚)致忠錄　史2-9831
　　顧太初先生詩選　集2-10922
　　顧太史文集　集2-10844
　　顧太史編年集(遯園漫稿、蟄菴日錄、雪堂
　　　隨筆、銷夏小品、金陵臥遊六十詠)　集
　　　2-10919
　　顧太尉詞　叢2-2227
　　顧希馮玉篇直音　叢2-730(12)、836
　　顧森書日記(清光緒六年至三十年)　史2-
　　　13165
41 顧頡剛先生藏書目錄　史8-65263、66013
44 顧孝子素行錄　叢2-912
　　顧華玉集　集2-7673～5　叢2-788
　　顧華玉集(浮湘藁、山中集、憑几集、續集、
　　　息園存藁詩、緩慟集、國寶新編、近言)
　　　集2-7676
　　顧華玉集(浮湘藁、山中集、憑几集、續編、
　　　息園存稿詩、文、緩慟集)　集2-7672
　　顧華陽集(華陽集)、顧非熊詩　集1-1148
　　顧華陽集、補遺　集1-1149
　　顧菴詩選　集6-41961
　　顧枕漁韻學兩種　經2-14541
47 顧鶴逸書目　史8-65952
50 顧中丞撫遼疏議　史1-1929
　　顧未齋稿　集2-7544～5,6-45336、45340
　　顧東崑詩集　集3-20297
　　顧東江集　集2-7287,6-41935(3)
　　顧東江稿　集6-45336、45340
　　顧東江藁　集2-7290
　　顧東橋集八種　叢2-1080

54 顧持白文集　集 5-36078
55 顧曲亭詞　集 3-17451
　顧曲雜言　集 7-54848　叢 1-195(4)、223
　　(73)、233、496(5)、2-617(4)、672、731(49)
　顧曲直言　叢 1-373(8)
　顧曲錄　集 7-54863　叢 1-454
60 顧見山詩　集 3-14471
　顧景行集(匏園詩、楚遊詩、匏園詞)　集 3-
　　15058
　顧景嶽詩　集 4-22072
65 顧嘯谷先生等乙未公呈稿　史 6-48049
67 顧野王輿地志　史 7-49307、49467　叢 2-
　　767
　顧嗣立詩選　集 6-44441
72 顧氏文房小說　子 5-26218
　顧氏詩史　史 1-5558
　顧氏族譜[江蘇崑山]　史 5-41404
　顧氏族譜[江蘇吳江]　史 5-41402
　顧氏族譜[江蘇興化]　史 5-41365
　顧氏說文學二種　經 2-12721
　顧氏譜系考　叢 2-1274～6
　顧氏譜系考[江蘇崑山]　史 5-41403
　顧氏玉山草堂雅集　集 1-5720
　顧氏武陵小史初編、彙編[上海崇明]　史
　　5-41355
　顧氏羣書集說補正　叢 2-2187
　顧氏重修宗譜[江蘇常州]　史 5-41371
　顧氏經解拾遺　經 1-105
　顧氏彙集譜[上海崇明]　史 5-41360
　顧氏彙集宗譜[上海崇明]　史 5-41356～9
　顧氏彙集宗譜[江蘇蘇州]　史 5-41392
　顧氏彙集宗譜紀姓支原[上海崇明]　史 5-
　　41361
　顧氏家譜　史 5-41430
　顧氏家譜[浙江寧波]　史 5-41409
　顧氏家譜[浙江奉化]　史 5-41414～5
　顧氏家乘[上海]　史 5-41350
　顧氏家集十種　叢 2-983
　顧氏家集七種　叢 2-905
　顧氏宗譜[江蘇武進]　史 5-41375
　顧氏宗譜[江蘇江陰]　史 5-41388
　顧氏宗譜[江蘇太倉]　史 5-41405
　顧氏宗譜[江蘇東海]　史 5-41363
　顧氏宗譜[江蘇無錫]　史 5-41376、41379～
　　80、41383
　顧氏宗譜[江蘇常州]　史 5-41372
　顧氏宗譜[浙江上虞]　史 5-41422
　顧氏宗譜[浙江海寧]　史 5-41407
　顧氏宗譜[浙江海鹽]　史 5-41408
　顧氏大宗世譜[江蘇無錫]　史 5-41378、
　　41382

　顧氏越南譜稿[浙江上虞]　史 5-41426
　顧氏越南宗譜[浙江上虞]　史 5-41424
　顧氏推步簡法三種　子 3-12710
　顧氏畫譜　子 3-16310
　顧氏明朝四十家小說　子 5-26219
　顧氏明朝四十家小說(顧氏文房叢刻)四十
　　種　叢 1-39
　顧氏金石輿地叢書第一集　史 8-63512
　顧氏小史　史 2-7781　叢 2-1184
74 顧陸遺詩　叢 1-496(6)
77 顧鳳翔遺集　集 5-37388
　顧同府集　集 2-7861、6-41935(4)
　顧用方奏稿　史 6-48725
　顧學齋詩集　集 4-32996
　顧開雍稿　集 2-10845～6、6-45336
　顧興治詩　集 2-12241
　顧興治詩集　叢 2-788
80 顧令君政績卷　子 3-14956、15291
82 顧鍾秀(德松)行述　史 2-10045
90 顧小厓世系[上海南滙]　史 5-41354
　顧少蘭方案　子 2-10815
　顧尚之雜稿　子 4-23387
　顧尚之重學　子 3-12713
　顧尚之別傳　史 2-9936
　顧尚之算學　子 3-12862
95 顧性之詩　集 2-12828、6-41943

3130₁ 逗

10 逗雨齋詩草　集 4-23763
　逗雨齋詩鈔、旎香詞　集 4-23762

逛

02 逛新開一套　集 7-50845
04 逛護國寺　集 7-52331
10 逛二閘(姑娘逛二閘)　集 7-53162
　逛天津一枝　集 7-51011
　逛天壇一枝　集 7-51012
40 逛南頂一套　集 7-50898
44 逛花園一本　集 7-52608
67 逛野景一枝　集 7-51734

中國古籍總目·索引

遷

21 遷虞姚氏家譜[江蘇常熟]　史4-31163
27 遷移鹽池口教堂函稿　史6-44994　子7-35789　集5-34088
30 遷淮續修沈氏宗譜[江蘇淮安]　史4-28988
　　遷淮沈氏宗譜[江蘇淮安]　史4-28987
　　遷淮史氏宗譜[江蘇淮安]　史4-26121
　　遷宿松縣鑿山余黃氏宗譜[安徽宿松]　史5-33883
　　遷安縣志[康熙]　史7-55189～90
　　遷安縣志[乾隆]　史7-55191
　　遷安縣志[同治]　史7-55192
　　遷安縣志[民國]　史7-55193
31 遷江縣志[光緒]　史8-61426
　　遷江縣志十編[民國]　史8-61427
　　遷江劉氏族譜[湖南安化]　史5-39531
32 遷浙支代表　史4-28697
36 遷湘長樂白茅灘傅氏續修族譜[湖南湘陰]　史5-36276～7
37 遷潤重修浦陽戴氏宗譜[江蘇丹徒]　史5-40486
77 遷民圖說　史6-44528
92 遷刻鄭氏支譜[浙江嵊州]　史5-38654

3130₂ 迈

00 迈齋詩話　叢1-22(14)、23(13)
50 迈書　子4-22866　叢1-22(2)、23(2)、34

邁

00 邁言　子1-1459,4-22198、22200　叢1-62、64,202(5)、203(10)、223(30)、382,2-691(3)、730(4)、731(12)、1187
　　邁言、補　子5-26538
　　邁言志見　子4-22199　叢1-22(3)、23(3)
01 邁語　子1-1455　叢1-203(17)、210、212
02 邁訓　子4-23024
27 邁綠軒詩稿　集4-23315

3130₃ 逐

00 逐病論治　子2-7170
　　逐鹿記　史1-2661　叢1-13、14(1)、22(21)、29(8)、134
60 逐日壬奇衍握　子3-13780
　　逐圍詹言　子1-2633
80 逐年籌備事宜清單　史6-44368

遜

00 遜庵言事集　集5-38417　叢2-2072
　　遜庵詩集　集5-39499
　　遜庵詩稿、團綠山房詩餘　集5-40875
　　遜庵樂府　集7-46356
　　遜庵居士詞　集7-46352、46357、46363、46736
　　遜廬文稿　叢2-2236
　　遜廬雜鈔　叢2-2235
　　遜廬詩存　集5-38966
　　遜廬詞選　叢2-2235
　　遜廬叢說　叢2-2235
　　遜廬叢著五十三種　叢2-2235
　　遜廬叢書三種　叢2-2236
　　遜廬叢書刊誤表　叢2-2235
　　遜廬叢鈔　叢2-2235
　　遜廬選曲　叢2-2235
　　遜廬古今註　叢2-2235
　　遜廬日記　史2-13268　叢2-2235
　　遜廬騈文　叢2-2236
　　遜齋殘稿　集5-38652　叢2-685
　　遜齋集　集3-20671
　　遜齋偶筆　子4-21221　叢2-617(5)、624(4)、1426
　　遜齋隨筆　子4-23403
　　遜齋閒覽　子5-27386　叢1-19(6)、20(4)、22(4)、23(4)、24(7)
　　遜言　子4-20500
21 遜行小稿　叢2-2235
22 遜山堂詩　集6-44992
30 遜窟讕言　子5-26600　叢1-496(2)
34 遜渚唱和集、拾遺　叢2-745
44 遜堪文集(遜龕文集)　集5-41129
　　遜菴蔡先生文集　集2-10971
　　遜菴全集(遜菴詩集、遜菴騈語、續騈語)　集2-10969

遞世編　子4-24011~2
50 遞夫詩集、瓠樽詩餘　集5-40044
60 遞園文集　集3-13765
　　遞園文集、詩集　叢2-1234
　　遞園語商　叢2-1234
　　遞園漫稿　集2-10924　叢2-1184
　　遞園草　集3-13760
71 遞阿詩鈔、蘘雲詞　集5-35966
　　遞阿剩觚　集5-35967
77 遞居士戲墨　子5-27421　叢2-1184
　　遞居士批莊子內篇　子5-29327　叢2-
　　1184
80 遞盦集古印存　子3-17389
　　遞盦集古印存初集　史8-65063
　　遞盦樂府　叢2-2142
　　遞盦叢編甲集四種乙集七種　叢2-625
　　遞盦遺稿　集5-39019
　　遞盦藏印　史8-65067
　　遞盦秦漢古銅印譜　史8-65064
　　遞盦秦漢印選四集　史8-65065
　　遞盦金石叢書　史8-63509
　　遞翁苦口　子1-774　叢2-2270(4)
　　遞翁隨筆　子4-20911　叢1-426,2-731
　　(7)

3130₄ 迂

00 迂庵改存草　集3-14086
　　迂庵集　集4-25300
　　迂齋文說、補遺　叢1-34
　　迂齋詩話　集6-45486、45685
　　迂齋詩鈔、詞　集5-34938
　　迂齋集　集6-41962
　　迂齋先生標註崇古文訣　集6-42672~3
　　迂齋標註諸家文集　集6-42671
　　迂齋學古編　集3-19171
　　迂言百則　子4-24461　叢2-731(8)、881
22 迂仙別記　子5-27414
27 迂墅詩稿　集3-17584,6-41975
40 迂存遺文　集4-23242
44 迂村漫稿(迂村文鈔、迂村詩鈔、鶴阜集、瓢
　　中集、迂村社稿、玉楮集、黃海集、筧叟剩
　　稿、虛室吟稿)　集3-18293
48 迂松閣詩鈔　集3-21705
60 迂園詩　集2-10216
80 迂翁詩草　集4-30894,6-42007(2)
　　迂翁志林　史2-8811
　　迂谷今詩選　集3-21921

迂

00 迂亭雜說　子4-24349　叢2-811

返

16 返魂香　集7-49550、51116
　　返魂香傳奇　集7-50410　叢1-496(2)
21 返嵎集　集6-46054
25 返生香　集6-45103~5　叢1-311
　　返生香(疏香閣遺集)　集2-12660
　　返生香(疏香閣遺集)、補遺　集2-12662
　　返生香(疏香閣遺集)、附集　集2-12661
　　返生香(疎香閣遺集)、附集　叢1-547(4)、
　　2-720(6)
　　返生香、附集　集6-45102
95 返性圖　子5-30508
　　返性圖輯要實錄　子5-30510
　　返性圖纂正　子5-30509

3130₆ 迺

80 迺前岡詩集　集1-5688,6-41780

逌

08 逌旃璅言　子4-20492~3　叢1-22(23)

逼

77 逼月　集7-49643

3133₂ 憑

10 憑西閣長短句　集7-46905
22 憑山閣新輯尺牘寫心集、二集　集6-45311
　　憑山閣彙輯四六留青采珍集(憑山閣彙輯

中國古籍總目·索引

　　留青采珍集)　集6-43016
　　憑山閣彙輯四六留青采珍前集　集6-43018
　　憑山閣增定留青全集　集6-43015
　　憑山閣增輯留青新集　集6-43019
　　憑山閣留青廣集　子4-21129
　　憑山閣留青二集　集6-43017
30 憑良心錄(清道光八年至十年)　史2-12744
31 憑江樓詩草(克己齋初稿)　集5-34958
　　憑江樓續草(克己齋續稿)　集5-34959
38 憑祥土州鄉土志[光緒]　史8-61234
51 憑軒遺筆　集3-20824,6-45089
72 憑隱詩餘　集7-47444~5
77 憑几集、續　叢2-1080

3148₆ 頻

27 頻多和多耆經　子6-32081(34)、32083(22)、32085(33)、32088(24)

3168₆ 額

10 額爾齊斯河源流考　史7-49318(10)、53050
　　額爾德特氏宗譜　史5-40996
26 額穆縣志[民國]　史7-56295
30 額宜都巴圖魯世系譜　史5-40995
44 額勒和布日記(清同治三年至光緒六年)、廷寄錄　史2-12912
98 額粉盒集　集4-24732
　　額粉盒夢芙小錄　子5-26484

3190₄ 渠

00 渠亭山人半部稿四種　集3-15683
22 渠川外集　集3-20775
32 渠溪陳氏宗譜[浙江東陽]　史4-33028~30
33 渠濱汪氏譜[安徽休寧]　史4-28881
62 渠縣志[嘉慶]　史8-62015
　　渠縣志[乾隆]　史8-62014
　　渠縣志[同治]　史8-62016
　　渠縣志[民國]　史8-62017
72 渠丘耳夢續錄　子5-26401
　　渠丘耳夢錄　子5-26400

　　渠丘耳夢錄四集　子4-23145
76 渠陽詩注　叢1-559
　　渠陽讀書雜抄　子4-22166
　　渠陽讀書雜鈔　子4-22167
77 渠風集畧　集6-44849

3200₀ 州

20 州乘一覽[乾隆]　史7-56803
　　州乘資[弘光]　史7-56800
　　州乘資鈔　史2-9097
　　州乘餘聞　子4-23638
　　州乘餘聞[光緒]　史8-59076
40 州志採訪雜稿　叢2-888
　　州志別本[雍正]　史8-59291
62 州縣須知　史6-41533、42998、43033
　　州縣須知、佐雜須知　史6-43024
　　州縣須知要言　史6-43034
　　州縣初仕小補　史6-43057
　　州縣提綱　史6-42922　叢1-223(26)、246、268(2)、282(2)、283(2)、377、394、515、2-731(19)
92 州判衛候選訓導張先生(文虎)行狀　史2-10027　叢2-1823

3210₀ 洲

21 洲上胡氏六修族譜[湖南寧鄉]　史4-30608
77 洲居集　集3-20554
83 洲錢吳氏族譜[浙江桐鄉]　史4-27829
　　洲錢吳氏宗譜[浙江桐鄉]　史4-27828

洀

11 洀頭黃氏重修譜[四川新都]　史5-34114

浉

62 浉�存愚　子1-1539　叢2-1346~7

淵

10 淵雲墨妙山房詩鈔　集4-22995
21 淵穎集　叢2-731(42)
　　淵穎集　集1-5536、5540,3-13098　叢1-223(60)、227(10),2-859
　　淵穎吳先生集　集1-5537　叢2-635(11)
　　淵穎吳先生集、札記　叢2-635(11)
　　淵穎吳先生集、考異　集1-5541　叢2-860
31 淵源道妙洞真繼篇　子5-29530(19)、30912
　　淵源錄稿　集6-45013
32 淵淵齋方甀　子2-10150
38 淵海子平(新刊合併官板音義評註淵海子平、音義評註淵海子平、淵海子平音義評註)　子3-14099
　　淵海子平大全　子3-14100
44 淵著堂選十八名家詩六集　集6-41948
67 淵明閒適詩選　叢2-691(3)
70 淵雅堂文續鈔、詩續稿　集4-23803
　　淵雅堂文薹　叢2-610
　　淵雅堂詩外集、惕甫文外集　集4-23802
　　淵雅堂外集詩鈔　集4-23804
　　淵雅堂編年詩稿　集4-23809
　　淵雅堂編年詩稿、惕甫未定稿、詩外集、瑤想詞　集4-23801
　　淵雅堂朋舊詩鈔　集6-44253
　　淵雅堂全集、附錄二種　集4-23800
78 淵鑒齋御纂朱子全書　子1-732
88 淵鑑類函　子5-25295　叢1-217、223(44)
　　淵鑑類函、目錄　子5-25294

測

00 測夜時晷　子3-11242
10 測要膚言行　子3-11472
　　測天約說　子3-11234、11581
　　測天約術　叢2-881、1548
　　測天賦　子3-11498
11 測北極出地簡法　子3-11241
27 測候叢譚　子7-36248
　　測候叢談　子7-36228(2)、36231(4)、36242(2)、37679
　　測候器說　子7-36229
　　測候器圖說　子7-37669
　　測魚詩晷　集3-13857,6-44404

28 測繪章程　子7-37938
　　測繪儀器考　子7-37937
　　測繪淺說　子3-11553～4,7-37935
　　測繪海圖全法　子7-36231(4)、37930
　　測繪地圖學　子7-36237
　　測繪考　子7-36240(5)
　　測繪器說　子7-36254
　　測繪器圖說　子7-36229、37931
　　測繪學　子7-37936
　　測繪輿圖入門　子7-36237
30 測字經驗　叢2-1547
　　測字祕牒　子3-12894、14644
38 測海集　集4-22286～7　叢2-906
　　測海集節鈔　子7-34586　集4-22288
　　測海山房中西算學叢刻初編　子3-12388
　　測海樓集鈔　集4-22289
　　測海樓舊本書目　史8-65904
　　測海錄　子4-23380～1
44 測地膚言　子3-11532
　　測地繪圖　子7-36248、37929
　　測地繪圖、表　子7-36228(4)、36231(4)
　　測地志要　子3-12871　叢2-990、1869
　　測莊　子5-29335　叢1-142
60 測量高遠術　子3-12361、12364
　　測量高遠儀器用法、比例規解、八線表根　子3-12554
　　測量術　子3-12362
　　測量備要　子3-12870
　　測量釋例　子3-12500
　　測量儀器總說　子3-12498
　　測量儀器用法　子3-12522
　　測量繪算合解　子3-12887
　　測量淺說　子3-12369
　　測量淺說圖　叢1-436
　　測量法　子3-12387
　　測量法義　子3-12374、12389　叢1-135、272(3)、437、453,2-731(26)
　　測量法義、測量異同　子3-11378
　　測量法義、測量異同、句股義　叢1-223(34)
　　測量指要　子3-12383
　　測量異同　子3-12374、12389　叢1-135、272(3)、437、453,2-731(26)
　　測量學摘要　子7-36228(4)、37939
　　測量全義　子3-11234、12481
　　測量全義、比例規解　子3-12482
　　測圓密率　子3-12360、12364,7-36241　叢1-433,2-731(26)
　　測圓及弧三角圓錐曲線考　了7-36240(4)
　　測圓續率　子3-12568
　　測圓海鏡　叢1-223(35)、227(7)

測圓海鏡識別詳解　子3-12359

測圓海鏡細草　子3-12364、12431　叢1-244(5),2-731(25)

測圓海鏡通釋、算學叢話、喻利算法　子3-12434

測圓海鏡分類釋術　子3-12433　叢1-223(35)

測圓海鏡分類釋術、測圓算術、勾股算術、弧矢算術、方圓術　子3-12432

測圓圖解　子3-12567

測圓算術　子3-12448

測圓算術、弧矢算術　子3-12449

80 測食　子3-11234、11330

88 測算公式讀法　子3-12796

瀏

10 瀏西童氏族譜[湖南瀏陽]　史5-36516

瀏西張氏九修族譜[湖南瀏陽]　史5-35288

瀏西傅氏族譜[湖南瀏陽]　史5-36270~1

瀏西黃氏族譜[湖南瀏陽]　史5-34017

瀏西劉氏族譜[湖南瀏陽]　史5-39470

40 瀏南謝家洲楊氏族譜[湖南瀏陽]　史5-37000

瀏南王氏續修族譜[湖南瀏陽]　史4-25419

瀏南神虎沖彭氏族譜[湖南瀏陽]　史5-35579

瀏南大遙段邱氏族譜[湖南瀏陽]　史4-28488

瀏南李氏續修族譜[湖南瀏陽]　史4-27453

瀏南柘谿李氏家譜[湖南瀏陽]　史4-27458

瀏南荊坪張氏支譜[湖南瀏陽]　史5-35296

瀏南荊坪胡氏族譜[湖南瀏陽]　史4-30600~1

瀏南橫溪蕭氏三修支譜[湖南瀏陽]　史5-39981

瀏南小湖塘郭氏族譜[湖南瀏陽]　史4-32355

瀏南料源黃氏族譜[湖南瀏陽]　史5-34013~4

44 瀏萍徐氏族譜　史4-31768

50 瀏東謝列宗祠志[湖南瀏陽]　史5-40778

瀏東磚街羅氏族譜[湖南瀏陽]　史5-41103

瀏東白沙劉氏族譜[湖南瀏陽]　史5-39471

瀏東泉塘胡氏族譜[湖南瀏陽]　史4-30598

瀏東灘頭孔氏房譜[湖南瀏陽]　史4-25967

瀏東房氏族譜[湖南瀏陽]　史4-30285、30287

瀏東河塘廖祠族譜[湖南瀏陽]　史5-38538

瀏東梁氏族譜[湖南瀏陽]　史5-34690

瀏東湯氏族譜[湖南瀏陽]　史5-36572

瀏東李氏族譜[湖南瀏陽]　史4-27447

瀏東獅山書院志　史7-52115

瀏東余氏族譜[湖南瀏陽]　史4-28610

60 瀏邑張祠牌位譜[湖南瀏陽]　史5-35290

瀏邑黃氏族譜[湖南瀏陽]　史5-34009

瀏邑羅聯祠譜[湖南瀏陽]　史5-41098

瀏邑劉氏族譜[湖南瀏陽]　史5-39468、39476

瀏邑邱從祥祠族譜[湖南瀏陽]　史4-28489

76 瀏陽麻利述　子1-4312

瀏陽譚先生年譜　叢2-2090

瀏陽施氏宗譜[湖南瀏陽]　史4-30918

瀏陽平樂園王氏族譜[湖南瀏陽]　史4-25418

瀏陽張氏族譜[湖南瀏陽]　史5-35282

瀏陽吳氏族譜[湖南瀏陽]　史4-28142

瀏陽溫氏祠族譜[湖南瀏陽]　史5-36600

瀏陽太原王氏族譜[湖南瀏陽]　史4-25416~7

瀏陽南㘭里山上胡氏續修族譜[湖南瀏陽]　史4-30602

瀏陽李氏族譜[湖南瀏陽]　史4-27448~9

瀏陽萬氏族譜[湖南瀏陽]　史5-35814

瀏陽黃氏宗譜[湖南瀏陽]　史5-34018

瀏陽林氏族譜[湖南瀏陽]　史4-29367~8

瀏陽車溪吳氏族譜[湖南瀏陽]　史4-28145

瀏陽易氏宗譜[湖南瀏陽]　史4-29532

瀏陽縣祠吳氏族譜[湖南瀏陽]　史4-28143

瀏陽縣志[雍正]　史8-60425

瀏陽縣志[康熙]　史8-60423~4

瀏陽縣志[嘉靖]　史8-60422、60426

瀏陽縣志[同治]　史8-60427

瀏陽歐陽氏重修族譜[湖南瀏陽]　史5-39092

瀏陽義門陳氏族譜[湖南瀏陽]　史4-33287

瀏陽鍾甲塘劉氏三修宗譜[湖南瀏陽]　史

5-39475
　瀏陽鍾甲塘劉氏宗譜［湖南瀏陽］　史5-
　　39474

3210_4 壗

44 壗堵測量　子3-11238

3211_2 澎

00 澎廬文存　集5-38927
37 澎湖遺老集　集5-38924～5　叢2-2099
　澎湖遺老續集　集5-38926

3211_3 兆

22 兆仙堂詩稿　集3-18574
86 兆鑼草堂壬奇行軍捷要（壬奇行軍捷要）
　　子3-13830

洮

17 洮瓊館詞　集4-24516,7-46407、47497　叢
　　2-677
27 洮岷文武禁約　史6-45816
　洮岷邊備知參政事畢自嚴生祠志　史2-
　　9056
32 洮州廳志［光緒］　史8-63271
　洮州衛志［康熙］　史8-63269
　洮州衛志［乾隆］　史8-63270
33 洮浦集　集3-13239
37 洮湖盟鷗館詩鈔　集4-26736
　洮漁遺詩（味古齋詩存、小滄嶼山房詩存）
　　集5-38154
39 洮沙縣志［民國］　史8-63215
40 洮南府墾務奏定章程　史6-44874
　洮南府鄉土志［光緒］　史7-56237
　洮南縣志［民國］　史7-56238

3211_4 淫

28 淫僧　集7-49296

3211_8 澄

00 澄庵集　集3-18055
　澄廬文集　集5-41638
　澄廬詩集　集5-41637
　澄齋詩鈔　集5-39910
　澄齋日記　史2-13207
　澄衷蒙學堂章程　史6-42470
　澄衷蒙學堂字課圖說、檢字、類字　經2-
　　13496
　澄衷蒙學堂按日課程表　史6-42471
12 澄瑞堂詩集（鶴廳集、銀川集、河橋集、天水
　　集、玉塞集、輪臺集、昭潭集、素衣集、扈
　　從集、解組集、五友集、文石集、南明集）
　　集3-19784
　澄水帛　子4-23085
16 澄碧齋詩鈔、別集　集3-19850
　澄碧齋詩鈔、別集、遺文　集3-19851
　澄碧堂詩稿五集　集3-17082
20 澄香閣吟　集3-17849
22 澄川書屋文集　集5-35779
29 澄秋書堂詩稿　集3-16496
　澄秋閣集、二集、三集　集3-18871
31 澄江方氏宗譜［江蘇江陰］　史4-25730
　澄江高氏宗譜［江蘇江陰］　史4-32409
　澄江詠古錄　集5-41054
　澄江詩選前集、後集、續集、江陰詩粹、續選
　　集6-44547
　澄江郭氏宗譜［江蘇江陰］　史4-32281
　澄江孫氏宗譜［江蘇江陰］　史5-33563
　澄江君山馮氏宗譜［江蘇江陰］　史5-
　　36416
　澄江季氏宗譜［江蘇江陰］　史4-29578～9
　澄江香山胡氏宗譜［江蘇江陰］　史4-
　　30390～1
　澄江集　集3-15493、15496,6-41969　叢1-
　　373(9),2-1343
　澄江朱氏重修宗譜［江蘇江陰］　史4-
　　26441
　澄江仰氏宗譜［江蘇江陰］　史4-26811
　澄江守城紀事　史1-3310
　澄江馮氏宗譜［江蘇江陰］　史5-36414～5

<table>
<tr><td rowspan="2">中國古籍總目·索引</td><td>

澄江治績　史6-43137
澄江治績續編　史6-43138
澄江沈氏宗譜[江蘇江陰]　史4-29007、
　29010
澄江范氏宗譜[江蘇江陰]　史4-29429
澄江莊氏宗譜[江蘇江陰]　史4-31492
澄江蘇氏譜[江蘇江陰]　史5-41005
澄江華莊周氏宗譜[江蘇江陰]　史4-
　29872
澄江華莊周氏宗譜續修[江蘇江陰]　史4-
　29871
澄江蔡氏宗譜[江蘇江陰]　史5-37981
澄江林氏宗譜[江蘇江陰]　史4-29280
澄江楊樹壩周氏宗譜[江蘇江陰]　史4-
　29873
澄江楊氏宗譜[江蘇江陰]　史5-36825
澄江史氏世譜[江蘇江陰]　史4-26134
澄江費氏宗譜[江蘇江陰]　史5-36697
澄江別集　史6-48174
澄江邱氏宗譜[江蘇江陰]　史4-28456
澄源江氏宗譜[江西婺源]　史4-26905
33 澄心居詩草　集4-25018
澄心小草　集3-19567
澄心堂集　集3-19196
34 澄邁縣志[康熙]　史8-61470~1
澄邁縣志[嘉慶]　史8-61472
澄邁縣志[光緒]　史8-61473
澄遠堂三世詩存三種　集6-44990
35 澄清初集　叢2-682
澄清堂詩存　集5-36691
38 澄海縣志[雍正]　史8-60983
澄海縣志[康熙]　史8-60982
澄海縣志[嘉慶]　史8-60985
澄海縣志[乾隆]　史8-60984
40 澄塘吳氏家譜[安徽歙縣]　史4-28016~7
43 澄城縣續志[民國]　史8-62815
澄城縣志[順治]　史8-62812
澄城縣志[嘉靖]　史8-62811
澄城縣志[乾隆]　史8-62813
澄城縣志[咸豐]　史8-62814
澄城縣附志[民國]　史8-62816
44 澄蘭室古緣萃錄　子3-14892
46 澄觀集　集4-27570、33162
60 澄園詩集、補遺　集5-40197
澄園醫類　子2-10754
澄園尚書遺墨詩册　集4-33115
澄邑南砂林氏大宗族譜[廣東澄海]　史4-
　29392
67 澄暉閣文稿　集4-25772
澄暉閣道書　子5-29553
澄暉堂詞　集7-46398~400、47148

</td><td>

78 澄鑒堂琴譜、琴譜指法　子3-17666~7
澄鑒堂律賦　集6-42071
90 澄懷主人自訂年譜　叢2-939、1395~6
澄懷老人自訂年譜　史2-11806
澄懷書屋詩鈔　集4-27437
澄懷園文存　集3-17832　叢2-939、1395
澄懷園語　子1-2224~5,4-19502　集3-
　15677~8　叢1-435、494、496(6)、2-678、
　691(2)、1395~6
澄懷園詩選　集3-17831　叢2-1396
澄懷園詩選、澄懷園語、載賡集　集3-
　17830
澄懷園消夏日記　子4-23493
澄懷園載賡集　叢2-1395~6
澄懷園日記(清道光二十年)　史2-12752
澄懷園日記(清咸豐八年至九年)　史2-
　12787
澄懷園全集四種　叢2-1395~6
澄懷錄　子4-23815　叢1-22(4)、175、389
　~90
澄懷堂文鈔、詩選、詩外　集4-29499
澄懷堂語　叢2-939
澄懷堂詩集　集4-29502
澄懷堂詩外　集4-29501
澄懷堂詩存真錄　集4-29500
澄懷堂遺稿　集4-30767~8
澄懷堂印譜　子3-16998
澄懷堂印剩　子3-16999

灃

10 灃西草堂文集　集5-35358
灃西草堂集(灃西草堂文集)　集5-35357

3212₁ 沂

12 沂水縣志[康熙]　史8-59324
沂水縣志[道光]　史8-59325
沂水桑麻話　子1-4159
32 沂州府志[乾隆]　史8-59318
沂州志[康熙]　史8-59317
沂州志[萬曆]　史8-59316
76 沂陽日記　史1-4415　叢1-22(21)
80 沂公筆錄　叢1-15~6、456(6)、465、2-731
　(6)

</td></tr>
</table>

浙

02 浙刻雙池遺書十二種　叢2-1421
07 浙贛鐵路局橋樑規範書摘要　史6-44303
10 浙西六家詩鈔　集6-44562
　　浙西六家詞　集7-46430
　　浙西雜記　史1-3973
　　浙西水利備考　史6-46801
　　浙西水利書　史6-46800　叢1-223(24)、
　　2-870(3)
　　浙西遊草　集5-35446
　　浙西四家印譜　子3-16942
　　浙西鐵路情形論　史6-44301,7-49319
12 浙水述聞　叢1-373(4)
21 浙行偶記　史7-53846　叢1-369
　　浙衢柴氏宗譜[浙江衢州]　史4-31524
25 浙使紀程詩錄　集5-36446
26 浙程備覽　史7-50258　叢1-498
27 浙紹山陰張氏家譜[浙江紹興]　史5-
34940
　　浙紹山陰馬鞍山許氏宗譜[浙江紹興]　史
5-34407
　　浙紹蕭山縣車里莊王氏家譜[浙江蕭山]
史4-24922
28 浙嵊紀事　史6-43827　叢2-731(17)、816、
832(4)
　　浙嵊紀事、玉城奏疏　史6-43826
31 浙江高等學堂現行章程　史6-42513
　　浙江庚子科同年序齒錄　史3-14216
　　浙江辛卯科同年序齒總錄　史3-14214
　　浙江交涉署交涉節要　史6-44935
　　浙江辦理女匪秋瑾全案　史2-10943
　　浙江辦理英國防務奏案鈔檔(道光二十年
　　至二十四年)　史6-45064
　　浙江辦理匪犯就地正法歷次章程　史6-
46296
　　浙江新志[民國]　史7-57124
　　浙江試辦警察章程　史6-45369
　　浙江諸水編　史7-49317(7)、49318(10)、
52905
　　浙江認捐弊欵全案彙鈔　史6-46252
　　浙江諮議局文牘第二編　史6-41876
　　浙江諮議局議案預備會章則　史6-41866
　　浙江諮議局議決案　史6-41872
　　浙江諮議局議員質問書、巡撫諮詢事件　史
6-41871
　　浙江諮議局互選等細則　史6-41867
　　浙江諮議局建議案　史6-41874

浙江諮議局案全編　史6-41873
浙江諮議局速記錄　史6-41868
浙江諮議局第一屆常年會議事錄　史6-
41877
浙江諮議局第二屆常年會議訣案　史6-
41878
浙江諮議局籌辦處章程　史6-41865
浙江諮議局籌辦處報告甲編、乙編、補遺
史6-41869
浙江丁漕賦稅彙編　史6-43463
浙江兩級師範學堂附屬模範小學堂現行章
程　史6-42514
浙江平定粵寇紀畧　史1-3927
浙江石門科第錄　史3-14976
浙江水利　史6-46802
浙江建德洋源東莞童氏宗譜[浙江建德]
史5-36488
浙江磚錄　史8-65206　叢2-1694
浙江現任文職同官錄(清光緒三十一年)
史3-23742
浙江改訂巡警章程　史6-45373
浙江采風錄　集6-44561
浙江行政規章、浙江單行法　史6-41883
浙江歲科試題名錄(清順治十二年至光緒
三十一年)　史3-14949
浙江仙居縣程女士(鳳蘭)徵文啓　史2-
10996
浙江山川古蹟記　史7-51385
浙江山陰望村駱氏家譜[浙江紹興]　史5-
39894
浙江山陰白魚潭張氏族譜[浙江紹興]　史
5-34926
浙江絲捐酌定章程　史6-43621
浙江代辦山東賑捐總局請獎履歷銀婁清册
(清光緒三十三年)　史6-43620
浙江科名錄(清乾隆己卯至咸豐乙卯)　史
3-14950
浙江續通志[民國]　史7-57123
浙江總兵肅紀維風册　史6-45147
浙江鄉試科名錄　史3-14269
浙江解進備採書目　史8-65463
浙江名勝志　史7-51384
浙江名勝圖說　史7-51386
浙江名勝景亭圖說　史7-51387~8
浙江淳安程氏祕傳內府治痘方法　子2-
8971
浙江寧屬借款章程　史6-43323
浙江完漕試辦規則法律案　史6-44172
浙江進呈書檔册　史8-65464
浙江審判廳籌辦處研究所概則備覽　史6-
46031

浙江官書局減價書目　史 8-66448
浙江官書局書目　史 8-66446
浙江州縣警務人員職務權限規則　史 6-45376
浙江州縣警務人員處分規則　史 6-45375
浙江巡撫聶府君(緝規)行述　史 2-10781
浙江巡撫審訂諮議局議案錄(丙編)　史 6-41875
浙江巡撫乾隆三十六年分題銷過額外餘引文册　史 6-43451
浙江巡撫批簽諮議局質問書　史 6-41870
浙江減浮章程　史 6-43465
浙江法政同學錄　史 6-42511
浙江法政學堂暫定章程　史 6-42510
浙江清理財政總局收支等章程　史 6-43321
浙江清理財政局辦事細則　史 6-43313
浙江清理財政局說明書　史 6-43314
浙江溫州府平陽縣白梅村七世修行玉英寶卷(玉英寶卷)　集 7-54528
浙江湖州府城稽氏宗譜[浙江湖州]　史 5-35978
浙江湖州歸安縣賦役全書　史 6-43685
浙江沿海圖說、海島表　史 7-50262
浙江迎鸞樂府　集 7-49696
浙江通志[雍正]　史 7-57116　叢 1-223(24)
浙江通志[康熙]　史 7-57115
浙江通志[嘉靖]　史 7-57114
浙江通志水利海防　史 6-46799
浙江通志補編經籍志[民國]　史 7-57127
浙江通志釐金門稿　史 7-57122
浙江通志釐金門初稿　叢 2-2134
浙江通省志圖說　史 7-50257
浙江通省釐茶牙釐總局捐釐新章　史 6-43622
浙江通省釐捐總局批示(光緒三十年)　史 6-43618
浙江退軒集　集 2-6550
浙江選貢齒錄　史 3-14946
浙江海運全案重編初編、續編、新編　史 6-44171
浙江海運全案初編、續編　史 6-44170
浙江海塘工議事會章程　史 6-46854
浙江海塘工地全圖　史 6-46852
浙江海塘江程總局章程　史 6-46853
浙江海塘巡警局章程　史 6-45379
浙江海塘事宜册　史 6-46846
浙江海防兵糧疏　史 6-47823
浙江道光二十三年分題銷節年未完縣塲課並己未完解存銀數文册　史 6-43461

浙江道光二十年分額外積引改銷餘引課費銀數文册　史 6-43460
浙江道光十一年起運漕白船糧數目四柱總册　史 6-43459
浙江大營叛兵馬文英象山昌國營叛兵何中劉傳　史 1-1929
浙江布政使衙門分科辦事細則　史 6-41864
浙江布政使衙門分科治事章程　史 6-41863
浙江嘉慶六年至九年分公費水脚分銀己未完數目文册　史 6-43454
浙江嘉慶六年起至八年分公費水脚分銀己未完數目文册　史 6-43453
浙江嘉慶十六年分考核鹽課錢糧數目文册　史 6-43831
浙江嘉慶十二年分溢銷額外餘引征完課費分銀存貯數目文册　史 6-43457
浙江嘉慶十二年分銷過額外餘引文册　史 6-43458
浙江嘉慶十年分筆帖式分規銀數文册　史 6-43456
浙江嘉慶九年分公費水脚銀數文册　史 6-43455
浙江嘉興府秀水縣刺心寶卷(刺心寶卷)　集 7-54524
浙江杭硤石鎮廣益善堂徵信錄　史 6-44690
浙江杭州府於潛縣乾隆二十六年分清編完賦人丁莊名戶口數目文册　史 6-43450
浙江杭州府檔(光緒)　史 6-47451
浙江杭州府中學堂章程　史 6-42515
浙江杭州府錢塘縣雷峯寶卷(雷峯塔、白蛇寶卷)　集 7-54525
浙江杭州府錢塘縣雷峯寶卷(雷峯寶卷、白氏寶卷、雷峯古蹟)　集 7-54526
浙江杭州新刊重校補訂四書集說　經 2-10571
浙江杭州西湖石屋洞摩崖像　史 8-63896　叢 2-2162
浙江城鎮鄉地方自治章程施細則　史 6-41879
浙江地畧　史 7-49318(20)、50264
浙江考畧　史 7-49317(1)、49318(1)、50263
浙江勸業公所辦事細則　史 6-44806
浙江勸業公所試辦章程　史 6-44805
浙江薦舉博學鴻詞試帖　集 6-45472
浙江藏書樓甲編書目、補遺乙編書目、補遺、日文書目　史 8-65539
浙江蘇郡同官錄　史 3-23738
浙江乾隆四十三年起運四十二年分漕白二糧完兌文册　史 6-43452

浙江警察總局勤惰賞罰禁條規則　史6-45374

浙江忠義錄　史2-7963

浙江忠義錄、表、續編、續表　史2-7964

浙江奏辦夷務事宜　史6-47954、47956

浙江書局刻板書影　史8-66499

浙江書局價目　史8-66447

浙江採集遺書總錄　史8-65461

浙江採集遺書總錄、閏集　史8-65462

浙江戊午科鄉試同年錄　史3-14217

浙江釐金　史6-43619

浙江釐金章程　史6-43616

浙江釐餉款目源流及沿革利弊　史6-43626

浙江四川直隸造象目蒐錄　史8-64111　叢2-2162

浙江四大家史論合編　史1-5756

浙江圖書館叢書（蓬萊軒地理學叢書）　史7-49310

浙江賦役全書　史6-43679、43681~4

浙江財政說明書二編　史6-43312

浙江風俗改良淺說第一編　子4-21989

浙江同官錄（清光緒十二年）　史3-23740

浙江學政吳大宗師給各屬應試生童諭　史6-42508

浙江留京同學錄　史6-42512

浙江八旗殉難錄　史2-7965

浙江全省商辦鐵路有限公司杭嘉第一段江千湖墅客貨暫行簡章　史6-44292

浙江全省調查局章程　史6-41882

浙江全省警務處辦事詳細規則　史6-45377

浙江全省警務處分章程　史6-45378

浙江全省警務學堂章程　史6-45370

浙江全省警務公所章程　史6-45371

浙江全省輿圖並水陸道里記　史7-50260~1

浙江全省鐵路議畧　史6-44288

浙江會試鄉試朱卷　史3-15022

浙江鐵路奏稿　史6-44287

浙江鐵路條呈　史6-44309

浙江餘姚六倉沙地清丈升科理由質問書　史6-44878

浙江省試辦宣統三年預算比較表　史6-43315

浙江省試辦宣統四年地方歲出預算報告附冊　史6-43319

浙江省試辦宣統四年地方歲入預算報告冊　史6-43320

浙江省試辦宣統四年國家歲出預算報告冊比較表　史6-43318

浙江省不符冊　史6-46355

浙江省職官銜名錦摺　史3-23739

浙江省修訂縣自治章程　史6-41881

浙江省物料價值則例　史6-46539

浙江省減賦全案　史6-43462

浙江省通志圖說　集3-17881　叢2-1398~9

浙江省志輯要〔光緒〕　史7-57118

浙江省城巡警總局章程　史6-45372

浙江省城善堂收支報告（宣統二年份）　史6-44689

浙江省城善堂收支報告（光緒三十四年份）　史6-44688

浙江省勸業公所第一屆成績報告書　史6-44807

35 浙漕總錄　史6-44173

38 浙游續識　史6-43166

浙游偶識　史6-43166

浙海鈔關現行收稅則例　史6-43555

浙海鈔關徵收稅銀則例　史6-43554

浙遊雜草　集5-36751

浙遊詩詞草　集5-40133

浙遊百卅律　集5-34696

浙遊漫錄、浙遊重記（清康熙三十二年至三十五年）　史2-12587

浙遊草　集4-26546、26900

浙遊日記　史7-49318(19)、53311

浙遊小草　集5-39837

40 浙大堂試辦章程　史6-42509

浙士解經錄　經2-11615~6

50 浙中英法戰事紀畧　史1-3926

浙中髮匪紀畧　史1-3925

浙中會稽見聞錄　史7-50433

浙東課士錄　史3-14955

浙東紀遊草　史7-53403　叢2-1723

浙東紀畧　史1-1979、1982、3425

浙東暨陽大馬丁氏宗譜〔浙江諸暨〕　史4-24636

浙東長街王氏宗譜〔浙江寧海〕　史4-24996

浙東前七子弇山詩鈔　集3-18175

浙東鎮海得勝全圖　史6-45548

浙東籌防錄　史1-4249　叢2-2021

58 浙撫奏疏　叢2-1940

浙撫雅爾哈善奏報　史6-48735

67 浙路代表旅津紳商廢章保律公牘　史6-43987

70 浙雅　叢2-2099

77 浙閩總制劉兆麒疏章、義檄　史6-48670

浙閩總督先文敏公奏稿　史6-48881

浙學宗傳　史2-7958、8128

浙學淵源述要　叢1-375
浙闈科名果報錄　子5-27141
88 浙籍詞人小傳　史2-7973
90 浙省新定百貨捐釐章程　史6-43613
浙省新定籌餉百貨捐釐章程　史6-43612
浙省現任文職同官錄　史3-23743
浙省現任文職同官錄、鄭工例新海防例各
　班佐貳同官錄、候補道府同通州縣同官
　錄　史3-23741
浙省重訂絲釐比較章程並坐額册　史6-
　43614
浙省例欵　史6-43311
浙省地漕減浮釐捐核實細數備考　史6-
　43166
浙省繭捐章程　史6-43624
浙省釐務各詳案並册　史6-43615
浙省釐務各詳並册　史6-43617
浙省釐捐總局詳定牙帖捐輸章程　史6-
　43623
浙省鹽務變通章程　史6-43834
浙省鐵路始末述畧　史6-44300
浙省節孝全錄　史2-7967

淛

12 淛水詞　集4-25320
22 淛川廳志[咸豐]　史8-59964
淛川更漏中星表　子3-11574
淛川直隸廳鄉土志[光緒]　史8-59965
淛川縣志[康熙]　史8-59963

漸

00 漸齋詩存　集5-40385
漸齋詩草　集2-7879
漸齋詩鈔　集4-22879、25882
漸齋詞鈔　集7-47551
漸齋奏疏　史6-48232
10 漸西村人詩初集　集5-37542
漸西村人初集　叢1-507~8
漸西村人未刊詩文稿　集5-37541
漸西村人日記　史2-13125
漸西村人日錄(清光緒三年至六年)　史2-
　13122
漸西村舍彙刊(漸西村舍叢刻)四十四種
　叢1-508
漸西村舍彙刊四十四種　叢1-507

漸西村舍叢刻甲編目錄、麗澤堂書目　史
　8-66161
漸西村舍日記(清光緒十五年至二十三年)
　史2-13124
漸西村舍日記(光緒十五年至二十一年)
　史2-13123
漸西村舍日錄(清同治十三年至光緒八年)
　史2-13121
漸西邨人初集　叢2-731(44)
24 漸備一切智德經　子6-32081(5)、32082(5)、
　32083(4)、32085(5)、32086(5)、32088(4)、
　32089(5)、32090(6)、32091(5)、32092(4)、7-
　32401
漸備一切智德經(十住經、大慧光三昧經)
　子6-32084(4)、32093(2)
26 漸細齋詩集　集3-15367
31 漸江詩鈔　集3-15615
漸江先生江公(珍)傳行狀墓誌銘　史2-
　8959
37 漸湖徐氏宗譜　史4-32193
77 漸學廬叢書第一集十五種　叢1-528
80 漸翁文集　集3-15614
91 漸悟集　子5-29530(22)、29535(5)、29536(5)、
　集1-4630~1

3212₂ 澎

37 澎湖廳志[光緒]　史8-63492
澎湖列島志畧　史7-49319、51272
澎湖續編[道光]　史8-63491
澎湖紀畧　史7-49317(5)、49318(15)、51271
澎湖紀畧[乾隆]　史8-63490
澎湖志畧[乾隆]　史8-63489
40 澎臺海道圖說　史6-45572、7-49319

3212₇ 沚

50 沚東樂府　集7-50573、50576
沚東樂府、碧山樂府　集7-50542

涔

60 涔園詩鈔　集4-22915、6-45079

潙

22 潙嶠艿言　子4-21745
　潙山靈祐禪師語錄　子7-32102
　潙山大圓禪師警策　子7-34028
　潙山古梅冽禪師語錄　子6-32091(82)
　潙山警策　子7-32100、33481
　潙山警策句釋記　子6-32091(78)、32092
　　(44)、7-34030
30 潙寧廖氏重修族譜[湖南寧鄉]　史5-
　　38541
　潙寧廖氏重修支譜[湖南寧鄉]　史5-
　　38540
　潙寧高氏族譜[湖南寧鄉]　史4-32450~1
　潙寧謝氏續修支譜[湖南寧鄉]　史5-
　　40793
　潙寧王氏五修族譜[湖南寧鄉]　史4-
　　25437
　潙寧王氏續修支譜[湖南寧鄉]　史4-
　　25424、25431
　潙寧王氏七修支譜[湖南寧鄉]　史4-
　　25435
　潙寧丁氏五修家譜[湖南寧鄉]　史4-
　　24680
　潙寧項氏族譜[湖南寧鄉]　史5-35531
　潙寧張氏瑄房族譜[湖南寧鄉]　史5-
　　35314
　潙寧張氏續修支譜[湖南寧鄉]　史5-
　　35312
　潙寧水口張氏族譜[湖南寧鄉]　史5-
　　35304
　潙寧延陵吳氏三修族譜[湖南寧鄉]　史4-
　　28149
　潙寧鄧氏三修族譜[湖南寧鄉]　史5-
　　38841
　潙寧任氏支譜[湖南寧鄉]　史4-26799
　潙寧山底張氏族譜[湖南寧鄉]　史5-
　　35298~300
　潙寧續修譚氏族譜[湖南寧鄉]　史5-
　　41262
　潙寧官山張氏通譜[湖南寧鄉]　史5-
　　35317
　潙寧湯溪張氏八修族譜[湖南寧鄉]　史5-
　　35303
　潙寧大田坊黎氏三修族譜[湖南寧鄉]　史
　　5-39133
　潙寧大田坊黎氏續修支譜[湖南寧鄉]　史
　　5-39131
　潙寧古塘基劉氏重修族譜[湖南寧鄉]　史

　5-39486~7
　潙寧袁氏重修支譜[湖南寧鄉]　史4-
　　31385
　潙寧袁氏上房四修族譜[湖南寧鄉]　史4-
　　31387
　潙寧戴氏四修族譜[湖南寧鄉]　史5-
　　40557
　潙寧花橋劉氏續修族譜[湖南寧鄉]　史5-
　　39491
　潙寧蕭氏四修族譜[湖南寧鄉]　史5-
　　39984
　潙寧蔡氏東宗譜[湖南寧鄉]　史5-38043、
　　38045
　潙寧梘坪鄧氏支譜[湖南寧鄉]　史5-
　　38842
　潙寧楊氏家譜[湖南寧鄉]　史5-37008
　潙寧楓林顏氏支譜[湖南寧鄉]　史5-
　　40973
　潙寧東城李氏族譜[湖南寧鄉]　史4-
　　27466
　潙寧東城李氏續譜[湖南寧鄉]　史4-
　　27467~8
　潙寧易氏房譜[湖南寧鄉]　史4-29539
　潙寧易氏支譜[湖南寧鄉]　史4-29535
　潙寧喻氏十修支譜[湖南寧鄉]　史5-
　　35948
　潙寧劉氏族譜[湖南寧鄉]　史5-39500~1
　潙寧邱氏珂璽兩房三修支譜[湖南寧鄉]
　　史4-28490
　潙寧周氏七修族譜[湖南寧鄉]　史4-
　　30143
　潙寧八仙石葉氏續修支譜[湖南寧鄉]　史
　　5-35764
　潙寧金紫山彭氏族譜[湖南寧鄉]　史5-
　　35581
　潙寧余氏續修支譜[湖南寧鄉]　史4-
　　28614
　潙寧鍾氏支譜[湖南寧鄉]　史5-40648
31 潙源易氏重修族譜[湖南寧鄉]　史4-
　　29534
　潙源易氏支譜[湖南寧鄉]　史4-29540
　潙源易氏歡公祠志[湖南寧鄉]　史4-
　　29537

灣

11 灣頭王氏續修族譜[湖南湘鄉]　史4-
　　25478
60 灣口程氏家譜[江西婺源]　史5-36169
　灣里裴氏族譜[安徽黟縣]　史5-38491

中國古籍總目·索引

77 灣周世譜[上海松江]   史4-29816

3213₀ 冰

00 冰庵詩鈔   集3-16192
冰庵遺稿   集5-40405
冰廬集   叢2-2183
冰齋文集   集3-14659
冰言、補   子1-1733,4-19502   叢2-728、1725
冰言、補錄   子1-1734
10 冰玉山莊詩集   集3-20737
冰玉堂詩草   集2-10842
冰玉堂集   集3-15087
冰玉堂綴逸藁、蘭舟漫稿、二餘詞   集2-8609
冰雪集   集3-17350～2、17357,6-44644   叢2-980
冰雪外集   叢2-980
冰雪寮詩鈔   集5-36783
冰雪攜(晚明百家小品)   叢2-721
冰雪攜三選稿   集6-42994
冰雪攜集   集3-13632
冰雪因緣   子7-38187
冰雪堂詩   集3-20893
冰天漁樂記   子7-38186
16 冰魂閣詩草   集5-41417
21 冰紅集   集7-48073
22 冰川詩式   集6-45787
冰川集   集3-16693
冰嶺紀程、度嶺吟   史7-54045
冰山再錄   叢1-373(5)
26 冰泉唱和集、續和、再續和、閏集   叢2-799～801
27 冰鏊詩集   集3-19190
冰鏊詩全稿   集3-19187
冰鏊子雲聲二集   集3-15245
冰鏊集、詩餘   集3-19191
冰鏊先生詩集   集2-6819
冰鏊堂詩稿   集3-19188
28 冰谿吟草   叢1-496(4)
32 冰溪吟草   集4-32545
33 冰心集   集3-18727
冰心冊傳奇   集7-49539
35 冰連庵剩稿   集5-36359
37 冰湖楊氏宗譜[浙江義烏]   史5-36906
38 冰洋事蹟述畧   史7-49317(2)、49318(18)
40 冰壺雜抄   子4-24741

冰壺詞   集5-34945,7-47346、48179
冰壺集、詩餘   集2-10120
冰壺山館詩鈔   集4-25343～6
冰壺山館詩鈔(道烏紀程草)   集4-25342
冰壺秋月齋詩剩   集5-35899
冰壺室詩草   集5-41380
冰壺唱和   集3-21836
冰壺吟稿(憶存草)   集4-24190
冰壺小草   集4-26509
44 冰花唱和詩   集6-44179
冰繭盦詩稿   叢2-694
冰蓮集   集2-11660
48 冰槎集   集2-12691
冰槎集題中人物考畧   叢1-580
51 冰軒集   集3-17063
54 冰持庵詞   集7-46419、48020
56 冰揭羅天童子經   子6-32093(36)
60 冰署筆談   子4-23046
71 冰蠶詞   集4-32747,7-46418、47911～2   叢1-509,2-799～800
冰甌館詩存   集4-31085
冰甌館詩鈔   集4-30466
冰甌館詞   集7-46419、48022
冰甌館詞鈔   集7-48023
76 冰陽筆訣   子3-15041
77 冰月露   叢1-159
冰月補   子4-23980
78 冰鑒齋見聞錄   子5-27286
冰鑒集雜症便覽   子2-7145
88 冰鑑   子3-14221
冰鑑齋集   集4-22407

3213₁ 沴

38 沴涌集   集4-32048

3213₂ 濚

22 濚川足徵錄   集6-44755

3213₃ 添

00 添註塗改欵式   史6-42321
10 添丁小酉之廬詩草   集5-37559

　　　添丁小酉之廬詩草、楚生文存　叢2-985
22　添製各省官印模式　史8-65093
27　添修莫愁湖志　史7-52874
35　添油接命金丹大道　子2-4591、11194
60　添品妙法蓮花經　子6-32083(5)、32084(5)、
　　　32089(6)、32090(7)、32092(4)、32093(14)
　　　添品妙法蓮華經　子7-32506

3213₄ 沃

32　沃州鴈山吟　集6-41904
　　　沃州鴈山吟(雁山吟)　集1-3933
50　沃史[康熙]　史7-55833
　　　沃史[萬曆]　史7-55832

溪

00　溪亭集　集2-11380~1
　　　溪庫詩稿　集3-21002
10　溪爾運河記畧　史7-49357、54843
　　　溪西集　集4-22470
　　　溪雲集　集1-5124
　　　溪雲閣吟稿　集4-29002
21　溪上玉樓叢稿　集5-36581
　　　溪上徐氏宗譜　史4-32194
　　　溪上遺聞集錄、溪上遺聞別錄　子5-27342
　　　溪上遺聞別錄　子5-27343
　　　溪上草堂文稿　集5-38475
22　溪蠻叢笑　史7-50802　叢1-11~2、17、19
　　　(3)、20(2)、21(6)、22(12)、23(11)、24(3)、56、
　　　86、114(5)、195(7)、223(26)、490、2-617(2)、
　　　624(2)、730(6)
　　　溪山文稿　集5-41680
　　　溪山詩存　叢2-2114
　　　溪山集　集2-6537~8
　　　溪山程氏續纂本宗支譜[安徽休寧]　史5-
　　　36128
　　　溪山老農年譜、續編、附錄　史2-12325
　　　溪山樓詩鈔(黃海紀遊、黃山遊草、畫梅雜
　　　　詠)　集4-30588
　　　溪山餘話　叢1-31
　　　溪山小農文稿錄存　集5-41679
　　　溪山小農詩稿　集5-41676
　　　溪山小農信劄　集5-41683
　　　溪山小農暫存稿　集5-41677
　　　溪山堂草　集2-10054
31　溪源程氏本宗續譜[江西婺源]　史5-

　　　36161
37　溪澗詩鈔　集4-25391
40　溪南詩草　集4-22593、6-41983
　　　溪南詞　集7-46404~5、46892~3　叢2-
　　　698(14)
　　　溪南江氏族譜[安徽歙縣]　史4-26881~2
　　　溪南清墅集草　集2-10841
　　　溪南湯氏宗譜[浙江武義]　史5-36560~1
　　　溪南老屋詩鈔　集4-22414
　　　溪南楊氏宗譜[江西黎川]　史5-36960
44　溪村詩鈔　集4-23378
50　溪東張氏宗譜[浙江龍游]　史5-34985~7
　　　溪東徐氏宗譜[福建浦城]　史4-32133
　　　溪東范氏宗譜[浙江金華]　史4-29459~61
60　溪口徐氏宗譜[浙江永康]　史4-32035~6
　　　溪園詩稿、遺稿、梅花百詠　集2-6504
　　　溪園集、隨闇先生集　集2-6400
　　　溪園集、隨闇先生集、山溪先生集、筠溪先
　　　　生集　集2-6401
　　　溪園遺稿　集2-6505、9635
　　　溪園遺稿、梅花百詠　集2-6506
77　溪月軒詩集　集5-37927
　　　溪閣漫鈔　集2-12203
80　溪翁詩草二編　集3-17335
　　　溪翁詩草初編　集3-17334
90　溪堂詞　集7-46352、46357、46380、46382、
　　　46509　叢1-223(72)、2-698(13)、720(2)
　　　溪堂集　集1-2836、3-18121、6-41894(1)、
　　　41895　叢1-223(53)
　　　溪堂集(謝無逸溪堂集)　集1-2838
　　　溪堂集、校勘補遺　集1-2837　叢2-870
　　　(4)

濮

08　濮議　史6-41981　叢2-635(8)、698(9)、
　　　1029
22　濮川詩鈔(客星零草、寓硤草)　集3-18422
　　　濮川志畧[康熙]　史7-57375
　　　濮川所聞記、續編[嘉慶]　史7-57378
32　濮州續志[康熙]　史8-59765
　　　濮州志[康熙]　史8-59764
　　　濮州志[宣統]　史8-59767
　　　濮州志[嘉靖]　史8-59762
　　　濮州志[萬曆]　史8-59763
　　　濮州志[乾隆]　史8-59766
72　濮氏宗譜[江蘇無錫]　史5-40889
　　　濮氏支譜[安徽蕪湖]　史5-40890
73　濮院瑣志[乾隆]　史7-57376

濮院志[民國] 史7-57380

76 濮陽蒲汀李先生家藏目錄 史8-65561
　　叢2-593～4

84 濮鎮紀聞[乾隆] 史7-57377

87 濮錄[同治] 史7-57379

88 濮簋生摘錄中西提要 子3-12836

3213₇ 濿

00 濿廬集 集3-14829

泛

00 泛音準絃 子3-17583、17793

10 泛雪小草 叢2-934

　　泛百門泉記 史7-49317(8)、49318(11)、53626

12 泛引詩緯 經1-4856 叢2-821、1872

　　泛引論語讖 經2-9748 叢2-821、1872

　　泛引雜書 叢2-821、1872

　　泛引樂緯 經1-6613 叢2-821、1872

　　泛引河圖 叢2-821、1872

　　泛引禮緯 經1-6390 叢2-821、1872

　　泛引孝經緯 經2-8643 叢2-821、1872

　　泛引春秋緯 經1-8276 叢2-821、1872

　　泛引易緯 經1-2484 叢2-821、1872

　　泛引尚書緯 經1-3501 叢2-821、1872

20 泛倍數衍 子3-12398

　　泛倍數衍、積較補解 子3-12534

　　泛香齋詩鈔 集4-29833

21 泛潁記 史7-49317(8)、49318(11)、52947

27 泛漿錄 叢2-1565

　　泛舟詩 集6-43809

　　泛舟集、春帆集、鷗鴟吟 集4-23337

　　泛舟遊山錄 叢2-1038

　　泛舟吟摘鈔 集4-23338

　　泛漿錄 史7-49317(6)、49318(12)、53118～9

34 泛瀟湘記 史7-49317(8)、49318(11)、53673

37 泛泖吟 集2-10181 叢1-86、2-730(8)、731(43)

　　泛湖偶記 叢1-587(6)、2-721

　　泛通河記 史7-49317(8)、49318(11)、53158

40 泛大通橋記 史7-49317(8)、49318(11)、53157

41 泛梗集 集3-17291

48 泛槎圖(艤槎圖)、續、三集、四集、五集、六

集 子3-16391

　　泛槎圖、續泛槎圖 子3-16390

　　泛槎吟 集3-18784

75 泛陳氏宗譜 史4-33446

77 泛月 集7-49377

3214₇ 叢

00 叢文 叢1-162

01 叢譚摘錄、續錄、附錄 子5-26525

　　叢語 子4-22273

09 叢談偶錄 子4-22641

10 叢雲精舍詩 集4-33082

13 叢殘語 子4-22459

　　叢殘小語 集3-18700 叢2-1418

15 叢珠館印譜 子3-16898

16 叢碧山房詩集 集3-16973

　　叢碧山房詩稿 集3-16971

　　叢碧山房詩初集、二集、三集、四集、五集、和陶詩、文集、雜著 集3-16972

　　叢碧山房詩鈔 集3-16974,6-44392

　　叢碧軒叢鈔 史1-4154

20 叢秀山房存稿 集4-32826

22 叢豐山奏議畧 史6-48193

　　叢山雜集 集4-31777

27 叢綠堂詩集 集4-31249

44 叢蘭山館詩草 集4-30475,6-41997

　　叢蘭山館初稿 集3-21178

　　叢桂山房詩鈔 集5-38186

　　叢桂山房集驗良方 子2-4639

　　叢桂山房遺稿 集4-26711

　　叢桂山房吟草、香谷詩餘 集4-32151

　　叢桂草堂醫案 子2-4770

　　叢桂軒近集 集3-13860

　　叢桂堂文集 集2-9315

　　叢桂堂文錄 集4-26195,6-42067

　　叢桂堂詩集 集2-9314

　　叢桂堂集驗良方(叢桂山房集驗良方) 子2-9568

　　叢桂堂家約 子1-2174 叢2-1243

　　叢桂堂書目 史8-65909

　　叢桂堂全集 集3-20362

　　叢桂堂錢譜 史6-44428

50 叢青軒集 集2-10964

　　叢書子目 史8-65533

　　叢書集要六種 叢1-161

　　叢書集要五種 叢1-160

　　叢書集成初編 叢2-731

叢書彙纂　叢2-1114
叢書目錄拾遺　史8-66150
叢書舉要、校誤記　史8-66148
叢書堂雜鈔六種　叢1-45
58 叢拾考證　子4-22642
64 叢睦山房末刻詩稿　集4-23029
叢睦汪氏遺書十九種　叢2-970
叢睦汪氏遺書八種　叢2-969
88 叢笙齋文集　集2-11554
叢笙齋集　集2-11552
叢篁居集　集3-16691
叢筆軒遺稿　集4-33639~40　叢2-942
89 叢鈔三種　叢1-577

浮

00 浮塵集　集4-31178
01 浮謳集　集5-35794
10 浮玉山房賦鈔、浮玉山房試帖　集5-33702
浮玉山房時文鈔　集5-33703
浮玉山人文集、書集　集2-9908
浮玉山人遺詩　集3-19994
浮石禪師語錄　子6-32091(74),7-34296
　~7
浮雲集　集3-13370
浮雲草　集3-17158
16 浮碧山館駢文　集5-34746
17 浮翠亭文鈔　集3-18316
22 浮舸集　集5-35442
浮山文集前編　集3-13590
浮山文集前編、後編、浮山此藏軒別集　集
　3-13589
浮山新志　史7-52621
浮山詩餘　集7-46377、46554
浮山記　史7-49319,53462
浮山集　集1-3252~3　叢1-223(54)
浮山紀勝　史7-49318(8)、53700
浮山法句　子6-32091(71)
浮山志　史7-52622~3　叢2-1011
浮山縣志[康熙]　史7-55872
浮山縣志[嘉靖]　史7-55871
浮山縣志[乾隆]　史7-55873
浮山縣志[同治]　史7-55874
浮山縣志[民國]　史7-55876
浮山縣志[光緒]　史7-55875
浮山所百戶賽張氏族譜[山東即墨]　史5-
　35254
浮山小志　史7-52619~20

浮山堂集、石倉文稿　集2-11273
24 浮休雜志　子5-25015
25 浮生六記　史2-9668　子5-26520~1　叢
　1-496(5),2-624(3)
浮生記夢集　集4-24442
浮生夢影　集5-40296
浮生四幻　叢1-551
浮生聞見錄　子4-23258
26 浮白吟　集3-20561
浮白小草　集4-30059　叢2-908
27 浮黎鼻祖藥祕篇　子5-31032
浮黎鼻祖金華祕訣　子5-29535(3)、29536
　(3)、31031
浮黎鼻祖金藥(華)祕訣　子5-29547
浮物　子4-20417　叢1-46
28 浮谿艸堂叢書四種　叢2-1667
浮谿館吟稿、裘杅樓詩稿、粵行吟稿、粵歸
　雜詠　集3-16749
浮谿精舍叢書十九種　叢2-1668
30 浮淮集　集2-9242　叢2-1105
31 浮沚集　集1-3042　叢1-223(53),2-731
　(40)
浮沚集、補遺　集1-3043　叢2-867
浮沚先生(周行己)年譜　史2-11285
浮祉集　叢1-230(5)
32 浮溪文粹　集1-3048,6-42038　叢1-223
　(53)
浮溪集　集1-3044　叢1-223(53),2-635
　(10)
浮溪集、拾遺　集1-3045　叢1-230(5),2-
　731(40)
浮溪集補鈔　集1-3047,6-41901
浮溪集鈔　集1-3046,6-41900
浮溪遺集　集1-3049
33 浮梁程氏世忠堂統譜[江西浮梁]　史5-
　36157
浮梁縣志[康熙]　史8-58550~1
浮梁縣志[道光]　史8-58555
浮梁縣志[乾隆]　史8-58552~4
浮梁縣志鄉土紀畧[民國]　史8-58556
浮梁陶政志　叢1-195(4)、351、368,2-731
　(31)
浮梁陶政志、景鎮舊事　叢1-366~7
浮梁金氏宗譜[江西浮梁]　史4-29792
36 浮湘訪學集　子4-21611　叢1-445
浮湘稿　集2-7682
浮湘草　集3-15233,4-23038
浮湘藁、山中集、憑几集、憑几集續編、息園
　存稿詩、息園存稿文、緩慟集(顧華玉集)
　叢1-223(65)
浮湘藁　叢2-1080

38 浮海記　史 1－1943、3263
浮海集　集 3－13124
浮海後記　史 7－49317(2)、53989
浮海前記　史 7－49317(2)、49318(15)、53988
40 浮來先生詩集(小東園詩集)　集 2－11142
42 浮橋工程學　子 7－37144
44 浮芥亭印存　子 3－17342
48 浮槎文集　集 3－13389
浮槎集　集 5－35460
浮槎稿　集 2－8259
浮槎山房詩稿　集 5－33862
浮槎山館詩集　集 4－24231
浮槎存稿、詩稿補遺　集 4－23721
浮槎閣文存　集 5－39072
浮槎閣集　集 5－36346
浮梅日記　集 5－35497　叢 2－1993
50 浮青水榭詩　集 3－18804
浮春館詩集　集 4－21937
60 浮園詩集　集 3－17562
浮邑方氏宗譜[江西浮梁]　史 4－25857
72 浮丘山房存稿　集 3－13693
浮丘左先生文集　集 2－11338
77 浮邱子　子 4－21602
浮眉樓詞　集 7－46407、47424　叢 1－486,2－698(12)、731(49)、1635～6
浮鷗草　集 3－20046
88 浮筠山館詞鈔　集 7－48570
浮筠軒遺稿　集 3－13482
91 浮煙集　集 4－26830

潑

60 潑墨軒詩集　集 4－27656
潑墨軒集(石坪遺集)　集 4－27655

淺

33 淺冶堂藏書五種　叢 1－313

3215_7 淨

60 淨因道人傳　史 2－9558

淨

16 淨硯齋艎印錄、續　史 8－65040
20 淨信堂初集　集 2－12234
淨香齋一隅草學詩　集 3－20284
淨香方丈稿　集 3－18617
淨香池藁、詩藁　集 2－11566
淨香居詩草　集 4－22682
21 淨行別品　子 7－34487　叢 2－1126
22 淨樂宧文存　叢 2－2126
淨樂宧雜存　叢 2－2126
淨樂宧詩存　叢 2－2126
淨樂宧詩存(丙戌集)　叢 2－2126
淨樂宧論畫　叢 2－2126
淨樂宧談藝　叢 2－2126
淨樂宧叢著十一種　叢 2－2126
淨樂宧簡畢　叢 2－2126
24 淨德集　集 1－2343　叢 1－223(51)、230(4),2－731(39)
27 淨修指要　子 7－34153
淨名經集解關中疏　子 7－33099
淨綠軒詩存、補遺詩　集 4－30880
淨綠軒詞　集 7－47890
淨緣一助　子 2－9559
30 淨宗法要　子 7－34489
32 淨業痛策　子 7－34561
淨業往生安養傳　史 2－7137
淨業染香集　子 7－34533
淨業初學須知　子 7－34530
淨業障經　子 6－32083(15)
淨業開蒙　子 7－34564
淨業知津　子 7－34529
33 淨心誡觀發真鈔　子 7－34463
淨心誡觀法　子 7－33911
淨心神咒　子 5－31703
38 淨海記　史 7－49318(11)、53765
40 淨土證心集　子 7－34547
淨土詩　子 6－32091(76),7－34578　集 5－37227
淨土詩(毘陵天寧普能嵩禪師淨土詩)　集 4－30915
淨土論　子 7－34439
淨土三論　子 6－32091(69)
淨土三經撮要　子 7－34430
淨土要言　子 7－34532
淨土聖賢錄　子 7－34592
淨土聖賢錄、續編、種蓮集　史 2－6827

淨土聖賢錄、淨土聖賢錄續編、種蓮集　子7-34593~4
淨土經論十四種　子7-34429
淨土生無生論　子6-32091(69),7-34425
淨土生無生論、淨土法語　子7-34423
淨土生無生論親聞記　子7-34490
淨土生無生論親聞記、淨土生無生釋疑　子7-34491
淨土生無生論注　子7-34488
淨土生無生論會集　子7-34492
淨土傳燈　子7-34595
淨土傳燈歸元鏡　子7-34591
淨土自警錄　子7-34548
淨土偈　子6-32091(71)
淨土儀式　子7-34546
淨土實錄寶卷　子7-34565
淨土津梁十三種　子7-34424~5
淨土決　子7-34472　叢2-1115
淨土神珠(□□禪珠)　子7-34559
淨土資糧全集　子6-32091(69)
淨土資糧全集、前集、後集、直音畧訓　子7-34486
淨土十疑論　子6-32088(41)、32089(50)、32090(64)、32091(62)、32092(40)、32093(51),7-34423、34425、34437
淨土十疑論、淨土生無生論、師子林天如和尚淨土或問　子7-34435
淨土十疑論、念佛三昧寶王論、淨土生無生論、師子林天如和尚淨土或問　子7-34436
淨土十疑論序　子6-32091(69)
淨土直說　子7-34576
淨土境觀要門　子6-32089(50)、32091(62)、32093(51)
淨土境觀要門、一心三觀　子6-32090(64)、32092(43)
淨土古佚十書　子7-34432
淨土極信錄　子7-34562
淨土觀行摘要　子7-34493
淨土切要　子7-34539
淨土救生船詩註　子7-34572
淨土教誡文　子7-34495
淨土警語、起一心精進念佛七期規式　子7-34499
淨土摘要寶鑑　子7-34566
淨土指歸集　子6-32091(69),7-34425、34471
淨土或問　子7-34425
淨土感應紀　子7-33711
淨土四經　子7-34426~8
淨土四種　子7-34431
淨土晨鐘　子7-34527

淨土晨鐘、日誦　子6-32091(68)
淨土晨鐘法語　子7-34528
淨土隨學　子7-34553
淨土隨學前集、後集　子7-34554
淨土全書　子6-32091(69)
淨土義證　子7-34577　叢2-2100
淨土會語論　子7-34512
淨土懺儀　子7-34981
67 淨明山房存笥槀　集2-9296
淨明歸一内經　子5-31326
淨明忠孝全書　子5-29530(21)、31976
淨明堂神功妙濟諸方　子2-10052
77 淨居詩錄、天文歌畧　集5-39887
78 淨除罪蓋娛樂佛法經　子6-32090(30)、32092(19)、32093(22)
80 淨慈要語　子7-34496
淨慈禪寺同戒錄　子7-34804
81 淨飯王般涅槃經　子6-32083(21)

3216₃　淄

16 淄硯錄　叢1-203(17)
20 淄乘徵[康熙]　史8-59152　子4-22378
22 淄川靖逆記　史1-3841
淄川石刻記畧　史8-63967
淄川張氏宗譜[山東淄博]　史5-35249
淄川李氏家譜[山東淄博]　史4-27404
淄川袁氏家譜[山東淄博]　史4-31377
淄川蒲明經(松齡)年徵　史2-11763
淄川蒲氏遺稿　史6-47309
淄川韓氏世誌[山東濟南]　史5-40382
淄川畢氏傳誌[山東淄博]　史4-31536
淄川畢氏古屏記　子4-18617
淄川畢氏世譜[山東淄博]　史4-31537~9
淄川畢少保公(自嚴)年譜　史2-11544
淄川縣豐泉鄉王氏世譜[山東淄川]　史4-25375~6
淄川縣鄉土志[光緒]　史8-59157
淄川縣志[康熙]　史8-59153
淄川縣志[宣統]　史8-59156
淄川縣志[嘉靖]　史8-59150
淄川縣志[萬曆]　史8-59151
淄川縣志[乾隆]　史8-59154~5
淄川縣袁氏家譜[山東淄博]　史4-31376
淄川縣孝義鄉高氏族譜[山東淄博]　史4-32440
43 淄博平亂記　史1-3998
76 淄陽詩話　集6-46128

3216₄ 活

00 活痘十全　子 2 - 8742
12 活水來齋遺稿　集 3 - 20831
24 活幼疹書　子 2 - 8790
　　活幼珠璣、補編　子 2 - 8524
　　活幼便覽　子 2 - 8381
　　活幼心法(活幼心法大全)　子 2 - 8670
　　活幼心法大全　子 2 - 8672
　　活幼心法大全、心法附條　子 2 - 8671
　　活幼心書　子 2 - 4743、4771(3)、8369
　　活幼萬家春　子 2 - 8527
　　活幼指南全書　子 2 - 8445
　　活幼口議　子 2 - 8370
　　活幼全科　子 2 - 8589
　　活幼全書　子 2 - 8378
　　活幼纂集　子 2 - 8578
25 活佛寶卷　集 7 - 54277
32 活潑齋經旨心解　子 2 - 6210
34 活法啓微　子 2 - 8796
　　活法機要　子 2 - 4552、4564、4740、4814　叢
　　　　2 - 730(1)、731(30)
44 活地獄　子 5 - 28791
　　活世新編　子 4 - 24686
　　活世生機　子 5 - 26639　叢 2 - 724
56 活捉　集 7 - 52351、52683、53590
　　活捉王魁　集 7 - 53591
　　活捉張三郎子弟書　集 7 - 52126
　　活捉繼母陰魂報仇(賢良傳)　集 7 - 53179
　　活捉繼母陰魂報仇一段　集 7 - 51457
63 活獸慈舟　子 1 - 4528
64 活財神　子 5 - 27891
77 活閻羅斷案初編續編、活閻羅斷案紀事　子
　　　　7 - 34638
80 活人方　子 2 - 9898
　　活人方彙編　子 2 - 7129
　　活人一術　子 2 - 9814
　　活人一術初編　子 2 - 9642
　　活人息事方補遺　子 2 - 9647
　　活人心　子 2 - 9220
　　活人心法　子 2 - 5088、11026
　　活人心法診舌鏡　子 2 - 6260
　　活人書　子 2 - 6451
　　活人錄　子 2 - 7173
　　活人精言　子 2 - 7140
　　活人精論　子 2 - 10531
　　活命新書　子 2 - 7070

　　活命慈丹　子 2 - 11087

3216₉ 潘

00 潘方伯公遺稿　集 5 - 36195
　　潘方凱墨序　子 4 - 18806
　　潘膺祉墨評　子 4 - 18805
　　潘文勤手劄　集 5 - 35257
　　潘文勤日記(清光緒十四年)　史 2 - 12940
　　潘文勤公(祖蔭)年譜　史 2 - 12277
　　潘文勤公雜著六種附一種　叢 2 - 1984
　　潘文勤公遺集目　史 8 - 66036
　　潘文勤公奏疏　史 6 - 49057　叢 2 - 1984
　　潘文勤公書劄　集 5 - 35256
　　潘文慎公(錫恩)列傳　史 2 - 9804
01 潘龍菴全書三種附一種　叢 2 - 1473
02 潘刻三種　叢 2 - 2038
　　潘刻五種　叢 1 - 553
08 潘譜琴日記(清咸豐元年至三年)　史 2 - 12927
10 潘霞青先生(鳴球)年譜　史 2 - 12452～3
17 潘承基(聚賢)行述　史 2 - 10093
　　潘子真詩話　集 6 - 45486、45666　叢 1 - 22
　　　　(14)、23(13)
　　潘子求仁錄輯要　子 1 - 1366　叢 1 - 263
　　潘子全集七種附二種　叢 2 - 1455
　　潘司空奏議　叢 1 - 223(21)
　　潘司空奏疏　史 6 - 48301
20 潘季馴年譜　史 2 - 11505
21 潘衍桐奏稿　史 6 - 49113
22 潘豐豫莊課農區種法　子 1 - 4205
　　潘豐豫莊本書　子 1 - 4151　叢 1 - 483
23 潘允升文　集 5 - 37667
　　潘綏庭自訂年譜　史 2 - 12187
25 潘仲蔚詩稿　集 2 - 7067
27 潘象安詩集　集 2 - 9731
　　潘象安集　集 2 - 9730、6 - 41935(5)
30 潘祊塢莫氏家譜[浙江紹興]　史 4 - 31459
　　潘家沖慈櫬奉安記(胡迄祥)　史 2 - 10725
　　潘安仁文鈔　集 6 - 41794
　　潘安仁集　集 1 - 372、6 - 41699
32 潘州詩集　叢 2 - 1358
33 潘必正尋姑　集 7 - 53874
37 潘瀾筆記　叢 1 - 364、533、2 - 812、1641
　　潘瀾筆記、懺摩錄　子 4 - 22587
　　潘瀾筆記詩說　經 1 - 4399
38 潘道根手寫雜錄　子 4 - 23317
　　潘道根手錄肅齋春喚詩　史 2 - 11614
40 潘太常集　集 1 - 373～4、6 - 41694、41698

潘木公集 集 2-9768
43 潘式典堂族譜[廣東佛山] 史 5-39865
44 潘芝軒日記(清道光五年至九年) 史 2-12663
潘恭定公全集(潘笠江先生集、笠江先生近稿、集) 集 2-8387
潘孝瑞先生(逢泰)年譜 史 2-12341
潘孝子鐵廬先生遺集、外集、後錄 集 3-16820
潘黃門集 集 1-369～71,6-41694～8 叢 1-182～3
47 潘妃傳 史 2-8535 叢 1-168(1)
50 潘中丞文集 集 3-16970
58 潘敷九自訂年譜、續 史 2-11786
60 潘四農(德輿)先生年譜 史 2-12072
潘景齋弈譜約選 子 3-18147
63 潘默成公文集 集 1-3152、3154
67 潘晚香日記(清道光四年至七年、十年,咸豐二年) 史 2-12689
72 潘氏詩集 集 2-6519,6-41935(5)
潘氏翊世宏言 集 6-42932
潘氏旌公房譜[浙江松陽] 史 5-39820
潘氏族譜[廣東番禺] 史 5-39863
潘氏族譜[山西平定] 史 5-39744～5
潘氏族譜[江蘇常州] 史 5-39760
潘氏族譜[福建建甌] 史 5-39841
潘氏族譜[浙江上虞] 史 5-39799
潘氏族譜[湖南平江] 史 5-39856～7
潘氏族譜[湖南醴陵] 史 5-39859
潘氏族譜[湖南安鄉] 史 5-39854
潘氏一家言十一種 叢 2-908
潘氏三松堂書畫記 子 3-14898 叢 2-751
潘氏五修族譜[湖南湘潭] 史 5-39860
潘氏重修族譜[江西宜春] 史 5-39848
潘氏重修族譜[湖南] 史 5-39850
潘氏上五房宗譜[浙江松陽] 史 5-39824
潘氏續修族譜[湖南安化] 史 5-39855
潘氏續修宗譜[江蘇金壇] 史 5-39764
潘氏房譜[浙江松陽] 史 5-39821
潘氏家訓 史 5-39866
潘氏家譜[廣東三水] 史 5-39867
潘氏家譜[廣東佛山] 史 5-39866
潘氏家譜[江蘇揚州] 史 5-39750
潘氏宗譜[上海崇明] 史 5-39747
潘氏宗譜[安徽休寧] 史 5-39835
潘氏宗譜[江西宜春] 史 5-39847
潘氏宗譜[江蘇吳縣] 史 5-39772
潘氏宗譜[江蘇溧陽] 史 5-39766
潘氏宗譜[江蘇金壇] 史 5-30765
潘氏宗譜[江蘇鎮江] 史 5-39752
潘氏宗譜[浙江麗水] 史 5-39818
潘氏宗譜[浙江富陽] 史 5-39786
潘氏宗譜[浙江長興] 史 5-39795
潘氏宗譜[四川儀隴] 史 5-39868
潘氏叢刻六種 叢 2-907
潘氏叢書 經 1-167
潘氏支譜[安徽六安] 史 5-39836
潘氏長牌簿[浙江] 史 5-39831
潘氏合譜 史 5-39744
80 潘公讀書札記 子 4-23447
潘公免災救難寶卷(免災寶卷、免災錄、潘公免災錄) 集 7-54407
潘公免災救難寶卷(潘公免災、免災救難寶卷、潘公免災寶卷、潘公寶卷) 集 7-54408
87 潘銘憲年譜、行述 史 2-12200
潘邠老詩集 集 6-41895
潘邠老小集 集 1-2639
88 潘竹友詩稿 集 5-40266
90 潘少白雜文 集 4-29439
潘少白先生文集、詩集、常語 集 4-29437
潘少白先生常語(潘少伯常語) 子 4-21322
潘尚書集 集 2-8388,6-41935(4)

3217_0 汕

11 汕頭現勢調查記 史 6-45557,7-49357

3219_1 漴

85 漴缺捍海石塘記事 史 6-46794

3219_4 濼

10 濼函 集 3-13292,7-49325
濼函樂府、太平清調迦陵音、晚宜樓雜曲 集 7-49324
31 濼源隨筆 子 4-24280
濼源問答 子 4-22465
76 濼陽集 集 3-21836

灤

00 灤京雜詠 史 7-49948～9 叢 1-223(61)、

244(6)、353,2-731(58)

12 灤水聯唫圖題詩彙存、續編、顧燮光輯　叢
2-983

灤水聯吟圖　子3-16736

31 灤河灤水源考證　史7-52848

32 灤州志[嘉慶]　史7-55199

灤州志[嘉靖]　史7-55194

灤州志[光緒]　史7-55200

灤州萬善暉洲和尚語錄　子6-32091(82)

40 灤南吳氏家譜[河北灤南]　史4-27700

灤志[康熙]　史7-55197

灤志[萬曆]　史7-55195

灤志補[康熙]　史7-55198

60 灤邑李氏族譜[河北灤縣]　史4-27077

62 灤縣志[民國]　史7-55201

76 灤陽續錄　子5-27107　叢2-735(1)、736

灤陽消夏錄　子5-27100~2　叢2-735(1)、
736

灤陽錄　叢2-785

3222₁ 祈

05 祈請使行程記　叢1-371

10 祈雨文　子3-13101

34 祈禱文檄　子5-31687

祈禱諸階祕旨　子5-31688

祈禱家書立限便宜檄　子5-31690

祈禱里社行移　子5-31689

祈禱會友便覽　子7-35426

祈禱節次諸式　子5-31691

35 祈神奏格、祀先祝文　子5-30756

47 祈穀壇儀　史6-42071

60 祈園憶錄　集5-38203

67 祈嗣真詮　子2-8024　叢1-108,2-731
(55)、1126

3222₇ 脊

80 脊令原(鶺鴒原)　集7-49611、49618

峕

20 峕香樓詩鈔　集5-36025

88 峕餘吟稿、續稿　集4-33399

峕餘小草　集4-22765

3223₄ 襆

60 襆里閒鈔　叢2-1319

3224₀ 祗

10 祗可自怡　子5-27471　叢1-415

祇

27 祇役紀畧　史6-48259

祇欠庵集　集2-12706　叢2-615(3)

37 祇衹紀畧　子4-22967

44 祇芳園集　集6-45142

祇芳園集、續集　集6-45141

祇芳園集、續編　集3-15884

祇芳園遺詩、別集、補遺　集3-15886

衹

10 衹平居士集　集3-20155

衹可軒刪餘稿　集4-24699

3230₁ 逃

21 逃虛子詩集　集2-6225

逃虛子詩集、續集　集2-6224

逃虛子詩集、續集、逃虛類藁　集2-6220

逃虛子詩集、續集、逃虛類藁、補遺、道餘錄
集2-6221

逃虛子詩存、紅茶山館集　集2-6222

逃虛子集　集2-6227

逃虛集　集2-6226

逃虛閣詩集　集4-23053

逃虛類藁　集2-6228~9

27 逃名傳　子5-26223　叢1-128、130,2-1060

36 逃禪詩話　集6-45855

逃禪詞　集7-46352、46356~7、46380、46382、

　　46550　叢1-223(73),2-698(13)、720(2)
　　逃禪偶集　集3-21274
　　逃禪吟　集3-14189,6-44580
　　逃禪吟鈔　集3-14188　叢2-834
　　逃禪閣集　集4-24668
　　逃禪閣稿　集4-24667、24669
44 逃荪詩草(滄浮子詩鈔)　集3-16066
60 逃園拾殘集　集5-39710
77 逃學趕板　集7-53287
80 逃人事例　史6-46088

　　　　　遞

80 遞兼數理　子3-12396

3230₂　近

00 近言　子4-20372,5-26219　叢1-39,2-
　　　1080
04 近詩兼　集6-44186
08 近診醫案(過氏醫案)　子2-10795
　　近譜　子3-18049、18060
10 近百年來先人詩彙　叢2-2237
12 近水樓詩稿　集4-32313
　　近水樓遺稿　集5-38164
16 近聖居三刻参補四書燃犀解　經2-10317
　　近聖居四書翼經圖解　經2-10545
17 近取編　集2-7833～4
　　近勇堂草　集2-12729,6-44961
20 近稿偶存　集4-22332
　　近稿拾存　集3-19328
22 近峯記畧　史1-1933　子5-26389　叢1-
　　　29(8)、61、63～4、174、195(2)、2-730(4)、731
　　　(51)
　　近峯記畧摘抄　叢1-84(4),2-730(11)
　　近峯紀畧　叢1-22(23)、62
　　近峯聞畧　叢1-22(23)、29(8)、57～8
　　近山詩集　集6-44991
23 近代名臣言行錄　史2-7168
　　近代名人小傳　史2-7533
　　近代滇人著述書目　叢2-888
　　近代博士傳畧　史2-7592
　　近代教士列傳　子7-36482
24 近侍集　叢2-1431
　　近科鄉會史事論海　史1-5760
32 近溪語要　叢2-1102

　　近溪子論語答問集　經2-9367、10321
　　近溪子孟子答問集　經2-9864、10321
　　近溪子集　集2-9182
　　近溪子集、語要、附集　子4-20565
　　近溪子集、續集、附集　集2-9184
　　近溪子集、附集　叢2-1102
　　近溪子大學答問集　經2-8713、10321
　　近溪子中庸答問集　經2-8972、10321
　　近溪子明道錄　子4-20564
　　近溪子全集(近溪全集)五種　叢2-1102
　　近溪羅先生一貫編　子4-20566～7
　　近溪吟館詩鈔、楹帖見聞隨錄　集4-29953
38 近遊雜綴　子5-26475
　　近遊詩鈔　集3-19278
　　近遊草　集3-17898　叢2-721
　　近道齋文集、詩集　集3-17551
40 近支宗室名册、遠支宗室名册　史5-37353
　　近古錄　子1-2171　叢2-1263、1266～7
　　近古慷慨家列傳　子7-36392
　　近古堂三經印章　子3-16978
　　近古堂書目　叢2-594
44 近世文明初祖二大家學說　子7-36251
　　近世露西亞　子7-36358
　　近世化學教科書　子7-37594～5
　　近世物理學教科書、正誤表　子7-37416
　　近世社會主義　子7-38038
　　近世海戰史　子7-36947
　　近世博物教科書　子7-36234
　　近世陸軍　史6-45204
　　近世第一大哲康得之學說　子7-36251
　　近世第一女傑羅蘭夫人傳　子7-36251
　　近村詩文草　集4-30584
　　近村居詩續篇　集3-20023
　　近村居詩鈔　集4-27011
47 近報叢譚平虜傳　子5-28187
50 近事碎錄　子5-26566
　　近事瑣譚　叢1-373(6)
　　近事叢殘　子5-26380
　　近事會元　子4-19934　叢1-196、223(39)
　　近事會元、校勘記　叢1-274(4)
　　近事會元、校勘記、考證　叢2-782(2)
　　近青草堂詩初稿　集4-27641
　　近青堂詩　集3-16902,6-43867～8
60 近日唫詩畧　集6-45142
　　近日吟詩畧　集3-20291
　　近里山房草　集4-30951
　　近思齋雜箸　叢2-1518
　　近思齋書牘　叢2-1518
　　近思齋答問　子1-1750　叢2-1518
　　近思後錄　子1-761

近思續錄　子1-760、763　叢1-574(3)

近思錄　子1-740、751　叢1-214、223(30)、529、574(2)，2-691(2)、717、731(12)、1039

近思錄、考異　子1-741　叢1-414、574(1)

近思錄、感興詩、訓子詩　子1-749

近思錄集註　叢1-223(30)

近思錄集註、附說　叢1-223(30)

近思錄集說　子1-758

近思錄集朱　子1-766

近思錄集解　子1-743、745~6、750　叢1-483

近思錄集解、感興詩、訓子詩　子1-100

近思錄集注　子1-753、755

近思錄集注(朱子原訂近思錄集注)、考訂朱子世家、校勘記　子1-756

近思錄集注、考訂朱子世家　子1-754

近思錄集注、附說　子1-752

近思錄傳　子1-748

近思錄補　子1-762

近思錄補注　子1-757

近思錄原本集解　子1-744

近思堂詩集　集3-17450

近思堂詩集、顧曲亭詞　集3-17451

近思堂詩選　集6-41972

近異錄　子5-26842　叢1-22(20)、23(19)、249(3)，2-731(50)

64 近時戰船論　子7-36229

75 近體詩　集3-16456

近體樂府　子4-20094　集7-46359、46364、46380、46461、46585　叢2-635(8)、698(9、13)、720(2)、1029

近體樂府、遺詩　叢2-1038

近體秋陽　集6-43398~9

近體始音　集6-42388

77 近月亭詩稿　集3-20460

近月樓存稿　集4-25745

近聞因果　子5-27203

近聞錄　叢1-373(7)

80 近人詩錄　叢1-564

近年秋審比較彙案(道光至咸豐)　史6-46165

近年秋審比較彙案(咸豐)　史6-46166

近年秋審彙案　史6-46162

87 近錄良方　子2-9449

近鄰齋印存　子3-17378

88 近鑑　子4-24315　叢1-369，2-1263、1265~6

90 近光集　集1-5550、5553，6-41784、42471~2　叢1-204

近光集、扈從集　叢1-223(61)

近光集、補　集6-42473

95 近性心交一枝　集7-51794

透

88 透簾細草　叢1-244(6)，2-731(26)

逝

00 逝童子經　子6-32083(7)

遄

40 遄喜堂詩集　集4-22156

遄喜堂詩集、詩續集　集4-22157

3230₃　巡

00 巡方摘畧　史6-42978

巡襄約言　集3-13093

26 巡吳省錄(明崇禎七年)　史2-12550

30 巡漳讞詞　史6-46483

巡憲楊公保臺實績錄　史2-9496，6-43128

31 巡河雜詠、續詠、棘闈倡和詩　集3-17374

38 巡海紀勝詩　叢1-371

40 巡臺錄　史6-47494

巡查新疆南路河道日記　史7-53049

43 巡城疏抄　史6-48553

巡城瑣記　史1-4518

巡城告神文　叢2-1317~8

巡城告神文、掌道告神文　叢2-1316

巡城錄十集(黔南十集)　叢2-1192

48 巡警章程　史6-45347

巡警歌　集7-53360

53 巡按疏議　史6-48253

巡按江西監察御史王萬象題本　史6-48561

巡按湖廣疏稿　史6-48549

巡按直隸監察御史題請恩赦錄　史6-45825

巡按蘇松等處揭帖　史6-47277

58 巡撫諮詢事件　史6-41871

巡撫畿內疏議　史6-48253

巡撫河南都察院右副御史吳景道塘報　史
　6－47315
70 巡防備覽　史 6－45512
78 巡鹽題稿　史 6－48609
88 巡簽筆乘　子 4－19492、21033

3230₆ 遁

00 遁庵遺集　集 5－39100
　遁齋文集、拾遺詩草　集 3－20166
10 遁醉詩鈔　集 5－39777
20 遁香小草　集 5－33958
30 遁窟讕言　子 4－21545
44 遁世編　史 2－6971
50 遁史詩集　集 3－13897
60 遁甲玄文　子 3－14396
　遁甲新書祕藏　子 3－14341
　遁甲五種　子 3－14271
　遁甲靈華祕經　子 3－14392
　遁甲吾學編　子 3－14318
　遁甲經　子 3－14350　叢 2－776
　遁甲釋要　叢 2－2269
　遁甲句解煙波釣叟歌　子 3－14290
　遁甲演義　子 3－14304　叢 1－223(36)
　遁甲祕文　子 3－14312
　遁甲專征賦　子 3－14409
　遁甲書　子 3－14393
　遁甲日用涓吉奇門五總龜(遁甲日用涓吉
　　奇門)　子 3－14292
　遁甲開山圖　經 1－176　史 7－49307～8
　　子 3－14321～3　叢 1－22(2)、23(2)、330～
　　1、2－767、771(2)、772(3)、773(4)
　遁甲篇　叢 2－1918
　遁甲符應經　叢 1－265(3)、266
　遁甲煙波釣叟歌　子 3－14290
68 遁吟小草　集 4－26498
80 遁龕文集　集 5－41129

3230₉ 遜

00 遜癡自家詩　集 5－34262
　遜齋文集　集 5－38995　叢 2－671
　遜齋詩鈔　集 5－38108
　遜齋琴譜　了 3－17797
　遜齋易述　經 1－1176
31 遜河縣志[民國]　史 7－56344

40 遜志齋集　集 2－6375、6377、6379、6381、6－
　43118　叢 1－223(63)、2－635(12)
　遜志齋集、拾遺　集 2－6376
　遜志齋集、拾遺、續拾遺、附錄　集 2－6384
　遜志齋集、拾遺、附錄　集 2－6374
　遜志堂文集　集 4－24257
　遜志堂雜鈔　子 4－21270　叢 1－418
　遜志堂詩集　集 4－24256
60 遜國記　史 1－2765　叢 1－22(21)、29(8)
　遜國正氣紀　史 1－2771～2、2－7312
　遜國君紀鈔、臣事鈔　史 1－2754
　遜國神會錄　史 2－7313
　遜國遺文考　史 8－63507、63749
　遜國逸書四種　史 1－1932
　遜國忠紀　史 2－7310
　遜國表忠紀　史 2－7309
　遜國臣記　史 2－7178　叢 2－1094
77 遜學齋文續鈔　集 4－32532
　遜學齋文鈔　集 4－32530～1
　遜學齋文鈔、續鈔、詩鈔、續鈔　集 4－32524
　遜學齋詩續鈔　集 4－32527
　遜學齋詩鈔　集 4－32526
　遜學齋詩鈔、文鈔　集 4－32523
80 遜谷詩　集 3－14290
88 遜敏齋日記(清同治二年至四年)　史 2－
　　12988
　遜敏堂叢書一百二種　叢 1－368
　遜敏堂叢書三十二種　叢 1－366
　遜敏堂叢書九十二種　叢 1－367

3260₀ 割

00 割臉全書　子 2－7790、7－37895
01 割龍袍寶卷　集 7－54334
11 割韭菜　集 7－53148
20 割雞集　集 3－14758
40 割臺記　史 1－1995、4269
　割麥寶卷　集 7－54335
60 割圜弧矢補論　子 3－12564
　割圜術輯要　子 3－12703
　割圜術輯要、三角法公式一覽表　子 3－
　　12702
　割圜勾股八線表　子 3－11234、12704
　割圜密率捷法　子 3－12353、12396、12570
　割圜連比例術回解　子 7－36248
　割圜連比例術圖解　子 3－12357、12388、
　　12396、7－36228(1)、36231(7)、36242(1)　叢
　　2－917
　割圜通解　子 3－12705～6、12728、7－36228

(4)

割圓通解、代數術詳解　子3-12727

割圓闚率　子3-12396

割圓八線綴術　子3-12396

割圓述畧　子3-12383

割圓連比例術圖解　子3-12639　叢2-1744

割圓入線考　子7-36240(4)

割圓八線綴術　子3-12364

80 割錐術課本二篇　子7-37562

3290₄ 業

21 業儒臆說　子1-1500　叢1-195(2)、2-731(13)

38 業海扁舟六折　集7-49564

47 業報差別經　子6-32083(21)

53 業成就論　子6-32081(24)、32083(16)、32084(14)、32085(24)、32086(27)、32088(17)、32089(43)、32090(49)、32091(47)、32092(32)、32093(25)

95 業精堂詩草　集3-19536

3300₀ 心

00 心病說　子1-2546　叢1-201、203(2、17)

心病慈航　子4-24035

心亭亭居文存　集4-30906

心亭亭居文鈔　集4-30905

心亭亭居詩草雜存　集4-30904

心亨書屋存稿　集4-29055

心廬集　集3-15336、4-31204

心齋文藁　叢2-1577

心齋雜俎　子4-24241

心齋詩集　集3-20763、6-41969

心齋詩稿　集3-18651、20129

心齋詞　集7-46405、46941

心齋三種　叢2-1362

心齋聊復集　集3-16534

心齋集　集3-20128

心齋集詩藁、弦歌古樂譜　叢2-1576

心齋稿　集2-7590

心齋先生弟子師承表　集2-7946

心齋自怡集　集4-28571

心齋約言　子1-991　叢1-195(2)

心齋十種　叢2-1576

心交集吟稿　集5-37297

心言　子4-21415

08 心說　子4-21523　叢1-367～8

10 心靈學　子7-37976

心要經　子7-34634　叢1-282(1)、283(1)

心吾子詩鈔　集3-20899～901

11 心孺詩選　集3-17947

12 心烈日記(清同治二年至四年)　史2-12828

13 心武殘編　子3-18133

心武殘編、補餘　子3-18134

16 心聖直指　子1-1472　叢2-1236

心理的記臆法　子7-36232

心理的記憶術　子7-37986

心理的教授原則　子7-36232

心理教育學　子7-37954

心理學概論　子7-37972

心理學教科書　子7-37956

18 心政錄　史6-48771～4

心政錄奏疏、檄示　史6-48775

20 心香室詩稿(竹右一稿)、雜錄　集3-21684

心香室詩鈔　集5-39068

心香老人詩草　集5-36004

心香閣存稿　集4-29808

心香閣考定二十四氣中星圖　子3-11461

21 心止居詩集、文集　集4-23258

心旨賦正義　子3-13144

心師竹齋章牘存稿　史6-48853　集4-28792

心經　子1-860、1542、5-29535(4)、29536(4)、30225、7-32344、33219　叢1-223(30)、2-771(2)、1045、1373

心經文句　子7-33276

心經證義　子7-32340、33232

心經說　子6-32091(67)

心經石點頭　叢2-1061

心經石點頭、心經畧說、心經諦語　子7-33286

心經政經合編二種　叢2-1045

心經釋要　子6-32091(67)、7-33189

心經釋畧　子7-33282

心經解　子6-32091(67)、7-33192

心經解義　子7-33240

心經句解便蒙　子7-33180

心經句義　子6-32091(77)

心經注　子7-33165

心經注解　子7-33292

心經淺釋　子7-33304

心經大意撮概　子6-32091(66)

心經直解　子7-33221

心經七譯本　子7-32310

心經概論　子7-33283

心經標指　子7-32098
心經提綱　子7-33284　叢2-1115
心經最易解　叢2-724
心經易氏本　子7-33303　叢2-2150
心經畧疏連珠記　子6-32089(50)、32090
　(64)
心經懸解　叢2-2235
心經附註　子1-862
心經開度　子6-32091(67)
心經合參　子7-33245
心經悟解　子2-4588
22 心巢文錄　子3-11645　集4-32886　叢1-
　439
心巢文錄、詩錄　集4-32885　叢2-1867
心巢困勉記　子1-1815　叢2-1867
25 心傳韻語　子5-32069
心傳要訣　子3-13858
心傳述證錄　子5-29535(6)、29536(6)、32041
心傳錄　叢1-31
26 心白齋剩稿　集4-33319
心白日齋詩鈔　集4-30697
心白日齋集　集4-32740～1
心泉學詩稿　集1-4327　叢1-223(58)
心得要旨　叢1-493
27 心嚳往齋詩文集、絅齋隨筆、勿二三齋詩
　集、飲冰子詞存、紹仁齋浦遊吟、林風閣
　詩鈔　叢2-671
心嚳往齋詩集(心嚳往齋用陶韻詩)　集4-
　30876
心嚳往齋集　集4-30874
心嚳往齋遺詩　集4-25892
心響往齋詩集　集4-30875
28 心復心齋詩鈔　集4-33430,6-42007(2)
心儀集　集4-24223～4
30 心寫錄初二集　集4-25373
心安樂窩吟　集4-26920
心安穩室詩集、詞集　集3-21738
心安隱室詞集　集7-47740
心字香館文鈔甲集、詩集　集4-31486
31 心潛書屋詩存　集5-34144
心潛書屋遺稿　集5-34143
心源匙錘　子2-5207
33 心述　子1-1804　叢2-1827
34 心法論　子2-9195
心法源流內篇、外篇、心法正宗　子1-1714
心法附條　子2-8671
心遠齋剩稿　集4-25309
心遠齋遺稿　集4-23279
心遠論餘　子4-22470
心遠先生存稿　集2-6209

心遠樓詩鈔　集4-29970,6-42004
心遠樓存稿　集2-6210
心遠居詩集　集3-16306,6-41969
心遠小榭文集、詩集　集4-29214
心遠堂新編小學纂注、小學句讀、文公朱夫
　子年譜　子1-2697
心遠堂詩集　集3-14630、16498
心遠堂遺集　集2-12759
35 心清室文存、詩存　集5-36081
心清室奏稿　史6-49164
心清室日記　史2-13071
36 心禪室詩詞稿　集5-36394
心禪老人詩稿　集5-36393
37 心湖息肩錄　史7-51816
心逸道人吟稿　集2-9970
心逸軒詩存　集4-29063
心逸軒詩存續刻　集4-29064
心郎脈訣合恭　子2-6206
38 心游摘稿　集1-3104,6-41744、41891～2、
　41895、41897～8、41913、41917
心游摘藁　集6-41745、41888、41893
心海詩鈔、續鈔　集5-39802
心遊摘稿　集6-41924
心遊摘藁　集6-41894(4)
心遊閣詞集　集7-47547
40 心太平庵奕翁餘唱　集3-20431
心太平齋筆記　子4-23621
心太平室文存　集4-29082
心太平室詩　子4-18846
心太平室詩鈔、再出玉門草　集4-28566
心太平室集、補遺　集5-40447
心太平軒醫案　子2-10673
心境鏡　子7-32111
心才實用　子7-36254
43 心裁獨得　子4-24566
44 心地芝蘭　子3-16400
心蓼軒詩鈔　集5-34358
心葭詩選　集4-31390,6-42012
46 心如詩稿　集4-23348
心相百二十善　子4-22676　叢1-201、461
心相編　子4-20009　叢1-322
47 心聲　集3-16079
心聲齋策論精選　子4-21613
心聲集　集5-41052
心聲稿草、銘詞、詩餘　集5-41138
心穀堂遺詩　集4-26351
48 心乾氏自編年譜　史2-12366
50 心中樂　枝　集7-51051
心史　集1-4500　叢1-373(9)、386
心史(咸淳集、大義集、久久書、雜文、大義

署敘、中興集)、附錄　集1-4499
心史(鐵函心史)　集1-4498
心史叢刊十六種　叢2-2203
心史筆粹　叢2-2203
心書　子1-20、61、66、69、1315、3099、3235、3237　叢1-74～7、182、186
心書校注　叢2-1521
60 心日齋詞集　集7-47419
心日齋十六家詞錄　集7-48518　叢2-1020
心目論　子5-29530(20)、30916
心易　子3-13730
心易發微　經1-2375～6　子3-12953
心易艢奧　經1-1932
心易溯原　經1-1860
心園集　集5-39509
心園叢刻一集五種　叢2-668
心園書經知新　經1-2871
心園四書知新　經2-10798
心田詩稿　集4-25130
心田記　子5-26562
心田妙選　子4-24712
心畧　子1-3863
心畧地利　子1-3865
62 心影集　子1-2527
心影樓詩集　集4-33005
67 心明經　子6-32083(13)
心眼指要　子3-13595
72 心所詩稿　集6-45097
心隱集　集3-17526
77 心月軒稿　集2-11314
心聞館小草　集4-29482
心犀室遺稿(史論、時務)　集5-35375
心學　子5-29577、32046
心學宗　子1-1138　叢2-815
心學宗、續編　子1-1137
心學晦明解　叢2-1110
心學公理　子7-36254
心學小印　子1-1777　叢2-964
心醫集　子2-11192
心印經　子5-29547
心印紺珠經(紺珠經)　子2-4818
心印紺珠經、二難寶鑑　子2-4774
80 心盦詩存、詩外　集4-31681
心盦詩存續刻、老學後盦自訂詩二集、泥雪錄　集4-31682
心盦詞存　集7-47938
心盦家書彙存　集4-31683
心鏡　子1-1306,2-6475,7-32111
心鏡華嚴念佛圖　子7-32111、33905

81 心矩齋叢書十一種　叢1-463
心矩齋叢書八種　叢1-464
心矩齋尺牘　集5-38226　叢2-796
83 心鐵石齋存稿　集4-24904
心鐵石齋存稿、聯句詩、年譜　集4-24903
心鐵石齋年譜　史2-12000
86 心知堂詩稿　集4-26687～8
88 心筠堂詩鈔、詞鈔　集4-27284
心筠堂賦鈔、詩鈔、詞鈔　集4-27285
心簡齋集錄　子4-24255
心箴　子7-35394
心算初學　子3-12878～9,7-37486
心算啓蒙　子7-37487
心算教授法　子3-12880
心算舉隅　子7-36237
92 心燈錄　子7-34107　叢2-788

必

04 必讀古文正宗　集6-42707
08 必效良方　子2-10185
26 必自錄　子1-1813,4-21134　叢2-1866～7
40 必有齋左概增删　經1-6866
必有齋戰國策選　史1-5068

3310₀ 沁

04 沁詩草堂遺詩　集5-39914
10 沁雪堂詩鈔　集3-14193
12 沁水縣志[康熙]　史7-55710
沁水縣志[嘉慶]　史7-55711
沁水縣志[光緒]　史7-55712
20 沁香書屋詩集　集5-36006
沁香隨筆　叢2-988
沁香閣詩集　集5-41113
26 沁泉山館詩　集4-32757　叢2-1868
31 沁源縣續志[光緒]　史7-55698
沁源縣志[民國]　史7-55699
32 沁州復續志[光緒]　史7-55696
沁州志[雍正]　史7-55694
沁州志[乾隆]　史7-55695
沁州縣志[雍正]　史7-55697
35 沁遺草　集5-36311
40 沁南稿、詩餘　集2-8358
60 沁園羣芳小編　集4-27646
沁園春　子5-29547

76 沁陽縣志稿[民國]　史8-59653

泌

60 泌園集　叢2-843
76 泌陽縣志[康熙]　史8-60050
　　泌陽縣志[道光]　史8-60051
　　泌陽學條規　子1-2388　叢2-1367
　　泌陽學規　叢2-958

3311₁ 沱

22 沱川余氏族譜[江西婺源]　史4-28598
　　沱川余氏鄉約　子1-2023
44 沱村先生集　集2-8482

浣

10 浣玉軒集　集3-19655
　　浣雪詞鈔　集7-46912
　　浣雪山房試帖詩　集4-30942
　　浣雪山房詩鈔　集4-32670
　　浣霞軒詩稿(浣霞軒詩稿、寓草、試帖拾遺、
　　　過庭集)　集5-36915
　　浣霞摸心記　史6-43144
　　浣雲廬詩稿　集4-23255
12 浣水續談　子4-20617　叢2-1143
20 浣香亭澹香吟集　集6-44284
　　浣香詩鈔　集4-25257
　　浣香園合刻　集6-44995
　　浣香園筆記　史1-5949
　　浣香閣遺稿　集3-15739
22 浣川集　集1-4060　叢1-223(57)
　　浣川集、補遺　集1-4061　叢2-867
　　浣仙詩草、焚餘草存　集5-35551
27 浣綠居詞鈔　集7-48505
28 浣俗約　叢1-22(25)
29 浣愁草　集6-41791
　　浣紗　集7-49377
　　浣紗記　集7-49709、49816、49818
32 浣溪遊草　集5-34476
33 浣心處詩草　集4-28370
　　浣浦詩鈔　集3-18928
37 浣初詞　集7-46400、47052~3

39 浣沙河　集7-52995
40 浣南民團總局官定章程　史6-45457
44 浣花廬詩鈔　集5-36860~1
　　浣花廬詩鈔、賦鈔　叢2-813
　　浣花廬賦鈔　集5-36862
　　浣花詞　集6-41763,7-47083　叢2-602、
　　　2227
　　浣花香草　集5-39291
　　浣花集　集1-1801,3-14042,5-40940,6-
　　　41859
　　浣花集、補遺　集1-1802,6-41872、41878
　　　叢2-635(8)
　　浣花集、補遺、韋端己詩補補遺　集1-1803
　　浣花集、目錄、補遺、後序　叢1-223(50)
　　浣花拜石軒鏡銘集錄　史8-63504、64276
　　浣花山吏存稿　集4-25800
　　浣花綺合集　集5-35288
　　浣花存稿　集4-28019
　　浣花草　集3-13998
　　浣花草堂志　史7-52022~3　叢2-682
　　浣花樓詩文集　集4-27023
　　浣花樓詩稿　集5-41574
　　浣花吟館小草　集5-34920
　　浣花居詩鈔　集4-26070
　　浣花居待正稿　集4-22754
　　浣花閣詩草　集4-28793
　　浣花閣詩草、詩續鈔　集4-28794
　　浣花閣詞鈔　集7-47301
　　浣花閣續詩草、詞草　集4-28795
　　浣花閣續詞草　集7-47302
　　浣花小榭閒吟　集4-27197
　　浣花堂詩稿　集5-35184
　　浣芳園草木紀、菊譜　子4-19140
　　浣芳園菊譜　子4-19283
　　浣芳閣吟稿　集4-26541,6-46127　叢2-
　　　993
　　浣薇書屋遺稿　集5-39414
　　浣薇軒夢餘吟草　集5-40124
47 浣桐詩集十一種(燕臺存稿、歸帆集、重光
　　集、陽羨澄江雜詠、冀北秋吟、凝瑞堂存
　　稿、遊新安詩、黃山詩、桃江記遊、塞遊
　　草、詩餘)　集4-24976
　　浣桐詩鈔　集3-19437~8
　　浣桐閣詩選　集4-29189
48 浣松軒集　集3-18636
50 浣青詩草　集6-41999、42020
　　浣青詩草、續草　集4-22202
　　浣青詩餘　集7-47338
　　浣東郭氏南明宗譜[浙江諸暨]　史4-
　　　32287
　　浣東南明郭氏宗譜[浙江諸暨]　史4-

　　32301
72 浣所李公文集、警心要語　集2-9388
77 浣月詞　集7-48273　叢2-2096
　　浣月山房詩集　集4-32570
　　浣月山房詩集、漢南春柳詞鈔、坿梅神吟神
　　　吟館詩草　叢2-1864
　　浣月山房詩稿　集4-32577
　　浣月山房詩外集、別集　集4-32576
　　浣月山房詩内集、文集　集4-32573
　　浣月山房詩内集、漢南春柳詞鈔、詩别集、
　　　詩外集　集4-32574
　　浣月山房詩鈔　集4-32575
　　浣月樓遺詩　集4-33347
88 浣竹山堂選註四六排沙集　集6-43914
89 浣鈔詞　集7-47326

3311₇ 滬

11 滬北仁濟堂徵信録　史6-44653
21 滬上從戎日記(清咸豐四年至五年)　史2-
　　12797
30 滬寧鐵路研究資料　史6-44263
　　滬寧鐵路總管理處會議日記(光緒二十九
　　　年七月至三十一年十月)　史6-44264
　　滬寧鐵路英商借款條議　史6-44259
　　滬寧鐵路最近之調查　史6-44265
　　滬寧鐵路合同　史6-44261
　　滬寧鐵路籌借英款詳細合同　史6-44260
　　滬寧鐵路光緒三十三年行車收支洋賬四柱
　　　譯册　史6-44266
37 滬軍都督陳公英士(其美)行狀　史2-
　　10952
38 滬游雜記　史7-49317(8)、49318(14)、
　　53182～3、53185～6
　　滬游脞記　史7-53181　叢1-562
　　滬遊記　史7-49319、53184
40 滬杭甬鐵路借款合同　史6-44267
43 滬城歲事衢歌　史7-49327、50046　集4-
　　28167
　　滬城備考　史7-49327、50045　叢1-496(3)
　　滬城備考、澤國紀聞　史7-50044
　　滬城浩劫録　史1-3865

3312₇ 浦

00 浦文玉集　集2-7262,6-41935(4)
04 浦詩鈔　集3-15177

10 浦二田尺牘　集3-18190
　　浦雲堂詩集　集3-15790
22 浦山論畫　子3-15859～61、15961　叢1-
　　469、495、586(3)、2-644、716(3)
31 浦江塘塢胡氏宗譜[浙江浦江]　史4-
　　30497
　　浦江志畧[嘉靖]　史7-57611
　　浦江李溪王氏宗譜[浙江浦江]　史4-
　　25171
　　浦江縣志[康熙]　史7-57613
　　浦江縣志[崇禎]　史7-57612
　　浦江縣志[乾隆]　史7-57614
　　浦江縣志[光緒]　史7-57615
　　浦江鄭氏旍義編[浙江浦江]　史5-38674～5
　　浦江鄭氏家範　子1-2116
37 浦泖農咨　子1-4153
38 浦道徵集　集2-9112,6-41935(4)
40 浦左老人八十壽言　史2-10159
　　浦南三鳳張氏族譜[上海松江]　史5-
　　34770
　　浦南白屋詩稿　集4-30160
　　浦南通洲橋志　史6-44359
43 浦城章氏重修宗譜[安徽]　史5-34595
　　浦城後山蔡氏宗譜[福建浦城]　史5-
　　38033
　　浦城詹氏族譜[福建浦城]　史5-37919～20
　　浦城遺書(浦城宋元明儒遺書)十四種　叢
　　　2-879
　　浦城蔡氏會修宗譜[福建浦城]　史5-
　　38034
　　浦城縣志[順治]　史8-58236
　　浦城縣志[嘉慶]　史8-58238
　　浦城縣志[萬曆]　史8-58235
　　浦城縣志[乾隆]　史8-58237
　　浦城縣志[光緒]　史8-58239
　　浦城縣志稿[民國]　史8-58240
　　浦城鄭氏宗譜[福建浦城]　史5-38735
47 浦桐樓氏宗譜[浙江桐廬]　史5-38986
50 浦東張氏清河譜[上海]　史5-34767
　　浦東琵琶譜　子3-17818
60 浦口王氏美房譜[浙江奉化]　史4-24994
　　浦口公司文牘　史6-43986
70 浦雅叢刻(浦雅堂駢文、京兆集、江關後集)
　　　集5-39905
　　浦雅叢刻(浦雅堂駢文、國史樓詩、舊史樓
　　　詩、微覺樓詩)　集5-39906
72 浦氏宗譜[江蘇常熟]　史4-32598
　　浦氏金閶支家譜[江蘇蘇州]　史4-32597
76 浦陽市西黄氏宗譜[浙江浦江]　史5-
　　33858
　　浦陽高峯余氏宗譜[浙江浦江]　史4-

28566～7

浦陽高圻陳氏宗譜[浙江浦江]　史 4 - 33078

浦陽高園蔣氏宗譜[浙江浦江]　史 5 - 38182

浦陽唐隖胡氏宗譜[浙江浦江]　史 4 - 30495、30498～500

浦陽文溪樓氏宗譜[浙江浦江]　史 5 - 39065～7

浦陽譙國市南戴氏宗譜[浙江浦江]　史 5 - 40511

浦陽龍山陳氏宗譜[浙江浦江]　史 4 - 33069～73

浦陽龍溪張氏八甲宗譜[浙江浦江]　史 5 - 35088

浦陽龍溪楊氏宗譜[浙江浦江]　史 5 - 36919～20

浦陽龍溪鍾氏宗譜[浙江浦江]　史 5 - 40606

浦陽龍城陳氏宗譜[浙江浦江]　史 4 - 33079～80

浦陽謝氏宗譜[浙江浦江]　史 5 - 40727

浦陽王氏宗譜[浙江浦江]　史 4 - 25181～7

浦陽靈溪樓氏宗譜[浙江浦江]　史 5 - 39059～60

浦陽下麟溪屠氏宗譜[浙江浦江]　史 5 - 35480～2

浦陽于氏宗譜[浙江浦江]　史 4 - 24738

浦陽平安張氏宗譜[浙江浦江]　史 5 - 35099～102

浦陽石氏宗譜[浙江浦江]　史 4 - 26013～7

浦陽西皋周氏宗譜[浙江浦江]　史 4 - 30049～53

浦陽西溪于氏宗譜[浙江浦江]　史 4 - 24737、24739～41

浦陽項氏宗譜[浙江浦江]　史 5 - 35511～6

浦陽球山何氏宗譜[浙江浦江]　史 4 - 28326～7

浦陽建溪戴氏宗譜[浙江浦江]　史 5 - 40517～9

浦陽硯磄徐氏宗譜[浙江浦江]　史 4 - 32078

浦陽千乘龍池倪氏重修宗譜[浙江浦江]　史 4 - 31751～3

浦陽季氏宗譜[浙江浦江]　史 4 - 29585～9

浦陽雙溪黃源張氏宗譜[浙江浦江]　史 5 - 35093～8

浦陽香溪蔡氏宗譜[浙江浦江]　史 5 - 38021

浦陽上河陳氏宗譜[浙江浦江]　史 4 - 33091

浦陽任氏宗譜[浙江浦江]　史 4 - 26787

浦陽嵩溪邵氏宗譜[浙江浦江]　史 4 - 29248

浦陽嵩溪徐氏宗譜[浙江浦江]　史 4 - 32075～7

浦陽仙華方氏宗譜[浙江浦江]　史 4 - 25795～9

浦陽仙華鄭氏家譜[浙江浦江]　史 5 - 38686～7

浦陽仙華鄭氏宗譜[浙江浦江]　史 5 - 38688～9

浦陽朱氏宗譜[浙江浦江]　史 4 - 26602～5

浦陽吳氏宗譜[浙江浦江]　史 4 - 27959～62

浦陽和溪石氏宗譜[浙江浦江]　史 4 - 26007～12

浦陽倪氏宗譜[浙江浦江]　史 4 - 31754

浦陽徐氏家譜[浙江浦江]　史 4 - 32071

浦陽徐氏宗譜[浙江浦江]　史 4 - 32072～4

浦陽潼塘朱氏宗譜[浙江浦江]　史 4 - 26606～7

浦陽官巖于氏宗譜[浙江浦江]　史 4 - 24729～36

浦陽官巖蔣氏宗譜[浙江浦江]　史 5 - 38175～9

浦陽江記　史 7 - 49317(9)、49318(10)、52928

浦陽潘氏宗譜[浙江浦江]　史 5 - 39811～2

浦陽浹溪項氏宗譜[浙江浦江]　史 5 - 35517

浦陽沴南許氏宗譜[浙江浦江]　史 5 - 34436～7

浦陽凌氏宗譜[浙江浦江]　史 4 - 34651

浦陽洪溪施氏宗譜[浙江浦江]　史 4 - 30913～5

浦陽洪氏宗譜[浙江浦江]　史 4 - 30964～6

浦陽湖溪虞氏宗譜[浙江浦江]　史 5 - 37224

浦陽潮溪鍾氏宗譜[浙江浦江]　史 5 - 40607

浦陽冠山沈氏宗譜[浙江浦江]　史 4 - 29112

浦陽冠橋沈氏宗譜[浙江浦江]　史 4 - 29111

浦陽海塘洪氏宗譜[浙江浦江]　史 4 - 30958～63

浦陽泮南樓氏宗譜[浙江浦江]　史 5 - 39061～4

浦陽九山陳氏宗譜[浙江浦江]　史 4 - 33092

浦陽大輅吳氏宗譜[浙江浦江]　史 4 - 27971

浦陽大小南橋合志　史 6 - 44360

浦陽太平坊沈氏宗譜[浙江浦江]　史 4 - 29107～10

浦陽李溪王氏宗譜[浙江浦江]　史4-25172~80

浦陽李氏宗譜[浙江浦江]　史4-27246~7

浦陽檀溪陳氏宗譜[浙江浦江]　史4-33074~7

浦陽槁溪孫氏宗譜[浙江浦江]　史5-33639~40

浦陽桃溪楊氏宗譜[浙江浦江]　史5-36916~8

浦陽戴氏宗譜[浙江浦江]　史5-40512~6、40520~2

浦陽戴氏宗譜世系圖[浙江浦江]　史5-40510

浦陽董氏宗譜[浙江浦江]　史5-35896~900

浦陽蘆塘吳氏宗譜[浙江浦江]　史4-27970

浦陽芮氏宗譜[浙江浦江]　史4-27048

浦陽華溪杜氏宗譜[浙江浦江]　史4-27012~3

浦陽茜溪陳氏宗譜[浙江浦江]　史4-33106

浦陽薛氏宗譜[浙江浦江]　史5-39936~8

浦陽黃氏宗譜[浙江浦江]　史5-33857、33859~60

浦陽葉氏宗譜[浙江浦江]　史5-35706

浦陽林塘方氏宗譜[浙江浦江]　史4-25800~1

浦陽鶴溪駱氏宗譜[浙江浦江]　史5-39908~12

浦陽胡氏重修宗譜[浙江浦江]　史4-30494

浦陽胡氏宗譜[浙江浦江]　史4-30493

浦陽柳溪張氏宗譜[浙江浦江]　史5-35106~7

浦陽柳溪傅氏宗譜[浙江浦江]　史5-36252

浦陽松巖陳氏宗譜[浙江浦江]　史4-33093~4

浦陽趙氏宗譜[浙江浦江]　史5-38370~7

浦陽書院志　史7-52057

浦陽東溪黃氏宗譜[浙江浦江]　史5-33847

浦陽盛氏宗譜[浙江浦江]　史5-34294~9

浦陽蜀山柳氏宗譜[浙江浦江]　史4-30351~3

浦陽嚴氏宗譜[浙江浦江]　史5-41217~20

浦陽墅屏吳氏宗譜[浙江浦江]　史4-27964~5

浦陽陳氏宗譜[浙江浦江]　史4-33095~101、33108

浦陽陶氏宗譜[浙江浦江]　史5-33488

浦陽人峯應氏宗譜[浙江浦江]　史5-40880~1

浦陽人峯洪氏宗譜[浙江浦江]　史4-30967~8

浦陽人峯楊氏宗譜[浙江浦江]　史5-36913~5

浦陽人物記　史2-8081~2　叢1-223(22)、244(4)、2-731(61)、735(5)、857、859

浦陽人物記前集、後集　史2-8083

浦陽金氏宗譜[浙江浦江]　史4-29750~4

浦陽俞氏宗譜[浙江浦江]　史4-30829

浦陽合溪黃氏宗譜[浙江浦江]　史5-33848~52

浦陽余氏宗譜[浙江浦江]　史4-28564~5

浦陽鍾山汪氏宗譜[浙江浦江]　史4-28750~1

浦陽鍾墟傅氏宗譜[浙江浦江]　史5-36249

浦陽鄭氏宗譜[浙江浦江]　史5-38695~6

浦陽煙塘張氏宗譜[浙江浦江]　史5-35105

80　浦舍人詩集　集2-6300　叢2-802

浦舍人集　集2-6299,6-41935(1)

浦舍人集、詩　集2-6298

86　浦鐸　史7-50126　叢2-2169

3313₂　泳

00　泳齋近思錄衍注　子1-742

21　泳經堂叢書　叢2-1254

22　泳川草堂詩鈔　集3-16966

浪

00　浪齋新舊詩　集2-11824,4-32112　叢1-419,2-731(43)

01　浪語集　集1-3651　叢1-223(55),2-865

浪語集鈔　集1-3652,6-41900

17　浪子回頭　子5-27908

浪子嘆　集7-52383

30　浪穹縣志[康熙]　史8-62521

浪穹縣志[道光]　史8-62523

浪穹縣志畧[光緒]　史8-62524

37　浪淘集詩鈔　集3-15960

38　浪遊記快　史7-49317(6)、49318(12)、53116

浪遊浪墨　集5-38974

浪遊草　集3-18775　叢2-1544

50 浪史　子5-28246
60 浪墨軒詩存　集4-28534
　　浪跡三談　子4-21412
　　浪跡續談　子4-21411
　　浪跡叢談　叢1-373(4)
　　浪跡叢談、浪跡續談　子4-21410
　　浪跡草　集4-24325
　　浪跡吟　集5-36520
65 浪蹟叢譚、續譚　叢2-735(5)
68 浪吟、方城公尺牘、疏草　集2-11919
77 浪鷗集　集4-32222

3313₄ 狀

32 狀溪徐氏世珍集［江蘇宜興］　史4-31839、
　　31842

浹

15 浹珠緣　子5-28544
44 浹花集　集5-40251
62 浹影詞　集7-48200
88 浹餘續草　集4-27686

3314₂ 溥

37 溥通新代數　子3-12848
　　溥通選舉論　子7-38093

3314₇ 浚

20 浚稿　集4-27580
22 浚川內臺集　集2-7601　叢2-1078
　　浚川內臺集、續集　集2-7609
　　浚川奏議集　史6-48200　叢2-1078
　　浚川駁稿集　史6-46470　集2-7601　叢
　　2-1078
　　浚川公移集　史6-47093　集2-7601　叢
　　2-1078
28 浚儀趙氏玉牒世譜［浙江紹興］　史5-
　　38312
　　浚儀趙氏玉牒世譜［浙江蕭山］　史5-

　　38298
　　浚儀趙氏家譜［浙江紹興］　史5-38311
80 浚谷先生集　集2-8914
　　浚谷趙先生文粹　集2-8915

3315₀ 減

00 減庵詩存　集3-14110
27 減租瑣議　史6-43384
44 減菴公詩存　叢2-1231
88 減等條欵　史6-46282

滅

00 滅魔章　子5-29592、31725
10 滅惡趣神咒　子7-32094
40 滅十方冥經　子6-32083(13)
60 滅國五十考　史1-6017　叢2-1660
77 滅周表通法表　叢2-2265
78 滅除五逆罪大陀羅尼經　子6-32083(31)

3315₃ 淺

00 淺言　子4-24516
22 淺山園詩集　集4-22179
　　淺山堂集、閩遊雜詩　集3-19603
32 淺近錄　子1-1678　叢2-691(3)
50 淺書　叢2-2270(3)
　　淺書續錄　叢2-2270(3)

3316₀ 冶

00 冶庵文鈔、詩鈔　集5-38759
　　冶庵集　集3-14460
10 冶雪爲銀　集7-49705
20 冶香六十壽言　集4-27265
22 冶山居士讀書隨記　子4-21909
　　冶山竹居雜文　集5-39077
30 冶官記異　子5-27177
31 冶源紀遊　史7-40318(11)、53592
38 冶遊編五種　叢1-189
　　冶遊自懺文　子5-27495　叢1-587(3)

冶遊賦　叢1-587(3)
40 冶塘詩鈔　集4-21939
冶古堂文集　集3-16509
43 冶城話舊　叢2-795
冶城詩草初草　集2-10585
冶城山房全集　集5-35147
冶城客論　子5-27019　叢1-22(21)
冶城客論、續　子5-27020
冶城塗抹　叢2-1944
冶城遊草　集3-16404
冶城真寓存稿　集2-7403
冶城蔬譜　叢2-795
44 冶麓山房制藝　叢1-564
冶麓山房叢書三十七種　叢1-564
冶麓山房藏書跋尾　叢1-564
冶麓草堂詩鈔　集4-28300
48 冶梅石譜(石譜)　子3-16422
冶梅栞譜　子3-16421
冶梅賞心隨筆　子3-16614
77 冶開鎔禪師(許清鎔)傳　史2-10741
80 冶金錄　子7-36228(2)、36231(5)、36242(2)、
　　36248、37139
冶父山詩鈔(歲寒呻吟草、歲寒分詠、紀遊
　　草、待除草)　集4-32977
冶父山居詩　集3-15310

冶

00 冶瘧痢屢驗奇方　子2-6985
冶瘧初起驗方　子2-7010
冶瘋狗咬方　子2-7767
冶瘟提要　子2-7292
冶瘟錄　子2-6952
冶痘疹祕本　子2-9083
冶痘方函　子2-8719
冶痘總訣　子2-8894
冶痘寶冊　子2-8848
冶痘對症立說要　子2-8845
冶痘湯丸說要　子2-8463
冶痘大成集　子2-8688
冶痘真訣　子2-4673、8922
冶痘藥性說要　子2-8463
冶痘精詳大全　子2-8657
冶痢叢談　子2-7009
冶痢捷要新書　子2-4768
冶痢金丹　子2-6997
冶疔要書　子2-7819
冶疔彙要　子2-7802~3

治療錄要　子2-4769
治疹要畧　子2-8946
治疹全書　子2-8952
治病說　史6-43376　叢2-811
治病靈符　子2-6284
治病要穴　子2-10298
治病藥　子7-34901
治疥集驗方　叢1-373(6)
治瘄要畧　子2-7043、7062、8769
治瘄全編　子2-5073、7020、9017
治疾日記　子2-4719、10763
治瘈犬傷良方　子2-7847
治疫全書　子2-6921~2
治瘡祕鑰　子2-9058
治瘡全書　子2-8834~5
治瘡金鏡錄　子2-8949
治癩犬咬方　子2-7846
治癩狗咬方(治瘋狗咬方)　子2-7767
治癩狗咬傷經驗救急神效方　子2-8552
治療偶記　叢2-2065
治療全書　子2-8433
治齋詩存　集3-20390
治齋讀詩蒙說　經1-4045　叢1-202(4)、
　　203(10)
治唐紀畧　史1-3601
治麻疹祕訣　子2-9090
治麻新書　子2-8908
治意經　子6-32090(54)、32091(52)、32092
　　(36)
治雜症驗方　子2-4576
04 治詩偶得　經1-4422
治諸瘡方　子2-7694
治讀堂存稿　集3-14922
07 治記緒論　叢2-2270(3)
08 治譜、續集、附錄　史6-42966
治譜續集　史6-42967
10 治下河論　史6-46772，7-49317(6)、49318
　　(10)
治下河水論　叢2-810
治要錄　史6-42973
治要節鈔　子4-23746　叢1-388~90
治平言　子4-20824
治平要術　子1-3915　叢2-1765
治平要續　叢2-1214
治平要畧　叢2-1214
治平要畧、續　子1-1247
治平要畧、治平要續　史6-42971
治平便覽　史6-41733
治平牧令格　子1-2072
治平寶鑑　史1-5724　子1-3104

治平通議　史6-47521
治平大畧　子1-1667　叢1-574(3)
治平增定全書　史6-41673
治平畧增定全書　史6-41674　子5-
　25213～4
治平吟草　集5-41114　叢2-705
治平勝算全書　子1-3866～71
治平錄(林緒光)　史2-9419
治平類纂　史6-41672
12 治水要法　史6-46585、46789
治水述要　史6-46609　叢2-691(1)、2107
治水筌蹄　史6-46594
18 治政集要十種　史6-41729
20 治統會要　史1-1264
21 治經齋稿　集4-30949
治經堂詩文續編　集4-27071
治經堂詩集　集4-27073
治經堂詩集、文集、外集、日次詩　集4-
　27070
治經堂集　集4-27072
25 治生本業、養生簡要　子4-20713
27 治黎輯要　史7-49343、50949
治修河渠農田書　史6-46602
治鄉三約　子1-2045　叢2-1268
治急改良易簡錄　子2-5237
治梟善後芻議　史6-43089
治綱　叢2-1279
28 治傷寒全書　子2-4576、6516
治鮮集　史6-43120
30 治淮說畧　史6-46698,7-49357
治家要義　叢2-1005、1007～9
治家要義、行述　叢2-700
治家條約　子1-2148　叢2-1191
治家模範　子1-2198　叢2-724
治家格言詩　子1-2196　叢2-1770
治家格言衍義　子1-2190
治家格言白話衍義　叢2-724
治家格言繹義　子1-2193～4　叢1-535～6
治家格言釋義　叢2-724
治家格言類證　子4-21900
治家教子歌　子1-2913
治家畧　子1-2254
治安文獻　史6-42986
治安要議　子1-1048　叢2-1011
治安藥石　子4-18661
治安警察法　子7-36650
治安本論　子4-21192　叢2-1628
治安末議　子1-1941　叢1-537
治安八議　叢1-467
31 治河議　史6-46683,7-49318(21)

治河五說　史6-46679
治河要語　史6-46646　叢2-1255
治河要語、石工說　叢1-330
治河總考　史6-46615
治河通考　史6-46616
治河奇策　史6-46654
治河摘要　史7-52830
治河奏疏　史6-48899
治河奏疏、五峯遺文　史6-46625
治河奏牘　史6-48687
治河奏績書　史6-46637　叢1-223(25)
治河圖畧　史6-46613　叢1-223(24)、273
　(4),2-731(31)
治河題藁　叢1-223(21)
治河題藁　史6-48673
治河全書　史6-46639
治河前策、後策　史6-46658
治河管見　史6-46647
32 治浙成規　史6-47504
33 治心病方附淨心說　子2-10457
治心免病法　子7-35735
34 治法彙　子2-4573、4878
36 治溫提要　子2-4771(2)、6861
治溫提要速效合編　子2-6862
治溫闡要　子2-6856
治禪病祕要經　子6-32085(29)、32089(20)、
　32090(27)、32091(25)、32092(17),7-32139
治禪病祕要法　子6-32084(17)、32093(18)
治禪病祕要法經　子6-32086(33)、32088
　(21)
37 治湖錄、續後、水災文詩　史6-46748
治潮芻言　史7-50890　叢1-481
40 治臺必告錄　史7-51251
治南獄事論　史6-43040
治嘉格言　子1-2047、4082　叢2-1334
治槁記畧　史2-9251
41 治標庸言　史6-43191
44 治藏條陳　史6-45660,7-49357
治萬病坐功訣　子2-11184　叢1-119～20、
　173
治萬病坐功圖　子2-11181
治世論　叢2-2217
治世正音前集、後集　集6-43740
治世龜鑑　子1-887　叢1-223(30)、360
治世餘聞　叢2-731(51)
治世餘聞錄　史1-2819
治世餘聞錄上下篇　叢1-84(3),2-730(10)
治蠹記畧　史6-43118
50 治史緒論　史1-5333　叢2-2270(3)
治事文編　子1-1944

治蠱新方　子2－7252　叢1－242(4),2－731(30)
治青案牘　集5－39480
治書堂詩存　集4－22053～4
55 治典　子7－36245
56 治蝗傳習錄　子1－4274
治蝗書　史6－41538　子1－4285
治蝗全法　子1－4281
60 治國要務　子7－38113
治國興家增福財神寶卷　集7－54272
治四時瘟疫症　子2－6963
67 治喉指掌　子2－7459、7481
治喉捷要、各種經驗良方　子2－7488
71 治曆緣起　子3－11234
72 治兵私議　子1－3961
77 治鼠疫傳染良方　子2－7085、10111
78 治鹽芻議　史6－43787
治驗記錄　子2－10726
治驗論案　子2－10752
治驗良方　子2－10190
治驗存參　子2－7421
治驗錄　子2－8539
80 治前丁氏宗譜[浙江縉雲]　史4－24659～60
88 治算學日記三種　叢1－502
90 治小兒心法十三訣　子2－8561

3316₈ 溶

32 溶溪府君(曾釣謙)行述　史2－10024
溶溪雜記　叢1－22(21)

3316₉ 潘

12 潘水三春集　集3－18467
48 潘故　史7－49987　叢2－785
57 潘輻詩存　集5－36407
60 潘國勉學書院集　集6－44973
76 潘陽旗漢甘氏全譜[北京]　史4－26038
潘陽百詠　集5－38381
潘陽紀程　史7－53964、54028　叢2－785、1984
潘陽甘氏宗譜[遼寧潘陽]　史4－26040～1
潘陽日記　叢2－785
潘陽縣志十五年首[民國]　史7－56103
77 潘居集詠　集4－26004
83 潘館錄　叢2－785

3318₆ 演

00 演玄　叢2－2269
08 演說文　經2－12946　叢2－774(8)
10 演露堂印賞　子3－16930
演元九式　子3－12353
演元九式、句股容三事拾遺首　子3－12649
演礮圖說輯要　子1－3579
演礮圖說輯要、后編　子1－3580
17 演習神武　子7－35278
20 演千字文　叢1－276
22 演劇　叢2－771(1)
演劇十三種　集7－49715
演山詞　集7－46361、46370、46372、46375　叢1－579
演山集　集6－41894(1)、41895
演山集、目錄　叢1－223(52)
演山先生文集(演山集)　集1－2665
演山先生詞　集7－46482
24 演伎細事　叢1－513
28 演谿詩集　集6－44591
32 演溪詩集　集3－17386
演溪葉氏宗譜[浙江義烏]　史5－35701
35 演連珠　子4－21038　叢2－1284
演連珠編　子4－24031　叢1－87,2－730(1)、731(45)
38 演道俗業經　子6－32081(15)、32083(11)、32085(15)、32086(17)、32088(11)、32089(13)、32090(18)、32091(16)、32092(12)
43 演卦詩斷　子3－13742
44 演蒼年史　史2－12474
48 演教諭語　子1－2412　叢1－483,2－1788
50 演春秋長曆　子3－11584
54 演揲兒法殘卷三種　子7－32952
60 演易　經1－1370
70 演雅　經2－14665
80 演無定式　子3－12400
演禽通纂　叢1－223(36)
演禽數　子3－14164
演禽圖　子3－14272
88 演算法須知　子7－36230、37481
演算法初級　子7－36235
演算法通變本末　子3－12347
演算法捷要　子3－11244
演算法圓理括囊　子3－12364,7－37561
演繁露　子4－22142～3　叢1－1、19(9)、20(7)、21(8)、22(3)、24(9)、26～7、374
演繁露、續集　叢1－223(40)、268(3)

90 演小兒語（呂新吾先生演小兒語） 子1-2779

濱

31 濱河子 子1-19
32 濱州鄉土志[宣統] 史8-59437
　濱州志[康熙] 史8-59435
　濱州志[萬曆] 史8-59434
　濱州志[咸豐] 史8-59436
　濱州杜氏家乘[山東濱州] 史4-27019
37 濱湖軒遺詩稿 集4-30226
51 濱虹雜著三種 叢2-2182
88 濱竹山房文存 集4-33067
　濱竹山房詩存 集4-33066

3319₁ 淙

22 淙山讀周易、圖 叢1-223(3)
　淙山讀周易記 經1-534

3319₄ 沐

76 沭陽鄉土志[光緒] 史7-56645
　沭陽縣志[康熙] 史7-56644

3320₀ 祕

00 祕方雜抄 子2-10167
　祕方集要 子2-10068
　祕方集腋 子2-10147
　祕方集驗 子2-9348
　祕方滙集 子2-9994
　祕方滙抄 子2-10170
　祕府遁甲全書 子3-14398
　祕府叢存 叢2-600
　祕意交犯條款 叢2-2056
02 祕刻武畧神機火藥、新刻武畧火器圖説 子1-3086
05 祕訣仙機 史6-46520～1 子4-18659
　祕訣時奇 子3-14680
　祕訣全指 子3-14662

08 祕診濟陰 子2-8196
20 祕受分類雜占 子3-14272
22 祕製大黃清寧丸方 叢1-305
　祕製大黃清寧丸方 子2-9587 叢2-731(29)
25 祕傳痘疹 子2-8724
　祕傳痘疹玉髓 子2-8601
　祕傳痘疹集聖 子2-9092
　祕傳痘疹神書慈幼玄玄附經驗良方 子2-8667
　祕傳痘麻纂要 子2-8968
　祕傳痘形 子2-9055
　祕傳痘科方畧 子2-9091
　祕傳疹子心法 史2-6718 子2-8706
　祕傳育嬰雜症論治 子2-8566
　祕傳麻症全書 子2-9001
　祕傳離婁經 子2-4699、7355
　祕傳證治要訣 子2-4564 叢2-731(28)
　祕傳證治要訣（證治要訣） 子2-4823
　祕傳證治要訣、證治要訣類方 子2-4824～5
　祕傳正陽真人靈寶畢法 子5-29530(23)、30956
　祕傳天祿閣寓言外史 子4-19773
　祕傳水龍經 叢1-269(4)、270(3)、271、272(5)、2-731(16)
　祕傳水龍經（水龍經） 子3-13269
　祕傳延齡種子方 子2-8030、8633
　祕傳延壽單方 子2-4604、9405
　祕傳配製丸散膏丹神效方 子2-10132
　祕傳經驗痘疹方 子2-8647
　祕傳經驗痘科玉函集 子2-8652
　祕傳外科方 子2-4554、7662
　祕傳外科一串珠 子2-7771
　祕傳幼科萬家春 子2-8421
　祕傳保嬰痘症 子2-9059
　祕傳御選傷寒三十六症附舌樣圖 子2-6689
　祕傳傷科、保胎方 子2-7957
　祕傳傷科接骨入骱穴堂科 子2-7962
　祕傳活幼心術 子2-8443
　祕傳心法 子2-8423
　祕傳神效骨鏃科 子2-7963
　祕傳祝由科 子2-6278
　祕傳湖州府雙林鎮蔡寄寰眼科祕要 子2-7386
　祕傳通靈寶錄神書 子3-14655
　祕傳大麻瘋方 子2-4770、7884
　祕傳內府經驗外科 子2-7874
　祕傳內府經驗女科 子2-8302
　祕傳女科 子2-8059

祕傳奇方　子2-10166
祕傳花鏡(羣芳花鏡全書)　子1-4494
祕傳花會譜　子3-18220
祕傳獲幼心法　子2-8565
祕傳藥書　子2-7916
祕傳杖丹膏散丸末方　子2-7960
祕傳推拿妙訣　子2-10408
祕傳推拿妙訣補遺　子2-10417
祕傳推拿捷法　子2-10414
祕傳丸散方　子2-10198
祕傳接骨金瘡祕方　子2-7960
祕傳打損撲跌傷奇方　子2-7896
祕傳挑疔訣　子2-7838
祕傳星禽易簡奇門精要　子3-14136
祕傳四神課書仙機消納水法　子3-13315
祕傳圖注龍經全集　子3-13296
祕傳啞科症治　子2-4673、8507
祕傳跌仆損傷精要全書　子2-7961
祕傳跌打損傷妙方　子2-7907
祕傳眼科　子2-7395
祕傳眼科龍木醫書總論(祕傳眼科龍木論)、葆光道人祕傳眼科　子2-7303
祕傳眼科七十二症　子2-7338
祕傳眼科七十二症全書　子2-7308
祕傳眼科纂要　子2-7326
祕傳喉齒要訣　子2-7571
祕傳喉科要訣　子2-7528
祕傳劉青田先生家藏禁方　子2-7938
祕傳陽宅地理全書　子3-13251
祕傳風角總占　子3-13069
祕傳金函奇門隱遁丁甲法書　子3-14271
祕傳小兒痘疹經驗良方口訣　子2-8373、8615
祕傳小兒豆疹經驗良方(小兒痘疹經驗良方)　子2-8604
祕傳小兒推拿要訣附祕訣妙方嬰兒論　子2-10430
祕傳爛喉痧治法經驗　子2-7474
27 祕解學庸全旨　經2-10174
祕魯形勢錄　史7-49317(5)、49318(18)、54897
祕魯出使章程　叢2-2056
祕魯國條約　史6-44035
28 祕微經　子3-14584
30 祕密漫荼羅十住心論　子6-32093(53)
祕密海島　子7-38274
祕密女子二編　子5-27912
祕密地窟　子7-38226
祕密篋印心陀羅尼經　子6-32081(44)、32083(28)、32089(25)

38 祕遊隨錄　史7-54898
40 祕奇樓樂府新編(封禪書、琴臺、人生樂、富貴神僊)　集7-50417
44 祕蘭全書　子2-8348
祕藏千里眼　子3-13399
祕藏疑龍經大全　子3-13310
祕藏通玄變化六陰洞微遁甲真經　子5-29530(17)、31600
祕藏大六壬大全善本　子3-13934
祕藏火攻配藥法品　子1-3634
祕枕合組　叢2-1319
50 祕本琴譜　子3-17803
祕本外科　子2-7777
祕本守城要覽　史6-45144
祕本大清相法、續集　子3-14226
祕本加批大清法　子3-14227
祕本跌打科　子2-7950
祕本脈訣　子2-6209
祕本兒科大全　子2-8513
祕本小兒推拿　子2-10445
祕書二十八種　叢1-93
祕書九種　叢1-123
祕書志　史6-42900～1
祕書廿一種　叢1-92
祕書監志　叢1-223(26)、2-630
祕書省續編到四庫闕書目　史8-65257、65423～4　叢1-547(2)、2-2173
52 祕授痘疹科　子2-8757
祕授痘疹全書　子2-8837
祕授痧癥指掌　子2-7065
祕授應驗良方　子2-9717
祕授水法小引　子3-13706
祕授外科形証　子2-7875
祕授幼科　子2-8564
祕授治痧要畧　子2-7044
祕授治痧要畧(治痧要畧)　子2-7043
祕授沈氏痘疹摘要　子2-8955
祕授清寧丸方　叢1-303
祕授清寧丸方　子2-9588　叢1-304
祕授女科集成良方　子2-8141
祕授嬰科纂要　子2-8571
祕授眼科、周贊亭之目科七十二問　子2-7331
祕授開瞽仙方　子2-7407
祕授八門演禽神數　子3-14182
祕授金鎖八門陣圖要訣　子1-3685
祕授命理須知滴天髓　子3-12894、14118
祕授小兒科心法不傳人　子2-8459
祕授精選藥性　子2-9396
59 祕抄本地理　子3-13685

祕抄日家奇門　子3-14401
77 祕殿珠林　子3-14801　叢1-223(37)
祕殿珠林續編　子3-14806
祕册彙函二十八種　叢1-98
祕册彙叢十七種　叢1-259
祕閣元龜政要　史1-1510
祕閣書目　史8-65434
祕閣閒話　叢1-22(5)、23(4)
86 祕智戰紀　子7-36961
87 祕録　史1-2835　叢1-22(21)、29(8)、407
(3)
88 祕笈通書　子3-14499

3322₇ 補

00 補瘞鶴銘考　史8-64664　叢2-1876
補癡詩草　集5-35891
補亭詩集(嘉定王補亭詩集)　集3-18035
補亭詩鈔　集4-22341
補亭先生遺稿　集3-19794
補亭遺詩　集4-23457
補亭草　集4-30789
補庵遺稿、詩鈔　集3-19780　叢2-834~5
補齋文集　集4-22651
補齋百一貽安録　子1-2630
補高郵王氏說文諧聲譜　經2-12475　叢
2-2227~9
補唐書張義潮傳　叢2-2193
補忘署草(清光緒十六年、十九年)　史2-
13091
補註瘟疫論　子2-6906
補註續編　經2-10638
補註釋文黃帝內經素問　子2-5318、5391~2
補註釋文黃帝內經素問、遺篇、黃帝素問靈
樞經　子2-5317
補註李滄溟先生文選　集2-9079
01 補訂新譯大方廣佛華嚴經音義　子7-
34811
補訂班馬異同　史1-300
補訂虛齋舊讀易經蒙引初稿　經1-642
補訂艮山雜志　史7-50312
02 補刻停雲館法帖　子3-15689
補刻舟中相會舊本荊釵記　集7-49746
補刻祖師正宗道影　史2-6814
補刻嘉興楞嚴寺藏藏録　子7-34862
補刻蘇黃題跋　子3-14957
補刻摘句圖詩　集3-20646
補新婦譜　子1-2957~8　叢2-1243

04 補謝寵皇寶卷　集7-54288
補讀齋詩集　集5-36616
補讀齋日記(清咸豐八年至同治十二年)
史2-12802
補讀室詩稿　集4-30378
補讀樓詩稿、雜著　集4-31646
補讀書齋詩鈔　集4-27649
補讀書齋集　集4-27515
補讀書齋遺稿、外稿　集4-26894
補讀書齋日記(清道光十七年至十八年、二
十三年至二十五年)　史2-12675
補讀書室自訂年譜　史2-12137
補讀軒詩稿　集5-36070、37632
補讀軒叢録　子4-24620
補讀軒藥引雜考　子2-5913
06 補譯幾何原本　子7-37510
08 補詳字義　經2-12887
10 補三州郡縣目録　史1-2297~8
補三史藝文志　史1-8、10(6)、795、8-65262
叢1-202(6)、203(12)、2-653(5)、731(1)、
1397
補三國疆域志　史1-8、416、7-49311　叢
2-653(4)、731(56)、1557、1559
補三國疆域志補注　史1-10(2)、418
補三國藝文志　史1-8、10(2)、426　叢2-
653(4)、731(1)、881
補三國兵志　叢2-757
補三國食貨志　史1-425
補三國食貨志、補三國藝文志　史1-424
補正族葬圖說　叢2-1317
補正祭禮說　叢2-1317
補正祭祀說　叢2-1317
補正俗字編　經2-13119
補正冠禮說　叢2-1317
補正喪禮說　叢2-1317
補正昏禮說　叢2-1317
補正義田議　叢2-1317
補五代史方鎮表　史1-4779
補五代史藝文志　史1-8、10(5)、172~3
叢1-426、2-653(5)、731(1)、786~8
補五代史藝文志、補遺　叢2-2024
補疏山館詩　集5-35290
補元和郡縣志四十七鎮圖說　史7-49508
補元史藝文志　史1-10(5)、778　叢2-653
(5)、731(1)
補要袖珍小兒方論、小兒痘疹方論別集、祕
傳小兒痘疹經驗良方口訣　子2-8373
補要小兒痘疹方論別集博愛心鑑、祕傳小
兒痘疹經驗良方口訣　子2-8615
補天記　集7-49714
補天記(小江東)　集7-50249

補天石　子5-27834
補天石傳奇八種　集7-49541
補天樓詩集　集5-35768
補石山房文集　集4-31689
補石草堂詩鈔　集5-34611
補石倉詩選　集6-42397
補晉方鎮表　史1-4692
補晉方鎮年表　史1-10(3)
補晉僭國年表　史1-10(3)、4701
補晉宗室王侯表　史1-10(2)、4685
補晉執政表　史1-10(3)、4690
補晉書經籍志　史1-10(3)、547
補晉書藝文志　史1-10(3)、29、541～4、546
　　叢2-2082
補晉書藝文志、補遺、刊誤　史1-545　叢
　　2-653(4)
補晉書藝文志、補遺、附錄　叢2-731(1)
補晉書藝文志、補遺卷附錄、刊誤　史1-10
　　(3)
補晉書藝文志刊誤　叢2-731(1)
補晉異姓封爵表　史1-10(3)、4686
補晉兵志　史1-8、10(3)、540　叢1-369、
　　428,2-653(4)、731(19)
補雲外史蘆雁全圖　子3-16577
補不足齋文　集5-36788
補不足齋雜著四種　叢2-2077
補不足齋詩鈔　集5-36786～7
11 補北齊書疆域志　史1-621
補班馬異同稿　史1-301
12 補水經注洛水武陵五溪考　史7-52731
補水經注洛水涇水武陵五溪考　叢1-439
補刊震川先生集　集2-8760
補瓢先生行畧　集3-18976
補瓢存稿　集3-18975
17 補鸞子　子1-44　叢1-490
21 補上古考信錄　史1-6008　叢2-731(4)、
　　782(4)、1537～9
補行咸豐十一年辛酉科江南選拔貢卷　史
　　3-22755,22760
補行咸豐十一年辛酉科江蘇選拔貢卷　史
　　3-22763
補行咸豐十年庚申科試草　史3-19821
補行同治壬戌恩科並甲子正科陝西鄉試題
　　名錄　史3-14799
補衍　子4-20312～3　叢1-22(20)、61～4,
　　2-730(4)、731(12)
補紅樓夢　子5-28409
22 補後漢書藝文志　史1-10(2)、353～7　叢
　　1-537,2-653(4)、731(1)、788,881
補後漢書藝文志、考　史1-10(2)、359
補後漢書年表　史1-10(1)、4645　叢1-223

(17)
補山山人續吟草　集5-36797
補巢書屋詩集　集3-19895
24 補侍兒小名錄　史2-13390　叢1-99～101、
　　587(1),2-731(60)
補續高僧傳　子7-34712
補續羣輔錄　史2-6278
補續漢書藝文志　史1-8、10(2)、360～1
　　叢1-203(15)、516,2-653(4)、731(1)、932
補續全蜀秇文志　史8-66133
補續錄並拾遺　集4-29160
26 補魏書兵志　史1-10(4)、611
補釋戚少保南北兵法要畧　子1-3506
補釋戚少保南北兵法要畧、補輯兵法要畧
　　子1-3505
補釋戚少保南北兵法要畧、兵法叢談　子1
　　-3507
27 補修徐溝縣志[光緒]　史7-55603
補修宋占天術　子3-12354
補修宋奉元術　子3-12354
補修宋金六家術　子3-11353
補修英山縣志[道光]　史8-60238
補疑獄集　史6-46373　叢1-223(32)
補疑年錄　史2-6257　叢2-2004
補饗禮　經1-5515　叢1-223(8)
28 補傷寒古本　叢2-2129(4)
30 補塞遺脫鼎器妙用歌　子5-31017
補塞遺脫法象賦　子5-31017
補注洗冤錄集證　史6-46323、46325
補注洗冤錄集證、檢骨圖格、作吏要言　史
　　6-46326
補注洗冤錄集證、檢骨圖格、實鑑編　史6-
　　46324
補注蒙求　子5-25507～8、25510
補注黃帝內經素問　叢2-698(7)
補注黃帝內經素問、素問遺篇、靈樞　子1-
　　62、64
補注黃帝內經素問、素問遺篇、黃帝內經靈
　　樞　子1-67～8
補注黃帝內經素問校記　子2-5415
補注黃帝內經素問校記、黃帝內經靈樞校
　　記　子2-5330
補注杜詩、傳序碑銘、年譜辨疑、集注杜詩
　　姓氏　叢1-223(48)
補寰宇訪碑錄、失編　史8-63796
補寰宇訪碑錄、失編、刊誤　史8-63503、
　　63797　叢1-418
補寰宇訪碑錄選鈔　史8-63798
補寰宇訪碑錄校勘記　史8-63799　叢2-
　　2202
補定祭田議　叢2-1317

補宋潛溪唐仲友補傳　史2-8765　　叢2-1041
補宋書刑法志　史1-8、10(3)、570　叢1-456(7)、2-653(4)、731(17)、1596
補宋書宗室世系表　史1-10(3)、4730　叢2-2193
補宋書藝文志　史1-10(3)、572〜3　叢2-2188
補宋書食貨志　史1-8、10(3)、571　叢1-456(7)、2-653(4)、731(17)、1596
31　補江城名蹟詩　史7-51436
補江城名蹟記　史7-51433
33　補梁疆域志　史1-8、10(4)、589,7-49311　叢2-653(4)、731(56)
補梁書藝文志　史1-591　叢2-2188
34　補漢兵志　史1-5、10(1)、255　叢1-223(28)、244(2)、2-731(19)、735(4)、1483
補漢兵志、札記　史1-256　叢1-519
補遼史交聘表　史1-4800
補遼史藝文志　史1-10(5)、725
補遼金元藝文志　史1-8、10(5)、794,8-65262　叢1-258、2-653(5)、731(1)、847、1466
35　補遺方抄　子2-10457
補遺藝文　叢2-913
補遺捷用尺牘雙魚　集6-45226
36　補禪林僧寶傳　史2-7116　叢1-223(46)
37　補漏居寓言　史1-2695
補過齋文牘初編、續編、三編　集5-40457
補過齋讀老子日記　子5-29188
補過齋遺集　集5-34066　叢2-886(4)
補過齋日記　叢2-2174
補過齋全集六種　叢2-2174
補過山房詩鈔　集4-26301〜2
補過軒文稿　叢2-2082
補過軒四書文　集4-31015　叢2-1809
補過精舍詩稿　叢2-2094
補選捷用尺牘雙魚　集6-45227
補軍禮三篇　經1-5514
40　補南齊書藝文志　史1-10(3)、583
補南唐藝文志　史1-691
補南北史經籍志　史1-140
補南北史藝文志　史1-10(4)、141
補希堂文集　集3-21782　叢2-874
補校庭立紀聞　叢2-1630
補校庭聞錄(補校庭立紀聞)　子4-22476
補校夢窗新詞薫　叢2-845(2)
41　補梧詩鈔　集4-22770
44　補勤詩行　集5　33785
補勤詩存、續編　集5-33783　叢2-1930
補勤詩存續編　集5-33784

補勤幼學錄　史2-10238　叢2-1930
補花底拾遺　叢1-197(4)、587(1)
補藤華館石墨目錄　史8-64754
補蕉山館詩　集4-32754　叢2-1868
補華陽國志三州郡縣目錄　叢2-628、698(4)
補蘁書屋詩鈔　集4-28911
45　補執塾檢書小志　子4-23491
47　補桐小草　集3-20686
補欄詞　集7-47384
48　補松廬文稿　集5-37853
補松廬詩錄　集5-37851
補松詩稿約鈔　集4-29780
補梅詩鈔　集5-35270
補梅花館詩稿　集5-37821
補梅書屋詩存　集4-25493,5-37221
補梅書屋詩草　集4-25494
補梅書舍詩鈔　集5-35570
50　補史亭補金史　史1-746
補史亭賸稿六種　叢2-1433
補青吟館髫齡剩草(歉庵詩存)　集5-38710
補春秋僖公事闕書　經1-8071
補春秋長曆　子3-11584
52　補拙齋文鈔　集5-36494
補拙齋稿　集5-35605
補拙詩存　集3-20206
補拙山房詩草　集4-28432
補拙山房詩鈔　集4-28431
補拙草堂詩稿、文稿　集5-36881
補拙軒詩草　集4-31203
補拙軒遺稿　集5-40964
補拙軒吟草　集5-35923
補拙軒小草　集4-30218〜9
補拙園外集　集4-28433
補拙吟草　集5-35428
53　補咸豐十一年辛酉科雲南選拔貢卷　史3-23283
55　補農書　叢1-530〜1,2-1262、1265〜6
補農書(楊園先生補農書)　子1-4131
56　補輯石砫廳新志[道光]　史8-61609
補輯朱子大學講義　叢2-886(4)、1885
補輯李忠毅公(應昇)年譜　史2-11595　叢2-2118
補輯松江府志[康熙]　史7-56464
補輯兵法要畧　子1-3505
補輯風俗通義佚文　叢2-788
59　補抄宋學士集　集2-5904
60　補四元玉鑒絫草果垜兩門諸垜形圖　子3-12726
補園文存　集5-40245

補園詩集　集4-24233～4
補園詩存　集5-40244
補園詩鈔　集5-34767
補園賸稿　集5-39185
補園賸藁　叢2-845(4)
補愚詩存　集5-36724
補田山房詩　集3-21685
補羅迦室印譜　子3-17186
補羅迦室印譜、補羅迦室印譜二集　子3-17185
67 補眠盦詞甲集、乙集　集7-48339
68 補蹉跎齋詩存　集5-34524
補蹉跎齋詩鈔　集4-32803
71 補歷代史表　史1-4575、4577　叢1-223(20)、2-845(5)
73 補陀詩　集2-12861
補陀洛伽山志　史7-52320
補陀遊記　集2-10764
74 補助　子4-21135
75 補陳疆域志　史1-10(4)、599
76 補隅軒詩稿　集4-33390
77 補周易口訣義闕卦　經1-1861　叢2-2152
補閒詞偶存　集7-47274
補閒集　集3-18113
補學齋文鈔　集5-39767
補學齋詩鈔　集5-39766
補學軒文集外編　叢2-1803
補學軒文集續刻散體　集4-30542
補學軒文甲集、文乙集、詩集　集4-30538
補學軒詩集　集4-30541
補學軒制藝、雜話　叢2-1803
補學軒續刻詩集　叢2-1803
補學軒批選時文讀本　叢2-1803
補學軒扶鸞詩詞　集4-30540
補闕疑　子4-22291　叢2-811
補閣詩鈔　集3-18769
78 補陁洛迦山傳　史2-6801
80 補益集　集5-38070
補盦詩鈔　集5-38063
補俞篇　經2-12542、12736　叢2-2172
81 補缸詢圖灘簧　集7-53550
87 補錄居竹軒詩　集1-5307
補錄學古軒詩草　集5-40176
88 補竹軒文集、詩集　集4-32235
補竹軒詩集　集4-32236
補竹軒時文　集4-32237
補籬稿　集4-33633
補籬遺稿　集4-33632、33634
補筆談　子4-19948～9、19952　叢1-27、31、99～101、175、223(41)、268(3)

補筆談、續筆談　子4-19951
補筆談、續筆談、夢溪筆談校字記　子4-19953
補餘堂文集　叢2-1574
補餘堂文集、詩集　集4-25412
補餘堂詩鈔　叢2-1574
補餘堂集五種附一種　叢2-1574
補餘堂四書問答　叢2-1574
補餘堂四書答問　經2-10812
補纂仁壽縣志[嘉慶]　史8-62044
補纂仁壽原志[光緒]　史8-62047
90 補小爾雅釋度量衡　經2-14555　子3-12389　叢2-1896
補小爾雅釋度量衡三篇　子3-11252
補尚史論贊　史1-5277、5830
95 補情吟草　集5-35161
97 補恨樓詞　集7-48083

蕭

00 蕭齋詩鈔　集4-24163
22 蕭山府君(余龍光)年譜　史2-12150～1
34 蕭社筆談　子4-20489
44 蕭藻文章百段錦　集6-46210～1
蕭菴遺稿　集2-7876
蕭菴遺藁　集2-7877
90 蕭堂塗鴉集　集4-31222

3324₇ 袚

33 袚心堂讀雅孔見、外篇　經2-11277
60 袚園集文、詩、詞　集3-13468

籹

35 籹清齋試帖　集5-34676
77 籹卿詩草　集5-37105

3325₀ 祴

44 祴菴黛史　叢1-197(3)

3330₂ 逋

00 逋齋詩、雪鴻齋草　集3-13156
　逋齋詩初集、二集、三集(御墨樓詩)　集3-13157
　逋齋詩選　集3-13158
44 逋草　叢2-1270
77 逋居士集　集5-40299

遍

44 遍地金　子5-27833
　遍地鉗正義　子3-13144
　遍地錦傳奇　集7-50009
67 遍照般若波羅蜜經　子6-32083(30)

3330₃ 邋

00 邋庵文稿　集5-41098
21 邋經堂詩文存　集5-38619
34 邋漢齋文存　集5-41309
　邋漢齋詩存　集5-41307
40 邋古記、藩獻記　史1-2013
44 邋菴集、續集　集2-7216
70 邋雅齋叢書八種　叢2-712
　邋雅堂文錄　集6-42067
　邋雅堂集　集4-24250
　邋雅堂集、文集續編　叢2-1601
　邋雅堂集續編　集4-24251
　邋雅堂學古錄　經2-11602　叢2-1601
　邋雅堂全集九種　叢2-1601
80 邋盦詩集　集5-41569
90 邋懷堂文集箋注　集4-28593
　邋懷堂詩集　集6-42003
　邋懷堂詩集前編、後編、小清容山館詞鈔　集4-28592
　邋懷堂全集(邋懷堂文集、邋懷堂詩集前編、後編、哀忠集、邋懷堂駢文、小清容山館詞鈔)　集4-28590

3330₆ 迫

67 迫暇詩集　集3-20785～6

3330₇ 逎

44 逎華廬詩存　集5-37916

3330₉ 述

00 述鹿軒近草　集3-15523
　述庵詩零(述庵遺詩)　集5-38320
　述庵詩鈔　集3-20918
　述庵先生(王昶)年譜　史2-11881　叢2-1472
　述庵祕錄　史1-1995、4551
　述文贈幼博程子　子7-35267
　述言摘錄　叢2-900
02 述訓　叢2-1628
07 述記　子4-24288～90
　述記(三代兩漢遺書、任氏述記)三十四種　叢1-236
　述記(三代兩漢遺書、任氏述記)五十二種續十二種　叢1-237
08 述許　經2-12654
13 述職集　集3-21877
　述職吟　集3-21875
14 述耐堂詩集　集4-22384
21 述征記　史7-53773　叢2-779
22 述山詩鈔、續鈔　集4-22877
　述樂　經1-6429
24 述先草　集2-12816,6-45074
　述德繼聲　叢1-317
　述德堂詩稿　集4-26397
　述德堂詩草　集4-22253
25 述朱質疑　子1-1755　叢2-1735～7
　述朱質疑釋字　子1-1756
37 述祖詩　叢2-916、1287、2015
　述祖紀事詩　叢1-356
40 述志堂文存、詩存　集5-37630
　述難瑣筆　史1 4134
　述古齋集　叢1-223(61)
　述古齋幼科新書　子2-4724

述古雜詩　叢 2 - 1369

述古編　子 2 - 5719

述古先生詩集　集 1 - 2193

述古自警　叢 1 - 194

述古叢鈔二十八種　叢 1 - 422

述古軒詩草、詞稿　集 4 - 31791

述古軒詞稿　集 7 - 47995

述古分類聯珠　子 5 - 25875

述古錄　叢 2 - 2146

述古錄四種　叢 2 - 2147

述古堂文集　集 4 - 22589～90

述古堂詩鈔　集 4 - 22588

述古堂經說　經 2 - 11781

述古堂宋版書目　史 8 - 65634

述古堂遺稿彙存　集 3 - 19876

述古堂藏書目　史 8 - 65254　叢 1 - 373(7)

述古堂藏書目、宋版書目　叢 2 - 731(1)

述古堂藏書目、宋板書目　叢 1 - 456(3)

述古堂書目　史 8 - 65630～3　叢 1 - 256

述古堂印譜　子 3 - 17203

述古堂錢氏藏書目　史 8 - 65251

44 述夢　集 7 - 49457～8

述煮茶小品　子 4 - 18979、18993　叢 1 - 22
(15)、23(15)

述昔吟草　集 4 - 27685

46 述楊合刻二種　叢 2 - 1023

47 述均　經 2 - 14172

48 述梅草堂遺集三編　集 5 - 39913

50 述史樓語古錄　史 8 - 64223

述史樓書目　史 8 - 65959

述本堂詩集　集 3 - 17997

述本堂詩集(東閣剩稿、入塞詩、懷南集、豎
步吟、叩舷吟、宜田彙稿、松漠草、看鼃
詞、薇香集、燕香集、燕香二集)　集 3 -
19163

述本堂詩集、續集　集 6 - 44957

述本堂詩續集(薇香集、燕香集、二集)　集
3 - 19164

述本堂奏議　史 6 - 48744

述書、國朝書品、附錄　子 3 - 15203

述書賦　子 3 - 15025～6　叢 1 - 223(37)、388
～90

60 述園詩存　集 4 - 32995

述園遺稿　集 4 - 23101

述恩賦　集 3 - 20042

述畧　史 2 - 9301

述異記　子 1 - 61,5 - 26222、26844～5　叢 1 -
15、17、19(2、5)、20(3)、21(2、5)、22(11)、23
(11)、24(3、6)、29(1)、71、73～7、99～101、114
(5)、175、185、210～1、223(46)、227(7)、249
(1)、373(8)、519、566,2 - 617(2、3)、624(1、

4)、726

述異記佚文　子 5 - 26846　叢 2 - 777

述異續記　子 5 - 26645

述異補遺　子 5 - 27065

77 述聞齋詩集、刊　集 5 - 35709

述聞齋詩草(蜀遊紀程)　集 5 - 35708

述聞瑣記約鈔　子 4 - 22648

述聞瑣記約鈔　叢 2 - 1981

述聞類編　子 4 - 24263

述學　經 1 - 111(3)、2 - 11870　集 4 - 22709～
10、22713　叢 1 - 262、344

述學、校勘記、汪容甫先生遺文、鈔　叢 2 -
678

述學內篇、外篇、補遺、別錄　集 4 - 22712
叢 1 - 456(7)、457

述學內篇、外篇、補遺、別錄、春秋述義　叢
2 - 635(13)、698(12)

述學內篇、外篇、補遺、別錄、春秋述義、校
勘記　叢 2 - 927

述學內篇、外篇、補遺、別錄、春秋述義　叢
2 - 926

述學內篇、補遺、外篇、別錄、春秋述義、校
勘記　叢 1 - 523

述學內篇、補遺、外篇、別錄、校勘記　集 4 -
22711

80 述盦讀書記　叢 2 - 619

述盦祕錄　叢 2 - 619

90 述懷小序　叢 1 - 587(3)

3333₀　惢

26 惢泉詩漸、文恆　集 3 - 14328

3390₄　梁

00 梁文康公文集(鬱洲遺稿)、綸音　集 2 -
7206

梁文康公集　集 2 - 7207

梁文康公鬱洲集　集 2 - 7205

梁文紀　集 6 - 43228　叢 1 - 223(70)

梁文莊(詩正)國史列傳　史 2 - 9488

梁文忠公文鈔　集 5 - 39386

梁文忠公書扇面　子 3 - 15480

梁玄沖集　集 2 - 10857

梁京寺記　叢 1 - 22(11)、23(10)、29(2)

梁京寺紀　史 7 - 51534

梁雜儀注　史 6 - 41971　叢 1 - 22(9)、23(8)

02 梁端肅公奏議　史6-48205
　　梁新會臨張騫碑　子3-15519
04 梁諸王世表　史1-10(4)、4736
10 梁一儒詩　集2-10392,6-41949
　　梁元帝職貢圖　史7-49307、54232　叢2-
　　　767
　　梁元帝集　集1-583、585、587,6-41698~9、
　　　41767、41796、45134　叢1-183
　　梁元帝山水松石格　子3-14692、15871
　　梁元帝御製集　集1-584、586,6-41694
　　梁天監起居注　史1-1750　叢2-776
　　梁西仲先生(有庚)行述　史2-10957
13 梁武帝文集　集6-41796、45134
　　梁武帝集　集1-544,6-41699、41767　叢1-
　　　183
　　梁武帝御製集　集6-41694、41698
　　梁武帝御製集(梁武帝集)　集1-542~3
　　梁武慈悲道場懺法　子6-32089(48)
21 梁上清真人許長史舊館壇碑考　史8-
　　　63501、64667
　　梁上眼　集7-49390~1
　　梁比部集　集6-41935(3)
　　梁比部集一集　集2-9685
　　梁比部蘭汀集　集2-9686
　　梁貞白先生陶隱居集　集1-530
22 梁任公文集　集5-41022
　　梁任公文鈔　集5-41026~8
　　梁任公詩鈔　集5-41017
　　梁任公先生(啓超)年譜長編初稿　史2-
　　　12457
　　梁任公先生年譜　史2-12458
　　梁任公墨蹟　子3-15828
　　梁任公最近文集(最近梁任公文集)　集5-
　　　41021
　　梁任公尺牘　集5-41030
　　梁鼎芬手劄　集5-39388
　　梁山五虎大劫牢雜劇　集7-48774(6)、
　　　49052
　　梁山伯祝英臺夫婦攻書記　集7-53826
　　梁山伯十二月花名　集7-53633
　　梁山伯李達負荆雜劇　集7-48923
　　梁山舟詩　集3-20792
　　梁山舟學士尺牘　集3-20796
　　梁山泊李達負荆　叢2-720(4)
　　梁山泊李達負荆雜劇　集7-48767(3)　叢
　　　2-698(16)
　　梁山泊古人名(梁山一百單八將)一段　集
　　　7-51494
　　梁山泊英雄圖像　子3-16401
　　梁山七虎鬧銅臺雜劇　集7-48774(7)、
　　　49053

梁山來知德先生易經集注　經1-706
梁山來知德先生易經集注、上下經篇義、易
　經字義、易學六十四卦啓蒙說　經1-705
梁山來知德先生易經集注經、傳　經1-707
梁山縣志[嘉慶]　史8-61573
梁山縣志[乾隆]　史8-61572
梁山縣志[光緒]　史8-61574
梁山縣志稿[民國]　史8-61575
23 梁代帝王合集　集6-41796、45134
24 梁先生(殿元)行狀　史2-9644
　　梁佳自嘆　集7-52821
25 梁生贈帕　集7-52822
26 梁皇寶卷　集7-54136
　　梁皇寶卷全集　集7-54136
　　梁皇寶卷全集(梁皇寶卷)　集7-54137
　　梁吳均齊春秋　史1-1458　叢2-771(4)
　　梁程十四局　子3-17962、18110
　　梁程范施四大家遺譜　子3-17962、18114
27 梁將相大臣年表　史1-10(4)、4737
　　梁鄒王氏世譜[山東鄒平]　史4-25398~9
　　梁穉非遺集　集5-36614
28 梁谿詞　集7-46361、46372、46530
　　梁谿集　集6-41895
　　梁谿集、年譜、行狀　叢1-223(53)
　　梁谿先生文集(梁谿集)、年譜、行狀　集1-
　　　3119
　　梁谿先生文集(梁谿全集)　集1-3118
　　梁谿先生文集、年譜、謚議行狀　集1-3122
　　梁谿遺稿　叢1-223(55)
　　梁谿遺稿、補編、附錄　集1-3510
　　梁谿遺稿、補遺　集1-3511
　　梁谿遺稿、補遺、附錄　叢2-798
　　梁谿遺稿詩鈔　集1-3508
　　梁谿遺稿詩鈔(梁谿遺稿)、文鈔　集1-
　　　3507
　　梁谿遺稿詩鈔、文鈔　集6-41784
　　梁谿漫志　子4-20146~7,5-26221　叢1-
　　　180、195(5)、223(41)、244(2),2-652、798
　　梁谿書畫徵　史2-6723　子3-14725
30 梁宣帝集　集1-588,6-41767
　　梁瀛侯先生日省錄　子1-2556
　　梁家園惜字館義學條規　子1-2441
　　梁安高氏宗譜[安徽績溪]　史4-32431
　　梁安城西周氏宗譜[安徽績溪]　史4-
　　　30080
　　梁宮保(化鳳)壯猷紀　史2-9325
31 梁江文通文集(江文通文集、梁江文通集、
　　　江文通集、醴陵集)　集1-529
　　梁江文通文集、校補　叢2-635(6)
　　梁江文通集　集1-522~3

32 梁州記　史7-51135　叢1-19(2)、21(2)、22(10)、23(10)、24(2)

梁州漫志　叢1-20(1)

梁溪文鈔、文續鈔　集4-29589

梁溪雜事摘抄　子5-27296

梁溪詞　集7-46375

梁溪詞選　集7-46429

梁溪王旭高方施美先生方案　子2-10691

梁溪下圻丁氏宗譜[江蘇無錫]　史4-24615

梁溪孫氏宗譜[江蘇無錫]　史5-33558

梁溪集　集1-3126,6-41894(2)

梁溪先生(李綱)年譜　史2-11282

梁溪倪氏宗譜[江蘇無錫]　史4-31721、31723~4

梁溪倪氏宗譜誦芬錄、世表[江蘇無錫]　史4-31722

梁溪徐氏宗譜[江蘇無錫]　史4-31833

梁溪沈氏宗譜[江蘇無錫]　史4-29000~1

梁溪遺稿、補編　叢2-916

梁溪漫志　叢1-17、19(1)、21(1)、22(3)、23(3)、24(2)、29(5)、31

梁溪遊草　集5-34869

梁溪黃氏重修族譜[江蘇無錫]　史5-33745

梁溪黃氏宗譜[江蘇無錫]　史5-33746~7

梁溪馬氏三世遺集三種　集6-45049

梁溪前鑒錄　子1-2579

33 梁補闕集　集1-1192

34 梁湛至詩　集2-12853,6-41943

梁沈約集　集1-514,6-41767

35 梁清傳　叢1-22(19)、23(18)

梁清標詩　集6-41973

36 梁祝同窗柳蔭記　集7-53830

37 梁湖王氏宗譜[浙江上虞]　史4-25070

梁祠輯畧　史7-51778

梁祠圖書館章程　史8-65346

38 梁啟超書信　集5-41029

40 梁大同起居注　史1-1751　叢2-776

43 梁載言十道志　史7-49307、49494　叢2-767

44 梁苑集　集7-48231

梁苑嘤求詩冊　集5-39924

梁苣林滄浪詩　集4-26440

47 梁起居注　史1-1749　叢2-776

50 梁中丞集　集2-10602　叢2-884

梁中舍集　集2-9530,6-41935(5)

梁書　史1-11~7、585　叢1-227(5)

梁書、考證　史1-20、586　叢1-223(17)、2-698(3)

梁書儒林傳　史1-588

梁書佚文　史1-587　叢2-777

梁書獵俎　史1-5222

梁書札記　史1-26、593

梁書夷貊傳地理考證　史1-590,7-49310

梁書斠議　史1-25、594

58 梁敷五詩　集3-13350

60 梁星堂鑿刻各體書畫印章鐵筆單　子3-17308

梁國子生集　集2-9377,6-41935(3)

梁國喬氏世譜[上海]　史5-36188

梁四府君(上國)行述　集2-9588

梁四公記　子5-26222、27509　叢1-22(19)、23(18)、185

梁園集　集4-27433

梁園倡和詞　集7-48574

梁園歸櫂錄　集4-22089

梁園寓稿　集2-6018　叢1-223(63)

梁園寓藁詩集　集2-6017

梁園志餘　集6-44853

梁園花影　子5-26669

梁園花影、補遺、附錄　叢1-496(5)

梁園風雅　集6-44851

梁園風雅、二遊草　集6-44852

67 梁昭明文選越裁　集6-42117

梁昭明文鈔　集6-41794

梁昭明太子文集　集1-566、568　叢2-635(6)、698(8)

梁昭明太子文集、補遺　集1-570

梁昭明太子六律六呂文啟　集1-569

梁昭明太子集　集1-563~5,6-41694、41697~9、45134

梁昭明太子集、補遺　叢2-798

71 梁巨川遺筆　集5-39376

72 梁劉劭幼童傳　史2-6601　叢2-771(3)

梁劉孝綽集　集1-551,6-41767

梁劉孝威集　集1-560,6-41767

梁丘司空集　集1-541,6-41698

梁氏六四續修族譜[湖南安化]　史5-34693

梁氏詩稿　集5-39379

梁氏族譜[廣東台山]　史5-34707

梁氏族譜[湖南瀏陽]　史5-34689

梁氏族譜[湖南長沙]　史5-34687

梁氏族譜[湖南常德]　史5-34691

梁氏三修族譜[湖南湘潭]　史5-34696

梁氏三修族譜[湖南長沙]　史5-34688

梁氏三修合族宗譜[安徽合肥]　史5-34679

梁氏三禮圖　經1-6217　叢2-774(4、11)

梁氏崇桂堂族譜[廣東東莞]　史5-34702~4

梁氏續修族譜[湖南沅江]　史5-34692

梁氏家廟裕德堂族譜［廣東佛山］　史5-34708

梁氏家譜［廣東順德］　史5-34715

梁氏家譜［廣東佛山］　史5-34709

梁氏家譜［河南登封］　史5-34685

梁氏宗譜　史5-34721～2

梁氏宗譜［山西介休］　史5-34671

梁氏源流圖譜［廣東新會］　史5-34705

梁氏叢書五種　叢2-971

梁氏支譜　史5-34723

梁氏支譜［廣東］　史5-34698～9

梁氏支譜［湖南長沙］　史5-34686

梁氏合修族譜［福建浦城］　史5-34680

梁氏筆記三種　子4-19496

梁氏謷記　叢1-312

77 梁陶貞白先生文集　集1-532

梁陶貞白先生文集（陶貞白集）　集1-533

梁聞山先生評書帖　子3-15196、15429　叢2-1724

梁聞山戴文節書畫雜錄　子3-14840

梁母潘太夫人年譜　史2-12357

80 梁無悶詩文集　集3-14639

梁會要　史6-41607

梁公九諫　子5-27690　叢1-316～7,2-731(18)

88 梁簡文帝集　集1-573～5,6-41699、41767、41796、45134　叢1-183

梁簡文帝御製集　集1-572,6-41694、41698

梁簡文帝御製集（梁簡文帝集）　集1-571

梁簡文文鈔　集6-41794

梁節庵詩稿　集5-39384

梁節庵遺劄　集5-39387

97 梁耀樞譜系［廣東順德］　史5-34714

3400₀ 斗

00 斗齋詩選　集3-13199,6-41960

17 斗子和尚一枝　集7-52662

22 斗峯文集　集4-26764

斗山詩集　叢2-639

30 斗室詩鈔　集4-24835

31 斗酒堂集　集2-11900

斗酒堂集詩、詩補遺、詞、附集　集2-11899

40 斗南山人詩集　集4-28657

斗南先生詩集　集2-6211、6213

斗南老人詩集　集2-6212

斗南老人集　集2-6214　叢1-223(63)

斗南黃先生遼陽稿、遼陽進祠呈稿、斗南黃先生別稿　集2-8552

斗南黃先生遼陽稿、別稿　集2-8551

斗南吟草　集4-28826

41 斗垣詩初集　集4-31514

斗樞詩誌　集4-28679

斗柄天書大法　子3-14123

67 斗野稿　集6-41744、41895

斗野稿支卷　集6-41891、41898、41912、41917、41924

斗野支藁　集1-4217

斗野支藁　集6-41904

斗野藁　集1-4219

斗野藁支卷　集1-4218

斗野藁　集6-41923

斗野藁支卷　集6-41745～6、41888～9、41892～3、41894(4)、41897、41911

77 斗母急告心章　子5-30747

斗間寶氣集　集6-44811

93 斗懺　子5-30582

3410₀ 對

00 對齋書抄　子4-22501

對床夜語　叢1-34、223(72)

對音字式漢蒙對照　經2-15092

對音輯字　經2-15054

01 對語　子5-25866　叢1-412

08 對於鄂境川漢鐵路意見書　史6-44320

10 對雪亭詩鈔、文集　集3-21064

對雨編　叢1-10、22(13)、29(5)、30、119～20、154

對雨樓叢書五種　叢1-510

12 對聯抄錄　子5-25973

22 對制談經　子5-25691

對嶽樓詩稿　集4-31521～2

對嶽樓詩續錄　集4-31524～5

對嶽樓詩錄　集4-31523

對巖集　集3-15663,6-41969

對峯偶存集　集3-19005

對山詩餘　集7-48341

對山集　集2-7638、7643　叢1-223(65)

對山制策　集2-7646

對山古近體詩鈔　集4-25465

對山草堂印譜　子3-16986

對山樓詩稿　集3-17090

對山救友　集7-49518、49527

對山書屋墨餘錄　子5-27207～8　叢2-629

對山醫話(毛對山醫話)　子2-10832
對山醫話、補編　子2-4771(4)
對山閣語錄紀署　子5-32051
對山印稿　子3-17196
對山餘墨　叢1-587(6)
對山堂詩集　集4-31289
對山堂詩稿、和韻梅花詩　集3-21581
24 對琳夜語　集6-45662　叢1-244(2)、392、
　　2-731(47)、833
對琳夜話　叢1-195(4)
對琳聽雨詩屋詩鈔　集4-33495
對琳樓詩稿　集4-28860
26 對偶佳句　子5-25898
27 對鳧綠影　集5-39505
30 對客燕談　子4-20392　叢2-615(1)
31 對河決問　叢2-938
34 對對雨編　叢1-23(12)
40 對校札記　經1-5547
44 對花閣詩稿　集4-24419
對花餘韻　集5-35853
對樹書屋叢刻六種　叢2-643
46 對相雜字、對類指掌、益幼雜字、羣珠雜字
　　經2-13534
48 對松峩　集3-19040
對松軒詩草　集5-34528
56 對揚文稿　史6-48767
對螺山館印存　叢2-2237
58 對數廣運　子3-12542
對數詳解　子3-12364、12396
對數發明　子3-12383
對數衍　子3-12396
對數便讀　子3-12589
對數淺釋　子3-12390
對數述、算學雜草　子3-12588
對數考　子7-36240(4)
對數表　子3-12536、12833,7-36231(7)、
　　37553
對數表、八線對數表　子3-12537
對數探源　子3-12356、12396,7-37560
對數探原　叢1-272(5)
對數開方計息　子3-12835
對數尺記　子3-11252、12389　叢1-568,2-
　　1896
對數簡法　子3-12389　叢1-456(6),2-
　　731(26)
對數簡法、續　子3-12590　叢1-380、457
對數簡法、續對數簡法　子3-12384
對數尖錐變法釋　子3-12356,7-37559
對數精蘊、對數闡微　子3-12543
62 對影閒吟草　集4-30052
71 對馬島考　史7-49318(21)、54641

72 對兵說話　經2-14493
77 對問編　子4-20784
88 對簡法、續　子3-12396
對策　叢1-416,2-731(4)、1583
對策條例款式、科名捷訣　經2-15134
91 對類　子5-25597
對類、目　子5-25598
對類引端　子5-25970
對類指掌　經2-13534
94 對料集成　子5-25971

澍

60 澍田日記(清同治七年至光緒九年)　史2-
　　12969
77 澍民侍御奏疏　史6-49093

3411₁ 冼

72 冼氏譜牒[廣東南海]　史4-30263

洗

00 洗塵法　叢1-197(4)
洗齋病學草(凝存詩、附存詩)　集5-36664
洗六齋刪存草　集4-25610
10 洗雪齋時義　集5-39323
16 洗硯新錄　子4-20460　叢1-22(23)、241、
　　242(3)、2-1128
27 洗句亭詩鈔(芝里草堂集)　集3-20572
28 洗俗齋詩草　集3-20976～7,6-42007(3)
30 洗寃集說　史6-46342
洗寃外編、續錄　史6-41540、46343
洗寃彙編　史6-46317～8
洗寃錄　史6-41520、45837、45850、46314
洗寃錄辨正　史6-46329
洗寃錄詳義　史6-46332
洗寃錄詳義、洗寃錄撫遺　史6-46333
洗寃錄詳義、洗寃錄撫遺、洗寃錄撫遺補
　　史6-46334
洗寃錄詳義、洗寃錄撫遺、洗寃錄撫遺補、
　　經驗方　史6-46335
洗寃錄歌訣　史6-41530、46339
洗寃錄歌訣、急救方、檢驗雜說歌訣、七殺

　　式　史6-46340
　洗冤錄解　史6-46341
　洗冤錄補註全纂　史6-46322
　洗冤錄撝遺、補　史6-46336
　洗冤錄表　史6-45887、45889、46319
　洗冤錄全纂　史6-46330~1、46338
　洗冤錄義證、校記　史6-46337
33 洗心亭詩餘　集7-46808
　洗心齋稿　集4-22946
　洗心齋儷體編珠　子5-25413
　洗心齋履霜集　集4-25527
　洗心語錄　子5-31909
　洗心輯要(新刻洗心輯要)　子1-1614
　洗心輯要壽世真傳合刻　子2-11200
　洗心居吟草　集3-20670
　洗心居雅言集　史1-5559
　洗心錄　子1-1597　叢2-811
　洗心篇　子2-11199
37 洗冤錄　史6-41518　叢1-114(2)
38 洗海近事　史1-2896　集2-8631
44 洗花詞　集7-46405、47174
　洗蓬仙館文集　集4-25925
　洗蕉吟館詩鈔、詞鈔　集4-33323
47 洗桐山館文鈔　集4-29204
　洗桐軒文集、抱桐軒文集、八失注字圖說、
　　鐘律陳數　集3-18140
　洗桐軒詩集、文集　集4-23735
　沈桐居士詩义集　集3-19037
62 洗影樓集　集2-12498
74 洗髓經、續補　子2-11179
87 洗鉛詞　集7-46405、47072
88 洗竹山房詩選　集3-19985

湛

00 湛廬醫筏　子2-9971
　湛文簡公甘泉集　集2-7374
07 湛諮議集　集1-461
17 湛子約言　子1-1032
21 湛此心齋文稿　集5-37257
23 湛然寶卷　集7-54517
　湛然居士(耶律楚材)年譜　史2-11358
　　叢2-2186
　湛然居士文集　集6-41715　叢2-635(11)、
　　731(40)
　湛然居士文集(湛然居士集)　集1-4716
　　叢1-508
　湛然居士集　集1-4715　叢1-223(58)、227

　　(10)
　湛然居士年譜、世系雜考　史2-11359
　湛然堂詩稿　集2-9337
31 湛源續集　集2-10608
32 湛淵集　集1-4885　叢1-223(59)
　湛淵遺稿、補　集1-4886　叢1-244(5)、2-
　　731(40)
　湛淵遺稿、補遺、附錄　集1-4887　叢2-
　　833
　湛淵靜語　子4-20236　叢1-223(41)、244
　　(3)、2-731(7)、833
　湛淵靜語、遺稿、補遺、附錄　子4-20235
35 湛清園志　史7-52016
44 湛華堂佚稿　集4-28877
　湛甘泉集　集2-7370、7373、6-41935(4)
　湛甘泉先生文集　集2-7376、7378　叢2-
　　1068
　湛甘泉南嶽詩文　集2-7368
60 湛園文鈔　集3-14883、6-42064
　湛園詩稿　集3-14880
　湛園集　集3-14888　叢1-223(67)
　湛園札記　經1-111(2)、2-11849　子4-
　　22324　叢1-223(40)、373(8)
　湛園未定稿　集3-14886
　湛園未定蘽文錄　集3-14887、6-42066
　湛園題跋　子3-15283　叢1-203(15)、
　　336~7、364、373(7)、448、2-731(34)
　湛園肖影　叢2-731(35)
72 湛氏族譜[湖南平江]　史5-36541
97 湛輝閣草　集3-13147

溇

29 溇愁集　子5-27478　叢1-496(5)

3411₂ 池

11 池北偶談　子4-21062~4、21066　叢1-
　　210、212、223(42)、373(3)、2-735(2)、736、
　　948、1336
　池北侶談　叢2-632
　池北書目、碑目　史8-65661
17 池司業遺集　集4-30021
　池司業遺稿　集4-30020
21 池上詩人、本末雜錄　集6-44762
　池上集　集4-29213
　池上編　集2-9139

中國古籍總目・索引

池上叢談、澗上叢談　子5-26402
池上草堂筆記　子4-23233
池上草堂筆記續錄　子5-27191
池上草堂筆記近錄、續錄、三錄、四錄　子5-27190
池上老人遺稿　集4-26225
池上菊賦、注　子4-19269
池上題襟小集　叢1-484
池上篇　集3-13712
32 池州府志[康熙]　史7-58063～4
池州府志[正德]　史7-58060
池州府志[嘉靖]　史7-58061
池州府志[萬曆]　史7-58062
池州府志[乾隆]　史7-58065
池州府歷朝沿革考　史7-50503
41 池圩圖　史6-43875
44 池村陶氏族譜[浙江泰順]　史5-33493
54 池蛙詩草　集4-26277
72 池氏宗譜[廣東梅縣]　史4-26920
76 池陽語錄　子1-1208　叢2-1167
池陽秋浦金氏重修宗譜[安徽貴池]　史4-29789
池陽遺愛集、何公去思奏議　集6-44761
池陽遊草　集3-16594
池陽吟草　集4-31621
池陽吟草、續草　集4-31622　叢1-574(5)
池陽義門竹溪方氏統宗世系圖[安徽貴池]　史4-25848

沈

00 沈彦澈詩　集3-16240
沈文唐三先生畫卷　子3-16490
沈文端公家書　集2-9706
沈文恭公(一貫)年譜　史2-11521
沈文蕭船工奏稿　史6-48995
沈文蕭公(葆楨)事畧　史2-10222
沈文蕭公政書　史6-48992～3
沈文蕭公手劄　集4-33524
沈文蕭公牘　史6-47160
沈文蕭公家書　集4-33523
沈文蕭公遺稿　集4-33522
沈文蕭公奏稿　史6-48991
沈文忠公集、自訂年譜　集4-30492
沈文節公(炳垣)事實　史2-10195
沈文恪公書札　集3-17884
02 沈端恪公(近思)年譜　史2-11802　子1-110
沈端恪公文集、潁水集、闇齋詩集　集3-17745
沈端恪公遺書　集3-17748
沈刻元典章校補　叢2-2240
04 沈詩評、補遺　集1-732
06 沈韻樓詩存　集5-37068
10 沈二樂文稿　集4-31348
沈亞之詩　集1-1462,6-41872、41880、41882
沈元咸詩墨　集5-38309
沈元善先生傷科　子2-7895
沈下賢文集　叢1-204、540～3、547(4)、2-635(7)
沈下賢文集(沈下賢集)　集1-1463
沈下賢文鈔　集6-41794
沈下賢集　叢1-223(49)
沈石天文集　集3-13078
沈石天雜著　集3-13079
沈石天山水册　子3-16539
沈石灣集　集2-8274,6-41935(4)
沈石友詩稿、尺牘　集5-39195
沈石田唐六如張夢晉花卉卷册　子3-16388
沈石田靈隱山圖卷　子3-16492
沈石田兩江名勝圖册　子3-16495
沈石田集　集2-6903,6-41935(1)
沈石田先生(周)年表　史2-11434
沈石田先生詩文集　集2-6902
沈石田先生詩集　集2-6904～5
沈石田先生集　集2-6909
沈石田移竹圖　子3-16491
沈石田谿山秋霽卷　子3-16489
沈石田墨筆山水册　子3-16493
沈西雍先生遺著五種　叢2-1752
沈晉祥奏摺　史6-49108
沈可培雜著十三種　叢2-1521
沈雲巢先生北行日記(清同治七年)　史2-12719
沈雲路遺詩　集5-41670
沈雲卿文集　集1-734
沈雲卿文集、補遺　集1-733
沈雲卿集　集1-727～8,6-41739～40、41824、41859、41867
11 沈北山剩稿　集5-40756
沈北山遺集　集5-40755
沈麗南詩稿　集3-17749
沈孺人行實　史2-9330
12 沈水清音集　集5-41039
13 沈武部詩集　集2-10654
16 沈碧樓偶存稿　叢2-2109
17 沈羽兄詩　集2-12497,6-41943
沈子礌遺文　集5-37608

沈子磻遺文正編、外編　叢2-800
沈子聰自述　史2-9755
沈子律陶　集3-13654
沈子畏先生醫案　子2-10810
沈君(燿鋆)墓表、合祔誌銘、先姊趙太夫人行畧　史2-10005
沈君庸先生集　集2-11144
沈君典先生(戀學)行實　史2-8997
沈君冕士(銘昌)墓表、前山東省長沈公墓誌銘、顯考沈府君君述　史2-10920
沈君晦詩　集2-11775、6-41943
沈司成先生集　集2-9919
沈司成先生全集(沈司成集、滴露軒藏稿、長水先生文鈔、洛誦編、石林蕡草等)　集2-9915
20 沈秀英傳　叢1-587(6)
沈信卿集　集5-39983
沈信卿先生文集六種　叢2-2178
沈香亭子弟書　集7-52085、52106
21 沈虛明先生痘疹全集　子2-9027
沈何山稿　集2-12958
沈儒人誄　史2-10541
沈師昌詩　集2-12875、6-41949
22 沈山人詩、續集　集2-6587
沈山人續集　集2-9154
沈繼山全集　集2-10055
23 沈鮐翁醫驗隨筆　子2-4768、10863
24 沈仕詩　集2-8121、6-41946
沈德潛自訂年譜　史2-11809　叢2-1398
沈德潛進呈詩稿、北上草、近草　集3-17877
沈侍中集　集1-605~6、6-41694、41698
沈休文文抄　集1-521
沈休文集　集1-516~7、520、6-41699
沈幼真太史滴露軒藏稿　集2-9920
26 沈伯含集(泊如齋吟草、馬曹稿、續稿、息初稿、渠陽小草、勞人草、入蜀詩、別和陶飲酒詩、鍾陵草)、附錄　集2-10652
沈伯含集(馬曹稿、息初稿、渠陽小草、續稿、鍾陵草、勞人草、入蜀詩和陶詩)、附錄　集2-10653
27 沈歸愚詩文全集十四種　叢2-1398
沈歸愚全集(歸愚文鈔、詩鈔、文鈔餘集、詩鈔餘集、矢音集、歸田集、說詩晬語、南巡詩、詩餘、浙江省通志圖說、九十壽詩、黃山遊草、臺山遊草、自訂年譜)　集3-17872
沈御史存奏　史6-48219
沈修文文鈔　集6-41794
沈魯珍先生醫案　子2-10538
沈嚻潘氏宗譜[浙江]　史5-39830
沈祭酒(坤)年譜　史2-11493
沈約齋先生(祥龍)家傳　史2-10473
28 沈佺期集　集1-729~30、6-41743、41839、41844~5
沈佺期集(沈雲卿集)　集1-728
30 沈注金匱要畧　子2-4771(3)、6771
沈寐叟金石書畫題跋　史8-63735
沈進榮雜抄　子4-24474
沈憲吉稿　集3-13377、6-45336、45340
沈安伯先生方案吳生甫先生方案　子2-10782
沈寄簃先生遺書甲編二種乙編四種　叢2-2109
沈賓漁四種曲　集7-50321
沈宗祉哀逝錄　史2-10938
31 沈灝山水冊　子3-16532
37 沈通理詩　集2-6151、6397
沈朗仲先生病機彙論(病機彙論)、印機草　子2-7122
沈郎橋葉氏房譜[浙江鎮海]　史5-35664
沈郎橋葉氏宗譜[浙江鎮海]　史5-35663
40 沈太史全集(沈司成集、沈幼真太史滴露軒藏稿、長水先生文鈔、洛誦編、石林蕡草、四餘編、蕡園草、水雲緒編)　集2-9916
沈南疑先生檇李詩繫　集6-44586
沈存仲再生記紀異錄　叢2-745
沈存仲再生紀異錄　叢1-256
沈存中圖畫歌　子3-14692、15857、15888
沈存圃自訂年譜　史2-11925
沈嘉則詩選　集2-9594、9596
沈嘉則集　集2-9593、6-41935(5)
44 沈夢塘詞稿　集7-47816
沈蘭軒集　集2-6766~7
沈芥舟山水冊　子3-16730
沈蘋濟先生詩文稿　集4-24236
沈葆楨奏稿　史6-48994
沈邁翁壽杯歌　集6-44280
沈蓮溪全集六種　叢2-1751
沈芊綠醫案　子2-10570
沈華陽傳、蜀難敍畧、諸先生跋　史2-9162
沈賨漁文稿　集4-22363
沈村林氏宗譜[浙江黃巖]　史4-29293
沈樹鏞毓慶父子金石書畫年譜初稿　史2-12284
沈菊人醫案　子2-10720
45 沈樓詩鈔　集4-26973
46 沈觀齋詩　集5-39551
沈觀齋詩鈔　集5-39552
沈觀察燕晉弭兵記　史1-3861
47 沈媚娘秋窗情話　集7-49603

中國古籍總目·索引

沈媚娘秋窗情話(譜秋)　集7-49551
沈根黃先生(廷鏡)行狀　史2-10887
沈毅成先生易學四種　經1-2330
48 沈警遇神女記　子5-27547　叢1-587(5)
50 沈中允集　集1-2349
沈青霞集　集2-8836
沈青霞先生(煉)祠集　史2-8937
沈青霞公集　集2-8830
沈青門詩集　集2-8122
沈青門詩集、詩餘、青門山人文、附錄　集
　2-8119
沈青門集　集2-8120,6-41935(5)
沈忠敏公龜谿集　集1-3148　叢2-843
沈忠敏公龜谿集(龜谿集)　集1-3147
沈忠敏公龜谿集、校勘記　集1-3149　叢
　2-636(3)
60 沈四山人詩錄　叢1-419,2-731(44)
沈四山人詩錄、補遺　集4-30381
65 沈晴庚集(吹劍集、淮陰乞食草、鷄肋集、留
　漚吟館詞草、懷舊錄、滇南日劄)　集4-
　30961
68 沈吟樓詩選　集3-13419
沈吟樓借杜詩　集3-13418　叢2-720(5)、
　1247～50
沈晦詩　集1-3140
72 沈丘縣志[順治]　史8-60045
沈丘縣志[嘉靖]　史8-60044
沈隱侯集　集1-515、518～9,6-41694、
　41698、41722　叢1-183
沈氏(曾植)門簿　史2-13169
沈氏麻科　子2-8963
沈氏玄空學　子4-21860
沈氏六修族譜[湖南湘鄉]　史4-29131
沈氏雜鈔　子4-24367
沈氏詩醒八箋　經1-4029
沈氏韻經　經2-13781
沈氏韻初書屋校錄祕笈十二種　叢1-383
沈氏族譜　史4-28969
沈氏族譜[天津]　史4-28971
沈氏族譜[江蘇蘇州]　史4-29017～8
沈氏族譜[浙江湖州]　史4-29044
沈氏族譜[浙江海鹽]　史4-29056
沈氏族譜[湖南]　史4-29123
沈氏族譜文籍志詩編下帙[上海]　史4-
　28974
沈氏論語格致編　叢1-312
沈氏三代家言五種　叢2-984
沈氏三先生文集　集6-45006～7　叢2-
　637(3)
沈氏五修族譜[湖南湘鄉]　史4-29129
沈氏五修族譜[湖南湘潭]　史4-29132

沈氏羣峯集、外集　叢2-1603
沈氏羣峯集、外集詞曲　集4-24235
沈氏羣峯集二種　叢2-1603
沈氏改正撰著法　經1-2335、2397
沈氏統譜[浙江湖州]　史4-29034
沈氏統宗世譜　史4-28970
沈氏上祠族譜[湖南寧鄉]　史4-29124
沈氏上祠族譜[湖南湘鄉]　史4-29130
沈氏經學六種　叢1-515
沈氏經驗方　子2-9465
沈氏經驗方附胎產良方　子2-4768
沈氏樂府指迷　集7-48689　叢1-223(73)
沈氏續修宗譜[江蘇武進]　史4-28998
沈氏家訓　子1-2264
沈氏家譜[浙江平湖]　史4-29047
沈氏家譜[浙江海鹽]　史4-29057
沈氏家譜畧[浙江紹興]　史4-29075
沈氏家乘[江蘇如皐]　史4-28990
沈氏家乘[浙江平湖]　史4-29048
沈氏家藏祕笈十一種　叢2-753
沈氏客譚　子4-20331
沈氏客談　叢1-165
沈氏宗譜　史4-29134～6
沈氏宗譜[上海崇明]　史4-28981～4
沈氏宗譜[上海金山]　史4-28978
沈氏宗譜[江蘇]　史4-28986
沈氏宗譜[江蘇吳江]　史4-29019
沈氏宗譜[江蘇宜興]　史4-29011、29013
沈氏宗譜[江蘇江陰]　史4-29008
沈氏宗譜[江蘇南通]　史4-28989
沈氏宗譜[江蘇無錫]　史4-29002～3、
　29005
沈氏宗譜[江蘇常州]　史4-28991
沈氏宗譜[浙江嵊州]　史4-29092
沈氏宗譜[浙江紹興]　史4-29076、29081
沈氏宗譜[浙江淳安]　史4-29031
沈氏宗譜[浙江湖州]　史4-29043
沈氏宗譜[浙江嘉興]　史4-29045
沈氏宗譜[浙江臨海]　史4-29114～5
沈氏宗譜[浙江慈溪]　史4-29061～3
沈氏遺稿二種　子2-4737
沈氏遺書　子1-1800　叢2-1909
沈氏左燈　經1-6867
沈氏女科輯要箋疏　子2-4768
沈氏支譜[上海]　史4-28973
沈氏弋說　子4-20871
沈氏老宗譜　史4-29019
沈氏世譜[上海崇明]　史4-28985
沈氏藥性賦　子2-5832
沈氏農書　子1-4130、4132　叢1-195(6)、

373(4、9),2-731(30)

沈氏日旦　子4-20872

沈氏四聲考　經2-14108～9　叢1-232,2-
731(25)、782(4)

沈氏學弢　子4-23966

沈氏醫案　子2-4770、10537

沈氏尊生書　子2-4622

77 沈邱縣志[乾隆]　史8-60046

沈鳳峯集　集2-8499,6-41935(2)

沈鳳岡先生文集　集2-8742

沈閣臯詠史詩　史1-6064

沈學士詩　集6-45007

沈母高太夫人(沈懷仲母)哀輓錄　史2-
10497

沈母徐太夫(藍生)哀輓錄　史2-10883

沈母宋太孺人(沈文沼妻)旌節錄　史2-
9075

沈母宋太孺人旌節錄　集3-13190

80 沈鏡軒先生(晉恩)行狀　史2-10636

沈鏡軒先生哀輓錄　史2-10637

沈俞戚盧傳　叢1-387

沈俞醫案合抄　子2-10662

沈毓蓀文集　集4-24240

沈公(丙瑩)行狀　史2-10040

沈余遺書　子1-110

88 沈竹岑日記　史2-12648

沈竹岑銘彝雜錄　子4-24368

沈筤村選鈔印學　子3-16777

沈箕仲先生曲轅居集　集2-10906

90 沈少參集　集2-8544,6-41935(4)

3411₄ 湹

25 湹生詩草　集5-36839

灌

00 灌亭詩鈔　集5-36221

07 灌記初稿[光緒]　史8-61663

11 灌頂摩尼羅亶大神咒經　子6-32083(6)

灌頂章句拔除過罪生死得度經　子6-
32083(6)

灌頂三歸五戒帶佩護身咒經　子6-32083
(6)

灌頂百結神王護身咒經　子6-32083(6)

灌頂召五方龍王攝疫毒神咒經　子6-
32083(6)

灌頂伏魔封印大神咒經　子6-32083(6)

灌頂神王護比丘咒經　子6-32083(6)

灌頂神王護比丘尼咒經　子6-32083(6)

灌頂梵天王神策經　子6-32083(6)

灌頂梵天神策經　子6-32091(68)

灌頂塚墓因緣四方神經　子6-32083(6)

灌頂咒宮宅神王守鎮左右經　子6-32083
(6)

灌頂隨願往生淨土經　子6-32083(6)

20 灌香草堂詩稿(灌香草堂詩初稿)　集5-
36156

25 灌佛形像經　子6-32093(12)

26 灌息亭續草　集2-10003

灌息亭選草　集2-10004

灌纓室詩鈔　集5-39990

27 灌將軍使酒罵座記　集7-48770、48774(9)、
49190

31 灌江備考　史6-46586,7-53015　叢1-373
(8)

灌江定考　史6-46586,7-53017

灌江四種　史6-46586

33 灌浦鄭氏宗譜[浙江慈溪]　史5-38621

34 灌洗佛形像經　子6-32085(12)、32090(13)、
32092(8)

灌洗佛經(摩訶刹頭經)　子6-32083(8)

灌沐莊初稿　集4-23929

40 灌志文徵　史8-61664

灌志掌故　史8-61664

44 灌地概畧[民國]　史8-61666

灌地開溝築壩工程考　子7-36240(3)

灌蔬園詩集、文集　集2-11217

灌花詩稿　集4-23937

灌花詞　集7-48076

灌花集　集3-18527

灌花居詩草　集4-23939

60 灌口二郎初顯聖　集7-49397、49413

灌口二郎斬健蛟雜劇　集7-48774(3)、
49290

灌園記　集7-49709、49841

灌園集　集1-2315　叢1-223(53)

灌園集筆區十二種　叢2-1168

灌園漫筆　子4-19151

灌園十二師　叢1-197(4),2-617(2)

灌園草木識　子1-4133

灌園史、補遺　子4-19149

灌園未定稿　集5-35151

灌園吟　集2-9997

灌園居偶存草、試帖　集4-25369

灌園餘事、悼往詩　集3-15747

灌園餘事草　集4-22317

62 灌縣鄉土志[光緒]　史8-61665

灌縣志[乾隆]　史8–61661　叢1–373(2)
灌縣志[民國]　史8–61664
64 灌畦暇語　子4–19892,5–26221　叢1–19
　(9)、20(7)、21(8)、22(5)、23(5)、24(10)、166、
　175、180、195(5)、221、223(40)、2–617(3)
76 灌陽縣寧江坊太原郡王氏族譜[廣西灌陽]
　史4–25508
　灌陽縣志[康熙]　史8–61278
　灌陽縣志[道光]　史8–61279
　灌陽縣志[民國]　史8–61281
　灌陽縣志[光緒]　史8–61280
　灌陽縣會湘橋達道堂范氏族譜[廣西灌陽]
　　史4–29488
88 灌餘隨錄　子1–4477

3411₆ 淹

32 淹溪曹氏宗譜[江蘇武進]　史5–34160

3411₇ 泄

00 泄痢全生　子2–7005
　泄六機洞明卦　子3–13358
10 泄天機　子5–29574～5、31434
　泄天機穴法　子3–13357
42 泄機　集7–53051

港

60 港□孫氏宗譜[浙江寧波]　史5–33591
　港口碼頭工程考　子7–36240(3)

灄

31 灄淯囊　史1–3313
　灄淯囊(獻匪記畧)　叢2–747～8

3412₁ 漪

20 漪香山館文集　集5–38419

漪香山館二集　集5–38420
38 漪游草　集2–10586
44 漪蘭館詩稿　集5–38060
　漪蘭館印選　子3–16906
　漪菴遺集　集6–41761
60 漪園詩二集　集3–16250
　漪園集　集3–14629
　漪園四種　集7–50318

3412₇ 洧

22 洧川縣鄉土志[光緒]　史8–59819
　洧川縣志[康熙]　史8–59816
　洧川縣志[嘉慶]　史8–59818
　洧川縣志[乾隆]　史8–59817
76 洧陽送別詩　集6–46127　叢2–993

浠

22 浠川政譜　史6–43157、48629　叢2–1281

渤

37 渤泥入貢記　史1–1930～1、2730　叢1–22
　(22)
38 渤海西吳宗譜[福建浦城]　史4–28099
　渤海疆域考　史1–2390　叢2–671
　渤海孫氏家譜[河北滄州]　史5–33523
　渤海吳氏族譜[江西宜豐]　史4–28123
　渤海吳氏宗支譜[四川儀隴]　史4–28201
　渤海清芬　史2–7740
　渤海藏真　子3–15348
　渤海藏真帖　子3–15688
　渤海舊聞　叢2–632
　渤海國記、校錄　史1–2392　叢2–785
　渤海國志　史1–2391　叢2–671
　渤海國志長編、補遺、通檢、刊誤、圖　史1–
　2393
　渤海吟　集3–20098
　渤海堂高氏族譜[貴州貴陽]　史4–32466
　渤海堂吳氏家譜[福建浦城]　史4–28100

滿

00 滿文三字經　子1-2757
　　滿文九連環譜　子4-18644
　　滿文大清乾隆九年時憲曆　子3-12060
　　滿文熱河三十六景圖　史7-51346
24 滿㴑笏　集7-50242～3
31 滿江紅小曲抄　集7-50734
32 滿州歌　集7-50907
　　滿州外火器營伏兵八卦陣圖　子1-3673
　　滿州曲　集7-50908
　　滿洲奕氏家譜　史4-30924
　　滿洲旅行記　子7-38010
　　滿洲三甲拉佐領下薩克達氏家譜[遼寧瀋
　　　陽]　史5-40040
　　滿洲三省志[民國]　史7-56094
　　滿洲正黃旗烏雅氏支譜[吉林永吉]　史4-
　　　31766
　　滿洲名臣傳、漢名臣傳、貳臣傳、逆臣傳　史
　　　1-919
　　滿洲名臣傳、貳臣傳、逆臣傳　史1-926
　　滿洲祭天祭神儀注　史6-41521
　　滿洲祭天祭神典禮　經1-6328、6358
　　滿洲偷詩　子3-17909
　　滿洲家祠祭祀儀注　史6-41521
　　滿洲官品級考、漢官品級考、漢軍品級考
　　　史6-42692
　　滿洲宗祠祭祀儀注　經1-6333、6358
　　滿洲漢軍漢官品級考　史6-42698
　　滿洲軍機大臣題名、滿洲軍機章京題名　史
　　　3-23694
　　滿洲喪葬追遠論　經1-6332、6358
　　滿洲婚禮儀注　史6-41521
　　滿洲婚禮儀節　經1-6330、6358
　　滿洲地志　子7-37729
　　滿洲考畧　史7-49317(1)、49318(1)、49967
　　滿洲曲　子3-17910
　　滿洲四禮集　史6-41521
　　滿洲四禮集五種　經1-6358
　　滿洲品級考蒙古品級考　史6-42693、46939
　　滿洲財力論　子7-37276、38090
　　滿洲金石志、補遺、外編　史8-63837
　　滿洲金石志別錄　史8-63836
　　滿洲慎終集　經1-6331、6358
34 滿漢文武官生名次錄　史3-23693
　　滿漢文起居注冊　史1-1763
　　滿漢文奏稿存底　史6-48067

滿漢六部成語　經2-15063
滿漢西廂記　集7-48838
滿漢列臣三傳　史1-925
滿漢爵秩全書　史3-24552
滿漢經文成語　經2-15017
滿漢名臣傳　史1-915～8
滿漢名臣傳、滿漢諸臣傳、滿漢列臣傳　史
　　1-924
滿漢名臣傳、滿漢列臣傳　史1-920～2
滿漢名臣傳前集、後集　史1-923
滿漢字清文啓蒙　經2-15010
滿漢字書經　經1-2523
滿漢實缺人員官單　史6-42764
滿漢對照千字文　經2-13397
滿漢事類集要、切要雜言、十二字頭、清書
　　對音　經2-14988
滿漢書籍簿　史8-65518
滿漢搢紳全本(清乾隆二十五年冬季)　史
　　3-23819
滿漢搢紳全本(清乾隆二十四年)　史3-
　　23817
滿漢搢紳全本(清乾隆二十八年)　史3-
　　23824
滿漢搢紳全書(清乾隆十九年春季)　史3-
　　23813
滿漢成語對待　經2-15066
滿漢鬥　集7-51186
滿漢風占　子3-14657
滿漢同文全書　經2-14993
滿漢八旗及步軍營巡防隊合操陣武圖　子
　　1-3728
滿漢合璧音義明指全書　經2-15084
滿漢合璧三字經註解　子1-2758
滿漢合璧千字文　經2-13396、13398
滿漢合璧古文　集6-43146
滿漢類書　經2-14994
35 滿清外史　史1-1994～5、4546～7
　　滿清稗史　史1-1994
　　滿清紀事　史1-1995、4528
　　滿清官塲百怪錄　子5-27291
　　滿清野史　史1-1995
　　滿清興亡史　史1-1994～5、5273～4
　　滿清入關暴政之一、之二、之三　史1-
　　　1995、3336、3373
43 滿城縣志[康熙]　史7-55268
　　滿城縣志[乾隆]　史7-55269
　　滿城縣志畧[民國]　史7-55270
　　滿城縣志料[民國]　史7-55271
44 滿蒙新藏述畧　子7-34766
　　滿蒙漢三文合璧教科書　經2-15076
　　滿蒙漢合璧　子1-2030

滿蒙漢合璧三字經　子1-2756
滿蒙合璧三字經註解　子1-2759
71 滿願子經　子6-32083(20)
90 滿堂深處風光好一枝　集7-51834
滿堂榮　集7-53857
99 滿營務處行文檔簿　史6-47479

瀟

16 瀟碧亭吟稿　集4-31238,6-42007(3)
瀟碧堂集　集2-11056
瀟碧堂集、瓶花齋集、解脫集　集2-11051
瀟碧堂集、瓶花齋集、瓶史、解脫集、錦帆
集、去吳七牘、廣莊　集2-11049
瀟碧堂續集　集2-11057
31 瀟灑集　集3-19291
瀟灑書齋書畫述　子3-14897
36 瀟湘聽雨錄　史7-50743
瀟湘聽雨詞　集7-47316
瀟湘編　集2-9765
瀟湘先生廉善堂集　集2-11590
瀟湘怨詞　集7-46853　叢2-1293
瀟湘怨詞(夕堂戲墨卷第七)　叢2-1292
瀟湘吟館詩　集4-28977
瀟湘吟館詩草　集4-28978
瀟湘閣詩鈔　集3-21564
瀟湘八景詩　叢2-1270
瀟湘館詩鈔　集3-20444
瀟湘館詞　集7-48067
瀟湘館筆記　子5-26664
瀟湘錄　叢1-13、14(2)、15、19(2,7)、20(1,
4)、21(2)、22(6)、23(6)、24(2,7)、29(3)、56、
148、154、255(2)、2-624(1)、731(50)

3413₀ 汰

40 汰存錄　史1-3229　叢1-202(2)、203(7)、
399、426,2-1261
汰存錄紀辨　史1-1982

3413₁ 法

00 法摩廳鄉土志[光緒]　史7-56111
法庫縣鄉土志[民國]　史7-56112

法文初苑　子7-36786
法言　子1-416~7、429　叢1-71~7、182、
566,2-731(10)
法言雜誌　叢2-923
法言疏證　子1-434
法言補釋　叢2-2248
法言會纂　子5-30768
法言會纂箋證　叢2-2270(4)
法京紀事詩　史7-54187　集5-35984
02 法訓　子1-498~502　叢2-773(4)
07 法部秋審案內可矜各項人犯分別改爲流徙
摺　史6-46293
法部審定法制彙編　史6-45972
法部通行瘋病殺人寬免緣坐專條　史6-
46288
法部奏定修正承發吏職務章程　史6-
46018
法部奏定審判檢查廳辦事章程　史6-
46021
法部奏定法官考試任用暫行章程施行細則
史6-46016
法部奏定考試法官主要科應用法律章程
史6-46012
法部奏定提法司辦事劃一章程　史6-
46035
法部奏派赴美第八次萬國監獄改良會會員
報告書　史6-46305
法部會奏檢察廳調度司法警察章程　史6-
46034
法部第一次統計表　史6-46258
法部第二次統計表　史6-46259
法部第三次統計表　史6-46260
法部籌辦外省省城商埠各級審判廳原奏清
單　史6-46022
10 法一集　集4-24466
法璽印禪師語錄　子6-32091(75)
16 法理學大家孟德斯鳩之學說　子7-36251
18 法政滙編　子7-38034
法政概　史7-49318(19)、54836　子7-
36249~50
法政學堂人倫道德講義　叢2-2094
20 法受塵經　子6-32083(21)
法乘義決定經　子6-32089(33)
法集要頌經　子6-32081(44)、32083(28)、
32084(24)、32085(41)、32086(49)、32088
(30)、32089(35)、32090(58)、32091(56)、
32092(39)、32093(30)
法集經　子6-32081(16)、32083(12)、32085
(17)、32086(18)、32087、32088(12)、32089
(14)、32090(18)、32091(17)、32092(12)
法集名數經　子6-32083(28)、32090(33)、

　　　32091(31)、32092(21)、7-32767
21 法經　叢2-772(4)、773(4)
22 法制經濟通論　子7-38088
　　法乳樂禪師語錄　子7-34329
　　法製譜　叢1-173
　　法製品　子4-18934　叢1-119～20
24 法化老和尚貪瞋癡註、淨土直說、山居知足
　　歌、序疏　子7-34576
25 法律三昧經　子6-32081(22)、32083(15)、
　　32085(22)、32086(24)、32088(16)、32089(39)
　　法律經濟辭解　子7-36573
　　法律經濟辭典　子7-36572
　　法律名辭通釋、目錄　史6-46044
　　法律通行成按彙鈔　史6-46114
　　法律大臣奏編纂刑事民事訴訟法摺並清單
　　　史6-45937
　　法律學研究　子7-36575
　　法律學研究術　子7-36576
　　法律學綱領　子7-36574
　　法律學堂同學錄　史6-42452
　　法律醫學　子7-36231(6)、37859
　　法律與愛國性之關系　子7-36251
　　法律館奏摺彙存　史6-46007
27 法象成功章　叢1-566
　　法身章　子7-33799
　　法身經　子6-32083(32)、32089(29)
　　法船經　集7-54365
　　法句經　子6-32083(26)、32084(22)、32089
　　　(34)、32090(55)、32091(53)、32092(37)、
　　　32093(30)、7-32554
　　法句譬喻經　子6-32081(39)、32082(19)、
　　　32083(26)、32084(22)、32085(38)、32086
　　　(44)、32088(28)、32089(34)、32090(55)、
　　　32091(53)、32092(36)、32093(30)
　　法綴　史6-45808　叢2-1093
30 法家哀集　史6-41518、46386
　　法字入門　經2-15055～6
　　法官須知　史6-46041
　　法官考試應用法律章程彙編　史6-46014
　　法官考試内外塲辦事規則　史6-46011
31 法源寺方丈道階和尚墨蹟　集5-38610
37 法瀾澂禪師語錄　子6-32091(75)
　　法運志畧　子7-33852
38 法海諦塵　叢2-2235
　　法海衍派　叢2-2235
　　法海經　子6-32081(30)、32083(20)、32086
　　　(34)、32088(22)、32089(21)、32093(20)
　　法海遺珠　子5-29530(22)、31616
　　法海溯源　叢2-2235
　　法海觀瀾　子7-34869
40 法幢遠禪師語錄　子6-32091(81)

法志　子7-36245
法古齋詩鈔　集4-29481
法古宜今　子2-4624
法古堂偶集　集6-44053
法喜集　集4-22065
法喜志、續　史2-6810
法柱棟禪師語錄　子6-32091(80)
41 法帖音釋刊誤　子3-15315　叢1-223(37)
　　法帖譜系　子3-14692、15002、15330　叢1-
　　　2～4、6～7、19(10)、20(8)、21(9)、24(10)、223
　　　(28)、330、569、2-731(34)
　　法帖譜系雜說　子3-15001、15331　叢1-5、
　　　10
　　法帖譜系雜說(譜系雜說)　叢1-9
　　法帖刊誤　子3-15001～2、15314、15316　叢
　　　1-2～6、9～10、22(15)、23(14)、223(28)、569
　　法帖刊鮑　叢1-330
　　法帖釋文　子3-15002、15310、15312　叢1-
　　　2～3、6、16、223(28)、2-731(34)
　　法帖釋文刊誤　子3-15317
　　法帖釋文考異　子3-15337　叢1-223(28)
　　法帖名畫神品目　子3-16254　叢2-1089
　　法帖神品目　子3-15365　叢1-282(3)、283
　　　(3)、2-731(34)、1092
　　法帖通解　子3-15301　叢1-62、64、2-730
　　　(4)、731(34)
　　法帖題跋　子3-14942　集3-21387
　　法帖附記　叢2-1511
43 法式提綱　子3-12383
　　法越事記　叢2-1980
44 法苑珠林　子6-32081(43)、32082(21)、32083
　　　(27)、32084(31)、32085(40)、32086(47)、
　　　32088(29)、32090(60)、32091(58)、32092
　　　(41)、32093(52)、7-34614～7　叢1-16、22
　　　(4)、23(4)、255(2)、2-617(2)、635(5)
　　法苑珠林、校譌、音釋　叢1-223(46)
　　法苑珠林述意　子7-34618
　　法苑義林　子6-32084(33)
　　法苑義林殘　子7-32119
　　法苑火齊　子4-21188
　　法菀珠林　子6-32089(48)
　　法蒂瑪三個小牧童　子7-35834
　　法蘭西商辦鐵路律　子7-37172
　　法蘭西刑法　子7-36659
　　法蘭西刑法四編　史6-46060
　　法蘭西遊記　史7-54173
　　法蘭西志　子7-36361
　　法蘭西革命史　子7-36365
　　法蘭西國志畧　史7-49318(19)、54835
　　法蘭西鐵路行車設備律　子7-37173
　　法蘭西鐵路員警律　子7-37174

法蘭西等國汽車　子7-37227

法藏一勺錄　叢2-2099、2122

法藏碎金　集2-9525

法藏碎金錄　子7-34886～7　叢1-22(6)、23(6)、223(46)

法藏碎金錄、晁文元公逸事　子7-34888

法華文句　子7-33403

法華文句記　子6-32084(32)、32088(41)、32089(49)、32090(62)、32091(60)、32092(40)、32093(49)、7-33405

法華文句科　子7-33407

法華玄義　子7-33396

法華玄義釋籤　子6-32084(32)、32088(41)、32089(49)、32090(62)、32091(60)、32093(49)、7-33397～9

法華龍女成佛權實義　子7-33464

法華三昧行事運想補助儀　子6-32084(33)、32090(61)、32091(59)、32092(41)

法華三昧行事運想補助儀、署法華三昧補助儀　子6-32093(49)

法華三昧經　子6-32081(5)、32085(6)、32088(4)、32089(5)、32090(7)、32091(6)、32092(4)

法華三昧經、薩曇芬陀利經　子7-32471

法華三昧懺儀　子6-32084(33)、32089(48)、32090(61)、32091(59)、32092(40)、32093(49)

法華經　子7-32135、32508

法華經玄贊會古通今新抄　子7-33412

法華經手記　子7-33413

法華經安樂行義　子6-32088(42)、32090(62)、32091(61)、32092(40)、32093(50)、7-33820

法華經指掌疏、事義、懸示、科判　子7-33454

法華經指掌疏事義　子7-33455

法華經筆記　子7-33414

法華科注　子7-33429、33431

法華鄉志[嘉慶]　史7-56392

法華十羅刹法　子6-32093(39)

法華大意　子6-32091(66)、7-33423

法華大成　子7-33451

法華大成科文　子7-33452

法華指掌疏、事義、懸示、科判　子7-33453

法華授手　子6-32091(76)

法華擊節　子7-33437

法華懸談　子6-32091(77)

法華會義　子7-33445

46 法觀經　子6-32081(39)、32082(18)、32083(26)、32084(22)、32085(38)、32086(44)、32088(27)、32089(34)、32090(55)、32091(53)、32092(36)、32093(31)

47 法楹　子1-2151　叢1-142

48 法教佩珠　子4-24045　叢1-119

50 法事彙抄　史6-47251

法事舒誠　集7-49700

法書　子3-15273

法書要錄　子3-14692、15043　叢1-169(3)、223(37)、268(3)、2-731(35)

法書釋辯　子3-15168

法書名畫見表　叢1-586(3)

法書名畫見聞表　子3-14765、14767～8、4-18559　叢1-422、424、469、2-716(3)

法書通釋　子3-15082　叢1-86、2-730(7)、731(35)

法書考　子3-15076　叢1-205、223(37)、2-636(3)

法書苑　子3-15001、15052　叢1-19(11)、20(8)、21(10)、22(15)、23(14)、24(11)、29(2)

法書表　叢1-223(37)

法書舉要　子3-14705、15051

55 法曲祕譜　集7-54680

法典　子7-36245

58 法數舉要　子7-34846

60 法墨珍圖記　子3-15262

法國新志　子7-36231(1)、36250、36362

法國部院官制　史6-42789

法國水師考　子7-36228(3)、36242(3)、36248、36250、36963

法國武備考畧　史6-45326

法國建造學堂指南　子7-36756

法國郡邑官制　史6-42790

法國政治要覽三編　子7-36546

法國政教考畧　子7-36538

法國經世輯要(法國學制)　子7-36757

法國絲市調查錄　史6-44072

法國律例　子7-36608

法國鄉學章程　子7-36232、36758

法國條約　史6-44070

法國條款、稅則、續增條約　史6-44034、44065

法國條款、稅則、照會、通商章程善後條款　史6-44035、44066

法國官銀行總章程簡明條款例章　子7-37342

法國海軍職要　史6-45325　子7-36249、36258

法國女英雄彈詞　集7-53736

法國革命戰史　子7-36364

法國財政要覽　子7-37341

法國照會續約通商章程　史6-44067

法國歷代司法院之組織　子7-36618

法界玄鏡　子6-32089(50)

法界聖凡水陸大齋普利道塲性相通論　子

中國古籍總目·索引

7-32111、35033

法界聖凡水陸勝會修齋儀軌　子7-32099、
　35031

法界聖凡水陸普度大齋勝會儀軌會本　子
　7-35032

法界續　叢2-1361

法界緣起章　子7-33875

法界安立圖　子7-34639～40

法界宗五祖畧記　子7-33343

法界宗五祖畧記、賢首五教儀開蒙　子7-
　33897

法界次第初門　子6-32088(41)、32089(50)、
　32090(63)、32091(62)、32092(40)、32093(51)

法界觀　子7-32138、33874、33878　叢2-
　2235

法界觀披雲集　子6-32091(65)，7-33341、
　33343、33881

法界觀門　子7-32384

法界體性無分別經　子6-32093(2)

法因集　集2-9820　叢2-1135

法因集、續　集2-9821

法因集疏、續　子7-33968、33970

61 法顯記　叢1-19(10)、20(8)、21(3,9)、24(3)

法顯傳　子6-32081(42)、32082(21)、32085
　(40)、32086(47)、32088(29)、32089(47)、
　32090(61)、32091(59)、32092(39)

法顯傳考證　史2-8526

法顯法師傳　子6-32083(27)

66 法嬰祕笈　史2-7686

72 法氏宗譜[江蘇武進]　史4-30265

73 法院書記官承發吏考試任用章程　史6-
　46017

77 法股界圖編號簿　史7-54839

法學通論　史6-46051

法門疏鈔　子7-33133

法門抄疏　子7-33134

79 法勝阿毘曇心論　子6-32081(38)、32082
　(17)、32083(24)、32085(36)、32086(41)、
　32088(26)、32089(45)、32090(52)、32091
　(51)、32092(35)，7-32776

80 法鏡　子7-32111

法鏡經　子6-32081(2)、32083(2)、32084(3)、
　32085(3)、32088(2)、32093(4)

86 法智遺編觀心二百問　子6-32090(64)、
　32091(62)、32092(42)、32093(51)

88 法算取用本末　子3-12347　叢2-731(26)

法筆驚天雷　史6-46461

90 法常住經　子6-32083(15)，7-32120

95 法性禪院倡和詩、續集　集6-44191

3413₂ 漆

10 漆工輯要　史6-46582

30 漆室吟、壬癸編、甲乙編　集4-30170

44 漆樹灣陳氏族譜[湖南寧鄉]　史4-33291～
　2

漆林章氏宗譜[安徽涇縣]　史5-34588

漆林集　集4-24463

50 漆書古文尚書逸文考　經1-3508

漆書古文尚書逸文考、杜林訓故逸文　叢
　2-764

60 漆園詩稿　集5-34178

漆園指通　子6-32091(77)

漆園巵言　集2-11400

70 漆雕子　子1-239　叢2-774(8)

72 漆氏續修族譜[湖南]　史5-38580～1

漆氏家譜[江西宜豐]　史5-38577～8

漆氏七修族譜[湖南]　史5-38582

濛

34 濛池行稿　史7-53943　叢2-821

3413₄ 漠

11 漠北水經註　叢2-2170

16 漠硯唐琴室遺詩　集5-41644

31 漠河縣志[民國]　史7-56373

漠河金鑛沿革記署　史7-50040

40 漠南蒙古地理[民國]　史7-56030

漢

00 漢高皇濯足氣英布　集7-48765　叢2-720
　(4)

漢高皇濯足氣英布雜劇　集7-48767(2)
　叢2-698(16)

漢唐諸儒與聞錄　子1-1757　叢2-1735

漢唐三傳　史2-6200

漢唐石刻目錄　史8-64630　叢2-1541

漢唐宋明各志及四庫醫籍目錄　叢2-707

中國古籍總目·索引

漢唐祕史　史1-2019
漢唐地理書鈔存六十八種　史7-49307
漢唐地理書鈔七十九種　叢2-767
漢唐事實　子5-24899
漢唐事箋、後集　子5-25587
漢唐事箋對策機要、後集　子5-25586
漢唐事箋前集、後集　史6-41596　叢1-
　265(4)、456(7)、457
漢廣川董子集　集1-174
漢糜水入尚龍谿考　經1-3259　史7-
　49421　叢2-653(1)
漢文音龢簡易識字法　經2-14495
漢文歸　集6-42872、42874
漢文九連環譜、滿文九連環譜　子4-18644
漢文精藻　集6-43211
漢音鉤沉、敍例、記　叢2-2070
漢音鉤沈、敍例、記、鄭許字義同評　經2-
　14239
漢雜事祕辛　子5-26224　叢1-22(18)、23
　(18)、29(1)、98、168(1)、169(3)、587(2)
漢雜事祕辛(雜事祕辛)　子5-26236
04 漢詩辨證、前錄　叢2-2252
漢詩音註　叢2-829
漢詩音註(漢詩)　集6-43176
漢詩音註、漢魏六朝唐人通用古韻、集唐人
　古詩通用韻、唐韻選　集6-43178
漢詩音註、古今韻考　集6-43177
漢詩評　集6-45917
漢詩說、總說　集6-43181
漢詩統箋　集6-43182～3　叢2-929、1536
漢詩總說　集6-45881　叢1-202(8)、203
　(14)
漢詩紀　集6-43175
漢詩鈔　集6-43179
漢詁纂　經2-14690
漢諸葛武侯全集　集1-312
漢諸葛忠武侯(亮)年譜　史2-11008、
　11011～2、11133
06 漢譯而木代全冊　子7-36056
漢譯溫德華士代數學　子7-37533
漢譯道行究竟　子7-35977
漢譯日本現行法典全書第一編第二編　子
　7-36628
漢譯日本經濟學大意　子7-37268
漢譯日本法律經濟辭典　子7-36579
漢譯日本員警法述義　子7-36558
漢譯民法講義　子7-36578
07 漢郭有道碑釋文考異　史8-64616
漢郭有道先生碑　史8-64615
漢記　叢1-338
漢詔疏　史6-47596

漢詔令　史6-47598
08 漢族光復史初編　史1-4329
10 漢三統術　子3-12354
漢三輔考　史7-51522
漢至隋年號　史3-13417
漢疏類編　史6-47776
漢元帝孤雁漢宮秋　集7-48769
漢元後本紀補　叢2-2095
漢元后(王政君)本紀補　史2-8450
漢兩京以來鏡銘集錄　史8-64283　叢2-
　2194
漢兩大儒書　叢1-258
漢天師世家　史2-8456、8458　子5-29535
　(7)、29536(7)
漢天師世家(張道陵)　史2-8455
漢天師世家、序　史2-8457　子5-29531
漢石刻考　史8-64550
漢石記目錄　史8-64549
漢石經殘字　叢1-318
漢石經殘字證異　經2-11370
漢石經殘字考　經1-3　史8-63509　叢
　2-731(3)
漢石經攷異　經2-11357
漢石經攷異補正　經2-11351
漢石經室金石書畫跋尾　史8-63713
漢石經室金石跋尾　史8-63714
漢石經考異　經1-2、111(4)
漢石經考異補正　叢2-615(1)
漢石經異文釋　經2-11356
漢石例　史8-63503　叢1-359、418,2-731
　(48)
漢石存佚表　史8-64532
漢石存目　史8-63520、64547～8　叢1-
　497,2-599
漢石錄文補遺　史8-63500、64544
漢西京博士考　史2-6993　叢1-242(4)、
　2-731(60)
漢西域圖考　史7-49314、54213
漢晉石刻墨影　史8-63505、64629
漢晉經籍目錄　史8-65353
漢晉迄明謚彙考、皇朝謚彙考　史6-42230
　叢2-936
漢晉南北朝唐宋文歸　集6-42876
漢晉古磚文目　史8-64748
漢晉木簡考畧　叢2-921
漢晉春秋　史1-1430～2　叢2-653(6)、731
　(64)、772(4)、773(4)、775(4)
漢晉春秋輯本　叢2-731(64)
漢晉春秋輯本二種　叢2-653(6)
漢晉印章圖譜　叢1-23(15)、35
漢晉印譜　子3-16880

漢賈誼政事疏考補　史6-48088　叢2-1735

漢賈夫人馬姜墓石刻考釋　史8-64566　叢2-745

11 漢張仲景傷寒一百一十三方　子2-6693

漢張良辭朝歸山殘本　叢2-720(4)

漢冀州從事張表碑　史8-63501、64612

漢冀州刺史王純碑　史8-63501、64610

12 漢水發源考　史7-49318(9)、52983　叢1-203(5)

漢延熹西嶽華山廟碑續考　史8-64584　叢2-2254

漢延熹西嶽華山碑考　史8-64583　叢1-344,2-731(35)

13 漢武帝外傳　子5-29533

漢武帝內傳　子5-29533　叢1-22(18)、23(18)、29(1)、74～7、101、223(45)、249(1)、273(5)、407(2)、566,2-726

漢武帝內傳(漢武內傳,漢孝武內傳,武帝內傳)　子5-27503

漢武帝內傳、外傳　子5-27502、29530(6)　叢1-82

漢武帝內傳、校勘記　子5-27504　叢1-274(5),2-731(62)

漢武帝故事　叢1-15

漢武帝別國洞冥記　子5-26218、26797　叢1-19(5)、20(3)、21(4)、24(5)、38

漢武梁祠畫像題字補考　史8-64581　叢2-921

漢武梁祠畫象錄、考釋　史8-64576

漢武梁祠堂石刻畫像考　史8-63514、64573～4

漢武內傳　叢1-15、19(4)、21(3)、24(4)

漢武故事　史1-1914　子5-26795　叢1-56、91、95、223(45)、261、456(6)、465,2-624(1)、730(2,5)、731(6)、761、776

漢武事畧　子5-26796　叢1-134

漢武氏石室畫象題字補考、附考　史8-64580

漢酸棗令劉熊碑　史8-63501、64597、64600

15 漢建安弩機　史8-64293

16 漢碑文考釋　史8-64542

漢碑文範、附編　史8-64560

漢碑引經攷　經2-11375

漢碑引經考　史8-64555

漢碑引經考、漢碑引緯考　叢2-2066

漢碑引緯攷　經2-12046

漢碑引緯考　史8-64556

漢碑經義輯畧　經2-11374　叢2-1720

漢碑徵經　史8-64554　叢2-653(2)

漢碑徵經補　史8-64557　叢2-2188

漢碑奇字考畧　史8-64541

漢碑隸體舉要　經2-13183　子3-14703

漢碑題跋　史8-64533

漢碑別字考　經2-12719

漢碑跋　史8-64534

漢碑用經傳異字　史8-63500、64545

漢碑用字　經2-13007　叢2-1104

漢碑錄文　史8-64537

漢碑範　子3-15532

17 漢丞相諸葛忠武侯(亮)傳　史2-8496

漢丞相諸葛忠武侯列傳、史文肇要　叢1-386

漢丞相諸葛忠武侯集　子5-29535(6)、29536(6)　集1-315

漢丞相諸葛忠武侯傳　叢1-447、465

漢丞相諸葛忠武侯傳、校勘記　史2-8497　叢2-636(2)

漢丞相諸葛忠武侯全集　集1-314

漢丞相忠武侯書　集1-313

20 漢雋　史1-5141～2　叢1-447

漢雋抄　叢2-2063

漢信鐵路冬夏開車時刻表　史6-44323

漢信鐵路九項詳細價目表　史6-44322

漢季方鎮年表　史1-4563、4674

漢爵考　史1-352

漢乘備錄[萬曆]　史8-61765

21 漢上叢談　子4-21652　叢2-1592

漢上消閒社詩鈔、文鈔、外編　集5-39684

漢上末言　子3-12989　叢2-1220

漢上易傳　經1-447　叢2-636(2)

漢上易傳、卦圖、叢說　叢1-223(2)、227(1)

漢上易傳、周易卦圖、周易叢說　經1-77(1)、448　叢2-873

漢上易傳叢說　經1-449

漢上聞吟寄紅集　集4-26639

漢行信稿　集5-41132

漢衛宏漢舊儀　叢2-771(3)

漢儒傳經記　經2-11907、11922　叢2-2034

漢儒傳經記、歷朝崇經記　叢2-814

漢儒傳易源流　經1-2261　叢2-843

漢儒通義　子1-1744　叢2-1832

漢儒趙氏從祀始末記　史6-42188　叢2-2172

漢儒易義針度、近科文式　經1-1843

漢儒易義針度補　經1-1844

漢儒易義針度指明　經1-1586

漢師傳經表　經2-11929　叢2-2144

22 漢川瑞柞堂劉氏家塾條規、學生履歷　子1-2467

漢川集　集3-14577,6-41969

漢川圖記徵實[光緒]　史8-60201

中國古籍總目書名索引

漢川縣系馬區鄉土志[民國]　史8-60202
漢川縣志[乾隆]　史8-60199
漢川縣志[同治]　史8-60200
漢制考　史6-41595　子5-24880　叢1-169(2)、223(27)、268(2)
漢後記　史1-325　叢1-338
漢後書　叢2-772(4)、773(4)
漢幽州刺史朱君之碑　史8-63518、64614
漢樂府三歌牋註　叢2-929
漢綏和鼎圖說　史8-64274
23 漢代張子房奇門遁甲一十八局數學精義登壇祕法　子3-14275
漢代古文考　經2-13573　叢2-630
漢代年號考　史8-64551
24 漢射陽石門畫像彙考　史8-64602
漢射陽石門畫象彙考　叢2-731(35)、786〜7
25 漢律考　史6-45736
漢律撫遺　史6-45739　叢2-2109
漢律輯證　史6-45735　叢1-547(4),2-1947
漢律令考　史6-45734
漢律類纂　史6-45737
26 漢皇德傳　史1-2278　叢2-731(64)、762〜3
漢泉詞　集7-46373、46758
漢泉漫稿　叢2-674
漢泉漫藁　集1-4968、4971
漢泉漫藁、曹文貞公文集後錄　集1-4966
漢泉曹文貞公詩集　集1-4969〜70
漢泉曹文貞公詩集、後錄　集1-4967
漢皋詩話　集6-45486、45686　叢1-22(14)、23(13)
漢皋遺什　集5-37919
漢魏音　經2-14130〜1、14540　叢2-1557、1559
漢魏六朝帝王紀元印史　子3-17386
漢魏六朝唐人通用古韻　集6-43178
漢魏六朝文撷　叢2-2235
漢魏六朝詩選　集6-42230〜1
漢魏六朝詩鈔　集6-42232
漢魏六朝諸名家集(漢魏六朝二十一名家集)　集6-41695
漢魏六朝諸家文集　集6-41697
漢魏六朝一百三家集(漢魏六朝百三名家集)　集6-41698
漢魏六朝正史文選　集6-42970
漢魏六朝百三名家集題詞　集6-42952
漢魏六朝百三家集　叢1-223(70)、227(11)
漢魏六朝百名家題詞　集6-42953
漢魏六朝百名家全集　集6-42951
漢魏六朝名家集初刻　集6-41699

漢魏六朝志墓金石例、唐人志墓諸例　叢1-362、515,2-731(48)
漢魏六朝女子文選　集6-42954
漢魏六朝墓志金石例、唐人志墓諸例、論　集6-46266
漢魏六朝墓銘纂例　史8-63503　叢1-334〜5、418,2-731(48)
漢魏六朝專文　史8-65244
漢魏六朝別解選　子4-24041
漢魏詩乘、吳詩、總錄　集6-42227
漢魏詩集　集6-42225
漢魏詩紀　集6-42218
漢魏詩紀、談藝錄　集6-42217
漢魏詩選　集6-42226、42228
漢魏詩鈔　集6-42229
漢魏諸名家集　集6-41696
漢魏二十一家易注二十一種　經1-2321
漢魏石經考　經2-11334　叢1-201、203(5)、320,2-1884
漢魏碑刻紀存　史8-64626
漢魏碑考　史8-64627　叢2-654
漢魏碑全文　史8-64628
漢魏名文乘　集6-42979
漢魏叢書三十八種　叢1-71
漢魏叢書抄二十三種　叢1-73
漢魏叢書鈔二十九種　叢1-72
漢魏遺書鈔一百四種　叢2-765
漢魏遺書鈔八十一種　叢2-766
漢魏木簡義證　叢2-921
漢魏博士考　史2-6990〜1　叢2-630
漢魏博士題名考　叢2-2227、2229
漢魏四家軼存四種　叢2-769
漢魏別解　集6-42955
漢魏別解四十七種　叢1-182
漢魏小說採珍十九種　叢2-726
27 漢將相大臣年表　史1-10(1、2)、4675
漢名碑考畧、漢代年號考　史8-64551
漢名臣言行錄　史2-6985
漢名臣傳　史1-919
漢名臣奏議選　史6-47769
漢匋庵印集　子3-17467
漢紀　史1-1408、1412〜3　叢1-236〜7
漢紀(前漢紀)　史1-1407
28 漢儀　史6-42610、42626〜7　叢1-303〜5、515、525,2-698(5)、731(17)、772(5)、773(5)
漢徐徵士(穉)年譜　史2-11005、11010、11012、11114
30 漢淳于長夏承碑　史8-63501、64591
漢安甌廎錄　史8-65232
漢安徵信錄　史1-4003　叢1-384
漢字雜學　子7-35995

漢字赫廳　子7-35925
漢字母音釋　經2-13544
漢宮香方鄭注　子4-18880　叢2-776
漢宮七種　叢1-305
漢宮故事　叢1-29(1)
漢宮春色　叢1-587(3)
漢官　史6-42610~2　叢1-303~5、515、
　525,2-698(5)、731(18)、771(3)、772(5)、773
　(5)
漢官六種　史6-42610　叢2-698(5)
漢官私印泥封考　史8-65099
漢官解詁　史6-42610、42613~4　叢1-
　303~5、515、525,2-698(5)、731(18)、771
　(3)、772(5)、773(5)
漢官儀　史6-42610、42619~22　子3-
　18207　叢1-22(10)、23(9)、265(3)、303~
　5、447、465、515、525,2-617(1)、698(5)、731
　(18、37)、772(5)、773(5)、775(4)
漢官儀佚文　史6-42623　叢2-777
漢官舊儀(漢舊儀)、補遺　叢2-731(17)
漢官舊儀、補遺　史6-42615~6　叢1-223
　(27)、230(1)、231、388~90、468
漢官表說　叢2-2270(2)
漢官典職儀式選用　史6-42610、42624　叢
　1-303~5、515、525,2-698(5)、731(18)
漢官典儀　史6-42625　叢2-772(5)、773
　(5)
漢官品級考　史6-42692
漢官答問　史6-42628　叢1-472、529
漢宋易學解　經1-1560
漢宋學術異同論　叢2-2248
31 漢江紀程、圖說　史7-53962
漢源縣志[民國]　史8-62082
32 漢州張氏祠族譜[四川廣漢]　史5-35420
漢州水源冊　史7-52985
漢州郡縣吏制考　史6-42633　叢2-1945
漢州紀事詩　集4-27832
漢州志[嘉慶]　史8-61768　叢1-373(2)
漢州志[乾隆]　史8-61766
漢溪書法通解　子3-15164
33 漢冶萍往來電報鈔存　史6-44820
漢冶萍煤鐵廠礦有限公司商辦第七屆帳畧
　史6-44830
漢冶萍煤鐵廠礦有限公司商辦第三屆帳畧
　史6-44826
漢冶萍煤鐵廠礦有限公司商辦第二屆帳畧
　史6-44825
漢冶萍煤鐵廠礦有限公司商辦第五屆帳畧
　史6-44828
漢冶萍煤鐵廠礦有限公司商辦第八屆帳畧
　史6-44831

漢冶萍煤鐵廠礦有限公司商辦第六屆帳畧
　史6-44829
漢冶萍煤鐵廠礦有限公司商辦第十屆帳畧
　史6-44832
漢冶萍煤鐵廠礦有限公司商辦第四屆帳畧
　史6-44827
漢冶萍煤鐵廠礦有限公司戊申年第一屆帳
　畧　史6-44824
漢冶萍煤鐵廠礦有限公司戊申年簡明帳底
　本　史6-44823
漢濱集　集1-3263　叢1-223(54)、2-873
漢濱詩餘　集7-46377、46549
34 漢滿蒙藏四體合璧大藏全咒、目錄,同文韻
　統、阿禮嘎禮、讀咒法　子7-32794
漢漢壽亭侯關侯世家　史2-8491
漢褚先生集　集1-196,6-41698
35 漢禮器制度　史6-41955~8　叢1-303~5、
　515、525,2-731(17)、765~6、775(2,4)
37 漢泥封考畧　史8-65100
漢氾勝之遺書　子1-4090,3-15197,4-
　21429、22750　叢1-203(17)、1-517
漢初年月日表　史1-2277　叢2-1601
漢軍品級考　史6-42692、42707
38 漢衿吟　集2-12858
39 漢沙南侯獲刻石、釋文　史8-64568
40 漢大司農康成鄭公年譜　史2-11120
漢太初以前朔閏表　叢1-452、586(2),2-
　716(2)
漢太初曆考　叢1-439
漢太初曆考、心巢文錄　子3-11645
漢南詩草　集3-18617
漢南記　史7-50700　叢1-22(11)、23(10)
漢南一覽　史6-45260
漢南郡志[嘉慶]　史8-62951
漢南續修郡志[嘉慶]　史8-62952
漢南續修郡志[民國]　史8-62953
漢南紀游、遊漢南詩　史7-53638
漢南春柳詞鈔　集4-32570、32574,6-
　42068,7-47865　叢2-1864
漢志三統曆表　史1-217　叢2-2129(4)、
　2130
漢志三統曆表、圖　叢2-2131
漢志水經注水道疏證　史7-52716
漢志水道疏證　史1-10(1)、240,7-49311
　叢1-463~4,2-653(3)、731(55)
漢志水道考證　叢1-261
漢志武成日月表　史1-2047　叢2-594
漢志武成年月考　叢2-593
漢志郡國沿革考　史1-10(2)、346
漢志釋地畧　史1-235
漢志沿邊十郡考畧　史1-239　叢2-821、

　　　1772
　　漢志志疑　史 1 - 10(1)、297
　　漢熹平石經殘字　史 8 - 63501、63504
　　漢熹平石經殘字集錄　叢 2 - 2198
　　漢熹平石經殘字集錄、補遺、續編、補遺、三
　　　編、補遺、四編、補遺　叢 2 - 2194
　　漢熹平石經集錄、續編　叢 2 - 2196
　　漢熹平石經集錄、續編、續拾　叢 2 - 2196
　　漢熹平石經集錄續補　叢 2 - 2195
　　漢李翕西狹頌　子 3 - 15539
　　漢壽亭侯誌　史 2 - 8470～1
42　漢姚期大戰邳仝雜劇　集 7 - 48774(5)、
　　　49011
44　漢封泥考畧　叢 2 - 921
　　漢墓闕神道考　史 8 - 63507、64561
　　漢地理志詳釋　史 1 - 236　叢 2 - 1946
　　漢鼓吹鐃歌十八曲集解　叢 1 - 524,2 - 731
　　　(36)
　　漢鼓吹鐃歌曲句解　叢 2 - 1566
　　漢蘭臺令李伯仁集　集 1 - 207,6 - 41698
　　漢孝武內傳　叢 1 - 456(6)、465,2 - 731(6)
　　漢孝武故事　叢 1 - 18、19(8)、20(6)、21(6)、24
　　　(9)
　　漢樊敏碑考釋　史 8 - 64595
　　漢蕃對音千字文殘卷　叢 2 - 676
　　漢世說　子 5 - 26652
　　漢世別本禮記長義　經 1 - 5753
　　漢藝文志考證　史 1 - 10(1)、247　子 5 -
　　　24880　叢 1 - 223(28)
　　漢甘露石渠禮議　經 1 - 104,6021　叢 2 -
　　　1668
　　漢甘泉宮瓦記　史 8 - 65201　叢 1 - 203(5)
　　漢舊儀　史 6 - 42618　叢 2 - 731(17)、772
　　　(5)、773(5)
　　漢舊儀、補遺　史 6 - 42610、42617　叢 1 -
　　　303～5、515、525,2 - 698(5)、731(17)
　　漢蔡中郎集　集 1 - 215～6、225
　　漢蔡中郎集、補遺　集 1 - 221
　　漢林四傳　叢 2 - 731(55)、816
45　漢隸辨異歌　子 3 - 16837
　　漢隸辨體　經 2 - 13211　史 8 - 63520
　　漢隸辨體、補正　經 2 - 13212
　　漢隸韻要　經 2 - 13150
　　漢隸記誤　史 8 - 63500、64543
　　漢隸偏旁點考題詞　經 2 - 13040、13587、
　　　13589
　　漢隸字源　經 2 - 13135　叢 1 - 227(4)
　　漢隸字源校本　經 2 - 13136
　　漢隸字源勘誤　經 2 - 13137
　　漢隸字原　叢 1 - 223(15)
　　漢隸字原校本　叢 2 - 1314

　　漢隸考　史 8 - 64538
　　漢隸拾遺　叢 2 - 923
　　漢隸異同　經 2 - 13205
　　漢隸今存錄　史 8 - 64558　叢 1 - 537
　　漢隸分韻　經 2 - 13142～3、13146　叢 1 - 223
　　　(16)
　　漢隸分韻、增輯　經 2 - 13144
　　漢隸分韻增輯　經 2 - 13145
46　漢相如獻賦題橋　集 7 - 48779、49012
　　漢相如畫錦歸西蜀　集 7 - 48768、49172
48　漢乾象術　子 3 - 12354
　　漢故涼州刺史魏君之碑　史 8 - 63518、64593
　　漢故圉令趙君之碑　史 8 - 63518、64608
　　漢故陳君碑　子 3 - 15501
　　漢故小黃門譙君之碑　史 8 - 63518、64596
　　漢槎友札　叢 1 - 571
49　漢趙記　史 1 - 2328　叢 2 - 653(6)、731(65)
50　漢中府志[順治]　史 8 - 62950
　　漢中府志[嘉靖]　史 8 - 62949
　　漢中行吟存草　集 5 - 39971
　　漢中士女志　史 2 - 8321～2　子 5 - 26827
　　　叢 1 - 22(9)、23(9)、29(2)
　　漢中日記　叢 2 - 1016
　　漢史億　史 1 - 5859　叢 2 - 1278
　　漢史義法　史 1 - 5308
　　漢車師後部唐北庭都護府元別失八里均在
　　　今新疆阜康縣東烏爾圖河地考　史 7 -
　　　49357、51216
　　漢事會最　史 1 - 5163
　　漢事會最人物志　史 2 - 6983～4　叢 1 -
　　　524,2 - 731(61)
　　漢畫偶譚　史 8 - 64562　叢 2 - 2162
　　漢畫第一輯　子 3 - 16761
　　漢忠武諸葛先生集　集 1 - 318
　　漢書　史 1 - 11、15、17、19、194、206～8、5174
　　　叢 1 - 227(5)、2 - 1443
　　漢書、考證　叢 1 - 223(17)
　　漢書辨疑　史 1 - 8　叢 2 - 653(3)、731(4)
　　漢書辨疑(地理志)　史 1 - 225,7 - 49311
　　漢書辨疑、後漢書辨疑、續漢書辨疑　史 1 -
　　　264
　　漢書音字四譯館譯語　經 2 - 14987
　　漢書音義　史 1 - 199　叢 2 - 775(3)
　　漢書音義、補遺　史 1 - 198　叢 1 - 493
　　漢書音義、敘錄　經 1 - 101　史 1 - 197
　　漢書雜誌　叢 2 - 923
　　漢書評議　史 1 - 5282、5346
　　漢書評林　史 1 - 22、209
　　漢書識小、學古堂讀漢書日記　史 1 - 296
　　漢書讀、辨字、常談　史 1 - 288　叢 2 - 845
　　　(5)

漢書韻藻稿本　叢2-707

漢書許義　史1-196　叢2-775(3)

漢書二十三家注鈔　史1-298

漢書正訛　史1-261

漢書正訛(漢書正譌)　史1-262

漢書正誤　史1-260

漢書疏證　史1-275~8

漢書疏證、後漢書疏證　史1-271、273~4

漢書疏證、後漢書疏證、續漢志疏證　史1-272

漢書西域傳補註　叢1-272(4)

漢書西域傳補注　史1-23、244,7-49314　叢1-416~7,2-653(3)、731(59)、782(4)

漢書引經異文錄證　史1-268

漢書引經劄記　史1-269　叢2-1648

漢書刊訛　集4-23968

漢書刊誤　史1-263　叢2-1589

漢書瑣言　叢2-2109

漢書雋　史1-5160

漢書剿說　史1-5276

漢書糾謬　叢2-664

漢書律曆志正譌　史1-10(1)、218　叢2-1456

漢書佚文　史1-193　叢2-777

漢書疑年錄　史2-7002

漢書匈奴傳地理考證、西南夷兩粵朝鮮傳地理考證、西域傳地理考證　史1-243,7-49310

漢書彙評　史1-210

漢書彙鈔　史1-5168　叢2-2031

漢書注校補　史1-8、24、280　叢2-653(3)、731(64)

漢書注校補(地理志)　史1-281,7-49311

漢書注鈔　叢2-1685

漢書補注　史1-201~2

漢書存(王莽傳篇末)　叢2-601

漢書存(列傳第五十七上)　叢2-732

漢書存(匡衡張禹孔光傳)　叢2-604

漢書古字　經2-12195~6、15143

漢書古字、音義異同　史1-267

漢書古字類　史1-290　叢2-1931

漢書古今人表補考　叢2-2170

漢書校記　史1-259

漢書札記　史1-26、291

漢書地理志,考證　史1-221,7-49311

漢書地理志詳釋　史1-10(1)

漢書地理志水道圖說　史1-10(1)、241,7-49311　叢2-1832

漢書地理志水道圖說補正　史1-10(1)、242　叢2-671

漢書地理志稽疑　史1-10(1)、222,7-49311

叢1-456(4),2-731(56)、845(2)

漢書地理志補注　史1-10(1)、228

漢書地理志補校　史1-10(1)、237

漢書地理志校注　史1-10(1)、229、231

漢書地理志校注、雜說　史1-230

漢書地理志校注、識語　史1-232

漢書地理志校字　叢2-1614

漢書地理志校本　史1-10(1)、234,7-49311　叢2-1769

漢書地理志考證　史1-233　叢2-1648

漢書地理志目錄　史1-238

漢書考證、後漢書考證　史1-399

漢書蒙拾　史1-5166~7　叢1-386、454,2-665、1432、1435

漢書藝文志　史1-245　叢1-569

漢書藝文志疏證　史1-254

漢書藝文志釋例　叢2-2274

漢書藝文志條理　史1-10(1)、250,8-65255~6

漢書藝文志條理殘稿　史1-249

漢書藝文志考證校補　史1-253

漢書藝文志拾補　史1-10(1)、252,8-65255~6

漢書藝文志所列春秋家　叢1-532

漢書藝文志舉例　史1-10(1)、248　叢2-2219

漢書藝名志考證校補　叢2-2188

漢書舊注　史1-200　叢2-775(3)

漢書榷參　史1-5848

漢書事鈔　史1-5162

漢書拾遺　史1-265

漢書點勘　史1-282~4

漢書人名表　史1-287

漢書人表考,補　叢2-731(64)

漢書人表考校補　史1-216　叢2-653(3)、731(64)、1630

漢書人表考校補、續校補　史1-10(1)

漢書人表署校　史2-7001　叢2-1950

漢書食貨志　史1-219　叢1-446,2-731(17)

漢書知意　史1-5862　叢2-2270(2)

漢書箋遺　叢2-2126

漢書管見　史1-289　叢2-2054

漢書纂　史1-5156

漢書鈔　史1-5151、5164

漢東集　集4-28225

漢東集詩　叢2-1682

漢東海廟碑殘字　史8-64617

53 漢戚伯著碑　史8-63501、64609

60 漢口紫陽書院志畧　史7-52105

漢口後湖堤內地畝分等酌收新租章程　史

　　　6-43494
　　漢口山陝會館志　史7-50698
　　漢口叢談　史7-50697　叢1-346,2-1741
　　漢口竹枝詞　集4-30128
　　漢口小志[民國]　史8-60089
　　漢置五經博士考　叢2-2072
　　漢四女唐五女詩詠景鈔　集6-42233
　　漢四分術　子3-12354
　　漢易要訣彙纂　經1-161、1978
　　漢易十三家　經1-267　叢2-2067
　　漢易臨文捷徑　經1-1979
　　漢圉令趙君碑　史8-64607
　　漢回合璧　經2-15050
　　漢品級考　史6-42699、46939
64漢時西域南道久塞復通考　史7-49357、
　　54214
72漢劉歆草書序六藝爲九種墨跡　子3-
　　15549
　　漢劉子駿集　集1-195,6-41698
　　漢劉熊碑考　史8-63513、64601
　　漢劉中壘集　集1-183,6-41698
76漢陽府保甲錄　史6-45442
　　漢陽府志[康熙]　史8-60086
　　漢陽府志[嘉靖]　史8-60085
　　漢陽府志[乾隆]　史8-60087
　　漢陽五家詩選　集6-44867
　　漢陽郡圖經　史7-50696　叢2-776
　　漢陽魏氏遺書二種　叢2-1286
　　漢陽葉氏叢刻　子2-4672
　　漢陽縣識[光緒]　史8-60095
　　漢陽縣志[嘉慶]　史8-60092
　　漢陽縣志[乾隆]　史8-60091
　　漢陽縣志[同治]　史8-60093
77漢屋高公(建瓴)崇祀鄉賢祠錄附履歷事實
　　史2-9850
　　漢月禪師詩集　集2-10194
　　漢學齋倣古印譜　子3-17201
　　漢學商兌　子1-108,1679～80　叢1-418、
　　574(3),2-1652
　　漢學商兌、刊誤補義　叢2-1650
　　漢學商兌刊誤補義　子1-1681
　　漢學商兌贅言、附識八則　子1-1682
　　漢學諧聲、說文補考、說文又考　經2-
　　12489
　　漢學師承記、經師經義目錄　叢2-731(60)
　　漢學師承記、經師經義目錄、宋學淵源記、
　　記　叢2-709
　　漢學師承續記　史2-7569
　　漢學拾遺　史1-266　叢2-653(2)、1570～1
　　漢學堂經解一百一種　叢2-773
　　漢學堂經解五種　叢2-771(5)

　　漢學堂叢書二百十三種　叢2-772
　　漢學堂知足齋叢書二百十五種　叢2-771
　　漢閣賦稿　叢2-837
　　漢印偶存　史8-65018
　　漢印存殘稿　子3-17202
　　漢印拾遺　史8-65051
　　漢印臨存、留畊堂印存　史8-65050
　　漢卿詩集(姑存草、更生草)　集5-34214
　　漢關聖世系續集合刻　史2-8484
　　漢關侯事蹟彙編　史2-8483
　　漢輿地圖　史7-49307～8、49425　叢2-767
　　漢桑欽古文尚書說地理志考逸、中古文尚
　　　書　叢2-764
　　漢桑欽古文尚書說地理考逸、中古文尚書
　　　經1-2941
78漢陰廳續志訪稿[宣統]　史8-63038
　　漢陰縣志[康熙]　史8-63035
　　漢陰縣志[萬曆]　史8-63034
　　漢陰縣志[乾隆]　史8-63036
79漢滕公石槨銘　史8-64564　叢1-146
80漢人不服滿人表　史1-1995,4552
　　漢人經解輯存序目　史8-66247　叢2-
　　2034
　　漢人名印考　史8-65024
　　漢前將軍漢壽亭侯關公志　史2-8478
　　漢前將軍關公祠志　史7-51783
　　漢孳室文鈔　經1-163(4),2-11890
　　漢孳室文鈔,補遺　集5-37452　叢2-847
　　漢孳室集外文　集5-37453
　　漢孳室遺著七種　叢2-2045
　　漢公卿衣錦還鄉雜劇　集7-48774(4)、
　　49007
82漢鍾離度脫藍采和　集7-48770、48976
　　漢鍾離度脫藍彩和　集7-48771、48774(8)
84漢鐃歌發　叢2-1303
　　漢鐃歌釋文箋正　集6-43185
　　漢鐃歌十八曲集解　集6-43184
　　漢鎮警察現行章程　史6-45387
87漢銅印叢　史8-64946～7
　　漢銅印原　史8-64950
　　漢歙靈山方氏宗支世譜[安徽歙縣]　史4-
　　25826
　　漢歙丹陽河南方氏衍慶統宗圖譜[安徽歙
　　　縣]　史4-25820
　　漢鄭君(玄)年譜　史2-11005、11121　叢2-
　　1766
88漢管處士(寧)年譜　史2-11125　叢2-671
90漢堂文鈔、文鈔補遺　集5-39991
　　漢堂文鈔,補遺　叢2-2179
　　漢堂詩鈔　集5-39989　叢2-2179
　　漢堂類稿十種　叢2-2179

漢當研室詩鈔　集 5 - 41124
92 漢燈　子 3 - 16948
98 漢鱉生詩前集、後集　集 5 - 40099

3414₀ 汝

00 汝麋玉屑　子 4 - 22498
08 汝謙詩集　集 3 - 16890,6 - 41967
12 汝水說　史 7 - 49318(10)、52976
　　汝水巾譜　子 4 - 18877
22 汝川周氏世譜[浙江江山]　史 4 - 30011
30 汝寧府志[康熙]　史 8 - 60059～60
　　汝寧府志[嘉慶]　史 8 - 60061
32 汝州續志[乾隆]　史 8 - 59916
　　汝州南院顒和尚語要　子 7 - 34177
　　汝州志[正德]　史 8 - 59912
　　汝州志[萬曆]　史 8 - 59913
　　汝州葉縣廣教省禪師語錄　子 7 - 34177
　　汝州全志[康熙]　史 8 - 59914～5
　　汝州全志[道光]　史 8 - 59917
　　汝州首山念和尚語錄　子 7 - 34177
40 汝南詩話　集 6 - 45778
　　汝南項氏宗譜[江西婺源]　史 5 - 35530
　　汝南郡藍氏宗譜[浙江麗水]　史 5 - 40448
　　汝南郡周氏宗譜[浙江麗水]　史 4 - 30056、
　　　30058
　　汝南郡周氏宗譜[浙江東陽]　史 4 - 30046
　　汝南先賢傳　史 2 - 8208～10　叢 1 - 19(4)、
　　　21(3)、22(9)、23(9)、24(4)、29(2)、2 - 771
　　　(4)、776
　　汝南遺事　史 1 - 2598,7 - 50653　叢 1 - 223
　　　(20)、269(5)、270(3)、272(3)、2 - 701、731
　　　(57、66)、782(2)
　　汝南志[萬曆]　史 8 - 60062
　　汝南袁氏家譜[四川新都]　史 4 - 31404
　　汝南藍氏宗譜[福建福鼎]　史 5 - 40454
　　汝南藍氏支譜[福建羅源]　史 5 - 40452
　　汝南梅氏宗譜[浙江景寧]　史 5 - 34142
　　汝南括蒼周氏宗譜[浙江淳安]　史 4 -
　　　29915
　　汝南圃史　子 4 - 19147
　　汝南縣志[民國]　史 8 - 60065
　　汝南周氏族譜[浙江杭州]　史 4 - 29896
　　汝南周氏仁和本支譜[浙江杭州]　史 4 -
　　　29901
　　汝南周氏家譜[浙江杭州]　史 4 - 29898
　　汝南周氏宗譜[浙江諸暨]　史 4 - 29994
　　汝南周氏宗譜[浙江淳安]　史 4 - 29913～4
43 汝城縣志[民國]　史 8 - 60653

44 汝夢塘詩集、詞　集 4 - 27439
50 汝東判語　史 6 - 46495　叢 2 - 1968～9
55 汝典詩稿　集 3 - 16111
76 汝陽縣志[康熙]　史 8 - 60064
　　汝陽縣志[順治]　史 8 - 60063

3414₁ 濤

00 濤音集　集 6 - 44845
22 濤山詩草　集 3 - 20087
25 濤生詩草　集 4 - 27131
30 濤室詩文集　集 5 - 35847
　　濤流剩草　集 5 - 38716
31 濤江集　集 3 - 17419
60 濤園詩集　集 5 - 39197
　　濤園別集　集 3 - 14749

3414₇ 波

00 波齋百二甲子印　子 3 - 16955
10 波弄子　子 1 - 18、20,4 - 19632
17 波乃茵傳　子 7 - 38188
30 波密縣圖志[民國]　史 8 - 62659
38 波洋里宋氏宗譜[江蘇宜興]　史 4 - 29147
42 波斯志　史 7 - 54473
　　波斯考畧　史 7 - 49317(5)、49318(17)、54472
　　波斯史　子 7 - 36341
　　波斯匿王太后崩塵坌身經　子 6 - 32083(19)
44 波蘭衰亡史　子 7 - 36340
　　波藪槃豆傳　子 6 - 32083(26)、32086(45)
60 波羅外紀　史 7 - 50884
　　波羅蜜經觀心釋　子 6 - 32091(67)
　　波羅提木叉僧祇戒本　子 6 - 32081(35)、
　　　32083(23)、32085(34)、32086(39)、32088
　　　(24)、32089(39)、32091(44)
88 波餘遺稿　集 4 - 24066～7

淩

10 淩雪軒詩、外集　集 3 - 18013
　　淩霞手稿　集 5 - 35114
　　淩雲府君年譜　史 2 - 12348
　　淩雲縣志九編[民國]　史 8 - 61401
　　淩雲堂剩稿(文剩、詩剩)　集 5 - 38862

中國古籍總目・索引

28 淩谿先生集　集2-7720～1
29 淩秋渚落葉詩　集3-15575
30 淩注校正　經1-8137　叢2-782(1)
　淩寒竹軒泉布錄　史8-64807
31 淩源縣志[民國]　史7-56114
　淩源縣志稿[民國]　史7-56113
32 淩溪丁氏雙烈卷遺蹟　史2-7994　叢2-846
　淩溪先生集　集6-44972
34 淩汭沙詩　集2-12854,6-41943
　淩波詞　叢2-2142
　淩波影　集7-49611、49613
37 淩次仲先生(廷堪)年譜　史2-11975　叢2-814、1585
　淩次仲先生遺書六種　叢2-814
38 淩渝安集　集3-14292
　淩滄詩鈔　集4-22413
　淩滄襍錄　子4-24579
　淩滄草　集3-13148
40 淩臺府君(葛雲飛)年譜　史2-12088
44 淩蘭畦(澧)府君行述　史2-10641
　淩茗柯稿　集2-12011,6-45336
47 淩犯視差新法　子3-11409
　淩犯視差新法、表　子3-11408
　淩桐遺詩　集2-12006,12012
50 淩忠清公集、淩桐遺詩　集2-12006
　淩忠介詩集、奏疏　集2-12008
　淩忠介集　集2-12009
　淩忠介公文集　集2-12010,6-43118
　淩忠介公詩集、文集　集2-12007
　淩忠介公集　叢1-223(67)
　淩忠介公奏疏　史6-48564～5
72 淩氏族譜[安徽休寧]　史4-34655
　淩氏族譜[江西萬載]　史4-34657
　淩氏族譜[江蘇丹徒]　史4-34639
　淩氏族譜[江蘇丹陽]　史4-34638
　淩氏族譜[湖南平江]　史4-34659～60
　淩氏族譜[湖南酈縣]　史4-34665
　淩氏續修族譜[湖南郴縣]　史4-34666
　淩氏傳經堂叢書(傳經堂叢書)三十二種　叢1-310
　淩氏宗譜　史4-34633
　淩氏宗譜[安徽歙縣]　史4-34654
　淩氏宗譜[江蘇常州]　史4-34640
　淩氏宗譜[浙江湖州]　史4-34645～6
　淩氏宗譜[浙江奉化]　史4-34649
77 淩風小草　集4-32274
　淩門傳授銅人指穴　子2-10310
78 淩臨靈方　子2-4768、9935
91 淩煙閣功臣二十四傑影　史2-7024

　淩煙閣功臣圖　史2-7022～3
　淩煙閣功臣圖像　叢2-689
　淩煙閣圖　子3-16327

3416₀ 沽

21 沽上趨庭始存稿　集4-32703
　沽上梅花詩社存稿　集6-44389
　沽上題襟集　集3-19420、20223,6-44214
31 沽河雜詠　集4-25594
　沽酒遊春　集7-48778

渚

11 渚頭橋朱氏族譜[湖南湘潭]　史4-26723
22 渚山樓詩集　集3-14306
　渚山樓牡丹分詠　集6-44302
　渚山堂詩話　集6-45795
　渚山堂詞話　集7-48691　叢1-223(73)、2-843
30 渚宮集選　集2-11904,6-41949　叢1-353
　渚宮舊事　史1-2022、2028　叢2-771(3)、773(5)
　渚宮舊事、補　史1-2027　叢2-600
　渚宮舊事、補遺　史1-2024～6　叢1-223(20)、273(4)、303～5,2-731(58)
　渚宮故事　史1-2023　叢1-22(3)、23(3)
50 渚中雜詩　集3-14343
74 渚陸鴻飛集　集3-18003

3416₁ 浩

00 浩齋過先生語錄　子1-704
10 浩石江氏三修族譜[江西萬載]　史4-26900
17 浩歌堂詩鈔　集5-41130
22 浩川詩稿　集5-39132
　浩山詩鈔　集5-40785～6
　浩山集　集5-40784
23 浩然齋意抄　叢1-19(5)、20(3)、21(5)、24(6)
　浩然齋視聽　叢1-21(5)
　浩然齋視聽抄　子4-20192　叢1-17、20(3)、22(5)、23(5)
　浩然齋視聽鈔　叢1-19(5)、24(6),2-

617(4)

浩然齋雅談　集6-45673　叢1-223(72)、230(6)、353、461,2-731(46)

浩然堂文集　集5-34948

浩然堂詩集　集2-11714

浩然堂詩集、詞稿　集4-30490

浩然堂詩集、雙忠研齋詩餘　集4-30491

浩然堂集　集4-30489

浩然堂初集　集4-30488

46 浩觀堂集　集3-18585

60 浩園詩稿　集6-45015

80 浩氣集　集3-18502

浩氣吟　史1-1951　集2-11878~9、12539　叢1-269(5)、309、406,2-731(43)

3418₁　洪

00 洪廬江(矩)祀典徵實　史2-8513

洪廬江祀典徵實　叢2-943

洪度集　集1-1229

洪文襄公(承疇)年譜　史2-11597

洪文襄公呈報吳勝兆叛案揭帖　史1-1984,6-48590

洪文安公(遵)年譜　史2-11305　叢2-943

洪文安公遺集　集1-3401

洪文安公小隱集　集1-3402

洪文惠公(适)行狀、洪文惠公神道碑銘　史2-8751

洪文惠公(适)年譜　史2-11020、11303~4,8-64360~1　集1-3375　叢2-943、1488~9

洪文敏公(邁)年譜　史2-11005、11020、11306~7　叢2-943、1488~9

洪文敏公文、野處類稿　集1-3409

洪文敏公文集　集1-3412、3414

洪文敏公文集(洪文敏公集)　集1-3413

10 洪平齋四六箋注　集1-4071

11 洪北江雜著(卷施閣墨餘)四種附二種　叢2-1560

洪北江詩文集　叢2-635(13)

洪北江詩稿　集4-22860

洪北江先生(亮吉)年譜　史2-11005、11935　叢2-635(13)、698(12)、1557、1559

洪北江先生雜著四種、傳記　子4-23211

洪北江全集二十一種　叢2-1559

13 洪武京城圖志　史7-49877　叢2-795

洪武正韻　經2-13747、13750、13752~3　子5-26130　叢1-223(16)

洪武正韻、洪武正韻玉鍵　經2-13748

洪武正韻高唐王篆書　經2-13751

洪武正韻玉鍵　經2-13755~6

洪武正韻傍音釋義　經2-13758

洪武正韻彙編　經2-13757

洪武聖政記　史1-1923、1933、2723~4、2728　叢1-46、50~1、54~5、269(3)、270(2)、272(4),2-859

洪武聖政記補亡　史1-2729　叢1-34

洪武宮詞　史1-6173　集2-8159　叢1-269(5),2-731(44)

洪武禮制　史6-42002

洪武四年進士登科錄　史3-13522

洪武四年會試紀錄　史3-13521

洪武別錄(洪武十四年至三十一年)　史1-1663

洪武爺放牛一本　集7-52609

17 洪承疇章奏文册彙編　史6-48591

洪承疇奏稿　史6-48588

洪承疇揭帖　史6-48589

洪承疇年表　史2-11598

洪子泉雜著　集5-36321

洪子問疑錄　叢2-1067

20 洪秀全年譜　史2-12203

洪秀全年表　史2-12204

洪季鄰集　集2-11383

洪雙橋藏書目錄　史8-65924

洪乘　史7-52904

洪稚存先生(亮吉)事蹟　史2-9577

洪稚存先生評史　史1-5694

洪稚存先生尺牘　史6-45195

22 洪山敕賜寶通寺、增補集　史7-51700

洪山羅祠紀事(羅澤南)　史2-10008

洪山俞昭允汾禪師語錄　子6-32091(79)

洪樂集　集4-30825

24 洪先生(德常)行狀、洪母許太夫人(洪谷母)行狀　史2-9157

27 洪龜父集　集6-45036　叢1-223(53)

洪龜父集(清非集)　集1-2922

30 洪憲元年湖南保靖縣知事公牘稿　史6-47329

洪憲舊聞、項城就任祕聞　史1-4348　叢2-685

31 洪源洪氏宗譜[安徽休寧]　史4-30983~4

洪福齊天　集7-49682

洪福異聞　史1-1995、4219

32 洪州分寧法昌禪院遇禪師語錄、偈頌　子7-34189

洪洲集　集3-18917

洪溪趙氏慶三公支下分譜[江蘇丹徒]　史5-38267

洪溪趙氏慶三公支下分譜[江蘇鎮江]　史

5－38246

洪業彙編　史1－3459

37 洪洞李氏宗譜[山西洪洞]　史4－27080～1

洪洞蘇堡劉氏宗譜[山西洪洞]　史5－
39197

洪洞韓氏重修家譜[山西洪洞]　史5－
40335

洪洞韓氏家譜[山西洪洞]　史5－40336

洪洞趙氏族譜[山西洪洞]　史5－38229

洪洞縣續志[康熙]　史7－55859

洪洞縣續志[順治]　史7－55858

洪洞縣志[雍正]　史7－55860

洪洞縣志[萬曆]　史7－55857

洪洞縣志[民國]　史7－55862

洪洞縣志稿[光緒]　史7－55861

洪洞劉氏族譜[山西洪洞]　史5－39192、
39194～5

洪洞劉氏宗譜[山西洪洞]　史5－39190～1、
39193、39196

洪洞鄭氏族譜[山西洪洞]　史5－38587

洪罕女郎傳　子7－38203

38 洪洋洞　集7－53584

40 洪塘房楚氏六修譜[湖南長沙]　史5－
37143

洪塘房楚氏五修譜[湖南長沙]　史5－
37142

洪塘房楚氏四修譜[湖南長沙]　史5－
37141

洪塘小志[道光]　史8－58171

洪去蕪文集　集3－16270

43 洪城永和張氏五修家譜[江西新建]　史5－
35185

洪城永和四修張氏家譜[江西新建]　史5－
35184

44 洪花洞記　史7－49318(9)、53598

洪芳洲集　集2－9231,6－41935(2)

洪芳洲先生全集(洪芳洲先生摘稿、歸田
稿、續歸田稿、奏疏、讀禮稿)　集2－9230

洪老圃集　集1－2872

洪老圃集、補遺　叢1－382

46 洪楊遺聞　史1－1992

洪楊軼聞　史1－1995、4218

47 洪都懷古詩　集6－44580

洪穀一稿　集3－14231

50 洪忠宣公(皓)年譜　史2－11291　叢2－943

洪忠宣公詩文　集6－45035

洪書升詩稿　集4－28658

60 洪恩靈濟真君靈籤　子5－29530(24)

洪恩靈濟真君集福宿啓儀　子5－29530
(10)、30621

洪恩靈濟真君集福早朝儀　子5－29530(10)

洪恩靈濟真君集福早朝儀、午朝儀、晚朝儀
子5－30622

洪恩靈濟真君集福晚朝儀　子5－29530(10)

洪恩靈濟真君集福午朝儀　子5－29530(10)

洪恩靈濟真君自然行道儀　子5－29530
(10)、30620

洪恩靈濟真君祈謝設醮科　子5－29530
(10)、30623

洪恩靈濟真君禮願文　子5－29530(10)、
30624

洪恩靈濟真君七政星燈儀　子5－29530
(10)、30625

洪恩靈濟真君事實　史2－6901　子5－
29530(10)

洪昌燕行述　史2－10174

70 洪雅縣志[康熙]　史8－62055

洪雅縣志[嘉慶]　史8－62056　叢1－373
(3)

洪雅縣志[嘉靖]　史8－62054

洪雅縣志[光緒]　史8－62057

72 洪氏唐石經館叢書十九種　叢1－451

洪氏讀書叢錄　叢1－312

洪氏族譜[江西婺源]　史4－31009

洪氏族譜[浙江淳安]　史4－30929

洪氏族譜[湖南湘鄉]　史4－31015

洪氏重修統宗譜四集　史4－30925

洪氏系譜[安徽休寧]　史4－30985

洪氏集驗方　子2－9150　叢1－316～7,2－
661、731(29)、943

洪氏統宗譜[江西婺源]　史4－31001～2

洪氏後庚宗譜[浙江淳安]　史4－30938

洪氏續修族譜[湖南寧鄉]　史4－31012

洪氏家譜[湖南衡陽]　史4－31017

洪氏家乘[安徽涇縣]　史4－30992

洪氏宗譜[廣東]　史4－31019

洪氏宗譜[江西鄱陽]　史4－30999

洪氏宗譜[浙江義烏]　史4－30954

洪氏宗富公譜[安徽歙縣]　史4－30978

洪氏宗派墨譜[湖南衡陽]　史4－31018

洪氏草譜　史4－30926

洪氏春秋說　叢1－223(10)

洪氏晦木齋叢書二十一種　叢2－943

洪氏公善堂叢書九種　叢1－449

76 洪陽張先生警心類編　子4－23912

洪陽張先生問奇集　經2－13014

洪陽先生老子注解　子5－29109

77 洪駒父老圃集　集1－2871

洪母許太夫人(洪谷母)行狀　史2－9157

洪母張太宜人行畧　史2－10548

洪母潘太夫人墓誌銘　史2－10138

80 洪鐘末響　叢1－136

87 洪鈞奏稿　史6-49111
　洪鈞日記(清同治九年至十年、光緒二年至
　　四年、七年至十三年、十八年至十九年)
　　史2-13037
88 洪範廣傳　子3-12971
　洪範說　經1-3335～6　叢2-1346～7
　洪範說疇　叢2-1189
　洪範論　經1-3338
　洪範正論　經1-3333　叢1-223(6)
　洪範五行論　叢2-1929
　洪範五行集說　經1-3344
　洪範五行傳　經1-3316～8　叢1-183,2-
　　765～6、773(4)、1001
　洪範政鑑　子3-14563
　洪範集解　經1-3346
　洪範統　經1-121、3320　叢1-223(5)、241、
　　242(3)、246、282(1)、283(2)、388～90,2-845
　　(5)
　洪範經傳集義　經1-3332
　洪範緯　經1-171、3499　叢1-273(2)、274
　　(2),2-731(14)
　洪範傳　經1-3334
　洪範皇極內篇　子3-12965　叢1-223(36)
　洪範彙成、圖　經1-3337　子3-12968
　洪範微　經1-3345　叢2-2145
　洪範注補　經1-3339　叢2-1473
　洪範宗經　經1-3342
　洪範淺解　經1-3325～6
　洪範通易說　叢2-1870
　洪範九疇數(洪範九疇皇極內篇)　子3-
　　12966
　洪範大義　經1-169
　洪範口義　經1-3319　叢1-223(5)、273
　　(2),2-731(63)
　洪範圖說　經1-3340～1
　洪範圖解　經1-3323　子3-12969
　洪範明義　經1-69、3327～31　叢1-223(6)
　洪範原數　經1-3324　叢2-1946
　洪節母張太宜人徵詩啓　史2-10549
90 洪光祿行役詩　集4-33628
　洪光祿遺集　集4-33627

淇

26 淇泉摹古錄　史8-64035　叢1-203(3)
60 淇園詩集　集4-31220
　淇園編　集2 6443
　淇園宦遊詩鈔　集3-20755
　淇園遺稿　集4-33499

　淇園肖影　子3-16306　叢1-86,2-730(7)
62 淇縣志[順治]　史8-59725
　淇縣志[嘉靖]　史8-59724
　淇縣志[乾隆]　史8-59726
88 淇筠志感吟部(掩篷集、君子山堂編、蓮城
　　集、裕山集)　集2-10415
　淇竹山房集　集3-17190

滇

00 滇文　集6-44932
　滇文叢錄、總目、作者小傳　叢2-886(5)
04 滇詩重光集　叢2-886(4)
　滇詩拾遺　叢2-886(4)
　滇詩拾遺補　叢2-886(4)
　滇詩嗣音集、補遺　叢2-886(4)
07 滇記　叢1-195(7)、220
　滇詞叢錄　叢2-886(5)
10 滇西兵要界務圖注　史6-45659　叢2-705
　滇西兵務要圖注　史6-45312
　滇雲集　集5-34231
　滇雲紀署[嘉慶]　史8-62324
　滇雲歷年傳　史7-51045　叢2-886(2)
11 滇疆紀署　史7-51060
21 滇行雜詠、東還贈言　集3-14799
　滇行紀程　史7-49317(8)、53859　叢1-
　　210～1
　滇行紀程、續抄　史7-53860　叢1-249
　　(4),2-731(56)
　滇行紀程、續鈔　史7-49318(13)
　滇行紀程集　集4-26901
　滇行紀程集(滇程紀行詩)　史7-53986
　滇行紀程續抄　史7-49317(8)
　滇行紀程摘鈔　叢2-885
　滇行紀署　史7-53841、53987　叢1-22(25)
　滇行紀署、抱泉紀署　史7-54091
　滇行日記　史7-53866　叢2-1332
　滇行日錄　史7-49317(6)、49318(14)、53919
　　叢1-496(3),2-617(3)、1472
　滇行吟草　集4-28732
　滇緬邊界記署　史6-45643,7-49318(21)
　滇緬邊界紀事　史6-45652,7-49357
　滇緬劃界圖說　史6-45645,7-49314
　滇緬分界疏署　史6-45644,7-49318(21)
　滇緬錄　史1-3504　叢1-399
22 滇亂紀署　史1-4046
24 滇牘偶存　史6-47352　集4-30503
　滇備九籌　史6-45637

26 滇程記　史7-53832～3　叢2-1089、1091
　　滇程紀行詩　史7-53986
　　滇釋紀　史2-8304　叢2-886(2)
27 滇紀編年稿　史1-1280
34 滇池詠錄　叢2-888
36 滇還日記　史7-49317(8)、49318(13)、53854
　　叢1-244(2)、2-731(49)、735(4)
38 滇游計程小草　集4-24679
　　滇游紀亂、滇游過險詩　史1-2888
　　滇海虞衡記　史7-51047　叢1-267
　　滇海虞衡志、校勘記　史7-49315、51048
　　叢2-731(56)
　　滇遊雜詠、叢篁居集　集3-16691
　　滇遊雜草摘寄　集3-18171
　　滇遊詩稿　集3-17846
　　滇遊詩鈔　集3-21809
　　滇遊記　史7-49317(8)、49318(13)、53737
　　叢1-195(7)、220、2-731(57)
　　滇遊詞　集7-47253
　　滇遊紀聞　叢1-573
　　滇遊草　集3-15168、16681、4-24614、28828、
　　30706、5-36038、41134
　　滇遊日記　史7-49317(8)、49318(14)、54054
　　滇遊日錄　史7-53740
　　滇遊路記　史7-53738
40 滇臺行稿　史6-48293
　　滇南文獻備徵錄　史8-66137
　　滇南文畧　集6-44933　叢2-886(4)
　　滇南雜誌　史7-49317(8)、49318(13)　叢1-
　　496(6)
　　滇南雜記　史7-49317(8)、49318(13)
　　滇南雜志　史7-51051、51053～4
　　滇南新語　史7-49317(8)、49318(13)、51044
　　叢1-241、242(4)、373(4)、2-731(57)、1450
　　滇南詩集　集3-20957～8
　　滇南詩選　集6-44930
　　滇南詩畧　叢2-886(4)
　　滇南詩畧續刻　集6-44928
　　滇南詩鈔　集3-20771
　　滇南礦廠圖畧　史6-44842
　　滇南水綱目　史7-53020
　　滇南碑傳集　叢2-888
　　滇南集　集3-15127　叢2-1332
　　滇南山水辨誤　叢2-670
　　滇南山水綱目　史7-52154　叢2-886(2)
　　滇南山川辨誤　史7-53023
　　滇南外史　史1-1947、1973、1981、3500
　　滇南壯遊集文稿　集5-40102
　　滇南壯遊集詩詞　集5-40101
　　滇南名宦傳　史2-8303
　　滇南福清洞天二十四詠　集7-47093

滇南近代詩鈔　叢2-888
滇南通考　史7-49318(13)、51041
滇南游宦流寓詩存　集6-44929
滇南志畧[道光]　史8-62329
滇南古金石錄　史8-64076　叢1-344、2-
731(32)
滇南草堂詩話(檀默齋詩話)　集6-46069
滇南茶花小志　叢2-888
滇南事實　史6-45650
滇南事畧　史1-2036
滇南本草　子2-5537　叢2-886(2)
滇南本草圖說　子2-5538
滇南四種　叢2-2132
滇南聞見錄　史7-51036
滇南學者生卒考　叢2-888
滇南人物志　史2-8301
滇南會城紳士公稟　史1-4045
滇南銅政考　史6-44848　叢1-467
滇南憶舊錄　史7-51043　叢1-241、242
(4)、2-731(54)、1450
滇南慟哭記　叢1-22(22)
滇南慟哭記(王禕)　史2-8823
滇志[天啓]　史8-62320
43 滇載記　史1-1914、7-51025　叢1-13、14
(3)、56、84(2)、95、241、242(3)、282(3)、283
(3)、2-730(3、9)、731(57)、1089、1091～2
44 滇考　史1-3458、7-51035　叢1-223(19)、
2-849、1261
50 滇中奏議　史6-47945、48750
滇史　史7-51033
滇事雜檔　史1-3844
滇事總錄　史1-3617
57 滇軺紀程　史7-49317(6)、49318(14)、53965
滇繫　叢2-886(2)
滇繫[嘉慶]　史8-62325
58 滇轺紀程　史7-53991
60 滇蜀紀程　史7-53901
滇回紀亂、滇南會城紳士公稟　史1-4045
滇畧　叢1-223(23)
滇畧[萬曆]　史8-62319
68 滇黔解餉紀畧　集3-16783
滇黔紀程、燕游紀程　史2-12736
滇黔紀遊　史7-51315　叢1-210～1、249
(3)、355、373(5)
滇黔遊集　集3-13476
滇黔土司婚禮記　史7-49317(7)、49318
(14)、51316　叢1-201、203(6)、244(5)、
530～1、587(1)、2-731(21)、735(5)
滇黔志畧　史7-51037
滇黔志畧[乾隆]　史8-62323
滇黔奏議　史6-49022

　　滇黔奏稿錄要　史6-48755
　　滇黔同官錄(清道光二十九年)　史3-
　　　23783
70 滇雅堂備徵錄、胡珍府詩文　叢2-888
71 滇匪紀聞　史1-4044
77 滇閩奏疏　史6-48746
　　滇賢生卒考　叢2-888
78 滇鑒　史1-2035
88 滇筆　集4-30499
90 滇小記　史7-51046
　　滇小紀　叢2-886(2)
　　滇省府廳州縣宣統三年二月分糧價統計散
　　　表　史6-44000
　　滇省鎮康改流添設知州巡檢　史6-41927,
　　　7-49357
　　滇粹　史2-8302

3419₀ 沐

50 沐青樓集　集3-17656
60 沐日浴月庵集　集4-31036

3419₄ 漾

44 漾村詩集　集3-14665

　　　　潒

76 潒陽曾氏族譜[湖南石門]　史5-36655

3419₆ 潦

33 潦濱散人文集　集5-38898～9
60 潦園集　集3-15564

3419₈ 淶

12 淶水詩集、文集　集2-6881
　　淶水縣志[康熙]　史7-55307
　　淶水縣志[乾隆]　史7-55308～9

　　淶水縣志[光緒]　史7-55310

3421₀ 社

22 社川鎮王氏支譜[江蘇溧陽]　史4-24859
　　社峯吳氏族譜[浙江蘭溪]　史4-27891～4
27 社約四則　叢1-321
37 社選寒枝集、寒江集　集2-11849
47 社姆東演張氏宗譜[浙江]　史5-34871～7
50 社事始末　史1-3011　叢1-202(3)、203
　　　(9)、241、242(4)
80 社前賴氏宗譜[福建永定]　史5-39877
　　社會主義　子7-36518
　　社會言情小說揚州夢　子5-28605
　　社會現形記三編　子5-28631
　　社會改良論　子7-38040
　　社會改良家列傳　子7-36490
　　社會通詮　子7-38060
　　社會教育法　子7-36232
　　社會學　子7-36517
　　社會小說自由鏡　子5-28616
　　社會黨前後篇　子7-36516
　　社倉考　史6-44539、44579　叢1-273(4)、
　　　274(4)、360,2-731(19)

3422₇ 衲

44 衲蘇集　集1-2528
　　衲蘇集(悔餘菴集句楹聯)　叢2-1877

3423₁ 祛

27 祛疑說　子4-20095、20098　叢1-2～7、9、
　　　19(10)、20(8)、21(9)、22(13)、23(12)、24
　　　(11)、223(41)、242(4)、330～1,2-731(20)
　　祛疑說纂　子4-20096　叢1-101
30 祛宜栞室隨筆　集5-37246

　　　　袪

27 袪疑說　叢1-268(3)

3424₁ 禱

10 禱雨文　集 2 - 12372
　　禱雨雜記　子 3 - 13077　叢 1 - 62、64、2 - 730
　　（4）、731(16)
　　禱雨天篆　子 5 - 31692
31 禱河冰譜　集 7 - 54811

3424₇ 被

01 被誣案錄　史 6 - 46351
29 被愁詞　叢 2 - 876
36 被褐子　集 2 - 9646
　　被褐先生詩文稿　集 2 - 10294
40 被難紀畧　史 1 - 3060　叢 2 - 625
60 被園集　集 3 - 16241

3425₃ 襪

23 襪綫集　集 5 - 36166
26 襪線集　集 2 - 6621、6765

3426₀ 祐

22 祐山雜說　子 4 - 23050,5 - 26384　叢 1 - 22
　　(23),2 - 731(53)
　　祐山先生文集　集 2 - 8604
31 祐源程氏重續家譜［安徽歙縣］　史 5 -
　　36075

褚

00 褚亮集　集 1 - 650　叢 2 - 833
24 褚先生附餘　史 1 - 43
26 褚伯約日記(清同治十二年)　史 2 - 12722
31 褚河南大楷習字範本　子 3 - 15597
　　褚河南枯樹賦　子 3 - 15547
　　褚河南臨蘭亭序絹本真蹟　子 3 - 15593
35 褚禮堂金石書畫雜稿　史 8 - 63751

38 褚遂良集　集 1 - 664　叢 2 - 833
　　褚遂良真行千字文　子 3 - 15592
50 褚本蘭亭訂頴考　叢 2 - 1511
72 褚氏家乘　史 5 - 37945
　　褚氏宗譜　史 5 - 37946
　　褚氏遺書　子 2 - 4625～6、9112　叢 1 - 13、14
　　(2)、19(10)、20(8)、21(9)、22(18)、23(17)、24
　　(11)、29(2)、117、173、220、223(32)
　　褚氏遺書(重刊褚氏遺書、新刊褚氏遺書)
　　子 2 - 4787
　　褚氏所刻書三種　叢 2 - 684
90 褚堂文集　集 3 - 21547　叢 2 - 937
　　褚堂閒史考證、校勘記　史 2 - 7988　叢 2 -
　　832(5)

3426₁ 禧

40 禧壽堂自訂年譜　史 2 - 11985
60 禧恩詩稿　集 4 - 27734

3428₁ 祺

38 祺祥故事　史 1 - 1996、4056

3429₁ 襟

60 襟日樓草詩、文　集 2 - 9286

3430₂ 邁

00 邁廬題跋　史 8 - 65382
10 邁爾通史　子 7 - 36282
90 邁堂文畧　集 4 - 27291,6 - 42067
　　邁堂詩稿　集 4 - 27290

3430₃ 遠

00 遠亭詩鈔　集 3 - 20353
　　遠音集　集 3 - 21926
10 遠西奇器圖說錄最　子 3 - 12375～6　叢 1 -

274(4),2-731(31)
遠西奇器圖說錄最(奇器圖說)、新製諸器
　圖說(諸器圖說)　子4-18646
16 遠碧樓經籍目　史8-65992
20 遠壬文　集2-9859　叢2-1136
　遠秀堂集　集3-16677
　遠秀堂集文、賦、詩、詞、拾籜餘閒　集3-
　16678
　遠香亭詩鈔　集3-20774
　遠香詩詞遺稿　集5-41536
　遠香集　集3-21318
　遠香樹稿　集1-5818
　遠香閣詩鈔　集3-20968
22 遠山戲　集7-48775、49160　叢2-672
　遠山堂文稿　集2-12373
　遠山堂詩集　集2-12368
　遠山堂詩始　集2-12367
　遠山堂劇品　集7-54852
　遠山堂曲品　集7-54851
　遠山堂尺牘　集2-12376
　遠山堂尺牘(在里尺牘、致仕婦里尺牘、致
　方外尺牘、致兄及戚僕尺牘)　集2-
　12374
24 遠什大乘要義問答　子7-33789
27 遠色編　子1-2571　叢2-724
30 遠避塵世一枝　集7-52055
　遠安縣志[順治]　史8-60354
　遠安縣志[咸豐]　史8-60355
　遠安縣志[同治]　史8-60356
　遠寄齋詩存　集5-37641
33 遠心齋詩稿　集5-39558
　遠心齋詩存　集5-39559
　遠浦歸帆一枝　集7-52056
35 遠遺堂集外文初編、續編　集6-41766　叢
　2-2089
38 遠遊詩鈔、詞鈔　集4-24731
　遠遊集　集2-11184
　遠遊署　子5-27264
　遠遊篇　集2-12604
　遠道隨筆　集2-12112　叢1-151
　遠道懷人　史2-7652
40 遠志齋文稿、詩稿　集5-34240
　遠志齋詞衷　集7-46919　叢1-320
　遠志齋集　集5-37894
　遠志堂集　集2-10443
　遠支宗室名册　史5-37353
44 遠菴儱禪師語錄　子7-34161
　遠菴澧禪師語錄　子6-32091(79)
　遠村吟稿　集3-21066~7
　遠村印譜　子3-17111

50 遠青樓詩草　集4-31461
　遠春試體賦鈔　集4-25874
　遠春詞　集7-47303
　遠春樓讀詩筆存　經1-4203
　遠春樓讀經筆存　經2-11666　叢2-970
　遠春樓四史筆存　史1-5200　叢2-970
　遠春閣雜錄　子4-24552
　遠春閣詩錄　集4-27586
　遠東吟草　集5-33816
67 遠明文集　集5-40645
　遠明堂詩草　集5-40642
77 遠風堂詩鈔　集3-14613
80 遠鏡說　子3-11234、11376　叢1-241、242
　(4),2-731(26)
　遠鏡圖說　子7-36229、37652
90 遠堂詩　集5-39138
　遠堂集　集7-47937

3430₄ 達

00 達亭老人遺稿(退室全集)(妄談錄、消閒戲
　墨、退室詩稿)　集4-28274
　達亭老人遺稿(退室全集)三種　叢2-1609
　達庵隨筆　叢2-700、1008
　達廬詩集　集5-40014
　達齋詩說　經1-4321　叢2 1920
　達齋叢說　經1-163(4),2-11720　叢2-
　1920
　達齋遺文、續文　集5-39052
　達齋存稿　集5-40208~9
　達齋書說　經1-3021　叢2-1920
　達齋春秋論　經1-7980　叢2-1920
　達摩西歸大葱嶺　集7-49398、49434
　達摩寶卷(達摩祖卷)　集7-54234
　達摩大師觀心論、大乘開心顯性頓悟真宗
　論　子7-33977
　達摩大師觀心論、觀心論校勘記　叢2-713
　達磨多羅禪經　子6-32081(39)、32082(18)、
　32083(26)、32084(21)、32085(38)、32086
　(44)、32088(27)、32089(34)、32090(54)、
　32091(52)、32092(36)、32093(31)
　達磨大師四行觀、血脈論、悟性論、破相論、
　最上乘論　子7-33975
10 達天錄　子1-1508　叢2-1368
　達可齋文初集　集5-39496
17 達子挪營雙簧一段　集7-53023
21 達止集　集2-11976,6-45010、45012
22 達變權禪師語錄　子6-32091(76)
25 達生編　子2-4603、4660~3、4671、4679~80、

4690、4704、4752、7970、8080～1、8083、8086～
　7、8219,4-24575
達生編、注　子2-8082
達生編韻言　子2-8285
達生編集要　子2-8283
達生保赤　子2-8255
達生保赤編　子2-8249
達生保赤合編二種　子2-8092
達生保嬰滙編附保嬰集要　子2-8091
達生真訣　子2-8187
達生胎産心法驗方合編　子2-8241
達生兒科合編　子2-8275
達生全集　子2-8217
達生錄　子2-8029
達生篇　子2-4621、4639
28 達僧問答　子3-13147～8、13377
32 達溪虹橋王氏宗譜[浙江上虞]　史4-
　25066～7
38 達淦就正編四種　叢2-1490
40 達士傳　史2-6482　叢2-776
44 達菴隨筆　叢2-1005
46 達觀齋詩稿　集4-32817
達觀記　集7-50496
達觀子　子1-19
達觀樓詩草　集5-37192
達觀樓集(顧學編、友白草、友歐草、巢噫
　草、四書疑義、詩經疑義、史評、樞曹尺
　牘、宦遊草、達觀樓集文)　集2-11223
達觀樓遺箸二種　叢2-870(6)
達觀堂詩話　集6-46130
50 達本寶卷　子7-36114
57 達賴喇嘛傳　史2-6794　叢2-715
達賴喇嘛歷輩根源　子7-34757
達賴等三大士章嘉等八大禪師各呼圖克圖
　名册　史3-24558
62 達縣磐石鄉志[民國]　史8-62002
達縣志　叢1-373(2)
達縣志[嘉慶]　史8-61999
達縣志[民國]　史8-62000
達縣志採訪册[民國]　史8-62001
72 達隱先生獨醉庵集、補遺　集2-10480
77 達叟文稿　集5-33944
80 達盦隨筆　子4-21952　叢2-1006～7
88 達谿尺牘　集5-37600

違

17 違礙書目　史8-66218　叢1-433、580,2-

731(2)
違礙書目、應禁書目　史8-66232
違礙書籍目錄　史8-66231
48 違警律施行辦法　史6-46064
88 違竿集　集2-10046,3-14107,6-45189

3430₆ 造

00 造立形像福報經　子6-32083(9)
10 造石灰法　叢1-530～1
造硫強水法　子7-36228(3)、36242(3)、
　36248
造硫鏹水法　子7-37247
14 造玻璃法　子7-36229、37211　叢1-530～1
24 造化元鑰正格詳解　子3-12896
造化經緯圖　子4-20276　叢1-349
造化機新論　子7-37198
25 造佛功德發心緣起文疏　子7-34930
26 造白袍　集7-53508
27 造像量度經、經解、續補　子7-32117
造物論　子7-35668
造各表簡法　子3-11252、12360、12364、
　12389、12396,7-36241　叢1-433,2-731
　(26)、1896
造各表簡法、截球解義、橢圓求周術　叢1-
　568
造各表簡法、橢圓正術、截球解義、弧三角
　拾遺　子3-12640
30 造適軒詩稿　集3-16118
造字正源　經2-12546
31 造福要覽　子3-13703
33 造述署　子7-36254
37 造瓷機器擇要　子7-36229、37212
38 造洋漆法、續編　子7-36231(5)、37221
造送萍醴鐵路工程購地造路造車各款收支
　銀兩數目清册　史6-44311
造送賦役全書底册稿(宣化縣)　史6-
　43652
44 造塔功德經　子6-32083(14)、32089(16)
造花術新書(女子技藝)　子7-37220
造林學各論　子7-37079
47 造報嘉慶拾柒年分正雜鹽課錢糧黃册　史
　6-43795
57 造邦賢勳錄署　史2-7176　叢1-13、14(1)、
　22(21)、134
80 造命宗鏡集　子3-14133
造命挈要　子3-14150
84 造針制鈕法　子7-36229、37248
88 造管之法　子7-36242(3)、36248、37246

99 造營之法　子7-36228(3)

3430₉ 遼

00 遼帝后哀冊文錄　史6-41993　叢2-2195
　　遼方鎮年表　史1-10(5)、4563、4802　叢2-
　　785
　　遼廣實錄　史1-2941　叢2-647
　　遼文續拾、補遺、彙目　叢2-986
　　遼文存　叢2-2118
　　遼文萃、遼史藝文志補證　叢2-785
04 遼詩話　集6-45996～7　叢1-202(5)、203
　　(11)、422、424、469、586(4)、2-716(4)、1495
　　～6
　　遼諸帝統系圖　史1-10(5)、4797
10 遼西詩鈔　集5-35331
　　遼西郡瀋陽項氏宗譜[安徽潛山]　史5-
　　35524
22 遼變會議始末　史6-47842
23 遼代金石錄　史8-63760
　　遼代年表　史1-4799
27 遼將寇邊　集7-53609
　　遼名臣奏議選　史6-47769
　　遼紀　史1-2850　叢2-785
30 遼宮詞　史1-6146
　　遼宮詞、金宮詞、元宮詞　叢2-843
　　遼宮錄　叢1-407(3)
31 遼源州志書[宣統]　史7-56258
　　遼源縣鄉土志[宣統]　史7-56259
　　遼源縣鄉土志書[民國]　史7-56260
32 遼州志[雍正]　史7-55780
　　遼州志[康熙]　史7-55779
　　遼州志[光緒]　史7-55781
34 遼漢臣世系表　史1-4803
38 遼海詩鈔　集4-24809
　　遼海編　集2-6790
　　遼海叢書、附　叢2-785
　　遼海志畧[咸豐]　史7-56095
　　遼海書徵、書名索引　史8-66063
　　遼海吟　集5-40373
　　遼海吟、續吟　叢2-2198
40 遼左六忠述、附錄遼事　史2-7377
　　遼左見聞錄　史7-49994
　　遼大臣年表　史1-10(5)、4801
　　遼志　史1-1914、2567　叢1-11、19(11)、20
　　(9)、22(9)、24(12)、56、90～1、95、2-730(3、
　　6)、731(66)
43 遼載前集[康熙]　史7-56101
44 遼地理志圖　史7-49313、49543

遼夢草　集5-38221
　　遼藝文志　史1-10(5)、724
50 遼中書牘　集2-11128
　　遼中縣鄉土志[光緒]　史7-56109
　　遼中縣志[民國]　史7-56108
　　遼中縣志[光緒]　史7-56107
　　遼史　史1-12～4、17、720、722　叢1-227(5)
　　遼史、語解　史1-16
　　遼史、考證　史1-15、20、721　叢1-223
　　(18)、2-698(4)
　　遼史各外國地理考證　史1-734、7-49310
　　遼史紀事本末　史1-1773、1775、1809～11
　　遼史紀事本末諸論　史1-5927
　　遼史紀年表　史1-10(5)、15、4798
　　遼史索隱　史1-738　叢2-2170～1
　　遼史地理志　史1-730、7-49311
　　遼史地理志考　史1-10(5)、732
　　遼史地理志今釋　史1-733
　　遼史菁華錄　史1-5250
　　遼史藝文志補證　史1-10(5)、723　叢2-
　　785
　　遼史拾遺　史1-15、726　叢1-223(18)、2-
　　653(4)、731(66)
　　遼史拾遺續　史1-728～9
　　遼史拾遺補　史1-727　叢2-653(4)、731
　　(66)
　　遼史氏姓錄　史1-736～7
　　遼事疏　史6-48325
　　遼事砭噎　史1-2940
　　遼事述　史1-2962
　　遼事志畧　史1-3103
　　遼夷畧　史1-1983、2932、7-49959　集2-
　　11297　叢2-741
　　遼畫、閱兵覺華島記　叢2-1225
　　遼東文獻徵畧、校補　史7-49974
　　遼東疏稿　史6-48520
　　遼東行部志　史7-49952　叢1-511、584
　　遼東行部志、鴨江行部志節本　叢2-785
　　遼東軍餉論　子1-3066
　　遼東志[嘉靖]　史7-56080　叢2-785
　　遼東志畧　史7-49955　叢1-19(11)、20
　　(9)、21(10)、22(11)、23(10)、24(12)
　　遼東顛末一幾灰草　史6-48498
76 遼陽鄉土志　史7-56154
　　遼陽進祠呈稿　集2-8552
　　遼陽進祠呈稿(黃正色)　史2-8938
　　遼陽州志[康熙]　史7-56151　叢2-785
　　遼陽州志[光緒]　史7-56152
　　遼陽海神傳　叢1-56、587(5)、2-731(50)
　　遼陽圖記　史7-49993　叢1-108
　　遼陽縣志[民國]　史7-56153

中國古籍總目·索引

　　遼陽防守記　史1-4247
　　遼陽馬氏族譜[遼寧遼陽]　史4-31549
　　遼陽聞見錄　史7-49995　叢2-785
77 遼居雜箸丙編四種　叢2-2196
　　遼居雜箸乙編十種　叢2-2195
　　遼居雜箸九種　叢2-2194
　　遼居稿、乙稿　集5-40368　叢2-2194
　　遼邸記聞　史1-2905　叢1-22(23)、29(8)、
　　　407(3)
80 遼金文存　集6-43110
　　遼金正史綱目　史1-1504
　　遼金元三史語解　史1-796
　　遼金元宮詞　集5-34384
　　遼金元姓譜　史2-13350、13355　叢1-202
　　　(5)、203(10),2-1495～6
　　遼金元人名正譌表　史1-4592
　　遼金時蒙古考　史1-2644
　　遼會要作法　史6-41626
88 遼籌　史1-3103
　　遼籌、遼夷署、陳謠雜詠　史1-2932　叢2-
　　　741
　　遼籌、奏草、陳謠雜詠、遼夷署　集2-11297
90 遼小史　史1-2571　叢2-785、1064
　　遼小史、金小史　叢2-641

3440₄ 婆

33 婆心佛手編　子2-5245
39 婆娑洋雜詠　叢1-373(4)
　　婆娑洋集　集4-25827
44 婆藪槃豆傳　子6-32081(41)、32082(19)、
　　　32085(39)、32088(28)、32089(35)、32090
　　　(59)、32091(57)、32092(39)
　　婆藪槃豆法師傳　子6-32093(32)
46 婆媳歸陰遊地獄　集7-53235
60 婆羅島志　史7-54738
　　婆羅門子命終受(愛)不離經　子6-32083
　　　(19)
　　婆羅門避死經　子6-32083(19)、32089(19)
　　婆羅門書　子7-32111、33905
　　婆羅館清語　子4-20651

3490₄ 染

10 染雪庵遺稿　集5-39109
18 染政萃編　子7-36228(5)
20 染香詞　集7-46399～400、46932

　　染香盦集(江先生詩古文遺集)　集4-
　　　25428
　　染香小榭詩存　集4-30383
27 染綠齋詩存稿　集4-23196
40 染布西法　子7-36254
48 染翰堂詩集　集4-22419～20
77 染月山房集　集4-24082
　　染學齋文集　集3-20832
　　染學齋詩集(畫脂草)　集3-20833

3510₆ 沖

00 沖玄至道心傳　子5-31236
10 沖一迂談　子5-29539、31942
21 沖虛至德經解　子5-29469
　　沖虛至德真經　子1-2～4、6、8、55,5-
　　　29445、29451、29455、29470、29530(13)、29535
　　　(4)、29536(4)　叢1-444,2-635(5)
　　沖虛至德真經盧齋口義　子5-29472、29530
　　　(14)
　　沖虛至德真經釋文　子5-29460、29530(15)
　　　叢2-731(10)
　　沖虛至德真經解　子5-29467～8、29530
　　　(14)、29542　叢1-223(46)
　　沖虛至德真經注　子5-29456
　　沖虛至德真經四解　子5-29477、29530(15)
　　沖虛至德真經四解、釋文　子5-29478
　　沖虛至德真經義解　子5-29466、29530(15)
　　沖虛至道長春劉真人語　子5-31954
　　沖虛經發隱　子5-29489　叢2-2017
　　沖虛通妙侍宸王先生家話　子5-29530
　　　(24)、29534、31633
　　沖虛真經　子5-28926～7、28929
　　沖虛真經(沖虛至德真經)　子5-29447
22 沖山吳氏家乘[安徽歙縣]　史4-28037
23 沖然義禪師住楚黃素山深隱寺語錄　子7-
　　　34319
　　沖然堂時文　集3-19702
44 沖菴顧先生撫遼奏議　史6-48330

洩

37 洩湖水入江議　叢2-810
　　洩湖入江議　史6-46775,7-49317(7)、49318
　　　(10)

3510₇ 津

10 津西崁記　史1-4289
　　津雲小草、梨花夢傳奇　集4-31194
21 津步聯吟集、詞　叢2-2154
30 津寄齋詩鈔　集4-23445
　　津案紀畧　史1-4245
31 津河廣仁堂徵信錄　史6-44639
　　津河廣仁堂所刻書總目　史8-66168　叢
　　　1-483
　　津河廣仁堂所刻書八十四種　叢1-483
　　津河客集　子4-21669　集4-29730　叢2-
　　　1776
33 津滬京各路密報軍情　史6-47262
　　津梁集　集4-31601
35 津逮祕書十五集一百三十九種　叢1-169
　　　(1)
　　津逮樓草　集3-15211
50 津夫詩鈔　集3-18615
76 津陽門詩　集1-1720　叢2-959
77 津門雜記　史7-49317(7)、49318(14)、
　　　49886~7　叢2-735(2)
　　津門詩鈔　集5-35168,6-44388　叢2-
　　　1670
　　津門百詠　史7-49324、49885
　　津門保甲圖說　史6-45432
　　津門紀事詩　集3-19591
　　津門紀畧　史7-49888
　　津門徵獻詩　集5-35295
　　津門徵跡詩　集5-35296
　　津門客話　史1-3777
　　津門中都啓稿　叢2-1125
　　津門奉使紀聞　史1-4246
　　津門聞見錄　史1-3776
　　津門竹枝詞　集5-36592
　　津門小令　史7-49326、49891

3511₇ 沌

80 沌谷筆談　叢2-2186

3511₈ 澧

20 澧香遺稿　集4-24626~7

27 澧紀[萬曆]　史8-60479
32 澧州續圖經　史7-49309、50763
　　澧州直隸州志[道光]　史8-60482
　　澧州志[嘉靖]　史8-60478
　　澧州圖經　史7-49309、50762
　　澧溪文集　集5-38641　叢2-2078
40 澧志舉要　叢2-1455
　　澧志舉要、補編　叢2-998
62 澧縣縣志[民國]　史8-60484
76 澧陽遺草　集5-34376,6-42007(2)
　　澧陽書院學約　子1-2471

3512₇ 沛

10 沛靈源禪師語錄　子7-34368
40 沛志[萬曆]　史7-56618
44 沛甘賫喜　集6-44297
60 沛國郡新建朱氏宗譜[浙江縉雲]　史4-
　　　26617
　　沛國朱氏續修家乘[湖南]　史4-26698
　　沛國朱氏宗譜[浙江縉雲]　史4-26616
62 沛縣祖字　子3-15360
　　沛縣志[嘉靖]　史7-56617
　　沛縣志[乾隆]　史7-56619
　　沛縣志[民國]　史7-56621
　　沛縣志[光緒]　史7-56620

沛

21 沛上停雲集　叢1-286,2-731(38)
60 沛園集　集2-10460~1

清

00 清癯生漫錄　子4-23639
　　清瘦閣讀畫十八種　子3-15860
　　清庵先生中和集　叢1-373(8)
　　清庵先生中和集(中和集)前集、後集　子
　　　5-31967
　　清庵瑩蟾子語錄　子5-29530(20)、29549、
　　　31971~2
　　清齋位置　叢1-22(25)、173
　　清方畧館書目　史8-65514
　　清高宗起居注　史1-1761

清高宗起居注、仁宗起居注　史1-1762
清康熙二十二年山東通省俸餉文册　史6-43933
清廉官長勘金環雜劇　集7-48774(3)、49057
清夜齋詩稿,古微堂遺稿　集4-29516
清夜鐘　子1-2594,5-27782　叢2-724
清夜錄　史1-1914　子5-26219～20、26305
　叢1-22(7)、23(6)、29(5)、39～40、95～6,2-730(2)
清廣西按察使司浙江布政使司公牘　史6-47340
清文話　叢2-2270(4)
清文虛字指南編　經2-15058～9
清文備考　經2-15067
清文科　叢2-2270(4)
清文總彙　經2-15013
清文彙書　經2-15011
清文字法舉一歌　經2-15057
清文字獄　史1-3656
清文補彙　經2-15012
清文漢譯　經2-15086
清文啓蒙　經2-15010　子1-2816
清文接字　經2-15047
清文指要　經2-15025、15031、15033～4
清文指要、續編兼漢清文指要　經2-15032
清文指要二十六章　經2-15035
清文典要　經2-15049
清文典要大全十二集　經2-15015
清文鑑、補編、總綱、補編總綱　叢1-227(4)
清文鑑補編　經2-14997
清文類腋　經2-15072
清言　子4-19489,5-26379　叢1-22(25)、30、119～20、148
清言、續　叢1-181
清言、續清言　子4-20644　叢1-13、14(2)、353
清音集　集6-42870
清音集(清音集詩)　集3-15222
清音閣集　集2-10035
清音小集　集7-54632
01 清語　經2-15022　子4-24036
　清語部　子4-23886　集6-41750
　清語摘要四種　經2-15062
　清語摘鈔四種　子5-26038
　清語人名譯漢　史2-13387　叢2-1900～1
02 清話問答　子4-21903
　清話問答四十條　經2-15083
03 清詒堂文集　集4-27666
　清詒堂燈謎　子3-18369
04 清詩溯洄集　集6-44061

清詩初集　集6-44072
清詩初集、清詩二集分編　集6-44073
清詩大雅　集3-13381
清詩大雅、二集　集6-44090
清詩鼓吹　集6-44079
清詩人王用晦先生年譜　集3-19687
清詩鈔　集6-42022
08 清旌節孝徐母袁太宜人徐竹友妻年譜　史2-12349
　清訟章程　史6-45930
10 清正存稿　集1-4024　叢1-223(57)
　清五七言古體詩鈔　集6-44333
　清露庭詩集　集4-28695
　清雪草堂摘句　集7-47887
　清霽樓詩集　集3-18166
　清兩廣總督山東巡撫袁公(樹勳)神道碑　史2-10690
　清兩湖總督兩廣總督奏議　史6-49008
　清平調　集7-49330、49335
　清平孫氏宗譜[貴州凱里]　史5-33692
　清平山館詩鈔　集4-27317
　清平山堂話本十二種　子5-27694
　清平山堂話本十五種　子5-27695
　清平初選後集　集7-48532
　清平縣志[康熙]　史8-59013
　清平縣志[宣統]　史8-59015
　清平縣志[道光]　史8-62260
　清平縣志[嘉慶]　史8-59014
　清平縣志[民國]　史8-59016
　清平縣志鄉土志[光緒]　史8-59017
　清平閣倡和詩　集2-11646～7,6-43811　叢2-731(38)
　清平閣唱和詩　叢2-782(3)
11 清玩叢錄　子4-24155
　清非集　集1-2922
　清非集、補遺　集1-2923　叢2-943
　清琴詞　集7-47512
　清麗集　子5-25965
12 清列朝后妃傳稿　史2-7454
　清水巖志畧、安溪清水祖師籤譜　史7-52460
　清水縣志[康熙]　史8-63122
　清水縣志[乾隆]　史8-63123
　清水縣志[民國]　史8-63124
　清水篇　集2-8391
　清發草堂詩鈔　集5-37076
　清刑部雲南司秋審案件　史6-46170
　清刑律摘鈔　史6-45987
　清廷戊戌朝變記　史1-4277
13 清琅室詩鈔、續鈔　集4-22910

15 清建威將軍先府君(馬千齡)行署　史2-
　　10310
　清建國別記　史1-3578
16 清聖詞志畧　叢1-375
　清聖祖起居注　史1-1760
　清祠志　史7-51829
　清理訟獄功過章程　史6-45929
　清理書籍核對不符謹請存案清册　史8-
　　65483
　清理財政章程講義　史6-43202
　清理財政章程解釋　史6-43239
　清醒閣詩鈔　集5-39152
17 清承堂印賞初集、二集　子3-17138
20 清雋集鈔　集1-4209、6-41900
　清愛堂詩鈔　集4-26369
　清愛堂集、仁庵自記年譜　集4-24013
　清愛堂法帖　子3-15742
　清季手摺　史6-48061
　清季各省督撫辦理實業及保薦人才奏稿
　　史6-48046
　清香閣詩鈔　集6-41999
　清統元音　經2-14008
21 清順治年奏稿　史6-47876
　清上鄭宅鄭氏宗譜[浙江衢州]　史5-
　　38656
　清止閣詩、詩餘　集3-14270
　清止閣集　集3-14271~2
　清仁宗睿皇帝大禮儀注　史6-42129
　清盧氏仿古兵陣圖　子1-3725
　清虛玄規　子5-29539、30306
　清虛玄規迂談藍關三書　子5-29539
　清虛雜記　叢1-31
　清虛雜著、補闕　叢1-244(2)
　清儒生卒足徵錄(清儒學案年表)　史2-
　　7588
　清儒學案　史2-7590
　清儒學案存稿　史2-7589
　清處士顏令瞻先生畫集(顏處士畫集)　子
　　3-16714
　清愍堂集　集3-18650
22 清豐縣鄉土志[光緒]　史8-59773
　清豐縣志[康熙]　史8-59769
　清豐縣志[嘉靖]　史8-59768
　清豐縣志[同治]　史8-59770
　清豐縣志[民國]　史8-59771~2
　清樂堂日歷　史2-13266
23 清外交條約　子7-36870
　清獻詩集　集6-41908
　清獻詩鈔　集1-2083、6-41900
　清獻集　集1-2080、4105~6、6-41889、41894
　　(3)、41896　叢1-223(51、56)、227(9)

清獻堂文集　集3-21073
清獻堂文錄　集6-42066
清獻堂詩集　集3-21072
清獻堂集　集3-21070~1　叢2-1484~5
清獻堂全編八種　叢2-1485
清代玉璽譜　史8-65085
清代五營演陣圖　子1-3732
清代政治外交案叢鈔　史6-44925
清代總督年表、續補、附錄　史1-4829,2-
　6211
清代名臣傳摘抄　史2-7485
清代名臣奏議　史6-47868
清代名臣圖　史2-7486
清代名人詩箋　集6-44304
清代名人趣史　史1-1995、4530
清代名人軼事　史2-7471~2
清代名人同姓名畧　史2-13367　叢2-
　2247
清代名人錄　史2-7470
清代名人小名錄　史2-13388　叢2-2247
清代伶官傳　叢2-2271
清代徵獻類編　史2-6211
清代徵士記　史3-13510
清代之竹頭木屑　史1-1995、4560
清代宰輔年表、續補、附錄　史1-4827,2-
　6211
清代河臣傳、補遺、附錄　史2-7524,6-
　46588
清代巡撫年表　史1-4830,2-6211
清代割地談　史1-1995,6-44924
清代土司統計表　史6-47433
清代樸學孝烈傳　史2-7562
清代檔册　史6-47416
清代中外法事彙鈔　史6-47412
清代史論　史1-5951
清代畫史彙傳、袁氏閨秀抄　史2-7673
清代搢紳　史3-23993
清代毘陵名人小傳　史2-7825　叢2-2247
清代毘陵書目　叢2-2247
清代毘陵書目初稿、二稿　史8-66070
清代陣營操演圖　子1-3731
清代閨閣詩人徵畧、補遺　史2-7718
清代殿板書始末記　史8-65258、66432
清代殿板書目　史8-65258、66427
清代學術源流概畧　子4-22100
清代學術叢書五種　叢2-667
清代駢文名家徵畧　叢2-682
清代八卿年表　史1-4828,2-6211
清代錢塘江營汛圖　史6-46847
清代館選分韻彙編　史2-6211,6-42879

中國古籍總目・索引

清代筆記叢刊四十一種　叢 2-736
清俄之將來附滿洲問題　子 7-38129
清俄關系　子 7-36818
24 清豔堂近稿　集 4-26000
清化顧氏重修宗譜[江蘇江陰]　史 5-41387
清德堂抄本書四種　史 8-66152
清供　叢 1-176
清供品　子 4-18536
清峙堂詩稿　集 3-16026
清綺齋藏書目　史 8-65685～6、65775　叢 1-538
清綺軒詩剩　集 5-37270
清綺軒詞選　集 7-48502
清綺軒詞選(歷朝詞選、歷朝名人詞選)　集 7-48501
清綺軒初集　集 3-21012
25 清嶁遺稿　集 6-44475
清朱卷履歷　史 3-15020
26 清白齋文集　集 3-19687
清白士集　叢 2-971
清白士集六種附一種　叢 2-1550
清白士集校補　子 4-22475　叢 1-516、558
清白士集校補八種　叢 2-1630
清白居士傳　叢 1-373(5)
清白堂稿　集 2-10723
清白堂小草(雪園詩集)　集 3-18299
清泉張氏宗譜[浙江鎮海]　史 5-34910
清泉集　集 3-19789～90
清泉費氏家譜[浙江長興]　史 5-36700
清泉縣鄉土志[宣統]　史 8-60604
清泉縣志[乾隆]　史 8-60602
清泉縣志[同治]　史 8-60603
清泉翁氏世譜[浙江建德]　史 4-32240
清泉精舍小志　集 6-43789
清息齋未定稿　集 5-34553
清和真人北遊語錄　子 5-29530(25)、29535(6)、29536(5)、31960～1
清稗瑣綴　史 1-1995、4561
27 清墅亭詩草　集 3-17708
清修捷徑　子 2-11038
清修閣文萃續編　集 5-36179
清修閣稿　集 5-36177～8
清鄉日記　史 7-49357、54172
清名臣列傳　史 2-7484
清名臣奏稿　史 6-48060
清紀　子 4-23569
28 清微齋法　子 5-29530(5)、30616
清微玄樞奏告儀　子 5-29530(5)、30612
清微元降大法　子 5-29530(5)、31533

清微仙譜　子 5-29530(4)、31815
清微祈晴牒式文檢　子 5-31700
清微神烈祕法　子 5-29530(5)、31532
清微黃籙大齋科儀(黃籙科儀)　子 5-30666
清微丹訣　子 5-29530(6)、30830
清儀閣文稿　集 4-25570
清儀閣雜詠　史 8-63628　叢 2-633
清儀閣雜稿　子 4-22534
清儀閣詩稿　集 4-25568
清儀閣古印偶存　史 8-64970～1　子 3-17158
清儀閣古印附注　史 8-64973　叢 2-610
清儀閣藏碑目、古專瓦當目　史 8-64745
清儀閣藏名人遺印　子 3-17160
清儀閣藏器目　史 8-64299　叢 1-524,2-731(32)
清儀閣日記(嘉慶十年)　史 2-12651
清儀閣題跋　史 8-63623～4　集 4-25571
清儀閣題跋補遺　史 8-63627
清儀閣所藏古器物文　史 8-64168～9
清儀閣印存　子 3-17159、17455
清儀閣金石文字拓片　史 8-63630
清儀閣金石題識　史 8-63626　叢 1-498
清儀閣筆記　史 2-12652
清馥齋詩草、續草　集 5-33968
30 清塞詩　集 1-1608,6-41872　叢 1-306
清塞詩集　集 1-1607
清室世系表　史 5-37355
清宣統四年七政經緯纏度時憲書　子 3-12345
清宣宗成皇帝實錄校對日記　叢 2-1870
清流摘鏡　史 1-1940、2989～90
清流縣志[康熙]　史 8-58265
清流縣志[道光]　史 8-58266
清流縣志[嘉靖]　史 8-58264
清流縣志[民國]　史 8-58267
清淮詞稿(清淮詞)　集 7-47949
清淮詞藳　叢 2-1812
清淮集　集 3-20821
清淮續集　集 3-20821
清淮各防營獲匪抄案　史 6-47449
清涼山新志　史 7-52206
清涼山靈志　史 7-52210
清涼山房詩概　集 4-24840
清涼山志　史 7-52204～5、52209
清涼山志輯要　史 7-52208
清涼山小志　史 7-52207
清涼通傳　史 2-6804
清涼帖　叢 1-128～9,2-1173

清涼散　集7-46903　叢2-1357
清涼飲子　叢1-154
清寧丸方引等四種　子2-10097
清寧合撰　集4-24567
清寧館治印雜說　叢2-2201、2249
清寧館古泉叢話　史8-64903　叢2-2201、2249
清㟃齋心賞編　子4-23945　叢2-948、1336
清㾎軒詩稿　集5-35669
清進士題名碑錄　史3-13476
清適編　子4-24023
清憲政編查館奏稿彙訂　史6-41759
清安室詩補遺　集5-41488
清宮交泰殿寶譜摘抄　史8-65131
清宮詞　史1-1995、6192　叢2-683
清宮詞本事　史1-6193　叢1-586(4)、2-716(4)
清宮瑣聞　史1-1995、4555
清宮藏宋元寶繪　子3-16773
清宮藏耕煙畫冊精品　子3-16670
清宮禁二年記　史1-1995、4232
清宮用度開支冊　史6-47418
清宮精繪名國人物粧飾圖　子3-16364
清容集　叢1-373(5)
清容居士集　集1-5050～1　叢1-223(60)、2-635(11)
清容居士集、札記　集1-5048　叢1-343、2-698(11)、731(40)
清容居士集、目錄　集1-5047
清容居士集、目錄、附錄　集1-5049
清容居士行年錄　史2-11880
清容閣酌擬銀行章程　史6-44475
清容堂詩集　集4-22182
清官斷　集7-51214
清官勸民　集7-53281
清實錄　史1-1699
清實錄校對日記　史1-1727
清寂文乙編　集5-40972
清寂堂詩錄　集5-40970
清寂堂續錄　集5-40971
31 清江詩集、文集　集2-6125　叢1-223(62)
清江詩法　集6-45711
清江詩鈔、文　集4-25652
清江三孔集　叢1-223(68)
清江三孔集、校勘記　叢2-870(5)
清江矗氏痘科　子2-8678
清江雲溪徐氏族譜[江西樟樹]　史4-32150
清江引　子3-17023
清江碧嶂集　集1-5241
清江集　集3-14358

清江集(傅若金詩)　集1-5615
清江永濱楊氏三修族譜[江西樟樹]　史5-36965
清江漁譜　集7-46378、46661
清江志[乾隆]　史8-62267
清江范氏宗譜[浙江金華]　史4-29457
清江黃氏族譜[江西樟樹]　史5-33974
清江楊忠節公遺集　集2-12340-2
清江楊氏五修族譜[江西樟樹]　史5-36967
清江楊氏四修族譜[江西樟樹]　史5-36966
清江警察暫行章程　史6-45381
清江東里黃氏族譜[江西樟樹]　史5-33973
清江貝先生文集　集2-6128
清江貝先生文集、詩集、詩餘　集2-6124　叢2-635(11)
清江貝先生詩集　集2-6126
清江貝先生詩集、文集　集6-41752
清江貝先生集、續集　集2-6127
清江縣志[崇禎]　史8-58576
清江縣志[道光]　史8-58578
清江縣志[乾隆]　史8-58577
清江縣志[同治]　史8-58579
清河族譜[上海松江]　史5-34769
清河王氏族譜[江蘇淮陰]　史4-24807
清河張氏家乘、目錄[浙江杭州]　史5-34883
清河張氏家乘[浙江杭州]　史5-34882
清河張氏家乘[四川成都]　史5-35416
清河張氏宗譜　史5-34736
清河張氏宗譜[安徽休寧]　史5-35152
清河張氏宗譜[江西婺源]　史5-35209
清河張氏宗譜[江西德興]　史5-35200
清河張氏宗譜[浙江龍游]　史5-34989
清河張氏宗譜[浙江永康]　史5-35025～6
清河張氏宗譜[浙江開化]　史5-34983
清河張氏宗譜[浙江金華]　史5-35011、35014、35022
清河張氏宗譜[浙江餘姚]　史5-34917
清河張氏貽穀堂支譜[浙江上虞]　史5-34961
清河郡張氏族譜[福建建寧]　史5-35175
清河郡張氏宗譜[廣東梅州]　史5-35413
清河郡張氏宗譜[福建上杭]　史5-35179～80
清河郡張氏宗譜[浙江麗水]　史5-35120
清河郡張氏宗譜[浙江縉雲]　史5-35121
清河集　集1-5062～4　叢1-511
清河傅氏族譜[江西南城]　史5-36261～2

清河偶鈔　子5-25897　叢2-1534

清河祕篋書畫表　子3-14765、14767、4-18559　叢1-422、424、469、586(3)、2-716(3)

清河祕篋書畫表(清河書畫表)　子3-14759

清河太君(龍蘭因)節孝褒揚錄　史2-10853

清河內傳　子5-29530(4)、31795

清河世系[江蘇吳江]　史5-34860

清河書畫舫　子3-14760、14762～3　叢1-223(37)、437

清河書畫舫、鑒古百一詩　子3-14761

清河書畫表　叢1-223(37)

清河縣疆域沿革表　史7-50135

清河縣繼母大賢　集7-48770、48774(4)、49083、49085

清河縣河口圖說　史6-46765

清河縣志、續錄[嘉靖]　史7-56666

清河縣志、續錄藝文[嘉靖]　史7-55497

清河縣志[康熙]　史7-55499、56668

清河縣志[嘉靖]　史7-56667

清河縣志[萬曆]　史7-55498

清河縣志[乾隆]　史7-56669

清河縣志[咸豐]　史7-56670

清河縣志[同治]　史7-55500

清河縣志[民國]　史7-55502、56674

清河縣志[光緒]　史7-55501、56673

清河縣志再續編[同治]　史7-56672

清河縣志附編[同治]　史7-56671

清河風俗物産志　史7-49318(12)、50134

清河居士論鄉會試不費錢功德　子4-21548

清河金氏家譜[江蘇蘇州]　史4-29638

清源　集7-54189

清源文獻　集6-44402

清源文獻纂續合編　集6-44798

清源王氏宗譜[浙江鄞州]　史4-24973

清源何氏玉雪宗譜[浙江麗水]　史4-28335、28337

清源何氏宗譜[浙江松陽]　史4-28339

清源鄉志[光緒]　史7-55606

清源寶卷　集7-54550

清源苗氏族譜[福建泉州]　史4-29422

清源縣志[順治]　史7-55605

清源留氏族譜[福建泉州]　史4-32263～4

清渠詩鈔　集3-14338、6-41761

32清瀏譚氏五修族譜[湖南瀏陽]　史5-41257

清瀏謝氏續修族譜[湖南瀏陽]　史5-40779

清瀏西北歐陽族譜[湖南瀏陽]　史5-39093

清瀏張氏族譜[湖南瀏陽]　史5-35293

清瀏李氏續修支譜[湖南瀏陽]　史4-27455

清浙江鹽運使朱孫貽宣付清史館立傳全案　史2-9999

清溪齋詩集　集4-32850

清溪方氏族譜[浙江淳安]　史4-25745

清溪詩稿　集4-22610

清溪一甲喻氏族譜[江西萍鄉]　史5-35934

清溪一甲喻氏續修族譜[江西萍鄉]　史5-35935

清溪張氏家譜[浙江金華]　史5-35024

清溪集、炎州草、即墨節婦考　集3-18102

清溪朱氏宗譜[浙江義烏]　史4-26581～2

清溪徐氏族譜[浙江紹興]　史4-31946

清溪徐氏宗譜[浙江德清]　史4-31904

清溪沈氏六修家乘[浙江平湖]　史4-29046

清溪遺稿　集2-12063

清溪遺稿、不朽錄、清溪公題詞　叢2-845(2)

清溪道人偶記　子4-21363

清溪莊遺集　集2-8023

清溪草堂詩集、續集　集5-34520

清溪樓氏宗譜[浙江義烏]　史5-39031～2

清溪胡氏族譜[湖南資興]　史4-30650

清溪胡氏重修宗譜[湖南資興]　史4-30651

清溪胡氏蘭忠公房默譜[湖南資興]　史4-30652

清溪趙氏報本堂家譜[廣東台山]　史5-38438

清溪縣志[嘉慶]　史8-62081

清溪暇筆　史1-1914　叢1-50、52～3、95～6、2-730(3)

清溪陳氏宗譜[浙江東陽]　史4-33068

清溪公題詞　史2-8922

清溪惆悵集　集5-34488、38418　叢1-587(5)

清淨經　子5-29547

清淨經箋注　叢2-2067

清淨寶卷　集7-54579

清淨觀世音菩薩普賢陀羅尼經　子6-32083(13)、32086(20)、32090(21)、32091(19)、32092(14)

清淨觀世音普賢陀羅尼經　子6-32081(18)、32085(18)、32088(13)、32089(15)、32093(45)

清淨毘泥方廣經　子6-32093(22)

清淨毘尼方廣經　子6-32081(22)、32083(15)、32084(13)、32085(21)、32086(24)、32088(15)、32089(39)、32090(44)、32091(42)、32092(29)

33 清心園稿(清心園稿、清心園續稿、小獅林稿、南村草堂稿、自述詩鈔、澹存軒吟稿)　集4-23948
清心錄文　子4-24623
清浪衛志畧[康熙]　史8-62266
清祕述聞　史6-42913
清祕述聞、續、補、續　史6-42915
清祕述聞續　史6-42914
清祕藏　子4-18557～8　叢1-223(42)、422、424、469、586(4)、2-716(3)
清祕藏、法書名畫見聞表、南陽法書表、清河祕篋書畫表、南陽名畫表　子4-18559
清祕藏摘抄　史8-65124
清祕史　史1-3576
清祕錄、續錄　子3-14797
清邃堂遺詩　集5-34278

34 清池張氏宗譜[浙江鄞州]　史5-34913
清漪樓詩存、雜著　集5-41226
清漪園現行則例　史6-47051
清漪閣詩鈔　集5-36641
清法事　子3-17940
清漢文海　經2-15039
清漢諭部成語合編　經2-15064
清漢對音字式　經2-15021
清漢奏稿　史6-47976
清濤詞　集7-46405、47215
清波雜志　子4-20074～6　叢1-17、19(6)、20(3)、22(4)、23(4)、24(6)、31、99～101、447
清波雜志、校勘記　叢2-636(3)
清波雜志、別志　子4-20077　叢1-223(45)、244(5)、2-731(51)、735(2)
清波三志　史7-50302　叢2-832(6)
清波別志　叢1-17、19(6)、20(3)、24(6)、220
清波小志　史7-50297～8　叢1-202(5)、203(11)、278、435、448、2-731(58)
清波小志、補　史7-50300
清波小志、清波小志補　叢2-832(2)
清波小志補　史7-50299　叢1-202(5)、203(11)、278、435、448、2-731(58)
清波類志　史7-50301
清洪戰記革命胎　子5-28219
清遠樓詩集　集3-13645
清遠樓稿　集3-19467
清遠縣志[康熙]　史8-60850～1
清遠縣志[乾隆]　史8-60852
清遠縣志[民國]　史8-60854
清遠縣志[光緒]　史8-60853

清遠閣遺稿　集5-41520
清遠堂文錄(清遠堂選錄叢編)　集5-40215
清遠堂選抄琴譜　子3-17801
清造辦處奏章　史6-48035
35 清漣文鈔　集3-18916
清漣寺細雨泉說　集4-32544
36 清湘謠瑟譜　集4-28283
清湘瑤瑟譜　叢2-843
清湘老人山水册　子3-16696
清湘老人題記　子3-16148
清湘老人題記、苦瓜和尚畫語錄、附錄　叢2-1876
清湘樓詩選　集4-27451　叢1-346,2-1741～2
清渭何氏宗譜[浙江永康]　史4-28304～5
37 清湖小志　史7-57428
清潤淵源集　集4-33129
清潤縣續志[乾隆]　史8-63026
清潤縣志[順治]　史8-63025
清潤縣志[道光]　史8-63027
清瀞齋詩稿　集5-37261
清初僧諍記、表　叢2-2240
清初史料四種　史1-1983
清初摺紳錄　史3-23796
清初典制檔册　史6-47361
清初揭帖四種　史6-47872
清逸山房畫賸　集4-26555
清逸山房竹譜　子3-16381
清軍練兵陣圖　子1-3733
清資政大夫廣東布政使司布政陳公(夔麟)墓誌銘　史2-10481
清資政大夫永定河道呂君(珮芬)家傳　史2-10784
38 清漾毛氏族譜冬集[江西上饒]　史4-25629
清漾毛氏族譜内集[浙江江山]　史4-25611～3
清游集　史7-53104
清洋陶氏宗譜[浙江黃巖]　史5-33489～90
清道人致雪樓手劄　集5-40416
清道人遺集、佚稿、攟遺　集5-40415
清道光元年至宣統三年時憲書　子3-12199
清道光元年至民國元年時憲書　子3-12200
40 清大司馬薊門唐公(執玉)年譜　史2-11801　叢2-910
清大考題名錄(順治十年至咸豐二年)　史3-13478
清太守曉秋徐公(彭齡)哀恩錄　史2-

10689

清太宗實錄　史1-1706
清太宗日錄　史1-1754
清太祖朝史料　史1-3542
清太祖本紀　史1-871
清查餘岱曬鹽案畧　史6-43835
清塘葉氏宗譜[浙江東陽]　史5-35702
清内府藏古玉印　史8-64960　叢2-688
清内廷聯句十種　集6-44296
清内廷承應劇本二十種　集7-49703
清南昌熊季廉(元鍔)解元墓誌銘、熊生季
　廉傳　史2-10963
清嘉慶年間奏折　史6-47914
清嘉錄　史7-50208　子5-26656　叢1-
　435,2-735(2)、736、752
清真言　子7-36033
清真詩畧　集3-20887
清真詞畧抄　集7-46508
清真正教　子7-36016
清真要言　子7-36004
清真要義　子7-36003
清真醒迷歌　子7-36010
清真醒世篇　子7-36017
清真集、集外詞(補遺)　集7-46507
清真先生(周邦彦)遺事　史2-8709
清真先生遺事　叢1-588,2-630、2227、2229
清真倡和集　集6-44321
清真釋疑　子7-35971
清真釋疑補輯　子7-35972～3
清真修道撮要　子7-36018
清真解義　子7-36006
清真宗教必讀　子7-36022
清真必讀　子7-36053
清真通俗歌(清真勸教歌)　子7-36031
清真啓蒙　子7-36052
清真啓蒙(回教必讀)　子7-36050
清真啓蒙字母　經2-15070
清真啓蒙必讀(清真啓蒙)　子7-36049
清真大學　子7-35952
清真女子四字經　子7-36014
清真根源　子7-36029
清真教考　子7-36064
清真教典歌(天方教典歌)　子7-36059
清真摘要二種　子7-36052
清真摘要中阿文乜貼　子7-36051
清真指要　子7-36023
清真指引　子7-36028
清真指南　子7-35960
清真指南要　子7-35961
清真撮要　子7-36061

清真易知錄　子7-36030
清真居士(周邦彦)年譜、校記　史2-11276
　叢2-785
清真閣詩草、文草　集3-18725
43 清榕集　集4-27158
44 清藜閣詩集、詞　集4-25034
清夢軒詩餘　集7-47686
清夢盦二白詞　集7-47917
清麓(賀瑞麟)年譜　史2-12257　叢1-574
　(6)
清麓文集　集5-34327
清麓文集、日記　叢1-574(2)
清麓文集約鈔　集5-34328
清麓訓詞　子1-2874　叢1-574(4)
清麓日記　子1-1850
清麓答問　子1-1852
清麓答問、遺語、遺事　子1-1869　叢1-
　574(2)
清苑齋詩集　集1-4012、4016,6-41779～80、
　41908　叢1-223(56)
清苑齋詩鈔　集1-4013,6-41900
清苑齋集　集6-41891、44739
清苑齋集(清苑齋詩集)　集1-4014
清苑齋集、補遺　集1-4015,6-41909
清苑齋集補遺　集6-41891
清苑齋集補鈔　集1-4017,6-41901
清苑王大中丞遺集　集3-18313
清苑王氏家譜[河北保定]　史4-24760
清苑縣志[康熙]　史7-55273
清苑縣志[嘉靖]　史7-55272
清苑縣志[同治]　史7-55274
清苑縣志[民國]　史7-55275
清苑縣志料[民國]　史7-55276
清芬集　史2-9717　集3-20462,4-27042,6
　-45046
清芬集叢刊五種　叢2-895
清芬仙館選詩集　集4-30624
清芬外集　集6-43121
清芬續集　集4-26892
清芬叢鈔十六種　叢2-896
清芬樓六種(釣臺遺書)　叢2-1389
清芬樓集　集4-25360
清芬樓遺稿　集3-17682～3　叢2-798、
　1390
清芬樓遺藁　叢2-1389
清芬閣文稿　集5-36911～3
清芬閣詩集　集4-25466
清芬閣詩集(把清閣集)　集3-17931
清芬閣詩草　集4-30871,6-42007(3)
清芬閣集　集5-36910
清芬閣吟稿　集4-27453

清芬館詞草　集6-44977,7-47901
清芬錄　叢2-2202
清芬小草　集4-31426
清芬堂詩草、文存　集5-36983
清芬堂詩鈔　集4-22941
清芬堂集、續集　集4-24943
清芬堂叢書四十六種　叢1-468
清芬堂存稿　集3-16298
清芬精舍小集　集4-24018
清蔭軒所藏叢書目錄詳記　史8-66182
清燕堂詩存　集5-38350
清華齋趙帖　子3-15334
清華文敏公宗譜[江西婺源]　史4-30574
清華集　史1-1995　集5-41621
清華胡氏文敏公宗譜[江西婺源]　史4-30577
清華胡氏六公派舊圖譜[江西婺源]　史4-30578
清華胡氏族譜[江西婺源]　史4-30565、30571
清華胡氏譜系[江西婺源]　史4-30576
清華胡氏統譜[江西婺源]　史4-30572
清華胡氏統會族譜[江西婺源]　史4-30567～9
清華胡氏勳賢統譜[江西婺源]　史4-30570
清華胡氏九公宗譜[江西婺源]　史4-30575
清華胡氏九公大族正傳譜系[江西婺源]　史4-30566
清華軒集　集2-10104
清華館詩稿(清華館詩鈔)　集5-35299
清華堂集　集3-21179
清華堂印稿　子3-17332
清英竹枝詞　叢2-947
清苕集　集2-9807　叢2-1132、1135
清耈吟稿　集5-38076
清世宗致羅馬法五書　史6-47130
清甘肅布政使郭公(文滙)墓志銘　史2-9705
清權堂集　集2-11467

46 清娛閣吟稿　集6-41999
清娛閣吟稿、諸家評跋、題辭　集4-24118

47 清歡堂詩稿、補編　集4-24020
清聲閣詩餘　叢2-2204
清朝文職官錄(清光緒十六年夏季)　史3-23710
清朝六科漢給事中題名錄(清光緒二十九年止)　史3-23683
清朝論詩絕句　叢2-622
清朝聖政　史6-41669

清朝歲考制度　史6-42274
清朝四書彙解(大學彙解、中庸彙解、論語彙解、孟子彙解)　經2-10989
清朝殿閣部院大臣年表、督撫年表　史3-23688
清朝前紀　史1-1995、3543
清朝會行禮圖　史6-42092
清媚合譜　子4-18537
清都散客二種　叢2-1160

48 清故誥授通議大夫彭君(岳奎)墓誌銘　史2-10852
清故誥贈榮祿大夫鎮守四川川北等處地方總兵官都督同知世襲三等阿達哈哈番龍山楊公(文啓)墓誌銘　史2-9197
清故江西布政使司右參議分守南昌道前日講官右春坊右中允兼內翰林院國史院編修宋柴雪先生(之繩)行狀　史2-9236
清故江蘇候補通判署理阜寧縣知縣阮君(本焱)墓誌銘　史2-10703
清故湘陰縣廩貢生吳君(光堯)行述　史2-10565
清故湖南提學使吳府君(慶坻)墓誌銘、吳母花夫人傳　史2-10707
清故資政大夫江寧府知府沈公(錫晉)墓表　史2-10491
清故內閣學士前倉場侍郎會稽莫公(晉)事畧　史2-9653
清故翰林院庶吉士孫君墓誌銘　史2-9646

49 清妙軒類腋　子4-21360
清趙獻詩集　集1-2084

50 清丈歸戶後收稅冊　史6-43401
清史　子4-20906　叢1-128～9,2-1173
清史百詠　史1-6195
清史列傳稿　史1-954
清史列傳鈔　叢2-888
清史稿　史1-869～70
清史先志表而後紀傳私議　史1-5352
清史紀事本末　史1-1913
清史河渠志　史1-892,6-46588
清史叢鈔　史1-5269
清史藝文志　史1-901
清史輯要　史1-5003
清史疇人傳　史1-962
清夫文集　集4-25751
清惠集　集2-7622　叢1-223(65)
清惠堂集　集4-29296
清忠譜正案　集7-49390
清忠堂撫粵奏疏、清忠堂署理總督奏疏　史6-48676
清書千字文　經2-13383　子3-15405
清書對音　經2-14988～90

中國古籍總目·索引

清書十二字母　叢1-371
清末諸臣奏議　史6-48059
清末實錄　史1-1994～5、4331
清末奏議摺子　史6-48084
清素堂文集　集4-23823～4
清素堂詩集　集4-23821
清素堂詩集、梅清閣詞　集4-23820
51 清摺紳全書(清道光二十二年春季)　史3-23933
清摺紳全書(清道光二十五年)　史3-23945
清摺紳全書(清道光二十九年夏季)　史3-23956
清摺紳全書(清道光二十七年夏季)　史3-23949
清摺紳全書(清道光二十七年秋季)　史3-23950
清摺紳全書(清道光二十年秋季)　史3-23931
清摺紳全書(清道光十六年夏季)　史3-23921
清摺紳全書(清道光十三年夏季)　史3-23914
清摺紳全書(清道光十八年春季)　史3-23927
清摺紳全書(清嘉慶三年冬季)　史3-23878
清摺紳全書(清嘉慶九年春季)　史3-23884
清摺紳全書(清咸豐三年夏季)　史3-23968
清摺紳全書(清咸豐十年)　史3-23992
清摺紳全書(清咸豐九年夏季)　史3-23986
清摺紳全書(清同治十一年秋季)　史3-24027
清摺紳全書(清光緒三年秋)　史3-24057
清摺紳全書(清光緒十二年秋季)　史3-24120
清摺紳全書、中樞備覽(清道光十六年)　史3-23923
清摺紳全書、中樞備覽(清光緒三年夏季)　史3-24056
52 清靜經　子5-29580、29586　叢1-114(3)
清靜經註　子5-29530(15)、29996
清靜經圖註　子5-30001
清靜法程　子5-29584、31411
清靜金丹大道　子2-4591
53 清戒　叢1-197(4)
56 清規玄妙　子5-29574、30315
57 清抱居詩稿　集4-33563
清抱居剩稿　集4-33562

清抱居賸稿　叢2-812
58 清鼇交代章程並續議變通月報抵款各章程　史6-43603
60 清國行政法　子7-36584
清國史館奏稿　史6-48085
清四朝時憲書　子3-12346
清甲午中東之役戰歿李將軍(世鴻)傳誌彙編附張夫人事畧　史2-10600
清回合璧　經2-15051
清署偶錄第二集　集6-42477
清署筆談　子4-20321、23118　叢1-13、14(2)、22(21)、29(8)、31、105、111(1)、130、2-731(53)、1098
清署一得　子1-928
清署理福建巡撫光祿寺卿吳公家傳　史2-10267
清異編珠　子5-25371～2
清異續錄　子4-23772
清異錄　子4-20994、23729、23770～1　叢1-19(9)、20(7)、21(8)、22(20)、23(19)、24(9)、26～8、109、111(4)、223(46)、347、2-1359
清足居集、蕉窗詞　集5-37184
62 清睡閣快書十種　叢1-130
63 清賦問答　史6-43383
清貽館遺稿　集4-26356
清貽堂存稿　集3-13540
清貽堂賸稿　集3-15561、19375
64 清時樂事　子3-17956
清時憲書　子3-12327
清時斤節　集7-49705
65 清嘯集　集7-48525
清嘯樓詩鈔　集5-34548
清嘯閣詩草　集5-35119
清嘯堂詩存、文存　集5-38360
清嘯堂集　集3-17025
清映軒遺稿　集5-36211
清味齋詩存　集4-26611
67 清明調　集7-50666
清明祭掃一枝　集7-52731
清明曲　集7-50614
清喚齋遺稿　集2-12138、6-41941
清暉齋詩鈔　集4-26410
清暉樓詩　集2-7476
清暉贈言　集6-44197　叢1-373(9)、2-609
清暉贈言、石谷子傳　集6-44198
清暉閣批點玉茗堂還魂記　集7-49888
清暉閣贈貽尺牘　叢1-496(2)、2-609
清暉堂吟稿　集5-33989
清照堂打包剩語、夢覺集、除豪集　集3-17394

68 清吟齋遺詩　集5-35219
　　清吟樓遺稿、續稿　集4-31607
　　清吟閣書目　史8-65811　叢2-631
　　清吟堂集　集3-16217
　　清吟堂集、神功聖德詩、皇帝親平漠北頌
　　　　叢2-1353～4
　　清吟堂全集　集3-16212
　　清吟堂全集十四種　叢2-1354
70 清雅堂詩草　集4-23199
71 清厚堂詩稿　集4-23120
72 清隱齋集　集3-18110
　　清隱山房叢書續編六種　叢2-1909
　　清隱先生遺詩　集2-12920,6-45054
　　清戶部歲出經常門清冊　史6-43228
　　清氏宗譜[安徽懷寧]　史5-34632
76 清臞吟草　集3-21350
　　清陽呂氏宗譜[浙江衢縣]　史4-26311
　　清脾錄　叢1-284
77 清閨遺稿　集4-25117
　　清浙爵督部堂營務處公牘　史6-47298
　　清風亭　集7-53630
　　清風亭稿　集2-6879　叢1-223(64)
　　清風室文鈔　集5-38379
　　清風室文鈔、詩鈔　叢1-491
　　清風室詩鈔　集5-38378
　　清風室叢刊(清風室叢書)二十種　叢1-
　　　491
　　清風涇志[同治]　史7-56453
　　清風遺集　集3-14309
　　清風祠錄　史2-8801　集6-42341
　　清風草堂詩鈔　集3-19721～2
　　清風軒文草　集4-27766
　　清風易注　經1-991～2
　　清風閣詩集　集5-40218
　　清風劍　集7-53895
　　清風堂文集　集3-14576
　　清風堂詩　集3-14960
　　清同治元年至五年軍機處餝令兩江總督文
　　　件　史6-47247
　　清同治十三年航海通書　子3-12246
　　清同治七年浙江天主教曉諭書　子7-
　　　35579
　　清閟供　子4-23709～10　叢1-22(25)、30、
　　　119～20、154、202(7)、203(13,18)、587(2)
　　清殿試策　集6-45480
　　清居集　集2-9166,6-45128
　　清閟山房隨錄　史6-48081
　　清閟藏　子4-18536、18560
　　清閟閣詞　集7-46785
　　清閟閣稿　集1-5585

　　清閟閣樂府　集7-46373、46786
　　清閟閣遺稿、雲林世系圖　集1-5578
　　清閟閣全集　叢1-223(61)、227(10)、2-798
　　清閟閣全集(清閟閣全集)　集1-5576
　　清閟全集十二種(薇天集、丹黃集、公槐集、
　　　響玉集、餘、棘門集、沆瀣集、秋旻集、二
　　　刻、續刻、文遠集、補遺、循滄集、松瘦集、
　　　迦陵集、風唫集)　集2-11536
　　清閟齋詩存　集3-21381　叢1-433
　　清閟錄　子4-18603
　　清閒堂詞　集5-36537
　　清學部圖書館方志目　史8-66272　叢2-
　　　611
　　清學部圖書館善本書目　史8-65544　叢
　　　2-611
　　清學者譜、敍錄　叢2-2270(2)
　　清開國史料考敍論訂補篇　史1-1983
　　清舉孝廉方正嚴順之公(滋孝)哀感錄　史
　　　2-10496
　　清閣臣和純廟御製詩摺　集6-44248
　　清門詩抄　集5-39933
　　清門福泉趙氏宗譜[浙江諸暨]　史5-
　　　38321
　　清賢記　史2-8813　叢2-613
　　清賢紀　子4-23081
80 清人說薈四十種　叢2-683
　　清人四派　子7-36251
　　清全齋讀春秋編　經1-77(3)
　　清念堂詩錄　集5-40797
　　清尊集　集6-44312
　　清尊集註　叢1-373(8)
　　清尊錄　子5-26285　叢1-10、13、14(2)、19
　　　(4)、20(2)、21(4)、22(6)、23(6)、24(5)、29
　　　(5)、56、148、154、374、587(2)、2-807
　　清會典館奏議　史6-47906
　　清谷文鈔　集3-20752
　　清谷草堂脫口錄　集4-25889
81 清頌堂叢書十四種　叢2-1664
　　清頌堂叢書九種附一種　叢1-340
　　清頌堂叢書八種　叢1-339
84 清鎮江府學教授徐府君(世勤)家傳　史2-
　　　10607
　　清鎮縣志稿[民國]　史8-62186
88 清鑑錄　子4-21334　叢1-385,2-1634
　　清簡堂遺詩　集4-29902
　　清節堂呈諮議局呈請書稿　史6-47572
　　清籟閣詩草　集4-24459
　　清籟閣詩鈔　集4-31920
　　清籟館存稿　集4-24727,6-42006
90 清懷詞草、滇南福清洞天二十四詠　集7-
　　　47093

清懷叢書二十一種　叢1-350
清光緒帝外傳　史1-4230
清光緒帝外傳(崇陵傳信錄)　史1-1995
清光緒二十四年張之洞勸學篇敎忠　史2-13318
清光緒王公侯伯文武大臣生日住址考　史3-23707
清光緒山東公文彙鈔　史6-47310
清光緒九年法越邊境防犯奏摺　史6-45642
清光緒朝禮部檔案　史6-47419
清光緒間吏部等奏摺　史6-48001
清光緒間戶部奏稿　史6-48002
清光祿大夫朱公(榮璪)墓誌銘、朱曉南公祠堂記　史2-10793
清光黃氏族譜[湖南永興]　史5-34069
清省堂詩稿　集4-24300
清賞錄　子4-23977
91 清煙錄　子4-18623
97 清輝樓稿　集1-5328

瀟

32 瀟溪劉氏重修宗譜[浙江義烏]　史5-39290
　瀟溪劉氏宗譜[浙江義烏]　史5-39289、39291~2
36 瀟湘夜雨一枝　集7-52005
　瀟湘閒敍一枝　集7-52004

3513₀ 決

17 決了諸法如幻三昧經　子6-32083(2)、32090(1)、32092(1)
27 決疑要注　史6-41964~6　叢1-22(10)、23(10)、2-827、829
　決疑數學　子3-12387、7-37529
30 決定總持經　子6-32083(8)
　決定藏論　子6-32081(24)、32083(16)、32084(14)、32085(24)、32086(27)、32088(17)、32089(43)、32090(50)、32091(48)、32092(33)、32093(25)
　決定藏論、究竟一乘寶性論　子7-32752
　決定藏論、大乘掌珍論　子7-32753
　決定義經　子6-32083(32)
50 決事餘譚　叢2-935
　決事餘譚、補遺　子4-24558

79 決勝綱目　子1-3792~3
　決勝祕書　子1-3045
　決勝陣圖　子1-3739

漣

34 漣漪堂遺稿　集3-15120
36 漣湘賀氏族譜[湖南湘鄉]　史5-36732
　漣湘賀氏支譜[湖南湘鄉]　史5-36733
45 漣樓緝要　子4-24622

3513₂ 濃

32 濃溪文集　集5-39283
　濃溪文集、詩集　集5-39281
　濃溪詩鈔　集5-39282

3514₄ 淒

93 淒慘慘一枝　集7-52722

3514₇ 溝

37 溝洫疆理小記　經1-108、111(2)、5049　叢2-814
　溝洫水利輯說　子1-4231
　溝洫私議、圖說　史6-46608　子1-4234　集6-41759　叢1-499,2-1891
　溝洫圖說　子1-4235
40 溝南漫存稿　集1-5819
63 溝瞎繞一枝　集7-51728

3516₀ 油

00 油麻嶺馮氏四修族譜[湖南湘潭]　史5-36467
　油麻村趙氏宗譜[江蘇宜興]　史5-38290
32 油溪王氏宗譜[浙江臨海]　史4-25199
43 油榨鋪郭氏讀譜[湖南湘鄉]　史4-32371
73 油腔滑調叢談　子4-23587

3516₆ 漕

27 漕船志　史6-44121　叢2-741
30 漕案彙抄　史6-44160
31 漕河一覕　史6-44131
　　漕河圖志　史6-46626
　　漕河駁辯　史6-44157
37 漕運　叢1-460
　　漕運記　史1-801
　　漕運議　叢2-771(1)
　　漕運議單　史6-44123、44136～7
　　漕運程途志畧　史6-44148
　　漕運河道圖考　史6-44149
　　漕運通志　史6-44122
　　漕運則例纂　史6-44139
　　漕運全書　史6-44138、44147
44 漕黃要覽　史6-46628
　　漕茶遊集　集4-26304
50 漕書　史6-46627
58 漕撫疏草、司空疏草　史6-48348
　　漕撫奏疏　史6-48279、48472
96 漕糧派數章程　史6-43395

3518₆ 漬

46 漬槐堂近詩　集3-13815
　　漬槐堂近詩、燕南日征草、落花詩、漬槐堂
　　集唐　集3-13814

3519₀ 洙

22 洙川吳氏宗譜[浙江文成]　史4-27981
36 洙泗考信錄　史2-8391　叢2-731(4)、782
　　(4)、1537～9
　　洙泗考信錄、餘錄　史2-8168
　　洙泗考信餘錄　史2-8392　叢2-731(4)、
　　782(4)、1538～9

3519₆ 涑

44 涑蘇秦衣錦還鄉雜劇　集7-48767(2)、

48993　叢2-698(15)
50 涑青集(詩在、詩補、留別集、朋舊詩)　集
　　5-38562
55 涑井山房詩鈔　集3-20141

涑

00 涑亭詩畧　集3-15403
12 涑水記聞　子1-1965,4-22867～9　叢1-
　　22(8)、23(8)、223(44)、230(4)、268(4)、468,
　　2-731(50)
　　涑水記聞、補遺　子4-22870　叢1-195(1)
　　涑水記聞、逸文　叢2-652
　　涑水編　集3-13936
　　涑水紀聞　子5-26308　叢1-19(4)、20(2)、
　　21(4)、24(5)、29(5)
　　涑水紀聞、補遺　叢1-410
　　涑水家儀　子1-2085　叢1-22(12)、23
　　(12)、173
　　涑水迃書　子4-22865
　　涑水迃書　子1-96
　　涑水鑑評　史1-5908
　　涑水鈔　叢2-1467

3520₆ 神

00 神童詩　子1-2636
　　神廟留中奏疏彙要　史6-47832
　　神方選青　子2-9352
　　神方拾錦　子2-9350
　　神應經　子2-10232
　　神京方言小識　經2-14892
01 神龍百法　子3-15938
　　神龍蘭亭　子3-15565
　　神龍殿欒巴噀酒殘本　叢2-720(5)
　　神龍半印本　子3-15566
04 神誥詳注　叢2-2270(4)
06 神課金口訣　子3-13891
　　神課金口訣、別錄　子3-13889
08 神效育子方、錢二愚求嗣說二則　子2-
　　8286
　　神效集　子2-9583
　　神效良方　子2-9805
　　神效祕驗處方第一良方　子2-10193
　　神效眼科錄　了2 7417
　　神效腳氣祕方　子2-4615、7247
10 神工錄　子7-35441

神霄西臺琅書　子5-32065

神天叶慶　集7-50473

13 神武正規　子7-35297

14 神功聖德詩　叢2-1353～4

神功妙濟真君禮文　子5-29530(11)、29535(6)、29536(6)、30670

18 神政滙攷　子7-35696

20 神禹別錄　經1-3172、3174

21 神僊引　集7-50379

神僊傳　叢1-74～7

神經衰弱之大研究　子7-37886

22 神鼎一揆禪師語錄　子6-32091(79)

神鼎雲外澤禪師語錄　子6-32091(76)

神鼎志畧、補遺　史7-52571

神仙可學論　子5-31109

神仙列傳　史2-6865

神仙舌科方　子2-7646

神仙傳　史2-6844～7　叢1-15、19(3、8)、20(5)、21(3、7)、22(10)、23(9)、24(4、8)、29(2)、86、223(47)、249(1)、374、395、566、2-624(1)、726、730(8)、775(4)

神仙濟世良方　子2-9530

神仙酒法　叢1-21(7)

神仙遯士集　集1-4741

神仙遺論補　叢2-2004

神仙通鑑、神仙鑑像　子5-27824

神仙感遇傳　子5-29530(12)、31831

神仙服食靈草蒲丸方傳　子5-29530(17)

神仙服食靈草菖蒲丸方傳　子2-10956

神仙服餌丹石行藥法　子5-29530(9)、30836

神仙鏡　子7-32111

神仙食炁金櫃妙錄　子2-11140、5-29530(16)、29556

神仙養生祕術　子5-29530(18)、31043

神仙鍊丹點鑄三元寶照法　子5-29530(17)、31605

神峯張先生通考辟謬命理正宗大全　子3-14137

神峯通考　子3-14137

神峯通考中諸格局　子3-14590

神山引曲　叢1-587(3)

26 神泉寧氏七修族譜[江西永新]　史5-38778

27 神灸經綸、麻疹備要方論　子2-10377

28 神僧傳　史2-6805～6　子5-26222、6-32090(65)、32091(63)、32092(43)、32093(52)、7-34715～6　叢1-19(11)、20(9)、21(10)、22(18)、23(18)、24(12)、29(2)、91、185、2-730(5)

神煞吉凶　子3-14550

30 神室八法　子5-29567～72、31397　叢2-724

神宣遊稿　集4-22670

神宣遊草、雲棧紀程　集4-22671

神宴　集7-49529

神宗皇帝即位使遼語錄　史1-2469　叢2-785

32 神州古史考殘　史7-50265　叢2-832(4)

神州國光集　子3-16762

神州國光集第六集第七集　子3-16763

神州異產志、後志　叢2-622

神州會代讚　集7-51242

33 神祕名醫錄　史2-6713

34 神池縣志[光緒]　史7-55752

35 神清室詩稿　集3-20207

37 神通遊戲經　子6-32085(5)、32090(8)、32092(5)、32093(10)

38 神道要論　子7-35664

神道碑　史2-8978、9127　叢1-223(48)

神道碑銘　史2-9697　叢2-1309

神道大編象宗華天五星　子3-11321

神道大編曆宗通議　子3-11591

神道大編曆宗籌會　子3-12453

40 神九幽醮無礙夜齋次第儀　子5-29563

神境記　史7-49309、52592、52594～5　叢1-22(10)、23(10)、2-776

神女傳　子5-26222、27546　叢1-29(4)、185、249(2)、255(3)、395

神木鄉土志　史7-54921

神木縣鄉土志[民國]　史8-62999

神木縣志[道光]　史8-62998

41 神樞經序　子3-13152

神樞鬼藏錄　子7-38237

42 神機致理兵法心要(神機致理兵法心要全集)　子1-3247

神機致理兵法心要全集　子1-3248

神機制敵　子3-13851

神機制敵天書白猿經　子3-13803

神機制敵太白陰經　子1-3081　叢1-273(4)、274(4)、377、394、2-731(19)

神機制敵太白陰經(太白陰經、太白經)　子1-3759

神機總要　子3-14599

神機妙算鐵板數十四集　子3-14090

神機營訴功　集7-53257

神機營官兵銜名數目　史3-23692

46 神相麻衣集　子3-14223

神相證驗百條　子3-14218～9　叢1-422

神相彙編、行續集、附錄　子3-14214

神相心參　子3-14234

神相全編　子3-14190、14204

神相鐵闗刀　子3-14191

47 神奴兒大闹開封府雜劇　集7-48767(3)、48994　叢2-698(15)

52 神授保產經驗簡便良方　子2-8292
神授急救異痧奇方　子2-7035
神授遁甲天書　子3-14368、14397

53 神威警夢　集7-49700

54 神技編　子1-3550

55 神農本經　子2-4723、5489
神農本經、本說　子2-5491
神農本經會通　子2-5541
神農本草　子2-5487~8　叢2-775(5)
神農本草經　子2-4700、4771(2)、5484~6
　叢1-260~1、2-731(29)、772(4)、773(4)、
　1793、1817
神農本草經(本草經)　子2-5483
神農本草經讀　子2-4649~50、4653~63、
　5500
神農本草經疏　子2-5492　叢1-223(34)
神農本草經百種錄　子2-4607~10、4612、
　4661、5499　叢1-223(34)
神農本草經百種錄注解　子2-4662
神農本草經集注　子2-5514
神農本草經經釋　子2-5508
神農本草經贊、月令七十二候贊　子2-
　4770、5758
神農本草經贊附月令七十二候贊　子2-
　4672
神農本草經解　子2-5299
神農本草經注　子2-5513
神農本草經校注　子2-5511
神農本草經藥性增解　子2-4759
神農本草經摘談　子2-5509
神農本草經指歸　子2-4713、5506
神農本草經抄今注　子2-5512
神農本藥經讀　子2-4648、4651~2
神農書　子1-4083　叢2-774(9)

60 神品七級　子7-35568
神異記　子5-26788　叢1-19(9)、20(7)、21
　(8)、24(10)
神異經　子1-61、5-26786　叢1-22(12)、23
　(11)、29(2)、71、73~7、114(5)、175、223(45)、
　249(1)、374、566、2-617(3)、624(1)、726
神異經、佚文　子5-26787
神異經佚文　叢2-777
神異錄　史7-51789

66 神呪志　子5-26222、26895　叢1-185
神咒錄　子2-11181、5-31674　叢1-173
神器譜　子1-3536　叢2-741
神器譜、續、或問、防虜車銃議、車銃圖、倭
　情屯田議、中國朝鮮日本形勢圖署　子
　1-3535
神器譜或問　子1-3537　叢2-741

67 神明鏡詩　集4-33642
神明鏡稿　集4-33641

72 神隱　子5-31998

77 神醫　叢2-695

78 神驗良方集要、補遺　子2-10085

80 神羊遺著三種　叢2-1564
神氣通　子4-21798
神氣養形論　子5-29530(16)、29556、30900

90 神光經　子2-11006~7　叢1-115、368

3521₈ 禮

00 禮府家傳　史5-40892
禮府契置地佃清册　史6-47407
禮庭詩草　集4-23179
禮庭吟遺稿　集2-6984~5
禮雜問　經1-6025　叢2-774(4)

02 禮訓纂　叢2-2146

03 禮識　經1-173

07 禮記　經1-1、4~5、10~3、15、17~8、50、56、
　59、63、74~5、87~9、107、132、159、5518~25、
　5527、5537~40、5545~6、5554、5599、5609
　叢1-186、217、330、2-697、698(1)、1092、
　1443、1985、2148
禮記、釋文　經1-5541
禮記、釋文、考異　經1-5542
禮記、對校札記　經1-5547
禮記、校刊記　經1-131
禮記、考證　經1-16、5549
禮記主意存　經1-5659
禮記旁訓　經1-39、60、112
禮記旁訓辨體合訂　經1-5732
禮記旁訓增訂精義　經1-116、5733
禮記旁注　經1-62
禮記意評　經1-5641
禮記章句　經1-5664~5、5696、5713　叢2-
　1291~3、1390、1421
禮記章義　經1-86、5694
禮記音訓　經1-170、5895
禮記音義字考　經2-15111
禮記音義隱　經1-5885~8　叢2-765~6、
　773(1)、774(3)、775(2)
禮記衷要　經1-123、5755
禮記衷注　經1-5642
禮記訂譌　經1-5737
禮記訂補　經1-5655
禮記訓解　經1-38

禮記訓義擇言　經1-163(1)、5701　叢1-223(9)、273(2)、274(1)、2-731(21)

禮記訓纂　經1-5741　叢1-460,2-698(2)

禮記新義　經1-5643

禮記新義疏　經1-5559　叢2-774(3)

禮記識　經1-5792　叢2-2129(2)

禮記諸家引經異字同聲考　經1-5899

禮記讀　經1-5777

禮記讀本　經1-100、169

禮記讀本、撫本禮記鄭注考異、禮記經注校證　經1-5544

禮記講章　經1-5675

禮記講義　經1-5795　叢2-1747

禮記講錄　經1-5634

禮記課兒述注　經1-5621

禮記說　經1-5717

禮記說統　經1-5667

禮記說約、圖　經1-5666

禮記說述合參　經1-5688

禮記說義纂訂　經1-5647

禮記詳說　經1-81、5674、5788

禮記一說　經1-5789

禮記三注粹抄　經1-51、5607

禮記正文　經1-5529

禮記正譌　叢1-379

禮記正業　經1-5782

禮記正業會通　經1-5783

禮記正義　經1-5568、5570、5572　叢2-637(1)

禮記正義、校勘記　經1-5573

禮記正義殘　經1-5567

禮記正義殘卷附校勘記　經1-5571

禮記正義存、校勘記　叢2-670

禮記正義校勘記　經1-5574

禮記正簡　叢2-1987

禮記王氏注　經1-5557　叢2-774(3)

禮記疏意　經1-5637

禮記疏畧　經1-76、5672　叢2-1289

禮記疏長編殘卷　經1-5800

禮記疏義參新　經1-5638

禮記要義　經1-35、5586　叢1-265(2)

禮記要義、校勘記　叢2-636(2)

禮記要義校勘記　經1-5587

禮記天算釋　經1-163(4)、5771　叢1-288、411、433,2-653(1)、731(27)

禮記可讀　經1-5769　叢2-956

禮記引詩考　經1-5799

禮記引管　叢2-2063

禮記孫氏注　經1-5556　叢2-774(3)

禮記子思子言鄭注補正　經1-168、5870

禮記酌言　經1-5640

禮記手說　經1-5631

禮記毛氏汲古閣本正文改誤　叢2-1510

禮記集意　經1-5662

禮記集說　經1-42、44、68、77(3)、5594～6、5663、5690～1、5729、5776　叢1-223(9)、227(3)、574(3)、2-843

禮記集說、統說　經1-5585　叢1-223(9)、227(3)

禮記集說辨疑　經1-5605

禮記集說辯疑　子4-20430　叢1-337,2-731(21)

禮記集說補義　經1-5766　叢2-1888

禮記集說大全(禮記大全)　經1-5602

禮記集說大全、總論　經1-40～1

禮記集說校刊記　經1-5600

禮記集說凡例　經1-130、5601

禮記集傳　經1-43、5635

禮記集解　經1-5727　叢2-865～6

禮記集解節要　經1-161

禮記集注　經1-5597、5608、5709

禮記集注、戴經新旨　經1-5598

禮記集中　經1-5633

禮記集義　經1-144　叢2-1865

禮記盧注佚文疏證、後漢侍中尚書涿郡盧君年表　經1-5773

禮記盧氏注　經1-5534　叢2-774(3)

禮記衍脫錯考　經1-5742

禮記便讀　經1-5656

禮記熊皇異同　經1-5761

禮記熊氏義疏　經1-5566　叢2-774(4)

禮記經注疏正譌　經1-5728

禮記經注校證　經1-169、5798　叢2-2114

禮記經筵講章　經1-5676

禮記制度示掌圖　經1-5660

禮記外傳　經1-5581～2　叢2-774(4)、775(2)

禮記參訂　經1-5740

禮記佚文　經1-5555　叢2-777

禮記傳　經1-5591　叢1-574(3)

禮記白文　經1-6～7、5526

禮記皇氏義疏　經1-5563　叢2-774(4)

禮記偶記　經1-122、5734

禮記偶箋　經1-79、163(1)、5673　叢1-326,2-731(21)

禮記釋文　經1-5892

禮記釋注　經1-127、5758　叢1-462,2-1766

禮記釋地　經1-128

禮記御案　叢1-379

禮記解　經1-36、5584、5589、5636　叢1-

547(4),2-1036

禮記解詩經　經1-4272
禮記解詁　經1-5535　叢2-772(1)、773(1)
禮記解尚書　經1-2952
禮記鴛譜　經1-5651
禮記疑義　經1-5711、6355
禮記句解　經1-5588
禮記約編　經1-5705、6356～7
禮記約解　經1-5770　叢2-956
禮記約選　經1-5763
禮記約蒙　經1-57
禮記徐氏音　經1-5891　叢2-774(3)
禮記注疏　經1-23～5、5575　叢1-227(3)
禮記注疏、考證　經1-19、5576　叢1-223
　(8)
禮記注疏補缺　經1-5739
禮記注疏校正　叢1-258
禮記注疏校補　經1-5720　叢2-731(2)、
　847、1466
禮記注疏校勘記　經1-5580
禮記注疏校勘記、釋文校勘記　經1-20
禮記注疏考證　經1-111(2)、5577
禮記注疏按語　經1-5721
禮記注疏長編　經1-5756
禮記注疏鈔　經1-5791
禮記注殘本　經1-5790
禮記房會試同門硃卷　集6-45436
禮記客難(畏齋禮記客難)　經1-5751
禮記審議　叢2-2042
禮記心典傳本　經1-5775
禮記淺說　經1-5772
禮記補註　叢1-282(3)、283(3)
禮記補疏　經1-111(4)、5745　叢2-1625～6
禮記補注　經1-5726　叢2-731(21)
禮記述註　叢1-223(9)
禮記述解闡備彙參　經1-5708
禮記述注　經1-5680、6352
禮記沈氏義疏　經1-5565　叢2-774(4)
禮記遺文　經1-135
禮記遺篇　經1-135
禮記溫知錄　叢2-2270(2)
禮記初讀本四十九篇　經1-5780
禮記通註　叢2-731(9)
禮記通讀　經1-5781
禮記通解　經1-5622
禮記通解、讀禮記　經1-46
禮記通注　經1-5620
禮記資斧　經1-5670
禮記大學篇古微　經1-5884
禮記大全　經1-5603～4　叢1-223(9)

禮記存　叢2-601、750
禮記難字　經1-5894
禮記古訓考　經1-102、5736　叢2-1533～4
禮記古義　經1-5716　叢1-203(3)
禮記校注　叢2-1521
禮記校札　經1-5548
禮記校勘記(禮記注疏校勘記)、釋文校勘
　記　經1-5578
禮記校勘記、釋文校勘記　經1-111(3)
禮記札記　經1-136、5692、5710
禮記析疑　經1-5695　叢1-223(9),2-
　1386
禮記范氏音　經1-5889　叢2-774(3)
禮記菁華錄　經1-5778
禮記增訂旁訓　經1-5731
禮記敬業　經1-5650
禮記中說　經1-5617
禮記摘注　經1-5624
禮記摘藻　經1-5700
禮記指南　經1-5625
禮記擷要　經1-5702
禮記授讀　經1-5779
禮記或問　經1-5714　叢2-1421
禮記曲禮上下內則說例　經1-5804　叢2-
　2148
禮記揭要　經1-97、5707、5722
禮記擇言　經1-5703
禮記輯覽　經1-5614
禮記投壺篇　子3-18183
禮記蠡編　經1-5719　叢2-998、1455
禮記日錄、圖解　經1-5611
禮記日鈔　經1-5738
禮記目錄表　叢2-1510
禮記易讀　經1-5760
禮記思　經1-5649
禮記畧解　經1-5558　叢2-774(3)
禮記異文箋　經1-163(4)、5898　叢2-1920
禮記明音　經1-5893
禮記明訓　經1-61
禮記馬氏注　經1-5530　叢2-774(3)
禮記劉氏音　經1-5890　叢2-774(3)
禮記隱義　經1-5560～1　叢2-774(3)、775
　(2)
禮記刪繁定注　經1-5657
禮記質疑　經1-5765
禮記附記　經1-5723～4　叢2-731(21)、
　782(4)
禮記體注　經1-5682
禮記體注大全　經1-5684
禮記陳氏集說補正　經1-77(4)、5681

禮記陳氏集說刪補　經1-95

禮記覺言　經1-5610

禮記月令考異　經1-5851　叢2-1950

禮記舉業集要　經1-5687

禮記全文備旨　經1-143、5725

禮記全書彙纂豁解　經1-5704

禮記分類　經1-5686

禮記義證　經1-5564　叢2-774(4)

禮記義疏　經1-78、5697、6354

禮記義疏算法解　經1-5743　叢2-731
　(26)、786～7

禮記合參　經1-5747

禮記會解新裁　經1-5646

禮記劄記　經1-83

禮記鄭讀考　經1-163(3、4)、5896～7、5900
　叢2-1001、1920

禮記鄭注正字考　經1-5797

禮記鄭注校字　經1-5762

禮記篇目　經1-5671　叢1-202(4)、203
　(10)

禮記箋　經1-5768　叢2-1596、2105～6

禮記節本　經1-5706、5796　叢2-691(2)

禮記纂言　經1-5593　叢1-218、223(9)

禮記纂言(新刊京本禮記纂言)　經1-5592

禮記纂註　經1-55

禮記纂詁　經1-54

禮記纂注　經1-66、5632、5644

禮記纂類　經1-5668

禮記省度　經1-5677

禮記恆解　經1-5752　叢2-1640

禮記類詮　經1-5712

禮記類編　經1-5693

禮記類纂　叢2-1389

禮記精義　經1-113～5、5735

禮部韻畧七音三十六母通攷　經2-13742、
　14540

禮部韻畧七音三十六母通考　經2-13743

禮部政務處會奏變通科舉章程　史6-
　42278

禮部集　集1-5390～1　叢1-223(60)、227
　(10)

禮部遺集(過庭小稿、誓墓餘稿、萍軒詞草、
　律賦剩稿、試帖剩稿、避弌小草、萍軒小
　草)　集4-29619

禮部祠祭司奏文　史6-48011

禮部存稿　集2-12122～3　叢2-883

禮部志稿　史6-42809　叢1-223(26)

禮部奏議宗藩事宜　史6-42810

禮部奉旨通行原奏　史6-48010

禮部題請端木國瑚入祀鄉賢祠事實冊　史
　2-9730

禮部會典事例畧節　史6-41705

08　禮說　經1-111(2、4)、125、5018、6088、6108、
　6118　叢1-223(8)、2-1614、1971、2129
　(2)、2131

禮說畧　經1-163(4)、6109

禮論　經1-6030　叢2-774(4)

禮論雜　經1-6027

禮論條牒　經1-6031　叢2-774(4)

禮論難　叢2-774(4、11)

禮論畧鈔　經1-118、5326

禮論答問　經1-6028　叢2-774(4)

禮論鈔畧　經1-6032　叢2-774(4)

禮議　叢2-671

10　禮元剩語　子1-1052　叢1-61～4、2-730
　(4)、1093

禮石山房詩鈔　集4-24081

16　禮理篇　經1-6095

18　禮政考　子7-36240(2)

20　禮統　經1-6033～4　叢2-765～6、774(4)

21　禮拜模範　子7-35732

禮拜觀想偈畧釋　子7-35018、35082

禮拜箴規　子7-36048

禮經　經1-6064

禮經講儁　經1-5629

禮經說述合參　經1-6114

禮經酌古　經1-98、5262

禮經外解　經1-5630

禮經先路存　經1-5284

禮經偶記　經1-122、5312

禮經釋例　經1-111(3)、5317　叢1-344、2-
　731(21)、814

禮經釋例目錄　經1-5318　叢1-203(3)、
　349

禮經奧旨　經1-5244　叢1-195(1)、452、
　586(1)、2-716(1)、731(5)

禮經約述　經1-5645

禮經宮室答問　經1-6180　叢2-1632

禮經漢讀考　經1-5501

禮經通論　經1-163(4)、6105　叢2-614、
　1836

禮經通論殘帙　叢2-1835、1837

禮經大義　經1-5368～9

禮經校釋　經1-5367

禮經校釋補正　叢2-757

禮經舊說　經1-5370

禮經舊說、補遺　叢2-2248

禮經舊說考畧　經1-5371

禮經本義　經1-5292　叢1-223(8)

禮經質疑　經1-6069　叢2-665、1433～5

禮經凡例、容經學凡例　經1-5365　叢2-
　2129(2)

禮經學　經1-5366

禮經學述　經1-6094　叢1-203(16)

禮經貫　經1-5654

禮經會元　經1-77(3)、90、93、4926～8、4931　叢1-223(8)、227(3)、341

禮經會元疏釋　經1-5002　叢2-1334

禮經會元節要　經1-4929～30

禮經箋　經1-5353　叢2-2105～6

禮經小識　經1-5363

禮經類編　經1-6049

22 禮制　叢1-460

禮制集要　史6-42001

禮制通論　子7-36240(2)

禮制異同考、總目　經1-6087

禮山園文集、文集後編、續集、詩集　叢2-1368

禮山園詩集、嵩遊草、鎖闈雜詠、新城王氏西城別墅十三詠　集3-16808

禮山園集　集3-16807

禮山園全集二十二種　叢2-1368

禮樂政教之書、續　經1-6348

禮樂緒言　叢1-332

禮樂通考　經1-6275

禮樂合編　經1-6261

23 禮稽命徵　經1-171、176、6372～5、6379　叢1-22(2)、23(2)、273(3)、274(2)、330～1,2-731(14)、771(3)、772(3)、773(3)、821、1872

禮稽命徵、補遺　經1-6376

24 禮科給事中仕籍錄　史3-23665

禮科給事中李實題本　史6-48173

禮緯　經1-172、177、6361～2　叢1-273(3)、274(2),2-731(14)、772(3)、773(3)、821、1872

禮緯元命包　經1-172、8171

禮緯稽命徵　經1-172、6377～8、6380　叢1-441,2-774(7)、775(3)

禮緯斗威儀　經1-172、6387～9　叢1-441　叢2-774(7)、775(3)

禮緯附錄、補遺　經1-6391

禮緯附錄附補遺　經1-174

禮緯含文嘉　經1-172、6368～9、6371　子3-14582　叢1-441,2-774(7)、775(3)

25 禮律考　子7-36240(2)

禮佛發願文署[署]釋　子7-35083

禮佛儀式　子6-32091(68)

禮佛事儀　子7-32435

禮佛軒詩鈔　集5-37115

禮佛懺悔文　子7-34596

禮傳　經1-5531　叢2-774(3)

26 禮白嶽記　史7-53842　叢1-402,2-721、1181

禮白嶽紀　叢1-22(25)

禮吳中石佛起止儀式　子6-32091(68)

禮釋迦牟尼佛真身舍利塔寶號、阿育王舍利瑞應集　子7-34676

27 禮疑義　經1-6035　叢2-774(4)

28 禮儀定式　史6-42004、42007

禮儀器制改釋　經1-6207

禮儀類字釋名　子7-36237

禮俗志　子7-36245

禮俗權衡　經1-6327　集3-17271　叢2-1379

30 禮注彙辨　經1-6070

禮安堂遺稿合刻　集4-28134

31 禮江王氏宗譜[浙江]　史4-25223

34 禮斗威儀　經1-171、176、6381～5　叢1-22(2)、23(2)、273(3)、274(2)、330～1,2-731(14)、771(3)、773(3)、821、1872

禮斗威儀、補遺　經1-174、經1-6386

禮斗圓音　子7-32111

禮法啓愛　子7-36044

禮法華經儀式　子6-32089(48)、32090(61)、32091(59)、32092(42)、32093(50)

禮法捷徑　子7-36043

禮法問答三編　子7-36060

禮社薛氏宗譜[江蘇無錫]　史5-39922

37 禮運注　經1-5852

禮運禮器郊牲二扁訂　經1-6117

40 禮志　史6-42072

41 禮垣疏草　史6-48608

44 禮地藏菩薩懺願儀　子7-35010

禮村戴氏統宗譜[安徽旌德]　史5-40541

50 禮本堂詩集　集5-40578

禮書　經1-6241、6284　叢1-223(9)

禮書五功釋義(天方五功釋義)　子7-36039

禮書五功義(天方五功釋義)　子7-36038

禮書條述　經1-6092

禮書綱目　叢2-653(1)

禮書綱目、目錄、卷首、論律呂、深衣考誤　叢1-223(9)

禮書初編　經1-6285

禮書通故識語　叢2-2171

禮書通故五十篇　經1-6107

禮書通故釋語　叢2-2170

禮書附錄　經1-6277

禮表　經1-6093

55 禮曹章奏　史6-47883

禮曹章奏日錄(順治元年)　史1-1984,6-47882

禮耕存稿　集3-20178
禮耕堂文鈔　集4-25559
禮耕堂詩集、外集　集4-22873
禮耕堂詩草　集4-28963
禮耕堂五經撮要　經2-11550
禮耕堂叢說　子4-22511　叢1-434,2-841
禮耕堂叢說、史論五答、吉貝居暇唱　叢2-
　614
60 禮園雜記　史7-52021
禮園遺詩　集5-37705
62 禮縣新志[康熙]　史8-63249
禮縣新志[民國]　史8-63253
禮縣新志[光緒]　史8-63252
禮縣志[雍正]　史8-63250
禮縣志[乾隆]　史8-63251
65 禮畊存稿　集6-44456
66 禮器樂器圖、久遠章程　經1-6233
禮器樂器全圖　經1-6234
禮器釋名　經1-6212　叢2-2152
禮器通考　經1-6211
禮器圖說　經1-6232
77 禮學　叢1-460
禮學彙編　經1-6265
禮學大義　經1-6119　叢2-650
禮學卮言　叢2-1580
禮學卮言　經1-111(3)、6083　叢1-272(5)
禮闕郵齋詩鈔　集5-37776
禮問　經1-6303　叢1-347
禮賢書院更定章程　史7-52093
禮賢錄　史1-1925,2714　叢1-34
80 禮念彌陀道場懺法　子7-34982
禮姜閣詩　集4-28154
禮義答問　經1-6029　叢2-774(4)
禮舍利塔儀式　子6-32091(68)
禮含文嘉　經1-171、176、6363~6、6370　叢
　1-19(1)、21(1)、22(2)、23(2)、24(1)、273
　(3)、274(2)、330~1,2-731(14)、771(3)、772
　(3)、773(3)、821、1872
禮含文嘉、補遺　經1-174、6367
88 禮箋　經1-111(3)、6072
禮範　子1-1980　叢1-19(8)、20(5)、21(7)、
　24(8)
89 禮鈔　經1-6122
90 禮堂童氏宗譜[浙江蘭溪]　史5-36506
禮堂詩鈔　集4-24977、29711
禮堂集義　經1-6085
禮堂經說　經1-163(3),2-11687　叢2-
　1001
禮堂遺集、補遺、詩　集4-31699　叢2-
　1001
禮堂隨筆、禮堂祕存　子4-21574

93 禮懺心法　子7-35081

3526₀ 袖

10 袖雲石屋詩鈔　集5-34189
袖雲山房文鈔、詩鈔　集4-26533
18 袖珍方(新刊袖珍方)　子2-9210
袖珍詩韻　經2-13916
袖珍停雲館法帖　子3-15697
袖珍十三經註　經1-18
袖珍古書讀本三十種　叢2-697
袖珍印賞　子3-17035
袖珍小兒方　子2-8372
22 袖嶽草廬本草捷筌　子2-5712
38 袖海集　集5-41504
袖海山房詩集約選　集4-32331
袖海編　史7-49317(5)、49318(16)、54603
　叢1-202(4)、203(9)
袖海樓文稿　集5-36391
袖海樓文錄　集4-30227　叢2-1791
袖海樓詩草　集5-36389
袖海樓叢箸四種　叢2-1791
40 袖爽軒文鈔　集4-23321
50 袖中記　叢1-22(3)、23(3)、29(2),2-617(3)
袖中書　子4-21539　叢2-1920
袖中錦　子4-23791　叢1-114(6)、154、
　173、195(5),2-731(52)
袖東記　史7-54193
60 袖墨詞　集7-46422、48232
袖里璇璣　子3-14135
袖里乾坤太乙數　子3-14265
77 袖月樓詩鈔　集4-23283

3530₀ 連

16 連理枝　集7-52389~90
00 連文釋義　經2-14761　叢1-201、203(4)、
　353、371
10 連平顏氏宗譜[廣東連平]　史5-40985
連平州上坪謝氏四修族[廣東連平]　史5-
　40832
連平州鄉土志[光緒]　史8-60930
連平州志[雍正]　史8-60929
連雲書屋存稿　集4-24001
15 連珠　叢2-1339
連珠詩　集5-36249

連珠礟操法　子7-36990
連珠十二章壽虞山師相[王家相]七十嵩辰
　並序　子3-15472
連珠快書十種　集7-52981
連理山人詩鈔、文集　集3-19292
連理山人詩鈔金石集、江淮、京華集、關河
　集、瀟灑集　集3-19291
連理堂重訂四書存疑　經2-10298
連環記　集7-49718、49765～6、52391
22 連峯鄭氏宗譜[浙江江山]　史5-38661～3
連山、諸家論說　經1-2322、2491　叢2-
　774(1)
連山綏猺廳志　史7-49343
連山綏猺廳志[道光]　史8-60874
連山歸藏逸文　經1-2496　叢1-349
連山鄉土志[光緒]　史8-60875
連山灣新形勢　史7-49357、50002
連山書院志　史7-52126　叢2-1368
連山易　經1-2490　叢2-765～6
連山縣志[康熙]　史8-60870
連山縣志[民國]　史8-60873
連山贈言集、徵詩小引　叢2-1368
26 連自華醫書　子2-4688
31 連江瑤　集4-26034
連江縣志[嘉慶]　史8-58176
連江縣志[乾隆]　史8-58175
連江縣志[民國]　史8-58177
32 連州志[康熙]　史8-60860
連州志[乾隆]　史8-60861
連州志[同治]　史8-60862
連州鍾乳石歌、授經石歌、鳶山從祀詩、韓
　雲晶瑞歌　集5-37992
連叢子　叢1-223(29)
43 連城童氏族譜[福建連城]　史5-36510
連城張氏宗譜[安徽桐城]　史5-35136
連城縣志[康熙]　史8-58428
連城縣志[乾隆]　史8-58429
連城縣志[民國]　史8-58430
連城璧傳奇　集7-50158
連城璧十二集外編　子5-27786
44 連枝圖詩　集4-32453
57 連抑武雜記　子4-23003
60 連昇三級　集7-52392
62 連縣西岸區共和鄉沙坊村石姓族譜[廣東
　連州]　史4-26025
連縣志[民國]　史8-60863
72 連氏家譜[浙江上虞]　史4-31507
連氏宗譜[福建武夷山]　史4-31509～10
連氏義田事畧　史6-44698
連氏義田事畧[浙江上虞]　史4-31508

76 連陽八排風土記　史8-60871　叢2-1368
連陽八排風土記(八排風土記)　史8-
　60872
77 連用字　經2-14844
連居閣吟草　集4-32541
80 連龕尋夢記　叢2-1983
連分數學　子3-12386
連分數開方　子3-12400
88 連筠簃叢書十四種　叢1-359

3530₃ 迭

72 迭删吟草　集4-31205

3530₆ 迪

14 迪功集　集2-7778、6-42062
迪功集、談藝錄　叢1-223(65)、227(11)
迪功集選　集2-7779、6-41951　叢2-948、
　1336
24 迪幼錄　子1-2895
27 迪彝先生文　集3-19492
40 迪吉要言　子4-24307
迪吉通書　子3-14474
迪吉錄　子4-24148
86 迪知錄　叢2-1749

遭

22 遭亂紀畧　史1-4105　叢2-806
遭亂紀畧、焦東閣日記　史1-4106
40 遭難實錄詩　集4-31596

3530₇ 遣

29 遣愁集　子5-27442～3
遣愁山房遺稿　集4-31938
遣愁小草　集4-23037
47 遣犯劉三等全案供招　史6-46249
50 遣史　中1-181
遣春梅　集7-52424
53 遣戍伊犁日記　叢2-617(4)、1558～60

62 遺睡雜言　子4-21416～8,5-27129～30
65 遺晴雯　集7-52425
77 遺閒偶集　集6-41761
　　遺興詩　叢2-1293
　　遺興樓吟稿　集4-30145
90 遺懷集　集5-39034、40605

3530₈ 遺

00 遺文　子1-658、660～1
　　遺言　子4-19980　集1-3210　叢1-385
　　遺言(趙謙)　史2-8833
　　遺音綴筆　子3-17823　叢2-1232
02 遺訓存畧　子1-2306　叢2-1640
　　遺訓跋言　子1-2166
　　遺訓箋釋　子1-2165～6
　　遺訓箋釋跋言　子1-2166
04 遺詩　叢2-1369
　　遺讀我書室詩錄　集5-41382
08 遺論九事　經1-77(1)、2115～6　子5-
　　29530(4)　叢1-223(2)、227(2)
11 遺研齋集　集3-20579
15 遺珠貫索　子5-26445
16 遺硯樓小集、繡篋小集　集4-28579
20 遺愛集　史2-9409　集5-41165
　　遺愛錄　史2-9395
　　遺愛錄(李蘇鄰)　史2-9570
　　遺稿雜集(冒守愚)　集2-12216
21 遺經樓文稿　集4-24680　叢2-1538
　　遺經樓草　集5-34201,6-42007(1)
22 遺山詩　集6-41995
　　遺山詩選　集6-41777、41781
　　遺山詩髓、元詩備考、備考補遺　集1-4688
　　遺山詩鈔　集1-4681,3-14392
　　遺山集　集1-4675～6　叢1-223(58)、227
　　(10)
　　遺山集補遺　集1-4693,6-41926
　　遺山樂府　集7-46352、46363、46367、46738
　　遺山先生文集　集1-4690
　　遺山先生文集(遺山集,元遺山先生集)　集
　　1-4689
　　遺山先生文集、補　叢2-635(11)
　　遺山先生新樂府　集7-46739～40　叢1-
　　265(5)、2-606
　　遺山先生新樂府、補遺、訂誤　集1-4680
　　遺山先生詩集　集1-4673,6-41927～8
　　遺山先生年譜畧　史2-11362　叢1-326,
　　2-731(50)
　　遺山題跋　叢1-221、371,2-731(34)

遺山咏杏詩　集1-4679
　　遺山堂集　集3-14391
24 遺德鈔存　史2-10302
27 遺像遺墨　叢2-2078
30 遺安老人文存　集5-34409
　　遺安堂詩集　集2-9947,3-15399
40 遺真記　集7-49651
48 遺教論疏節要　子6-32089(50)
　　遺教經論　子6-32081(23)、32082(14)、32083
　　(16)、32084(13)、32085(22)、32086(25)、
　　32088(16)、32089(42)、32090(49)、32091
　　(47)、32092(32)、32093(28)
　　遺教經論住法記、佛垂般涅槃署說教誡經
　　(佛遺教經)　子7-33650
50 遺史紀聞　叢1-22(4)、1-23(4)、249(3),2-
　　624(2)、731(52)
　　遺事　集6-42036
　　遺事瑣談、紀　史1-3038
　　遺書　子1-654～5、657～8　集1-4749
　　遺書編　子1-666
53 遺戍伊犁日記　子4-23211
60 遺園詩集　集5-34336、40390
　　遺園詩餘　集7-48161　叢2-946
　　遺思錄　史6-48256
67 遺照手卷題辭　集3-18748
77 遺風龐氏宗譜[浙江紹興]　史5-41307
　　遺閒偶集　集3-19742
　　遺民詩、近青堂詩　集6-43867～8
80 遺盦日記(民國元年至三年)　史2-13173
88 遺筆彙存　集5-39377　叢2-2156
　　遺簏錄　史8-64892
97 遺恨集　集5-38272

3530₉ 速

00 速疾立驗魔醯首羅天說阿尾奢法　子6-
　　32085(53)、32086(63)、32088(39)、32089
　　(37)、32090(57)、32091(55)、32092(37)、
　　32093(37)
53 速成文訣　經2-13500
63 速戰陣圖　子1-3751
78 速除罤粟　子4-21975

3610₀ 汨

60 汨羅江　集7-48780、7-49318

泊

00 泊廬閒錄　集 5 - 41267
　　泊齋別錄　集 3 - 15812
12 泊水齋文鈔　集 2 - 11500
　　泊水齋文鈔、詩鈔　集 2 - 11496
　　泊水齋詩集　集 2 - 11497
30 泊宅編　子 4 - 20013～5　叢 1 - 19(5)、21
　　(4)、22(5)、23(4)、24(5)、29(6)、31、99～101、
　　166、223(45)、278、374、435,2 - 857、859
　　泊宅篇　叢 1 - 20(3)
44 泊菴文集(泊菴集)　集 2 - 6465
　　泊菴集　叢 1 - 223(63)
　　泊菴先生文集　集 2 - 6466～7
　　泊菴先生詩鈔　集 2 - 6464
　　泊菴鞭蓉影　集 7 - 50075
46 泊如齋吟草　集 2 - 10655
　　泊如軒稿　集 3 - 15421～2
77 泊居剩稿　集 5 - 38592
　　泊居剩稿、續編　集 5 - 38593
　　泊鷗山房集　集 3 - 20328

泗

12 泗水真傳　子 7 - 32111
　　泗水縣鄉土志[光緒]　史 8 - 59396
　　泗水縣志[順治]　史 8 - 59394
　　泗水縣志[萬曆]　史 8 - 59393
　　泗水縣志[光緒]　史 8 - 59395
　　泗水余氏會通世譜[山東]　史 4 - 28601
　　泗水余氏會通世譜[安徽歙縣]　史 4 -
　　28578
21 泗上雜言　集 3 - 15180
26 泗泉精舍集　集 3 - 17684
32 泗州集　集 1 - 2309
　　泗州通誌[康熙]　史 7 - 57783
　　泗州大水記　史 7 - 50488
　　泗州大聖明覺普照國師傳　史 2 - 8731
　　泗州直隸州志[康熙]　史 7 - 57784
　　泗州志[乾隆]　史 7 - 57785
　　泗州考古錄　史 7 - 51417
　　泗州楊尚書遺詩　集 5 - 39781
40 泗志備遺[嘉靖]　史 7 - 57780
51 泗虹合志[光緒]　史 7 - 57786
62 泗縣志畧[民國]　史 7 - 57787

76 泗陽張沌谷居士(相文)年譜、榮哀錄　史
　　2 - 12429　叢 2 - 2186
　　泗陽縣志[民國]　史 7 - 56648

洄

32 洄溪祕方　子 2 - 4722、4769、9469
　　洄溪道情　子 2 - 4610、4612　集 7 - 52595
　　叢 2 - 1424
　　洄溪老人二十六祕方、牛痘要法、推拿述畧
　　子 2 - 9470
　　洄溪林氏族譜[江西宜春]　史 4 - 29353
　　洄溪脈學　子 2 - 4608、4612、6140
　　洄溪醫案　子 2 - 4608～10、4612、4698、10558
　　叢 1 - 435

泊

12 泊水齋文鈔、詩鈔　叢 2 - 821

湘

00 湘痕閣詩稿　集 4 - 27628
　　湘痕閣詩稿、詞稿　叢 2 - 1460
　　湘痕閣詞稿　集 7 - 48051
　　湘痕閣存稿　集 4 - 27629,6 - 42006
　　湘亭文集　集 3 - 18386
　　湘亭詩稿　集 5 - 34142
　　湘麇閣遺集　集 5 - 37451
　　湘麇館遺墨粹存　集 5 - 37449
　　湘音樓吟草　集 5 - 37790
10 湘靈集　集 6 - 41999
　　湘靈館雜鈔　集 6 - 41992
　　湘雪詩鈔　集 4 - 26131
　　湘雪軒詩鈔(湘雪軒詩)　集 4 - 23863
　　湘雨齋詞草　集 4 - 28618,7 - 47485
　　湘雨樓詩　集 5 - 37099～100
　　湘雨樓詩鈔　集 5 - 37101
　　湘雨樓詞鈔　集 7 - 46423、48170
　　湘弦詞　集 5 - 39202
　　湘西譚氏六升堂支譜[湖南湘潭]　史 5 -
　　41275
　　湘西許氏族譜[湖南長沙]　史 5 - 34478
　　湘西王氏續修支譜[湖南長沙]　史 4 -
　　25415

湘西岱山沈氏族譜［湖南湘鄉］　史 4 -
　29126
湘西岱山沈氏五修族譜［湖南湘鄉］　史 4 -
　29127
湘西沈氏三修族譜［湖南湘鄉］　史 4 -
　29125
湘西沈氏房譜［湖南湘鄉］　史 4 - 29128
湘西七星橋譚氏族譜［湖南湘鄉］　史 5 -
　41286
湘西卷唐李氏支譜［湖南長沙］　史 4 -
　27435
湘雲醉酒　集 7 - 52519、52764
湘雲集　集 4 - 23724
湘雲遺稿　集 7 - 47268
湘雲閣詩　集 3 - 20020
湘雲閣殘稿　集 4 - 27484
11 湘北李氏續修支譜［湖南湘陰］　史 4 -
　27517
湘琴遺稿　集 4 - 23164
湘瑟詞、望廬集句　集 7 - 46989
12 湘水記　史 7 - 49317(7)、49318(10)、50733、
　52993　叢 2 - 776
湘水懷清集(俞廉三)　史 2 - 10640
15 湘醴兩邑殷氏族譜［湖南］　史 4 - 32224
16 湘碧堂詩鈔　集 4 - 23100
17 湘子賣雜貨　集 7 - 53321
湘子點化一段　集 7 - 51583
湘子問道寶卷　集 7 - 54256
湘子全傳　子 5 - 28849　集 7 - 52588、54254
21 湘上詩緣錄、新安詩萃　集 6 - 46155
湘上戴氏族譜［湖南湘鄉］　史 5 - 40564
湘上戴氏三修族譜［湖南湘鄉］　史 5 -
　40566
湘上戴氏三修族譜［湖南湘潭］　史 5 -
　40561
湘上戴氏續譜［湖南湘鄉］　史 5 - 40565
湘上歐陽續修族譜［湖南湘鄉］　史 5 -
　39106
湘上舒氏續譜［湖南湘鄉］　史 5 - 36325
湘行記　史 7 - 49317(8)、49318(11)、53855
湘衡拗柴胡氏續修族譜［湖南湘潭］　史 4 -
　30626
22 湘岸行鹽圖表、附說　史 6 - 43903
湘山志　史 7 - 52566～7
湘山事狀全集　史 7 - 51714
湘山野錄　子 4 - 22887～8　叢 1 - 16、19(6)、
　20(4)、24(6)、195(5)
湘山野錄、續錄　子 4 - 22889　叢 1 - 166、
　169(4)、223(44)、268(4)、2 - 624(2)
湘山錄　子 4 - 22890　叢 1 - 22(10)、23(10)
24 湘綺府君(王闓運)年譜　史 2 - 12289　叢

2 - 2106
湘綺詩、夜雪集、後集　集 5 - 35615
湘綺老人論詩冊子　集 6 - 46206
湘綺樓唐七言詩選　集 6 - 43517～8
湘綺樓文　集 5 - 35639、35641
湘綺樓文集　集 5 - 35640、35642　叢 2 - 2106
湘綺樓文集、詩集　集 5 - 35616～7　叢 2 -
　2105
湘綺樓詩　集 5 - 35620、35624～7　叢 1 - 445
湘綺樓詩集　集 5 - 35623
湘綺樓詩集、文集碑銘　集 5 - 35638
湘綺樓詩集、對聯　集 5 - 35629
湘綺樓詩集、別集　叢 2 - 2106
湘綺樓詩外集　集 5 - 35635
湘綺樓詩別集　集 5 - 35636
湘綺樓詩鈔　集 5 - 35630、35634
湘綺樓詞乙巳自定本　集 7 - 48404
湘綺樓詞選前編、續編　集 7 - 48405
湘綺樓詞鈔　集 7 - 46423、48406　叢 2 - 2106
湘綺樓五言律詩　集 5 - 35632
湘綺樓五言今體詩鈔　集 5 - 35631
湘綺樓聯語　集 5 - 35650
湘綺樓毛詩評點　經 1 - 4336
湘綺樓自定本　集 5 - 35621～2
湘綺樓絕妙好詞選　叢 2 - 2106
湘綺樓家禮儀節輯注　經 1 - 6345
湘綺樓七言近體詩鈔　集 5 - 35633
湘綺樓書牘　集 5 - 35648
湘綺樓未刻稿　集 5 - 35645
湘綺樓日記(清光緒十四年至十五年)　史
　2 - 12987
湘綺樓駢體文鈔　集 5 - 35646,6 - 42075
湘綺樓全集　集 5 - 35614
湘綺樓全集(湘綺樓文集、詩集、詩別集、箋
　啓)　集 5 - 35613
湘綺樓全書十八種　叢 2 - 2105
湘綺樓箋啓　叢 2 - 2106
湘綺樓箋啓(王壬秋先生箋啓)　集 5 -
　35647
湘絃離恨譜　集 7 - 48169
26 湘皋集　集 2 - 7329～30
湘皋老人六說六種　子 1 - 72
27 湘鄉高沖文氏族譜［湖南湘鄉］　史 4 -
　25695
湘鄉高沖文氏支譜［湖南湘鄉］　史 4 -
　25696
湘鄉龍田彭氏族譜［湖南湘鄉］　史 5 -
　35621
湘鄉譚氏續修譜［湖南湘鄉］　史 5 - 41294
湘鄉譚氏支譜［湖南湘鄉］　史 5 - 41291
湘鄉王淑人傳　史 2 - 9958

湘鄉王氏續修家譜[湖南湘鄉] 史4-25474

湘鄉疏草 史6-48923

湘鄉平地沖胡氏宗譜[湖南湘鄉] 史4-30642

湘鄉石龍蔣氏族譜[湖南湘鄉] 史5-38206

湘鄉石柱塘周氏族譜[湖南湘鄉] 史4-30203

湘鄉張氏五修族譜[湖南湘鄉] 史5-35376

湘鄉張氏叔房支譜[湖南湘鄉] 史5-35369

湘鄉孔氏續修族譜[湖南湘鄉] 史4-25969

湘鄉師相言兵事手函 子3-15762

湘鄉朱氏族譜[湖南湘鄉] 史4-26726

湘鄉白龍彭氏族譜[湖南湘鄉] 史5-35616

湘鄉魏氏四修族譜[湖南湘鄉] 史5-40437

湘鄉鄉土地理志[民國] 史8-60568

湘鄉約溪彭氏四修族譜[湖南湘鄉] 史5-35615

湘鄉永豐蔡林氏族譜二編[湖南雙峯] 史4-29383

湘鄉寶溪劉氏十修族譜[湖南湘鄉] 史5-39619

湘鄉潭臺舒氏族譜[湖南湘鄉] 史5-36323

湘鄉淩氏三修族譜[湖南湘鄉] 史4-34664

湘鄉油榨鋪橋溪郭氏三修族譜[湖南湘鄉] 史4-32372

湘鄉大湖張姓四修族譜[湖南湘鄉] 史5-35364

湘鄉七星譚氏五修族譜[湖南湘鄉] 史5-41288

湘鄉城前何氏榮房三修世譜[湖南湘鄉] 史4-28406

湘鄉花橋張氏三修族譜[湖南湘鄉] 史5-35375

湘鄉燕堂彭氏族譜[湖南湘鄉] 史5-35613

湘鄉華廈周氏三修族譜[湖南湘鄉] 史4-30189

湘鄉華廈周氏四修族譜[湖南湘鄉] 史4-30190

湘鄉葉氏續修族譜[湖南湘鄉] 史5-35770

湘鄉楊氏族譜[湖南湘鄉] 史5-37034

湘鄉史地常識[民國] 史8-60569

湘鄉成氏三修族譜[湖南湘鄉] 史4-26256

湘鄉曹氏三修族譜[湖南湘鄉] 史5-34250

湘鄉易氏支譜[湖南湘鄉] 史4-29555

湘鄉田氏三修族譜[湖南湘鄉] 史4-26110

湘鄉羅氏族譜三十八編首[湖南湘鄉] 史5-41115

湘鄉縣西門三眼井黃氏三修支譜[湖南湘鄉] 史5-34060、34062

湘鄉縣西門三眼井黃氏續修支譜[湖南湘鄉] 史5-34059

湘鄉縣志[康熙] 史8-60562~3

湘鄉縣志[道光] 史8-60566

湘鄉縣志[嘉慶] 史8-60565

湘鄉縣志[乾隆] 史8-60564

湘鄉縣志[同治] 史8-60567

湘鄉縣志稿[民國] 史8-60570

湘鄉陳氏三修支譜[湖南湘鄉] 史4-33376

湘鄉曾氏重修族譜[湖南湘鄉] 史5-36669

湘舟漫錄 子4-23279 叢2-1597~9

湘舟漫錄、驂鸞集 子4-23278

湘船錄 叢1-203(10)

28 湘帓詩稿 集4-23459

湘谿詩集 集3-15309

30 湘灘合稿 集6-44288

湘寧周氏五修族譜[湖南] 史4-30226

湘寧周氏四修族譜[湖南] 史4-30225

31 湘潭方上周氏家譜[湖南湘潭] 史4-30184

湘潭高司嶺周氏三修族譜[湖南湘潭] 史4-30183

湘潭高塘李氏七修族譜[湖南湘潭] 史4-27557

湘潭高塘李氏八修家譜[湖南湘潭] 史4-27558

湘潭唐氏七修宗譜[湖南湘潭] 史4-32566

湘潭六都張氏族譜[湖南湘潭] 史5-35385~6

湘潭六都張氏支譜[湖南湘潭] 史5-35387

湘潭龍船港李氏六修族譜[湖南湘潭] 史4-27556

湘潭龍船港李氏五修族譜[湖南湘潭] 史4-27555

湘潭顏氏四修族譜[湖南湘潭] 史5-40977

湘潭譚氏總譜[湖南湘潭] 史5-41281

湘潭旗頭陳氏六修分譜[湖南湘潭]　史4-33334

湘潭許氏族譜[湖南湘潭]　史5-34488

湘潭一草亭葉氏五修譜[湖南湘潭]　史5-35769

湘潭王志商存[民國]　史8-60579

湘潭王尊浦先生(時邁)遺事集　史2-10386

湘潭王氏三修家乘[湖南湘潭]　史4-25479

湘潭王氏家乘[湖南湘潭]　史4-25478

湘潭石浦王氏六修族譜[湖南湘潭]　史4-25485

湘潭石坑黃氏六修族譜[湖南湘潭]　史5-34055

湘潭瓦子坪蔣氏九修譜[湖南湘潭]　史5-38205

湘潭雲湖颿湖塘羅氏二修支譜[湖南湘潭]　史5-41124

湘潭裴氏四修族譜[湖南湘潭]　史5-38495

湘潭孫氏族譜[湖南湘潭]　史5-33682

湘潭碑頭市劉氏族譜[湖南湘潭]　史5-39577

湘潭岱頭劉氏四修支譜[湖南湘潭]　史5-39608

湘潭純塘劉氏三修族譜[湖南湘潭]　史5-39609

湘潭純塘劉氏四修家乘[湖南湘潭]　史5-39610

湘潭白汜劉氏三修族譜[湖南湘潭]　史5-39587

湘潭黎氏三修譜[湖南湘潭]　史5-39137

湘潭黎氏家譜[湖南湘潭]　史5-39138

湘潭鄉土[民國]　史8-60581

湘潭馮氏三修族譜[湖南湘潭]　史5-36468

湘潭汜上吳氏房譜[湖南湘潭]　史4-28176

湘潭渚頭朱氏續修族譜[湖南湘潭]　史4-26724

湘潭泂灣趙氏五修族譜[湖南湘潭]　史5-38420

湘潭鴻橋黃氏初修族譜[湖南湘潭]　史5-34058

湘潭鴻門前蕭氏族譜[湖南湘潭]　史5-40000

湘潭淦田唐氏族譜[湖南湘潭]　史4-32564

湘潭淦田曾氏族譜[湖南湘潭]　史5-36666

湘潭大山湯氏六修族譜[湖南湘潭]　史5-

湘潭志[康熙]　史8-60573

湘潭志校勘初篇[光緒]　史8-60578

湘潭李氏支修墨譜[湖南湘潭]　史4-27562

湘潭板橋胡氏五修族譜[湖南湘潭]　史4-30637

湘潭橋頭劉氏三修族譜[湖南湘潭]　史5-39606

湘潭薑畬陳氏四修族譜[湖南湘潭]　史4-33361

湘潭鼓磉洲羅氏六修族譜[湖南湘潭]　史5-41127

湘潭鼓磉洲羅氏五修族譜[湖南湘潭]　史5-41126

湘潭鼓磉洲羅氏七修族譜[湖南湘潭]　史5-41128～30

湘潭塔嶺鄧氏五修族譜[湖南湘潭]　史5-38858

湘潭蘭下王氏四修族譜[湖南湘潭]　史4-25483

湘潭黃氏九修族譜[湖南湘潭]　史5-34057

湘潭壩子塘劉氏四修族譜[湖南湘潭]　史5-39592

湘潭楊梓張氏家譜[湖南湘潭]　史5-35389

湘潭胡氏栗塘房六修通譜[湖南湘潭]　史4-30632

湘潭曹氏鼎公支譜[湖南湘潭]　史5-34249

湘潭蟬塘楊氏五修族譜[湖南湘潭]　史5-37031

湘潭縣志[康熙]　史8-60572

湘潭縣志[嘉慶]　史8-60576

湘潭縣志[嘉靖]　史8-60571

湘潭縣志[乾隆]　史8-60574～5

湘潭縣志[光緒]　史8-60577

湘潭縣地理圖說[民國]　史8-60580

湘潭劉氏六修族譜[湖南湘潭]　史5-39595

湘潭陳氏七修族譜[湖南湘潭]　史4-33358

湘潭陳氏四修族譜[湖南]　史4-33360

湘潭陶氏四修支譜[湖南湘潭]　史5-33508

湘潭學前譚氏二修族譜[湖南湘潭]　史5-41270

湘潭學前譚氏二修踵修族譜[湖南湘潭]　史5-41271

湘潭學前譚氏三修支譜[湖南湘潭]　史5-41272

湘潭八子塘劉氏三修族譜［湖南湘潭］　史5－39591

湘潭翁氏族譜［湖南湘潭］　史4－32254

湘潭錦石譚氏家譜［湖南湘潭］　史5－41280

湘潭錦石歐陽氏四修族譜［湖南湘潭］　史5－39107

湘潭竹埠尹氏族譜［湖南湘潭］　史4－25914

32 湘州記　史7－49309、50722～9　叢2－776

湘州滎陽郡記　史7－49309、50776

33 湘浦詩鈔、賦鈔、安蔬草堂試帖　集4－26363

34 湘漢百事　史1－1994、4339

湘社雅詞　叢2－995

37 湘湖水利志　史6－46815　叢2－846、1309

湘湖孫氏宗譜［浙江蕭山］　史5－33576

湘湖馮氏家譜［江西浮梁］　史5－36454～5

湘湖考畧　史6－46816

湘湖劉氏族譜［福建武平］　史5－39352

湘湄詩話　集5－39855

湘涵試帖　叢2－1574

湘軍記　史1－1988、4008～9　叢2－832(5)

湘軍平定粵匪戰圖　史2－7516

湘軍平定粵匪戰圖、紫光閣功臣小像　子3－16558

湘軍志　史1－4010～1　叢2－2105～6

湘軍志平議　史1－4012

40 湘壇集　集5－39213

湘南集、邕管集　集4－22127

湘南遊草　集4－28537

湘南李氏四修族譜［湖南湘鄉］　史4－27577

湘南韓氏宗譜［浙江蕭山］　史5－40354、40356

湘南吟草　集4－28567

湘南陳氏族譜［湖南湘鄉］　史4－33377

湘真閣稿　集2－12571

湘真閣存稿　集7－46401

43 湘城訪古錄　史8－63512、64044～5

湘城訪古錄［光緒］　史8－60428

湘城遺事記［光緒］　史8－60430

44 湘藩案牘鈔存　史6－47326

湘夢詞　集3－20922　叢2－984、1480

湘蘅詩草　集4－24262

湘蘅館遺稿　集5－40443

湘草　集3－17024

45 湘椷宧遺稿　集5－34507

湘椷宧遺稿(文、詩、時文)　集5－34506

47 湘帆詩稿　集4－26387

湘帆歸隱草　集4－30666

湘帆堂文錄　集6－42066

湘妃怨　子3－17582、17779

50 湘中記　史7－49309、50717、50719～21、50730～1　叢1－19(2)、21(2)、22(11)、23(10)、24(3)、29(2)、2－776

湘中怨詞　叢1－29(4)、255(2)

湘中名賢遺集五種　史7－49309

湘中草　集3－13582～3、6－41762　叢2－1287

湘東草堂詩集　集4－32597

湘東歐陽續譜［湖南］　史5－39115

57 湘軺集　叢2－2032

58 湘軺叢刻　集5－36445

60 湘園詩草　集3－16692

62 湘影(周掛帆)歷史　史2－10503

湘影樓爐餘詩　集5－36304

63 湘畹詩鈔　集3－21130～1

湘畹古近體詩存、駢體文存　集5－36657

64 湘畦雜抄　子4－23199

68 湘吟草　集4－23825

77 湘颿紀程　史2－10211

湘颿堂文錄　集2－12721

湘颿堂集　集2－12718、12720、6－44819

湘巴庚氏家譜［湖南湘鄉］　史5－34616

湘卿詩鈔　集4－26580～1

78 湘陰高明鄉志［民國］　史8－60537

湘陰新開市黃氏譜［湖南湘陰］　史5－34040

湘陰張氏家譜［湖南湘陰］　史5－35339

湘陰硖石胡氏族譜［湖南湘陰］　史4－30622

湘陰吳氏族譜［湖南湘陰］　史4－28159

湘陰李星沅氏日記鈔　史2－12698

湘陰相國文鈔　集4－32356

湘陰易氏續修族譜［湖南湘陰］　史4－29547

湘陰縣馮氏支譜［湖南湘陰］　史5－36463～4

湘陰縣志［康熙］　史8－60532

湘陰縣志［嘉慶］　史8－60534

湘陰縣志［嘉靖］　史8－60531

湘陰縣志［乾隆］　史8－60533

湘陰縣志稿［光緒］　史8－60535

湘陰縣圖志［光緒］　史8－60536

湘陰陳氏家譜［湖南湘陰］　史4－33318

湘陰周氏族譜［湖南湘陰］　史4－30165

湘陰周氏續修族譜［湖南湘陰］　史4－30166

湘陰閔氏家譜［湖南湘陰］　史5－36711

80 湘人著述提要　史8－66128

湘翁沄禪師語錄　子7－34321

湘谷初稿、吟稿、續稿　集5－37371～4

81 湘頌樓詞、都曇別譜　集7-47582
88 湘筠館詞　集7-47382
　　湘筠齋遺稿　集4-25067
　　湘管齋寓賞編　子3-14821
　　湘管齋寓賞續編　子3-14822
91 湘煙閣詩石鐘山　叢2-622
　　湘煙閣詩鐘　子3-18168
　　湘煙錄　子4-24105
　　湘煙小錄　子5-26230　叢1-587(5)

3611₀ 況

05 況靖安集　集2-6620
40 況太守(鍾)年譜　史2-11418
　　況太守集　集2-6619
　　況太守集、補遺　叢1-483
48 況梅齋詩草、京江遊草　集4-26614

3611₁ 混

00 混唐後傳　子5-28053~4
10 混元弘陽飄高祖臨凡經　子7-36161
　　混元弘陽血湖寶懺　子7-36166
　　混元弘陽寶燈　子7-36180
　　混元弘陽大法祖明經　子7-36175
　　混元弘陽苦功悟道經　集7-54142
　　混元弘陽苦功悟道寶經　集7-54142
　　混元弘陽如來無極飄高祖臨凡寶卷(混元
　　　弘陽無極飄高臨凡寶經、弘陽臨凡飄高
　　　經、混元弘陽臨凡飄高經)　集7-54145
　　混元弘陽救苦觀燈　子7-36179
　　混元弘陽顯性結果經　子7-36165　集7-
　　　54148
　　混元弘陽嘆世經　子7-36163
　　混元弘陽悟道明心經　子7-36164
　　混元聖紀　史2-8368　子5-29530(15)
　　混元紅陽血湖寶懺　集7-54149
　　混元紅陽悟道明心經　集7-54144
　　混元寶燈起止規範　子7-36181
　　混元道祖天符文帖　子5-31727
　　混元教弘陽中華寶經(弘陽歎世經、弘陽歎
　　　世寶經、混元弘陽嘆世經、嘆世經、混元
　　　弘陽嘆世真經)　集7-54146
　　混元教弘陽中華寶卷　子7-36172
　　混元陽符經　子5-29530(1)、29800
　　混元八景真經　子5-29530(13)、30050

　　混元盒五毒全傳　子5-28904
　　混元金丹祕旨　子5-31496
28 混俗頤生錄　子2-10958,5-29530(17)
31 混江驢　集7-53765
35 混沌一無紫炁驅瘟符祕　子5-31701
40 混古始天易　經1-751
77 混同天牌譜　子3-18250　叢1-203(3、18)

3611₄ 涅

27 涅般經悉談章　子7-34826
　　涅槃玄義發源機要　子6-32088(42)、32090
　　　(62)、32091(61)、32092(41)
　　涅槃論　子6-32083(16)
　　涅槃經玄義發源機要　子6-32089(49)
　　涅槃經如意珠偈解旨　子6-32093(28)
　　涅槃經本有今無偈論　子6-32089(41)、
　　　32090(49)、32091(47)、32092(32)
　　涅槃義記　子7-33385

湟

31 湟源縣風土調查錄[民國]　史8-63296
45 湟榛詩選　集3-14584,6-41961
50 湟中雜記　史7-51180~1　叢2-593~4
　　湟中詩稿　集4-32352
　　湟中行紀　史7-54073
　　湟中牘、家食藥　集2-9897
　　湟中楊氏宗譜[青海西寧]　子5-37082
　　湟中嚴氏族譜[青海西寧]　史5-41241
　　湟中公餘日記(清道光二十四年至二十九
　　　年)　史2-12775

3611₇ 溫

00 溫症癍疹辨證　子2-6960
　　溫症論治　子2-6825
　　溫症朗照　子2-6818
　　溫症指歸　子2-4768、4771(2)、6834
　　溫瘧論　子2-4624、6982
　　溫病方歌　子2-4738、7274
　　溫病方歌括　子2-6923
　　溫病方書　子2-4701、6859
　　溫病證治歌括、喉症滙參　子2-6817

溫病證治述要 子2-6844

溫病調辨 叢2-2217

溫病診治辨論 子2-6891

溫病三字經 子2-4771(2)

溫病忌汗辨 子2-9646

溫病集解 子2-6823

溫病集腋 子2-6886

溫病條辨 子2-4751、4771(2)、6845

溫病條辨(問心堂溫病條辨) 子2-6842

溫病條辨証方歌括 子2-6877

溫病條辨歌括 子2-4771(2)、6883～4、6889

溫病條辨湯方歌 子2-6888

溫病條辨湯頭歌 子2-5145、6857

溫病條辨醫方撮要(溫病醫方撮要) 子2-6933

溫病條辯纂要 子2-6935

溫病淺說 子2-4715、6865

溫病逢逢源 子2-4768

溫病朗照 子2-6833

溫病大旨 子2-6840

溫病壞證 子2-6931

溫病指南 子2-6851、6875

溫病絜要 子2-6887

溫病醫方撮要 子2-4771(2)

溫病合編 子2-6853

溫庭筠詩 集1-1590,6-41872

溫庭筠詩集 集1-1590、1592,6-41848

溫庭筠詩集(溫飛卿金荃集、金荃集、溫庭筠詩)、別集 集1-1589

溫庭筠詩集、集外詩、別集 集6-41878

溫庭筠詩集、補遺 集1-1591

溫庭筠詩集、別集 叢2-635(8)

溫度指髓 子2-4767

溫文簡公(達)遺像題詞 史2-9397

溫文節公年譜 史2-12477

10 溫函野詩集 集2-9840

12 溫飛卿詩 集1-1594

溫飛卿詩集 集1-1590、1593

溫飛卿詩集(溫庭筠詩集、溫飛卿集箋註、溫飛卿詩集註)、別集、集外詩、附錄諸家詩評 集1-1592

溫飛卿詩集、別集、集外詩 叢2-698(9)

溫飛卿詩集箋注 叢1-223(50)

溫飛卿集 集1-1587 叢1-353

溫飛卿金荃集 集1-1589

17 溫柔鄉記 子5-27496 叢1-587(4)

21 溫處台釐金各貨價目 史6-43625

溫處海防圖畧 史6-45547

溫處鹽務紀要 史6-43836

溫處鹽務紀要續編 史6-43837

溫經室遊戲翰墨(溫經樓遊戲翰墨)、續錄 集7-49478

溫經樓雜劇三種 集7-49480

溫經日記 經2-11688

溫經堂詩鈔 集4-29819

22 溫嶺澤國戚氏宗譜[浙江溫嶺] 史5-34317

24 溫壯勇公(紹原)六合殉難事畧 史2-10017

溫侍讀集 集1-609～10,6-41694、41698

溫帥借鶴大法 子5-31676

25 溫生才 史2-10923

26 溫泉李太史冰壑公學餘詩稿全集 集2-6131

溫泉銘 子3-15600

溫泉銘殘卷 史8-64693 叢1-589

30 溫室洗浴衆僧經 子6-32081(15)、32083(10)、32085(15)、32086(16)、32088(11)、32089(12)

溫涼盞 集7-51290

溫宿府鄉土志[光緒] 史8-63406

溫宿府志[光緒] 史8-63405

溫宿縣鄉土志[光緒] 史8-63407

溫宿縣分防柯坪鄉土志[光緒] 史8-63413

溫寶忠先生遺稿 集6-43118

溫寶忠先生遺稿、見聞偶錄 集2-11706

溫寶忠公遺稿 集2-11707

31 溫江縣鄉土志[宣統] 史8-61650

溫江縣志[嘉慶] 史8-61648

溫江縣志[乾隆] 史8-61647

溫江縣志[民國] 史8-61649

32 溫州府樂清縣志[永樂] 史7-57669

溫州府志[康熙] 史7-57655～6

溫州府志[弘治] 史7-57652

溫州府志[嘉靖] 史7-57653

溫州府志[萬曆] 史7-57654

溫州府志[乾隆] 史7-57657 叢1-373(2)

溫州府志職官補正[道光] 史7-57661

溫州府志選舉考正[道光] 史7-57660

溫州瑞安縣仙巖寺誌 史7-51667

溫州經籍志 史8-66109～11 叢2-737

溫州經籍志、外編、辨誤 史8-66108

溫州古甓記 史8-65245

溫州氏族韻編 史2-8093

溫州竹枝詞 集4-31730

溫溪尋源集 叢2-830

35 溫清錄 叢2-1806

37 溫次言先生詩錄 集4-29626

40 溫大谷集 集2-8409,6-41935(4)

溫太真玉鏡臺　集7-48769、48774(5)、48793　叢2-720(3)

溫太真玉鏡臺雜劇　集7-48767(4)　叢2-698(14)

溫太真晉陽分別　集7-49397~8、49405

44 溫恭毅集　叢1-223(66)

溫恭毅公文集　叢2-965

溫恭毅公文集(溫恭毅集)　集2-9934

45 溫熱病論(醫徵溫熱病論)　子2-6822

溫熱病指南集　子2-4771(2)、6836

溫熱論　子2-4727、4749、6827~8、6872

溫熱論箋正　子2-4770、6830

溫熱經緯　子2-4645、6845、6849~50　叢1-423

溫熱經解　子2-4770、4771(2)

溫熱逢源　子2-4771(2)、6869

溫熱指南　子2-4688

溫熱指南(溫熱指南批本)　子2-6854

溫熱贅言　子2-4660~3、6841

溫熱暑疫全書　子2-4771(2)、6820

溫熱暑疫節要　子2-6821

溫熱舉要　子2-6846

溫熱類編　子2-7152

48 溫故錄　叢2-2122

50 溫肅庵先生遺著　集5-39093

溫忠烈公遺稿　集2-11708　叢2-843

溫毒病論　子2-4641、6940

60 溫國文正公文集　集1-2244　叢2-635(8)

溫國文正公文集(司馬文正公傳家集)、目錄、附司馬文正公年譜、附錄　集1-2243

溫國文正公文集(司馬太師溫國文正公傳家集、司馬溫公文集、溫公文集)、目錄　集1-2242

溫國文正公文集(傳家集)　集1-2241

62 溫縣志[順治]　史8-59667

溫縣志[萬曆]　史8-59666

溫縣志[乾隆]　史8-59668~9

67 溫明園　集7-53990

72 溫隱居海上仙方、孫真人海上仙方　子2-9163

溫隱居海上仙方、外科雜文　子2-9162

溫戶東支族譜[山西介休]　史5-36591

溫氏族譜[江西修水]　史5-36592~3

溫氏族譜[江西寧都]　史5-36595~6

溫氏族譜八本[江西寧都]　史5-36594

溫氏叢書十一種　叢2-965

溫氏母訓　子1-1963、1976、2156~7　叢1-195(3)、223(31)、391、2-627、724、731(20)

溫氏醫案　子2-4715、10753

溫氏醫書三種　子2-4715

74 溫陵傅錦泉先生文集　集2-8923

溫陵陳氏分支海鹽宗譜[浙江海鹽]　史4-32839~40

溫陵開元寺志　史7-51677~8

溫陵留墨三種　集6-41786

溫陵曾氏族譜[福建泉州]　史5-36616

77 溫與亨先生詩草　集3-13182

80 溫公文集　集1-2242

溫公詩話　叢1-4、16

溫公瑣語　子4-22935　叢1-22(5)、23(5)、137

溫公續詩話　集6-45490

溫公家範　子1-2081~2

溫公易說　經1-121　叢1-223(2)

溫公易說(易說)　經1-417

3612₇ 涓

40 涓吉成書　子3-14430

渭

12 渭水河　集7-52506

21 渭上稿　集2-9623

渭上續稿　集2-9624

22 渭川居士詞　集7-46367、46371、46395、46599

渭川姜氏宗譜[浙江淳安]　史4-31051

渭川劉存　集4-25011　叢2-1655

31 渭源縣鄉土調查錄[民國]　史8-63222

渭源縣志[康熙]　史8-63220

渭源縣志[民國]　史8-63221

40 渭塘奇遇傳　叢1-168(2)

渭塘夢　集7-49206

渭南文集　集1-3465~6　叢1-227(9)、2-635(10)、698(10)、1037

渭南文集、放翁逸稿　叢1-223(56)

渭南雜說　叢1-136

渭南詩集　集1-1690,6-41878

渭南詩集、補遺　叢2-807

渭南詞　集7-46357、46583

渭南志[乾隆]　史8-62764

渭南縣志[雍正]　史8-62763

渭南縣志[順治]　史8-62762

渭南縣志[道光]　史8-62765

渭南縣志[嘉靖]　史8-62760

渭南縣志[萬曆]　史8-62761

渭南縣志[光緒] 史8-62766
渭南嚴氏孝義家塾叢書十一種 叢2-702
44 渭英書屋叢鈔 子4-24517
71 渭厓文集 集2-8052
渭厓文集、年譜 集2-8053
渭厓疏要 史6-48228

湯

00 湯府君暨配呂恭人繼配呂恭人合葬墓誌銘
史2-9990
湯文端神道表 叢2-947
湯文正文稿 集3-14804
湯文正公(斌)年譜 史2-11005、11717 叢1-483
湯文正公(斌)年譜定本 史2-11715～6 叢1-482
湯文正公雜纂 子4-21217
湯文正公家書 子1-1966、2184
湯文正公家書五種 叢2-1324
湯文正公遺書六種 叢2-1322
湯文正公遺書擇抄 叢1-534
湯文正公遺書擇鈔 子1-1389
湯文正公志學會規 子1-2378 叢2-1593
湯文正公志學會規節要、. 子1-2379
湯文正公全集(湯子遺書)七種 叢2-1323
11 湯頭 子2-4571
湯頭歌訣 子2-4595、4614、6069、9382、10447、10669
湯頭歌訣、經絡歌訣 子2-9383
湯頭歌訣新編 子2-9385
湯頭歌訣續編 子2-9970
湯頭歌括 子2-4666
湯頭總方 子2-9749
湯頭錢數抉微 子2-9386
12 湯引總義 子2-4612、5624
湯廷尉公餘日錄 子4-20427 叢1-97
17 湯子 子4-21216
湯子遺稿 集3-14807
湯子遺書 史6-41525、48583 集3-14809、14811 叢1-223(67)、2-1323
湯子遺書、附年譜、附錄 集3-14810
湯子遺書續編 集3-14812 叢2-1323
湯子全書 集3-14813
湯司成稿 集2-11082
21 湯貞愍公(貽汾)年譜 史2-12054
22 湯山修禊日記 史7-54176 叢2-2175
26 湯伯石遺稿 集5-38128
27 湯將軍集 集2-6824,6-41935(3)

28 湯谿縣志[康熙] 史7-57581
湯谿縣志[乾隆] 史7-57583
湯谿縣志[民國] 史7-57584
29 湯秋史遺著十四種 叢2-1838
30 湯液須知 子2-4591、9394
湯液本草 子2-4549～51、4564、5532 叢1-223(33)
湯液本草經雅正 子2-5505
湯賽師傳 叢1-168(3)
31 湯潛庵集 叢2-731(45)
湯潛庵先生文集節要 集3-14805
湯潛庵先生集 叢1-214
32 湯溪章氏宗譜[浙江金華] 史5-34573
湯溪虞氏家譜[浙江金華] 史5-37204～5
湯溪虞氏宗譜[浙江金華] 史5-37206～8
湯溪潘氏世譜[浙江金華] 史5-39800
湯溪縣志[康熙] 史7-57582
湯溪縣志[萬曆] 史7-57580
33 湯浦嶺下黃氏宗譜[浙江紹興] 史5-33783
34 湯瀆王氏續修宗譜[江蘇宜興] 史4-24874
35 湯神事實錄 史6-46810
湯迪功詩草 集2-9948
38 湯海秋全稿 集4-30529
40 湯塘李氏宗譜[浙江金華] 史4-27217
湯塘范氏宗譜[浙江金華] 史4-29462
湯塘周氏家乘 史4-30254
湯嘉賓先生詩 集6-41948
湯嘉賓睡菴集 集2-11077
44 湯考功史稗 史1-5507
湯燕生遺詩 集3-13111
湯若望曆法奏疏 子3-11606
湯若士文鈔 集6-41794、42047
湯若士稿 集2-10413～4,6-45336
湯若士先生點閱湯許二會元制義 集6-45403
湯茗品勝 子4-19010
湯藥章 子2-7449
46 湯媼傳 叢1-587(3)
53 湯成烈雜著、張曜孫節用議 集4-31162
60 湯品 子4-18978、18990、19037 叢1-86、173,2-730(7)
湯邑白龍橋俞氏宗譜[浙江金華] 史4-30820
湯邑清河張氏宗譜[浙江金華] 史5-35013
62 湯睡庵先生歷朝綱鑑全史 史1-1283
湯睡菴稿 集2-11083
71 湯原縣志畧[民國] 史7-56350
72 湯氏族譜[安徽鳳陽] 史5-36566
湯氏族譜[江蘇丹徒] 史5-36545
湯氏族譜[湖南瀏陽] 史5-36573

中國古籍總目·索引

湯氏族譜[四川]　史5－36589
湯氏三修族譜[湖南邵陽]　史5－36588
湯氏重修宗譜[湖南平江]　史5－36584
湯氏續修族譜[湖南醴陵]　史5－36585
湯氏家乘[上海崇明]　史5－36542～3
湯氏家乘[江蘇武進]　史5－36549、36551
湯氏宗譜　史5－36590
湯氏宗譜[安徽桐城]　史5－36567
湯氏宗譜[安徽肥東]　史5－36565
湯氏宗譜[江蘇宜興]　史5－36555
湯氏宗譜[江蘇鎮江]　史5－36544
湯氏宗譜[浙江青田]　史5－36563
湯氏宗譜[湖南平江]　史5－36582
湯氏叢書(蝱仙雜著)二十二種　叢2－2101
湯氏四修族譜[湖南寧鄉]　史5－36579
78 湯陰王氏族譜[河南湯陰]　史4－25400
湯陰縣志[順治]　史8－59748
湯陰縣志[崇禎]　史8－59747
湯陰縣志[乾隆]　史8－59749
湯陰風俗志　史7－49318(13)、50634
湯陰精忠廟志　史7－51861～2
80 湯慈明詩集　集2－10202
湯義仍先生詩　集6－41948
湯義仍先生集　集2－10406、6－44818
湯義仍先生紫釵記　集7－49876、49882
湯義仍先生還魂記　集7－49876
湯義仍先生南柯記　集7－49876
湯義仍先生南柯夢記　集7－49911
湯義仍先生邯鄲記　集7－49876
湯義仍先生邯鄲夢記　集7－49907
88 湯餅辭　集6－41964

濁

26 濁泉編　叢2－1662
濁泉初編、二編　集5－39000

3613₂ 澩

22 澩川足徵錄　史2－13414

澴

22 澴川詩集　集3－15555,6－41969

澴川嚴氏家譜[湖北孝感]　史5－41235
77 澴風集　集2－10428

瀑

00 瀑音、碧濤笈逸存　集3－14427
26 瀑泉集　集1－1911　叢2－636(3)

3613₃ 濕

10 濕電即化電氣考　子7－36240(4)
36 濕溫證治　子2－6876
濕溫時疫治療法　子2－4770、4771(2)
45 濕熱條辨　子2－4660～3、5021
濕熱條辨(濕熱條辯、薛生白濕熱條辨)　子2－6831
濕熱條辯　子2－4624

3614₁ 澤

20 澤秀集、總編　集2－9385
22 澤山雜記　叢1－22(21)
澤山詩鈔　集4－22592
澤山書屋墨餘集　集4－32516
30 澤家集　集3－16918
澤宮序次舉要　史6－42203
澤富王氏宗譜[安徽歙縣]　史4－25264
32 澤州府志[雍正]　史7－55707
澤州志[康熙]　史7－55706
澤州志[萬曆]　史7－55705
40 澤存堂五種　經2－15115
澤古齋文鈔　集4－23325
澤古齋文鈔、續編　叢2－1573
澤古齋文鈔、補遺　叢2－1573
澤古齋文鈔、補遺、詩鈔、剩稿、續編　集4－23326
澤古齋語錄　子1－1737　叢2－1573
澤古齋詩鈔　叢2－1573
澤古齋重鈔(澤古齋叢鈔)十二集　叢1－270(1)
澤古齋全集　叢2－1573
55 澤農要錄　史6－46584、46713　子1－4201
60 澤口姜氏宗譜[浙江蘭溪]　史4－31067～8
澤國紀聞　史7－50044

澤國陳氏宗譜[浙江溫嶺]　史4-33127
69 澤畔行吟、劫餘殘草　集5-36469
　澤畔吟　集3-15227　叢2-796
　澤畔吟、文　集3-13302
70 澤雅堂文集　集5-36855~7　叢2-841
　澤雅堂詩二集　集5-36852~3
　澤雅堂詩集　集5-36850~1
　澤雅堂集　集5-36854
　澤雅堂初集　集5-34501
77 澤月齋集　集6-41959

3614₇ 漫

00 漫廬草　集2-12974
　漫齋詩集選　集5-38867
　漫齋詩稿　集5-40078
07 漫記　史1-4412　叢1-84(4)、2-730(11)
20 漫稿拾存　集5-41397
38 漫遊詩草　集4-22510
　漫遊記畧(瓠園集)　史7-53097　叢1-496(6)
　漫遊稿　集2-8318
　漫遊紀程　集5-40527
　漫遊紀畧　叢2-735(2)
　漫遊紀畧(瓠園集)　子5-26648
　漫遊隨錄　史7-49318(18)、54119~20
　漫遊小鈔　叢2-838
　漫遊小鈔述異續記　子5-26647
40 漫塘文集　集1-3996
　漫塘詩集　集1-3999,6-41908
　漫塘詩鈔　集1-3998,6-41900
　漫塘集　叢1-223(56)
　漫塘劉先生文集　集1-3997
　漫塘劉先生文前集(漫塘集)　集1-3995
60 漫園小稿　集1-1957,6-41896
　漫園小藁　集6-41894(1)
77 漫叟詩話　集6-45486、45683　叢1-22
　　(14)、23(13)
　漫叟拾遺　叢1-136
　漫興詩稿　集6-41975
　漫興集　集3-20346,5-39445~6
　漫興集　集3-15281、16292
　漫興篇　集3-13924
80 漫翁半稿　集3-18731
87 漫錄評正前集、別集、畸集、多集、駁漫錄評
　　正　子4-20700
88 漫笑錄　子5-27388　叢1-22(6)、23(6)、
　　148、154
90 漫堂文集　叢2-670

漫堂說詩　集3-15514~5,6-45491、45927
　叢1-195(4)、201、203(4)、421,2-731(47)
漫堂書畫跋　子3-14947
漫堂墨品　子4-18775~6、18814　集3-
　15515　叢1-197(3)、353、371、469、486、
　495、586(3),2-716(3)、731(31)
漫堂隨筆　子4-22936　叢1-19(9)、20(7)、
　24(10)、137
漫堂年譜　史2-11747
漫卷集　集5-35441
92 漫恬文存　集3-18155
　漫恬詩鈔、詩餘　集3-18154

3619₄ 澡

10 澡雪山房文集　集5-35312
　澡雪堂詩集、文集　集5-36882
　澡雪堂集(澡雪堂文鈔、詩鈔、聯語、籌海蠡
　　言、錦江別話、新吳雜佩)　集5-38903
27 澡修堂集　集3-15553

3621₀ 祝

10 祝天大讚　子7-35944~5
　祝天大讚、至聖讚、五更月　子7-35943
　祝天大讚集解十種　子7-35946
　祝天大贊　子7-35946
　祝天大贊淺注　子7-35946
　祝石林先生集　集6-42043
15 祝融佐理　子1-3584
　祝融佐治真詮　子1-3622
16 祝聖壽萬國來朝　集7-48774(5)、49269
　祝聖壽金母獻蟠桃雜劇　集7-48774(1)、
　　49264
17 祝子(淵)遺書外編　史2-9223
　祝子遺書　集2-12616~8
　祝子志怪錄　子5-27004
　祝子罪知錄　子4-20418
　祝子小言　子4-20657　叢1-109,2-1145
　祝子小言(環碧齋小言)　叢1-111(4)
23 祝允明手鈔賦文　集6-42604
40 祝大宗伯疏稿　集4-26696
　祝大宗伯公疏稿　史6-49039
　祝壽一枝　集7-52072
44 祝茹穹先生醫印、祝茹穹先生醫驗　子2-
　　10501
　祝英台近山房詞鈔　集7-48281

祝英臺近山房詩鈔、詞鈔　集4－28440
祝枝山集　集2－7273,6－41935(1)
祝枝山古詩十九首　集2－7274
祝枝山書詩稿墨蹟　子3－15690
祝枝山全集(詩集、讀書隨筆)　集2－7272
49 祝趙始末　叢1－406,2－789～93
50 祝由科　子2－6277、6280、6285～6
祝由科諸符祕　子2－6287
祝由科正集、續集　子2－6279
祝由科天醫十三科(軒轅碑記醫學祝由十
　三科、祝由科)　子2－6283
祝由科天醫十三科、增補　子2－6274
祝由神咒文、增補　子2－6276
60 祝甲科諸符祕　子5－31784
72 祝髮記　集7－49834
祝氏譜畧[江蘇蘇州]　史4－31095
祝氏五修族譜[湖南沅江]　史4－31119
祝氏集畧　集2－7270
祝氏宗譜[安徽桐城]　史4－31116
祝氏宗譜[江西永豐]　史4－31118
祝氏宗譜[江蘇丹徒]　史4－31091
祝氏宗譜[浙江蘭溪]　史4－31111
祝氏事偶　子5－27303～4
77 祝月隱先生年譜　集2－12612
祝開美遺詩　集6－44580
80 祝人齋集(井辨居文集、日新書屋稿、日新
　書屋文鈔)　集3－19456
90 祝尚邱切韻　經2－13636、15137

視

00 視痧管見　子2－7064
14 視聽抄　叢1－20(3)、21(5)、22(6)
視聽鈔　叢1－19(5)、24(6)
21 視徑舉隅　子3－11243、12363
24 視彼亭詩存　集6－44990
視彼堂詩存　集2－12312
44 視草餘錄　史1－2829～30
視昔軒遺稿　集5－41499
77 視屨約　子1－2953
視履約　叢1－119、154、173
視學　子3－15956
視學諸器圖說　子7－36228(2)、36231(5)、
　37642、37645
視學提要　子7－36232、37641

3622₇ 褐

30 褐塞軒集選　集2－11964
褐寒軒集選　集6－41949
50 褐夫文集補遺　集3－16774
褐夫先生文集補遺　史1－3182

3623₀ 昶

60 昶園積逋齋詩集(昶園詩集)　集5－34635

3624₀ 裨

38 裨海紀遊　史7－53769
87 裨鄭遺風　子4－24542

裨

27 裨勺　叢1－320,2－1417
38 裨海紀游　史7－49317(2)
裨海紀遊　史7－49318(15)　叢1－203(9)、
　496(4)
47 裨幄集　集1－3855,6－41896
裨幄集、誅呂始末　集1－3854
55 裨農最要　子1－4408

3625₆ 禪

00 禪病祕要　子6－32083(20)
禪玄顯教編　史2－6789　子7－34809　叢
　1－134,2－731(60)
07 禪誦　子7－34141
10 禪靈老人文集　集5－40870
禪要訶欲經　子6－32089(34)、32090(55)、
　32091(53)、32092(36)
禪要集　子7－33972
禪要經　子6－32084(22)、32093(27)
禪要呵欲經　子6－32081(39)、32082(18)、
　32083(26)、32085(38)、32086(44)、32088(27)

17 禪那理行諸詮集　子6-32089(52)、32090
　　(66)、32093(50),7-33995～6
　　禪那理行諸詮集(禪源諸詮集都序)　子7-
　　34054
　　禪那集　子7-34072
21 禪行三十七品經　子6-32083(22)
　　禪行法想經　子6-32081(32)、32083(21)、
　　32085(31)、32086(35)、32088(22)、32089
　　(22)、32090(28)、32091(26)、32092(18)、
　　32093(21),7-32570
22 禪山吟稿　集4-32767
　　禪樂府　集3-14265　叢2-843、1303
26 禪和子日記(清咸豐七年至同治三年)　史
　　2-12801
27 禪魚寺　集7-52986
30 禪家公案頌　集3-19247
　　禪寄續談　子4-20604
　　禪寄筆談　子4-20603
　　禪定集詩草　集5-34931
　　禪宗雜毒海　子7-34332
　　禪宗諸祖歌頌　子7-34416
　　禪宗正指　子7-33061
　　禪宗正脈　子6-32089(52)、32090(66)、32091
　　(64)、32093(51),7-34730
　　禪宗正脈(敍古啓明讀禪宗正脈法)　子7-
　　34731
　　禪宗永嘉集　子7-33981～2,33984
　　禪宗永嘉集、證道歌　子6-32091(62),7-
　　33983
　　禪宗永嘉集、永嘉證道歌　子6-32093(51)
　　禪宗永嘉集、永嘉真覺大師證道歌　子7-
　　33980
　　禪宗決疑集　子6-32089(52)、32090(67)、
　　32091(65)、32093(52)
　　禪宗菩提道次第論　子7-33991
　　禪宗指要　子7-34086
　　禪宗頌古聯珠集　子6-32089(51)
　　禪宗頌古聯珠通集　子6-32088(42)、32091
　　(65)、32093(51),7-34398
31 禪源諸詮集　子6-32092(42),7-32109
　　禪源諸詮集都序　子6-32091(64),7-34054
　　禪源諸詮集都序(禪那理行諸詮集)　子6-
　　32089(52)、32090(66)、32093(50),7-
　　33995～6
32 禪淨雙修直指　子7-34144
　　禪淨選要　子7-34146
　　禪淨合參　子7-34145
33 禪祕要法　子6-32083(21)
　　禪祕要法經　子6-32081(30)、32085(30)、
　　32086(34)、32088(22)、32089(21)、32090
　　(31)、32091(30)、32092(20)、32093(18)
34 禪法要解　子6-32084(21)、32093(27),7-

32139
　　禪法要解經　子6-32081(39)、32082(18)、
　　32083(26)、32085(38)、32086(44)、32088
　　(27)、32089(34)、32090(54)、32091(52)、
　　32092(36),7-32784
38 禪海十珍集　子7-34119
40 禪喜紀事　集1-2408
　　禪真逸史　叢2-720(5)
42 禪機百物頌　子7-34131
44 禪林三字經　子7-34630
　　禪林重刻寶訓筆說(禪林重刻寶訓筆記)
　　子7-34045
　　禪林備用清規　子7-34026
　　禪林僧寶傳　叢1-223(46)
　　禪林僧寶傳、臨濟宗旨　史2-7115　子6-
　　32091(70)
　　禪林僧寶傳、臨濟宗旨、補禪林僧寶傳　史
　　2-7116
　　禪林寶訓　子6-32089(52)、32090(66)、32091
　　(64)、32092(42)、32093(52),7-34038～9
　　禪林寶訓珠纇、拾遺　子7-34040
　　禪林寶訓順硃　子6-32091(78)
　　禪林寶訓合註、拈頌　子6-32091(75)
　　禪林寶訓筆記　子7-34044
　　禪林寶訓筆說　子7-34041～3
　　禪林鉤玄　子7-34067
　　禪林箋要　子7-34114
　　禪林餘藻　子7-34074　叢2-1098
　　禪林類聚　子7-34064
46 禪榻夢餘　叢1-129
48 禪教悟後醒究捉賊達本還源圖偈論、元峯
　　老人牧牛圖頌、大藏阿字論　子7-34132
50 禪本草　子7-34902　叢1-10、22(13)、23
　　(12)、29(6)
77 禪月集　集1-1798～9　叢2-635(8)、731
　　(42)、859
　　禪月集、後序　叢1-223(50)
　　禪月集、補遺　集1-1797
　　禪學　子7-34083　叢1-114(3)
　　禪關策進　子7-32099、34052
　　禪門應酬　子7-34142
　　禪門諸家評唱　子7-34417
　　禪門佛事　子7-34139～40
　　禪門佛事全部　子7-34138
　　禪門本草補　子7-34903　叢1-22(25)
　　禪門日課便蒙　子7-35086
　　禪門日誦　子7-34133～4
　　禪門日誦、佛祖心燈　子7-34135
　　禪門日誦諸經　子7-34136
　　禪門鍛鍊說　子7-34118
88 禪筏　史2-6813

　　禪餘集　集4-27319
　　禪餘吟稿　集4-32476
　　禪餘吟草　集4-28900
98 禪悅內外合集　集3-13378
　　禪悅七種(後千字文、懷西方賦、博山和尚
　　　傳、涅槃頌、博山八景詩、博山十子詩、蓮
　　　牋)　集2-11949
　　禪悅錄　子7-34143

3629₄ 裸

35 裸禮榷　經1-6169
　　裸禮摧　叢2-630
44 裸考　經1-6142、6167

3630₀ 迦

08 迦旃延說法沒盡偈　子6-32083(25)
10 迦丁比丘說當來變經　子6-32081(41)、
　　32082(20)、32083(27)、32085(39)、32086
　　(45)、32088(28)、32089(35)、32090(56)、
　　32091(54)、32092(37)、32093(31)
　　迦雲詞　集5-35193
28 迦齡盦詩鈔　集4-30223、6-41763、41996
44 迦蘭陀室詩鈔　集5-35821　叢2-908
　　迦茵小傳　子7-38210
　　迦葉度貧母經　子6-32083(22)
　　迦葉仙人說醫女人經　子6-32082(25)、
　　　32083(31)、32084(26)、32085(45)、32086
　　　(53)、32088(32)、32089(28)、32090(35)、
　　　32091(34)、32092(23)、32093(32)
　　迦葉結經　子6-32081(39)、32082(19)、32083
　　　(26)、32085(38)、32086(45)、32088(28)、
　　　32089(34)、32090(55)、32091(53)、32092
　　　(36)、32093(31)、7-32663
　　迦葉赴佛般涅槃經　子6-32090(54)、32091
　　　(52)、32092(36)
　　迦葉赴佛般涅槃經　子6-32093(18)
　　迦葉赴佛涅槃經　子6-32083(25)
　　迦葉禁戒經　子6-32083(23)、32089(40)
71 迦厂詞　集7-47814
74 迦陵音　叢2-1062
　　迦陵詞　集3-14646、7-46398~400、47013
　　迦陵詞稿　集7-47012
　　迦陵詞全集　集7-47015　叢2-635(12)
　　迦陵集　集2-11537、12391

迴

00 迴文傳　子5-28252
　　迴文賦　集4-26553
07 迴諍論　子6-32081(25)、32083(17)、32085
　　(25)、32086(28)、32088(18)、32089(44)、
　　32090(51)、32091(49)、32092(33)、32093(26)
10 迴雪詞　集7-46429、47178
22 迴嶺汪氏宗譜[江西婺源]　史4-28935
30 迴流記　集7-50396
37 迴瀾說　子2-6409
　　迴瀾正諭　子1-1251　叢2-845(4)
　　迴瀾紀要　史6-46651　叢1-361
　　迴瀾吟草　集4-32622
50 迴青山房詩、桐野山人遺詩、稼雨軒近詩、
　　　桐野山人集　集3-17251
77 迴風草　集4-24615
90 迴光和尚唱道　子7-34905

3630₁ 暹

60 暹羅政要　史7-49318(19)、54690
　　暹羅近事末議　史7-49318(21)、54691
　　暹羅志　史7-49317(5)、49318(16)
　　暹羅考　史7-49318(16)、49319、54687~8
　　暹羅考畧　史7-49317(5)、49318(16)、54689
　　暹羅國志　史7-54705
　　暹羅別記　史7-49317(5)、49318(16)、54686
　　暹羅館譯語　經2-14985

逞

77 逞風流王煥百花亭雜劇　叢2-698(16)
　　逞風流王煥百花亭雜劇　集7-48767(3)、
　　　48975

邀

10 邀雲三編(邀雲詩草)、詞鈔　集3-20038
　　邀雲三編、四編　集3-20039
　　邀雲草、續草　集3-20037

　　邀雲樓文集、詩集　集3-20041
　　邀雲樓文集、後續邀雲四編、悼亡詩、選夢
　　　閣詞鈔　集3-20040
60 邀園叢書二十六種　叢2-746

3630₂ 遇

00 遇庭筆記　集4-26242
20 遇香小草　集3-21595
22 遇變記畧　叢1-320
　　遇變紀畧　史1-1937、3133
27 遇多情一枝　集7-52777
34 遇波蘭記　史7-54844
44 遇莊　集2-11772
60 遇恩錄　叢1-22(22)、29(7)、84(1)、2-730
　　(9)
85 遇缺先班　史6-42737

遏

10 遏雲仙館曲譜　子3-17807
　　遏雲閣曲譜　集7-54812
30 遏密篇　集5-38440
32 遏淫說　叢2-771(1)

邊

00 邊旁倒置異義　經2-13118
11 邊疆五種　史7-49348
　　邊疆叢書續編　史7-49347
　　邊疆叢書甲集　史7-49346
　　邊疆叛迹全錄　史1-3581
18 邊政考　史6-45576　叢2-727
　　邊務書牘　史6-45595
24 邊備九籌　史6-45589
25 邊仲子詩　集2-7661、8149
27 邊紀疏　叢1-63
　　邊紀畧　史6-45598　叢1-22(21)、61~2、
　　　64,2-730(4)、731(59)
30 邊塞考　史6-41653
31 邊江劉氏族譜[湖南安化]　史5-39543
32 邊州聞見錄　史7-50985
37 邊洞玄慕道升儒雜劇　集7-49288
　　邊洞玄慕道昇儒雜劇　集7-48774(5)

　　邊漁唱　集7-47291
40 邊境中閧　史7-49357、50032
　　邊壽民魚雁花卉冊　子3-16709
44 邊華泉詩集　集2-7660,6-41952
　　邊華泉集　集2-7658~9、7663~4,6-41935
　　　(1)、41940、42053
　　邊華泉集(華泉集)　集2-7665
　　邊華泉全集(邊華泉集、邊華泉集稿)　集
　　　2-7656
47 邊堠紀行　史7-53822　叢1-22(25)
　　邊聲　子4-24626
50 邊事文件　史6-45608
　　邊事雜鈔　子4-23620
　　邊事彙鈔、續鈔　史6-45607
　　邊事小紀　史1-2988　叢2-742
　　邊奏存稿　史6-48161
60 邊畧　史1-1934　叢2-593~4、1101
70 邊防三事　史6-45609,7-49317(5)、49318
　　　(13)
　　邊防要畧　史6-45583
　　邊防考　子7-36240(3)
71 邊頤公花卉蘆雁合冊　子3-16708
72 邊氏族譜[河南封丘]　史5-40958
　　邊氏宗譜[江蘇無錫]　史5-40955
　　邊氏本支譜[河北霸州]　史5-40948
　　邊氏本支譜[遼寧遼陽]　史5-40953~4
77 邊興紀畧彙鈔十三種　叢1-355
90 邊省苗蠻事宜論　史7-49317(7)、49318
　　　(14)、51319

3630₃ 還

00 還京日記　史7-49317(6)、49318(12)
　　還京日記(清乾隆五十八年至六十年)　史
　　　2-12630
04 還讀廬詩鈔(還讀小廬詩)　集4-24909
　　還讀齋詩稿　集4-24277
　　還讀齋詩稿、續刻　集4-24282、24284
　　還讀齋詩稿、續刻、遺稿補刻　集4-24283
　　還讀齋詩稿續刻　集4-24278~81
　　還讀我書齋詩鈔　集4-30979
　　還讀我書齋詩鈔、外集　集5-38965
　　還讀我書室老人手訂年譜　史2-12170
　　還讀書齋文稿　集5-34829
　　還讀書屋謎稿　子3-18367、18398
10 還天詩草　集5-35718
　　還雲草　叢2-1544
　　還雲館四書文鈔　集4-27333
　　還雲堂詩　集3-14575

還雲堂詩集　集3-21346

15 還珠堂詩鈔(藉花小室詩鈔、寄蠡詩鈔、和
　陶百詩鈔、斷梗吟、棲塵集)　集4-28616

16 還硯齋雜著、詩�、賦稿、試帖　集5-34026
　還硯齋雜著、古近體詩罧、賦稿、大題文稿、
　試帖　叢2-1855
　還硯齋大學題解參署　經2-8863
　還硯齋中庸題解參署　經2-9142
　還硯齋易漢學擬旨　經1-1744　叢2-1855
　還硯齋周易述　經1-1743　叢2-1855
　還硯齋學庸題解參署　叢2-1855
　還硯齋全集(還硯齋遺稿)五種　叢2-1855
　還魂　集7-52347
　還魂記　集7-49709、49877、49887、49891　叢
　1-74
　還魂記傳奇　集7-49898

21 還經錄　子1-1134　叢2-1162

22 還峯宋先生集　集2-8263
　還山後集　集4-29448
　還山遺稿　集1-4708~9
　還山遺稿、補遺、附錄　叢2-615(3)
　還山遺稿、考歲署、附錄　叢1-223(59)
　還山遺稿、楊文憲公攷歲署　集1-4707
　還山草　集2-11825,5-38975　叢2-1612
　還山臥月軒詞　集7-48322
　還山小草　集5-36233

23 還我廬日記(民國十六年)　史2-13271
　還我讀書齋酛底零箋　集4-31439

27 還鄉草　集4-31520

30 還冤記、大業拾遺記　子5-26851
　還冤記、周氏冥通記　子5-26852
　還冤志　子5-26853

31 還江集　集5-35898
　還源祖卷　子7-36135
　還源篇　子5-29530(21)、29535(5)、29536
　(5)、29565、31201
　還源篇詩　子5-29549
　還源篇闡微　子5-29574

33 還浦集　集3-20455

37 還初佛禪師語錄　子6-32091(80)
　還初道人箸書二種　叢2-689
　還初堂詩存　集4-31383
　還初堂詞鈔　集7-47905　叢1-581
　還冤記　叢1-11~2、22(13)、23(12)、26~8、
　29(1)、76~7、154,2-617(4)、950
　還冤記殘　叢2-750
　還冤志　叢1-107、111(2)、175、223(45)、296

40 還古書院志　史7-52065、52067
　還古書院志、續編　史7-52066
　還真集　子5-29530(21)、29562、31253~4

44 還帶記　集7-49773
　還桂日記　史7-54184　叢2-2231

46 還如閣詩存　集5-35547~8

47 還朝詩存　叢1-263
　還朝集　叢2-1431

54 還轅集　集4-32948

76 還陽傳　集7-54391
　還陽寶傳　集7-54391

77 還丹至藥篇　子5-29530(21)、30927
　還丹發祕　子5-31322
　還丹破迷歌　子5-29547
　還丹歌訣　子5-29530(6)、31083
　還丹衆仙論　子5-29530(5)、29562、31181
　還丹復命篇　子5-29530(21)、29535(5)、
　29536(5)、29549、29562
　還丹復命篇(復命篇)　子5-31221
　還丹祕訣養赤子神方　子5-29530(5)、
　29562、31202
　還丹口訣歌　子5-29547
　還丹顯妙通幽集　子5-29530(5)、29562、
　31182
　還丹肘後訣　子5-29530(18)、29555、30869
　還丹金液歌註　子5-29530(5)、29562、31082
　還印廬詩存、詞　集4-26154

80 還金記　集7-50330
　還金術　子5-29553、31093
　還金術三篇　子5-29547
　還金積德　集7-49700
　還金述　子5-29530(18)、29556、31092
　還金鐲寶卷　集7-54385
　還金堂詩草　集4-30123
　還翁遺詩　集5-39992

90 還粹集　集5-40516

91 還煙記　叢1-168(2)

3710₇ 盜

10 盜靈芝、仕林祭塔　集7-53563

30 盜窟奇緣　子7-38189

41 盜柄東林夥　史1-1946,2-7331　叢1-
　209、411

44 盜墓人犯罪名從重定擬條例　史6-46297
　盜芭蕉扇子弟書　集7-52117

60 盜甲　集7-52294
　盜甲子弟書　集7-52152

80 盜金牌　集7-54372
　盜金牌寶卷　集7-54580
　盜令　集7-52569、52658

盜令牌　集7-52295

3710₉ 鑿

55 鑿井圖經　子3-13158

3711₀ 汎

27 汎舟錄　史2-12508　叢1-22(11)、23(11)
　　汎舟錄(泛舟遊山錄)　史2-12509

沮

31 沮江隨筆　子4-21470

3711₁ 泥

10 泥雪錄　集4-31682
　　泥雪堂詩鈔、詞鈔　集5-37299
21 泥版試印續編　集4-27839~40
　　泥版試印初編　集4-27837~8
22 泥犁經　子6-32083(19)、32086(31)、32089
　　(19)
31 泥洹集　子5-29535(5)、29536(5)、31191
32 泥灣晏氏族譜[湖南湘鄉]　史4-31715
38 泥道人詩草、題畫詩　集5-41136
44 泥封印古錄　史8-63510、65104
46 泥絮詞　集4-30262
50 泥丸李祖師女宗雙修寶筏　子5-29575、
　　31442
60 泥羅水利考　史7-49357、54859
72 泥爪詞　集7-48115

湼

27 湼般經悉談章　子7-34825
　　湼槃玄義發源機要　子6-32093(49)
　　湼槃論　子6-32093(28)
　　湼槃經本有今無偈論　子6-32081(23)、
　　32085(22)、32086(25)、32088(16)、32093(28)

湼槃本有今無偈論　子6-32083(16)
湼槃末後句　子6-32091(77)

濋

16 濋碧詞　集7-46424、48280

3711₂ 氾

79 氾勝之遺書　史6-41538　子1-4192
　　氾勝之遺書(漢氾勝之遺書)　子1-4090
　　氾勝之書　子1-4092~3　叢1-261,2-
　　761、774(9)
　　氾勝之書佚文　子1-4091　叢2-777

泡

62 泡影集　集7-46414

3711₄ 渥

22 渥川梁氏宗譜[浙江麗水]　史5-34678

濯

26 濯纓亭筆記　叢1-22(21)
　　濯纓亭筆記、禮記集說辯疑　子4-20430
　　濯纓集　集3-16006
　　濯纓室詩鈔　叢2-2179
　　濯纓餘響　集2-9387
27 濯絳宧詞　集7-48253
　　濯絳宧存稿　集7-48254
44 濯舊　子4-20412
60 濯足庵文集鈔　集3-13470

3711₇ 氾

04 氾誌[順治]　史8-59561

12 氾水縣志[嘉靖]　史 8 - 59559
　　氾水縣志[乾隆]　史 8 - 59562
　　氾水縣志[民國]　史 8 - 59563
20 氾乘[萬曆]　史 8 - 59560
40 氾南詩抄　集 6 - 44858

沉

20 沉香亭　集 7 - 52263
　　沉香寶卷　集 7 - 54305
　　沉香寶卷(沉香古典)　集 7 - 54306

沘

12 沘水左氏宗譜[安徽合肥]　史 4 - 26031
40 沘南汪氏宗譜[安徽合肥]　史 4 - 28794
50 沘東費氏宗譜[安徽合肥]　史 5 - 36703

澠

12 澠水燕譚　子 4 - 22873
　　澠水燕譚錄　子 4 - 22871
　　澠水燕談錄　子 4 - 22872　叢 1 - 17、19(1)、
　　　20(1)、22(7)、23(7)、24(2)、29(5)、31、99～
　　　100、223(44)、244(5)、2 - 731(4)、735(2)
　　澠水燕談錄、補遺　叢 2 - 652
　　澠水閒談錄　叢 1 - 21(1)
32 澠溪草　集 2 - 12851,6 - 44992
34 澠池縣碑目　史 8 - 63585
　　澠池縣志[嘉慶]　史 8 - 59583
　　澠池縣志[乾隆]　史 8 - 59582
　　澠池縣志[民國]　史 8 - 59584

澀

98 澀爝易考　子 3 - 13770

灩

31 灩澦囊　子 4 - 23338

3712₀ 凋

44 凋芳錄　史 2 - 10666

洞

26 洞泉詩鈔　集 3 - 17427

泖

31 泖河案牘　史 6 - 46806
33 泖濱草堂詩存　集 5 - 34774
50 泖東夏課　集 7 - 47453
　　泖東近課　集 6 - 44430
　　泖東草堂詩稿　集 4 - 32089
　　泖東草堂筆記　子 4 - 21832

洞

00 洞主仙師白喉治法忌表抉微　子 2 - 4661、
　　7533
　　洞方術　子 3 - 12729
　　洞方術圖解　子 3 - 11252、12368、12389　叢
　　　2 - 1896
　　洞庭席氏支譜[江蘇蘇州]　史 4 - 32477
　　洞庭文集　集 3 - 16878
　　洞庭詩稿　集 3 - 15166
　　洞庭記　史 7 - 49309、52987～8　叢 2 - 776
　　洞庭王氏家譜[江蘇蘇州]　史 4 - 24887
　　洞庭夏涇金氏宗譜[江蘇蘇州]　史 4 -
　　　29637
　　洞庭集　史 1 - 2662　集 2 - 8821,4 - 27672
　　　叢 2 - 742
　　洞庭集、閬崿集　集 3 - 19029
　　洞庭後堡蔣氏宗譜[江蘇蘇州]　史 5 -
　　　38105
　　洞庭山禁革現總案　史 6 - 47322
　　洞庭山金石　史 8 - 63881　叢 2 - 705
　　洞庭吳氏族譜[江蘇蘇州]　史 4 - 27776
　　洞庭吳氏集選　集 6 - 44981
　　洞庭吳氏家譜[江蘇蘇州]　史 4 - 27775
　　洞庭紀實　史 7 - 50768

洞庭徐氏家譜[江蘇吳縣]　史4-31859

洞庭秋詩　叢2-1293

洞庭秋月一枝　集7-51710

洞庭沈氏重修宗譜[江蘇蘇州]　史4-29015～6

洞庭沈氏宗譜[江蘇蘇州]　史4-29014

洞庭湖君山詩集　集6-44872

洞庭湖志　史7-52989

洞庭湖櫂歌、續　集3-17654

洞庭湖柳毅傳書　集7-48769、48906　叢2-720(4)

洞庭湖柳毅傳書雜劇　集7-48767(4)　叢2-698(16)

洞庭漁人集　集2-8823

洞庭漁人集、續集　集2-8822

洞庭漁人續集　集2-8824

洞庭游草、游記　史7-53655

洞庭遊記　叢1-373(9)

洞庭遊草　集3-19597、4-23913、26049

洞庭南閣詩稿　集5-41542

洞庭蔡氏七六公大宗支譜[江蘇蘇州]　史5-37983

洞庭葉氏家譜[江蘇蘇州]　史5-35651

洞庭林屋馬氏宗譜[江蘇蘇州]　史4-31575～6

洞庭秦氏宗譜[江蘇吳縣]　史4-31252～3

洞庭東山席氏世譜[江蘇蘇州]　史4-32475

洞庭東山物産考　史7-50769

洞庭東山萬氏宗譜[江蘇蘇州]　史5-35797～8

洞庭東山葉氏大湖頭宗譜[江蘇蘇州]　史5-35654

洞庭東山翁氏宗譜[江蘇吳縣]　史4-32236

洞庭東山翁氏世譜[江蘇吳縣]　史4-32234～5

洞庭東蔡宗譜[江蘇蘇州]　史5-37985

洞庭暘塢蔡氏宗譜[江蘇蘇州]　史5-37988

洞庭唱和　集6-43829

洞庭明月灣鄧氏續輯宗譜[江蘇吳縣]　史5-38804

洞庭明月灣吳氏世譜[江蘇蘇州]　史4-27779

洞庭煦巷徐氏重輯宗譜[江蘇吳縣]　史4-31861

洞庭陽塢蔡氏宗譜[江蘇蘇州]　史5-37989

洞庭勞氏支譜[江蘇蘇州]　史5-36532

洞玄度靈寶自然券儀　子5-29530(11)、

29563、30674

洞玄靈寶齋說光燭戒罰燈祝願儀　子5-29530(11)、29563、30676

洞玄靈寶高上玉皇本行集經　子5-29666、29668

洞玄靈寶度人經大梵隱語疏義　子5-29530(3)、29634

洞玄靈寶玄一真人說生死輪轉因緣經　子5-29530(21)、30093

洞玄靈寶玄門大義　子5-29530(22)、31899

洞玄靈寶六甲玉女上宮歌章　子5-29530(12)、29563、30793

洞玄靈寶諸天世界造化經　子5-29530(7)、29535(2)、29536(2)、29868

洞玄靈寶課中法　子5-29530(24)、31632

洞玄靈寶二十四生圖經　子5-29530(26)、30177

洞玄靈寶三師記　史2-6854　子5-29530(9)

洞玄靈寶三師名諱形狀居觀方所文　子5-29530(9)、30707

洞玄靈寶三洞奉道科戒營始　子5-29530(22)、30713

洞玄靈寶玉京山步虛經　子5-29531、30196

洞玄靈寶玉籙簡文三元威儀自然真經　子5-29563、30685

洞玄靈寶王籙簡文三元威儀自然真經　子5-29530(11)

洞玄靈寶五嶽古本真形圖　子5-29530(9)、31561

洞玄靈寶五老攝召北酆鬼魔赤書玉訣　子5-29530(24)、31646

洞玄靈寶五感文　子5-29530(24)、30731

洞玄靈寶天尊說十戒經　子5-29530(9)、30286

洞玄靈寶飛仙上品妙經　子5-29530(8)、29966

洞玄靈寶千真科　子5-29530(26)、30742

洞玄靈寶上師說救護身命經　子5-29530(7)、29936

洞玄靈寶自然齋儀　子5-29530(11)、29563、30675

洞玄靈寶自然九天生神章經　子5-29530(7)、29862

洞玄靈寶自然九天生神章經解義　子5-29530(8)、29535(2)、29536(2)、29863

洞玄靈寶自然九天生神章經注　子5-29535(2)、29536(2)

洞玄靈寶自然九天生神章經注、音釋　子5-29530(8)、29865

洞玄靈寶自然九天生神玉章經解　子5-29530(8)、29535(2)、29536(2)、29864

洞玄靈寶定觀經　子 5 - 29553、29557、29973
洞玄靈寶定觀經註　子 5 - 29530(8)、29535 (2)、29536(2)、29537、29975
洞玄靈寶河圖仰謝三十六天齋儀　子 5 - 29530(11)、29563、30667
洞玄靈寶河圖仰謝三十六土皇齋儀　子 5 - 29530(11)、29563、30668
洞玄靈寶道要經　子 5 - 29530(8)、29965
洞玄靈寶道士受三洞經誡法籙擇日曆　子 5 - 29530(23)、30727
洞玄靈寶道士明鏡法　子 5 - 29530(24)、31631
洞玄靈寶道學科儀　子 5 - 29530(22)、30714
洞玄靈寶左玄論　子 5 - 29530(22)、31869
洞玄靈寶九真人五復三歸行道觀門經　子 5 - 29530(19)、30068
洞玄靈寶太上六齋十直聖紀經　子 5 - 29530(23)、30113
洞玄靈寶太上真人問疾經　子 5 - 29530 (21)、30090
洞玄靈寶真靈位業圖　子 5 - 29530(4)、29535(6)、29536(6)、31791
洞玄靈寶真人修行延年益算法　子 5 - 29530(24)、30942
洞玄靈寶本相運度劫期經　子 5 - 29530(7)、29866
洞玄靈寶昇玄步虛章序疏　子 5 - 29530 (12)、29563、30796
洞玄靈寶長夜之府九幽玉匱明真科　子 5 - 29530(26)、30301
洞玄靈寶丹水飛術運度小劫妙經　子 5 - 29530(7)、29867
洞玄靈寶八仙王教誡經　子 5 - 29530(21)、29535(2)、29536(2)、30086
洞玄靈寶八節齋宿啓儀　子 5 - 29530(24)、30739
洞玄靈寶鐘磬威儀經　子 5 - 29530(11)、29563、30686
洞玄靈寶無量度人經訣音義　子 5 - 29530 (3)、29633
洞玄子　子 2 - 11110　叢 1 - 540、544
洞玄釋義經　子 5 - 30256
洞玄金玉集　子 5 - 29530(22)、29535(5)、29536(5)　集 1 - 4632～3
10 洞靈經　子 5 - 29516
洞靈真經　子 5 - 29513、29518、29520、29530 (13)、29535(4)、29536(4)　叢 1 - 447
洞靈真經註　子 5 - 29519、29530(15)
洞元子内丹訣　子 5 - 29530(21)、29562、30932
洞元婦人科　子 2 - 8352
洞霄詩集　史 7 - 51729　子 5 - 31984　叢 1 -

265(5)、2 - 731(38)
洞霄詩集、書後　叢 1 - 244(3)
洞霄宮志　史 7 - 51736
洞霄遊草　叢 1 - 556
洞霄圖志　史 7 - 51727　叢 1 - 223(25)、244 (4)、2 - 731(58)、735(5)
洞天玄記　集 7 - 48774(6)、49121
洞天琴錄　子 3 - 17514　叢 1 - 26～8
洞天研錄　叢 1 - 26～8
洞天硯錄　叢 1 - 173
洞天香錄　叢 1 - 26～8
洞天山房詩稿　集 5 - 40862
洞天紙錄　叢 1 - 26～8、173
洞天奧旨　子 2 - 4628、7708
洞天奧旨、圖　子 2 - 7707
洞天福地記　史 7 - 52160　叢 1 - 5、9～10、19 (11)、20(9)、22(12)、23(11)、24(12)、29(4)、30、119～20、154、181、255(2)
洞天福地嶽瀆名山記　子 5 - 29530(12)、29535(7)、29536(7)
洞天祕語　子 2 - 11230
洞天清祿集　子 4 - 23670～1　叢 1 - 19(4)、21(4)、24(5)、278、453、2 - 731(33)
洞天清錄　子 4 - 23669　叢 1 - 22(16)、23 (15)、26～8、34、48、114(6)、173、223(42)、353、374
洞天清錄硯屏辨　叢 1 - 187
洞天清錄集　叢 1 - 20(3)
洞天清錄古硯辨　叢 1 - 187
洞天清錄古翰墨真蹟辨　叢 1 - 187
洞天清錄古鐘鼎彝器辨　叢 1 - 187
洞天清錄古今石刻辨　叢 1 - 187
洞天清錄筆格水滴辨　叢 1 - 187
洞天清錄怪石辨　叢 1 - 187
洞天遊錄　叢 1 - 26～8
洞天帖錄　子 4 - 18538　叢 1 - 26～8、461
洞天畫錄　叢 1 - 26～8
洞天書錄　叢 1 - 26～8、173
洞天墨錄　叢 1 - 26～8、173
洞天筆錄　叢 1 - 26～8、173
洞石集　集 2 - 11941、6 - 45128
洞石老人遺稿　集 5 - 39615
洞雲清響　集 7 - 50540
21 洞上祖憲錄　史 2 - 6825
洞上古轍　子 7 - 34100
洞僊詞　集 7 - 47861
洞僊詞鈔　集 7 - 47860
洞僊拱祝　集 7 - 53568
洞經示讀　子 5 - 29535(1)、29536(1)、29659
22 洞仙詞　集 5 - 39030、7 - 47862
洞仙歌　子 3 - 17914

洞山詩集　集4-31068

洞山岕茶系　子4-19055　叢1-197(4)、
371、469、495、586(4)、2-716(3)、798～801

洞山九潭誌　史7-52459

洞山黃氏宗譜　史5-34126

28 洞微志　子5-26909　叢1-10、15、19(10)、
20(8)、22(7)、23(7)、24(11)、29(5)

30 洞賓下凡　集7-49700

32 洞淵集　子5-29530(20)、31936、31956

35 洞清山下陳氏族譜［安徽黃山］　史4-
33170

洞神三皇七十二君齋方懺儀　子5-29530
(16)、30701

洞神上品經　子5-30076

洞神八帝元變經　子5-29530(23)、30114

洞神八帝妙精經　子5-29530(13)、30029

37 洞冥記　子5-28923　叢1-15、19(2)、21
(2)、24(3)、223(45)、407(2)、456(6)、465、2-
624(1)、724、731(5)

40 洞真高上玉帝大洞雌一玉檢五老寶經　子
5-29530(25)、30123

洞真三天祕諱　子5-29530(25)、31655

洞真西王母寶神起居經　子5-29530(25)、
29535(4)、29536(3)、30130

洞真上清龍飛九道尺素隱訣　子5-29530
(25)、31648

洞真上清神州七轉七變舞天經　子5-
29530(25)、30134

洞真上清太微帝君步天綱飛地紀金簡玉字
上經　子5-29530(25)、30127

洞真上清青要紫書金根衆經　子5-29530
(25)、29535(4)、29536(3)、30125～6

洞真上清開天三圖七星移度經　子5-
29530(25)、30128

洞真太一帝君太丹隱書洞真玄經　子5-
29530(25)、30133

洞真太上說智慧消魔真經　子5-29530
(25)、30140

洞真太上三元流珠經　子5-29530(25)、
29535(4)、29536(3)、30129

洞真太上三九素語玉精真訣　子5-29530
(25)、31649

洞真太上飛行羽經九真昇玄上記　子5-
29530(25)、30146

洞真太上上皇民籍定真玉錄　子5-29530
(25)、30950

洞真太上上清內經　子5-29530(25)、30143

洞真太上紫度炎光神元變經　子5-29530
(25)、30135

洞真太上紫文丹章　子5-29530(25)、31650

洞真太上紫書錄傳　子5-29530(25)、30139

洞真太上神虎玉經　子5-29530(25)、30136

洞真太上神虎隱文　子5-29530(25)、30137

洞真太上道君元丹上經　子5-29530(25)、
30141

洞真太上太霄琅書　子5-29530(25)、29535
(4)、29536(3)、29825～6

洞真太上太素玉錄　子5-29530(25)、31652

洞真太上青牙始生經　子5-29530(25)、
30145

洞真太上素靈洞元大有妙經　子5-29530
(25)、30124

洞真太上丹景道精經　子5-29530(25)、
30144

洞真太上八道命籍經　子5-29530(25)、
30131

洞真太上八素真經三五行化妙訣　子5-
29530(25)、30947

洞真太上八素真經登壇符札妙訣　子5-
29530(25)、30740

洞真太上八素真經占候入定妙訣　子5-
29530(25)、31647

洞真太上八素真經修習功業妙訣　子5-
29530(25)、30302

洞真太上八素真經服食日月皇華訣　子5-
29530(25)、30948

洞真太上八素真經精耀三景妙訣　子5-
29530(25)、30946

洞真太上金篇虎符真文經　子5-29530
(25)、30138

洞真太上倉元上錄　子5-29530(25)、30949

洞真太微黃書天帝君石景金陽素經　子5-
29530(2)、31507

洞真太微黃書九天八錄真文　子5-29530
(6)、31528

洞真太微金虎真符　子5-29530(25)、31651

洞真太極北帝紫微神呪妙經　子5-29530
(2)

洞真太極北帝紫微神咒妙經　子5-29818

洞真黃書　子5-29530(25)、31654

洞真八景玉錄晨圖隱符　子5-29530(25)、
31653

洞真金房度命綠字迴年三華寶曜內真上經
子5-29530(25)、30142

洞樵詩稿　集4-23966

41 洞極真經　子4-19853　叢2-774(9)

44 洞麓堂集　集2-8797～8　叢1-223(66)

洞麓堂集、續集　集2-8799

50 洞書　史7-52900

51 洞軒詩鈔　集3-18619

60 洞易齋遺詩　集5-40314

76 洞陽了集　集2-9186、9188

洞陽子集、續集、再續集、洞陽子箋　集2-
9187

洞陽子集、家集　集 2 - 9189
77 洞門黃氏宗譜[浙江義烏]　史 5 - 33833～5
88 洞簫新譜　集 7 - 47583
　　洞簫記　叢 1 - 22(27)、29(9)、168(2)、587(4)
　　洞簫詞　集 7 - 47571　叢 1 - 509,2 - 1668
　　洞簫樓詩紀　集 4 - 26576～7　叢 2 - 1668
　　洞簫樓詞鈔　集 4 - 24287,7 - 47376　叢 2 - 1668

洵

76 洵陽縣鄉土志[光緒]　史 8 - 63058
　　洵陽縣志[雍正]　史 8 - 63055
　　洵陽縣志[乾隆]　史 8 - 63056
　　洵陽縣志[光緒]　史 8 - 63057
80 洵美堂詩集　集 2 - 12156

湖

00 湖廣武昌府志[康熙]　史 8 - 60098
　　湖廣司呈行簿(道光十二年)　史 6 - 46169
　　湖廣德安府條議　史 6 - 43495
　　湖廣總志[萬曆]　史 8 - 60074
　　湖廣湖南長沙府科甲題名錄　史 3 - 14998～9
　　湖廣通志[雍正]　史 8 - 60076
　　湖廣通志[康熙]　史 8 - 60075
　　湖廣通志[乾隆]　叢 1 - 223(24)
　　湖廣荊州府永慶縣修行梅氏花綱寶卷　集 7 - 54348
　　湖廣黃州府麻城縣葵花寶卷　集 7 - 54347
　　湖廣圖經志書[嘉靖]　史 8 - 60073
　　湖廣賦役全書　史 6 - 43728～9
　　湖廣鄖陽府志[康熙]　史 8 - 60110
　　湖廣省不符冊　史 6 - 46360
10 湖干紀聞　子 4 - 21428
　　湖天曉角詞　叢 2 - 995
　　湖天吟稿　集 5 - 38866
　　湖西遺事　史 1 - 1951,3440　叢 1 - 580,2 - 615(2)
11 湖北膏捐緝私章程　史 6 - 43632
　　湖北襄陽府團練章程　史 6 - 45461
　　湖北詩徵傳畧　史 2 - 8221
　　湖北調查局公牘初輯　史 6 - 47325
　　湖北下荊南道志[乾隆]　史 8 - 60084
　　湖北武學十八種　子 7 - 36904
　　湖北武闈鄉試事宜　史 3 - 14997

　　湖北郡邑道里圖　史 7 - 50686
　　湖北師範學堂速成章程　史 6 - 42550
　　湖北師範學堂第二次簡易科管理法　史 6 - 42551
　　湖北崇文書局書目　史 8 - 66449
　　湖北先正遺書存目、札記　史 8 - 66122
　　湖北先正遺書七十二種　叢 2 - 873
　　湖北先正遺書目　史 8 - 66123
　　湖北練兵新章　史 6 - 45287
　　湖北枲署鈔案　史 6 - 46152
　　湖北歸併士稅膏捐章程規條　史 6 - 43575
　　湖北紀程　史 7 - 54076
　　湖北安襄鄖道水利集案、圖　史 6 - 46878
　　湖北安襄鄖荊兵備道盛公(植型)家傳　史 2 - 10375
　　湖北官立女子速成保育科管理法　史 6 - 42555
　　湖北官市平色比較表　史 6 - 44453
　　湖北官書處書目　史 8 - 66450
　　湖北江漢水利議　史 6 - 46884
　　湖北河防約言　史 6 - 46882
　　湖北沔陽陸氏舊藏北齊造象考　史 8 - 64676　叢 2 - 2162
　　湖北叢書三十種　叢 2 - 872
　　湖北法政學堂章程　史 6 - 42552
　　湖北法政學堂修改章程　史 6 - 42553
　　湖北漢水圖說　史 7 - 52984
　　湖北漢黃道造已結各案清冊(清同治十年至光緒二年)　史 6 - 43974
　　湖北漕務疏牘　史 6 - 44175
　　湖北通志　叢 1 - 373(2)
　　湖北通志[宣統]　史 8 - 60083
　　湖北通志[嘉慶]　史 8 - 60077
　　湖北通志稿　叢 2 - 1527
　　湖北通志稿[光緒]　史 8 - 60082
　　湖北通志存稿　叢 2 - 1528
　　湖北通志志餘[光緒]　史 8 - 60081
　　湖北通志藝文志　史 8 - 66121　叢 2 - 2117
　　湖北通志檢存稿　叢 2 - 1526、1529
　　湖北通志檢存稿[嘉慶]　史 8 - 60079～80
　　湖北通志未成稿　叢 2 - 1527～9
　　湖北通志未成稿[嘉慶]　史 8 - 60078
　　湖北通省牙釐章程　史 6 - 43629
　　湖北布政使司湖北善後總局爲會詳遵飭妥議整頓稅契釐定新章　史 6 - 43493
　　湖北布政按察兩司咨送各案供招　史 6 - 46151
　　湖北地畧　史 7 - 49318(20)、50694
　　湖北考畧　史 7 - 49317(1)、49318(1)、50693
　　湖北舊聞錄　史 7 - 50692
　　湖北書徵存目　史 8 - 66120

湖北國學館學規課程、招考内外課簡章　史6-42554

湖北牙釐總局章程　史6-43630

湖北隨州教案紀畧　史1-4006

湖北輿地圖　史7-50690～1

湖北輿圖　史7-50685

湖北輿圖說　史7-50689

湖北人物志畧　史2-8216

湖北金石詩　史8-64037　叢1-359,2-731(32)

湖北金石存佚考　史8-64036

湖北金石志　史8-64038

湖北鐵路局報銷册　史6-44321

湖北簡明官册　史3-23778

湖北節義錄　史1-4005

湖北節義類纂　史2-8218～9

湖北常備軍兩鎮照練兵處雜支款項變通增減章程　史6-45285

湖北省襄陽府宜城縣鄉土志[光緒]　史8-60153

湖北省浙江同官錄　史3-23751

湖北省城育嬰堂條規　史6-44715

湖北省城南路高等小學堂招考題目　史6-42556

湖北省最近財政說明書　史6-43348

湖頭田坑周氏族譜[江西樂安]　史4-30097

湖頭嚴田大安周氏六修族譜[江西樂安]　史4-30098

20　湖舫詩　叢2-832(6)

21　湖上雜詩　集5-33917

湖上集　集2-9229

湖上紀遊詩　集4-28101

湖上李公山石論　子4-19337

湖上草　集3-13866、14059、14061

湖上草堂詩　集3-18505,5-37973,6-44976　叢2-2067

湖上青山集　史7-53352　叢2-832(4)

湖上春遊詩草　集5-33917

湖上春遊日記　集5-33917

湖上閒吟　集5-36917、41455

湖上篇　集2-6642、6645　叢2-833

湖步村鄉土記[民國]　史7-57364

22　湖川徐氏宗譜[浙江衢州]　史4-31996

湖變紀畧　史1-3953

湖峯王氏宗譜[浙江淳安]　史4-24948

湖山方氏宗譜[浙江淳安]　史4-25747

湖山雜詠　史7-53342　集3-18763　叢2-832(4)

湖山譚氏支譜[湖南湘鄉]　史5-41292

湖山詞　集7-46399～400、47153

湖山靈秀集　集6-44482

湖山百詠　史7-49354　集2-6623　叢2-832(2)

湖山到處吟　集4-22807

湖山集　集1-3358～60　叢1-223(54)

湖山集、補遺　集1-3361　叢2-852

湖山集、補遺、附錄　集1-3362　叢2-855

湖山集、輯補　集1-3363

湖山便覽　史7-49318(11)、53341

湖山便覽、圖說　史7-52925

湖山朱氏族譜[湖南湘潭]　史4-26725

湖山遺事　叢1-373(9)

湖山漫稿　集2-10166

湖山漫草　集3-13320

湖山逸叟蕭先生類稿　集6-45136

湖山游侶詩存　叢1-373(9)

湖山黄氏宗譜[浙江慈溪]　史5-33763～4

湖山杖屨錄　史2-9671

湖山墨緣　集5-36056

湖山疊影樓詩鈔　集5-34839

湖山唱和　集6-43777

湖山唱和集　叢2-2183

湖山野錄　叢1-17

湖山吟嘯集　集4-25166

湖山隨在吟詩稿　集5-38741

湖山勝槩　史7-52915、53315　叢1-23(11)

湖山勝覽　叢1-22(11)

湖山分韻題考　子5-26200

湖山敍遊　史7-49354、53334　叢2-832(2)

湖山小稿　集2-8146

湖山小隱　史7-49457

湖山懷古集　史7-53351　叢2-832(4)

湖山堂集　集3-17701～3,5-37740

湖山類稿、亡宋舊宮人詩集　叢2-833

湖山類稿、水雲集、附錄　叢1-223(58)

湖山類稿、附錄宋宮人詩、詞　叢1-392

湖山類藁(水雲集合鈔)　叢1-353

湖山類藁、亡宋舊宮人詩亡宋舊宮人詩詞　集1-4505

湖山類藁、水雲集、亡宋舊宮人詩　集1-4503

湖山類藁、水雲集、附錄　集1-4504

23　湖外吟　集3-14149

24　湖牘偶存　叢2-935

26　湖程紀畧　史7-52890～1

27　湖鄉分志[光緒]　史7-56703

湖船續錄　史7-49354　叢2-832(3)、2073

湖船錄　史7-49354　子4-18655　叢1-202(4)、203(18)、471、584,2-832(3)

湖船錄、續錄　子4-18656

32 湖州府誌前編[順治]　史7-57247
　湖州府志[弘治]　史7-57242
　湖州府志[嘉靖]　史7-57243
　湖州府志[萬曆]　史7-57245
　湖州府志[乾隆]　史7-57249～50
　湖州府志[同治]　史7-57251
　湖州府志稿　叢2-1377
　湖州府志稿[雍正]　史7-57248
　湖州府同鄉京官住址單　史7-50356
　湖州詞徵　集7-48603　叢2-843
　湖州百詠　集4-26859
　湖州貢舉表　史3-14962
　湖州愛山安定兩書院徵信錄　史7-52048
　湖州雙髻禪庵語錄、杭州西天目山師子禪
　　院語錄、示禪人語　子7-34210
　湖州吳山端禪師語錄　子6-32091(72)
　湖州汪氏源流集畧[浙江湖州]　史4-
　　28731
　湖州叢書十二種　叢2-841
　湖州十家詩選　叢2-2213
　湖州橋名山歌　集7-53633
　湖州晟舍陳氏族譜[浙江湖州]　史4-
　　32827
　湖州氏族考、本朝湖州府縣官考、本朝科名
　　盛事錄　史2-7997
　湖州金石錄　史8-63901
　湖溪樂安孫氏宗譜[江西婺源]　史5-
　　33663
　湖溪李氏支譜[江西萬載]　史4-27386
33 湖濱補讀廬詩文稿(懇庵文集、詩集、代言
　　錄、四六文)　集5-41106
　湖濱補讀廬叢刻五種　叢2-2226
　湖濱匪災紀畧　史1-3952　叢1-571
36 湖湘五畧　史6-48482
　湖湘初集　集2-9843
　湖湘校士錄　集6-44868
　湖湘故事　叢1-22(5)、23(5)
　湖湘扳擊紀聞　叢2-2264
37 湖盜殷應采列傳　史1-1929
38 湖海文傳補小傳劄記未定稿　叢2-1995
　湖海玄聲一夜話醫法捷要　子2-7551
　湖海新聞夷堅續志後集　子5-26969～70
　湖海新聞夷堅續志前集　子5-26968、26972
　湖海詩瓢　集4-31062
　湖海詩傳　集6-44230
　湖海詩存　集5-34822,6-42007(2)
　湖海詩人小傳　史2-7547～8
　湖海詩鈔、詞鈔　集3-21728
　湖海集　集2-7248～9,3-16238、16376
　湖海集(方舟先生湖海集)　集3-16239

　湖海草堂詞　集7-48010　叢1-509
　湖海樓詩集　集3-14647　叢1-373(6),2-
　　635(12)
　湖海樓詩集、補遺　集3-14651
　湖海樓詩稿　集3-14649
　湖海樓詞集　集7-47016　叢2-698(12)
　湖海樓詞所見人名　史8-65841
　湖海樓集拾遺　集3-14654　叢1-584
　湖海樓叢書十二種　叢1-301
　湖海樓尺牘　集6-45195
　湖海樓全集(湖海樓文集、駢體文集、詩集、
　　補遺、詞集)　集3-14652
　湖海青鐙集　史6-41491～4
　湖海搜奇　子5-26997
　湖海長吟、操瑟迂譚　集2-10165
　湖海同聲集　叢1-584
　湖滄王氏宗譜[浙江東陽]　史4-25166～7
40 湖塘黃氏續修宗譜　史5-34130
　湖塘林館文鈔　集5-35005
　湖塘林館駢體文鈔　集5-35007～8,6-
　　42075
　湖塘林館駢體文鈔(越縵堂類稿)　集5-
　　35006　叢2-1977
　湖塘陳氏族譜[浙江紹興]　史4-32890
　湖南方物志　史7-49318(13)、50739～40
　　叢1-352
　湖南府廳州縣暫行條例、府廳州縣會議員
　　選舉法、湖南各府廳州縣行政廳暫行章
　　程、府廳州縣有財產管理處暫行章程
　　史6-41907
　湖南襃忠錄初稿　史2-8234～5
　湖南韶山毛氏族譜[湖南韶山]　史4-
　　25643
　湖南諮議局議決案　史6-41908
　湖南王氏族譜[湖南]　史4-25506
　湖南平江林氏族譜[湖南平江]　史4-
　　29373
　湖南平江林氏宗譜[湖南平江]　史4-
　　29374
　湖南平江縣重修唐杜左拾遺工部員外郎
　　(甫)墓並建祠請祀集刊　史2-8573
　湖南疆域驛傳總纂、輿圖　史7-50748
　湖南巡撫吳大澂手諭各屬舉貢生監書　史
　　6-42558
　湖南上湘月城株林胡氏族譜[湖南湘鄉]
　　史4-30643
　湖南上中湘章氏三修族譜[湖南]　史5-
　　34604
　湖南衡州府賦役全書　史6-43732
　湖南保衛總局巡查各項章程　史6-45292
　湖南保衛局分局員紳職事章程　史6-

45293

湖南鄉土地理教科書[宣統] 史8-60415

湖南各縣調查筆記五類[民國] 史8-60414

湖南寧鄉文氏八修家譜[湖南寧鄉] 史4-25684

湖南寧鄉雙桂堂譚氏家乘[湖南寧鄉] 史5-41258~9

湖南寧鄉熊氏續修族譜[湖南靖州] 史5-38975

湖南寧鄉崔氏博陵續修族譜[湖南寧鄉] 史5-34335

湖南永州新田縣北一都八甲劉氏宗譜[湖南新田] 史5-39658

湖南潙湘周氏三修族譜[湖南] 史4-30223

湖南叢書九種 叢2-877

湖南湘鄉婁底柳氏續修族譜[湖南湘鄉] 史4-30361

湖南通志[嘉慶] 史8-60411

湖南通志[乾隆] 史8-60410

湖南通志[光緒] 史8-60412

湖南軍營紀畧 史1-1986、3748

湖南資陽赤塘高氏續修族譜[湖南益陽] 史4-32456

湖南李肇龍家譜[湖南湘鄉] 史4-27595

湖南校士錄 史3-15001

湖南地方自治研究所講義 史6-41909

湖南地畧 史7-49318(20)、50742

湖南考古畧 史7-51471

湖南考畧 史7-49317(1)、49318(1)、50741

湖南苗防屯政考、補編 史6-45633

湖南黃氏祠館紀畧 史7-51871

湖南黃氏祠館紀畧[湖南] 史5-33996

湖南黃氏世譜[湖南] 史5-33994~5

湖南黃氏人物志[湖南] 史5-33997

湖南書院訓規 集2-8683

湖南農工商務局檔 史6-44835

湖南釐金局比較章程 史6-43633

湖南四至水陸程途清冊 史7-50749

湖南賦役全書 史6-43730~1

湖南時務學堂初集四種 叢2-2221

湖南時務學堂第一集 史6-42561 叢2-2221

湖南財政款目說明書、湖南海常各關財政款目說明書 史6-43349

湖南長沙府湘潭縣史氏族譜[湖南湘潭] 史4-26160

湖南陽秋 史7-50744

湖南陽秋、續編 史1-2008

湖南闔省公牘 子7-35917

湖南風土記 史7-49309、50735~6 叢2-776

湖南學務進行紀畧 史6-42559

湖南臨湘縣教案始末 史1-4313

湖南全省保甲章程 史6-45443

湖南全省警務章程 史6-45388

湖南全省輿地圖表 史7-50746

湖南全省輿圖說 史7-50747

湖南全省鑛務總公司章程 史6-44834

湖南全省掌故備考 史7-50745

湖南金氏族譜[浙江紹興] 史4-29658

湖南善北黃氏義莊條規、范文正公事實一則 子1-2067

湖南善化黃氏支系考[湖南長沙] 史5-34004

湖南鋪遞程途清冊 史7-50750

湖南饒氏宗譜[湖南] 史5-41331

湖南符氏續修通譜[湖南長沙] 史5-34352

湖南常德府武龍周氏三修族譜[湖南常德] 史4-30131

湖南常德府武陵縣皮氏家譜[湖南武陵] 史4-26225

湖南常德府桃源縣大田村石岩堡于氏續修族譜[湖南桃源] 史4-24745

湖南常德武陵蕭氏族譜[湖南武陵] 史5-39988

湖南省至鄰省接壤限行程途清冊 史7-50751

湖南省鄉土地理[民國] 史8-60416

湖南省志稿[民國] 史8-60413

湖南省城古蹟今釋 叢2-2264

41 湖壖雜記 史7-50294~5 叢1-210~1、249(3)、395,2-617(5)、731(58)、832(3)、1343

43 湖城嵇氏宗譜[浙江湖州] 史5-35977

44 湖夢詞 集7-47717

湖莊聶氏四修族譜[江西清江] 史5-40912

湖蔭小築詩稿 集5-36344

湖村詩草 集4-28892

45 湖樓集 叢2-832(5)

湖樓校書記 叢2-1983

湖樓校書記(清道光十五年)、餘記(清道光十九年)、西泠續記 史2-12808

湖樓校書記、餘記 叢2-1823

湖樓校書記、餘記、續記 子4-22645

湖樓校書記等四種 叢2-1983

湖樓史話 史1-5753

湖樓筆談 子4-21532 叢2-1919~20

湖樓筆談說文經字 經2-12286

中國古籍總目·索引

47 湖都張氏族譜[湖南長沙]　史 5 - 35273
　　湖都張氏譜[湖南長沙]　史 5 - 35274
48 湖梅詩存　集 4 - 26653
50 湖青閣詩草　集 4 - 25529
　　湖東詩集　集 4 - 29093
　　湖東第一山詩鈔　集 5 - 33709
60 湖口進口統稅兼九江分局鱉金冊　史 6 - 43484
　　湖口縣志[康熙]　史 8 - 58534
　　湖口縣志[嘉慶]　史 8 - 58536
　　湖口縣志[乾隆]　史 8 - 58535
　　湖口縣志[同治]　史 8 - 58537
　　湖口縣八景　史 7 - 52480
　　湖園詩草　集 3 - 19726
　　湖田馬氏三續族譜[湖南湘潭]　史 4 - 31634
　　湖田馬氏重續族譜[湖南湘潭]　史 4 - 31633
67 湖墅雜詩　史 7 - 50316　集 4 - 23890　叢 2 - 832(2)
　　湖墅雜抄　子 4 - 24419
　　湖墅倡和集　叢 2 - 2230
　　湖墅小志　史 7 - 50317
70 湖雅　經 2 - 14879　叢 1 - 423
　　湖防紀畧　史 1 - 3899
71 湖蠶述　子 1 - 4418　叢 1 - 423
72 湖隱外史　史 7 - 50251　叢 1 - 580
　　湖隱禪院記事　史 7 - 51622
77 湖居雜興　集 3 - 13485
　　湖門劉氏宗譜[浙江義烏]　史 5 - 39294～5
78 湖陰汗簡　史 7 - 50358
　　湖陰草堂遺稿　集 4 - 25754
87 湖錄經籍考　史 8 - 66085　叢 2 - 843
　　湖錄紀事詩　史 2 - 8011　叢 1 - 346,2 - 1741～2
90 湖光塔影樓詩集　集 5 - 38300

溯

21 溯紅詞　集 7 - 46405、47107
30 溯流史學鈔　史 1 - 5613
　　溯流史學鈔、遊梁書院講語　叢 2 - 1289
31 溯源雅鑒　子 7 - 35464
36 溯洄集　子 2 - 4551
　　溯洄集(清詩溯洄集)、詩論、詩話　集 6 - 44061
60 溯園文集　集 3 - 13166
　　溯園文集、詩集　集 3 - 13165

潤

10 潤玉傳　子 5 - 27545　叢 1 - 56
16 潤碧軒詩草　集 4 - 28146
17 潤邗丁氏重修族譜[江蘇鎮江]　史 4 - 24599
21 潤經堂自治官書　史 6 - 43072　叢 2 - 1767 ～8
30 潤賓居士日記　史 2 - 12814
32 潤州顏氏宗譜[江蘇鎮江]　史 5 - 40960
　　潤州諫壁盧氏重修族譜[江蘇鎮江]　史 5 - 40055
　　潤州諫壁墩頭盧氏重修族譜[江蘇鎮江]　史 5 - 40056
　　潤州孫氏重修族譜[江蘇鎮江]　史 5 - 33542
　　潤州焦山碩機聖禪師語錄　子 7 - 34263
　　潤州焦氏宗譜[江蘇鎮江]　史 5 - 36304
　　潤州先賢錄　史 2 - 7817
　　潤州朱方孟家灣孟氏重修族譜[江蘇鎮江]　史 4 - 30305
　　潤州鄒氏宗譜[江蘇鎮江]　史 5 - 36333～4
　　潤州包氏族譜[江蘇鎮江]　史 4 - 26176
　　潤州徐氏宗譜[江蘇鎮江]　史 4 - 31808
　　潤州沙盧氏宗譜[江蘇鎮江]　史 5 - 40057
　　潤州南門外筵階莊氏宗譜[江蘇鎮江]　史 4 - 31482
　　潤州李氏宗譜[江蘇鎮江]　史 4 - 27114
　　潤州莊氏族譜[江蘇鎮江]　史 4 - 31481
　　潤州韓氏重修宗譜[江蘇鎮江]　史 5 - 40345
　　潤州韓氏家乘[江蘇鎮江]　史 5 - 40343
　　潤州楊氏族譜[江蘇鎮江]　史 5 - 36778
　　潤州見聞記　史 1 - 3894
　　潤州見聞錄　叢 1 - 409
　　潤州見聞錄、庚申記畧　史 1 - 3895
　　潤州周氏纂修宗譜[江蘇鎮江]　史 4 - 29831～2
　　潤州丹徒鎮吳氏續修宗譜[江蘇丹徒]　史 4 - 27724
　　潤州開沙許氏六修宗譜[江蘇鎮江]　史 5 - 34366
　　潤州開沙許氏重修宗譜[江蘇鎮江]　史 5 - 34365
　　潤州開沙下莊圍王氏癸分族譜[江蘇鎮江]　史 4 - 24821
　　潤州開沙夏氏重修宗譜[江蘇鎮江]　史 4 - 31654

潤州開沙張氏族譜［江蘇鎮江］　史5-34806

潤州金氏重修宗譜［江蘇鎮江］　史4-29625

40 潤南白兔山西謝氏重修宗譜［江蘇鎮江］　史5-40681

潤南巘崗吳氏重修宗譜［江蘇鎮江］　史4-27716

潤南官塘橋胡氏重修宗譜［江蘇鎮江］　史4-30377

潤南淩塘朱氏家乘［江蘇鎮江］　史4-26415

潤南南莊毛氏宗譜［江蘇鎮江］　史4-25570

潤南塔山傅氏重修族譜［江蘇鎮江］　史5-36194～5

潤南村韋氏重修宗譜［江蘇鎮江］　史4-31120

潤南橫塘朱氏重修族譜［江蘇鎮江］　史4-26419

43 潤城西門外曾氏重修族譜［江蘇鎮江］　史5-36603

潤城趙氏族譜［江蘇鎮江］　史5-38250

46 潤楊先生集　集4-22113

50 潤東諫壁鄭氏重修宗譜［江蘇鎮江］　史5-38592

潤東郭氏家乘［江蘇鎮江］　史4-32279

潤東王氏族譜［江蘇鎮江］　史4-24827

潤東王氏重修族譜［江蘇鎮江］　史4-24817

潤東五峯王氏重修族譜［江蘇鎮江］　史4-24840

潤東霍氏重修宗譜［江蘇鎮江］　史5-40044

潤東下令吳氏重修族譜［江蘇鎮江］　史4-27722

潤東夏澤橋東山駱氏重修族譜［江蘇丹徒］　史5-39892

潤東孩溪胡氏宗譜［江蘇鎮江］　史4-30378

潤東石牆徐氏重修宗譜［江蘇鎮江］　史4-31807

潤東北留莊劉氏重修族譜［江蘇鎮江］　史5-39218

潤東北留莊劉氏重修宗譜［江蘇鎮江］　史5-39219

潤東環氏族譜［江蘇鎮江］　史5-40328～9

潤東環氏重修族譜［江蘇鎮江］　史5-40327

潤東尹沙錢氏重修族譜［江蘇鎮江］　史5-40137

潤東順江洲王氏十二修族譜［江蘇鎮江］　史4-24830

潤東順江洲丁氏家乘［江蘇鎮江］　史4-24603

潤東順江洲朱氏重修族譜［江蘇鎮江］　史4-26414

潤東順江洲中和圩殷氏族譜［江蘇鎮江］　史4-32207

潤東上莊潘氏重修族譜［江蘇鎮江］　史5-39754

潤東上莊潘氏宗譜［江蘇鎮江］　史5-39753

潤東儒里張氏重修家乘［江蘇鎮江］　史5-34803

潤東彪林朱氏宗譜［江蘇鎮江］　史4-26413

潤東崇賢里王氏十二修族譜［江蘇鎮江］　史4-24828

潤東朱氏族譜［江蘇鎮江］　史4-26411～2

潤東白沙劉氏重修族譜［江蘇鎮江］　史5-39220

潤東魏家墩魏氏重修族譜［江蘇鎮江］　史5-40406

潤東魏氏重修族譜□卷［江蘇鎮江］　史5-40410

潤東吳沙亂石橋何氏宗譜［江蘇鎮江］　史4-28244

潤東吳沙李氏族譜［江蘇鎮江］　史4-27109

潤東殷氏宗譜［江蘇鎮江］　史4-32208

潤東徐氏宗譜［江蘇鎮江］　史4-31806

潤東安港王氏重修族譜［江蘇鎮江］　史4-24835～7

潤東官莊王氏重修宗譜［江蘇鎮江］　史4-24839

潤東淩氏續修宗譜［江蘇鎮江］　史4-34637

潤東洪溪周氏續修族譜［江蘇鎮江］　史4-29834

潤東大港高氏重修宗譜［江蘇丹徒］　史4-32395

潤東大港趙氏瑾瑜分重修分譜［江蘇鎮江］　史5-38247

潤東大港周氏續修族譜［江蘇鎮江］　史4-29833

潤東壇王蔡氏重修族譜［江蘇鎮江］　史5-37972

潤東姚氏重修族譜［江蘇鎮江］　史4-31153

潤東城灣戴氏重修族譜［江蘇鎮江］　史5-40480

潤東蘆社口朱氏重修宗譜［江蘇鎮江］　史4-26417

潤東蕭氏十一修家乘[江蘇鎮江]　史5-39949

潤東苦竹牆門王氏宗譜[江蘇鎮江]　史4-24834

潤東葛村魏氏重修族譜[江蘇鎮江]　史5-40408~9

潤東蔡氏族譜[江蘇鎮江]　史5-37971

潤東坍江蔣氏續修宗譜[江蘇鎮江]　史5-38075

潤東柳湖田氏重修族譜[江蘇鎮江]　史4-26084

潤東圖北龔氏重修族譜[江蘇鎮江]　史5-41438~9

潤東圖南陳氏重修族譜[江蘇鎮江]　史4-32731

潤東嚴莊葉氏重修族譜[江蘇鎮江]　史5-35645

潤東馬氏重修族譜[江蘇鎮江]　史4-31562

潤東陳灣大山唐氏重修宗譜[江蘇丹陽]　史4-32494

潤東周莊吳氏重修族譜[江蘇鎮江]　史4-27718

潤東周莊吳氏重修分譜[江蘇鎮江]　史4-27717

潤東當江沙邵氏重修宗譜[江蘇鎮江]　史4-29201

潤東當江沙殷氏重修族譜[江蘇鎮江]　史4-32209

潤東當江沙徐氏重修族譜[江蘇鎮江]　史4-31810

潤東當江沙陳氏重修族譜[江蘇鎮江]　史4-32737

潤東當沙孫氏重修族譜[江蘇鎮江]　史5-33540

潤東當沙胡氏重修族譜[江蘇丹徒]　史4-30379

潤東糧山朱氏族譜[江蘇鎮江]　史4-26416

77 潤邱集　集3-15101

80 潤龕書畫跋　叢2-795

潮

00 潮音旭禪師語錄　子7-34325、34327

潮音旭禪師語錄、隨錄、普陀列祖錄　子7-34326

潮音旭禪師隨錄　子7-34328

12 潮水論　子3-13140、13502

21 潮行近草　集3-15838~9

22 潮災記署　史1-1975、3153

潮災紀署　史7-50248　叢2-789~91、793

24 潮牘偶存　史6-47337

25 潮生閣詩鈔(清溪詩稿)　集4-22610

32 潮州府志[康熙]　史8-60972

潮州府志[順治]　史8-60971

潮州府志[嘉靖]　史8-60970

潮州府志[乾隆]　史8-60973

潮州府志署[民國]　史8-60974

潮州府金石署　史8-64053

潮州海防記　史6-45563,7-49318(15)

潮州志[民國]　史8-60975

潮溪先生捫蝨新話(新刊潮溪先生捫蝨新話)　子4-20135

34 潮港世德堂族譜[廣東澄海]　史5-34100

35 潮連鄉志[民國]　史8-61049

37 潮汐論　子7-36229、37703

潮汐二字考、朝宗於海論　經2-14820

40 潮嘉風月　叢2-683、1581

潮嘉風月記　叢1-202(8)、203(14、18)、587(1)

47 潮聲十五音　經2-14455

50 潮中雜紀　史7-50889

70 潮雅拾存　集6-44902

76 潮陽縣志[康熙]　史8-60987

潮陽縣志[嘉慶]　史8-60988

潮陽縣志[隆慶]　史8-60986

潮陽縣志[光緒]　史8-60989

潮陽辟望蔡氏族譜[廣東潮陽]　史5-38060

78 潮鹽事例　史6-43912

澗

10 澗于雜稿(張佩綸雜稿)十四種　叢2-2063

澗于詩　集5-37882

澗于集(詩、文集、奏議、書牘)　集5-37879

澗于集(奏議、電稿、譯署函稿、古今體詩、文集、書牘)　集5-37880

澗于集詩、詩補編、尺牘、譯署函稿　集5-37881

澗于集奏議　史6-49152

澗于日記(清光緒元年至二十七年)　史2-13136

澗西周氏三修族譜[湖南寧鄉]　史4-30140

11 澗琴詞學　集7-47367

21 澗上集選　集2-10951,6-41949

澗上叢談　子5-26402

澗上草堂詩集　集3-16607,6-45002
澗上草堂紀畧　史7-51919
澗上草堂紀畧(徐朽)　史2-9685
澗上草堂紀畧、續編、拾遺、明孝廉李巢二
　　先生圖詠　史7-51920　叢2-746
22 澗山周氏四修族譜[湖南長沙]　史4-
　　30129
26 澗泉詩餘　集7-46357、46644
　澗泉詩餘(澗泉詞)　集7-46645
　澗泉詞　集7-46375
　澗泉集　集1-3961　叢1-223(57)
　澗泉日記　子4-20148～9　叢1-19(8)、20
　　(6)、21(7)、22(5)、23(5)、24(8)、223(41)、230
　　(4)、231、468,2-624(2)、731(54)
　澗泉吟稿　集1-3962,6-41894(2)、41895
33 澗濱先生文集、附集　集2-10169
40 澗南詞　集7-48002
　澗南遺草　集4-32829,6-42007(4)
　澗南吟稿　集4-29693,6-45079
　澗南吟草　集4-31873
44 澗蕡遺稿　集5-38499
　澗蒓集　集4-28294
50 澗東集　集4-29124
80 澗谷遺集　集1-4480～1　叢2-870(4)
　澗谷精選陸放翁詩集前集、須溪精選後集、
　　別集　叢2-635(10)
　澗谷精選陸放翁詩集前集、須溪精選陸放
　　翁詩集後集、別集(放翁詩選)　集1-
　　3452
90 澗堂詩集　集3-16366

瀾

32 瀾溪贈詠　叢2-905
80 瀾谷遺詩　集5-39325
90 瀾堂夕話　叢1-202(6)、203(12)
　瀾堂夕話、偶書　集6-45849
　瀾堂夕話附偶書　叢1-143

3712₇ 涌

17 涌翠山房文集、詩集　叢2-1939
　涌翠山房集(文集、詩集)　集5-34099
　涌翠山房集二種　叢2-1939
　涌翠樓詩鈔　集5-38482
60 涌田胡氏二房七修譜[湖南湘潭]　史4-
　　30631

渦

76 渦陽縣志[同治]　史7-57818
　渦陽縣志畧[民國]　史7-57820
　渦陽風土記[民國]　史7-57819

湧

40 湧幢小品　子4-23052　叢2-735(2)

溺

40 溺女良方文、應驗神效良方　子2-9739
88 溺笑閒談　子4-22460　集3-18700

滑

20 滑乘補[萬曆]　史8-59751
23 滑稽詩文集續編　集5-37567
　滑稽詩文集初集　集5-37566
　滑稽外史　子7-38204
　滑稽叢話　子4-24683　叢2-632
　滑稽館新編三報恩傳奇　集7-50240
　滑稽餘韻　集7-50588
26 滑伯仁先生(壽)傳　史2-8815
27 滑疑集　集3-20330～1　叢2-856
40 滑臺訪古詩　集3-20677
62 滑縣志[康熙]　史8-59753
　滑縣志[順治]　史8-59752
　滑縣志[嘉靖]　史8-59750
　滑縣志[乾隆]　史8-59754
　滑縣志[同治]　史8-59755
　滑縣志[民國]　史8-59756
72 滑氏診家樞要　子2-5400
83 滑鐵盧戰血餘腥記　子7-38275
97 滑耀編　集6-42809

漏

00 漏甕稿　集4-27450
02 漏刻經　叢1-22(18)、23(17)
34 漏泄春光一枝　集7-51829
40 漏壺算術　子3-11244
80 漏分布經　子6-32083(19)

溮

78 溮陰志畧　叢1-369
　　溮陰志畧[道光]　史7-54953

濿

12 濿水集　集1-2799　叢1-223(52)

鴻

00 鴻齋文集、補遺　集3-19431　叢2-963
　　鴻慶集補鈔　集1-3077,6-41901
　　鴻慶集鈔　集1-3075～6,6-41900、41908
　　鴻慶居士文集　集1-3070,3072　叢2-798
　　鴻慶居士文集(鴻慶居士集)　集1-3071
　　鴻慶居士集　叢1-223(54)
　　鴻慶居士集補遺　集1-3073～4　叢2-798
　　鴻文補擬　叢2-981
　　鴻文堂二刻古文觀止　集6-43054
07 鴻詞所業　叢2-1433～5
08 鴻旅山莊集　集5-36617
10 鴻雪齋詩稿　集4-23113
　　鴻雪齋詩鈔　集3-18072,4-26507
　　鴻雪齋儷體　集3-15798
　　鴻雪齋題畫小品　子3-16172
　　鴻雪齋尺牘　集4-29715
　　鴻雪慶詞　集7-47441
　　鴻雪詩鈔　集4-24597
　　鴻雪詞　集7-47418　叢2-665
　　鴻雪集　集5-40589
　　鴻雪山房詩集　集5-36643
　　鴻雪山房印譜　子3-17419

鴻雪巢日記(清咸豐十年至同治元年)　史2-12863
鴻雪偶留　叢1-504
鴻雪草　集5-38328
鴻雪草廬詩鈔　集4-30920
鴻雪草堂詩集　集5-36959
鴻雪村居吟稿　集4-27826
鴻雪樓詩選初集　集4-31530
鴻雪樓詩選初集、外集　集4-31531
鴻雪軒紀豔四種　子5-26493　叢1-496(6)
鴻雪因緣圖記　史7-49317(6)、49318(12)
鴻雪因緣圖記一集、二集、三集　子4-23602
12 鴻烈解　叢1-182
　　鴻飛錄　史2-9030
17 鴻乙通　子4-23982
20 鴻集亭詩草　集2-11507
22 鴻山楊氏宗譜[江蘇無錫]　史5-36807
　　鴻山楊氏支譜[江蘇無錫]　史5-36808～9
26 鴻臯瑣說　子4-21182
30 鴻寶應本　集2-12027
　　鴻寶樓偶存詩鈔(蘋香偶存詩)　集4-22531
　　鴻寶堂詩稿　集3-18438
　　鴻賓樓詩鈔　集6-41999
　　鴻案聯吟餘稿　集4-29221
32 鴻州天愚集　集4-23339
　　鴻洲天愚集　集4-26091
　　鴻洲先生家則　叢2-1153
　　鴻溪詹氏宗譜[江西婺源]　史5-37929
34 鴻濛室文鈔　集4-31945
　　鴻濛室文鈔、二集　集4-31946　叢2-1846
　　鴻濛室詩集選鈔　集4-31944
　　鴻濛室詩鈔　集4-31940、31943　叢2-1846
　　鴻濛室詩鈔後集　集4-31942
　　鴻濛室詩鈔前集　集4-31941
　　鴻濛室叢書三十六種　叢2-1846
37 鴻泥雜誌　史7-51075
　　鴻泥集帙　集4-28148
　　鴻泥續錄、續吟　集4-24579
　　鴻泥日錄　集4-24577　叢1-373(8)
　　鴻泥日錄、續錄、三錄、四錄　史7-53110
　　鴻泥日錄、續錄、三錄、四錄、五錄　集4-24578
　　鴻泥日錄、續錄、續吟　史7-53109
　　鴻泥四錄、五錄　史7-53111
　　鴻泥堂小稿、續稿、附錄　集2-6527
　　鴻逸堂稿　集3-14702
44 鴻苞　子4-20654
　　鴻苞集　集2-9988

鴻苞節錄　子4-20655
45 鴻棲館印選　子3-16907、16912
47 鴻桷齋文集初刻　集4-29363
　鴻桷齋初刻詩集　集4-29362
　鴻桷堂詩集、梅花四體詩、文鈔、信天翁家訓、附錄　集3-16846
51 鴻軒雜著存稿　集4-29998
　鴻軒詩稿　集5-36088
　鴻軒集唐草　集3-21185
　鴻軒隨筆　子4-23411
60 鴻跡猿聲集　集3-15980
　鴻跡館詩存　集4-31388
62 鴻影樓詩記　集5-41606
65 鴻蹟偶存　叢2-1679
68 鴻嗷盾墨合編　集5-35278
　鴻嗷小草　集5-38607
71 鴻雁捎書一本　集7-52610
　鴻雁捎書一段　集7-52611
　鴻臚寺志畧　史6-42815
　鴻臚寺則例　史6-47031
72 鴻爪詞　集7-47695、47698　叢2-1830
　鴻爪集　集3-15469、4-23295、31283、5-34873、6-45067　叢2-952
　鴻爪集、硯賦、硯銘　史7-53102
　鴻爪集補　史7-53103
　鴻爪初續、再續、三續　集4-30537
　鴻爪留餘　叢2-1754
　鴻爪前遊日記(清同治九年至十年)　史2-12970
　鴻爪錄　集6-46288　叢1-480
77 鴻鷗瑣錄　史7-54077　叢2-1892
78 鴻陰樓文存　集5-37966
83 鴻猷錄　史1-1823　叢1-84(3)、2-730(10)、731(67)
88 鴻範通論　經1-3343

3713₂ 淥

12 淥水亭雜識　子4-21057　叢1-202(5)、203(11)、321、2-735(2)、736
　淥水詞　集7-46405、46874
31 淥江集　集2-8167
　淥江書院志　史7-52116
37 淥湖山莊詩草　集3-21038
41 淥坪遺詩　集4-30654
50 淥東江氏家譜[湖南]　史4-26915

3713₄ 澳

32 澳洲各國志　子7-36245
　澳洲紀遊　史7-49317(5)、49318(17)、54902
　澳洲歷險記　子7-38157
　澳洲風土記　子7-38023
40 澳大利亞可自強說　史7-49318(21)、54901
　澳大利洲新志　子7-36292　叢1-524、2-731(60)
　澳大利洲諸國度支考　子7-36240(2)
　澳大利洲各境考　子7-36240(1)
　澳大利洲志譯本　史7-49314、54903　叢1-528
44 澳蕃篇　史7-49318(15)、51223
77 澳門雜詩　集5-39673
　澳門記　史7-49318(15)、51227
　澳門記畧　史7-51220　叢1-203(17)
　澳門記畧[乾隆]　史8-63445~6
　澳門形勢論　史7-49318(15)、51225、51228
　澳門形勢篇　史7-49318(15)、51222
　澳門紀畧　史7-49343　叢2-735(4)
　澳門紀畧跋　史7-51221　叢2-1664
　澳門界務紀要　史7-51229
　澳門圖說　史7-49318(15)、51224
　澳門公牘錄　史6-47357
　澳門公牘錄存　史6-44986　叢1-472

3713₆ 漁

00 漁亭小草　集6-41985
　漁庵詩選　集3-21405、6-42019
09 漁談　子4-21004　叢1-203(9)、206
10 漁石唐先生詩集　集2-7732
　漁石集　叢2-731(41)、859
　漁石剩草　集4-33297、6-42007(1)
12 漁磯漫鈔　子5-26422
17 漁珊詩鈔　集4-28244
22 漁後陳氏家譜[浙江紹興]　史4-32883
　漁山詩稿　集4-22362
　漁山詩草　集3-16777
　漁山園詩集　集3-16000
　漁山吟　集3-19264
　漁樂清溪一枝　集7-52043
27 漁舟記談　子5-26485
　漁舟記談、續談　史7-49340

漁舟續談　叢2-1806
漁舟紀談　叢2-1806
漁舟紀談、續談　子4-21677
30 漁家樂　集7-50229、51345、52044、52558
31 漁汀詩鈔殘卷　集4-23086
32 漁溪詩稿　集1-4268～9,6-41895
漁溪詩稿、乙稿　集1-4266、6-41745、41921、41924
漁溪詩稿、乙稿、補遺　集1-4267　叢2-833
漁溪詩藁　集1-4264
漁溪詩藁、乙藁　集1-4265
漁溪詩藁　集6-41904
漁溪詩藁、乙稿　集6-41891
漁溪詩藁、乙藁　集6-41744、41888、41892～3、41894(4)、41897～8、41911、41917
漁溪王氏族譜[湖南衡陽]　史4-25490
33 漁浦草堂文集　叢2-1921
漁浦草堂文集初稿　叢2-1921
漁浦草堂詩(張伯幾詩)　叢2-1921
漁浦草堂詩集、補遺、詩餘　集5-33780
漁浦草堂遺稿十九種　叢2-1921
漁梁徐氏族譜[江蘇常熟]　史4-31875
漁梁徐氏虞麓支譜[江蘇常熟]　史4-31874
漁梁徐氏塘墅派支譜[江蘇常熟]　史4-31873
37 漁瀾山人集　集4-25785
漁通問俗　史7-49318(18)、50987
漁郎詩集　集3-15851
38 漁洋詩話　集6-45893～5　叢1-197(3)、223(72)、373(8)、2-1336
漁洋詩話、賜沐紀程　集6-45896
漁洋詩話拾唾　集6-45897
漁洋詩續集　集3-15444
漁洋詩法　集6-45491、45898～9
漁洋詩則　集6-45909
漁洋詩鈔　集3-15445,6-41966
漁洋詩鈔選　集6-41972
漁洋說部精華、漁洋書籍跋尾　子4-23135
漁洋山房詩　集3-15430
漁洋山人文畧　集3-15429　叢1-254,2-948、1336
漁洋山人評選研村集、鹿門詩　集3-17314
漁洋山人評點崑崙山房詩稿　集3-17519
漁洋山人詩集　集3-15443　叢2-948
漁洋山人詩集、續集　叢2-1336
漁洋山人詩續集　叢2-948
漁洋山人詩問　集6-45903　叢1-498
漁洋山人詩合集　集3-15442
漁洋山人乙亥文稿　集3-15428
漁洋山人集　集6-41969
漁洋山人集外詩　集3-15448　叢1-498

漁洋山人佚詩　集3-15449
漁洋山人自撰年譜　史2-11745
漁洋山人秋柳詩箋　叢1-442～3,2-731(43)
漁洋山人古詩選　集6-42319
漁洋山人感舊集小傳　史2-7632　叢1-584
漁洋山人精華錄　集3-15435～6　叢1-254,2-635(12)、948、1336
漁洋山人精華錄訓纂、漁洋山人自撰年譜　叢2-698(11)
漁洋山人精華錄訓纂、目錄、年譜注補　集3-15439
漁洋山人精華錄注　集3-15438
漁洋山人精華錄會心偶筆　集3-15440
漁洋山人精華錄箋注、補、年譜　集3-15437
漁洋先生評點赤嵌集　集3-17013
漁洋先生日修祀詩　史2-9364
漁洋秋柳詩詮　叢2-2093
漁洋書籍跋尾　史8-65662～3　叢1-435
漁洋感舊集小傳、補遺　史2-7631　叢2-617(3)
漁洋問答　集6-45496
漁洋答問　集6-45905
40 漁存別集　集3-15632
漁樵牧一枝　集7-52047
漁樵對問　子1-609　叢1-2～9、22(2)、23(2)、569,2-731(12)
漁樵對問(漁樵問對)　子1-608
漁樵對答　集7-52557
漁樵耕讀牧一枝　集7-50983、51621、52045
漁樵耕牧　集7-49594
漁樵閒話　子5-26220、27381　集7-48774(5)　叢1-16～7、19(5)、22(5)、23(5)、24(6)、40、249(3)
漁樵閒話錄　叢1-108、111(3),2-731(52)
漁樵閒話　叢1-21(5)
漁樵問對　子3-12943　叢1-20(9)、21(10)、24(12)
漁樵問答　子3-17583、17765,4-20978　集7-52046　叢1-10、202(2)、203(7)
43 漁城詩草　集3-19307
44 漁鼓曲　集2-12064
漁莊詩集　集3-15185,6-44591
漁莊詩草　集3-17310
漁莊祕草　叢1-256
漁莊邂逅錄　子5-29530(21)、29562、31211
漁莊吟稿　集3-15962
漁莊周氏宗譜[江蘇武進]　史4-29846
漁莊錄　子5-29561、29594、31124～5、31127～8

中國古籍總目書名索引

漁莊錄總要　子5-29594、31126
漁莊錄做手　叢1-256
漁菴集　集2-8142
漁村文集、詩集　集4-23025
漁村詩稿　集3-20468
漁村詩鈔　集4-23026
漁村夕照一枝　集7-52042
漁村小草　集3-15633
57 漁邨記　集7-50307
65 漁嘯集　集2-7886
66 漁唱乙稿　叢2-1679
67 漁墅類稿　集1-4133　叢1-223(57)
72 漁隱叢話、後集　叢1-453
漁隱叢話前集、後集　集6-45615　叢1-223(72),2-698(17)
漁隱老人詩稿　集5-37710
漁隱吟草、望雲樓詞、詩詞草續編　集5-33846
漁隱錄　集6-44047
漁隱小舍文稿　集4-33588
76 漁陽三弄　集7-48774(4)、48775、48778　叢2-672
漁陽石譜　叢1-22(16)、23(15)
漁陽山人手鏡　史6-41530
漁陽公石譜　叢1-19(5)、20(3)、21(4)、24(5)
77 漁具詠　叢1-22(18)、23(17)、30、119～20
80 漁盦詩集　集5-36771
漁翁得利一段　集7-51620
漁父填詞閣詩稿、詩餘　集4-31000

蠡

71 蠡腰館詩集　集5-39368

3714₀ 汉

21 汉上集選　集2-10326,6-41949

淑

16 淑聖真詮　史2-8423
20 淑秀總集　集6-41935(3)
27 淑紀軒日記(清光緒五年至七年)　史2-

12889
35 淑清錄　子4-24080
淑清錄(趙扑)　史2-8653
44 淑芳詞續　集7-46837
淑艾齋尺牘　集2-10600
淑艾錄　子1-1346～7　叢1-203(15),2-691(2)
淑老軒經驗方　子2-9920
淑世談藪　子4-23017
60 淑園文存　集5-41180
淑園詩存　集5-36954
淑景堂考訂注釋寒熱溫平藥性賦　子2-5795
77 淑問彙編　史6-46070

3714₆ 潯

28 潯谿紀事詩　史7-50362　叢2-844、1742
31 潯江彙稿　集2-11208
潯江粘氏家譜[福建晉江]　史5-34631
32 潯州府志[道光]　史8-61322
潯州府志[乾隆]　史8-61321
潯州府志[同治]　史8-61323
潯州府志[民國]　史8-61325
潯州府志[光緒]　史8-61324
潯州黑暗　子5-27900
潯溪文徵　叢2-2175
潯溪紀事詩　集4-33273　叢1-346,2-1741
37 潯初賦稿　叢2-837
47 潯聲集　集5-38902
76 潯陽文選　集6-42048～9
潯陽詩稿、詞稿、輞川樂事、新調思春　集3-21253
潯陽課士擬程　集5-37596
潯陽記　史7-50575　叢1-19(2)、21(2)、22(11)、23(10)、24(3)
潯陽紀事　史1-3309　叢2-870(3)
潯陽書目　史8-65724
潯陽蹠醢　史7-50577　子5-25290
潯陽隨筆　子4-21213
潯陽陶氏支譜[江蘇蘇州]　史5-33472
80 潯美何氏族譜志[福建泉州]　史4-28354

3714₇ 汲

00 汲亭詩文鈔　集3-14585

汲庵文存　集5-34462
汲庵詩存　集5-34460
汲庵信札　集5-34463
21 汲綆齋讀書隨筆　子4-22659
汲綆室閒窓涉筆　子4-23650
汲綆書屋詩鈔、題跋　集4-27359
汲綆圖題跋　子3-16209
27 汲修齋詩存　集5-39159
汲修齋叢書十六種　叢1-556
36 汲湘廬詩草　集5-39507～8
37 汲冢瑣語　史1-2077　叢1-261,2-761
汲冢紀年存真、周年表　史1-1018
汲冢書鈔　史1-2075　叢2-774(8)
汲冢周書　史1-2048、2054～5　叢1-70、
　74、76～7、79、91～3、123、182～3,2-635(3)、
　730(5)、731(64)
汲冢周書、校正補遺、附錄　史1-2056　叢
　1-75
汲冢周書輯要　經1-3507
汲冢周書輯要、逸書　叢2-1596
汲冢周書輯要、逸書、書說　史1-2052
38 汲冷堂詩草　集3-14691
40 汲古亭詩鈔　集3-17788
汲古齋詩選　集3-14187,6-44580
汲古新編　子5-25324
汲古叢語　子4-20324　叢1-22(21)、107、
　111(3),2-731(11)
汲古叢語、國學訓諸生十二條　叢2-1098
汲古閣說文訂　經2-12059、12134、12138、
　15118　叢1-433,2-731(3)
汲古閣說文解字校記　經2-12056
汲古閣石鼓纂注　史8-64488
汲古閣刊書細目　史8-65609　叢1-448
汲古閣珍藏祕本書目　史8-65610　叢1-
　316～7,448,2-731(1)
汲古閣珍藏祕本書目、汲古閣刊書細目　史
　8-65611
汲古閣毛氏藏書目　史8-65607～8
汲古閣集　集2-12240
汲古閣祕本書目　叢1-371
汲古閣校刻書目　史8-66458
汲古閣校刻書目、補遺、刻版存亡考　史8-
　66459　叢1-364
汲古閣校刻書目、補遺、書板存亡考　史8-
　66460
汲古閣校刊書目　史8-65254
汲古閣未刻詞二十六種　集7-46361
汲古閣景抄南宋六十家小集　集6-41888
汲古閣合訂唐宋元詩五集　集6-41782
汲古錄　集4-32879　叢2-1923
汲古堂集　集2-10809

汲古堂集、續集　集2-10810
汲古堂續集　集2-10811～2
44 汲莊文集、詩集　集5-39301
62 汲縣志[康熙]　史8-59674
汲縣志[乾隆]　史8-59675
汲縣志[民國]　史8-59677
汲縣今志[民國]　史8-59676
70 汲雅山館詩鈔　集4-25090
71 汲長孺矯詔發倉　集7-49397、49410

沒

11 沒頭疑案　集7-49249
27 沒縫姐爾下妲一枝　集7-51842
62 沒影沒形一枝　集7-51843

浸

77 浸月樓圖書稿　子3-16945、17164
浸月樓圖書印記　子3-16945、17163
浸月樓印記　子3-16945
浸月樓印稿詩存　子3-16945、17166

澱

37 澱湖漫稿、補編　集3-19397
澱湖小志　史7-52865
澱湖小志[光緒]　史7-56497

濲

12 濲水草堂詞集　集7-47375
22 濲川集　集2-6255
31 濲江義渡公案　史6-47289

3715₂ 潵

74 潵陸詩鈔　集3-18961,6-45190

3715$_6$ 渾

00 渾齋小稿　集4-33680
　　渾齋小藁　叢1-537
10 渾元劍法内外篇　子1-3635
　　渾天論　子3-11264　叢2-775(5)
　　渾天論答難　子3-11265　叢2-775(5)
　　渾天象說　子3-11262　叢2-775(5)
　　渾天儀　叢1-261,2-761
　　渾天儀說　子3-11289
　　渾天儀象占書　子3-13125
　　渾天寶鑑　子3-14233
23 渾然子　子4-20358　叢1-108,2-731(12)
28 渾儀　叢2-774(10)
　　渾儀鏡　集7-50224
31 渾源州續志[光緒]　史7-55628
　　渾源州志[弘治]　史7-55624
　　渾源州志[順治]　史7-55626
　　渾源州志[萬曆]　史7-55625
　　渾源州志[乾隆]　史7-55627
44 渾蓋通詮、中星儀說　子3-11458
　　渾蓋通憲圖說　子3-12389、12446~7　叢
　　　1-135、223(34)、274(4),2-731(26)
46 渾如篇　子5-27044

3715$_7$ 瀙

60 瀙園集　集5-39396
　　瀙園自述　史2-12399

3716$_0$ 洺

07 洺詞　集2-11687
12 洺水詞　集7-46380、46647　叢2-698(13)、
　　720(2)
　　洺水集　集1-3986~7,6-41904　叢1-223
　　(56)
　　洺水小集　集1-3988,6-41894(3)、41895
32 洺州唱和詞　叢2-1752

3716$_1$ 沿

31 沿河縣志[民國]　史8-62258
32 沿沂亭算稿四種　子3-12401
34 沿波舫詞　集7-46413、48038
36 沿邊營汛路程　史6-47356
38 沿海設防圖說　史6-45491
　　沿海形勢論　史6-45521~2,7-49317(7)、
　　　49318(14)
　　沿海形勢錄　史6-45497,7-49317(7)、49318
　　　(14)
44 沿革志　子7-36245

澹

00 澹亭詩草　集3-20989
　　澹庵文存　集4-33598,5-38421
　　澹庵詩草　集5-39976、39979
　　澹庵詩草(澹堪詩草)　集5-39977
　　澹庵詞　集7-46386
　　澹庵集　集4-28582
　　澹庵長短句　集7-46361、46379
　　澹庵長短句(胡忠簡澹菴長短句)　集7-
　　　46553
　　澹廬詩集、書牘　集5-40520
　　澹廬讀畫詩　叢2-622
　　澹廬遺詩　集5-37812
　　澹廬懷人詩　集5-39727
　　澹齋文畧　集5-38217
　　澹齋詩存　集5-38366
　　澹齋詩草　集4-25214
　　澹齋詩鈔　集3-21873
　　澹齋詞　集7-47248
　　澹齋霏玉　叢2-1062
　　澹齋集　集1-3416,5-38218　叢1-223(53)
　　澹齋内言　子4-20495
　　澹齋内言、外言　叢1-195(2)
　　澹音閣詞　集7-47828
10 澹一齋章譜　子3-17003　叢2-886(2)
　　澹雪齋稿　集3-14971
　　澹雪齋藁　集6-41969
　　澹雪詞　集3-14967,7-46399~400、47163
　　澹吾室詩鈔　集5-34100　叢2-994
　　澹雲齋詩　集4-28011
17 澹乙齋詩草　集3-19987

澹乙齋詩草(硯農遺稿) 集 3 - 19986
18 澹珍遺集 集 3 - 21228
20 澹香齋詠史詩 史 1 - 6078 集 6 - 42013
澹香齋試帖 集 4 - 25726
澹香齋詩草 集 4 - 25722～4
澹香齋詩鈔 集 4 - 25725
澹香樓詩草、詞草、澹香樓詩鈔題辭 集 4 - 25016
澹香樓詞 集 7 - 47348
澹香樓小草 集 4 - 25017
澹香書屋詩集 集 4 - 23034
澹香吟館詩鈔 集 5 - 37961
澹香閣詩鈔 集 4 - 30498
21 澹僊詩鈔、詞鈔、賦鈔、文鈔 集 4 - 22434
澹盧齋詩草 集 6 - 42007(3)
澹虛齋詩草 集 4 - 32473
澹慮軒詩 集 4 - 31776
澹慮堂遺稿、補遺 集 3 - 18435
22 澹川剩稿 集 5 - 38791
澹川賦鈔 集 5 - 38792
澹巖遺集 集 5 - 34561
澹仙詩鈔 集 4 - 22435、28059
澹仙詞鈔、澹仙賦鈔 集 7 - 47660
澹仙遺稿 集 3 - 19855
澹山雜識 子 5 - 26289 叢 1 - 10、17、19(6)、21(6)、22(5)、23(5)、24(7)、29(6)、374
澹山雜議 叢 1 - 20(4)
澹樂軒稿 集 5 - 40763
23 澹壘八景霏玉 叢 2 - 1061
澹然齋小草 集 2 - 12222
澹然先生雕罨 叢 2 - 1056
澹然先生文集 集 2 - 6583 叢 2 - 1056
澹然吟 集 3 - 13576
澹然居士文集 集 2 - 6581
澹然居士文集、澹然先生年譜 集 2 - 6582
25 澹生詩鈔、文鈔 集 3 - 15865 叢 2 - 886(3)
澹生遺文 集 3 - 15864
澹生堂集 集 2 - 10915
澹生堂外集宋賢褉佩 子 4 - 20772
澹生堂藏書訓約、曠亭集 史 8 - 65335
澹生堂藏書約 史 8 - 65336～7 叢 1 - 244(2)、511,2 - 735(5)
澹生堂藏書目 史 8 - 65591 叢 2 - 847
澹生堂書目 叢 1 - 448
26 澹泉先生事實 集 4 - 22643
澹泉筆述 子 4 - 23001
27 澹緣齋初稿 集 5 - 34631
28 澹復虛齋畫緣錄 子 3 - 16271
29 澹秋館遺詩、詩補 集 5 - 37030
30 澹宜草 集 4 - 33644

澹宜書屋詩草 集 4 - 28149
澹寧齋詩草 集 3 - 16688
澹寧齋集 集 3 - 20699
澹寧齋集(蘭室叢談)八種 叢 2 - 1498
澹寧集 史 2 - 7323
澹寧居文集 集 2 - 11678,6 - 45049
澹寧居文集、詩集 集 2 - 11676
澹寧居詩集 集 2 - 11677,6 - 45049 叢 2 - 802
澹寧居山香集 集 2 - 12865,6 - 45049
澹寧居家傳幼學四書篇璧連城解 經 2 - 10548
32 澹澄堂集 集 5 - 38088
澹溪詩集 集 5 - 36199
33 澹心齋詩集 集 3 - 14170
34 澹遠香齋詩存 集 5 - 35840
澹遠集 集 2 - 12748
澹遠軒文集 集 5 - 34674
澹遠軒詩草 集 5 - 34673
澹遠堂詩集 集 3 - 16514
澹遠堂集 集 4 - 32465
澹遠堂遺集 集 3 - 16513
36 澹泊齋誦芬集 集 4 - 24213
澹泊軒劫餘吟稿 集 5 - 34692
37 澹初詩稿 集 3 - 18040
38 澹遊集 集 6 - 43679～80
40 澹友軒文集 集 3 - 13232
澹友軒讀易稿 經 1 - 1816
澹志齋集 集 2 - 11104～6
43 澹城居詩稿 集 4 - 23844
44 澹堪詩草 集 5 - 39977～8
澹勤室詩 集 4 - 33226 叢 2 - 1997～8
澹勤室詩、補遺 集 4 - 33227
澹勤室詩、補遺、再補遺 集 4 - 33228
澹勤室著述六種 叢 2 - 1998
澹勤室著述五種(澹勤室全集) 叢 2 - 1997
澹繭軒詩稿 集 6 - 41999
澹繭軒詞 集 7 - 47665
澹菴文集 集 1 - 3282、3284 叢 1 - 223(54)
澹菴詩集 集 6 - 41894(2)、41895
澹菴詞 集 7 - 46552
澹菴集 集 1 - 3285
澹菴胡先生文集 集 1 - 3279
澹菴長短句 集 7 - 46368 叢 1 - 334～5,2 - 731(48)
澹菊山莊詩選 集 5 - 36995
澹菊軒詩初稿、詞 集 4 - 29121
澹菊軒詩初稿、澹菊軒詞 叢 2 - 797
澹菊吟(閒雲出岫、青萍集、山村閒詠、平江泥爪、浦東鴻雪、江皖楚遊草、申江萍踪、

吳楚遊踪、遊越新詠、香草集、澹菊山莊
詞鈔） 集5-36994
46 澹如集 集5-37031
澹如山房詩稿 集4-28588
澹如菊室謎稿 子3-18367、18392
澹如軒詩 叢2-2155
澹如軒詩集 集4-26359
澹如軒詩續鈔 集5-38683
澹如軒詩存 集4-22418
澹如軒詩鈔 集4-22416~7,5-38682、38684
澹如軒吟草 集6-41999
澹如居印譜 子3-17366
48 澹梅居士初稿（戊戌吟草、庚子吟草、續遊
梁草、遊燕小草、甲辰乙巳吟草、丁未吟
草） 集4-23864
51 澹軒雜鈔 集6-42034
澹軒詩稿 集3-13293
澹軒詩選前集 集3-13294
澹軒集 集1-3407,3-13295 叢1-223(55)
52 澹靜齋文鈔 集4-25991
澹靜齋文鈔、文鈔外篇、詩鈔 叢2-1561
澹靜齋文鈔、詩鈔 叢2-1562
澹靜齋詩鈔 集4-22987
澹靜齋詩鈔、文鈔 集4-22985
澹靜齋詩鈔、文鈔、外篇、傳 集4-22986
澹靜齋說祼 經1-6168
澹靜齋說祻、圖 叢2-1561~2
澹靜齋集 集4-27504
澹靜齋巡輅百日記（清道光八年） 史2-
12678
澹靜齋遺鈔 集4-22984
澹靜齋奏疏 史6-49090
澹靜齋印存 史8-64980
澹靜齋全集六種 叢2-1562
澹靜齋全集五種 叢2-1561
澹靜軒滇遊草 集5-34007
53 澹成軒詩錄（擬樂府、滌浮居士未定草） 集
4-32240
澹成居文鈔 集4-23848~50
澹成居詩鈔 集4-23845
澹成居未刻稿 集4-23846
54 澹持集 集4-26313
60 澹園詩詞稿 集4-29405
澹園文集 集3-19508,5-38240
澹園文存 集5-38597
澹園雜著 集5-39783
澹園雜著八種 叢2-2087
澹園雜抄 子4-24533
澹園詩文集 集3-19506
澹園詩話、三百篇詩評 集6-46037

澹園詩集、文集、附錄 集5-39782
澹園詩稿 集3-17954,4-22475
澹園詩稿、詩續集 集5-41320
澹園詩選、古文選 集4-28394
澹園詩存 集4-26396
澹園詩草 集3-21323
澹園詩删 集3-18764
澹園詩鈔 集5-33866
澹園讀書畢記 經1-6116 叢2-2087
澹園醒語 子4-24129
澹園瑣錄 子4-24665
澹園集 集3-15489,20001 叢2-970
澹園集（碧梧翠篠館初稿、鼓櫂吟、菊江遊
草、五華鶴唳） 集4-22889
澹園集、續集 集2-9961 叢2-788
澹園紀年詩集 集3-16961
澹園述異三編、四編 子5-27260
澹園遺詩 集4-27764
澹園藏稿 集3-15814
澹園草 集2-12743
澹園吟草 集5-34742,6-42007(3)
澹園隨筆 叢2-2087
澹園學禮畢記 經1-5787 叢2-2087
澹園印譜 子3-17222
澹思子 子4-20589 叢1-31,2-1136
澹足軒詩集 集4-23050
64 澹畦吟草 集4-28487
67 澹明野嘯 集3-13355
68 澹吟樓詩鈔 集3-18418
澹吟樓詞 集7-47161
澹吟閣賦鈔 集4-28715
70 澹雅山堂詩鈔 集4-25103
澹雅居小草 集5-38147 叢2-946
77 澹月樓詩稿 集4-33423
澹居藁 集1-5648~9
80 澹人自怡草 集5-35657
澹盦詞賸 集7-47837
澹盦自娛草、詞賸、附錄 叢2-799~801
澹盦自娛草、澹盦詞剩 集4-31962
澹無爲齋詩稿 集5-35189
88 澹竹軒草 集3-19672
澹餘詩集 集3-15541,6-45067 叢2-952
澹餘詩畧 集4-29874
澹餘筆記 子4-23505 叢1-511
90 澹粹軒詩續草 集4-26115
澹粹軒詩草 集4-26114
98 澹愉堂詩集 集3-18473

3716₄ 洛

00 洛言　集4-32321　叢2-894
　　洛京獵記　叢1-56
04 洛誥訂詁　經1-3406　叢2-1804
　　洛誥新解　經1-3352
　　洛誥箋　經1-3351　叢2-599
07 洛誦集　子4-23778
10 洛西平寇紀畧、附刊　史1-3685
　　洛西集　集3-21477
12 洛水悲　集7-48775、49156　叢2-672
22 洛川詩畧　集4-29476～7,6-42007(1)
　　洛川志[順治]　史8-62738
　　洛川縣志[嘉慶]　史8-62739
　　洛川縣志[民國]　史8-62741
　　洛川縣志續編[民國]　史8-62740
30 洛寧縣志[民國]　史8-59639
33 洛浦縣鄉土志[光緒]　史8-63417
35 洛神記　集7-49152
　　洛神記(陳思王懷舊洛神記)　集7-49155
　　洛神傳　叢1-56
　　洛神曲　子3-17819
　　洛神賦　集1-288
　　洛神賦辯注　叢2-1280
38 洛遊草　集4-29659
40 洛塘周氏家乘[浙江海寧]　史4-29918
　　洛塘周氏周氏續修家乘[浙江海寧]　史4-29919
43 洛城殿無雙豔福　集7-49551、49604
44 洛草　集2-10086
　　洛村黃氏譜畧[廣西容縣]　史5-34111
46 洛如詩鈔　集6-44173
　　洛如集　集2-11747
　　洛如花室詩草　集5-35855
50 洛中記異錄　叢1-19(5)、20(3)、21(5)、24(6)
　　洛中紀異錄　子5-26267　叢1-17、22(8)、23(8)、29(5)
　　洛中九老會　叢1-22(13)、23(12)、29(3)、30、119～20、154、255(2)
　　洛中耆英會　叢1-22(13)、23(12)、30、119～20、154
　　洛中吟　叢2-893
　　洛中吟、後洛中吟　叢2-894
　　洛中吟、後洛中吟、如京集、續集　集4-32322
　　洛書說禾　叢2-821
　　洛書說河　經1-172

洛書靈甄曜度　叢2-821
洛書靈准聽　叢1-273(3)
洛書靈準聽　叢2-821
洛書甄曜度　經1-171　叢1-273(3),2-775(3)
洛書甄耀度　經1-176　叢1-22(2)、23(2)
洛書甄耀度　叢1-330～1
洛書緯　叢1-273(3)、274(3)、441,2-731(15)、821
洛書緯雜篇　叢2-821
洛書寶號命　叢2-821
洛書心法合纂直講　子3-13767
洛書摘六辟　經1-171　叢1-273(3)、274(3)、2-731(15)、821
洛書錄運法　經1-171　叢1-273(3)、274(3)、2-731(15)、821
洛書錄運期　叢2-821
洛書鄭注　叢2-775(3)
76 洛陽龍門志[同治]　史8-59607
　　洛陽記　史7-50627～9　叢1-22(10)、23(10),2-779
　　洛陽石刻錄　史8-64015　叢2-599
　　洛陽賈生傳　子1-360
　　洛陽牡丹記　子4-18535、19203　叢1-2～6、9～10、22(17)、23(16)、223(39)、273(4)、275、353、509、569、587(4),2-721、731(28)
　　洛陽伽藍記　史7-51690～1　叢1-15、17、19(3)、20(2)、21(3)、22(12)、23(11)、24(3)、29(2)、74～5、90～1、101、169(3)、223(25)、268(2)、289,2-594、698(5)、730(5)
　　洛陽伽藍記、集證　史7-51692　叢2-658
　　洛陽伽藍記、校勘記　史7-51693　叢2-637(2)
　　洛陽伽藍記鈎沈　史7-51694
　　洛陽名園記　史7-52020　子5-26218　叢1-5、9～10、17、19(6)、20(4)、21(6)、22(12)、23(11)、24(7)、38、90～1、108、111(3)、169(3)、223(25)、268(2)、453,2-730(5)、731(31)
　　洛陽迦藍記鈎沈　叢2-628
　　洛陽九老祖龍學文集(龍學文集)　集1-1997
　　洛陽存古閣藏石目　史8-64016　叢2-599
　　洛陽存古錄　史8-63497、64014
　　洛陽橋　集7-49718
　　洛陽花木記　子4-19129～30　叢1-17、19(6)、20(4)、21(6)、22(17)、23(17)、24(7)、569
　　洛陽搢紳舊聞記　子4-22861～2　叢1-19(8)、20(6)、21(8)、22(7)、23(7)、24(9)、223(44)、244(2)、374,2-731(52)、735(2)
　　洛陽曹氏叢書七種　叢2-962
　　洛陽縣誌[順治]　史8-59602

洛陽縣志[嘉慶]　史8-59604
洛陽縣志[乾隆]　史8-59603
洛陽縣志[民國]　史8-59606
洛陽縣志畧[民國]　史8-59605
洛陽贈丹　集7-49705
洛陽風月牡丹僊　集7-48774(2)、49083～4、49097
洛陽八美圖　集7-53849
77 洛又陀羅尼經　子6-32083(31)
洛學課餘偶鈔　集5-35803
洛學編　史2-6669　子1-1385　叢2-1322～3
洛學編·續編　史2-6668
洛學拾遺補編　史2-6670　叢2-962
洛閣鄧氏族譜[湖南宜章]　史5-38877
洛間山人文鈔　集3-20448
洛間山人詩鈔　集3-20446～7

潞

12 潞水客談　史6-46584、46713、46716　叢1-456(2)、2-731(55)、735(3)
17 潞郡舊聞[乾隆]　史7-55658
21 潞舸詞　集5-38678
30 潞家莊觀花臺小紀　叢1-402
潞安府志[順治]　史7-55656
潞安府志[萬曆]　史7-55655
潞安府志[乾隆]　史7-55657
31 潞河白大司空軼事　史2-9696
潞河白大司空軼事、潞河白母劉太夫人軼事　史2-9698
潞河漁者纂　叢2-2043
潞河漁唱　集5-34140
潞河劉氏宗譜[北京通縣]　史5-39187
潞河谷氏宗譜[北京通州]　史4-28644
32 潞州志[弘治]　史7-55654
43 潞城鄧氏宗譜[江蘇武進]　史5-38800
潞城鄧氏宗譜[江蘇常州]　史5-38799
潞城考古錄　史7-51337～8　叢2-731(57)、782(4)
潞城縣志[康熙]　史7-55660
潞城縣志[萬曆]　史7-55659
潞城縣志[民國]　史7-55662
潞城縣志[光緒]　史7-55661
44 潞藩新刻述古書法纂　子3-15130
潞藩輯纂萬彙仙機碁譜　子3-18033
潞藩纂集古音正宗　子3-17640
80 潞公文集　集1-1998　叢1-223(51)

潞公詩集　集6-41894(1)
潞公詩選　集3-14157
潞公軒詩　史7-51345

3716₇　湄

17 湄君詩集　集3-21416　叢2-1459～60
31 湄潭縣志[康熙]　史8-62210
湄潭縣志[光緒]　史8-62211
32 湄州與志畧、天上聖母真經、籤譜　史7-50545
湄洲嶼志畧　子7-36218
37 湄湖吟、聽松軒遺文　集3-14377
72 湄丘集　集2-6770　叢2-884

3717₂　涵

00 涵齋遺稿　集5-39893～4
涵齋四書文　叢2-995
16 涵碧樓詩稿初刻　集4-28166
涵碧軒詩稿　集4-25397
17 涵翠閣吟稿　集5-36762
21 涵虛子評元詞　叢1-94
22 涵山堂吟稿　集3-16254
35 涵清閣詩鈔　集4-27712
涵清館詩草　集3-19198
37 涵通樓師友文鈔　集6-42068
40 涵有堂文集　集3-18954
涵有堂詩文集　集3-18953
涵真詩鈔　集4-25250
44 涵芬樓叢書五種　叢2-675
涵芬樓祕笈　叢2-674
涵芬樓古今文鈔　集6-43163
涵芬樓古今文鈔簡編　集6-43164
涵芬樓藏書目錄　史8-65545
涵芬樓燼餘書錄　史8-65546
涵芬樓燼餘書錄、原存善本草目　史8-65547
涵村詩集　集3-18367
50 涵春館詩稿　集5-41658
涵春館詩稿二編　集5-41659
涵春館詩稿三編　集5-41660
涵春館隨筆　子4-24736～7
57 涵蟾吟稿　集4-26300
67 涵暉書屋詩話　集6-45914
88 涵鑑齋文錄　集5-40214

95 涵性堂詩鈔　集4-28411

3718₁ 凝

00 凝齋稿　集2-7975,6-44973
　　凝齋先生王文莊公淵懿錄　集2-7421
　　凝齋先生遺集　集3-19755
　　凝齋先生遺集、制義　集3-19754
　　凝齋遺集　集3-19756
　　凝齋筆語　子4-20366　叢1-22(20)、61～
　　4、174、195(2)、2-730(3)、731(11)
10 凝玉堂詩　集3-15527
　　凝雪書屋詩集　集3-17936
12 凝瑞軒遺草　集4-32460
　　凝瑞堂詩鈔　集4-22361
16 凝碧池力士祭海青　集7-49398、49432
　　凝碧池忠魂再表　集7-49397、49431
　　凝碧軒遺稿、投贈集　集4-31090
　　凝碧劉氏重修宗譜[浙江縉雲]　史5-
　　39313
17 凝翠集　叢2-886(2)
　　凝翠集(王諫議疏草、王諫議詩集、王諫議
　　文集、王伯舉尺牘)　集2-10931
　　凝翠樓詩集　集3-15818,6-41999
　　凝翠樓集　集3-15817
20 凝香詩鈔　集4-24304
　　凝香集　集4-22522,7-46948
　　凝香室詩存　集4-28971
　　凝香室詩餘、適廬詞草、蘊香齋詞稿　集7-
　　48137
　　凝香室詩鈔　集6-41999
　　凝香室鴻雪因緣圖記三集　史7-53972～3
　　凝香書屋詩鈔　集5-39148
　　凝香閣詩集　集4-30474
　　凝香閣詩鈔　集4-31059
24 凝緒堂詩稿　集4-23965
35 凝清室古官印存　史8-65056
　　凝神草堂詩存、詞　集4-28512
38 凝道公(袁德洋)年譜　史2-12293
　　凝道堂集　集3-20161,6-45017
43 凝始子集　集1-5110
44 凝菴家訓　子1-2215
60 凝園讀詩管見　經1-4049
　　凝園讀易管見　經1-1336
70 凝雅軒詩稿　集4-26875
76 凝陽董真人(術虎守志)遇仙記　史2-8779
　　凝陽董真人遇仙記　子5-29530(7)、31825

澱

00 澱廬初稿　集5-37450
50 澱書　集3-14201～2　叢2-1300
　　澱書、附刻　叢2-1301

3718₂ 次

00 次立齋詩集、文集、紓亭制義　集3-21150
06 次韻落花詩　集2-11683
22 次川存稿　集2-8673
　　次崖遺稿　集5-39099
　　次山子　子1-18、20　集1-1118
　　次山集　集3-18429　叢1-223(48)、227(8)
24 次結大日如來劍印　子6-32093(40)
　　次續翰林志　史6-42848、42852　叢1-244
　　(4)
25 次純遺集　集5-39463
26 次白文稿　集4-26954
30 次室讀書記　叢2-2265
　　次寒山豐干拾得詩　集5-38745
42 次晳次齋主人年譜　史2-12328
　　次晳次齋遺文　集5-37159
44 次栢堂禪師山居詩四十首　子7-32954
47 次柳氏舊聞　史1-1914　子4-22817,5-
　　26218　叢1-4～5、9、21(7)、22(6)、23(6)、
　　29(3)、38、95、106、111(2)、175、223(44)、255
　　(1)、407(2)、2-617(2)、624(1)、730(2)
　　次柳氏舊聞(明皇十七事)　叢1-19(8)、20
　　(6)、24(8)、2-731(65)
　　次柳氏舊聞(明皇十七事)、考異　子5-
　　26226　叢1-546、547(3)
　　次柳氏舊聞、考異　子4-22818
50 次青小閣詩集　集5-35390
60 次園詩存　集5-36284～5,6-42016
　　次園詩草　集3-19494
77 次民詩稿　叢2-886(5)
　　次民詩稿(退學齋詩稿、知困書屋詩稿、半
　　園詩稿、西征詩稿、吏隱草)　集5-34287
　　次閑印譜　子3-16947、17188
　　次閑印存　子3-17187
80 次公詩集　叢2-2265
　　次公詩鈔　集4-26119
　　次公詞稿　叢2-2265

漱

00 漱塵室集　集5-40748
　漱塵室集詩、文　叢2-983
　漱六齋集　集4-32389
　漱六山房文集　集5-37158
　漱六山房詩集　集5-37156~7
　漱六山房讀書記　子4-22610　叢1-537
　漱六山房集　集5-37155
　漱六山房遺集　集5-34656
　漱六山房全集(詩集、文集、札記、師友記)
　　集4-31536
　漱六編六種　叢1-342
　漱六樓書目　史8-65808
　漱六軒詩草　集4-22393
　漱六軒稿　集5-36140
10 漱玉亭詩集(歸雲草)　集3-15749
　漱玉齋文集　集2-11097~8
　漱玉齋類詩、初吟草、解嘲集　集2-11094
　漱玉詩集　史7-51682
　漱玉詞　集7-46361、46533　叢1-223(73)、
　　2-731(48)
　漱玉詞、補遺　集7-46427
　漱玉詞、補遺、附錄　集7-46534
　漱玉詞、易安居士事輯　集7-46535
　漱玉山房吟草　集4-24460
　漱玉堂三種傳奇　集7-50253
　漱霞仙館譚粹　子4-24385~6
　漱霞閣試帖　集4-26864
　漱石亭剩稿　集5-40289
　漱石齋文集(漱石齋文存)　集5-41371
　漱石齋詩集　集5-41370
　漱石齋詩存　集5-41369
　漱石齋詩存、劍虹閣詞存　集5-38172
　漱石齋吟草　集4-23406
　漱石齋全集　集4-23405
　漱石詩稿　集4-29203
　漱石詞摘選　集7-46963
　漱石山房詩草　集4-23407
　漱石山房詩鈔　集4-29433
　漱石山房集　集2-11143
　漱石軒詩集　集5-38041
　漱石軒詩稿　集4-24241
　漱石軒遺稿　集4-25169
　漱石軒印集　子3-17264
　漱石軒印存　子3-17263
　漱石軒印存、印集　子3-17262

　漱石軒筆記　子5-26949　叢1-367~8
　漱石間談　子5-27001
　漱石居集　集2-10167
11 漱琴山莊文鈔　集4-30285
　漱琴室雜著　子4-21670
　漱琴室存稿(仰止編、說性、考禮、雜著、可
　　簡廬筆記、養恬齋筆記)　集4-29729
　漱琴室存稿四種　叢2-1775
　漱琴室存藁八種　叢2-1776
14 漱瑛樓詩存　集4-33049
17 漱珊公遺詩　集5-35567
21 漱紅山房詩集　集4-31471
　漱紅老人棋譜　子3-18088
　漱經齋座右銘類編、續編　子4-21370　叢
　　2-1461~2
　漱經齋文稿、詩稿、聯稿、筆記、春雨唱酬集
　　集5-35472
　漱經齋詩稿　集5-35473
　漱經齋遺稿四種　集5-35474
25 漱秋堂文集　集2-9954
26 漱泉詞　集7-48207
　漱泉山館詩鈔　集4-33332
　漱泉閣詩集、文集　叢2-798
37 漱潤廬殘稿　集5-36720
　漱潤齋詩鈔　集4-28061
　漱潤窗遺草　集4-29216
　漱瀾齋詩存　集4-28743
44 漱芳亭詩草　集4-27313
　漱芳亭詩鈔　叢2-886(3)
　漱芳齋文鈔　集5-35515　叢2-1814
　漱芳齋詩存　集5-34795
　漱芳齋詩四六、帖體詩、四六、賦鈔　集4-
　　32315
　漱芳齋吟稿　集4-23282
　漱芳詞　集7-48614
　漱芳集　集3-18230
　漱芳禮記集說　經1-5776
　漱芳潤室文存　集5-34796
　漱芳書屋集古　子3-17335
　漱芳軒合纂禮記體注　經1-5683
　漱芳軒纂禮記體注　經1-126
　漱芳園駢文續編　集4-30002
　漱芳居文鈔、二集　集3-19708
　漱芳居詩鈔、歡遊草、白遊草、黃山遊草　集
　　3-19707
　漱芳居讀左管見　經1-6961
　漱芳居遺草　集3-20078
　漱芳閣詩草　集4-32421
　漱芳閣集　集4-28927
　漱蘭詩葺　叢2-737

漱蘭詩葺、補遺　集5-35504　叢2-868
漱華隨筆　子5-26412　叢1-269(5)、270(4)、272(2),2-731(54)
漱藝山房詩存　集5-39517
漱藝堂文稿、詩稿　集5-35852
47 漱馨草堂文集　集5-36590
漱馨草堂詩集、詞　集5-36005
50 漱青閣賦鈔　集5-37684
60 漱墨軒初集　集3-14172

3718₆ 濱

31 濱江彭氏支譜[湖南益陽]　史5-35587
32 濱潙岳氏族譜[湖南益陽]　史4-29612
76 濱陽丁氏六修族譜[湖南益陽]　史4-24684
濱陽香爐山彭氏五修宗譜[湖南益陽]　史5-35588
濱陽熊氏家譜[湖南益陽]　史5-38950
濱陽湯氏五甲儀公房譜[湖南益陽]　史5-36581
濱陽李氏信譜[湖南益陽]　史4-27490
濱陽蕭氏族譜[湖南益陽]　史5-39993
濱陽劉氏支譜[湖南益陽]　史5-39516~7

瀨

00 瀨齋日錄(清光緒五年、十二年至十三年)　史2-13127
瀨齋日錄(清光緒十一年)　史2-13128
31 瀨江紀事本末　史1-3604
50 瀨中集　集3-14484
瀨中集、當樓集、桂枝集　集3-14485
60 瀨園文集　集2-12303　叢2-1246
瀨園詩後集　叢2-1246
瀨園詩初集　叢2-1246
瀨園詩初集、詩後集、文集、詩話　集2-12299
瀨園詩初集、詩後集、文集、詩話、談史　集2-12300
瀨園詩初集、詩後集、文集、談史　集2-12301
瀨園談史　叢2-1246
瀨園集、文集　集2-12302
瀨園遺集　集2-12304　叢2-1246
瀨園全集　叢2-1246

3719₃ 潔

00 潔廬詞稿　集5-37043
27 潔身堂集刻　史6-48114
40 潔古家珍　子2-4552、4803　叢2-730(1)
潔古老人珍珠囊　叢2-730(1)
潔古老人珍珠囊(珍珠囊)　子2-5528
44 潔華館詩集　集5-34665
潔華錄　子4-24337　叢2-1477
潔菴選義林遜國全書、土木案、劉子文選　史1-2775
60 潔園詩稿　集5-35517　叢2-1992
潔園詩稿、潔園綺語　集5-35516
潔園綺語　集7-48165　叢2-1992
潔園遺著五種　叢2-1992
80 潔盦金石言　史8-63724　叢2-711

3719₄ 深

00 深廬寱言　集4-28961
深衣釋例　經1-163(1)、5880　叢2-1522~3
深衣解　經1-5879
深衣考　經1-2311、5877、6296　叢1-223(9)、269(2)、270(1)、439
深衣考誤　經1-111(2)、5878　叢1-223(9)、242(5)
深衣圖說　經1-5881
01 深詣齋文鈔　集4-30999
10 深雪偶談　子5-26218　集6-45633　叢1-10~2、22(3)、23(3)、29(6)、38、148、195(4)、2-731(47)、854
深雪堂集　集3-15498
20 深秀亭詩集　集3-16497
28 深牧庵日涉錄　史2-12548　叢2-1206
深牧菴日涉錄　叢2-1207
深牧菴日涉錄(明崇禎六年)　史2-12545
30 深寧齋詩集　集3-15485
深寧先生(王應麟)年譜　史2-11020、11370　集1-4355　叢2-845(2)、1488~9
深寧先生文鈔、深寧先生年譜　集1-4358~9
深寧先生文鈔摭餘編　集1-4355、4360　叢2-845(2)
深寧居士集、王尚書遺稿　集1-4356
深密解脫經　子6-32082(6)、32083(5)、

32084(6)、32085(7)、32086(7)、32088(5)、
32089(6)、32090(11)、32091(10)、32092(7)、
32093(7)，7－32221
32 深州直隸州志[道光] 史7－55401
深州志[康熙] 史7－55398
深州風土記[同治] 史7－55402
深溪義門王氏宗譜[浙江浦江] 史4－
25188
深溪義門王氏宗譜文集、系圖、行第[浙江
浦江] 史4－25189～92
深溪義門五氏家則 子1－2110
36 深澤王氏全書九種 叢2－1409
深澤縣志[雍正] 史7－55071
深澤縣志[康熙] 史7－55070
深澤縣志[咸豐] 史7－55072
深澤陳氏宗譜[浙江磐安] 史4－33110～1
37 深洞李氏大宗譜[江西南昌] 史4－27340
39 深沙大將儀軌 子6－32093(39)
44 深莊文鈔 集3－14553
深巷居史評 史1－5618
47 深柳書堂剩稿 集4－29070
深柳居詩草 集4－24227
深柳堂文集 集4－29470 叢2－615(3)
深柳堂詩經圖考 經1－4055
深柳堂詩經人物考 經1－4056
深柳堂詩草 集4－23904、26671
深柳堂禹貢增刪集注正解讀本 經1－3207
深柳堂集、詞 集4－27184
深柳堂彙輯書經大全正解、禹貢增刪集注
正解讀本、書經正解圖 經1－2843
深柳堂隨筆 子4－22014
77 深閨女停針不語一枝 集7－52743
88 深竹映書堂續集 集3－20354
深竹閒園集 集4－22128，6－41980
90 深省齋閒吟集 集4－24624～5
深省堂文集 叢2－1602
深省堂詩 集3－15591
深省堂詩話 叢1－373(8)
深省堂詩集 叢2－845(4)
深省堂詩稿 集3－15590
深省堂詩鈔 集3－15586
深省堂集、文 集4－24622
深省堂集四種 叢2－1602
深省堂自箴續錄 子1－1637
深省堂自箴錄 子1－1636
深省堂自箴錄、續錄 叢2－1602
深省堂隨筆 子4－21380 叢2－1602
深省堂閒吟集、自箴錄、續錄、文集 集4－
24623
深省堂閒吟集、保陽吟草 叢2－1602

滌

00 滌塵詩文集 集5－40140
滌齋詩存選 集3－16423，6－41972
滌齋公自訂年譜 叢2－905
02 滌新齋詩草、覺覺覺齋詩草 集5－40042
10 滌雪稿 集3－16315
11 滌非齋制義 集4－31332
16 滌硯齋詩存 集5－35563
32 滌浮居士塵遊錄 史2－12182
滌浮居士未定草 集4－32240
38 滌濫軒文殘稿 集4－32066 叢2－896
滌濫軒文殘稿、奏疏 叢2－895
滌濫軒雜著四種 叢2－896
滌濫軒詩選 集4－32064
滌濫軒詩鈔 集4－32067 叢2－885
滌濫軒詞殘稿 叢2－895～6
滌濫軒說經殘稿 經2－11692 叢2－895～
6
48 滌松閒籟 集4－26112
60 滌罪正規 子7－35591
滌園小草 集4－32966
80 滌盦詩鈔 集4－27374
91 滌煙樓集 集3－16939
95 滌性山房謎稿 子3－18367、18399

3721₀ 祖

00 祖亮啓禪師語錄 子6－32091(82)
祖庭嫡傳指南 子6－32091(71)
祖庭聞見錄(張世英) 史2－12331
01 祖龍學詩集 集6－41894(1)、41895
02 祖劑、雲起堂診籍 子2－9327
祖訓 集2－6112
祖訓錄 史6－41640
03 祖詠詩集 集6－41847～8
祖詠集 集1－807，6－41739、41743、41819、
41824、41838
16 祖硯堂集 集4－24022
20 祖香詩鈔 集4－22750
21 祖師寶卷 集7－54286
祖師陳善寶卷全集 集7－54287
25 祖傳喉科 子2－7618
26 祖白遺編 集4－31838
31 祖源禪師絕句 子7－34109

中國古籍總目・索引

41 祖妣徐太宜人（華心畬妻）事畧　史2-10112
44 祖坡吟館詩畧　集5-39751
　　祖英集　集1-1910、6-41784　叢1-223（51）、2-636(3)
60 祖國女界偉人傳　史2-6454
　　祖異志　子5-26919　叢1-19(3)、21(5)、24(4)
72 祖氏家傳　史2-7739　叢2-776
　　祖氏遺編　集6-45047
92 祖燈大統、目錄、祖燈辨訛　子7-34115
99 祖塋訟案　叢2-1982

3721₂ 袍

36 袍澤遺音　叢1-580

3721₄ 冠

08 冠譜　子4-18876
20 冠豸山堂文集　集3-18427　叢2-1408
　　冠豸山堂全集六種　叢2-1408
22 冠山詩集　集4-27647
　　冠山志　史7-51660
　　冠山圍初稿　集4-26683
　　冠山堂詩鈔（秋螢集、得露集）　集3-18860
28 冠儀約制　叢2-774(3)
35 冠禮約制　經1-5373
　　冠禮節文　經1-5375
47 冠柳詞　叢2-934
48 冠松巖文稿、詩稿　集3-14410
　　冠梅堂詩評選　集6-45866
50 冠婁詩草　集3-16354
62 冠縣鄉土志[光緒]　史8-59063
　　冠縣志[康熙]　史8-59059
　　冠縣志[道光]　史8-59060
　　冠縣志[嘉靖]　史8-59057
　　冠縣志[萬曆]　史8-59058
　　冠縣志[民國]　史8-59062
　　冠縣志[光緒]　史8-59061
72 冠昏喪祭儀考　經1-5385　叢2-1678
77 冠服考　叢2-1092
98 冠悔堂文、詩、詞　集5-35242
　　冠悔堂文稿　集5-35246
　　冠悔堂雜錄　叢1-407(1)
　　冠悔堂詩鈔、賦鈔、駢體文鈔　集5-35244

　　冠悔堂稿、剩稿　集5-35243
　　冠悔堂叢書　叢1-407(1)
　　冠悔堂募刊醫書三種　子2-4678
　　冠悔堂楹語　集5-35248

3721₇ 冗

88 冗餘草　集3-20678

祀

12 祀孔祭品記　叢2-2270(4)
　　祀孔典禮　史6-42080
24 祀先祝文　子5-30756
50 祀事孔明　史6-42046
55 祀典彙冊　史6-42047
　　祀典考畧　史6-42156

3722₀ 初

00 初唐詩　集6-43315
　　初唐彙詩、詩人氏系履歷、目錄　集6-43362
　　初唐四子集　集6-41723
　　初唐四傑文集　集6-42033　叢2-698(8)
　　初唐四傑集　集6-41724　叢1-482
　　初唐雅緒箋　集6-41871
　　初唐風緒箋　集6-41871
　　初唐頌緒箋　集6-41871
01 初訂程子（顥）年譜　史2-11017、11246～8
02 初刻新出鬥牌　集7-53096
　　初刻遷崑李氏家譜[江蘇崑山]　史4-27151
　　初刻南藏（洪武南藏、建文南藏）　子6-32088(1)
　　初刻封神演義　子5-28844
　　初刻本校勘記　叢2-1539
03 初試應本　叢2-1316
08 初議紀錄　子7-36231(3)、37403
10 初夏倡和　叢1-263
12 初刊秦氏選擇醒迷全書（選擇醒迷）　子3-14520
20 初集太子下漁舟　集7-52926
　　初集鍾無豔　集7-52972

24 初仕要覽　史6-41519～20、42949
　　初仕贈言　史2-9300
　　初仕録　史6-41518～9、42948　叢1-114
　　（2）
　　初續獻縣志［咸豐］　史7-55388
　　初續慈雲走國　集7-52872
25 初使泰西記　史7-49318(17)、54132、54412
　　初使泰西紀要　史7-54413
26 初白庵藏珍記　子3-14786
　　初白庵藏珍記、題跋、尺牘　子3-14708
　　初白庵題跋　子3-14948
　　初白詩鈔　集6-41979
　　初白外書補鈔　叢1-373(6)
　　初白菴詩評、詞綜偶評　集6-45860
28 初從北征録、詩、二從北征録、三從北征録
　　史1-2785
30 初寮詞　集7-46352、46357、46371、46380、
　　46382、46514　叢1-223(72)，2-698(13)、
　　720(2)
　　初寮集　集1-3010　叢1-223(53)
　　初寮小集　集6-41894(1)、41895
31 初潭集　子4-23880～3
　　初顧茅廬　集7-53651
32 初近編　子4-24348
37 初祖菩提達磨大師安心法門　子7-33993～
　　4
　　初選擧人名册　史3-13506
40 初壇戒範　子7-33960
　　初真戒律　子5-29535(6)、29536(7)、30307
44 初蓉詞　集7-47010
49 初桄齋詩集　集4-32407
51 初拓真賞齋法帖　子3-15700
　　初拓快雪堂帖　子3-15554
60 初日齋文集　集2-12968
　　初日山房詩集　集5-35133
　　初日外書　叢1-373(5)
　　初日樓稿　集5-40500　叢2-745
　　初日樓續稿　集5-40501
68 初吟草　集2-11094
76 初陽山人漁鼓　集7-52584
　　初陽臺燕集聽彈琵琶贈歌者詩　集2-
　　10327
77 初月樓文鈔　集4-25442
　　初月樓文鈔、文續鈔、詩鈔、聞見録、程子香
　　文鈔　集4-25440
　　初月樓文鈔、續鈔　叢1-462
　　初月樓詩續鈔　集4-25441
　　初月樓詩鈔　叢1-462
　　初月樓論書隨筆　子3-15184　叢1-334～
　　5，2-798
　　初月樓古文緒論　集6-46295　叢1-334～

　　5、462，2-698(17)、731(48)、798
　　初月樓四種　叢1-462
　　初月樓聞見録　子5-26522　叢2-683
　　初月樓聞見録、續　子4-23270
　　初月樓聞見録、續録　史2-7596　叢2-735
　　（2)、736
　　初學文類　集3-19360
　　初學辨字　經2-13466
　　初學辨體　子4-21098
　　初學辨體增删定本　集6-43021
　　初學讀書要署四種　子4-21969
　　初學記　子5-24770～1　叢1-19(10)、20
　　(8)、21(9)、24(11)、217、223(42)、374
　　初學記校　叢2-2004
　　初學玉玲瓏　子1-2404
　　初學集　集4-28354
　　初學行文語類　子5-26016～7
　　初學衛生編　子7-37921
　　初學先言　子1-2795　叢2-1282
　　初學備忘　子1-1336　叢1-195(3)、2-731
　　(20)、1262～7
　　初學稍進讀書要署　子4-21969
　　初學宜讀諸書要署　子4-21969
　　初學審音　經2-13976
　　初學源例編　子1-2466
　　初學必讀滿漢對照　經2-15074
　　初學演算法　子3-12383
　　初學啓悟集　子1-2829
　　初學求源啓蒙捷訣　子1-2480
　　初學切要　子1-1550、2399
　　初學檢韻袖珍　子5-26161
　　初學檢韻袖珍、檢字、佩文詩韻　經2-
　　13907
　　初學檢韻十二集　子5-26162
　　初學史論合編　叢1-474
　　初學數紀典故便録　子5-25835
　　初學四書文法述聞　集6-46299　叢2-
　　1643
　　初學題類文法合編　集6-46327
　　初學舉隅　子1-2489
　　初學人物十八則　子3-16419
　　初學入門　子1-1840,7-36009、36025　叢
　　2-1904
80 初會問答　子7-35332
88 初篁書廬文稿　集5-37143
　　初等平面三角法　子7-37544
　　初等代數學教科書　子7-37517
　　初等心理學　子7-37944
　　初等地理教科書　史7-49784
　　初等植物學教科書　子7-37815
　　初等輿地調署　史7-49793

初等小學教育講習所彙記　史6-42416
初等小學中國地理教科書　史7-49792
初等小學體操教授書　子7-38007
90 初堂遺稿　集6-45037
初堂遺稿(初堂選稿)　集4-22719

祠

07 祠部集　集1-2302　叢1-223(51)、230(4)、
　2-731(39)
22 祠制喪禮數則　叢2-1317
祠山雜辨　叢1-34、163
祠山志　史7-52392
祠山事要指掌集　史7-51418
90 祠堂事宜　經1-6251、6351

3722₇ 祁

00 祁方伯冷庵集　集2-7006
祁文端公遺墨　集4-29272
祁文恪日記　叢2-947
祁奕喜紫芝軒逸稿　集3-15526
06 祁韻士等書劄　集4-23323
10 祁爾光先生全稿選　集2-10916
祁西桃源陳氏通公家譜[安徽祁門]　史4-
　33181
祁西若溪瑯琊王氏家譜[安徽祁門]　史4-
　25287
11 祁北徐氏重修族譜[安徽祁門]　史4-
　32126
17 祁子和先生日記(清光緒七年)　史2-
　12902
24 祁幼文詩　集2-12369,6-41943
25 祁生天緣奇遇　子5-26231
27 祁叔穎尺牘詩稿　集4-29273
30 祁寯藻列傳　叢2-947
祁寯藻奏稿　史6-48868
祁寯藻日記(清同治四年)　史2-12731
祁寯藻等題奏　史6-47943
32 祁州續志[光緒]　史7-55266
祁州鄉土志[光緒]　史7-55267
祁州志[崇禎]　史7-55264
祁州志[乾隆]　史7-55265
40 祁大夫字說　經2-14781
祁太府君行述　叢2-947
50 祁泰紹事實　史2-9826
祁泰紹贈蔭議恤各事宜　史2-9827

祁忠惠公(彪佳)年譜　史2-11629
祁忠惠公遺集　集2-12371,6-43118
祁忠惠公遺集、商夫人錦囊集(香奩集)、未
　焚集、祁奕喜紫芝軒逸稿　集2-12366
祁忠惠公遺集、補編　集2-12370
祁忠敏稿(在籍公疏稿、按吳請留州守疏
　稿、居官要類稿、翁賢書思貽先生贊、公
　私雜稿)　集2-12365
祁忠敏公(彪佳)年譜　史2-11627~8
祁忠敏公疏稿五種　史6-48558
祁忠敏公天啟壬戌會試硃卷　集2-12386
祁忠敏公西臺疏草、巡城疏抄、未上疏揭稿
　史6-48553
祁忠敏公揭帖二十二通　史6-48557
祁忠敏公日記　史2-12550、12552
祁東福洲吳氏宗譜[安徽祁門]　史4-
　28083
60 祁邑苦竹王氏宗譜[安徽祁門]　史4-
　25285
62 祁縣志[康熙]　史7-55802~3
祁縣志[乾隆]　史7-55804
祁縣志[光緒]　史7-55805
72 祁氏族譜[上海松江]　史4-26937
祁氏家譜[山西靈石]　史4-26929
祁氏世譜[山西壽陽]　史4-26927~8
76 祁陽縣志[康熙]　史8-60694
祁陽縣志[嘉慶]　史8-60696
祁陽縣志[乾隆]　史8-60695
祁陽縣志[同治]　史8-60697
祁陽縣志[民國]　史8-60698
77 祁閶雜詠　集2-7028
祁閶雜詠續　集2-7029
祁閶俗語考　經2-14882
祁閶志[永樂]　史7-57992
祁門倪氏族譜[安徽祁門]　史4-31758
祁門修改城垣薄　史7-50502
祁門江氏宗譜[安徽祁門]　史4-26893
祁門清溪鄭氏家乘[安徽祁門]　史5-
　38728
祁門塘頭黟南赤嶺徐氏族譜[安徽]　史4-
　32102
祁門奇峯鄭氏本宗譜[安徽祁門]　史5-
　38726
祁門胡氏族譜[安徽祁門]　史4-30533
祁門東都張氏房地產簿　史3-24575
祁門縣鄉土地理志[民國]　史7-57998
祁門縣志[康熙]　史7-57994
祁門縣志[道光]　史7-57995
祁門縣志[萬曆]　史7-57993
祁門縣志[同治]　史7-57996
祁門縣志補[光緒]　史7-57997

祁門金吾謝氏仲宗文集、詩集　集6-43699
祁門金吾謝氏仲宗文集、吟集　集6-43698
祁門金吾謝氏宗譜[安徽祁門]　史5-40740
祁門善和程氏譜[安徽祁門]　史5-36129
祁門善和程氏仁山門支譜[安徽祁門]　史5-36134
祁門善和程氏仁山門支修宗譜[安徽祁門]　史5-36135
祁門善和程氏家譜[安徽祁門]　史5-36132
80 祁公摭稿　集6-41894(1)

鶴

87 鶴鴒原　集7-49611、49618

3723₂ 冢

21 冢緷　經2-13494

禄

00 禄京榮歸一枝　集7-52697
20 禄位齊豐　集7-49700
22 禄豐縣志[康熙]　史8-62575
40 禄壽堂　集7-52400～1
44 禄勸州志[康熙]　史8-62382
禄勸縣鄉土志合編[光緒]　史8-62386
禄勸縣志[民國]　史8-62385
禄勸縣志稿[民國]　史8-62384
67 禄嗣奇談　叢1-86,2-730(7)、731(16)
80 禄命要覽　子3-14144,7-36260
96 禄糧奏議　史6-47822

3723₄ 禊

41 禊帖集字楹聯、蘭亭懷古八絕　叢2-1763
禊帖綜聞　子3-15375
禊帖緒餘　子3-15454
90 禊堂憨語　集2-9839

3730₁ 逸

00 逸亭詩草　集4-23081
逸亭易論　經1-993　叢1-197(2)
逸廬文集　集5-40239
逸廬詩草　集5-36631
逸廬鑒藏書畫錄、古墨緣、書畫估　子3-14876
逸齋詩補傳(詩補傳)、篇目　經1-3629
逸齋詩補傳、篇目　經1-77(3)
逸齋詩鈔　集4-22167　叢1-477
逸齋論語輯本　叢2-2018
04 逸詩　經1-4861～2　叢2-771(5)
逸詩、論語會心詩　叢1-146
逸詩徵　經1-4865　叢2-1950
逸詩逸句　經1-4275、4864
逸詩古逸詩補亡　經1-4866
逸詩箋　集1-2815
05 逸講箋　子1-1460　叢2-1309
07 逸詞備考　集7-48646
08 逸論語　經2-9753　叢1-237、371,2-765
逸論語、逸周書、竹書紀年　經2-9755
10 逸雲居士詩編　集4-22723
逸雲居士年譜　史2-11932
17 逸孟子　經2-10123　叢1-282(3)、283(4),2-731(10)、771(5)
逸珊王公(甲曾)行畧　史2-9948　叢2-773(6)
逸子詩集　集4-30732
逸子書　子1-56
逸子書七種　叢1-260～1
逸司馬法輯本　叢2-2018
21 逸經　叢2-1946
逸經釋　經2-11697
逸經補正　經2-11516　叢2-615(3)
22 逸仙詩鈔　集4-32181
23 逸編註　叢2-698(11)
24 逸德軒文集、詩集　集3-14869
逸德軒文稿　集3-14870
逸德軒詩、遺詩、文稿、閏一稿　集3-14868
逸德軒遺稿、遺詩　集3-14871
逸德軒閏一稿　集3-14872
30 逸窩文集　集2-7194
逸窩詩集　集2-7193
32 逸溪詩草　集3-20614
35 逸禮　叢2-771(5)
逸禮經　叢1-237、371

逸禮經輯本　叢2-2018
逸禮定論、周人明堂月令篇　經1-5512
逸禮大義論　經1-5511　叢2-649
逸禮考　經1-5517　叢2-2248
36 逸湯誓考校勘記　經1-3513
37 逸軍禮　經1-5513
38 逸游事宜　子2-11006、11010
40 逸友堂遺稿　集4-25424
逸士傳　史2-6476、6483　叢1-15、2-776
逸士吟　集5-35815
逸塘詩稿　集5-41390
逸塘詩存　集5-41389
逸在堂述古錄　子4-21598
逸志堂陳氏族譜[廣東]　史4-33424
44 逸莊子　子5-29222　叢2-772(4)、773(4)
逸蒨閣遺詩　集5-37913
逸老叢談　子4-21480
逸老堂詩話　集6-45779　叢2-641
逸老堂淨稿　集2-6820
逸村星華孫老夫子遺澤　集4-27160
45 逸樓論文　叢2-1349
逸樓論文、論史　子4-21116
逸樓論詩　叢2-1349
逸樓論禪　叢2-1349
逸樓論史　史1-5617　叢2-875、1349
逸樓四論　子4-21115
48 逸翰樓詩文集　集5-37943
50 逸史　叢1-15、17、19(6)、20(4)、24(6)
逸史三傳　叢2-953
逸史搜奇十集　子5-27608
逸史搜奇八集　子5-27609
逸書　叢2-771(5)、1596
逸書言經事緯　叢2-2018
逸書徵　經1-3516　叢2-1950
逸書事緯　經1-3518
51 逸軒詩鈔　集3-19651
逸軒全集(塵積錄、翠陰軒小說、靜安集、詩
文聯語、逸軒詩稿)　集5-40095
55 逸農筆記　子5-26558
60 逸圃文鈔、吟草　集3-19154
逸易　叢2-771(5)
逸園文鈔　集5-37767
逸園新詩　集2-11965
逸園詩集、文集　集5-37765
逸園詩稿　集5-37332
逸園詩留　集3-21257
逸園詩鈔　集4-31394
逸園詩鈔、詩存　集5-37766
逸園詩鈔後集　集4-31395
逸園集　集5-39656

逸園清史　叢2-1061~2
逸園初集　集5-40647
逸園吟草　集4-28133
逸園印譜　子3-17393
逸園印輯　子3-17394
逸品繹函　集6-42926　叢2-1204
70 逸雅　經2-14562
71 逸臣遺著　集5-40212
77 逸周書　經2-9755　史1-2049　叢1-71~
3、140、223(19)、236~7
逸周書(汲冢周書)　叢2-731(64)
逸周書、校正補遺、附錄　叢1-258、525、2-
698(4)
逸周書雜誌　經1-163(1)　叢2-923
逸周書雜志　史1-2057
逸周書集訓校釋、逸文　經1-163(3)　史1-
2062
逸周書補註　史1-2059~60
逸周書補釋　經1-3517
逸周書補注　叢2-929
逸周書分編句釋　史1-2064
逸周書管箋、疏證、提要、集說、撼訂　史1-
2063
逸民傳　史2-6974~5　叢1-86、2-730(8)、
731(61)
逸民史　史2-6973

3730₂ 迎

10 迎鑾筆記　子4-23293　叢2-1899
22 迎鑾新曲　叢2-832(6)
迎鑾集　集3-15523、5-36908
迎鑾恭紀頌　子3-15444
迎鑾日記、二紀、三紀(清康熙三十七年至
三十八年、四十一年至四十二年、四十四
年)　史2-12574
迎鑾新曲　集7-49697
46 迎旭軒存稿　集3-19001　叢2-980
迎駕記　史1-4461、7-49316
迎駕紀　史7-49318(2)
迎駕紀恩　史1-4462、7-49318(2)
迎駕紀恩錄　史7-49316、49318(2)　叢1-
203(4)、254
迎駕紀恩錄(康熙二十八年)　史1-4459
迎駕始末　史1-4464、7-49318(2)
60 迎恩李氏宗譜[浙江鄞州]　史4-27176
67 迎暉樓集　集3-17786
68 迎曦堂詩存　集5-40165
迎曦堂詩存、文存　集5-40164

中國古籍總目書名索引

逯

24 逯峽山館詩鈔　集4-29194

通

00 通齋文集、遺稿　集5-33803
通齋文集、遺稿、外集　叢2-1907
通齋雜錄　子4-23373
通齋詩、南行紀程、外集、文集　集5-33798
通齋詩集　集5-33800,6-42007(1)　叢2-1907
通齋詩集、外集　集5-33799
通齋手稿　集5-33797
通齋手稿十一種　叢2-1906
通齋自記　史2-12235　子4-22651
通齋偶錄　叢2-1906
通齋叢說　叢2-1906
通齋叢錄　叢2-1906
通齋全集十種　叢2-1907
通商章程條約　史6-44009
通商章程成案彙編　史6-44028
通商章程善後條款　史6-44035、44060、44066、44100
通商諸國記　史7-49318(17)、54349
通商行船條約　史6-44020
通商出入款項確實情形考　子7-37359
通商條約章程成案彙編、各關理船事宜　史6-44010
通商各國條約　史6-44032
通商各國條約三十五種　史6-44033
通商各國條約類編　史6-44026
通商各關華洋貿易總冊　子7-37360、37362～3、37365、37367
通商各關華洋貿易總冊論署(宣統二年)　子7-37366
通商約章初集　史6-44029
通商約章類纂　史6-44027
通商稅則條款　史6-44034～5、44058、44060
通商稅則善後條約　史6-43536
通商進口稅則　史6-43542　子7-37368
通商大臣江蘇巡撫咨送具奏摺片稿　史6-47992
通商志　史6-43938
通商表　史6-44015
通庠題名錄　史3-13507

通玄百問、青州百問　子7-34037
通玄祕術　子5-29530(18)、29555、31103
通玄真經　子5-29495、29497、29499、29535(4)、29536(4)　叢1-444、447,2-731(10)
通玄真經、校勘記　叢2-637(3)
通玄真經註　子5-29496、29498、29530(15)
通玄真經纘義、釋音　子5-29502、29530(15)
通玄觀志　史7-51726
01 通語　子1-510　叢2-774(9)
04 通詁　經2-14658　叢1-282(4)、283(4),2-731(23)
06 通韻說　叢2-1952
通韻譜說　集6-45491、45981
通韻譜說、蠡說　集6-45982
07 通訊錄　叢2-888
08 通許縣新志[民國]　史8-59812
通許縣志[雍正]　史8-59810
通許縣志[康熙]　史8-59809
通許縣志[嘉靖]　史8-59808
通許縣志[乾隆]　史8-59811
通議公書信遺墨　集4-31027
10 通一齋四種　子5-29618
通元真經注　叢1-265(4)
通天樂　子5-27829、27831
通天台　集7-48780、49315　叢2-672
通天河代讚　集7-51282
通天祕書要覽、續集　子5-25497
通天澹崖原禪師語錄　子6-32091(82)
通天逸叟高禪師語錄　子6-32091(82)
通天曉　子2-9658
通天犀三十四部　集7-51283
通天簫(楊宗寶解糧)　集7-53039
通雲斷易　子3-13749
18 通政使司則例　史6-47016
20 通信要錄　子7-37293
通信行政概要　子7-37292
通稚齋詩集　集5-38047
21 通儭枕　集7-49706、50478
通行章程　史6-45993、46991
通行條例　史6-46215
通行條例(同治五年至光緒二十九年)　史6-46931
通行條例(光緒元年至十四年)　史6-46932
通肯河一帶開民屯議　史6-45628,7-49318(20)
通占大象曆星經　子5-29530(6)　叢1-49、71、169(2),2-731(15)
通經致用書　叢2-2170
通經表　經2-11914～5、11917　叢1-416～7、462,2-731(5)、1559

22 通川集　集2-7705
　通例彙纂　經1-7819
　通制條格　史6-41636
　通變　子3-12972
　通山縣志[康熙]　史8-60293
　通山縣志[同治]　史8-60294
　通山縣志[光緒]　史8-60295
　通山縣志鄉土志[民國]　史8-60296
　通幽訣　子5-29530(18)、29555、30868
　通幽記十四則　子5-27530
23 通俄道里表　史6-45719、7-49318(4)
24 通化縣鄉土志[宣統]　史7-56284
　通化縣志[民國]　史7-56282~3
　通德遺書所見錄　經1-27
　通德堂經解十七種附六種　叢2-773(5)
　通德類情　子3-14585
　通緯六十六種附讖五種　叢2-773(2)
　通緯五十一種附讖十種　叢2-772(2)
　通緯五十五種　叢2-771(2)
26 通釋校錄　叢2-707
27 通疑　叢2-774(9)、845(4)
　通物電光　子7-36231(6)、37586
　通紀(通曆)　叢1-265(2)
　通紀彙編　史1-1235、1590
　通紀直解　史1-1579
　通紀直解、續　史1-1580
　通紀會纂　史1-1570~1、1573
28 通微脈訣　子2-6071
　通俗文　經2-14576、14578~9、14582~4、
　　15116、15137、15142　叢1-495、586(2)、2-
　　716(1)、766、772(2)、773(2)、774(7)
　通俗文、補音　經2-14580　叢1-537
　通俗文、敘錄　經2-14577　叢2-712
　通俗文補音　經2-14581
　通俗論　子4-19762
　通俗雲箋　集6-42930
　通俗編　子5-25297~8　叢1-282(3)、283
　　(4)、373(7)、2-731(24)
　通俗編選　子5-25299
　通俗編纂要　子5-25300
　通俗傷寒論　子2-6581
　通俗字林辨證　經2-14799
　通俗內科學　子2-4770
　通俗女兒經　子1-2950　叢2-1289
　通俗咽喉科學　子2-7599
　通俗常言疏證　經2-14904
30 通濟庫乾隆二十四年分應收放錢糧奏繳清
　　冊　史6-43405
　通濟庫乾隆四十三年分應收放錢糧奏繳清
　　冊　史6-43210

通濟堰誌　史6-46833~4
　通宗易論　經1-996　叢2-720(5)、1252
31 通江縣志[康熙]　史8-61986
　通江縣志[道光]　史8-61987
　通江縣志[民國]　史8-61989
　通河全縣土畧志[民國]　史7-56323
　通源集　子4-21901
32 通州商民請認土稅案錄　史6-43573
　通州新志[雍正]　史7-54947
　通州霸　集7-51284
　通州張氏四修宗譜[江蘇南通]　史5-
　　34799
　通州大生紗廠本末章程帳畧　史6-44803
　通州直隸州志[光緒]　史7-56806
　通州志[康熙]　史7-54946、56801
　通州志[嘉靖]　史7-56798
　通州志[萬曆]　史7-56799
　通州志[乾隆]　史7-54948
　通州志[光緒]　史7-54949~50
　通州志畧[嘉靖]　史7-54945
　通州李氏宗譜[江蘇南通]　史4-27103~5
　通州興辦實業章程　史6-44804
35 通津山房隨手雜記　子4-23238
　通漕類編　史6-44130
　通神照膽經　子3-14229
36 通渭縣志[萬曆]　史8-63208
　通渭縣志[乾隆]　史8-63209
　通渭縣志[光緒]　史8-63211
37 通祀輯畧　史6-42048
38 通海備徵志[民國]　史8-62426
　通海墾牧鄉志[民國]　史7-56816
　通海紗絲廠章程　史6-44802
　通海溝　集7-53982
　通海縣續志[光緒]　史8-62424
　通海縣鄉土志合篇[宣統]　史8-62425
　通海縣志[康熙]　史8-62422
　通海縣志[道光]　史8-62423
　通道集　集5-35637
　通道縣志[康熙]　史8-60782
　通道縣志[嘉慶]　史8-60783
40 通志　史6-41496、41548　叢1-223(19)、227
　　(6)
　通志、考證　史6-41508~9、41514
　通志天文祕畧　子3-13059
　通志七音畧　經2-14293、14540
　通志藝文畧　叢2-2270(2)
　通志輯要　史1-21
　通志輯要、清蔣麟振輯　史6-41550
　通志畧　史6-41549　叢2-697、698(5)
　通志堂集　集3-16852

通志堂經解一百四十種　經 1-77(1)
通志堂經解提要　史 8-66156
通志堂經解目錄　史 8-65258、66154　叢 1-371、456(4)、2-731(1)、1513～4
通志堂經解目錄考　叢 1-369
通李　子 4-22689　叢 2-1920
通古劉氏續譜[湖南衡陽]　史 5-39646
43　通城縣志[康熙]　史 8-60287
通城縣志[同治]　史 8-60288
44　通考說文引經　經 2-12339
通藝塾程、強學編　叢 2-995
通藝學堂章程　史 6-42445
通藝閣文集　集 4-26705
通藝閣文集補編　集 4-26706
通藝閣詩續錄　集 4-26700～1
通藝閣詩錄　集 4-26699、26704
通藝閣三錄　集 4-26702
通藝閣集(通藝閣詩錄、續錄、三錄、和陶詩、遺編、晚學齋文集)　集 4-26697
通藝錄　經 1-108　子 4-22458
通藝錄十九種附三種　叢 2-814
通藝堂詩錄　集 5-38008
50　通史它石　史 1-5485　叢 2-731(62)
通惠河源流圖議　史 7-52838
通惠河志　史 7-52837、52839　叢 2-741
通奉府君遺稿(先祖通奉府君遺稿)　集 2-7357
通奉公年譜　叢 2-905
通書　子 1-565、593、597,5-29535(6)、29536(6)　叢 1-534,2-1032、1346
通書集註　子 1-99、596
通書後錄解　子 1-100、606
通書繹義　子 1-602　叢 2-1088
通書解　子 1-100、595、604、731、735
通書述解　子 1-601　叢 1-223(30),2-754、1054～5
通書述解(月川曹夫子通書述解)　子 1-600
通書大全　子 3-11640、14535
通書輯釋　子 1-99、603
通書問　集 1-5042　叢 2-1052
通書類聚尅擇大全　子 3-14446
53　通甫詩存、詩存之餘　叢 2-1809
通甫集外文　集 4-31014
通甫遺稿　集 4-31013
通甫類稿　集 4-31007～10
通甫類稿、續編、通父詩存、詩存之餘　集 4-31006
通甫類稿再續編　集 4-31012
通甫類稿續編　集 4-31011
通甫類薹文、續編　叢 2-1809

55　通轉韻考　經 2-14391
通典　史 6-41496、41542　叢 1-223(26)、227(6)
通典、考證　史 6-41508～9、41514
通典輯要　史 6-41498、41545
60　通易西遊正旨分章注釋　子 5-28806
62　通縣編纂省志材料[民國]　史 7-54951
通縣志要[民國]　史 7-54952
64　通叶集覽　經 2-14158
70　通雅　經 2-14540、14645　子 4-22300　叢 1-223(40)
通雅、通雅刊誤補遺　子 4-22301
通雅齋詞三種　集 7-48201
通雅齋叢稿(澹庵文存、澹庵駢文、松園集、穀溪集、酒痕集、湘瑟秋雅、淚影詞、碧雲詞)　集 5-38046
通雅切韻　經 2-14646
通雅摘抄、印譜名目　子 3-16778
通雅堂詩鈔、續集　集 5-35945
通雅堂詩鈔箋注　集 5-35946
71　通曆　史 1-1025
72　通隱堂詩初集　集 5-37618
通隱堂詩存　集 4-28527、30306
77　通用諸字　經 2-13115、13591
通用啟請儀軌　子 7-35071
通屬種棉述畧　子 1-4305
通學齋叢書五十三種　叢 1-531
通學齋叢書四十三種　叢 1-530
通學彙編　叢 1-530～1
通學書籍考　叢 1-530～1
通問便集　子 4-21696　叢 1-496(7)
通關文　子 4-24567,5-29569、29571
78　通鑑可法錄　史 1-5034
通鑑綱目分類策論檢題　子 5-26079
通鑑攬要前編、正編、續編　史 1-5019
80　通今要言　史 7-54332
通介堂文集　集 4-31055
通介堂稿、題畫詩　集 4-25761
通介堂經說　經 2-11705～6　叢 2-1010
通父詩存　集 4-31006
通義內編輯要　史 1-5317
通義堂文集　集 4-33243～4　叢 2-671
通義堂集　集 4-33240～1
通合篇　經 2-14141～2
88　通鑑音義字考　經 2-15111
通鑑評語　史 1-5611　叢 2-782(3)
通鑑新校註　叢 2-2170
通鑑韻書　史 1-1159
通鑑論　史 1-5356～7
通鑑論、稽古錄　史 1-5359～60

中國古籍總目·索引

通鑑要删、總論　史1-1213
通鑑采書例　叢2-1948
通鑑外紀、目錄　史1-988
通鑑續編　史1-1181　叢1-223(19)
通鑑續編、考辯　史1-1591
通鑑觸緒　史1-5735　叢2-1959
通鑑總論　史1-1203
通鑑總類　史1-5010　叢1-223(22)
通鑑釋文辨誤　史1-1035、1043　叢1-223(18)
通鑑釋文辯誤　史1-987、1031、1192
通鑑紀事本末　史1-1770～79　叢1-223(19)、227(6),2-635(3)
通鑑紀事本末後論　史1-5405
通鑑紀事本末摘要　史1-1783
通鑑紀事本末前編　史1-1770～1、1782
通鑑紀事類聚　史1-1224
通鑑紀畧　史1-1223
通鑑紀年歌　叢2-1871
通鑑綱目正編　叢1-227(5)
通鑑綱目要畧　史1-1152
通鑑綱目引義、續編、三編　史1-1155
通鑑綱目集覽正誤　史1-1123
通鑑綱目編年甲子全表、例宿小表、圖注步天歌　史1-1390
通鑑綱目續編　叢1-227(5)
通鑑綱目釋地糾謬　叢1-422、424
通鑑綱目釋地糾謬、釋地補注　史1-1116
通鑑綱目釋地糾謬、釋地補注、圖畫精意識　史1-1115
通鑑綱目釋地糾謬、補註　叢2-1406
通鑑綱目釋地糾繆　叢1-586(2),2-716(2)
通鑑綱目釋地補註　叢1-424
通鑑綱目釋地補注　叢1-422、586(2),2-716(2)
通鑑綱目測海　集1-5042　叢2-1052
通鑑綱目冠編外史、正史三編　史1-1158
通鑑綱目摘要、通鑑總論　史1-1153
通鑑綱目全書　史1-983
通鑑綱目前編　史1-984、1077、1141
通鑑綱目前編、外紀、舉要　叢1-227(5)
通鑑綱目前編辨誤　史1-1146～7　叢2-1822
通鑑綱目分注補遺、書法存疑　史1-1135
通鑑綱目分注拾遺、書法存疑　史1-1133
通鑑綱目纂要便覽　史1-1151
通鑑注商　史1-1055　叢2-814、1575
通鑑注辨正　史1-1054　子3-11659
通鑑注辯正　叢2-1488～9
通鑑宋本校勘記、元本校勘記　史1-988、1057

通鑑直解　史1-1208～10
通鑑直解前代、明代　史1-1211
通鑑橐鑰　史1-5399
通鑑標題、通鑑總論　史1-1154
通鑑博論　史1-5400
通鑑地理通釋　史1-1046～7　子5-24880　叢1-169(2)、223(18)、268(2)、2-731(56)
通鑑獨觀　史1-5581
通鑑胡注舉正　史1-1051　叢1-223(18)、2-1391
通鑑摘錄　史1-5026
通鑑本末紀要　史1-1784
通鑑輯論、補遺　史1-5358
通鑑目錄　史1-988
通鑑題解、滙纂通鑑策要解　子5-26077
通鑑嚴　史1-5018
通鑑明紀全載輯畧　史1-1520
通鑑明紀全載輯畧、三王紀　史1-1521
通鑑長編紀事本末　史1-1773　叢1-265(2)
通鑑闡要　史1-1161
通鑑問疑　叢1-169(2)、223(29)、268(2)
通鑑寧要前編、正編、續編　史1-1162
通鑑全史彙編歷朝傳統錄　史1-1222
通鑑前編、舉要　史1-987、1071～4
通鑑劄記　史1-9、5810
通鑑箋注　史1-1212
通鑑答問　史1-1044～5、5280、5677　子5-24880、24887　叢1-223(29)
通鑑策論經世編　史1-5583
通鑑纂　史1-1220
通鑑纂、皇明通紀纂　史1-1221
通鑑纂要抄狐白　史1-1216
通鑑類纂　史1-5027～30
通飭、寧屬廉俸章程　史6-43525
通飭雜章(乾隆十八年至同治十一年)　史6-46245
通飭清訟章程　史6-45931
95 通爐集　集3-13659
96 通糧廳志　史6-44133

週

10 週天大象賦　叢1-223(43)
週天星鑑　子3-11333
80 週年主日瞻禮口鐸　子7-35574

過

00 過癲說　叢 2 - 771(2)
　過亭詩存　集 3 - 17375
　過庵遺稿　集 2 - 9923
　過庭詩話　集 6 - 45786
　過庭記聞　子 4 - 22562　叢 2 - 811
　過庭記餘　叢 1 - 373(3)、452、586(4)、2 - 716(4)
　過庭集　集 3 - 20055、5 - 41157
　過庭私錄、泉亭外集　集 2 - 8300
　過庭紀餘　子 4 - 23148
　過庭暇錄　子 4 - 19492、21025
　過庭隨筆　子 4 - 23048
　過庭錄　經 1 - 163(2)，2 - 11887　子 4 -
　　20059、22462、5 - 26292　叢 1 - 19(8)、20
　　(6)、21(7)、22(3)、23(3)、24(9)、99～101、223
　　(45)、416，2 - 731(52)、735(3)
　過庭錄存　子 2 - 4768、10681
　過庭錄輯要　子 4 - 22463
　過庭筆記　子 4 - 21525～6　叢 2 - 1654
　過庭小草　集 6 - 42003
　過夜光陰一枝　集 7 - 51738
10 過丙烈自述　史 2 - 12454
　過夏雜錄　子 4 - 22503
　過夏雜錄、續錄　子 4 - 22502
　過雲廬畫論　子 3 - 15860、16002
　過雲樓詩　集 4 - 30008
　過雲樓續書畫記　子 3 - 14867
　過雲樓書畫記　子 3 - 14864～6
　過雲樓日記(清光緒五年至十年)　史 2 -
　　12834
　過雲精舍詞　集 7 - 47655　叢 2 - 1459～60
　過函關　集 7 - 48784
22 過嶺集　集 3 - 13848　叢 2 - 1358
　過山林狂風如吼一枝　集 7 - 51737
　過繼巧姐兒　集 7 - 52334
27 過叔度(宏)家傳、華太君紀畧　史 2 - 9624
30 過宜言　集 2 - 12944　叢 2 - 845(2)
　過宜言詩、文　集 2 - 12943
31 過江詩畧　集 6 - 43840
　過江二集　集 3 - 17187
　過江集　集 3 - 17186
　過江七事　史 1 - 1979、1982、4452
34 過波蘭記　史 7 - 49318(22)
40 過存草　集 4 - 31719
　過去現在未來千佛名經　子 7 - 32441
　過去現在因果經　子 6 - 32081(30)、32083

　　(20)、32084(17)、32085(30)、32086(34)、
　　32088(21)、32089(21)、32090(27)、32091
　　(26)、32092(18)、32093(18)、7 - 32677
　過去佛分衛經　子 6 - 32083(14)、32085(21)、
　　32086(23)、32088(15)、32089(17)、32090
　　(20)、32091(18)、32092(13)、7 - 32672
　過去莊嚴劫千佛名經　子 6 - 32083(11)、
　　32089(13)、32091(16)、7 - 32443
　過去莊嚴劫千佛名經(集諸佛大功德山)
　　子 6 - 32090(17)、32092(11)、32093(6)
　過去莊嚴劫千佛名經、現在賢劫千佛名經、
　　未來星宿劫千佛名經　子 7 - 32442
　過去世佛分衛經　子 6 - 32082(13)
　過來語(清道光六年至同治元年)　史 2 -
　　12690
41 過墟志　子 5 - 26592　叢 1 - 496(3)
　過墟志感　子 5 - 26591　叢 1 - 365、406、587
　　(3)、2 - 789～91、793
44 過菴遺稿　叢 2 - 826
50 過春稿　集 3 - 19056
60 過日集、名媛詩、金石堂詩、諸體評論、曾庭
　　聞詩、曾青藜詩、曾麗天詩　集 6 - 44067
　過目不忘　史 2 - 12878
　過蜀峽記　史 7 - 49318(21)
72 過氏醫案　子 2 - 10795
77 過學齋詩鈔　集 4 - 27496
　過關山記　史 7 - 49318(6)、53451
80 過會全檔　集 7 - 52078

遡

60 遡園語商　子 1 - 1320
　遡園全集三種　叢 2 - 1234

3730₃ 退

00 退庵文集　集 3 - 18019
　退庵文稿　集 4 - 26444
　退庵詩集、文集　集 3 - 13982
　退庵詩稿　集 5 - 37666、39394
　退庵詩存　集 4 - 26442～3
　退庵詩鈔　集 3 - 19432
　退庵稿　集 3 - 16453
　退庵剩稿　集 4 - 30888
　退庵先生遺集　集 6 - 41898
　退庵自訂年譜　叢 2 - 735(3)
　退庵迂談　叢 2 - 972

退庵遺文、駢文集、遺詩、遺詞、詩集附錄、行述　集5-40584

退庵日記(清道光二十一年)　史2-12669

退庵題跋　子3-14962

退庵隨筆　子4-21408、21549　叢1-479,2-735(3)、736

退庵隨筆、退菴自訂年譜　子4-21409

退庵醫案　子2-10793

退庵賸稿　叢1-479

退庵金石書畫跋　史8-63637

退庵錢譜　史8-64863

退庵錢譜、歷代錢譜考、歷代年號重襲考　叢2-809

退庵筆記、宋石齋筆談、六客之廬筆談　叢2-809

退廬文集、詩集　叢2-2211

退廬文集、詩集、箋牘　集5-40762

退廬疏稿　史6-49198　叢2-612

退廬疏稿、補遺　史6-49199　叢2-2211

退廬老人隨筆記(清光緒二十二年至二十四年)　史2-13026

退廬全書十二種　叢2-2211

退廬箋牘　叢2-2211

退齋文稿　集5-37962

退齋文存、詩存　集5-41178

退齋雜錄二種　子4-24688

退齋詩稿(循陔集、北征集、薇省集、樞垣集、浙東集)　集4-31731

退齋剩稿　集4-25778

退齋遺稿　子4-23442、24506

退齋日錄　子4-21208

退齋雅聞錄　叢1-19(8)、20(6)、21(7)、22(3)、23(3)、24(9)

退齋印類　子3-17034

退齋筆錄　史1-1914,4386　叢1-19(8)、20(6)、22(7)、23(6)、24(9)、95〜6,2-730(2)、731(51)

10 退一步齋雜錄　子4-23432

退一步齋詩集、文集、蕉軒續錄　集5-35190

退一步齋詩鈔　集5-37368

退一步齋篋餘稿　集5-38744

退一步草堂詩鈔　集5-33954

退一步軒雜鈔　集4-22815

退一步軒雜鈔續刻　集4-22816

退一步軒詩鈔　集4-24839

21 退步軒詩稿、詩餘　集5-39116

退步軒詩草　集5-34499

22 退樂軒詩選　叢2-8800

24 退休集　集1-3512、3522

退休集鈔　集1-3535,6-41900

退結廬詩稿　集4-29506

26 退白居士詩草　集4-21971　叢2-979

退息編　叢2-1942

退息篇　子4-21904

27 退郢詩鈔　集5-41515

退舟詩稿　集5-40424

退舟書跋　集5-40425

28 退復軒詩集、文集　集5-34169

30 退室詩薰　叢2-1609

退宜堂詩集　集4-32393

退之詩選　集1-1279,6-41777

退守軒詩草　集5-40702

退密齋詩文鈔　集4-29612

退密齋遺稿叢殘、詩餘　集5-36159

退密齋時文　集4-29614

退密齋時文補編　集4-29615

退密齋吟稿　集4-29613

退密冊存稿、詞　集4-23014

31 退潛別墅存稿　集5-36705

33 退補齋詩存、文存　集5-34094

退補齋詩存二編、文存二編　集5-34095

退補齋詩鈔、試帖詩存、賦存　集5-34093

退補齋隨筆　子4-23520　集5-34582　叢2-1960

退補齋印譜　子3-17431

退補樓試帖　集5-35909

退補樓集(偶吟草、續吟草、雜著)　集5-35907

退補樓偶吟草、續吟草　集5-35908

38 退滋堂集　集4-23460

退滋堂遺詩　集4-23462

退遂齋詩鈔、續集　集5-35027〜8

44 退藏室詩稿　集4-28025

退莽詩稿　集5-40353

退莽詞　叢2-665

退菴先生遺集　集1-4176,6-41744〜5、41891、41893、41897、41909

退菴先生遺集、吳允文集　集1-4177

退菴自訂年譜　史2-12043　子4-21409　叢2-1663

退菴遺集　集1-4178,6-41894(3)、41895

退菴遺蕖　集6-41894(4)

退菴未焚草　史6-49149

退菴題跋　史8-63638

退菴題跋(退庵題跋)　子3-14962

退菴隨筆　子4-21407　叢2-1663

退菴筆記　子4-21844

47 退朝錄　叢1-4

51 退軒雜集　集5-40117

退軒詩草　集5-40115

退軒詩錄　集4-23134

退軒筆錄　子5-26298　叢1-195(5)

55 退耕錄 子4-20257
　退耕堂詩集 集4-29122
　退耕堂政書 史6-47215
　退耕堂集 集5-38798
57 退掃閒軒詩草 集5-39810
60 退圃老人宣南奏議 史6-49064
　退圃老人直督奏議 史6-49063
　退園詩集、續集 集5-40590
　退園詩草 集5-39172
　退園外集 集5-38803
　退園遺集 集5-38384
　退園隨筆 集4-31158
　退園隨筆壬 叢2-1812
　退思廬文存 集4-28264
　退思齋文稿、詩稿 集5-36543
　退思齋詩集(陳紅圃詩)(商於吟稿、從戎
　　草、新豐吟稿、蘭行草、清風涇竹枝詞、續
　　唱、南園雜詠) 集4-23055
　退思齋詩存 集4-28395
　退思齋詩草(楚遊吟、聽鼓吟、政餘吟)、雜
　　著 集5-38315
　退思齋詩鈔 集4-25118
　退思齋存稿 集4-25755
　退思齋吟草 集4-25119
　退思文存 集5-34929
　退思詩文存 集5-34928
　退思說署內篇、外篇 子4-21517
　退思集類方歌註 子2-4681、9754
　退思編 史1-4088
　退思編、誓心編 史6-47228
　退思紀年 史2-12318
　退思室詩鈔 集4-30862
　退思存稿、仕隱圖題詞、椰香館詩草、都門
　　唱和詩 集4-32746
　退思草堂 集3-13946
　退思軒文集 集5-37715
　退思軒詩集 集3-14682
　退思軒詩集、補遺 集5-37714
　退思軒詩存 集4-32509
　退思軒詩存、試帖 叢2-1639
　退思軒稿 集5-37631
　退思軒吟草 集5-36369
　退思軒全集 子2-11127
　退思易話 經1-1569
　退思居雜著 集4-29608
　退思居士詩草 集4-32674
　退思閣詩集 集5-38565
　退思錄 子1-1848 叢2-1955
　退思堂文鈔 集5-36037
　退思堂詩集、文集、葉健庵先生年譜 集4-

　　23511
　退思堂詩存 集4-23510
　退思堂詩鈔 集5-36036、37614
　退思堂集 集2-12781～3
　退思堂焚香日錄 集2-12784
　退思粗訂文稿 集4-24583～4
67 退晚堂詩草 集5-37633
71 退厓日劄 子4-21654 叢2-893～4
　退厓公牘文字 史6-47134 叢2-893～4
77 退閒錄 子1-1624 叢2-830～1
　退居瑣言(康熙辛酉夏日記) 叢1-194
　退叟遺稿 集5-39715
　退學齋詩鈔 集5-34288
　退學詩齋詩集 集4-28094
　退學詩選 集4-26761
　退學述存 經2-11734 叢2-2029～30
　退學吟庵詩鈔 集5-34470,6-42007(2)
　退學錄 子4-22656
　退學錄(偕寒堂校書記) 叢2-2042
80 退盦雜識 子5-25478
　退盦詩集 集5-36089
　退盦遺書 集4-30414
　退翁文集 集2-6575
　退谷文集 集3-16754
　退谷文存 集4-33142
　退谷詩鈔 集3-20407～9
　退谷集 集4-26385
　退食瑣言 子4-24428
　退食槐聲留餘集 集3-13913
　退食槐聲留餘集、續刊 集3-13914
87 退鷳居偶存 子4-24676 集4-28883
88 退筆錄 子4-21246
　退餘叢話 叢1-558
90 退憶篇 集4-33622
　退省齋詩鈔 集4-28184
　退省齋說醫私識 子2-10778
　退省軒詩集 集4-30371
　退省居詩詞 集4-23894

逯

40 逯南軒謝蓮喬先生醫書二種 子2-4706

邍

36 邍濕原隰辨 史8-63698

3730₄　逢

40 逢吉堂焚餘稿　集5-37334～5
71 逢原齋詩鈔、文鈔、補遺、駢體文附錄　集4-28222

運

00 運甕軒文集　集3-18952
04 運詩　叢2-1815
21 運歲併推　叢2-1882
25 運使復齋郭公(郁)言行錄、敏行錄　史2-8804
　運使復齋郭公言行錄　史2-8806　叢1-265(2)、266
26 運泉約　子4-19038　叢1-22(25)
31 運河水道編　史7-49317(6)、49318(10)、52800　叢2-810
　運河紀畧　史7-52801
34 運瀆橋道小志　史7-49328、52876
　運瀆草堂錢譜　史8-64886
35 運漕摘要　史6-43412
42 運機謀隋何騙英布雜劇　集7-48774(6)
　運機謀隨何騙英布雜劇　集7-49008
56 運規約指　子7-36231(4)、37927
70 運甓齋文稿、續編、運甓齋贈言錄　集4-31150
　運甓齋詩稿　集4-31147
　運甓齋詩稿、續編　集4-31149
　運甓齋讀本　子4-24314
　運甓詩集　集2-6546
　運甓記　集7-49709
　運甓記定本　集7-50109
　運甓詞　集7-46900
　運甓編　叢1-521
　運甓漫稿　集2-6547　叢1-223(64)
80 運氣辯　子2-11125　叢2-809
　運氣要訣　子2-4989
　運氣要畧　子2-4616
　運氣總論　子2-4636
　運氣轂　子2-7112
　運氣表三種　子2-5241
　運氣指明　子2-4887
　運氣指掌　子2-7812
　運氣易覽　子2-4557～8、11173
　運氣圖括定局立成　子2-5420
　運氣畧　子2-4573、11187
　運氣舉要　子2-5166
　運氣掌訣錄　子2-5208、6292
83 運鍼不痛心法　子2-10400
88 運籌綱目、決勝綱目　子1-3792
　運餘齋學易說　經1-1229
90 運掌經　子3-18298　叢1-22(27)、495

退

26 退憩山房詩、痛飲詞　集4-31717
　退憩山房詩、閩南草　集4-31716
　退憩山房叢拾稿　集4-31718
28 退齡　集7-49685
43 退域瑣談　史8-63343～4

遲

00 遲齋遺集　集5-36927
10 遲雲集(聽蕉吟廬詩集)　集5-37420
　遲雲閣詩稿　集5-37046～7
　遲雲閣詩稿、文稿　叢2-2040
　遲雲閣詩稿、文稿、集選詩　集5-37045
37 遲鴻軒詩棄、文棄　集4-33377
　遲鴻軒詩棄、補遺、文棄、補遺、詩續、文續　叢2-843
　遲鴻軒詩稿續、文續　集4-33375
　遲鴻軒詩續、文續　集4-33378
　遲鴻軒詩偶存　集4-33379
　遲鴻軒偶存(遲鴻軒詩存、文存)　集4-33376
　遲鴻軒所見書畫錄　叢2-662
　遲鴻軒所見書目錄　子3-14878
44 遲菴集杜詩　叢2-703
　遲菴先生集、詩集　集2-7740
50 遲春閣文稿　集5-37044
70 遲甓草堂詩鈔　集5-40398
72 遲删集、文　集4-22991～2
　遲删集詩鈔　集4-22993
78 遲陰堂詩存詩稿　集3-20232
80 遲盦集杜詩　集5-35679
98 遲悔齋(肅孫)年譜　史2-12120　叢2-962
　遲悔齋文集　集4-29617
　遲悔齋文鈔　集4-29618
　遲悔齋文鈔、雜著　叢2-962
　遲悔齋經說　經2-11669

3730₇ 追

00 追癆仙方　子2-4615、7204
　　追癆四橛　子5-31686
20 追信　集7-52075、52576
　　追維往事錄　子4-23093
33 追逋集　集4-24581
　　追逋集詩鈔　集4-24582
　　追逋錄、別錄　叢2-2270(4)
　　追述戊戌政變雜詠　集5-40845
　　追述黔塗嘦　史7-53849　叢1-397,2-617
　　　(4)
34 追遠論四十則　史6-41521
　　追遠傅氏族譜［浙江江山］　史5-36219
44 追孝堂黃氏族譜　史5-34129
　　追昔游詩　集6-41859
　　追昔游詩集　集6-41878
　　追昔游集　集6-41856
　　追昔遊詩　集1-386
　　追昔遊詩、拾遺　集1-1381,6-41872
　　追昔遊集　叢1-223(49)
　　追昔遊集(追昔遊詩集、追昔遊集、李紳追
　　　昔遊詩)　集1-1380
53 追甫詩集　集4-27659
90 追憶陷賊紀嘦　史2-10580
　　追憶錄、續錄　史2-12407
　　追省錄　史2-12152
91 追悼長沙張文達公(百熙)祭文詩聯彙志
　　　史2-10684

遙

20 遙集集前編、後編　集6-43126
　　遙集前後編　集5-39841
　　遙集堂新編馬郎俠牟尼合記　集7-50061~
　　　2　叢2-672
35 遙連堂訂王損仲先生詩乙稿　集2-10977
37 遙湖李氏重修族譜［湖南湘鄉］　史4-
　　　27567
　　遙湖李氏續修支譜［湖南湘鄉］　史4-
　　　27568~9
50 遙青園詩草　集3-15249
57 遙擲稿　集3-14814
　　遙擲編　集2-9111

3730₈ 選

00 選亭詩集　集3-20466
　　選齋公殘稿　集3-21707
　　選方　子2-9914
　　選方滙銓　子2-9821
　　選方拔萃　子2-9434
　　選文　叢1-295
　　選註六朝唐賦　集6-42587
02 選刻四六夢花　集2-11006
　　選刻釣臺集　集6-44737
　　選刻小寒山詩集(寒玉集、寒香集選、選寒
　　　江集、選寒光集、選寒耘集、寒枝集選)
　　　集2-11846
04 選詩　集6-42150~2
　　選詩、詩人世次爵里　集6-42157
　　選詩、外編、拾遺　集6-42153
　　選詩、補　集6-42154
　　選詩句圖　集6-42160、45495　叢1-2~3、
　　　6~8,2-731(38)
　　選詩約註、評議　集6-42155
　　選詩叢話　集6-46051
　　選詩補註、補遺、續編　集6-42148
　　選詩補遺　集6-42159　叢2-886(4)
　　選詩均編　子5-26030
　　選詩前後諸詠　集6-43393
06 選譯日本鹽法十三種　子7-37372
　　選韻　經2-14236~8
10 選玉谿生詩　集1-1572
　　選玉溪生詩　集1-1571
　　選石記　子4-19478　叢1-197(4),2-617
　　　(2)
20 選集一效祕方　子2-9878
　　選集漢印分韻、續　經2-13182
　　選集漢印分韻、續集　史8-64963
　　選集啓蒙幼學三字考對　經2-13531
　　選集啓蒙對類指掌　子1-2916
22 選例彙鈔　叢2-1953
　　選種輯要　子1-4224
23 選編省監新奇萬寶詩山　子5-24944
25 選佛譜　子7-34649
　　選佛圖　子7-34696
27 選各表簡法　子3-12368
　　選綠齋詩鈔　集5-39527
30 選注孫子　子1-3160
　　選注規李　叢1-242(4),2-731(37)
　　選寒江集　集2-11854

選寒江集、寒喜集　集2-11851
選寒光集　集2-11855
選字正源　經2-13123
37 選選樓集　集3-14632
40 選吉要函　子3-14515
選校范文白公詩集、續選　集1-5146
44 選夢詞　集7-46406、47140
選夢樓詩鈔　集4-29239
選夢閣詞鈔　集3-20040
選菴叢談　叢2-2155
選巷叢譚　子4-22066
選材錄　子5-25853　叢1-203(12)、321,2-
1495～6
45 選樓集句　集4-29404
47 選聲集　集7-50554、54752　叢2-1493
選聲集、詞韻簡　集7-48634
50 選青閣藏器目　史8-64332　叢1-524,2-
731(32)
選青小箋　史8-64836
選青堂文稿　集5-36035
53 選拔進士芝軒府君遺集　集4-29453
56 選擇　叢2-771(1)
選擇辨正　子3-14526
選擇諸法經　子6-32093(22)
選擇正宗　子3-14523
選擇天鏡　子3-14502
選擇醒迷　子3-14520
選擇集要　子3-14456～7
選擇備要　子3-14508
選擇急驗方　子2-9619
選擇彙要　子3-14533
選擇宗鏡　子3-14547
選擇叢書集要（陰陽五要奇書）　子3-
12892
選擇通德類情　子3-14505
選擇通書祕竅　子3-12891
選擇吉日　子3-14551
選擇尅應　子3-13152
選擇捷要　子3-14524
選擇輯要　子3-14516
選擇曆說　叢1-173
選擇曆書　子3-14444、14498
選擇當知　子3-14514,7-36260
選輯諸名家評註批點蘇文　集6-45168
選輯駢珠小草　子3-18157　叢1-415
59 選抄雜劇曲譜　集7-54808
選抄小兒科醫書　子2-8459
60 選日要删　子3-14546
選日抄　子3-14544
63 選賦、名人世次爵里　集6-42158

選賦事詞區類草本、都京奧字音擇掇錄草
底　集6-42632
64 選時造命　子3-13160、14506
選時易簡開奩圖　子3-14507
67 選明代山左詩鈔采訪書目、續開六郡采訪
名人書目　史8-66206
選明四大家詩集　集6-41947
70 選雅　集6-42167
77 選學　叢1-460
選學糾何　叢1-242(5),2-731(37)
選學滙函　集6-42163
選學拾瀋　集6-42168
選學膠言　集6-42164
選學膠言、補遺　集6-42165　叢2-686、
1563
選學鏡原　集6-42166
選舉　叢1-460,2-771(1)
選舉沿革表　史6-42606　叢2-1914
選印宛委別藏四十種　叢1-266
選民交涉　子7-35102
80 選鐫石堂先生遺集　集1-4536
83 選錢齋錢譜　史8-64814
選錢齋筆記、續　史8-64815
87 選錄刑部駁案　史6-46232
選錄山川古蹟風土詩　集6-42573

3750$_6$ 軍

01 軍語　史6-45208
07 軍諮處頒定編纂軍事歷史沿革格式　史6-
45203
17 軍歌　史6-45206～7
18 軍政　史6-45134
軍政備例　史6-45131
軍政條例續集　史6-45133
軍政條例類考　史6-45132
軍政神機　子3-13844
軍政事宜　史6-45135
軍務疏志　史1-4140
軍務要件　史6-47144
軍務稿　叢2-1844
軍務奏摺稿　史6-48932
軍務摺稿　史6-48749
21 軍占雜集　子3-13850
22 軍制　史6-45183
軍制學教課書　史6-45217
軍峯記　史7-49318(6)、52497
軍峯山小記　史7-49318(6)、52496

24 軍牘集要　史6-47154
　軍儲紀署　子1-3885
27 軍解　子7-36251
28 軍徵集　子1-3848
35 軍禮司馬法考徵　經1-6342　子1-3186
　軍禮司馬法考徵、校語、司馬兵法逸文　子
　　1-3187
37 軍湖詩鈔　集3-15882
40 軍臺道里表　史7-49317(6)、49318(3)、54922
　軍臺道里表[乾隆]　史8-63353
41 軍帳神機　子3-13812
42 軍機處奏准全燬書目、抽燬書目　史8-
　　66227
　軍機處分次奏進應燬書籍單　史8-66226
　軍機大臣字寄兩廣總督札　史6-47414
　軍機大臣奏稿　史6-48028
　軍機故事、補遺　史6-42804
47 軍報　史6-47249
50 軍中雜稿　集4-31964
　軍中遺稿補遺　集2-12667
　軍中草　集5-34640～1,6-42007(1)
　軍中醫方備要　子1-3082,2-10049
　軍中筆記　集4-33461
　軍事天文　子3-13811
　軍事初階　子1-3439
　軍書　叢2-1778
60 軍國民篇　子7-36251
　軍界風流案　子5-27896、28618
66 軍器圖說　子1-3538、3675
　軍器學課程　子1-3611
72 軍劉氏族譜[湖南武陵]　史5-39508
76 軍陽山記　史7-49318(6)、52493
77 軍用火攻圖說　子1-3670
　軍屏公牘　叢2-1985
　軍興紀署　史1-4144　叢2-1808
　軍興本末紀署　史1-4145　叢2-912
78 軍隊內務條例　史6-45238
　軍隊內務書　子7-36892
　軍隊符號　史6-45247
80 軍令　史6-45137
88 軍餘紀詠　集4-27149
90 軍火備覽　子1-3587
95 軍情　史6-47250
　軍情紀署　史1-5744
99 軍營紀律　史6-45186
　軍營紀署　子1-3723
　軍營紀署三種　史1-1986
　軍營報喜　集7-52372
　軍營輯署　子1-3758

3752₇ 鄆

43 鄆城志[嘉靖]　史8-59504
　鄆城縣鄉土志[民國]　史8-59508
　鄆城縣志[康熙]　史8-59506
　鄆城縣志[崇禎]　史8-59505
　鄆城縣志[光緒]　史8-59507

3760₈ 咨

38 咨送違礙書目　史8-66224
40 咨查書目　史8-66223
42 咨札　叢2-1848

3771₇ 瓷

50 瓷史札記　叢2-2162
　瓷青館悼亡詞　集7-47280

3772₀ 朗

00 朗齋碑錄　史8-64402
　朗齋遺集　集3-21844
　朗齋遺草　集5-39750
22 朗仙詩文錄　集5-39153
　朗仙吟稿　集4-27613
　朗山詩草　集4-29728
25 朗生遺稿　集3-15170
27 朗叔詩鈔　集3-21806
28 朗徹和尚開成自蘇回泰路程署(清咸豐九
　　年)　史2-12814
32 朗州圖經　史7-49309、50759～60　叢2-
　　776
　朗溪叢誌二集十四種　叢2-1889
51 朗軒紀遊草、後紀遊草、丁丑吟草、庚辛吟
　　草、壬午吟草、甲申吟草　集4-23865
53 朗甫詩詞稿　集5-34574
60 朗圃吟草　集5-36456
68 朗吟詩草　集5-41044
　朗吟詩草(南音)　叢2-2218
74 朗陵詩集　集4-26675～6

中國古籍總目・索引

朗陵稿　集2-10288

3772₇ 郎

17 郎君不回佳人自嘆一枝　集7-51024
22 郎川答問　子4-20476　叢1-142
　郎峯六川祝氏世譜[浙江江山]　史4-31104
23 郎岱縣訪稿[民國]　史8-62192
30 郎官石柱記　史8-63501、64710
　郎官石柱題名　史6-42893　叢1-278,2-731(61)
31 郎潛三筆　子4-23479
　郎潛紀聞　子4-19501、23475、23477　叢1-565,2-735(3)、736
　郎潛紀聞、二筆、三筆　子4-23476
　郎潛紀聞,壬癸藏札記　子4-23474
　郎潛紀聞初筆、二筆、三筆　子4-23478
　郎潛四筆　子4-23480~1
40 郎士元詩集　集6-41739、41822、41824、41833、41858、41866
　郎士元詩集(郎刺史詩集)　集1-1166
　郎士元集　集6-41738、41743、41819、41838
　郎士元集(郎刺史詩集)　集1-1165
44 郎蔚之隋州郡圖經　史7-49307、49484　叢2-767
52 郎刺史詩集　集1-1165~6,6-41878
72 郎氏(曄)事輯　史2-8755
　郎氏宗譜[北京]　史4-30274
　郎氏宗譜[浙江蕭山]　史4-30276
　郎氏大同宗譜[浙江桐廬]　史4-30278
　郎氏圖譜　史4-30273

3780₀ 冥

00 冥廖子游　子4-23959~62
　冥廖子遊　叢1-105
　冥府十五功德庫書　子5-30543
　冥音記　子5-26222　叢1-185
　冥音錄　叢1-22(19)、23(18)、154、168(2)、255(3)、587(2)
17 冥司語錄　子7-34663
30 冥寥子游　子4-20652~3　叢1-13、14(2)、22(27)
　冥寥子遊　叢1-111(1)、119~20,2-731(55)
36 冥遇傳　子5-26222　叢1-185
37 冥通記　子5-26222　叢1-22(19)、23(18)、26、29(1)、185
38 冥祥記　子5-26843　叢1-15、19(2)、21(2)、22(20)、23(19)、24(3),2-617(3)
41 冥樞會要　子7-33999
47 冥報記　子5-27516　叢2-674
　冥報錄　子5-26229、27074　叢1-210~1,2-1280
53 冥感記　子5-26222、26979　叢1-154、185
62 冥影契　子4-20353　叢1-22(20)、61~4,2-730(4)、731(11)

3780₆ 資

00 資度早朝科、午朝科、晚朝科　子5-30751
18 資政新編　叢2-883
　資政新篇　史1-4200
　資政院議員選舉章程　史6-41780
　資政院會奏議事細則及分股辦事細則摺　史6-41782
　資政院會奏續擬院章並將前奏各章改訂開單呈覽摺　史6-41781
　資政院會奏資政院議員選舉章程摺　史6-41779
　資政院第一次常年會速記錄　史6-41783
　資政院第一次常年會會議錄　史6-41784
　資政公遺訓　子1-2324　叢2-2015
　資政公遺稿　集5-41081
24 資德大夫兵部尚書郭公青螺(子章)年譜　史2-11525
25 資生要旨　子2-8234
　資生集　子2-8264、9431
　資生編　子2-8080
　資生鏡　子2-8025
　資生篇　子2-8289
31 資江唱和集　集3-14446
　資江陶氏族譜[湖南安化]　史5-33506
　資江歐陽五續族譜[湖南益陽]　史5-39103
　資江火田劉氏族譜[湖南益陽]　史5-39523
32 資州直隸州志[嘉慶]　史8-61864
　資州直隸州志[同治]　史8-61865
　資州直隸州志[光緒]　史8-61866
33 資治新書　史6-41724
　資治新書、二集　史6-41725
　資治上編大政記綱目、下編　史1-1257
　資治通鑑　史1-987~9、1028~9、1078、1080、1097、1099　叢1-223(18)、227(5)、2-603、635(3)

資治通鑑、通鑑釋文辨誤 史1-1035
資治通鑑、通鑑釋文辯誤 史1-1031
資治通鑑、目錄 史1-1027、1032
資治通鑑、目錄、續資治通鑑 史1-1034
資治通鑑、目錄、釋文辯誤、外紀、目錄 史1-1033
資治通鑑、附表 史1-1030 叢2-698(4)
資治通鑑序補逸 史1-1036 叢1-258,2-731(2)、847、1466
資治通鑑評剩、大清畿輔先哲大臣傳 史1-5713
資治通鑑刻本識誤 史1-1056 叢1-318、550
資治通鑑論 史1-5280
資治通鑑殘稿 史1-1026
資治通鑑後編 史1-1198 叢1-223(19)
資治通鑑後編校勘記 史1-1199
資治通鑑外紀 史1-1065、1068
資治通鑑外紀、目錄 史1-1064、1066 叢1-223(18),2-635(3)
資治通鑑外紀詳節 史1-1067
資治通鑑續編 史1-1197
資治通鑑總要通論 史1-5371、5373
資治通鑑釋文 史1-989、1041～2 叢1-265(2)、465,2-635(3)、731(62)
資治通鑑釋文辯誤 史1-988～9
資治通鑑釋例 史1-989、1070 叢1-223(18)
資治通鑑釋例圖譜 史1-987、1039
資治通鑑彙刻 史1-988
資治通鑑紀事本末補 史1-1785
資治通鑑綱目 史1-983～6、1079、1106、1125、1128～9、1167 叢1-223(29)
資治通鑑綱目、續編、前編、續資治通鑑綱目 史1-1108
資治通鑑綱目、續資治通鑑綱目 史1-1130
資治通鑑綱目、續資治通鑑綱目前編 史1-1131
資治通鑑綱目、凡例 史1-1107 叢1-414、574(2)
資治通鑑綱目、凡例、重刊朱子通鑑綱目原本改字備考 史1-1110
資治通鑑綱目三編 史1-986、1243、1276 叢1-217、223(19),2-1387
資治通鑑綱目正編正誤補 史1-1114 叢2-1822
資治通鑑綱目發明 史1-1119
資治通鑑綱目集說、前編 史1-1139
資治通鑑綱目集覽 史1-1121～2
資治通鑑綱目集覽鐫誤、綱目考異辨疑 史

1-1124
資治通鑑綱目續編拾遺 史1-984
資治通鑑綱目注證、司馬溫公通鑑注證附錄 史1-1148
資治通鑑綱目校勘記 史1-1111
資治通鑑綱目校勘記、續資治通鑑綱目校勘記 史1-986
資治通鑑綱目事類 史1-1138
資治通鑑綱目書法 史1-1120
資治通鑑綱目四編合刻 史1-986
資治通鑑綱目全書 史1-984～5
資治通鑑綱目前編 史1-1143 叢1-223(29)
資治通鑑綱目前編、外紀 史1-1075
資治通鑑綱目前編、舉要 史1-983、985～6
資治通鑑綱目前編、舉要、外紀 史1-1076
資治通鑑綱目前編外紀 史1-983、985
資治通鑑綱目前編竊議 史1-1145
資治通鑑綱目舉觀 史1-1174
資治通鑑補 史1-1049
資治通鑑大事錄 史1-1105
資治通鑑大全 史1-987
資治通鑑地理今釋 史1-1048
資治通鑑考異 史1-989、1037 叢1-223(18),2-635(3)
資治通鑑日抄 史1-1104
資治通鑑目錄 史1-987、989、1038 叢1-223(18),2-635(3)、698(4)
資治通鑑明紀綱目 史1-1273
資治通鑑問疑 史1-987、989、1040 叢2-870(2)
資治通鑑前編、舉要 叢1-223(19),2-1048
資治通鑑節要續編 史1-1084、1182～3
資治大政記綱目 史1-1256
資治明紀綱目 史1-1274
資治明紀綱目三編 史1-1274
資治歷朝紀政綱目前編、正編、續編 史1-1260
資治周禮集傳 經1-4992
資治前編歷朝綱政綱目 史1-1140
44 資莊朱氏族譜[安徽寧國] 史4-26649
資孝葬書述要 子3-13628
資孝葬書集 子3-13652
資世通訓 子1-1992
48 資敬堂家訓 子1-2277 叢2-646
50 資中縣續修資州志[民國] 史8-61867
62 資縣總志[康熙] 史8-61863
67 資暇集 子4-22122,5-26218 叢1-15、19(9)、20(7)、21(10)、24(9)、38、114(6)、195(5)、223(39)、245、273(5),2-731(6)
資暇集、南窗紀談 子4-22123

　資暇錄　子4-22121　叢1-11～2、22(3)、23
　　(3)、26、28、2-617(3)
　資暇錄佚文　子4-22124　叢2-777
76 資陽高氏三修族譜[湖南益陽]　史4-32454
　資陽徐氏族譜[湖南益陽]　史4-32164
　資陽趙氏四修族譜[湖南益陽]　史5-38417
　資陽縣志[嘉慶]　史8-62019
　資陽縣志[乾隆]　史8-62018
　資陽縣志[咸豐]　史8-62020
　資陽縣志稿[民國]　史8-62021～2

3792₇ 鄲

00 鄲齋文集　集5-36275
10 鄲下冢墓遺文、補遺　史8-64005
　鄲下冢墓遺文二編　史8-64006
　鄲下草　集2-10954
12 鄲水投巫二本　集7-53063
27 鄲侯外傳　史1-1914　叢1-22(19)、23
　　(18)、29(3)、56、95、2-730(2)
　鄲侯家傳　叢1-15、19(4)、21(3)、24(4)
44 鄲芸文集　集4-24594
50 鄲中記　史7-50633　叢1-11～2、19(2、
　　10)、20(8)、21(2、9)、22(10)、23(10)、24(3、
　　10)、29(1)、75、77、223(22)、230(2)、388～90、
　　468、2-617(1)、628、731(64)
　鄲中家集　集2-9892、9895
　鄲書遺稿、星名分類　集4-29286
90 鄲堂詩集　集4-30899

3810₄ 塗

08 塗說　子5-27133～4
22 塗川項氏宗譜[浙江臨海]　史5-35519
　塗山紀遊　史7-49318(20)、53456
70 塗雅詞　集7-46850
77 塗鴉集　集3-15117～8

3811₇ 汽

10 汽電車論　子7-37203
42 汽機新制　子7-36228(2)、36231(5)、36241、
　　36248、37194
　汽機水龍　子7-37205
　汽機發軔　子7-36241、36248

汽機發軔、表　子7-36231(5)、37192
汽機必以　子7-36228(2)、36231(5)、36242
　(2)、37189
汽機大成　子7-37191
汽機中西名目　子7-36248
汽機中西名目表　子7-36228(5)
汽機車燒煙煤　子7-37190
汽機圖說　子7-37193、37196
汽機入門　子7-36241
汽機命名說　子7-36229、37195　叢1-530
　～1
汽機鍋爐圖說　子7-36229、37204
50 汽車發軔　子7-36228(5)
77 汽學　子7-36237
　汽學考　子7-36245
　汽學器說　子7-36229
　汽學策　子7-36236

濫

28 濫觴錄　子4-24394
88 濫竽齋詩集　集3-20602

3811₉ 淦

60 淦田唐氏五修族譜[湖南湘潭]　史4-
　　32563
　淦田王氏纂修族譜[湖南湘潭]　史4-
　　25484
72 淦氏族譜[湖南岳陽]　史5-34669

滏

12 滏水文集　集1-4656
　滏水詩集　集1-4654
　滏水集　叢1-227(10)
　滏水集、目錄　集1-4657　叢1-223(58)
　滏水集補遺　集1-4660、6-41926
76 滏陽河圖序　史7-52850

3812₁ 渝

11 渝北續修徐氏族譜[重慶]　史4-32182

68 渝吟、續渝吟　叢2-1225

湔

32 湔溪陳氏宗譜[浙江麗水]　史4-33138

3812₇ 汾

10 汾西縣志[康熙]　史7-55897
　汾西縣志[光緒]　史7-55898
21 汾上續談　子4-20617　叢2-1143
22 汾山偶椏　集3-16533
31 汾河旅話　史7-54092
32 汾州府志[萬曆]　史7-55991
　汾州府志[乾隆]　史7-55992
33 汾泌紀遊　集3-19417
36 汾澤賦稿　集3-19768　叢2-837
37 汾湖草堂詩草　集5-34571
　汾湖陸氏族譜[江蘇吳江]　史4-32648
　汾湖陸氏世系[江蘇吳江]　史4-32650
　汾祠記　叢2-1746
38 汾遊草選　集6-44580
40 汾南漁俠游草　集5-39001
60 汾園集　集3-14621
74 汾陔集　集5-40488
76 汾陽郭氏譜[福建龍海]　史4-32334
　汾陽郭氏宗譜[浙江金華]　史4-32303
　汾陽郭氏宗譜[湖北浠水]　史4-32354
　汾陽西陳家莊鄉土志[民國]　史7-55998
　汾陽韓氏支譜[山西汾陽]　史5-40339～40
　汾陽韓氏支譜[山西臨汾]　史5-40333～4
　汾陽曹氏(學閔)志傳合刻　史2-9523
　汾陽縣鄉土志[民國]　史7-55999
　汾陽縣志[康熙]　史7-55994
　汾陽縣志[順治]　史7-55993
　汾陽縣志[道光]　史7-55996
　汾陽縣志[乾隆]　史7-55995
　汾陽縣志[光緒]　史7-55997

淪

22 淪川方氏族譜[安徽歙縣]　史4-25827

瀚

34 瀚瀆徐氏宗譜[江蘇宜興]　史4-31843
46 瀚如日記(清光緒三十年至三十一年)　史2-13253

瀹

10 瀹雪軒僅存稿　集4-32615

3813₁ 潕

12 潕水集　集2-11100

3813₂ 凇

10 凇雲詩集　集5-40110
12 凇水集　叢2-2042
26 凇泉遺稿　集5-38481
32 凇溪遺稿　集4-29714,6-42003　叢1-385
33 凇滬鐵路展造濱北一程並行車收支細目清冊　史6-44258
　凇滬鐵路公司火車價目及開車時刻表　史6-44262
　凇濱瑣話　子5-26601　叢1-587(5、6),2-735(5)
　凇濱花影　子3-16573
　凇濱吟社集　叢2-2175
40 凇南識小　子4-21241
　凇南樂府　史7-49327、50059　叢1-241、242(4)
　凇南續志[乾隆]　史7-56408
　凇南紀　集5-34363
　凇南志[康熙]　史7-56406～7
　凇南夢影錄　史7-49317(4)、49318(14)、50060～1　子5-26618　叢2-735(2)
48 凇故述　史7-50041　叢1-241、242(4),2-731(57)
72 凇隱廬雜識(清光緒十二年)　史2-12924
　凇隱漫錄　子4-23454,5-26597
　凇隱漫錄、續錄　子5-26598

滄

44 滄芍華館遺文　叢2-1878
　　滄芍華館隨筆　子4-21974　叢2-1878

滋

24 滋德堂集、梅花幻影圖題詞　集4-30033
　　滋德堂古文續集　集6-43064
25 滋生氏客窗雜記　子4-22000
32 滋溪文稿　集6-41715　叢2-615(2)
　　滋溪文稿、目錄　叢1-223(60)
　　滋溪文藁　集1-5480～1
　　滋溪集　集1-5479
44 滋蘭詩草　集4-30705
　　滋蘭室遺稿　集5-41640
　　滋蘭樹蕙山房同心錄、種蘭蕙四季口訣、
　　圖、蕭山沈沛霖先生分載蕙蕊頭形八法
　　子4-19230
　　滋蘭堂詩集、文集　集3-17479
　　滋蘭堂詩卷　集5-37654
　　滋蕙堂法帖題跋　子3-15441　叢1-202
　　(3)、203(8)
　　滋樹室詩集　集5-40506
　　滋樹室遺集　集5-40505
　　滋樹堂文集(西峯文集)　集3-19703
60 滋園府君(李菡)行述　史2-9903
　　滋田詩鈔　集4-26841
　　滋田詩鈔偶存　集4-26842
76 滋陽縣鄉土志[光緒]　史8-59364
　　滋陽縣志[康熙]　史8-59362
　　滋陽縣志[嘉靖]　史8-59361
　　滋陽縣志[光緒]　史8-59363

3813₃ 淤

37 淤泥河　集7-52555、53013
　　淤泥河快書　集7-52556

3813₄ 渼

74 渼陂集　集2-7399、7401
　　渼陂續集　集2-7400
　　渼陂遺詩　集3-21133

3813₇ 冷

00 冷庵文存　集5-41491
　　冷廬雜識　叢1-373(4、9)、2-735(2)、736
　　冷廬雜識、續編　子4-21561
　　冷廬雜識節錄　子4-21562　叢1-587(3)
　　冷廬醫話　子2-10698
　　冷廬醫話、補編　子2-4771(4)
　　冷齋夜話　集6-45630～1　叢1-16、19(4)、
　　21(4)、22(4)、23(3)、24(5)、31、99～101、169
　　(3)、223(41)、268(3)、2-606、617(4)、731
　　(46)、735(4)
　　冷齋夜話、補遺　叢1-34
　　冷齋雜著　集4-30053
　　冷齋吟續編　集4-25353
　　冷齋錄　史1-3659
01 冷語　子4-21739　叢1-450
　　冷語、質語　叢2-701
02 冷甋漫稿　集3-17892　叢2-909
10 冷雲齋冰燈詩　叢1-202(6)、203(11、18)
　　冷雲萬卷五種　叢2-621
　　冷雲居詩　集6-41763
12 冷水塘聶氏族譜[湖南瀏陽]　史5-40917
20 冷香齋詩集　集5-37061
　　冷香齋詩餘　集7-48159
　　冷香齋詩鈔　集4-27816
　　冷香齋集　集4-32634
　　冷香詩集　集3-14094
　　冷香集錦　集3-20691
　　冷香山館詩鈔　集3-20784
　　冷香山館未定稿　集3-20783
　　冷香山館未定稿、冷香詞偶刻　集3-20782
　　冷香室遺稿　集5-39607　叢1-504
　　冷香樓詩稿　集5-39677
　　冷香吟　集3-20559
　　冷香閣詩草　集5-35132
　　冷香閣唱和稿合鈔　集4-28047
　　冷香館詩鈔、文鈔　集5-37020
21 冷紅詞　叢2-2143

冷紅詞、絕妙好詞校錄　集7-48294
冷紅軒集　集4-31034
冷紅館全集(冷紅館剩稿、冷紅館詩補鈔、
　修修利齋偶存、冷紅詞)　集5-33771
22 冷鼎亭傳、墓表　史2-10323
冷仙琴聲十六法(琴聲十六法)　子3-
　17519
冷巢集羽集　集5-40083
30 冷官集　集5-41325
冷官餘談　叢2-886(2)
37 冷澹菴印譜　子3-17379
40 冷灰詞　集7-46419、48030
48 冷枚山水畫册七幀　子3-16374
57 冷艷山莊卉叢詞十二集附二集　集7-
　48544
60 冷園詩鈔　集4-30477
67 冷眼觀　子5-28577
68 冷吟集　集3-17924
冷吟集、橘社唱和集　集3-16389
冷吟僊館詩餘　集7-48042
70 冷雅　叢2-2165
72 冷髥詩鈔(正聲集、陳二峯詩草)　集5-
　34387
冷氏族譜[江蘇丹陽]　史4-28666~7
冷氏族譜[四川資中]　史4-28670
冷氏宗譜　史4-28671
90 冷賞　子4-23072　叢1-233、373(8)、496(5)

冷

23 冷然齋詩集　集1-3825　叢1-223(57)

3814₀ 浒

10 浒西山人初度錄　集7-50573
22 浒山志[道光]　史7-57454
浒山書院文集　集3-17023
50 浒東山房批校廬陵曾氏十八史畧　史1-
　4853
浒東先生文集　集2-9418
浒東先生奏議　史6-48318
67 浒墅關續志　史7-56971
浒墅關志[康熙]　史7-56972
浒墅關志[道光]　史7-56973
浒墅關志[嘉靖]　史7-56970

潊

33 潊浦縣志[康熙]　史8-60756~7
潊浦縣志[乾隆]　史8-60758
潊浦縣志[同治]　史8-60759
潊浦縣志[民國]　史8-60760

漱

10 漱石軒筆記　叢1-195(5)
漱石閒談　叢1-22(22)

澂

10 澂霞閣詩畧　集5-38578
22 澂川子遺稿　集5-34532
29 澂秋館吉金圖　史8-64222
31 澂江府志[康熙]　史8-62419
澂江府志[道光]　史8-62420
澂江府附郭河陽縣志[康熙]　史8-62421
澂潭山房詩集、古文存稿　集3-19357
澂潭山房古文存稿　集3-19358
40 澂志樓詩稿　集3-17953
46 澂觀齋詩　集4-32647
60 澂里集(詩、文)　集4-22234~5
澂園詩集　集4-32468、33116
澂園詩選、澂園詞存　集5-35107
澂園叢書二種　經2-12727
澂景堂宦遊小集　集3-14093
澂景堂史測　史1-5622　叢1-478
澂景堂史測、閩溪紀畧　史1-5623
90 澂懷閣詩　集3-14451
澂懷閣吟稿　集5-34939
澂懷八友圖　子3-16729

澈

38 澈道人詩存、詞存　集4-23562
澈道人詞存　集7-47494

澂

12 澂水新志　史7-54916
　澂水新志[道光]　史7-57399
　澂水誌[紹定]　史7-57397
　澂水志[紹定]　史7-57396
　澂水志彙編　史7-54916
22 澂川朱氏家乘[浙江海鹽]　史4-26507
33 澂浦詩話　集6-45965
　澂浦詩話、續　集6-45966
40 澂志補錄　史7-54916
　澂志補錄[民國]　史7-57400

激

00 激衷小擬　集2-8441　叢2-1093
44 激楚齋詩集　集2-11901,6-44591
　激楚齋初草　集2-11902
50 激書、校勘記　子4-20940　叢2-870(3)

潊

12 潊水志林[康熙]　史8-58678

3814₁ 洴

30 洴澼百金方　子1-3084、3478

澣

10 澣雲詩鈔　集4-24981
21 澣紅山館四種　叢2-1610
28 澣俗軒詩鈔　集4-26757
31 澣江詩鈔　集4-25365
88 澣餘集　集4-28097

3814₇ 游

00 游廬山天池記　史7-49318(6)
　游鴈山集　集1-2827
　游鴈山先生集　集1-2823~4、2826、2828
　游鴈山先生集、前集　集1-2825
　游高麗王城記　史7-49318(15)
　游唐王山記　史7-49318(7)
　游麻姑山記　史7-49318(6)
　游章山記　史7-49317(4)
01 游龍巖記　史7-49317(3)、49318(9)
　游龍補述　史1-4159
07 游記彙刊　史7-49356
　游記體中國地理　史7-49802
08 游譜、譜餘錄　史2-12536
10 游天王山記　史7-49318(16)
　游石山記　史7-49318(16)
　游石門記　史7-49318(8)
　游石公山記　史7-49318(5)
　游石竹山記　史7-53514　叢2-1136
　游西山記、遊西山詩　史7-53141
　游西湖小紀　史7-53331
12 游水尾巖記　史7-49318(9)
13 游武夷山記　集2-12336
14 游硤石兩山記　史7-49318(6)
17 游珲春記　史7-54189
　游翠微峯記　史7-49318(6)
21 游上方山記　史7-49318(5)、53159
22 游豐山記　史7-49318(7)
　游仙詩　叢1-325
　游峨眉山記　史7-49317(4)
　游山南記　史7-49318(21)
23 游參知藏山集、文集　集2-9580
　游戲三昧　子3-17268　叢2-1516
　游台宕路程　叢1-22(25)
25 游牛頭山記　史7-49317(4)
　游佛峪龍洞記　史7-49317(3)
26 游白龍洞記　史7-49317(3)、49318(9)
27 游盤山記　史7-49318(5)、53164
　游徂徠記　史7-49317(4)
　游名山錄　史7-53073　集2-7409
29 游嶗山指南　史7-52508
30 游滴水巖記　史7-49317(2)、53153
　游汴日記、歸舟日記、遊楚日記、遊都日記、
　　遊閩日記　史7-53114
　游寧古塔記　史7-49317(6)
　游宦紀聞　子4-20144~5　叢1-19(5)、20

(3)、21(4)、22(5)、23(5)、24(5)、29(6)、99~
101、166、223(41)、244(3)、374，2-679、731
(52)、735(2)
　游宧餘談　子4-20617　叢2-1143
　游定夫先生(酢)年譜　史2-11270
　游定夫先生全集六種　叢2-1035
　游定夫遺文遺詩　集1-2829
31游溧陽彭氏園記　史7-53253　叢2-1136
32游淛日記(清光緒十一五年至十六年)　史
　2-13199
33游梁雜識　叢2-795
　游梁詩賸　叢2-2150
　游梁詩賸賸　叢2-2150
　游梁集　叢2-1105
38游洋詩鈔　集3-19777
40游九鯉湖記　史7-53515
　游南池記　史7-49318(11)
　游南湖記　史7-49317(8)、49318(11)
　游支硎中峯記　史7-49318(8)
　游七星巖記　史7-49317(3)
　游杭雜錄(清咸豐十年)　史2-13006
42游荊山記　史7-49318(20)
43游城南注　叢1-22(11)
44游夢倦談　叢1-496(7)
　游蒙山記　史7-49318(8)
　游燕雜紀　集2-9336
　游燕子洞記　史7-49318(9)
　游燕筆記　史7-54200
　游華不注記　史7-49317(9)、49318(7)
　游英京記　史7-49317(2)
　游藝塾文規　集6-46228
　游藝塾續文規　集6-46229
　游藝編前集、後集　子5-25927
　游藝約言　子4-21617
　游藝室醫案　子2-10813
　游藝志畧　子2-4770、10820
　游藝四種　子3-17957
　游藝四家　子3-14689
　游藝卮言　子3-14718
　游藝錄　子3-14652
　游藝錄三種　子3-14659
　游黃嶽記　叢2-695
　游黃山詩附　集2-11085
　游黃山紀　集2-11085
　游桂詩集　集5-38337
　游桂林諸山記　史7-49318(8)
47游鶴堂墨藪　子3-15129
48游翰稡編、別編、瑣言　子4-23964
　游翰寓言、微言、別編　集6-42797
　游松連高雄二山記　史7-49318(16)

50游奉頤詩鈔　集3-21358
60游日生先生集　集3-14959,6-44818
　游日本學校筆記、酌擬學堂辦法　史6-
　42585
　游蜀紀程　史7-54026
　游蜀日記、後記、川中雜識　史7-54042
　游羅浮山記　史7-49318(8)
67游明聖湖日記　史7-49354
　游喚、歷游記、讀書佳山題詠、傳、墓誌銘
　集2-11415
71游歷芻言　史7-49356
　游歷祕魯圖經　史7-54899
　游歷古巴圖經　史7-54880
　游歷英屬地加納大圖經　史7-54870
　游歷東洋考查商務日記(清光緒二十五
　年)、條陳商務公牘　史2-13181
　游歷日本圖經　史7-54627
　游歷圖經餘紀　史7-54339
　游歷聞見錄　史7-54350
　游歷巴西國經　史7-54884
　游雁蕩山記　叢1-249(3)
　游馬駕山記　史7-49318(5)
　游匡廬山記　史7-53537　叢2-1136
72游氏族譜[湖南]　史5-36524
　游氏族譜[湖南澧縣]　史5-36526
　游氏續修族譜[湖南常德]　史5-36525
　游氏續修族譜前編[湖南新化]　史5-
　36527
77游居柿錄　叢2-720(2)
　游具箋　子4-18538　叢1-14(3)、111(1)
78游鹽原記　史7-49318(21)
80游美洲日記、出洋見聞瑣述　史7-54868
　游年定宅書　子3-13193
97游爛柯山記　史7-49318(8)

3815₁　洋

18洋務新論　子1-3097,3603,7-38062
　洋務經濟通考　史6-47561
　洋務自強新論　子7-38078
　洋務富強策論　子7-38077
　洋務叢鈔四種　叢1-459
　洋務海關案牘　史6-43980
　洋務輯要初編　史6-47512
　洋務時事彙編　史6-44937
　洋務用軍必讀　子7-36935
22洋川賈氏宗譜[浙江義烏]　史5-37115~
　20、37122、37124

24 洋貨商業公會丁未年徵信全錄 史6－44019

洋貨考 子7－36240(3)

26 洋泉平猺紀畧 史1－3771

28 洋癥瘄論 叢2－1664

31 洋涇雜事詩 史7－50056 叢1－369

洋源蔡氏宗譜[福建建陽] 史5－38031

32 洋溪王氏宗譜[浙江建德] 史4－24927

洋溪孫氏家乘[浙江餘姚] 史5－33597

洋溪孫氏宗譜[浙江餘姚] 史5－33596

洋溪沈氏宗譜[浙江建德] 史4－29030

37 洋湖張氏續修族譜[湖南長沙] 史5－35278

44 洋萬蟾巖顏氏宗譜[浙江臨海] 史5－40966

洋藥稅釐併征新章 史6－43576

洋菊譜 子4－19268 叢1－202(3)、203(8)、321

洋林唱和集 叢2－966

62 洋縣鄉土志[光緒] 史8－62966

洋縣志[康熙] 史8－62962

洋縣志[光緒] 史8－62963

洋縣志校勘記[民國] 史8－62964

洋縣縣志備考[民國] 史8－62965

70 洋防說畧 史6－45518

洋防輯要 史6－45511 叢2－1605

80 洋人修鐵道一段 集7－51610

洋人進京一段 集7－51609

洋人回國一段 集7－51608

洋合全套 子3－17887

91 洋煙侉侉調(五更裏洋煙自歎) 集7－53634

洋煙考述 子4－19332

3815₇ 海

00 海市雜詩 集4－32257

海康縣續志[民國] 史8－61213

海康縣志[康熙] 史8－61211

海康縣志[嘉慶] 史8－61212

海康陳清端公(璸)年譜、續傳 史2－11782

海康陳清端公詩集、文集、書劄、年譜 集3－16922

海康陳清端公年譜、續傳、附錄 史2－11783

海底電纜考 子7－36240(3)

海底讐 子5－27244 叢1－584

海意菩薩初心淨印法門經 子6－32086(61)

海意菩薩所問淨印法門經 子6－32085

(51)、32088(38)、32089(32)、32090(39)、32091(37)、32092(25)，7－32095、32196～7

海六詩鈔 集4－23960～1

01 海龍府鄉土志[光緒] 史7－56276

海龍王經 子6－32083(11)、32086(17)

海龍縣志(初稿)[民國] 史7－56279

海龍縣志[民國] 史7－56277～8

海謳集 集5－35764

海語 史7－54254 叢1－109、111(4)、223(26)、268(2)、325，2－880～1

08 海議 史6－45490 叢2－1093

10 海王村遊記 史7－54089

海王村所見書畫錄 子3－14899 叢2－2154

海雪詩龕詩鈔 集5－34362，6－42007(3)

海雪記 集7－50396

海霞詩鈔 集4－24891

海天詩話 叢2－622

海天琴趣詞 集7－47733 叢2－1788

海天琴趣詞餘 集7－50657

海天琴思續錄 子4－21478

海天琴思錄 子4－21618

海天珊綱集 集5－36626

海天仙館文集 集5－38591

海天仙館詠古試律初稿 集5－38590

海天剩語 子7－34271

海天秋角詞 集7－47536

海天秋色譜、養菊法 子4－19280

海天客吟草 集4－31049

海天鴻雪記 子5－28562

海天萍寄剩草 集4－24366

海天樓文集 集3－19860

海天樓詩鈔 集4－33013～4，6－42007(2)

海天旭日硯、劉宗周傳 史2－9083

海天旭日硯記 叢2－982

海天旭日硯記、明史本傳 子4－18771

海天長嘯樓雜草 集4－27477

海天居詩集、待軒詩集 集5－39798

海天餘話 叢1－496(4)

海天餘話、贊 子5－26640

海石子 子1－1015 叢1－62、64，2－730(4)

海石子內篇、外篇 叢2－731(11)

海石先生文集 集2－8581、8583

海石先生文集、目錄 集2－8578、8582

海石先生文集、目錄、侍御公奏疏、遺詩 集2－8579

海石先生詩集 集2－8580

海西草堂集、題畫詩 集5－38802

海雲詩鈔 集4－31457

海雲樓七十二候詩 集2－12086

海雲閣詩鈔 集5－34150

海雲堂文鈔　集4-26467
海雲堂詩鈔、文鈔　集4-26466
海雲堂詩鈔、補遺、文鈔、詞鈔　集4-26465
海粟齋詩鈔　集4-27416
海粟詩鈔、詞四首賦一首　集1-4989
海粟子初存文、續存文　集5-40566
海粟集　集1-4990
海粟集、補遺　集3-16331
海粟樓詞　叢2-885
海粟樓叢書九種　叢1-563
海粟梅花百詠　集1-4987～8,2-7223
海粟居士集　集4-25173
海粟堂詩鈔　集2-11235　叢2-834
11 海班歡拾聲　集7-53163
海疆防緝事宜　史6-45500
海琴仙館詩草　集5-36905
海琴樓遺文　集4-33069
12 海烈婦(鳳姑)祠錄　史2-9384
15 海珠小志　史7-51705～6
17 海丞詞稿　集7-47944
海珊詩稿摘抄　集3-18978
海珊詩草　集5-35178
海珊詩鈔　集3-18979、18981　叢1-364
海珊詩鈔、補遺　集3-18980
海珊自紀　史2-12306
海珊日記　史2-13022
海瓊玉蟾先生文集、續集　集1-3658,6-41696
海瓊子詞　集7-46662
海瓊傳道集　子5-29530(25)、29549、31196
海瓊白真君語錄　子5-29535(5)、29536(5)、31939
海瓊白真人文集　集1-3660
海瓊白真人語錄　子5-29530(25)、31938
海瓊白真人集　集1-3663
海瓊白真人全集　集1-3661～2
海瓊問道集　子5-29530(25)、31195
21 海上塵天影　子5-28566
海上方　子2-9126、10111
海上方(海上仙方)　子2-9129
海上詩逸　集6-44418
海上詞　叢2-2223
海上詞四編　叢2-2224
海上羣芳譜　子5-26660　叢1-496(6)
海上集驗方　叢1-373(9)
海上梨園新歷史　子5-26710
海上名妓四大金剛奇書　子5-28541
海上名畫譜　子3-16593
海上名人畫稿　子3-16611
海上紀署　史2-9200,7-49317(2)、49318

(15)、49338、54282　叢1-496(4)
海上紀聞　叢1-22(21)
海上秋吟　叢2-2153
海上近聞八集　子4-24406
海上冶游備覽　子5-27185～6
海上鴻泥偶存　集4-29636
海上九家畫譜　子3-16552
海上花天酒地傳　子5-26233
海上花列傳(青樓寶鑑)　子5-28532
海上老人別集　集2-8749
海上觀雲集初編　集4-24750
海上青樓樂景圖　子4-23581
海上青樓圖記　子5-26524
海上秦樓楚館冶游傳　子5-28540
海上四大名家畫譜　子3-16572
海上見聞錄　史1-1979、3521
海上見聞錄定本　史1-3522
海上吟　集4-29738　叢2-1965
海上同音集　集5-34870
海上羞客詩三編　集5-41242
海上羞客詩稿　叢2-2223
海上羞客詩四編　叢2-2224
海上竹枝詞　集4-29741
海上篇　集4-22460
海上餘弦詞　集7-47760
海上繁華夢新書後集　子5-28564
海上繁華夢初集、二集　子5-28563
海上怪怪奇奇　子5-26746
海虞龐氏家譜[江蘇常熟]　史5-41306
海虞文苑　集6-44515
海虞雜志二十五種　叢2-790
海虞雜志十三種　叢2-789
海虞詩苑　集6-44508
海虞詩苑續編　集6-44509
海虞三峯於密藏和尚普說　子7-32954
海虞元明詩選　集6-44510
海虞張氏支譜[江蘇常熟]　史5-34867
海虞孫氏族譜[江蘇常熟]　史5-33569
海虞季氏宗譜[江蘇常熟]　史4-29576
海虞先達遺事、海虞世家錄　史2-7943
海虞科第世家考　史2-7944
海虞朱氏族譜[江蘇常熟]　史4-26453
海虞被兵記　史1-3367　叢2-791、793
海虞李鐘印存　子3-17396
海虞袁氏支譜稿[江蘇常熟]　史4-31321
海虞世家碑銘志傳　史2-7942
海虞藝文志　史8-66080
海虞藝文志備考　史8-66081
海虞藝文志補遺、續編　史8-66079
海虞藝文目錄　史8-66078

海虞畫苑畧、補遺　史2-7952　叢1-364
海虞畫苑畧、國朝畫徵錄姓氏目　子3-16091
海虞農家占驗、海虞物產志　子1-4268
海虞別乘[崇禎]　史7-57074
海虞賊亂志　史1-3912
海虞周氏宗譜[江蘇常熟]　史4-29892
海虞翁氏族譜[江蘇常熟]　史4-32237
海虞慈村金氏家乘[江蘇常熟]　史4-29645
海虞慈邨金氏家乘[江蘇常熟]　史4-29646
海虞曾氏家譜[江蘇常熟]　史5-36608
海虞錢氏族譜後錄[江蘇常熟]　史5-40176
海虞錢氏譜系考[江蘇常熟]　史5-40181
海虞錢氏秀峯公支世譜[江蘇常熟]　史5-40179
海虞錢氏家乘　叢2-753
海虞錢氏家乘[江蘇常熟]　史5-40173、40182
海虞錢氏支譜[江蘇常熟]　史5-40177
海紅華館文鈔　集4-26727
海紅華館詩鈔、詞鈔　集4-26726
海紅堂詩鈔　集4-23334
22 海豐張氏家乘[山東無棣]　史5-35257
海豐吳氏二世奏稿　史6-47897
海豐吳氏支譜[山東海豐]　史4-28126
海豐吳氏藏瓦目　史8-63779
海豐吳氏藏書目　史8-65884
海豐縣鄉土志[宣統]　史8-59454
海豐縣志[康熙]　史8-59453
海豐縣志[嘉靖]　史8-61004
海豐縣志[乾隆]　史8-61005
海豐縣志續編[同治]　史8-61006
海崖文錄　集4-25660,6-42067
海嶽靈秀集　集6-43824
海嶽集　集3-20144
海嶽行吟草　集4-27851　叢2-874
海嶽行吟草、戒詩後草稿　集4-27850
海嶽山房存稿(詩、文、別稿、附錄)　集2-9716
海嶽山房存稿(詩部、文、)　集2-9715
海嶽名言　子3-15057～8　集1-2780
海嶽紀遊集　集4-32085
海嶽志林　史2-8700　叢1-326,2-731(36)、735(3)
海嶽英靈集　集6-44303
海嶽軒叢刻十種　叢2-2079
海嶽軒叢刻九種　叢2-2080
海嶽堂詩稿　集5-36904,6-42007(3)

海岸梵音　史7-53410　叢2-2175
海仙十八描畫法圖　子3-16409
海仙畫譜　子3-16408
海峯文集　集3-19179
海峯文集、詩集　集3-19178、19180～1
海峯文集鈔　集3-19182
海峯先生文錄　集6-42066
海峯先生詩集　集6-42533
海峯堂前稿　集2-8319
海嶠一塵　集6-44431
海山詩屋詩話　集6-46175
海山記　子5-26224　叢1-19(6)、20(4)、22(18)、23(18)、24(7)、29(3)、91、255(2)、407(2)，2-730(5)
海山詞　集7-48376　叢2-2153
海山仙人詞　集7-47557
海山仙館叢書五十六種　叢1-453
海山仙館藏真　子3-15483
海山仙館藏真三刻(尺素遺芬)　子3-15485
海山仙館藏真續刻　子3-15484
海山仙館摹古帖　子3-15486
海山存稿　集3-20163
海巢集　集1-5824～5
海巢書屋焚餘詩稿　集4-30298
海稷遺草　集6-45089
23 海外奕心　集3-13375
海外新書　叢1-538
海外羣島記　史7-49317(5)、49318(17)、54486
海外貞珉錄　史8-64121　叢2-599、2193
海外紀事　史7-53888　集3-15842　叢2-735(4)
海外宦遊草　集5-35386
海外吉金圖錄、考釋　史8-64120
海外吉金錄、補遺　史8-64119　叢2-2193
海外軒渠錄　子7-38198
海外拾遺　子5-27266　叢1-549
海外異聞錄、續集　子5-27277
海外吟　集3-19774～5,4-29738　叢2-1965
海外全書　子4-22464
海外竹枝詞　集5-36737
海外慟哭記　史1-3410　叢2-611、625、1261
海外怪洋記　叢1-29(7)
海參崴埠通商論　史6-45040,7-49317(3)、49318(4)
海參崴公董局城治章程　史6-41936
海岱集　集2-9451
海岱傳人集　史2-8175

海岱史畧　史2-8173～4
海岱日記　史2-12580
海岱人文三十一種　集6-45142
海岱會集　集6-44846～8　叢1-223(70)
海岱會稿　集2-7915
26 海泉詩選　集5-37488
海稷遺草　集4-22427
27 海壖吟稿　集2-8680　叢1-223(66)
海壖吟稿、文稿　集2-8679
海蠡齋詩鈔　集5-35902
海蠡集　集5-39430
海角詠吟　集5-37815
海角續編　史1-3915
海角遺編　史1-1971、3361～2、3827　子5-
　28206　叢2-789～91、793
海角遺編、後編　史1-1944
海角遺編、後編(題漫遊野史撰)　史1-
　3364
海角遺編、題辭　史1-3363
海角見聞錄　史7-50880　叢1-365
海角畸人詩　集4-29135
海角附編　史1-1944、3366
海阜詩稿刪本　集5-36135
海物異名記　叢1-15
海甸野史二十六種　史1-1956
海甸野史二十二種　史1-1957
海甸野史二十五種　史1-1954～5
海甸野史二十種　史1-1958
海甸野史十九種　史1-1959
海鵠詩存　集4-25110
海島逸誌摘畧　史7-49336、54482
海島逸志　史7-49317(5)、49318(17)、49338、
　54294、54483
海島逸志摘畧　史7-54301
海島表　史7-50086、50262
海島算經　子3-11250、12406、12416　叢1-
　223(35)、230(3)、2-731(26)
海島算經(九章重差)　叢1-238～9
海島算經細草　子3-12417
海島算經細草圖說　子3-12409
海紀輯要　史1-3511
28 海倫縣志[民國]　史7-56364
29 海綃詞　叢2-2142
海綃說詞　叢2-2142
海秋詩集　集4-30530
海秋詩集、後集　集4-30531
海秋詩鈔　集4-30532
海秋書札　集4-30533
30 海瀛桑榆剩墨、盤字和韻　集5-38080
海寧慶善里沈氏家譜[浙江海寧]　史4-

29051
海寧許公(樑)入祀名宦鄉賢錄　史2-9762
海寧許公名宦鄉賢錄、軼事　史2-8021
海寧王忠愨公遺書四十四種　叢2-2227
海寧王靜安先生遺書四十三種　叢2-2229
海寧張氏支譜[浙江海寧]　史5-34903
海寧硤石鎮材廣仁義塾徵信錄　史6-
　42525
海寧采芹錄　史3-14968～9
海寧經籍備考　史8-66087
海寧倭寇始末　史1-2892
海寧巖門高氏五修家譜[浙江海寧]　史4-
　32417
海寧巖門高氏家譜[浙江海寧]　史4-
　32418
海寧朱氏宗譜[浙江海寧]　史4-26500
海寧鄉賢錄　史2-8019
海寧州烈女清冊　史2-8020
海寧州志[乾隆]　史7-57349
海寧州志稿[民國]　史7-57355
海寧州志著述備考　史8-66094
海寧渤海陳氏宗譜[浙江海寧]　史4-
　32836
海寧渤海陳氏著錄、續編、補遺　史8-
　66046
海寧洛塘許氏宗譜[浙江海寧]　史5-
　34397
海寧士林錄　史3-14970
海寧查嗣琪暨配丁太君墓誌銘　史2-9334
海寧查氏族譜[浙江海寧]　史4-30697～
　701、30703
海寧查公治獄錄　史6-46424
海寧塘末議　史6-46849
海寧花園朱氏宗譜[浙江海寧]　史4-
　26491～3、26495
海寧縣鄉土志[民國]　史7-57356
海寧縣志[康熙]　史7-57347
海寧縣志[嘉靖]　史7-57343
海寧縣志[乾隆]　史7-57348
海寧縣志畧[順治]　史7-57346　叢1-491
海寧陳太宜人姊妹合稿　集6-45080
海寧陳氏家譜[浙江海寧]　史4-32833～4
海寧金石目未定稿　史8-63903
海寧念汛大口門二限三限石塘圖說　史6-
　46850
海寧錢氏支譜[浙江海寧]　史5-40195
海寇記　史1-3526　叢1-202(3)、203(9)
海寇議　史1-2878　叢1-269(4)、270(2)
海寇議前　叢1-46
海寇後編　史1-2879　叢1-46
海寇後編、克齋李公平倭事畧　史1-2880

海宇歌恩　集7-49695～6
海宇升平　子3-17889
海安考古錄　史7-51364　叢2-809
海安考古錄[咸豐]　史7-56835
海字本考　子3-15177　叢2-1510
海客詩文雜存　集5-35680
海客論　子5-29530(20)、30918
海客日譚　史7-54353
海客日談　叢1-459
31 海涯文集　集2-7715
海漚漁唱　集7-48164　叢1-518
海漚日記(清嘉慶十九年)　史2-12640
海漚賸詞　集7-47474～5
海漚小譜　子4-24285～6　叢1-369、371、
544,2-683
海潭志畧　史7-52841
海源閣宋元祕本書目　史8-65852
海源閣叢書、續刊　叢1-381
海源閣藏書目　史8-65253、65845
海源閣劫餘存目　史8-65853
海源閣書目　史8-65851
32 海州文獻錄[道光]　史7-56630
海州直隸州志[嘉慶]　史7-56629
海州志[順治]　史7-56627～8
海州志[隆慶]　史7-56626
海澄梧貫吳氏家譜[福建龍海]　史4-
28105
海澄縣志[康熙]　史8-58371
海澄縣志[崇禎]　史8-58370
海澄縣志[乾隆]　史8-58372
海澄周忠惠公自敍(起元)年譜　史2-
11547
海澄公黃氏世譜[福建平和]　史5-33933
海沂詩集、蜀難本末傳、綠窗詩草、馬孺人
行實　集3-13542
海沂子　子1-20、61,4-20307　叢1-61～4、
195(2)、2-730(4)、731(12)
海浮山堂詩稿、文稿　集2-8966
海浮山堂詞稿　集7-50589
海浮山堂稿　集2-8969
33 海濱酬唱詞　集7-48617
海濱外史　史1-3641、4491　叢2-674
海梁氏自敍年譜　史2-12065
35 海神廟王魁負桂英殘本　叢2-720(4)
36 海禪詩卷　集4-32056
37 海潮說　叢1-241、242(3)、294,2-731(27)
海潮寺文錄　子7-34695
海潮寺同戒錄　子7-34806
海潮寺普照禪師塔銘、普照禪師淨業記、海
潮寺文錄　子7-34794

海潮輯說　叢1-241、242(3)、312,2-731(27)
海涵萬象　叢1-195(2)
海涵萬象錄　子4-20294　叢1-22(20)、
61～4、136、174,2-730(3)
海涵萬象錄(海涵萬象)　子4-20295
海涵萬象錄、考證　叢2-845(3)
海涵書鈔　子4-24292
海運新考　史6-44127　叢2-741
海運記程　叢1-378
海運說　史6-44128　叢2-811
海運詳考　史6-44124
海運函稿　史6-47179
海運編　史6-44125　叢1-46、269(4),2-
731(20)
海運備採　史6-44140
海運續案　史6-44152
海運芻言　史6-44141　叢2-1661
海運紀事　史6-44129
海運摘鈔　史1-1980,6-44132
海運圖說　史6-44126、44158,7-49334
海軍調度要言　子7-36953
海軍調度要言、圖　子7-36228(3)、36231
(6)、36242(3)
海軍旗式及章服圖說　史8-45249
海軍論說　子7-36240(3)
海軍當豫定根據地策　史6-45530,7-49357
38 海游章氏宗譜[浙江寧海]　史5-34546
海游章氏九年房譜[浙江寧海]　史5-
34547
海洋深淺考　史7-49319、53053
海洋輪船裝載章程　史6-44187
海遊記　子5-28464
海道經　史7-53051　叢1-46、269(3)、270
(2)、271、272(5),2-731(55)
海道編　史7-49317(7)、49318(14)、53052
海道圖說、長江圖說　子7-36231(3)、37756
40 海塘新案　史6-48019
海塘新志　史6-46795、46842
海塘新志、續志　史6-46843
海塘詩　叢2-1318
海塘說　史6-46840,7-49317(4)、49318(14)
海塘紀畧　史6-46797
海塘通工大修案(同治七年至十一年)　史
6-46845
海塘成案　史6-46844
海塘輯要　子7-36228(2)
海塘輯要、附釋　子7-36231(3)、36242(2)、
37152
海塘挈要　史6-46848
海塘錄　史6-46841　叢1-223(25)
海幢朗如大師語錄　子7-34361

海幢阿字無禪師語錄　子6-32091(80)、7-34318

海內經附傳　叢2-1946

海內先賢傳　史2-6997　叢2-776

海內名公雲翰玉唾新編　子5-25093

海內十州記　叢1-566

海內十洲記　子1-61,5-26218、26790、26792　叢1-22(12)、23(11)、29(2)、38、74~7、90~1、107、111(2)、175、223(45)、249(1)、395,2-617(3)、624(1)、726、730(5)

海內十洲記・續志　子5-26791

海內奇觀　子5-27061

海內第一本唐撮醴泉銘　子3-15580

海南瓣香集　子5-29587、30521

海南雜著　集4-30698

海南詩草　集5-38053

海南詩鈔　集4-32549

海南諸島地理誌署[民國]　史8-61451

海南一勺續刻　子4-24460

海南一勺合編內函、外函　子4-24459

海南白先生集　集4-28478

海南歸棹詞　集7-46418

海南歸櫂詞　集7-47918~9

海南島新志[民國]　史8-61450

海南島志[民國]　史8-61449

海南叢書二十一種　叢2-884

海南日鈔　子4-24177

海古集　叢2-1492

海右集　集4-25002~3　叢2-1493

海右陳人集　集3-13426

海右堂集鈔　集3-19892

海右堂遺詩　集3-19893

海壽篆稿　子3-17103

海樵文鈔、詩鈔　集4-28027

海樵詩鈔　集4-32095~6

海樵子　子1-20、61,4-20306　叢1-22(20)、61~4、143、195(2)、490,2-730(4)、731(11)

海樵先生全集　集2-8449

43 海城李公(秉衡)勤王紀署　史2-10401

海城縣鄉土志[光緒]　史7-56158

海城縣志[民國]　史7-56156~7

海城縣志[光緒]　史7-56155,8-63335

海域大觀　子3-11242

44 海帶政要　史7-49318(19)、54886

海芥集　集5-40557

海藏癡論萃英　子2-4552、4564　叢2-730(1)、731(29)

海藏癡論萃英(癡論萃英)　子2-8600

海藏老人此事難知　子2-6480　叢2-730(1)

海藏老人此事難知(此事難知)　子2-6481

海藏老人陰證署例　叢1-465,2-730(1)

海藏老人陰證署例(陰證署例)　子2-6479

海藏樓詩　集5-39584~9

海藏類編醫壘元戎　叢2-730(1)

海燕草堂詩集　集4-26632

海若遺稿　集2-10933　叢2-978

海若問棘郵草　集2-10405

45 海樓文集　集4-24681

47 海鶴亭泳物存稿、江天秋雨吟　集4-33590

海鶴巢詩草　集4-30650,6-42007(2)

海鶴翁賸稿　集4-33589

海桐書屋詩鈔　集3-19213

海桐吟館詩集　集5-36075

48 海槎集　集4-24695

海槎餘錄　史7-50942　子5-26219　叢1-13、14(3)、22(24)、39、84(3)、107、111(3)、2-624(3)、730(11)

50 海夷記署　史1-3783

海青亭吟草　集5-38251

海忠介公(瑞)年譜　史2-11501

海忠介公文集　集2-9101~2

海忠介公文集、海忠介公傳　集2-9097

海忠介公集　集2-9098~100,6-42061

海忠介公備忘集　集2-9094

海忠介公全集　集2-9087

海東文獻　史8-64123

海東酬唱集　集6-44329

海東集、續集　集3-20162

海東逸史　史1-1982、3405　叢1-478,2-845(2)

海東志[民國]　史8-62515

海東札記　史7-51245

海東擷石志、昭陵復古錄、貞珉闡古錄、佛幢證古錄　史8-64131

海東日劄　叢2-2237

海東金石文字　史8-64124

海東金石存考　史8-63509、64129　叢1-432

海東金石存考、待訪目　史8-64130　叢1-493,2-711

海東金石苑　史8-64125~7　叢2-941

海東金石苑、補遺、附錄　史8-63514、64128

51 海虹詞　集7-46405、47141

52 海虹記　集7-50396

55 海曲方域小志　史7-49318(12)、50162

海曲拾遺　史7-50163

海曲拾遺[乾隆]　史7-56809

海曲拾遺續補[嘉慶]　史7-56810

60 海口特志[康熙]　史8-58157

海口續志[民國]　史8-58158

海口支河錄　史7-52903
海日廬詩草　集5-36044
海日樓文集　集5-38109
海日樓詩、補編　集5-38103
海日樓詩集　集3-21101,5-38105
海日樓詩集(海日樓詩)(壬癸稿、甲乙稿)
　　集5-38104
海日樓詩集注　集5-38106
海日樓叢稿二十三種　叢2-2122
海日樓遺詩　集4-33056
海日樓札記　子4-22769～70
海日樓書畫目　子3-14906
海日樓書目　史8-65901
海日樓隨筆　叢2-2122
海日樓簡端錄六朝墓志　史8-64648
海日堂詩集　集3-14582
海日堂集　集3-14581
海日堂集、補遺　集3-14583
海國雜記　史7-54461
海國名人類類韻編　史2-6242
海國紀聞　史7-54328
海國宣威圖題詠　集6-43808
海國叢談圖　子3-16561
海國大政記　子7-36446
海國志　叢1-373(3)
海國奇談　子5-27241
海國妙喻　子5-27267～8
海國妙喻、海外拾遺　子5-27266
海國春秋　子5-28891、28893
海國四說　史7-49345
海國圖志　史7-54322～6
海國圖志、續集　史7-54327
海國聞見　史7-49338
海國聞見錄　史7-54283～5　叢1-202(4)、
　　203(9)、223(26)、241、242(2)、386～7、489
海國輿地釋名　史7-54427
海國勝遊草　史7-54098
海國勝遊草、天外歸帆草　集4-31307
海國公餘輯錄、雜著　史7-54434
海園詩殘　集5-40440
海愚詩鈔　集3-21845
海田集　集4-32767
海田續集　集4-32767
海昌詩繫　集6-44581
海昌詩人遺稿四種　集6-44582
海昌講院圖式　叢2-1318
海昌講院銘言　叢2-1318
海昌講學集註　史6-42987　叢2-1317
海昌講學集注　叢2-1318
海昌講學會語　叢2-1318

海昌講學會語存　叢2-1316
海昌講學會規儀注　叢2-1318
海昌二妙集　子3-18144
海昌五忠紀實　史2-8023
海昌五臣殉節軼事　史2-8022
海昌麗則　集6-41792
海昌經籍志畧　史8-66088～90
海昌倭寇始末　史1-2893
海昌外志　叢1-373(5、6)
海昌外志[崇禎]　史7-57345
海昌備志[道光]　史7-57352
海昌科名錄、恩貢錄、拔貢錄、歲貢錄、優貢
　　錄　史3-14966
海昌叢載、續載　史7-57354
海昌叢載三十二種　叢2-834
海昌叢載甲編八種　叢2-835
海昌祝氏宗譜[浙江海寧]　史4-31096～7
海昌洛塘許氏宗譜[浙江海寧]　史5-
　　34398～400
海昌查氏詩鈔前集、續集、別集、附錄　集6
　　-45027
海昌查氏父子奏疏　史6-47890
海昌著錄續考　史8-66091
海昌藝文志　史8-66092
海昌觀潮集　史7-50379　叢2-1805
海昌馬氏宗譜[浙江海寧]　史4-31585
海昌陳氏宗譜[浙江海寧]　史4-32835
海昌閨秀詩　叢1-295
海昌同人集講　叢2-1317
海昌周氏宗譜[浙江海寧]　史4-29920～2
海昌鵬坡陸氏宗譜[浙江海寧]　史4-
　　32665
海昌居氏宗譜[浙江海寧]　史4-30293
海昌勝覽　史7-50378
海昌勝覽[乾隆]　史7-57350
海昌餘紀　集6-46000
海昌小桃源朱氏三世九節錄[浙江海寧]
　　史4-26498
海邑耆舊傳　集3-13513
62 海喇行　叢2-1467
63 海戰新義　子7-36951
　　海戰指要　子7-36229、36241、36258
　　海戰指要、近時戰船論　子7-36954
　　海戰用礮說　子7-37000
　　海戰用礮說、連珠礮操法　子7-36990
65 海味索隱　叢1-22(27)、29(9)、143、371
67 海野詞　集7-46380、46557　叢1-223(73)、
　　2-698(13)、720(2)
70 海雅堂文集　集4-24511
　　海雅堂集　集4-24512
　　海雅堂集(海雅堂全集)五種　叢2-1613

海防新論 史6-45519 子7-36231(3)、36969

海防新例章程 史6-45539

海防新例銓補章程 史6-45538

海防要覽 史6-45516 叢1-548

海防集要 史6-45493 叢1-195(3)

海防集覽 史6-45506

海防經畧纂要 史6-45498

海防總論 史6-45496,7-49317(7)、49318(14) 叢1-195(3)

海防條議 史6-49016

海防芻論 史6-45529

海防述畧 史6-45494 叢1-195(3)

海防考 史6-41653 子7-36240(3)

海防事例 史6-43522、45532

海防事例、增修籌餉事例條款、籌餉事例、增修現行常例 史6-45533

海防事例、防海例銓補章程 史6-45534

海防事例銓補章程 史6-43522、45537

海防事宜 史6-45504 叢2-1936～7

海防奏議 史6-47979

海防奏疏、撫畿奏疏 史6-48359

海防奏疏、撫畿奏疏、計部奏疏 史6-48360

海防圖論 史6-45485,7-49334 子1-3066 叢1-515

海防圖論、補、日本考畧 子1-3081

海防圖論、補輯 史6-45486 叢1-377、394

海防圖論補 史6-45487

海防緊要 史6-45501

海防篇 史6-45495,7-49317(7)、49318(14)

海防餘論 史6-45524,7-49318(22)

海防策要 史6-45525

海防纂要、圖 史6-45489

72 海剛峯集 集2-9096

海剛峯集(備忘集、備忘續集、淳安藁、淳安政事) 集2-9088

海剛峯稿 集2-9103～4,6-45336、45340

海剛峯先生文集 叢2-731(45)

海剛峯先生集 集2-9093 叢1-214

海剛峯先生集、政事 集2-9089

海隱雜記 叢2-1982

海隱書屋詩稿 叢2-1982

海隱書屋四種 叢2-1982

海氏續修族譜[海南瓊山] 史4-32599

海岳文編 集5-41575

海岳名言 史2-8697 子3-15001 叢1-2-10、19(11)、20(8)、21(10)、22(15)、23(14)、24(11)、223(37)、353、569,2-731(35)、806、873、1034

海岳名言(海嶽名言) 子3-15057

海岳題跋 子3-15278 叢1-169(4),2-731(34)、873

73 海陀華館文集、詩集 叢2-1784

海陀華館詩草 集4-30084

海陀華館集 集4-30083

74 海陵文徵 集6-44466

海陵文拾 叢2-2266

海陵詩彙 集6-44462

海陵詩彙、補遺 集6-44463

海陵詩史 叢2-2266

海陵詩錄 集6-44465

海陵三仙傳 史2-7804 叢1-56,2-731(61)

海陵丁家巷周氏支譜[江蘇泰州] 史4-29829

海陵集 集1-3630,6-41784 叢1-223(54)

海陵集、外集 集1-3629 叢2-809

海陵稿 集1-4141～2

海陵儲氏宗譜[江蘇泰州] 史5-40582

海陵從政錄 史6-43153 叢2-1655

海陵叢刻 叢2-809

海陵黃氏重修統宗世譜[江蘇泰州] 史5-33735

海陵胡氏支譜[江蘇如皋] 史4-30376

海陵田運昌書飲氏稿 集3-17705

海陵陸氏族譜[江蘇泰州] 史4-32621

海陵周氏續修族譜[江蘇泰州] 史4-29830

海陵竹枝詞 集4-29879

76 海陽商山黃氏續修宗譜[安徽休寧] 史5-33900

海陽商山黃氏家譜[安徽休寧] 史5-33901

海陽吳氏世譜[安徽休寧] 史4-28063

海陽鄉土音同字異音義 經2-14886

海陽紀畧 史6-43133

海陽由溪瑤原怡園名景印譜 子3-17225

海陽縣續志[光緒] 史8-59249

海陽縣鄉土志[光緒] 史8-60979

海陽縣志[雍正] 史8-60977

海陽縣志[康熙] 史8-60976

海陽縣志[乾隆] 史8-59248

海陽縣志[光緒] 史8-60978

海隅集 集2-6850

海隅集四種 叢2-1222

海隅從事錄 史6-45026,7-49317(2)、49318(4)

海隅學詠 集5-36569

77 海風簫記 集7-47953

海風簫詞 集7-47956

海屋詩集　集3-18501,6-44945

海屋添籌　集7-49486

海陬冶遊錄　叢2-721

海陬冶遊錄、附錄(後聊齋志異圖說)　子5-26599

海陬冶遊錄、餘錄　子5-26232　叢1-587(6)

海騷　集4-27708

海叟詩　集2-5995

海叟詩集、集外詩、附錄　集2-5996

海叟集　集2-5992　叢1-223(63)

海叟集(海叟詩集)　集2-5994

海闇齋筆語　叢2-1969

海閭香詞　集7-46405、46870

海閭倡和香詞　集7-46401、46869

海印大師按指全集　集4-24639

海印樓文集　集3-13183

海印樓集　叢2-965

海鷗廬詩鈔　集4-29217

海鷗集存稿　集4-30576,6-42006

海鷗吟社同人集　集6-44322

海鷗吟館詩鈔　集5-34544

海鷗館詩存　集4-33119

海鷗小譜　子5-26234、26631　叢1-202(4)、203(9,18)、319、547(4)、583、587(2)

海關稅論署　史6-43534

海門廳志[嘉慶]　史7-56820

海門廳圖志[光緒]　史7-56821

海門文選　集4-23390

海門文鈔　集4-23388～9

海門詩鈔　集4-23385～7

海門詩鈔、外集　集3-19811

海門詩鈔、外集、補錄、附錄　集3-19812

海門二集　集3-19809

海門二集、三集　集3-19810

海門張仲村樂堂雜劇　集7-48774(7)

海門張仲邨樂堂雜劇　集7-48992

海門先正鄉謐表　史2-7809　叢2-931

海門家言　子1-2222

海門溥善堂徵信錄　史6-44671

海門遺詩　集4-28015

海門初集　集3-19808

海門姚氏世譜[江蘇海門]　史4-31152

海門縣志[順治]　史7-56818

海門縣志[道光]　史7-56819

海門縣志集[嘉靖]　史7-56817

海門縣圖志[民國]　史7-56823

海門風土記　史7-49319、50165

海桑文集　集2-5870～1

海桑集　集2-5868　叢1-223(63)

海桑外乘二種　叢1-400

78　海鹽辛酉殉難錄　史2-8032

海鹽談少琴先生(庭梧)誌銘行狀、像贊筆記佚事、談鳳威先生(文烜)小傳　史2-10756

海鹽張氏族譜[浙江海鹽]　史5-34905

海鹽張氏涉園藏書目錄　史8-65263、65963

海鹽往哲列傳　史2-8029

海鹽紅羊殉難錄　史2-8030

海鹽任氏宗譜[浙江海鹽]　史4-26769～70

海鹽朱氏族譜[浙江海鹽]　史4-26506

海鹽朱氏宗譜[浙江海鹽]　史4-26504～5

海鹽朱氏宗人戚黨師門歷科鄉會試卷　史3-15023　集6-45468

海鹽吳氏宗譜[浙江海鹽]　史4-27832

海鹽澉水志　叢1-223(23),2-731(57)

海鹽澉浦吳氏家譜[浙江海鹽]　史4-27833

海鹽縣新辦塘工成案　史6-46851

海鹽縣續圖經[乾隆]　史7-57394

海鹽縣南鄉殉難總冊　史2-8031

海鹽縣志[康熙]　史7-57392

海鹽縣志[嘉靖]　史7-57390

海鹽縣志[光緒]　史7-57395

海鹽縣志補遺[康熙]　史7-57393

海鹽縣圖經[天啓]　史7-57391

80　海八功德經　子6-32089(21)

海八德經　子6-32081(30)、32083(20)、32086(34)、32088(22)

海鏡一隅　子7-37537

海鏡歌括　子3-12608

海鏡窺豹　子3-12642

海翁詩集　集7-48804

海翁公(秦得藻)年譜　史2-11687

海翁常熟書譜　子3-15821

海氛詩話　集6-46121

84　海錯百一錄　子4-19451　叢2-1868

海錯圖贊　子4-19450

87　海錄　史7-49318(17)、49336、49338、54299～301　叢1-453,2-731(59)

海錄碎事　子5-24813　叢1-223(43)

海銘奏稿　史6-48788

88　海笠園詩集、補遺　集4-24160

90　海棠記　叢1-15

海棠譜　子4-18535、19292～3、19295　叢1-2～6、9～10、19(10)、22(17)、23(16)、24(10)、181、223(39)、392、569、587(4)、2-721、731(28)、833

海棠譜、海棠譜詩　子4-19294

海棠譜詩　叢1-22(17)

海棠魂　子7-38197

中國古籍總目·索引

海棠香夢詞、和白香詞譜全集　集7-48111
海棠香國詞　集4-33662
海棠香館詩集、聯集　集5-40050
海棠香館詩集初集、續集　集5-40051
海棠仙館詩鈔　集5-38649
海棠仙館詩鈔、詩餘　集5-38650
海棠仙館悼亡詩　集5-37113
海棠巢詩鈔、剩稿　集4-27357
海棠巢詞稿　集7-47744、47795
海棠巢吟稿　集3-14456
海棠巢小隱吟稿(其餘集)　集5-35368
海棠結社　集7-52335
海棠秋館詩稿　集5-40250
海棠秋館詞話　集7-48756
海棠秋館題畫　子3-16238
海棠秋館駢文　集5-40252
海棠花兒新一枝　集7-51739
海棠花開一枝　集7-51740
海棠書屋詩稿　集4-32171
海棠春曉樓吟草、續草　集5-36160
海棠軒楚客吟秋　集7-49376、49494
海棠居詩集　集2-12631　叢2-671
海棠居初集　集2-12630
海棠龕謎稿　子3-18367、18391
海棠館詩稿　集5-38142
海棠小館詩鈔　集5-37150
97 海鄰尺素　集6-45326

3816₁ 洽

30 洽字密電本　史6-44406
60 洽園詩稿　集4-22009
　洽園詩稿、詩餘　集4-22011
　洽園詩稿、詩餘、補遺　集4-22010
　洽園詩稿、續稿、詩餘、補遺　集4-22008
72 洽隱園文鈔　集3-21882
77 洽聞記　子5-26861　叢1-19(3)、20(8)、21
　(3、9)、22(6)、23(6)、24(3、11)

3816₇ 滄

10 滄粟庵詩存　集5-41580,6-42017
　滄粟庵詩鈔　集4-32314
　滄粟齋詩鈔　集4-31215
　滄粟齋存稿　集4-30309
31 滄江詩文鈔　集4-32840

滄江詩集　集5-36102
滄江詩稿　集4-32834
滄江詩選　集6-41967
滄江詩鈔　集4-32839
滄江集　叢2-1358
滄江紅雨樓詩　集5-33875
滄江散人集　集1-5564
滄江虹月詞　集7-47355~6　叢1-471
滄江野史　史1-4421　叢1-22(21)
滄江驪體文存　集4-32836
滄江精華錄　集5-36103
滄漚集　集2-9324
32 滄州新志[康熙]　史7-55362~3
滄州于氏族譜[河北滄州]　史4-24711
滄州集　集1-4408,6-41904
滄州紀事　史1-3174
滄州近藳　集2-8930
滄州志[萬曆]　史7-55361
滄州志[乾隆]　史7-55364
滄州戴氏族譜[河北滄州]　史5-40473~4
滄州明詩鈔　集6-44395
滄洲塵缶編　集1-4059　叢1-223(57)
滄洲詩集、續集、附錄　集2-7035
滄洲詩鈔　集3-17297
滄洲傅氏宗譜[浙江衢州]　史5-36218
滄洲紀事　史1-1937、3158
滄洲近詩　叢1-250
滄洲近詩、補遺(滄洲先生詩鈔)　集3-
　17296
滄洲合集　集3-17301
滄溪詩集　集3-17152
滄浮子詩鈔　集3-16066
33 滄浪亭新志　史7-51985
滄浪亭志、滄浪亭圖題詠　史7-51984
滄浪詩話　集6-44793~4、45486、45488、
　45490~1、45494、45639　叢1-4~5、9~10、
　22(14)、23(13)、169(3)、223(72)、468、478
滄浪詩話(滄浪吟卷)　叢2-731(47)
滄浪詩話註　集6-45646
滄浪詩話補註　集6-45647
滄浪詩說　叢1-34
滄浪詩談　叢1-113
滄浪詩集　集1-4058,6-41894(3)、41896
滄浪詩集(滄浪集)　集1-4055
滄浪詩法　集6-45644　叢1-114(4)
滄浪詞　集7-46356~8、46374、46383、46659
滄浪子退軒集　集2-6635
滄浪集　集1-2065、4056~7,6-44792、44794
　叢1-223(57)
滄浪集、詩話　集1-4048

中國古籍總目·索引

滄浪集、吳山近稿偶存　集4-22256
滄浪集補鈔　集1-2069,6-41901
滄浪集鈔　集1-2067~8,6-41900、41908
滄浪先生吟卷(滄浪吟)　集1-4051
滄浪朱氏重修宗譜[浙江東陽]　史4-26590
滄浪漁笛　集7-47853
滄浪櫂歌　集2-5960　叢1-278,2-731(43)
滄浪軒詩集　集1-5813
滄浪嚴先生詩談　集6-45640　叢1-107
滄浪嚴先生詩談(滄浪詩話)　叢1-111(2)
滄浪嚴先生吟卷　集1-4050　叢2-615(2)
滄浪吟　集6-44793　叢1-478
滄浪吟、詩話　集1-4049
滄浪吟、竹西吟、魯遊紀事草　集3-16634
滄浪吟集鈔　集1-4053,6-41901
滄浪吟鈔　集6-41914
滄浪吟卷　集1-4052,6-45485　叢1-147
滄浪小志　史7-51983　集1-2062
37 滄湄詩鈔　集3-16322
滄湄續詩　集3-16323
滄湄類稿(滄湄詩稿、詩補遺、詩餘、文稿、介峯雜記)　集3-16321
滄溟文集　集2-9076
滄溟文選　集6-42048~9
滄溟詩集　集2-9062~3,6-41953
滄溟集　集2-9074　叢1-223(66)、227(11)
滄溟集選　集2-9064、9068,6-41950
滄溟先生文抄　集2-9078
滄溟先生集　集2-9073
滄溟先生集(滄溟集)　集2-9070
滄溟先生集、補遺　集2-9071~2
滄溟先生尺牘　集2-9083
38 滄海粟　子4-24660
滄海集　集2-12611
滄海歸來集、續集、選餘、消愁吟、文　集5-39891
滄海叢書、附　叢2-715
滄海遺音集　叢2-2142
滄海遺珠　集6-43741~2　叢2-886(4)
滄海遺珠、目錄　叢1-223(70)
滄海遺珠錄　子5-26552
滄海遺民剩稿　集5-40288
滄海慧禪師語錄　子7-34379
40 滄來自記年譜　史2-11944
43 滄城殉難錄　史2-7729
47 滄趣樓文存　集5-37891
滄趣樓詩集　集5-37889
滄趣樓律賦　集5-37892

56 滄螺集　集2-6042　叢1-223(62),2-799~801
滄螺集、補遺、附錄　集2-6043　叢2-798
62 滄縣志[民國]　史7-55366
77 滄桑豔　集7-50429

3816₈ 浴

10 浴雲樓集　集6-41969
25 浴佛功德經　子6-32093(12)
26 浴泉詩話　集6-46058
27 浴像功德經　子6-32081(12)、32085(12)、32086(13)、32088(9)、32089(10)、32090(13)、32091(12)、32092(8),7-32304
浴像功德經、浴像功德經　子6-32083(9)
浴鵠齋詩稿、文稿　集5-36330
36 浴溫泉記　史7-49317(8)、49318(11)、53166

3819₄ 涂

12 涂水先生集　集2-7762
17 涂子一杯水　集2-12295
涂子類藁　集2-7155
涂君紫巢(家樑)墓誌銘、輓詞　史2-10521
27 涂穉蘅集(志賓客集、臥知齋駢體文、外集、春華山人詩錄)　集5-38489
30 涂宜振文集　集3-13891
37 涂朗軒尚書政書　史6-43169
70 涂雅詞　集7-46405
72 涂氏家乘[重慶江津]　史4-32607
涂氏宗譜[江西宜黃]　史4-32604
涂氏四修宗譜　史4-32601

滁

32 滁州琅琊山覺和尚語錄　子7-34177
滁州續志[康熙]　史7-57844
滁州志[康熙]　史7-57843
滁州志[光緒]　史7-57845
44 滁村汪氏族譜[安徽休寧]　史4-28889
47 滁婦傳　叢1-168(2)
62 滁縣鄉土志[民國]　史7-57846
76 滁陽志[萬曆]　史7-57842

3822₇ 袊

76 袊陽雜錄 子1-4163 叢1-467

3825₁ 祥

09 祥麟現 集7-50008
祥麟日記(清光緒十五年至十六年、二十四
年) 史2-13087
祥麟鏡 集7-54007
10 祥雲會三十二部 集7-51321
12 祥刑要覽 史6-46408～10
祥刑經解 史6-46413
祥刑遺範 史6-46411
祥刑古鑑、附編 史6-46438
21 祥止室詩草 集4-33337
祥止室詩鈔 集4-33338～40
祥止軒稿 集4-32878
28 祥徵冰繭 集7-49695～6
44 祥桂堂詩草 集5-35171 叢2-2223
60 祥異記 子5-26856 叢1-22(20)、23(19)、
2-617(3)
祥異繪圖集註 子3-13115
祥異圖說 子3-13038、13047、13114
祥異賦 子3-11312、13086
祥異賦圖 子3-13113
77 祥卿集 集1-4785
80 祥人詩續鈔 集4-33555
88 祥符衡州圖經 史7-49309、50774
祥符耆舊傳 史2-8201 叢2-956
祥符茶陵圖經 史7-49309、50770
祥符縣志[順治] 史8-59793
祥符縣志[乾隆] 史8-59794
祥符縣志[光緒] 史8-59797
祥符劉氏高鳳集、續[河南開封] 史5-39432
祥符劉氏叢書十種 叢2-956
祥符風土記 史7-50643 叢2-956

3826₈ 裕

00 裕商銀行公牘章程規條 史6-44498
05 裕靖節公遺書 集4-29313
08 裕謙列傳 史2-9877

22 裕後須知 子4-21479
裕後格言 子1-2549
裕後圖 史5-40209
24 裕德堂一家言 叢2-2030
32 裕州志[嘉靖] 史8-59953
裕州志[乾隆] 史8-59954
34 裕遠堂遺草 集4-31265
40 裕壽泉摺奏 史6-49142
50 裕東巖奏稿 史6-48837
60 裕昆言 子1-2602
裕昆要錄 子1-2603
78 裕愍公稿 集2-11406
87 裕鋼奏牘電稿 史6-49129

3830₁ 迤

10 迤西漢回事畧 史1-3779

迲

12 迲卍川遺詩 集4-22504
72 迲氏家乘[江蘇吳江] 史4-29602
迲氏家乘前集[江蘇吳江] 史4-29601
迲氏義莊記 史6-44737

3830₃ 送

17 送子寶卷 集7-54284
21 送盧忠肅公遺印歸祠記 史2-9175
27 送多情一枝 集7-52751
30 送窮 集7-49488、49562
送寒衣一枝 集7-52852
送寒衣湘子記全本 集7-52851
43 送嫁新歌全本 集7-53284
44 送枕頭 集7-52478
80 送盒子 集7-52479
90 送懷堂集 集5-40131
95 送情郎五更一套 集7-50868

遂

00 遂庵印存 子3-17446

遂高園主人自敍年譜　史2-11883

遂高園園額印章　子3-17100

遂高堂詩集　集4-23940

10 遂平縣志[順治]　史8-60052

遂平縣志[乾隆]　史8-60053

25 遂生編　子2-4665、4676、4679、4690、4752、
4769、8080、8088、8510、8515~6　叢1-300

遂生編(痘證經驗遂生編、莊在田先生遂生
編)　子2-8886

遂生編、稀痘良方　子2-8219

遂生福幼合編　子2-8489

30 遂寧張文端公全集　集3-16446

遂寧縣志[康熙]　史8-61833

遂寧縣志[乾隆]　史8-61834~5

遂寧縣志[民國]　史8-61838

遂寧縣志[光緒]　史8-61836

遂安方氏族譜[浙江淳安]　史4-25749~51

遂安西源詹氏宗譜[浙江淳安]　史5-
37902

遂安西澗泮南余氏族譜[浙江淳安]　史4-
28528

遂安西澗黃氏族譜[浙江淳安]　史5-
33757

遂安珠淵余氏族譜[浙江淳安]　史4-
28545

遂安儒洪余氏族譜[浙江淳安]　史4-
28540

遂安山灣蔣氏宗譜[浙江淳安]　史5-
38120

遂安鮑氏宗譜[浙江淳安]　史5-40251~2

遂安洪氏家譜[浙江淳安]　史4-30931

遂安城西芮阪姜氏族譜[浙江淳安]　史4-
31053

遂安城北純孝姚氏宗譜[浙江淳安]　史4-
31167~8

遂安蘿蔓塘余氏族譜[浙江淳安]　史4-
28538

遂安蘿蔓世家下洲余氏族譜[浙江淳安]
史4-28536

遂安蘿蔓余氏族譜[浙江淳安]　史4-
28534、28537

遂安楊氏宗譜[浙江淳安]　史5-36836

遂安胡氏里墅派宗譜[浙江淳安]　史4-
30399

遂安縣志[康熙]　史7-57230~2

遂安縣志[萬曆]　史7-57228~9

遂安縣志[乾隆]　史7-57233~4

遂安縣志[民國]　史7-57235

遂安歷劫記　史1-3962

遂安劉氏宗譜[浙江淳安]　史5-39250

遂安金峯彭城劉氏重修宗譜[浙江淳安]

史5-39251

遂安金峯劉氏宗譜[浙江淳安]　史5-
39249

遂安銀峯方氏族譜[浙江淳安]　史4-
25746

遂安堂詩集　集3-18826

32 遂溪縣鄉土志[民國]　史8-61216

遂溪縣志[康熙]　史8-61214

遂溪縣志[道光]　史8-61215

37 遂初齋文集　叢2-936

遂初詩集　集3-13279

遂初詩草　集4-32843　叢1-415

遂初集　集3-20889

遂初草廬詩集(西軒草、瀛洲草、石畫龕集、
海山集、越吟集)　集4-25037

遂初樓雜錄　子4-22559

遂初軒詩稿　叢2-2092

遂初日記、(民國十五年至十七年)　史2-
13263

遂初小稿　集1-3509,6-41894(3)、41895

遂初堂文集　集3-16285,4-25602、25604

遂初堂詩文集　集3-16286

遂初堂詩集　集3-14463,4-22938

遂初堂詩集、文集　集3-16282~3

遂初堂詩集、文集、別集　集3-16284

遂初堂詩集、詩餘　集4-26010

遂初堂詩存　集4-25603

遂初堂集外詩文稿　叢2-645

遂初堂稿　集3-16280

遂初堂外集　集3-16281

遂初堂收藏書畫目錄　子3-14819

遂初堂書目　史8-65553~4　叢1-17、19
(6)、21(6)、22(2)、23(2)、24(7)、223(28)、
453,2-731(1)、798、916

遂初堂未定稿(瞻庵近稿、遂初堂初稿)　集
4-26009

遂初堂易論　經1-1110

55 遂耕堂增刪京吊譜　子3-18252

60 遂園試律詩鈔　集4-31559

遂園詩鈔　集4-22721、31560~1

遂園遺文　集4-22722

遂園褉飲集　集6-44180

遂思堂詩存、詩餘　集5-38483

遂昌雜錄　子4-22947　叢1-11~2、22(8)、
23(7)、31、99~101、223(45)、374,2-735(4)

遂昌西郭周氏宗譜[浙江遂昌]　史4-
30061

遂昌山樵雜錄　史1-1914　子4-22948
叢1-17~8、19(5)、20(3)、21(4)、24(6)、56、
95、195(5)、2-624(2)、730(3)

遂昌山人雜錄　子4-22949~50　叢1-278,

2-856

遂昌縣志[康熙] 史7-57734

遂昌縣志[道光] 史7-57736 叢1-373
(2)

遂昌縣志[乾隆] 史7-57735

遂昌縣志[光緒] 史7-57737

遂昌長濂鄭氏族譜[浙江遂昌] 史5-
38706~7

遂邑樟山童氏宗譜[浙江淳安] 史5-
36490

遂邑義峯謝氏宗譜[浙江淳安] 史5-
40701

76 遂陽廣川黃氏宗譜[浙江淳安] 史5-
33756

遂陽任氏族譜[浙江淳安] 史4-26766~7

遂陽徐氏宗譜[浙江淳安] 史4-31898~9

遂陽大墅方氏宗譜[浙江淳安] 史4-
25752~3

遂陽大墅方氏宗譜上卷[浙江淳安] 史4-
25752~3

遂陽葉林項氏續修宗譜[浙江淳安] 史5-
35504~5

遂陽胡氏宗譜 史4-30677

遂陽邑東任氏家譜[浙江淳安] 史4-
26768

77 遂閒居詩草 集5-36774

遂閒堂張氏詩草、詩星閣筆記八則 集6-
45063

80 遂翁自訂年譜 史2-11005、12174~5

3830₄ 遊

00 遊廬山詩 集2-10126

遊廬山記 史7-49318(6)、53539、53543、
53546~8 叢2-720(5)、1198

遊廬山詞 集7-46841

遊廬山天池記 史7-53554

遊廬山後記 史7-49318(6)、53549

遊鷹山集 叢1-223(53)

遊方山記 史7-49318(8)、53597

遊高麗王城 史7-49317(4)

遊高麗王城記 史7-54572

遊鷹窠頂記 史7-49318(6)、53402

遊唐王山記 史7-53633

遊麻姑山記 史7-53568

遊麻姑洞記 史7-49317(9)、49318(9)、
53641

遊章山記 史7-49318(8)、53724

遊玄武湖記 史7-49357、53194

遊襄城山水記 史7-49317(3)、49318(7)、
53642

遊京口南山記 史7-49318(5)、53233

01 遊龍亭記 史7-49318(11)、53455

遊龍巖記 史7-53736

遊龍山記 史7-49317(4)、49318(7)、53661

遊龍傳 集7-50480、51343

遊龍傳(美龍鎮) 集7-52550

遊龍泉記 史7-49318(11)、53643

遊龍池山記 史7-49318(5)、53254~5

遊龍洞山記 史7-49317(4)、49318(7)、
53585

遊龍門記 史7-49317(4)、49318(8)、53757

07 遊記 叢2-1874、2264

08 遊譜 叢2-1230

遊譜(清康熙五十三年二月至五月) 史2-
12537

10 遊二泉記 史7-53538 叢2-1136

遊三龍潭記 史7-49317(8)、49318(11)、
53214

遊三仙洞記 史7-49319、53744

遊三遊洞記 史7-49317(3)、49318(9)、
53644

遊玉甑峯記 史7-49317(3)、49318(9)、
53445

遊玉簾泉記 史7-49317(8)、49318(11)、
53555

遊五蓮記 史7-49317(4)、49318(8)、53603

遊五姓湖記 史7-49318(11)、53174

遊五腦山記 史7-49317(9)、53640

遊靈巖記 史7-49317(3)、49318(5、9)、
53280、53617

遊靈巖山記 史7-49318(5)、53279

遊靈山記 史7-49318(6)、53489

遊兩尖山記 史7-49318(6)、53384

遊雨花臺記 史7-49318(11)、53209

遊平波臺記 史7-49318(11)、53300

遊天平山記 史7-49317(4)、49318(7)、
53632

遊天台山記 史7-49318(7、20)、53421、
53424~5

遊天窗巖記 史7-49317(3)、49318(9)、
53407

遊天井峯記 史7-49317(3)、49318(9)、
53657

遊天目山記 史7-49318(6)、53386

遊天岳山記 史7-49317(4)

遊百門泉記 史7-49318(11)、53627

遊石崿庵記 史7-49318(12)、53172

遊石柱山記 史7-49318(6)、53495

遊石門記 史7-49317(4)、49318(7)、53593、

53649
　遊石鐘山記　史7-49318(6)、49319、53556～7
　遊石公山記　史7-53305
　遊西山詩　史7-53141
　遊西山記　史7-49318(4、5)、53143、53145～7、53276　集2-10278
　遊西山鵓鴿峯記　史7-49357、53295
　遊西洞庭記　史7-49318(5)、53303
　遊西湖記　叢2-619
　遊西湖一枝　集7-52039
　遊西湖玩景觀山一枝　集7-52040
　遊西泠詩　集3-14717
　遊西岳諸峯記　史7-49319、53752
　遊西陽山記　史7-49318(6)、53572
　遊晉祠記　史7-49318(12)、53167～8
　遊雲龍山記　史7-49318(5)、53213
　遊雲巖記　史7-49317(3)、49318(8)、53397
　遊雲巢記　史7-49319、53381
　遊雲臺山記　史7-49318(6)、53215
　遊雲臺山北記　史7-49318(6)、53216
11 遊北固山記　史7-49318(5)、53248～9
　遊北岳記　史7-49318(19)、53171
　遊張公洞記　史7-49317(2)、49318(8)、53262～3
12 遊水尾巖記　史7-49317(3)、53513
　遊孤山記　史7-49318(6、20)、53377、53599
　遊磻溪記　史7-49318(11)、53759
13 遊武廟　集7-52552
　遊武夷山記　史7-49318(7)、53524～5
　遊武腦山記　史7-49318(7)
14 遊硤石兩記　史7-53401
16 遊碧巖記　史7-49317(3)、49318(8)、53398
　遊碧落洞記　史7-49317(3)、49318(9)、53689
17 遊甬東山水古蹟記　史7-53404　叢1-22(12)、23(11)
　遊子吟正續稿　集5-39952
　遊翠微峯記　史7-53559
　遊翠微山記　史7-49318(4、20)、53151～2
18 遊珍珠泉記　史7-49318(11)、53587
20 遊愛蓮亭記　史7-49318(11)、53224
　遊焦山記　史7-49318(5)、53238～9、53241～5
　遊千頂山記　史7-49318(4)、53179
　遊雙谿記　史7-49317(8)、49318(11)、53468
21 遊徑山記　史7-53383
　遊虎山橋記　史7-49318(11)、53286
　遊虎邱記　史7-49318(5)、53271
　遊虞山詩　集3-14717
　遊虞山記　史7-49318(5)、53292～4
　遊岠崛院諸山記　史7-49317(4)、49318(8)、53606

22 遊豐山記　史7-49317(4)、53624
　遊嵐峽記　史7-49318(16)
　遊嵩集　集6-43792
　遊後湖記　史7-49318(11)、53199
　遊仙詩　集3-13332、4-23672、5-40445　叢2-1242
　遊仙詩集　集3-14095
　遊仙集　叢1-342
　遊仙集(悔少集)　集3-18852
　遊仙巖記　史7-49317(3)、49318(9)、53434
　遊仙窟　子5-27508
　遊仙夢記　叢1-29(7)
　遊仙都峯記　史7-49317(3)、49318(9)、53448
　遊仙居諸山記　史7-49318(7)、53428
　遊峩詩草　叢1-285
　遊峩日記　叢1-285
　遊山　集7-49608
　遊山詩　集4-25696
　遊山南記　史7-54524
　遊山日記　史7-53550　叢2-1597
23 遊伏波巖記　史7-49317(3)、49318(9)、53713
　遊俄日記　史7-54800
　遊戲　子5-26488
　遊戲三昧　子5-26489
　遊戲集　集5-37934
　遊戲世界十六期　子3-18528
　遊戲錄　叢1-245、2-731(4)
　遊台宕路程　史7-53446
　遊峨山記　史7-53981
　遊峨嵋山記　史7-49318(8)
　遊峨眉稿(賦詩)　叢2-1110
　遊峨眉山記　史7-53725
24 遊豺山記　史7-53237　叢2-1675
　遊峽山寺記　史7-49318(12)、53688
25 遊牛頭山記　史7-49318(8)、53761
　遊牛頭隖記　史7-49317(2)、49318(8)、53278
　遊佛峪龍洞記　史7-49318(9)、53586
26 遊白龍洞記　史7-53716
　遊白雲山記　史7-49318(8)、53685～6
　遊白嶽詩、遊黃山詩、圖　集3-17506
　遊白鶴峯記　史7-49318(8)、53467
　遊白鵲山記　史7-49318(6)、53390
　遊粵草　集3-14924、18736
　遊保津川記　史7-49318(17)
　遊吳稿(詩)　叢2-1110
　遊吳山記　史7-49318(5)、53270
　遊吳草　集4-25379

遊細林山記　史7-49318(5)、53289

遊程符山記　史7-49317(4)、49318(8)、53594

遊綿溪記　史7-49318(16)

27 遊盤龍山記　叢2-888

遊盤山詩、遲盦集杜詩　集5-35679

遊盤山記　史7-49318(5)、53163

遊龜峯山記　史7-49318(6)、53564

遊徂徠記　史7-49318(7)、53618

遊仰天記　史7-49317(4)、49318(8)、53591

遊象山麓記　史7-49318(5)、53218

遊勺湖記　史7-49357、53227

遊鴛鴦湖記　史7-49317(8)、49318(11)、53400

遊鷄足山記　史7-49318(8)、53743

遊鷄鳴寺記　史7-49318(11)、53200

遊鵝湖山記　史7-49318(6)、53565

遊名山記　史7-53065～6　叢1-108、111(3)、131

遊名山錄　叢2-845(3)

遊包山記　史7-49318(5)、53304

29 遊嶗詩存　集5-36339、38198

遊嶗記　集5-35418

遊嶗山記　史7-53914

30 遊滴水巖記　史7-49318(8)

遊汴筆記　史7-54200

遊寧古塔記　史7-49318(2)、53180

遊永州三巖記　史7-49318(9)、53672

遊永州三寨記　史7-49317(3)、53671

遊永州近治山水記　史7-49317(4)、49318(7)、53670

遊寒山記　史7-49318(5)、53266

遊宦紀聞　子5-26944

遊宦概記　集7-54058

遊宦餘談　子5-27066

遊寶藏寺記　史7-49318(11)、53155

遊寶華山記　史7-49318(5)、53234

31 遊江上諸山記　史7-49318(5)、53232

遊潭柘寺記　史7-49318(11)、53154

遊浯溪記　史7-49317(8)、49318(11)、53674

遊福山記　史7-49318(6)、53569

32 遊浮山記　史7-49318(6,20)、53461、53463～4

33 遊心安樂道　子7-33076、34432

遊冶甫山記　史7-49357、53501

遊梁詩集　集2-9469

遊梁詩剩　集5-35287

遊梁瑣記　叢2-624(4)

遊梁集　集2-8260,3-21835,5-41620

遊梁草　集3-15976

遊梁書院講語　叢2-1289

34 遊漢南詩　史7-53638

遊凌雲記　史7-49317(4)、49318(8)、53727

遊滇詩曆　集3-15112

遊滇述署　史7-49357、53739

遊婆羅洲記　史7-49317(5)、49318(17)、54749

35 遊清涼山記　史7-49318(5)、53198

遊連雲山記　史7-49317(4)、49318(7)、53660

36 遊禪窟寺記　史7-49318(12)、53457

37 遊洞庭詩　集3-18635

遊洞庭兩山記　史7-49318(5)、53307

遊洞庭西山記　史7-49318(5)、53301～2

遊洞庭山記　叢1-119～20

遊湖　集7-49457～8

遊湖心寺記　史7-49318(12)、53375

遊潮水巖記　史7-49317(3)、49318(9)、53690

遊漁洋山記　史7-49318(5)、53309

遊瀨鄉記　史7-49318(11)、50649

遊通天巖記　史7-49317(2)、49318(8)、53558

遊軍山記　史7-49318(5)、53188

38 遊海嶽庵記　史7-49318(12)、53246

遊滄浪亭記　史7-49318(11)、53267

遊道塲白雀諸山記　史7-49318(7)、53396

遊道堂集　集4-23572

39 遊消夏灣記　史7-49318(11)、53308

40 遊九仙記　史7-49317(4)、49318(8)、53604

遊九鯉湖記　叢2-1136

遊九華記　史7-49318(6)、53496～7

遊九華山記　史7-49318(6)、53500

遊大雲山記　史7-49317(4)、49318(7)、53658

遊大孤山記　史7-49318(6)、53534

遊大伾山記　史7-49318(20)、53629

遊大明湖記　史7-49318(11)、53588

遊大小玲瓏山記　史7-49318(7)、53391

遊太行山記　史7-49318(20)、53150

遊太和山稿(詩)　叢2-1110

遊太室記　史7-49318(4)、53621

遊太湖詩　集2-11274

遊太華寺記　史7-49318(12)、53741

遊臺雜詠　集4-25702

遊臺記　史7-53984

遊南嶽記　史7-49318(4)、53665～6、53668

遊南池記　史7-53608

遊南湖記　史7-53453

遊南鴈蕩記　史7-49318(7)、53439

遊志續編　史7-53063～4　叢1-265(3)、550

遊赤壁　集 7 - 49363
遊赤壁記　史 7 - 49317(3)、49318(9)、53639
遊寺一本　集 7 - 52632
遊寺三回　集 7 - 52551
遊支硎山詩　集 3 - 14717
遊支硎中峯記　史 7 - 49317(2)、53277
遊喜雨亭記　史 7 - 49318(11)、53758
遊七星巖記　史 7 - 49318(9)、53712
遊杭詩錄(丙寅游杭絕句)　集 5 - 39358
遊杭合集　集 4 - 32533
遊樵漫草　叢 2 - 2153
41 遊獅子林記　史 7 - 49318(11)、53268
遊柯山記　史 7 - 49318(7)、53420
42 遊荊山記　史 7 - 53460
遊韜光庵記　史 7 - 49318(21)、53374
遊桃源山記　史 7 - 49317(4)、49318(7)、53650
43 遊卦山記　史 7 - 49317(4)、49318(8)、53169
遊城北錄　叢 2 - 1366
遊城南記　史 7 - 49305、53748　叢 1 - 107、111(2)、195(7)、223(26)、511、569，2 - 731(58)、829
遊城南注　叢 1 - 23(11)
遊越南記　史 7 - 49318(21)、54683
遊越吟　集 4 - 23221
44 遊地府(苦節傳)　集 7 - 53385
遊地獄寶卷　集 7 - 54218
遊鼓山記　史 7 - 49318(7)、53508～12　叢 2 - 1136
遊夢倦談　子 5 - 27339
遊薩克遜日記　史 7 - 54170　叢 2 - 2153
遊幕府山泛舟江口記　史 7 - 49318(5)、53197
遊蒙山記　史 7 - 49317(4)、53607
遊燕子磯沿山諸洞記　史 7 - 49317(2)、49318(8)、53202
遊燕子洞記　史 7 - 49317(3)、49357、53745～6
遊燕草　集 3 - 17710
遊草　集 3 - 13021、16781　叢 2 - 970
遊萬柳池記　史 7 - 49317(8)、49318(11)、53219
遊姑蘇臺記　史 7 - 49318(11)、53274～5
遊華訪古記　子 7 - 38020
遊華不注記　史 7 - 53583
遊華山稿(詩)　叢 2 - 1110
遊英京記　史 7 - 49318(18)、54825
遊藝齋雜著　集 5 - 35307
遊藝集　集 3 - 20345
遊藝約言　叢 2 - 1856
遊藝卮言　叢 1 - 547(2)，2 - 2173
遊藝錄　叢 2 - 1774、1920

遊藝錄、別錄　叢 2 - 1773
遊藝錄五種　叢 2 - 1588
遊楚吳吟　集 4 - 22951
遊楚日記　史 7 - 53114
遊黃龍山記　史 7 - 49318(7)、53399
遊黃紅峪記　史 7 - 49317(3)、49318(9)、53605
遊黃嶽記　史 7 - 49358、53485
遊黃山詩　集 3 - 15594、17506
遊黃山詩草　集 3 - 20490
遊黃山記　史 7 - 49318(6)、53470、53479～80、53482　集 3 - 13958、17907　叢 2 - 644
遊黃公澗記　史 7 - 49317(8)、49318(11)、53257
遊茶山記　史 7 - 49318(5)、53282
遊桂林諸山記　史 7 - 53705
遊橫雲山記　史 7 - 49318(5)、53290
遊橫山記　史 7 - 49318(5)、53291
遊林慮記　史 7 - 49318(19)、53631
遊林慮山記　史 7 - 49317(4)、49318(7)、53630
遊蒜山記　史 7 - 49318(5)、53247
46 遊觀音門譙樓記　史 7 - 49318(11)、53204
遊楊歷巖記　史 7 - 49318(9)、53694
47 遊鵓鴿峯記　史 7 - 49317(2)、49318(8)、53299
遊媚筆泉記　史 7 - 49317(8)、49318(11)、53466
遊都日記　史 7 - 53114
遊桐柏山記　史 7 - 49317(4)、49318(7)、53637
48 遊乾陽洞紀畧　史 7 - 49317(3)、49318(9)、53596
遊敬亭山記　史 7 - 49318(6)、53502～3
遊欖山記　史 7 - 53687
遊梅遇僊　集 7 - 49457～8
遊梅田洞記　史 7 - 49317(2)、49318(8)、53573
50 遊中嶽記　史 7 - 49318(4)、53622
遊中岳記　史 7 - 49318(19)、53623
遊泰山詩　史 7 - 54522
遊泰山記　史 7 - 49318(4)、53614
遊青山記　史 7 - 49318(6)、53458
遊青原山記　史 7 - 49318(6)、53571
遊惠州西湖記　史 7 - 49318(11)、53695
遊奉天行宮記　史 7 - 49358、51529
遊秦詩稿　集 5 - 38668
遊秦偶記　史 7 - 49317(5)、49318(13)、53905
遊秦園記　史 7 - 49318(11)、53258
遊秦小稿　集 5 - 36387
51 遊攝山記　史 7 - 49318(5)、53205

52 遊靜谷衝　史7-49318(9)
　　遊靜谷衝記　史7-49317(3)、53662
55 遊扶桑本牧記　史7-49318(21)、54645
56 遊揚歷巖記　史7-49317(3)
58 遊攬山記　史7-49318(8)
60 遊睢寧諸山記　史7-49317(9)、49318(6)、
　　53217
　　遊日光山記　史7-49318(16)、54643
　　遊蜀詩鈔　集4-27032
　　遊蜀後記　史7-49318(13)
　　遊蜀山記　史7-49318(5)、53260
　　遊蜀草　集5-41296
　　遊蜀日記　史7-49318(13)
　　遊園驚夢　集7-52554
　　遊園擬存詩集　叢2-1198
　　遊羅浮記　史7-49318(8)、53696　叢2-731
　　(55)
　　遊羅浮山記　史7-53697　叢1-195(7)
　　遊羅漢巖記　史7-49318(8)、53560
　　遊羅漢嵒記　史7-49317(2)
62 遊吼山記　史7-49318(7、20)、53415~7
63 遊踪選勝　史7-53115
67 遊明聖湖日記　史7-49358、53330　叢2-
　　832(2)
　　遊喚　史7-53449　子4-24138　叢1-109、
　　111(4)、2-720(5)、1197~8
　　遊趵突泉記　史7-49318(11)、53589
68 遊吟小稿・桂坡遊記　集2-7869
　　遊蹤紀事詩　集4-26860
　　遊蹤選勝　史7-49317(6)、49318(12)　叢2-
　　1581
71 遊歷意大利聞見錄　史7-49318(22)、54852
　　遊歷課程　子4-21995
　　遊歷記　集3-16803
　　遊歷記存　史7-49315、53106　集3-16805
　　叢2-731(56)
　　遊歷說　史7-49357、54095
　　遊歷西班牙聞見錄　史7-49318(22)、54855
　　遊歷西藏記　史7-49318(20)
　　遊歷瑞典那威聞見錄　史7-49318(22)、
　　54849
　　遊歷集　集2-11009~10
　　遊歷山記　史7-49317(4)、49318(7)、53582
　　遊歷俄國風土記　史7-49319、54733
　　遊歷芻言　史7-49317(5)、49318(17)、54352
　　子7-36263　叢1-550
　　遊歷葡萄牙聞見錄　史7-49318(22)、54856
　　遊歷日記　史7-54192、54203
　　遊歷日本考查農務日記(清光緒二十八年)
　　史2-13103
　　遊歷日本日記　史7-54206

　　遊歷圖記　史7-54354
　　遊歷聞見總畧　史7-49318(22)、54753
　　遊歷聞見拾遺　史7-49318(22)、54351
　　遊歷美利加合衆國圖經　史7-54871
　　遊歷筆記　史7-49317(2)、49318(18)、54161
　　遊隴集　集5-40850
　　遊雁蕩山記　叢1-210~1、395、2-617(5)、
　　731(55)
　　遊雁蕩山日記　史7-49358
　　遊鴈蕩記　史7-49318(7)、53436
　　遊鴈蕩山記　史7-49318(7)、53435
　　遊鴈蕩日記　史7-49318(7)、53437
　　遊馬鞍山記　史7-49318(5)、53230
　　遊馬駕山記　史7-53283
72 遊瓜步山記　史7-49318(5)、53236
　　遊隱山六洞記　史7-49318(8)、53709
　　遊隱山記　史7-49318(8)、53708
　　遊岳澧詩草　集2-11693
75 遊陳山記　史7-49318(6)、53388
77 遊閩雜稿　史7-54088
　　遊閩日記　史7-53114
　　遊風穴山記　史7-49318(20)、53635
　　遊隆中記　集2-10615
　　遊周橋記　史7-49318(11)、53226
　　遊學去一載還鄉一枝　集7-52038
　　遊丹霞記　史7-49318(8)、53691
　　遊丹霞巖九龍洞記　史7-49317(3)、49318
　　(9)、53717
　　遊具雅編　子4-18652　叢1-195(7)、2-
　　731(31)
　　遊具箋　叢1-25、119~20、249(3)、461、2-
　　624(3)、731(33)
78 遊鹽原記　史7-54642
　　遊覽詩　史7-52625
　　遊覽集　叢2-1431
　　遊覽紀詠集　集4-29552
　　遊覽東洋日記　子7-36229　叢1-530~1
80 遊金粟泉記　史7-49318(11)、53702
　　遊金焦北固山記　史7-49318(5)、53250
　　遊金牛山記　史7-49317(4)、49318(7)、
　　53654
　　遊金華洞記　史7-49317(3)、49318(9)、
　　53433
　　遊金陵城南諸刹記　史7-49318(11)、53210
　　遊金陵勸業會記　史7-49357、53211
　　遊善卷洞記　史7-49317(2)、49318(8)、
　　53261
　　遊普陀峯記　史7-49317(3)、49318(9)、
　　53531
81 遊罏山記　史7-49318(6)、53576
82 遊鍾山記　史7-49318(5)、53195~6

　　遊劍門記　史7－49317(2)、49318(8)、53298
83 遊鐵城記　史7－49318(9)、53711
86 遊智門寺記　史7－49318(12)、53408
87 遊釣臺記　史7－49318(11)、53392、53760
　　遊銅瓦寺記　史7－49318(12)、53742
　　遊錄　史7－53075　叢2－1093
88 遊笈集　集4－22037
90 遊小盤谷記　史7－49317(2)、49318(8)、53228
　　遊懷玉山記　史7－49318(6)、53563
　　遊少林記　史7－49318(12)
　　遊少林寺記　史7－53620
91 遊煙霞洞記　史7－49318(9)、53595
96 遊烟霞洞記　史7－49317(3)
97 遊爛柯山記　史7－53701
99 遊鋆華山詩草　集4－27608
　　遊勞山記(張道浚)　史7－53601　叢1－195(7)、2－731(55)
　　遊勞山記(李雲麟)　史7－49318(19)、53602

遨

38 遨遊詩草　集3－17937

遵

00 遵主聖範　子7－35255～6
　　遵主聖範、目錄　子7－35101、35254
　　遵主聖範新編　子7－35257
　　遵摩西福音道理三十五章　子7－35671
08 遵議川督奏夷地緊要請將巡檢改升廳治摺　史6－41918
　　遵議川督奏夷地緊要請將巡檢改升廳治摺　史7－49357
　　遵議滿漢通行刑律　史6－45924
21 遵經　經2－9705
22 遵制家禮　經1－6316
　　遵巖文選　集6－42048～9
　　遵巖文錄　集2－8907
　　遵巖文粹　集2－8906
　　遵巖王先生文粹　集2－8904～5
　　遵巖子　子1－104、1027
　　遵巖集　集2－8898　叢1－223(65)、227(11)
　　遵巖先生文集　集2－8896～7、8899～900
　　遵巖先生文集、目錄　集2－8895
　　遵巖先生文鈔　集2－8901

24 遵化詩存、補遺　集6－44397
　　遵化州志[康熙]　史7－55184
　　遵化州志[乾隆]　史7－55185
　　遵化通志[光緒]　史7－55187
　　遵化志畧[康熙]　史7－55183
　　遵化縣志[康熙]　史7－55182
　　遵化縣志[民國]　史7－55188
25 遵生集要(醒醫六書)　子2－4632
　　遵生寶訓　子2－11016　叢1－173
　　遵生八牋　子4－23702、23704　叢1－223(42)
　　遵生八箋、目錄　子4－23703
27 遵徇編　子4－20763
　　遵修泮塘義門毛氏家譜[浙江淳安]　史4－25585、25587
30 遵注義釋詩經離句襯解　經1－4220
34 遵汝山房文稿　集4－27803
38 遵道錄　子1－1028
40 遵查東部内蒙古情形稟底稿　史6－43275
42 遵札核議詳覆鄂省釐金摺　史6－43631
57 遵擬禁烟查驗章程　史6－45966
77 遵聞錄　史1－4400　叢1－22(21)、87～9、2－730(1)
80 遵鐫孝經疏義集註　叢1－149
　　遵義府禹門寺策眉九十翁行狀　史2－9129
　　遵義府志[道光]　史8－62197
　　遵義文集　集3－17330
　　遵義新志[民國]　史8－62199
　　遵義三異記等雜鈔　叢2－1020
　　遵義平匪日記　史1－4039　叢1－472
　　遵義沙灘黎氏家譜[貴州遵義]　史5－39145
　　遵義蕭氏遺書(吉修草堂所著書、鹿山雜著)五種　叢2－2031
　　遵義鄭徵君遺箸　集4－31318

邀

60 邀□東皇　集7－49705
77 邀月樓古今體詩(自怡詩集)　集4－22776
　　邀月軒遺草　集4－31353
88 邀笛詞　集7－46400、47001

3830₆ 遒

27 遒徇編　叢1－22(20)、29(8)

道

00 道齊正軌　史2-6639
　　道齋正軌　子4-21401
　　道旁散人集　集3-17340　叢1-561
　　道言　子5-29501　叢1-124
　　道言翼六種　子1-43
　　道言外　子5-29547
　　道言外中　子5-29548
　　道言續　叢2-1361
　　道言內　子5-29547
　　道言內外　子5-29546
　　道言內外五種祕錄(道言五種)　子5-29564
　　道言內外祕訣全書　子5-29547
　　道玄篇　子5-29530(21)、29549、29562、31966
08 道譜源流圖　子5-31865
10 道一編　子1-938～9
　　道一枝　集7-51698
　　道一錄　子1-1566　叢2-1289
　　道元一炁　子5-31334
　　道元一炁、保生祕要　子5-31335～6
　　道要靈祇神鬼品經　子5-29530(23)、31839
　　道西齋日記(清光緒十三年)　史2-13043
　　道西齋尺牘　集5-36526
14 道聽塗說　子5-27209　叢1-496(7)
　　道聽錄　子4-20755～6
20 道孚縣圖志附色達[民國]　史8-62128
　　道統正宗　子5-31850
　　道統源流論　叢1-300
　　道統大成　子5-29588
　　道統中一經　子1-1469　叢2-1236
　　道統錄　史2-7060　子5-31867　叢1-213～4、341、2-731(60)
21 道上居百全詩集　集4-30141
　　道行摩訶般若波羅蜜經　子6-32088(1)
　　道行般若經　子6-32084(1)、32093(13)
　　道行般若波羅蜜經　子6-32081(1)、32083(2)、32085(1)、32086(1)、32089(2)、32090(1)、32091(1)、32092(1)、7-32317
　　道經五種　子5-29573
　　道經十七種　子5-29592
　　道經摘要內集　子5-29604
　　道經摘要內集、外集、內集事詞、詩歌、雜法　子5-29605
　　道經異同字　子5-29074、29530(14)
22 道後馮氏世譜[山西代縣]　史5-36399
　　道山集　集2-6521、3-17221

　　道山紀署　史7-52441
　　道山清話　叢1-2～3、6、8、10～2、19(11)、20(9)、21(10)、22(7)、23(7)、24(11)、29(6)、31、223(45)、268(4)、2-617(5)、624(2)、731(51)
　　道山堂前集文、詩、後集文、詩　集3-13578
24 道德玄經原旨　子5-29530(14)
　　道德玄經原旨、發揮　子5-29078
　　道德論注　子5-29024
　　道德上經釋辭、道德下經釋辭、敘道德經旨意總論　子5-29135、29535(2)
　　道德上經釋辭、道德下經釋辭、敘道德經旨總論　子5-29536(2)
　　道德經　子5-28950、28969、29001、29010、29147、29149、29154、29163、29182、29201、29547、29553、29573、29586　叢1-114(3)、200、227(7)、2-1425
　　道德經、老子考異　子5-29034
　　道德經註　子5-29154、29164　叢2-718、1424
　　道德經註、陰符經註　叢1-223(46)
　　道德經註釋　子5-29015、29186、29580
　　道德經註解　子5-29083
　　道德經評註　子1-55、5-28940、28953、28982、29100
　　道德經評注　叢1-77
　　道德經講義　子5-29043
　　道德經論兵要義述　子5-29530(14)　叢1-265(4)、272(5)
　　道德經疏畧　子5-29116
　　道德經發隱　子5-29197　叢2-2017
　　道德經集解　子5-29143
　　道德經集義　子5-29138、29530(14)
　　道德經順硃　子6-32091(67)
　　道德經儒詮　叢2-2269
　　道德經經緯　子5-29187
　　道德經偶解　子4-24274
　　道德經釋辭　子5-29134、29544
　　道德經釋畧　子5-29106
　　道德經釋義　子5-29011
　　道德經解　經1-34　子5-29012～4、29016、29035、29125、29133、29151
　　道德經注　子2-4612、5-29111
　　道德經注解　子5-29141
　　道德經注鈔　子5-29200
　　道德經測　子5-29144
　　道德經達詁　子5-29204　叢2-2067
　　道德經大義　子5-29191
　　道德經臺縣　子5-28952、29130
　　道德經古本考證　叢1-139
　　道德經古本篇　子1-54、5-29530(13)
　　道德經古本篇(道德經古本)　子5-28973

道德經古今本攷正　子5-28992
道德經古今本考證　子5-29177
道德經古今本考證、道德經釋義　子5-29573
道德經考異、補遺　叢2-2193
道德經轉語　子5-29084、29573
道德經原文　子5-29589
道德經附註　子5-29095
道德經印　子5-29160
道德經篇章玄頌　子5-29067、29530(19)
道德經箋釋　叢2-2212
道德俠士畧說　子7-35695
道德進化論　子7-37945
道德寶章　子3-15335,5-29044～5　叢1-109、223(46)
道德寶章翼　子5-29049
道德叢書　子1-112
道德法律講議之理　子7-36571
道德南華二經評註合刻　子5-28940
道德南華臺縣　子5-28952
道德真經　子5-28927～9、28965、28967、28971、29005、29017、29038、29052、29089、29530(13)
道德真經旁注　子5-28943、29137
道德真經廣聖義　子5-29021、29530(14)
道德真經章句訓頌　子5-29087、29530(14)
道德真經註　子1-61,5-28977、28991、29004、29027、29032、29082、29530(14)、29535(2)、29536(2)　叢1-223(46)、456(3)
道德真經註疏　子5-29002
道德真經玄德纂疏　子5-29022、29530(14)
道德真經新註　子5-29009、29530(14)
道德真經論　子5-29023、29530(14)
道德真經三解　子5-29080、29530(14)
道德真經疏義　子5-29055、29064、29530(14)
道德真經取善集　子5-29065、29530(14)
道德真經集註　子5-29008
道德真經集註、釋文、雜說　子5-29056、29530(14)
道德真經集註、釋音　子5-29026、29530(14)
道德真經集解　子5-29003、29073、29530(14)　叢1-265(4)、380,2-731(10)
道德真經集解、序說　子5-29062、29530(14)
道德真經集注、釋文　子5-29008
道德真經集注釋文　經1-125　子5-29058　叢1-290
道德真經集義　子5-29093
道德真經集義、大旨　子5-29085、29530(14)
道德真經衍義手抄　子5-29008、29075
道德真經衍義手鈔　子5-29530(14)

道德真經傳　子5-29018、29025、29530(14)　叢1-265(4)、272(5)
道德真經解　子5-29037、29069、29153、29530(14)
道德真經注　子5-29008、29079、29086
道德真經注疏　子5-28999、29008、29530(14)　叢2-670
道德真經注釋講義　子5-29145
道德真經次解、道經異同字、德經異同字　子5-29074、29530(14)
道德真經直解　子5-29041、29530(14)
道德真經藏室纂微開題科文疏、纂微手鈔　子5-29081、29530(14)
道德真經藏室纂微篇　子5-29036
道德真經藏室纂微篇、開題　子5-29530(14)
道德真經指歸　子5-28988、29530(14)　叢2-656
道德真經指歸、玄德纂疏　子5-28989
道德真經指歸校補　子5-28987　叢2-2004
道德真經口義　子5-29051、29530(14)
道德真經四子古道集解　子5-29071～2、29530(14)
道德真經全解　子5-29070、29530(14)
道德真經義解　子5-29008、29042、29530(14)、29542
道德真經頌　子5-29530(19)、29534、30799
道德真源　子5-29566
道德真篇　子7-36182
道德指歸論　子5-28986　叢1-27、74、98、169(2)、223(46)、268(4),2-731(10)
道德眼、陰符眼　子5-29162
道德舉隅　子7-37978
道德鏡　子7-32111
道德會元　子5-29076
道德會元、序例　子5-29077、29530(14)
道德篇章玄頌　子5-29534
道德性命前集　子5-29094
25 道生堂全稿(道生堂小題制藝初集、二集、三集)　集5-35176
道秩考　史7-52265
27 道鄉詩鈔　集1-2931,6-41900
道鄉集　集1-2929　叢1-223(52)
道鄉集補鈔　集1-2932,6-41901
道鄉先生文集(道鄉公文集)、補遺、鄒道鄉先生年譜　集1-2928
道鄉先生鄒忠公文集(道鄉集)　集1-2924
道鄉先生鄒忠公文集、外紀　集1-2926
道鄉先生鄒忠公文集、續集　集1-2925
道鄉先生鄒忠公文集、鄒道鄉先生年譜　集

1-2927
　道鄉公文集　集1-2930
　道烏紀程草　集4-25342
30 道宣律師感通錄　子7-34661
　道家詩紀　集6-42223
　道家殘　子5-31931　叢2-604
　道家科儀　子5-30758
　道竅談　子5-31453
　道迹靈仙記　子5-29530(12)、31834
　道之大原論　叢2-1929
　道安集　集3-14339
　道安室雜文　叢2-2140
　道安室雜文、蕭閒堂遺詩　集5-38850
　道宗六書　子5-29542
31 道源錄　子1-573
　道福堂詩集　叢2-1861
　道福堂詩集、乃有廬雜著　集4-32566
32 道州何氏東洲草堂書目　史8-65777
　道州臺衣集　集6-41896
　道州志[康熙]　史8-60675
　道州志[嘉慶]　史8-60676
　道州志[萬曆]　史8-60674
　道州志[光緒]　史8-60677
　道州右溪許氏家譜[湖南道縣]　史5-34494
　道州圖經　史7-49309、50784
　道州風俗記　史7-50785
　道州風土記　史7-49309
　道沃林氏家乘[福建連江]　史4-29322
34 道法雙譚　子3-13351
　道法宗旨圖衍義　子5-29530(24)、31979
　道法心傳　子5-29530(24)、29535(5)、29536(5)、31978
　道法會元　子5-29530(23)、31627
　道漢冊　史6-42632
35 道神足無極變化經　子6-32081(6)、32082(6)、32083(5)、32085(6)、32086(6)、32088(5)、32089(6)、32090(7)、32091(6)、32092(5)、7-32683
36 道禪集　子5-29530(21)、29562、31240
37 道祖真傳輯要　子5-29586
　道祖呂師金剛經直解、心經直解　子7-33221
38 道海津梁　子5-29577、31416
40 道南講授　子1-1589　叢2-1347
　道南先生集　集2-7167,6-45096
　道南源委　叢1-214,2-731(60)
　道南源委錄　史2-6646～8
　道南書院錄　史2-6649　叢2-849
　道南錄初稿　子1-1591　叢2-886(2)
　道南堂詩集　集3-15849,6-44591

　道希先生手稿十三種　叢2-2082
　道古樓藏書目　史8-65679
　道古軒印譜　子3-17398
　道古錄　子4-20579　叢2-1115
　道古堂文集　集3-19058
　道古堂文集、詩集　集3-19059、19061
　道古堂文集、詩集、集外文、集外詩　集3-19060
　道古堂詩選　集3-17456
　道古堂外集十二種　叢2-665
　道古堂外集十種　叢2-1434
　道古堂外集十四種　叢2-1435
　道古堂遺稿　集4-29978
41 道樞　子5-29530(20)、29535(6)、29536(6)、31933～4
44 道地經　子6-32081(39)、32082(17)、32083(25)、32084(21)、32085(37)、32086(43)、32088(27)、32089(33)、32090(54)、32091(52)、32092(36)、32093(27)
　道藏　子5-29530(1)
　道藏經目錄　史8-66363、66367　子5-29530(27)
　道藏續編第一集　子5-29575
　道藏心珠集　子5-32020
　道藏本道德經　子5-29008
　道藏輯要　子5-29535(1)、29536(1)
　道藏輯要總目　史8-66369～70　子5-29535(1)
　道藏目錄詳註　史8-66365～6　叢1-223(47)
　道藏闕經目錄　史8-66364　子5-29530(27)　叢2-631
　道藏八種　子5-29533
　道華堂詩畧　集4-30473
　道樹三昧經　子6-32090(16)、32092(11)
　道樹菩提鏡　子7-32111
　道林詩草　集5-35329
　道林先生摘言　子1-1026
　道林蔣氏宗譜[湖南寧鄉]　史5-38194
46 道觀佳話　集7-49700
48 道場山歸雲庵題詠、歸雲庵留題墨跡人物志畧　集6-44619
　道場山遊記　史7-49318(7)、53394
　道教　叢2-771(2)
　道教靈驗記　子5-29530(12)、31830
　道教徵畧　叢2-2270(2)
　道教義樞　子5-29530(22)、31923
50 道中劉氏三修族譜[湖南衡山]　史5-39651
　道書六種　子5-29559
　道書雜抄　子5-32009

道書試金石　子5-29594、31418
道書一貫真機易簡錄　子5-29577、31413
道書二十三種　子5-29569
道書三十九種　子5-29563
道書三十八種　子5-29555
道書西江月八首並註　子5-32026
道書殘　子5-31929、31932　叢2-600、750
道書叢鈔　子5-29594
道書十二種(指南針)　子5-29567
道書十八種　子5-29554、29556
道書九種　子5-29534
道書七種　子5-29558
道書杯溪錄　子5-29577、31415
道書援神契　子5-29530(23)、31980
道書四種　子5-29560
道書八種　子5-29557
道書全集　子5-29543
道貴堂類稿　集3-14507
52 道援堂詩　集6-44884
道援堂集　集3-15141～2
53 道咸兩朝奏議輯鈔　史6-47966
道咸成案　史6-44897、44901
道咸同光四朝詩史一斑錄初編敘例　集6-
46209　叢1-584
55 道典論　子5-29530(22)、31927
60 道里記　史7-54672
道國元公濂溪周夫子(敦頤)年表　史2-
11222
道國元公濂溪周夫子志　史2-8664
道園文補鈔　集1-5176
道園詩稿　集5-39842
道園子　子1-18、20、883
道園集　集1-5173～4
道園遺稿　集3-16690　叢1-223(60)、227
(10)
道園遺稿、鳴鶴餘音　集1-5156
道園遺藁　集1-5166
道園遺藁(道園續稿)　集1-5161
道園學古錄　集1-5167　叢1-223(60)、227
(10),2-635(11)、698(11)
道園學古錄(雍虞先生道園類藁)　集1-
5157
道園學古錄、類集、增刻　集1-5158
道園類藁　集1-5159
道園仁禪師語錄　子7-34337
71 道原　子5-29562
道原一貫　子5-29593
道原精萃七種　子7-35103
道原精萃圖　子7-35104
73 道院集要　子7-34884　叢1-31、223(46)
道院集要[晁文元公]　叢2-673

75 道體論　子4-19877,5-29530(20)
道體源流　子2-4591
76 道驛集　集3-16363　叢2-1376
道驛全書五種　叢2-1376
77 道盥齋詩集　集3-19282
道盥齋詩稿　集3-19280～1
道腴室遺稿　集4-33333
道腴堂雜編　叢2-1417
道腴堂雜著　叢2-1417
道腴堂詩集　集3-17167
道腴堂詩編　集3-18716　叢2-1417
道腴堂詩續　叢2-1417
道腴堂集　集6-45066
道腴堂集十種　叢2-1417
道腴堂脞錄　叢2-1417
道腴棠集(道腴堂詩編、詩續、雜著、續雜
著、雜編、脞雜、俊逸亭新編、小簇園新
編、續編、雪泥鴻爪錄)　集3-18717
道學　叢2-771(2)
道學文　子1-1706
道學二辨　子1-828　叢1-386
道學家傳　子7-35899
道學源流　史2-6689
道學十三經　子5-29580
道學內篇　叢1-503
道學內篇註釋　子1-1858
道學內篇注釋　叢2-2002
道學基統　集1-4908
道學世系　史2-7061　叢2-981
道學世家孝書像傳　史2-7093
道學薪傳　子5-32059
道學簡畧解要　子7-36020
道闔元樞歌　子5-29547
道門一切經總目　史8-66372　子5-29536
(1)
道門功課　子5-29535(6)、29536(6)、30750
道門經法相承次序　子5-29530(22)、31926
道門科範大全集　子5-29530(23)、30719
道門定制　子5-29530(23)、30718
道門通教必用集　子5-29530(23)、29563、
30720～1
道門十規　子5-29530(23)、31986
道貫真源　子5-29565
80 道善錄　子5-32058
道命錄　史2-7058～9　叢1-244(6)、373
(5)、407(2),2-731(60)
道養初乘忠書　子5-32031
88 道餘錄　子6-32091(70)、7-34958　集2-
6221　叢2-674
90 道光庚子科殿試狀元翰林院金榜題名錄

史 3-13755

道光庚子恩科浙江鄉試同年齒錄　史 3-14237

道光辛巳科順天湖北鄉試同年錄　史 3-13861

道光六年丙戌科教習同年齒錄　史 3-14832

道光六年丙戌科會試硃卷　史 3-15203～9

道光六年丙戌科會試同年齒錄　史 3-13734

道光六年丙戌明經通譜　史 3-14831

道光六年十一月奏准詳定緝私章程七款　史 6-45403

道光二十六年丙午順天鄉試齒錄　史 3-13987

道光二十六年丙午科廣西鄉試硃卷、道光十七年丁酉科廣西鄉試硃卷　史 3-21954

道光二十六年丙午科廣東鄉試硃卷　史 3-21864～5

道光二十六年丙午科雲南鄉試硃卷　史 3-22141～6

道光二十六年丙午科順天鄉試覆試卷　史 3-17047、17061～2

道光二十六年丙午科順天鄉試副貢硃卷　史 3-22207

道光二十六年丙午科順天鄉試硃卷　史 3-17048～55、17057～60

道光二十六年丙午科順天鄉試硃卷、道光二十六年丙午科覆試卷　史 3-17056

道光二十六年丙午科山西鄉試同年齒錄　史 3-14064

道光二十六年丙午科山東鄉試硃卷　史 3-21231～4

道光二十六年丙午科江西部卷　史 3-23489～90

道光二十六年丙午科江西鄉試硃卷　史 3-20942～3

道光二十六年丙午科江南鄉試硃卷　史 3-17962～72

道光二十六年丙午科江南彙考優貢卷　史 3-22501

道光二十六年丙午科浙江鄉試副貢硃卷　史 3-22366～8

道光二十六年丙午科浙江鄉試硃卷　史 3-19627～37、19639～43

道光二十六年丙午科浙江鄉試朱卷　史 3-19638

道光二十六年丙午科浙江鄉試題名錄　史 3-14240

道光二十六年丙午科浙江鄉試同年齒錄　史 3-14241

道光二十六年丙午科浙江恩貢卷　史 3-23609

道光二十六年丙午科十八省鄉試題名錄　史 3-13884

道光二十六年丙午科直省鄉試題名全錄　史 3-13885

道光二十六年丙午科薦卷　史 3-19673、19711

道光二十六年丙午恩科江西部卷　史 3-23649

道光二十六年順天文鄉試錄　史 3-13986

道光二十六年日月刻度通書　子 3-12191

道光二十一年庚子科鄉試同年齒錄　史 3-13879

道光二十一年辛丑科殿試狀元錄　史 3-13759

道光二十一年辛丑科金榜題名錄　史 3-13760

道光二十一年辛丑科欽取中書同年齒錄　史 3-14837

道光二十一年辛丑恩科禮部會試同年齒錄　史 3-13757

道光二十一年辛丑恩科會試硃卷　史 3-15303～5、15307～13、15315～22、15325

道光二十一年辛丑恩科會試硃卷、道光二十年庚子恩科順天鄉試硃卷　史 3-15323～4

道光二十一年辛丑恩科會試硃卷、道光二十年庚子恩科山西鄉試硃卷、道光十四年甲午科山西優貢卷　史 3-15306

道光二十一年辛丑恩科會試硃卷、道光十五年乙未恩科山西鄉試硃卷　史 3-15314

道光二十一年辛丑恩科會試題名錄　史 3-13756

道光二十一年登科錄　史 3-13758

道光二十一年乙未恩科江西鄉試朱卷　史 3-20932

道光二十二年壬寅科浙江歲貢卷　史 3-23400

道光二十二年分雲南省各標鎮協營官兵馬匹支過俸餉馬乾銀米數目黃冊　史 6-47477

道光二十三年癸卯科順天鄉試硃卷　史 3-17028～30、17033～9

道光二十三年癸卯科順天鄉試硃卷、道光二十三年癸卯科覆試卷　史 3-17032

道光二十三年癸卯科順天鄉試墨卷　史 3-17027

道光二十三年癸卯科山西鄉試題名錄　史 3-14062

道光二十三年癸卯科山東鄉試硃卷　史 3-

21226～8

道光二十三年癸卯科江西部卷　史3-23487～8

道光二十三年癸卯科江西優貢部卷　史3-22659

道光二十三年癸卯科江西鄉試硃卷　史3-20933～5

道光二十三年癸卯科江南鄉試副貢硃卷　史3-22249～51

道光二十三年癸卯科江南鄉試硃卷　史3-17937～51

道光二十三年癸卯科江南鄉試錄　史3-14128

道光二十三年癸卯科江南彙考優貢卷　史3-22498～9

道光二十三年癸卯科江蘇優貢卷　史3-22500

道光二十三年癸卯科浙江優貢卷　史3-22593

道光二十三年癸卯科浙江鄉試硃卷　史3-19593～607、19609～15

道光二十三年癸卯科浙江鄉試硃卷、道光二十三年癸卯科考優貢卷　史3-19608

道光二十三年癸卯科湖北鄉試硃卷　史3-21544

道光二十三年癸卯科直省同年全錄　史3-13880

道光二十三年癸卯科貴州鄉試硃卷　史3-22132

道光二十三年癸卯科兄弟聯芳硃卷　史3-17031

道光二十三年癸卯科陝西鄉試硃卷　史3-22155

道光二十三年癸卯年預行二十四年甲辰科江南歲貢卷　史3-23299

道光二十三年山西鄉試錄　史3-14061

道光二十五年乙巳科江南歲貢卷　史3-23304

道光二十五年乙巳科江蘇恩貢卷　史3-23530～1、23533

道光二十五年乙巳恩科江蘇貢卷　史3-23532

道光二十五年乙巳恩科會試硃卷　史3-15342～7、15349～59

道光二十五年乙巳恩科會試硃卷、道光二十四年甲辰恩科河南鄉試硃卷　史3-15348

道光二十五年乙巳恩科會試齒錄　史3-13765

道光二十九年二月分庫花名清冊　史6-43216

道光二十九年己酉稿直省舉貢同年簡明錄　史3-14840

道光二十九年己酉科廣西武鄉試題名錄　史3-14669

道光二十九年己酉科廣東鄉試副貢硃卷　史3-22482

道光二十九年己酉科廣東鄉試硃卷　史3-21866

道光二十九年己酉科廣東鄉試同年齒錄　史3-14627

道光二十九年己酉科廣東選拔貢卷　史3-21879、23260

道光二十九年己酉科雲南鄉試同年齒錄　史3-14759

道光二十九年己酉科順天鄉試硃卷　史3-17063～6、17068～75、17077～8

道光二十九年己酉科順天鄉試硃卷、道光二十九年己酉科覆試卷　史3-17067

道光二十九年己酉科順天鄉試朱卷　史3-17076

道光二十九年己酉科順天選拔貢卷　史3-22704

道光二十九年己酉科順天選拔貢卷、道光二十九年己酉科順天鄉試硃卷　史3-22705

道光二十九年己酉科順天選拔同年齒錄　史3-14891

道光二十九年己酉科山東武舉鄉試同年齒錄　史3-14481

道光二十九年己酉科山東鄉試硃卷　史3-21235

道光二十九年己酉科山東鄉試朱卷　史3-21236

道光二十九年己酉科山東鄉試題名錄　史3-14480

道光二十九年己酉科山東鄉試錄　史3-14479

道光二十九年己酉科鄉試薦卷　史3-18071

道光二十九年己酉科各省選拔同年明經通譜　史3-14842

道光二十九年己酉科安徽選拔貢卷　史3-22749～50

道光二十九年己酉科江西部卷　史3-23492～3

道光二十九年己酉科江西鄉試朱卷　史3-20944～5

道光二十九年己酉科江西選拔貢卷　史3-23199～206

道光二十九年己酉科江南貢卷　史3-22737

道光二十九年己酉科江南優貢卷　史3-22502

道光二十九年己酉科江南鄉試副貢硃卷
史 3 - 22252

道光二十九年己酉科江南鄉試硃卷 史 3 -
17973～91

道光二十九年己酉科江南彙考優貢卷 史
3 - 22503

道光二十九年己酉科江南選拔貢卷 史 3 -
22736、22738～9、22742、22747～8、22752～3

道光二十九年己酉科江南選拔貢卷、道光
二十九年己酉科江蘇選拔貢卷 史 3 -
22740

道光二十九年己酉科江蘇選拔貢卷 史 3 -
22741、22743、22745～6、22751

道光二十九年己酉科江蘇選拔貢卷、道光
二十八年戊申科江蘇貢卷、道光十九年
己亥科江蘇試卷 史 3 - 22744

道光二十九年己酉科河南鄉試硃卷 史 3 -
21410

道光二十九年己酉科河南選拔貢卷 史 3 -
21439

道光二十九年己酉科福建鄉試硃卷 史 3 -
20847～8

道光二十九年己酉科福建選拔貢卷 史 3 -
23195～6

道光二十九年己酉科浙江優貢卷 史 3 -
22594

道光二十九年己酉科浙江鄉試副貢硃卷
史 3 - 22369～70

道光二十九年己酉科浙江鄉試硃卷 史 3 -
19645～61

道光二十九年己酉科浙江鄉試硃卷、道光
二十三年癸卯科薦卷 史 3 - 19644

道光二十九年己酉科浙江鄉試題名錄 史
3 - 14243

道光二十九年己酉科浙江鄉試錄 史 3 -
14242

道光二十九年己酉科浙江選拔貢卷 史 3 -
22978～84、22986～97

道光二十九年己酉科浙江選拔貢卷、道光
二十九年己酉科浙江鄉試堂備卷 史 3 -
22985

道光二十九年己酉科湖北鄉試硃卷 史 3 -
21545

道光二十九年己酉科湖北選拔貢卷 史 3 -
23233

道光二十九年己酉科湖南鄉試副貢硃卷
史 3 - 22476

道光二十九年己酉科湖南鄉試硃卷 史 3 -
21673～5

道光二十九年己酉科湖南選拔貢卷 史 3 -
23249

道光二十九年己酉科選拔貢卷 史 3 -
15627

道光二十九年己酉科選拔同門譜 史 3 -
14841

道光二十九年己酉科直省鄉試同年錄 史
3 - 13886

道光二十九年己酉科直省拔貢優貢同年錄
史 3 - 14844

道光二十九年己酉科直省拔貢同年錄 史
3 - 14843

道光二十九年己酉科直省舉貢同年錄 史
3 - 14845

道光二十九年己酉科薦 史 3 - 18019

道光二十九年己酉科貴州選拔同年錄 史
3 - 15013

道光二十九年己酉科四川鄉試硃卷 史 3 -
22041～2

道光二十九年己酉科四川選拔貢卷 史 3 -
23270

道光二十九年己酉科四川選拔硃卷 史 3 -
23271

道光二十九年四川文鄉試錄 史 3 - 14711

道光二十七年丁未科江西部卷 史 3 -
23491

道光二十七年丁未科江南歲貢卷 史 3 -
23305

道光二十七年丁未科同年官職錄 史 3 -
14838

道光二十七年丁未科殿試狀元翰林金榜題
名錄 史 3 - 13767

道光二十七年丁未科會試硃卷 史 3 -
15360～4、15366～7、15369～77、15379～84

道光二十七年丁未科會試硃卷、道光二十
六年丙午科順天鄉試硃卷 史 3 - 15365

道光二十七年丁未科會試硃卷、道光二十
四年甲辰恩科順天鄉試硃卷、道光二十
三年癸卯科江蘇優貢卷 史 3 - 15368

道光二十七年丁未科會試硃卷、道光二十
四年甲辰恩科順天鄉試硃卷、道光二十
四年甲辰恩科覆試卷 史 3 - 15378

道光二十七年丁未科會試同年齒錄 史 3 -
13766

道光二十七年通書(日月刻度通書) 子 3 -
12194

道光二十四年廣東鄉試錄 史 3 - 14625

道光二十四年武進士登科錄 史 3 - 13764

道光二十四年甲辰應貢二十七年丁未考准
科江蘇歲貢卷 史 3 - 23303

道光二十四年甲辰科山西鄉試錄 史 3 -
14063

道光二十四年甲辰科進士同年錄 史 3 -
13761

道光二十四年甲辰科江南歲貢卷 史 3 -

23300～2

道光二十四年甲辰科江蘇歲貢卷　史3-23298

道光二十四年甲辰科四川鄉試錄　史3-14709

道光二十四年甲辰科會試硃卷　史3-15326～39、15341

道光二十四年甲辰科會試硃卷、道光十九年己亥科順天鄉試硃卷　史3-15340

道光二十四年甲辰科會試秩錄　史3-13763

道光二十四年甲辰科會試錄　史3-13762

道光二十四年甲辰恩科廣東鄉試題名錄　史3-14626

道光二十四年甲辰恩科雲南鄉試錄　史3-14758

道光二十四年甲辰恩科順天鄉試副貢硃卷　史3-22206

道光二十四年甲辰恩科順天鄉試同年齒錄　史3-13985

道光二十四年甲辰恩科順天鄉試硃卷　史3-17041～6

道光二十四年甲辰恩科順天鄉試覆試卷　史3-17040

道光二十四年甲辰恩科山東鄉試硃卷　史3-21229～30

道光二十四年甲辰恩科江西鄉試副貢硃卷　史3-22458

道光二十四年甲辰恩科江西鄉試硃卷　史3-20936～41

道光二十四年甲辰恩科江南鄉試硃卷　史3-17953～61

道光二十四年甲辰恩科江南鄉試硃卷、道光十七丁酉科江南鄉試薦卷　史3-17952

道光二十四年甲辰恩科福建鄉試硃卷　史3-20846

道光二十四年甲辰恩科浙江鄉試副貢硃卷　史3-22362～4

道光二十四年甲辰恩科浙江鄉試副貢硃卷、道光二十六年丙午科浙江鄉試硃卷　史3-22365

道光二十四年甲辰恩科浙江鄉試恩科硃卷　史3-19625

道光二十四年甲辰恩科浙江鄉試硃卷　史3-19616～24、19626

道光二十四年甲辰恩科浙江鄉試錄　史3-14238

道光二十四年甲辰恩科湖北鄉試同年齒錄　史3-14559

道光二十四年甲辰恩科湖南鄉試硃卷　史3-21671～2

道光二十四年甲辰恩科直省同年齒錄　史3-13883

道光二十四年甲辰恩科直省同年錄　史3-13882

道光二十四年甲辰恩科四川鄉試硃卷　史3-22040

道光二十四年甲辰恩科同年錄　史3-13881

道光二十八年福建鹽課錢糧黃冊　史6-43885

道光二十年庚子科山東優貢卷、道光二十年庚子科覆試卷　史3-22666

道光二十年庚子科江南歲貢卷　史3-23295

道光二十年庚子科江蘇歲貢卷　史3-23296～7

道光二十年庚子科浙江優貢卷　史3-22591～2

道光二十年庚子科會試硃卷　史3-15290～300、15302

道光二十年庚子科會試硃卷、道光十九年己亥科廣東鄉試硃卷、嘉慶十四年己巳年禮部貢卷　史3-15289

道光二十年庚子科會試硃卷、道光十九年己亥科順天鄉試硃卷　史3-15301

道光二十年庚子科會試同年齒錄　史3-13753

道光二十年庚子科會試金榜錄　史3-13754

道光二十年庚子恩科順天鄉試硃卷　史3-17020～6

道光二十年庚子恩科順天鄉試同年齒錄　史3-13984

道光二十年庚子恩科山東鄉試硃卷　史3-21224

道光二十年庚子恩科山東鄉試朱卷　史3-21225

道光二十年庚子恩科山東鄉試題名錄　史3-14478

道光二十年庚子恩科江西鄉試硃卷　史3-20929～31

道光二十年庚子恩科江南鄉試副貢硃卷　史3-22243～8

道光二十年庚子恩科江南鄉試硃卷　史3-17921～36

道光二十年庚子恩科江南彙考優貢卷　史3-22496～7

道光二十年庚子恩科福建鄉試硃卷　史3-20845

道光二十年庚子恩科浙江鄉試副貢硃卷　史3-22361

道光二十年庚子恩科浙江鄉試硃卷　史3-

19563～70、19572～5、19577～90、19592

道光二十年庚子恩科浙江鄉試恩科硃卷
　　史 3－19576、19591

道光二十年庚子恩科浙江鄉試同懷硃卷
　　史 3－19571

道光二十年庚子恩科浙江鄉試錄　史 3－
14236

道光二十年庚子恩科湖南鄉試硃卷　史 3－
21670

道光二十年庚子恩科薦卷　史 3－19673

道光二十年廣東英叛考　史 1－3831

道光二年壬午科順天鄉試副貢硃卷　史 3－
22200

道光二年壬午科順天鄉試硃卷　史 3－
16920～5

道光二年壬午科順天鄉試錄　史 3－13975

道光二年壬午科山東鄉試朱卷　史 3－
21203

道光二年壬午科山東鄉試錄　史 3－14472

道光二年壬午科江南鄉試硃卷　史 3－
17812～24

道光二年壬午科浙江優貢卷　史 3－22585

道光二年壬午科浙江鄉試硃卷　史 3－
19455～65

道光二年壬午科浙江鄉試題名錄　史 3－
14226

道光二年壬午科橫山陳氏硃卷　史 3－
21952

道光二年壬午科同年齒錄　史 3－13862～3

道光二年壬午恩科會試朱墨卷　史 3－
15193

道光二年壬午恩科會試朱卷　史 3－15159～
63、15165～83、15186～8、15190～2

道光二年壬午恩科會試朱卷、道光元年辛
巳恩科貴州鄉試硃卷　史 3－15164

道光二年壬午恩科會試薦卷　史 3－15184～
5、15189

道光二年進士登科錄　史 3－13730

道光三十年庚戌科江西部卷　史 3－23494～5

道光三十年庚戌科拔貢朝考同年齒錄　史
3－14846

道光三十年庚戌科殿試策、覆試卷、二十七
年丁未科大考　史 3－15385

道光三十年庚戌科會試硃卷　史 3－15386～
93、15395～400、15402～7、15409～11

道光三十年庚戌科會試硃卷、道光三十年
庚戌科覆試卷　史 3－15394、15401、15408

道光三十年庚戌科會試齒錄　史 3－13769

道光三十年庚戌科會試官職錄　史 3－
13770

道光三十年庚戌科會試薦卷　史 3－15501

道光三十年庚戌科會試題名錄　史 3－

13768

道光三十年庚戌拔貢朝考覆試等第齒錄
　　史 3－14847

道光三十年庚戌恩科江南恩貢卷　史 3－
23534

道光三十年至咸豐六年兵部彙題忠義錄
　　史 2－7511

道光三年癸未科會試硃卷　史 3－15196～
202

道光三年癸未科會試朱卷　史 3－15194～5

道光三年癸未科會試同年齒錄　史 3－
13732

道光五年夏季搢紳錄輯要　史 8－65841

道光五年乙酉科順天鄉試副貢硃卷　史 3－
22201

道光五年乙酉科順天鄉試硃卷　史 3－
16926～7、16929～34

道光五年乙酉科順天鄉試硃卷、道光五年
乙酉科山東鄉試硃卷　史 3－16928

道光五年乙酉科順天鄉試同年齒錄　史 3－
13976

道光五年乙酉科順天選拔貢卷、歲試卷、科
試卷、歲試古學卷、科試古學卷　史 3－
22703

道光五年乙酉科山西鄉試硃卷　史 3－
17701

道光五年乙酉科山西全省選拔同年齒錄
　　史 3－14894

道光五年乙酉科山東鄉試硃卷　史 3－
21204～7

道光五年乙酉科山東鄉試同年齒錄　史 3－
14473

道光五年乙酉科各省鄉試同年齒錄　史 3－
13864

道光五年乙酉科各省選拔同年明經通譜
　　史 3－14829

道光五年乙酉科江南鄉試副貢硃卷　史 3－
22236

道光五年乙酉科江南鄉試硃卷　史 3－
17825～7、17829～35、17838～42

道光五年乙酉科江南鄉試硃卷、道光二年
壬午科薦卷　史 3－17836～7

道光五年乙酉科江南鄉試魁卷　史 3－
17828

道光五年乙酉科江南選拔貢卷　史 3－
22721

道光五年乙酉科江蘇選拔貢卷　史 3－
22720

道光五年乙酉科江蘇選拔貢卷、道光五年
乙酉科試草　史 3－22722

道光五年乙酉科河南鄉試硃卷　史 3－
21402

道光五年乙酉科河南鄉試錄　史 3 - 14524

道光五年乙酉科福建鄉試錄　史 3 - 14339

道光五年乙酉科浙江歲貢卷　史 3 - 23398

道光五年乙酉科浙江鄉試副貢硃卷　史 3 - 22351～2

道光五年乙酉科浙江鄉試硃卷　史 3 - 19466～71

道光五年乙酉科浙江選拔貢卷　史 3 - 22938～42

道光五年乙酉科湖北鄉試硃卷　史 3 - 21542

道光五年乙酉科湖南鄉試硃卷　史 3 - 21649～50

道光五年乙酉科湖南選拔貢卷　史 3 - 23243

道光五年乙酉科直省同年錄　史 3 - 13865

道光五年乙酉科直省舉貢同年錄　史 3 - 14830

道光五年乙酉科四川鄉試同年齒錄　史 3 - 14704

道光五年乙酉浙江鄉試同年齒錄　史 3 - 14227

道光丁酉科浙江全省選拔貢舉同年齒錄　史 3 - 14952

道光元年辛巳科江蘇恩貢試卷　史 3 - 23524

道光元年辛巳各省同年全錄　史 3 - 13860

道光元年辛巳恩科順天鄉試硃卷　史 3 - 16917～8

道光元年辛巳恩科順天鄉試朱卷　史 3 - 16919

道光元年辛巳恩科江西鄉試硃卷　史 3 - 20918～9

道光元年辛巳恩科江南鄉試副貢硃卷　史 3 - 22235

道光元年辛巳恩科江南鄉試硃卷　史 3 - 17801～11

道光元年辛巳恩科江蘇恩貢卷　史 3 - 23523

道光元年辛巳恩科浙江鄉試副貢硃卷　史 3 - 22349～50

道光元年辛巳恩科浙江鄉試硃卷　史 3 - 19434～54

道光元年辛巳恩科橫山陳氏硃卷　史 3 - 21951

道光元年辛巳恩科四川鄉試朱卷　史 3 - 22032～6

道光元年順天文鄉試錄　史 3 - 13974

道光元年分雲南省各標鎮協營官兵馬匹支過俸餉馬乾銀米數目黃册　史 6 - 47476

道光丙戌海運記　史 6 - 44163

道光刑案　史 6 - 46129

道光癸卯年奏事漢檔　史 6 - 47936

道光己亥辛丑學正中書齒錄　史 3 - 14836

道光己酉災案　史 6 - 44727

道光己酉科順天鄉試同年錄　史 3 - 13988　叢 2 - 1916

道光壬寅至庚戌祭壽文墓誌序記棄餘艸　叢 2 - 1838

道光壬寅至庚戌祭壽文墓誌序記棄餘草　集 4 - 32003

道光壬辰恩科殿試狀元翰林金榜題名錄　史 3 - 13741

道光上諭　史 6 - 47693

道光歲入歲出簡明總册　史 6 - 43213

道光條約　史 6 - 44941

道光富陽節婦事實册　史 2 - 7996

道光初元清釐漕弊奏議彙鈔　史 6 - 47920

道光洋艘征撫記　史 1 - 3836

道光十六年丙申重訂九年己丑齒錄　史 3 - 13749

道光十六年丙申科江西部卷　史 3 - 23485

道光十六年丙申科江蘇恩貢卷　史 3 - 23529

道光十六年丙申科浙江歲貢卷　史 3 - 23399

道光十六年丙申恩科會試硃卷　史 3 - 15263～73、15275～6、15279

道光十六年丙申恩科會試硃卷、道光十二年壬辰科順天鄉試硃卷、道光五年乙酉科山東選拔貢卷　史 3 - 15278

道光十六年丙申恩科會試硃卷、道光十五年乙未科會試薦卷　史 3 - 15274

道光十六年丙申恩科會試硃卷、道光十五年乙未恩科江西鄉試硃卷　史 3 - 15277

道光十六年會試錄　史 3 - 13748

道光十六年鎮篁兵勇滋事查辦情形並苗疆善後章程　史 1 - 3784

道光十一年辛卯科山東鄉試硃卷　史 3 - 21208～9

道光十一年辛卯恩科雲南鄉試錄　史 3 - 14757

道光十一年辛卯恩科順天鄉試硃卷　史 3 - 16949～59

道光十一年辛卯恩科順天鄉試朱卷　史 3 - 16960～1

道光十一年辛卯恩科順天鄉試薦卷　史 3 - 16948

道光十一年辛卯恩科順天鄉試第十一房同門朱卷　史 3 - 16947

道光十一年辛卯恩科順天鄉試第十六房同門朱卷　史 3 - 16946

道光十一年辛卯恩科山東鄉試朱卷　史 3 -

21210

道光十一年辛卯恩科山東鄉試題名錄　史
3-14475

道光十一年辛卯恩科江南鄉試硃卷　史3-
17851～2、17854～8

道光十一年辛卯恩科江南鄉試硃卷、道光
八年戊子科鄉試薦卷　史3-17853

道光十一年辛卯恩科浙江優貢卷　史3-
22587～8

道光十一年辛卯恩科浙江鄉試硃卷　史3-
19479～96

道光十一年辛卯恩科浙江鄉試題名錄　史
3-14228

道光十一年順天鄉試錄　史3-13978

道光十一年江西鄉試錄　史3-14394

道光十二年壬辰科廣西鄉試硃卷　史3-
21953

道光十二年壬辰科廣西鄉試題名錄　史3-
14667

道光十二年壬辰科順天鄉試硃卷　史3-
16962～71

道光十二年壬辰科順天鄉試朱卷　史3-
16972

道光十二年壬辰科山東鄉試朱卷　史3-
21211

道光十二年壬辰科鄉試同年錄　史3-
13869

道光十二年壬辰科江西部卷　史3-23484

道光十二年壬辰科江南歲貢卷　史3-
23293

道光十二年壬辰科江南鄉試硃卷　史3-
17859～64

道光十二年壬辰科河南鄉試硃卷　史3-
21403

道光十二年壬辰科河南鄉試朱卷　史3-
21404

道光十二年壬辰科浙江鄉試副貢硃卷　史
3-22354

道光十二年壬辰科浙江鄉試硃卷　史3-
19497～9、19501～6

道光十二年壬辰科浙江鄉試硃卷、道光十
一年辛卯恩科浙江鄉試薦卷　史3-
19500

道光十二年壬辰科浙江鄉試錄　史3-
14229

道光十二年壬辰科直省鄉試同年齒錄　史
3-13870

道光十二年壬辰科直省鄉試同年全錄　史
3-13871

道光十二年壬辰科直省同年錄　史3-
13868

道光十二年壬辰科貴州鄉試硃卷　史3-

22130

道光十二年壬辰科四川鄉試題名錄　史3-
14707

道光十二年壬辰恩科會試硃卷　史3-
15230～6

道光十二年壬辰恩科會試同年齒錄　史3-
13739

道光十二年緝私章程　史6-45404

道光十二年進士登科錄　史3-13740

道光十二年四川鄉試錄　史3-14706

道光十三年癸巳科武會試錄　史3-13745

道光十三年癸巳科同年齒錄　史3-13743、
13872

道光十三年癸巳科會試硃卷　史3-15239～
56

道光十三年癸巳科會試硃卷、道光十三年
癸巳科會試魁卷、道光五年乙酉科江南
鄉試硃卷、嘉慶二十三年戊寅恩科江南
鄉試薦卷　史3-15238

道光十三年癸巳科會試錄　史3-13742

道光十三年癸巳恩科四川鄉試朱卷　史3-
22038

道光十三年緝私章程　史6-45405

道光十三年進士登科錄　史3-13744

道光十五年廣東鄉試錄　史3-14624

道光十五年乙未科江南恩貢卷　史3-
23526

道光十五年乙未科江蘇恩貢卷、道光十五
年乙未科壬辰科薦卷　史3-23528

道光十五年乙未科河南鄉試錄　史3-
14525

道光十五年乙未科湖南歲貢卷　史3-
23509

道光十五年乙未科會試硃卷　史3-15257～
60、15262

道光十五年乙未科會試硃卷、道光十四年
甲午科福建鄉試硃卷　史3-15261

道光十五年乙未科會試同年齒錄　史3-
13746～7

道光十五年乙未恩科廣東鄉試朱卷　史3-
21862

道光十五年乙未恩科武鄉試題名錄　史3-
13980

道光十五年乙未恩科順天文鄉試錄　史3-
13981

道光十五年乙未恩科順天鄉試副貢硃卷
史3-22203

道光十五年乙未恩科順天鄉試硃卷　史3-
16984～92、16994～7000、17002～7、17009

道光十五年乙未恩科順天鄉試硃卷、道光
十五年乙未恩科覆試卷　史3-16993、
17001、17008

道光十五年乙未恩科山東鄉試朱卷　史3-21214

道光十五年乙未恩科繙譯鄉試錄　史3-13876

道光十五年乙未恩科江南貢卷　史3-23527

道光十五年乙未恩科江南鄉試副貢硃卷　史3-22239～41

道光十五年乙未恩科江南鄉試硃卷　史3-17875～83、17885～96

道光十五年乙未恩科江南鄉試硃卷、道光十二年壬辰科鄉試薦卷　史3-17884

道光十五年乙未恩科江南鄉試硃卷、卷　史3-17897

道光十五年乙未恩科河南鄉試硃卷　史3-21405

道光十五年乙未恩科福建鄉試硃卷　史3-20844

道光十五年乙未恩科浙江鄉試副貢硃卷　史3-22356

道光十五年乙未恩科浙江鄉試硃卷　史3-19518～26、19528～9

道光十五年乙未恩科浙江鄉試恩科硃卷　史3-19527

道光十五年乙未恩科浙江鄉試錄　史3-14232

道光十五年乙未恩科湖南鄉試硃卷　史3-21662～3

道光十五年乙未恩科直省同年錄　史3-13875

道光十五年浙江鄉試題名錄　史3-14233

道光十五年四川鄉試題名錄　史3-14708

道光十九年癸巳科會試朱卷　史3-15288

道光十九年己亥預行二十年庚子正科浙江鄉試硃卷　史3-19548

道光十九年己亥預行正科江南鄉試副貢硃卷　史3-22242

道光十九年己亥預行正科湖南鄉試硃卷　史3-21668～9

道光十九年己亥科廣西武鄉試錄　史3-14668

道光十九年己亥科順天鄉試副貢硃卷　史3-22204～5

道光十九年己亥科順天鄉試硃卷　史3-17015～9

道光十九年己亥科順天鄉試同年齒錄　史3-13983

道光十九年己亥科山西鄉試硃卷　史3-17703

道光十九年己亥科山東鄉試硃卷　史3-21221～2

道光十九年己亥科山東鄉試朱卷　史3-21223

道光十九年己亥科鄉試同年齒錄　史3-13878

道光十九年己亥科江西部卷　史3-23486

道光十九年己亥科江西鄉試副貢硃卷　史3-22457

道光十九年己亥科江西鄉試硃卷　史3-20926～8

道光十九年己亥科江南鄉試硃卷　史3-17910～20

道光十九年己亥科河南鄉試副貢硃卷　史3-22474

道光十九年己亥科河南鄉試硃卷　史3-21408～9

道光十九年己亥科福建省鄉試錄　史3-14340

道光十九年己亥科浙江鄉試副貢硃卷　史3-22360

道光十九年己亥科浙江鄉試硃卷　史3-19543～7、19549～62

道光十九年己亥科浙江鄉試錄　史3-14235

道光十九年己亥科貴州鄉試硃卷　史3-22131

道光十九年己亥科四川鄉試硃卷　史3-22039

道光十九年己亥欽取國子監學正學錄同年齒錄　史3-14835

道光十七年丁酉山東鄉試正副榜　史3-14477

道光十七年丁酉科廣東鄉試朱卷　史3-21863

道光十七年丁酉科廣東選拔貢卷　史3-23259

道光十七年丁酉科順天鄉試硃卷　史3-17010～2、17014

道光十七年丁酉科順天鄉試硃卷、道光十五年乙未恩科順天鄉試謄錄硃卷　史3-17013

道光十七年丁酉科順天選拔同年齒錄　史3-14890

道光十七年丁酉科山東鄉試副貢硃卷　史3-22473

道光十七年丁酉科山東鄉試硃卷　史3-21215～8

道光十七年丁酉科山東鄉試朱卷　史3-21219～20

道光十七年丁酉科山東鄉試同年齒錄　史3-14476

道光十七年丁酉科各省選拔同年明經通譜　史3-14833

道光十七年丁酉科江西鄉試副貢硃卷　史

3-22456

道光十七年丁酉科江西鄉試硃卷　史3-20923～5

道光十七年丁酉科江南鄉試硃卷　史3-17898～901、17903～9

道光十七年丁酉科江南鄉試硃卷、道光十四年甲午科薦卷　史3-17902

道光十七年丁酉科江南彙考優貢卷　史3-22495

道光十七年丁酉科江南選拔貢卷　史3-22723～6、22728～9、22732～5

道光十七年丁酉科江蘇選拔貢卷　史3-22727、22730～1

道光十七年丁酉科河南鄉試硃卷　史3-21407

道光十七年丁酉科河南拔貢卷　史3-23226～7

道光十七年丁酉科河南擬墨　史3-21406

道光十七年丁酉科浙江武鄉試闈卷　史3-19542

道光十七年丁酉科浙江優貢卷　史3-22589～90

道光十七年丁酉科浙江鄉試副貢硃卷　史3-22357～9

道光十七年丁酉科浙江鄉試硃卷　史3-19530～41

道光十七年丁酉科浙江鄉試題名錄　史3-14234

道光十七年丁酉科浙江選拔貢卷　史3-22943～77

道光十七年丁酉科湖南歲貢卷　史3-23510

道光十七年丁酉科湖南鄉試硃卷　史3-21664～5、21667

道光十七年丁酉科湖南鄉試同懷硃卷　史3-21666

道光十七年丁酉科湖南選拔貢卷　史3-23244～8

道光十七年丁酉科湖南選拔同門齒譜　史3-15000

道光十七年丁酉科四川選拔硃卷　史3-23269

道光十七年丁酉科四川選拔齒錄　史3-15011

道光十七年丁酉科陝西鄉試硃卷　史3-22154

道光十七年丁酉科八旗選拔會考同年齒錄　史3-14897

道光十七年丁酉直省同年鄉試錄　史3-13877

道光十七年順天文鄉試錄　史3-13982

道光十四年江西鄉試錄　史3-14395

道光十四年湖南鄉試錄　史3-14581

道光十四年戊子科陝西鄉試副貢硃卷　史3-22485

道光十四年甲午科武鄉試題名錄　史3-13979

道光十四年甲午科順天優貢卷　史3-22486

道光十四年甲午科順天鄉試硃卷　史3-16973～83

道光十四年甲午科山西鄉試硃卷　史3-15432

道光十四年甲午科山東鄉試硃卷　史3-21212～3

道光十四年甲午科繙譯鄉試錄　史3-13874

道光十四年甲午科江西優選貢卷　史3-22658

道光十四年甲午科江西鄉試硃卷　史3-20922

道光十四年甲午科江西鄉試題名錄　史3-14396

道光十四年甲午科江南歲貢卷　史3-23294

道光十四年甲午科江南鄉試副貢硃卷　史3-22238

道光十四年甲午科江南鄉試硃卷　史3-17865～74

道光十四年甲午科江南鄉試錄　史3-14127

道光十四年甲午科江蘇優貢卷　史3-22494

道光十四年甲午科福建鄉試硃卷　史3-20841～3

道光十四年甲午科浙江鄉試副貢硃卷　史3-22355

道光十四年甲午科浙江鄉試硃卷　史3-19507～17

道光十四年甲午科浙江鄉試題名錄　史3-14231

道光十四年甲午科浙江鄉試錄　史3-14230

道光十四年甲午科湖南優貢卷　史3-22681

道光十四年甲午科湖南鄉試硃卷　史3-21651～61

道光十四年甲午科湖南鄉試題名錄　史3-14582

道光十四年甲午科直省同年錄　史3-13873

道光十八戊戌科拔貢朝考覆試錄　史3-14834

道光十八年進士登科錄　史3-13752

道光十八年戊戌科會試硃卷　史3-15280〜
　　4、15286〜7
道光十八年戊戌科會試硃卷、道光十七年
　　丁酉科山東鄉試硃卷　史3-15285
道光十八年戊戌科會試同年齒錄　史3-
　　13751
道光十八年戊戌科會試錄、乙酉順天鄉試
　　同門姓氏　史3-13750
道光九年己丑科江蘇歲貢卷　史3-23292
道光九年己丑科會試硃卷　史3-15210〜7、
　　15219〜29
道光九年己丑科會試硃卷、道光元年辛巳
　　恩科山東鄉試硃卷　史3-15218
道光九年己丑科會試錄　史3-13736
道光九年進士登科錄　史3-13737
道光九年十年二十六年宛平縣奏銷册　史
　　6-47434
道光查辦鹽務河工海塘奏稿　史6-47932
道光貳拾貳年分漕標七營官兵馬匹數目册
　　史6-47429
道光貳年起運元年分漕白二糧完兌文册
　　史6-43440
道光英艦破鎮江記　史1-3835
道光廿九年己酉縉雲皿川羊氏宗譜重修
　　[浙江縉雲]　史4-26838
道光朝奏稿　史6-47923
道光朝籌辦夷務始末　史6-44900
道光奏章　史6-47921
道光奏摺　史6-47922
道光成案(道光十八年至二十年)　史6-
　　46112
道光四年甲申科江南歲貢卷　史3-23289
道光四年甲申科浙江恩貢卷　史3-23608
道光甲申陳留謝氏續修族譜[湖南寧鄉]
　　史5-40781
道光甲辰元赤道恆星圖　子3-11406
道光甲辰恩科浙江同年齒錄　史3-14239
道光甲辰恩科四川鄉試同年齒錄　史3-
　　14710
道光時夷務雜抄　史1-3786
道光閩政彙編　史6-41891
道光八年廣東鄉試錄　史3-14622
道光八年戊子科廣東鄉試題名錄　史3-
　　14623
道光八年戊子科順天鄉試副貢硃卷　史3-
　　22202
道光八年戊子科順天鄉試硃卷　史3-
　　16935、16937〜43
道光八年戊子科順天鄉試硃卷、道光五年
　　乙酉科選拔貢卷　史3-16936
道光八年戊子科順天鄉試朱卷　史3-

　　16944〜5
道光八年戊子科順天鄉試同年齒錄　史3-
　　13977
道光八年戊子科山西鄉試硃卷　史3-
　　17702
道光八年戊子科山東武鄉試同年齒錄　史
　　3-14474
道光八年戊子科江西鄉試硃卷　史3-
　　20920〜1
道光八年戊子科江南歲貢卷　史3-23290〜1
道光八年戊子科江南鄉試副貢硃卷　史3-
　　22237
道光八年戊子科江南鄉試硃卷　史3-
　　17843〜50
道光八年戊子科江蘇優貢卷　史3-22493
道光八年戊子科江蘇恩貢卷　史3-23525
道光八年戊子科浙江優貢卷　史3-22586
道光八年戊子科浙江鄉試副貢硃卷　史3-
　　22353
道光八年戊子科浙江鄉試硃卷　史3-
　　19472〜8
道光八年戊子科湖北鄉試硃卷　史3-
　　21543
道光八年戊子科直省同年錄　史3-13867
道光八年戊子科四川鄉試硃卷　史3-
　　22037
道光八年戊子科四川鄉試題名錄　史3-
　　14705
道光八年戊子科同年錄　史3-13866
道光會稽縣志槀　史7-54918
95 道情　集7-52596　叢1-322
　　道情(殘)　叢2-1425
　　道情詞　集7-47722
　　道情十首　集3-18904
99 道榮堂文集　集3-17300

3830₇ 逆

01 逆証滙錄　子2-7277、7812
08 逆旅集、奏議　集2-11653
10 逆耳忠言　子7-35337
17 逆子孝媳寶卷　集7-54405
19 逆瑫封爵始末　史1-1952、3043
30 逆案漏網　史1-1952、3042
46 逆媳寶卷(忤逆寶卷)　集7-54404
63 逆賊奸臣錄　史1-3029、3068
71 逆臣傳　史1-919、926、966、972〜5　集7-
　　53333
77 逆降義　經1-5442　叢2-774(4、11)

90 逆黨禍蜀記　史1-4023
　　逆黨姓名紀署　史1-4092　叢2-1934

3830₉ 途

50 途中記　史7-49318(15)、53949

3834₃ 導

12 導引圖　子2-11215
30 導豪集　集4-22099
31 導江三議　史6-46692　叢2-731(55)、872
40 導古堂文集　集5-37976

3850₇ 肇

00 肇慶府志[康熙]　史8-61107
　　肇慶府志[道光]　史8-61109
　　肇慶府志[萬曆]　史8-61106
　　肇慶府志[乾隆]　史8-61108
　　肇慶府署基圍圖　史7-50899
　　肇慶修志章程　叢2-711
08 肇論　子6-32091(70)、7-32102、33808
　　肇論、寶藏論　子7-33809
　　肇論新疏　子6-32089(51)、32090(66)、32091
　　　(64)、32092(43)、32093(50)、7-33811
　　肇論新疏游刃　子6-32089(51)、32090(66)、
　　　32091(64)、32093(50)、7-33812
　　肇論中吳集解　子7-33810　叢2-595～6
　　肇論署注　子7-33813～4
32 肇州縣志署[民國]　史7-56345
43 肇域記　史7-49607
　　肇域志　史7-49606
　　肇域志南畿稿　史7-49609
　　肇域志摘鈔　史7-49608

3860₄ 啓

00 啓文集　集1-5692
01 啓顏錄　子5-27366　叢1-11～2、15、22
　　　(4)、23(4)
　　啓顏錄佚文　叢2-777

04 啓讀大成備體　子4-20919
10 啓疏定補　叢2-2270(4)
20 啓秀軒文集　集5-39528
　　啓秀軒詩鈔　集4-31081
　　啓雋類函、職官考、目錄　集6-45223
　　啓雋類函古體、近體、職官考、目錄　子5-
　　　25098
　　啓信雜說　子4-22045
　　啓集狐白　集6-45285
31 啓禎記聞錄　史1-1979、3201
　　啓禎兩朝剝復錄　史1-1937、3017～9
　　啓禎兩朝剝復錄、札記　史1-3021　叢2-
　　　819
　　啓禎兩朝遺詩　集6-41943
　　啓禎兩朝遺詩小傳　史2-7353～4
　　啓禎兩朝常熟實錄補編　史1-3022
　　啓禎宮詞　集6-41817
　　啓禎宮詞(高兆)　史1-6176　叢1-203
　　　(17)
　　啓禎宮詞(劉城)　史1-6175　叢1-587(1)
　　啓禎遺詩　集6-41944
　　啓禎遺詩小傳　史2-7352
　　啓禎夷情奏稿　史6-47841
　　啓禎四書文　經2-11136、11139　叢1-223
　　　(71)
　　啓禎野乘一集　史2-7350
　　啓禎野乘一集二集　史2-7351
　　啓禎臣節錄　史2-7349
37 啓運慈悲道塲懺法　子6-32093(49)
40 啓真誠禪師語錄　子6-32091(80)
　　啓真集　子5-29530(5)、31231
41 啓禎兩朝剝復錄、札記　叢2-818
44 啓蒙意見　經1-2141　叢1-223(3)
　　啓蒙新詠五言詩律　集4-25340
　　啓蒙討論　經1-2254
　　啓蒙課本　子1-2900
　　啓蒙記　經2-13361　叢2-774(8)
　　啓蒙五贊　經1-2119
　　啓蒙要言　子1-2919
　　啓蒙便覽　子1-2876
　　啓蒙必讀　子1-2911
　　啓蒙對話便讀三字錦　經2-13445
　　啓蒙對偶續編　子5-25644
　　啓蒙真諦二種　子2-7375
　　啓蒙蓍法　子3-14636
　　啓蒙挈要　子1-2872
　　啓蒙圖說　子1-2918
　　啓蒙歷代鑑譜　史1-4929
　　啓蒙附論　經1-1087
　　啓蒙醫案　子2-10647

　啓蒙問答　子1－2885
　啓蒙算書　子7－36237
　啓蒙筆算　子3－12610
50 啓東錄　史7－50166
60 啓品有函　集6－43915　叢2－1204
64 啓矇真諦二種　叢1－496(8)
91 啓悟集　子5－27110

3866₈ 豁

44 豁落斗　子3－13654　叢1－560
90 豁堂老人同凡草　集3－13026

3911₁ 洸

10 洸西草堂集　集4－22605
　洸西草堂集三種　叢2－1607

3912₀ 沙

00 沙疹輯要　子2－7057
　沙市志畧[民國]　史8－60309
　沙市情形記　史7－49319、50711
10 沙雪湖先生詩稿　集4－24346
11 沙頭崔氏家譜[廣東南海]　史5－34337
　沙頭崔氏永思堂家譜[廣東南海]　史5－
　　34338
　沙頭里志[乾隆]　史7－57058
　沙頭里志詩文徵　集6－44538
　沙頭里志詩徵　集6－44537
　沙彌律儀要畧　子7－32099、33930～1、33941
　沙彌律儀要畧、毘尼日用儀範、四分戒本、
　　梵網經菩薩戒　子7－33929
　沙彌律儀要畧增註　子6－32091(68)
　沙彌律儀要畧增注　子7－33933
　沙彌律儀毘尼日用合參　子7－33946
　沙彌十戒儀則經　子6－32083(28)
　沙彌十戒法威儀　子6－32083(23)
　沙彌十戒法並威儀　子6－32081(35)、32084
　　(19)、32085(34)、32088(25)、32089(40)、
　　32090(46)、32091(44)、32092(30)、32093
　　(24)、7－32651
　沙彌十戒法並威儀序　子6－32086(39)
　沙彌十戒威儀錄要　子6－32091(68)

　沙彌威儀　子6－32081(35)、32083(23)、32084
　　(19)、32085(34)、32086(40)、32088(25)、
　　32089(40)、32090(47)、32091(45)、32092
　　(31)、32093(24)
　沙彌成範　子7－33927
　沙彌羅經　子6－32081(30)、32083(20)、32084
　　(17)、32085(29)、32086(34)、32088(21)、
　　32089(21)、32090(26)、32091(25)、32092
　　(17)、32093(20)
　沙彌尼離(雜)戒文　子6－32086(40)
　沙彌尼離戒文　子6－32085(34)、32088(25)、
　　32089(40)、32090(47)、32091(45)、32092(31)
　沙彌尼離戒文(沙彌尼戒經)　子6－32084
　　(19)、32093(24)
　沙彌尼雜戒文　子6－32083(23)
　沙彌尼比丘尼戒錄要　子7－32099
　沙彌尼律儀要畧　子7－33932
　沙彌尼戒文　子6－32081(35)
　沙彌尼戒經　子6－32081(35)、32083(23)、
　　32084(19)、32086(40)、32088(25)、32089
　　(40)、32090(46)、32091(44)、32092(30)、
　　32093(24)
　沙彌學戒儀軌頌註、禮佛儀式　子6－32091
　　(68)
21 沙上集　集2－11610～1
　沙上集、沙上吟　叢2－978
22 沙崗王氏四房房譜[浙江象山]　史4－
　　24999
　沙嶺紀遊草　集5－36082
26 沙白岸詩鈔　集3－20753
30 沙濟富察氏宗譜[遼寧]　史5－36691
　沙定洲紀亂　史1－3457
31 沙江張氏三修族譜[湖南湘鄉]　史5－
　　35377
　沙河逸老小稿　叢2－731(43)
　沙河逸老小稿、嶰谷詞　集3－18620　叢1－
　　456(3)
　沙河縣志[康熙]　史7－55442
　沙河縣志[道光]　史7－55444
　沙河縣志[乾隆]　史7－55443
　沙河縣志[民國]　史7－55445
　沙渠紀績錄　史6－43158
32 沙州文錄　叢1－589
　沙州文錄、補、附錄　叢2－603
　沙州記　史7－51170～1　叢1－22(11)、23
　　(10)、2－731(58)、763
　沙州石室文字記　史8－66359　叢1－589
　沙州志殘、校錄札記　史7－51172　叢1－
　　589
　沙州都督府圖經[開元]　史8－63148
　沙州圖經殘　史7－51173　叢2－592
　沙洲孫氏宗譜[江蘇]　史5－33533

沙洲孫氏宗譜[江蘇江陰]　史5-33565
沙洲定亂記　叢2-1261
沙溪集　集2-7614～6,6-41751　叢1-223(65)
沙溪集畧　集5-33988
沙溪河口彭氏支譜[湖南瀏陽]　史5-35578
沙溪楊氏宗譜[江西吉水]　史5-36970
沙溪楊氏宗譜[江蘇溧陽]　史5-36800
沙溪胡氏世譜[江蘇太倉]　史4-30394
沙溪梅樹蔣氏四修族譜[湖南湘鄉]　史5-38208
33 沙沱搬兵　集7-53032
沙沱國　集7-51238
沙浦陳氏族譜[廣東高要]　史4-33423
35 沙津吟留稿　集4-31742
沙迪生詩稿　集5-37531
40 沙南方氏宗譜[安徽歙縣]　史4-25828
沙南遺草　集2-10578
43 沙城陳氏宗譜[浙江浦江]　史4-33087～90
44 沙麓詞　集7-46900
46 沙堤石林葉氏宗譜[安徽祁門]　史5-35742
沙堤葉氏家譜[安徽祁門]　史5-35741
48 沙幹佛母神咒　子7-32094
50 沙中金集　集6-45484,46256　叢1-114(3)
56 沙螺李氏族譜[湖南瀏陽]　史4-27442
60 沙園吳氏宗譜[安徽歙縣]　史4-28038
沙田朱氏族譜[湖南湘鄉]　史4-26727
沙田宗派族譜[安徽黟縣]　史4-28892
沙曷比丘功德經　子6-32083(21)
61 沙旴江遺稿、滇黔解餉紀畧　集3-16783
62 沙縣志[康熙]　史8-58282
沙縣志[道光]　史8-58283
沙縣志[嘉靖]　史8-58281
沙縣志[民國]　史8-58284
70 沙雅縣鄉土志[光緒]　史8-63409
73 沙陀傳地理考證　史1-665,7-49310
76 沙陽趣廬醫學合參　子2-5278
77 沙門頭陀經　子6-32085(21)、32090(19)、32092(13)
沙門島張生煮海　叢2-720(4)
沙門島張生煮海雜劇　集7-48767(4)、48917　叢2-698(17)
沙門灣論　史7-49357、50617
沙門灣形勢說畧　史6-45550,7-49319
沙門日用　子6-32091(68)
88 沙籠文選　子7-34694

渺

10 渺一齋刻印自存稿　子3-17470

3912₇　消

10 消夏雜記　叢2-2101
消夏百一詩　集5-40022～3　叢1-547(2)、2-2173
消夏灣陸氏世譜　史5-36698
消夏印存　子3-17327
消夏閑記選存　子5-26758　叢2-796
消夏閑記摘抄　子5-26757　叢2-674
消夏錄　子4-21183～4,5-26564、27476　叢2-1575
消憂詩草、年譜　集4-26321
22 消災護命妙經　子5-29530(1)、29547、29553～4
消災延壽藥師懺法　子7-35074
消災延壽閻王經(呂祖師降諭遵信玉曆鈔傳閻王經、消災延壽閻王卷)　集7-54486
消災吉祥陀羅尼神咒　子7-32096
29 消愁集　集7-47929、47969
消愁吟　集5-39891
30 消寒新詠　史2-7678
消寒詩話　集6-45978　叢1-203(17)
消寒詩存　集5-41111
消寒詩鈔　集4-30637
消寒八十一詠　集5-35828
57 消搖墟經　子5-29531、31843～4
60 消暑褉錄元集　子4-23333
消暑隨筆　子4-23218～9
消暑隨筆、子目　叢1-339～40
消暑錄　子4-22528
消暑筆記　子5-26565
66 消暍集　集2-11661～4
77 消閒戲墨　子4-21205　叢2-1609
消閒述異　子5-27135
消閒草　集4-22373
消閒四種　叢2-1382
消閒雜錄　子4-24544
消閒錄　子1-1312,4-23468
78 消除一切災障寶髻陀羅尼經　子6-32083(31)
消除一切閃電障難隨求如意陀羅尼經　子

6 - 32081(44)、32082(21)、32085(41)、32088
(30)、32089（25）、32090（32）、32091（30）、
32092(21)、32093(43)

消除一切閃電障難隨求如意陁羅尼經　子
6 - 32084(24)

消除一切閃電障難隨求陀羅尼經　子 6 -
32083(28)、32086(48)

澇

37 澇湖西陳宗譜[浙江蕭山]　史 4 - 32809
　澇湖陳氏宗譜[浙江蕭山]　史 4 - 32808

3913₁ 瀿

31 瀿源堂詩集　集 4 - 32675

3915₀ 泮

10 泮西周氏宗譜[浙江東陽]　史 4 - 30044～5
40 泮塘朱氏宗譜[浙江義烏]　史 4 - 26586～9
　泮南余氏宗譜[浙江淳安]　史 4 - 28529
50 泮東徐氏家乘[浙江東陽]　史 4 - 32043～4
　泮東徐氏宗譜[浙江東陽]　史 4 - 32041～2、
32045
74 泮陵熊氏重修族譜[江西清江]　史 5 -
38937

3918₀ 湫

01 湫龍檻虎答慰　叢 2 - 2039
37 湫瀏齋叢書　史 8 - 63510
　湫瀏齋吟草　集 5 - 39137

3918₉ 淡

00 淡庵西蜀吟草　集 5 - 34825
　淡庵吟全集(淡庵吟、翠柏山房詩鈔、淡庵
別集)　集 4 - 28621
　淡言齋詩鈔　叢 2 - 795
10 淡雲齋詩草　集 5 - 35717

12 淡水廳志[道光]　史 8 - 63470
　淡水廳志[同治]　史 8 - 63471
20 淡香吟館詩鈔、續刻　集 4 - 33015
　淡集南詩鈔　集 5 - 37328
22 淡災蠡述　史 6 - 46883
23 淡然軒集　集 2 - 10227　叢 1 - 223(66)
25 淡生堂聚書訓序、藏書訓畧　史 8 - 65338
　淡生堂藏書目　史 8 - 65590
　淡生堂藏書目、藏書訓、藏書約　史 8 -
65592
　淡生堂藏書目、藏書約、庚申整書小記、庚
申整書例畧　史 8 - 65593
　淡生堂書目　史 8 - 65594
　淡生堂餘苑一百八十七種　叢 1 - 136
　淡生堂餘苑□□種　叢 1 - 137
26 淡和堂經說　經 2 - 11552　叢 2 - 962
30 淡永山窗詩集　集 4 - 32101
　淡安遺文　集 4 - 23712　叢 2 - 909
34 淡遠樓詩　集 5 - 40399
　淡遠軒詩鈔　集 4 - 27776
　淡遠軒續編　集 4 - 27777
37 淡祿堂雜著　集 4 - 30804
39 淡淡幽香一枝　集 7 - 51695
40 淡志室主人紀年前編　史 2 - 12490
44 淡芭菰栽製法、種煙葉法　子 7 - 37086
46 淡如齋詩草　集 4 - 32689
　淡如菊齋詩稿　集 4 - 30110
　淡如軒詩鈔　集 3 - 20680
51 淡軒詩稿、文稿　集 3 - 18600
　淡軒先生詩文集、補遺　集 2 - 6664
　淡軒拾草　集 5 - 38114
60 淡墨錄　史 6 - 42334　叢 1 - 282(4)、283(4)、
2 - 731(68)
　淡園文集　集 5 - 33770　叢 2 - 1913～4
　淡園吟　集 5 - 41274
　淡園全集四種(馬徵麐四種)　叢 2 - 1913
77 淡巴菰百詠　子 4 - 19327～8
　淡巴菰題辭　子 4 - 19327、19329
　淡巴菰唱酥合刻　子 4 - 19327
80 淡無慮齋遺集　集 5 - 38338
　淡食雜抄　叢 2 - 1524
　淡氣爆藥新書上編、下編　子 7 - 37016

3930₂ 逍

37 逍遙亭　集 7 - 50348
　逍遙齋謎存　子 3 - 18461
　逍遙詞　集 7 - 46358、46364、46367、46369、

46383、46446

逍遙子導引訣　子2-11180　叢1-86,2-730(7)、731(13)

逍遙集　集1-1898,7-46353　叢1-223(50)、244(4)、357

逍遙山萬壽宮志　史7-51742~3

逍遙先生遺詩　集1-1806　叢2-959

逍遙津　集7-53446

逍遙游　集7-48776

逍遙遊　集3-13206,7-49219　叢2-672、1235

逍遙遊(衍莊新調)　集7-49220

逍遙遊釋　子5-29393　叢2-1624

逍遙遊初集　子4-24048

逍遙巾　集7-49601

逍遙園集　集2-9641

逍遙錄　叢2-1129

3930_9　迷

10 迷天九星陣　子1-3746

20 迷信小說瞎騙奇聞(瞎騙奇聞)　子5-27870

迷香指南圖解　子5-30311

22 迷仙志　集6-42378　叢1-128~9,2-1173

44 迷藏一哂　子3-18505

迷藏圖題詠　叢1-319

45 迷樓記　子5-26224、26243　叢1-19(6)、20(4)、22(18)、23(18)、24(7)、29(3)、91、255(2)、407(2)、587(3),2-730(5)

50 迷青瑣倩女離魂　集7-48769、48774(8)、48937　叢2-720(5)

迷青瑣倩女離魂雜劇　集7-48767(2)　叢2-698(15)

91 迷悟關　叢2-1201

3940_4　娑

60 娑羅草堂詩　集6-44188

娑羅園清語　子4-20648

娑羅園清語、續、戒殺放生文　子4-20649

娑羅館清言　子4-20719　叢1-105、111(1)

娑羅館清言、續　叢2-731(55)

娑羅館清言、續娑羅館清言　子4-20647

娑羅館清言、補　子4-20646

娑羅館清言、逸稿、續清言　子4-20645

娑羅館清語　子4-20650　叢2-691(3)

娑羅館逸稿　集2-9991~2　叢1-105、111(1),2-731(43)

4

4000₀　乂

41 乂杆坐獄　集7-53368〜9

十

00 十齋素念佛式　子7-35100
　十方現在佛悉在前立定經　子6-32085(4)、32090(4)、32092(3)、32093(5)
　十方現在前立定經　子6-32084(3)
　十六硯齋詩鈔　集4-29504
　十六字心傳辨　叢2-1317
　十六湯品　子4-18979、18991　叢1-22(15)、23(15)、29(4)、30、154、255(2)、2-617(3)
　十六葬法　子3-13138
　十六觀　子4-20666　叢2-1171、1174
　十六契齋詩鈔　集4-26737
　十六國畺域志　叢2-653(4)、1557
　十六國疆域志　史1-8、10(3)、7-49444　叢2-731(56)、1559
　十六國紀年表　史1-4703
　十六國宮詞　史1-6130〜2　叢1-407(3)
　十六國史畧　史1-2327
　十六國春秋　史1-2315〜7　叢1-74〜7、223(22)、227(6)、2-698(4)、731(65)
　十六國春秋佚文　史1-2318　叢2-777
　十六國春秋輯補、年表　史1-2320　叢2-653(6)、731(65)
　十六國春秋纂錄校本、校勘記　史1-2319　叢2-653(6)、731(65)
　十六國年表　史1-10(3)、4702、4704　叢1-201、203(4)
　十六品經　子5-29535(4)、29536(4)、30222
　十六長樂堂古器款識考　史8-64156
　十六金符齋印存　史8-65025〜6
02 十刻詩經刪補便蒙解注(詩經解注)　經1-3895
　十刻詩經刪補便蒙解注(詩經解注)、詩通、詩序　經1-3896
　十劑選時方歌　子2-4738、9961

十劑表　子2-9785
03 十詠堂稿　集3-13531
　十誡　子7-35588
　十誡詩　史6-43014
04 十誥靈文聖經　子7-36209
07 十誦齋集　集3-20756
　十誦齋集(十誦齋詩、詞、雜文)　集3-20757
　十誦比丘波羅提木叉戒本　子6-32084(19)、32093(23)
　十誦比丘尼波羅提木叉戒本　子6-32084(19)、32093(23)
　十誦律　子6-32081(34)、32082(14)、32083(23)、32084(18)、32085(33)、32086(39)、32088(24)、32089(39)、32090(45)、32091(43)、32092(29)、32093(23)、7-32634〜5
　十誦律比丘戒本　子6-32081(35)、32083(23)、32085(34)、32086(39)、32088(24)、32089(39)、32090(47)、32091(44)、32092(30)
　十誦律比丘尼戒本　子6-32081(35)、32083(23)、32085(34)、32086(39)、32088(24)、32089(39)、32090(47)、32091(44)、32092(30)
　十誦律毘尼序　子6-32081(34)、32082(14)、32083(23)、32085(33)、32086(39)、32088(24)、32089(39)、32090(46)、32091(44)、32092(30)
　十誦毘尼序　子6-32093(23)
　十誦尼律　子6-32078
　十誦羯磨比丘要用　子6-32081(35)、32083(23)、32084(19)、32085(34)、32086(40)、32088(25)、32089(40)、32090(47)、32091(45)、32092(31)、32093(23)
10 十一面神咒心經　子6-32081(13)、32083(9)、32084(8)、32085(14)、32086(14)、32088(10)、32090(14)、32091(13)、32092(9)、32093(40)、7-32796、32899
　十一面神咒心經義疏　子7-33678
　十一面觀自在菩薩心密言念誦儀軌經　子6-32081(54)、32083(34)、32084(27)、32085(48)、32086(58)、32088(36)、32089(30)、32090(42)、32091(41)、32092(28)、32093(35)
　十一面觀世音神咒經　子6-32083(9)
　十一列傳　史2-6583　叢1-162
　十一經旁訓讀本　經1-100
　十一經音訓　經1-170
　十一經問對　經1-77(4)、2-11469　叢1-223(12)、227(4)
　十一家註孫子、十家註孫子遺說　子1-3118
　十一想思念如來經　子6-32089(20)
　十一相(想)思念如來經　子6-32083(20)
　十一朝聖武記　史1-1858

十一朝東華約錄　史1-1640
十一朝東華錄擥要　史1-1639
十一朝東華錄分類輯要　史1-1638
十二詞品　集7-48726　叢1-496(5)
十二天供養儀軌　子6-32093(40)
十二天官所屬　子3-14222
十二頭陀經　子6-32083(15)
十二頭陀經、樹提伽經、長壽王經、法常住
　　經　子7-32120
十二硯齋文錄　集4-32893
十二硯齋詩集　集3-15985
十二硯齋詩錄　集4-32889
十二硯齋三種　叢2-1876
十二硯齋存稿　集4-32888
十二硯齋隨錄　子4-21605　叢2-683、1876
十二硯齋金石過眼錄　史8-64429
十二硯齋金石過眼錄、續錄　史8-64430
十二子　子1-14、40
十二子全書　子1-39
十二重樓一套　集7-50920
十二雙紅繡鞋一枝　集7-50934
十二經動脈表　叢2-2129(3)、2130
十二經總歌　子2-10352
十二經絡奇經八脈　子2-10370
十二經絡圖典義　子2-10346
十二經絡臟腑病情藥性　子2-4845、5770
十二經穴法分寸　子2-4766、10315
十二經湯液分經　子2-5724
十二經圖并見症用藥法　子2-4756
十二經脈碎金　子2-10361
十二經脈歌　子2-4692、10329
十二經脈歌訣　子2-4766、5941、10314
十二經脈絡　子2-4672、10328
十二經脈考　叢2-2162
十二經脈篇、醫學三字經　子2-10367
十二經分寸歌附脈訣入門　子2-10339
十二例杖法　子3-13623
十二山人文集　集4-22931～3
十二山人詩文草　集4-22929
十二山人詩稿　集4-22930
十二種蘭精舍詩集、潞河漁唱　集5-34140
十二先生詩宗集韻　子5-25567
十二佛名神咒校量功德除障滅罪經　子6-
　　32083(9)、32085(13)、32086(14)、32088(9)、
　　32089(11)、32090(15)、32091(13)、32092(10)
十二條汗巾　集7-53633
十二緣生祥瑞經　子6-32081(44)、32083
　　(28)、32084(24)、32085(42)、32086(49)、
　　32088(30)、32089(25)、32090(33)、32091
　　(31)、32092(21)、32093(19)、7-32579
十二鮮一枝　集7-51033

十二家唐詩　集6-41839
十二家唐詩類選　集6-43347
十二字頭　經2-14988、14991、15025
十二河山集　叢2-1493
十二州箴　史7-49308
十二遊經　子6-32081(39)、32082(18)、32083
　　(26)、32085(38)、32086(44)、32088(27)、
　　32089(33)、32090(56)、32091(54)、32092(37)
十二奇經循行圖　子2-10353
十二杯酒　集7-50773
十二標一枝　集7-51030
十二地支輪值流年立命小限吉星神煞定局
　　子3-14157
十二樹梅花書屋叢著五種　叢2-1711
十二樹梅花書屋古文、時文、詩鈔　集4-
　　26062　叢2-1711～2
十二杖法　子3-13138
十二樓剩稿　集5-40510
十二觀齋遺集　集5-38577
十二梅花書屋詩　集5-37263
十二梅花書屋詩稿　集5-37260
十二畫舫雜錄　子5-26442
十二按摩圖法附節氣圖　子2-10450
十二因緣論　子6-32081(26)、32083(18)、
　　32085(25)、32086(28)、32088(18)、32089
　　(44)、32090(49)、32091(47)、32092(32)、
　　32093(30)
十二因緣經　子7-32576
十二圖集唐題詩　史2-9460
十二品生死經　子6-32083(22)、32093(19)
十二圓覺經(十二圓覺、十二圓覺寶經、十
　　二圓覺寶卷、觀音十二圓覺、觀音化度十
　　二圓覺)　子7-36185
十二號籤一枝　集7-51032
十二號簽　集7-53262
十二時辰　集7-52833
十二吟樓詩鈔　集5-34780
十二辰說　叢2-1816
十二月比古　集7-53263
十二月道思情　集7-53264
十二月大花名　集7-53633
十二月太平年　集7-50792、53653
十二月古人名一枝　集7-51920
十二月娘們看牌一套　集7-50956
十二月花名一套　集7-50955
十二月花名景處寶卷(花名寶卷)　集7-
　　54352
十二月花神議　叢1-587(5)、2-1920
十二月如皋新談述　集7-53634
十二月中星圖　子3-11528
十二月貧富　集7-53914

十二月小郎　集7-53634

十二屬相一枝　集7-51921

十二段錦　子5-29591

十二段錦易筋經義　子2-11204

十二段錦圖訣　子2-11203

十二門論　子6-32081(23)、32083(16)、32085(23)、32086(26)、32088(17)、32089(42)、32090(48)、32091(46)、32092(31)、32093(25)、7-32744

十二門論序疏　子7-33563

十二門論疏　子7-33562

十二門論宗致義記　子7-33564～6

十二朵鮮花一枝　集7-51031

十二金錢　集7-49443　叢2-1696

十二金符齋印存、藏符、漢人名印考　史8-65024

十二美女玉蟾奇緣　子5-28489　集7-53913

十二釵　集7-49536

十二筋病表　叢2-2129(3)

十二笑　子5-27783

十二筆舫雜錄　叢2-729

十二筆舫雜錄四種　子4-19494

十三唐人詩　集6-41879

十三唐人詩、八劉唐人詩　集6-41880

十三調南曲音節譜　叢2-743

十三部位總訣歌　子3-14173

十三子全書　子1-41

十三歲烈女自刎　集7-50778

十三經　經1-13

十三經序論選　經2-11525

十三經序論選、十三經類語　子5-25764

十三經序錄　子4-19500

十三經序錄(十三經序)　經2-11932

十三經文字偏旁考畧　經2-13041

十三經音辨　經2-12020

十三經音畧　叢1-456(3)、2-731(25)、1496

十三經音畧、書五通　經2-11981

十三經音義故總例、凡例　經2-12017

十三經註疏正字　經2-11980

十三經證異　經2-11643

十三經詁答問　經1-156、163(3)、2-11648　叢1-418

十三經詁答問、補遺　經2-11647

十三經詁答問補遺　經2-11649

十三經諸家引書異字同聲考　經2-12011、14538

十三經諸家引書異字同聲考、補遺　經2-12010

十三經讀本　經1-132、169

十三經讀本、校刊記　經1-131

十三經讀本評點劄記　經1-169

十三經讀書劄記　經2-11587

十三經西學通義　經1-159

十三經不二字　經2-12032

十三經不二字便蒙樶本　經2-12035

十三經不貳字　經2-12034

十三經集字　經2-12029～31、12033

十三經集字音釋　經2-12037

十三經集字摹本　經2-12028

十三經集字摹本、分畫便查、韻有經無各字摘錄　經2-12027

十三經集字分畫便查　經2-12036

十三經斷句考　經2-11576

十三經解詁　經1-50

十三經紀字　叢2-1461

十三經紀字、字典紀字、韻府紀字　經2-11983　叢2-1463

十三經注疏　經1-21～5　叢2-698(1)

十三經注疏序　經2-11936　叢1-440～1

十三經注疏正字　叢1-223(12)

十三經注疏作者姓氏表　叢2-1513

十三經注疏校勘記　經1-21、111(3)

十三經注疏校勘記識語　經1-21、2-12013

十三經注疏姓氏　經2-11909

十三經注疏姓氏表　叢2-1514

十三經注疏附考證　經1-19

十三經注疏錦字　經2-11896　叢1-282(3)、283(4)

十三經字辨　經2-11978

十三經字釋　經2-12023

十三經字約審音辨同　經2-12021

十三經字考　經2-12022

十三經客難　經1-106

十三經源流口訣　經2-11919　子1-1971　叢2-1732

十三經心畬　經2-11584

十三經漢注　經1-164

十三經禮器通考　經1-6208～10

十三經遺文　經2-11599

十三經古注　經1-17　叢2-698(1)

十三經札記　經1-136

十三經地名韻編今釋　經2-11777

十三經蒙拾　經2-11663

十三經舊學加商　經2-11727　叢2-1981

十三經輯訓　經2-11971

十三經提綱　經1-169

十三經拾遺　經2-11600　叢2-869、1490

十三經異文考義　經2-12019

十三經異同條辯　經2-11659

十三經閣詩錄　集5-35076

十三經分類政要　子5-26078

十三經義疑　經2-11541　叢1-223(12)

十三經策案　經2-11583

十三經類語　子5-25765

十三經類語、十三經序論選　經2-11508

十三經類記　經2-11898

十三峯書屋集外書札　集4-33351

十三峯書屋書札　集4-33350

十三峯書屋全集　集4-33348~9

十三家詩選目　叢2-2270(3)

十三州記　史7-49437　叢1-22(10)、23(10)

十三州志　史7-49307~8、49474~6　叢1-525,2-731(56)、763、776、779、829、1685

十三道嘎牙河紀畧　史7-49318(10)、7-52859

十三娘笑擲神奸首　集7-49328

十三都三甲廖氏族譜[湖南安化]　史5-38543

十三日備嘗記　史1-3809　子4-23488　叢1-496(1)

十三則闡微　子2-11214

十三陵記　史7-51896

十三月古人名一套　集7-50954

十三月古人名一段　集7-51542

十三翻閣詩鈔、文稿　集4-32328

十玉人傳　集7-53924

十王寶卷(慈王寶卷)　集7-54232

十土拔度九陽梵咒神燈　子5-30613

十五做媳婦一枝　集7-51036

十五家詞　叢1-223(73),2-698(14)

十五家妙契同岑集謎選　子3-18367

十五家年譜叢書　史2-11012

十五福堂筆記　史2-7989　叢2-655

十五福堂筆記、文稿　子4-23410

十五芝山房詩文　集5-34047

十五折一段　集7-51545

十五弗齋詩文存　集4-33500

十五弗齋詩存、文存　叢2-885、1902

十五國風高言集　集6-44358

十五貫(雙熊夢)　集7-50206

十五貫寶卷　集7-54445

十五朵花一枝　集7-51035

十惡十邪解　集7-33954

十要字集解　子1-1875,4-22746

十更十點青陽地　集7-50774

十百齋書畫錄　子3-14796

十面譜、十面圖　子3-18300

十面埋伏　集7-52464

十可篇　子4-23978

十不二門　子6-32088(41)、32089(50)、32090

(64)、32091(62)、32092(41)、32093(51)

十不二門指要鈔　子6-32088(41)、32089(50)、32090(64)、32091(62)、32092(41)、32093(51)

十不二門指要鈔詳評(解)　子7-33858

十不二門指要鈔詳解　子7-33857

十不善業道經　子6-32085(54)、32086(64)、32088(40)、32089(38)、32090(56)、32091(54)、32092(37)、32093(31)

十栗堂詩鈔　集4-22577

11　十琴軒黃山印册　子3-17399

十琴吟草　集5-39345

14　十耐軒焚餘詩鈔　集5-34510

十醋記　集7-49714

十醋記(滿淋笏)　集7-50242~3

16　十硯齋詩鈔兵燹集　集4-26381

十硯齋遺稿　集4-30067

十硯樓雜錄　子4-24372　叢2-1611~2

17　十子　子1-37~8

十子詩畧　集3-15469

十子全書　子1-55、63

十翼後錄　經1-1801

20　十住經　子6-32081(5)、32083(4)、32084(4)、32085(5)、32086(5)、32088(4)、32089(5)、32090(6)、32091(5)、32092(4)、32093(2)、7-32402

十住斷結經　子6-32081(16)、32082(11)、32083(11)、32085(16)、32086(17)、32088(11)、32089(13)、32090(16)、32091(15)、32092(11)

十住毘婆沙論　子6-32081(24)、32083(16)、32084(14)、32085(23)、32086(26)、32088(17)、32089(42)、32090(47)、32091(45)、32092(31)、32093(27)、7-32729

十愛誇富一段　集7-51540

十愛誇夫一段　集7-51539

十愛郎君一套　集7-50866

十愛闊大爺一枝　集7-51028

十愛美女一枝　集7-52745

十千日光三昧定經　子6-32084(10)、32093(8)

十雙紅繡鞋一枝　集7-50935

十看姐　集7-50775

十番譜　子3-17847

十番樂譜　子3-17846

21　十處士傳　子5-27033　叢1-142

十經齋文二集　集4-29947　叢2-1753

十經齋文集　集4-29945~6　叢2-1752

十經齋詩二集　集4-29944

十經齋元碑釋文　史8-64721

十經齋遺集五種附一種　叢2-1753

十經齋金石文跋尾　史8-64415
十經文字通正書　經2-11986
22 十嶽山人詩集　集2-7255
十峯集　集3-16876
十峯草堂集(十峯詩選、二集、史論一編)
　集3-14138
十山樓詩稿　集3-14490
十山樓詩鈔　集3-14496
十山樓稿　集3-14492、14495
十山樓稿文部　集3-14494
十山樓續稿、十山樓尺牘　集3-14489
十種唐詩選　集6-41876　叢2-948、1336
十種德性相反相成義　子7-36251
十種傳奇　集7-49710
十種古逸書　叢2-770
24 十先生奧論註前集、後集、續集　叢1-223
　(69)
十供神仙修真寶傳因果全部　子7-36193
十科策畧箋釋、呆齋公年譜　子4-22211
十結緣　集7-54581
25 十件好煙鬼歎　集7-53361
26 十個嫂子　集7-53265
十個學生放風箏　集7-53266
十個學生放風箏一段　集7-51543
27 十條扁擔　集7-53633
十怨十恨一套　集7-50865
十名家詞集　集7-46360
30 十室遺語　子4-21367　叢2-1014
十家唐詩　集6-41847~8
十家註孫子遺說　子1-3118
十家語錄摘要　子1-187　叢2-797、912
十家詩　集6-42021
十家詞鈔　集7-46364
十家集十一種　史1-1965
十家牌法　史6-45416　叢1-22(21)
十家宮詞　集6-41815~6
十字詩畧　集6-41974
十字軍英雄記　子7-38238
十字坡　集7-49390~1
十字坡(武松發配)　集7-51547
十字坡一段　集7-51546
十客樓詩　集3-19370,6-45142
十宮辭　叢1-104
十宗畧說　子7-32118、34763　叢2-2017
十寨諸猓列傳　史1-1929
32 十洲記　子5-26789、26947、29530(12)　叢
　1-15、456(6)、465,2-731(5)
十洲宮詞(擬唐人宮辭、閨辭百詠、擬唐人
　塞下曲)　集2-9538
十洲春語　子5-26232、27184　叢1-496
　(1)、587(5),2-752
十洲閣小集　集6-41894(2)、41895
34 十法經　子6-32093(2)
35 十禮拜　集7-50776
37 十通、十通索引　史6-41514
38 十道記　史7-49498　叢2-776
十道志　史7-49308、49509　叢1-22(10)、
　23(10)
十道志佚文　史7-49495　叢2-777
40 十九秋詩　集3-19543
十九世紀列國政治文編　子7-36541
十九世紀外交史　子7-36820
十九世紀大勢變遷通論　子7-38042
十九世紀大勢畧　子7-38043
十九世紀大事記畧　子7-38076
十九世紀教育史　子7-36232、36707
十九世紀末世界之政治　子7-38116
十九世紀歐洲政治史論　子7-38096
十九世紀歐洲文明進化論　子7-38044
十九畏藥歌　子2-5845
十友瑣說　子5-26296　叢1-22(7)
十友名言　史8-63508　叢2-630
十友花庵詩草　集4-28821
十友草堂詩集　集5-41441
十友圖贊　子4-18666、18671　叢1-22
　(26)、37
十女誇夫一枝　集7-50945
十女古人名一枝　集7-51923
十支居士八城人經　子6-32083(19)
十吉祥經　子6-32083(14)
十七部分字表、許書漢制　經2-14223
十七名草堂唾餘　集4-31202
十七家解注金剛經　子7-33150
十七帖疏證　子3-15457
十七帖釋文　子3-15296
十七帖述　子3-15381　叢1-197(1)
十七朝史事新論正集、續集　史1-5764
十七史　史1-11
十七史商榷　史1-5280、5978~9　叢2-653
　(5)、731(62)
十七史商榷(新舊唐書)　史1-663,7-
　49311
十七史商榷(五代史)　史1-167,7-49311
十七史商榷(晉書)　史1-532,7-49311
十七史商榷(後漢書)　史1-342,7-49311
十七史商榷(魏書)　史1-603,7-49311
十七史商榷(宋書)　史1-567,7-49311
十七史商榷(漢書)　史1-223,7-49311
十七史商榷(南齊書)　史1-580,7-49311
十七史商榷(隋書)　史1-633,7-49311
十七史說　史1-9、5809

十七史詳節　史1-4835〜7
十七史百將傳　子1-3061
十七史經說　經2-11661
十七史蒙求　子5-25545〜6
十七史蒙求合編　子5-25547
十七史纂古今通要　史1-5392　叢1-223(29)
十七國憲法正文彙纂　史6-46049
十賚堂甲集詩、文、乙集詩、詞、北闈賡言　集2-10087
十索　集1-648　叢1-168(4)
41 十杯酒(佳人送情)　集7-53260
十杯茶　集7-50772、53633
44 十地經論　子6-32082(13)、32083(15)、32084(13)、32085(22)、32086(24)、32087、32088(16)、32089(41)、32090(48)、32091(46)、32092(32)、32093(27)
十地經論義記　子7-33557
十勸郎　集7-50777
十燕巢閣遺稿　集5-34468
十孝寶卷　集7-54551
十萬琅玕精舍讀書記　叢2-2067
十萬琳瑯閣文賦詩詞刪存　集5-38703
十萬山樓隨筆　子4-23589
十萬程氏會譜[安徽休寧]　史5-36103
十萬圖　子3-16675
十萬卷樓說詩文叢　經1-4475
十萬卷樓叢書　叢1-465
十萬卷樓書目　史8-65722
十華小築詩鈔　集4-32906
十韡詞鈔　集7-48392
十世章　子7-33801
十村詩鈔、詞鈔　集4-22725
十藥神書　子2-4625、4693、4771(3)、7241、7539　叢2-796
十藥神書(癆症十藥神書)　子2-7201
十藥神書、霍亂吐泄方論附官藥局示諭夏令施診歌訣　子2-7202
十藥神書註解　子2-4648、4661
十藥神書霍亂吐泄方論、官藥局示諭夏令施診歌訣　子2-4708
十藥神書注解　子2-4651〜60、4662〜4、7208
十藥神書注解(增訂十藥神書)　子2-7203
十菊山人雪心草、崇祀錄　集2-12823
十枝紅繡鞋　集7-50936
十枝清香　集7-53633
45 十韡詞鈔、後詞　叢2-995
46 十駕齋集　集3-20164
十駕齋養新錄　經2-14540　叢1-373(5)
十駕齋養新錄、餘錄　經1-111(2),2-11862

子4-22443　叢2-698(7)、1488〜9
十駕齋養新錄、餘錄、竹汀日記抄　子4-22444
十駕齋養新錄摘抄　子4-22445
47 十朝新語外編　史1-4543　叢2-2211
十朝聖訓　史6-47736〜7
十朝東華錄　史1-1635
十朝東華錄、同治朝東華續錄　史1-1636
十報母恩一段　集7-51541
48 十松集　集3-16178
十樣錦諸葛論功雜劇　集7-48774(2)、49041
50 十丈黃薔薇館吟草　集5-35173
53 十戒功過格　子5-29535(6)、29536(6)、30535
十戒經　子5-30285　叢2-608、750
十戒戒本　子7-33924
57 十探子大鬧延安府雜劇　集7-48774(7)、49066
60 十日甘霖　子2-9713
十里亭(張君瑞趕考)　集7-52618
十國雜詠　史1-6118　叢2-811
十國雜事詩、敍目　史1-6129
十國詞箋署　史1-6119　叢1-203(3)
十國宮詞　史1-6120〜8　集4-25629、31044,5-36945　叢1-203(16)、242(5)、407(4)、587(1,3),2-1530、1805
十國擔言　史1-5249
十國春秋　史1-2412　叢1-223(23)、227(6)
十國春秋、拾遺、備考、拾遺備考補　史1-2413
十四經發揮　子2-4560、10285
十四經穴歌　子2-10286〜7
十四經通考　經2-11567
十四經通考禮記類　經1-5748〜50
十四經學開宗　經1-2043
十四州記　史7-49308
十四州錄　叢2-1026
十四遊記　史7-53068
十四層啓蒙捷訣　子1-2835
十思起解心　集7-53647
十景圖　叢2-1192
十景笑談　子5-27477
61 十號經　子7-32688
62 十影君傳　叢1-143
64 十嘆觀音寶卷　集7-54219
71 十反說　史6-43080　叢1-535
十願齋全集　集2-11448
十願詞人詩集　集4-32814
十願樓詩草　集5-34408

中國古籍總目·索引

十甌齋詩稿　集3-20051

72　十髮庵藏書　集5-37104

十髮居士集(石巢詩集、楚望閣詩集、湘社集、鹿川文集、鹿川詩集、美人喜壽盦詞集、定巢詞)　集5-40146

十髮盦叢書二種　叢2-995

十髮盦類藁三種　叢2-995

75　十陣圖　子1-3719

十體千字文　經2-13368

77　十尾龜　子5-28614

十月懷胎寶卷(新刻十月懷胎寶卷)　集7-54552

十眉謠　子5-27440　叢1-201、203(17)、587(1)

十眉謠附十瞽謠　叢1-203(2)

十問十答　集7-52465

十門辨惑論　子6-32081(43)、32082(21)、32083(27)、32086(47)、32088(29)

十門辯惑論　子6-32084(23)、32089(47)、32090(61)、32091(59)、32092(41)、32093(52)

十尺樓詩集　集4-22520

十朵花　集7-51029、53261

80　十八部論　子6-32081(38)、32083(25)、32085(37)、32086(43)、32088(27)、32089(46)、32090(52)、32091(50)、32092(34)、32093(30)

十八部執異論　子6-32084(21)

十八子全書　子1-17

十八衛指揮考　史2-7281

十八空論　子6-32081(23)、32083(16)、32084(14)、32085(23)、32086(26)、32088(17)、32089(42)、32090(48)、32091(46)、32092(31)、32093(26)

十八空論、百論、廣百論　子7-32754~5

十八家詩鈔　集6-42517~8　叢2-698(13)、1839

十八活盤詳註　叢2-1255

十八泥犁經　子6-32083(21)

十八娘傳　叢1-587(4)

十八契印、十八契印生起畧頌　子6-32093(37)

十八疊山房倡和草　集5-34061

十八國臨潼鬥寶雜劇　集7-48774(2)、49001

十八臂大陀羅尼經　子6-32083(31)

十八反藥歌　子2-5844

十八學士登瀛州　集7-49033

十八學士登瀛洲　集7-48774(3)

十八學士告身、齋中十六友圖說　子4-18649

十鐘山房藏齊魯兩漢瓦當文字目　史8-65211

十鐘山房印舉　史8-64994~5014　子3-17250~1

十个丫鬟放風箏一段　集7-51544

十美詩　叢1-587(6)

十美詞紀　子5-27467　叢1-202(2)、203(7、18)、321、409、587(1)

十美圖放風箏一枝　集7-51034

十美圖傳奇　集7-50265

十美人慶賞牡丹園　集7-48774(6)、49083~4、49099

十年讀書室遺詩　集5-33905

十年讀書之廬主人自敘年譜　史2-12205

十善業道經　子6-32081(22)、32082(13)、32083(15)、32085(22)、32086(24)、32088(16)、32089(39)、32093(22)

十善業道經節要　子7-32137、33550

十善業道經節要、見聞錄　子7-33552

81　十瓶齋石言　子3-17078　叢2-886(2)

86　十錦堂詩鈔　集4-26616~7

88　十竹齋石譜　子3-14975

十竹齋刊袖珍本醫書　子2-4577

十竹齋牋譜初集　子3-16328

十竹齋蘭譜　子3-14981

十竹齋梅譜　子3-14979

十竹齋書畫譜　子3-14974

十竹齋書畫譜(十竹齋書畫譜、十竹齋墨華譜、十竹齋果譜、十竹齋翎毛譜、十竹齋竹譜)　子3-14973

十竹齋書畫譜(書畫冊、石譜、翎毛譜、竹譜、墨華冊、梅譜、果譜、蘭譜)　子3-14972

十竹齋墨華譜　子3-14978

十竹齋果譜　子3-14980

十竹齋翎毛譜　子3-14976

十竹齋竹譜　子3-14977

十竹山房近草　集3-21267

十笏齋詩　集3-19719

十笏山房詩集　集3-16612

十笏山房詩鈔　集4-22687

十笏草堂辛甲集　集3-14705

十笏草堂詩　集6-41995

十笏草堂詩集　集3-14704

十笏草堂詩選　集3-14707~8

十笏草堂上浮集　集3-14706

十笏園叢刊三種　叢2-664

90　十憶詩　集3-19170　叢2-599、807

十粒金丹　集7-53917~8　叢1-496(8)

十粒金丹(宋史奇書、第一奇女傳)　集7-53916

91　十類孤魂文　子6-32092(39)

96　十怕一枝　集7-51922

4001₁ 左

00 左庵詩餘　集7-47644～5
　　左庵詞話　集7-48742
　　左庵一得初錄、續錄　子3-16284
　　左庵瑣語　子4-21753
　　左方陳氏族譜[江西崇仁]　史4-33249
　　左文襄公(宗棠)年譜　史2-12197　叢2-
　　　1847
　　左文襄公文集　集4-32357
　　左文襄公文集、詩集、聯語　叢2-1847
　　左文襄公謝摺　史6-48951　叢2-1847
　　左文襄公詩集、文集(左文襄公詩文別集)
　　　集4-32355
　　左文襄公信稿　集4-32362
　　左文襄公征西演義　子5-28221
　　左文襄公家書　集4-32366
　　左文襄公咨札、告示　史6-47150　叢2-
　　　1847
　　左文襄公肅州大營檔册　史6-47151
　　左文襄公奏疏初編、續編、三編　集4-
　　　32359
　　左文襄公奏稿　集4-32358　叢2-1847
　　左文襄公書牘、說帖　叢2-1847
　　左文襄公書牘、家書　集4-32360
　　左文襄公書牘節要　集4-32361
　　左文襄公批札　史6-47149　叢2-1847
　　左文襄公批劄　集4-32363
　　左文襄公輓聯　史2-10097
　　左文襄公全集九種　叢2-1848
　　左文襄公全集七種附二種　叢2-1847
　　左文襄公榮哀錄　史2-10096
07 左記　經1-6869
10 左雲縣志[嘉慶]　史7-55629
　　左雲縣志[光緒]　史7-55630
17 左孟辛詩文集　集4-28625
　　左司筆記　史6-47501
　　左翼　經1-7050
20 左舜齊詩　集2-8459
21 左穎、國穎　史1-1795
22 左觸　經1-6804
　　左觸　叢2-1066
　　左山詩鈔存　集3-17903
　　左山遺草　集4-33311
24 左侍御公集　史6-48496　集2-11332
　　左侍郎奏疏　集2-12322
　　左緯　經1-7123

25 左仲及詩　集2-12325,6-41943
　　左傳　經1-50、6619～22、6856、7089、7113
　　　史1-5133　叢1-67,2-1985
　　左傳童觿　經1-7109
　　左傳序事殘稿　經1-7152
　　左傳旁訓便讀　經1-6847～8
　　左傳文歸　集6-42872
　　左傳文苑　經1-6860
　　左傳文鈔　經1-7153
　　左傳雜詠　集5-37383
　　左傳評　經1-6910、6969、6989　叢1-247,
　　　2-1360
　　左傳評苑　經1-6828
　　左傳評林　經1-6959
　　左傳證經異句、外傳　經1-153
　　左傳讀　經1-7172
　　左傳讀續編　經1-7175
　　左傳讀本　經1-7140
　　左傳說　經1-6948
　　左傳五十凡例　經1-7212
　　左傳賈服注攟逸　經1-6639
　　左傳列國職官　經1-6941　叢1-515
　　左傳引詩錄　經1-7098
　　左傳延氏注　經1-164、6640
　　左傳職官　經1-6940　叢1-241、242(2),2-
　　　731(17)
　　左傳君子曰　叢1-312
　　左傳歌謠　經1-7032　叢2-1726
　　左傳翼　經1-6946
　　左傳集要　經1-6842
　　左傳集類提要　經1-7073
　　左傳統箋　經1-6904
　　左傳便讀　經1-7083
　　左傳比事　經1-6797
　　左傳經例長編　經1-7165
　　左傳經世鈔　經1-6894～5
　　左傳經世鈔約選　經1-6896　叢2-691(2)
　　左傳樂府　史1-6103
　　左傳私解　經1-6954
　　左傳紺珠　經1-7058
　　左傳釋　經1-6882,2-14925　叢2-720(5)、
　　　1250、1252
　　左傳釋地　經1-7025
　　左傳條序　經1-6936
　　左傳彙箋　經1-6953
　　左傳紀事本末　史1-1772～5、1794　叢1-
　　　223(19)
　　左傳約編　經1-7051
　　左傳約解　經1-7095　叢2-956
　　左傳倣史錄　史1-5834
　　左傳微　經1-7184

左傳注疏　叢 1 - 227(2)

左傳濟變錄　經 1 - 6885　叢 2 - 1282

左傳字釋　經 1 - 7217

左傳官名考　經 1 - 6980　叢 1 - 282(3)、283
(3)、2 - 731(18)

左傳淺說　經 1 - 7120

左傳補註　叢 2 - 815

左傳補注　經 1 - 6972、6991　叢 1 - 439、2 -
1504

左傳禮說　經 1 - 7169　叢 2 - 2145

左傳連珠　集 5 - 33761　叢 2 - 1920

左傳通釋　經 1 - 6978　叢 1 - 526

左傳選　經 1 - 6881、6898～900　集 6 - 41689
叢 1 - 297

左傳選要　經 1 - 7139

左傳嘉集　經 1 - 7099

左傳古本分年考　經 1 - 7072　叢 2 - 1920

左傳札記　經 1 - 136、6985

左傳札記、石經札補遺　經 1 - 7045

左傳博議三編　經 1 - 6929

左傳博議拾遺　經 1 - 6928　叢 1 - 380、2 -
788

左傳菁華錄　經 1 - 7121

左傳舊疏考正　經 1 - 163(3)、7034　叢 1 -
410

左傳杜註辨證　經 1 - 7023　叢 1 - 557～8

左傳杜註校勘記　叢 2 - 738

左傳杜註拾遺　經 1 - 6975～6　叢 1 - 537

左傳杜解集正　經 1 - 7041　叢 2 - 615(3)

左傳杜解補正　經 1 - 111(1)、125、6884、7074
叢 1 - 223(11)、269(2)、270(1)、271、272(3)、2
- 1274～6

左傳杜注勘訛　經 1 - 7056

左傳杜注摘謬　經 1 - 7075　叢 2 - 1935

左傳杜林合註、春秋提要　經 1 - 6703

左傳杜林合注、春秋提要　叢 1 - 223(11)

左傳史論　史 1 - 5833

左傳事緯　經 1 - 6888～9　史 1 - 5280　叢 1
- 282(3)

左傳事緯、左傳事緯前集　叢 1 - 223(11)

左傳事緯論　經 1 - 6891

左傳事緯前書(左傳事緯前集)　經 1 - 6890

左傳事類始末　叢 1 - 227(2)

左傳摘文　經 1 - 6857

左傳春秋三十五部　集 7 - 51375

左傳折諸　經 1 - 6911、8119　叢 1 - 223(11)

左傳典則　經 1 - 7107

左傳拾遺　經 1 - 6927　叢 2 - 1380

左傳口義　經 1 - 7158～9

左傳易讀　經 1 - 7043

左傳易斷　經 1 - 7151

左傳賦詩義證　經 1 - 7122　叢 2 - 1950

左傳器物宮室　經 1 - 6938　叢 1 - 241、242
(2)、515、2 - 731(31)

左傳咀華　經 1 - 6912

左傳臆說十九條　經 1 - 7060　叢 2 - 1868

左傳兵訣　經 1 - 7031　叢 2 - 1726

左傳兵法　經 1 - 7012、7030　叢 2 - 1726

左傳質疑　經 1 - 7078

左傳附註、後錄　經 1 - 6807

左傳附注、後錄　叢 1 - 223(11)

左傳同名彙紀　經 1 - 7126　叢 1 - 526

左傳人物表　叢 1 - 371

左傳人名辨異　經 1 - 6944～5　叢 1 - 241、
242(2)、2 - 786～7

左傳人名備考　經 1 - 7054

左傳分國　經 1 - 7145

左傳分國紀事本末　史 1 - 1792

左傳分國世系圖　經 1 - 6984

左傳分國摘要　經 1 - 6983

左傳分國纂畧　經 1 - 6886

左傳義法舉要　經 1 - 6913　叢 1 - 389～90、
2 - 1386

左傳鈔　經 1 - 6821、6993　叢 2 - 1540

左傳鈔評　經 1 - 6814

左傳類編　經 1 - 6782、7147

左傳快評　經 1 - 6905

左傳精語　經 1 - 7033　叢 2 - 1726

左繡　經 1 - 6930

左繡選青　經 1 - 6931

27 左疑　經 1 - 7021

左紀　經 1 - 6818

30 左寧南侯請除君側奸惡檄文　史 1 - 1953、
3072

左之詩草　集 4 - 29684

左官異禮署　經 1 - 6876　叢 2 - 1703

左宗棠參成祿摺　史 6 - 48945

左宗棠咨呈　史 6 - 48950

左宗棠年表　史 2 - 12198

32 左州志[康熙]　史 8 - 61379

左淫類記　叢 1 - 526

左淫類紀　經 1 - 7129

左溪陳氏宗譜[浙江天台]　史 4 - 33130

33 左祕書集　集 1 - 377

左述二十集　經 1 - 7106

37 左逸　經 1 - 6858～9　史 1 - 5397　叢 1 -
146、2 - 1111

左逸、短長　史 1 - 2227

左通補釋　經 1 - 163(2)、6996　叢 2 - 971

38 左汾近稿　集 3 - 15883

左海文集　經 1 - 111(4)、2 - 11884　集 4 -
25986

左海文集、文集乙編　叢2-1001
左海文錄　集6-42067
左海乙集駢體文　集4-25987
左海經辨　經1-111(4),2-11632　叢2-1001
左海續集　集4-25989
左海續集(小琅嬛館叢書)十一種　叢2-1001
左海全集九種　叢2-1001
40 左九嬪集　集1-380
左太沖集　集1-378,6-41699
左臺吳氏譜圖續編[安徽休寧]　史4-28058～9
左臺吳氏譜圖續編[安徽歙縣]　史4-28027
左臺吳氏大宗譜[安徽休寧]　史4-28060
左臺吳氏圖譜續編[安徽休寧]　史4-28061
左女彙紀　經1-7127　叢1-526
左女同名附紀　經1-7128　叢1-526
左右修竹廬吟課　集4-31148
左右修竹一枝　集7-52084
左杏莊自敍年譜　史2-11952
41 左概　經1-6835
左概彙編　經1-6836
44 左懋第全集(左忠貞公剩稿、梅花屋詩草、蘿石山房文鈔)　集2-12319
左芰　經1-6826
左華内子集　集2-8293
左蘿石稿　集2-12330,6-45336
50 左中川集　集2-8460,6-41935(1)
左史諫草　史6-48152　叢1-223(21)
左史記　叢1-237
左史發明　叢2-1299
左史比事　史1-5832
左史呂公家傳、監簿呂公家傳　叢1-223(21)
左忠毅公(光斗)年譜　史2-11555、11557　叢2-815
左忠毅公(光斗)年譜定本　叢1-561,2-940
左忠毅公集　史6-48495　集2-11333～5、11337,6-43118
左忠毅公集、左侍御公集、明左光先年譜　集2-11332
左忠毅公集、明左光先年譜　集2-11336
左忠毅公年譜定本　史2-11556
左忠貞外紀　集2-12322
左忠貞公文集　集2-12328,6-43118
左忠貞公文集、蘿石先生年譜　集2-12329
左忠貞公集　集2-12326
左忠貞公剩稿　集2-12327
左書　叢2-2270(1)
60 左國編儁、國策標奇　史1-5045
左國紀事本末　史1-1797
左國補議　史1-5831　叢2-1329
左國蒙求　史1-5047
左國腴　史1-5046
左國腴詞　史1-5044　子5-25652　叢1-68、454
左國合删　史1-5043
左國類函　子5-25656
左國類典詳註　子5-25846
左國類典詳注　經1-6995
左田黄氏孟宗譜[安徽祁門]　史5-33906
左田黄氏宗派圖[安徽祁門]　史5-33903
左罞　子1-3285
72 左氏膏肓　經1-6643,7167　叢2-765～6
左氏討　經1-6822　叢2-1121、1123
左氏族譜[湖南武岡]　史4-26037
左氏論　經1-6824　叢2-1121～3
左氏詳節　經1-6819
左氏非編年之史　經1-7182
左氏傳、綱領、提要、列國東坡圖說、春秋二十國年表　經1-6623
左氏傳說　經1-77(3)、6783　叢2-731(63)、859
左氏傳說、看左氏規模　叢1-223(10)
左氏傳例異說　經1-7149
左氏傳續說　叢2-860
左氏傳續說、綱領　經1-6784　叢1-223(10)
左氏傳解誼　經1-6653　叢2-765～6
左氏傳長編目錄　叢2-2129(4)
左氏釋　經1-6823　叢1-223(11)、242(4),2-1121、1123
左氏條貫　經1-6915
左氏家譜[山西五臺]　史4-26029
左氏宗譜[安徽桐城]　史4-26032
左氏奇說　經1-6658　叢2-774(4)
左氏韜鈐　子1-3325
左氏博議　經1-6748、6750～3、6755、6757、6759　史1-5275　叢1-223(10)
左氏博古傳　叢2-1168
左氏始末　史1-1790～1
左氏蒙求　經1-6798　叢1-241、383,2-778
左氏蒙求(左氏傳蒙求)　經1-6799
左氏蒙求註　叢1-242(4)、325,2-731(20)
左氏蒙求注　經1-6800
左氏蒙求注解　經1-6801
左氏摘奇　經1-6794　叢1-265(4)、266

左氏春秋聚　經1-7022
左氏春秋集說、春秋凡例　經1-6877
左氏春秋僞傳辨　經1-7156
左氏春秋傳例餘　經1-7130
左氏春秋傳義疏　經1-7155
左氏春秋紀事本末　經1-6977　史1-1796
左氏春秋内外傳類選　經1-6854
左氏春秋古經說　經1-7166　叢2-2129
　(2)、2130～1
左氏春秋考證　經1-111(4)、7019　叢2-
　714
左氏春秋考證辨正　經1-7164
左氏春秋學外編凡例　經1-7206　叢2-
　2129(2)
左氏春秋鐫　經1-6808
左氏秦和傳補注　史2-8441
左氏兵謀　子1-3097、3323
左氏兵謀論　子1-3322
左氏兵謀兵法　經1-6897　子1-3323
左氏兵法　子1-3097　叢1-330～1
左氏兵法正宗　子1-3369
左氏兵法測要　經1-6868　子1-3291
左氏兵畧(左氏畧)　子1-3277
左氏駁語　經1-6970、8120
左氏無釋經之例　經1-7183
左氏節萃　經1-6967
左氏纂　經1-6864
左兵　子1-3293
77 左陶右郿　集6-42490～1　叢2-1497
左腴　經1-7053
左貫　經1-7117
78 左鑒　經1-6958
80 左盦(劉師培)年表　史2-12494
左盦(劉師培)年表、著述繫年　叢2-2248
左盦集　集5-41610
左盦集、外集、詩錄　集5-41611
左盦集、外集、詩錄、詞錄　叢2-2248
左盦集箋　叢2-744
左盦題跋　叢2-2248
左盦年表、著述繫年　史2-12495
左公(宗棠)六十壽序　史2-10095
左公(孝同)暨王夫人行述　史2-10808
86 左錦　經1-6879、7093
88 左策史漢約選　史1-5184
90 左少保忠毅公集　史6-48494
左粹類纂　子5-25636
左粹類纂、音釋　子5-25635
91 左類　經1-7119
左類初定　經1-7097　叢2-979
97 左恪靖伯奏稿　史6-48947～8

左恪靖侯手札、彭大司馬手札　子3-15475
左恪靖侯手劄　集4-32364
左恪靖侯奏稿初編、續編、三編　史6-
　48949

4001₆ 尩

50 尩書　子4-22086

4001₇ 九

00 九章詳註比類筭法大全、乘除開方起例　子
　3-12445
九章翼　子3-12364、12370
九章重差　叢1-238～9
九章蠡測　子3-12513
九章補例　子3-11243
九章考　子7-36240(3)
九章錄要　子3-12556　叢1-223(35)
九章算術　子3-12407
九章算術、音義　子3-12408　叢1-223
　(35)、230(3)、2-635(4)、731(25)
九章算術、音義、海島算經　子3-12406
九章算術、音義、策算　子3-11250　叢1-
　238～9
九章算術細草圖說、海島算經細草圖說　子
　3-12409
九章算術直指、札記　子3-12410
九章算經　子3-12405
九章算經存　叢2-708
九諦解疏　子1-1117　叢1-202(2)、203(7)
01 九龍志畧　史7-49319、51218
九龍蠱治病方　子2-5929
九龍縣圖志[民國]　史8-62126
九龍陣　集7-53833
九龍開埠記　史7-49319、51219
04 九誥堂詩選元氣集　集6-41959
九誥堂集　集3-13711
08 九族考　經1-163(4)　叢2-1920
九族縣圖志附達木[民國]　史8-62644
九旗古義述　經1-5121
10 九一居士詩文稿(九一居士文集、臥雲
　草、北窗草、司鐸草、人物詠)　集3-
　19581
九正易因　經1-718～9
九靈山房集　集1-5762、5765、5768　叢2-
　635(11)

九靈山房集、補編　叢2-731(41)、859
九靈山房集、補編、戴九靈先生年譜　集1-
　5766
九靈山房集、補編、年譜　叢1-223(61)
九靈山房集、別集　集1-5764
九靈山房遺稿、補編　集1-5763　叢2-731
　(41)
九靈山房遺藁詩、文、補編　集1-5761　叢
　2-859
九靈山房別集　集1-5769
九天應元雷聲普化天尊說玉樞寶經　子5-
　29592
九天應元雷聲普化天尊玉樞寶經　子5-
　29530(1)、29554、29687~8
九天應元雷聲普化天尊玉樞寶經集註　子
　5-29530(3)、29690
九天應元雷聲普化天尊玉樞寶懺　子5-
　29530(4)、30551
九天玄女太上元君丁甲奇門赤函　子3-
　14285
九天玄女太上元君丁甲奇門黃函　子3-
　14284
九天玄女太上老君丁甲奇門　子3-14283
九天玄女青囊經集注　子3-13141
九天玄女青囊海角經、青烏先生葬經、管氏
　地理指蒙　子3-13255
九天麟趾　集7-49703
九天三茅司命仙燈儀　子5-29530(5)、
　30598
九天上聖祕傳金符經　子5-29530(24)、
　31638　叢1-256
九天梵炁雷晶碧潭使者大法　子5-31699
九天敕演闡微覺化度厄消災錫嗣衍慶真一
　坤寧妙經　子5-29581、29585、30261
九天明鑑神捷奇書　子3-14564
九天開化文昌飛鸞養心法懺科儀　子5-
　29581、30764
九天開化文昌筆錄授鍊科儀　子5-29581、
　30763
九天開化飛鸞祈求嗣祿朝禮科儀　子5-
　29581、30765
九更天滾釘板四部　集7-51160
九面樓詩集　集4-26051
12 九璨先生醫案　子2-10805
九水山房文存　集4-28339　叢1-381
九發　子4-20478　叢1-142
16 九環西解　子3-11243、12363
17 九子山行記　史7-53499　叢2-1631
九子全書、續九子全書　子1-28
九歌(九歌註)　集1-135
九歌註　叢1-389~90、2-1347

九歌解　集1-136　叢2-1586
九歌注　叢2-1346
九歌圖　集1-41、48
20 九重敕演玄帝度劫解厄保命錫嗣拔幽普利
　妙經　子5-29581、30262
21 九經　經1-11~2
九經辨字瀆蒙　經2-11976　叢1-223(13)
九經誤字　經1-163(1)、2-11973　叢1-
　223(12)、269(2)、270(1)、271、272(4)、429、2
　-1274~6
九經韻證　叢2-1464
九經韻補　叢1-7、10、515
九經三傳沿革例　叢1-223(12)
九經正文　經1-9
九經發題　經2-11955　叢2-857、860、1041
九經疑難　經2-11467
九經疑難存　叢1-265(2)、266
九經約解　叢2-956
九經字樣　經1-1、2-12974、12976　叢1-
　223(15)、227(4)
九經字樣疑　經2-12977　叢1-238~9、331
九經補韻　經2-11959、11961　叢1-2~6、
　8~9、22(1)、23(1)、90~1、223(16)、264、268
　(2)、456(4)、2-730(5)、731(24)
九經補韻、二十四詩品　經2-11960
九經補注　經1-86
九經逸語　經2-11496
九經通借字考　經2-11987~8
九經直音　經2-11962
九經古義　經1-111(2)、156~7、2-11547~8
　叢1-223(12)、247、418、2-731(5)
九經古義參證　經2-11614
九經考異、九經逸語　經2-11495
九經圖　經2-11841
九經學　經2-11581
九經學存(周禮、儀禮)　叢1-426、2-731(5)
九經閣詩稿　集3-14472
九經今義　經2-11808
22 九仙二佛傳　子7-34718
九仙山石刻　史8-63948
九變中黃經　子3-13952
九嶷十資記　子5-27618
九峯文鈔　集6-44727　叢2-837
九峯詩草　集3-21186
九峯靈藥和尚語錄　子7-34315
九峯采蘭記　叢2-700、1008
九峯貞孝節烈彙編　史2-8018
九峯山房詩畧　集4-29901
九峯先生文集　集2-8216
九峯先生集　集1-4312
九峯先生集、理學簡言　集1-4313

九峯絕句　集4-30709
九峯志、圖　史7-52443
九峯草堂詩集　集4-23954
九峯草堂詩初集、二集、三集、四集、五集　集4-23953
九峯舊廬藏硯譜　子4-18773
九峯園會詩　叢2-886(3)
九峯醫按　子2-10619
九峯閣詩集、文集　集5-38034
九峯閣詩草　集5-38035
九峯公集　集1-4001,6-45118
九峯精舍文集　集5-34850
九山遊草　史7-53099
九山草堂詩鈔　集3-14287
九山類稿、九山詩文、近稿偶存　集4-22332
九山類藁　子4-23180
23 九代樂章　集6-42347
24 九射格　子1-3517　叢1-22(17)、23(16)
25 九生三草、九生續三草、文草　史6-48290
九秩壽序壽詩　史2-9454　叢2-1398
九秩壽詩　叢2-1399
26 九皇新經註解　子5-29535(3)、29536(3)、30221
九皇聖母戒殺延生真經　子5-30220
九皇斗姥戒殺延生真經　子5-29535(3)、29536(3)、30219
九保詩錄　叢2-705
九保金石文存　史8-64078　叢2-705
九保節孝錄署　史2-8305　叢2-705
九鯉湖志　史7-52953～4
27 九候診法　叢2-2130
九候篇診法補證　叢2-2129(3)、2131
九疑仙館詩鈔(九疑僊館詩草)　集5-35321
九疑仙館詞鈔　集7-47649
九疑山志　史7-52598～601
九色鹿經　子6-32083(7)
九峰采蘭記　叢2-1009
28 九僧詩　集6-43578
九谿衛志[康熙]　史8-60460
九谿衛志[民國]　史8-60461
30 九宜園文集　集5-38568
九流緒論　子4-20687　叢2-653(3)、1163
九家詩　集6-41934
九家集註杜詩(新刻校定集註杜詩)　集1-892
九家集注杜詩　叢1-223(48)
九家窯屯工記　史6-44857　叢2-1400
九家舊晉書輯本　叢2-731(65)
九家易集注　經1-251　叢2-772(1)、773

(1)
九家易象辨證　經1-1692　叢2-843
九家易解　經1-248　叢2-765～6
九家周易集注　經1-250、2321
九進十連環陣圖、速戰陣圖　子1-3751
九宮新式　子3-14703、15157　叢2-622
九宮譜定、總論　集7-54656
九宮三白吉凶　子3-13134
九宮衍數　叢2-1920
九宮山志　史7-52559
九宮山人詩選　集3-19584
九宮山人詩鈔　集3-19583
九宮纂要　子3-14614
九容廣義　子3-12552
九宋人集九種　叢2-870(4)
31 九江府志[康熙]　史8-58495
九江府志[嘉靖]　史8-58494、58496
九江府志[同治]　史8-58497
九江記　史7-50574　叢2-767
九江郡陶氏族譜[浙江泰順]　史5-33494
九江儒林鄉志[光緒]　史8-61087
九江志　史7-50572　叢1-22(11)、23(10)
九江城守紀　史1-3445
九江考　史7-49317(7)、49318(10)、52992
九江關徵收船稅則例　史6-43559
九河故道考　史7-52786　子3-12369　叢1-436
九河指地　史7-52766
九河臆說　史7-52787
九河公語錄　史2-8612　叢1-19(9)、20(7)、21(8)、24(10)
32 九州記　史7-49441　叢2-776
九州要記　史7-49307～8、49440　叢2-767
九州山水考　史7-52140
九州釋名　經1-3303
九州春秋　史1-2301～2　叢1-19(1)、22(10)、23(9)、24(2)、2-617(1)、771(3)、772(5)、773(5)
九洲春秋　叢1-21(1)
九溪心貫達症集　子2-7187
35 九連環一枝　集7-50894
九連環小曲　集7-50895
九連掛玉一枝　集7-51795
九連燈傳奇　集7-50217
36 九邊紀署　叢1-378
九邊考　史1-1929
九邊輯署　史6-45605
九邊圖　史6-45606
九邊圖說　史6-45604　叢2-741
九邊圖論　史6-45599　子1-3066、3081　叢1-377、394、515

九還七返龍虎金丹析理真訣　子5-29530
(5)、29562、31179

37 九漈草　集2-11916
九通　史6-41508
九通序錄　史6-41512　子4-19500
九通通　史6-41510
九通目錄　史8-66171
九通全書　史6-41509
九通分類總纂　史6-41511
九郎溪俞氏宗譜[浙江仙居]　史4-30830

40 九十九峯草堂試吟　集5-35215
九十九峯草堂詩鈔　集4-29754～5,6-
42008
九十九淀考　史6-46729
九十九籌　叢2-741
九九記　集7-53601
九九樂府　史1-6158　叢1-496(5)
九九大慶　集7-51319
九九圖一段　集7-51479
九九銷夏錄　子4-24526　叢2-1920
九大家詩選　集6-43883
九臺縣鄉土志資料[民國]　史7-56227
九塘明經胡氏己伯三派支譜首[安徽績溪]
史4-30544
九喜榻記　子4-18616　叢1-197(3)、2-
1110

43 九城修馬路　集7-53193
九域志　史7-49531　叢1-19(3)、21(5)、22
(10)、23(10)、24(4)
九域志[元豐]　史7-49527～8

44 九蓮山志　史7-52355
九芝集　集2-10752
九芝仙館文鈔　子4-23243　集4-27069
九芝草堂詩存　集4-25355
九孝寶卷　集7-54381
九華新譜　子4-19279　叢2-617(5)
九華詩集　集1-4485～7　叢1-223(58)
九華詩集、貞逸、書院　集1-4482
九華詩集、釋希坦詩　集1-4484
九華集　集1-3420　叢1-223(55)
九華山志　史7-52432～4、52436
九華山志、圖　史7-52431
九華山人詩　集1-4483
九華山人錢湊印譜　子3-17461
九華山錄　史7-52430　叢1-11～2、22
(11)、23(11)、119～20
九華紀勝　史7-52435
九華日錄　史7-49318(6)、53498　叢1-202
(5)、203(11)
九苞邵氏宗譜[江蘇宜興]　史4-29211
九世祖依思公年譜　史2-11568

九葉芸香館吟草　集4-30105
九橫經　子6-32083(22)

45 九姓司志[乾隆]　史8-61936
九姓志畧[嘉慶]　史8-61937
九姓長官司任氏族譜　史4-26810
九執秤解　叢2-1792～3
九勢碎事　經1-108　子3-15171　叢2-
814

46 九如獻瑞(比壽、三多呈祥)　集7-49670
九柏山房詩鈔　集4-22963
九柏山房同懷詩集　集4-23198

47 九朝新語、十朝新語外編　史1-4543　叢
2-2211
九朝談纂　史1-2685　子4-24072
九朝聖訓　史6-47735
九朝編年備要　叢1-223(18)
九朝編年綱目備要　史1-1479
九朝野記　子4-22987　叢1-22(21)
九穀考　經1-108、111(3),2-14650　叢2-
814

48 九松軒詩稿　集3-16828
九梅村詩集　集4-32242～3

50 九史同姓名畧　史2-13360
九史同姓名畧、補遺　史2-13361　子5-
25858　叢2-653(5)、731(60)
九夷古事　史7-51034
九青館詩鈔、留社詩餘、留社贈答詩　集5-
38627

52 九折齋醫案　子2-10814

53 九成宮醴泉銘　子3-15584

55 九轉詞逸叟醒羣芳　集7-49490、49513
九轉靈砂大丹　子5-29530(17)、29555、
30856
九轉靈砂大丹資聖玄經　子5-29530(17)、
30851
九轉流珠神仙九丹經　子5-29530(18)、
30890
九轉青金靈砂丹　子5-29530(17)、29555、
30857
九曲山房詩續集　集3-21855
九曲山房詩鈔　集3-21852～4
九曲漁莊詞　集7-47729　叢2-1753
九曲遊記　史7-49318(7)、53527

58 九數外錄　子3-12388、12711,7-36228(1)、
36231(7)、36242(1)、36248　叢1-418,2-
1793
九數通考　子3-12518
九數通考、九數通考續集　子3-12519
九數存古　子3-12373、12712

60 九星獻端　集7-49688
九星穴法　子3-13140、13355

九星十二神壓年照命　子3−14687
九星鉤玄　叢1−160～1
九疊山房詩存　集4−28615,6−41996
九國志　史1−2404～6　叢1−22(10)、23
　(10)、453、456(3),2−735(4)
九國志、三楚新錄　史1−2407
九國志、拾遺　史1−2408　叢1−274(3),2−
　731(66)
九國志殘本　叢1−265(2)
九國志佚文　史1−2409　叢2−777
九國志逸文　史1−2410　叢2−2116
九國志校　史1−2411　叢2−2116
九國志校、逸文　叢2−2118
九思堂詩稿　集5−36694～7
九思堂詩稿續編　集5−36698～702
九思堂詩鈔　集4−22543
九愚山房詩集　集2−9391
九愚山房集　集2−9392
九愚山房集(九愚山房稿)　集2−9389
九甲閲公黃氏族譜[湖南安化]　史5−
　34032
九品往生阿彌陀三摩地集陀羅尼經　子6−
　32093(39)
九品蓮臺　子7−36201
九品蓮臺記　子7−36202～3
九品書　子3−15001、15046　叢1−22(14)、
　23(14)、27
63 九晼齋詩稿　集5−41051
九晼遺容　子3−16309　叢1−86,2−730
　(7)、731(35)
九晼古文　集3−19579　叢1−574(4)
九晼古文、續集　集3−19580
九晼史論　史1−5662　叢2−731(62)、816
九晼堂詩文集　集3−21424
67 九曜齋筆記　子4−22405　叢1−558
九曜齋筆記、松崖雜鈔　子4−22406
九曜石刻錄　史8−64050　叢1−469、495、
　586(3),2−716(2)
九曜石考　史8−64049　叢2−1514
76 九陽錄　子3−13572
77 九層煉心要訣摘錄十三經內要注　子5−
　31503
九卿議定物料價值　史6−46529
九卿議定物料價值、工部簡明做法册、城垣
　做法册　史6−46530
九門鍾譜、解法、套法、三才刀法譜　子1−
　3572
九賢祕典　子1−3773、3775
九賢祕典、校譌　子1−3774
九賢祕典、校譌、補校　叢1−376,2−731(19)
九賢堂稿、詩鈔　集3−19741

80 九鐘精舍金石跋尾甲編、乙編　史8−63746
九美圖寶卷(三笑緣)　集7−54380
九美圖寶卷(三笑姻緣)　集7−54379
九曾詩初集　集4−31939
九會元集　集6−45402
九谷集　集3−15648
九公山房詩稿、目錄　集3−13450
九公山房易問　經1−924
88 九籥集　集2−11515
九籥集(九籥前集、九籥前集詩、九籥前集
　文、九籥前集詩、九籥續集、九籥後集、九
　籥中集、瞻途紀聞)　集2−11514
九籥別集　集2−11517
九籥前集文、詩、九籥集文、詩　集2−11516
90 九懷詞　叢2−1309
九省鹽務議署　史6−43774
91 九煙詩鈔二集　集2−7019
九煙先生遺集　集3−13631

4002₇ 力

21 力仁齋詩　集3−14961
力行彙編　子4−24456
40 力士移山經　子6−32083(19)
44 力莊嚴三昧經　子6−32081(16)、32083(11)、
　32084(10)、32085(16)、32086(18)、32088
　(12)、32089(13)、32090(18)、32091(16)、
　32092(12)、32093(9),7−32377
55 力耕堂詩稿　集3−16545
60 力圍詩草　集3−18458
77 力學課編、答數備質　子7−37579
力學須知　子7−36230、37580
力學考　子7−36240(4)
88 力餘葵向吟草、力餘深曹日深草、力餘客子
　光陰草另編、力餘盤屋土風草　集4−
　31735

4003₀ 大

00 大主日禮義　子7−35567
大瘦腰肢詩篇　集7−52164
大癡道人集　集1−5071
大癡畫訣　子3−15860、15902
大亭山館叢書十八種　叢1−477
大㒭集　集3−13522
大方廣三戒經　子6−32082(2)、32083(2)、

32084(1)、32085（2）、32086（2）、32088（2）、32089(2)、32090（3）、32091（2）、32092（1）、32093(3),7-32145

大方廣師子吼經　子6-32081(10)、32082(9)、32083(8)、32084(7)、32085(11)、32086(11)、32088(8)、32089(9)、32093(9)

大方廣佛花嚴經　子6-32080,7-32392

大方廣佛花嚴經疏　子7-33317

大方廣佛花嚴經疏序　子7-33332

大方廣佛花嚴經疏抄記　子7-33331

大方廣佛花嚴經修慈分　子6-32084(4)

大方廣佛花嚴經十迴向品疏　子7-33338

大方廣佛花嚴經隨疏演義　子7-33325

大方廣佛花嚴經隨疏演義抄　子7-33326

大方廣佛花嚴經隨疏演義鈔玄鏡記　子7-33333

大方廣佛華嚴經　子6-32079、32081(4)、32082(4)、32083(4)、32084(4,29)、32085(4)、32086(4)、32088(3,41)、32089(4)、32090(5)、32091(4)、32092(3)、32093(2)、7-32379~81、32394~5

大方廣佛華嚴經、復菴和尚華嚴綸貫　子7-32390

大方廣佛華嚴經、復菴和尚華嚴綸貫、華嚴普賢行願懺儀、華嚴大經處會品目卷帙總要之圖、入不思議解脫境界普賢行願品　子7-32391

大方廣佛華嚴經、華嚴綸貫　子7-32387

大方廣佛華嚴經、華嚴綸貫、行願品　子7-32388

大方廣佛華嚴經、華嚴綸貫、入不思議解脫境界普賢行願品　子7-32389

大方廣佛華嚴經、入不思議解脫境界普賢行願品　子7-32382

大方廣佛華嚴經、入不思議解脫境界普賢行願品、復菴和尚華嚴綸貫　子7-32383

大方廣佛華嚴經、入不思議解脫境界普賢行願品、法界觀門、復菴和尚華嚴綸貫、起香贊　子7-32384

大方廣佛華嚴經、普賢行願品　子7-32393

大方廣佛華嚴經、普賢行願品、修華嚴懺九會請華儀、華嚴普賢行願懺儀、華嚴普賢行願懺儀　子7-32386

大方廣佛華嚴經、普賢行願品、復庵和尚華嚴綸貫　子7-32385

大方廣佛華嚴經音義　經1-101　子6-32090(65)、32091(63)、7-34811　叢1-274(5)

大方廣佛華嚴經音義(華嚴經音義)　子7-34813

大方廣佛華嚴經新論　子7-33311

大方廣佛華嚴經論　子6-32092(41)

大方廣佛華嚴經疏　子6-32084(32)、32088(42)、32089（50）、32090（64）、32091（62）、32093(47),7-33318

大方廣佛華嚴經疏演義鈔　子7-33329~30

大方廣佛華嚴經疏演義鈔(華嚴玄談)　子6-32091(65)

大方廣佛華嚴經疏演義鈔、科文　子6-32093(47)

大方廣佛華嚴經疏鈔　子6-32089(52)、32090(66)、32091(64)

大方廣佛華嚴經疏鈔、華嚴行願品　子6-32091(65)

大方廣佛華嚴經疏鈔懸談　子7-33315~6

大方廣佛華嚴經疏鈔會本　子6-32092(42),7-33319~23

大方廣佛華嚴經疏鈔會本、科文、懸談　子7-32109

大方廣佛華嚴經要解　子7-33339、33343

大方廣佛華嚴經吞海集　子7-33343

大方廣佛華嚴經吞海集、法界觀披雲集　子7-33341

大方廣佛華嚴經吞海集、校譌　子7-33340

大方廣佛華嚴經不思議佛境界經分　子6-32081(4)、32082(4)

大方廣佛華嚴經不思議佛境界分　子6-32083(4)、32084（4）、32085（5）、32086（4）、32088(4)、32089（4）、32090（5）、32091（4）、32092(3)、32093(2),7-32417

大方廣佛華嚴經吞海集　子6-32091(65)

大方廣佛華嚴經行願品懺法　子7-35004~5

大方廣佛華嚴經續入法界品　子6-32081(5)、32085（5）、32088（4）、32089（4）、32090(6)、32091(5)、32092(3),7-32408

大方廣佛華嚴經修慈分　子6-32081(4)、32082(4)、32083（4）、32086（4）、32088（4）、32089(4)、32090（5）、32091（4）、32092（3）、32093(2),7-32426

大方廣佛華嚴經綱要　子6-32091(65)

大方廣佛華嚴經綱要、大方廣佛華嚴經入不思議解脫境界普賢行願品　子7-33324

大方廣佛華嚴經淨行品　子7-32110、32413~5

大方廣佛華嚴經清涼科　子7-33314

大方廣佛華嚴經海印道場儀　子7-34999

大方廣佛華嚴經海印道場十重行願常徧禮懺儀　子6-32091(68)

大方廣佛華嚴經海印十重行願常遍禮懺儀　子7-34998

大方廣佛華嚴經梵行品　子7-32110

大方廣佛華嚴經著述集要　子7-33343

中國古籍總目·索引

大方廣佛華嚴經感應傳　子6-32081(57)
大方廣佛華嚴經感應畧記、華嚴大經處會
　品目總要之圖　子7-32099
大方廣佛華嚴經探玄記　子7-33308
大方廣佛華嚴經探玄記、華嚴經探玄記畧
　科　子7-33309
大方廣佛華嚴經明法品　子7-32416
大方廣佛華嚴經隨疏演義鈔　子6-32084
　(32)、32088(42)、32090(64)、32091(62)、
　32093(47)、7-33327
大方廣佛華嚴經入不思議解脫境界普賢行
　願品　子6-32085(4)、32088(3)、7-32110、
　32406、32410～1、34427
大方廣佛華嚴經入不思議普賢解脫境界依
　普賢行願畧禮懺念誦儀　子7-35003
大方廣佛華嚴經入法界品　子6-32093(2)
大方廣佛華嚴經入法界品頓證毗盧遮那法
　身字輪瑜伽儀軌　子6-32093(34)
大方廣佛華嚴經入法界品四十二字觀　子
　6-32083(35)、32085(50)、32088(37)、32089
　(36)、32090(59)、32091(57)、32092(39)
大方廣佛華嚴經入法界品四十二字觀門
　子6-32093(34)
大方廣佛華嚴經入法界品四十二字輪觀門
　法　子6-32081(55)、32086(59)
大方廣佛華嚴經金師子章　子6-32081(57)
大方廣佛華嚴經合論　子6-32081(57)、
　32082(28)、32084(31)、32091(65)、7-33312
大方廣佛華嚴經普賢行願品　子6-32091
　(4)
大方廣佛華嚴經普賢行願品別行疏　子7-
　33334
大方廣佛華嚴經普賢行願品別行疏鈔　子
　7-33335
大方廣佛華嚴經普賢行願品別行疏鈔、科
　文　子7-33336
大方廣佛華嚴經普賢行願品別行疏鈔、華
　嚴宗七祖　子6-32091(65)
大方廣佛華嚴經普賢行願品別行疏鈔會
　本、科文　子7-32109
大方廣佛華嚴經普賢菩薩行願品　子6-
　32089(4)、32092(3)
大方廣佛華嚴經續入法界品　子6-32083(4)、
　32086(5)
大方廣佛華嚴搜玄記　子7-33305
大方廣佛圓覺修多羅了義經　子7-32967
大方廣總持寶光明經　子6-32083(28)、
　32084(23)、32086(48)、32091(30)、32093(2)、
　7-32430
大方廣惣持寶光明經　子6-32082(21)、
　32085(41)、32088(29)

大方廣總持寶光明經　子6-32089(24)、
　32090(32)、32092(20)
大方廣寶篋經　子6-32082(6)、32083(5)、
　32084(6)、32085(7)、32086(7)、32088(5)、
　32089(7)、32090(8)、32091(7)、32092(5)、
　32093(9)、7-32241
大方廣十輪經　子6-32081(3)、32082(3)、
　32083(3)、32084(3)、32085(4)、32088(3)、
　32093(5)
大方廣菩薩十地經　子6-32083(4)、32086
　(5)、32089(4)、32090(6)、32091(5)、32092
　(4)、7-32431
大方廣菩薩藏文殊師利根本儀軌經　子6-
　32081(45)、32082(22)、32083(29)、32084
　(24)、32085(42)、32086(49)、32087、32088
　(30)、32089(25)、32090(42)、32091(41)、
　32092(28)、32093(45)
大方廣菩薩藏經中文殊師利根本一字陀羅
　尼經　子6-32082(10)、32086(14)、32089
　(11)、32093(36)
大方廣菩薩藏經中文殊師利根本一字陀羅
　尼法　子6-32081(12)、32085(13)、32088
　(9)、32090(15)、32091(13)、32092(10)
大方廣菩薩藏經中文殊師利根本一字陁羅
　尼經　子6-32084(8)
大方廣如來不思議境界經　子6-32081(4)、
　32082(4)、32083(4)、32084(4)、32085(5)、
　32086(5)、32088(4)、32089(4)、32090(5)、
　32091(4)、32092(3)、32093(2)、7-32418
大方廣如來不思議境界經、佛華嚴入如來
　德智不思議境界經、大方廣佛華嚴經修
　慈分　子7-32419
大方廣如來祕密藏經　子6-32081(17)、
　32082(12)、32083(12)、32084(11)、32085
　(17)、32086(19)、32088(12)、32089(14)、
　32090(19)、32091(17)、32092(12)、32093(9)
大方廣如來藏經　子6-32084(28)、32093
　(42)、7-32119
大方廣未曾有經善巧方便品　子6-32089
　(32)、32091(38)
大方廣曼殊室利童子菩薩華嚴本教讚閻曼
　德迦忿怒真言大威德儀軌品第　子6-
　32089(37)
大方廣曼殊室利童真菩薩華嚴本教讚閻曼
　德迦忿怒王真言阿毘遮盧迦儀軌品第
　子6-32089(37)
大方廣曼殊室利童真菩薩華嚴本教讚閻曼
　德迦忿怒王真言阿毘遮嚕迦儀軌品　子
　6-32090(58)、32091(56)、32092(38)、32093
　(36)
大方廣曼殊室利童真菩薩華嚴本教贊閻曼
　德迦忿怒王真言阿毘遮嚕迦儀軌品　子
　6-32085(52)、32086(62)、32088(38)

大方廣圓覺經大疏　子6-32091(66)、32092
(42),7-33494~5

大方廣圓覺經畧疏註　子6-32089(51)

大方廣圓覺修多羅了義經　子6-32081
(16)、32082(12)、32083(11)、32084(10)、
32086(18)、32088(12)、32089(14)、32090
(18)、32091(17)、32092(12)、32093(2)、7-
32103、32108、32112、32130、32133、32965~6、
33067　叢1-114(3)、394,2-724

大方廣圓覺修多羅了義經、釋摩訶般若
波羅密經覺意三昧、法界觀　子7-
32138

大方廣圓覺修多羅了義經、直解　子7-
33510

大方廣圓覺修多羅了義經疏　子7-33500

大方廣圓覺修多羅了義經集註　子7-
33505

大方廣圓覺修多羅了義經集要　子7-
33514

大方廣圓覺修多羅了義經句釋正白　子6-
32091(66)

大方廣圓覺修多羅了義經近釋　子7-
32113、33512~3

大方廣圓覺修多羅了義經夾頌集解講義
子7-33506

大方廣圓覺修多羅了義經直解　子6-
32091(66),7-33509

大方廣圓覺修多羅了義經畧疏　子6-
32092(42),7-33501~3

大方廣圓覺修多羅了義經畧疏註　子7-
33498

大方廣圓覺修多羅了義經畧疏註、科文　子
6-32093(47)

大方廣圓覺修多羅了義經畧疏註、真歇了
禪師頌圓覺經、中峯普應國師圓覺提綱
偈　子7-33499

大方廣圓覺修多羅了義經畧疏註、圓覺經
畧疏之鈔　子6-32089(51)、32090(66)

大方廣圓覺修多羅了義經畧疏鈔會本、科
文　子7-32109

大方廣圓覺畧疏注　子7-33497

大方廣入如來智德不思議經　子6-32081
(4)、32082(4)、32083(4)、32084(4)、32085
(5)、32086(4)、32088(4)、32089(4)、32090
(5)、32091(4)、32092(3)、32093(2)、7-32422

大方廣普賢所說經　子6-32081(4)、32082
(4)、32083(4)、32086(5)、32088(4)、32089
(4)、32090(5)、32091(4)、32092(3)、32093
(2)、7-32429

大方便佛報恩經　子6-32079、32081(16)、
32082(12)、32083(12)、32084(10)、32085
(17)、32086(18)、32087、32088(12)、32089

(14)、32090(19)、32091(17)、32092(12)、
32093(10),7-32674~6

大方便報恩寶懺　子7-35016

大方禪師語錄　子6-32091(79)

大方折衷　子2-5273

大方醫驗大成　子2-10494

大方等(廣)惣持寶光明經　子6-32081(43)

大方等于修多羅王經　子6-32086(13)

大方等頂王經　子6-32081(6)、32082(5)、
32083(5)、32086(6)、32088(5)、32089(5)、7-
32273

大方等頂王經(維摩詰子問)　子6-32085
(6)

大方等修多羅王經　子6-32081(11)、32085
(12)、32088(9)、32089(10)、32090(13)、32091
(11)、32092(8)、7-32116

大方等大雲請雨經　子6-32081(7)、32082
(7)、32083(6)、32086(8)、32088(6)、32089(7)

大方等大雲經　子6-32081(7)、32082(7)、
32083(6)、32085(7)、32086(8)、32088(6)、
32089(7)、32090(11)、32091(10)、32092(7)

大方等大雲經請雨品第　子6-32084(6)、
32093(42)

大方等大集經　子6-32078、32081(3)、32082
(3)、32083(3)、32084(3)、32085(3)、32086
(3)、32087、32088(3)、32089(3)、32090(4)、
32091(3)、32092(2)、32093(5)、7-32192

大方等大集經菩薩念佛三昧分　子6-
32084(3)、32093(5)

大方等大集經賢護分　子6-32084(3)、
32093(5)

大方等大集菩薩念佛三昧分經　子6-
32083(3)

大方等大集月藏經　子6-32081(3)、32082
(3)、32085(3)、32086(3)、32088(3)、32089
(3)、32090(4)、32091(3)、32092(2)、32093
(5)、7-32201

大方等大集月燈經　子6-32085(8)、32090
(9)、32092(6)

大方等大集賢護經　子6-32081(3)、32082
(4)、32083(3)、32085(4)、32086(4)、32088
(3)、32089(4)、32090(5)、32091(4)、32092
(3)、7-32212~3

大方等如來藏經　子6-32081(15)、32083
(11)、32084(9)、32085(15)、32086(16)、32088
(11)、32089(13)、32090(17)、32091(15)、
32092(11)、32093(8)、7-32223

大方等陀羅尼經　子6-32081(16)、32082
(11)、32083(11)、32084(10)、32085(16)、
32086(18)、32088(12)、32089(13)、32090
(18)、32091(17)、32092(12)、32093(42)

大方等無想經　子6-32084(6)、32093(15)

大方等善住意天子所問經　子6-32093(3)

大庾可亭相國戴公(均元)暨元配崔夫人合葬墓志銘　史2-9575

大庾縣續志[咸豐]　史8-58636

大庾縣志[乾隆]　史8-58635

大庾縣志[同治]　史8-58637

大庾縣志[民國]　史8-58638

大廉三獄　史6-46248

大摩里支菩薩經　子6-32083(29)

大唐六典　史6-42641

大唐新語　叢1-22(8)、23(8)、99～101、255(2)、407(2)、2-731(50)、735(3)

大唐新語(唐新語、唐世說新語、唐國史新語)　子4-22821

大唐新譯仁王護國經道塲念誦儀軌　子6-32084(28)

大唐郊祀錄　史6-41976～8　叢1-272(5)、2-615(1)

大唐韶州雙峯山曹侯溪寶林傳　子7-32119

大唐三藏玄奘法師表啓　叢2-600

大唐三藏聖教序　子3-15542

大唐三藏取經詩話　子5-28792

大唐正元續開元釋教錄　子6-32084(26)、7-32119

大唐西京千佛寺多寶佛塔感應碑文　子3-15614

大唐西域記　史7-54236　子6-32081(42)、32082(20)、32083(27)、32084(23)、32085(40)、32086(46)、32088(29)、32089(47)、32090(61)、32091(59)、32092(41)、32093(52)　叢1-223(26)、273(4)、274(3)、2-635(3)

大唐西域記地理考證、印度風俗總記　史7-49310、54237

大唐西域求法高僧傳　子6-32081(42)、32082(21)、32083(27)、32084(23)、32085(40)、32086(47)、32088(29)、32089(47)、32090(60)、32091(59)、32092(41)、32093(52)

大唐貞元新定目錄　子6-32081(43)

大唐貞元續開元釋教錄　子6-32093(53)

大唐傳載　子4-22825　叢1-223(44)、255(2)、274(5)、2-624(1)

大唐傳載摘勝　子4-22826

大唐保大乙巳歲續貞元釋教錄　子6-32093(53)

大唐遺事　叢1-15

大唐大安國寺故大德淨覺師塔銘　子7-34723

大唐大慈恩寺三藏法師傳　子6-32082(21)、32086(47)

大唐內典錄　史8-66327　子6-32081(42)、32082(20)、32083(27)、32084(22)、32085(39)、32086(46)、32088(28)、32089(51)、32093(52)、7-34848

大唐內典錄、續大唐內典錄　子6-32090(60)、32091(58)、32092(41)

大唐奇事　叢1-22(8)、23(8)

大唐歷代帝王圖記　子3-13004

大唐開元占經、目錄　子3-13027

大唐開元釋教廣品歷章　子6-32084(26)

大唐開元釋教廣品歷章殘　子7-32119

大唐開元禮　史6-41973　叢1-451

大唐開元禮、辯證　史6-41974

大唐開元禮、目錄　叢1-223(27)

大唐開元禮校勘記、校勘撮要　史6-41975

大唐全傳　子5-28034

大唐創業起居　叢1-511

大唐創業起居注　叢1-22(7)、23(7)、26～8、98、169(3)、268(2)、2-731(65)、821

大唐創業起居注(唐創業起居注)　史1-1459

大唐類要　子5-24769

大廣益會玉篇　經1-33、2-12770～1、15114～5、15127　叢2-698(3)、731(21)

大廣益會玉篇、新編正誤足註玉篇廣韻指南　經2-12769

大廣益會玉篇、玉篇廣韻指南　經2-12768

大廣益會玉篇、玉篇總目偏旁篆書之法　經2-12767　叢2-635(3)

大廣益會玉篇校勘札記(玉篇校勘札記)　經2-12772

大麻瘋症經驗奇方　子2-7783

大意經　子6-32083(14)

大意抒海經　子6-32090(22)、32092(15)

大意尊聞　子1-1689～90、1965　叢2-1651～2

大文堂綱鑑易知錄、御撰資治通鑑綱目三編　史1-1243

大辯天品　子6-32093(7)

大哀經　子6-32081(4)、32082(4)、32083(3)、32084(4)、32085(4)、32086(4)、32088(3)、32089(4)、32090(5)、32091(4)、32092(3)、32093(5)、7-32194

大哀賦　史1-3224

大玄吳氏宗譜[浙江義烏]　史4-27898

大玄真一本際經存　叢2-608

大玄闡祕、附編、外編　叢1-558

大六壬　子3-13896～7

大六壬雜釋　子3-13901

大六壬課經集　子3-13936

大六壬課經全書　子3-13911

大六壬課傳集解　子3-13992

大六壬課鈐　子3-13986

大六壬一字訣玉連環　子3-13881

大六壬一針見血、骨牌神數　子3－14001
大六壬正義口訣斷章　子3－13975
大六壬五變中黃經(六壬五變中黃經、鬼賊中黃五變經)　子3－13874
大六壬五變中黃經正文、釋義　子3－13907
大六壬尋源審像精蘊、大六壬尋源推命祕旨　子3－14011
大六壬尋原　子3－13942
大六壬翠羽歌　子3－13895
大六壬集成　子3－13994
大六壬占例　子3－13948
大六壬占身命摘要　子3－13951
大六壬占驗指南　子3－13927
大六壬斷章祕訣　子3－13957
大六壬斷案彙鈔　子3－13972
大六壬彙纂　子3－13921
大六壬準繩　子3－14005
大六壬滙集　子3－13995
大六壬淵鑑　子3－13974
大六壬叢書　子3－13922
大六壬心鏡　子3－13879
大六壬祕本　子3－13938
大六壬神課金口訣、別錄　子3－13890
大六壬神煞全圖　子3－13978
大六壬神妙要書　子3－14023
大六壬袖傳捷要　子3－14007
大六壬通天銀河棹　子3－13887
大六壬軍門占課　子1　3103
大六壬九天中黃經　子3－13875
大六壬大全　子3－13935
大六壬大全(大六壬全書、六壬全書、祕藏大六壬大全善本)　子3－13934
大六壬考正　子3－14028
大六壬苗公射覆鬼撮腳　叢1－245,2－731(15)
大六壬苗公射覆鬼撮腳(覆校大六壬苗公射覆鬼撮腳、苗公射覆鬼撮腳、鬼撮腳射覆)　子3－13906
大六壬苗公鬼撮腳　子3－13905
大六壬黃帝龍首經　子3－14031
大六壬未語書　子3－13969
大六壬指南　子3－13924
大六壬搜原真訣銀河棹　子3－13886
人六壬口華百章歌　子3－13946
大六壬明體經　子1－3103,3－14022
大六壬隔山照　子3－14013
大六壬兵機確論出師全書　子3－13824
大六壬金櫃經　子3－13903
大六壬合纂　子3－13967
大六壬會要全集　子3－13876

大六壬會通摘要　子3－13977
大六壬會纂指南(大六壬會纂)　子3－13926
大六壬銀河棹　子3－13883
大六壬銀河棹正集　子3－13884
大六壬銀河棹正集、附集　叢1－448
大六壬銀河棹全書　子3－13884
大六壬管見全書　子3－13902
大六壬類集　子3－13970
大六壬類占　子3－13950
大六知占　子3－14002
大雜會一段　集7－51414
01 大壟沙江羅氏三修族譜[湖南茶陵]　史5－41119
04 大護明大陀羅尼經　子6－32083(28)
大誥　史6－45790、47609
大誥武臣　史6－45792、47610
05 大講宜嬀禮　子7－36021
07 大鄜山人詩　集2－9966
大鄜山人集　集2－9335
大鄜風雅　集6－44753
10 大三摩惹經　子6－32083(30)
大正句王經　子6－32081(49)、32082(26)、32083(31)、32084(26)、32085(46)、32086(54)、32088(33)、32089(29)、32090(36)、32091(35)、32092(24)、32093(16)
大正博覽會參觀記　史7－54655　叢2－654
大王觀世音經　子7－33037
大至閣詩　集5－41224
大元帝師說根本一切有部出家授近圓羯磨儀範　子6－32085(55)、32086(65)、32088(40)
大元帝師說根本一切有部苾芻習學畧法　子6－32085(55)、32086(65)、32088(40)
大元氈罽工物記　史6－46506　叢2－630
大元至元辨偽錄　史8－66334
大元至元辨偽籙　子6－32085(55)、32086(66)、32088(41)
大元至元法寶勘同總錄　子6－32085(55)、32086(66)、32088(41)
大元至元法寶勘同總錄(至元法寶勘同總錄)　子7－34854
大元聖政典章新集至治條例　史6－41630
大元聖政國朝典章　史6－41628
大元聖政國朝典章、新集至治條例　史6－41627　叢2－672
大元聖政國朝典章綱目　史6－41629
大元吳氏宗譜[浙江義烏]　史4－27899～905
大元官制雜記　史6－42648　叢2－630
大元海運記　史6－44119　叢2－599

大元大一統志　史7-49545～6　叢2-742

大元大一統志、輯本、附考證、附錄　史7-49547

大元大一統志存、輯本、附考證、附錄　叢2-785

大元馬政記　史6-45409　叢2-630

大元倉庫記　史6-44549　叢2-630

大夏國考　史7-49357、49946

大石山房十友譜　子4-18669,5-26219　叢1-36、39

大石朱氏族譜[湖南雙峯]　史4-26732

大石緱山葉氏宗譜[浙江臨海]　史5-35708

大西廂一段　集7-51413

大西西泰利先生行迹　子7-35854

大西利先生行蹟　子7-35261

大西洋記　史7-49318(17)、54286

大雷山房文稿、文補編、詩稿、詩續編、内編、同人集、勁叔詞稿、雜文稿　集4-30595

大雲請雨經　子6-32081(7)、32083(6)、32085(7)、32086(8)、32088(6)、32089(7)、32090(9)、32091(8)、32092(6)

大雲經請雨品第　子6-32078、32093(42)

大雲山房文稿　叢1-373(6)

大雲山房文稿二集　集4-24110

大雲山房文稿補編　集4-24113

大雲山房文稿初集　集4-24109

大雲山房文稿初集、二集、言事　集4-24111

大雲山房文稿初集、二集、言事、補編　叢2-635(13)、698(12)

大雲山房文稿初集、二集、補編、續編　集4-24112

大雲山房雜記　子4-21214　叢1-433,2-735(4)

大雲山房十二章圖說　史6-41954　叢1-433

大雲山房尺牘　集6-45195

大雲樓集　集3-16944

大雲書庫藏書題識　史8-65957　叢2-2198

大雲輪請雨經　史7-51657　子5-29946,6-32081(7、54)、32082(7、28)、32083(6、34)、32084(6)、32085(7、49)、32086(8、58)、32088(6、36)、32089(7、31)、32090(9、39)、32091(8、37)、32092(6、25)、32093(33、42)、7-32921、32923～4

大雲輪請雨經、大雲經祈雨壇法　子6-32084(27)

大雲無想經殘卷　子5-30253

大不賢錄　子4-22059

11 大悲經　子6-32081(5)、32082(5)、32083(4)、32084(5)、32085(5)、32086(5)、32088(4)、32089(5)、32090(6)、32091(5)、32092(4)、32093(14),7-32483～4

大悲心大陀羅尼懺法　子7-35024

大悲心太陀羅尼懺法儀軌　子7-35025

大悲心咒行法　子7-32894

大悲心陀羅尼　子7-32342

大悲心陀羅尼經　子7-32879、32884

大悲心陀羅尼經、白衣大悲五印心陀羅尼經　子7-32886

大悲心陀羅尼經、大悲咒行法、修懺要旨署　子7-32877

大悲心陀羅尼修行念誦署儀　子6-32089(38)、32090(59)、32091(57)、32092(39)、32093(47)

大悲心陁羅尼修行念誦署儀　子6-32085(55)、32086(65)、32088(40)

大悲心懺　子7-35022

大悲心懺法　子7-35023

大悲神咒　子7-32876

大悲神咒佛像　子7-32898

大悲神咒注　子5-29574,7-33780

大悲觀音俱生身中圍　子7-32097

大悲觀音密修現前解　子7-32097

大悲觀音求修　子7-32097

大悲觀音常修不共要門　子7-32097

大悲觀自在菩薩総持經咒　子7-32094

大悲圓滿無礙大陀羅神呪　子7-32096

大悲圓滿無礙大陀羅尼神咒　子7-32128

大悲咒　子7-33219

大悲咒註像　子7-33673

大悲咒正音　子7-34822

大悲咒疏合音、譯釋　子7-33672

大悲咒集成　子7-32892

大悲咒集成、往生咒譯注　子7-32893

大悲陀羅尼　子7-32890

大悲陀羅尼經　子7-32878

大悲陀羅尼經、白衣大悲五印心陀羅尼經　子7-32885

大悲尊勝往生準提正出定咒　子7-33772

大悲懺儀合節　子7-35027

大悲懺法　子7-35026

大斐吳氏族譜[安徽休寧]　史4-28075

12 大登殿　集7-53110

大延壽寶卷　集7-54312

大延尉茗柯淩公(義渠)殉節紀署　史2-9142

大廷尉張公輝懿編　史2-8970

大廷尉茗柯淩公殉節紀署　叢2-741

大孔雀王雜神咒經　子6-32088(9)

大孔雀王神咒經　子6-32085(13)、32086
　(14)、32088(9)、32089(11)

大孔雀咒王經　子6-32083(9)

大孔雀明王畫像壇場儀軌　子6-32089
　(37)、32090(57)、32091(55)、32092(37)

大瓢偶筆　叢1-373(4)

大瓢偶筆、鐵函齋書跋、大瓢所論碑帖纂列
　總目備覽　子3-15146

15 大珠禪師語錄　子7-34176

16 大聖文殊師利菩薩讚佛法身禮　子6-
　32084(27)、32089(36)、32090(59)、32091
　(57)、32092(39)、32093(37)

大聖文殊師利菩薩讚佛法身禮序　子6-
　32081(56)、32083(35)、32085(50)、32086
　(60)、32088(37)

大聖文殊師利菩薩讚佛法身禮經　子7-
　32425

大聖文殊師利菩薩佛刹功德莊嚴經　子6-
　32084(28)、32093(35)

大聖文殊師利菩薩佛刹功德莊嚴經　子7-
　32119

大聖五傷方濟各行實　子7-35842

大聖天歡喜雙身毘那夜迦法　子6-32093
　(36)

大聖天歡喜雙身毘那耶迦法　子6-32085
　(52)、32086(62)、32088(39)

大聖彌勒化度寶卷　集7-54205

大聖大(天)歡喜雙身毘那耶迦法　子6-
　32090(57)、32091(55)、32092(38)

大聖歡喜雙身大自在天毘那夜迦王歸依念
　誦供養法　子6-32093(40)

大聖歡喜雙身毘那夜迦天形象品儀軌　子
　6-32093(40)

大聖歡喜雙身毘那耶迦法　子6-32089(37)

大聖妙吉祥菩薩說除災教令法輪(熾盛光
　佛頂儀軌)　子6-32093(38)

大聖妙吉祥菩薩祕密八字陀羅尼修行曼荼
　羅次第儀軌法　子6-32093(37)

大聖曼殊室利童子五字瑜伽法　子6-
　32084(28)、32085(53)、32086(63)、32088
　(39)、32089(37)、32090(57)、32091(55)、
　32092(37)、32093(35)

大理府志[乾隆]　史8-62507

大理行記　史7-53830　叢1-221、371,2-
　731(57)

大理山河圖說　史7-52155

大理州志[嘉靖]　史8-62506

大理寺則例　史6-47017

大理縣鄉土志　叢2-2158~9

大理縣鄉土志[民國]　史8-62509

大理縣志稿[民國]　史8-62508

大理戰書　史1-3503　叢1-175

大理馬氏家狀合刊[雲南大理]　史4-
　31641

大理院統計表　史6-46256

大理院統計表(宣統元年)　史6-46257

大理院官制奏摺清單　史6-42749

17 大勇菩薩分別業報畧經　子6-32081(41)、
　32082(19)、32083(26)、32085(39)、32086
　(45)、32088(28)、32089(35)、32090(55)、
　32091(53)、32092(36)

大司徒一川游公(應乾)年譜　史2-11514

大司徒游公傳　史2-8987

大司寇新城王公載書圖詩　集6-44172

大司寇王公傳　史2-8978

大司寇蕭岳峯公夷俗記　叢1-106

大司馬張海虹先生文集　集2-11041

大司馬毛襄懋先生文集、毛詩選　集2-
　7901

大司馬寮屬名　叢2-664

大司馬劉凝齋先生虛籟集　集2-9403

大司馬鳳岡沈先生文集　集2-8741

大礐杞國樓氏宗譜[浙江東陽]　史5-
　39035~6

大乙神鍼方　子2-10394

18 大政文賞初編　子5-25232

大政記　叢2-1094

大政議　史6-48412

大政管窺　子5-25013

大憨詩鈔　集4-25216　叢1-300

20 大愛道比丘尼經　子6-32083(23)、32084
　(19)、32093(24)

大愛道般涅槃經　子6-32083(20)、32089
　(20)

大愛陀羅尼經　子6-32083(31)

大千圖說　子3-11419

大受堂札記　叢2-668

大手印無字要　子7-32951

大乘[大]悲分陁利經　子6-32084(5)

大乘方等總總持經　子6-32083(5)

大乘方廣總持經　子6-32081(7)、32082(6)、
　32085(7)、32086(7)、32088(5)、32089(6)、
　32090(11)、32091(10)、32092(7)、32093(14)、
　7-32519

大乘方廣曼殊室利菩薩華嚴本教讚閻曼德
　迦忿怒王真言大威德儀軌品　子6-
　32090(58)、32091(56)、32092(38)

大乘方廣曼殊室利菩薩華嚴本教贊閻曼德
　迦忿怒王真言大威德儀軌品　子6-
　32086(62)、32088(38)

大乘方廣曼殊室利菩薩華嚴本教贊閻曼德
　迦忿怒真言大威德儀軌品　子6-32085
　(52)

大乘方廣曼殊室利菩薩華嚴本教閻曼德迦忿怒王真真（言）大威德儀軌品　子6-32093(36)

大乘方便經　子6-32093(3)

大乘方等要慧經　子6-32089(3)

大乘廣五蘊論　子6-32081(25)、32083(16)、32085(25)、32086(27)、32088(18)、32089(43)、32090(47)、32091(45)、32092(31)、32093(28)、7-32117

大乘廣五蘊論、大乘五蘊論　子7-32760

大乘廣五蘊論註　子7-33585

大乘廣百論釋論　子6-32084(14)、32093(29)

大乘離文字普光明藏經　子6-32081(9)、32082(8)、32083(7)、32085(10)、32086(10)、32088(7)、32089(7)、32090(10)、32091(9)、32092(7)、32093(8)、7-32247

大乘玄論　子7-33816

大乘諸品經呪　子7-32941

大乘諸品經咒　子7-32939

大乘二十頌論　子6-32081(52)、32083(33)、32085(47)、32086(56)、32088(35)、32089(46)、32090(53)、32091(51)、32092(35)、32093(26)

大乘三聚懺悔經　子6-32081(22)、32083(15)、32084(13)、32085(21)、32086(24)、32088(15)、32089(39)、32090(44)、32091(42)、32092(29)、32093(22)、7-32628

大乘五蘊論　子6-32081(25)、32083(16)、32085(25)、32086(28)、32088(18)、32089(43)、32090(47)、32091(45)、32092(31)、32093(25)、7-32117

大乘要道密集　子7-32947

大乘百福莊嚴相經　子6-32081(10)、32082(9)、32083(8)、32084(7)、32085(11)、32086(12)、32088(8)、32089(9)、32093(12)

大乘百福相經　子6-32081(10)、32082(9)、32083(8)、32084(7)、32085(11)、32086(11)、32088(8)、32089(9)、32093(12)

大乘百法明門論　子6-32081(26)、32083(18)、32085(25)、32086(28)、32088(18)、32089(44,52)、32090(49,66)、32091(47,69)、32092(32)、32093(25)

大乘百法明門論(本地分中畧錄名數)贅言　子7-33642

大乘百法明門論註、唯識三十頌　子6-32092(43)

大乘百法明門論疏　子6-32088(41)、7-33576

大乘百法明門論解　子6-32091(64)、7-33575

大乘百法明門論解、科文　子6-32093(49)

大乘百法明門論直解　子7-33645

大乘百法明門論本地分中畧錄名數畧疏、六離合釋通詮　子7-33578

大乘百法明門論本地分中畧錄名數解　子7-33579

大乘百法明門論本事分中畧錄名數開宗義記　子7-33577

大乘百法明門論贅言　子7-33581

大乘百法明門論纂註、八識規矩頌纂注　子7-33580

大乘頂王經　子6-32081(6)、32082(5)、32083(5)、32084(5)、32085(6)、32086(6)、32088(5)、32089(5)、32090(7)、32091(6)、32092(5)、32093(7)、7-32274

大乘悲分陀利經　子6-32093(10)

大乘破有論　子6-32081(51)、32082(27)、32083(32)、32084(30)、32085(47)、32086(56)、32088(34)、32089(46)、32090(53)、32091(51)、32092(35)、32093(26)

大乘聖吉祥持世陀羅尼經　子6-32083(28)

大乘聖無量壽決定光明王如來陀羅尼經　子6-32083(27)

大乘理趣六波羅蜜多經　子6-32084(29)、32085(52)、32086(63)、32088(39)、32089(32)、32090(40)、32091(38)、32092(26)、32093(37)

大乘理趣六波羅密多經　子7-32368

大乘瑜伽曼殊室利千臂千盋經　子6-32089(32)

大乘瑜伽金剛性海曼珠(殊)室利千臂千鉢大教王經　子7-32133

大乘瑜伽金剛性海曼殊室利千臂千鉢大教王經　子7-33051~2

大乘瑜伽金剛性海曼殊室利千臂千鉢大教王經　子6-32084(29)、32085(51)、32086(62)、32088(38)、32090(42)、32091(40)、32092(27)、32093(35)

大乘集菩薩學論　子6-32085(55)、32086(66)、32088(41)、32089(47)、32090(53)、32091(51)、32092(35)、32093(26)、7-32765

大乘止觀法門　子6-32088(41)、32089(49)、32090(62)、32091(60)、32092(40)、32093(50)、7-33822

大乘止觀法門、諸法無諍三昧法門　子7-33821

大乘止觀法門釋要　子6-32091(69)、32092(44)、7-33859

大乘止觀法門宗圓記　子7-33823

大乘經咒　子7-32938、32940

大乘徧照光明藏無字法門經　子6-32089(7)、32090(10)、32091(9)、32092(7)

大乘伽耶山頂經　子6-32081(9)、32082(9)、32083(8)、32084(7)、32085(10)、32086(11)、

32088(8)、32089(9)、32090(11)、32091(10)、32092(7)、32093(10)

大乘總持十四種　子7-32110

大乘修行菩薩行門諸經要集　子6-32081(39)、32082(17)、32083(25)、32084(21)、32086(43)、32088(27)、32089(34)、32090(56)、32091(54)、32092(37)、32093(30),7-34600

大乘緣生論　子6-32081(55)、32083(35)、32084(28)、32085(50)、32086(60)、32088(37)、32089(46)、32090(53)、32091(51)、32092(35)、32093(37)

大乘流轉諸有經　子6-32083(14)、32086(22)

大乘密嚴經　子6-32081(17)、32082(12)、32083(12)、32084(11、28)、32085(17、49)、32086(19、59)、32088(12、37)、32089(14、31)、32090(19、39)、32091(17、37)、32092(12、25)、32093(7、37),7-32225～6

大乘密嚴經疏　子7-33128

大乘寶要義論　子6-32081(53)、32083(33)、32084(31)、32085(48)、32086(57)、32088(35)、32089(46)、32090(53)、32091(51)、32092(35)、32093(26)

大乘寶雲經　子6-32081(6)、32082(6)

大乘寶月童子問法經　子6-32081(45)、32085(42)、32086(50)、32088(30)、32090(33)、32091(31)、32092(22)、32093(6)

大乘遍照光明藏無字法門經　子6-32081(9)、32082(8)、32083(7)、32085(10)、32086(10)、32088(7)、32093(8),7-32248

大乘法寶香山寶卷全集香山卷　集7-54208

大乘法苑義林章記、錄存不入章抉擇記　子7-33790

大乘法苑義林章補闕　子7-33791

大乘法界無差別論　子6-32081(26)、32083(18)、32085(26)、32086(29)、32088(18、40)、32089(44、46)、32090(51、54)、32091(49、52)、32092(33、35)、32093(26)

大乘法界無差別論(如來藏論)　子6-32085(55)、32086(65)、32093(26)

大乘法界無差別論疏　子7-33632

大乘造像功德經　子6-32085(17)、32086(19)、32088(12)、32089(14)、32090(13)、32091(12)、32092(8),7-32296

大乘大方等日藏經　子6-32081(3)、32082(3)、32083(3)、32085(3)、32086(3)、32088(3)、32089(3)、32090(4)、32091(3)、32092(2)、32093(5),7-32200

大乘大悲分陀利經　子6-32081(6)、32082(5)、32083(5)、32085(6)、32086(6)、32088(5)、32089(5)、32090(9)、32091(8)、32092(5),7-32432

大乘大集須彌藏經　子6-32093(5)

大乘大集經　子6-32084(3)

大乘大集地藏十輪經　子6-32081(3)、32082(3)、32083(3)、32084(3)、32085(4)、32086(3)、32088(3)、32089(3)、32090(4)、32091(3)、32092(2)、32093(5)

大乘太山不動寶卷　子7-36109

大乘莊嚴經論　子6-32081(24)、32082(14)、32083(16)、32084(14)、32085(23)、32086(26)、32088(17)、32089(42)、32090(48)、32091(46)、32092(31)、32093(27)

大乘莊嚴寶王經　子6-32083(27)

大乘菩薩藏正法經　子6-32089(33)

大乘苦功悟道寶卷　子7-36095

大乘觀想曼拏羅淨諸惡趣經　子6-32083(30)

大乘楞伽經唯識論　子6-32091(48)

大乘楞伽經唯識論(破色心論)　子6-32090(50)、32092(33)

大乘楞伽經唯識論、大乘唯識論　子6-32089(43)

大乘起信論　子6-32081(25)、32083(16)、32084(15)、32085(25)、32086(28)、32088(18)、32091(48、49)、32093(25),7-32990、32992～3、33652、33661

大乘起信論、釋摩訶衍論、大乘起信論　子7-32994

大乘起信論、大乘法界無差別論　子7-32123

大乘起信論、大乘起信論　子6-32089(44)、32090(51)、32092(33)

大乘起信論詮　叢2-2235

大乘起信論五種　子7-33653

大乘起信論疏　子6-32089(51)、32090(65)、32091(64)、32092(43),7-33653、33655

大乘起信論疏、科文　子6-32093(49)

大乘起信論疏記會本　子7-33652～3、33656

大乘起信論疏解彙集八種　子7-33652

大乘起信論疏畧　子6-32091(68)

大乘起信論疏筆削會閱　子7-33662

大乘起信論裂網疏(起信論裂網疏)　子7-33664

大乘起信論裂網疏　子6-32091(70),7-33652

大乘起信論科注　子7-33663

大乘起信論續疏　子7-33660

大乘起信論綱要　叢2-2235

大乘起信論直解　子7-33652～3、33665

大乘起信論表　叢2-2236

大乘起信論義記、大乘起信論別記　子7-

中國古籍總目·索引

33652、33654
大乘起信論義記、別記　子7-33653
大乘起信論纂註　子7-33652～3、33659
大乘起信三種　子7-32991
大乘妙法蓮華經　子7-32504
大乘妙林經　子5-29530(26)、29535(1)、29536(1)、30170～1
大乘中觀釋論　子6-32081(57)、32084(31)、32085(51)、32086(61)、32088(38)、32089(46)、32090(53)、32091(52)、32092(35)、32093(26)、7-32741
大乘本生心地觀經　子6-32080、32083(33)、32084(29)、32085(48)、32086(57)、32088(35)、32089(30)、32090(38)、32091(36)、32092(25)、32093(8)、7-32115、32133、32227
大乘本生心地觀經、淺注、懸示　子7-33130
大乘本生心地觀經淺註、懸示、科文、大乘本生心地觀經、懸示　子7-33129
大乘本生心地觀經淺注　子7-33131
大乘成業論　子6-32081(24)、32083(16)、32085(24)、32086(27)、32088(17)、32089(43)、32090(49)、32091(47)、32092(32)、32093(25)
大乘戒經　子6-32083(30)
大乘唯識論　子6-32081(25)、32083(16)、32084(15)、32085(24)、32086(27)、32088(18)、32090(50)、32091(48)、32092(33)、32093(25)
大乘日子王所問經　子6-32083(28)
大乘四法經　子6-32081(10、20)、32082(9)、32083(8、14)、32084(7)、32085(11)、32086(12、21)、32088(8、14)、32089(9、16)、32090(22)、32091(20)、32092(14)、32093(12)
大乘圓頓正宗除邪歸家授記寶卷　子7-36154
大乘圓頓教正宗除邪歸家授記寶卷　集7-54153
大乘顯識經　子6-32081(2)、32082(3)、32083(3)、32084(3)、32085(3)、32086(3)、32088(3)、32089(3)、32090(4)、32091(3)、32092(2)、32093(4)、7-32185
大乘嘆世無爲寶卷　子7-36100
大乘呪　子7-32937
大乘阿毘達磨雜集論　子6-32081(23)、32083(16)、32084(14)、32085(23)、32086(26)、32088(17)、32089(42)、32090(47)、32091(45)、32092(31)、32093(25)、7-32757
大乘阿毘達磨雜集論述記　子7-33584
大乘阿毘達磨集論　子6-32081(23)、32083(16)、32084(13)、32085(23)、32086(25)、32088(17)、32089(42)、32090(48)、32091(46)、32092(32)、32093(25)

大乘隨轉宣說諸法經　子6-32089(33)
大乘同性經　子6-32082(6)、32083(5)、32085(7)、32086(7)、32088(5)、32089(6)
大乘同性經(一切佛行入智毘盧遮那藏說經)　子6-32093(8)
大乘開心顯性頓悟真宗論　子7-33977
大乘開心顯性頓悟真宗論、頓悟論校勘記　叢2-713
大乘入諸佛境界智光明莊嚴經　子6-32091(39)
大乘入道次第章　子7-33792
大乘入楞伽經　子6-32081(7)、32082(7)、32084(6)、32085(7)、32086(8)、32088(5)、32089(6)、32090(8)、32091(8)、32092(5)、32093(7)、7-32219
大乘八大曼拏羅經　子6-32082(24)、32083(31)、32085(44)、32088(32)、32089(28)、32090(35)、32091(34)、32092(23)
大乘八關齋戒儀　子7-33922
大乘金剛論、金剛論須知　子7-32997
大乘金剛般若波羅蜜經注解　子7-33252
大乘金剛大教寶王經　子6-32083(30)
大乘金剛髻珠菩薩修行分　子6-32081(4)、32082(4)、32083(4)、32088(4)、32093(41)
大乘金剛髻珠菩薩修行分經　子6-32085(5)、32086(5)、32089(4)、32090(5)、32091(4)、32092(3)、7-32909
大乘無量壽莊嚴經　子6-32083(30)
大乘舍梨娑擔摩經　子6-32089(27)
大乘舍黎波擔摩經　子6-32083(30)
大乘舍黎娑擔摩經　子6-32081(47)、32082(24)、32084(25)、32085(44)、32086(51)、32088(32)、32090(35)、32091(33)、32092(23)、32093(12)、7-32231
大乘掌珍論　子6-32081(25)、32083(16)、32084(15)、32085(25)、32086(27)、32088(18)、32089(43)、32090(50)、32091(48)、32092(33)、32093(27)、7-32753
大乘掌珍論疏　子7-33570
大集須彌藏經　子6-32081(3)、32082(3)、32083(3)、32085(4)、32086(3)、32088(3)、32089(3)、32090(4)、32091(3)、32092(3)、7-32203
大集經　子7-32193
大集經存　叢2-608
大集大虛空藏菩薩所問經　子6-32087、32093(34)
大集譬喻王經　子6-32081(4)、32082(4)、32084(4)、32085(4)、32088(3)、32089(4)、32090(5)、32091(4)、32092(3)、32093(6)
大集譬喻經　子6-32083(3)、32086(4)
大集月藏經　子6-32083(3)

大統平議　史6-41745
大統皇曆經世　子3-14455
大統通占　子3-13057
大統萬年曆　子3-11680
大統日出　子3-11608
大統曆註　子3-11681
大統曆法啓蒙　子3-11253、11632
大統曆法啓蒙、補遺　子3-11631
大統曆志　叢1-223(35)
大統厤法啓蒙　叢1-493
大統錦靈經　子3-11648
21 大上壇三十部　集7-51104
大上壇三十三部　集7-51103
大能寒軒詩鈔、試帖詩鈔、課餘詩鈔　集4-31192
大虛空藏菩薩念誦法　子6-32081(57)、32082(15)、32083(36)、32085(50)、32086(60)、32088(37)、32089(36)、32090(58)、32091(56)、32092(38)、32093(34)、7-32095
大仾集　集2-8412
大行集　集2-8652、6-45094
大衍新法　子3-12978　叢1-560
大衍一說　經1-85、1350　叢2-1470
大衍集、約仙遺稿　集5-36012　叢2-845(4)
大衍制用圖說　子3-12993
大衍守傳　經1-85、1349　叢2-1470
大衍心法　叢2-1871
大衍十二次分野圖　史7-49307~8　子3-13033　叢2-767
大衍索隱　子3-12976　叢1-223(36)
大衍求一及天元四元考、借根方　子7-36240(3)
大衍求一釋、求一古法　子3-12600
大衍圖說　經1-2226
大衍筮法直解　經1-2396　叢2-1913~4
大儒文要　子1-171
大儒要言鈔　子1-1742
大儒心學語錄　子1-157
大儒大奏議　史6-47787
大儒學粹　子1-162
大儒粹語　子1-1577
大比丘三千威儀　子6-32081(36)、32082(16)、32083(24)、32084(19)、32085(35)、32086(40)、32088(25)、32089(40)、32090(45)、32091(43)、32092(30)、32093(24)
大比尼經　子7-32639
大經堂詩集　集2-12884、6-44591
22 大川對類　子5-25600
大川漫草　集4-28506
大崖李先生文集、大崖李先生年譜　集2-

7196
大崖李先生詩集、文集、附錄　集2-7195
大崖李先生集　集2-7197
大嶽志　史7-52549　叢1-13、14(3)、22(11)、23(11)、119~20
大巖賸草　集4-22340
大嶺陳氏宗譜[浙江東陽]　史4-33032
大巍禪師竹室集　子6-32091(71)
大巍禪師竹室內集　集2-6924
大崑崙山人稿　集3-19806
大崑崙山人稿　集3-19805
大山詩集　集3-16929~30　叢2-2169
大山塔蔣氏宗譜[浙江永康]　史5-38142
大樂元音　子3-17696　叢2-1473
大樂元音、圖　經1-6427
大樂律呂元聲、大樂律呂考注　經1-6452
大樂律呂考注　經1-6453
大樂嘉成　經1-6485
大樂金剛不空真實三麼耶經　子6-32093(34)
大樂金剛不空真實三麼耶般若波羅蜜多理趣經　子6-32081(53)、32085(48)、32086(58)、32088(36)、32090(41)、32091(40)、32092(27)
大樂金剛不空真實三摩耶般若波羅蜜多理趣經　子6-32083(34)、32085(53)、32086(64)、32088(39)、32089(31)
大樂金剛不空真實三昧耶經般若波羅蜜多理趣釋　子6-32083(35)、32084(28)、32086(59)、32089(36)、32090(57)、32091(55)、32092(38)、32093(34)
大樂金剛不空真實三昧邪經般若波羅蜜多理趣釋　子6-32081(55)、32085(50)、32088(37)
大樂金剛薩埵修行成就儀軌　子6-32084(28)、32085(51)、32086(61)、32088(38)、32089(37)、32090(56)、32091(54)、32092(37)、32093(34)、7-32095
23 大代數難題詳解　子7-37518
大代數學講義　子7-37519
24 大化總歸　子7-35975
大化呂氏家譜[浙江東陽]　史4-26337
大倚紗窗一枝　集7-52655
大備對宗　子5-25698
大德重校聖濟總錄　子2-4790
大德昌國州圖志　史7-54917、57402
大俠紅蘩蕗傳　子7-38272
大彼得遺囑　子7-36486
大休珠禪師語錄　子6-32091(74)
大休上人遺著　集5-40943
大科書堂訓規　叢2-1067

33719
大佛頂首楞嚴經正脈修釋、懸敘、畧記、科
　判　子7－33723
大佛頂首楞嚴經疏解蒙鈔　子6－32092
　(44),7－33742,33744
大佛頂首楞嚴經疏解蒙鈔、佛頂五錄　子
　7－33743
大佛頂首楞嚴經疏解蒙鈔、卷首、佛頂五錄
　子6－32091(66)
大佛頂首楞嚴經疏解蒙鈔目錄後記　子7－
　33745
大佛頂首楞嚴經要解　子6－32091(63)
大佛頂首楞嚴經寶鏡錄、懸談　子7－33748
大佛頂首楞嚴經灌頂疏(楞嚴經灌頂疏)
　子7－33769
大佛頂首楞嚴經大勢至菩薩念佛圓通章
　子7－33046
大佛頂首楞嚴經臆說　子6－32091(66)
大佛頂首楞嚴經合轍　子7－33728
大佛頂首楞嚴經會解　子6－32091(63)、
　32092(43),7－33706,33708
大佛頂首楞嚴神呪　子7－32096
大佛頂首楞嚴神呪、佛說高王觀世音經、佛
　說消災吉祥陀羅尼經、大悲圓滿無礙大
　陀羅尼神呪　子7－32128
大佛頂首楞嚴咒會譯　子7－33049
大佛頂首楞嚴懺悔行法　子7－35006
大佛昇殿　集7－49702
大秧歌　集7－50711～3
26 大白傘蓋佛母總讚歎禱祝偈　子6－32085
　(55)、32086(66)
大自在天子因地經　子6－32083(29)
大魏諸州記　史7－49307～8,49477　叢2－
　767
27 大象觀　經1－761　子4－20917
大象賦　叢1－310
大象義述　經1－681～2
大魚事經　子6－32083(22)、32084(18)
大阜潘氏族譜[江蘇吳縣]　史5－39777
大阜潘氏支譜[江蘇吳縣]　史5－39774～6、
　39778
大阜舊跡分詠　集4－27431
大般涅槃經　子6－32081(5)、32082(5)、
　32083(4,36)、32084(5)、32085(5,51)、32086
　(5)、32088(4)、32089(5)、32090(6)、32091
　(5)、32092(4)、32093(14)
大般涅槃經、後分　子7－32473
大般涅槃經玄義　子6－32088(41)、32089
　(49)、32090(62)、32091(61)、32092(41)
大般涅槃經論　子6－32081(23)、32085(22)、
　32086(25)、32088(16)、32089(41)、32090
　(49)、32091(47)、32092(32)

大般涅槃經後譯荼(茶)毘分　子6－32086
　(5)
大般涅槃經後分　子6－32081(5)、32082(5)、
　32084(5)、32085(5)、32088(4)、32089(5)、
　32090(6)、32091(5)、32092(4)、32093(14)
大般泥洹經　子6－32081(5)、32082(5)、
　32083(4)、32085(5)、32086(5)、32088(4)、
　32089(5)、32090(6)、32091(5)、32092(4),7－
　32479
大般涅槃師子吼　子7－32481
大般涅槃經　子6－32081(26)、32083(18)、
　32084(15)、32085(26)、32086(29)、32088
　(19)、32089(18)、32090(6)、32091(5)、32092
　(4)、32093(17),7－32133、32472、32475、
　32477
大般涅槃經、後分　子7－32474
大般涅槃經玄義　子6－32093(49),7－33386
大般涅槃經玄義發源機要　子7－33387
大般涅槃經疏　子6－32084(32)、32088(42)、
　32089(49)、32090(62)、32091(61)、32092
　(41)、32093(49)
大般涅槃經後分　子7－32133、32478、32970
大般涅槃經十三錄　子7－32480
大般若波羅蜜多經　子6－32078、32081(1)、
　32082(2)、32083(2)、32084(1)、32085(1)、
　32086(1)、32087、32088(1)、32089(2)、32090
　(1)、32091(1)、32092(1)、32093(13),7－
　32311
大般若波羅蜜多經般若理趣分述讚　子7－
　33135
大名府志[康熙]　史7－55535
大名府志[正統]　史7－55532
大名府志[正德]　史7－55533
大名府志[萬曆]　史7－55534
大名府志[咸豐]　史7－55536
大名縣水道考　史7－52851
大名縣志[康熙]　史7－55537
大名縣志[乾隆]　史7－55538
大名縣志[民國]　史7－55539
28 大似元宵一枝　集7－51694
大復論　子4－20374　叢1－46
大復集　集2－7929～30、7932～3　叢1－223
　(65)、227(11)
大復集選　集2－7926～7,6－41950
大復山人詩集精華錄　集2－7928
大復遺稿、新論、附錄　集2－7936
大從別後一枝　集7－52650
29 大秋景一枝　集7－51693
30 大准提菩薩焚修悉地懺悔玄文　子6－
　32091(68)
大寧票章釐職　史6－43425
大寧考　史1－1926～7

大寧縣志[雍正]　史7-55890
大寧縣志[康熙]　史7-55889
大寧縣志[道光]　史7-55891
大寧縣志[乾隆]　史8-61578
大寧縣志[光緒]　史7-55892,8-61579
大家文選　集6-42760
大家詩鈔　集6-41972
大寒林聖難拏陀羅尼經　子6-32081(44)、
　32083(28)、32085(41)、32086(48)、32088
　(30)、32089(25)、32090(32)、32091(30)、
　32092(21)、32093(46)
大寒林聖難拏陁羅尼經　子6-32084(24)
大安般守意經　子6-32083(21)
大安般守意經章句　子7-32105,33517
大安小墟羅氏族譜[江西萍鄉]　史5-
　41069～71
大安小墟羅氏重修族譜[江西萍鄉]　史5-
　41068
大宴臣僚　集7-49700
大字結構八十四法　子3-15513
大字足本繡像殘唐五代史演義　子5-
　28072
大字足本繡像萬花樓傳　子5-28100
大字精校圈點註釋三十六子全書　子1-53
大定府志[道光]　史8-62230
大定新編(大定新編便覽)　子3-14124
大定縣志[民國]　史8-62231
大霻內編　子5-32035
大實話　集7-52116
大寶廣博樓閣善住祕密陀羅尼經　子6-
　32081(54)、32082(28)、32083(34)、32084
　(27)、32085(49)、32086(58)、32088(36)、
　32089(31)、32090(41)、32091(39)、32092
　(27)、32093(34)
大寶積經　子6-32078、32081(2)、32082(2)、
　32083(2)、32084(1)、32085(2)、32086(2)、
　32087、32088(2)、32089(2)、32090(2)、32091
　(2)、32092(1)、32093(2)、7-32140～1
大寶積經論　子6-32081(22)、32084(13)、
　32085(22)、32086(24)、32088(16)、32089
　(41)、32090(50)、32091(48)、32092(33)、
　32093(27)
大寶積經轉論　子6-32083(15)
大賓辱語　子4-20458　叢1-22(23)、2-
　1129
大宗紀畧　叢2-913
大宗地玄文本論　子6-32085(55)、32086
　(65)、32088(41)、32089(47)、32090(53)、
　32091(51)、32092(35)、32093(25)
大宗地玄文本論畧註　子7-33626
大宗地玄文本論畧註、金剛五點陣圖　叢
　2-2017

大宗地玄文本論畧注　子7-32118
大宋高僧傳　子6-32083(36)、32086(61)、
　32088(38)
大宋重修廣韻　經1-33,2-13675、15114、
　15127
大宋僧史畧　子7-34624
大宋宣和遺事　子5-28116　叢2-675
大宋寶祐四年丙辰歲會天萬年具注曆　叢
　1-265(3)、266
大宋寶祐四年丙辰歲會天萬年具注曆　子
　3-11729
大宋演義　子5-28124
大宋真宗山東太華山紫金嶺兩世修行劉香
　寶卷　集7-54464
大宋敕賜祕藏兵法,三方祕典　子1-3333
大宋眉山蘇氏家傳心學文集大全　集6-
　45157
31 大江西小姑送風　集7-49397～8、49400
大江集　集2-11784
大江草堂二集　集2-11785
大河外科　子2-7664
大河志　史6-46633
大潛山房詩鈔　集5-36113
32 大測　子3-11234、11581、12477
大潙五峯學禪師語錄　子6-32091(73)
大潙山房遺稿、外集　集4-24100
大潙山房遺藁　叢1-352
大潙四記　子6-32091(73)
大溪泉塘胡氏譜系[湖南瀏陽]　史4-
　30597
大浮山房文鈔　集5-39771
大浮山房文鈔,詩鈔　集5-39770
大淨法門經　子6-32083(7)
大業雜記　史1-1914,2370　叢1-15、18、19
　(9)、20(7)、21(8)、22(18)、23(18)、24(9)、
　26～8、29(1)、95、272(2)、374、383、456(6)、
　465,2-730(2)、731(6)
大業拾遺記　史1-2372　子5-26851　叢
　1-22(18)、23(18)、587(2)、2-950
大業拾遺錄　史1-2371　叢1-22(10)、23
　(9)
大業堂詩草　集2-10735
大業堂尺牘　集2-8800
33 大泌山房集,目錄　集2-10343
大浪姚氏宗譜[浙江建德]　史4-31164
大冶西陽周氏宗譜[湖北大冶]　史4-
　30123
大冶胡氏纂修宗譜[湖北大冶]　史4-
　30589
大冶縣志[康熙]　史8-60268
大冶縣志[嘉靖]　史8-60267

大冶縣志[同治]　史8-60269

大冶縣志[光緒]　史8-60270

大冶縣志後編[光緒]　史8-60272

大冶縣志續編[光緒]　史8-60271

大冶袁氏宗譜[浙江龍游]　史4-31350~1

大梁訪碑記　史7-49357

大梁詞　集7-46900

大梁守城記　史1-1979　叢1-573

大梁宋氏族譜[河南開封]　史4-29175

大梁城守記　史1-1961

大梁書院藏書總目　史8-65527

34 大灌頂經　子6-32084(6)

大灌頂儀　子7-32935

大灌頂神咒經　子6-32089(6)

大港趙氏豪傑分宗譜[江蘇丹徒]　史5-38259

大港趙氏族譜[江蘇鎮江]　史5-38237~40

大港趙氏重修宗譜[江蘇丹徒]　史5-38251、38268

大港趙氏重修分譜[江蘇丹徒]　史5-38266

大港趙氏斗星分宗譜[江蘇丹徒]　史5-38262~3

大港趙氏祥宣分宗譜[江蘇丹徒]　史5-38264

大港趙氏恭敬老分族譜[江蘇丹徒]　史5-38252

大港趙氏增删較正重修家史[江蘇丹徒]　史5-38254

大港趙氏分譜[江蘇鎮江]　史5-38242

大港趙氏第十八大分大十三公裔下錦源分譜[江蘇丹徒]　史5-38261

大港趙氏第四大分仁三公裔下銑澧分續修宗譜[江蘇丹徒]　史5-38258

大港趙氏第八大分大二公裔下裔廣分重修宗譜[江蘇丹徒]　史5-38256

大港趙氏第八大分大二公裔下福祿分重修分譜[江蘇丹徒]　史5-38257

大港趙氏第八大分大二公裔下漢槐分宗譜[江蘇丹徒]　史5-38260

大港趙氏第八大分大二公支下雄豪分宗譜[江蘇丹徒]　史5-38255

大港趙氏第八大分大二公支下屏翰分宗譜[江蘇鎮江]　史5-38241

大法鼓經　子6-32081(17)、32082(12)、32083(12)、32084(11)、32085(17)、32086(18)、32087、32088(12)、32089(14)、32090(19)、32091(17)、32092(12)、32093(14)

大法炬陀羅尼經　子6-32081(16)、32082(11)、32083(11)、32085(16)、32086(17)、32088(12)、32089(13)、32090(18)、32091(17)、32092(12)、32093(13)

大法炬陀羅尼經　子6-32079、32084(10)

大漢協天關夫子親降濟世救急文　子5-30472

大沽砲臺圖　子1-3626

大瀦沈氏宗譜[浙江青田]　史4-29118

大造化　集7-50440

35 大沖王氏續修族譜[湖南寧鄉]　史4-25433

大沖王氏家系續編[湖南寧鄉]　史4-25432

大沖彭氏族譜七部[湖南邵陽]　史5-35629

大清雍正六年歲次戊申時憲曆　子3-12032

大清雍正六年歲次戊申月五星淩犯時憲曆　子3-12034

大清雍正六年七政經緯躔度時憲曆　子3-12033

大清雍正二年正次甲辰時憲曆　子3-12024

大清雍正二年歲次甲辰便覽溪口通書　子3-12025

大清雍正三年歲次乙巳時憲曆　子3-12026

大清雍正三年七政經緯躔度時憲曆　子3-12027

大清雍正五年歲次丁未時憲曆　子3-12030

大清雍正五年七政經緯躔度時憲曆　子3-12031

大清雍正元年歲次癸卯月五星淩犯時憲曆　子3-12023

大清雍正元年七政經緯躔度時憲曆　子3-12022

大清雍正十一年歲次癸丑時憲曆　子3-12045

大清雍正十一年歲次癸丑月五星淩犯時憲曆　子3-12047

大清雍正十一年七政經緯躔度時憲曆　子3-12046

大清雍正十二年歲次甲寅時憲曆　子3-12048

大清雍正十三年歲次乙卯時憲曆　子3-12049

大清雍正十三年七政經緯躔度時憲曆　子3-12050

大清雍正十年歲次壬子時憲曆　子3-12043

大清雍正十年七政經緯躔度時憲曆　子3-12044

大清雍正九年歲次辛亥時憲曆　子3-

12041

大清雍正九年七政經緯躔度時憲曆　子3-12042

大清雍正七年歲次己酉時憲曆　子3-12035

大清雍正七年歲次永寧寶要全書　子3-12037

大清雍正七年七政經緯躔度時憲曆　子3-12036

大清雍正朝定例成案合鈔　史6-46091

大清雍正四年歲次丙午時憲曆　子3-12028

大清雍正四年七政經緯躔度時憲曆　子3-12029

大清雍正八年歲次庚戌時憲曆　子3-12038

大清雍正八年歲次庚戌月五星淩犯時憲曆　子3-12040

大清雍正八年七政經緯躔度時憲曆　子3-12039

大清商律草案　史6-45946

大清帝國全圖　史7-49776

大清高宗純皇帝聖訓　史6-47749

大清高宗純皇帝實錄　史1-1715

大清康熙六十一年歲次壬寅時憲曆　子3-12021

大清康熙六十年歲次辛丑時憲曆　子3-12019

大清康熙六十年七政經緯躔度時憲曆　子3-12020

大清康熙六年歲次丁未時憲曆　子3-11908

大清康熙六年七政經緯躔度時憲曆　子3-11909

大清康熙二十六年歲次丁卯月五星淩犯時憲曆　子3-11954

大清康熙二十六年七政經緯躔度時憲曆　子3-11953

大清康熙二十一年歲次壬戌時憲曆　子3-11938

大清康熙二十一年歲次壬戌月五星淩犯時憲曆　子3-11940

大清康熙二十一年七政經緯躔度時憲曆　子3-11939

大清康熙二十二年歲次癸亥時憲曆　子3-11941

大清康熙二十二年歲次癸亥月五星淩犯時憲曆　子3-11943

大清康熙二十二年七政經緯躔度時憲曆　子3-11942

大清康熙二十三年歲次甲子時憲曆　子3-11944

大清康熙二十三年歲次甲子月五星淩犯時憲曆　子3-11946

大清康熙二十三年七政經緯躔度時憲曆　子3-11945

大清康熙二十五年歲次丙寅時憲曆　子3-11950

大清康熙二十五年歲次丙寅月五星淩犯時憲曆　子3-11952

大清康熙二十五年七政經緯躔度時憲曆　子3-11951

大清康熙二十九年歲次庚午時憲曆　子3-11961

大清康熙二十九年歲次庚午月五星淩犯時憲曆　子3-11963

大清康熙二十九年七政經緯躔度時憲曆　子3-11962

大清康熙二十七年歲次戊辰時憲曆　子3-11955

大清康熙二十七年歲次戊辰月五星淩犯時憲曆　子3-11957

大清康熙二十七年七政經緯躔度時憲曆　子3-11956

大清康熙二十四年歲次乙丑時憲曆　子3-11947

大清康熙二十四年歲次乙丑月五星淩犯時憲曆　子3-11949

大清康熙二十四年七政經緯躔度時憲曆　子3-11948

大清康熙二十八年歲次己巳時憲曆　子3-11958

大清康熙二十八年歲次己巳月五星淩犯時憲曆　子3-11960

大清康熙二十八年七政經緯躔度時憲曆　子3-11959

大清康熙二十年歲次辛酉時憲曆　子3-11936

大清康熙二十年七政經緯躔度時憲曆　子3-11937

大清康熙二年歲次癸卯時憲曆　子3-11903

大清康熙三十六年歲次丁丑時憲曆　子3-11977

大清康熙三十六年歲次丁丑月五星淩犯時憲曆　子3-11978

大清康熙三十一年歲次壬申時憲曆　子3-11967

大清康熙三十一年歲次壬申月五星淩犯時憲曆　子3-11968

大清康熙三十二年歲次癸酉時憲曆　子3-11969

大清康熙三十二年歲次癸酉月五星淩犯時憲曆　子3-11970

大清康熙三十三年歲次甲戌時憲曆　子3-11971

大清康熙三十三年歲次甲戌月五星淩犯時憲曆　子3-11972

大清康熙三十五年歲次丙子時憲曆　子3-11975

大清康熙三十五年歲次丙子月五星淩犯時憲曆　子3-11976

大清康熙三十九年歲次庚辰時憲曆　子3-11983

大清康熙三十九年歲次庚辰月五星淩犯時憲曆　子3-11984

大清康熙三十七年歲次戊寅時憲曆　子3-11979

大清康熙三十七年歲次戊寅月五星淩犯時憲曆　子3-11980

大清康熙三十四年歲次乙亥時憲曆　子3-11973

大清康熙三十四年歲次乙亥月五星淩犯時憲曆　子3-11974

大清康熙三十八年歲次己卯時憲曆　子3-11981

大清康熙三十八年歲次己卯月五星淩犯時憲曆　子3-11982

大清康熙三十年歲次辛未時憲曆　子3-11964

大清康熙三十年歲次辛未月五星淩犯時憲曆　子3-11966

大清康熙三十年七政經緯躔度時憲曆　子3-11965

大清康熙三年歲次甲辰時憲曆　子3-11904

大清康熙五十六年七政經緯躔度時憲曆　子3-12014

大清康熙五十一年七政經緯躔度時憲曆　子3-12006

大清康熙五十二年七政經緯躔度時憲曆　子3-12007

大清康熙五十三年歲次甲午時憲曆　子3-12008

大清康熙五十三年七政經緯躔度時憲曆　子3-12009

大清康熙五十五年歲次丙申便覽全備通書　子3-12013

大清康熙五十五年七政經緯躔度時憲曆　子3-12012

大清康熙五十九年七政經緯躔度時憲曆　子3-12018

大清康熙五十七年歲次戊戌時憲曆　子3-12015

大清康熙五十七年七政經緯躔度時憲曆　子3-12016

大清康熙五十四年歲次乙未七政經緯宿度五星伏見目錄　子3-12011

大清康熙五十四年七政經緯躔度時憲曆　子3-12010

大清康熙五十八年七政經緯躔度時憲曆　子3-12017

大清康熙五十年歲次辛卯時憲曆　子3-12005

大清康熙五年歲次丙午時憲曆　子3-11906

大清康熙五年七政經緯躔度時憲曆　子3-11907

大清康熙元年歲次壬寅時憲曆　子3-11902

大清康熙十六年歲次丁巳時憲曆　子3-11928

大清康熙十六年七政經緯躔度時憲曆　子3-11929

大清康熙十一年歲次壬子時憲曆　子3-11918

大清康熙十一年七政經緯躔度時憲曆　子3-11919

大清康熙十二年歲次癸丑時憲曆　子3-11920

大清康熙十二年七政經緯躔度時憲曆　子3-11921

大清康熙十三年歲次甲寅時憲曆　子3-11922

大清康熙十三年七政經緯躔度時憲曆　子3-11923

大清康熙十五年歲次丙辰時憲曆　子3-11926

大清康熙十五年七政經緯躔度時憲曆　子3-11927

大清康熙十九年歲次庚申時憲曆　子3-11934

大清康熙十九年七政經緯躔度時憲曆　子3-11935

大清康熙十七年歲次戊午時憲曆　子3-11930

大清康熙十七年七政經緯躔度時憲曆　子3-11931

大清康熙十四年歲次乙卯時憲曆　子3-11924

大清康熙十四年七政經緯躔度時憲曆　子3-11925

大清康熙十八年歲次己未時憲曆　子3-11932

大清康熙十八年七政經緯躔度時憲曆　子3-11933

大清康熙十年歲次辛亥時憲曆　子3-11916

大清康熙十年七政經緯躔度時憲曆　子3-11917
大清康熙九年歲次庚戌時憲曆　子3-11914
大清康熙九年七政經緯躔度時憲曆　子3-11915
大清康熙七年歲次戊申時憲曆　子3-11910
大清康熙七年七政經緯躔度時憲曆　子3-11911
大清康熙四十六年歲次丁亥時憲曆　子3-11997
大清康熙四十六年七政經緯躔度時憲曆　子3-11998
大清康熙四十一年歲次壬午時憲曆　子3-11987
大清康熙四十一年七政經緯躔度時憲曆　子3-11988
大清康熙四十二年歲次癸未時憲曆　子3-11989
大清康熙四十二年七政經緯躔度時憲曆　子3-11990
大清康熙四十三年歲次甲申時憲曆　子3-11991
大清康熙四十三年七政經緯躔度時憲曆　子3-11992
大清康熙四十五年歲次丙戌時憲曆　子3-11995
大清康熙四十五年七政經緯躔度時憲曆　子3-11996
大清康熙四十九年歲次庚寅時憲曆　子3-12003
大清康熙四十九年七政經緯躔度時憲曆　子3-12004
大清康熙四十七年歲次戊子時憲曆　子3-11999
大清康熙四十七年七政經緯躔度時憲曆　子3-12000
大清康熙四十四年歲次乙酉時憲曆　子3-11993
大清康熙四十四年七政經緯躔度時憲曆　子3-11994
大清康熙四十八年歲次己丑時憲曆　子3-12001
大清康熙四十八年七政經緯躔度時憲曆　子3-12002
大清康熙四十年歲次辛巳時憲曆　子3-11985
大清康熙四十年歲次辛巳月五星淩犯時憲曆　子3-11986
大清康熙四年歲次乙巳時憲曆　子3-11905

大清康熙八年歲次己酉時憲曆　子3-11912
大清康熙八年七政經緯躔度時憲曆　子3-11913
大清文宗顯皇帝聖訓　史6-47756
大清文宗顯皇帝實錄　史1-1720
大清新刑律三十四章　子7-36644
大清新法律彙編　史6-45914
大清新法令分類總目　史6-45902
大清詔令　史1-1698,6-47657
大清一統志　史7-49646～8、49664～6　叢1-223(23)
大清一統志、索引　叢2-636(2)
大清一統志、目錄　史7-49663
大清一統志表　史7-49662　叢1-482
大清一統志輯要　史7-49667
大清一統志分修　史7-49668
大清一統史　史1-3580
大清一統圖海道集釋　史7-49309
大清一統輿圖海道集釋　史7-53061
大清一統全省地名問答　史7-49774
大清礦務章程　史6-44759
大清琴川入泮題名錄、國朝常昭科名錄　史3-14941
大清刑律草案二編　史6-45920
大清刑律圖　子1-2032
大清刑律分則草案　史6-45923
大清刑事訴訟律草案　史6-45938
大清武職遷除題名錄　史3-23869
大清職官遷除全書(清雍正元年)　史3-23798
大清職官遷除全書(清乾隆二十五年冬季)　史3-23818
大清職官遷除全書(清乾隆二十八年夏季)　史3-23823
大清職官遷除全書(清乾隆二十六年)　史3-23822
大清聖祖仁皇帝聖訓　史6-47746～7
大清聖祖仁皇帝實錄　史1-1712
大清聖祖仁皇帝本紀、大清世宗憲皇帝本紀　史1-876
大清現行新律例　史6-45907
大清現行刑律、禁煙條例、秋審條例　史6-45911
大清現行刑律講義　史6-45926
大清現行刑律案語　史6-45922
大清現行刑律叢纂　史6-45925
大清重刻龍藏彙記　史8-66352
大清重刻龍藏彙記、續藏目錄　史8-66353
大清千字文　叢1-276
大清爵秩全覽、大清中樞備覽(清光緒十三

年秋） 史3-24129

大清爵秩全覽、大清中樞備覽(清光緒七年秋) 史3-24081

大清順治六年歲次己丑時憲曆 子3-11876

大清順治六年七政經緯躔度時憲書 子3-11877

大清順治二年歲次乙酉時憲曆 子3-11868

大清順治二年七政經緯躔度時憲書 子3-11869

大清順治三年丙戌科進士題名碑錄 史3-13685

大清順治三年歲次丙戌時憲曆 子3-11870

大清順治三年七政經緯躔度時憲書 子3-11871

大清順治五年歲次戊子時憲曆 子3-11874

大清順治五年七政經緯躔度時憲書 子3-11875

大清順治元年歲次甲申時憲曆 子3-11866

大清順治元年七政經緯躔度時憲書 子3-11867

大清順治十六年歲次己亥時憲曆 子3-11896

大清順治十六年七政經緯躔度時憲書 子3-11897

大清順治十一年歲次甲午時憲曆 子3-11886

大清順治十一年七政經緯躔度時憲書 子3-11887

大清順治十二年歲次乙未時憲曆 子3-11888

大清順治十二年七政經緯躔度時憲書 子3-11889

大清順治十三年歲次丙申時憲曆 子3-11890

大清順治十三年七政經緯躔度時憲書 子3-11891

大清順治十五年歲次戊戌時憲曆 子3-11894

大清順治十五年七政經緯躔度時憲書 子3-11895

大清順治十七年歲次庚子時憲曆 子3-11898

大清順治十七年七政經緯躔度時憲書 子3-11899

大清順治十四年歲次丁酉時憲曆 子3-11892

大清順治十四年七政經緯躔度時憲書 子

3-11893

大清順治十八年歲次辛丑時憲曆 子3-11900

大清順治十八年七政經緯躔度時憲書 子3-11901

大清順治十年歲次癸巳時憲曆 子3-11884

大清順治十年七政經緯躔度時憲書 子3-11885

大清順治九年歲次壬辰時憲曆 子3-11882

大清順治九年七政經緯躔度時憲書 子3-11883

大清順治七年歲次庚寅時憲曆 子3-11878

大清順治七年七政經緯躔度時憲曆 子3-11879

大清順治四年歲次丁亥時憲曆 子3-11872

大清順治四年七政經緯躔度時憲書 子3-11873

大清順治八年歲次辛卯時憲曆 子3-11880

大清順治八年七政經緯躔度時憲書 子3-11881

大清仁宗睿皇帝聖訓 史6-47753

大清仁宗睿皇帝實錄 史1-1716

大清鼎甲錄 史3-13471

大清畿輔先哲傳、列女傳 史2-7728

大清畿輔先哲大臣傳 史1-5713

大清狀元考 史3-13473

大清德宗景皇帝實錄 史1-1724~5

大清德宗景皇帝本紀 史1-877

大清律講義 史6-45868

大清律講義前編(律服疏證) 史6-45867

大清律集解 史6-45835

大清律集解附例 史6-45827~9

大清律集解附例、圖、續纂條例、校正條款 史6-45832

大清律集解附例、圖、服制、律例總類 史6-45831

大清律集解附例箋釋、刑部新定現行則例、兵部督捕則例 史6-45830

大清律例 史5-38049,6-45836、45838~40、45842~3 叢1-223(28)

大清律例、督捕則例 史6-45841

大清律例、督捕則例、三流道里表、洗冤錄 史6-45837

大清律例、大清律纂修條例、督捕則例、三流道里表、洗冤錄、驗骨格 史6-45850

大清律例刑案彙纂集成、督捕則例 史6-45860

大清律例歌訣　史6-45870
大清律例歌訣、大清律例命盜摘要　史6-41530
大清律例歌訣註畧　史6-45871
大清律例歌括　史6-45869
大清律例統纂集成　史6-45858
大清律例總類　史6-45854
大清律例彙輯便覽、督捕則例　史6-45856
大清律例彙纂　史6-45834
大清律例彙纂大成、督捕則例、三流道里表、五軍道里表、秋審實緩比較彙案、部頒新增　史6-45864
大清律例通考　史6-45865
大清律例通纂　史6-45855
大清律例軍政篇第一次修改稿　史6-45873
大清律例根源　史6-45872
大清律例增修統纂集成、督捕則例附纂　史6-45859
大清律例按語　史6-45861
大清律例按語彙編　史6-45862
大清律例全纂集成　史6-45857
大清律例會通新纂　史6-45863
大清律續纂條例　史6-45847
大清律續纂條例、總類　史6-45848
大清律七言集成　史6-45866
大清律纂修條例　史6-45844～6、45849、45851、45853
大清律纂修條例、集解附例、刑部說帖　史6-45852
大清穆宗毅帝本紀　史1-875
大清穆宗毅皇帝聖訓　史6-47757
大清穆宗毅皇帝實錄　史1-1722～3
大清總銀行第十次十一次總結帳册　史6-44483
大清郵政章程　史6-44372
大清郵政章程通郵局所彙編二編　史6-44378
大清郵政京都總局章程　史6-44379
大清名臣言行錄　史2-7481
大清宣統新法令　史6-45904～5
大清宣統二年歲次庚戌七政經緯宿度五星伏見　子3-12336
大清宣統二年歲次庚戌時憲書　子3-12332
大清宣統二年歲次庚戌月五星相距時憲書　子3-12333
大清宣統二年七政經緯躔度時憲書　子3-12334
大清宣統二年中星更錄　子3-12335
大清宣統二年晴雨錄　子3-11572

大清宣統三年歲次辛亥航海通書　子3-12341
大清宣統三年歲次辛亥七政經緯宿度五星伏見　子3-12339
大清宣統三年歲次辛亥七政經緯躔度時憲書　子3-12338
大清宣統三年歲次辛亥時憲書　子3-12337
大清宣統三年歲次辛亥月五星相距時憲書　子3-12340
大清宣統三年中星更錄　子3-12342
大清宣統元年至三年時憲書　子3-12343
大清宣統元年歲次己酉七政經緯宿度五星伏見　子3-12331
大清宣統元年歲次己酉七政經緯躔度時憲書　子3-12329
大清宣統元年歲次己酉時憲書　子3-12328
大清宣統元年中星更錄　子3-12330
大清宣統四年歲次壬子時憲書　子3-12344
大清宣宗成皇帝聖訓　史6-47755
大清宣宗成皇帝實錄　史1-1717～8
大清渠錄　史7-52767
大清州縣名急就章　史7-49683
大清法規續編　史6-45901
大清法規大全　史6-45899～900
大清洪福現一枝　集7-51692
大清祺祥元年歲次壬戌時憲書　子3-12221
大清違警律罪目畧釋十章　子7-36673
大清袖珍摺紳全書(清乾隆五十一年冬)　史3-23858
大清袖珍摺紳全書(清乾隆五十五年)　史3-23861
大清通郵彙編初續　史6-44377
大清通禮　史6-42085～8　叢1-223(27)
大清通禮案語　經1-5468
大清通禮品官士庶儀纂　史6-42089
大清通禮品官士庶人喪禮傳　史6-42090
大清道光六年歲次丙戌時憲書　子3-12159
大清道光二十六年歲次丙午時憲書　子3-12190
大清道光二十六年中星更錄　子3-12192
大清道光二十一年歲次辛丑時憲書　子3-12182
大清道光二十二年歲次壬寅時憲書　子3-12183
大清道光二十二年歲次壬寅月五星相距時憲書　子3-12184

大清道光二十二年中星更錄　子3-12185

大清道光二十三年歲次癸卯時憲書　子3-12186

大清道光二十五年歲次乙巳時憲書　子3-12189

大清道光二十九年歲次己酉時憲書　子3-12196

大清道光二十九年歲次己酉月五星相距時憲書　子3-12197

大清道光二十七年歲次丁未時憲書　子3-12193

大清道光二十四年歲次甲辰時憲書　子3-12187

大清道光二十四年中星更錄　子3-12188

大清道光二十八年歲次戊申時憲書　子3-12195

大清道光二十年歲次庚子時憲書　子3-12181

大清道光二年歲次壬午時憲書　子3-12150

大清道光二年歲次壬午月五星相距時憲書　子3-12151

大清道光二年中星更錄　子3-12152

大清道光三十年歲次庚戌時憲書　子3-12198

大清道光三年歲次癸未時憲書　子3-12153

大清道光五年歲次乙酉時憲書　子3-12156

大清道光五年歲次乙酉月五星相距時憲書　子3-12157

大清道光五年中星更錄　子3-12158

大清道光元年歲次辛巳時憲書　子3-12148

大清道光元年歲次辛巳月五星相距時憲書　子3-12149

大清道光十六年歲次丙申時憲書　子3-12173

大清道光十六年中星更錄　子3-12174

大清道光十一年歲次辛卯時憲書　子3-12165

大清道光十一年歲次辛卯月五星相距時憲書　子3-12166

大清道光十一年中星更錄　子3-12167

大清道光十二年歲次壬辰時憲書　子3-12168

大清道光十三年歲次癸巳時憲書　子3-12169

大清道光十三年七政經緯躔度時憲書　子3-12170

大清道光十五年歲次乙未時憲書　子3-12172

大清道光十九年歲次己亥時憲書　子3-12180

大清道光十七年歲次丁酉時憲書　子3-12175

大清道光十七年歲次丁酉月五星相距時憲書　子3-12176

大清道光十七年中星更錄　子3-12177

大清道光十四年歲次甲午時憲書　子3-12171

大清道光十八年歲次戊戌時憲書　子3-12178

大清道光十八年中星更錄　子3-12179

大清道光十年歲次庚寅時憲書　子3-12164

大清道光九年歲次己丑時憲書　子3-12162

大清道光九年中星更錄　子3-12163

大清道光七年歲次丁亥時憲書　子3-12160

大清道光四年歲次甲申時憲書　子3-12154

大清道光四年歲次甲申月五星相距時憲書　子3-12155

大清道光八年歲次戊子時憲書　子3-12161

大清大法兩國和約　子7-36836

大清太宗文皇帝聖訓　史6-47741～2

大清太宗文皇帝實錄　史1-1707～8

大清太宗文皇帝本紀　史1-872

大清太宗文皇帝本紀、世祖章皇帝本紀、聖祖仁皇帝本紀、世宗憲皇帝本紀　史1-873

大清太祖高皇帝聖訓　史6-47739～40

大清太祖高皇帝實錄　史1-1703～5

大清太祖承天廣運聖德神功肇紀立極仁孝睿武弘文定業高皇帝實錄殘　史1-991、1702

大清太祖承天廣運聖德神功肇紀立極仁孝睿武弘文定業高皇帝實錄殘卷　史1-991、1700～1

大清嘉慶六年歲次辛酉時憲書　子3-12122

大清嘉慶二十一年歲次丙子時憲書　子3-12143

大清嘉慶二十二年歲次丁丑時憲書　子3-12144

大清嘉慶二十三年歲次戊寅時憲書　子3-12145

大清嘉慶二十五年歲次庚辰時憲書　子3-12147

大清嘉慶二十四年歲次己卯時憲書　子3-12146

大清嘉慶二十年歲次乙刻時憲書　子3-12142

大清嘉慶二年歲次丁巳時憲書　子3-12118

大清嘉慶三年歲次戊午時憲憲書　子3-12119

大清嘉慶五年歲次庚申時憲書　子3-12121

大清嘉慶元年歲次丙辰時憲書　子3-12117

大清嘉慶十六年歲次辛未時憲書　子3-12135

大清嘉慶十六年歲次辛未月五星相距時憲書　子3-12136

大清嘉慶十一年歲次丙寅時憲書　子3-12127

大清嘉慶十二年歲次丁卯時憲書　子3-12128

大清嘉慶十二年歲次丁卯月五星相距時憲書　子3-12129

大清嘉慶十三年歲次戊辰時憲書　子3-12130

大清嘉慶十三年歲次戊辰月五星相距時憲書　子3-12131

大清嘉慶十五年歲次庚午時憲書　子3-12133

大清嘉慶十五年歲次庚午月五星相距時憲書　子3-12134

大清嘉慶十九年歲次甲戌時憲書　子3-12141

大清嘉慶十七年歲次壬申時憲書　子3-12137

大清嘉慶十七年歲次壬申月五星相距時憲書　子3-12138

大清嘉慶十四年歲次己巳時憲書　子3-12132

大清嘉慶十八年歲次癸酉時憲書　子3-12139

大清嘉慶十八年歲次癸酉月五星相距時憲書　子3-12140

大清嘉慶十年歲次乙丑時憲書　子3-12126

大清嘉慶九年歲次甲子時憲書　子3-12125

大清嘉慶七年歲次壬戌時憲書　子3-12123

大清嘉慶四年歲次己未時憲書　子3-12120

大清嘉慶八年歲次癸亥時憲書　子3-12124

大清孝定景皇后事畧　史2-10908　叢2-631

大清世宗憲皇帝聖訓　史6-47748

大清世宗憲皇帝實錄　史1-1714

大清世宗憲皇帝本紀　史1-874

大清世祖章皇帝實錄　史1-1710～1

大清如庠題名錄　史3-13509

大清乾隆六十一年歲次丙辰時憲書　子3-12111

大清乾隆六十二年歲次丁巳時憲書　子3-12112

大清乾隆六十二年中星更錄　子3-12113

大清乾隆六十三年歲次戊午時憲書　子3-12114

大清乾隆六十三年中星更錄　子3-12115

大清乾隆六十四年歲次己未時憲書　子3-12116

大清乾隆六十年歲次乙卯時憲書　子3-12110

大清乾隆六年歲次辛酉月五星相距時憲書　子3-12056

大清乾隆二十一年歲次丙子時憲書　子3-12067

大清乾隆二十二年歲次丁丑時憲書　子3-12068

大清乾隆二十三年歲次戊寅時憲書　子3-12069

大清乾隆二十五年歲次庚辰時憲書　子3-12071

大清乾隆二十九年歲次甲申時憲書　子3-12074

大清乾隆二十九年中星更錄　子3-12075

大清乾隆二十七年歲次壬午時憲書　子3-12072

大清乾隆二十七年中星更錄　子3-12073

大清乾隆二十四年歲次戊寅時憲書　子3-12070

大清乾隆二年中星更錄　子3-12053

大清乾隆三十六年中星更錄　子3-12081

大清乾隆三十一年歲次丙時憲書　子3-12077

大清乾隆三十三年歲次戊子時憲書　子3-12078

大清乾隆三十五年歲次庚寅時憲書　子3-12080

大清乾隆三十七年歲次壬辰時憲書　子3-12082

大清乾隆三十四年歲次己丑時憲書　子3-12079

大清乾隆三十八年歲次癸巳月五星相距時憲書　子3-12083

大清乾隆三十八年中星更錄　子3-12084

大清乾隆三十年歲次乙酉時憲書　子3-12076

大清乾隆五十六年歲次辛亥時憲書 子3－12103

大清乾隆五十六年中星更錄 子3－12104

大清乾隆五十一年歲次丙午時憲書 子3－12098

大清乾隆五十二年歲次丁未時憲書 子3－12099

大清乾隆五十三年歲次戊申時憲書 子3－12100

大清乾隆五十五年歲次庚戌時憲書 子3－12102

大清乾隆五十九年歲次甲寅時憲書 子3－12108

大清乾隆五十九年中星更錄 子3－12109

大清乾隆五十七年歲次壬子時憲書 子3－12105

大清乾隆五十七年歲次壬子月五星相距時憲書 子3－12106

大清乾隆五十四年歲次己酉時憲書 子3－12101

大清乾隆五十八年中星更錄 子3－12107

大清乾隆五十年歲次乙巳時憲書 子3－12096

大清乾隆五十年中星更錄 子3－12097

大清乾隆五年歲次庚申時憲書 子3－12055

大清乾隆元年七政經緯躔度時憲書 子3－12051

大清乾隆元年中星更錄 子3－12052

大清乾隆十六年七政經緯躔度時憲書 子3－12065

大清乾隆十二年歲次丁卯月五星相距時憲書 子3－12062

大清乾隆十三年歲次戊辰月五星相距時憲書 子3－12063

大清乾隆十五年中星更錄 子3－12064

大清乾隆十八年歲次癸酉時憲書 子3－12066

大清乾隆十年歲次乙丑時憲書 子3－12061

大清乾隆七年歲次壬戌時憲書 子3－12057

大清乾隆七年中星更錄 子3－12058

大清乾隆四十六年歲次辛丑月五星相距時憲書 子3－12091

大清乾隆四十一年中星更錄 子3－12086

大清乾隆四十二年歲次丁酉時憲書 子3－12087

大清乾隆四十三年歲次戊戌時憲書 子3－12088

大清乾隆四十五年中星更錄 子3－12090

大清乾隆四十九年時憲書 子3－12095

大清乾隆四十七年歲次壬寅時憲書 子3－12092

大清乾隆四十七年歲次壬寅月五星相距時憲書 子3－12093

大清乾隆四十四年中星更錄 子3－12089

大清乾隆四十八年中星更錄 子3－12094

大清乾隆四十年中星更錄 子3－12085

大清乾隆四年歲次己未七政經緯宿度五星伏見目錄 子3－12054

大清乾隆八年中星更錄 子3－12059

大清教育新法令十三編 史6－45945

大清中外一統輿圖（皇朝中外壹統輿圖） 史7－49718～9

大清中樞備覽（清宣統二年） 史3－24528

大清中樞備覽（清宣統二年夏季） 史3－24512

大清中樞備覽（清道光三年秋） 史3－23900

大清中樞備覽（清道光七年夏季） 史3－23908

大清中樞備覽（清嘉慶元年冬季） 史3－23870

大清中樞備覽（清乾隆五十年秋季） 史3－23856

大清中樞備覽（清乾隆四十二年秋季） 史3－23849

大清中樞備覽（清咸豐元年冬季） 史3－23962

大清中樞備覽（清咸豐七年） 史3－23984

大清中樞備覽（清同治三年冬） 史3－23998

大清中樞備覽（清光緒六年） 史3－24077

大清中樞備覽（清光緒二十三年春季） 史3－24261

大清中樞備覽（清光緒二十七年冬季） 史3－24336

大清中樞備覽（清光緒二十年春季） 史3－24201

大清中樞備覽（清光緒三十二年） 史3－24446

大清中樞備覽（清光緒三十三年） 史3－24470

大清中樞備覽（清光緒三十四年夏季） 史3－24478

大清中樞備覽（清光緒五年） 史3－24071

大清中樞備覽（清光緒十三年） 史3－24133

大清中樞備覽、憲政增補最新職官全錄、最新職官全錄（清宣統三年夏季） 史3－24535

大清史畧 史1－3579

大清搢紳全書 史3－23867、24049、24128、

24265、24456

大清搢紳全書(清宣統二年)　史3-24526

大清搢紳全書(清宣統二年夏)　史3-24511

大清搢紳全書(清宣統二年春、夏、秋)　史3-24525

大清搢紳全書(清宣統三年)　史3-24548

大清搢紳全書(清宣統三年夏)　史3-24533

大清搢紳全書(清宣統三年夏、秋、冬)　史3-24547

大清搢紳全書(清宣統三年春、秋)　史3-24545

大清搢紳全書(清宣統元年)　史3-24507

大清搢紳全書(清宣統元年春)　史3-24490

大清搢紳全書(清宣統元年春、夏、冬)　史3-24506

大清搢紳全書(清道光六年)　史3-23904

大清搢紳全書(清道光六年冬季)　史3-23902

大清搢紳全書(清道光二十二年夏季)　史3-23934

大清搢紳全書(清道光二十二年秋季)　史3-23935

大清搢紳全書(清道光二十三年冬)　史3-23940

大清搢紳全書(清道光二十九年)　史3-23958

大清搢紳全書(清道光二十七年)　史3-23951

大清搢紳全書(清道光二十四年冬)　史3-23942

大清搢紳全書(清道光二十八年冬季)　史3-23953

大清搢紳全書(清道光二十年冬季)　史3-23932

大清搢紳全書(清道光二年)　史3-23898

大清搢紳全書(清道光三十年)　史3-23960

大清搢紳全書(清道光三十年秋)　史3-23959

大清搢紳全書(清道光五年春季)　史3-23901

大清搢紳全書(清道光元年)　史3-23896

大清搢紳全書(清道光十一年冬)　史3-23911

大清搢紳全書(清道光十五年)　史3-23920

大清搢紳全書(清道光十五年冬季)　史3-23919

大清搢紳全書(清道光十七年冬)　史3-23926

大清搢紳全書(清道光十七年秋季)　史3-23925

大清搢紳全書(清道光十七年春季)　史3-23924

大清搢紳全書(清道光十四年)　史3-23917

大清搢紳全書(清道光十四年夏季)　史3-23916

大清搢紳全書(清道光十八年夏季)　史3-23928

大清搢紳全書(清道光七年夏季)　史3-23906

大清搢紳全書(清道光七年秋)　史3-23909

大清搢紳全書(清嘉慶六年夏)　史3-23880

大清搢紳全書(清嘉慶二十二年春季)　史3-23893

大清搢紳全書(清嘉慶二十二年秋)　史3-23894

大清搢紳全書(清嘉慶二十五年夏季)　史3-23895

大清搢紳全書(清嘉慶二十年)　史3-23891

大清搢紳全書(清嘉慶二年)　史3-23874

大清搢紳全書(清嘉慶二年冬)　史3-23873

大清搢紳全書(清嘉慶五年)　史3-23879

大清搢紳全書(清嘉慶元年)　史3-23872

大清搢紳全書(清嘉慶元年冬季)　史3-23871

大清搢紳全書(清嘉慶十一年春季)　史3-23887

大清搢紳全書(清嘉慶十三年秋)　史3-23888

大清搢紳全書(清嘉慶十九年冬)　史3-23890

大清搢紳全書(清嘉慶十年)　史3-23886

大清搢紳全書(清嘉慶十年夏季)　史3-23885

大清搢紳全書(清嘉慶七年秋季)　史3-23881

大清搢紳全書(清乾隆三十二年)　史3-23832

大清搢紳全書(清乾隆三十五年春)　史3-23836

大清搢紳全書(清乾隆三十九年夏)　史3-23842

大清搢紳全書(清乾隆至宣統)　史3-23835

大清搢紳全書(清乾隆五十三年)　史3-

23860

大清搢紳全書(清乾隆五十八年春季)　史 3－23864

大清搢紳全書(清乾隆四十八年春季)　史 3－23853

大清搢紳全書(清乾隆四十年)　史 3－23846

大清搢紳全書(清乾隆四十年冬)　史 3－23845

大清搢紳全書(清咸豐六年)　史 3－23981

大清搢紳全書(清咸豐六年夏)　史 3－23977

大清搢紳全書(清咸豐六年冬)　史 3－23979

大清搢紳全書(清咸豐五年冬)　史 3－23973

大清搢紳全書(清咸豐十年春)　史 3－23989

大清搢紳全書(清咸豐九年)　史 3－23988

大清搢紳全書(清咸豐九年冬)　史 3－23987

大清搢紳全書(清咸豐七年)　史 3－23983

大清搢紳全書(清咸豐四年)　史 3－23971

大清搢紳全書(清咸豐四年春季)　史 3－23970

大清搢紳全書(清咸豐八年冬季)　史 3－23985

大清搢紳全書(清同治六年冬)　史 3－24008

大清搢紳全書(清同治六年春)　史 3－24005

大清搢紳全書(清同治五年夏)　史 3－24004

大清搢紳全書(清同治元年)　史 3－23996

大清搢紳全書(清同治十一年)　史 3－24029

大清搢紳全書(清同治十一年夏季)　史 3－24026

大清搢紳全書(清同治十一年冬)　史 3－24028

大清搢紳全書(清同治十二年)　史 3－24034

大清搢紳全書(清同治十二年冬季)　史 3－24032

大清搢紳全書(清同治十三年冬季)　史 3－24039

大清搢紳全書(清同治十三年春季)　史 3－24036

大清搢紳全書(清同治十年)　史 3－24023

大清搢紳全書(清同治十年冬)　史 3－24022

大清搢紳全書(清同治十年秋季)　史 3－24021

大清搢紳全書(清同治九年秋)　史 3－24016

大清搢紳全書(清同治四年)　史 3－24002

大清搢紳全書(清同治四年秋)　史 3－24001

大清搢紳全書(清光緒六年)　史 3－24076

大清搢紳全書(清光緒六年夏)　史 3－24073

大清搢紳全書(清光緒六年秋季)　史 3－24074

大清搢紳全書(清光緒六年春)　史 3－24072

大清搢紳全書(清光緒二十六年)　史 3－24328

大清搢紳全書(清光緒二十六年夏)　史 3－24321

大清搢紳全書(清光緒二十六年春、夏)　史 3－24323

大清搢紳全書(清光緒二十六年春、秋)　史 3－24327

大清搢紳全書(清光緒二十一年)　史 3－24234

大清搢紳全書(清光緒二十一年夏)　史 3－24220

大清搢紳全書(清光緒二十一年春、夏)　史 3－24224

大清搢紳全書(清光緒二十一年春、夏、冬)　史 3－24233

大清搢紳全書(清光緒二十一年至二十三年)　史 3－24282

大清搢紳全書(清光緒二十二年)　史 3－24256

大清搢紳全書(清光緒二十二年夏、秋、冬)　史 3－24255

大清搢紳全書(清光緒二十二年春季)　史 3－24237

大清搢紳全書(清光緒二十三年)　史 3－24280

大清搢紳全書(清光緒二十三年夏)　史 3－24264

大清搢紳全書(清光緒二十三年夏、冬)　史 3－24279

大清搢紳全書(清光緒二十五年)　史 3－24314

大清搢紳全書(清光緒二十五年夏季)　史 3－24303

大清搢紳全書(清光緒二十五年春、夏、冬)　史 3－24312

大清搢紳全書(清光緒二十五年春、夏、秋)　史 3－24311

大清搢紳全書(清光緒二十五年春季)　史

3－24301

大清搢紳全書(清光緒二十九年)   史3－24377

大清搢紳全書(清光緒二十九年春)   史3－24361

大清搢紳全書(清光緒二十九年春、夏、冬)   史3－24376

大清搢紳全書(清光緒二十七年)   史3－24341

大清搢紳全書(清光緒二十七年冬)   史3－24335

大清搢紳全書(清光緒二十七年夏)   史3－24332

大清搢紳全書(清光緒二十七年夏、冬)   史3－24340

大清搢紳全書(清光緒二十四年)   史3－24298

大清搢紳全書(清光緒二十四年夏、秋)   史3－24290

大清搢紳全書(清光緒二十四年春)   史3－24283

大清搢紳全書(清光緒二十八年)   史3－24358

大清搢紳全書(清光緒二十八年春)   史3－24344

大清搢紳全書(清光緒二十年)   史3－24213

大清搢紳全書(清光緒二十年冬)   史3－24208

大清搢紳全書(清光緒二十年秋)   史3－24206

大清搢紳全書(清光緒二十年春、冬)   史3－24210

大清搢紳全書(清光緒二年)   史3－24054

大清搢紳全書(清光緒二年夏)   史3－24051

大清搢紳全書(清光緒二年秋)   史3－24052

大清搢紳全書(清光緒三十一年)   史3－24424

大清搢紳全書(清光緒三十一年冬)   史3－24421

大清搢紳全書(清光緒三十二年夏、秋、冬)   史3－24444

大清搢紳全書(清光緒三十二年夏季)   史3－24430

大清搢紳全書(清光緒三十二年春、夏、秋)   史3－24437

大清搢紳全書(清光緒三十三年)   史3－24469

大清搢紳全書(清光緒三十三年夏季)   史3－24455

大清搢紳全書(清光緒三十三年春、夏、秋)   史3－24468

大清搢紳全書(清光緒三十四年)   史3－24488

大清搢紳全書(清光緒三十四年夏季)   史3－24476

大清搢紳全書(清光緒三十年)   史3－24403

大清搢紳全書(清光緒三十年冬季)   史3－24392

大清搢紳全書(清光緒三十年春、夏、冬)   史3－24399

大清搢紳全書(清光緒三年春)   史3－24055

大清搢紳全書(清光緒五年)   史3－24070

大清搢紳全書(清光緒五年夏、秋、冬)   史3－24069

大清搢紳全書(清光緒五年秋季)   史3－24066

大清搢紳全書(清光緒五年春季)   史3－24065

大清搢紳全書(清光緒元年)   史3－24048

大清搢紳全書(清光緒元年春、秋)   史3－24047

大清搢紳全書(清光緒十六年)   史3－24161

大清搢紳全書(清光緒十六年冬季)   史3－24159

大清搢紳全書(清光緒十六年秋季)   史3－24156

大清搢紳全書(清光緒十六年春季)   史3－24151

大清搢紳全書(清光緒十一年夏、秋、冬)   史3－24113

大清搢紳全書(清光緒十一年冬)   史3－24111

大清搢紳全書(清光緒十二年夏)   史3－24117

大清搢紳全書(清光緒十二年冬)   史3－24121

大清搢紳全書(清光緒十二年春)   史3－24114

大清搢紳全書(清光緒十三年秋)   史3－24127

大清搢紳全書(清光緒十五年)   史3－24150

大清搢紳全書(清光緒十五年夏)   史3－24144

大清搢紳全書(清光緒十五年冬)   史3－24148

大清搢紳全書(清光緒十五年秋)   史3－24146

大清搢紳全書（清光緒十九年）　史 3-24195

大清搢紳全書（清光緒十九年冬）　史 3-24191

大清搢紳全書（清光緒十九年春、冬）　史 3-24193

大清搢紳全書（清光緒十七年）　史 3-24172

大清搢紳全書（清光緒十七年秋、冬）　史 3-24171

大清搢紳全書（清光緒十四年冬）　史 3-24140

大清搢紳全書（清光緒十八年）　史 3-24182

大清搢紳全書（清光緒十八年夏）　史 3-24175

大清搢紳全書（清光緒十八年冬）　史 3-24179

大清搢紳全書（清光緒十年秋）　史 3-24102

大清搢紳全書（清光緒十年春、冬）　史 3-24104

大清搢紳全書（清光緒十年春季）　史 3-24099

大清搢紳全書（清光緒九年）　史 3-24097

大清搢紳全書（清光緒九年夏季）　史 3-24092

大清搢紳全書（清光緒九年冬）　史 3-24096

大清搢紳全書（清光緒九年秋）　史 3-24094

大清搢紳全書（清光緒九年春）　史 3-24091

大清搢紳全書（清光緒七年）　史 3-24084

大清搢紳全書（清光緒七年夏季）　史 3-24079

大清搢紳全書（清光緒七年冬）　史 3-24082

大清搢紳全書（清光緒七年春季）　史 3-24078

大清搢紳全書（清光緒四年）　史 3-24064

大清搢紳全書（清光緒四年秋）　史 3-24061

大清搢紳全書（清光緒八年夏）　史 3-24087

大清搢紳全書（清光緒八年冬）　史 3-24090

大清搢紳全書（清光緒八年秋）　史 3-24088

大清搢紳全書（清光緒八年春）　史 3-24085

大清搢紳全書（搢紳錄）　史 3-23897、23907

大清搢紳全書、新增直省候補同官錄（清光緒三十四年夏）　史 3-24480

大清搢紳全書、大清中樞備覽（清乾隆四十八年夏）　史 3-23855

大清搢紳全書、大清中樞備覽（清乾隆四十八年春）　史 3-23854

大清搢紳全書、大清中樞備覽（清光緒六年冬）　史 3-24075

大清搢紳全書、大清中樞備覽（清光緒二十六年春、夏）　史 3-24324

大清搢紳全書、大清中樞備覽（清光緒二十一年夏）　史 3-24221

大清搢紳全書、大清中樞備覽（清光緒二十一年春）　史 3-24216

大清搢紳全書、大清中樞備覽（清光緒二十二年冬）　史 3-24252

大清搢紳全書、大清中樞備覽（清光緒二十二年秋）　史 3-24247

大清搢紳全書、大清中樞備覽（清光緒二十三年夏）　史 3-24267

大清搢紳全書、大清中樞備覽（清光緒二十三年冬）　史 3-24275

大清搢紳全書、大清中樞備覽（清光緒二十三年秋）　史 3-24272

大清搢紳全書、大清中樞備覽（清光緒二十九年春、夏）　史 3-24375

大清搢紳全書、大清中樞備覽（清光緒二十七年夏）　史 3-24333

大清搢紳全書、大清中樞備覽（清光緒二十七年冬）　史 3-24337

大清搢紳全書、大清中樞備覽（清光緒二十四年春、夏）　史 3-24289

大清搢紳全書、大清中樞備覽（清光緒二十八年秋）　史 3-24352

大清搢紳全書、大清中樞備覽（清光緒二十年春、夏、冬）　史 3-24212

大清搢紳全書、大清中樞備覽（清光緒三十一年冬）　史 3-24422

大清搢紳全書、大清中樞備覽（清光緒三十二年夏季）　史 3-24431

大清搢紳全書、大清中樞備覽（清光緒三十二年春）　史 3-24429

大清搢紳全書、大清中樞備覽（清光緒三十二年春、秋、冬）　史 3-24443

大清搢紳全書、大清中樞備覽（清光緒三十三年冬）　史 3-24463

大清搢紳全書、大清中樞備覽（清光緒三十四年夏）　史 3-24477

大清搢紳全書、大清中樞備覽（清光緒三十四年冬）　史 3-24485

大清搢紳全書、大清中樞備覽(清光緒三十四年秋)　史3-24482

大清搢紳全書、大清中樞備覽(清光緒三十年夏、秋)　史3-24398

大清搢紳全書、大清中樞備覽(清光緒三十年春)　史3-24382

大清搢紳全書、大清中樞備覽(清光緒十六年夏)　史3-24154

大清搢紳全書、大清中樞備覽(清光緒十六年春)　史3-24152

大清搢紳全書、大清中樞備覽(清光緒十一年春)　史3-24107

大清搢紳全書、大清中樞備覽(清光緒十二年春)　史3-24115

大清搢紳全書、大清中樞備覽(清光緒十三年冬)　史3-24132

大清搢紳全書、大清中樞備覽(清光緒十九年春、冬)　史3-24194

大清搢紳全書、大清中樞備覽(清光緒十七年秋)　史3-24167

大清搢紳全書、大清中樞備覽(清光緒十七年春)　史3-24164

大清搢紳全書、大清中樞備覽(清光緒十四年夏)　史3-24138

大清搢紳全書、大清中樞備覽(清光緒十四年春、冬)　史3-24142

大清搢紳全書、大清中樞備覽(清光緒十八年冬)　史3-24180

大清搢紳全書、大清中樞備覽(清光緒九年)　史3-24098

大清搢紳全書、大清中樞備覽(清光緒七年夏)　史3-24080

大清搢紳全書、大清中樞備覽(清同治六年冬)　史3-24009

大清搢紳全書、大清中樞備覽(清同治二年夏)　史3-23997

大清搢紳全書、大清中樞備覽(清同治元年冬)　史3-23995

大清搢紳全書、大清中樞備覽(清同治元年秋)　史3-23994

大清搢紳全書、大清中樞備覽(清同治十一年)　史3-24030

大清搢紳全書、大清中樞備覽(清同治十二年冬)　史3-24033

大清搢紳全書、大清中樞備覽(清同治十二年秋)　史3-24031

大清搢紳全書、大清中樞備覽(清同治十年)　史3-24024

大清搢紳全書、大清中樞備覽(清同治九年夏)　史3-24015

大清搢紳全書、大清中樞備覽(清同治八年冬)　史3-24012

大清搢紳全書、大清中樞備覽(清咸豐六年春)　史3-23975

大清搢紳全書、大清中樞備覽(清咸豐五年冬)　史3-23974

大清搢紳全書、大清中樞備覽(清嘉慶七年冬)　史3-23882

大清搢紳全書、大清中樞備覽(清宣統二年冬)　史3-24519

大清搢紳全書、大清中樞備覽(清宣統二年秋)　史3-24516

大清搢紳全書、大清中樞備覽(清宣統元年冬)　史3-24500

大清搢紳全書、大清中樞備覽(清道光二十三年冬)　史3-23941

大清搢紳全書、大清中樞備覽(清道光二十三年秋)　史3-23939

大清搢紳全書、大清中樞備覽(清道光二十三年春)　史3-23937

大清搢紳全書、大清中樞備覽(清道光二十八年冬)　史3-23954

大清搢紳全書、大清中樞備覽(清道光十五年夏)　史3-23918

大清搢紳全書、大清中樞備覽(清道光十九年冬)　史3-23930

大清搢紳全書、大清中樞備覽、新增直省候補同官錄(清宣統元年冬)　史3-24501

大清搢紳全書、中樞便覽(清宣統三年冬)　史3-24542

大清搢紳全書、中樞備覽(清宣統三年)　史3-24549

大清搢紳全書、中樞備覽(清宣統二年)　史3-24527

大清搢紳全書、中樞備覽(清道光二十五年)　史3-23946

大清搢紳全書、中樞備覽(清道光二年夏季)　史3-23899

大清搢紳全書、中樞備覽(清道光十年冬季)　史3-23910

大清搢紳全書、中樞備覽(清乾隆二十五年)　史3-23820

大清搢紳全書、中樞備覽(清咸豐元年)　史3-23963

大清搢紳全書、中樞備覽(清同治十二年)　史3-24035

大清搢紳全書、中樞備覽(清同治十三年)　史3-24041

大清搢紳全書、中樞備覽(清同治四年夏季)　史3-24000

大清搢紳全書、中樞備覽(清光緒三十二

年)　史 3 - 24445

大清搢紳全書、中樞備覽(清光緒三十三年夏季)　史 3 - 24457

大清搢紳全書、中樞備覽(清光緒三十三年春季)　史 3 - 24451

大清搢紳全書、中樞備覽(清光緒三十年夏季)　史 3 - 24385

大清搢紳全書、中樞備覽(清光緒三十年冬季)　史 3 - 24394

大清搢紳全書、中樞備覽(清光緒二十六年)　史 3 - 24329

大清搢紳全書、中樞備覽(清光緒二十九年夏季)　史 3 - 24365

大清搢紳全書、中樞備覽(清光緒二十九年秋季)　史 3 - 24368

大清搢紳全書、中樞備覽(清光緒二十七年)　史 3 - 24342

大清搢紳全書、中樞備覽(清光緒二十八年)　史 3 - 24359

大清搢紳全書、中樞備覽(清光緒十九年)　史 3 - 24196

大清咸豐六年歲次丙辰時憲書　子 3 - 12207

大清咸豐六年七政經緯躔度時憲書　子 3 - 12208

大清咸豐二年歲次壬子時憲書　子 3 - 12202

大清咸豐三年歲次癸丑時憲書　子 3 - 12203

大清咸豐五年歲次乙卯時憲書　子 3 - 12206

大清咸豐元年歲次辛亥時憲書　子 3 - 12201

大清咸豐十一年歲次辛酉時憲書　子 3 - 12217

大清咸豐十一年七政經緯躔度時憲書　子 3 - 12218

大清咸豐十二年歲次壬戌時憲書　子 3 - 12220

大清咸豐十年歲次庚申時憲書　子 3 - 12214

大清咸豐十年七政經緯躔度時憲書　子 3 - 12216

大清咸豐十年曆書　子 3 - 12215

大清咸豐九年歲次己未時憲書　子 3 - 12212

大清咸豐九年歲次己未月五星相距時憲書　子 3 - 12213

大清咸豐七年歲次丁巳時憲書　子 3 - 12209

大清咸豐七年歲次丁巳月五星相距時憲書

子 3 - 12210

大清咸豐四年歲次甲寅中星更錄　子 3 - 12205

大清咸豐四年歲次甲寅時憲書　子 3 - 12204

大清咸豐八年歲次戊午時憲書　子 3 - 12211

大清典要　叢 1 - 373(9)

大清搢神全書(清道光二十九年)　史 3 - 23958

大清搢神全書(清道光十五年冬季)　史 3 - 23919

大清最新百官錄(清光緒三十一年)　史 3 - 24426

大清最新百官錄(清光緒三十二年)　史 3 - 24448

大清最新搢紳錄(清宣統三年)　史 3 - 24550

大清最新搢紳錄(清宣統元年秋)　史 3 - 24497

大清最新搢紳錄、大清中樞備覽(清宣統三年夏)　史 3 - 24534

大清國家銀行商股註冊表　史 6 - 44480

大清國大祕魯國條約章程　史 6 - 44034、44108

大清國大英國續議滇緬界務商務條款　史 6 - 44057

大清國大英國會議條款　史 6 - 44035、44059

大清國大日本國條規章程　史 6 - 44034、44042

大清國大巴西國會訂和好通商條約十七款　子 7 - 36837

大清國朝歷科廣東鄉試武解元題名錄　史 3 - 15003

大清國史刑法志　史 1 - 896

大清國史樂志　史 1 - 883~4

大清國史儀衛志　史 1 - 888

大清國史宗室列傳　史 1 - 907~8

大清國史選舉志　史 1 - 889

大清國史藝文志　史 1 - 898~900

大清國史兵志　史 1 - 894

大清國史輿服志　史 1 - 885

大清國史食貨志　史 1 - 890~1

大清國籍條例　史 6 - 45942

大清駐日本使署藏書書目表　史 8 - 65537

大清戶部總銀行第一次總結報告　史 6 - 44482

大清刪除新律例　史 6 - 45916

大清刪除律、商律　史 6 - 45915

大清兵陣圖式　子 1 - 3741

大清同治六年歲次丁卯時憲書　子 3 - 12230

大清同治六年歲次丁卯月五星相距時憲書　子3-12231

大清同治六年七政經緯躔度時憲書　子3-12232

大清同治二年歲次癸亥時憲書　子3-12223

大清同治二年歲次癸亥月五星相距時憲書　子3-12224

大清同治三年歲次甲子時憲書　子3-12225

大清同治五年歲次丙寅時憲書　子3-12228

大清同治五年歲次丙寅月五星相距時憲書　子3-12229

大清同治元年歲次壬戌時憲書　子3-12222

大清同治十一年歲次壬申航海通書　子3-12241

大清同治十一年歲次壬申時憲書　子3-12240

大清同治十二年歲次癸酉時憲書　子3-12242

大清同治十二年七政經緯躔度時憲書　子3-12243

大清同治十三年歲次甲戌時憲書　子3-12244

大清同治十三年歲次甲戌月五星相距時憲書　子3-12247

大清同治十三年七政經緯躔度時憲書　子3-12245

大清同治十四年歲次乙亥時憲書　子3-12248

大清同治十四年七政經緯躔度時憲書　子3-12249

大清同治十年歲次辛未時憲書　子3-12239

大清同治九年歲次庚午七政經緯宿度五星伏見　子3-12238

大清同治九年歲次庚午時憲書　子3-12237

大清同治七年歲次戊辰時憲書　子3-12233

大清同治七年歲次戊辰月五星相距憲書　子3-12234

大清同治四年歲次乙丑時憲書　子3-12226

大清同治四年歲次乙丑月五星相距時憲書　子3-12227

大清同治八年歲次己巳時憲書　子3-12235

大清同治八年歲次己巳月五星相距時憲書　子3-12236

大清民律草案三編　史6-45927

大清民事訴訟律草案　史6-45940

大清全律名例錄　叢1-503

大清會典　史6-41683~6、41688~9、41693

大清會典講議　史6-41703

大清會典祭祀行禮圖　史6-42097

大清會典事例　史6-41691、41694

大清會典開載文武官階品級服封典　史6-41704

大清會典錄　史6-41700

大清會典錄要　叢1-503

大清銀行現擬詳細章程　史6-44481

大清光緒六年歲次庚辰時憲書　子3-12260

大清光緒六年歲次庚辰月五星相距時憲書　子3-12261

大清光緒新法令　史6-45903

大清光緒二十六年庚子年通書　子3-12294

大清光緒二十六年歲次庚子時憲書　子3-12292

大清光緒二十六年七政經緯躔度時憲書　子3-12293

大清光緒二十一年歲次乙未時憲書　子3-12284

大清光緒二十一年七政經緯躔度時憲書　子3-12285

大清光緒二十二年歲次丙申時憲書　子3-12286

大清光緒二十二年七政經緯躔度時憲書　子3-12287

大清光緒二十三年歲次丁酉時憲書　子3-12288

大清光緒二十五年歲次己亥時憲書　子3-12291

大清光緒二十九年歲次癸卯時憲書　子3-12302

大清光緒二十七年歲次辛丑時憲書　子3-12296

大清光緒二十七年七政經緯躔度時憲書　子3-12297

大清光緒二十四年歲次戊戌時憲書　子3-12289

大清光緒二十四年七政經緯躔度時憲書　子3-12290

大清光緒二十八年歲次壬寅七政經緯宿度五星伏見　子3-12300

大清光緒二十八年歲次壬寅時憲書　子3-12298

大清光緒二十八年七政經緯躔度時憲書　子3-12299

大清光緒二十八年真本通書　子3-12301

大清光緒二十年歲次甲午時憲書　子3-12282

大清光緒二十年七政經緯躔度時憲書　子3-12283

大清光緒二年歲次丙子七政經緯宿度五星伏見　子3-12255

大清光緒二年歲次丙子時憲書　子3-12253

大清光緒二年歲次丙子月五星相距時憲書　子3-12254

大清光緒三十一年歲次乙巳七政經緯宿度五星伏見　子3-12310

大清光緒三十一年歲次乙巳時憲書　子3-12307

大清光緒三十一年七政經緯躔度時憲書　子3-12308

大清光緒三十一年晴雨錄　子3-11568

大清光緒三十二年歲次丙午七政經緯宿度五星伏見　子3-12312

大清光緒三十二年歲次丙午時憲書　子3-12311

大清光緒三十二年七政經緯躔度時憲書　子3-12313

大清光緒三十二年中星更錄　子3-12314

大清光緒三十二年晴雨錄　子3-11569

大清光緒三十三年歲次丁未航海通書　子3-12317

大清光緒三十三年歲次丁未七政經緯宿度五星伏見　子3-12318

大清光緒三十三年歲次丁未時憲書　子3-12315

大清光緒三十三年七政經緯躔度時憲書　子3-12316

大清光緒三十三年中星更錄　子3-12319

大清光緒三十三年晴雨錄　子3-11570

大清光緒三十五年歲次己酉時憲書　子3-12324

大清光緒三十五年七政經緯躔度時憲書　子3-12325

大清光緒三十四年歲次戊申七政經緯宿度五星伏見　子3-12322

大清光緒三十四年歲次戊申時憲書　子3-12320

大清光緒三十四年七政經緯躔度時憲書　子3-12321

大清光緒三十四年中星更錄　子3-12323

大清光緒三十四年晴雨錄　子3-11571

大清光緒三十年歲次甲辰航海通書　子3-12306

大清光緒三十年歲次甲辰七政經緯宿度五星伏見　子3　12303

大清光緒三十年歲次甲辰時憲書　子3-12304

大清光緒三十年七政經緯躔度時憲書　子3-12305

大清光緒三十年晴雨錄　子3-11567

大清光緒三年歲次丁丑時憲書　子3-12256

大清光緒五年歲次己卯時憲書　子3-12259

大清光緒元年歲次乙亥時憲書　子3-12250

大清光緒元年歲次乙亥月五星相距時憲書　子3-12252

大清光緒元年七政經緯躔度時憲書　子3-12251

大清光緒宣統新法令分類總目　史6-45906

大清光緒十六年歲次庚寅時憲書　子3-12278

大清光緒十一年歲次乙酉時憲書　子3-12270

大清光緒十一年歲次乙酉月五星相距時憲書　子3-12272

大清光緒十一年七政經緯躔度時憲書　子3-12271

大清光緒十二年歲次丙戌航海通書　子3-12274

大清光緒十二年歲次丙戌時憲書　子3-12273

大清光緒十三年歲次丁亥時憲書　子3-12275

大清光緒十五年歲次己丑時憲書　子3-12277

大清光緒十九年歲次癸巳時憲書　子3-12281

大清光緒十七年歲次辛卯時憲書　子3-12279

大清光緒十四年歲次戊子時憲書　子3-12276

大清光緒十八年歲次壬辰時憲書　子3-12280

大清光緒十年歲次甲申時憲書　子3-12269

大清光緒九年歲次癸未航海通書　子3-12268

大清光緒九年歲次癸未時憲書　子3-12267

大清光緒七年歲次辛巳時憲書　子3-12262

大清光緒七年七政經緯躔度時憲書　子3-12263

大清光緒七年中星更錄　子3-12264

大清光緒四年歲次戊寅時憲書　子3-

12257

大清光緒四年歲次戊寅月五星相距時憲書
　　子3-12258

大清光緒八年歲次壬午時憲書　子3-
　　12265

大清光緒八年中星更錄　子3-12266

大禮記注　史6-42083～4

大禮儀注　史6-42128

大禮纂要　史6-42012

大連灣營口等處火車各項價表　史6-
　　44253

36 大迦葉經　子6-32093(3)

大迦葉本經　子6-32083(21)

大迦葉品　子6-32084(3)、32085(3)、32090
　　(4)、32092(2)、32093(4)

大迦葉問大寶積正法經　子6-32083(28)

大還心鑑　子5-29530(18)、29555、30880

大還丹照鑑　子5-29530(18)、30872

大還丹金虎白龍論　子5-29530(18)、29555、
　　31102

大還閣琴譜　子3-17653

大還閣琴譜、谿山琴況　子3-17495

大還閣琴譜、萬峯閣指法閟箋、谿山琴況、
　　學琴說　子3-17654

37 大盜竊國記　史1-4347　叢2-2211

大汜陳氏宗譜[江西婺源]　史4-33242

大洞文昌司祿紫陽寶籙　子5-29530(23)、
　　29581、31618

大洞文昌治瘟寶籙祕法、補遺妙典　子5-
　　29581、31707

大洞玉經　子5-29530(1)、29643～4

大洞玉經疏要十二義、大洞玉經壇儀、大洞
　　玉經總論　子5-29535(1)、29536(1)、
　　29652

大洞玉經注　子5-29655

大洞經諸咒　子5-29581、31677

大洞經示讀　子5-29641、29660

大洞經示讀註釋　子5-29581

大洞經示讀注釋　子5-29661

大洞經吉祥神咒法　子5-29531、31672

大洞仙經註釋　子5-29658

大洞仙經觀想要訣　子5-29535(1)、29536
　　(1)、29645

大洞治瘟寶籙　子5-31708

大洞真經詳解　子5-29657

大洞金華玉經　子5-29530(5)、30825

大洞鍊真寶經修伏靈砂妙訣　子5-29530
　　(17)、29555、31261

大洞鍊真寶經九還金丹妙訣　子5-29530
　　(17)、29555、31262

大湖頭北葉河葉氏支譜[江蘇蘇州]　史5-

35655

大漁集、詩草、文稿　集3-16134

大滌子山水　子3-16697

大滌子題畫詩跋　子3-15948、16147

大滌集　集6-44643

大滌山房詩鈔、試帖　集4-24367

大滌山人詩集　集2-10817

大滌洞天記　史7-51728　子5-29530(16)

大初曆譜　子3-11710

大初厤譜　叢2-1866～7

大初會相交一枝　集7-52651

大通經　子5-29547、29586

大通經約解　子5-29580、29876

大通河考　史7-52840

大通樓藏書目錄簿　史8-65837

大通縣志[民國]　史7-56324,8-63292

38 大洋洲蕭侯廟志　史7-51855

大洋海大西洋海印度海北冰海南冰海考
　　史7-49318(21)、53057～9

大滄黃氏族譜[福建連江]　史5-33918

大遊年歌　子3-13153

大道論　子5-29530(20)、31943

大道歌　子3-13153、29547、29549、31189、31199

大道修真捷要選仙指源篇　叢1-114(6)

大道通玄要　子5-31930

大道通玄要存　叢2-608

39 大沙徐氏宗譜[江蘇鎮江]　史4-31809

大沙門百一羯磨法　子6-32081(35)、32083
　　(23)、32084(19)、32085(34)、32086(40)、
　　32088(25)、32089(40)、32090(47)、32091
　　(45)、32092(30)、32093(23)

40 大九州說　史7-49318(19)、54321

大九數　經1-64　子3-12987　叢2-
　　1189～90

大力將軍　集7-52287

大力忿怒咒　子7-32094

大士經　子5-29551

大塘傅氏續修族譜[湖南湘鄉]　史5-
　　36280

大塘河間郡章氏家譜[浙江淳安]　史5-
　　34528

大塘滕氏宗譜[浙江蘭溪]　史5-39182

大內規制記畧　史6-46915

大有奇書　子4-19491、21145

大古山房詩鈔　集4-26267

大吉迎春　集7-49700

大吉祥天女十二名號經　子6-32089(31)

大吉祥天女十二契一百八名無垢大乘經
　　子6-32093(36)

大吉祥室遺稿　集4-28856

大吉祥室遺稿、詞鈔　集4-28855

大吉祥陀羅尼經　子6-32083(32)

大吉義神咒經　子6-32081(18)、32083(12)、32084(11)、32085(18)、32086(19)、32088(13)、32089(15)、32090(20)、32091(18)、32092(13)、32093(43)

大七寶陀羅尼經　子6-32083(12)

大雄山崇福禪寺昌啓順禪師語錄、慈風雨被老法師示自珍居士法語　子7-34360

大賚縣志[民國]　史7-56236

大賣草囷　集7-50779

大樵山人集　集3-17098

41 大坪易氏七房支譜[湖南湘鄉]　史4-29557

42 大瓠山房詩集　集5-36726

大瓠堂詩錄　集5-35416～7　叢1-498

大姚縣誌書[康熙]　史8-62565

大姚縣志[道光]　史8-62566

大婚禮節　經1-5383　史6-42176

大婚禮節、李鴻章等奏疏　史6-42175

大樸主人文集、詩集　集2-9751

大桴山人偶存集　集4-23056

大桴山人偶存稿　集4-23057

43 大博乾禪師語錄後錄　子7-34306

大埔縣志[嘉慶]　史8-60954

大埔縣志[嘉靖]　史8-60951

大埔縣志[乾隆]　史8-60953

大埔縣志[同治]　史8-60955

大埔縣志[民國]　史8-60956

大城縣志[康熙]　史7-55236

大城縣志[崇禎]　史7-55235

大城縣志[光緒]　史7-55237

大獄記、龍川先生詩鈔、私史獄　史1-3654　叢2-624(4)

大獄記署級餘　史1-3597　叢2-2203

大戴記夏小正解詁　經1-5975

大戴禮記　經1-5903～8　叢1-70～7、93、152、182～3、218～9、223(9)、230(2)、236～7、559,2-635(2)、731(21)

大戴禮記正誤　經1-111(3)、5912　叢2-927

大戴禮記正本　經1-5928　叢2-1817

大戴禮記平議　經1-145、163(4)、5920　叢2-1920

大戴禮記集注　經1-5917

大戴禮記解詁　經1-5919　叢2-653(1)

大戴禮記審議　經1-5926　叢2-2042

大戴禮記補注　經1-111(3)、5915　叢2-731(21)

大戴禮記補注、序錄　經1-5914　叢2-782(2)、1580

大戴禮記斠補　經1-5921～2

大戴禮注補　經1-163(3)、5923

大戴禮注補、校增、附錄校增、夏小正注補　經1-5924

大戴禮注補校增、附錄校增　經1-5925

大戴禮逸　經1-176、5901～2　叢1-22(2)、23(2)、330～1

大戴禮曾子義疏　經1-5927

大戴禮公符篇考　經1-5913、5962

大戴禮管箋　經1-5918

大戴喪服變除　經1-5411　叢2-774(3)

44 大董董氏宗譜[浙江嵊州]　史5-35890

大地山河圖說　史7-49611　叢1-277、455

大地生春　集7-49700

大地總論　史7-49686

大鼓書目錄　集7-54878

大鼓書單　集7-54877

大夢紀年　史2-12117　集4-29472

大夢軒草　集2-7068

大考翰詹考畧殘稿　叢2-1995

大花嚴長者問佛那羅延力經　子6-32093(8)

大莊嚴論經　子6-32084(14)、32093(27)

大莊嚴經論　子6-32081(24)、32083(16)、32085(23)、32086(26)、32088(17)、32089(42)、32090(48)、32091(46)、32092(31),7-32718

大莊嚴法門經　子6-32081(8)、32083(7)、32085(8)、32086(8)、32088(7)、32089(7)、32090(9)、32091(8)、32092(6)

大莊嚴法門經(文殊師利神通力經、勝金色光明德女經)　子6-32093(9)

大薩遮尼犍子受記經　子6-32089(7)

大薩遮尼乾子受記經　子6-32081(7)、32082(7)、32085(7)、32086(8)、32088(6)、32090(9)、32091(8)、32092(5),7-32288

大薩遮尼乾子所說經　子6-32084(6)、32093(14)

大梵先天斗母圓明寶卷　集7-54163

大蘆嶺楊氏宗譜[安徽石臺]　史5-36945

大蔭堂集　集3-16271

大茂山房合稿　集3-15250

大藏一覽　子6-32091(71)、7-34858

大藏一覽集　史8-66335

大藏聖教法寶標目　史8-66331　子6-32085(56)、32086(66)、32088(41)、32089(51)、32090(65)、32091(63)、32092(43)、32093(53),7-34857

大藏聖教題解　子7-34876

大藏瑜伽施食儀　子7-35065

大藏經綱目指要　史8-66328

大藏經綱目指要錄　子7-34856

大藏經目錄號數　史 8-66339

大藏般若通明寶卷　集 7-54173

大藏字母九音等韻　經 2-14374

大藏字母切韻要法　經 2-14375

大藏治病藥　叢 1-29(3)、30、154、173、255(2)、367~8

大藏治病藥(治病藥)　子 7-34901

大藏目錄(即麗藏目錄)　子 6-32093(53)

大藏阿字論　子 7-34132

大葱嶺雙履西歸　集 7-49397

大葱嶺履西歸　集 7-49433

大蘇文選　集 1-2548,6-41805

大孝記　集 7-51102

大荔縣新志存稿[民國]　史 8-62796

大荔縣續志[光緒]　史 8-62794

大荔縣志[道光]　史 8-62793

大荔縣志[乾隆]　史 8-62791~2

大姑娘出閣一枝　集 7-50995

大姑娘守節一段　集 7-51411

大姑娘洗澡一枝　集 7-50914

大姑娘賣絨線　集 7-53111

大姑奶奶拜年一本　集 7-52605

大華希夷志　史 2-6902

大華嚴方廣普賢滅罪稱讚佛名寶懺　子 7-35002

大華嚴經畧策　子 7-33343

大華嚴經畧策、答順宗心要法門、三聖圓融觀門、原人論、華嚴念佛三昧論　子 7-33072

大英治理印度新政志　子 7-36269

大英志　子 7-36241、36250

大英國志　子 7-36411

大英國志、續刻　子 7-36410

大菩薩藏經　子 6-32093(2)

大老天樂十聲一套　集 7-50981

大黃沙廖氏族譜[廣東汕頭]　史 5-38562

大樹山堂詩鈔　集 4-23930

大樹緊那王所問經　子 6-32083(5)、32086(6)

大樹緊那羅王所問經　子 6-32081(6)、32082(6)、32084(5)、32085(6)、32088(5)、32089(6)、32090(8)、32091(7)、32092(5)、32093(8)

大樹公自誌年譜　史 2-11774

大樹堂說經　經 1-47

大藥叉女歡喜母並愛子成就法　子 6-32084(28)、32085(52)、32086(62)、32088(38)、32089(37)、32090(56)、32091(55)、32092(37)

大藥叉女歡喜母並愛子成就法(訶哩底母經)　子 6-32093(36)

大棋　集 7-53113

45　大勢至緣起念佛三昧　叢 2-1247

大勢至菩薩念佛圓通章疏鈔　子 7-33752

大勢至錄超　叢 2-1249

大樓炭經　子 6-32084(15)、32093(17)

大椿樓集　集 7-46405、47137

大椿堂詩選　集 2-8916

46　大旭山房文集　集 2-11103

大旭山房文稿、大旭山房文集、南中集、留夷館集、紅泉館集、甬東集、春草樓集、潕水集、薊門奏牘、南中奏牘　集 2-11101

大觀亭志　史 7-51419~20

大觀法帖總釋　子 3-15320

大觀帖　子 3-15648

大觀帖考　子 3-15321

大觀草堂稿　集 4-29259

大觀茶論　子 4-18979、19002　叢 1-19(8)、20(6)、21(6)、22(15)、23(15)、24(9)

大觀葉氏族譜[福建龍海]　史 5-35747

大觀本草札記　子 2-4743、5681

大觀園十二金釵一枝　集 7-52652

大觀錄　子 3-14790

大觀堂文集　集 3-13950

大觀堂遺稿　集 2-10097

大駕北還錄　史 1-2854　叢 1-84(2),2-730(9)、1081

大槐王氏家譜譜畧[山東桓臺]　史 4-25380

47　大埠塘陳氏族譜[湖南瀏陽]　史 4-33285

大鶴山房全書十種　叢 2-2143

大鶴山人雜稿　集 5-38962

大鶴山人詩集　集 5-38959

大鶴山人詩稿(補梅書屋詩稿、詩集、存稿、瘦碧庵詩草)　集 5-38957

大鶴山人手寫詩稿小冊　集 5-38960

大婦小妻還牢末　集 7-48770、48774(2)

大婦小妻還牢末(都孔目風雨還牢末雜劇)　集 7-48898

大都新刊關目的本東窗事犯　集 7-48765、48929

大都新編楚昭王疎者下船　集 7-48765

大都新編關張雙赴西蜀夢　集 7-48765、48787

大都新編關目公孫汗衫記　集 7-48765、48919

大桐程氏族譜[廣東南海]　史 5-36185

48　大墩徐氏宗譜[浙江鄞州]　史 4-31917~8

大墩徐氏支譜[浙江鄞州]　史 4-31919

大赦例解　子 7-35101、35596

大梅歌　集 3-16618,6-41718

大梅山館集(復莊駢體文榷、二編、復莊詩

中國古籍總目・索引

問、疏影樓詞）　集4-31107

大梅山館書目　史8-65787~8

大梅老人尺牘　集3-14101

49 大妙金剛大甘露軍拏利焰鬘熾盛佛頂經　子6-32093(37)

50 大丈夫論　子6-32083(16)、32084(15)、32085(25)、32086(27)、32088(18)、32089(43)、32090(50)、32091(48)、32092(33)、32093(27)

大中　叢1-194

大中丞苗晉侯先生文集（晉侯文集）、撫鄖雜錄、解鞍小錄、築樊文鈔、借籌文鈔、巡襄約言　集3-13093

大中丞靜齋朱公奏疏、詩文遺稿　史6-48799

大中遺事　史1-2383　叢1-15、19(10)、20(8)、21(9)、22(8)、23(8)、24(11)、29(5)

大中祥符法寶錄　子6-32084(31)

大中祥符法寶錄殘　子7-32119

大中遵註集解　經2-10988

大中大夫鄭蒼瀮先生奏議　史6-48347

大串九州一套　集7-50740

大事記　史1-1177　叢1-19(10)、20(8)、21(9)、22(8)、23(9)、24(11)

大事記、通釋、解題　史1-1178　叢2-859

大事記、大事記通釋、大事記解題　叢1-223(18)

大事記續編　史1-1180　叢1-223(19)

大事紀　史1-3166

大本瓊瑤發明神書　子2-10224

大惠靜慈妙樂天尊說福德五聖經　子5-29530(23)、30105

大書長語　子3-15107　叢2-680

大末吾氏叢鈔五種　叢1-578

大東沙島誌畧　史7-49357

大東沙島調查記畧　史7-49357、50892

大東景運集　集6-44245

大東合邦新義　子7-38036

52 大誓答問　經1-163(3)　叢1-419、495、515

大誓答問（泰誓答問）　經1-3313

大誓答問評　經1-3315

53 大盛堂精校音韻旁訓正字易經　經1-2014

大威咸禪師語錄　子7-34314

大威德嚩喇呢經　子7-32807

大威德陀羅尼經　子6-32081(16)、32082(11)、32083(11)、32085(16)、32086(18)、32088(12)、32089(14)、32090(18)、32091(17)、32092(12)、32093(13)、7-32806

大威德陁羅尼經　子6-32084(10)

大威德金剛怖畏十三尊成就儀軌寶篋經　子7-32957

大威德熾盛光如來消災吉祥陀羅尼　子7-32094

大威德怖畏金剛尊佛儀軌全經　子7-32956

大威力烏樞瑟摩明王經　子6-32093(36)

大威怒烏芻澀麼儀軌　子6-32085(53)、32086(63)、32088(39)、32090(57)、32091(55)、32092(37)

大威怒烏芻澀麼儀軌經　子6-32093(36)

大威怒烏芻澀摩儀軌　子6-32089(37)

大威燈光仙人問疑經　子6-32081(8)、32082(8)、32083(7)、32084(6)、32085(9)、32086(10)、32088(7)、32089(7)、32093(9)

大成音義　子7-33448

大成樂譜　經1-6426

大成樂律全書　經1-6496　子3-17824

大成通志　史2-6355　子4-24193

大成書局圖書目錄　史8-66475

大成易旨　經1-834~5

54 大撓三垣命理則例各種纂要　子3-14177

55 大轉輪　集7-49341

大慧語錄、大慧普覺禪師普說　子6-32081(57)

大慧普覺禪師（宗杲）譜　史2-11293

大慧普覺禪師語錄　子6-32088(41)、32089(48)、32090(62)、32091(60)、32093(51)、7-34193

大慧普覺禪師住徑山能仁禪院語錄　子6-32087

大慧普覺禪師宗門武庫　子6-32093(51)

大慧普覺禪師宗門武庫、雪堂行和尚拾遺錄　子7-34014

大慧普覺禪師宗門武庫、雪堂和尚拾遺錄　子6-32091(60)

大慧普覺禪師法語　子7-34194

大慧普覺禪師書　子7-34016

大慧普覺禪師年譜　子6-32091(60)、32093(51)、7-34780

大慧普覺禪師普說　子6-32082(28)、7-34015

大慧光三昧經　子6-32093(2)

58 大輪金剛修行悉地成就及供養法　子6-32093(38)

大輪金剛陀羅尼、日光菩薩咒　子6-32093(42)

60 大日經持誦次第儀軌　子6-32093(38)

大日經畧說[攝]念誦隨行法　子6-32089(37)

大日經畧攝念誦隨行法　子6-32088(39)、32091(55)

大日經畧攝念誦隨行法（五支畧念誦要行法）　子6-32085(53)、32086(63)、32090(57)、32092(38)、32093(32)

大日經義疏　子7-33675
大日如來劍印　子6-32093(40)
大日本維新史　子7-36391
大日本中興先覺志　子7-36489
大疊山房文存、補遺　集5-34097
大易旁通　經1-1238　叢2-815
大易辯志說約　經1-1032
大易疏解　經1-437~8
大易疏晦　經1-1094
大易疏義　經1-1075
大易集義　經1-536
大易集義粹言(合訂刪補大易集義粹言)
　　經1-1125
大易師雲莊卮士程子年譜　叢2-1240
大易斷例卜筮元龜　子3-13862
大易參訂折中講義補象　經1-1374
大易參祕火珠林　叢1-448
大易㭏頭私錄　經1-772~3　叢2-985
大易緝說　經1-77(2)、609　叢1-223(3)
大易象數鉤深圖　經1-77(2)、2137　子5-
　　29530(4)　叢1-223(3)
大易通變　經1-885　叢2-1190
大易通解　經1-1187
大易通解、附錄讀啓蒙雜說　叢1-223(4)
大易存義　經1-822
大易札記　叢2-1392
大易觀玩錄　經1-1585
大易擇言　經1-1223　叢1-223(5)
大易輯說　叢1-227(2)
大易拾遺　經1-2013
大易則通、閏　經1-2162
大易闡微錄、圖說　經1-1100
大易劄記　經1-83,1202
大易鉤玄(易學舉隅)　經1-620
大易筮法直解(大衍筮法直解)　經1-2396
大易餘說　集3-19273
大易餘論　經1-1236　叢2-1422
大易掌鏡　經1-1646　叢2-1749
大易粹言　經1-465~7　叢1-223(2)、227
　　(1)
大園柳氏宗譜　史4-30365
大思凡一枝　集7-52654
大黑天神法　子6-32093(40)
大愚集、諸同人尺牘　集3-13413
大愚稿　集3-17630
大愚老人集　集2-11371,6-45097
大田案　集7-53716
大田坊黎氏續修家譜[湖南寧鄉]　史5-
　　39132
大田縣志[康熙]　史8-58272

大田縣志[萬曆]　史8-58271
大田縣志[乾隆]　史8-58273
大田縣志[民國]　史8-58274
大圍山房文集　集5-35950
大圍山遊紀畧　史7-49318(6)、53648
大品第廿四　叢2-608
大毘盧遮那經廣大儀軌(大悲胎藏)　子6-
　　32093(41)
大毘盧遮那經供養次第法疏　子6-32093
　　(41)
大毘盧遮那佛說要畧念誦經　子6-32093
　　(32)
大毘盧遮那佛眼修行儀軌　子6-32093(38)
大毘盧遮那成佛經疏　子6-32093(41)
大毘盧遮那成佛神變經　子6-32083(12)
大毘盧遮那成佛神變加持經　子6-32081
　　(17)、32082(12)、32084(11)、32085(17)、
　　32086(19)、32088(12)、32089(14)、32090
　　(22)、32091(21)、32092(15)、32093(32),7-
　　32793
大毘盧遮那成佛神變加持經疏、大毘盧遮
　　那成佛神變加持經供養次第法疏　子7-
　　33674
大毘盧遮那成佛神變加持蓮華胎藏悲生
　　曼荼羅廣大成就儀軌供養方便會　子6-
　　32093(41)
大毘盧遮那成佛神變加持經蓮華胎藏菩提
　　幢標幟普通真言藏廣大成就瑜伽　子6-
　　32093(41)
大毘盧遮那成佛神變加持經畧示七支念誦
　　隨行法　子6-32084(28)、32085(53)、32086
　　(63)、32088(39)、32089(37)、32090(57)、
　　32091(55)、32092(37)、32093(32)
大邑縣鄉土志[光緒]　史8-61695
大邑縣志[乾隆]　史8-61691
大邑縣志[同治]　史8-61692
大邑縣志[民國]　史8-61693
大邑縣志稿[民國]　史8-61694
大邑邱氏族譜[四川大邑]　史4-28501
大足縣志[嘉慶]　史8-61543~4
大足縣志[乾隆]　史8-61542
大足縣志[民國]　史8-61546
大足縣志[光緒]　史8-61545
大足縣金石錄　史8-64075
大圓吳氏宗譜[浙江義烏]　史4-27897
62 大呼集　子4-24234
大啴咦國哪喊國條約　史6-44034~5、
　　44082
大別山志　史7-52557
63 大戰脫空(要賬該賬、脫空祖師)　集7-
　　52289

64 大財神　集7-49683

66 大哭城一枝　集7-52653

67 大明高僧傳　子6-32091(70)

　大明度經　子6-32081(1)、32083(2)、32084(1)、32086(1)、32093(13)

　大明度無極經　子6-32085(2)、32088(2)、32089(2)、32090(1)、32091(1)、32092(1)、7-32318

　大明廣輿圖　史7-49586

　大明玄天上帝瑞應圖錄　史2-8548　子5-29530(18)

　大明玄教立成齋醮儀範　子5-29530(10)、30619

　大明一統文武諸司衙門官制　史6-42658～9

　大明一統名勝志　史7-52169

　大明一統志　史7-49555

　大明一統志畧　史7-49556

　大明一統賦　集2-6731　叢1-114(2)

　大明一統賦補　集2-6732～3

　大明三藏聖教目錄　史8-66336　子7-34863

　大明三藏聖教目錄、續入藏經目錄　子7-34864

　大明三藏聖教目錄、補刻嘉興楞嚴寺藏藏錄　子7-34862

　大明三藏聖教目錄、大明重刊三藏聖教目錄　子7-34865

　大明三藏聖教目錄、大明續入藏諸集　子7-34866

　大明三藏法數　子6-32091(63)、32092(43)、32093(52)、7-34835

　大明三藏法數、大明三藏法數總目　子6-32090(65)

　大明正統十一年歲次丙寅大統曆　子3-11732

　大明正統十二年大統曆　子3-11733

　大明正統十三年歲次戊辰大統曆　子3-11734

　大明正統十四年歲次己巳大統曆　子3-11735

　大明正德六年大統曆　子3-11756

　大明正德三年歲次戊辰大統曆　子3-11754

　大明正德五年歲次庚午大統曆　子3-11755

　大明正德元年大統曆　子3-11753

　大明正德乙亥重刊改併五音類聚四聲篇、五音集韻　經2-13736

　大明正德皇帝遊江南傳　子5-28162～3

　大明正德十一年歲次丙子大統曆　子3-11759

　大明正德十二年歲次丁丑大統曆　子3-

11760

　大明正德十三年大統曆　子3-11761

　大明正德十五年歲次庚辰大統曆　子3-11762

　大明正德七年大統曆　子3-11757

　大明正德八年歲次癸酉大統曆　子3-11758

　大明天元玉曆祥異圖說(天元玉歷祥異圖說)　子3-13047

　大明天順四年歲次庚辰大統曆　子3-11740

　大明天啓二年歲次壬戌大統曆　子3-11852

　大明天啓三年歲次癸亥大統曆　子3-11853

　大明天啓五年歲次乙丑大統曆　子3-11855

　大明天啓元年歲次辛酉大統曆　子3-11851

　大明天啓四年歲次甲子大統曆　子3-11854

　大明弘治三年歲次庚戌大統曆　子3-11751

　大明弘治元年歲次戊申大統曆　子3-11750

　大明弘治十五年歲次壬戌大統曆　子3-11678、11752

　大明弘治甲子重刊改併五音集韻　經2-13729

　大明弘光元年歲次乙酉大統曆　子3-11864

　大明刑法志　史1-847

　大明刑書金鑑　史6-45798～9

　大明武宗毅皇帝實錄　史1-1678～9

　大明武宗毅皇帝寶訓　史6-47627、47639

　大明功臣誠意伯(劉基)翊運錄　史2-8819

　大明功臣誠意伯翊運錄　史2-8820

　大明重刊三藏聖教目錄　史8-66338　子6-32089(51)、32093(53)

　大明集禮　史6-42000

　大明仁宗昭皇帝實錄　史1-1668～9

　大明仁宗昭皇帝寶訓　史6-47627、47632

　大明仁孝皇后內訓(仁孝文皇后內訓)　子1-2939

　大明仁孝皇后夢感佛說第一希有大功德經　子6-32089(52)、32091(65)、32092(43)、32093(32)、7-32115、32133

　大明仁孝皇后勸善書　子4-23842

　大明師中表　史1-1576

　大明崇禎二年歲次己巳大統曆　子3-11856

　大明崇禎三年歲次庚午大統曆　子3-

11857
大明崇禎五年歲次壬申大統曆　子3-11858
大明崇禎十六年歲次癸未大統曆　子3-11863
大明崇禎十二年歲次己卯大統曆　子3-11861
大明崇禎十四年歲次辛巳大統曆　子3-11862
大明崇禎七年歲次甲戌大統曆　子3-11859
大明崇禎八年歲次乙亥大統曆　子3-11860
大明續入藏經目錄　史8-66337
大明律　史6-45764、45768~9、45784~5
大明律、爲政規模節要論、刑名啓蒙心妙總集、新奏准時估折鈔則例、會定運磚運灰等項做工則例　史6-45770
大明律集解　史6-45773
大明律集解附例　史6-45787
大明律例、律例類抄　史6-45779
大明律例添釋旁註　史6-45782
大明律例附解　史6-45786
大明律釋義　史6-45774
大明律圖　史6-45809　叢1-114(2)
大明律附例　史6-45766、45775　叢2-743
大明律附例、慎刑說　史6-45776
大明律附例註解　史6-45780
大明律附解　史6-45781
大明律附臨民寶鏡　史6-46072
大明穆宗莊皇帝實錄　史1-1684~5
大明穆宗莊皇帝寶訓　史6-47627、47642
大明釋教彙目義門、目錄、標目、釋例　史8-66340　子7-34868
大明御製玄教樂章　子5-29530(19)、30782
大明宣宗章皇帝實錄　史1-1670~2
大明宣宗章皇帝寶訓　史6-47627、47633~4
大明宣宗皇帝御製集　集2-6700
大明永樂十五年大統曆　子3-11731
大明憲宗純皇帝寶訓　史6-47627、47637
大明憲宗純皇實錄　史1-1674~5
大明實錄　史1-1656~8
大明心學測翼　子1-1199
大明清類天文分野之書　史7-49552
大明清類天文分野書　經1-6806　叢2-1089~90
大明神宗顯皇帝實錄　史1-1686~8
大明神宗顯皇帝寶訓　史6-47643
大明通寶義　史6-44418
大明選擇佐玄直指曆書　子3-14437
大明道藏經目錄　子5-29532

大明大統曆　子3-11677~8
大明大統曆法　子3-11676
大明太宗文皇帝御製序讚文　子6-32090(65)、32091(63)、32092(43)、32093(53)
大明太宗文皇帝御製文殊讚　子6-32093(53)
大明太宗文皇帝御製大悲觀世音菩薩讚　子6-32093(53)
大明太宗文皇帝實錄　史1-1664~6
大明太宗文皇帝寶訓　史6-47627、47631
大明太宗皇帝御製集　集2-6423
大明太祖高皇帝御註道德真經　子5-29089、29530(13)
大明太祖高皇帝御製文集　集2-6113
大明太祖高皇帝御製周顛仙人傳　史2-8828
大明太祖高皇帝實錄　史1-1660~1
大明太祖高皇帝寶訓　史6-47627、47629~30
大明熹宗哲皇帝實錄　史1-1691~2
大明嘉靖六年歲次丁亥大統曆　子3-11768
大明嘉靖二十六年歲次丁未大統曆　子3-11786
大明嘉靖二十二年歲次癸卯大統曆　子3-11782
大明嘉靖二十三年歲次甲辰大統曆　子3-11783
大明嘉靖二十九年歲次庚戌大統曆　子3-11678、11789
大明嘉靖二十七年歲次戊申大統曆　子3-11787
大明嘉靖二十四年歲次乙巳大統曆　子3-11784
大明嘉靖二十四年曆書　子3-11785
大明嘉靖二十年歲次辛丑大統曆　子3-11781
大明嘉靖二年歲次癸未大統曆　子3-11765
大明嘉靖三十六年歲次丁巳大統曆　子3-11792
大明嘉靖三十一年歲次壬子大統曆　子3-11790
大明嘉靖三十九年歲次庚申大統曆　子3-11795
大明嘉靖三十七年歲次戊午大統曆　子3-11793
大明嘉靖三十八年歲次己未大統曆　子3-11794
大明嘉靖三年歲次甲申大統曆　子3-11766
大明嘉靖五年歲次丙戌大統曆　子3-

中國古籍總目書名索引

11767

大明嘉靖元年歲次壬午大統曆　子3-
11764

大明嘉靖十一年歲次壬辰大統曆　子3-
11774

大明嘉靖十二年歲次癸巳大統曆　子3-
11775

大明嘉靖十三年歲次甲午大統曆　子3-
11776

大明嘉靖十九年歲次庚子大統曆　子3-
11780

大明嘉靖十八年歲次己亥大統曆　子3-
11779

大明嘉靖十年歲次辛卯大統曆　子3-
11772

大明嘉靖十年歲次辛卯七政躔度　子3-
11773

大明嘉靖九年歲次庚寅大統曆　子3-
11771

大明嘉靖七年歲次戊子曆書　子3-11769

大明嘉靖四十二年歲次癸亥大統曆　子3-
11796

大明嘉靖四十五年歲次丙寅大統曆　子3-
11798

大明嘉靖四十四年歲次乙丑大統曆　子3-
11797

大明嘉議大夫刑部左侍郎新吾呂君墓誌銘
叢2-1139

大明真言　子7-32889

大明恭穆獻皇帝實錄　史1-1680

大明孝宗敬皇帝實錄　史1-1676～7

大明孝宗敬皇帝寶訓　史6-47627、47638

大明萬曆六年歲次戊寅大統曆　子3-
11810

大明萬曆二十六年歲次戊戌大統曆　子3-
11828

大明萬曆二十一年歲次癸巳大統曆　子3-
11824

大明萬曆二十二年歲次甲午大統曆　子3-
11825

大明萬曆二十三年歲次乙未大統曆　子3-
11826

大明萬曆二十五年歲次丁酉大統曆　子3-
11827

大明萬曆二十九年歲次辛丑大統曆　子3-
11831

大明萬曆二十七年歲次己亥大統曆　子3-
11829

大明萬曆二十八年歲次庚子大統曆　子3-
11830

大明萬曆二十年歲次壬辰大統曆　子3-
11823

大明萬曆二年歲次甲戌大統曆　子3-
11806

大明萬曆三十六年歲次戊申大統曆　子3-
11838

大明萬曆三十一年歲次癸酉大統曆　子3-
11833

大明萬曆三十二年歲次甲辰大統曆　子3-
11834

大明萬曆三十三年歲次乙巳大統曆　子3-
11835

大明萬曆三十五年歲次丁未大統曆　子3-
11837

大明萬曆三十九年歲次辛亥大統曆　子3-
11841

大明萬曆三十七年歲次己酉大統曆　子3-
11839

大明萬曆三十四年歲次丙午大統曆　子3-
11836

大明萬曆三十八年歲次庚戌大統曆　子3-
11840

大明萬曆三十年歲次壬寅大統曆　子3-
11832

大明萬曆五年歲次丁丑大統曆　子3-
11809

大明萬曆元年歲次癸酉大統曆　子3-
11805

大明萬曆乙亥重刊改併五音類聚四聲篇
經2-13737

大明萬曆己丑重刊改併五音類聚四聲篇
經2-13738

大明萬曆十六年歲次戊子大統曆　子3-
11819

大明萬曆十一年歲次癸未大統曆　子3-
11815

大明萬曆十二年歲次甲申大統曆　子3-
11816

大明萬曆十三年歲次乙酉大統曆　子3-
11817

大明萬曆十九年歲次辛卯大統曆　子3-
11822

大明萬曆十七年歲次己丑大統曆　子3-
11820

大明萬曆十四年歲次丙戌大統曆　子3-
11818

大明萬曆十八年歲次庚寅大統曆　子3-
11821

大明萬曆十年歲次壬午大統曆　子3-
11814

大明萬曆九年歲次辛巳大統曆　子3-
11813

大明萬曆七年歲次己卯大統曆　子3-
11811

大明萬曆四十一年歲次癸丑大統曆　子3-11844

大明萬曆四十二年歲次甲寅大統曆　子3-11845

大明萬曆四十三年歲次乙卯大統曆　子3-11846

大明萬曆四十五年歲次丁巳大統曆　子3-11848

大明萬曆四十七年歲次己未大統曆　子3-11849

大明萬曆四十四年歲次丙辰大統曆　子3-11847

大明萬曆四十八年歲次庚申大統曆　子3-11850

大明萬曆四十年歲次壬子大統曆　子3-11843

大明萬曆四十年大統曆　子3-11842

大明萬曆四年歲次丙子大統曆　子3-11808

大明萬曆八年歲次庚辰大統曆　子3-11812

大明英宗睿皇帝實錄　史1-1673

大明英宗睿皇帝實訓　史6-47627、47635～6

大明英宗皇帝御製集　集2-6895

大明世系　子4-21118

大明世宗肅皇帝實錄　史1-1681、1683

大明世宗肅皇帝實訓　史6-47627、47640

大明成化庚寅重刊改併五音集韻　經2-13728

大明成化六年歲次庚寅大統曆　子3-11742

大明成化二十年歲次甲辰大統曆　子3-11749

大明成化丁亥重刊改併五音類聚四聲篇　經2-13735

大明成化十六年歲次庚子大統曆　子3-11746

大明成化十五年歲次己亥大統曆　子3-11745

大明成化十九年歲次癸卯大統曆　子3-11748

大明成化十八年歲次壬寅大統曆　子3-11747

大明成化七年歲次辛卯大統曆　子3-11678、11743

大明成化四年歲次戊子大統曆　子3-11741

大明成化八年歲次壬辰大統曆　子3-11744

大明景泰三年歲次壬申大統曆　子3-11737

大明景泰元年歲次庚午大統曆　子3-11736

大明景泰四年歲次癸酉大統曆　子3-11738

大明景泰八年歲次丁丑大統曆　子3-11739

大明臣論斷　史2-7138

大明野史　史1-2684

大明隆慶六年歲次壬申大統曆　子3-11804

大明隆慶二年歲次戊辰大統曆　子3-11800

大明隆慶三年歲次己巳大統曆　子3-11801

大明隆慶五年歲次辛未大統曆　子3-11803

大明隆慶元年歲次丁卯大統曆　子3-11799

大明隆慶四年歲次庚午大統曆　子3-11802

大明同文集舉要　經2-12842

大明興化府志[弘治]　史8-58298

大明興隆傳　集7-51077

大明令　史6-41644

大明令喪服　經1-5448、6264

大明會典　史6-41645～7

大明會典鈔署　史6-41648

大明光宗貞皇帝實錄　史1-1690

大昭慶律寺志　史7-51603　叢2-832(2)

大昭慶律寺同戒錄　子7-34807

大野詩刪　集3-17695

大野草堂詩、蜾巢詞、白癡詞餘　集5-38543

大野草堂詩稿　集5-38542

大路茅氏宗譜[浙江黃巖]　史4-29500

70　大雅集　集6-41931、43657　叢1-223(70)、373(5)

大雅述　經1-4545

大雅堂雜劇　集7-49152

大雅堂訂正文字禪　叢2-1116

大雅堂訂正理譚　叢2-1116

大雅堂訂正博識　叢2-1116

大雅堂訂正枕中十書　子4-23876　叢2-1116

大雅堂訂正異史　叢2-1116

大雅堂訂正騷壇千金訣　叢2-1116

大雅堂訂正賢奕選　叢2-1116

大雅堂訂正尊重口　叢2-1116

大雅堂訂正養生醒醐　叢2-1116

大雅堂訂正貧窶筆記　叢2-1116

大雅堂訂正精騎錄　叢2-1116

大雅堂集　集3-17385

大雅堂初稿　集3-20179～80
大雅堂初稿、續稿　集3-20181
大雅堂藏書八種　叢2-1117
大雅堂摘稿　集2-9333
71 大雁小燕對詞　集7-53115
大阿彌陀經　子6-32085(54)、32086(64)、
　　32089(7)
大阿羅漢難提蜜多羅所說法住記　子7-
　　32116
大阿羅漢難提密多羅所說法住記　子6-
　　32089(35)
大阿羅漢難題蜜多羅所說法住記　子6-
　　32083(27)、32084(22)、32085(39)、32086
　　(45)、32088(28)、32090(60)、32091(58)、
　　32092(39)、32093(31)
大阿羅漢難陀蜜多羅所說法住記　子6-
　　32081(41)、32082(20)
大阪府立農學校章程　子7-36678、36700
大阪船期　史6-44200
大曆詩畧　集6-43505
大曆二皇甫詩集　集6-41821
大臣列傳　史2-7478
大臣傳　史2-7479
大臣法則　史2-6540　叢2-1282
72 大剛集　集3-14197
大隱廬詩草　集5-41526
大隱集　集1-3098,3-19759　叢1-223(53)
大隱仙書慈幼玄玄祕錄　子2-8668
大隱樓集　集2-10285～6
大隱樓集、補遺、校勘記　集2-10287　叢
　　2-875
大隱居士詩集　叢1-223(54)
大隱居士集　叢2-877
大隱居士集詩集(大隱居士集、鄧紳伯集)
　　集1-3631
大岳太和山誌　史7-52551、52553
大岳太和山紀畧　史7-52554
大岳太和山志　史7-52550、52552、52555
73 大陀羅尼末法一字中心咒經　子6-32083
　　(12)
大陀羅尼末法中一字心咒經　子6-32081
　　(17)、32082(12)、32086(19)、32088(12)、
　　32089(14)、32090(23)、32091(21)、32092
　　(15)、32093(33)
74 大陸澤圖說　史7-49318(10)、52842
大隋志傳　子5-28031
大隨求陀羅尼　子7-32851
大隨求陀羅尼神咒經　子7-32094
大隨求即得大陀羅尼明王懺悔法　子6-
　　32093(39)
大隨求八印　子6-32093(37)

76 大陽山遊紀畧　史7-49318(6)、53575
77 大堅固婆羅門緣起經　子6-32089(32)、
　　32091(38)
大毀佛寺詔　叢2-771(2)
大風集　集3-18816　叢2-1421
大風樓詩鈔　集5-38190
大覺禪師遺文　叢2-706
大覺普濟玉林禪師語錄　子7-34311
大覺普濟玉林禪師語錄、年譜　子7-34310
大覺普濟能仁琇國師語錄　子6-32092(44)
大覺普濟能仁國師(釋通琇)年譜　史2-
　　11691　子7-34790
大閱錄　史6-45130
大同府志[正德]　史7-55609
大同府志[乾隆]　史7-55611
大同府義倉記　史6-44641
大同平叛志　史1-1926～7
大同天籟　經2-14478
大同紀事　史1-1926
大同真諦　子7-36211
大同教之在中國　子7-36222
大同書　子4-22021
大同縣志[道光]　史7-55612
大同縣志[民國]　史7-55613
大同鎮板升考　史1-1929
大周刊定僞經目錄　子6-32081(42)、32082
　　(20)、32083(27)、32085(39)、32086(46)、
　　32088(28)
大周刊定衆經目錄　子6-32081(42)、32082
　　(20)、32083(27)、32084(22)、32085(39)、
　　32086(46)、32088(28)
大鬧天宮(拿猴)　集7-53112
大鬧天宮一段　集7-51412
大鵬各港灣情形　史6-45568,7-49357
大學　經1-8、12～3、15、18、87～9、132、139、
　　169,2 - 8654、8656、8665～7、8671、8687、
　　8696、8702～6、8715～6、8720～3、8729、
　　8732～3、8737、8739～41、8745～6、8749、
　　8755～6、8758～63、8771、8779、8782、8788～
　　9、8791、8799、8802、8813、8821～2、8826、
　　8835～6、8839、8843、8846、8848～9、8855、
　　8858、8872～3　叢1-217,2-702
大學(滿文)　經2-8661
大學(滿漢對照)　經2-8659
大學(滿漢合璧)　經2-8660
大學(滿蒙漢對照)　經2-8663
大學(蒙漢對照)　經2-8662
大學、審音辨體考異　經2-8812
大學、校刊記　經1-131
大學、四書講義合參　經2-8717
大學塵言　經2-8829

大學意　經2-8736
大學章句　經1-68,2-8765、8866、10205、10258、10568　叢1-223(13)、227(4)
大學章句議畧　經2-8882
大學章句重訂輯釋章圖通義大成　經2-8688、10259
大學章句凝道錄　經2-8814、10735
大學章句大全　經2-8693　叢1-223(14)
大學章句大全、或問　經2-10271
大學章句增釋　經2-8883
大學章句本義彙參　經2-8800
大學章句或問通證　經2-8684　叢1-223(14)、227(4)
大學章句或問通證、中庸章句或問通證、論語集注通證、孟子集注通證　經1-77(4)
大學章句質疑　經2-8864
大學章句箋義　經2-8676
大學章句箋義、或問箋義、註疏纂要　叢1-274(3)、2-731(5)
大學章句纂箋　經2-10257
大學章句纂箋、大學或問纂箋　經2-8685
大學章句纂箋、大學或問纂箋、中庸章句纂箋、中庸或問纂箋、論語集注纂箋、孟子集注纂箋　經1-77(4)
大學辨　經1-105　叢2-1243
大學辨意　經2-8727
大學辨業　經2-8792　叢1-215,2-782(3)
大學雜言　叢2-1201
大學証釋　經2-8897
大學訂釋　經2-8726
大學訓蒙瑣言　經2-8871
大學證文　經2-8773　叢1-223(14)、249(4),2-1309
大學新編　經2-8731
大學新編性理會元　子1-134
大學新得　經2-8850
大學新注　經2-8898
大學誼詁　叢2-691(2)
大學詁　經2-8743
大學諸家考辨　經2-8862、10160
大學讀法　叢2-1405
大學講義　經2-8710、8775、8796、8824、8832　叢2-813、886(4)、1374、1456
大學講義集說　經2-8830
大學講義續困勉錄　經2-8786
大學講義困勉錄　經2-8785　子1-1404
大學翊註　經2-8767
大學說　經1-125,2-8751、10543
大學說中庸說　經2-10137
大學論語孟子箋義紀遺　經2-10236
大學論次　叢2-2167

大學一貫錄　經2-8900
大學正說　經2-8735　叢2-1154～5
大學正說、中庸正說　叢2-1157
大學疏畧　經1-76,2-8778　叢2-1289
大學疏義　經2-8675　叢1-223(13),2-731(9)、859、1048
大學要畧　子1-878　叢2-1053
大學平天下章說　經2-8886
大學石經　經2-8648　叢1-4～5、9～10、22(1)、23(1)
大學石經古本　叢1-146
大學石經古本旁釋、申釋　叢2-731(9)
大學石經古本旁釋、申釋、序引　叢1-64,2-730(3)
大學石經古本傍釋　叢1-63
大學石經古本申釋　叢1-63
大學發微　叢1-223(13)
大學發微、大學本旨　經2-8681　叢1-195(1)
大學翼註論文　經2-8808
大學翼真　經2-8780　叢1-223(14)
大學改本考　叢1-371
大學億　經2-8965
大學億、大學億釋疑　叢2-1079
大學千慮　經2-8701
大學集說啓蒙　叢1-223(14)
大學集說啓蒙、中庸集說啓蒙　經1-77(4),2-8683
大學集編　經2-8672～3　叢1-223(13)、227(4)
大學集編、中庸集編、論語集編、孟子集編　經1-77(4)　叢2-879
大學統論　叢2-1113
大學衍義　子1-837　叢1-223(30)、227(3)、574(3),2-1044
大學衍義續　子1-856
大學衍義約旨　子1-842
大學衍義補　子1-843　叢1-223(30)、227(3)
大學衍義補編述　子1-855
大學衍義補概　子1-850
大學衍義補摘要　子1-845、847
大學衍義補摘錄　叢2-1790
大學衍義補輯要　子1-853　叢2-1387
大學衍義補抄　子1-844
大學衍義補纂要　子1-848～9
大學衍義通畧　子1-846
大學衍義輯要　子1-840　叢2-1387
大學衍義體要　子1-841
大學衍義節畧　子1-839
大學經筵直解　經2-8714

大學私訂　經2-8887

大學私訂本　叢2-2150～1

大學參證　經2-8868

大學佚　經2-8865　叢2-1729

大學稽中傳　經2-8708　叢2-1282

大學緯注　經2-8881

大學續衍精義刪補要覽、奏進凾署葵輪　經2-8734

大學傳註　經2-8793

大學傳註問　經2-8794

大學傳注、中庸傳注、傳習校閱姓氏　叢1-215

大學朱子章句序重訂輯釋通義大成　經2-10259

大學朱子大全　經2-8790、10654

大學朱子大全、圖、讀法　經2-8831、10777

大學朱子或問　經2-8691

大學偶言　經2-8805

大學總論　經2-8879

大學釋疑　經2-8966

大學釋疑錄　經1-140

大學釋地、四書釋地續、四書釋地又續、四書釋地三續　叢1-223(14)

大學修身章說例　經2-8894

大學修身章說例、修身齊家章注　叢2-2148

大學解醒編　經2-8730

大學彙解　經2-8884

大學約說　經2-8764

大學約旨　經2-8798

大學注疏大全合纂　經2-10530

大學注疏纂要　經2-8678

大學定本　叢2-1203

大學竊補　經2-8823

大學測意　經2-8728

大學補釋　經2-8861

大學述朱大全　經2-8804

大學述義　經2-8853　叢2-1748

大學述義續　叢2-1748

大學湖南講　經2-8742

大學澹言　叢2-1283

大學通　經2-8679、8837　叢1-223(13)、227(4)

大學通、中庸通、論語通、孟子通　經1-77(4)

大學通旨　經2-10280

大學通義　經2-8754

大學遵古編　經2-8744

大學十章　經2-8885

大學大意　經2　8738

大學大意、中庸大意、論語解、孟子解　叢2-985

大學大全章句　經2-8698、8783

大學大全章句、大學或問　經2-10612

大學大全講意　經2-8757

大學大義　經1-169

大學士高中玄公伏戎紀事　叢1-106、129

大學士白公(潢)家傳　史2-9457

大學士寶鋆等奏本　史6-47944

大學直講　叢2-1100

大學直解　叢1-414,2-1053

大學古文　叢2-1087

大學古文參疑　叢2-1201

大學古記　叢2-1201

大學古記約義　叢2-1201

大學古本　經2-8650　叢1-22(1)、23(1)、63、146,2-1110

大學古本旁註　經2-8700　叢1-282(3)、283(2)

大學古本旁釋　叢1-64

大學古本旁釋、大學古本問　叢2-730(3)

大學古本旁釋、大學問　經2-8845

大學古本旁釋、古本問　叢2-731(9)

大學古本訓　叢2-2146

大學古本說　經2-8787、8856、10746、11134　叢1-223(14),2-1346～7

大學古本參誼　經1-160,2-8878　叢2-1914～5

大學古本釋　叢2-1771、2040

大學古本述註　經2-8869　叢2-1817

大學古本薈參　叢2-1783

大學古本薈參、續編　經1-129

大學古本質言　經2-8841　叢2-1640

大學古本問　叢1-63～4

大學古義　經2-8880　叢2-2041

大學古義說　經1-163(2)

大學校刊記　經2-8668

大學姚氏讀本、經典釋文大學音　經2-8896

大學姚氏讀本、戴記課兒目次並識語　叢2-2243

大學札記　經2-8803　叢2-1392

大學考大學述同支言　經2-8725

大學考異　經2-8748

大學舊本章句說　經2-10916

大學切己錄　經2-8770

大學增修聲律資用太平總類　子5-24801

大學故　經2-8875

大學中庸　經2-10178　叢2-1092

大學中庸意讀　經2-10153

大學中庸韋圖　經2-10156

大學中庸講義　叢2-2131

大學中庸論語明音　經2-11092
大學中庸集說啓蒙　叢1-223(14)
大學中庸演義　經2-10177　叢2-2129(2)、2130
大學中庸本義　經2-10143　子1-101
大學中庸圖說　經2-10172
大學申義　經2-8890
大學摘訓　經2-8711
大學本旨　經2-8682　叢1-223(13)
大學指歸　叢2-1087
大學指歸、考異　經2-8753
大學指掌　經2-8854
大學或問　經1-40,2-8669~70、8694、8697、8699、8766、8784、10568　叢1-223(14),2-1039
大學或問箋義　經2-8677
大學或問纂釋　經2-8692、10261
大學或問纂箋通證　經2-10257
大學輯釋　經2-8690
大學輯釋、大學朱子或問　經2-10260
大學擬序測蠡殘稿　經2-8851
大學日程　叢1-481
大學圖說　經2-8892
大學困學錄　子1-101
大學題解參署　叢2-1855
大學味根錄　經2-8816
大學明明德解義　叢2-1866
大學明鏡、中庸明鏡　經2-8815
大學臆　經2-8874
大學臆說　叢2-1826
大學原本讀法　叢2-1405
大學原本說署　叢2-1405
大學質疑　叢1-375
大學學思錄　叢2-1283
大學闡要　經2-8870　叢2-1871
大學問　經2-8772　叢2-1309
大學全文通釋　叢2-1082~3
大學今本說　經2-8857
大學會解　經2-8838
大學剳記　經1-83,2-8795
大學知本圖說　經2-8774　叢2-1309
大學節訓　叢2-1946
大學節訓(古本)　經2-8867
大學管窺、中庸管窺　經2-8707
大學纂疏　經2-8674　叢1-223(13)、227(4)
大學纂疏、中庸纂疏、論語纂疏、孟子纂疏　經1-77(4)　叢2-754
大學纂箋　經2-8686　叢1-223(14)、227(4)
大學堂議覆湖北籌辦學堂摺　史6-42549

大學堂經學講義　經2-11783
大學堂圖書館漢文圖書草目、日文圖書草目　史8-65543
大學類編　經2-8899
大丹記　子5-29530(18)、30861
大丹直指　子5-29530(5)、31243
大丹問答　子5-29530(18)、29555、30882　叢1-305
大丹鉛汞論　子5-29530(18)、31100
大丹篇　子5-29530(18)、29555、30881
大醫馬氏小兒脈診科　子2-8533
大卿林氏宗譜[福建永春]　史4-29336
大關廳志署　史7-49357、51068
大關縣志[民國]　史8-62466
大興邵氏家乘二集[北京大興]　史4-29198
大興邵氏宗譜[北京大興]　史4-29196~7
大興歲時志稿　史7-49324、49820
大興朱氏家乘[北京大興]　史4-26379
大興徐氏三種　史1-23
大興縣志[康熙]　史7-54965
78 大除夕　子7-38178
80 大八成銓補章程　史6-42724
大(八)吉祥經　子6-32083(9)
大全集　叢1-223(62)、227(10)
大全堂集、續編　集3-18434
大金弔伐錄　史1-1982、2581　叢1-196、223(20)、273(4)、274(3)、2-731(66)
大金集禮　史6-41994　叢1-223(27)
大金集禮、校刊識語、校勘記　史6-41995　叢2-653(6)、731(21)
大金德運圖說　叢1-223(27)、306
大金色孔雀王咒經　子6-32081(13)、32082(10)、32083(9)、32084(8)、32085(13)、32086(14)、32088(9)、32089(11)、32090(14)、32091(12)、32092(9)、32093(43)
大金沙江考　史7-49317(7)、49318(10)、53030
大金國志　史1-1916、2578　叢1-223(19)
大金剛香陀羅尼經　子6-32083(30)
大金剛妙高山樓閣陀羅尼　子6-32081(45)、32082(22)、32083(29)、32085(42)、32086(50)、32088(31)、32089(26)、32090(34)、32092(22)、32093(46)
大金剛妙高山樓閣陀羅尼經　子6-32091(32)
大鏡圓轉語、觸物卮言　叢2-1219
大爺蹤妻　集7-53116
大俞山房集　集3-21470
大慈大悲救苦觀世音自在王菩薩廣大圓滿無礙自在青頸大悲心陀羅尼　子6-

中國古籍總目·索引

32093(38)

大慈志 史7-51661

大慈好生九天衛房聖母元君靈應寶籤 子5-29530(24)

大慈恩寺三藏法師傳 史2-8552 子6-32081(42)、32082(21)、32083(27)、32084(23)、32085(40)、32088(29)、32089(47)、32090(61)、32091(59)、32092(41)、32093(50)

大美聯邦志畧 子7-36241、36373

大美國史畧 子7-36376

大美欽命會議銀價大臣續議 子7-37331

大美欽命會議銀價大臣條議 子7-37330

大年堂詩文集 集3-15242

大義不昧 集7-49700

大義集 集1-4499

大義象數 集2-8476

大義從軍躬行記(清光緒二十六年) 史2-13049

大義畧敍 史1-2565 集1-4499

大義覺迷錄 史6-47671

大善寺志稿 史7-51655

大普賢陀羅尼經 子6-32083(12)

大谷詩集 集2-8408

大谷山人集 集5-35706

大谷程氏宗譜[安徽績溪] 史5-36151

83 大鋪徐氏宗譜[浙江松陽] 史4-32092

大錢雜鈔 史6-44427

大錢自歎 集7-53114

大錢圖錄 史8-64857 叢2-941

84 大錯和尚集拾遺 集2-12282

大錯和尚遺集 集2-12281 叢2-886(5)

86 大智度論 子6-32081(22)、32082(13)、32084(13)、32085(22)、32086(24)、32088(16)、32089(41)、32090(47)、32091(45)、32092(31)、32093(28)、7-32730

87 大鄭八行年小記 史2-11310

88 大鑑堂詩集(中峯笠棄脈禪師點秀詩集、虎丘堆雲閣詩集、南盤詩集、中峯脈禪師撰述) 集3-17787

大簏吟草 集4-33666 叢2-1930

大竹山樵詩鈔 集4-29674

大竹縣志[道光] 史8-62012

大竹縣志[乾隆] 史8-62011

大竹縣志[民國] 史8-62013

大篆論語、附錄許氏說文引論語三十六條 經2-9202

大笑崇禪師語錄 子6-32091(81)

90 大小宗通繹 經1-163(1)、6187 叢1-241、242(3)、2-731(21)、1309

大小姐偷杏一段 集7-51415

大小晏詞 集7-46387

大小雅堂詩集、冰甖詞 集4-32747

大小雅堂詩餘 集7-47913

大小雅堂詩鈔、文鈔 集4-28215

大小雅堂五七言古今體詩歌行鈔 集6-42546

91 大煙嘆 集7-52288

大煙嘆一段 集7-51410

92 大燈名一枝 集7-51691

93 大懺悔文畧解 子7-35084

99 大嚳洪氏世系圖、宅記[浙江臨海] 史4-30970

太

00 太庵詩稿 集4-22398

太庵詩草 集4-22399

太康孔氏族譜[河南太康] 史4-25964

太康地記 史7-49307～8、49431～2 叢1-19(2)、21(2)、22(10)、23(10)、24(3)、2-767

太康地志 史7-49436 叢2-776

太康縣志[康熙] 史8-60031

太康縣志[道光] 史8-60033

太康縣志[嘉靖] 史8-60030

太康縣志[乾隆] 史8-60032

太康縣志[民國] 史8-60034～5

太音傳習 子3-17608

太音大全集 子3-17596

太音希聲 子3-17639

太玄 子1-70、3-12909、12916

太玄天機妙選家寶 子3-14548

太玄集注 子3-12912 叢1-328

太玄經 子1-61、66、3-12900、12905～7、12913 叢1-74、152、183

太玄經、說玄、釋文 子3-12904 叢2-635(4)

太玄經、釋音 叢1-223(35)、227(6)

太玄經集注 子3-12909

太玄佚文 子3-12902 叢2-777

太玄解 子3-12911、12919 叢1-241、242(3)

太玄寶典 子5-29530(20)、29535(5)、29536(5)、30914～5

太玄宋氏注 子3-12903 叢2-775(5)

太玄朗然子進道詩 子5-29530(6)、31184

太玄朗然子進道書 子5-29549

太玄真一本際經 子5-30084～5

太玄真一本際經存 叢2-599

太玄真一本際妙經 子5-29530(21)、30083

太玄本旨 子3-12918 叢1-223(35)

太玄曆　子3-12911
太玄月令經　史6-49244
太玄闡　叢1-136
太玄闡祕　子3-12921
太玄八景籙　子5-29530(6)、31529
10 太一詩詞合鈔　集5-41045
太一詩存　集5-41041
太一詩存、詩存補遺　叢2-2218
太一遺書七種續刊五種　叢2-2218
太一救苦護身妙經　子5-29530(7)、29535
　　(2)、29536(2)、29930
太玉山房詩鈔　集3-18489
太元經　子3-12924　叢2-774(9)
太元經易補注　子3-12923
太元述虞　叢2-1616
太霄琅書瓊文帝章訣　子5-29530(3)、
　　30615
太霞新奏　集7-50549
太霞集選　叢2-10198
太霞山館詩稿　集4-28536
太霞洞集　叢2-10197
太霞草　集2-9149
太平府志[雍正]　史8-61377
太平府志[康熙]　史7-57873~4
太平府志[弘治]　史7-57871
太平府志[嘉靖]　史7-57872
太平府志[萬曆]　史8-61376
太平府志[乾隆]　史7-57875
太平府志稿[乾隆]　史8-61378
太平府屬土州縣司譯語　經2-14979、14986
太平廣記　叢1-223(46)、2-735(3)
太平廣記、目錄　子5-26913
太平廣記通志等書籤訛總檔　史8-66315
太平廣記鈔　子5-26914　叢2-1685
太平詩史　史1-1992、4220
太平記　史7-54084
太平詔書　史1-1991
太平三書　史7-50493　集6-44764
太平兩同書　子4-19895,5-29530(22)、31918
太平天日　史1-4207　叢2-883
太平天國辛酉十一年新曆封面式樣並造曆
　　人銜名　史1-1989、4179
太平天國辛酉十一年新曆　史1-1991、4178
太平天國論文題跋　史1-1992
太平天國玉璽　史8-65091
太平天國王侯封號名表　史1-4832
太平天國癸好三年新曆　史1-1991、4175
太平天國翼王石達開遺詩　集5-35337
太平天國翼王署蜀檔屑　史1-4214
太平天國官書十種　叢2-883

太平天國叢書　史1-1992
太平天國叢書第一集　史1-1991
太平天國軍事資料　叢2-1016
太平天國有趣文件十六種　史1-1989
太平天國史料第一集　史1-1990
太平天國書兩種　史1-1993
太平天國戊午八年新曆　史1-4177　叢2-
　　883
太平天國甲寅四年新曆　史1-4176　叢2-
　　883
太平天國戰記　史1-4157
太平天國戰紀　史1-1995
太平天國戰事本末　叢2-2264
太平天國錢譜　史8-64912
太平班雜劇　集7-49704
太平聖惠方　子2-9131
太平邢氏宗譜[浙江嵊州]　史4-26233~5
太平郡志　史7-58093
太平歌　集7-50552
太平歌舞　子3-17917
太平僊記　集7-48774(1)、49122
太平經　子5-29530(21)、30073
太平經聖君祕旨　子5-29530(21)、30074
太平經國之書　經1-77(3)、93　叢1-227
　　(3)、268(1)、341,2-731(17)
太平經國之書(太平經國書)　經1-4933
太平經國書　叢1-223(8)
太平山水圖畫　子3-16406
太平山房詩集選　集2-10468
太平樂府　集7-50525
太平樂事　集7-49375~7、50586
太平續志[光緒]　史7-57641
太平御覽　子5-24798~9　叢2-637(3)
太平御覽、經史圖書綱目、目錄　叢1-223
　　(42)
太平御覽、目錄　子5-24795~7
太平御覽引用書目索引　叢2-2170
太平御覽引管　叢2-2063
太平御覽經史圖書綱目　子5-24800
太平御覽道部　子5-29530(23)
太平御覽校錄　叢2-2170
太平條規　史1-1989、1991、4172
太平寰宇記　史7-49519　叢1-223(23)、
　　482
太平寰宇記、目錄　史7-49518
太平寰宇記、目錄、補闕　史7-49522
太平寰宇記辨僞　史7-49309、49525
太平寰宇記殘　史7-49520
太平寰宇記佚文　史7-49524　叢2-777
太平寰宇記存　叢1-446,2-731(56)
太平寰宇記拾遺　史7-49309、49523

太平寰宇記鈔畧　叢2-1685
太平寶訓政事紀年　史1-1481
太平治迹統類　叢1-223(20)
太平治蹟統類　叢2-615(3)
太平清話　叢1-110、111(5)、154,2-624(3)、731(54)、1170、1174
太平清調迦陵音　集7-49324、50617
太平清調迦陵音、指迷十六觀　叢2-1061
太平禮制　史1-4170　叢2-883
太平遇仙涪光三關則例　史6-43962
太平軍目　史1-1991,4171
太平軍陷海寧始末記　史1-3950～1
太平洋傳道錄　子7-35679
太平有象　集7-49375、49715
太平蘇氏族譜[浙江餘姚]　史5-41007
太平草本萌芽錄　子5-27271
太平蔡陽陳氏宗譜[浙江溫嶺]　史4-33125
太平歡樂圖　子3-16732
太平救世歌　史1-1991、4187
太平惠民和劑局方(重刻太平惠民和劑局方)　子2-9169
太平惠民和劑局方、指南總論　子2-9167　叢1-223(33)
太平惠民和劑局方、指南總論、和劑局方圖註本草藥性歌括總論　子2-9166
太平惠民和劑局方、指南總論、增廣和劑局方圖經本草藥性總論　子2-9164～5
太平惠民和劑局方指南總論　子2-9170
太平奏　子3-17704
太平春宴　集7-49705
太平呂氏宗譜[浙江永康]　史4-26320～2
太平圖話姓氏綜　子5-26015
太平縣誌[康熙]　史7-57941
太平縣鄉土志[光緒]　史8-61996
太平縣志[雍正]　史7-55848
太平縣志[康熙]　史7-57639、57942
太平縣志[道光]　史7-55850
太平縣志[嘉慶]　史7-57640、57944
太平縣志[嘉靖]　史7-57638
太平縣志[萬曆]　史7-55847、57940
太平縣志[乾隆]　史7-55849、57943,8-61994
太平縣志[光緒]　史7-55851,8-61995
太平縣志稿[民國]　史7-57946
太平縣志考證　史7-57945
太平縣均減差徭章程　史6-43475
太平體制　史1-1991
太平勝事　集7-49700
太平金鏡策　集1-5125

太平令　子3-17892
太平曾氏重修族譜[安徽黃山]　史5-36612
太平曾氏通公房譜[安徽黃山]　史5-36611
太平錢　集7-50150
太平鑼鼓　子3-17852
太平堂詩　集4-25398
太雲無想經存　叢2-592
太函副墨、汪南明年譜　集2-9523
太函集、目錄　集2-9514
12 太璞廬詩選　集4-28326
太璞生文鈔　集4-31658
17 太子瑞應本起經　子6-32081(30)、32083(20)、32085(30)、32088(21)、32089(21)、32090(27)、32091(26)、32092(18)
太子須大拏經　子6-32081(9)、32083(7)、32084(7)、32085(9)、32086(10)、32088(7)、32089(7)、32090(11)、32091(10)、32092(7)、32093(10)
太子和休經　子6-32086(3)、32089(3)、32090(3)、32091(3)、32092(2),7-32184
太子寶卷　集7-54238
太子沐魄經　子6-32083(7)
太子太師體仁閣大學士戴公(衢亨)神道碑銘　史2-9625
太子慕魄經　子6-32081(9)、32083(7)、32085(9)、32086(10)、32088(7)、32089(7)、32090(10)、32091(9)、32092(7)
太子本起瑞應經　子6-32086(34)
太子刷護經　子6-32081(2)、32082(3)、32083(3)、32085(3)、32086(3)、32088(3)、32089(3)、32090(3)、32091(3)、32092(2),7-32183
太子丹恥雪西秦　集7-49542
太子丹恥雪西秦(宴金臺)　集7-49541
太子少保王忠銘先生文集天池草重編　集2-10068～9
太君辭朝　集7-53434
太乙廟算　子3-14257
太乙廟算淘金歌　子3-14256
太乙廟算起例　子3-14244
太乙廟算書　子3-14243
太乙文存　集5-41046　叢2-2218
太乙離火感應神鍼附治病圖說　子2-10389
太乙六壬雷公運式遁甲通神經　子3-14373
太乙詩集　集2-9131
太乙三山木郎祈雨神咒、玉清宗教祈雪文檢　子5-31693
太乙元真保命長生經　子5-29530(2)、

左側：

29814

太乙乘蓮一分　集7-49705

太乙集成　子3-14253

太乙統宗寶鑑　子3-14249

太乙統宗福應紫庭金鏡集(太乙統宗福應
　紫庭金鏡集成)　子3-14250

太乙統宗局法遁　子3-14251

太乙僊夜斷桃符記　集7-48774(3)、49293

太乙占　子3-14245

太乙紫庭祕訣　子3-12895

太乙紫微靈臺祕典九總八卦造宅三百都天
　撼龍經　子3-13294

太乙經　子3-14035　叢1-22(18)、23(17)、
　173

太乙山房文集、孝威論、陳孝逸論　集2-
　11031

太乙山房疏草　叢2-1164

太乙山房集　集2-11034,6-44819

太乙總論　子3-14252

太乙總真度仙道學　子5-32064

太乙舟文集　集4-25576、25578　叢1-
　339～40

太乙舟文集、觀象居詩鈔　集4-25577

太乙舟詩集　集4-25575

太乙舟待刪草、使浙草、乙未詩鈔　集4-
　25573

太乙舟初稿　集4-25572

太乙濟度錫福寶懺　子5-30580

太乙寶鑒　子3-14262

太乙叢話　叢2-2218

太乙遁局　子3-14260

太乙遁算數理　子3-14261

太乙祕訣　子3-14255

太乙神鍼　子2-4657～60、4662、10391

太乙神鍼(殘)　叢2-1425

太乙神鍼(經驗太乙神鍼方、太乙神鍼方)
　子2-10388

太乙神鍼方　子2-4652、4661、10393　叢1-
　474

太乙神鍼集解　子2-10390

太乙神鍼心法　子2-10387

太乙神針　子2-4663

太乙淘金歌　子3-14239～40

太乙九宮圖說　子3-13082

太乙七十二局　子3-14270

太乙七十二局陽遁立成、陽遁立成　子3-
　14324

太乙真數　子3-14254

太乙截法祕錄　子3-14266

太乙老人　子5-27179

太乙起例　子3-14263

右側：

太乙起日局例　子3-14241

太乙感應　集7-49700

太乙捷要　子3-14267

太乙曲陣圖　子3-13831

太乙數統宗大全　子3-14264

太乙數續淘金歌　子3-14242

太乙照神經、神相證驗百條　子3-14219
　叢1-422

太乙原古　子3-14268

太乙兵機便覽　子3-13834

太乙陽遁　子3-14258

太乙陽遁兵法、太乙陰遁兵法　子3-13835

太乙陽道　子3-14259

太乙月孛雷君祕法　子5-31696

太乙閣續草　集5-36017

太乙金華宗旨　子5-29574、31062

太乙金鏡式經　子3-14238　叢1-223(36)

太乙金鑰匙、續集　子3-14246

太乙會要　子3-14269

太乙箋啓、箋啓補遺　叢2-2218

太乙火府奏告祈禳儀　子5-29530(5)、
　30611

21太上註解道德皇極丹經寶懺　子5-29589

太上玄一真人說三途五苦勸戒經　子5-
　29530(9)、30280

太上玄一真人說勸誠法輪妙經　子5-
　29530(7)、29927

太上玄一真人說妙通轉神入定經　子5-
　29530(7)、29926

太上玄靈北斗本命延生經　子5-29554

太上玄靈北斗本命延生經註、北斗七元金
　玄羽章　子5-29530(15)、30008

太上玄靈北斗本命延生真經　子5-29530
　(13)、29535(3)、29536(3)、29592

太上玄靈北斗本命延生真經(太上玄靈北
　斗本命延生經)　子5-30004

太上玄靈北斗本命延生真經註　子5-
　29530(15)、30005

太上玄靈北斗本命延生真經註解　子5-
　29530(15)、29535(3)、29536(3)、30006～7

太上玄靈北斗本命長生妙經　子5-29530
　(13)、30009

太上玄靈斗姆大聖元君本命延生心經　子
　5-29530(13)、30003

太上玄元道德經　子5-28972、29536(2)

太上玄元道德經解　子5-29016、29535(2)

太上玄天真武無上將軍籙　子5-29530
　(23)、31624

太上玄司滅罪紫府消災法懺　子5-29530
　(11)、29563、30556

太上玄祕玉華靈書　子5-29561、31346

中國古籍總目書名索引

太上玄都妙本清靜身心經　子5－29530(1)、
29803

太上玄門早壇功課經、晚壇功課經　子5－
29536(6)、30752

太上六壬明鑑符陰經　子5－29530(17)、
31604

太上護國祈雨消魔經　子5－29530(2)、
29821

太上護命妙經　子5－30242

太上諸天靈書度命妙經　子5－29530(1)、
29707

太上諸仙法語補集　子4－23928

太上說玄天大聖真武本傳神呪妙經　子5－
29530(15)

太上說玄天大聖真武本傳神咒妙經　子5－
31835

太上說玄天大聖真武本傳神咒妙經註　子
5－31836

太上說六甲直符保胎護命妙經　子5－
29530(2)、29819

太上說三官經序　子5－29847

太上說平安竈經　子5－29840

太上說天妃救苦靈驗經(太上老君說天妃
救苦靈驗經)　子5－30039

太上說西斗記名護身妙經　子5－29530
(13)、29535(3)、29536(3)、30013

太上說紫微神兵護國消魔經　子5－29530
(13)、30045

太上說利益蠶王妙經　子5－29530(8)、
29949

太上說牛瘑妙經　子5－29530(8)、29950

太上說酆都拔苦愈樂妙經　子5－29530(8)、
29964

太上說通真高皇解冤經　子5－29531、30210

太上說十鍊生神救護經　子5－29530(13)、
30025

太上說九幽拔罪心印妙經　子5－29530(2)、
29850

太上說南斗六司延壽度人妙經　子5－
29530(13)、29535(3)、29536(3)、29592、30011

太上說朝天謝雷真經　子5－29530(1)、
29695

太上說中斗大魁保命妙經　子5－29530
(13)、29535(3)、29536(3)、30014

太上說中斗大魁掌算伏魔神呪經　子5－
29530(13)

太上說中斗大魁掌算伏魔神咒經　子5－
30015

太上說青玄雷令法行因地妙經　子5－
29530(23)、30111

太上說東斗主算護命妙經　子5－29530
(13)、29535(3)、29536(3)、30012

太上說轉輪五道宿命因緣經　子5－29530
(13)、29535(3)、29536(2)、30037

太上說慈悲普渡純陽帝君呂祖本傳神咒妙
經　子5－31821

太上一乘海空智藏經　子5－29664

太上一乘海空智藏經(七寶莊嚴)　子5－
29530(1)

太上三五正一盟威閱錄醮儀　子5－29530
(16)、30693

太上三五正一盟威錄　子5－29530(23)、
31620

太上三五傍救醮五帝斷殟儀　子5－29530
(16)、30708

太上三元飛星冠禁金書玉籙圖　子5－
29530(15)、31594

太上三元消災延生保命妙經　子5－30202

太上三元賜福赦罪解厄延生經　子5－
30200

太上三元賜福赦罪解厄消災延生保命妙經
子5－29531、29536(6)、30199

太上三元賜福赦罪解厄消災延生經　子5－
30201

太上三元賜福赦罪解厄消災保命經　子5－
30203

太上三天正法經　子5－29530(23)、30115

太上三天玉符仙秩　子5－31763

太上三生解冤妙經　子5－29530(8)、29972

太上三皇寶齋神仙上錄經　子5－29530
(17)、30712

太上三清白馬寶卷　集7－54275

太上三洞傳授道德經紫虛籙拜表儀　子5－
29530(16)、30705

太上三洞神呪　子5－29530(2)

太上三洞神咒　子5－29854

太上三洞表文　子5－29530(19)、30783

太上三十六部尊經　子5－29530(1)、29662

太上三辟五解祕法　子5－29530(12)、31582

太上三光注齡資福延壽妙經　子5－29702

太上正一天尊說鎮宅消災龍虎妙經　子5－
29592、30239

太上正一延生保命籙　子5－29530(23)、
31622

太上正一飛神謁帝章法　子5－31681

太上正一解五音呪詛祕籙　子5－29530(23)

太上正一解五音咒詛祕籙　子5－31623

太上正一法文經　子5－29530(23)、30116

太上正一朝天三八謝罪法懺　子5－29530
(16)、30568

太上正一呪鬼經　子5－29530(23)

太上正一咒鬼經　子5－30106

太上正一盟威法籙　子5－29530(23)、31621

太上正一閱籙儀　子5－29530(16)、30694

太上玉函玄祕三清真錄　子5－29561、31349

太上玉函玄祕羣書　子5－29561、31344

太上玉函玄祕中黄祕訣　子5－29561、31350

太上玉珮金璫太極金書上經　子5－29530(2)、29827

太上玉清謝罪登真寶懺　子5－29530(4)、30545

太上玉清無極文昌總真闡微大洞仙經　子5－29654

太上玉清無極總真文昌大洞仙經、大洞經示讀　子5－29641

太上玉清無極總真文昌大洞仙經註疏　子5－29650

太上玉華洞章拔亡度世昇仙妙經　子5－29530(2)、29853

太上玉軸氣訣　子2－11006、11009

太上玉晨鬱儀結璘奔日月圖　子5－29530(9)、31557

太上五星七元空常訣　子5－29530(17)、31613

太上靈寶諸天内音自然玉字　子5－29530(3)、29563、29855

太上靈寶施食、沆旱懺、水懺　子5－31671

太上靈寶玉匱明真齋懺方儀　子5－29530(11)、29563、30671

太上靈寶玉匱明真大齋言功儀　子5－29530(11)、29563、30673

太上靈寶玉匱明真大齋懺方儀　子5－29530(11)、29563、30672

太上靈寶五符序　子5－29530(8)、31544

太上靈寶元陽妙經　子5－29530(7)、29911

太上靈寶下元水官消愆滅罪懺　子5－29530(11)、30555

太上靈寶天地運度自然妙經　子5－29530(7)、29869

太上靈寶天尊說延壽妙經　子5－29530(8)、29967

太上靈寶天尊說禳災度厄經　子5－29530(7)、29535(2)、29536(2)

太上靈寶天尊說禳災度厄經(太上靈寶天尊說禳災度厄真經)　子5－29938

太上靈寶天尊說禳災度厄真經　子5－29554

太上靈寶北極真武靈應法懺　子5－30581

太上靈寶上元天官消愆滅罪懺　子5－29530(11)、29563、30553

太上靈寶淨明玉真樞真經　子5－29530(21)、30077

太上靈寶淨明天尊說禦殟經　子5－29530(21)、30079

太上靈寶淨明飛仙度人經法、釋例　子5－

29530(11)、31576

太上靈寶淨明宗教錄　子5－29535(4)、29536(4)、29598

太上靈寶淨明祕法篇　子5－29530(11)、29555、31574

太上靈寶淨明法印式　子5－29530(11)、29555、31572

太上靈寶淨明洞神上品經　子5－29530(21)、30075　叢1－114(3)

太上靈寶淨明道元正印經　子5－29530(21)、30078

太上靈寶淨明九仙水經　子5－29530(21)、30081

太上靈寶淨明中黄八柱經　子5－29530(21)、30082

太上靈寶淨明入道品　子5－29530(11)、29555、30841

太上靈寶補謝天地八陽妙經　子5－30024

太上靈寶補謝竈王經　子5－29530(8)、29948

太上靈寶洗浴身心經　叢2－608

太上靈寶洪福滅罪像名經　子5－29530(8)、29535(2)、29536(2)、29962

太上靈寶十方應號天尊懺　子5－29530(11)、30562

太上靈寶芝草品　子5－29530(26)、30953

太上靈寶朝天謝罪法懺　子5－29536(6)

太上靈寶朝天謝罪大懺　子5－29536(4)

太上靈寶朝天謝罪大懺(太上靈寶朝天謝罪法懺)　子5－30544

太上靈寶中元地官消愆滅罪懺　子5－29530(11)、30554

太上靈寶感應三教至言詳解　子5－30325

太上靈寶昇玄内教經中和品述議疏　子5－29530(21)、30096

太上靈寶首入淨明四規明鑑經　子5－29530(21)、30080

太上靈寶智慧觀身經　子5－29530(7)、29535(2)、29536(2)、29929

太上元玄心印鏡　子5－29561、31364

太上元寶金庭無爲妙經　子5－29530(26)、30172

太上元始天尊證果真經　子5－29530(2)、29815

太上元始天尊說三官寶號　子5－29845

太上元始天尊說北帝伏魔神呪妙經　子5－29530(26)

太上元始天尊說北帝伏魔神咒妙經　子5－30178

太上元始天尊說續命妙經　子5－29530(2)、29816

太上元始天尊說祈福消災拔幽濟苦保命錫

嗣真武朝天寶懺　子5-29581、30577

太上元始天尊說消疹蟲蝗經　子5-29530(2)、29838

太上元始天尊說大雨龍王經　子5-29530(2)、29820

太上元始天尊說朝天謝雷真經　子5-29592

太上元始天尊說金光明經　子5-29530(2)、29842

太上元始尊說寶月光皇后聖母天尊孔雀明王經、聖母孔雀王尊經啓白儀、太上元始天尊孔雀　子5-29531

太上元始尊說寶月光皇后聖母天尊孔雀明王經、聖母孔雀明王尊經啓白儀、太上元始天尊說孔雀經白文　子5-30192

太上元陽上帝無始天尊說火車王靈官真經　子5-29531、30204

太上北斗二十八章經　子5-29530(13)、30016

太上北極伏魔神呪殺鬼籙　子5-29530(23)

太上北極伏魔神咒殺鬼籙　子5-31619

太上登真三矯靈應經　子5-29530(6)、31535

太上飛步五星經　子5-29530(13)、30026

太上飛步南斗太微玉經　子5-29530(13)、30027

太上飛行九晨玉經　子5-29530(9)、29983

太上瑤臺益算寶籍延年懺　子5-29530(16)、30567

太上召諸神龍安鎮墳墓經　子5-29530(8)、29947

太上上清禳災延壽寶懺　子5-29530(4)、30546

太上虛皇天尊四十九章經　子5-29530(1)、29553、29696

太上虛皇保生神呪經　子5-29530(8)

太上虛皇保生神咒經　子5-29969

太上衛靈神化九轉丹砂法　子5-29530(17)、29555、30855

太上紫微中天七元真經　子5-29530(27)、29535(4)、29536(3)、30184

太上經戒　子5-29530(16)、30296

太上出家傳度儀　子5-29530(23)、30723

太上化道度世仙經　子5-29530(13)、30038

太上純陽真君了三得一經　子5-30254

太上皇帝紀元周甲授受禮成千字文　叢1-276

太上保真養生論　子2-10983、5-29530(17)

太上修真玄章　子5-29530(20)、30917

太上修真黃庭内景五經闡義　子5-29906

太上修真體元妙道經　子5-29530(1)、

29809

太上宣慈助化章　子5-29530(12)、30776

太上濟度章赦　子5-29530(7)、29535(6)、29536(6)、30774

太上安鎮九壘龍神妙經　子5-29530(2)、29839

太上寶筏　叢2-724

太上寶筏註案　子5-30371

太上寶筏圖說　子5-30367、30370

太上淨明院補奏職局太玄都省須知　子5-29530(12)、30781

太上祈雨龍王真經　子5-29945

太上業報因緣經　子5-29913

太上治生法會伊始真人解悟真經合註　子5-31338

太上祕法鎮宅靈符　子5-29530(2)、31513

太上浩元經　子5-29530(13)、29535(3)、29536(2)、30049

太上沐靈寶洗浴身心經　子5-30252

太上清靜元洞真文玉字妙經　子5-29530(19)、30064

太上神呪延壽妙經　子5-29530(8)

太上神咒延壽妙經　子5-29535(2)、29536(2)、29939

太上混元聖紀　子5-29535(3)、29536(3)

太上混元道德真經　子5-29017

太上混元真錄　史2-8371　子5-29530(18)

太上混元老子史畧　史2-8369　子5-29530(15)

太上混洞赤文女青詔書天律　子5-30298

太上祝繇天醫十三科　子2-6281

太上祝由科　子2-6282

太上洞玄三洞開天風雷禹步制魔神呪經　子5-29530(8)

太上洞玄三洞開天風雷禹步制魔神咒經　子5-29970

太上洞玄靈寶高上玉皇本行集經　子5-29666

太上洞玄靈寶誡業本行上品妙經　子5-29530(7)、29924

太上洞玄靈寶護諸童子經　子5-29530(7)、29877

太上洞玄靈寶二部傳授儀　子5-29530(24)、30683

太上洞玄靈寶三一五氣真經　子5-29530(19)、30063

太上洞玄靈寶三元玉京玄都大獻經　子5-29530(8)、29954

太上洞玄靈寶三元品戒功德輕重經　子5-29530(9)、30281

太上洞玄靈寶三元無量壽經　子5-29530(7)、29870

太上洞玄靈寶三塗五苦拔度生死妙經　子5－29530(8)、29955

太上洞玄靈寶三十二天天尊應號經　子5－29530(21)、30095

太上洞玄靈寶三光注齡資福延壽經　子5－29554、29704

太上洞玄靈寶五帝醮祭招真玉訣　子5－29530(8)、31538

太上洞玄靈寶五嶽神符　子5－29530(8)、31546

太上洞玄靈寶五顯觀華光本行妙經　子5－29531、30209

太上洞玄靈寶天關經　子5－29530(19)、30065

太上洞玄靈寶天尊說濟苦經　子5－29530(8)、29960

太上洞玄靈寶天尊說大通經　子5－29530(7)、29554

太上洞玄靈寶天尊說大通經(太上大通經)　子5－29874

太上洞玄靈寶天尊說救苦妙經　子5－29535(2)、29536(2)

太上洞玄靈寶天尊說救苦妙經註解　子5－29530(8)、29959

太上洞玄靈寶天尊說羅天大醮上品妙經　子5－29530(23)、30107

太上洞玄靈寶天尊說養蠶營種經　子5－29530(8)、29942

太上洞玄靈寶延生度命金籙　子5－31782

太上洞玄靈寶飛行三界通微內思妙經　子5－29530(21)、30092

太上洞玄靈寶往生救苦妙經　子5－29530(8)、29957

太上洞玄靈寶上品戒經　子5－29530(9)、30279

太上洞玄靈寶紫微金格高上玉皇本行集經闡微　子5－29535(3)、29536(3)、29672

太上洞玄靈寶出家因緣經　子5－29535(2)、29536(2)、29918

太上洞玄靈寶出家因緣經　子5－29530(7)

太上洞玄靈寶眾簡文　子5－29530(8)、31537

太上洞玄靈寶宣戒首悔眾罪保護經　子5－29530(9)、30287

太上洞玄靈寶宿命因緣明經　子5－29530(7)、29917

太上洞玄靈寶定觀經　子5－29561、29974

太上洞玄靈寶福日妙經　子5－29530(7)、29535(2)、29536(2)、29935

太上洞玄靈寶淨供妙經　子5－29530(8)、29535(2)、29536(2)、29961

太上洞玄靈寶業報因緣經　子5－29530(7)、

太上洞玄靈寶滅度五鍊生尸妙經　子5－29530(8)、29953

太上洞玄靈寶法身製論　子5－29530(9)、30289

太上洞玄靈寶法燭經　子5－29530(7)、29535(2)、29536(2)、29928

太上洞玄靈寶消禳火災經　子5－29530(8)、29940

太上洞玄靈寶十師度人妙經　子5－29530(7)、29920

太上洞玄靈寶十號功德因緣妙經　子5－29530(7)、29535(2)、29536(2)、29916

太上洞玄靈寶大綱鈔　子5－29530(8)、31915

太上洞玄靈寶太玄普慈勸世經　子5－29530(7)、29921

太上洞玄靈寶赤書玉訣妙經　子5－29530(7)、29931

太上洞玄靈寶真文要解上經　子5－29530(7)、29535(2)、29536(2)、29879

太上洞玄靈寶真一勸誡法輪妙經　子5－29530(7)、29925

太上洞玄靈寶梓潼本願真經　子5－29718

太上洞玄靈寶觀妙經　子5－29530(7)、29873

太上洞玄靈寶救苦妙經　子5－29530(8)、29554、29958

太上洞玄靈寶中和經　子5－29530(21)、30094

太上洞玄靈寶本行宿緣經　子5－29530(21)、30088

太上洞玄靈寶本行因緣經　子5－29530(21)、30089

太上洞玄靈寶素靈真符　子5－29530(8)、31545

太上洞玄靈寶授度儀　子5－29530(11)、29563、30680

太上洞玄靈寶轉神度命經　子5－29530(7)、29919

太上洞玄靈寶投簡符文要訣　子5－29530(8)、31550

太上洞玄靈寶國王行道經　子5－29530(21)、29535(2)、29536(2)、30087

太上洞玄靈寶四方大願經　子5－29530(7)、29922

太上洞玄靈寶昇玄消災護命妙經　子5－29554、29699

太上洞玄靈寶開演祕密藏經　子5－29530(7)、29535(2)、29536(2)、29878

太上洞玄靈寶八仙王教誡經(洞玄靈寶八仙王教誡經)　子5－30086

29535(2)、29536(2)、29914～5

太上洞玄靈寶八威召龍妙經　子5－29530
（8）、29943

太上洞玄靈寶無量度上人品妙經　子5－
29592

太上洞玄靈寶無量度人上品經法　子5－
29530（2）、29628

太上洞玄靈寶無量度人上品妙經　子5－
29554、29622

太上洞玄靈寶無量度人上品妙經註　子5－
29530（2）、29535（1）、29536（1）、29630

太上洞玄靈寶智慧定志通微經　子5－
29530（7）、29872

太上洞玄靈寶智慧禮讚　子5－29530（12）、
29563、30791

太上洞玄靈寶智慧本願大戒上品經　子5－
29530（7）、29923

太上洞玄靈寶智慧罪根上品大戒經　子5－
29530（9）、30283

太上洞玄濟衆經　子5－29531、30213

太上洞玄寶元上經　子5－29535（2）、29536
（2）、29952

太上洞玄寶元上經（自然經）　子5－29530
（8）

太上洞房内經註　子5－29530（3）、31046

太上洞房内經注　叢1－82

太上洞淵說請雨龍王經　子5－29530（8）、
29535（2）、29536（2）、29944

太上洞淵三昧帝心光明正印太極紫微伏魔
　制鬼拯救惡道集福吉祥神咒　子5－
29535（2）、29536（2）、29971

太上洞淵三昧帝心光明正印太極紫微伏魔
　制鬼拯救惡道集福吉祥神咒　子5－
29530（8）

太上洞淵三昧神咒齋清旦行道儀　子5－
29530（11）

太上洞淵三昧神咒齋十方懺儀　子5－
29530（11）

太上洞淵三昧神咒齋懺謝儀　子5－29530
（11）

太上洞淵三昧神咒齋清旦行道儀　子5－
29563、30678

太上洞淵三昧神咒齋十方懺儀　子5－
29563、30679

太上洞淵三昧神咒齋懺謝儀　子5－29563、
30677

太上洞淵北帝天蓬護命消災神咒妙經　子
5－29530（2）

太上洞淵北帝天蓬護命消災神咒妙經　子
5－29822

太上洞淵辟瘟神咒妙經　子5－29530（2）

太上洞淵辟瘟神咒妙經　子5－29823

太上洞淵神咒經　子5－29530（7）

太上洞淵神咒經　子5－29912

太上洞神玄妙白猿真經　子5－29530（17）、
31601

太上洞神三元妙本福壽真經　子5－29530
（13）、30041

太上洞神三皇傳授儀　子5－29530（24）、
30735

太上洞神三皇儀　子5－29530（16）、30700

太上洞神五星諸宿日月混常經　子5－
29530（13）、30047

太上洞神五星讚　子5－29530（19）、29534、
30798

太上洞神天公消魔護國經　子5－29530
（13）、30044

太上洞神行道授度儀　子5－29530（24）、
30734

太上洞神洞淵神咒治病口章　子5－29530
（24）

太上洞神洞淵神咒治病口章　子5－31643

太上洞神太元河圖三元仰謝儀　子5－
29530（16）、30702

太上洞真五星祕授經　子5－29530（2）、
29812

太上洞真經洞章符　子5－29530（2）、31512

太上洞真徊玄章　子5－29531、30805

太上洞真安竈經　子5－29530（2）、29841

太上洞真凝神修行經訣　子5－29530（3）、
30816

太上洞真賢門經　子5－29530（2）、29535（3）、
29536（3）、29832

太上洞真智慧上品大誡　子5－29530（4）、
29535（6）、29536（6）、30268

太上通玄靈印經　子5－29530（17）、31602

太上通靈八史聖文真形圖　子5－29530
（15）、31597

太上道君說解冤拔度妙經　子5－29530（8）、
29956

太上道德經講義　子5－29161

太上道德經集解　子5－29157

太上道德經述義、經問　子5－29192

太上道德寶章註疏　子5－29046

太上道德寶章註疏傳神集　子5－28954、
29047

太上道德寶章翼　子5－29048、29535（2）、
29536（2）

太上道德大天尊說道元一炁經　子5－
29535（2）、29536（2）、30217

太上道德真經章句訓頌　子5－29088、29535
（2）、29536（2）

太上道德真經集注　子5－29059

太上道德真經集注、釋文、雜說　子5－
29057、29535（2）、29536（2）

太上道德真經四子古道集解　子5-29072、29535(2)、29536(2)

太上道藏三洞法寶諸品經懺誥咒　子5-31680

太上導引三光寶真妙經　子5-29530(1)、29808

太上導引三光九變妙經　子5-29530(1)、29807

太上消災祈福醮儀　子5-29530(16)、30709

太上消禳火災經　子5-29592、29941

太上消滅地獄昇陟天堂懺　子5-29530(11)、29563、30557

太上消劫梓潼本願真經　子5-29581、29717

太上十二上品飛天法輪勸戒妙經　子5-29530(4)、29535(6)、29536(6)、30273

太上十三經注釋　子5-31072

太上十三經注解(道學十三經)　子5-29580

太上九要心印祕經　子5-29562

太上九要心印妙經　子5-29530(5)

太上九要心印妙經(太上九要心印經、太上九要心印祕經)　子5-31076

太上九天延祥滌厄四聖妙經　子5-29530(1)、29712

太上九赤班符五帝內真經　子5-29530(25)、30132

太上九真妙戒金籙度命拔罪妙經　子5-29530(4)、29535(6)、29536(6)、30272

太上九真明科　子5-29530(26)、30741

太上大聖朗靈上將護國妙經　子5-29531、30207

太上大通經　子5-29549、29553

太上大通經註　子5-29530(3)、29535(2)、29536(2)、29537、29875

太上大道三元品誡謝罪上法　子5-29530(9)、30282

太上大道玉清經　子5-29530(25)、29535(2)、29536(1)、30121~2

太上太玄女青三元品誡拔罪妙經　子5-29530(1)、29804

太上太清天童護命妙經　子5-29530(13)、29554、30019

太上太清天童護命妙經註　子5-29530(15)、30020

太上內丹守一真定經　子5-29530(13)、29535(3)、29536(2)、30033

太上南北斗經　子5-29579、30002

太上赤文帝君洞古經　子5-29554

太上赤文洞神三籙　子5-29530(12)、31588

太上赤文洞古經　子5-29549、29553、29557

太上赤文洞古經(太上赤文帝君洞古經)　子5-29857

太上赤文洞古經註　子5-29530(3)、29535(2)、29536(2)、29537、29858

太上赤文洞古真經　子5-29549

太上七星神呪經　子5-29530(8)

太上七星神咒經　子5-29554、29968

太上真一報父母恩重經　子5-29530(2)、29554、29836

太上求仙定錄尺素真訣玉文　子5-29530(3)、31504

太上老子清靜科儀　集7-54192

太上老子道德經　子5-28968、29091~2

太上老子道德經集解　子5-29063　叢1-465,2-731(10)

太上老君玄妙枕中內德神呪經　子5-29530(17)

太上老君玄妙枕中內德神咒經　子5-29559、31612

太上老君說五斗金章受生經　子5-29530(13)

太上老君說五斗金章受生妙經(太上老君說五斗金章受生經)　子5-30043

太上老君說天妃救苦靈驗經　子5-29530(13)

太上老君說了心經　子5-29530(13)、29535(3)、29536(2)、30031

太上老君說上七滅罪集福妙經　子5-29530(22)、30102

太上老君說自在天仙九蓮至聖應化度世真經　子5-30241

太上老君說解釋呪詛經　子5-29530(13)

太上老君說解釋咒詛經　子5-30042

太上老君說安宅八陽經　子5-29530(13)、30022

太上老君說補謝八陽經　子5-29530(13)、30023

太上老君說消災經　子5-29530(13)、30018

太上老君說城隍感應消災集福妙經　子5-29531、30208

太上老君說黃妙真經　子5-30240

太上老君說報父母恩重經　子5-29530(13)、30052

太上老君說救生真經　子5-29530(13)、30017

太上老君說長生益算妙經　子5-29530(13)、30040

太上老君說益算神符妙經　子5-29530(13)、31590

太上老君說常清靜經　子5-29553~4、29557、29561、29985、29992~4

太上老君說常清靜經註　子5-29530(15)、29535(2)、29536(2)、29537、29987、29989、29991、29995

太上老君說常清靜經頌註　子5-29530
(19)、29990

太上老君說常清靜經頌注　子5-29534

太上老君說常清靜真經　子5-29535(2)、
29536(2)

太上老君說常清靜妙經　子5-29530(13)

太上老君說常清靜妙經(太上老君說常清
靜真經)　子5-29986

太上老君說常清靜妙經纂圖解註　子5-
29530(15)

太上老君說常靜經註　子5-29530(15)、
29988

太上老君元道真經註解　子5-29530(15)、
30187

太上老君虛無自然本起經　子5-29531、
30195

太上老君經律　子5-29530(16)、30295

太上老君外日用妙經　子5-29530(13)、
29535(2)、29536(2)、30035

太上老君清靜經圖注　子5-30000

太上老君清靜心經　子5-29530(22)、30101

太上老君混元三部符　子5-29530(13)、
31591

太上老君大存思圖註訣　子5-29559

太上老君大存思圖注訣　子5-29530(17)、
30909

太上老君太素經　子5-29530(27)、29535
(3)、29536(2)、30189

太上老君內觀經　子5-29530(13)、29535
(3)、29536(2)、29561、30030

太上老君內日用妙經　子5-29530(13)、
29535(2)、29536(2)、30034

太上老君內丹經　子5-29530(13)、29535
(3)、29536(2)、30032

太上老君中經　子5-29530(22)、30100

太上老君戒經　子5-29530(16)、29535(6)、
29536(6)、30293

太上老君開天經　子5-29531、30194

太上老君金書內序　史2-8370　子5-
29530(15)

太上老君金谷歌註解、內養下手口訣　子
5-29561、31342

太上老君年譜要畧　史2-11090　子5-
29530(15)、29535(3)、29536(3)

太上老君養生訣　子2-10987,5-29530(16)

太上黃庭經發微　子5-29565、29903

太上黃庭經注　子5-29573、29897~8

太上黃庭外景玉經　子5-29530(7)

太上黃庭外景經　子5-29890

太上黃庭內景玉經　子5-29530(7)、29535
(3)、29536(3)、29566、29888、29899

太上黃庭內景玉經、外景玉經　子5-

29881、29883

太上黃庭內景玉經、外景經　子5-29535
(3)、29536(3)、29543、29884

太上黃庭內景玉經童註、圖說　子5-29896
叢1-251

太上黃庭中景經　子5-29530(26)、29535
(3)、29536(3)、30174

太上黃籙齋儀　子5-29530(10)、30657

太上救苦天尊說消愆滅罪經　子5-29530
(8)、29963

太上救苦天尊說拔度血湖寶懺　子5-
29530(11)

太上救苦天尊說拔度血湖寶懺(血湖寶懺)
子5-30558

太上妙法本相經　子5-29530(22)、30097

太上妙始經　子5-29530(13)、29535(3)、
29536(2)、30048

太上中道妙法蓮華經　子5-29531、29535
(2)、29536(2)、30190~1

太上泰清天童護命妙經　子5-29592

太上泰清皇老帝君運雷天童隱梵仙經　子
5-29530(13)、30021

太上泰清拔罪昇天寶懺　子5-29530(4)、
30547

太上感應靈篇　子5-30318

太上感應靈篇圖說　子5-30326　叢2-833

太上感應篇　子5-29530(22)、29535(3)、
29536(3)、30320~3、30328、30335~6　叢1-
394、536

太上感應篇、文昌帝君陰隲文、關聖帝君親
解覺世真經(三聖經注解)　叢2-724

太上感應篇、戒淫說靈驗記事　子1-76

太上感應篇章句註、省心圖說　子5-30354

太上感應篇註訓證　子5-30350

太上感應篇註講證案彙編　叢2-724

太上感應篇註解大全　子5-30333

太上感應篇試帖詩　子5-30387

太上感應篇引經徵事　子5-30331

太上感應篇引經箋注　子5-30338

太上感應篇集註　子5-29535(3)、29536(3)、
30334

太上感應篇集傳　子5-30342

太上感應篇集注　子5-30344

太上感應篇經傳　子5-30324、30329

太上感應篇經史集說通解　子5-30345

太上感應篇續義　子7-33254

太上感應篇纘義　子5-30356~7　叢2-
1920

太上感應篇彙註大全增疏　子5-30330

太上感應篇徵史隨錄　子5-30384

太上感應篇注　子5-30337、30340　叢1-

456(3)

太上感應篇注證　子5-30355

太上感應篇注證合編　子5-30346

太上感應篇注合鈔　子5-30343

太上感應篇演說　子5-30352

太上感應篇補注　子5-30353

太上感應篇清漢圖說　子5-30380

太上感應篇直講　子5-29582、30349

太上感應篇直解圖說　子5-29616、30379

太上感應篇增訂圖說　子5-30364

太上感應篇持誦儀則　子5-29535(3)、
29536(3)、30385

太上感應篇贅言　子5-30332

太上感應篇圖說　子5-30361〜3、30365〜6、
30368、30372〜7

太上感應篇合鈔　集6-42511

太上感應篇會解　子5-30327

太上感應篇箋注　子5-30339、30341　叢2-
724

太上日月混元經　子5-29530(13)、30046

太上星宿全圖　子5-31709

太上昇玄說消災護命妙經　子5-29553、
29557、29698

太上昇玄說消災護命妙經註　子5-29530
(3)、29535(1)、29536(1)、29537、29700

太上昇玄三一融神變化妙經　子5-29530
(1)、29806

太上昇玄消災護命妙經　子5-29530(1)、
29697

太上昇玄消災護命妙經註　子5-29530(3)、
29701

太上昇玄消災護命妙經頌　子5-29530(7)、
30786

太上明鑑真經　子5-29530(23)、30119

太上長文大洞靈寶幽玄上品妙經　子5-
29530(19)、30069

太上長文大洞靈寶幽玄上品妙經發揮　子
5-29530(19)、30070

太上長生延壽集福德經　子5-29530(1)、
29705

太上刪正玉皇尊經善本　子5-29579

太上助國救民總真祕要　子5-29530(23)、
31630

太上肘後玉經方　子5-29530(17)、31107

太上開明天地本真經　子5-29530(1)、
29802

太上除三尸九蟲保生經　子5-29530(17)、
29559、31611

太上八十一化圖說　子5-31847

太上全真功課經　子5-30755

太上金櫃玉鏡延生洞玄燭幽懺　子5-
29530(16)、30566

太上金華天尊救劫護命妙經　子5-29530
(23)、30109

太上金轂歌　子5-29540、31340

太上金書玉牒寶章儀　子5-29530(16)、
30703

太上金匱玉鏡修真指玄妙經　子5-29535
(2)、29536(2)、29933

太上無極總真文昌大洞仙經　子5-29530
(1)、29579、29640、29653

太上無極混元一炁度人妙經卷　子5-
30255

太上無極洞慈真元天心寶懺　子5-30583

太上無極大道三十六部尊經注解　子5-
29663

太上無極大道自然真一五稱符上經　子5-
29530(13)、31589

太上無極大道自然真一五稱符上經、太上
無極大道自然真一五稱符下經　子5-
29535(3)、29536(2)

太上慈悲道場滅罪水懺　子5-29530(11)、
29563、30565

太上慈悲道場滅罪水懺法　子7-34975

太上慈悲道場消災九幽懺　子5-29530
(11)、30563

太上慈悲九幽拔罪懺　子5-29530(11)、
29563、30564

太上養生胎息氣經　子5-29530(16)、30895

太上頌降通真劄付　子5-31762

太虛齋課兒試帖　叢2-1544

太虛齋存稿　集3-16728　叢2-1544

太虛齋賦稿　叢2-1544

太虛幻境一枝　集7-51960

太虛心淵篇　子5-29530(20)、29535(5)、
29536(5)、30919

太虛軒稿　集2-9280

太行山考　史7-52211

太歲攷　子3-11450

太歲超辰表　史1-4633　子3-11583　叢
1-416〜7,2-731(27)

太歲異聞證　叢2-2265

太師誠意伯劉文成公集　叢2-635(11)

太師誠意伯劉文成公集、行狀　集2-5930

太師誠意伯劉文成公集、目錄　集2-5931

太師誠意伯劉文成公集、首　集2-5932

太師王端毅公奏議　史6-48164

太師張文忠公文稿　集2-7635

太師張文忠公集(奏疏、文稿、詩稿、續)　集
2-7632

太師比干(子千)錄　史2-8337

太師徽國文公(朱熹)年譜　史2-11311

太師摯適齊全章鼓兒詞　集7-51075

太師楊文貞公(士奇)年譜　史2－11404
　集2－6460
太師楊文敏公(榮)年譜　史2－11406
太師楊襄毅公(博)年譜　史2－11497
22 太僕(彭期生)行畧　史2－9238
太僕行畧　叢2－674
太僕山人集　集3－14755
太僕寺則例　史6－47026
太僕奏議　史6－48403
太僕奏議、續奏議　史6－48404
太僕公詩稿　集2－9750　叢2－987
太崑先哲遺書首集九種　叢2－813
太緩生詩稿　集4－28549
23 太參吾溪詩集　叢2－863
太傅文恪公(朱國祚)年譜　史2－11524
太傅王襄敏公年譜　集2－6863
太傅孫文正公(家鼐)手書遺折稿　史2－
　10349
太傅孫文正公手書摺稿　史6－49050
太傅先府君(陳寶琛)行述　史2－10696
26 太白詩選　集1－818,6－41777
太白集　集1－814
太白經　子1－3759,5－29530(18)、29555、
　30879
太白山齋遺稿　集1－4597
太白山行紀　史7－53762　叢1－369
太白山志　史7－52659
太白山人詩　集2－7976
太白山人詩集　集2－7977
太白山人詩選、補遺、附錄　集2－7979
太白山人漫藁　叢1－223(65)
太白山人漫藁　集2－7980、7982～4、7986
太白山人漫藁、練溪集　集2－7985
太白山人漫藁、補遺　集2－7987
太白山人槲葉集、南遊草　集3－15122
太白紀遊畧　史7－49317(4)、49318(8)、
　53763　叢2－829
太白樓集　集6－44840
太白畫見說　子3－11530
太白國籍問題　史2－8567　叢2－944
太白兵備統宗寶鑒　子3－13833
太白兵備統宗寶鑑　子3－13832
太白陰經　子1－3102、3759～61　叢1－223
　(31)
太白劍　史1－5534
太保許文穆公(國)恤哀哀錄　史2－8979
太保朱公哀全集　集2－6804
太保朱公年譜　集2－6804
太保東湖屠公遺稿　集2－7122
太保費文憲公摘稿　集2－7892
太保費文通公摘稿　集2－7895

太和正音譜　集7－54645、54647　叢2－674
太和正音譜(北雅)　集7－54646
太和縣誌[順治]　史7－57801
太和縣禦寇始末　史1－3089
太和縣志[萬曆]　史7－57800
太和縣志[乾隆]　史7－57802
太和縣志[民國]　史7－57803
太和縣分鄉圖志[民國]　史7－57804
太和周氏族譜[湖南瀏陽]　史4－30133
太和殿工程錄　史6－46552
太和殿紀事　史7－51523
太和堂集　集2－7121
太和堂壽世方書　子2－9419
28 太微帝君二十四神回元經　子5－29531、
　30211
太微靈書紫文琅玕華丹神真上經　子5－
　29530(6)、30826
太微靈書紫文仙忌真記上經　子5－29530
　(4)、29535(6)、29536(6)、30270
太微經　子3－12984
太微後集　集2－8057
太微仙君功過格　子5－29530(4)、30531
　叢1－114(5)、116
太微仙君純陽祖師功過格　子5－30532
太微堂日錄　史6－47096
30 太空歌　子5－29547
太室塵談　叢1－31
太室山人集　集2－9489
太液晴波一枝　集7－51959
太宰五臺先生陸公(光祖)紀年事畧　史2－
　8975
太宗文皇帝聖訓　叢1－223(20)
太宗文皇帝致朝鮮國王書　史1－1984、3555
太宗文皇帝支譜　史5－37887
太宗文皇帝招撫皮島諸將諭帖　史1－
　1984,6－47743
太宗文皇帝日錄殘　史1－1709、1984
太宗聖訓　叢1－227(5)
太宗皇帝實錄存　叢2－611、637(2)
太宗問　子1－3253
35 太沖詩選　集4－26515
太沖詩鈔　集4－26514
太清記　子5－26833　叢1－22(20)、23(19)、
　2－617(3)
太清調氣經　子2－11154,5－29530(16)
太清玉碑子　子5－29530(18)、30873
太清玉司左院祕要上法　子5－29530(24)、
　30937
太清五十八願文　子5－29530(4)、30277
太清亢道真經、別錄　子5－29530(27)、29535
　(3)、29536(2)、30186

太清元極至妙神珠玉顆經　子5－29530
　（17）、30904
太清石壁記　子5－29530(17)、30846
太清經天師口訣　子5－29530(17)、30848
太清經斷穀法　子5－29530(17)、30903
太清修丹祕訣　子5－29530(17)、30849
太清神鑒　叢1－456(7)、457
太清神鑑　子3－14187　叢1－223(36)、273
　（4）、274(4)、2－731(16)
太清神鑑錄(太清神鑑)　子3－14188
太清道德顯化儀　子5－29530(16)、30690
太清道林攝生論　子2－10984、5－29530(27)
太清導引養生經　子5－29530(16)、30894
太清坊王氏家譜[安徽郎溪]　史4－25292～3
太清坊王氏宗譜[安徽郎溪]　史4－25295
太清真人絡命訣　子5－29530(3)、30814
　叢1－82
太清樓侍宴記　史1－2471　叢1－22(19)、23
　（18）、29(5)、407(3)
太清中黃真經　子5－29530(16)、29535(2)、
　29536(2)、29558、30892～3
太清中黃胎藏論　子2－11181
太清風露經　子5－30238
太清服氣口訣　子2－11155、5－29530(16)
太清金液神丹經　子5－29530(17)、30845
太清金液神氣經　子5－29530(17)、30847
太清金闕玉華仙書八極神章三皇內祕文
　子5－29530(17)、31598
37 太湖新錄　子5－26219～20　叢1－39～40
太湖詩草　集4－26951
太湖王大樞東旋草　集3－21507
太湖王氏宗譜[安徽太湖]　史4－25259
太湖石志　子4－19468　叢1－22(16)、23
　（15）
太湖雷忠介公文集　集2－12296
太湖張氏宗譜[安徽太湖]　史5－35142
太湖何氏家譜[安徽太湖]　史4－28347
太湖備考、續編、湖程紀畧　史7－52891
太湖備考、湖程紀畧　史7－52890
太湖備考續編　史7－52894
太湖泉志　史7－52889　叢1－22(24)
太湖源流編　史7－49317(6)、49318(10)、
　52892
太湖志畧　史7－52893
太湖縣南鄉甘氏宗譜[安徽太湖]　史4－
　26046
太湖縣志[康熙]　史7－57924
太湖縣志[順治]　史7－57923
太湖縣志[道光]　史7－57927
太湖縣志[乾隆]　史7－57926
太湖縣志[同治]　史7－57928

太湖縣志[民國]　史7－57929
太湖縣韋氏宗譜[安徽太湖]　史4－31140
太湖縣東鄉秦梅園賈氏宗譜[安徽太湖]
　史5－37134
太湖陸氏宗譜[安徽太湖]　史4－32682
太湖用兵紀畧　史2－13291
太湖用兵紀畧、防municipality論畧　史1－3701
太湖竹枝詞　史7－50182　集4－29424
太祖高皇帝聖訓　叢1－223(20)
太祖高皇帝位下和碩禮烈親王之子孫　史
　5－37881
太祖高皇帝位下第二子和碩禮烈親王之女
　孫　史5－37880
太祖高皇帝位下第十四子和碩睿忠親王之
　後裔　史5－37882
太祖高皇帝實錄　史1－1698
太祖高皇帝實錄稿本三種　史1－991
太祖聖訓　叢1－227(5)
太祖聖諭演訓　叢1－150
太初元氣接要保生之論　子2－11159、5－
　29531
太初集　集1－5321
太初圖　子5－31366
太初曆辨　子3－11584
38 太洋洲蕭侯廟志　史7－51854
40 太古庵集、臺山紀勝　集3－17452
太古正音琴譜　子3－17629
太古正音琴經　子3－17628
太古正音補亡篇　子3－17590
太古元音　經2－14347
太古集　子5－29530(22)、29535(5)、29536(5)
　集1－4643～4
太古山房詩集　集3－18183
太古山房詩鈔、別集、補遺　集3－18184
太古傳宗、琵琶調西廂記曲譜、宮詞曲譜、
　絃索調時劇新譜　集7－54670
太古釋音琴譜　子3－17613
太古演禽　子3－14165
太古遺音　子3－17578、17591、17595、17598～
　601、17624～5
太古土兌經　子5－29530(18)、30888
太古志　子7－36245
太古園詩集　集3－14660
太古園詩草　集3－15292
太古籩馬記　叢1－29(1)
太古堂詩稿、遺文、遺編　集2－11711
太古堂集　集2－11712
太古堂遺編　集2－11713
太真玉帝四極明科經　子5－29530(4)、
　30275
太真外傳　叢1－407(3)

太真外傳,楊妃外傳　子5-27560

41 太極辨疑　子1-1143

太極辯　叢2-1240

太極韻初集　經2-13903

太極說述圖解　叢2-1054

太極靈寶祭煉科儀　子5-30760

太極理數　子3-14060

太極衍義　子1-591　叢2-1867

太極後圖說　子1-582　叢2-816

太極生生數　子3-14058

太極皇極說　叢2-1317

太極繹義　子1-581　叢2-1088

太極祭科　子5-31566

太極祭煉科　子5-31567

太極祭煉內法、內法議畧　子5-29530(11)、31563

太極沖玄至道心傳　子5-29535(4)、32013

太極連環刀譜　子1-3629

太極連環刀法　子1-3569　叢2-745

太極左仙公說神符經　子5-29530(21)、30091

太極真傳　經1-2233

太極真人雜丹藥方　子5-29530(18)、30886

太極真人說二十四門戒經　子5-29530(4)、29535(6)、29536(6)、30274

太極真人九轉還丹經要訣　子5-29530(17)、29555、30854

太極真人敷靈寶齋戒威儀諸經要訣　子5-29530(11)、29563、30687

太極葛仙公(玄)傳　史2-8494

太極葛仙公傳　子5-29530(9)、29535(4)、29536(4)

太極枝辭　子1-583　叢2-1093

太極易圖合編　叢2-1871

太極易圖合編、大衍新法　經1-2234

太極圖說　子1-565、571~2、576、580、5-29535(6)、29536(6)　集2-7264　叢2-691(3)、1032

太極圖說、通書　叢1-534

太極圖說論、後序　子1-588

太極圖說發明　子1-565、577　叢2-1032

太極圖說集註　子1-99、575

太極圖說衍義　子1-590

太極圖說解　子1-100、589

太極圖說述　叢2-1055

太極圖說述解　子1-578　叢1-223(30)、2-754

太極圖說遺議　子1-585　叢2-1309~10

太極圖說通書發明　子1-565、598　叢2-1032

太極圖說輯釋　子1-99、587

太極圖集解　子1-586　叢1-414、574(4)

太極圖解　子1-574、731、735　叢2-1346

太極圖數　經1-2232

太極明辯　子1-584　叢2-886(5)

太極陣、太極圖　集7-51275

太樗堂初集　集3-16136

42 太樸文集　集2-5853

太樸山人詩鈔　集3-17856

43 太狩龍飛錄　叢1-53

太朴詩補遺　叢1-1766

44 太姥山志　史7-52461

太藪外史　子4-20381　叢1-46

太華山誌　叢2-888

太華山紫金嶺兩世修行劉香寶卷全集(大宋真宗山東太華山紫金嶺兩世修行劉香寶卷)　集7-54464

太華山紫金嶺兩世修行劉香寶卷全集(太華山紫金鎮兩世修行劉香寶卷、太華山紫金鎮兩世修行劉香寶卷全集、劉香寶卷、劉香女寶卷)　集7-54463

太華山紫金嶺兩世修行劉香寶卷全集中卷　集7-54465

太華山人詩剩稿　集4-31745

太華山人詩存　集4-27495、6-42007(2)

太華山人集　集2-9381

太華紀遊畧　史7-49318(4)、53755

太華紀遊畧、太白紀遊畧　叢2-829

太華太白紀游畧　史7-53754

太華希夷志　子5-29530(7)

太華蓋山三仙真君解冤滅罪度人心經　子5-29535(7)、29536(7)、30237

太華書院會語　子1-1207　叢2-1167

太華小志　史7-52673

47 太鶴集　叢2-856

太鶴山人(端木國瑚)年譜　史2-12036　叢2-868

太鶴山人文集　集4-26251　叢2-856

太鶴山人詩集　集4-26249

太鶴山人詩選　集4-26250

太鶴山人集　集4-26247　叢1-373(9)

太鶴山館初稿　集4-26248

48 太黔　子3-14134

50 太史詩集　集2-7449

太史張天如詳節春秋綱目左傳句解　經1-6809

太史升菴文集(升菴集)　集2-8091

太史升菴文集、目錄　集2-8092

太史升菴文集、目錄、楊文憲公年譜　集2-8094

人史升菴遺集　集2-8109

太史升菴全集、遺集、外集、楊升菴先生年

　　　譜　集2-8090
　　太史升菴全集、目録　集2-8089
　　太史來瞿唐先生(知德)年譜　史2-11507
　　太史范公文集　集1-2640
　　太史范公文集鈔　集1-2641
　　太史華句　史1-5110　子5-25652　叢1-68、454
　　太史林碧山先生珠玉同聲　經2-14330
　　太史楊復所先生證學編、證學論、策、秣陵紀聞　子4-20682
　　太史史例　史1-5342
　　太史周玉繩評斷四奇新輯國朝名公主意綱目諸說辨斷　經2-10488
　　太史屠漸山文集　集6-45084
　　太史屠漸山文集(蘭暉堂集)　集2-8401
　　太史公疑年考　史2-11104　叢2-2247
　　太史公古文尚書說　經1-3109　叢2-2207
　　太史公書義法　史1-5344　叢2-2219
　　太史公書知意　史1-5849　叢2-2270(2)
　　太史公素王妙論　叢2-774(10)
　　太史公繫年考畧　史2-11102　叢2-630
　　太史公年譜　史2-11105
　　太史公年譜、祠墓文録　史2-11101
　　太末徐氏宗譜[浙江青田]　史4-32088
　　太素齋詩鈔　集4-32924
　　太素齋詞鈔　集7-47873
　　太素靈圖　子3-17956、18488
　　太素張神仙脈訣玄微綱領宗統　子2-6269～70
　　太素心法便覽　子2-4900
　　太素運氣脈訣　子2-4845
　　太素内經傷寒總論補證、太素四時病補證　叢2-2129(3)
　　太素脈祕訣　子2-4770、4771(2)
52　太誓決疑　經1-3314、3411　叢2-2265
60　太曼生傳　叢1-587(5)
　　太邑崔氏宗譜[安徽太平]　史5-34329
　　太邑南市趙氏宗譜[安徽黃山]　史5-38390
　　太邑鳳山坊邊張氏宗譜[安徽黃山]　史5-35144
67　太昭縣圖志附工布設治局[民國]　史8-62647
71　太阿秋水集　集3-20632
　　太原府　集7-51277
　　太原府志[順治]　史7-55594
　　太原府志[萬曆]　史7-55593
　　太原府志[乾隆]　史7-55595
　　太原雜詠　集4-25469
　　太原郭氏宗譜[浙江諸暨]　史4-32294～7
　　太原三槐王氏宗譜[浙江武義]　史4-

　　　25169
　　太原王二彌先生存稿、名家贈言　集2-12888
　　太原王楊氏支譜[安徽霍山]　史5-36943
　　太原王楊氏支譜[安徽潛山]　史4-25258
　　太原王氏族譜[安徽潛山]　史4-25247
　　太原王氏族譜[安徽懷遠]　史4-25231
　　太原王氏族譜[浙江鄞州]　史4-24964
　　太原王氏三修族譜[湖南益陽]　史4-25444
　　太原王氏續修家譜[江蘇蘇州]　史4-24882、24886
　　太原王氏皋橋支譜[江蘇蘇州]　史4-24890
　　太原王氏家譜[江蘇崑山]　史4-24899
　　太原王氏家譜[江蘇蘇州]　史4-24884
　　太原王氏家乘[江蘇吳江]　史4-24895
　　太原王氏宗譜[山西祁縣]　史4-24765
　　太原王氏宗譜[江蘇蘇州]　史4-24889
　　太原王氏宗譜[浙江蘭溪]　史4-25113～4
　　太原王氏宗譜[浙江金華]　史4-25111
　　太原王氏會通世譜[安徽歙縣]　史4-25265
　　太原霍氏崇本堂族譜[廣東南海]　史5-40048
　　太原郡郭氏宗譜[浙江溫州]　史4-32323
　　太原郡王氏宗譜[浙江雲和]　史4-25211
　　太原郡王氏宗譜[浙江麗水]　史4-25208
　　太原郡派新安婺南雲川王氏世譜[江西婺源]　史4-25343
　　太原郡祝氏宗譜[安徽太湖]　史4-31117
　　太原傅科、經驗良方、十藥神書　子2-7241
　　太原藝文目録　史8-66060
　　太原縣志[雍正]　史7-55598
　　太原縣志[天啓]　史7-55597
　　太原縣志[道光]　史7-55599
　　太原縣志[嘉靖]　史7-55596
　　太原段帖稿　集3-13429
　　太原堂王氏族譜[江西萬載]　史4-25359
72　太后佛爺安民勸善歌一段　集7-51554
　　太后回國　集7-51611
　　太岳集書牘　集2-9506
76　太陽方　子2-6724
　　太陽正治法　子2-5992
　　太陽盈縮立成　子3-11585
　　太陽出身開天立極億化諸佛歸一寶卷　子7-36149
　　太陽寒水病方說　子2-6710
　　太陽開天立極億化諸佛歸一寶卷(太陽出身開天立極億化諸佛歸一寶卷)　集7-54139

太陽燈　集7-53767
77 太邱堂摘抄　子5-26655
　　太學新編繡藻文章百段錦(繡藻文章百段
　　　錦)　集6-46210
　　太學新編賦苑聯芳全集　子5-24962
　　太學新增合璧聯珠聲律萬卷菁華前集、太
　　　學新增合璧聯珠聲律萬卷菁華後集　子
　　　5-24814
　　太學祀典彙考　史6-42136
　　太學增廣聲律資用萬卷精華前集、後集、續
　　　編　子5-24816
　　太學增修羣書會元截江網　子5-24844
　　太學增修聲律資用太平總類殘　子5-
　　　26060
　　太學增修聲律資用萬卷菁華後集　子5-
　　　24815
　　太學同舍錄　史2-6661
　　太學分門增廣聖賢事實、漢唐事實　史2-
　　　6300　子5-24899
　　太丹鉛汞論　子5-29556
　　太醫張子和先生儒門事親　子2-4801
　　太醫院經驗奇效良方大全(奇效良方)　子
　　　2-9227
　　太醫院祕傳祝由科　子2-6288
　　太醫院祕藏膏丹丸散方劑　子2-10196
　　太醫院補遺本草歌訣雷公炮製　子2-5789
　　太醫院志　史6-42910
　　太醫院真傳小兒方全幼心鑑　子2-8376
　　太醫院校註婦人良方大全(太醫院補註婦
　　　人良方大全、三刻太醫院補註婦人良方
　　　大全、婦人良方)　子2-7992
　　太醫院增補珍珠囊藥性賦直解　子2-5765
　　太醫院增補珍珠囊藥性賦直解(太醫院增
　　　補珍珠囊藥性全賦直解)　子2-5782
　　太醫院增補青囊藥性賦直解　子2-5780~1
　　太醫院明醫辨起死回生方　子2-10200
　　太醫院眼科祕真　子2-7377
　　太醫局諸科程文　子2-4703
　　太醫局諸科程文(太醫局諸科程文格)　子
　　　2-4800
　　太醫局諸科程文格　叢1-223(33)
78 太陰生光普照了義寶卷　子7-36148
　　太陰通軌　子3-11589
　　太陰遲疾立成　子3-11585
80 太倉文畧　集6-44539
　　太倉王異公文集　集3-14474
　　太倉王氏家譜[江蘇太倉]　史4-24907
　　太倉王公傳畧　史2-9399
　　太倉稿　集2-9036
　　太倉豐備倉庫章程　史6-44687
　　太倉鄉先賢畫像　史2-7925

太倉稊米集　集1-3110~3,6-41784、41894
　　(2)、41904　叢1-223(54)
太倉汪宮庶及第後家書　史3-14933
太倉汪氏科名錄　史3-14932
太倉州名考　史7-50238　叢2-811
太倉州志、校勘記　史7-54915
太倉州志[弘治]　史7-57047
太倉州志[崇禎]　史7-57049
太倉州志[嘉慶]　史7-57050
太倉州志[嘉靖]　史7-57048
太倉州志[民國]　史7-57053
太倉州屬州總賦役全書　史6-43673
太倉十子詩選　集6-44533
太倉直隸州志[光緒]　史7-57052
太倉考　史1-1929,6-44551
太倉縣官庫書目　史8-65519
太倉風俗記　史7-50239　叢2-811
太谷孔氏宗譜[山西太谷]　史4-25931
太谷經　子4-21946
太谷山堂集　集3-21162
太谷縣續志[順治]　史7-55795
太谷縣志[萬曆]　史7-55794
太谷縣志[乾隆]　史7-55796~8
太谷縣志[咸豐]　史7-55799
太谷縣志[民國]　史7-55801
太谷縣志[光緒]　史7-55800
太公六韜　子1-3021~2、3036、3046、3048、
　　3057　叢1-114(2)
太公六韜正解　子1-3209
太公六韜注　子1-3093
太公望六韜　子1-3094
太公三畧　子1-3210　叢1-250
太公武侯兵法合刻　子1-3096
太公家教殘　叢2-592
太公家教殘卷　子1-2074
太公賣面一段　集7-51553
太公兵法逸文　子1-3095　叢1-508,2-
　　2018
太公陰符神書　子3-14650
太公金匱　子1-3334　叢1-261,2-761
84 太鎮忠義姓氏錄　史2-7924
　　太鎮節孝姓氏錄　史2-7923
88 太簡堂全稿　集4-26276
90 太常磊齋吳公(麟徵)殉節實錄、吳太常殉
　　　節遺書　史2-9141
　　太常集　集6-45023
　　太常續考　史6-42814　叢1-223(26)
　　太常總覽　史6-42030
　　太常紀要　史6-42078
　　太常紀刪　史1-1929

太常遺草　史6-48456

太常遺著　集2-10032　叢2-910

太常遺著常州府志人物志　史2-7821　叢2-910

太常寺　集7-52482

太常寺疏　史6-48519

太常寺衙署工程修理過丈尺做法清册　史6-47371

太常寺衙署工程用過工料銀錢細數併丈尺做法清册　史6-47370

太常寺衙門恭造七陵奏銷嘉慶十二年分管收除在錢糧清册　史6-47399

太常寺續紀　史6-42813

太常寺則例　史6-47021~2

太常寺則例、另輯　史6-47024

太常袁公(昶)行畧　史2-12337

太常考　史6-42060

太常奏議存　史6-48470

太常因革禮　史6-41979　叢1-265(3),2-731(21)

太常因革禮、校識　叢2-653(6)

太常因革禮校識　史6-41980　叢2-731(21)

太常公(錢薇)年譜　史2-11487

太常懷溪吳公奏議　史6-48408

太常少卿魏水洲先生文集　集2-8250

太炎文錄　集5-40666

太炎文錄續編　集5-40670　叢2-2208

太炎文錄補編　集5-40668

太炎文錄初編　集5-40665

太炎文錄初編、別錄、補編　集5-40667　叢2-2206

太炎手訂三字經　叢2-747

太炎手劄　集5-40673

太炎先生自定年譜　史2-12440　叢2-2208

太炎別錄　集5-40669

97 太恨生傳　叢1-587(4)

4003₄ 爽

31 爽源楊氏家譜[湖南平江]　史5-37024

33 爽心笑談集　子4-24114

47 爽鳩要錄　史6-41541、46432　子4-23377　叢1-442~3,2-731(17)

80 爽氣西來齋詩草　集4-31785

4003₈ 夾

00 夾齋文集　集3-17490

夾註輔教編　子7-34942

夾註輔教編要義　子7-34943

31 夾江縣鄉土志[光緒]　史8-61899

夾江縣鄉土志畧[民國]　史8-61900

夾江縣志[康熙]　史8-61896

夾江縣志[嘉慶]　史8-61897　叢1-373(2)

夾江縣志[民國]　史8-61898

37 夾漈遺稿　集1-3300~1,6-41784　叢1-223(54)、282(2)、283(2)、448,2-731(40)

夾漈遺藁　叢1-241、242(2)

41 夾板檔(光緒三十四年至宣統二年)　史6-47409

78 夾陰傷寒說　子2-4726

88 夾竹桃頂針千家詩山歌　叢1-177

夾竹梅花　叢1-256

夾竹梅花院纂　子3-13348

夾籟山房集　集3-21361

4004₇ 友

00 友慶堂存稿　集2-9410

08 友論　子7-35266　叢1-13、14(3)、22(25)、107、111(3)、119~20、371,2-731(16)

10 友三書屋謎稿　子3-18367、18401

友石齋詩三集　集4-30981

友石齋詩集　集4-30982

友石齋印萃　子3-17420

友石山房詩文、雜文筆記　集4-27423

友石山房詩鈔　集5-35874

友石山房琴譜　子3-17760

友石山房印存　子3-17331

友石山人遺稿　集1-5786~7,6-41748　叢1-223(61)、2-670

友石先生詩集　集2-6427

友石軒印譜　子3-17054

友石軒印存　子3-17300

友晉軒詩集　集3-15639

友雲詩草　集4-28062

友不可交一枝　集7-52036

11 友琴山房文草內集　集5-40625

友琴山房詩集　集5-40626

16 友硯齋剩稿　集4-23466

21 友仁錄　史2-7075　叢2-1497
27 友約　叢1-197(4)
　　友綴　叢2-1933
37 友漁齋詩集　集4-23503
　　友漁齋詩續集　集4-23504
　　友漁齋醫話　子2-10616
　　友漁齋醫話六種　子2-4771(4)
40 友十花樓詩存　集4-29557
　　友十花樓課草　集4-33304
　　友士秋吟　集3-17659
　　友古詞　集7-46380　叢1-223(72),2-698
　　　　(13)、720(2)
　　友古詞(友古居士詞)　集7-46539
　　友古特評　史1-5574　叢2-1329
　　友古居士詞　集7-46352、46382
　　友古堂詩集　集5-40417
　　友古堂詩鈔、詩續鈔　集4-24049
　　友杏庵詩文鈔　集5-41518
44 友蘭齋詩鈔　集4-27134
　　友蓮詩稿、詩餘　集4-30112
　　友蓮詞稿　集7-48212
　　友林乙稿　叢1-223(57)
　　友林乙藁　集1-3828
47 友鶴山房試帖　集4-33012
　　友聲、後集、新集、尺牘偶存　集6-45312
　　友聲集　集6-42006
　　友聲社琴譜　子3-17805
48 友教江西理學編　子1-1621
　　友松吟館詩鈔　集5-37899
　　友松閣遺稿　集6-41894(2)、41895
　　友梅集　集2-6783
　　友梅書屋吟草　集3-21748
　　友梅堂詩卷　集6-42205、43566
50 友書存　叢2-2160
70 友雅　集6-43732
74 友助事宜　史6-45450
77 友陶居士詩集　集3-16368
　　友鷗堂集　集3-16436
80 友義　子1-2548　叢2-1824
　　友會談叢　子5-26220～1、26920～1　叢1-
　　　　19(7)、20(5)、21(7)、22(5)、23(5)、24(8)、26、
　　　　28、29(5)、40、180、265(4)、448、465
　　友會叢談　叢1-374
88 友簏文存　集5-36952
　　友竹石齋未定草　集4-32867
　　友竹稿　集1-5792
　　友竹山房詩存　集4-26960
　　友竹山房詩草、補遺　集4-26957
　　友竹山房詩草續鈔　集4-26958
　　友竹山房爨餘集　集4-26959

　　友竹草堂文集、詩集　集5-34163
　　友竹草堂隨筆　子4-21808
　　友竹居狀龍吟草　集4-24738
　　友竹居宦餘草　集4-26194
　　友竹居吟稿　集3-20694
　　友竹堂詩鈔　集5-37906

4008₉ 灰

50 灰畫集　史7-49672
95 灰燼餘生草　集5-36609

4010₀ 土

00 土音正誤　經2-11121
　　土音類輯　經2-14271
10 土耳基志、新志　史7-54723
　　土耳基斯坦志　史7-54720
　　土耳其史　子7-36400
　　土耳其國志　史7-54722
12 土磧楊氏支譜[湖南長沙]　史5-36995
17 土司燈儀　子5-29530(5)、30601
24 土貨考　子7-36240(3)
25 土牛經　叢1-10、19(5)、20(3)、21(4)、22
　　　　(18)、23(17)、24(5)、29(7)、86、374、2-730
　　　　(7)、731(15)
27 土魯番侵掠哈密事蹟　史1-2821　叢1-
　　　　529
28 土俗章程　叢2-1146
　　土俗話　經2-14913
30 土官底簿　史3-23676　叢1-223(26)
42 土橋何氏族譜[湖南桂陽]　史4-28414
44 土苴集　集2-6725～6　叢2-674
　　土苴集、集外詩、續集、附錄　集2-6724
　　土地寶卷　集7-54264
　　土藥稅則章程　史6-43581
47 土婦奢世統奢世續列傳　史1-1929
60 土國寶揭帖(順治三年)　史6-47872、48597
　　土國戰事述署　史7-49317(2)、49318(18)
63 土默特旗志[光緒]　史7-56054
77 土風錄　子4-21267
95 土性辨　子7-37035

士

00 士齋詩集　集2-7711
　士商必要三種　叢1-158
　士商類要　子5-25759
　士庶子非公卿之子弟辨　叢2-1747
　士庶備覽　子5-25334
17 士那補釋　子4-19338　叢2-2202
　士翼　子1-986～7　叢1-223(31),2-1082～3
24 士緯　子4-19807　叢2-774(9)
35 士禮居叢書　叢1-316
　士禮居藏書題跋記　史8-65734～5
　士禮居藏書題跋記續　史8-65736　叢1-524,2-731(2)
　士禮居藏書題跋再續記　史8-65737　叢2-611
　士禮居藏書題跋補錄　史8-65738
　士禮居黃氏叢書十九種附四種　叢1-317
40 士大夫食時五觀　子2-10969　叢1-22(16)、23(15)、86,2-730(7)、731(55)
44 士材三書　子2-4586
　士林詩選　集6-43743
　士林彝訓　子1-2408
　士林紀實　叢1-20(8)、24(11)
　士林絕實　叢1-21(9)
　士林餘業醫學全書　子2-4875
46 士相見禮儀節　經1-6252、6351
53 士戒　子1-2358　叢2-1167
72 士昏禮對席圖　經1-163(4)、5487　叢2-1920
77 士學古編　子4-21097
80 士人家儀考　叢2-1678
　士令(學政)　子4-20552　叢1-143
88 士鑑錄　子1-2398　叢2-731(8)、782(4)、1419

4010₄ 圭

00 圭庵詩鈔、雜著　集3-16184
　圭齋文集　叢1-223(60)、227(10),2-635(11)
　圭齋文集(圭齋集)　集1-5388
　圭齋集　集1-5385
　圭齋集補遺　集1-5386
　圭齋遺文　叢2-758

10 圭璽考、寶瓵　叢2-1092
22 圭峯集　集1-5572,2-7151　叢1-223(61、65)
　圭峯盧先生集　集1-5575
　圭峯盧先生集(盧圭峯先生集)　集1-5574
　圭峯盧先生集(圭峯集)　集1-5573
　圭山近稿　集2-8514　叢2-855
　圭山存牘　史6-47338
28 圭復齋詩集　集5-38857
30 圭齋漫載　子4-24180
　圭窗集　叢2-2214
40 圭塘集　集7-46357、46782
　圭塘欸乃集　集6-43659　叢1-223(69)、241、242(2),2-731(38)
　圭塘欸乃集(圭塘欸乃)　集6-43658
　圭塘小稿(圭塘欸乃集)　集1-5416
　圭塘小稿、別集、續集、附錄　集1-5420
　圭塘小稿續集、別集、附錄　集1-5422
　圭塘小藁、別集、續集、附錄　叢1-223(60)、227(10)
　圭塘小藁、別集、續集、附錄　集1-5417　叢2-826
　圭塘小藁、別集、別集附錄、續集、續集附錄　集1-5418
　圭塘小藁續集、別集　集1-5421
60 圭田記　史2-9504
80 圭盦詩錄　集5-36932
　圭美堂集　集3-16962
　圭美堂劄記題跋　子3-14949

奎

22 奎峯詞　集7-46405、46881
　奎峯陳氏族譜[福建尤溪]　史4-33209
　奎山王氏族譜[福建仙遊]　史4-25312、25314
　奎山王氏續修族譜[福建仙遊]　史4-25313
23 奎俊奏稿　史6-49092
70 奎壁齋繪訂詳注廣日記故事　子5-26536
90 奎堂遺集　集5-41322
　奎光書院稿　集4-31911

臺

05 臺諫寶鑑　史2-6532
11 臺北廳誌[民國]　史8-63472

臺北道里記　史 7 - 49317(5)、49318(15)、51262

17 臺司妙纂選擇元龜　子 3 - 14460

22 臺倭戰記初集　史 1 - 2862

臺嚴詩鈔　集 4 - 22899～900

臺山文集　集 3 - 21697

臺山文稿　集 3 - 21695

臺山詩集　集 3 - 21694

臺山集(臺山詩集、臺山文集、竹林詩存、乾撰子、清蜀詩勺)　集 4 - 23280

臺山紀勝　集 3 - 17452

臺山遊　史 7 - 53890

25 臺積術解　子 3 - 12387

28 臺儀輯畧　史 6 - 42033

30 臺安縣志[民國]　史 7 - 56159

臺宕遊草　集 3 - 20118

31 臺江董氏家譜[福建福州]　史 5 - 35904

32 臺灣府紀畧[康熙]　史 8 - 63448

臺灣府志[康熙]　史 8 - 63447、63449～50

臺灣府志[乾隆]　史 8 - 63452～4　叢 1 - 373(7)

臺灣府噶瑪蘭廳志[道光]　史 8 - 63468

臺灣府噶瑪蘭廳志[咸豐]　史 8 - 63469

臺灣雜詠　史 7 - 49330、51259

臺灣雜詠合刻　史 7 - 49330

臺灣雜記　史 7 - 49317(2)、49318(14)、51236、51253　叢 1 - 210～1、249(3)、355、2 - 731(59)

臺灣新志[民國]　史 8 - 63461

臺灣要覽[民國]　史 8 - 63460

臺灣水師記　史 6 - 45319

臺灣郡縣建置志[民國]　史 8 - 63459

臺灣番社考　史 7 - 49317(2)、49318(15)、51254

臺灣外記　史 1 - 3518　子 5 - 28209　叢 1 - 496(6)、2 - 735(3)

臺灣外志　子 5 - 28210

臺灣生熟番紀事　史 7 - 51256

臺灣使槎錄　史 7 - 49318(14)、49338、51240

臺灣紀畧　史 7 - 49317(2)、49318(14)、51234　叢 1 - 210、249(3)、355、2 - 731(59)

臺灣紀畧、臺灣雜記　史 7 - 51235

臺灣紀畧附澎湖　叢 1 - 211

臺灣宪錄　史 6 - 46367

臺灣近事末議　史 7 - 49318(21)、51261

臺灣通志[光緒]　史 8 - 63458

臺灣軍務諭旨　史 6 - 47689

臺灣巾幗英雄傳初集　子 5 - 28222

臺灣志畧　叢 1 - 330

臺灣志畧[雍正]　史 8 - 63451

臺灣志畧[嘉慶]　史 8 - 63455

臺灣概覽[民國]　史 8 - 63462

臺灣地輿圖說　史 7 - 49318(19)、51258

臺灣事件奏章　史 6 - 41934

臺灣事宜　叢 2 - 2061

臺灣採訪册[道光]　史 8 - 63456

臺灣揀東上堡採訪册[民國]　史 8 - 63478

臺灣日記　史 2 - 13241

臺灣縣志[康熙]　史 8 - 63463

臺灣縣志[嘉慶]　史 8 - 63465

臺灣縣志[乾隆]　史 8 - 63464

臺灣戰紀　史 1 - 4254

臺灣隨筆　史 7 - 49317(2)、49318(14)、51230　叢 1 - 195(7)、201、203(6)、2 - 731(59)

臺灣輿圖、說畧　史 7 - 51257

臺灣鄭氏始末　史 2 - 9309　叢 2 - 843

臺灣小志　史 7 - 49317(2)、49318(14)、51260

臺灣小志[光緒]　史 8 - 63457

38 臺海三種　叢 2 - 890

臺海采風圖考　史 7 - 51243

臺海使槎錄　史 7 - 49317(2)、51239　叢 1 - 223(26)、2 - 731(59)、782(4)

臺海採風圖考　叢 2 - 890

臺海見聞錄　史 7 - 51241～2

臺遊日記　史 7 - 53770

臺遊筆記　史 7 - 49317(9)、49318(15)、53771

41 臺垣疏稿　史 6 - 48964

44 臺萊雜詠　史 2 - 9494

50 臺中疏草　史 6 - 48307　叢 2 - 1144

臺中疏畧　史 6 - 48442

臺中集　集 2 - 8074、6 - 45128

臺事紀聞　史 1 - 4055

臺事隨筆　叢 2 - 1545

臺東誌　史 8 - 63488

臺東州採訪册[光緒]　史 8 - 63488

54 臺拱廳志畧[乾隆]　史 8 - 62274

臺拱文獻紀要[民國]　史 8 - 62275

56 臺規　史 6 - 42034、42103

63 臺戰實記、續集　史 1 - 4253

臺戰實紀、續集、三集、四集、五集、六集　子 5 - 28223

70 臺防學治錄　史 6 - 47132

75 臺體截積術　子 3 - 12404

76 臺陽雜詠　史 7 - 49330、51265

臺陽雜興　史 7 - 49330、51266

臺陽剿匪事畧　史 1 - 3739

臺陽紀巡百韻　集 3 - 18707

臺陽紀遊百韻　集 3 - 18705

臺陽內編百詠、外編百詠　集 4 - 29375

臺陽見聞錄　史 7 - 51264　叢 2 - 994

臺陽筆記　史 7 - 51263

77 臺閣集　集6-41854、41873、41878
　　臺閣集(中唐李嘉祐詩)　集1-1154
　　臺門陳氏宗譜[浙江縉雲]　史4-33145～6
80 臺錐積演　子3-12353
90 臺懷隨筆　史7-49316、49317(7)、49318(2)、
　　53924　叢1-496(3)、2-617(4)、1472
　　臺省疏稿　史6-48269

4010₆ 查

00 查辦江南款目清單　史6-43300
　　查辦吉林事件案　史1-4235
　　查辦東邊朝鮮諮文並飭委員會劄諭　史6-
　　47926
10 查爾斯密初等代數學　子7-37523
　　查爾斯密大代數學　子7-37524
　　查覆內蒙古東盟旗詳細情形並籌辦法　史
　　6-41837
17 查了吾先生正陽篇選錄　子2-4593、4897
22 查山遺詩　集4-24568
　　查山學人日記(清嘉慶元年至道光二年)
　　史2-12637
　　查山問答　叢1-299～300
24 查他山先生(慎行)年譜、補遺　史2-11776
　　叢2-670
　　查勉耘詩集　集3-18364
26 查保甲日記(清光緒十九年)　史2-13096
30 查宜人墓誌銘　史2-9997
　　查客偶筆詩草　集5-38876
32 查灣陸氏續修譜畧[江蘇蘇州]　史4-
　　32640
33 查浦詩鈔　集3-16751　叢1-373(7)
　　查浦輯聞　史7-50127
　　查浦輯聞、全閩詩話、寶月錄節　子4-
　　24258
37 查初白文集　集3-16532
　　查初白詩稿　集3-16519
　　查初白行述　叢1-295
40 查士標山水册(查梅壑山水册)、項易庵倣
　　右丞藍田山莊圖卷　子3-16634
　　查南軒詩選　集3-15486、6-44580
42 查韜荒七言律詩　集3-15616
44 查勘旅順駱馬山煤鐵礦招商試辦章程　史
　　6-44780
　　查勘下江碼臺圖說槀稿　史6-48043
　　查勘禁煙日記　史6-47565
　　查勘東征疏　史6-47799、48319
　　查勘招萊三縣荒地圖說　史6-44881
45 查樓六部　集7-51091

47 查聲山學士鄂渚紀事　史1-3647
48 查梅壑山水册　子3-16634
50 查畫王題合璧　子3-16633
　　查忠烈公(城)考畧、鄭公國泰傳畧　史2-
　　8596
　　查東山(繼佐)年譜　史2-11622　叢2-670
51 查振隨筆　史6-44625、7-49357
59 查抄康有爲一段　集7-51402
　　查抄和珅家產清單　史1-3759
　　查抄和珅犯罪原案　史6-47406
　　查抄和坤家產清單　史1-1982
60 查昇書淨因寺碑記墨跡　子3-15386
72 查氏族譜[浙江海寧]　史4-30696
　　查氏家譜[安徽休寧]　史4-30706
　　查氏宗譜[江蘇]　史4-30694
77 查學庵雜稿　集3-18363
　　查關　集7-52221
80 查倉日記　史6-47417
　　查公(湄)行述　史2-10213

4010₇ 壺

00 壺庵雜雅　子4-24541
　　壺庵詩　集4-28085
　　壺庵五種曲　叢2-2067
　　壺庵駢體文　集4-28086
08 壺譜　子3-18184
10 壺天玉露　史2-6561
　　壺天映語　子4-20481　叢2-1184
　　壺天隨筆　集3-19771
　　壺天錄　子5-26665　叢1-496(7)、2-735
　　(1)、736
　　壺西草堂詩鈔　集5-41216
21 壺盧山館鐙謎　子3-18432
22 壺山詩鈔　集4-22745
　　壺山集　集2-11032
　　壺山先生四六　集1-3923、6-42072～3
　　壺山自吟稿　集3-21520
　　壺山倪氏亨一公重修宗譜[浙江永康]　史
　　4-31749
　　壺山倪氏宗譜[浙江永康]　史4-31746～8
　　壺山草堂詩集　集3-15800
　　壺山書屋詩畧　集4-26885　叢2-1561
　　壺山四六　集1-4116　叢1-223(57)
27 壺舟文存　集4-26922
30 壺客叢談　叢2-1933
32 壺冰館詩鈔　集4-23273
　　壺溪府君黃可潤行述　史2-9509

壼溪文集　集3-19877
壼溪文集初稿　集3-19878
壼溪呂文球公重修房譜[浙江縉雲]　史4-26340
壼溪呂氏務本公派己譜[浙江縉雲]　史4-26339
38 壼海生詩草　集4-23072
壼海生草　集6-44970
44 壼蘭晶鏡　史7-50546
50 壼中集　集5-39134
壼中樂　集7-50655　叢2-2067
壼中志初集　子5-26703
壼中攬勝　叢1-315
壼中贅錄　叢1-22(4)、23(4)
壼中日記(清嘉慶元年至二年)　史2-12633
壼中醫相論壼中藥方便　子2-9569
壼史　子3-18185
壼東漫錄　子4-21538　叢2-1920
60 壼口辨　史7-53041　叢1-556
壼口山人詩鈔　集4-31183
壼園雜著　集4-28774
壼園試帖課存、七言排律　集4-28770
壼園試帖二刻課存　集4-28771
壼園詩外集　集4-28772
壼園詩鈔　集4-28775
壼園詩鈔選、賦鈔、五代新樂府　集4-28769
壼園集　集4-28767～8、6-41994
壼園制藝選　集4-28773
72 壼隱詩鈔、詞鈔　集5-39487
壼隱謎存　子3-18464
壼隱子應手錄　子2-4572、6031、6105
壼隱子日用方括　子2-9291
壼隱子醫譚一得(壼隱子日用方)　子2-4572
壼隱子醫譚一得(壼隱子日用方、醫譚一得)　子2-9292
壼隱子醫書四種　子2-4572
壼隱居選錄越七十一家詩集　集6-44667
77 壼關縣續志[光緒]　史7-55683
壼關縣志[康熙]　史7-55680
壼關縣志[乾隆]　史7-55681
壼關縣志[道光]　史7-55682
壼關錄　叢1-19(7)、20(5)、22(7)、23(7)、24(7)
80 壼盦類稿五種　叢2-2103
壼翁信稿　集5-37130
壼矢銘　子3-18188　叢1-22(27)
壼公師考釋金文稿　史8-64209
壼公師考金釋稿　叢2-2187

壺

44 壺蘭嘯歌　集3-13908

盍

88 盍簪草　集3-15211
盍簪書屋遺詩　集4-27389
盍簪館文稿　集5-40771

直

00 直庵詩稿　集4-24397
直廬稿　集2-7855
直廬私載　叢2-2099
直齋書錄解題　史8-65555～7　叢1-223(28)、227(6)、230(3)、379,2-731(2)
直方大齋數學、答數　子3-12755
直文淵閣諸臣表　史6-42796　叢2-1094
直音傍訓毛詩句解　經1-3705
直音切字　了7-34482
直音署　子2-9215　叢1-223(33)
直音署訓　子7-34486
直音篇　經2-12821～2、13766
01 直語補證　叢1-203(17)、2-971、1474
05 直講李先生文集　集1-2096
直講李先生文集(盱江先生全集)、外集、門人錄、直講李先生年譜　集1-2095
直講李先生文集、外集、直講李先生年譜、門人錄　叢2-635(8)
直講李先生門人錄　史2-7079
直講李先生年譜　史2-11221
08 直說通畧　史1-4858　子4-20249
直說素書　子1-3228
10 直不齋全集　集3-15723～4
25 直積回求　子3-12366、12388、12688,7-36228(1)、36231(7)、36242(1)、36248
32 直溪王氏宗譜[安徽宣城]　史4-25291
34 直瀆草堂筆識　子4-23399
38 直道編　史2-9028
直道錄　子7-32099、34912、34917
40 直塘里志[道光]　史7-57060
直木堂詩集　集3-14311、14313

44 直坡詩文初稿　集 5 - 38608
45 直隸商州志[乾隆]　史 8 - 63062
　直隸廣平府賦役全書　史 6 - 43658
　直隸試辦警務學堂暫行章程摺稿　史 6 - 45354
　直隸試辦小學堂暫行章程　史 6 - 42458
　直隸旗地述畧　史 7 - 49900
　直隸工藝總局調查土產紀畧　史 7 - 49899
　直隸工藝志初編　子 4 - 18660
　直隸五道成規　史 7 - 52832
　直隸五大河流圖說　史 7 - 52822
　直隸霍州志[道光]　史 7 - 55829
　直隸霍州志[光緒]　史 7 - 55830
　直隸水田簡要事宜　史 6 - 46721
　直隸現行通飭章程、恤囚編　史 6 - 41819
　直隸理番廳志[同治]　史 8 - 62091
　直隸磁州煤鐵礦務局章程　史 6 - 44771
　直隸順天府五州二十一縣賦役册　史 6 - 43648
　直隸順天府大興縣賦役全書　史 6 - 43649
　直隸順天金石目錄　史 8 - 63812
　直隸順德府賦役全書　史 6 - 43654
　直隸山東輿地圖　子 7 - 37748
　直隸剿辦拳土各匪獎案(光緒二十八年)　史 6 - 47263
　直隸代州志[乾隆]　史 7 - 55742
　直隸保定府完縣賦役全書　史 6 - 43655
　直隸和州志[道光]　史 7 - 58058
　直隸和州志[光緒]　史 7 - 58059
　直隸綿州德陽縣志[乾隆]　史 8 - 61752
　直隸綿州志[嘉慶]　史 8 - 61717
　直隸綿州志[乾隆]　史 8 - 61716
　直隸綿州志[同治]　史 8 - 61718
　直隸綿州羅江縣志[乾隆]　史 8 - 61778
　直隸總督奏摺　史 6 - 48925
　直隸名宦錄　史 2 - 7733
　直隸各省輿地全圖　史 7 - 49684
　直隸督署會議章程　史 6 - 41820
　直隸督院劄覆諮議局議案並咨行文件彙編　史 6 - 41822
　直隸絳州志[乾隆]　史 7 - 55955
　直隸絳州志[光緒]　史 7 - 55956
　直隸安慶郡志[天順]　史 7 - 57900
　直隸官書局運售各省官刻書籍總目　史 8 - 66434
　直隸定州續志[咸豐]　史 7 - 55255
　直隸定州志[雍正]　史 7 - 55253
　直隸定州志[道光]　史 7 - 55254
　直隸實習工場續定章程　史 6 - 44772
　直隸瀘州志[嘉慶]　史 8 - 61921
　直隸瀘州志[乾隆]　史 8 - 61920

　直隸瀘州志[光緒]　史 8 - 61922
　直隸河渠志　史 6 - 46584、46713,7 - 52833　叢 1 - 223(25)
　直隸河淀做估浚工程圖說　史 6 - 46722
　直隸河道事宜　史 6 - 46720
　直隸州縣新舊交代章程　史 6 - 41818
　直隸州縣巡警試辦章程　史 6 - 45353
　直隸州縣警務人員職務權限規則　史 6 - 45355
　直隸治河記　史 6 - 46723
　直隸池州府貴池縣池口河泊所魚課册　史 6 - 43990
　直隸法政學堂試辦章程　史 6 - 42457
　直隸法律學堂講習科講義　史 6 - 46045
　直隸達州[乾隆]　史 8 - 61998
　直隸澧州志[同治]　史 8 - 60483
　直隸澧州志林[乾隆]　史 8 - 60481
　直隸清訟事宜、限期功過章程　史 6 - 45933
　直隸清理財政局說明書七編　史 6 - 43263
　直隸清理財政局錄送試辦宣統三年歲出經常各欵第、臨時各款總册、勘誤　史 6 - 43259
　直隸清賦例章　史 6 - 43421
　直隸深州總志[乾隆]　史 7 - 55400
　直隸深州志[雍正]　史 7 - 55399
　直隸通州志[道光]　史 7 - 56804
　直隸通州志[乾隆]　史 7 - 56802
　直隸通州志續編[咸豐]　史 7 - 56805
　直隸運售各省官刻書籍總目　史 8 - 66435
　直隸海口圖說　史 7 - 52834
　直隸遵化州志[乾隆]　史 7 - 55185～6
　直隸大名府賦役全書　史 6 - 43657
　直隸太倉州志[嘉慶]　史 7 - 57050
　直隸南雄州志[道光]　史 8 - 60887
　直隸真定府賦役全書　史 6 - 43650
　直隸地畧　史 7 - 49318(19)、49897
　直隸考畧　史 7 - 49317(1)、49318(1)、49896
　直隸勸業道職掌任用章程原奏覆奏摺　史 6 - 42775
　直隸桂陽州志[嘉慶]　史 8 - 60626～7
　直隸相距各省路程　史 7 - 49680
　直隸趙州志[同治]　史 7 - 55097
　直隸趙州志[光緒]　史 7 - 55098
　直隸書局圖書目錄　史 8 - 66476
　直隸秦州新志[乾隆]　史 8 - 63117
　直隸口外遊記　史 7 - 49358
　直隸易州志[乾隆]　史 7 - 55281
　直隸賑捐新章　史 6 - 44637
　直隸賑捐請獎章程　史 6 - 44638
　直隸階州志[乾隆]　史 8 - 63234
　直隸馬步練軍營制　史 6 - 45268

直隸陝州志[乾隆]　史8-59587
直隸陝州志[同治]　史8-59589
直隸鳳陽府宿州志[弘治]　史7-57766
直隸册結欵式　史6-47435
直隸全省教案賠款清單　史6-44995
直隸敍永廳志[嘉慶]　史8-61933
直隸邠州志[乾隆]　史8-62881
直隸省試辦宣統四年地方步出預林比較表
　　史6-43262
直隸省試辦宣統四年國家歲出　史6-
　　43260
直隸省試辦宣統四年國家歲入預算比較表
　　史6-43261
直隸省物料價值則例　史6-46535～7
直隸省各級審判廳辦事規則　史6-46026
直隸省各級審判廳看守所暫行規則　史6-
　　46028
直隸省各級審判檢察廳暫行章程　史6-
　　46027
直隸省通志稿[民國]　史7-55017
46 直如室詩　集5-40657
50 直隸保定府祁州深澤縣志[康熙]　史7-
　　55070
51 直指詳說　子5-29538、31143
直指玉鑰匙門法　經2-13736、14304
77 直屬現任正佐各官簡明履歷錦摺(清光緒
　　二十八年)　史3-23719
直屬候補道府同通州縣各官簡明履歷錦摺
　　(清光緒二十八年)　史3-23718
直閣朱公祠墓錄　史7-51937　叢2-832
　　(6)
80 直介堂徵訪書目　史8-66208　叢2-2202
直介堂叢刻初編十種續編五種鼻煙叢刻四
　　種　叢2-2202
直養齋稿　集3-18794
直養書屋文集、續集　集4-25546
90 直省府廳州縣歌括　史7-49769
直省府名歌訣　史7-49711　子1-1971
　　叢2-1732
直省府縣官員銓選考語　史6-42663
直省諮議局議員聯合會議決案彙錄　史6-
　　41823
直省諮議局議員聯合會報告書　史6-
　　41824
直省形勝郡邑考　史7-49735
直省科場異聞錄　史1-4502
直省釋奠禮樂　史6-42171
直省釋奠禮樂記　經1-6343　史6-42172
直省地名韻語　史7-49762
直省附錄　史6-46159　叢1-338
直省分道疆境歌畧並圖　史7-49768

4010₈ 壹

00 壹齋集　集4-23250～4　叢2-1565
壹齋集游記　史7-53120
壹齋集遊記　叢2-1565
壹齋集賦　叢2-1565
58 壹輸盧伽論　子6-32083(18)、32086(28)
壹輸盧迦論　子6-32081(26)、32085(25)、
　　32088(18)、32089(44)、32090(49)、32091
　　(47)、32092(32)、32093(26)
60 壹是紀始、補遺　子5-25943

4011₄ 堆

22 堆山先生前集鈔　集2-12143　叢2-798
47 堆垛術　子3-12859
堆垛積術　子7-36228(1)、36242(1)
堆垛求積術　子3-12357、12388、7-36231
　　(7)、36241、36248　叢2-917、1744
72 堆兵夜拉弓一枝　集7-51715

4011₆ 壇

00 壇廟祀典　史6-42134
21 壇經　子7-32135、34173
壇經、六祖大師事畧　子7-34168
壇經畧說　子7-32118
壇經畧釋　叢2-2017
22 壇山刻石　史8-63501、64523
32 壇溪梓舟船禪師語錄　子6-32091(76)
48 壇場式　子7-35034

4011₇ 坑

50 坑東固塘文氏族譜[江西永新]　史4-
　　25679

4012₇ 坊

07 坊記新解　經1-5872　叢2-2129(2)、

2130～1
坊記集傳　經1-5871
坊記集傳、坊記春秋問業　叢1-223(9)
坊記集傳、春秋坊記問業　經1-69
坊記春秋問業　經1-7637
50 坊表錄　子5-25899　叢2-1764
80 坊前梅氏宗譜[江蘇武進]　史5-34137

墉

43 墉城集仙錄　史2-6885　子5-29530(16)

4013₂ 壕

11 壕頭鄭氏宗譜[浙江黃巖]　史5-38697～8

壞

46 壞相金剛根本咒　子7-32094

壤

00 壤麈詞　集4-21941

4013₆ 螽

22 螽仙文集　叢2-2101
螽仙雜俎　叢2-2101
螽仙詩文集(螽仙詩集、文集、絕句、小品、
　雜俎、尺牘、落葉相思小草、栩園朔陽集、
　小隱園初集詩、文集雜俎、小隱園二集
　詩、尺牘)　集5-34148
螽仙詩集　叢2-2101
螽仙石品、續集、石交錄　叢2-2101
螽仙泉譜　史7-52757　叢2-2101
螽仙絕句　叢2-2101
螽仙尺牘、小隱園尺牘　叢2-2101
螽仙小品　叢2-2101

4016₁ 培

00 培庵詩文集　集4-24038
10 培元經　子5-31781
培元書屋制藝　集4-28693
培元堂詩鈔　集5-38719
34 培遠堂文集　叢2-1388
培遠堂文檄　叢2-1388
培遠堂文錄　集3-19081,6-42067
培遠堂詩集　集3-20270
培遠堂手札節要　叢2-1388
培遠堂手札節存　叢1-483
培遠堂手劄　集3-19084
培遠堂手劄節存　集3-19085
培遠堂偶存稿　史6-47129　叢2-1387
培遠堂偶存稿(文檄)　叢2-1387
培遠堂偶存稿、手札節要　集3-19080
培遠堂偶存稿、年譜　集3-19079
培遠堂全集二十種　叢2-1387
培達堂詩集　集6-41999
41 培梧山房詩稿　集5-39738
42 培荊堂詩鈔　集4-23816
44 培萱堂詩刪餘草　集5-34522
培花小園詩鈔　集4-28379
培蔭軒文集　叢2-1494
培蔭軒雜記　子4-21509　叢2-1494
培蔭軒詩集　叢2-1494
培蔭軒詩集、文集、雜記、扈從木蘭行程日
　記　集3-21231
培蔭軒全集五種　叢2-1494
培菴漫錄、續編　子4-24328
培桂山房詩鈔　集4-22677
培林堂文集　集3-15385～6　叢1-492
培林堂書目　史8-65259、65659
47 培根書屋詩草　集5-39725
培根堂詩鈔　集4-30102,6-42007(2)　叢
　2-1788
培根堂集(培根堂詩鈔、鑄鐵硯齋詩、續編、
　養淵堂古文、駢體、味經齋制藝)　集4-
　30101
培根堂學古文　集4-30103
培根堂全稿(寄泉類稿)九種附一種　叢2-
　1788
60 培園文鈔　叢2-1738
培園試帖詩、律賦　叢2-1738
培園試草　叢2-1738
培園詩集　集3-14693、18915

培園詩鈔　叢 2 - 1738
培園全集　集 4 - 28754
培園全集八種　叢 2 - 1738
77 培風集　集 3 - 19294
培風草堂稿　集 4 - 30890
培風別野詩集　集 5 - 37516
培風閣詩鈔　集 4 - 32287

4016₇ 塘

10 塘工紀畧、續、三續　史 6 - 46857
塘工善後局議結開平煤棧築用二十三保十
四圖塘基交涉案　史 6 - 45072
31 塘江盧氏族譜[江西南康]　史 5 - 40096
塘河工程考　子 7 - 36240(3)
32 塘灣鄉九十一圖里志[道光]　史 7 - 56393
37 塘沿徐氏宗譜[浙江常山]　史 4 - 32006
46 塘坦何氏宗譜[浙江]　史 4 - 28340
47 塘報稿　史 1 - 3092

4020₀ 才

07 才調集　集 6 - 41853、43259、43264　叢 1 -
　223(68),2 - 635(14)
才調集集註　集 6 - 43260
才調集補註　集 6 - 43261
才調集選　叢 2 - 948
才調集選(才調集)　集 6 - 43263
才調集箋註　集 6 - 43262
17 才子文　子 3 - 14691　集 2 - 7437
才子西廂醉心篇　集 7 - 48849、54858
才子琵琶寫情篇　集 7 - 49737
才子佳人　集 7 - 53551
才子佳人供月(佳人才子供月)　集 7 -
　51772
才子佳人對詩一枝　集 7 - 51670
才子牡丹亭　集 7 - 49899
26 才鬼記　子 5 - 26222、27041　叢 1 - 22(19)、
　23(19)、142、154、185、249(2)、255(3)
27 才叔遺文、詩餘　集 5 - 35758
才叔遺詩　集 5 - 35757
33 才冶樓詩　集 3 - 17183
37 才郎夜觀書一枝　集 7 - 51667
才郎夜擎盃一枝　集 7 - 51669
才郎夜拉弓一枝　集 7 - 51668
才郎看西廂一枝　集 7 - 51666

40 才女出奇　集 7 - 49700
80 才人福　集 7 - 50321
才人福傳奇　集 7 - 50322
才分天地人一枝　集 7 - 51665
才茲文　集 5 - 40169
95 才情集　子 5 - 27600

4020₇ 麥

01 麥龍韜列傳　史 2 - 10234
28 麥作全書　子 7 - 37027
32 麥溪張氏家乘[江蘇丹陽]　史 5 - 34815
40 麥有堂詩集　集 2 - 11181
麥有堂集詩初集、二集　集 3 - 15235
60 麥田胡氏六修族譜[湖南]　史 4 - 30592
72 麥氏族譜[廣東]　史 5 - 34263
麥氏族譜[廣東台山]　史 5 - 34266
麥氏族譜[廣東鶴山]　史 5 - 34267
麥氏族譜及興圖[廣東順德]　史 5 - 34268
麥氏宗譜[廣東]　史 5 - 34264

4021₁ 堯

22 堯峯文鈔　集 3 - 14563～4,6 - 42064　叢 1 -
　223(67),2 - 635(12)
堯峯山志、護石亭跋　史 7 - 52298
堯山藏草　集 2 - 11659
堯山堂外紀　子 4 - 24108
堯山堂偶雋　叢 1 - 452、586(4)、2 - 716(4)
堯山堂偶雋(木石居精校八朝偶雋、偶雋)
　集 6 - 46250
44 堯封剩稿　集 3 - 19266
50 堯夫子　子 1 - 20
74 堯陵考　史 7 - 51903

4021₄ 在

00 在亭詩稿　集 6 - 41975
在亭集　集 3 - 18120
在亭叢稿　集 3 - 18116～7
12 在璞堂續集　集 3 - 21141
在璞堂續稿　集 3 - 21140
在璞堂吟稿　集 3 - 21139,6 - 41999
在璣述畧　子 7 - 36229

22 在山泉詩話　叢2-622
　　在山遺稿　集3-19739
　　在山草　叢2-1022
　　在山草堂詩稿　集4-24246
　　在山草堂吟稿　集4-28597～9
　　在山草堂爐餘詩、詩餘　集5-39774
　　在山吟草　集5-36395
　　在山小草　集5-38599
　　在山堂詩畧　集3-21081
　　在山堂集　集3-21120
27 在魯齋文集　集2-11619
28 在懲錄　集2-7258
30 在窮記　叢1-22(10)、23(10)
　　在家律要廣集　子7-33957
　　在官法戒錄　史6-43011　子1-1956～7
　　　叢2-663、698(7)、1387～8
　　在官法戒錄摘鈔　史6-43012　子1-1960
32 在淵草　叢2-1498
　　在濼筆記　子4-23255
44 在昔篇　子3-15767
　　在莒集　集5-36914　叢2-788
　　在菴筆聞　子4-23203
51 在軒集　集1-4491　叢1-223(58)
60 在園雜志　子4-21157～8　叢1-321、496
　　　(7)、2-785
　　在園詩集　集3-16760、6-41969
　　在田錄　史1-2668　叢1-13、14(1)、22
　　　(21)、134
　　在是集　子5-25229
67 在野集　集2-5990
　　在野邇言　子5-27232
71 在原詠、題贈　集2-10329
　　在原詩集(南遊草)　集3-19313
　　在原詩鈔　集3-19312、19314
　　在原詩鈔(望雲樓稿、燕遊草)　集3-19311
74 在陸文鈔　集3-15238、6-42064
　　在陸草堂文　集3-15236
　　在陸草堂文集　集3-15237
80 在茲篇　集6-43622
　　在茲堂詩集　集5-38728
88 在笥集　集2-8651
　　在籍公疏稿　史6-48558

帷

47 帷幄全書十四種　子1-3090

獚

17 獚歌　叢1-282(4)、283(3)、2-731(55)

4021₆　克

00 克庵先生尊德性齋小集、補遺　集1-3626
　　　叢1-244(6)
　　克齋詞　集7-46352、46357、46362、46380、
　　　46592　叢1-223(73)、2-698(13)、720(2)
　　克齋集　集1-3966、2-8067　叢1-223(56)
　　克齋遺墨　叢2-888
　　克齋李公平倭事畧　史1-2880～1
01 克諧編　子4-23470
17 克己齋續稿　集5-34959
　　克己齋初稿　集5-34958
21 克虜礮彈造法　子7-36250
　　克虜卜新式陸路礮圖　子7-36229
　　克虜卜新式陸路礮圖說　子7-36229
　　克虜卜各等新式陸路礮總表　子7-36229
　　克虜伯新式陸路炮圖說　子7-36985
　　克虜伯礮說　子7-36228(3)、36231(2)、
　　　36242(3)、37005
　　克虜伯礮說、操法、碼表　子7-36983
　　克虜伯礮彈造法　子7-36228(6)、36231(3)、
　　　37015
　　克虜伯礮準心法　子7-37006
　　克虜伯礮準心法、圖　子7-36228(3)、36231
　　　(2)、36242(3)、36984
　　克虜伯礮架說　子7-36231(3)、36999
　　克虜伯礮表　子7-36228(3)、36231(2)、
　　　36242(3)、37003
　　克虜伯礮操法　子7-36228(3)、36231(2)、
　　　36242(3)、37004
　　克虜伯電光瞄準器具圖說　子7-36229、
　　　37653
　　克虜伯船礮操法　子7-36231(2)、37001
　　克虜伯螺繩礮架說　子7-36231(3)、37002
　　克虜伯腰箍礮說　子7-36231(2)、36999
22 克鼎集釋　史8-64270
　　克鼎銘考釋　史8-64271　叢2-2227、2229
24 克什米爾考畧　史7-49319
28 克復諒山大畧　史1-4233　叢1-472
　　克復要言　子4-21554
　　克復金陵勳德記　史1-3884　叢1-474
37 克洛特加龍省天演學　子7-37965

44 克勤齋新刊古本少微先生資治通鑑節要、
　　外紀節要、克勤齋新刊四明先生續資治
　　通鑑節要 史1-1087
　　克萊武傳 子7-38218
　　克薪堂詩集、文集 集2-11935
56 克擇日指 子3-14545

4022₇ 内

00 内方文集 集2-8222~3
　　内方先生集 集2-8220
　　内方先生集、附鈔、附錄 集2-8221 叢2-874
　　内府寫本書目 史8-65258、65509
　　内府祕傳眼科全書 子2-7337
　　内府祕授幼科心法 子2-8580
　　内府藏唐寫本刊繆補缺切韻 經2-13634
　　内府藏器著錄表 史8-64343
　　内府書畫編纂稿 子3-14814
　　内府輿地全圖 史7-49657
　　内庭工程做法、工部簡明做法 史6-46541
　　内庭石作例 史6-46543
　　内庭物料斤兩尺寸價值則例 史6-46531
　　内庭大木石搭土油裱畫現行則例 史6-46542
　　内庭畫佛註銷檔案 史6-47379
　　内庫書目 史8-65507
　　内言集 集6-45023
02 内訓 子1-2940 叢1-223(30)、273(4)、275,2-724
10 内石塘葉氏宗譜[浙江松陽] 史5-35712~3
12 内弘文院職官錄 史1-1984,6-42903
　　内廷體制備考 史6-41748
　　内廷常行則例 史6-47062
14 内功引導法 子2-11217
　　内功祕要 子5-31488
　　内功圖說 子2-11207、11218 叢1-442~3,2-731(20)
18 内政自強策 子7-36262
　　内政通紀 史6-41489~94 子7-36256~7
　　内政輯要 子1-2163
　　内務府職官錄 史3-24564
　　内務府爵秩全書(清光緒二十六年) 史3-24330
　　内務府爵秩全書(清光緒二十四年) 史3-24299
　　内務府爵秩全書(清光緒二十八年) 史3-24360
　　内務府爵秩全書(清光緒三十年) 史3-24404
　　内務府爵秩全覽(清光緒二十六年春、夏季) 史3-24325
　　内務府爵秩全覽(清光緒二十五年) 史3-24315
　　内務府爵秩全覽(清光緒二十四年春、冬季) 史3-24296
　　内務府爵秩全覽(清光緒二十年春、夏、秋季) 史3-24211
　　内務府爵秩全覽(清光緒三十二年) 史3-24447
　　内務府爵秩全覽(清光緒三十三年春、夏季) 史3-24467
　　内務府爵秩全覽(清光緒三十年夏、秋、冬季) 史3-24402
　　内務府爵秩全覽(清光緒五年冬季) 史3-24068
　　内務府爵秩全覽(清光緒十六年夏季) 史3-24155
　　内務府爵秩全覽(清光緒十九年) 史3-24198
　　内務府官叫名册 史3-23704
　　内務府地册 史6-47377
　　内務府事宜便覽 史6-47061
　　内務府咸安宮官學現行則例 史6-47058
　　内務來電 史6-47253
20 内集事詞 子5-29605
21 内經 子2-4766
　　内經病機纂要 子2-5371
　　内經辨言 子2-4768、5432
　　内經音義三稿 叢2-1893
　　内經音義再稿 叢2-1893
　　内經音義稿、素問難字畧、慧琳大藏經音義、雜文 子2-5376
　　内經音義初稿 叢2-1893
　　内經音義四稿 叢2-1893
　　内經評文靈樞 子2-5449
　　内經評文素問 子2-5414
　　内經評文素問、遺篇、内經評文靈樞 子2-4727
　　内經評文素問、内經評文靈樞、遺篇 子2-5329
　　内經詮釋 子2-4608、4611~2
　　内經詮釋(内經要畧) 子2-5346
　　内經論治 子2-5380
　　内經靈樞 子2-5320、5451
　　内經要旨 子2-5337
　　内經平脈考 叢2-2129(3)、2130~1
　　内經翼注、圖翼 子2-5348
　　内經必讀 子2-5341
　　内經述 經1-2323 子2-5368

内經通論　子 2-5382
內經運氣病釋、內經遺篇病釋　子 2-4685、
　　5373
內經運氣遺篇病釋　子 2-5374
內經運氣表　子 2-4685、5375
內經難字音義　子 2-4685、5377
內經博議　子 2-4770、5364
內經截要　子 2-5355
內經摘要　子 2-5352
內經素問　子 1-62,2-4564、4568、5317～8、
　　5387、5393　叢 2-1917
內經素問靈樞校勘記　叢 2-1792
內經素問校正　子 2-4705、5413
內經素問校義　子 2-4770
內經素問類注抄　子 2-5416
內經撮要　子 2-5356
內經挈領增删集註　子 2-5365
內經拾遺方論　子 2-9973
內經拾遺方論、種子論　子 2-5358
內經脈法　子 2-6123
內經脈圖　子 2-6212
內經脈學部位考　子 2-4723、6181　叢 2-
　　1817
內經臟腑經絡穴名繪考　子 2-10360
內經知要　子 2-5335
內經纂要　子 2-4597、5340、5351
內經類要纂注　子 2-5357
內經類抄　子 2-5332
內經精華簡明揭要　子 2-5381
22 内制集　叢 2-635(8)、698(9、10)
23 内外雜治方　子 2-10184
内外功服氣圖說　叢 2-724
内外科方抄　子 2-10139
内外科雜錄　子 2-7863
内外科良方摘要　子 2-9846
内外科考　子 7-36240(5)
内外傷辨　子 2-4564　叢 2-731(28)
内外傷辨惑論　子 2-4549～51
内外傷辨惑論(内外傷辨)　子 2-7092
内外傷辯惑論　叢 1-223(33)
内外滙錄良方　子 2-9851
内外海運章程　史 6-44189
内外克治清靜法要　子 5-29585
内外克治清靜法程　子 5-29581、29585、
　　31410
内外克治清靜法寶　子 5-29581、31409
内外蒙古各呼圖克圖銜名册　史 3-24557
内外蒙古邊防答問　史 6-45708,7-49319
内外蒙古路程表　史 7-49945
内外教育小史　子 7-36232、36697

内外史撮正編、續編　史 1-5031
内外服制通釋　叢 1-223(8)
内外服制通釋(雙峯先生内外服制通釋)
　　經 1-5447
内外膳房及各等處每日分例肉斤鷄鴨清册
　　(宣統二年六月)　史 6-47387
内外驗方　子 2-9860
内外金丹集　子 5-31367
24 内科病症便檢　子 2-7162
内科辨症用藥法　子 2-7188
内科証論　子 2-7185
内科証治歌括　子 2-7165
内科新說　子 7-36250、37861、37884
内科正宗　子 2-7110
内科理法前編、後編　子 7-36231(6)
内科理法前編、後編、三編　子 7-36228(4)
内科備用諸方　子 2-7193
内科傷寒論講義　子 2-6426
内科心法　子 2-7176
内科心典　子 2-7134
内科祕書　子 2-7178
内科摘要　子 2-4559～61、4577
内科摘要(薛氏内科撮要、薛氏醫錄)　子
　　2-7102
内科摘要方　子 2-9776
内科摘錄　子 2-4671、7148
内科撮要　子 2-7179
内科脈証　子 2-7192
内科脈鏡　子 2-4684、7154
内科學綱要　子 7-37847
内科闡微　子 7-37874
内科醫經便覽　子 2-7186
内科醫案(内科方案)　子 2-7191
内科貫唯集　子 2-7177
内科分治指掌、陸地仙經　子 2-7143
内科簡效方　子 2-7155
26 内自訟齋文集　集 4-26909
内自訟齋文鈔　集 4-26910
内自訟齋文鈔、詩鈔　集 4-26903
内自訟齋雜刻　集 4-21395
内自訟齋詩鈔　集 4-26904
内自訟齋詩鈔(襄陽集)　集 4-26906
内自訟齋詩鈔(閩南集)　集 4-26905
内自訟齋古文稿　集 4-26907～8
内自省齋隨筆　子 5-26585
27 内鄉通考[同治]　史 8-59961
内鄉縣志[康熙]　史 8-59959～60
内鄉縣志[成化]　史 8-59958
内鄉縣志[民國]　史 8-59962
内身觀章句經　子 6-32081(39)、32082(18)、

32083（26）、32085（38）、32086（44）、32088（27）、32089（34）、32090（55）、32091（53）、32092（36）

内紹種禪師語錄、頌古　子6-32091（77）

28 内傷集要　子2-4638、7220

内傷勞倦飲食飲水彙編　子2-5885

30 内家拳法　子1-3563　叢1-201、203（6、18）

31 内江廖氏族譜［四川］　史5-38568

内江張氏族譜［四川内江］　史5-35424

内江縣志［康熙］　史8-61850

内江縣志［宣統］　史8-61857

内江縣志［嘉慶］　史8-61851

内江縣志［咸豐］　史8-61853

内江縣志［同治］　史8-61854

内江縣志［民國］　史8-61858～9

内江縣志［光緒］　史8-61855～6

内江縣志要［道光］　史8-61852

32 内業　叢2-774（8）

33 内心齋詩稿　集3-18093　叢2-1431

34 内法議畧　子5-29530（11）、31563

38 内遊剩草　集5-36753

40 内臺集　集2-7601、7608、7610　叢2-1077～8

内臺集、慎言、喪禮備纂　集2-7605

内臺錢後峯先生存真文稿　集2-8937

41 内板經書紀畧　叢2-631

44 内地雜居續論　子7-38091

内地貿易考　子7-36240（3）

内地人民移殖吉林源流　史7-49357、50011

内苑三海等處畧記　史1-1629

内蒙古紀要［民國］　史7-56027

内蒙古地理［民國］　史7-56029

内藏百寶經　子6-32081（15）、32083（10）、32085（15）、32086（16）、32088（11）、32089（12）

内黃縣志［嘉靖］　史8-59757

内黃縣志［萬曆］　史8-59758

内黃縣志［乾隆］　史8-59759

内黃縣志［民國］　史8-59761

内黃縣志［光緒］　史8-59760

内黃駱氏重輯宗譜［浙江淳安］　史5-39893

45 内樓檢書記、續　叢2-2270（2）

46 内觀日疏　叢1-22（6）、23（5）

48 内翰林弘文院職官錄　史1-1984、6-42902

内翰林弘文院各官履歷文册　史3-23680

50 内書　叢2-2270（1）

55 内典文藏　史8-66323　子7-34620

内典文藏目錄　史8-66322　子7-34619

内典字義譯注　子4-21112

60 内景樓日記　叢2-2270（4）

内景圖解　子2-4605、5942

62 内則章句　經1-5865　叢2-812

内則衍義　子1-2955　叢1-223（31）

67 内照法　子2-4727、5931

72 内丘縣志［康熙］　史7-55455

77 内邱縣鄉土志［光緒］　史7-55457

内邱縣志［崇禎］　史7-55454

内邱縣志［道光］　史7-55456

内丹訣　子5-29530（21）、29562、31186

内丹三要　子5-29541、31250

内丹三要論　子2-11181

内丹祕訣　子5-29530（21）、29562、30926

内丹還元訣　子5-29530（21）、29562、30933

内閣庫存詔諭碑版輿圖目、内閣庫存書目、殘書目、殘複書目　史8-65508

内閣要義　史6-41702　叢2-2129（2）

内閣票擬　史6-47692

内閣政務處奏稿　史6-48055

内閣行實　史2-7201

内閣行畧　史2-7359

内閣官制初議草案　史6-42745

内閣漢票籤中書舍人題名、續編　史3-23701

内閣漢票籤中書舍人題名、續編、補遺、續補遺　史3-23702

内閣大庫檔册　史8-65510　叢2-594

内閣大庫奏檔　史6-47886

内閣志　史6-42798　叢1-269（4）、2-731（18）

内閣考績册　史6-42741

内閣藏書目錄　史8-65435　叢1-448，2-615（1）

内閣藏書錄　史8-65436

内閣奏題稿　史6-48335

内閣典儀　史6-42067

内閣典籍廳關支康熙廿八年秋冬二季俸米黄册　史1-1985，6-43928

内閣撰擬文字　史6-47705～6

内閣撰擬文字、二編、附編　史6-47707

内閣撰擬文字三編　史6-47708

内閣會奏覆核廣東禁賭條例摺　史6-41913

内閣小識　史6-42800

内閣小志　史6-42799　叢2-968

内閣小志、内閣故事　叢1-272（2），2-594、731（18）

80 内八卦經穴集　子2-11229

内金丹　子5-29577、31412

内美含章　子2-5275

内義丹旨綱目舉要　子5-29530（2）、29627

内養下手口訣　子5-29561、31342

88 内銓奏草　史6-48647

內篇校文　叢2-635(4)
內簡尺牘　集1-3079~80　叢1-223(54)
89 內銷各款收支約數　史6-43299
90 內省齋文集　集3-13425
內省堂集　集3-19430

南

00 南病別鑑　子2-4768
南病別鑑、續集　子2-4771(2)
南病別鑑、節錄辨證要畧　子2-6863
南亭筆記　子5-26754
南充縣志[嘉慶]　史8-61796　叢1-373(2)
南充縣志[民國]　史8-61797
南廱經籍考　史8-65257
南廱志　史6-42838
南廱志經籍考　史8-65437　叢1-539~41、547(3),2-631
南雍州記　史7-50702　叢1-22(11)、23(10)
南雍存稿　集3-20471
南雍志　史6-42839
南雍草　集2-9697,6-45189
南兗州記　史7-50133　叢2-779
南廬詩集　集3-21815
南廬詩鈔　集4-24413
南齊竟陵王集　集1-503
南齊文紀　叢1-223(70)
南齊孔詹事集　集1-501,6-41698
南齊書　史1-11~7、577　叢1-227(5)
南齊書、考證　史1-20、578　叢1-223(17),2-698(3)
南齊書州郡志、考證　史7-49311
南齊書夷貊傳地理考證　史1-582,7-49310
南齋詩集　集3-15023
南齋詞　集7-47197　叢2-731(49)
南齋集　叢2-731(43)
南齋集、詞　集3-19025　叢1-456(3)
南齋先生魏文靖公摘藁　集2-6549
南齋紀事詩　史1-6113
南齋校勘書畫記　子3-14901
南齋書州郡志、考證　史1-579
南齋日記(清康熙四十三年)　史2-12582
南方草木狀　史7-50812~3　子4-18535、19127　叢1-2~6、8~10、19(11)、20(9)、22(17)、23(17)、24(12)、29(2)、74~7、101、223(25)、249(1)、395、489,2-726、731(28)、873

南方草木狀、竹譜、禽經、古今刀劍錄、鼎錄　子4-18540
南方草木狀集證　史7-50815
南方草木狀佚文　史7-50814　叢2-777
南方小曲集　集7-50716
南方小曲抄　集7-50717
南高平物產記　子1-4181　叢2-1811
南康府志[康熙]　史8-58528
南康府志[正德]　史8-58527
南康府志[同治]　史8-58529
南康記　史7-50580　叢1-19(2)、21(2)、22(11)、23(10)、24(3)
南康鄉土志[光緒]　史8-58618
南康縣志[康熙]　史8-58612~3
南康縣志[道光]　史8-58615
南康縣志[嘉靖]　史8-58611
南康縣志[乾隆]　史8-58614
南康縣志[同治]　史8-58616
南康縣志[民國]　史8-58617
南庚疏鈔　史6-48502
南庚奏議　史6-48501
南唐雜詠　史1-6137
南唐雜事詩　史1-6138~9　叢1-278,2-731(43)
南唐雜事詩(荔生遺稿)　集5-40588
南唐二主詞　集6-41713,7-46351~2
南唐二主詞(二主詞)　集7-46441
南唐二主詞、補遺、校記　集7-46442
南唐二主詞、補遺、校勘記　叢1-585,2-2227
南唐二主詞集　集7-46443
南唐五百字訓纂　經2-12810
南唐將相大臣年表　史1-10(5)、4782
南唐近事　史1-2423~4　子4-22854~5　叢1-11~2、15、19(5)、21(5)、22(7)、23(7)、24(6)、26~8、31、111(1)、175,2-731(66)、959
南唐近事、鄭仲賢遺集　叢1-223(44)
南唐近事佚文　史1-2425　叢2-777
南唐演義全傳　子5-28057~8
南唐遺事　史1-2430　叢1-374
南唐董源夏山圖卷　子3-16458
南唐史　史1-2400
南唐書　史1-30、683　叢1-27、273(4)、422、424、469、586(2),2-716(2)、731(66)
南唐書、音釋　史1-30、685、687　叢1-98、424、469、586(2),2-698(10)、716(2)、731(66)、1037
南唐書、音釋、校勘記　史1-686　叢2-636(2)
南唐書、校勘記　史1-684　叢2-636(2)

南唐書音釋　叢1-223(23)

南唐書紀事　史1-688　叢1-312

南唐書注　叢2-670

南唐書補注　史1-689　叢2-670

南唐書合訂　史1-690

南唐書合刻　史1-30　叢1-422、424、469

南唐拾遺記　史1-2431　叢1-195(1)、202
　(4)、203(10),2-731(66)

南唐野史　叢1-15

南廣雜詠、續、補　集4-23106

南麻徐氏世譜[江蘇吳江]　史4-31864

南交好音　史6-45015

南音三籟、譚曲雜劄、曲律　集7-54619

南音三籟散曲、戲曲　集7-54608

南譙孫氏重修本支世系譜[安徽全椒]　史
　5-33645

南京文獻六十八種　叢2-795

南京工部職掌條例　史6-42826

南京五城察院職掌志　史6-42906

南京刑部志　史6-42822

南京詹事府志　史6-42904

南京紀畧　史1-3403

南京寧澹齋全集　集2-11316

南京神策門清真寺徵信錄　子7-36082

南京禮部編定印藏經號簿、大藏經目錄號
　數、續入藏經目錄號數　史8-66339

南京大理寺志　史6-42908

南京太僕寺志　史6-42816

南京太常寺志　史6-42812

南京吏部志　史6-42820

南京暨南洋勸業會指南　史6-44793

南京戶部尚書平川先生王公(承裕)行實
　史2-8901

南京氣候志　叢2-795

南京飯店(火燒南京飯店)　集7-50763

南京小志[民國]　史7-56551

南京尚寶司志　史6-42909

02 南新橋張氏續修宗譜[江蘇江陰]　史5-
　34852

05 南靖和溪徐氏家譜[福建南靖]　史4-
　32138

南靖縣志[萬曆]　史8-58385

南靖縣志[乾隆]　史8-58386~7

南靖縣志[同治]　史8-58388

07 南郭李氏宗譜[湖南宜章]　史4-27611~2

南郭蘗談　子4-20775

南贛督撫奏議　史6-48292

南贛書　集2-7493

南詞　集7-46351

南詞便覽　集7-54665

南詞敍錄　集7-54844　叢2-672

南詢先生寒香集　集3-14210

南詢先生寒香集□□種　叢2-1299

南詢錄　子4-20758

南部新書　子4-19915、19917~8,5-26221
　叢1-16、22(4)、23(4)、31、180、223(44)、268
　(4)、456(1),2-617(3)、624(2)、731(52)

南部新書,補遺　子4-19916

南部縣鄉土志[光緒]　史8-61802

南部縣志[道光]　史8-61801

南部縣輿地圖說　史7-50978

南部烟花記　子5-26888　叢1-15、22(12)、
　23(11)、29(3)、255(2)、407(2)

南詔備徵　叢2-888

南詔備考　史7-51029

南詔源流紀要　史1-2034

南詔野史　史7-51026~8、51030　叢1-
　573,2-622

南詔野史續增　史7-51031

08 南旋詩草　集4-24495

南譜麗句集　子3-18269、18293

10 南工廟祠祀典　史6-42133

南亞墨利加各國疆域考　子7-36240(1)

南雪齋藏真　子3-15482

南雪草堂詩鈔　集4-31180

南平縣志[康熙]　史8-58191

南平縣志[嘉慶]　史8-58192

南平縣志[嘉靖]　史8-58190

南平縣志[民國]　史8-58193

南天痕　史1-865~6

南石和尚語錄　子6-32091(73)

南西廂記　集7-49797

南雪草堂詩集　集3-21299　叢2-843

南雷文約　集3-13558　叢1-263,2-1261

南雷文定五集　集3-13552　叢2-718

南雷文定四集　叢2-1261

南雷文定前集、後集、三集、詩曆、世譜、附
　錄　叢1-456(5)

南雷文定前集、後集、三集、詩曆、附錄　叢
　2-698(11)

南雷文定前集、後集、三集、四集、附錄　集
　3-13551

南雷文定前集、後集、三集、附錄　叢2-731
　(45)、1260~1

南雷文案　集3-13549

南雷文案、外卷　集3-13550　叢2-1260~1

南雷文案、外卷、吾悔集、撰杖集、子劉子行
　狀、南雷詩歷　叢2-635(12)

南雷文錄　集6-42066

南雷文鈔　集3-13557　叢1-373(7)

南雷雜著　集3-13546

南雷詩草　集5-39950

南雷詩歷　叢1-263,2-1260～1
南雷詩歷　集3-13553～6
南雷集外文　集3-13559
南雷黃子留書　子4-24174
南雷餘集　叢2-609
南雲巢詩鈔　集3-20779
南雲書屋文鈔　集3-19788　叢2-1004
11 南北方音　經2-14252
南北詩稿　集4-27863
南北郊冕服議　史6-41961　叢2-775(2)
南北詞廣韻選　集7-54607
南北詞名宮調彙錄、宮調總論　叢2-1461、
　1463
南北詞名宮調彙錄、宮調總錄　叢2-1462
南北詞曲隨筆　集7-50610
南北詞簡譜　集7-54689
南北詞等韻音切合參　集7-48676
南北譜　子3-18233
南北亞墨利加羣島考　子7-36240(1)
南北集　集3-20825
南北朱氏家譜[浙江臨海]　史4-26608～9
南北紀事　集3-13684
南北宋樂府　集5-34801
南北派十三套大曲琵琶新譜　子3-17816
南北斗延壽消災法　子5-31780
南北通用事箋字解九十五門對屬指蒙殘
　子5-25591
南北游草詩、文　集2-11391
南北遊草　集6-41969
南北遊草續　集2-9323
南北花旗戰紀　子7-36228(2)、36242(3)、
　36449
南北朝文歸　集6-42872、42877
南北朝文鈔　集6-43223　叢1-456(7),2-
　731(39)
南北朝雜記　史1-2366　叢1-195(1)
南北朝僑置州郡考　史1-142
南北朝襍記　史1-2314
南北朝存石目　史8-64645～6
南北史帝王世系表　史1-10(4)、4564、4727
　叢2-653(5)、731(65)
南北史意撫　史1-5235
南北史記疑　史1-139
南北史碎錄　史1-5236
南北史列眉稿彙、南北朝郡縣建置沿革表
　史1-143
南北史續世說　子4-22840
南北史宮闈雜事詩　集5-37898
南北史補志　史1-10(4)、137
南北史補志未刊稿　史1-138
南北史藻　史1-5227

南北史世系表　史1-10(4)、4564、4726　叢
　2-653(5)、731(65)
南北史表　史1-4564
南北史表三種　叢2-731(65)
南北史捃華　史1-5234
南北史年表　史1-10(4)、4564、4725　叢2-
　653(5)、731(65)
南北史合注　史1-135～6
南北史合鈔　史1-5237
南北史纂　史1-5229
南北史鈔　史1-5228
南北史類鈔　史1-5230～1
南北書派論、北碑南帖論、漢汜勝之遺書
　子3-15197
南北春秋　史1-1994、4343
南北曲　集3-20946,7-50664
南北學派不同論　叢2-2248
南北竹枝詞　集4-29740
南疆新制通考　史6-47935、47963
南疆繹史勘本、卹謚考、摭遺　史1-863
南疆逸史　史1-856～9
南疆逸史、跋　史1-860
南疆逸史紀畧　史1-864
南疆逸史跋　史1-861　集4-23658
南疆逸史附錄　史1-862
南張世譜[江蘇常熟]　史5-34862～4、
　34866
南張世系總圖[江蘇常熟]　史5-34865
12 南巡差案章程　史6-42110
17 南召縣志[乾隆]　史8-59952
南磵詩鈔　集3-20342
南磵詞　集7-46399～400
20 南畮集文類　集2-8044
南畮集詩類　集2-8043
南香詩鈔　叢2-944
南香草堂詩集　集3-19031
南香畫語　叢2-944
南統大君內丹九章經　子5-29530(20)、
　30072　集1-1155　叢1-223(48)
21 南征記　史1-1979、3303,7-53935
南征疏稿　史6-48157
南征集　集2-10417、12531～2　叢2-1597～
　8、1685
南征紀程　史7-53912
南征紀畧　史2-12559　叢2-1278
南征紀畧(清順治八年)　史2-12558
南征日記　史1-3700,7-53995　叢2-1880
南征錄　史1-2793　集6-43705　叢1-34
南征錄彙　史1-1918、2582　叢2-649
南行雜錄　叢1-263
南行詩草　集5-38824

南行記　史7-49318(21)、54140

南行集　集2-8885

南行集、東遊集、北觀集、山中集(止山集)
　　叢1-223(66)

南行偶筆　集2-12474～5

南行句紀　集3-14227

南行紀詠　集2-6621

南行紀程　史7-53970　集5-33798　叢2-
　　1907

南行紀事詩　集5-40649

南行述　史2-9340　叢1-203(8)

南行載筆　集2-12473

南行日記　史1-3169～70、3270、2-13082、7-
　　49317 (9)、49318 (12、21)、49358、53852、
　　54004、54015、54145　集6-45067　叢1-
　　399、2-617(5)

南行吟草　集4-24580

南虞小草、詞　集3-16794

22 南川冰蘗全集、目錄　集2-7120

南川漫遊藁　集2-7613

南川草堂詩鈔　集4-23272

南川縣鄉土志[光緒]　史8-61535

南川縣志　叢1-373(2)

南川縣志[咸豐]　史8-61532

南川縣志[民國]　史8-61534

南川縣志[光緒]　史8-61533

南川縣志書[乾隆]　史8-61531

南川公業圖說　史6-47592

南豐(曾鞏)年譜　史2-11227

南豐文　集1-2227、6-41804

南豐詩選　集1-2221、6-41903

南豐詩鈔　集1-2219、6-41773

南豐西理劉氏重修宗譜[浙江常山]　史5-
　　39281

南豐集錄　集6-41799

南豐先生元豐類稿　集1-2209、2211

南豐先生元豐類藁　叢2-635(8)、698(9)

南豐先生全集錄　集1-2216、6-41708

南豐澂溪傅氏九修宗譜[江西南豐]　史5-
　　36263

南豐萬氏天富公房譜[江西南豐]　史5-
　　35810

南豐東隅吳氏支譜[江西南豐]　史4-
　　28116

南豐縣續志[道光]　史8-58804

南豐縣續志節錄[道光]　史8-58805

南豐縣志[康熙]　史8-58802

南豐縣志[乾隆]　史8-58803

南豐縣志[同治]　史8-58806

南豐縣志[民國]　史8-58807

南豐劉先生文集、補遺　集5-38845

南豐風俗物産志　史7-49318(12)、50590

南豐曾文昭公曲阜集　史6-48123

南豐曾文昭公曲阜集、遺錄　集1-2218

南豐曾子固先生集　集1-2217

南豐曾氏遺書　集6-45087

南豐饒氏宗譜[江西南豐]　史5-41325

南蠻西南夷列傳地理考證　史1-349、7-
　　49310

南蠻列傳地理考證　史1-665、7-49310

南岑胡氏重修宗譜[浙江東陽]　史4-
　　30492

南岑胡氏宗譜[浙江東陽]　史4-30490～1

南崖集　集3-16273

南嶽詩稿　集6-41910

南嶽記　史7-49309、52573～5　叢1-19
　　(2)、24(3)、2-776

南嶽正宗道影　子7-34747

南嶽山茨際禪師語錄　子6-32091(74)

南嶽山居詩　集3-15340

南嶽繼起和尚語錄　子7-34303

南嶽倡酬集　叢1-223(68)

南嶽魏夫人傳　叢2-731(62)

南嶽總勝集　史7-52579　子5-29530(12)、
　　29535(7)、29536(7)

南嶽近草　集3-17380

南嶽近草二刻　集3-17381

南嶽遇師本末　子5-31224　叢1-109、111
　　(4)、2-731(13)

南嶽九真人傳　史2-8252　子5-29530(9)

南嶽志　史7-52587、52589

南嶽志、增補、續增　史7-52590

南嶽志輯要　史7-52588

南嶽思大禪師立誓願文　子6-32088(41)、
　　32090(64)、32091(62)、32093(50)

南嶽圖志　史7-52584

南嶽唱酬集　集6-43568～9

南嶽單傳記　子6-32091(77)

南嶽金丹暢旨　子5-29541、31044

南嶽小錄　史7-52577　子5-29530(9)　叢
　　1-223(25)、242(4)、306、382、525、2-731
　　(55)

南峯雜詠　集2-9940　叢2-901

南峯集　集3-21483

南峯樂府　集7-50609

南峯楊先生松籌堂文集　集2-7236

南峯楊氏宗譜　史5-37094

南畿辛卯同年方齒錄　史3-14090

南畿代射錄　集6-45429

南畿志[嘉靖]　史7-56541

南山望溪海峯惜抱尺牘精選　集6-45321

南山夏氏仲房小譜[浙江定海]　史4-

31667

南山天愚寶禪師語録　子7-34313

南山毛氏宗譜[浙江]　史4-25623

南山集　集6-41765

南山集、補遺、年譜　集3-16772

南山集偶鈔　集3-16768

南山先生集　集1-5237

南山佳話(鄔吉人)　史2-10411

南山保甲書　史6-45421　叢2-1728

南山宗統　子7-33958

南山橋楊氏重修宗譜[江蘇無錫]　史5-36813

南山黄先生家傳集　集2-6641

南山素言　子1-954　叢1-22(20)、87,2-730(1)

南山署紀　史7-51676

南山劉氏宗譜[安徽貴池]　史5-39337～8

南山簡便方　子2-9629

南山箸作考　史8-66028　叢2-845(3)

南山堂自訂詩　叢2-843

南山堂自訂詩、續訂詩、三訂詩　集3-13612

南山堂近草　集3-15084

南山堂填詞、和翠軒詩餘選、淑芳詞續　集7-46837

南幽雜俎　叢2-2218

南幽百絶句　集5-41042　叢2-2218

南幽筆記　叢2-2218

南樂豬龍河圖說　史7-52845

南樂縣鄉土志[光緒]　史8-59778

南樂縣志[康熙]　史8-59774～5

南樂縣志[民國]　史8-59777

南樂縣志[光緒]　史8-59776

23 南牖日牋　子4-20885　叢1-194

南獻遺徵箋　史8-66213

南戲北詞正謬　集7-54664

24 南偉詩鈔　集4-28336　叢2-900

25 南朱錢氏重修族譜　史5-40246

26 南白堂詩集　集4-24569

南胎文署　叢2-1339

南胎紀署　子4-20055

南泉遺詩　集2-7744、7749

南泉慈化寺志　史7-51685

南皋鄒先生會語合編、講義合編　子1-1186

南皋詩鈔、詞　集3-18768

南皋襍言　叢1-136

南皋筆記　叢2-735(3)

南吳舊話　叢1-300

南和十二景詩　集6-44387

南和縣鄉土志[光緒]　史7-55471

南和縣志[康熙]　史7-55468

南和縣志[乾隆]　史7-55469

南和縣志[光緒]　史7-55470

27 南歸記　史7-49317(6)、49318(12)、54011

南歸記(清嘉慶二年)　史2-12631

南歸集　集4-24810、25813,5-40484　叢2-1646

南歸紀行、南歸稿　集2-6456

南歸紀行、南歸藁　史2-12516

南歸紀程　史7-53933

南歸紀程(清道光二十七年至二十八年)　史2-12901

南歸紀程(清道光十一年至十二年)　史2-12641

南歸草　集3-15211,4-33496,5-39690

南歸日記　史7-54190　叢2-982

南歸日録　叢2-1206～7

南歸日録(明天啓七年)　史2-12542

南阜文鈔　集3-18403

南阜山人詩集類稿　集3-18396～400

南阜山人詩集類稿五集　集3-18401

南阜山人敦文存稿　集3-18402

南阜山人全集　集3-18394

南船紀　史6-46512

南疑文集　集3-14418

南疑詩集　集3-14417

南疑集　集3-16651

南甸土司劄　史6-47432

南匈奴傳地理考證　史1-349,7-49310

南絳集　集4-24713

28 南徐徐氏世譜[江蘇吳縣]　史4-31854

南徐宗譜[浙江江山]　史4-31999～2000

南徐州記　史7-50167　叢2-779

南谿西遊記、詩　史7-53718

南谿不文　叢1-263

南谿北遊記、詩　史7-53719

南谿僅真集　集6-44644

南谿寱歌　叢1-263

南谿夢瀼　叢1-263

南嶷志要　史6-43771

30 南泩集　集3-15229～30　叢1-223(67)

南淮草　集2-10211

南窟牧箋　集7-48075

南潯詩譜　集6-46010

南潯詩稿　集3-21544

南潯賦稿　集3-21545

南濠文跋　子3-14926

南濠詩話　集6-45486、45740　叢1-22(26)、244(2)

南濠陸氏家譜[江蘇蘇州]　史4-32643

南濠居士文跋　史8-65603～4
南濠居士文跋(南濠居士金石文跋)　叢2-
　662
南濠居士詩話　集6-45741　叢1-34
南漳子　史7-50303～4　叢1-202(6)、203
　(12)、2-832(3)、1313
南漳縣志[民國]　史8-60156
南漳縣志集鈔[嘉慶]　史8-60154
南漳縣志集鈔[同治]　史8-60155
南渡三疑案　史1-1943、3387、3390
南渡紀事　史1-3391
南渡宮禁典儀　史6-41989　叢1-22(9)、23
　(8)
南渡大畧　史1-1919、2530
南渡呂氏族譜[江蘇丹徒]　史4-26271
南渡錄　史1-1917、1919、1982、2516、3392～5
　叢1-288、580
南渡錄、阿計替傳　史1-2521
南渡錄大畧　史1-2504、2524、2528～9　叢
　2-731(66)
南渡錄摘鈔　史1-3396
南涼百官表　史1-10(3)、4718
南涼疆域圖　史7-49313、49457
南寧府志[道光]　史8-61233
南寧府志[嘉靖]　史8-61229～30
南寧府志[乾隆]　史8-61232
南寧府全志[康熙]　史8-61231
南寧縣志[咸豐]　史8-62391
南窓叢記　子4-22525
南窓記談　叢1-223(45)
南安府大庾縣志[乾隆]　史8-58635
南安府志[康熙]　史8-58630～1
南安府志[嘉靖]　史8-58629
南安府志[乾隆]　史8-58632
南安府志[同治]　史8-58633
南安府志補正[光緒]　史8-58634
南安秋吟　集4-33346
南安州志[康熙]　史8-62545
南安縣志[康熙]　史8-58324
南安縣志[民國]　史8-58325～6
南宮疏畧　史6-48213
南宮集、南宮小集、七檜山人詞　集2-8395
南宮牘草　史6-48412
南宮先生譚史廣　史2-6204、8702
南宮舊事　叢2-2146～7
南宮奏議　史6-48210
南宮奏議、歷官表奏　史6-48211
南宮奏稿　史6-48238　叢1-223(21)
南宮奏牘　史6 48274　叢2 1099～101
南宮奏草　史6-48415
南宮縣鄉土志[光緒]　史7-55441

南宮縣志[康熙]　史7-55437
南宮縣志[道光]　史7-55438
南宮縣志[嘉靖]　史7-55435
南宮縣志[萬曆]　史7-55436
南宮縣志[民國]　史7-55440
南宮縣志[光緒]　史7-55439
南窗雜志　子5-26608
南窗新記　集2-11253
南窗記談　叢1-23(4)、374
南窗瑣記　史2-12487
南窗紀談　子4-20054、22123　叢1-19(7)、
　20(5)、21(7)、22(4)、24(8)、137、195(5)、244
　(4)、273(5)、275、2-731(52)、735(3)
南窗漫記　集6-45869　叢2-1293
南窗藏書目　史8-65773
南窗草存　集3-14308
南窗吟草　集4-28648
南窗筆記　叢2-2241
南窑劉氏家譜[江蘇江寧]　史5-39205
南官舊事　史6-42346
南宗論語考異　經2-9248
南宗抉祕　子3-15995　叢2-784
南宋市肆記　叢1-23(10)、154
南宋市肆紀　史7-50286　叢1-11、22(10)
南宋方爐題詠　叢1-291、294
南宋方爐題咏　子4-18577
南宋文鑒　集6-43629
南宋文錄錄　集6-43628
南宋文範、南宋文範外編　集6-43630
南宋六陵遺事　史7-51923　叢1-202(4)、
　203(10)、295
南宋六陵遺事、庚申君遺事　史1-2560
南宋雜事詩　史1-6140～1
南宋元明禪林僧寶傳　子7-34717
南宋石經考異、遺字　經1-2、2-11367
南宋引令選　集7-48551
南宋羣賢詩六十家　集6-41917
南宋羣賢詩選　集6-43600
南宋羣賢小集　集6-41891～2、41898、
　41918～21
南宋羣賢小集補遺　集6-41922
南宋制撫年表　史1-10(5)、4563、4796
南宋樂府　史1-6144　集4-30321　叢1-
　407(2)
南宋名臣言行錄　史2-7081
南宋褉事詩　集6-44265　叢1-223(71)
南宋宮閨雜詠　史1-6142　叢1-587(6)、
　2-832(7)
南宋江湖集　叢1-373(9)
南宋江陰軍乾明院羅漢尊號碑　史2-7843
　子6-32091(70)　叢1-512

南宋大字史記集解殘本札記　史1-94
南宋古蹟考　史7-51389　叢1-272(3)、2-731(59)、832(2)
南宋故都宮殿　史7-51516　叢1-11、22(12)、23(11)、154
南宋事類葉菑　史1-2561
南宋書　史1-715~6,1916　叢2-1906
南宋院畫錄　史2-7102　叢1-223(38)、2-832(3)
南宋院畫錄補遺　史2-7103
南宋館閣錄、續錄　叢1-223(26)、2-832(3)
南宋小集九家　集6-41916
31 南江文鈔　集4-22562　叢1-429、2-1549
南江文鈔、詩鈔　集4-22563
南江謝氏續修祠志[湖南寧鄉]　史5-40792
南江詩集　集3-18249
南江詩鈔　集4-22561　叢2-1549
南江邵氏遺書十四種　叢2-1549
南江集　集3-18248
南江外集　集2-8894
南江先生(邵晉涵)年譜初稿　史2-11922
南江札記　子4-22486~7　叢1-416、426、463~4,2-847、1549
南江考　史7-49318(10)、52869
南江書錄　叢1-558
南江縣志[道光]　史8-61992
南江縣志[乾隆]　史8-61991
南江縣志四編[民國]　史8-61993
南江縣志畧[乾隆]　史8-61990
南涇集　集5-38184
南滙二區舊五團鄉志[民國]　史7-56508
南滙蔣氏族譜[上海南滙]　史5-38071
南滙秦亮臣先生(始基)悼詞錄　史2-10755
南滙縣新志[乾隆]　史7-56503
南滙縣新志稿[同治]　史7-56504
南滙縣續志[民國]　史7-56507
南滙縣志[光緒]　史7-56505
南滙縣志札記[光緒]　史7-56506
南滙縣志分目原稿[雍正]　史7-56501
南河志、全考　史7-52862
南河志書纂要　史6-46620
南河成案　史6-46770
南河成案、續編、再續編　史6-46771
南河全考　史7-52863　叢1-300
南涉雜詩　集3-15181
南涉雜詩、泗上雜言　集3-15180
南漘楛語　子4-22652~3　叢2-1907
南漘楛語、通齋自記、年譜　子4-22651
南潛日記　叢2-844

南漘楛話　叢2-735(5)
南源賈氏宗譜[浙江上虞]　史5-37112~3
南源汪氏支譜[安徽祁門]　史4-28899
南遷日記　史7-53835　叢2-1081
南遷錄　史1-2596　叢1-195(2)、2-731(66)
32 南州度支括要集　史6-43220
南州詩說　經1-3861
南州草　集2-10863~4,3-13989
南州草堂詩文集　集3-16787
南州草堂詩話　叢1-195(4)
南州草堂詞話　集7-48710　叢1-201、203(6)
南州草堂集　集3-15617
南州草堂續集(松風餘稿)　集3-15618
南州異物志　史7-49309、54215
南州同社挽詩　集2-12903
南兆東氏宗譜[江蘇江陰]　史4-32782
南溪詩文偶存　集3-20496
南溪詩草、東干詩草　集2-12205
南溪詩鈔　集3-19239、20495
南溪詞　集7-46397~400、46402、46404、46885~6　叢2-698(14)
南溪北遊詩、自敍　集3-17429
南溪張氏家譜[四川南溪]　史5-35428
南溪集　集3-13951、16415,4-23137　叢2-1607
南溪山房詩草　集5-40887
南溪僅真集　集3-17428
南溪偶刊　集3-17430~1
南溪韓公(超)年譜　史2-12142
南溪韓公(超)年譜、玩寇新書回目　叢1-472
南溪書院志　史7-52073~4
南溪別墅遺稿　集4-31801
南溪縣鄉土志[光緒]　史8-61949
南溪縣志[康熙]　史8-61944
南溪縣志[道光]　史8-61946
南溪縣志[嘉慶]　史8-61945
南溪縣志[同治]　史8-61947
南溪縣志[民國]　史8-61948
南溪劉氏續修族譜[江西安福]　史5-39414
南溪筆錄羣賢詩話　集6-45720
南溪筆錄羣賢詩話前集、後集　集6-45721
南浮義渡印譜　子3-17434
南巡詩　叢2-1398~9
南巡御試卷　集6-44341
南巡名勝圖說　史7-49317(7)、49318(2)、51302
南巡紀恩詩　集3-16901

南巡扈從紀畧　史7-49318(2)、53877　叢1-202(3)、203(9)

南巡惠愛錄　史1-2853

南巡盛典　史6-42106～9

南巡盛典圖說　史6-42111

南巡日錄　叢1-22(22)、29(8)

33 南浦詩話　集6-46086

南浦詩草　集3-19627

南浦詞　集3-15210

南浦郡報善寺兩唐碑釋文　史8-64074　叢2-2155

南浦焦先生(袁熹)行狀　史2-9440

南浦秋波錄　子5-26503

南浦草堂詩集　集5-38496

南浦吟　集4-32802

南浦駐雲錄　史7-54040　叢2-2030

南浦懶鈔　集3-21596

南梁鄧氏重修族譜　史5-38913

34 南斗延壽燈儀　子5-29530(5)、30593

南池集　集6-44839

南池唱和詩　集4-27418

南池唱和詩存　集4-29115

南池類稿　集4-27799

南港葉氏宗譜[江西]　史5-35762

南漪先生遺集、補　集3-19661

南漢文字畧　史1-2453　叢2-1779～80

南漢將相大臣年表　史1-10(5)、4787

南漢紀　史1-2455　叢2-731(66)、881

南漢叢錄　史1-2452　叢2-1779～80

南漢地理志　史1-170　叢2-731(57)、881

南漢書　史1-2450　叢2-1779～80

南漢書考異　史1-2451　叢2-1779～80

南漢春秋　史1-2454

南漢金石志　史8-63614　叢1-469、495、586(3),2-716(2)、731(32)、881

35 南津蔣氏敏房發祥譜[浙江鄞州]　史5-38123

南清河吳氏宗譜[江蘇淮陰]　史4-27706

36 南還記　史7-49358、53896

南還稿　集2-7856

南還吟草　集5-37844　叢2-734

37 南湖文集、鬘花閣尺牘　集5-34949

南湖詩　集2-7718,3-16577

南湖詩集　集5-34946

南湖詩集、冰壺詞、芙蓉碣傳奇　集5-34945

南湖詩餘　集7-46348、46376、46815

南湖百詠　史7-50370

南湖集　集1-3856～8、5695～7,3-16119、17668,6-41784　叢1-223(56、61)、244(3)、353,2-731(42)

南湖集、補遺　集5-40539

南湖集古詩　集5-40537

南湖集鈔　集3-16120　叢2-818

南湖先生文選　集2-7577

南湖先生文選、補編　集2-7578

南湖倡和集　叢2-832(2)

南湖遊草　集4-30351

南湖夢還集(夢還集、續集)　集5-40540

南湖考　史7-52936

南湖考、南湖誌考、節錄餘杭縣南湖事畧　史7-52938

南湖草堂詩集　集5-36282

南湖草堂詩集、外集、語石齋畫識　集5-36283

南湖草堂詩稿　集5-35388

南湖舊話　史2-8007

南湖舊話錄　史2-8008

南湖東遊草　集5-40536

南湖居士(廉泉)年譜　史2-12433

南湖留稿　集2-7579

南湖金氏重修宗譜[浙江義烏]　史4-29720

南湖金氏宗譜[浙江義烏]　史4-29719

南湖鄭氏族譜[福建]　史5-38733

南湖鄭氏大宗譜[福建莆田]　史5-38737

南湖懷古　集6-44577

南澗詞選　叢2-815

南澗文集　集3-21291　叢1-420,2-731(46)

南澗文集、日記殘稿　叢2-1499

南澗文集補　集3-21289

南澗文稿　集3-21286～7

南澗詞　集7-46877

南澗詞選　集7-46878

南澗集　叢2-823

南澗行　叢1-587(5)

南澗先生易簀記　叢2-1499

南澗遺文　集3-21292

南澗遺文、補編　叢2-746

南澗甲乙稿　集1-3392　叢1-223(56)

南澗甲乙稿、拾遺　集1-3393　叢1-230(5),2-731(40)

南澗吟草　集3-19993

南澗箬菴問禪師塔銘　子7-34275

南澗小集　集1-3394,6-41894(2)、41895

南鴻詩集　集5-38178

南鴻草　叢1-365

南澳志[乾隆]　史8-60990

南澳縣志未成稿[民國]　史8-60991

南澳氣記　史7-49317(5)、49318(17)、54489

南潯石刻存考　史8-63902

南潯張氏適園書目摘要　史8-65968

南潯志[民國]　史7-57263

南潯擷秀錄　史3-14963

南潯周氏二修家譜[浙江湖州]　史4-
　29916

南潯鐵路調查記　史6-44302

南潯鎮志[道光]　史7-57261　叢2-844

南潯鎮志[咸豐]　史7-57262

南溟禪師語錄　子7-34391

南通方言疏證　經2-14903

南通師範第五次本科實習教授評案　史6-
　42498

南通馮氏景岫樓藏書目錄　史8-65263、
　66019

南通州五山全志　史7-52231

南通州西亭灶李氏宗譜[江蘇通州]　史4-
　27106

南通州東顧氏家譜[江蘇南通]　史5-
　41366

南通費氏家傳　史2-10895

南通費鑑清先生哀思錄　史2-10894

南通縣鄉土志[民國]　史7-56811

南通縣圖志[民國]　史7-56808

南運紀要　史6-44153

南軍餉史叢鈔　叢2-2167

38 南游記　史7-53107

南游記舊　叢1-19(8)、20(6)、21(8)

南游紀程　史2-9533

南游日記　史7-49317(6)

南游日記、續黃粱起居瑣記(清光緒三年至
　十三年)　史2-13132

南游日曆　史2-12578

南洋記　史7-49317(5)、49318(17)、54478

南洋蠡測　史7-49318(21)、54488

南洋各島國論　史7-49317(5)、49318(17)、
　54484

南洋述遇　史7-49317(5)、49318(17)、54487
　叢1-530~1

南洋勸業會雜詠　集5-40172

南洋勸業會紀事絕句　史6-44796　集5-
　40173

南洋勸業會視察農業報告書三編　史6-
　44864

南洋勸業會場圖說　史6-44794

南洋事宜論　史7-49317(5)、49318(17)、
　54479

南洋陸軍講武堂戰術實施記事　子7-
　36939

南洋醫科考試問題答案　子7-37885

南洋創辦測繪之經過　子7-37940

南洋竹枝詞　叢2-619

南海廖維則堂家譜[廣東佛山]　史5-
　38564

南海康先生(有爲)傳　史2-10823

南海康先生傳　叢2-715

南海康先生自編年譜、續編　史2-12395

南海雜詠　集2-7219

南海新聲　集2-6069

南海詩集　集5-39236、39239

南海詩稿　集5-39233

南海詩鈔　集5-39235

南海一勺合編　子4-21560

南海百詠　史7-50831　叢1-265(5)、2-
　880

南海百詠、校譌　史7-50832

南海百詠、校譌、續校　史7-50833　叢1-
　376,2-731(57)

南海百詠續編　史7-50834　叢1-469、495,
　2-716(2)

南海百一詠續編　叢1-586(2)

南海西樵梁氏家譜[廣東佛山]　史5-
　34710

南海張公(蔭桓)事狀　史2-10512

南海珍藏宋元明板書目　史8-65938

南海集　集1-3512　叢2-948、1336

南海集、雍益集、入吳集　集3-15431

南海集鈔　集1-3530,6-41900

南海山水人物古蹟記　叢1-207,2-711

南海先生詩集　集5-39237~8

南海先生遺稿　集5-39244

南海先生翰墨　集5-39255~6

南海先生戊戌奏稿　史6-49172

南海先生四上書記　子7-36249

南海佛山霍氏族譜[廣東佛山]　史5-
　40047

南海鄉土志[光緒]　史8-61085

南海寄歸內法傳　子6-32081(43)、32083
　(27)、32084(23)、32085(40)、32086(47)、
　32088(29)、32089(47)、32090(60)、32091
　(59)、32092(41)、32093(52),7-34623

南海寶象林慧弓詗禪師語錄　子6-32091
　(78)

南海迭滘孔氏家譜[廣東南海]　史4-
　25973

南海深村蔡氏家譜[廣東南海]　史5-
　38062

南海九江朱氏家譜[廣東南海]　史4-
　26736

南海九江鄉志[順治]　史8-61086

南海九江關樹德堂家譜[廣東佛山]　史5-
　41319

南海志[大德]　史8-60824

南海李氏寶召齋吉金目錄　史 8 - 64324
南海古蹟記　史 7 - 51481　叢 1 - 11～2、22(12)、23(11)、2 - 857
南海吉利下橋關樹德堂家譜[廣東佛山]　史 5 - 41316
南海蘆排梁氏家譜[廣東佛山]　史 5 - 34711
南海黃氏家譜[廣東廣州]　史 5 - 34093
南海桂子白先生遺稿十二種　叢 2 - 1936
南海桂氏經學　經 1 - 150
南海鶴園冼氏家譜[廣東南海]　史 4 - 30264
南海羅格房孔氏家譜[廣東南海]　史 4 - 25971～2
南海縣志[康熙]　史 8 - 61079
南海縣志[崇禎]　史 8 - 61078
南海縣志[宣統]　史 8 - 61084
南海縣志[道光]　史 8 - 61081
南海縣志[萬曆]　史 8 - 61077
南海縣志[乾隆]　史 8 - 61080
南海縣志[同治]　史 8 - 61082
南海縣圖說[同治]　史 8 - 61083
南海學正黃氏家譜[廣東廣州]　史 5 - 34094
南海學正黃氏家譜節本[廣東南海]　史 5 - 34095
南海丹桂方譜[廣東南海]　史 4 - 25878
南海普陀山志　史 7 - 52322～3
南海小草　集 4 - 24015
南滁會景編　集 6 - 44766～7
南遊雜詩　集 5 - 41342
南遊記　史 7 - 49317(6)、49318(12)、49357～8、53129　集 4 - 26634　叢 1 - 496(4)、501、2 - 821
南遊記舊　史 1 - 4376　叢 1 - 22(8)、23(8)、24(9)
南遊集　集 4 - 23908
南遊行吟　集 5 - 41058
南遊續草　集 5 - 39008
南遊初稿　集 5 - 41685
南遊志傳　子 5 - 28834
南遊壎箎集　集 6 - 45146
南遊草　集 2 - 12559、3 - 15122、18229、18234、19313、20988、4 - 29847、31741、31798、33545、5 - 37890、38405、41598
南遊草、鶴野詞　集 4 - 24710
南遊日記　史 2 - 13105、7 - 49318(12)、53125
南遊日曆　叢 2 - 1344
南遊吟草　叢 2 - 682
南遊筆記　史 7 - 49317(6)、49318(12)、53310
南遊小草　集 4 - 32666、5 - 38875

南遊小草、續南遊草　集 3 - 17902
39 南沙康氏重修宗譜[江蘇泰州]　史 5 - 34618
南沙文集　集 3 - 14670～1、6 - 41969
南沙詩鈔　集 3 - 17644
南沙先生文集　集 2 - 8218
南沙紀事錄　史 7 - 50253
南沙枕祕四種　史 1 - 1975
40 南十番曲牌　子 3 - 17856
南十杯酒送情郎　集 7 - 53230～1、53652
南左所姜氏家譜上下卷[河北青縣]　史 4 - 31042
南九宮譜大全　集 7 - 54653
南九宮十三調曲譜、中原音韻　集 7 - 54648
南太紀署　史 1 - 1926～7
南臺遺疏　史 6 - 48620
南臺舊聞　史 6 - 42607
南塘丁氏五修真譜[江蘇無錫]　史 4 - 24614
南塘張氏族譜[上海松江]　史 5 - 34774
南塘張氏前族譜[上海松江]　史 5 - 34775
南塘尹氏宗譜[湖南常寧]　史 4 - 25918
南塘先生四六　集 1 - 3959、6 - 42073
南塘漁父詩鈔　集 4 - 32904
南塘柯氏相公二房分派台舍家譜牒[福建晉江]　史 4 - 30329
南塘戚侯武畧　子 1 - 3504
南垞堂詩集(學步集、雪泥集、湘灘集、秋帆集、夢華集、忽至草、黃樓草、崛嵂草、南還集、黔遊草、煙江疊嶂集、閒閒集)　集 3 - 17943
南有吟亭詩草　集 5 - 34913
南有堂詩集　集 2 - 9803
南有堂集　集 2 - 9808
南皮張氏文集　集 5 - 41475
南皮張氏族譜[河北南皮]　史 5 - 34742～3
南皮張氏西門家譜[河北南皮]　史 5 - 34744
南皮紀遊草初集　集 5 - 38289
南皮潘氏族譜稿[河北南皮]　史 5 - 39743
南皮縣志[康熙]　史 7 - 55380
南皮縣志[民國]　史 7 - 55382
南皮縣志[光緒]　史 7 - 55381
南皮節相保存國粹疏、書張相國保存國粹疏後　史 6 - 49081
南雄府志[康熙]　史 8 - 60885
南雄府志[嘉靖]　史 8 - 60884
南雄府志[乾隆]　史 8 - 60886
南來詩錄　集 4 - 30233
南來志　史 7 - 49317(5)、49318(15)、53871　叢 1 - 254、2 - 948、1336

南來曲譜　集7-54758
南來堂詩集、補編、附錄　集3-13085
南來堂拾稿　集3-13087
南樵初集、二集　集3-16565
南校草　集3-13097
41 南垣論世考　史3-23671
南垣疏稿　史6-48372
南垣疏草　史6-48444
南圩吳氏族譜[安徽休寧]　史4-28079
南坪詩鈔　集3-20990~4
南坪楊氏族譜[湖南瀏陽]　史5-36999
南坪劉氏四續族譜[湖南長沙]　史5-39459
南極新地辨　史7-49318(17)、54908
南極諸星考　叢1-197(4)
南極地理、南極時令　子5-25625
南極探險記　史7-49357、54909
南極星度脫海棠僞　集7-48774(4)、49083、49111
南極篇　集2-11489
南柯記　子5-26224　集7-49709、49877、49915　叢1-29(4)、119~20、249(2)、255(3)、2-624(1)
南柯記、枕中記　子5-26222　叢1-185
南柯記傳奇　集7-50187
南柯夢　集2-10403、7-49916
南柯夢記　集7-49911~2
42 南橋會　集7-53405
43 南垞詩稿　集3-20007
南垞詩鈔　集3-19151~2
南垞公手錄日記(清嘉慶六年至七年)　史2-12646
南城縣危氏家譜[江西南城]　史4-26831
南城縣志[康熙]　史8-58792~3
南城縣志[道光]　史8-58795
南城縣志[乾隆]　史8-58794
南城縣志[同治]　史8-58796
南越五主傳　史1-2282　叢2-725、1780
南越叢錄　史1-2283　叢2-725、1780
南越遊記　史7-53679　叢2-886(2)
南越志　史7-50819~21　叢1-15、19(3)、21(5)、22(11)、23(10)、24(4)、29(2)、2-776、779
南越志佚文　叢2-777
南越筆記　史7-49317(4、5)、49318(15)、50844~5　叢1-282(3)、283(4)、2-731(57)
44 南喬集　集2-9242　叢2-1105
南坡詩稿　集2-7048
南荒振玉　叢1-46
南苑一知集論詩　叢2-966

南苑一知集論詩、叢談　集6-46143
南苑一知集叢談　叢2-966
南苑唱和詩　叢1-419
南莊詩鈔　集3-21046
南莊公遺稿、殘句　叢1-353
南莊類稿　集3-19225　叢2-1439
南莊類稿文錄　集6-42066
南莊類稿選鈔　集3-19226
南菁札記十四種　叢1-500
南菁書院章程　子1-2483
南菁書院叢書四十一種　叢1-439
南蘭文集　集4-28779
南蘭紀事詩　集3-16667
南蘭紀事詩餘　集3-16669
南蘭紀事詩鈔　集3-16668　叢1-477
南蘭陵孫尚書大全文集　集1-3069
南藤雅韻集　集4-30185
南燕疆域圖　史7-49313、49449
南燕書　史1-2343~4　叢2-653(6)、731(65)
南燕錄　史1-2345　叢2-776
南薰殿圖像攷　子3-14710、16046
南薰殿圖像考　叢2-1642
南薰殿尊藏圖像目　子3-16262　叢2-631
南華六書　叢2-1249
南華詁　子5-29329
南華雪心編　子5-29409
南華發覆　子5-29333
南華副墨亂辭　子5-29284
南華集古　集6-42389
南華經　子1-25、5-28950、28954、29213、29252、29298、29339、29346、29375
南華經、札記　子5-29215
南華經論　子5-29354　叢2-1280
南華經要刪註釋評林　子5-29296
南華經發隱　子5-29410　叢2-2017
南華經副墨　子5-29282
南華經傳釋　子5-29360　叢1-241、242(4)
南華經解　子5-29288、29401　叢1-394
南華經解選讀　叢2-691(3)
南華經臺縣　子5-28952、29328
南華經直解　子5-29376
南華經內篇集註　子5-29341
南華經內篇七篇　子5-29220
南華經標畧　子5-29290
南華經薈解　子5-29325
南華經權　子5-29336
南華經因然　子5-29326
南華經別編　子5-29285
南華崖畧　子5-29389

南華山人詩鈔、賜詩更和集、賦　集3-18625
南華釋名　叢2-1250
南華字　叢2-1250
南華泚筆　子5-29361
南華瀝摘萃　子5-29387　叢2-966
南華逸篇　子5-29221　叢1-146
南華通　子5-29359、29392　叢1-330~1
南華真經　子1-1、5、8、21、55、5-28926~7、29206、29209、29229、29233、29243、29245、29250、29310、29344、29530(13)、29535(4)、29536(4)　叢1-114(3)、447、2-2212
南華真經、札記　叢2-635(5)
南華真經旁注　子5-28943、29317、29319
南華真經章句音義、章句餘事、餘事雜録　叢1-272(4)
南華真經章句音義、餘事、餘事雜録　子5-29259、29530(15)
南華真經註疏(南華經注疏)　子5-29249
南華真經評註　子5-28940、28953、29277
南華真經評注　子5-29318
南華真經刻意篇殘卷　子5-29235
南華真經新傳、拾遺　子5-29258、29530(15)　叢1-223(46)
南華真經正義、識餘　子5-29408
南華真經正義、南華真經識餘　子5-28957
南華真經天運品、知北遊品　子5-29241
南華真經副墨　子5-29281、29283
南華真經副墨、讀南華真經雜說　子5-29280
南華真經殘卷校記　叢2-2193
南華真經循本　子5-29274、29530(15)
南華真經解　子5-29367~9
南華真經解內篇、外篇、雜篇　子5-29366
南華真經注疏　子5-29251、29530(15)　叢1-446
南華真經直音、南華邈　子5-29261、29530(15)
南華真經存(刻意篇)　叢2-601
南華真經存(田子方品)　叢2-604、608
南華真經標解　子5-29295
南華真經本義　子5-29323
南華真經口義　子5-29265、29530(15)
南華真經田子方品殘卷　子5-28938、29238
南華真經題評　子5-29291
南華真經影史　子5-29365　叢2-1228
南華真經義海纂微　子5-29270、29530(15)　叢1-223(46)
南華真經義纂　子5-29272、29542
南華真經合注吹影　子5-29411
南華本義　子5-29386

南華指南　子5-29321
南華指月　子5-29395
南華指月、南華外雜篇辨偽　子5-29396
南華雅言、重言　子5-29337　叢2-1191
南華全經分章句解　子5-29297
南華合璧集　集6-44470
南華簡鈔　子5-29374
南華篆刻　子3-17022
南楚新聞　子5-26258　叢1-19(10)、20(8)、21(9)、22(8)、23(7)、24(11)、29(3)、255(2)
南楚詩紀　史7-51473
南村府君自訂年譜　史2-12069
南村詩集　集3-18654~5、4-23068　叢2-851、886(3)
南村詩稿　集3-14656
南村詩稿乙集　集3-14657
南村冬館集詩鈔　集3-19491
南村觸政　子3-18335　叢1-197(4)、469、495、586(4)、2-716(4)
南村漁舍詩草、浮湘草、度嶺草　集3-15233
南村草堂文鈔　集4-26732
南村草堂詩鈔　集4-26728~30
南村草堂集　集4-26731
南村草堂筆記　史7-50886　叢2-700、1006、1008~9
南村輟耕録　史1-1914　子4-20254~5　叢1-95、2-637(3)、730(3)
南村畢氏家譜　史4-31540
南村隨筆　子4-21167
南枝詞　集7-47458
南枝集　集3-21028
南枝堂稿　集3-14820
南枝鶯囀　集7-49533~4
南林叢刊正集五種次集七種　叢2-844
45 南埭草堂詩集　集4-26698
南隸津局運售各省書籍總目　史8-66436
南樓詩草　集4-24390
南樓詩鈔　集3-16459、6-41969
南樓記　集7-50099
南樓醉月初編　集3-16367
南樓張氏宗譜[浙江仙居]　史5-35115~6
南樓傳　集7-50100、53622
南樓近詠　集3-16862
南樓遺稿　集3-20276
南樓吟香集　集3-15264
南樓吟稿　集3-21151
南樓吟草、詩餘　集4-28480
南樓月　集7 48776、49165　叢2-672
南樓美人傳　叢1-168(2)

南樓憶舊　叢2-673

46 南坦水西下怡胡氏合譜[安徽旌德]　史4-30540

47 南塢集　集2-8269

南帆唱和詩　集3-14144

南朝齊竟陵王集　集6-41698

南朝齊文　集6-43227

南朝齊文紀　集6-41793、43226

南朝評詠　史1-6111　集5-38653

南朝佛寺志　史7-51536

南朝宋文　集6-43225

南朝宋文紀　集6-41793

南朝梁文紀　集6-41793

南朝寺考　史7-51537

南朝梵刹志　史7-49328、51538

南朝史摘　史1-5220

南朝史精語　史1-5215　叢1-353

南朝史精語、札記　史1-5216　叢1-510、2-616

南朝陳文紀　集6-41793

南朝會要　史6-41604

南朝煙花瑣記金粉錄　子5-28543

南都應試記　叢2-818~9

南都新建關中表忠祠錄　史2-7301

南都新賦　集2-11494

南都詠史詩　叢1-278,2-731(43)

南都死難紀畧　史1-3400~1,2-7386　叢2-606

南都死難畧記　史1-1942

南都稿　集2-11227

南都遺事　史1-3404

南都事畧　叢2-1549

南都防亂公揭　史1-3015,2-7346　叢1-369

南橘廬詩草　叢2-699~700

48 南墩詩稿　集3-17231

南墩阮氏宗譜[浙江]　史4-26960

南翰徐氏宗譜[浙江紹興]　史4-31942

南槎陳氏宗譜[福建建陽]　史4-33204

南松堂稿　集2-7883

50 南中雜說　史7-51038　叢2-731(57)、869

南中論學存笥稿　集2-10338　叢2-1151~2

南中集　集2-11101

南中集、留夷館集、紅泉館集、漻水集、春草樓集、薊門奏疏　集2-11100

南中紀聞　史7-51312　叢1-233、373(8)、496(5)、2-617(4)、731(56)

南中紀聞錄　史1-1939

南中地理備考摘鈔　史7-49695

南中奏牘　史6-48455　集2-11101

南史　史1-11~7、121~2、125　叢1-227(5)

南史、考證　史1-20、123　叢1-223(17)、2-698(3)

南史識小錄、北史識小錄　史1-5232~3　叢1-223(22)

南史佚文　史1-124　叢2-777

南史紀豔詩　史1-6112

南史演義　子5-28019

南史樵度編　叢1-16

南史獵俎　史1-5218

南史札記　史1-26、128

南史藻　史1-129

南史摘畧　史1-5219

南史删　史1-5217

南史關覽　史1-126

南史節抄　史1-5221

南車草　集3-15000

南夷書　史1-1930~1,7-54244

南畫獨學揮毫自在　子3-16410

南肅堂申酉集　集3-14382

南本大般涅槃經　子6-32083(36)、32086(61)、32088(38)、32089(5)、32091(5)

南本大般涅槃經、般涅槃經後分　子7-32476

南忠記詠　叢1-309

南忠紀　史2-7385

51 南軒文集　叢2-1040

南軒文集節要　集1-3641

南軒張先生漢論　史1-5850　叢1-34

南軒集　集1-3639,6-41894(2)、41895　叢1-223(56)

南軒先生詩集　集1-3638

南軒先生詩集(南軒詩集)　集1-3637

南軒先生論語解　經1-77(4),2-9325　叢2-1040

南軒先生孟子音義　經2-11090

南軒先生孟子說　經1-77(4)　叢2-1040

南軒先生孟子說(孟子說)　經2-9825

南軒易說　經1-502　叢1-223(2),2-618

南軒易說(南軒先生張侍講易說)　經1-501

南頓蔡氏宗譜[浙江縉雲]　史5-38025

53 南成朱氏族譜[浙江紹興]　史4-26526

55 南扶山房詩鈔　集5-36406

南曲　叢2-1438

南曲次韻　集7-50543、50571、50574~5

南曲曲譜　集7-54765

南曲入聲客問　經2-14540　叢1-201、203(4)

南耕詞　集7-46399~400、47094~5

56 南蟬樓詩集　集5-38994

57　南邦黎獻集、示文　集6－44036

　南邦黎獻集、南國清風集　集6－44035

　南邨齋學人書　子3－15425

　南邨詩集　集2－5959、6－41927～8　叢1－223(63)

　南邨帖攷　子3－15462

　南邨帖考　子3－15463　叢1－558

58　南輶紀程(清同治三年至四年)　史2－12975

60　南□百壽　集7－49673

　南日島志[民國]　史8－58307

　南星拱照　集7－49598、49708

　南里屛巖王氏宗譜[浙江東陽]　史4－25155

　南國講錄　子1－1271

　南國疏草　史6－48446

　南國清風集　集6－44035

　南國志餘　史1－3462

　南國春秋　史1－3461

　南國賢書　史3－13458

　南國賢書、前編　史3－13459～60

　南圃行業、北塘漫錄　集3－14433

　南圃筆談　子4－21300

　南園文補遺　集4－22302

　南園文存　集4－22301　叢2－2186

　南園雜詠　集4－23054

　南園詩　集4－23442

　南園詩文存(問棟堂詩文存)　集4－22298

　南園詩文鈔　集3－18486

　南園詩集　集5－39389

　南園詩集、補遺　集4－22300

　南園詩選　集3－21008　叢2－1459～60

　南園詩存　集4－22299　叢2－2186

　南園詩存、文存　集5－40448

　南園詩鈔(金臺草、湛華草、逢辰草、都歷草、冰壺草、懷新草、沁雪草)　集3－17369

　南園五先生詩選　集6－44893

　南園集　集5－33830

　南園後五先生詩　集6－44895

　南園叢稿十二種附二種　叢2－2186

　南園叢書十一種　叢2－728

　南園漫錄　子4－20368　叢1－223(42)、2－886(2)

　南園初集詩鈔　集3－20695

　南園遊記　史7－53132　叢2－2186

　南園萍寄集　集5－35363

　南園吏隱詩存　集4－23360

　南園四季即事詩　集5－37438

　南園唱和集　集3　18197

　南園風雅、補遺、續編　集6－44534

　南園前五先生詩、南園後五先生詩　集6－44894

　南田謝氏三修族譜[湖南湘潭]　史5－40806

　南田詩　集6－41995

　南田詩鈔　集3－15394、15396、6－44540

　南田記晷[光緒]　史7－57477

　南田詞　集7－47794

　南田叢帖　子3－15726

　南田志稿[道光]　史7－57476

　南田志晷　叢2－2170～1

　南田志晷[民國]　史7－57480

　南田花卉　子3－16682

　南田畫跋　叢1－435、586(3)、2－622、716(3)

　南田畫跋(南田題跋)　子3－16154

　南田縣志[民國]　史7－57479

　南田縣志[光緒]　史7－57478

　南田縣風土志　史7－50411

　南禺外史詩　集2－8245

　南昌府志[萬曆]　史8－58470

　南昌府志[乾隆]　史8－58472

　南昌府志[同治]　史8－58473

　南昌文考　集6－44810

　南昌武陽曹氏宗譜[江西南昌]　史5－34227～8

　南昌郡乘[康熙]　史8－58471

　南昌豐城李氏族譜[江西南昌]　史4－27338

　南昌魏氏宗譜[江西南昌]　史5－40430

　南昌鄒氏一粟園叢書十六種　叢2－2071

　南昌紀事[民國]　史8－58480

　南昌黃氏族譜[江西南昌]　史5－33939

　南昌敷林喻氏檀義信三派接修族譜[江西南昌]　史5－35932

　南昌縣康濟堂相驗經費章程　史6－46359

　南昌縣志[道光]　史8－58476～7

　南昌縣志[乾隆]　史8－58474～5

　南昌縣志[同治]　史8－58478

　南昌縣志[民國]　史8－58479

62　南縣鄉土筆記[民國]　史8－60511

　南縣志備忘錄[民國]　史8－60510

67　南明文選　集2－9518、6－42048～9

　南明石氏宗譜[浙江新昌]　史4－26004

　南明先生集　集6－42043

　南明紀遊詩　集6－43797

　南明野史　史1－3261

　南畇文稿　集3－16223

　南畇詩稿、文稿、小題文稿　叢2－906

　南畇詩稿、續稿　集3－16222　叢2－1355

　南畇詩稿、續稿、南畇老人自訂年譜、南畇

文稿　集3-16224
南畇詩選　集3-16221
南畇詩錄　叢2-2270(3)
南畇先生遺書三種　叢2-1355
南畇先生遺書四種附一種　叢2-1356
南畇老人自訂年譜　史2-11773　叢2-906
南畇全集　叢2-906
南墅詩草(南墅閒詠集句)　集4-24866
南墅閒居錄　子5-26978　叢1-22(3)、23(3)
南墅小稿　集3-20228
南野老人慎餘編　子4-24670
南野閒居錄　叢1-137
南野醫話　子2-10898
南野堂詩集　集4-22369~70　叢2-1541
南野堂續筆記五種　叢2-1541
南野堂全集三種　叢2-1541
南野堂筆記　集6-46290　叢1-373(8)、2-1541
68 南吟遺稿　集5-38754
南黔詳抄　史6-47121　叢2-1342
南黔疏抄　史6-48625　叢2-1342
南黔示抄　史6-47123　叢2-1342
南黔批抄　史6-47122　叢2-1342
70 南雅樓詩斑、繁露詞　集5-40119
南雅堂醫案　子2-10594
南雅堂醫書全集　子2-4648
南陔文集　集3-13455
南陔六舟記　子4-18654　叢1-22(25)
南陔詩　集3-13209
南陔詩稿　集3-13454、14677
南陔集　集4-23147
南陔遺草　集4-31947
南陔遺草附刻　集4-23021
南陔草　集4-23146
南陔草廬詩草、詩餘偶存　集4-33295
南陔松菊集　集3-18903
南陔堂遺集　集3-17247
71 南厓府君(朱珏)年譜　史2-11904
南厓詩集　集4-22192
南厓集　集3-16573
南雁蕩紀游　史7-53440~1
南鴈蕩紀遊　史7-49318(7)、53442
南原詩稿　集3-19229
南原家藏集　集2-7652
72 南瓜傳　集7-50222
南岳商語　子1-1132　叢2-1162
南岳玄陽王祖師金火大丹靈飛玉訣　子5-31464
南岳詩稿　集1-4164,6-41889、41895

南岳二賢祠志　史7-51875
南岳山茨際禪師語錄　子7-34266
南岳繼起和尚語錄　子6-32091(77)、7-34302
南岳魏夫人(華存)傳　史2-8516
南岳魏夫人傳　子5-26218　叢1-38
南岳總勝集　史7-52580　叢1-265(3)、545、547(3)
南岳思大禪師立誓願文　子6-32089(50)
74 南陸志　史7-53074　叢1-22(24)
南陵工山徐氏宗譜[安徽南陵]　史4-32104
南陵雲陽莫氏五修族譜[湖南茶陵]　史4-31470
南陵先哲遺書五種　叢2-817
南陵徐氏校刊三種　子4-22750
南陵縣建置沿革表　史7-50494　叢1-516,2-2205
南陵縣志[雍正]　史7-57891
南陵縣志[順治]　史7-57890
南陵縣志[嘉慶]　史7-57892
南陵縣志[民國]　史7-57894
南陵無雙譜　史2-8103　子3-14982~3、16361
南陵無雙譜排律　史2-8104
南陵小志　史7-57893
75 南陳氏宗譜[浙江金華]　史4-32967
76 南陽商學偶存　子1-1888　叢2-2023
南陽府志[康熙]　史8-59942
南陽府志[正統]　史8-59938
南陽府志[順治]　史8-59941
南陽府志[嘉慶]　史8-59943
南陽府志[嘉靖]　史8-59939
南陽府志[萬曆]　史8-59940
南陽詩鈔　集4-26296
南陽諸葛氏宗譜[浙江蘭溪]　史5-39734
南陽講習堂課藝草本二集　集3-17097
南陽詞　集7-46405、47139
南陽鄧氏譜系[廣東寶安]　史5-38895
南陽鄧氏續修族譜[湖南安化]　史5-38851
南陽鄧氏肇修族譜[重慶奉節]　史5-38906
南陽郡韓氏支譜[重慶]　史5-40391
南陽郡滕氏宗譜[浙江金華]　史5-39180
南陽集　集1-2195,3-18241、21171　叢1-223(50)、468,2-679
南陽集、序跋　集1-1875
南陽集、行狀　叢1-223(51)
南陽集、拾遺　集1-1876　叢1-230(4),2-731(39)

南陽集補鈔　集1-2198,6-41901
南陽集鈔　集1-2196～7,6-41900、41908
南陽樂傳奇　集7-50286
南陽名畫表　子3-16256　叢1-422、424、
　　469、586(3)、2-716(3)
南陽梁氏房譜[浙江嘉興]　史5-34675
南陽法書表　子3-14765、15271、4-18559
　　叢1-422、424、469、586(3)、2-716(3)
南陽法書表、南陽名畫表、法書名畫見聞
　　表、清河祕篋書畫表　子3-14767
南陽漢畫像集　史8-64032
南陽漢畫象彙存　史8-64033
南陽道者遺稿　集5-40275
南陽草店漢墓畫像集　史8-64034
南陽韓氏宗譜[安徽黟縣]　史5-40368
南陽葉氏詩存　集6-45101
南陽葉氏宗譜[廣東]　史5-35777
南陽葉氏宗譜[安徽桐城]　史5-35724
南陽葉氏宗譜[浙江]　史5-35720
南陽葉氏宗譜[浙江淳安]　史5-35662
南陽葉氏宗譜[浙江松陽]　史5-35715
南陽葉氏世譜[浙江紹興]　史5-35682
南陽藥證彙解　子2-4761,6714
南陽趙祠祀簿[浙江蘭溪]　史5-38356
南陽趙氏行譜[浙江蘭溪]　史5-38354～5
南陽趙氏家譜[浙江蘭溪]　史5-38352～3
南陽書畫表　叢1-223(37)
南陽書院學規　子1-2390　叢2-1368
南陽縣志[康熙]　史8-59944
南陽縣志[民國]　史8-59946
南陽縣志[光緒]　史8-59945
南陽劉氏宗譜[江西景德鎮]　史5-39354
南陽劉氏宗譜[河南南陽]　史5-39435
南陽關　集7-53406
南陽關一段　集7-51518
南陽滕氏宗譜[浙江樂清]　史5-39183
南陽滕氏宗譜[浙江金華]　史5-39181
南陽人物志、明志　史2-8203
南陽堂鄧氏五修族譜[廣東南雄]　史5-
　　38883
南隅花廳王氏宗譜[浙江黃巖]　史4-
　　25194
77南岡詩草　集3-20747,4-22144
南岡涂氏三修支譜[江西奉新]　史4-
　　32605
南岡草堂文集、詩選、續編　集5-36227
南岡草堂詩選　集5-36229
南岡草堂詩選、詩續　集5-36228
南岡草堂墨餘集　叢2-795
南岡余氏三修支譜　史4-28638
南屏王氏宗譜[浙江新昌]　史4-25088

南屏百詠　史7-49354、53361　叢2-832(1)
南屏行篋錄　子3-14849
南屏山房集　集4-22376
南屏山人詩集、賦　集3-19859
南屏淨慈寺志　史7-51598
南屏贅語　史6-47284　叢2-1968
南屏曉鍾一枝　集7-51847
南學製墨劄記　子4-18837
南學治經史積分日程卷　子4-24657
南學書目劄記、補編　史8-65524
南閣立吳氏家乘　史4-28211
南關尹氏六修族譜[湖南茶陵]　史4-
　　25912
南關楊氏[廣東中山]　史5-37057
南門仲子續集　集2-9829
南門渡會傳書　史6-44720
南門葉氏三修族譜[江西萍鄉]　史5-
　　35750
南門里曹氏宗譜[江蘇溧陽]　史5-34161
78南覽錄　集2-7709
80南金鄉土志[宣統]　史7-56171
南翁夢錄　叢1-22(22)、29(7)、84(2)、2-
　　674、730(9)、731(59)
南無大慈悲靈感觀世音菩薩三十二課　子
　　3-14052
南無大慈大悲救苦救難觀世音菩薩證果香
　　山寶卷　集7-54212
83南錢文稿　集5-35982
南館文鈔　叢2-2189
南館集　集2-8197、8199
87南鄭重修縣志材料集[民國]　史8-62956
南鄭鄉土志[光緒]　史8-62957
南鄭縣志[乾隆]　史8-62954
南鄭縣志[民國]　史8-62955
南翔寶籍堂外科祕本　子2-7739
南翔鎮志[嘉慶]　史7-56434
88南籠府志[乾隆]　史8-62297
南籠府志[民國]　史8-62298
南籠遺稿　集4-22183
90南堂詩鈔　集3-17061
南堂詩鈔(方貞觀詩集)　集3-18172
南堂詩鈔、詞賦　集3-17062
南堂了菴禪師語錄　子6-32091(73)
南省公餘錄　史6-42811　叢2-735(3)、
　　1663
95南燼紀聞　史1-2513～5、2517、2534　叢1-
　　383,2-735(4)
南燼紀聞、續錄　史1-2518
南燼紀聞、竊憤錄、續錄　史1-2519
南燼紀聞、竊憤錄、續錄、北狩見聞錄、北狩
　　行錄　史1-2525

南燼紀聞、竊憤錄、續錄、阿計替傳　史1－
　2522
南燼紀聞、南渡錄大畧、竊憤錄、續錄、阿計
　替傳　史1－2524
南燼紀聞錄　史1－1982　叢1－195(2)、580
南燼紀聞錄、竊憤錄、續錄　史1－2520
南燼紀聞錄、竊憤錄、續錄、阿計替傳　史1－
　2523
99南榮集文選、詩選　集2－12574

巾

00巾廂說　叢1－480
21巾經纂　子5－25830
43巾式　子4－18879
46巾幗英雄傳　史2－6452
　巾幗鬚眉傳　史2－6453
88巾箱說　子4－21141　叢2－611
　巾箱拾羽　子4－22523
　巾箱小品　子3－14691
　巾箱小品初集十三種　子4－22352

布

00布衣詩鈔　集4－32128
　布衣詞合稿　集7－46409
　布衣陳先生遺集　集2－6757～8　叢1－483
　布衣陳先生存稿　集2－6760～2
08布施經　子6－32083(30)
12布水臺集　集3－13173～4
21布盧特擬具礦章、礦律、礦律釋義、通論　子
　7－37111
　布行指規　史6－43948
　布經　史6－46578　子4－18874
　布經要覽　子4－18875
23布袋和尚忍字記　叢2－720(3)
　布袋和尚忍字記雜劇　集7－48767(3)、
　　48774(6)、48881　叢2－698(16)
　布袋和尚傳　子7－33978
24布特哈志畧[民國]　史7－56070　叢2－785
44布華初稿　集6－41969
47布帆無恙草　集4－27819
60布國條約、布國稅則、德國續修條約、續修
　　條約善後章程　史6－44080
　布國條款、布國稅則　史6－44078
67布路斯國暨德意志通商稅務各國和約　史

6－44035、44077
布路斯國暨德意志通商稅務各國和約章程
　史6－44034、44076
68布哈爾志　史7－54705
71布匪第二次戰紀　子7－38185

希

00希齋詩存、文鈔　集4－26792
　希音閣詩集　集4－30766
　希音堂集　集3－21536～7
07希韶閣琴瑟合譜　子3－17757
　希韶閣琴學津梁初集、續集　子3－17758
09希麟音義引說文攷　經2－12082
　希麟音義引說文考　叢2－2188
11希硯齋集　集3－16954
16希聖堂唱和詩　集6－44167
17希子　子1－18、20、4－19633
22希山叢著四種附一種　叢2－2199
26希白齋近稿　集4－23416
　希伯來書註釋　子7－35197
　希伯來書釋義　子7－35198
31希馮公祠墓記畧　史7－51912
34希達齋存稿　集5－37060
37希澹園詩　集2－6094
　希澹園詩集　集2－6093　叢1－223(63)
　希通錄　子4－20157　叢1－11～2、17、19
　　(5)、20(3)、21(4)、22(2)、23(2)、24(5)、125～
　　6、134、162、374
40希希集　集3－17850
　希有校量功德經　子6－32081(10)、32082
　　(10)、32085(11)、32088(8)、32089(9)
　希有挍量功德經　子6－32083(8)、32086(12)
　希古山房詩草　集4－33605
　希古樓金石萃編　史8－63514、63758
　希古堂文乙集　集5－37584
　希古堂文集　集5－37585
　希古堂文存、詩存、駢文、尺牘、詞存　集5－
　　36478
　希古堂稿　集5－36479
　希奇寶卷(吃狗屎罵爺娘故典)　集7－
　　54476
　希真正答　子7－35953
42希獵國志　子7－36401
44希董先生遺集　集2－6314
　希董堂集　集2－6313
　希董堂先生文集　集2－6315
　希戩山房詩存　集5－34166
　希世新編　叢1－295

希蘊廬遺稿　集4-29243

45 希姓　叢2-1092

希姓補　子5-26114

希姓畧、寧古塔紀畧、太湖用兵紀畧、防湖論　史2-13291

希姓錄　史2-13290　叢1-282(3)、283(3)、2-731(60)

47 希聲館藏稿　集2-10212

希聲館藏稿、都門草、南淮草、京兆微波錄、尤言　集2-10211

50 希夷先生傳　叢1-22(19)、23(18)

希夷夢(海國春秋)　子5-28891

希夷數　子3-13723

希忠錄(鄭洽)　史2-8841

60 希呂集　集1-5643

希呂印存　子3-17450

68 希蹤稿　集6-45128

希蹤稿　集2-8515

70 希雅集　集3-17721

72 希臘三大哲學家學說　子7-37980

希臘稗史選譯　子7-36404

希臘神話　子7-38298

希臘志　子7-36245

希臘志畧　子7-36244、36249

希臘志畧、年表　子7-36402

希臘獨立史　子7-36405

希臘史　子7-36403

希臘春秋　史7-54847　叢2-2128

希臘學案　史2-6252　叢2-2128

希臘興亡記　子7-38290

77 希陶軒詩存、詩餘、文存、石梓埠竹枝詞　集5-35035

希賢齋文鈔　集5-39860

希賢齋文鈔(希賢齋未定文鈔)　集5-39861

希賢錄　史2-6666～7　子1-1379

80 希曾堂文稿　集5-38354

87 希鄭堂經義　經1-167,2-11796

希鄭堂叢書(潘氏叢書)　經1-167

94 希愷適齋詩　集5-37389

有

00 有亭詩鈔　集4-22540

有方詩草、有懷集、槖餘集　集3-21283

有方遊草　集4-25329

有唐撫州南城縣麻姑山仙壇記　子3-15605

02 有新意齋詩集　集4-33374

03 有誠堂詩餘　集7-47892

04 有諸己齋格言叢書　子1-1965

08 有謙詩稿　集3-20243

10 有三味齋詩稿　集5-34717

有三味齋詩鈔　集5-34716

有三惜齋詩　集5-33796

有正味齋文　集4-22836

有正味齋文集　集4-22837

有正味齋文續集　集4-22835,6-42074

有正味齋試帖　集4-22850

有正味齋試帖詩注　集4-22852

有正味齋試帖詳注　集4-22851

有正味齋詩　集4-22829～30

有正味齋詩續集　集4-22832

有正味齋詞　集7-47351～2

有正味齋詞集、外集、續集、又外集　集7-47353

有正味齋琴言　集4-22826

有正味齋集　集4-22824～5

有正味齋集外詩　集6-42024

有正味齋外集　集4-22834

有正味齋續集之九　集4-22838

有正味齋律賦　集4-22849,6-42071

有正味齋未刊稿　集4-22839

有正味齋曲　集7-50679

有正味齋日記　叢1-496(1)

有正味齋日記(清乾隆五十八年至嘉慶二年)　史2-12632

有正味齋賦　集4-22848

有正味齋賦稿　集4-22847,6-42070

有正味齋尺牘　集4-22853,6-45195　叢1-496(2)

有正味齋駢文箋注　集4-22841

有正味齋駢體文　集4-22842～4

有正味齋駢體文續集　集4-22845

有正味齋駢體文刪餘　集4-22846

有正味齋駢體箋注　集4-22840

有正味齋全集　集4-22822～3

有正味齋合課詩鈔箋畧、續鈔箋畧　集4-22833

有至樂齋吟稿　集4-28490

有不爲齋文稿　集4-27047

有不爲齋詩集　集5-37808

有不爲齋詩存　集5-36486

有不爲齋詩鈔　集4-27829

有不爲齋集　集4-33567

有不爲齋稿　集4-32100

有不爲齋隨筆　子4-21641　叢2-1683

有不爲齋算學　子3-12692　叢1-493

有不爲吟存(始有廬初稿、嘯川小草、自在吟、泛鷗集、聯復吟、竹西集、射湖集)　集4-25615
15 有融齋遺稿　集5-36801
17 有子書　子1-95、240
20 有香草堂詩集　集4-23491
21 有此廬詩鈔　集4-23000
22 有山先生誡子錄　子1-2279
24 有德女所問大乘經　子6-32081(20)、32082(13)、32083(14)、32085(20)、32086(22)、32088(14)、32089(17)、32090(15)、32091(14)、32092(10)、32093(9)
26 有個妞兒生的矬一枝　集7-52037
有泉堂詩文一覽編、有泉堂續草　集4-23356
有泉堂續草　集4-23357
有得隨錄　子4-23523
有吳延陵宗譜[浙江蘭溪]　史4-27895～6
27 有象列仙傳全傳　史2-6893～4
有約各國最新表　史6-44987
30 有宋高僧傳　史2-7104　子6-32085(51)
有宋高僧傳(宋高僧傳)　子7-34711
有宋龍圖閣學士王公墓誌銘　叢1-223(55)、227(10)
有宋佳話　子5-27393　叢1-22(5)、23(5)
有宋福建莆陽黃仲元四如先生文藁　集1-4415
有宋福建莆陽黃仲元四如先生文藁　叢2-637(3)
有宋故和衆輔國功臣太傅護國鎮安保靜軍節度使揚國公致仕贈太師諡僖追封鄜王劉公(光世)家傳　史2-8729
31 有涯文集　集3-16697～8
有福讀書堂叢刻四種　叢1-535
有福讀書堂叢刻前編八種後編七種附二種　叢1-536
有福讀書堂書目　史8-65905
35 有清徵士本生顯考梯雲府君(李邦黻)哀思錄　史2-10692
37 有深致軒文稿　叢2-1687
有深致軒文稿、駢體文稿、詩賸稿、歌謠剩稿、聯語剩稿、試帖剩稿、制藝稿　集4-27254
有深致軒文稿、駢體文稿、詩賸稿、歌謠剩稿、聯語剩稿、試帖剩稿、制藝稿　叢2-956
有深致軒詩賸稿　叢2-1687
有深致軒集　集4-27252～3
有深致軒集三種　叢2-956
有深致軒集七種　叢2-1687
有深致軒制藝　叢2-1687

有深致軒駢體文稿　叢2-1687
38 有道集　集3-16665
40 有嘉聲齋聖草　集6-42007(1)
有嘉聲齋剩草　集4-28870
有真意齋文集　集4-25835～6
有真意齋詩　集5-34892
有真意齋詩集　集4-25833、31500
有真意齋詩稿　集4-31499
有真意齋詩鈔　集5-34891
有真意齋遺文　集4-23131
有真意軒詩存　集4-28988
44 有蘭書屋存稿　集3-20236
有獲齋文集　集4-28414～5
有獲堂詩集(笠峯詩集)　集3-21230
有萬臺齋石刻跋　史8-63509
有萬憙齋石刻跋　史8-64432
有萬憙齋叢抄二種　叢1-396
46 有絮吟館詩鈔　集5-35887、6-42007(2)
47 有聲畫　集4-31986　叢1-335、2-731(44)
50 有泰信稿　集5-37606
有泰日記(清同治五年至宣統元年)　史2-13130
60 有是齋老莊合勦　子5-28960
67 有明名賢遺翰　子3-15497
有暉事記、附記　史2-10319
72 有所思軒詩集　集5-36514
77 有學集詩注　集3-13035
有學集補遺　集3-13042～3
有學外集　集3-13042～3、13045
80 有無鏡　子7-32111
88 有筠書屋詩鈔　集4-27637
有竹石軒經句說　經1-125、2-11523　叢1-290
有竹石軒經句說前　經2-11522
有竹山房詩稿　集3-20765
有竹山房印癖　子3-17112～3
有竹草堂詩稿　集3-21049
有竹居詩草　集4-30580
有竹居詩鈔、二集　集4-30582
有竹居集　集3-20130～1
有竹居集三種　叢2-1577
有竹居漫錄　叢2-2067
有竹居存稿　集4-30581、6-42006
有竹堂詩草　集4-23366～7
有餘地遺詩　集4-26232
有餘閒室隨筆　子4-22001
有餘閑館奏稿類編、續編　史6-48850
90 有懷集　集3-21283
有懷堂文集、詩集　叢2-949、1337
有懷堂文稿　集3-15703

　　有懷堂詩集、文集　集 3-17156
　　有懷堂詩稿　集 3-15705
　　有懷堂詩稿、文稿　集 3-15702
　　有懷堂詩稿、補遺、文稿、補遺　集 3-15704
　　有懷堂集　集 3-14603
　　有懷堂筆　集 3-14602
　　有棠梨館筆記　子 5-27265
91 有恆雜記　子 2-4688、10762
　　有恆心齋詩餘　集 7-47980
　　有恆心齋詞餘　集 7-50677
　　有恆心齋集　集 5-35150
　　有恆心齋集六種附一種　叢 2-1899
　　有恆心齋前集、文、詩、駢體文、詩餘、詞餘、
　　　外集　叢 2-1899
　　有恆學士詩稿　集 5-39986
95 有情癡　子 4-20850　集 7-48776、49221
　　　叢 1-104、143,2-672

　　　　　　肉

44 肉蒲團　子 5-28261～2
56 肉攫部　子 4-19378　叢 1-9～10、22(17)、
　　　23(17)、29(4)、255(2)

4024₇ 存

00 存齋語錄　叢 1-300
　　存齋詠物詩　集 2-6290
　　存齋詩　集 3-17213
　　存齋詩話　集 6-45729
　　存齋詩草　集 5-35493
　　存齋集　集 3-15963
　　存齋偶錄　集 4-28649
　　存齋遺詩　集 3-21148
　　存齋遺稿,詩餘　集 3-19172
　　存齋古文、續編　集 5-34314　叢 2-799～
　　　800
　　存齋教言　子 1-2786　叢 1-300
03 存誠齋文集　集 4-29290～1
　　存誠山房集　集 5-40630
　　存誠錄　子 1-1265　叢 2-1223
　　存誠堂應制詩　叢 2-1340～1
　　存誠堂詩集　集 3-15672、15674　叢 2-
　　　1340～1
　　存誠堂詩集、應制詩、篤素堂詩集、文集　集
　　　3-15673
08 存論　子 4-20848　叢 1-142

10 存天閣祕笈第一集　子 3-16518
　　存吾齋詩草　集 4-26017
　　存吾文集錄　集 6-42067
　　存吾文稿　集 3-21220
　　存吾真齋謎稿　子 3-18367、18402
　　存吾春齋文鈔、文續鈔　集 4-29933
　　存吾春齋詩鈔　集 4-29931
　　存吾春齋詩鈔、詩續鈔　集 4-29932
　　存吾春山房集　集 4-29361
　　存吾春室詩賸　集 4-33341
　　存吾春室逸稿　集 5-35320
　　存吾春軒集　集 3-19215
　　存吾春軒集(居易堂稿)　集 3-19214
　　存吾春閣詩存　集 4-22538
　　存吾春館詩集　集 5-39579
　　存吾拙齋賦鈔　集 5-36472
　　存吾園偶錄　集 3-19534
11 存研樓文集　叢 1-223(68)
　　存研樓文集(存硯樓文集)　集 3-17432
　　存研樓詩文集　集 4-23909
12 存璞軒詩稿(存璞軒雜詠)　集 3-15873
16 存硯樓文集　集 3-17432
　　存硯樓二集　集 3-17434
　　存硯樓二編　集 3-17433
18 存政集　集 4-22227
21 存仁寶卷　集 7-54311
　　存仁心曹彬下江南雜劇　集 7-48774(2)、
　　　49039
22 存幾希齋印存　子 3-17075
23 存我軒偶錄　集 5-36963
　　存我堂集　集 3-16566
　　存我堂集詩、文　集 2-12997
26 存和堂詩集　集 5-40496
27 存修齋詩草　集 5-39867
28 存復齋文集　集 1-5485　叢 2-636(4)、674
　　存復齋文集(存復齋集)　集 1-5484
　　存復齋集　集 1-5482
　　存復齋續集　集 1-5483　叢 2-674
30 存濟堂藥局修合施送方并加藥法　子 2-
　　　10457
　　存家詩稿　叢 1-223(66)
　　存審軒詞　集 7-47462　叢 2-1686
33 存心淺說　子 1-1709、2415
　　存心錄　子 4-23833
　　存心堂遺集　集 1-5542
　　存治編　子 1-1438　叢 2-731(16)、782(3)
34 存漢錄(守麇記畧)　叢 1-426
35 存神固氣論　子 5-29530(12)、30844
　　存神鍊氣銘　子 5-29530(16)、29556、31105
　　存遺集　集 3-20987

40 存友札　叢1-538
　　存友札小引　史2-7496　叢2-651
　　存希閣詩錄　集4-31454
　　存存齋醫話藁　子2-4770、10743
　　存存稿舊編、續編　集6-45012
　　存存彙集醫學易讀　子2-4670
　　存存滙集　子2-4670、5109
　　存存草詩　集4-32252
　　存存書屋摘抄　子2-4632、6257
　　存存堂筆記　叢1-551
　　存寸堂書目　史8-65752
　　存古齋續晨鐘集　子4-24254
　　存古約言　子1-1233
　　存古地函　史7-49362
　　存古學堂叢刻　集5-40291
　　存古學堂叢刻經　子4-22765
　　存古堂琴譜　子3-17689
　　存古堂集　集5-38058
　　存古類函　子5-25209
　　存真集　叢2-1164
　　存真錄　子1-1865　叢2-886(2)
　　存真堂算書九種　子3-12393
42 存樸齋詩鈔　集3-20860
　　存樸山房詩鈔　集5-35990～1
44 存草　叢2-1508
　　存焚集　集3-18165
46 存恕堂遺稿　集4-29401
48 存敬畏齋文鈔　集5-36893
　　存梅遺稿　集3-13875
50 存畫錄　叢2-2217
　　存書籍目錄　史8-65522
　　存素詩稿　集2-10628
　　存素軒文稿、詩稿　集5-40451
　　存素堂文集　集4-23586
　　存素堂文集、文續集、詩初集錄存、詩稿、詩
　　　二集、詩續集錄存　集4-23579
　　存素堂文集、續集　集4-23587～8
　　存素堂文稿、補遺　叢2-1714
　　存素堂文續集　集4-23580～1
　　存素堂詩　集4-29254
　　存素堂詩文稿、年譜　集4-27980
　　存素堂詩稿　集4-23583　叢2-1714
　　存素堂詩稿、駢文、駢文續稿　集5-37353
　　存素堂詩續集錄存　集4-23585
　　存素堂詩注　叢1-373(4)
　　存素堂詩初集錄存　集4-23584
　　存素堂詩存(叢碧山窗小草、燼餘錄、懶園
　　　集、瘦燈老屋集)　集5-37354
　　存素堂詩鈔　集3-18153,6-44511
　　存素堂集、國史本傳　集4-27981

　　存素堂奏疏　史6-48829
　　存素堂書目、詩龕藏書目錄續編、書畫錄
　　　史8-65713
52 存拙齋札疏　子4-22099　叢2-2190
55 存耕曹先生挽詩　集6-43771
60 存□篇　集2-12752
　　存是錄　史1-2936　叢1-269(2)、270(2)、
　　　272(4)、496(4)
68 存黔約畧　叢2-1192
70 存雅堂詩存、雜著　集5-38634
　　存雅堂遺稿　集1-4512～6,6-41784　叢1-
　　　223(58),2-860
77 存學編　子1-1436　叢2-731(13)、782(3)
80 存人編　子1-2529　叢2-731(20)、782(3)
　　存養齋印存　子3-17330
　　存養居醫案　子2-10924
88 存笥詩草　集2-11560
　　存笥蠧餘　叢2-1213
　　存笥小草、遺稿雜集　集2-12216
　　存餘詩草(鼠囓存餘草)　集3-19290
　　存餘草　集2-12663,6-45106
　　存餘堂詩話　子5-26219　集6-45486、
　　　45490、45742～3　叢1-22(26)、39、97、155、
　　　195(4),2-731(47)、798～801
　　存餘堂遺稿　集4-30746
95 存性編　子1-1437　叢2-731(13)、782(3)
96 存悺軒詩鈔　集5-35712～3
98 存悔齋文稿　集5-35707
　　存悔齋文存　集4-31065
　　存悔齋詩(存悔齋稿)、補遺　集1-5052
　　存悔齋詩、補遺　集6-41715
　　存悔齋詩、補遺、續補遺　集1-5056　叢2-
　　　806
　　存悔齋詩草　集3-19549
　　存悔齋詩鈔　集4-31064,5-34307
　　存悔齋集　集3-21218,4-24702
　　存悔齋集(存悔齋詩)　集1-5054
　　存悔齋集、外集　集4-24701
　　存悔齋集、遺詩、補遺　集1-5055
　　存悔齋集杜　叢1-340
　　存悔齋集鈔存　集4-24703
　　存悔齋稿　集1-5053
　　存悔齋稿、補遺　叢1-223(59)
　　存悔齋別集　集4-24704
　　存悔詞　集7-48386
　　存悔集　集3-21221　叢2-845(4)
　　存悔堂文稿　集5-37145
　　存悔堂詩草　集4-27339　叢2-861～2
　　存悔堂遺集　集4-24603

皮

01 皮襲美文鈔　集1-1655,6-41794
17 皮子世錄　史2-8230　叢1-22(8)、23(8)
21 皮膚病學美容法　子7-37848
　　皮膚證治　子7-37876
　　皮膚新編　子2-4741,7-37875
22 皮山縣鄉土志[光緒]　史8-63416
28 皮從事倡酬詩　集6-41731
60 皮日休文集　集1-1653　叢2-635(8)
72 皮氏經學叢書　經1-151

4024₈ 狡

48 狡獪童子　子7-38212

4030₀ 寸

16 寸碧堂詩集、外集　集2-11910　叢2-904
33 寸心草堂文鈔　集4-31187
　　寸心草堂詩鈔、集外詩　集4-31188
　　寸心樓文稿、補遺　集4-24957
　　寸心樓詩集、文稿　集4-24956
　　寸心知詩集　集4-22575　叢2-1539
　　寸心知室詩文、隨筆　集4-26098
　　寸心知室詩草　集5-38933
　　寸心知室存稿、隨筆、雪泥鴻爪　集4-26099
　　寸心知室存稿續編　集4-26100
　　寸心知室全書、續編　集4-26101
　　寸心知醫案　子2-10729
　　寸補四種　叢2-1225
40 寸灰詞　集7-48072
44 寸芹草　集4-23591
　　寸草廬奏稿　史6-49158　叢2-845(5)
　　寸草廬贈言　史2-10367　叢2-845(3)
　　寸草詩鈔　集5-38495
　　寸草心齋詩鈔　集4-33431
　　寸草軒詩剩　集5-38137
　　寸草軒詩存　集4-29395
　　寸草園彙鈔　集4-25201
　　寸草吟　集5-40184
　　寸草堂詩鈔　集4-27794~6

寸草堂日記(清同治十一年至十三年)　史2-13076　叢2-2058
55 寸耕堂醫案　子2-4627、10588
60 寸園存粕初編　集3-20278
　　寸田詩草、詩餘　集3-21336
70 寸璧四書人類考　經2-10791
78 寸陰叢錄　子4-21522　叢2-1715
　　寸陰書屋日鈔　子2-10742
80 寸金尺璧　子4-23261
86 寸知齋詩集　集3-15345
　　寸知集詩　集4-22535
　　寸知堂遺草　集4-28161

4033₁ 志

00 志庵詩稿、文稿　集5-39960
　　志庵遺稿　集5-39962
　　志齋文鈔　集4-23043
　　志文貞公詩冊　集5-38413
06 志親堂集　集4-32629　叢2-884
20 志乘刪補　叢2-2071
21 志仁堂詩　集3-19574~5
22 志樂輯要　叢2-1594
　　志樂輯畧　經1-6535　叢2-1593
26 志促織　叢1-25、154、220
27 志壑堂雜記　子4-21089　叢1-203(8、16)
　　志壑堂詩集　集3-14782
　　志壑堂詞　集7-46397~400、46427、46880
　　志壑堂集刪(志壑堂詩集、志壑堂文集)　集3-14783
　　志壑堂集刪、後集、詩餘、阮亭選志壑堂詩、吳越同遊日記、文集、後集　集3-14785
　　志壑堂後集刪(志壑堂詩後集、辛酉同遊倡和詩餘後集、志壑堂文後集、阮亭選志壑堂詩)　集3-14784
　　志伊齋文鈔　集5-40798
　　志幻錄　子5-27010　叢2-1229
30 志寧堂稿　集3-17547~8　叢2-1385
33 志心瞻禮　集7-49700
34 志遠齋史話　史1-5742~3　叢1-501
　　志遠堂文集　集5-34670
　　志遠堂筆記　子4-23169
37 志過齋詩存　集5-40618
38 志道集　集1-3102~3,6-41748、41922　叢1-456(2),2-731(42)、1513~4
　　志道錄　集5-40910
40 志在堂四書文　集4-26069
　　志古編　集4-32821　叢2-729

志古堂雜志　子4-23188

志古堂叢書五種　叢2-678

44 志林　子4-19971　叢1-19(11)、20(9)、22(4)、23(4)、24(12)、249(3)

志林新書　子5-26237〜8　叢2-774(9)、775(4)、845(4)

志林佚文　子5-26239　叢2-777

60 志園集　集2-9630

志畧　史7-50648

志異新編　子5-27132

志異續編　子5-26473　叢1-496(2),2-735(3)

62 志別詩　集4-23564

志別詩草　集4-22928

70 志雅堂雜抄　叢1-17、19(4)、20(2)、21(3)、22(5)、23(5)、24(5)

志雅堂雜抄摘抄　史8-65118

志雅堂雜鈔　子4-20205〜8　叢1-195(5)、326、353、373(8)、456(1)、2-617(4)、735(2)

71 志頤堂詩文集　集5-39984

志頤堂集　集5-39985

72 志隱齋詩鈔　集4-31732

77 志局隨筆　叢1-375

志學齋集十三種　叢2-2093

志學齋類稿　集5-39393

志學集　集3-16276〜7

志學後錄、渴露編　子1-2403

志學編　子1-1713

志學編、附編　子1-1547

志學編八種　叢2-1946

志學通禪師語錄　子7-34376

志學階梯　子1-2414

志學會約　子1-1387　叢1-202(6)、203(12)、482,2-1324

志學會規　子1-2378

志學會規、家規　叢2-1594

志學錄　叢2-1268、1887

志學錄(明崇禎十四年)　史2-12554

志學錄(陸世儀)　史2-9228

志學錄、續錄　子1-1828　叢2-1888

志學錄、存心淺說　子1-1709、2415

志學箴　子1-2433　叢1-381

志學堂殘詩　集2-11922,6-41955

志學堂禮記擬言　經1-5679

志學堂春秋擬言　經1-7760

80 志盦別稿　集5-39963

志姜堂贈言　集6-43807

志善詩稿　集6-45097

81 志矩堂商語　子1-1130　叢2-1161〜2

87 志銘廣例　叢2-971

88 志節編　史2-6287　叢2-1787

志餘瑣錄　史8-62563

志餘備考　史8-60426

94 志料　史7-50235　叢2-1359

97 志怪編　子5-27003

志怪錄　子5-26222、26225、26818、26863、27005　叢1-22(19)、23(19)、29(4)、57〜8、84(4)、148、185、255(3)、2-617(3)、730(11)

志怪類　子5-26222

赤

00 赤痢新論　子7-37842

赤痢實驗談　子7-37878

赤文洞古經　子5-29547、29586

赤文洞古經約解　子5-29580、29860

10 赤玉蓮花彈詞　集7-53712

赤玉蓮花彈詞二十集　集7-53714

赤霞吟草　集4-28467

赤霞公詩鈔　集2-12955

赤石薛氏宗譜[福建連江]　史5-39939

12 赤水玄珠　子2-4574　叢1-223(34)

赤水玄珠、醫案、醫旨緒餘　子2-4896

赤水遺珍　子3-11239

赤水遺珍、操縵卮言　子3-12735

赤水吟　子5-29577、31421

22 赤崖醫案　子2-10579

赤岸朱氏重修宗譜[浙江義烏]　史4-26555

赤岸朱氏家乘[浙江義烏]　史4-26554

赤岸朱氏宗譜[浙江義烏]　史4-26556〜7

赤岸孝馮氏宗譜[浙江義烏]　史5-36445〜7

赤岸楊氏宗譜[浙江義烏]　史5-36897〜901

赤巖集　集3-18213

赤峯縣志畧[民國]　史7-56063

赤山元宗祠志　史7-51839

赤山汪氏宗譜[安徽祁門]　史4-28895〜6

赤山法忍大禪師塔銘　子7-34792

赤山湖志　史7-52883　叢2-788

赤山塘岸丁氏宗譜[浙江黃巖]　史4-24654

赤山陶氏重修宗譜[浙江黃巖]　史5-33491

赤山會語　子1-1220　叢2-731(13)、816

赤山會約　子1-1219　叢2-731(16)、816

24 赤牘清裁　集6-45197〜9、45202

赤牘清裁、補遺　集6-45200

赤牘隨筆　集6-45216

26 赤泉元筌　叢2-807

32 赤溪雜誌　史7-49318(15)　叢2-799〜801
　　赤溪雜志　史7-49317(9)、50897〜8
　　赤溪塘下易氏宗譜[江西]　史4-29523
　　赤溪縣志[民國]　史8-61057
38 赤道交宿度分　子3-11585
　　赤道北恆星總圖　子3-11577
　　赤道積度宿次鈐　子3-11585
　　赤道次舍　子3-11416、11634
　　赤道十二宮次宿度鈐　子3-11585
　　赤道南北恆星圖　叢2-1896
　　赤道恆星圖　子3-12389
40 赤塘楊氏族譜[湖南瀏陽]　史5-36998
42 赤橋方氏孟宗譜[安徽祁門]　史4-25846
43 赤城新志[弘治]　史7-57617　叢2-850
　　赤城詩集　集6-44687
　　赤城詩鈔　集3-17968　叢2-1400
　　赤城詞　集7-46526　叢2-854
　　赤城詞草　集7-47884
　　赤城論諫錄　史6-47786
　　赤城夏先生集　集2-6888〜9
　　赤城夏先生集、補遺、附錄　集2-6887
　　赤城集　集6-44685　叢1-223(69)、2-849
　　赤城後集　集6-44686　叢2-850
　　赤城山人稿　集2-11141
　　赤城遺書彙刊十六種　叢2-854
　　赤城志　叢1-223(23)、2-849
　　赤城志[嘉定]　史7-57616
　　赤城李氏族譜[浙江臨海]　史4-27255
　　赤城別集　叢2-851
　　赤城縣續志[同治]　史7-55143
　　赤城縣志[乾隆]　史7-55142
　　赤城居士六十詩文集　集5-39025
　　赤幟編　集5-39776
　　赤幟前編、後編　集5-39775
　　赤幟會文　集5-39779
44 赤菫遺稿　集4-30852
48 赤翰寶珠編　集6-45260
　　赤松方氏宗譜[浙江金華]　史4-25770
　　赤松子　叢1-175
　　赤松子章曆　子5-29530(12)、30775
　　赤松子中誡經　子5-29530(4)、30276　叢
　　1-114(5)、116
　　赤松山志　史7-52352　叢1-223(25)
　　赤松山樵喉科　子2-7546
　　赤松山口余氏宗譜[浙江金華]　史4-
　　28561〜2
　　赤松遊傳奇　集7-50175　叢2-1235
　　赤松領禪師語錄　子6-32091(82)
70 赤壁塵兵　集7-52267〜8
　　赤壁記傳奇　集7-50294

　　赤壁遊　集7-48776、49164　叢2-672
　　赤壁志　史7-51469
　　赤壁賦　子3-15362、15649　集7-51679、
　　52269
　　赤雅　史7-50914〜6　叢1-223(26)、244
　　(2)、249(1)、355、373(5)、435、2-624(3)、731
　　(57)
　　赤雅吟　集5-40942
71 赤臣詩存　集4-32126
77 赤鳳髓　子2-11176　叢1-86、2-730(6)、
　　731(13)
80 赤谷詩鈔　集3-17981
　　赤谷詩鈔、蠶書　集3-17982

4033₄ 燾

71 燾厂詩存　叢2-795

4033₆ 熹

00 熹廟拾遺雜詠　集2-12787
　　熹廟拾遺雜詠、天啓宮詞　集2-12786
30 熹宗原本本紀　叢1-223(22)
47 熹朝奄黨禍國錄　史1-2994、3016
　　熹朝忠節死臣列傳　史1-1937、2-7366
　　叢2-1215
　　熹朝忠節死臣傳　史1-1982

4034₁ 奪

29 奪秋魁　集7-50230〜1
40 奪太倉　集7-53535
46 奪棍打瓜　集7-53569
86 奪錦升天　集7-49585

寺

44 寺塔記　史7-51532　叢1-22(12)、23(11)
　　寺莊趙氏宗譜[江蘇武進]　史5-38277
77 寺岡徐氏宗譜[安徽宣州]　史4-32128〜30
80 寺前萬氏宗譜[浙江仙居]　史5-35805〜6
　　寺前萬氏宗譜[浙江臨海]　史5-35807

4040₀ 女

00 女魔力　子7-38228
　女豪傑　子5-27869
02 女訓　子1-2941、4-23898
　女訓約言　子1-1964、1975、2972～3　叢1-574(5)
　女訓内篇　子1-2942
03 女誡　子1-1964、2923、2931　叢1-22(12)、23(12)、114(2)、168(1)、173,2-724
　女誡註釋　子1-2929　叢1-549,2-627
　女誡淺釋　叢2-663
　女誡淺釋、女誡校勘記　子1-2928
　女誡直解　叢1-483
　女誡七篇注釋　子1-2930
08 女論語　子1-1964、2935、2937　集6-42364　叢1-22(12)、23(12)、168(1)、2-724
10 女三字經　子1-1964、2988～9
　女雲臺北曲　集7-49532
　女不費錢功德　子1-1964、2998
12 女延壽寶卷(延壽寶卷、婦女延壽寶卷、孝女延壽、坤延)　集7-54406
14 女功十八則　子5-31460
16 女彈詞　集7-49390～1
17 女聊齋志異　子5-27650
　女子新世界　子7-36511
　女子二十四孝　叢2-724
　女子集　子4-24219
　女子須知　子7-35737
　女子家庭模範八章附閨德正軌胎教要言　子1-3007
　女子古文觀止　集6-43162
　女子教育論　子7-36232
　女子四書讀本　子1-1978
20 女千字文　叢2-691(3)
21 女紅伴藝　集3-19376
　女紅紗涂抹試官　集7-49309
　女紅餘緒　子5-33900
　女紅餘志　子4-23822　集6-41782　叢1-22(27)、168(1)
　女紅餘藝　集4-21930
　女紅餘覽　史2-6458
23 女狀元　集7-48775　叢2-672
　女狀元辭鳳得鳳　集7-49132、49146～8
24 女俠翠雲孃傳　叢1-587(3)
　女俠傳　叢1-22(24)、29(8)、168(3)
　女俠荊兒記　子5-26679　叢1-587(3)
　女侍衛嘆　集7-52209

女科　子2-4673、4686、7968～9、8068、8210　叢2-731(29)
女科、産後編　叢1-453
女科方　子2-8211
女科證治準繩　子2-4565、8032
女科三種　子2-8211
女科正宗　子2-8060
女科要症　子2-8341
女科要旨　子2-4648～63、8198
女科要畧　子2-8271
女科要畧、産寶　子2-4708
女科百效全書　子2-8057
女科百問　子2-4770、7980
女科歌訣　子2-4641
女科歌訣、經驗方　子2-8182
女科集說　子2-8212
女科旨要　子2-8142
女科經綸　子2-4771(3)、8066
女科經綸補方　子2-8346
女科仙方　子2-8069
女科彙選應驗良方　子2-4591
女科濟陰要語萬金方　子2-7988
女科良方　子2-8070
女科密錄　子2-8165
女科寶藏神書　子2-8331
女科心傳　子2-8349
女科心得　子2-8343
女科心法纂補　子2-4695、8308
女科祕方　子2-8131、8236
女科祕訣大全　子2-8309
女科祕要　子2-8142、8303
女科祕旨　子2-8142～3
女科祕錄　子2-8166
女科樞　子2-8117
女科萬金方(女科萬寶方)　子2-7985
女科切要　子2-4771(3)、8061、8128
女科指要　子2-4612
女科指要、女科治驗　子2-4611、8127
女科指南　子2-8305
女科指南集　子2-8265
女科指掌　子2-8096
女科折衷纂要　子2-4768、8221
女科揭要　子2-4747、8299
女科輯要　子2-4646、8125
女科輯要、單養賢胎産全書　子2-8189
女科撮要　子2-4559～61、4577、8013
女科原旨　子2-5064
女科胎産問答　子2-8074
女科胎産問答要旨　子2-7994
女科醫案　子2-4608、4612、8126

女科勝覽全集 子2-8320
女科全書祕本 子2-8344
女科錦囊 子2-8290
女科錄要 子2-8169
女科簡效方 子2-8229
27 女綁子 集7-53407
28 女傷情一枝 集7-52714
30 女官傳 史2-7710 叢1-587(4)
37 女盜俠傳 叢1-587(3)
女冠詩 集6-43467
女冠耿先生傳 叢1-168(1)
40 女十盃酒一套 集7-50932
女士詩錄 集6-44125~6
女直檔 史5-37352
女才子 子5-27613 叢1-496(6)
女才子詩 集1-1229,6-41882
女才子傳 子5-27614
女真譯語 經2-14965
女真譯語二編 經2-14966
女真修煉金丹指南 子5-31497
女真丹訣 子5-29590,31483
女真館雜字 經2-14968
女真館來文 經2-14967
女校書詩 集1-1230,6-43467
44 女孝經 子1-58、60、1964、2932、2934 叢1-
11~2、22(12)、23(12)、49、114(6)、168(1)、
169(2)、554
女姑姑說法昇堂記雜劇 集7-49055
女姑姑說法陞堂記雜劇 集7-48774(2)
女英傳 史2-6451 叢1-491
女世說 子5-27357 叢2-655
女世說.補 子5-27302
女權篇 子7-36238、36524
女蘿亭詩稿 集4-28039
47 女媧石 子5-28567
女媧氏煉石補天 子2-4591
50 女中師 集7-53873
女中七才子蘭咳二集 集6-43767
女中七才子蘭咳集、周君建鑒定古牌譜 集
6-43766
女史 叢2-776
女史吟 子1-1975 叢1-574(5)
女史全編 史2-6433
女青鬼律 子5-29530(16)、30299
女專諸 集7-49483
女專諸雜劇 集7-49479~80
女專諸雜劇、曲譜 集7-49484
女書癡存稿 集5-38505
57 女探帳會 集7-53623
60 女四孝圖說 子1-4082

女四書(狀元閣女四書、校訂女四書箋註、
閨閣女四書集註) 子1-1977
女界鬼蜮記 子5-27899
女界寶二編十篇 子5-27886
77 女兒三字經 子1-2991
女兒經 子1-1975、2951 叢1-574(5)
女兒經註 子1-2949 叢2-1155、1157
女兒書輯八種 子1-1964
女學 子1-2964~6 叢1-483,2-1403~4
女學言行纂 子1-2968 叢2-691(3)
女學修身讀本 子1-3006
女學修身古詩歌後編 子1-3003
女學淺述 子1-2994
女學士明講春秋 集7-48774(2)、49034
女學七種 子1-1975 叢1-574(5)
女學典型 子7-35420
女學篇 子1-3000,2-4745、8296 叢2-
2096
女學堂章程 史6-42358
女丹詩集二編 子5-29590,31426
女丹要言 子5-29590,31427
女丹彙解 子5-29590,31481
女丹十則 子5-29590,31479
女丹攝要 子5-29590,31425
女丹合編 子5-29590
女開科 子5-28326
女舉人 子5-28554
女醫雜言 子2-8038
女閑 子1-2963
80 女金丹 子5-29590,31480
女鏡 史2-6412
女命論 子4-21817
88 女鑑 史2-6415 子1-3009
女鑑錄 子1-2967 叢2-731(8)、782(4)、
1419
女筋斗 集7-52421
女範 子1-2954
女範編 史2-6410~1
女範捷錄 叢2-724
90 女小兒語 子1-1964、2944 叢1-483,2-
1138
女小學 子1-2980~2

爻

22 爻山筆話 子4-22596
71 爻辰表 叢2-2269
爻辰易義 經1-1489

4040₁　幸

00 幸齋詩錄　集5-38996
　　幸齋詞錄　集6-42017
27 幸魯盛典　史6-42093　叢1-223(27)、230
　　(3)
32 幸浙盛典　史6-42112、42115
　　幸浙盛典圖、圖記　史6-42114
　　幸浙盛典圖說　史6-42113
40 幸存書屋詩集、文集　集5-34055
　　幸存錄　史1-1933、1946、1953、1961、1964～
　　9、1977、1982、3219～21
　　幸存錄、續、續幸存錄　史1-3223
　　幸存錄、續幸存錄　史1-3222
　　幸存錄、續幸存錄、大哀賦　史1-3224
44 幸草亭詩稿　集5-34897
　　幸草亭詩鈔　集5-34898
60 幸蜀記　史1-2432　叢1-19(8)、20(6)、21
　　(7)、22(9)、23(8)、24(8)、2-617(5)
77 幸學詩跋　集2-6815
88 幸餘詩稿　集5-35671
　　幸餘求定稿　集5-35672～3
　　幸餘軒詩稿、清寐軒詩稿、養素齋詩稿　集
　　5-35669

辜

25 辜生鍾情麗集　子5-26231

4040₇　夋

27 夋角子弟書　集7-52130

孛

21 孛術魯文靖公遺文　集1-5365
　　孛經抄　子6-32083(11)、32090(16)、32092
　　(11)

支

00 支離子集　集1-2167
　　支離集鈔　集6-41892、41895、41917
　　支離漫語　史1-3～4
　　支雜漫語　史1-5500～1
04 支諾皋　子5-26225、26871　叢1-255(3)、
　　2-624(2)
09 支談　子4-20722　叢1-109、111(4)
10 支更說　子1-3895　叢2-811、1268
17 支子政餘　集2-10136
　　支子藝餘　集2-10135
　　支子斅餘　集2-10137
　　支那　子7-36419
　　支那帝國主人第一人成吉思汗少年史　史
　　2-8781
　　支那文明史論　子7-36427
　　支那文明小史　子7-36428
　　支那新史攬要　子7-36429
　　支那五千年大事一覽表　史1-4631
　　支那電報官商局詳細章程　史6-44397
　　支那硏湃集　集5-36627
　　支那紀遊　叢1-530～1
　　支那通史　子7-36425～6
　　支那教案四篇　子7-35800
　　支那史　子7-36420～1
　　支那史要　子7-36424
　　支那史教科書　子7-36423
　　支那兒女英雄遺事　子5-28591
　　支那鴉片病國史論　子7-38102
　　支那開化小史　子7-36432
　　支那人之氣質　子7-38153
22 支川竹枝詞　集4-26145
　　支山詩鈔　集5-40473
32 支溪小志、藝文志[乾隆]　史7-57090
　　支溪小志[乾隆]　史7-57089
　　支遁集　集1-383　叢1-265(4)
　　支遁集、貞白先生陶隱居文集、追昔遊詩
　　集1-386
　　支遁集、補遺　集1-387　叢1-478
38 支道林集　集1-384
　　支道林集、外集　集1-385
40 支塘顧氏支譜[浙江上虞]　史5-41425
42 支機石傳奇　集7-49636
　　支機集　集7-46817
44 支花名　集7-53394
　　支華平先生集　集2-10134

47 支報部外款原委　史6-43252
56 支提寺志　史7-51679
70 支雅　經2-14670
72 支氏痘疹玄機(痘疹玄機)、方　子2-8650
　　支氏女科樞要　子2-8021
78 支隊圖上戰術　子1-3749

　　　　李

00 李亭詩稿　集4-28637
　李彦章集八種　叢2-1767
　李彦貴賣水記　集7-51182
　李商蕃註會真記　集7-48823
　李商隱詩　集1-1555、6-41872
　李商隱詩集　集1-1554、1556、1568,6-
　　41858、41878
　李商隱詩集(李義山集、李義山詩集)　集1-
　　1553
　李商隱小傳　集1-1582
　李鳶畫品　子3-14692、16025
　李方巧得妻一段　集7-51491
　李方伯幼年詩稿　集4-29084
　李方伯奏稿　史6-49002
　李方叔文鈔　集6-41794
　李方叔遺稿　集1-2895,6-41895
　李文(李文公集、唐李文公集、李習之先生
　　文集)　集1-1386
　李文襄公(之芳)年譜　史2-11703　叢2-
　　1305
　李文襄公文集　集3-14380
　李文襄公文集二種附一種　叢2-1305
　李文襄公奏議、疏奏、別錄、李文襄公年譜
　　史6-48664
　李文襄公奏議、奏疏、別錄　叢2-1305
　李文襄公棘聽草、賦役詳稿　集3-14381
　李文誠公遺詩　集5-35782　叢2-668
　李文正公集　集2-7144,6-41935(1)
　李文正公年譜　集2-7136~7
　李文貞公易義　經1-1085
　李文貞公全集三十九種　叢2-1346
　李文山詩集　集1-1596、1599,6-41854
　李文山詩集(文山詩集)、考證　集1-1597
　李文定公貽安堂集　集2-8939
　李文清公詩集　集4-30025
　李文清公遺文　集4-30027
　李文清公遺書、志節編　集4-30024
　李文清公遺書四種附一種　叢2-1787
　李文清公奏疏　史6-48891

　李文清公日記(道光十四年至十五年、十七
　　年至二十一年、二十三年至咸豐八年,同
　　治元年至四年)　史2-12746
　李文清公年譜　史2-12115
　李文藻四種　叢2-1499
　李文莊公家乘[廣東台山]　史4-27643
　李文莊公全集　集2-10853
　李文蔚雜劇一種　叢2-720(3)
　李文恭書翰　集4-29876
　李文恭公(星沅)行述　史2-9908
　李文恭公詩集、文集　叢2-1782
　李文恭公詩存　集6-42007(1)
　李文恭公行述　叢2-1782
　李文恭公遺集、行述　集4-29875
　李文恭公遺集三種　叢2-1782
　李文恭公史傳家傳碑銘　史2-9909
　李文恭公奏議　史6-48859　叢2-1782
　李文忠蕱公神道碑　子3-15826
　李文忠公(鴻章)事畧　史1-1995,2-10284
　李文忠公(鴻章)年譜　史2-12250
　李文忠公譯署函稿　集5-34087
　李文忠公電稿　史6-47163
　李文忠公函稿　史6-47162
　李文忠公外部函稿　史6-47165
　李文忠公遷移鹽池口教堂函稿　集5-
　　34088
　李文忠公遺集　集5-34081
　李文忠公海軍函稿　史6-47164
　李文忠公事畧　史2-10283
　李文忠公奏稿　集5-34082
　李文忠公朋僚函稿　集5-34085~6
　李文忠公尺牘　集5-34090
　李文忠公臨懷仁集聖教序　子3-15825
　李文園先生全集　集3-20618
　李文公集　集1-1383,6-42030　叢1-223
　　(49)
　李文公集、補遺、附錄　集1-1384,6-41742
　李文饒文集(會昌一品集)、別集、外集　集
　　1-1475
　李文饒文集、別集、外集、補、訂正　叢2-
　　635(7)
　李文饒文鈔　集6-41794
　李文饒集選　集6-41798
　李文簡詩集　集1-3372
　李文敏公遺集定本　集2-11652
　李文節集　集2-10071
　李章武傳　叢1-56
　李衷一先生四六狐白　集2-10389
　李襄敏公奏議　史6-48257
　李襄敏公奏議、遺思錄　史6-48256

01 李龍石集　集5-39714
　李龍尋妻　集7-52817
　李龍眠九歌圖人物册　子3-16464
　李龍眠蜀川勝概圖　子3-16463
　李碧集(李龍集)十三種　叢2-2039
　李襲侯遺集　集5-39988
02 李端詩集　集6-41741、41824
　李端詩集(李校書集)　集1-1241
　李端集　集6-41743
　李端集(李司馬集)　集1-1239
　李端集、拾遺　集1-1240、6-41872
　李刻徐騎省集校勘記、補遺　集1-1830
04 李詩辨疑　叢2-867
　李詩五言辨律　集6-41827
　李詩集遺　集6-44992
　李詩淩雲讀本　集1-841
　李詩通　集1-838～9、6-41831
　李詩選　集1-832、836、6-41825、41830
　李詩選註　集1-833
　李詩選註、辨疑　集1-834
　李詩選評　集6-41843
　李詩直解　集1-840
　李詩鈔　集6-41842
　李詩鈔評　集1-826、6-41829
　李詩鈔述注　集1-827
10 李一琴先生(維格)家傳　史2-10789
　李二何文存　集2-11809
　李二曲先生集要　子1-1447
　李二曲先生集錄要　子1-1446
　李二曲先生全集五種　叢2-1328
　李二曲先生全集五種附二種　叢2-1325
　李二曲先生全集四種　叢2-1327
　李三娘磨房寶卷　集7-54393
　李三娘磨房寶卷(白兔寶卷、□劉智遠、磨
　　房產子寶卷)　集7-54392
　李玉谿詩鈔(李義山古詩選)　集1-1557
　李玉溪詩鈔　集6-41884
　李玉英陳情書　子5-27677
　李五峯文集　集1-5406、5409
　李五峯詩集　集1-5401、6-41780
　李五峯先生詩集(五峯集、五峯先生集、李
　　五峯詩集)　集1-5402
　李亞僊花酒麴江池　集7-48770
　李亞僊花酒麴江池雜劇　集7-48767(2)
　李亞僊花酒曲江池　集7-48769、48774(1)、
　　48910、49083、49104
　李亞仙花酒曲江池　叢2-720(4)
　李亞仙花酒曲江池雜劇　叢2-698(14)
　李元仲(世熊)別傳　史2-9192
　李元賓文集　集1-1243、1245～6、6-42032
　　叢1-324、2-731(39)、782(2)
　李元賓文集、補遺　集1-1244、1247
　李元賓文集文編、外編、續編　叢1-456(5)
　李元賓文編(李元賓文集、唐李元賓文集)、
　　外編　集1-1242
　李元賓文編、外編　叢1-223(49)
　李于麟文鈔　集6-41794、42047
　李于麟唐詩廣選　集6-43338
　李于麟七律鈔　集2-9066
　李于田詩集(李少保詩集)十種(嵩下稿、中
　　州稿、遼陽稿、田居藁、西征藁、河上藁、
　　東省稿、都下稿、南都藁、塲居稿)　集2-
　　10533
　李百藥集　集1-652、6-41824
　李石亭文集　叢2-731(46)
　李石亭詩集(萬善堂集)、李石亭文集　叢1-
　　282(4)
　李石臺稿　集3-15197、6-45336、45340
　李石桐先生赴岑溪日記(清乾隆四十六年
　　至四十七年)　史2-12612
　李石疊集　集2-8423
　李西崖稿　集6-45336
　李西崖擬古樂府　史1-6049　叢1-491
　李西涯稿　集2-7148～9、6-45340
　李西漚老學究語　子1-1969　叢1-574(5)
　李西漚老學究語(老學究語)　子1-2841
　李雲生四種曲　集7-50373
　李雲英風送梧桐葉　集7-48769～70、48774
　　(2)、49070
　李雲英風送梧桐葉雜劇　集7-48767(2)
　　叢2-698(16)
　李雲陽集(雲陽集)　集1-5559
　李雲卿得悟升真雜劇　集7-49287
　李雲卿得悟昇真雜劇　集7-48774(6)
11 李北海集　集1-768～9、6-43118　叢1-
　　223(48)、2-873
　李北海娑羅樹碑　子3-15306
12 李延平先生文集　集1-3229～30　叢1-
　　214、2-731(40)
　李延津文稿　集2-11089
　李廷玉白陽教主　子7-36219
13 李武選集　集2-9143、6-41935(5)
15 李建州詩(梨嶽詩集、梨嶽集)、附錄　集1-
　　1713
17 李丞相詩　集6-41878
　李丞相詩集　集6-41739、41741、41818、
　　41824、41858～9　叢2-661
　李丞相詩集(李丞相詩)　集1-1820
　李丞相詩集、校勘記　叢2-636(3)
　李承先傳　史2-10760
　李及泉先生奏議　史6-48539

李子　子4-21274
李子瑾文錄　集5-34925
李子香先生七十壽言錄　史2-10722
李子田詩集　集2-9435　叢2-826
李子田詩集、一悅園稿　集2-9432
李翠蓮施釵　集7-52590
李翠蓮一枝　集7-52694
李翠蓮盤道一段　集7-51490
李翠蓮還魂寶卷　集7-54467
李翠蓮拾金釵大轉皇宮寶卷(還陽寶傳、還
　陽傳)　集7-54391
李羣玉詩　集1-1600,6-41872
李羣玉詩集、後集　集1-1595,6-41859　叢
　1-223(50),2-635(8)
李羣玉詩集、後集、補遺　集1-1601,6-
　41878　叢2-877
李習之文鈔　集6-41794
李習之集　集1-1385
李習之先生文集　集1-1386
李君虞詩集　集1-1175、1177,6-41858~9、
　41872、41878
李君寶先生雜著八種　叢2-1182
李君蒸客傳　史2-12945
李司馬集　集1-1239
李郡疏草、典劇疏草、撫畿疏草　史6-
　48462
20 李秀成供、杭州再陷紀實　史1-4217
李秀成大事年表　叢2-2264
李千古傷寒論　子2-6430
李千戶集　集2-10282,6-41935(5)
李集　集1-811
李維凝詩　集2-12845,6-41943
李維鈞奏摺　史6-48693
21 李能謙醫案附李永鐸醫案　子2-10830
李虛中命書　子3-14081　叢1-223(36)、
　273(4)、274(4),2-731(15)
李何二先生詩　集6-41936
李何近體詩選　集6-41937
李行季遺詩　集2-11862
李行季遺詩、詩餘　叢2-818
李行道雜劇一種　叢2-720(5)
李衛景武公兵法　叢1-508
李衛公　子1-3025、3028~9
李衛公文集、別集、外集　集1-1476
李衛公詩集　集1-1474,6-41878
李衛公望江南(李衛公望江南集、李衛公兵
　法望江南)　子3-13794
李衛公天象占候祕訣歌　子3-13804
李衛公外集　叢1-223(49)、227(9)
李衛公白猿奇書望江南詞　子3-13796
李衛公本傳　叢1-223(49)、227(9)

李衛公替龍行雨　集7-49397~8、49401
李衛公別集　叢1-223(49)、227(9)
李衛公別傳　叢1-56
李衛公兵法　子1-3254
李衛公兵法望江南(唐李衛公望江南)　子
　3-13795
李衛公用法　子3-14273
李衛公問對　子1-3014~5、3060、3102、3252
　叢1-223(31)、447
李衛公會昌一品集(李衛公文集)、別集、外
　集、補遺　集1-1473
李衛公會昌一品集、別集、外集、補遺　叢2-
　731(39)、782(2)
李頻詩集　集1-1712,6-41818
李頻集　集1-1712,6-41850
李卓吾評于節闇集奏疏、文集、詩集、補遺
　集2-6702
李卓吾評選方正學文集　集2-6385,6-
　42051
李卓吾評選于節闇奏疏、文集、詩集、補遺
　集6-42051
李卓吾評選楊椒山集　集2-9217
李卓吾評焚香記　集7-49993
李卓吾先生讀升庵集　子4-22236
李卓吾先生讀升菴集　集2-8103,6-42045
李卓吾先生詮次姑妄編　子5-26988
李卓吾先生祕書八種　叢2-1118
李卓吾先生遺書　集2-9616
李卓吾先生批評三大家文集　集6-42045
李卓吾先生批評三國志　子5-27988
李卓吾先生批評三國志真本　子5-27989
李卓吾先生批評玉合記　集7-49919
李卓吾先生批評玉簪記　集7-49857
李卓吾先生批評西遊記　子5-28796
李卓吾先生批評北西廂記、會真記、蒲東詩
　集7-48819
李卓吾先生批評琵琶記　集7-49726
李卓吾先生批評紅拂記　集7-49831
李卓吾先生批評幽閨記　集7-49752
李卓吾先生批評繡榻野史　子5-28243
李卓吾先生批評浣紗記　集7-49815
李卓吾先生批評古本荊釵記、補刻舟中相
　會舊本荊釵記　集7-49746
李卓吾先生批評忠義水滸傳　子5-28665
李卓吾先生批評忠義水滸傳、引首　子5-
　28664
李卓吾先生批評金印記　集7-49801
李卓吾先生批評無雙傳明珠記　集7-
　49782
李卓吾先生批評錦箋記　集7-49875
李卓吾先生批選張文忠公奏對稿　史6-

48285

李卓吾先生批選趙文肅公文集　集2-8876

李卓吾先生批選晁賈奏疏　集6-43195

李卓吾先生批點西廂記真本、會真記、錢塘夢、園林午夢、圍棋闖局、西廂摘句、西廂骰譜　集7-48820

李卓吾先生批點大慧集鈔　子7-34017

李卓吾先生合選陶王集　集6-41705

李卓吾彙撰註釋萬形寶考　子4-22257

李卓吾批評楊椒山集　集6-42051

李卓吾批選王摩詰集　集1-796,6-41705

李卓吾批選陳同甫文集　集1-3780

李卓吾批選陶淵明集　集1-432,6-41705

李卓吾批點世說新語補　子4-22800

李卓吾批點曹氏一門　集6-45064

李卓吾合選陶王集　集6-42791

李比部集　集2-8957,6-44989

李師師外傳　子5-27563　叢1-587(2)

李師師外傳、校譌　子5-27564

李師師外傳、校譌、續校　子5-27565　叢1-376

22 李嵩渚集　集2-8124,6-41935(2)

李嶠雜詠　集1-707　叢1-411,2-778

李嶠雜用詠　叢1-288

李嶠詩　集1-706

李嶠詩集　集6-41847～8

李嶠集　集1-705,6-41739、41743、41824、41838

李山甫詩集　集1-1739,6-41824、41858、41878

李山農藏器目　史8-63719

李山人詩　集2-6632

23 李獻吉文鈔　集6-41794

李獻吉詩選　集2-7555

李獻吉七律鈔　集2-7552

李傅相歷聘歐美記　子7-38025

李崆峒詩　集6-41947

李崆峒集　集6-41940

李崆峒稿　集6-45336

李崆峒先生詩集　集2-7546,6-41936

李崆峒先生稿　集2-7575

李崆峒蒙　集2-7576

24 李先生編輯梁昭明太子文選品彙　子5-25675

李侍御詩畧　集2-7461

李侍御集　集2-11138,6-44989

李侍郎經進六朝通鑑博議　史1-5366

李侍郎使北錄　叢1-50～1、55

李供奉詩鈔　集6-41884

李供奉詩鈔(太白詩選、李太白詩選)　集1-818

李贊元奏議　史6-48630

25 李生六一天緣　子5-26231

李生集　集2-9922,6-41935(5)

李仲修集　集2-6268,6-41935(3)、44896

李仲約手寫說文部目　經2-12559

李仲約書張君墓表　子3-15788

李仲達被逮紀畧　史1-1937、3000　叢2-799～801

李仲公文集　集1-5381

李律七言頗解　集1-837

李紳追昔遊詩　集1-1380

李繡子先生詩　叢2-704

李繡子全書四種　叢2-1646

26 李白詩　集1-819

李白登科記(清平調)　集7-49335　叢2-1287

李白羽集　集2-11137,6-44989

李自求抄醫書四種　子2-4731

李伯相復總理事務衙門書(江南製造全案)　史6-47166

李穆堂詩文全集　集3-17887

27 李龜年彈詞　集7-53821

李叔白日記(清乾隆四十三年)　史2-12613

李叔豹遺詩　叢2-886(4)

李叔豹遺詩(石蓮齋詩草)　集5-37243

28 李似山墨竹譜　子3-16613

李徵伯存稿　集2-6791

李徵士遺稿　集5-37698

29 李秋羽集　集2-11139,6-44989

30 李空洞集　集6-42056

李空同文鈔　集2-7572

李空同詩集　集2-7549,6-41952

李空同集　集2-7550、7569～70,6-41935(1)、42046、42059

李空同先生(夢陽)年表　史2-11467

李空同先生近體詩選　集2-7556,6-41937

李淳風參天圖　子3-13025

李淳風開田圖　子3-13141

李涪刊誤　子4-19883、19885　叢1-2～4、6

李家壩李氏八修族譜[湖南寧鄉]　史4-27470

李家驤信劄　集5-36919

李家駒日記(清光緒二十四年至二十九年)　史2-13220

李永生接閨女　集7-53206

李進取雜劇一種　叢2-720(5)

李之藻文稿　集2-10806、11131

李憲副維則錄　集2-10828

李安浦遺著　集5-39763

李宮保湘洲先生集　集2-10854～5

李宮保奏議　史6-48726
李宮詹文集　集2-6752
李審言切韻　經2-13641、15137
李宗蓮稿　集5-37304
31 李江州遺墨題跋　子3-15855　叢2-751
李江洲遺墨題跋、陸右丞蹈海錄　集6-44003
李汀倩集　集3-18825
李潛夫先生遺文　集3-13109
李瀕湖抄醫書　子2-4571
李瀕湖脈學詩四言舉要便讀　子2-6033
李运仲黃實夫毛詩集解　經1-77(2)
李渠志　史6-46893
33 李必恆詩選　集3-17484、6-44441
李泌傳　叢1-249(2)、255(3)、395
李濱事畧　史2-10787
34 李逵負荊　集7-48778
李逵接母　集7-52388
李遠詩　集6-41882
李遠詩集　集6-41741、41824、41858、41878
李遠詩集(李遠詩)　集1-1619
35 李清傳　叢1-56,2-731(62)
李清菴太極頌　子5-29557、30807
36 李湘詩　集4-30966
李湘僑遺稿　集5-40383
李湘洲文集　集2-10856
李湘浦詩稿　集4-26367
李溫陵(贄)外紀　史2-8980
李溫陵集　集2-9613
李溫陵外紀　史2-8981　集2-9620　叢2-1112
37 李洞詩集　集6-41739、41824、41848、41858
李洞詩集(李才江詩集)　集1-1779
李洞詩集(晚唐李洞詩)　集1-1780
李鴻章函牘　史6-47189
李鴻章致李瀚章李鴻藻書札　子3-15511
李鴻章咨呈(修子牙河議)　史6-46739
李鴻章咨呈(修涿州河議)　史6-46738
李鴻章咨呈(修東淀河議)　史6-46727
李鴻章咨呈(永定河改道等議)　史6-46715
李鴻章十二章　史2-10285
李鴻章七旬壽詩　史2-10277
李鴻章摺稿　史6-47188、49014
李鴻章朋僚手劄　集5-34084
李鴻章年表　史2-12251
李鴻章等奏疏　史6-42175
李鴻章判牘菁華　史6-46490
李鴻章榮哀錄　史2-10282
李鴻藻行狀　史2-10229

李鴻藻臨柳書　子3-15479
李漁村先生稿　集3-15124
李澹巖行實　史2-9285
李深之(絑)文集　史2-8582
李深之文集　史2-8583　集1-1236～7
李深之文集、補　史2-8584
李祖師女宗雙修寶筏　子5-29574～5、31441
李冠仙醫案　子2-10640
李通敏先生行述　史2-10765
李退叔文集　集1-1110～1　叢1-223(48)
李退叔文鈔　集6-41794
李追遠堂宗譜[山東]　史4-27416
李資政公遺集　集5-37301
李鄴侯(泌)言行錄　史2-8576
李鄴侯(泌)年譜　史2-11009
38 李滄溟詩　集6-41947
李滄溟集　集2-9067、9069,6-41940、42046、42056、42059
李滄溟先生文集　集2-9075
李滄溟先生文選　集2-9079、9082
李滄溟尺牘　集2-9084
李裕州蕭然亭集　集2-9900
40 李九我稿　集2-10072
李太僕恬致堂集　集2-10934
李太白文集　集1-823、843、845　叢1-223(48),2-698(8)
李太白文集(李太白集註)　集1-844
李太白文集(李翰林集)　集1-842
李太白文鈔　集6-41794
李太白詩集　集1-824,6-41828
李太白詩選　集1-818、835　叢2-886(5)
李太白詩鈔　集1-820、828
李太白集注　叢1-223(48)
李太白集分類補註　叢1-223(48)、227(8)
李太白先生(白)年譜　史2-11005、11163
李太白貶夜郎　叢2-720(4)
李太白匹配金錢記　集7-48769、48947
李太白匹配金錢記雜劇　集7-48767(2)、48770　叢2-698(14)
李太白全集(李青蓮全集)、年譜　集1-809
李太史詩集　集2-9434,6-44989
李直講(覯)年譜　史2-11220　叢1-223(51)
李直夫雜劇一種附一種　叢2-720(3)
李才江詩集　集1-1779,6-41878
李克書　子1-291　叢2-774(8)
李克用箭射雙雕殘本　叢2-720(3)
李内翰集　集2-9433,6-41935(5)
李南澗集　集3-21290
李南澗先生詩稿(嶺南詩集)　集3-21285

李南澗先生古文　集3-21288
李希白先生(學詩)年譜　史2-12462　叢2-705
李有棻等稟呈化導愚民輯睦邦交公啓　史6-44932
李嘉祐集　集1-1152～3,6-41738、41743、41819、41824、41838
李古廉先生文集、詩集　集2-6539
李吉人遺文　集5-40311
李杏山詩集　集2-10213,6-44989
李壽卿雜劇二種附一種　叢2-720(4)
李真人十六字訣　子2-11181
李木齋氏鑑藏敦煌寫本目錄　史8-66361
李校書集　集1-1241
41　李姬傳　叢2-624(3)
42　李荊陽詩　集2-12850,6-41943
43　李越縵先生雜著　子4-22712　集5-34996
李榕崖白雲窓草　集2-9287
44　李卅侯家訓　子1-2298
李勤襄公撫督秦蜀疏稿　史6-48619
李勤恪公奏議　史6-49048
李彔猗女史全書　叢2-691(3)
李莊簡詞　集7-46524
李莊簡公集　集1-3005
李蘭卿宮詞　叢1-407(4)
李芝岩重訂葉天士先生瘟疫三方　子2-6967
李芝岩先生治時疫三方　子2-6966
李芝岩先生風瘟驗方(風瘟驗方)、保産良方　子2-6968
李燕陰陽三命　叢1-447
李恭毅公遺稿　集3-20100
李草閣詩集、拾遺、文集　集2-5969　叢2-833
李娃傳　叢1-249(2)、255(3)、395
李萬順跑關東一段(巧得雙妻)　集7-51492
李英詩　叢2-1105
李英集　集2-9242
李英集(李英詩、餐霞集、當壚集、歷游集)、都下贈言集　集2-9921
李英集四種　叢2-1105
李暮吹笛記　子3-17947,5-26222　叢1-29(4)、185、255(2)
李若農先生書高太君墓銘　子3-15787
李蓉山詩稿　集3-13754
李藝圃遺稿　集3-21622
李楚航詩集　集4-24590
李村集　集3-18107
李杜詩話　集4-27972,6-46110
李杜詩集合選　集6-41832

李杜詩通　集6-41831
李杜詩選　集6-41825、41830
李杜詩合刻　集6-41826
李杜五言律註　集6-41827
李杜律詩　集6-43319
李杜全集　集6-41726～7、41828
李菇客文稿　集5-35001
李菇客雜著　集5-34997
李菇客致吳介唐尺牘　集5-35013
李菇客致陶心雲尺牘　集5-35014
李菇客遺著　集5-35002
李菊甫遺文　集5-34975
李林甫外傳　子5-26226　叢1-22(19)、23(18)、29(3)、56、255(3)、546、547(3)
46　李駕部集、續編詩集、續編文集、青霞漫稿　集2-8988
李駕部青霞集　集2-8990
李駕部前集、後集、青霞漫稿、附錄　集2-8991
李恕谷先生(塨)年譜　史2-11787～8　叢1-580,2-782(3)
李恕谷遺書十二種　叢2-782(3)
李賀詩集(李賀詩編)　集1-1489
李賀小傳　史2-8588
李相國論事集　叢1-223(21)、272(3)
李相國論事集、遺文　叢2-731(16)、782(2)
47　李鶴年奏稿　史6-49020
李朝斌尺牘稿　集5-35716
李好古雜劇一種　叢2-720(4)
李穀齋山水人物册　子3-16718
48　李翰林(白)年譜　史2-11162
李翰林詩選　集1-831
李翰林詩范德機批選　集1-830
李翰林醉草清平調　集7-49365、49369
李翰林集　集1-810、822、842,6-41726
李翰林集、札記　集1-813　叢1-559
李翰林批點四書初問講義、補　經2-10323
李翰林全集、目錄、年譜　集1-808,6-41728
李翰林分類詩、賦　集1-825,6-41826
50　李中碧雲集　集6-41850
李中碧雲集詩選　集6-41818
李中碧雲集詩選(李中碧雲集、碧雲集)　集1-1819
李中丞遺集　集3-16656　叢2-886(3)
李中允詩集　集4-23989
李中梓醫案　子2-10496
李中麓閒居集　集2-8586
李中堂會奏折稿　史2-10363
李申耆先生選讀韓文　集1-1350
李申耆年譜　史2-11005

李夫人傳　叢1-168(1)
李肅毅伯手劄　集5-34089
李肅毅伯奏議　史6-49013
李青霞集　集2-8989、8992,6-41935(5)
李青蓮清言集　集1-812
李青蓮全集　集1-809
李本寧先生詩　集6-41948
李忠文公集文　集2-6544
李忠毅公(長庚)行述　史2-9597
李忠毅公遺詩　集4-23222
李忠武勇毅兩公家傳　叢2-1016
李忠武公遺書　集4-33201
李忠武公事實　史2-10190
李忠武公奏議　集6-48963
李忠武公奏疏　集6-49007
李忠武公書牘、奏疏、褒節錄　史6-47153
李忠定輔政本末　叢1-387
李忠定公(綱)年譜　史2-11011～2、11283～
　4,7-51914
李忠定公文集　集1-3124～5
李忠定公別集　叢1-478
李忠定公別集三種　叢1-534
李忠肅先生集　集2-11302
李忠肅公集　集2-11303
李忠愍公集　集1-3214　叢2-731(44)、782
　(2)
李忠簡公文溪集　集1-4252、4254
李忠簡公文溪集(文溪存稿、文溪集)　集1-
　4250
李忠簡公文溪存藁　集1-4247～8
李忠節公奏議　史6-49061
李素蘭風月玉壺春　集7-48900　叢2-720
　(4)
李素蘭風月玉壺春雜劇　集7-48767(3)
　叢2-698(15)
李東陽詩　集2-7145
李東陽年譜　史2-11443
53 李盛鐸藏書書目提要　史8-65945
李盛鐸藏書目　史8-65942
李咸齋文鈔　集2-12317,6-42065
李咸齋詩文集　集2-12314
李咸用詩集　集1-1716,6-41848
李成山水訣　子3-14692、15881
李成芳祭文稿　史2-10751
58 李敷詩集　集1-3265
李贄　史1-4458　叢2-1271
60 李日華南西廂記　集7-49796
李見羅(材)先生行畧　史2-8972
李見羅集　集2-9736
李易庵集　集2-6271
李易安漱玉詞　集7-46536

李易安門茗話幽情(李易安)　集7-49358
李昌符詩集　集1-1740,6-41818、41824、
　41858～9、41878
李品三遺集　集4-29952
李員外遺集　集1-1109
李呆堂文鈔　集3-14385
李景文先生空同子集　集2-7568
61 李盱江文集選　集6-41798
64 李曉滄遺集　集4-30715
李時齋先生列入儒林傳奏稿　叢2-966
65 李映川燕春錄　子4-23631
67 李昭文觀風卷　子4-21841
李躍門百蝶圖　子3-16427
李嗣源復奪紫泥宣雜劇　集7-48774(5)、
　49036
李鷺洲集　集3-17055
68 李曦亭太夫子墓誌銘　叢2-888
李晦卿真人道書　子5-29550
71 李厓園先生(天植)年譜　史2-11593
李厚庵稿　集6-45336、45340
李厚安雜稿　集5-40308
李厚安詩選、文選　集5-40301
李厚岡集(厚岡集)七種　叢2-1487
李頎詩集　集6-41739、41824、41847～8
李頎集　集1-787,6-41737、41743、41838
李頎集(李頎詩集)　集1-786
李長吉文集　集1-1503　叢1-447
李長吉詩集、外詩集(李賀歌詩編、集外詩,
　錦囊集、外集,李長吉詩集、外集,歌詩
　編、集外詩,昌谷集、外集)　集1-1486
李長吉詩集、外集　集6-41707
李長吉詩集評註　集1-1501
李長吉詩選　集6-41774
李長吉詩删註　集1-1499～500
李長吉歌詩、外詩集　集1-1493,6-41860
李長吉歌詩、外集　集1-1497　叢2-698
　(9)
李長吉歌詩、外卷　叢1-141
李長吉歌詩、外卷(箋註評點李長吉歌詩、
　外集,李長吉詩集)　集1-1492
李長吉集　集1-1487,6-41824
李長吉集、外卷　集1-1479
李長吉昌谷集句解定本　集1-1480～1
李長吉小傳　叢1-223(49)
李長蘅山水　子3-16530
李長者事跡　子6-32081(57)
李長史易庵集　集2-6270
李長卿集　集2-10376
李長卿先生四六狐白集　集2-10377
72 李剛烈公(福培)碧血錄　史2-9972

李剛己先生遺集　集5-40899
李剛介公(棆)傳忠錄　史2-10073
李氏(益)事蹟考　史2-8577
李氏文集　集2-9614～5
李氏音鑑　經2-14393、14540
李氏六修族譜　史4-27681
李氏六書　子4-23878　叢2-1114
李氏詩存四種　叢2-886(3)
李氏讀書筆錄　叢1-312
李氏族譜　史4-27065、27677、27679、27682～3
李氏族譜[廣東佛山]　史4-27645
李氏族譜[上海松江]　史4-27094
李氏族譜[山東]　史4-27401
李氏族譜[山東章丘]　史4-27402
李氏族譜[山東諸城]　史4-27409
李氏族譜[山東鄒平]　史4-27414
李氏族譜[安徽]　史4-27317
李氏族譜[安徽潛山]　史4-27300
李氏族譜[江西豐城]　史4-27377～8
李氏族譜[江西萍鄉]　史4-27345
李氏族譜[江西萬載]　史4-27388、27390
李氏族譜[江蘇崑山]　史4-27150
李氏族譜[江蘇句容]　史4-27123
李氏族譜[江蘇盱眙]　史4-27100
李氏族譜[江蘇鎮江]　史4-27116
李氏族譜[河南宜陽]　史4-27418
李氏族譜[福建]　史4-27318
李氏族譜[福建武平]　史4-27334
李氏族譜[福建上杭]　史4-27332～3
李氏族譜[福建泉州]　史4-27328
李氏族譜[福建漳浦]　史4-27330
李氏族譜[湖北]　史4-27429
李氏族譜[湖北石首]　史4-27427
李氏族譜[湖北嘉魚]　史4-27426
李氏族譜[湖北監利]　史4-27428
李氏族譜[湖南]　史4-27634、27636、27639
李氏族譜[湖南新化]　史4-27631
李氏族譜[湖南平江]　史4-27523、27534～
　7、27539、27541
李氏族譜[湖南醴陵]　史4-27544
李氏族譜[湖南邵陽]　史4-27614
李氏族譜[湖南衡山]　史4-27604
李氏族譜[湖南衡陽]　史4-27596
李氏族譜[湖南寧鄉]　史4-27471～2
李氏族譜[湖南安化]　史4-27498
李氏族譜[湖南沅江]　史4-27492
李氏族譜[湖南瀏陽]　史4-27445～6、
　27450～2、27457、27460
李氏族譜[湖南漢壽]　史4-27484
李氏族譜[湖南汨羅]　史4-27508

李氏族譜[湖南湘鄉]　史4-27570
李氏族譜[湖南湘陰]　史4-27518
李氏族譜[湖南資興]　史4-27607
李氏族譜[湖南華容]　史4-27514～6
李氏族譜[湖南長沙]　史4-27440
李氏族譜[湖南岳陽]　史4-27501～7
李氏族譜[湖南臨湘]　史4-27509、27513
李氏族譜[湖南常德]　史4-27476、27481
李氏族譜[四川瀘縣]　史4-27658
李氏族譜[四川資陽]　史4-27660
李氏族譜[四川都江堰]　史4-27649
李氏族譜[四川簡陽]　史4-27661～2
李氏族譜[陝西三原]　史4-27670
李氏說書　經2-10340～1
李氏二修宗譜　史4-27064
李氏三續宗譜[湖南沅江]　史4-27495
李氏三修族譜[湖南邵陽]　史4-27618
李氏三修族譜[湖南衡陽]　史4-27598
李氏三修族譜[湖南常德]　史4-27477、
　27480
李氏三修宗譜[江西九江]　史4-27343
李氏三忠事蹟考證　史2-7832
李氏五種　史7-49312
李氏五修族譜[湖南益陽]　史4-27489
李氏五修宗譜[湖南岳陽]　史4-27500
李氏五修宗譜摘抄[安徽合肥]　史4-
　27284
李氏五修支譜[湖南株洲]　史4-27543
李氏夏家地宗譜[浙江長興]　史4-27166
李氏再續族譜[湖南湘鄉]　史4-27572
李氏弘德集　集2-7560
李氏刊誤　叢1-5、9～10、22(3)、23(3)、114
　(6)、268(3)
李氏廷芳公支譜[安徽太湖]　史4-27301
李氏強恕堂本支譜[河北任丘]　史4-
　27073
李氏重修族譜[湖南寧鄉]　史4-27461
李氏重修族譜[湖南沅江]　史4-27494
李氏重修族譜[湖南漢壽]　史4-27483
李氏重修族譜[湖南湘陰]　史4-27519
李氏重修宗譜　史4-27680
李氏重修宗譜[安徽南陵]　史4-27285
李氏重修宗譜[安徽懷寧]　史4-27294～5
李氏重修支譜[江西萍鄉]　史4-27350
李氏毛詩紬義　叢1-312
李氏統宗譜[安徽徽州]　史4-27304
李氏統宗譜[江西婺源]　史4-27360
李氏經學四種　經1-98
李氏山房詩選　集2-8979、8981
李氏山房集　集2-8982

李氏樂書六種　經1-6582
李氏樂書四種　經1-6583
李氏續譜[江蘇丹徒]　史4-27119
李氏續譜[湖南瀏陽]　史4-27443
李氏續修族譜　史4-27676
李氏續修族譜[江西]　史4-27400
李氏續修族譜[湖南新化]　史4-27629～30
李氏續修族譜[湖南邵陽]　史4-27617、27621
李氏續修族譜[湖南衡山]　史4-27600～1
李氏續修族譜[湖南安化]　史4-27496
李氏續修族譜[湖南湘鄉]　史4-27571、27573、27575～6、27588、27592
李氏續修族譜[湖南桂陽]　史4-27609
李氏續修族譜[湖南郴州]　史4-27606
李氏續修信譜[湖南益陽]　史4-27491
李氏續修宗譜[湖南邵陽]　史4-27623
李氏續修支譜[湖南邵陽]　史4-27622
李氏續修支譜[湖南衡陽]　史4-27597
李氏續修支譜[湖南寧鄉]　史4-27462、27464、27474
李氏續焚書　集2-9619　叢2-1112
李氏續焚書·李溫陵外紀　集2-9620
李氏勾股術補　子3-12400
李氏復仇實錄　史2-12480
李氏復修族譜[湖南邵陽]　史4-27613
李氏家訓　子1-2300
李氏家譜　史4-27062、27686
李氏家譜[山西介休]　史4-27078
李氏家譜[山東鄒平]　史4-27415
李氏家譜[山東梁山]　史4-27413
李氏家譜[江蘇吳縣]　史4-27147
李氏家譜[江蘇興化]　史4-27102
李氏家譜[河北高陽]　史4-27071
李氏家譜[河北南皮]　史4-27074
李氏家譜[河北蔚縣]　史4-27076
李氏家譜[福建建陽]　史4-27322
李氏家譜[福建德化]　史4-27329
李氏家譜[湖南湘鄉]　史4-27594
李氏家譜[湖南長沙]　史4-27439
李氏家譜[青海民和]　史4-27672
李氏家譜[四川儀隴]　史4-27654
李氏家乘[山東]　史4-27417
李氏家乘[安徽巢湖]　史4-27308
李氏家乘[安徽宣州]　史4-27312
李氏家乘[江蘇句容]　史4-27124
李氏家乘[江蘇泰州]　史4-27101
李氏家集四種　集6-44994
李氏家牒[江蘇武進]　史4-27129
李氏家傳　集3-14387

李氏家世[浙江慈溪]　史4-27182
李氏宗譜　史4-27675、27678、27684～5
李氏宗譜[北京]　史4-27069
李氏宗譜[上海崇明]　史4-27095～6
李氏宗譜[安徽]　史4-27281
李氏宗譜[安徽旌德]　史4-27315
李氏宗譜[安徽桐城]　史4-27289
李氏宗譜[安徽合肥]　史4-27282
李氏宗譜[安徽懷寧]　史4-27296
李氏宗譜[江西廣豐]　史4-27358
李氏宗譜[江蘇]　史4-27153
李氏宗譜[江蘇武進]　史4-27128、27130、27133～5
李氏宗譜[江蘇江陰]　史4-27143
李氏宗譜[江蘇蘇州]　史4-27145～6
李氏宗譜[江蘇丹徒]　史4-27118
李氏宗譜[江蘇金壇]　史4-27136
李氏宗譜[河北饒陽]　史4-27075
李氏宗譜[福建建寧]　史4-27327
李氏宗譜[福建建陽]　史4-27323～4
李氏宗譜[浙江平陽]　史4-27268
李氏宗譜[浙江麗水]　史4-27270
李氏宗譜[浙江上虞]　史4-27200
李氏宗譜[浙江縉雲]　史4-27272～3
李氏宗譜[浙江溫嶺]　史4-27256
李氏宗譜[浙江開化]　史4-27208
李氏宗譜[浙江餘姚]　史4-27184
李氏宗譜[遼寧]　史4-27091
李氏宗譜[遼寧海城]　史4-27090
李氏宗譜[湖北麻城]　史4-27421
李氏宗譜[湖北漢陽]　史4-27419
李氏宗譜[湖北黃岡]　史4-27420
李氏宗譜[湖南]　史4-27638
李氏宗譜[湖南平江]　史4-27528
李氏宗譜[湖南醴陵]　史4-27549
李氏宗譜[湖南瀏陽]　史4-27444、27456、27459
李氏宗譜[湖南臨湘]　史4-27510～2
李氏宗譜[四川廣漢]　史4-27651
李氏宗譜[四川仁壽]　史4-27663～4
李氏宗譜[四川綿陽]　史4-27650
李氏遷常支譜[江蘇常州]　史4-27125、27127
李氏近房宗譜[北京]　史4-27066～7
李氏祕傳眼科精要　子2-7422
李氏遺書　子3-12354　集4-31533
李氏祠志[湖南寧鄉]　史4-27463
李氏逸書　子4-20580
李氏十修宗譜[湖南平江]　史4-27532
李氏九修宗譜[湖南平江]　史4-27531

李氏大全族譜[湖南平江]　史4－27538
李氏支譜[山東濟寧]　史4－27411
李氏支譜[江蘇鎮江]　史4－27115
李氏支譜[湖南]　史4－27633、27635
李氏支譜[湖南瀏陽]　史4－27454
李氏支譜[湖南長沙]　史4－27436
李氏七修族譜[湖南平江]　史4－27525
李氏七修族譜[湖南寧鄉]　史4－27469
李氏七修宗譜[湖南]　史4－27640
李氏七修宗譜[湖南平江]　史4－27529
李氏蒙求　子5－25512～3　叢1－386
李氏蒙求詳注　叢2－1002
李氏蒙求補注　子5－25514～5
李氏芝省齋雜著　史8－63495
李氏孝經註輯本　經2－8499
李氏孝經注輯本　叢2－1836
李氏孝經注輯本、曾子大孝編註　經2－
　8453
李氏世譜[山東桓臺]　史4－27405
李氏世譜[江蘇吳江]　史4－27149
李氏焚書　集2－9617　叢1－580,2－720(5)
李氏焚餘　集2－9621～2
李氏切韻射標　叢1－330
李氏事蹟　叢2－731(42)、763
李氏春秋　子1－331　叢2－774(8)
李氏成書　經1－147
李氏四修族譜[湖南湘鄉]　史4－27593
李氏四房支派世系家譜稿[北京]　史4－
　27068
李氏易傳校　經1－1822　叢2－2004
李氏易解賸義　經1－156、1515　叢1－278、
　418、424、469、586(1)、2－716(1)、731(9)
李氏歷代輿地沿革圖校勘記　史7－49392
李氏居室記　集2－8128
李氏學樂錄　經1－6501　叢1－223(15)、249
　(4)、2－731(36)、1309
李氏開族譜[廣東番禺]　史4－27641
李氏醫案　子2－10672
李氏醫鑑、續補傷寒并雜方　子2－4957
李氏八修族譜[湖南寧鄉]　史4－27465
李氏八修宗譜[湖南平江]　史4－27530
李氏全書二種　叢2－1113
李氏全書四種　叢2－1112
李氏金姬傳　史1－1939
李氏午山宗譜[浙江長興]　史4－27165
李氏合修族譜[湖南]　史4－27431
李氏筆記　子4－23423
李氏火德公重修族譜[江西]　史4－27399
74 李陵碑　集7－53607
77 李月湖詩文　集5－38314

李陶氏行述　史2－10168
李眉生(鴻裔)行述　史2－10415
李眉生尺牘　集5－35345
李學憲集　集2－9059,6－41935(3)
李學士新註孫尚書內簡尺牘　集1－3078～9
李丹記　集7－49982
李醫鄭氏家傳萬全祕書　子2－7984
李閣學(金鏞)政蹟錄　史2－10451
李興銳日記(清同治九年至光緒十三年)
　史2－12919
78 李愍肅(卿谷)武愍(孟羣)二公父子列傳
　史2－8205
80 李益詩　集6－41872
李益詩集　集1－1176
李益集　集6－41743、41819、41824、41838、
　41869
李益集(李君虞詩集)　集1－1175
李金鏞行狀　史2－10453
李翁醫記　子2－4770、10603　叢2－1626
李鎬詩　集2－6132
李介立詩稿　集3－15987
李介立詩鈔　集3－15988　叢2－803
李介節先生全集　集3－13102
李念南詩集　集5－34924
李慈銘手稿　集5－34978
李慈銘未刻稿　集5－35000
李慈銘早歲大事記　史2－12278
李慈銘年譜　史2－12279
李義山(商隱)年譜　史2－11202
李義山文集　集1－1575～6
李義山文集(李義山文集箋註)　集1－1577
李義山文集、校補　叢2－635(8)
李義山文集箋註　叢1－223(50)
李義山文集箋注　叢1－227(9)
李義山文箋註　集1－1583
李義山文鈔　集6－41794
李義山詩　集1－1564～5、1570
李義山詩文全集箋註(玉谿生詩箋註、樊南
　文集箋註)、玉谿生年譜　集1－1551
李義山詩集　集1－1553、1563、1566～7、1569
　叢1－223(50)、232
李義山詩集(李義山詩集註)、李義山詩譜、
　諸家詩評　集1－1559
李義山詩集、李義山詩譜、諸家詩評　集1－
　1562
李義山詩集注、李義山詩譜　叢1－223(50)、
　227(9)
李義山集　集1－1553,6－41854
李義山先生(商隱)年譜　史2－11005
李義山古詩選　集1－1557,6－41774
李義山七律會意　集1－1585

李義山樊南文集、李商隱小傳　集1-1582
李善與五臣同異　集6-42084
李舍人遺集　集5-40504
李公(彥瑁)崇祀名宦錄、李公暨配馮恭人
　　合塋墓誌銘　史2-9370
李公(文森)行畧　史2-10370
李公子集　集2-10279,6-41935(5)
李公子傳　叢1-22(27)、29(9)
李公崇祀錄　史6-48644
李公幼梅(輔燿)行述　史2-10704
李公案奇聞初集　子5-28789～90
李公遺事錄　集4-26833
李養一文集　叢1-373(5)
李養一先生詩集　叢2-698(12)
李養一先生詩集、賦、詩餘　集4-25680
83 李鐵君先生文鈔　叢2-785
88 李笙魚日記(清光緒元年至二年)　史2-
　　12926
李笠翁尺牘　集3-13610
李竹嬾先生說部全書八種　叢2-1181
李竹朋續泉說　叢2-941
90 李小巖遺著　集5-38165
李小有詩記(饑驅拙言、仗友隨鷗、莨園唱
　　和、瞻烏歎、羈游譜、燕關吟、秋浦詠、茅
　　城秋藥、牧懷詩紀、十六景詩、巡陔詩、桂
　　游雜詠、感懷和韻、廣武楯草、悼亡、燕
　　和、燕離、香山憶、青谿草、刻鳳齋吳吟、
　　晨風吟、游子意、水雲瓢、京江詠)　集2-
　　8880
李懷琳絕交書　子3-15599
李懷州集　集1-637～8,6-41694、41698
李少崖先生還模心聲　集2-9110
李少荃公牘稿　史6-47190
李少鶴詩鈔　集4-23700
李少鶴日記(清乾隆五十一年、五十七年至
　　嘉慶二年)　史2-12614
李光祿遺集　集4-29191
李光祿公遺集　集4-30496
李尚之先生(銳)年譜　史2-12019～20
李尚寶集　集2-8974,6-41935(3)
李尚書詩集(李君虞詩集)　集1-1177
李尚書詩集、李氏事蹟　叢2-731(42)、763
李尚書政書　史6-48974

4042₇　妨

46 妨帽軒吟稿　集4-23870

4044₀　卉

88 卉箋　史7-49351

4044₃　弄

82 弄劍草廬存稿　集4-33675

4044₈　姣

21 姣紅傳　集7-53184

4046₁　嘉

00 嘉應平寇紀畧　史1-4017　叢1-435
嘉應采芹錄　史3-15010
嘉應鄉土志[宣統]　史8-60949
嘉應州志[乾隆]　史8-60946
嘉應州志[光緒]　史8-60948
嘉應州志增補考畧[咸豐]　史8-60947
嘉府水陸道里記　史7-50368
嘉府典故纂要　史7-51395
嘉府典故纂要、續編　史7-51397
嘉府典故纂要續編　史7-51396
嘉慶文淵閣四庫采取書目錄、古今圖書集
　　成　史8-65481
嘉慶辛酉科順天鄉試第十七房同門硃卷
　　集6-45465
嘉慶辛酉恩科第十三房同門會試硃卷　集
　　6-45461
嘉慶辛酉恩科第十七房同門會試硃卷　集
　　6-45462
嘉慶辛未科會試第十四房同門硃卷　集6-
　　45464
嘉慶六年辛酉科順天鄉試副貢硃卷　史3-
　　22196
嘉慶六年辛酉科順天鄉試硃卷　史3-
　　16889～91
嘉慶六年辛酉科山西鄉試硃卷　史3-
　　17699
嘉慶六年辛酉科山東鄉試硃卷　史3-
　　21189～90

嘉慶六年辛酉科山東鄉試朱卷　史3-21191

嘉慶六年辛酉科江南鄉試硃卷　史3-17757~8

嘉慶六年辛酉科江南鄉試硃卷、嘉慶五年庚申恩科江南鄉試薦卷　史3-17756

嘉慶六年辛酉科江南鄉試錄　史3-14122

嘉慶六年辛酉科江南選拔貢卷　史3-22718

嘉慶六年辛酉科江蘇選拔貢卷　史3-22717

嘉慶六年辛酉科河南鄉試題名錄　史3-14523

嘉慶六年辛酉科浙江鄉試硃卷　史3-19396~402

嘉慶六年辛酉科浙江鄉試同年齒錄　史3-14222

嘉慶六年辛酉科浙江選拔貢卷　史3-22931~4

嘉慶六年辛酉科湖南鄉試硃卷　史3-21647

嘉慶六年辛酉科拔貢同年齒錄　史3-14825

嘉慶六年辛酉科同年齒錄　史3-13717

嘉慶六年辛酉恩科聯捷會試硃卷　史3-15101

嘉慶六年辛酉恩科浙江鄉試副貢硃卷　史3-22341~3

嘉慶六年辛酉恩科會試硃卷　史3-15098~100、15102、15104

嘉慶六年辛酉恩科會試硃卷、嘉慶五年庚申恩科福建鄉試硃卷　史3-15103

嘉慶六年河南鄉試錄　史3-14522

嘉慶諭摺　史6-47690

嘉慶二十一年丙子科順天鄉試硃卷　史3-16908~11

嘉慶二十一年丙子科齒錄　史3-13725

嘉慶二十一年丙子科山東鄉試硃卷　史3-21196~8

嘉慶二十一年丙子科山東鄉試朱卷　史3-21199~200

嘉慶二十一年丙子科鄉試齒錄　史3-13856

嘉慶二十一年丙子科江南鄉試副貢硃卷、十八年癸酉科薦卷、十五年庚午科薦卷　史3-22232

嘉慶二十一年丙子科江南鄉試硃卷　史3-17787~9

嘉慶二十一年丙子科江南鄉試錄　史3-14126

嘉慶二十一年丙子科浙江鄉試副貢硃卷　史3-22347

嘉慶二十一年丙子科浙江鄉試硃卷　史3-19425~8

嘉慶二十一年丙子科四川鄉試題名錄　史3-14703

嘉慶二十一年四川鄉試錄　史3-14702

嘉慶二十二年丁丑科江南歲貢卷　史3-23288

嘉慶二十二年丁丑科會試硃卷　史3-15135~9、15141~4

嘉慶二十二年丁丑科會試硃卷、嘉慶二十二年丁丑科殿試策　史3-15140

嘉慶二十二年中星更錄　子3-11480

嘉慶二十三年戊寅恩科順天鄉試副貢硃卷　史3-22199

嘉慶二十三年戊寅恩科順天鄉試硃卷　史3-16912~6

嘉慶二十三年戊寅恩科山東鄉試硃卷　史3-21201

嘉慶二十三年戊寅恩科江西鄉試硃卷　史3-20916

嘉慶二十三年戊寅恩科江南鄉試副貢硃卷　史3-22233

嘉慶二十三年戊寅恩科江南鄉試硃卷　史3-17790~6

嘉慶二十三年戊寅恩科江南鄉試薦卷　史3-15238

嘉慶二十三年戊寅恩科浙江鄉試硃卷　史3-19429~31

嘉慶二十三年戊寅恩科浙江鄉試錄　史3-14224

嘉慶二十三年戊寅恩科湖南鄉試題名錄　史3-14580

嘉慶二十三年戊寅恩科直省同年錄　史3-13857

嘉慶二十三年戊寅恩科四川鄉試硃卷　史3-22031

嘉慶二十三年戊寅恩科陝西鄉試硃卷　史3-22153

嘉慶二十五年庚辰科會試硃卷　史3-15150~8

嘉慶二十五年庚辰科會試硃卷、嘉慶二十四年己卯科順天鄉試硃卷　史3-15149

嘉慶二十五年庚辰科欽取漢教習同年齒錄　史3-14828

嘉慶二十五年十二月二十五日至二十八日星宿圖　子3-11479

嘉慶二十四年己卯科山東鄉試硃卷　史3-21202

嘉慶二十四年己卯科山東鄉試錄　史3-14471

嘉慶二十四年己卯科江西鄉試硃卷　史3-20917

嘉慶二十四年己卯科江南鄉試副貢硃卷
　史 3 - 22234
嘉慶二十四年己卯科江南鄉試硃卷　史 3 -
　17797～800
嘉慶二十四年己卯科浙江優貢卷　史 3 -
　22583
嘉慶二十四年己卯科浙江鄉試副貢硃卷
　史 3 - 22348
嘉慶二十四年己卯科浙江鄉試硃卷　史 3 -
　19432～3
嘉慶二十四年己卯科浙江鄉試錄　史 3 -
　14225
嘉慶二十四年己卯科浙江選優貢卷　史 3 -
　22584
嘉慶二十四年己卯科直省鄉試同年譜　史
　3 - 13858
嘉慶二十四年己卯恩科齒錄　史 3 - 13726～7
嘉慶二十四年己卯恩科會試硃卷　史 3 -
　15145～8
嘉慶二十四年順天鄉試錄　史 3 - 13973
嘉慶二十四年分河標中右廟灣佃湖四營官
　兵馬匹數目冊　史 6 - 47427
嘉慶二十年起居注冊　史 1 - 1767
嘉慶三年太上皇帝起居註冊　史 1 - 1766
嘉慶三年戊午科順天鄉試副貢硃卷　史 3 -
　22195
嘉慶三年戊午科順天鄉試硃卷　史 3 -
　16881～2
嘉慶三年戊午科順天鄉試卷　史 3 - 16883
嘉慶三年戊午科山東鄉試副貢硃卷　史 3 -
　22472
嘉慶三年戊午科江南鄉試硃卷　史 3 -
　17751～4
嘉慶三年戊午科江蘇選拔優貢卷　史 3 -
　22490
嘉慶三年戊午科浙江優拔貢卷　史 3 -
　22582
嘉慶三年戊午科浙江鄉試硃卷　史 3 -
　19389～92
嘉慶五年庚申恩科順天鄉試硃卷　史 3 -
　16884～8
嘉慶五年庚申恩科順天鄉試錄　史 3 -
　13970
嘉慶五年庚申恩科山西鄉試同年齒錄　史
　3 - 14060
嘉慶五年庚申恩科鄉試同年齒錄　史 3 -
　13852
嘉慶五年庚申恩科江南鄉試硃卷　史 3 -
　17755
嘉慶五年庚申恩科浙江鄉試硃卷　史 3 -
　19393～5
嘉慶五年邸抄　史 6 - 47233

嘉慶元年丙辰恩科會試硃卷　史 3 - 15087～9
嘉慶雲南剿苗檔案　史 6 - 47473
嘉慶癸酉科順天鄉試第壹房同門硃卷　集
　6 - 45466
嘉慶乙丑科會試第四房同門硃卷　集 6 -
　45463
嘉慶山陰縣志　史 7 - 54918
嘉慶道光魏塘人物記　史 2 - 8027
嘉慶十六年辛未科會試硃卷　史 3 - 15120～
　2、15124～7
嘉慶十六年辛未科會試硃卷、嘉慶十五年
　庚午科順天鄉試硃卷、嘉慶六年辛酉科
　貢卷　史 3 - 15123
嘉慶十六年辛未科會試同年齒錄　史 3 -
　13720
嘉慶十六年寧古塔放票總冊　史 6 - 47441
嘉慶十二年廣西鄉試題名錄　史 3 - 14664
嘉慶十二年廣西鄉試錄　史 3 - 14663
嘉慶十二年丁卯科順天鄉試副貢硃卷　史
　3 - 22198
嘉慶十二年丁卯科順天鄉試硃卷　史 3 -
　16893～6
嘉慶十二年丁卯科山東鄉試朱卷　史 3 -
　21195
嘉慶十二年丁卯科山東鄉試題名錄　史 3 -
　14469
嘉慶十二年丁卯科山東鄉試同年齒錄　史
　3 - 14470
嘉慶十二年丁卯科江南鄉試硃卷　史 3 -
　17762～5
嘉慶十二年丁卯科江南鄉試錄　史 3 -
　14124
嘉慶十二年丁卯科河南鄉試硃卷　史 3 -
　21401
嘉慶十二年丁卯科浙江鄉試硃卷　史 3 -
　19406～12
嘉慶十二年分兩浙行銷正票引目數目文冊
　史 6 - 44510
嘉慶十二年分漕標八營官兵馬匹數目四柱
　總冊　史 6 - 47422
嘉慶十三年戊辰科會試硃卷　史 3 - 15113～7
嘉慶十三年戊辰科會試同年齒錄　史 3 -
　13719
嘉慶十三年戊辰鄉試同年齒錄　史 3 -
　13854
嘉慶十三年戊辰恩科順天鄉試硃卷　史 3 -
　16897～900
嘉慶十三年戊辰恩科順天鄉試齒錄　史 3 -
　13971
嘉慶十三年戊辰恩科江南鄉試硃卷　史 3 -
　17766～70
嘉慶十三年戊辰恩科江南鄉試錄　史 3 -

14125

嘉慶十三年戊辰恩科浙江鄉試硃卷　史3-
19413~8
嘉慶十五年庚午科順天鄉試硃卷　史3-
16901~5
嘉慶十五年庚午科順天鄉試同年齒錄　史
3-13972
嘉慶十五年庚午科山西鄉試硃卷　史3-
17700
嘉慶十五年庚午科鄉試同年齒錄　史3-
13855
嘉慶十五年庚午科江南優貢卷　史3-
22492
嘉慶十五年庚午科江南鄉試硃卷　史3-
17771~5
嘉慶十五年庚午科江南彙考優貢卷　史3-
22491
嘉慶十五年庚午科浙江鄉試硃卷　史3-
19419~21
嘉慶十五年廣西鄉試題名錄　史3-14666
嘉慶十五年廣西鄉試錄　史3-14665
嘉慶十九年進士登科錄　史3-13723
嘉慶十九年甲戌科會試硃卷　史3-15128、
15130~4
嘉慶十九年甲戌科會試硃卷、嘉慶十八年
癸酉科浙江鄉試硃卷　史3-15129
嘉慶十九年甲戌科會試同年齒錄　史3-
13722
嘉慶十九年甲戌科會試錄　史3-13721
嘉慶十七年壬申科江蘇歲貢卷　史3-
23287
嘉慶十四年己巳科江蘇恩拔貢卷　史3-
23521~2
嘉慶十四年己巳恩科會試硃卷　史3-
15118~9
嘉慶十四年己巳年禮部貢卷　史3-15289
嘉慶十八年癸酉科順天鄉試硃卷　史3-
16906~7
嘉慶十八年癸酉科山東選拔貢卷　史3-
23219
嘉慶十八年癸酉科各省選拔同年明經通譜
史3-14827
嘉慶十八年癸酉科江南鄉試副貢硃卷　史
3-22231
嘉慶十八年癸酉科江南鄉試硃卷　史3-
17776~86
嘉慶十八年癸酉科江南選拔貢卷　史3-
22719
嘉慶十八年癸酉科浙江鄉試副貢硃卷　史
3-22345~6
嘉慶十八年癸酉科浙江鄉試硃卷　史3-
19422~4

嘉慶十八年癸酉科浙江鄉試錄　史3-
14223
嘉慶十八年癸酉科浙江選拔貢卷　史3-
22935~7
嘉慶十八年癸酉科橫山陳氏硃卷　史3-
21950
嘉慶十八年癸酉科奉天選拔貢同年齒錄
史3-14902
嘉慶十八年癸酉江西選拔貢生同年齒錄
史3-14985
嘉慶十八年癸酉拔貢同年錄　史3-14826
嘉慶十年乙丑科會試硃卷　史3-15111~2
嘉慶十年乙丑科會試同年齒錄、第十七房
同門朱卷　史3-13724
嘉慶九年廣西鄉試題名錄　史3-14662
嘉慶九年廣西鄉試錄　史3-14661
嘉慶九年江西鄉試錄　史3-14392
嘉慶九年甲子科順天鄉試副貢硃卷　史3-
22197
嘉慶九年甲子科山東鄉試朱卷　史3-
21193~4
嘉慶九年甲子科山東同年錄　史3-14468
嘉慶九年甲子科鄉試同年齒錄　史3-
13853
嘉慶九年甲子科江南鄉試硃卷　史3-
17759~61
嘉慶九年甲子科江南鄉試錄　史3-14123
嘉慶九年甲子科浙江鄉試副貢硃卷　史3-
22344
嘉慶九年甲子科浙江鄉試硃卷　史3-
19403~5
嘉慶九年甲子科湖南鄉試硃卷　史3-
21648
嘉慶七年壬戌科會試硃卷　史3-15105~10
嘉慶七年壬戌恩科順天鄉試硃卷　史3-
16892
嘉慶貳拾肆年己卯科福建省鄉試題名錄
史3-14338
嘉慶貳拾肆年分漕標七營官兵馬匹數目冊
史6-47428
嘉慶東鹿縣志　史7-54912
嘉慶東巡紀事　史1-3760　叢2-785
嘉慶戊辰年吳氏續修統宗譜[浙江開化]
史4-27887
嘉慶拾陸年分臣標左右貳營員馬總數黃冊
史6-47423
嘉慶四年己未科會試硃卷　史3-15090~7
嘉慶甲子年至癸亥[民國十二年]　子3-
11725
嘉慶甲子年至光緒癸丑年　子3-11724
嘉慶郿陽志補　史8-60112
嘉慶間奏稿　史6-47913

嘉慶八年爵秩全覽　史3-23883
嘉慶八年戊午科山東鄉試朱卷　史3-21192
嘉慶年各省案例請示　史6-46217
嘉言彙輯　子1-2560
嘉言存署　子1-1473　叢2-1236
嘉言懿行錄續編　子1-2616
嘉言摘粹　子4-20732
嘉言錄　子4-24294　叢2-1894
02 嘉話錄　叢1-17
　嘉話錄佚文　叢2-777
04 嘉謀錄　史1-4892　子4-24634
05 嘉靖新例　史6-45804　叢2-743
嘉靖二十六年武舉錄　史3-13606
嘉靖二十六年進士登科錄　史3-13604
嘉靖二十六年會試錄　史3-13603
嘉靖二十二年應天府鄉試錄　史3-14094
嘉靖二十二年廣東鄉試錄　史3-14607
嘉靖二十二年癸卯科山東丘亞元墨卷　集2-9328
嘉靖二十二年順天府鄉試錄　史3-13945
嘉靖二十二年江西鄉試錄　史3-14374
嘉靖二十二年河南鄉試錄　史3-14507
嘉靖二十二年浙江鄉試錄　史3-14202
嘉靖二十二年湖廣鄉試錄　史3-14551
嘉靖二十二年四川鄉試錄　史3-14692
嘉靖二十三年康熙十五年嘉慶十三年道光十五年進士題名錄　史3-13452
嘉靖二十三年武舉錄　史3-13602
嘉靖二十三年進士登科錄　史3-13601
嘉靖二十三年會試錄　史3-13600
嘉靖二十五年應天府鄉試錄　史3-14095
嘉靖二十五年廣東鄉試錄　史3-14608
嘉靖二十五年雲南鄉試錄　史3-14748
嘉靖二十五年順天府鄉試錄　史3-13946
嘉靖二十五年山西鄉試錄　史3-14043
嘉靖二十五年江西鄉試錄　史3-14375
嘉靖二十五年河南鄉試錄　史3-14508
嘉靖二十五年福建鄉試錄　史3-14318
嘉靖二十五年浙江鄉試錄　史3-14203
嘉靖二十五年湖廣鄉試錄　史3-14552
嘉靖二十五年貴州鄉試錄　史3-14737
嘉靖二十五年四川鄉試錄　史3-14693
嘉靖二十九年武舉錄　史3-13609
嘉靖二十九年進士登科錄　史3-13608
嘉靖二十九年會試錄　史3-13607
嘉靖二十八年應天府鄉試錄　史3-14096
嘉靖二十八年廣西鄉試錄　史3-14651
嘉靖二十八年廣東鄉試錄　史3-14609
嘉靖二十八年順天府鄉試錄　史3-13947

嘉靖二十八年山西鄉試錄　史3-14044
嘉靖二十八年山東鄉試錄　史3-14435
嘉靖二十八年江南武舉鄉試錄　史3-14097
嘉靖二十八年河南鄉試錄　史3-14509
嘉靖二十八年福建鄉試錄　史3-14319
嘉靖二十八年浙江鄉試錄　史3-14204
嘉靖二十八年蘇松武舉錄　史3-14098
嘉靖二十八年陝西鄉試錄　史3-14780
嘉靖二十年進士登科錄　史3-13599
嘉靖二十年會試錄　史3-13598
嘉靖二年進士登科錄　史3-13588
嘉靖二年會試錄　史3-13587
嘉靖三十一年應天府鄉試錄　史3-14099
嘉靖三十一年廣東鄉試錄　史3-14610
嘉靖三十一年順天府鄉試錄　史3-13948
嘉靖三十一年山西鄉試錄　史3-14045
嘉靖三十一年山東鄉試錄　史3-14436
嘉靖三十一年江西鄉試錄　史3-14376
嘉靖三十一年河南鄉試錄　史3-14510
嘉靖三十一年福建武舉錄　史3-14321
嘉靖三十一年福建鄉試錄　史3-14320
嘉靖三十一年湖廣鄉試錄　史3-14553
嘉靖三十一年貴州鄉試錄　史3-14738
嘉靖三十一年陝西鄉試錄　史3-14781
嘉靖三十二年癸丑科進士同年便覽錄　史3-13612
嘉靖三十二年武舉錄　史3-13614
嘉靖三十二年進士登科錄　史3-13611
嘉靖三十二年會試錄　史3-13610
嘉靖三十五年武舉錄　史3-13618
嘉靖三十五年進士登科錄　史3-13616
嘉靖三十五年會試錄　史3-13615
嘉靖三十七年應天府鄉試錄　史3-14101
嘉靖三十七年廣東鄉試錄　史3-14611
嘉靖三十七年順天府鄉試錄　史3-13951
嘉靖三十七年山東鄉試錄　史3-14438
嘉靖三十七年江西鄉試錄　史3-14377
嘉靖三十七年河南鄉試錄　史3-14512
嘉靖三十七年湖廣鄉試錄　史3-14554
嘉靖三十七年戊午科山東鄉試同年齒錄　史3-14439
嘉靖三十七年陝西鄉試錄　史3-14782
嘉靖三十四年應天府鄉試錄　史3-14100
嘉靖三十四年武職考勤錄　史6-47358
嘉靖三十四年順天府鄉試錄　史3-13950
嘉靖三十四年山西鄉試錄　史3-14046
嘉靖三十四年山東鄉試錄　史3-14437
嘉靖三十四年河南鄉試錄　史3-14511
嘉靖三十四年福建武舉鄉試錄　史3-

中國古籍總目 · 索引

14322
嘉靖三十四年貴州鄉試錄　史 3 - 14739
嘉靖三十八年武舉錄　史 3 - 13622
嘉靖三十八年己未科會試同年齒錄　史 3 -
　13621
嘉靖三十八年進士登科錄　史 3 - 13620
嘉靖三十八年會試錄　史 3 - 13619
嘉靖丁未科進士序齒錄　史 3 - 13605
嘉靖元年應天府鄉試錄　史 3 - 14087
嘉靖元年雲貴鄉試錄　史 3 - 14731
嘉靖元年山西鄉試錄　史 3 - 14040
嘉靖元年江西鄉試錄　史 3 - 14368
嘉靖元年河南鄉試錄　史 3 - 14502
嘉靖元年浙江鄉試錄　史 3 - 14196
嘉靖丙辰同年世講錄　史 3 - 13617
嘉靖癸丑科進士同年便覽錄　史 3 - 13613
嘉靖癸未趙浚谷詩文集　集 2 - 8911
嘉靖乙丑科進士同年鄉籍　史 3 - 13629
嘉靖集、拾遺　集 2 - 8058
嘉靖上海縣志　史 7 - 54913
嘉靖倭亂備抄　史 1 - 2866
嘉靖以來注畧　史 1 - 1612
嘉靖以來內閣首輔傳　叢 1 - 269 (3)、270
　(2)、271、272 (4)
嘉靖以來首輔傳　史 2 - 7320　叢 1 - 223
　(22)、527
嘉靖注畧　史 1 - 1611
嘉靖永春縣志　史 8 - 58338
嘉靖祀典考　史 6 - 42021
嘉靖十六年應天府鄉試錄　史 3 - 14092
嘉靖十六年廣西鄉試錄　史 3 - 14650
嘉靖十六年廣東鄉試錄　史 3 - 14605
嘉靖十六年雲貴鄉試錄　史 3 - 14735
嘉靖十六年順天府鄉試錄　史 3 - 13943
嘉靖十六年山西鄉試錄　史 3 - 14042
嘉靖十六年江西鄉試錄　史 3 - 14372
嘉靖十六年河南鄉試錄　史 3 - 14505
嘉靖十六年福建鄉試錄　史 3 - 14317
嘉靖十六年浙江鄉試錄　史 3 - 14201
嘉靖十六年貴州鄉試錄　史 3 - 14736
嘉靖十六年四川鄉試錄　史 3 - 14690
嘉靖十六年陝西鄉試錄　史 3 - 14779
嘉靖十一年壬辰科進士同年序齒錄　史 3 -
　13594
嘉靖十一年進士登科錄　史 3 - 13593
嘉靖十一年會試錄　史 3 - 13592
嘉靖十三年應天府鄉試錄　史 3 - 14091
嘉靖十三年廣東鄉試錄　史 3 - 14604
嘉靖十三年雲貴鄉試錄　史 3 - 14734
嘉靖十三年順天府鄉試錄　史 3 - 13942
嘉靖十三年江西鄉試錄　史 3 - 14371

嘉靖十三年河南鄉試錄　史 3 - 14504
嘉靖十三年福建鄉試錄　史 3 - 14316
嘉靖十三年浙江鄉試錄　史 3 - 14200
嘉靖十九年應天府鄉試錄　史 3 - 14093
嘉靖十九年廣東鄉試錄　史 3 - 14606
嘉靖十九年順天府鄉試錄　史 3 - 13944
嘉靖十九年山東鄉試錄　史 3 - 14434
嘉靖十九年江西鄉試錄　史 3 - 14373
嘉靖十九年河南鄉試錄　史 3 - 14506
嘉靖十九年湖廣鄉試錄　史 3 - 14550
嘉靖十九年四川鄉試錄　史 3 - 14691
嘉靖十七年武舉錄　史 3 - 13597
嘉靖十七年進士登科錄　史 3 - 13596
嘉靖十四年進士登科錄　史 3 - 13595
嘉靖十年應天府鄉試錄　史 3 - 14089
嘉靖十年雲貴鄉試錄　史 3 - 14733
嘉靖十年順天府鄉試　史 3 - 13941
嘉靖十年山西鄉試錄　史 3 - 14041
嘉靖十年湖廣鄉試錄　史 3 - 14549
嘉靖大政編年紀　史 1 - 1603
嘉靖大政類編　史 1 - 2843
嘉靖七年應天府鄉試錄　史 3 - 14088
嘉靖七年順天府鄉試錄　史 3 - 13940
嘉靖七年山東鄉試錄　史 3 - 14433
嘉靖七年江西鄉試錄　史 3 - 14370
嘉靖七年河南鄉試錄　史 3 - 14503
嘉靖七年福建鄉試錄　史 3 - 14315
嘉靖七年浙江鄉試錄　史 3 - 14198
嘉靖七年浙江同年錄　史 3 - 14199
嘉靖七年湖廣鄉試錄　史 3 - 14548
嘉靖尤溪縣志　史 8 - 58275
嘉靖萬曆摺紳殘册　史 3 - 23788
嘉靖事例　史 6 - 41656
嘉靖奏對錄　史 6 - 48212
嘉靖東南平倭通錄　史 1 - 1982、2863
嘉靖東南平倭通錄、國朝典彙　史 1 - 2864
嘉靖戊午科山東鄉試墨卷　集 2 - 9591
嘉靖敕議　史 6 - 47827
嘉靖四十一年武舉錄　史 3 - 13625
嘉靖四十一年進士登科錄　史 3 - 13624
嘉靖四十一年會試錄　史 3 - 13623
嘉靖四十三年應天府鄉試錄　史 3 - 14102
嘉靖四十三年廣西鄉試錄　史 3 - 14653
嘉靖四十三年廣東鄉試錄　史 3 - 14613
嘉靖四十三年雲南鄉試錄　史 3 - 14749
嘉靖四十三年山西鄉試錄　史 3 - 14047
嘉靖四十三年山東鄉試錄　史 3 - 14441
嘉靖四十三年江西鄉試錄　史 3 - 14379
嘉靖四十三年河南鄉試錄　史 3 - 14513
嘉靖四十三年福建鄉試錄　史 3 - 14323

嘉靖四十三年四川鄉試錄　史3-14694
嘉靖四十三年陝西鄉試錄　史3-14783
嘉靖四十四年武舉會試錄　史3-13630
嘉靖四十四年乙丑科進士履歷便覽　史3-13628
嘉靖四十四年進士登科錄　史3-13627
嘉靖四十四年會試錄　史3-13626
嘉靖四十年廣西鄉試錄　史3-14652
嘉靖四十年廣東鄉試錄　史3-14612
嘉靖四十年辛酉山東鄉試同年序齒錄　史3-14440
嘉靖四十年江西鄉試錄　史3-14378
嘉靖四十年浙江武舉鄉試錄　史3-14206
嘉靖四十年浙江鄉試錄　史3-14205
嘉靖四十年貴州鄉試錄　史3-14740
嘉靖四年雲貴鄉試錄　史3-14732
嘉靖四年順天府鄉試錄　史3-13939
嘉靖四年山東鄉試錄　史3-14432
嘉靖四年江西鄉試錄　史3-14369
嘉靖四年浙江鄉試錄　史3-14197
嘉靖四年陝西鄉試錄　史3-14778
嘉靖甲寅倭變紀畧　史1-2887　叢2-757
嘉靖肆拾叁年至萬曆肆年錢糧報銷册　史6-43208
嘉靖八年己丑科進士同年便覽錄　史3-13591
嘉靖八年進士登科錄　史3-13590
嘉靖八年會試錄　史3-13589
20 嘉禾雜事　叢2-2098
嘉禾百詠　史7-50363、50367　集6-41784　叢1-195(7)、223(58)、540～3、547(4)，2-731(57)
嘉禾百咏　集6-41894(2)、41895
嘉禾項氏宗譜[浙江嘉善]　史5-35506
嘉禾集　集6-44038
嘉禾何氏支譜[浙江嘉興]　史4-28272
嘉禾名勝記　史7-51399
嘉禾徵獻錄、外紀　史2-8001～4　叢2-839～40
嘉禾宋氏支譜[浙江嘉興]　史4-29153
嘉禾縣志[康熙]　史8-60644
嘉禾縣志[嘉慶]　史8-60646
嘉禾縣志[乾隆]　史8-60645
嘉禾縣志[同治]　史8-60647
嘉禾縣圖志[民國]　史8-60648
嘉禾問錄　子1-1065　叢2-1093
嘉禾八子詩選　集6-44593
嘉禾金氏族譜[浙江嘉興]　史4-29649
22 嘉山縣志[民國]　史7-57870
嘉樂齋三蘇文範　集6-45159
嘉樂堂詩集　集4-23229,6-45021

23 嘉峨遊草　集5-39845
26 嘉和獻瑞　集7-49537
27 嘉黎縣圖志[民國]　史8-62643
嘉魚李氏族譜[湖北嘉魚]　史4-27422～4
嘉魚縣續修隄志　史6-46889
嘉魚縣鄉土志[宣統]　史8-60286
嘉魚縣志[康熙]　史8-60282
嘉魚縣志[正統]　史8-60281
嘉魚縣志[乾隆]　史8-60283～4
嘉魚縣志[同治]　史8-60285
30 嘉定府犍爲縣檔册　史6-47471
嘉定府志[嘉慶]　史8-61878
嘉定府志[同治]　史8-61879
嘉定詩鈔初集、二集　集6-44429
嘉定王補亭詩集　集3-18035
嘉定王補亭駢體文集　集3-18034
嘉定王氏重修支譜[上海嘉定]　史4-24791
嘉定殉難錄　史1-3372
嘉定先生奏議　史6-48082、49114
嘉定鄉土志[民國]　史7-56426
嘉定侯氏三先生集　集6-45024
嘉定侯氏三忠集　集6-45023
嘉定物産表　史7-50058　叢2-2065
嘉定紀事、松江紀事　史1-3369
嘉定顧氏宗譜[上海嘉定]　史5-41351
嘉定州志[康熙]　史8-61877
嘉定州志[萬曆]　史8-61876
嘉定莊氏家譜[上海嘉定]　史4-31480
嘉定蔣氏族譜[上海嘉定]　史5-38068
嘉定四先生集　集6-44428
嘉定縣乙酉紀事　史1-1979
嘉定縣續志[康熙]　史7-56421
嘉定縣續志[民國]　史7-56425
嘉定縣自治籌備公所報告書　史6-41850
嘉定縣清節堂徵信錄　史6-44660
嘉定縣志[康熙]　史7-56420
嘉定縣志[嘉慶]　史7-56423
嘉定縣志[嘉靖]　史7-56418
嘉定縣志[萬曆]　史7-56419
嘉定縣志[乾隆]　史7-56422
嘉定縣志[光緒]　史7-56424
嘉定縣甲乙事紀　史1-3387
嘉定嶨東志[民國]　史7-56444
嘉定贈別詩文　叢2-814
嘉定贈別詩文附錄　經1-108
嘉定長白二先生奏議、長白先生年譜　史6-48082
嘉定周氏宗譜[上海嘉定]　史4-29815
嘉定屠城紀畧　史1-1944～6、1953、1965～

70、1977、1982、3329、3370～1
嘉定屠城紀畧（東塘日劄）　史1－1976
嘉定屠城本末　史1－1855
嘉定屠城慘史　史1－1917
嘉定金氏五世家集　集6－45020
嘉定錢氏潛研堂全書二十一種　叢2－1489
嘉定錢氏著述三種　叢2－933
嘉定錢氏藝文志畧　史8－66042～3
嘉定錢氏藝文志畧、先德述聞　叢1－529
嘉定錢氏盛涇支世系考[上海嘉定]　史5－40126
嘉定鎮江志、校勘記　叢2－806
嘉定鎮江志殘　叢1－265(2)
嘉賓心令　子3－18307　叢1－22(27)
31 嘉遯吟草　集5－33812
32 嘉州二山志　史7－52637
嘉遁堂遺稿　集3－18447
嘉業藏書樓記　史8－65322
嘉業藏書樓抄本書目、普通本書目　史8－65996
嘉業堂叢書五十七種　叢2－670
嘉業堂叢書目錄　史8－66167
嘉業堂藏書志　史8－66007～8
嘉業堂藏書樓上海書藏簡目　史8－66003
嘉業堂藏書樓滬上青島書目　史8－66004
嘉業堂藏書樓複本書目、補遺　史8－65999
嘉業堂藏書樓書目　史8－65997
嘉業堂藏書樓書目三編、鈔本書分類統計表　史8－65998
嘉業堂藏書樓抄本書目、補編　史8－65994
嘉業堂藏書樓明刊本書目、補遺　史8－66002
嘉業堂藏書樓善本書目　史8－66000～1
嘉業堂書目　史8－66005～6
嘉業堂抄本書目　史8－65995
嘉業堂金石叢書　史8－63514
嘉業堂善本書影　史8－66492
34 嘉祐雜志（鄭幾雜志）　叢1－223(44)
嘉祐集　集1－2115～7　叢1－223(51)、227(9),2－635(8)、698(10)
嘉祐集（重刊嘉祐集）　集1－2110～1
嘉祐集（重編嘉祐集）　集1－2112
嘉祐集（蘇老泉嘉祐集）　集1－2113～4
嘉祐集選　集1－2118　叢2－1156～7
嘉祐集錄　集6－41799
36 嘉遇堂詩　集3－15347
37 嘉湖姜氏宗譜[浙江江山]　史4－31058～62
38 嘉祥漢石畫記疏證　史8－64578
嘉祥縣志[順治]　史8－59387
嘉祥縣志[乾隆]　史8－59388
嘉祥縣志[光緒]　史8－59389

嘉道朝曲譜六種　集7－54751
40 嘉南集　集2－7704
嘉壽堂抄訂曲譜　集7－54691
44 嘉藻堂集　集3－20696
嘉蔭樓集　集3－16960
嘉蔭軒詩集　集4－22996
嘉蔭簃雜著　集4－29328
嘉蔭簃龍門造像錄目　史8－64751
嘉蔭簃論泉絕句　集4－29324
嘉蔭簃論泉截句　史8－64840　叢2－941
嘉蔭簃石刻跋尾　史8－64422
嘉蔭簃集　集4－29323　叢2－755
嘉蔭簃古泉隨筆　史8－64818
嘉蔭簃藏器目　史8－64308　叢1－524,2－731(32)
嘉蔭簃金石目摘錄　史8－64752
嘉蔭簃錢考　史8－64841
嘉蔭堂文集　集4－22703
嘉蔭堂詩存　集4－22702
嘉蓮燕語　叢1－22(5)、23(5)
嘉草軒叢書十一種　叢2－602
嘉樹集　集3－15060
嘉樹山房文集、詩集、應制詩　集3－20619
嘉樹山房集、外集、續集　集4－23871
嘉樹樓詩鈔　集3－20135
嘉樹堂詩鈔　集3－16426,4－24875
嘉樹堂稿　集4－22914
47 嘉懿集　集3－21258
嘉懿集初鈔、續鈔　叢2－1540
嘉懿集初鈔、嘉懿集續鈔　子4－24268
嘉穀山房詩草　集5－33868,6－42007(3)
嘉穀堂集　集4－23605　叢1－286,2－731(46)
嘉穀堂遺草　集6－45142
50 嘉泰吳興志　史7－57236
嘉泰普燈錄　史2－7109　子6－32088(42)
嘉泰會稽志　史7－57481
60 嘉量算經、問答　子3－12473
嘉量算經、問答、凡例　叢1－265(3)、266
61 嘉顯堂圖書會要　子3－16845
77 嘉隆新例　史6－41657
嘉隆新例附萬曆　史6－47804　叢2－742
嘉隆識小類編　子4－20714
嘉興府商會章程　史6－43988
嘉興府水道圖說　史7－52931
嘉興府志[康熙]　史7－57302～3
嘉興府志[弘治]　史7－57298
嘉興府志[道光]　史7－57305
嘉興府志[嘉慶]　史7－57304
嘉興府志[萬曆]　史7－57301

嘉興府志[光緒]　史7-57306
嘉興府志補[正德]　史7-57299
嘉興府圖記[嘉靖]　史7-57300
嘉興譚氏家乘[浙江嘉興]　史5-41249
嘉興譚氏宗譜[浙江嘉興]　史5-41248
嘉興譚氏遺書十種　叢2-973
嘉興新志上編[民國]　史7-57312
嘉興徐子默先生吊脚痧論　叢2-681
嘉興徐氏族譜[浙江嘉興]　史4-31907～8
嘉興沈稚巖先生(進忠)哀輓錄　史2-10841
嘉興退菴斷愚智禪師語錄　子6-32091(76)
嘉興支橋王氏宗譜[浙江嘉興]　史4-24952
嘉興求減浮糧書　史6-43469
嘉興藏目錄　史8-66345
嘉興藏目錄、續、藏逸經書標目　史8-66346
嘉興梅會李氏族譜[浙江嘉興]　史4-27167
嘉興曹孺巖先生臨郭有道碑　子3-15805
嘉興縣志[康熙]　史7-57309
嘉興縣志[崇禎]　史7-57308
嘉興縣志[嘉靖]　史7-57310
嘉興縣志[光緒]　史7-57311
嘉興縣忠義孝弟木主列傳考　史2-8005
嘉興縣纂修啓禎兩朝實錄[崇禎]　史7-57307
嘉興鳳溪吳氏宗譜[浙江嘉興]　史4-27824
嘉興錢衎石先生(儀吉)年譜初稿　史2-12068
嘉興錢氏家譜[浙江海鹽]　史5-40199
嘉興錢氏世藏書畫錄　子3-14850
嘉興錢公應溥行述　史2-10308
嘉興鑼鼓　子3-17845,17851
嘉興鑼鼓譜　子3-17850
80 嘉義管内採訪册[光緒]　史8-63482
嘉善徐氏家譜[浙江嘉善]　史4-31910
嘉善縣重糧賠虧圖考　史6-43322
嘉善縣清賦平役新書　史6-43468
嘉善縣志[雍正]　史7-57386
嘉善縣志[康熙]　史7-57384～5
嘉善縣志[正德]　史7-57381
嘉善縣志[嘉慶]　史7-57387
嘉善縣志[萬曆]　史7-57382
嘉善縣志[光緒]　史7-57388
嘉善縣纂修啓禎條款[順治]　史7-57383
嘉善同善會育嬰堂徵信錄(同治三年同治四年)　史6-44691
嘉善周氏族牒[浙江嘉善]　史4-29925

嘉善周氏支譜[浙江嘉善]　史4-29924
嘉善入泮題名錄　史3-14972
嘉善錢氏家傳、恩綸、恩綸二刻、恩卹錄　史2-8028
嘉善錢氏家傳、恩綸[浙江嘉善]　史5-40197
嘉善錄　子1-1781
嘉善錄嘉善錄補　叢2-1807
嘉會堂詩文彙編　集6-44050
嘉會堂集　集3-17309
嘉會堂集三種　叢2-1372
嘉谷堂遺草　集3-17237

4050₆ 韋

00 韋庵經說　經2-11520　叢1-364
韋庵草　集3-15523
韋廬詩集　集4-31680
韋廬詩内集、外集　集4-23039
韋廬剩稿、蠹魚草　集4-23041
韋廬近草、外集　集4-23040
韋廬初集、續集、近集　集4-23035
韋廬小草　集4-23036
韋齋詩稿　集3-17006
韋齋詩鈔　集1-3243,6-41900
韋齋詩鈔、文鈔　集5-41609
韋齋集　叢2-636(4)
韋齋集、玉瀾集　集1-3240
韋齋集、玉瀾集、蜀中草　集1-3241
韋齋集、行狀　叢1-223(53)
韋齋集、行狀、玉瀾集　集1-3242
韋齋集補鈔　集1-3244,6-41901
韋齋類稿　集1-3015
02 韋端己詩補遺　集1-1803
10 韋弦集　子4-24194
韋弦佩　子4-23970　叢1-13、22(25)、119、154、173
17 韋孟全集　集6-41736
24 韋德珪梅花百詠　集6-41930
26 韋自東傳　叢1-56,2-731(49)
27 韋鮑二生傳　叢1-56
33 韋述西都雜記　史7-51147　叢2-771(4)
40 韋十娘傳　叢1-168(2)
韋奄奏疏　史6-48171
44 韋莊張氏宗譜[江蘇武進]　史5-34837
韋莊秦婦吟　叢1-591
韋蘇州詩集　集1-1144,6-41877
韋蘇州詩集、補遺　集1-1143

韋蘇州詩選　集1-1146
韋蘇州詩鈔　集1-1145,6-41884
韋蘇州集　集1-1135～6、1140、6-41736、41743、41874、41885　叢1-223(48)、2-698(8)
韋蘇州集、拾遺　集1-1134、1137～8、6-41706、41735、41878
韋蘇州集、拾遺、總論　集1-1139
韋蘇州集校正拾遺　集1-1141　叢1-258,2-731(3)、847、1466
韋菴集　集2-7988
韋菴經說　子4-21215
52 韋刺史詩集　集1-1142　叢2-635(7)
60 韋園詩集　集3-15548
72 韋氏詩經考定、詩經傳授源流、總論　經1-3888
韋氏族譜[江蘇丹徒]　史4-31122～3
韋氏族譜[江蘇鎮江]　史4-31121
韋氏續修宗譜[安徽合肥]　史4-31139
韋氏宗譜[江蘇宜興]　史4-31128
77 韋鳳翔古玉環記　集7-50124
韋居聽輿　叢1-17、19(5)、21(5)、22(5)、23(5)、24(6)、29(6)

4051₄ 難

00 難產神驗繡閣良方繡閣保產良方　子2-8266
12 難孫氏毛詩評　經1-3580、4818　叢1-461,2-774(2)
21 難儞計濕嚩囉天說支輪經　子6-32093(17)
難經　子2-4575、4579～80、5453
難經廣說　子2-5478
難經正義　子2-4770、5467、5477
難經集註　叢1-274(4)、2-698(7)
難經集注　叢1-265(3)、2-778
難經集注(王翰林集注黃帝八十一難經)　子2-5456
難經經釋　子2-4607～10、4612、5471
難經經釋補正、總論　叢2-2130～1
難經解　子2-4647、5475
難經彙攷　子2-4727
難經彙考　子2-5459
難經通論　子2-5481
難經啓蒙　子2-5480
難經直解　子2-4588、5470
難經古義　子2-4770
難經摘抄　子2-4689、5454
難經本義　子2-4560、4564、4568、4727、5457

難經本義、彙考、闕誤總類、圖說　叢1-223(32)、227(7)
難經本義摘註、闕誤總類、難經彙考　子2-5458
難經晰解　子2-5476
難經懸解　子2-5367、5473
27 難解二十四篇　子3-13258、13472　叢1-169(2)、268(3)
30 難字　經2-15119
難字音義　子1-27、30,5-29214
難字直音　經2-13802　史1-63
38 難游錄　史1-1964、3430
難遊錄　史1-1981
44 難蓋天　叢2-775(5)
難杜　經1-6723　叢2-765～6
50 難中記　史1-1988、3946　叢2-832(5)
56 難提釋經　子6-32083(20)、32085(29)、32086(33)、32088(21)、32089(20)、32090(27)、32091(25)、32092(18)
60 難易居詩鈔　集4-31275
68 難吃夜飯　集7-50764
90 難光錄　叢1-272(5)
95 難情雜記　史1-3873,2-6209

4054₇ 鞾

00 鞾言　集2-11637,6-45128
01 鞾語　子4-21521

4060₀ 古

00 古庵藥鑒　子2-5549
古市塘岸位育公祠葉氏家譜[浙江松陽]　史5-35711
古帝王年疑　史1-2018
古方集解　子2-4612
古方集錄　子2-6303
古方彙精　子2-4770、9556
古方準繩　子2-9723
古方選註成方切用合參　子2-9456
古方選注　子2-4636
古方選存　子2-10108
古方考　子2-4630、9515
古方畧、續編　子1-3292
古方八陣　子2-4696、4907、9323
古方分滙集腋　子2-10079
古高士傳印譜　子3-17347

古廉文集　集2-6543　叢1-223(64)

古廉李先生詩集　集2-6540

古庭禪師語錄輯畧　子6-32091(73、80)

古庭祖師語錄輯畧　子7-34231

古唐音韻　經2-14260

古唐詩選　叢1-1831

古唐詩合解、古詩　集6-42246~7

古唐選屑　集6-42236

古意新聲　集3-14666

古意盤磚　子3-16945、17167

古文　經2-12944

古文意　集6-42972

古文雜釋　史8-65177

古文雜著　集4-23189

古文雜鈔讀本　叢1-576

古文龍虎上經註、讀龍虎經　子5-29530
　(19)、31216

古文龍虎經註疏　子5-29530(19)、31214
　叢1-223(47)

古文講授談　集6-43169

古文韻語　叢1-282(3)、283(3)、2-731(39)、
　1089~92

古文詞讀本　叢2-2270(3)

古文詞續纂　集6-43077

古文詞畧　集6-43134

古文詞畧(古文詞畧讀)　集6-43133

古文論語　經2-9217　叢1-452

古文論語鄭注　經2-9216

古文詳註發蒙集　集6-43087

古文一隅　集6-43138~9

古文正集、二編　集6-42964

古文正宗　集6-42706~7

古文正業彙箋　集6-42971

古文五删　集6-42949

古文要删　叢2-2270(3)

古文百家簡鈔　集6-43097

古文翼　集6-43052

古文矜式　集6-46218　叢1-34

古文瑣語　史1-2078~9　叢2-774(8)、775
　(4)

古文雋　集6-42816

古文辭彙纂序目　集6-43068　叢1-267

古文辭鈔　集5-38963

古文辭類纂　集6-43067、43069、43076　叢
　1-579

古文辭類纂、續古文辭類纂　集6-43070~1

古文辭類纂、校勘記　集6-43072　叢2-
　698(12)

古文辭類纂、校勘記、附錄　集6-43073

古文辭類纂、附校勘記、附錄　叢2-697

古文辭類纂約選　叢2-691(3)

古文辭類纂選讀　叢2-2270(3)

古文辭類纂輯註　集6-43074

古文集　集3-14608,6-42730

古文集、四書制藝文、詩集　叢2-1255

古文集成前集　集6-42710　叢1-223(69)

古文稿　叢2-1745

古文便覽　叢2-2238

古文卓觀　集6-43038

古文經訓　叢1-385

古文僞書考　經1-3116

古文後選　集6-43085

古文崇正　集6-42812

古文參同契　子5-29547,31016

古文參同契三相類　子5-29547

古文參同契三相類集解　叢1-268(4)

古文參同契集解　叢1-223(47)、268(4)

古文參同契集解、箋註集解、三相類集解
　子5-31019

古文參同契集解、箋注集解、三相類集解
　叢1-169(2)、2-731(10)

古文參同契箋註集解　叢1-268(4)

古文參同契箋注　子5-29547

古文備體奇鈔　集6-42880

古文釋義新編(書業堂重訂古文釋義新編、
　重鑴古文釋義、文成堂重訂古文釋義新
　編、善成堂重訂古文釋義新編、重訂古文
　釋義新編、經綸堂重訂古文釋義新編、桂
　芳齋重訂古文釋義新編、大文堂重訂古
　文釋義新編)　集6-43086

古文彙存　集4-27680

古文彙鈔補　集6-43093

古文約集正解　集6-43059

古文約選　集6-43048

古文徵　集6-43063

古文襍鈔　集6-43153

古文字彙　經2-13201

古文審　經2-13228　史8-64231

古文官書　經2-12937~40、15137、15142
　叢1-500,2-716(1)、774(7)

古文官書、古文奇字郭訓古文奇字　經2-
　12936

古文官書附古文奇字　經2-15116

古文官書附古文奇字郭訓古文奇字　叢1-
　495、586(2)

古文滙鈔　集6-43154

古文淵鑒(御選古文淵鑒、古香齋新刻袖珍
　御選古文淵鑒)　集6-43025

古文補刊　集5-34128

古文瀆編　集6-41799

古文瀾編　集6-42871

古文通考　經2-13202

古文選　集4-28394,6-42989、43143、43148

古文選註　集6-43147

古文選要　集6-42764、42865

古文選本　集6-42857

古文選粹　集6-42858

古文資鏡　叢1-385

古文直解　經2-8580

古文存　叢2-862

古文存稿　集3-19357

古文奇字　經2-12942～3、13023～4、15116、15137、15142　叢1-495,2-716(1)

古文奇字郭訓古文奇字　叢1-495,2-716(1)

古文奇艷　集6-42889

古文奇罦　集6-42975

古文奇賞　集6-42923

古文奇賞、續古文奇賞、奇賞齋廣文苑英華、四續古文奇賞、明文奇賞　集6-42922

古文七種　叢1-298

古文七種附一種　叢1-297

古文坪廳志[光緒]　史8-60464

古文析義　集6-43007～8

古文析義(精校古文析義)、二編　集6-43006

古文載道編　叢1-213

古文苑　集6-42181　叢1-223(68)、273(5)、286、347,2-628、635(14)

古文苑(古文苑註)　集6-42182

古文苑、校勘記　集6-42183　叢1-274(5),2-731(37)

古文孝經　經2-8284、8289、8299、8301、8305、8365、8367、8373、8447、8574、8576、8578、8580～1、8584　叢1-388,2-778

古文孝經、舊鈔本古文孝經解說　經2-8302

古文孝經說　經2-8404、8578、8580～3

古文孝經孔氏傳　經2-8303、8586　叢1-244(1)、389

古文孝經孔氏傳、宋本古文孝經　經2-8304　叢1-223(12)

古文孝經集解　經2-8521

古文孝經朱子訂定刊誤集講　經2-8498

古文孝經解意　經2-8578

古文孝經解意(孝經解意)　經2-8405

古文孝經解意、古文孝經說、釋疑　經2-8575

古文孝經述義　經2-8333　叢2-774(5)

古文孝經直解　經2-8578

古文孝經直解(古文直解)　經2-8416

古文孝經直解、孝經大旨、孝經考　經2-

8575

古文孝經薈解　經2-8518

古文孝經指解　經2-8360

古文萃語　子4-23624

古文世編　集6-42846

古文觀止　集6-43055

古文觀止(鴻文堂二刻古文觀止、增批古文觀止)　集6-43054

古文增註　集6-43166

古文摘語　子5-25815

古文摭逸　集6-43135

古文春秋左傳　經1-6636～8

古文未曾有集　集6-43028～9

古文採華旁訓　集6-42788

古文披金　集6-43037

古文輯罦　集6-43000

古文提奇　集6-42969

古文四象　集6-43140

古文四聲韻　經2-13133　叢1-223(15)、586(2),2-716(2)

古文甲乙篇　叢2-1566～7

古文品外錄　集6-42897～8　叢2-720(6)

古文嗒鳳新編　集6-43141

古文雅正　集6-43046　叢1-223(71)

古文雅正(重訂古文雅正)　集6-43044

古文原始　經2-13199　叢2-1798

古文斷前集、後集　集6-43050

古文周易參同契註　子5-31024　叢1-347,2-731(10)

古文周易參同契經文　子5-29549、31002

古文周易參同契經文發揮　子5-29549、31011

古文周易參同契經文敍發揮　子5-29549、31010

古文周易參同契經箋註　子5-29549

古文周易參同契補遺三相類鼎器歌　子5-29549

古文周易參同契補遺三相類鼎器歌敍發揮　子5-29549、31014

古文周易參同契補遺三相類鼎器歌發揮　子5-29549、31015

古文周易參同契分節祕解　子5-31026

古文周易參同契箋註發揮　子5-29549、31013

古文周易參同契箋註敍發揮　子5-29549、31012

古文眉詮　集6-43053

古文關鍵　集6-42668～9　叢1-223(68)、2-731(39)、859

古文八大家公暇錄　集6-43103

古文分編集評　集6-43056

古文會編　集6－42736～8

古文會選　集6－42715～6

古文知新　集6－43040

古文筆法(古文筆法百篇)　集6－43136～7

古文鈔　集3－21212,6－42823～4、42856

古文鈔約　集6－42822

古文小品冰雪攜、名文小品冰雪攜　集6－42992

古文尚書　經1－2514～5、2544、2546、2555、2565、2916、3410　叢1－505,2－774(2)

古文尚書逸文　叢1－286

古文尚書、尚書逸文、尚書篇目表　經1－2567

古文尚書商是　經1－3029、3409

古文尚書辨　經1－2819、2837、2945、3080、3126　叢1－202(6)、203(12)、330、339、461

古文尚書辨僞　經1－2911　叢2－1538～9

古文尚書辨惑　經1－3026、3409

古文尚書辨惑輯說　經1－3030

古文尚書音　經1－3381、3410　叢2－774(2)

古文尚書訓　經1－2558　叢2－775(1)

古文尚書訓旨　經1－2561　叢2－775(1)

古文尚書證訛　經1－2663

古文尚書正辭　經1－3036

古文尚書疏　經1－2600　叢2－765

古文尚書殘卷　經1－2537～40、2542～3、2547～8、2551～2

古文尚書舜典注　經1－2596、3410　叢2－774(2)

古文尚書集註合疏　叢1－312

古文尚書私議　經1－2990　叢2－2088

古文尚書釋難　經1－3027、3409

古文尚書條辨　經1－2909

古文尚書冤詞　經1－2809

古文尚書冤詞平議　經1－151、3058

古文尚書冤詞補正　經1－2901

古文尚書定論　經1－2810

古文尚書逸文　經1－3506

古文尚書逸篇　經1－3505　叢1－223(6)

古文尚書冤詞　叢1－223(6),2－1309

古文尚書冤詞平議　叢2－2066

古文尚書析疑　經1－3028、3409

古文尚書考　經1－111(2)、2820、2862～3、2960　叢1－195(1)、202(6)、203(11,15)、320、367～8、461,2－731(63)、1334

古文尚書撰異　經1－111(3)、2907～8　叢2－1517

古文尚書拾遺　經1－3107　叢2－2207

古文尚書拾遺定本　經1－3108

古文尚書賸言　經1－3031

古文尚書鄭氏注逸文　經1－3103

古文尚書鄭氏注敍錄　經1－3102

古文尚書鄭氏注箋釋　經1－3101

古文賞音　集6－43041

古文類選　集6－42745～8

古文快筆貫通解　集6－43088～9

古文精藻　集6－43027　叢2－1346～7

古文精粹　集6－42723

古離別　集2－9288

古言　子4－20470、20472　叢1－22(20)、62～4,2－730(4)、1094

古言類編　子4－20471　叢2－730(12)

古言類編(學古瑣言)　叢2－731(7)

古音齋詩稿　集4－22040

古音諧　經2－14136　叢2－1601

古音後語　經2－14032、15110　叢1－282(2)、283(3)

古音叢目　經2－14026、15110　叢1－282(3),2－1092

古音叢目、古音獵要、古音餘、古音附錄　叢1－223(16)

古音複語　叢2－1092

古音複字　經2－14033　叢1－282(3)、283(3),2－731(24)、1090、1092

古音獵要　經2－14027、15110　叢1－282(2)、283(3),2－1092

古音考附錄　叢1－268(2)

古音表　經2－14057、14529　集6－45496　叢1－223(16)、579

古音表考止　經2－14100

古音轉注　叢1－378

古音輯畧、備考　經2－14186

古音輯畧備考　經2－14187

古音畧說　經2－15105

古音畧例　經2－14030、15110　叢1－223(16)、282(3)、283(3),2－731(24)、1090、1092

古音附錄　經2－14029、15110　叢1－282(2)、283(3),2－731(24)、1092

古音閣吟草　集4－26231

古音駢字　經2－12837～8　叢1－282(3)、283(3),2－731(24)、1090、1092

古音駢字、續編　叢1－223(16)

古音駢字、鄉音俗字通考　經2－14088

古音駢字續編　經2－12840

古音合　經2－14115　叢1－282(4)、283(4)

古音餘　經2－14028、15110　叢1－282(3)、283(3),2－731(24)、1090、1092

古音類表　經2－14212　叢2－885、1997～8

古註論語姓氏考　經2－9420

古註參同契分釋　子5－31018

古註參同契分箋注釋　叢1－312

古諺閒譚　集6－46053　叢2－1516

古諺箋　叢2-1678

古雜劇二十種　集7-48769

01 古語訓畧　經2-14807　史7-49306

古語遺錄七種　叢1-1545

02 古刻叢鈔　史8-63502、64367～8　叢1-223
(28)、244(6)、303～5,2-731(34)、735(4)

古訓亭詩鈔　集4-24035

古訓堂詩　集4-22700

古訓粹編十三種　叢2-691(2)

古新聖經問答　子7-35223

古新史畧　子7-35218

04 古誌新目　史8-64789

古誌新目、補遺　史8-64788

古誌新目初編　史8-63513、64790

古誌石華　史8-64419　叢1-352

古誌石華續編　史8-64420

古誌備考　史8-61140

古誌彙目初集　史8-63513、64786～7

古詩評選　叢2-1293

古詩正宗　集6-42325

古詩正聲　集6-43305

古詩玉林　集6-42245

古詩平仄舉隅　集6-45491

古詩麗則、唐詩麗則　集6-42329

古詩刊誤　集6-42333

古詩稿　集3-21760

古詩肄及、唐詩肄及　集6-42315

古詩歸　集6-42373

古詩解　集6-42310　叢2-720(5)、1252

古詩紀　集6-42222　叢1-223(70)

古詩源　集6-42321　叢1-579,2-698(12)

古詩源(評選古詩源)　集6-42322

古詩通韻叶韻　經2-13854～5

古詩選　集6-41768、42324

古詩十九首說　叢1-435

古詩十九首解　叢1-241、242(4),2-731
(38)、1406

古詩十九首注　叢2-2041

古詩十九首箋註　叢1-369

古詩十九首箋注　叢1-372

古詩存目錄　叢2-2170

古詩獵雋　經1-3914　叢2-1191

古詩教解　集2-6941

古詩別選　集6-42313、42440

古詩鏡、唐詩鏡　集6-42429

古詩鏡、詩鏡總論、唐詩鏡　叢1-223(70)

古詩箋　集6-42320

古詩管、三唐詩管、五朝詩管　集6-42331

古詩鈔　集6-42316　叢2-1020

古詩賞析　集6-42327

古詩類苑　集6-42309

06 古韻　經2-14536

古韻、今韻　經2-14051

古韻證　經2-12725、14170

古韻論　經2-14138　叢1-419,2-731(25)、
942

古韻譜　經2-14128　叢2-925

古韻疏　經2-14048

古韻發明、切字肆考　經2-14183

古韻總論　經2-14180　叢2-630

古韻釋要　經2-13812～4

古韻溯源　經2-13877、14132

古韻溯原　經2-14195

古韻通　經2-14058～9　叢2-1285

古韻通說、通說、畧例　經2-14199

古韻通轉　經2-13851、14077

古韻通畧　經2-14060　集7-46350　叢1-
371

古韻標準　經2-14080

古韻標準、詩韻舉例　經2-14081、14531
叢1-223(17)、247、273(3)、274(3)、456(2),
2-731(25)、814

古韻表　叢2-1952

古韻輯畧、備考　經2-14535

古韻異同摘要　經1-102,2-12200、14129
叢2-1533

古韻異同摘要、與程東冶論邵氏古今韻畧
書　叢2-1534

古韻原本　經2-14101

古韻分部諧聲　經2-14244

07 古諷籀齋目耕脞錄　子4-23517

古調自彈集　集3-19193

古調堂集　集3-14250

古調堂初集　集3-14617

古謠諺　集6-43157　叢1-474

古謠諺讔語歌誦　子5-27056

08 古論玄箸　集6-42863

古論語　經2-9756　叢2-774(5)

古譜纂例　史1-5341

10 古三疾齋雜著　集4-23488　叢2-1582

古三疾齋論語直旨　經2-9519　叢2-1582

古三疾齋三種　叢2-1582

古三字青囊經　子3-13152

古三墳　史1-2040　子1-44、58　叢1-
71～2、74～7、144、146、183、371

古三墳書　經1-2498　史1-2043

古玉文字記　叢1-448

古玉考　史8-65141

古玉圖　史8-65145

古玉圖譜　史8-65116～7

古玉圖攷　子4-18598、18601

古玉圖考　史8-65142　叢1-22(16)、23(16)

古玉圖考補正　史8-65143　叢2-642、796

古玉圖考目　史8-63719

古玉圖錄　子4-18600

古玉器　史8-65130

古玉印滙　史8-65074

古靈詩集　集1-2194,6-41894(1)、41895

古靈集　叢1-223(51)

古靈先生(陳襄)年譜　史2-11225

古靈先生文集　集1-2191～2

古靈先生文集(古靈集)、古靈先生年譜　集1-2188

古靈先生文集、古靈先生年譜　集1-2189

古靈先生文集、增刊、續增　集1-2190

古靈陳氏族譜[福建福清]　史4-33196

古靈陳氏家乘[福建閩侯]　史4-33197

古雪齋文集　集3-20505

古雪齋詩集　集3-20501

古雪詩餘　集7-47361

古雪詩鈔、續鈔、詩餘　集4-23122

古雪山房偶記　子4-23492

古雪山民詩後集　集3-17757

古雪喆禪師語錄　子6-32091(74)

古雪堂文集　集3-14088

古雪堂詩集　集3-13449

古干亭集、嶺外雜言　集4-26852

古干室詩集　集5-36366

古石抱守錄　史8-63508　叢2-630

古石抱守錄(廣倉古石錄)　史8-64779

古晉世家曲氏族譜[山西聞喜]　史4-26971

古瓦錄、古磚錄　史8-65194　叢1-365

古不夜城記　史7-51446

11　古北口志[民國]　史7-54986

古玩正宗祕論　子4-23715

古玩品　叢1-25、173

古琴齋詩稿　集5-37664

古琴疏　子3-17515　叢1-22(16)、23(16)、350

古琴古研齋算率五種　子3-12399

古琴樓詩鈔　集4-28488

古琴曲譜　子3-17786

古琴公日誌(乾隆五十九年至六十七年,嘉慶九年至十四年)　史2-12635

12　古瑞室集　史2-11679

古列女傳、續、考證　史2-6381

古列女傳、續列女傳　叢1-410,2-731(61)

古列女傳、續古列女傳　叢1-223(21)

古水詩鈔　集4-28662

古刑法質疑　史6-46266　叢2-2011

15　古磚錄　史8-65194　叢1-365

16　古聖賢像傳畧、聖廟祀典圖考　史2-6626

古現王氏世譜[山東福山]　史4-25388

古硯香齋遺集　集5-37620

古硯山房詩草　集4-29378

古碑證文　史8-64389

古碑證文選本　史8-64456

古碑證選本　史8-63507

古碑孤本錄　史8-63507、64458

古碑拓摹本　叢2-707

17　古翠軒泉拓　史8-64904

古歌謠殘稿　集6-42314

18　古政原論　叢2-2248

古政原始論　叢2-2248

古婺長山栗塘范氏宗譜[浙江金華]　史4-29452、29458

古砒書屋文甲集、乙集、外編　叢2-1812

古砒書屋文鈔　叢2-1812

古砒書屋詩薆　叢2-1812

20　古僑公書離騷經原刻　子3-15413

古雋　子4-23850　叢1-65、282(2)、283(2)、2-731(6)、1091～2

古雋考畧　子5-25009～10

古信相文殊院丈伯明錫和尚語錄　子7-34359

古廬詩稿　集5-33930～1

古香齋新刻袖珍御選古文淵鑒　集6-43025

古香齋新刻袖珍淵鑑類函、目錄　子5-25295

古香齋遺稿　集3-15666

古香齋草　集3-14334

古香齋四書　經2-10127

古香齋鑒賞袖珍論語　經2-9196

古香齋鑒賞袖珍孟子　經2-9766

古香齋鑒賞袖珍初學記　子5-24772

古香齋鑒賞袖珍大學　經2-8655

古香齋鑒賞袖珍中庸　經2-8903

古香廎詞　集7-47063

古香詩草　集4-24396,5-35579

古香詞　集3-21859

古香集　子4-24677

古香岑草堂詩餘四集　集7-48438

古香山館詩存　集4-30844

古香山館存稿　集4-30846～7

古香山館存稿文、詩、示兒帖、行述志表　集4-30845

古香室遺稿　集4-31663　叢2-856

古香林叢書十種　叢2-1590

古香樓詩、雜著、詩餘、曲　集3-16502

古香樓詩集　集3-17043,6-41999
古香樓詩鈔　集4-32426,6-42007(3)
古香樓遺稿　集4-23486、24402
古香樓吟稿、柯庭文藪、西山紀遊詩、詞稿
　集3-17046
古香書屋詩集　集4-27639
古香書屋詩鈔　集4-29851
古香書屋詩鈔、文鈔　集4-29852
古香閣詩初稿、海棠香國詞　集4-33662
古香閣詩鈔　集4-26829
古香閣藏書志　史8-65746
古香閣全集(詩集、詞集、賦鈔)　集5-
　37271
古香閣餘稿　集5-36319
古香凹試帖　叢2-1874
古香凹詩稿　叢2-1874
古香凹詩餘　集7-47885　叢2-1874
古香凹時文　叢2-1874
古香鈔　叢1-379
古香堂六種　叢2-1492
古香堂詩稿　集3-20441~2
古香堂集　集3-20736
古香堂叢書十二種　叢2-1493
古香堂吟草　集4-33468
古毛詩　經1-4413
古禾雜識　史7-50364~5　叢2-840
古穰文集(古穰集)　集2-6745
古穰雜錄　史1-1914　叢1-22(22)、29(7)、
　58、95,2-730(3)、731(67)
古穰雜錄摘抄　叢1-84(2)
古穰雜錄摘鈔　叢2-730(9)
古穰集　叢1-223(64)
21 古儷府　子5-25755~6　叢1-223(44)
古行記校錄　叢2-2227、2229
古衡山房詩集　集4-21993
古虞童郭沈氏宗譜[浙江上虞]　史4-
　29086
古虞文錄、文章表錄　集6-44513
古虞文錄、續錄、古虞文章表錄　集6-
　44514
古虞章氏宗譜[浙江上虞]　史5-34569
古虞龔氏宗譜[浙江上虞]　史5-41450~1
古虞王氏宗譜[浙江上虞]　史4-25068
古虞石室記　史7-51383
古虞張氏六修宗譜[浙江上虞]　史5-
　34960
古虞張氏宗譜[浙江上虞]　史5-34962
古虞孫氏宗譜[浙江上虞]　史5-33621
古虞上浦林氏宗譜[浙江上虞]　史4-
　29287
古虞岑倉楊氏編修宗譜[浙江上虞]　史5-

36884
古虞嵩城俞氏家乘[浙江上虞]　史4-
　30807
古虞嵩城俞氏家乘五集[浙江上虞]　史4-
　30808
古虞朱氏宗譜[浙江上虞]　史4-26542
古虞倪氏族譜[浙江上虞]　史4-31737
古虞徐氏一家言詩集　集6-45045
古虞宋氏宗譜[浙江上虞]　史4-29162~3
古虞梁湖陳氏宗譜[浙江上虞]　史4-
　32934
古虞達浦金氏宗譜[浙江上虞]　史4-
　29674
古虞姚氏宗譜[浙江上虞]　史4-31184~6、
　31189~90
古虞萬氏三經汉港支家譜[浙江上虞]　史
　5-35802
古虞萬氏三汉港支家譜[浙江上虞]　史5-
　35803
古虞葛氏宗譜十二集[浙江上虞]　史5-
　35834
古虞葉氏宗譜[浙江上虞]　史5-35680~1
古虞胡氏長者山支宗譜[浙江上虞]　史4-
　30443~4
古虞車氏宗譜[浙江上虞]　史4-27695
古虞陳氏宗譜[浙江上虞]　史4-32941
古虞驛亭經氏宗譜[浙江上虞]　史5-
　37947~8
古虞金罍范氏宗譜[浙江上虞]　史4-
　29449
古虞金氏宗譜[浙江上虞]　史4-29673
古虞分金徐氏宗譜[浙江上虞]　史4-
　31981~2
古虞義門劉陳世譜[浙江上虞]　史4-
　32937~8
古處齋詩集　集3-16417
古處堂集　集3-13570
古紅梅閣詞錄　集7-46407
古紅梅閣叢抄十種　叢1-409
古紅梅閣遺集　集5-34753
古紅梅閣未定藁　集7-48099
古紅梅閣駢文　集5-34758
古經診皮名詞　叢2-2129(3)、2131
古經診皮名詞解　叢2-2130
古經天象考、緒說、圖說　子3-11465
古經天象考、圖說　子3-11464
古經天象考、圖說、緒說　叢1-558
古經天象考、圖說、釋問　叢1-516
古經傳　經1-77(2)、2130
古經解彙函　經1-33
古經解鉤沈　經2-11564

古經解鉤沉　叢1-223(13)
古經疑言　經2-11761
古經臆說　子7-35116
古經服緯　叢2-731(30)
古經服緯、釋問　經1-6196　叢2-782(4)
古經服緯、釋問異同表　叢2-892
古經服緯釋問　經1-6197
古綆齋試帖、律賦　集4-21980
古綆齋經鈔　集6-43060
22 古豐識畧[咸豐]　史7-56053
古劇腳色考　叢2-2229
古劇腳色考　叢2-2227
古劇腳色考、補遺　叢1-588
古崖先生詩集　集2-6435
古鼎外集　集1-5378
古仙導引按摩法　子2-11169
古峯詩鈔　集5-35054
古山文鈔　集4-23980
古山詩集　集3-20908
古山樂府　集7-46351～2、46356、46360～1、
　　46363、46370、46778～9　叢1-579、2-
　　799～800
古山先生文集　集2-7654
古山先生文集、桂古山年譜　集2-7655
古樂府　集6-42250～1、42262　叢1-223
　　(69)
古樂經　叢1-332
古樂經傳　叢1-223(15)、2-1346～7
古樂經傳、樂記　經1-6497
古樂經傳全書　經1-6455
古樂復興錄　叢1-249(4)、2-731(36)
古樂苑　集6-42254
古樂苑、衍錄　叢1-223(70)
古樂苑、前卷、衍錄、目錄　集6-42252
古樂苑衍錄　集6-42253
古樂書　經1-6421　叢1-223(15)、2-677
古樂義　經1-6419
古樂笙蹄　經1-6467、6582
古紙偶存、春渚草堂居士年譜　集5-36212
23 古代婦女年華錄　史2-6459
古皖劉氏重修宗譜[安徽]　史5-39318
24 古豔樂府　叢1-202(2)、203(7)、321、587(2)
古化集詠　史8-64896
古先君臣圖鑑　史2-6503～5
古德機緣　史2-6809　子7-34248
古稀自述　史2-10538
古稀頌　集3-19969
古稀頌九章　史6-47685
25 古律經傳附考　經1-6531　叢2-1555～6
古律輯考　經1-6532

古律呂考　經1-6558　叢2-1946
古佛應驗桃園明聖經註解　子5-30470
古佛應驗明聖經　子5-30467
古佛應驗明聖經序解　子5-30469
古佛應驗明聖經註解　子5-30468
古佛天真考證龍華寶經　集7-54150
古佛像經咒一葉　子7-32800
古佛如來寶卷　集7-54179
古佛朝天　集7-49703
古佛當來下生彌勒出西寶卷　集7-54183
古傳　叢2-776
古朱文官私鉢　史8-64989
26 古白山房吟稿　集4-24844
古泉雜詠　史8-64895　叢1-547(2)、2-
　　2173
古泉雜記　史8-64898
古泉山館詩集　集4-25713
古泉山館石刻跋　史8-64411
古泉山館題跋　史8-65751　叢1-511
古泉山館金石文編殘稿　史8-63631～2
　　叢2-615(1)
古泉彙、壬午說幣　史8-64874
古泉彙首集、元集、亨集、利集、貞集、續泉
　　彙　叢2-1818
古泉滙首集、元集、亨集、利集、貞集　史8-
　　64852
古泉叢話　史8-64848
古泉叢話、藏泉記　叢1-553
古泉叢考(藏雲閣識小錄)　史8-64887
　　叢2-784
古泉苑、皇朝錢法　史8-64838
古泉苑目錄　史8-64839
古泉目錄　史8-64843
古泉臆釋　史8-64877
古泉臆釋、刀布釋文　史8-64878
古泉鑑　史8-64872
古吳朱氏宗譜[江蘇]　史4-26391～2、
　　26394～6
古吳朱氏全譜豐範集、地志集、綵倫集、文
　　徵集、傳、紀獻集、閫範集、隧石集[江蘇]
　　史4-26393
古吳洞庭南徐徐氏宗譜[江蘇吳縣]　史4-
　　31853
古吳澂紫山徐氏世譜[江蘇吳縣]　史4-
　　31849～50
古吳闕氏宗譜[江蘇]　史5-40998
27 古名儒毛詩解十六種　經1-4815
古名家雜劇□□種　集7-48770
古奢錄　叢2-1954
古魯詩　叢1-93
古魯詩、子貢詩傳　經1-4554

古稠崇儒金氏宗譜[浙江義烏]　史4-29707

古稠金氏宗譜[浙江義烏]　史4-29703～6

古緣粹錄　子4-24745

古絳陶氏家譜[山西絳縣]　史5-33455

28 古微書　經1-171　叢1-223(13)、273(2)、274(1),2-731(13)

古微書訂誤　經1-177　叢2-821、1872

古微書補遺　叢2-2170

古微書存考　經1-177　叢2-821、1872

古微堂文集　集4-29523

古微堂文集(魏默深文集)(內集、外集)　集4-29522

古微堂文稿　集4-29520

古微堂詩集　集4-29518～9

古微堂詩稿　集4-29517

古微堂遺稿　集4-29516

古微堂內集　叢1-531

古微堂內集、外集　子4-21636　集4-29521　叢1-523

古微堂內外集　集4-29524

古微堂四書、四書後編　經2-10894

古微堂四書後編　經2-10895

古俗一覽象義　史8-63500

古俗字畧　經2-13006　叢2-1103

古俗字畧、漢碑用字、俗用雜字　叢2-1104

29 古伴柳亭續稿　集4-27674

古伴柳亭初稿　集4-27673

30 古宜豐遊草　集4-26545

古注正篇　子4-24145

古永興往哲記　史2-7992　叢2-846

古宿禪師語錄　子7-34162

古宿尊禪師語錄　子6-32091(79)

古寫經尾題錄存、補遺　叢2-2193

古寫隸古定尚書殘卷　經1-2545

古寫隸古定尚書真本　經1-2554

古寫本貞觀政要存、佚篇　叢2-604

古寫本本貞觀政要殘、佚篇、校記　史1-2375

古字便覽　經2-13147　叢1-114(2)

古字彙誌　經2-13234

古字彙編　經2-13163

古宮詞　集3-15530

古宮詞、托物草　集3-13611

古宮詞注　叢2-615(3)

古宮室圖附古冠服圖　經1-6228

古宦異述記　子5-27283

古官制考　史6-42602

古官印存　史8-65083

古宋縣志初稿[民國]　史8-61938

31 古河考　史7-52778

古潭詩錄(古潭詩鈔)　集5-34547

古潭詩鈔　集5-34546

古源山人二論　子4-20491

古源山人日錄　子4-20490

古迁陳氏家塾尹文子　子4-19569

古迁陳氏家藏夢溪筆談　子4-19945

32 古州廳志[光緒]　史8-62278

古州雜詠　集5-35118

古州雜記　史7-49317(7)、49318(14)、51018　叢1-369,2-885

古州詩草　集4-24239

古溪潘氏宗譜[浙江蘭溪]　史5-39802～3

古近體詩　集4-31276　叢2-1696

33 古浪縣誌　史7-54920

古浪縣誌[乾隆]　史8-63141

古述堂文集　集5-34341

古梁周氏家譜[江西上饒]　史4-30090

34 古法養生十三則闡微　子5-29575

古滇文合鈔　叢2-888

35 古清涼傳、廣清涼傳、續清涼傳　史2-6802　叢1-265(4)、266

古清涼傳、廣清涼傳、續清涼傳、成道記、補陀洛迦山傳　史2-6801

古禮樂述　經1-6089　叢2-851

古禮禮典　史6-42068

古禮器畧說　史8-64242　叢2-599

古禮今律無繼嗣文　叢2-1309

古遺詩鈔　叢2-896

古遺先生詩　集1-4929

古遺小集　集1-4931,6-41889、41896

37 古氾城志　叢2-963

古氾城志[乾隆]　史8-59895

古潤顏氏宗譜[江蘇鎮江]　史5-40961

古潤吳氏重修宗譜[江蘇鎮江]　史4-27719

古潤顧氏宗譜[江蘇鎮江]　史5-41368

古潤洪溪趙氏族譜[江蘇鎮江]　史5-38243、38249

古潤洪溪趙氏重修族譜[江蘇丹徒]　史5-38253

古潤城南駙馬莊謝氏重修宗譜[江蘇鎮江]　史5-40682

古潤丹徒東若井亭方氏族譜[江蘇丹徒]　史4-25728

古漁詩概　集3-20995

古逸詩　叢1-140、237

古逸詩載　經1-4863　集6-42311～2　叢1-349

古逸詩載、古詩別選　集6-42313

古逸叢書二十六種　叢1-446

古逸叢書目　史8-66170

古逸漢魏六朝唐宋詩選　集6-42330
古逸書　集6-42890
古逸民先生集　集1-4602～4　叢1-265
　(5)、266
古瓷彙考　子4-18594
38 古渝善成堂新刻增訂釋義經書便用通考雜
　字、外卷　子5-25935
古洋遺響集　集1-2207
古洋遺響集　集6-43567　叢1-585
古海國遺書鈔　史7-49309
古海國沿革考、沿革表　史7-49309、54212
古海陵縣志[咸豐]　史7-56834
40 古大寶積經　子6-32093(3)
古大學註　叢2-1189
古大學注　叢2-1190
古太極測　子3-12980
古直先生文集　集2-6891
古直存稿　集2-7131
古塘謝氏族譜[湖南湘潭]　史5-40803
古塘謝氏續修族譜[湖南湘潭]　史5-
　40805
古塘徐氏宗譜[浙江蘭溪]　史4-32030
古塘蓋竹徐氏宗譜[浙江蘭溪]　史4-
　32028
古塘劉氏五修族譜[湖南寧鄉]　史5-
　39488
古南澹翁老人嬾齋遺稿　集3-13217
古南餘話　子4-21318　叢2-1597、1599
古希臘兩大教育家列傳　子7-36251
古女考、補考　史2-6456　叢2-2078
古古詩　集3-13311
古奇器錄　子4-18556　叢1-13、14(3)、22
　(26)、37
古奇器錄、江東藏書目錄小序　叢1-111
　(2)、368,2-731(33)
古奇器錄、藏書目錄小序　叢2-1081
古奇器錄附江東藏書目錄小序　叢1-
　366～7
古雄逸話　子7-36237
古木蒼松一枝　集7-51733
古來世時經　子6-32083(19)
古來好漢一枝　集7-51732
古檀吟香　集3-20201
古杭雜記　史1-1914,7-50288　叢1-17、
　19(3)、20(2)、22(8)、23(8)、24(3)、56、95、
　148、154、195(7)、199、368,2-673、730(2)、
　731(59)、832(1)
古杭新刊的本尉遲恭三奪槊　集7-48765、
　48907
古杭新刊的本關大王單刀會　集7-48765、
　48786

古杭新刊的本關目風月紫雲庭　集7-
　48765、48909
古杭新刊關目霍光鬼諫　集7-48765、48952
古杭新刊關目的本李太白貶夜郎　集7-
　48765、48921
古杭新刊關目輔成王周公攝政　集7-
　48765、48934
古杭新刊小張屠焚兒救母　集7-48765
古杭新刊小張屠焚兒救母雜劇　集7-
　48962
古杭崇聖院紀事　史7-51600
古杭褉記　叢1-21(3)
古杭夢游錄　叢1-19(2)、20(1)、21(2)
古杭夢遊　叢1-17
古杭夢遊錄　史7-50272　叢1-22(12)、23
　(11)、24(2)、26、29(6)、175
古樵詩鈔　集3-21912
古校頭周氏宗譜[安徽績溪]　史4-30079
41 古埂汪氏宗譜[安徽潛山]　史4-28811
古埂汪氏宗譜[安徽懷寧]　史4-28812
古埂汪氏宗譜[浙江常山]　史4-28740～1
古樗山房遺稿　集4-31427
42 古桃州寓草　叢2-1611～2
古櫟山房稿　集4-26158
43 古城文集、補遺　集2-7183～4
古城記　集7-50116
古城集、補遺　叢1-223(64)
古城相會　集7-52991
古城相會一段　集7-51441
古越　史7-49329
古越徐氏所刻書目　史8-66474
古越州志[道光]　史8-62390
古越藏書樓書目　史8-65531
古越書　史7-50429
古榕雜綴　集4-26174
44 古墓斑狐記　叢1-29(1)
古芬山館遺詩　集4-26988
古芬書屋律賦　集4-28505,6-42071
古芬閣書畫記　子3-14889
古鄉吟稿、詩餘　集4-23292
古蘭經　子7-35930
古蒙莊子　子5-29320
古藤書屋文甲集、乙集、詩稿、詞稿　集4-
　31159
古藤書屋文鈔　集4-31160～1
古藤書屋詩存　集4-33607～8　叢1-537
古藤書屋詩鈔　集4-31509～10
古藤書屋集　集4-31157
古藤書屋集、典訓恭紀、退園隨筆、淳則齋
　雜錄　集4-31158
古藤軒吟草　集5-40384

古孝子傳　叢2-628、731(61)、770
古孝經大旨　經2-8407、8580～1
古孝彙傳　史2-6958
古韓詩說證　經1-4587
古華詩鈔　集4-23716
古華山二十四景　子3-16441
古華山館雜著　史8-63698
古華時文　集4-23718
古苔精室詩續錄、雜著　集5-36003
古苔精室詩存　集5-36002
古菴毛先生文集　叢2-1086
古菴毛先生文集、毘陵正學編　集2-7407
古巷劉氏宗譜[江西永豐]　史5-39410
古其風留人眼小說　集7-49350
古黃遺蹟集　集6-44869
古樹詩續集　集4-21974
古樹軒詩錄　集4-28889
古茶㢲遺文　集4-23003
古林黃氏重修族譜[安徽休寧]　史5-33893～4
古林如禪師語錄　子6-32091(78)
古林金石表　史8-63565　叢1-320、448
古林智禪師語錄　子6-32091(81)
45 古姓氏人名韻譜、目錄　叢2-2170
古隸韻宗　經2-14046
古樓觀紫雲衍慶集　史7-51720　子5-29530(18)
古椿軒詩鈔　集5-35678
46 古塤考釋　史8-65220　叢2-908
古觀人法　子3-14210　叢1-197(2)
古柏齋雜記　叢1-373(4)
古柏齋讀書雜識　子4-23572　叢1-558、2-858
古柏山房詩存　集4-32163
古柏軒文集　集3-18446
古柏軒詩草　集4-33264
古柏軒遺稿　集3-21026
古相齋詩鈔　叢2-858
古槐草堂集　集3-20473,6-41980
47 古均閣文、詩　叢2-1727
古均閣文集　集4-28229
古均閣讀說文記　經2-12650
古均閣說文校議記　經2-12077
古均閣寶刻錄　史8-64413
古均閣遺書二種　叢2-1727
古匏詩稿　集4-24025
古歡齋文集　集4-31527
古歡齋詩鈔　集4-23304
古歡齋錢說一得　史8-64879
古歡夕簡　集5-40312

古歡室詩詞集　集5-38551
古歡室詩集　集5-38552、40841　叢2-2096
古歡室集(浣花集、鳴鸞集、飛鴻集、浣花詞)　集5-38550
古歡室題畫詩、雜句　子3-16233
古歡室醫書三種　子2-4745
古歡室全集四種　叢2-2096
古歡社約　史8-65341　叢1-197(3)、371、511
古歡堂文集　集3-15509
古歡堂詩集　集3-15508、18733　叢2-949、1337
古歡堂詩稿　集5-34712
古歡堂讀七言律詩　集6-42568
古歡堂五種附一種　叢2-1337
古歡堂集　集3-15510　叢1-223(67)、2-949、1337
古歡堂集(古歡堂詩集、詩餘、文稿)　集5-34713
古歡堂集雜著　叢2-735(5)
古歡堂經籍畧第一集　史8-66245
古歡堂經籍舉要　史8-66246　叢2-650
古歡堂筆記　子4-23159
古胡服考　史1-6021　叢2-599
古趣亭未定稿　集3-20057
古桐書屋文鈔、詩鈔　集4-28266
古桐書屋六種續刻三種　叢2-1856
古桐書屋劄記　子1-1821　叢2-1856
古杼秋館文集　集4-32917
古杼秋館文集、詩草分　集4-32914
古杼秋館詩草　集4-32915～6
古杼秋館遺稿文、詩　集4-32913
古格言　子4-24431　叢2-1663
48 古教彙參　子7-35653
古榆軒詩餘　集7-48074
古榆軒詩鈔、詩餘　集5-38181
古榆餘愚軒詩鈔　集5-41100
古松齋詩鈔　集4-23435
古松樓剩稿　集4-31862
古梅溪偶刻二種　子4-24548
古梅溪館二集詩　集4-33261
古梅遺稿　集1-4410　叢1-223(58)
古梅吟稿　集1-4412,6-41910
古梅吟稿、方秋崖先生和百韻　集1-4411
古梅吟稿、遺稿　集1-4413
古梅吟藁　集1-4414
古梅吟藁　集6-41896、41904
古梅閣倣完白山人印剩、續編　子3-17312
古梅閣倣完白山人印賸、續編　子3-17313
50 古史　史1-115　叢1-223(19)

古史序論　史1-5829　叢2-981
古史帝系考　史1-4637
古史論　史1-5280
古史談苑　史1-4886
古史參箋　子7-35110~1
古史釋地　史7-49398　叢2-1946
古史像解　子7-35114
古史紀年　史1-1020、2016　叢2-1659~60
古史通畧　史1-5390~1
古史考　史1-6005　叢2-773(4)
古史考年異同表、後說　史1-1021　叢2-
　1659~60
古史書　史1-118
古史輯要　史1-4971　叢1-453,2-731
　(62)
古史畧　子7-35112
古史畧、鑒畧　史1-2268
古史今書　子5-25374
古史年表　叢2-2265
古史餘論　史1-5420　叢1-34、163
古事語小錄　子4-24562
古事比　子5-25293
古事徵西編　子4-21925
古事苑　子5-25138、25140
古夫于亭雜錄　子4-23131~2　叢1-223
　(42)、373(3)、435,2-629、1336
古夫于亭詩問　集6-45488
古夫于亭稿　集3-15432
古夫于亭問答　集6-45907
古畫品錄　子3-14692、15857、15859、16019
　叢1-4~5、9~10、22(15)、23(14)、29(2)、169
　(3)、216、223(36)、353,2-731(35)
古畫錄　子3-16258
古本玉蜻蜓傳　集7-54073
古本後申　經2-9017
古本傷寒雜病論　子2-6293
古本宣和遺事　子5-28114
古本大學　經2-8651、8893、10568、10638
　叢2-2148
古本大學解　叢1-388~90
古本大學述說　叢2-1240
古本大學通解　叢2-1657
古本大學輯解　經2-8876　叢2-731(9)、
　782(4)
古本大學分科詳釋　經2-8891
古本難經　子2-4766
古本難經闡注　子2-4770、5472
古本荊釵記　集7-49745~6
古本董解元西廂記　集7-48758~9、48761~2
古本葬經內篇　子3-13142　叢1-169(2)
古本葬經內篇(葬經內篇)、葬經翼、葬圖、

難解二十四篇　子3-13258
古本葬書　叢1-268(3)
古本中庸　經2-8901、10568
古本周易音訓　經1-2278
古本周易參同契集注、補遺、圖說　子5-
　31020
古本前引　經2-9017
古本竹書紀年輯校　史1-1010　叢2-630、
　2227、2229
古專瓦當目　史8-64745
古奏議　史6-47765
古書正義　子3-13144
古書經眼錄　史8-65384　叢2-2062
古書疑義舉例　經1-163(4)　子4-21533
　叢2-662、709、1918~20
古書疑義舉例再補　子4-22761
古書疑義舉例補　叢2-2248
古書叢刊十六種　叢2-658
古書逸文　叢2-1792
古書選　子4-24578
古書世學　經1-2720
古書拾遺　子4-24322　叢2-1659~60
古書目四種　叢2-2109
古書隱樓藏書　子5-29574
古春齋詩文稿(敝篋草、詩餘、古春齋續吟、
　鶴樓五十論、古春齋雜說、詩友詩存)
　集4-31931
古春詩稿　集4-23917
古春軒詩鈔　集4-25939
古春軒詞　集7-47349
古春堂詩存　集3-19410
54 古扐　叢1-162
55 古井遺忠集　叢1-481
古井遺忠集(黃安)　史2-9098
古典錄畧　叢1-17、19(1)、20(1)、21(1)、24
　(1)
古耕集　集3-21755
56 古押集存　史8-65095
57 古握機經、緯　子1-3697~8　叢1-144
古握機經傳　子1-3724
古蝸篆居印述　子3-17224
60 古墨齋詩鈔　集4-23514
古墨齋集十二種　叢2-1575
古墨齋金石跋　史8-63496、63616　叢1-
　557~8,2-731(35)、816
古墨緣　子3-14876
古跡詩鈔　經2-14676
古國甤經　子7-35102
古國都今郡縣合考　史7-49366　叢1-
　201、203(6)
古四家選四種　叢1-67

古四聲等子韻　經2-14297

古易音訓　經1-156、2277　叢1-416～8、426、468

古易詮　經1-771

古易彙詮　經1-1281

古易考原　經1-662　子5-29531

古易世學　經1-675

古易鈔義　叢2-1201

古園集　集2-7584

古愚詩文鈔　集5-41148

古愚叢書七種　叢2-1463

古愚心言　集3-15690

古愚遺稿　集5-34770

古愚老人消夏錄(古愚叢書)十七種　叢2-1461

古愚老人消夏錄二種　叢2-1462

古愚軒文集　集5-39609

古愚軒詩集　集4-22648

古愚軒集　集5-39608

古愚軒全集存稿　集4-32099

古愚堂詩鈔　集5-35075

古愚堂稿　集3-20754

古田討親　集7-50715

古田縣鄉土志畧[光緒]　史8-58460

古田縣志[萬曆]　史8-58456

古田縣志[乾隆]　史8-58458

古田縣志[民國]　史8-58459

古品節錄　史2-6286　叢1-341

古園金刀布文字考　史8-64907

古羅馬之首傑愷撒　子7-36464

63 古賦辨體　集6-42582

古賦辨體、外集　集6-42583

古賦辯體　叢1-223(69)

古賦識小錄　集6-44354

古賦首選　集6-42585

64 古睦清溪紫峯項氏宗譜纂集[浙江淳安]　史5-35502

古睦青溪紫峯項氏宗譜[浙江淳安]　史5-35503

65 古蹟　叢2-913

古蹟類編　史7-51331

66 古喤初集　集3-15268

古單方　子2-9233

古器總說　子4-18554～5

古器物識小錄　史8-64237　叢2-2196

古器物叢語　史8-63765

古器物范圖錄、附說　史8-63508

古器物圖譜　子4-18565

古器物范圖錄、附說　史8-63506、63739

古器物範圖錄、坿說　叢2-630

古器考目　史8-64334

古器款識　史8-64144

古器圖　經1-6833

67 古明詹氏族譜[浙江淳安]　史5-37903

古明器圖錄　史8-63508、65239　叢2-630

古照堂詩詞鈔　集3-18479

古照堂詩集　集3-13417

古照堂詩稿　集3-17110

古照堂詞鈔　集7-48359

古照堂鑒定標題注釋歷朝捷錄　史1-5463

70 古壁叢鈔　集4-25783　叢2-844

71 古階詩草、詞草　集5-38043

古曆考　子3-11584

古曆表　叢2-2265

古曆會積　子3-11616

古曆鉤沉　叢2-2265

古曆管窺　叢2-2248

古厤　叢2-2265

古厤紀年　叢2-2265

72 古氏族譜[江西]　史4-25982～3

古氏陽宅祕要　子3-12896

古岳瀆經　史7-49307～8、52137　叢2-767

古兵符考畧殘稿　史8-63505、63680

古質疑　集3-13453

74 古驩室主人自著年譜稿　史2-12455

75 古陣法　子1-3755

古體詩　叢2-1438

古體假借字　經2-14748～9、14751、15134

77 古風詩詞叢鈔　集5-40917

古風行素兩禪師傳贊　史2-7428

古同姓名擴畧　史2-13364

古周禮釋評　經1-4979

古周易　經1-77(1)、506　叢1-223(3)、468,2-857～8

古周易(周易古本十二篇)音訓　經1-507

古周易章句外編　經1-2367

古周易訂詁　經1-907

古周易訂詁(何元子先生周易訂詁)、易說　經1-910

古周易訂詁、解經處答客問　叢1-223(4)

古周易二經十傳闡注　經1-1833

古周髀筭經、圓方句股圖解　子3-11256

古岡初政錄　叢2-905

古岡易氏世譜[廣東新會]　史4-29562

古月樓詩鈔、詞　集4-23224

古月軒詩存、文存、西江泛宅集、試帖偶存　集4-32974

古月軒吟草　集5-40387

古胸考畧[嘉慶]　史7-56631

古陶文字目　史8-63719

古陶稽證錄　史8－65226
古局象碁圖式　子3－17956、17990
古局象棋圖　子3－17988　叢1－22(17)、23
　(16)、35、181、545、547(4)
古腴齋詩稿　集5－41604
古履仁鄉金石文字　史8－65202
古學齋文集　集2－10904
古學文存辨體　集6－43020
古學記問錄　子4－21516
古學攷　經2－11928
古學經輯注　經1－5669
古學備體鴻裁　集6－43005
古學備體前集、後集　集6－42976
古學彙刊六十一種　叢2－611
古學彙纂　子5－25210
古學復興錄　經1－6494　叢2－1309
古學鴻裁、詩學鴻裁　集6－43004
古學校考　史6－42438
古學考　叢2－2129(1)、2130～1
古學萬花谷　子4－21324
古學指南集　子4－21139
古學捷錄　子4－24188
古學鉤玄　子4－20002
古醫方　子2－10203
古巴雜記　史7－49318(18)、54878
古巴述畧　史7－49318(22)　子7－36368
　叢2－2056
占巴華工條款　史6－44035、44107
古巴節畧　史7－49318(19)、54879
古印雜存　子3－17484
古印集存　史8－65044
古印集成　子3－17298
古印偶存　史8－65031
古印溯源　史8－65082
古印選　史8－64926
古印考畧　史8－64953　子3－16776
古印藏真　子3－17384
古印本　史8－64969
古民雜識　集3－18419
古賢言行錄　史2－6372
古賢陳氏宗譜[浙江嘉善]　史4－32837
古賢小字錄　史2－13376～7　叢1－98
古鄮繆氏宗譜[浙江鄞州]　史5－40905
78　古鹽儲氏宗譜[江蘇鹽城]　史5－40581
古鹽官曲　集3－19479
古鑑閣藏懷仁聖教集聯拓本　子3－15573
古臨津朱氏宗譜[江蘇宜興]　史4－26445
79　古滕劉氏族譜[山東滕州]　史5－39427
80　古人文注　經2－14782
古人言　叢2－1545

古人幾部　史2－6228
古人名一枝　集7－52672
古人居家居鄉法　子1－2051　叢1－197(2)
古人今我齋詩　集4－28298
古金石文字叢著　史8－63500
古金石文漫鈔　史8－63687
古金待問錄　史8－64804　叢1－203(7)
古金待問錄、錄餘、補遺　叢1－515
古金待問錄、錄餘、補遺、續錄　史8－64803
　叢2－1428
古金質疑　史8－64873
古金錄　史8－64813
古鏡記　子5－26222　叢1－22(19)、23(18)、
　29(1)、185、249(2)、587(4)
古鏡圖錄　史8－63506、64282
古鏡錄　叢2－729
古今方輿書目　史8－66271
古今廉鑑　史2－6559
古今文致　集6－42959～60
古今文統　集6－42925
古今文綜　集6－43167
古今文繪稗集　集6－43034
古今文字假借考上篇、下篇、附錄　經2－
　12511
古今文字通釋　經2－12891　叢2－710
古今文字志　叢2－781
古今文字表　經2－12945　叢2－774(8)
古今文派述畧　叢2－845(4)
古今文英　集6－42973
古今文藝叢書八十種　叢2－622
古今文林摘豔　叢2－2019
古今文範　集6－42948
古今交食考　子3－11234
古今音韻通轉彙考　經2－14251
古今註　子4－22115　叢1－38,2－656
古今註、校記　叢2－637(3)
古今諺　叢1－22(25)、65、173、241、242(3)、
　282(3)、283(3)、2－731(55)、1091～2
古今雜記陣圖　子1－3087
古今雜劇二百四十二種　集7－48774(1)
古今雜劇三十種　集7－48765
古今雜劇敍錄　史8－66409
古今譚概　子5－26366
古今識鑒、人象賦　子3－14201
古今詩　叢2－1335
古今詩塵　集6－45967
古今詩話　集6－45486、46190　叢1－16
古今詩話選雋　集6－46135
古今詩話探奇　集6－46031
古今詩話抄　集6－45913

古今詩話纂　集6-45803
古今詩韻釋義　經2-13796
古今詩删　叢1-223(70)
古今詩删、目錄(詩删評苑)　集6-42407
古今諸術考　子3-11583
古今譯經圖記　史8-66324　子6-32083
　(27)、32086(46)、32089(51)、32090(60)、
　32091(58)、32093(53)
古今譯經圖紀　子6-32081(42)、32082(20)、
　32084(22)、32085(39)、32088(28)、7-34849
古今韻攷、附記　經2-14540
古今韻準　經2-12416～7
古今韻通　經2-14140　叢1-330
古今韻析　經2-14536
古今韻考　經2-14071　集6-43177　叢1-
　433
古今韻考、校刻古今韻考附記　經2-14072
古今韻考、附記　叢2-829
古今韻考、附記、切韻　叢1-442～3,2-731
　(25)
古今韻史　子4-24109
古今韻表新編、後編　經2-14096
古今韻撮　經2-14035
古今韻畧　經2-13830～1
古今韻畧注訂　經2-14276　叢2-2126
古今韻分注撮要　經2-14040
古今韻會舉要　經2-13744
古今韻會舉要、韻母　叢1-223(16)、227(4)
古今韻會舉要、禮部韻畧七音三十六母通
　考　經2-13743
古今韻會舉要小補　經2-13745
古今記林　子5-25312
古今詞話　集7-48716　叢1-408
古今詞論　集7-46350、48701
古今詞統　集7-48447
古今詞滙二編、詞論、詞韻　集7-48496
古今詞滙三編　集7-48497
古今詞滙初編、二編、三編　集7-48495
古今詞選　集7-48489、48514
古今說部叢書　叢2-617(1)
古今說海　叢1-223(42)
古今說海一百三十五種　叢1-56
古今論詩絕句　集6-46090　叢2-1953
古今論宗　集6-42834
古今論苑英華　集6-42810～1
古今論畧　子4-22249
古今議論參　集6-42967
古今正字　經2-14727、15142
古今五服考異　叢2-904
古今疏　子5-25847
古今疏治黃河全書、酌議迦黃便宜疏　史

6-46624
古今夏時表、易通卦驗節候校文　史6-
　49302　叢1-547(2),2-2173
古今天象考、圖說　叢2-892
古今石刻碑帖目　史8-64383、64385　叢1-
　448
古今列女傳　史2-6384、6396　叢1-223
　(22)
古今列女題詞　集5-37912
古今烈女傳演義　子5-27811
古今硯譜　子4-18700
古今醒心快目齋人記　子5-26692
古今碑帖箋　史8-64384　叢1-371
古今刀劍錄　子4-18540、18566　叢1-3、
　71、74～7、101、223(38)、249(1)、272(4),2-
　726、900
古今刀劍錄　叢1-2、6～7
古今羣書類考　子5-24959
古今政本錄　子4-20715
古今攷　子4-22171
古今辭命達　集6-42974
古今千家名醫萬方類編　子2-9838
古今集論字學新書　子3-15080
古今儒釋募緣疏式　子7-33965
古今歲實考　子3-11650
古今歲實考校補　叢2-1791
古今歲時雜詠　集6-42264～5
古今貞烈維風什　史2-6442
古今經傳序畧、補　史8-66249
古今經世文衡　子5-25039
古今經世格要　子5-24958
古今紆籌　子1-3290
古今偽書考　史8-65282　叢1-244(5)、
　429,2-659、662、731(3)
古今偽書考、宋胡姚三家所論列古書對照
　表　叢2-714
古今偽書考補證　史8-65284
古今偽書考書後　史8-65283　叢2-699～
　700、1008
古今樂府選本　集7-48542
古今樂府聲律源流考　經1-6527
古今樂律工尺圖　經1-6545
古今樂錄　子3-17498　叢2-765～6、772
　(4)、773(4)、774(4)
古今外國名考　史7-54280　叢1-197(4)
古今伎史　叢1-104
古今律呂考　集6-43320、43360
古今律曆考　子3-11592　叢1-223(34)、
　2-731(26)
古今律曆考、戊申立春考證　叢2-782(3)
古今自訟錄　叢2-1749

古今釋疑　子4-22344

古今冬至表　叢2-2048

古今彝語　史1-4883

古今名方摘要歌　子2-10081

古今名文走盤珠、讀古喻言　集6-42942

古今名詩補　史7-51431

古今名論類編　子4-21918

古今名扇錄　子4-18627

古今名媛百花詩餘　集7-48499

古今名媛彙詩　集6-42406

古今名著說部大觀三十四種　叢2-632

古今名喻　子5-25746～7

古今名醫方論　子2-9364

古今名醫彙粹　子2-4935

古今名醫滙釋　子2-4936

古今名醫萬方類編　子2-9545

古今名賢彙語三十三種　子4-24055

古今名勝紀里　史7-51332

古今名人畫稿　子3-16647

古今名人畫稿三集　子3-16648

古今名人書畫扇譜集錦　子3-14995

古今名公百花鼓吹(唐詩百花鼓吹、宋元名家梅花鼓吹)　集6-42372

古今名筆便學臨池真蹟　子3-15356

古今紀要　史1-4843　叢1-223(19)

古今紀要、逸編　史1-4844

古今紀要逸編　子1-873　叢2-735(4)、845(2)

古今紀始通考、補遺　子5-26048

古今絕句　集6-42268

古今徵書考　叢2-900

古今嶬畧、補　史6-43767

古今繪典　史2-6755

古今注　子1-61、66,4-22109、22114、22118,5-26218、26825　叢1-19(11)、20(9)、21(11)、34、74～7、90～3、114(5)、144、166、223(39),2-688、698(7)、730(5)、731(6)、738、782(2)

古今注、中華古今注　子4-22116

古今注校正　子4-22117、22119

古今字音　經2-13616～7、15116、15142　叢1-495、586(2),2-716(2)

古今字詁　經2-14692、14694～7、15116、15137、15142　叢1-495、586(2),2-716(1)、772(2)、773(2)、774(7)

古今字詁疏證　經2-14698

古今字韻全書集韻　經2-13818

古今字正　經2-13037

古今字考　經2-14756

古今字檢　經2-12923

古今字畧集韻　經2-13994

古今字體吟、古今雜體吟、古今字書吟　子3-15190

古今寓言　集6-42795

古今宮閨詩　集6-42426

古今良方、古今祕苑　子2-10053

古今良方滙編　子2-10026

古今官制沿革圖　史6-42599

古今官遺制考　叢1-261

古今宗藩懿行考　史2-6521

古今源流至論隨抄　子4-21846

古今源流至論前集、後集、續集、別集　子5-24868　叢1-223(43)

古今治平彙要　史6-41676

古今治平畧　史6-41670～1、41675

古今治平畧、蒼崖子内篇、外篇　子5-25212

古今治統　史1-5404

古今治河要策　史6-46665

古今祕苑　子5-25882

古今祕苑、二集　子5-25881

古今法制表　史6-46003

古今法書苑　子3-15094

古今禮詩　叢2-1705

古今禪藻集　叢1-223(70)

古今禪藻集、歷代詩僧履歷畧節　集6-42382

古今逸史五十五種　叢1-91,2-730(5)

古今逸史四十二種　叢1-90

古今通韻　叢1-223(17)

古今通韻(康熙甲子史館新刊古今通韻)　經2-14068

古今通韻括畧　叢2-1309

古今通論　子4-19843～4　叢2-774(9)、775(4)

古今通占鏡　子3-14070

古今游名山記、總錄　史7-52161

古今遊記叢鈔　史7-49358

古今道脈(大學、中庸、論語、孟子)　經2-10375

古今志異　子5-27229

古今女詩選　集6-42395

古今女將傳贊　史2-7712

古今女史七言律詩、七言排律　集6-42404

古今女史前集、詩集、姓氏字里詳節　集6-42204

古今奇文品勝　集6-42928

古今地名　史7-49307～8、49511　叢2-767

古今考　子4-22170　叢1-11～2、22(2)、23(2)、111(2)、113、296

古今考、續古今考　叢1-223(40)

古今蒐乘　史1-2

古今勸懲錄　子5-26584
古今孝子所見錄　史2-6961
古今孝友傳　史2-6942　叢2-963
古今孝友傳補遺　史2-6943　叢2-963
古今萬姓統譜、歷代帝王姓系統譜、氏族博
　　考　史2-13298
古今藥石　子4-23869～70　叢1-326,2-
　　731(8)
古今姓氏遙華韻　史2-13338
古今姓氏書辨證　史2-13287
古今姓氏書辨證、校勘記　史2-13288
古今姓氏書辨證、目錄　子5-25548
古今姓氏書辨證後　子5-25569
古今姓氏書辯證、校勘記　叢1-274(5),2-
　　731(60)
古今姓氏書辯證、目錄　子5-25575　叢1-
　　223(43)
古今姓氏類編　史2-13339
古今聲律定宮　經1-6516
古今好議論　子5-25175
古今趣談　叢2-2158
古今楹聯彙刻小傳　史2-6239
古今格言勸戒編摘錄　子1-2523
古今格言類編、貽謀十則　子1-2524
古今翰苑瓊琚、皇明宸藻　集6-45225
古今敬天鑒天學本義　子7-35335
古今中外音韻通例　經2-14220
古今中外正僭年號備考　史1-1377　叢2-
　　1889
古今史論統編　史1-5770
古今史論大觀前編、後編　史1-5768
古今史學萃珍　史1-7
古今事文類聚新集　子5-24826　叢1-223
　　(43)
古今事文類聚外集、古今事文類聚遺集　叢
　　1-223(43)
古今事文類聚前集、後集、續集、別集　叢1-
　　223(43)
古今事物考　叢1-114(2)、245,2-731(24)、
　　829
古今事類　子5-25181
古今推步諸術考　子3-11654～5　叢1-
　　423,2-698(7)
古今畫萃　子3-16771
古今畫鑒(畫鑒)　叢2-731(36)
古今畫鑑　叢1-195(6),2-873
古今畫鑑、山水家法　子3-16324
古今青白眼　叢1-277,2-808
古今青樓集選　集6-42393
古今本考證　子5-28947,29128
古今本篇目考　子5-26762～3

古今書評　子3-15013　叢1-147
古今書刻　史8-65257、66424　叢1-425、
　　541、545、547(3)
古今書識篇　子3-15238
古今書抄　子4-23997
古今書目　史8-66422
古今書錄　叢2-673
古今書鈔　子4-23968
古今表奏　集6-42965
古今振雅雲箋　集6-45208
古今振雅雲箋、通俗雲箋　集6-42930
古今指南　經2-14124
古今彗星考　子3-11529、11575
古今墨論　子4-18812
古今四六古集、今集　集6-42639
古今四大家策論　子4-19935
古今甲子全譜　史1-1397
古今圖書集成　史8-65481
古今圖書集成一萬卷目錄、考証　子5-
　　25337
古今圖書集成摘抄　史7-50459
古今圖書集成目錄　史8-65440　子5-
　　25338
古今圖書集成圖　子5-25339
古今圖書編　子5-25020～1
古今題詩　集4-30800
古今懸鑑　子5-25011
古今別腸詞選　集7-48515
古今明堂記　史2-6612
古今雅奏　集7-54606
古今歷代十八史畧　史1-4848～50
古今歷代十八史畧、綱目　史1-4847
古今歷代大統易見錄　史1-1316
古今歷驗良方　子2-9575
古今贗字詩選　集6-42444
古今贗書考　史8-65285
古今贗書考、釀川許氏雜考　史8-65286
古今原始　子4-22251　叢1-114(2)
古今長者錄　史2-6597、6599　叢1-208
古今長者錄、筆疇、讀書簡要　史2-6598
古今氏族雜證　史2-13307
古今體詩　集4-29156～8,5-34964　叢2-
　　2120
古今體詩存　集5-35136
古今體詩鈔　史1-6080　集5-34708
古今風謠　叢1-65、241、242(3)、282(3)、283
　　(3),2-731(55)、1091～2
古今風謠、古今諺　叢2-1857
古今風謠拾遺、古今諺拾遺　叢2-1857
古今風雨樓詩鈔　集4-27360
古今同姓名錄　史2-13356　子5-25522

叢1－223(42)、282(1)、283(1)，2－731(60)
古今醫詩　子2－5023
古今醫詩大全摘要　子2－4613、5024
古今醫論　子2－4660、4662～3
古今醫統正脈全書　子2－4564
古今醫統大全　子2－4872
古今醫徹　子2－4770
古今醫家經論彙編　子2－4866
古今醫案按　子2－10577
古今醫案按選　子2－4770、10578
古今醫史、續增、附錄　史2－6720
古今醫鑑　子2－4862～4
古今印說補　子3－16777、16851
古今印制　子3－16776、16826
古今印選　子3－16888
古今印選、續　子3－16892
古今印萃　子3－17385
古今印史　子3－16776　叢1－13、14(3)、22
　(26)、37、119～20，2－731(32)
古今印史(亦政堂訂正古今印史)　子3－
　16790
古今印則　子3－16796
古今印則、印旨　史8－64925
古今印賞　子3－16919
古今輿地考　經1－7492～3
古今輿地異同考證錄　史7－49750
古今輿圖、天下水陸路程　史7－49395
古今尺牘大全　集6－45245
古今人生日考　史2－6274
古今人物論　集6－42929
古今人物大觀　史2－6226
古今人物志畧　史2－6212
古今全史一覽　史1－4909～12、4914
古今全史一覽、明末殉難錄　史1－4913
古今無慶生日文　叢2－1309
古今義烈傳　史2－6910
古今合璧事類備要外集　子5－24856
古今合璧事類備要續集　子5－24854
古今合璧事類備要增集　子5－24855
古今合璧事類備要前集、後集、續集、別集、
　外集　子5－24852
古今合璧事類備要前集、後集存、續集、別
　集、外集　叢1－223(43)
古今善言　叢2－774(10)
古今錢文考畧　史8－64888
古今錢譜　史8－64833
古今錢畧　史8－64811
古今錄驗養生必用方　子2－9135
古今朔實考校補　叢2－1791
古今朔閏考　子3－11583

古今竹譜　子4－19248
古今笑　子5－27424
古今算學叢書編目　子3－12821
古今算學叢書條例　子3－12620
古今算學叢書第三輯　子3－12396
古今小說　子5－27713
古今小品　集6－42961
古今粹言　子5－25195
古今類傳歲時類　史6－49265
古今類書纂要增刪　子5－25014
古今快事　子4－23086
古尊宿語　子6－32089(48)
古尊宿語要、續刊　子7－34200
古尊宿語錄　子6－32088(41)、32091(65)、
　32093(51)，7－34198～9
古尊宿語錄十四種　子7－34177
古合宮遺制考　經1－6177
81 古瓶山牧道者究心錄　子6－32091(74)
82 古劍書屋詩鈔、文鈔、補遺、詩餘　集3－
　16809
83 古鐵齋詞鈔　集7－47591
古鐵齋印譜、印學管見　子3－17197
古鐵齋印學管見　子3－16858
古錢彙考　史8－64816～7
古錢有神實用譚、續　史8－64902
古錢目　史8－64802
古鉢發微　史8－65112　叢2－921
85 古鉢集選　集3－15306　叢2－948、1336
86 古錦囊　子5－25408～12
87 古銅爵書屋金石文補遺　史8－63681
古銅瓷器考證　子4－18593
古銅印譜　史8－64961
古銅印彙　史8－64968
古銅印叢　史8－64948
古銅印選　史8－64975
古歙方氏宗譜[安徽歙縣]　史4－25824
古歙方氏歷代源流世譜[安徽歙縣]　史4－
　25822
古歙謝氏統宗志[安徽歙縣]　史5－40737
古歙武擔姚氏重修族譜[安徽歙縣]　史4－
　31205
古歙巖鎮大塘謝氏重修家譜[安徽歙縣]
　史5－40735～6
古歙巖鎮鎮東礀頭吳氏族譜[安徽歙縣]
　史4－28019～20
古歙山川圖　子3－16375
古歙潭渡朱氏遷常續修支譜[江蘇常州]
　史4－26426
古歙槐塘程松崖眼科　子2－7299
古歙汸溪許氏世譜[安徽歙縣]　史5－
　34453

古歙呆溪劉氏家譜[安徽歙縣]　史5-
　39330
古歙義成朱氏宗譜[安徽歙縣]　史4-
　26645
古邠詩義　經1-4295
88 古鑑閣藏漢華山碑集聯拓本　子3-15446
古竹圃文選詩鈔　集6-42475
古篆韻譜　經2-13900
古篆韻譜正傳　經2-13806
古篆古義、古篆筆勢論　經2-13184
古篆考正　經2-13129
古籐書屋雜著九種附二種　叢2-1812
古笑史　子5-27425
古算衍畧　子3-11238
古算器考　叢1-241、242(2)
古箏存稿　集3-18774
古籀文字　經2-13232
古籀韻編　經2-13229
古籀拾遺　經2-13221
古籀拾遺、宋政和禮器文字考　經2-13222
古籀答問　經2-13200
古籀餘論　經2-13223～5
古籌算考釋　子3-12392、12744
古籌算考釋續編　子3-12392、12745
古餘鄉閣詩集　集5-39940
古餘鄉閣遺詩　集5-39939
古築孫氏家譜[安徽黟縣]　史5-33656
89 古鈔　集6-42194
90 古小賦鈔　集6-42584
古小學書鉤沈十一種　經2-15119
古尚書序　經1-113、3365
古棠墊言　叢2-2111
古棠書屋叢書　子4-24451
古棠書屋叢書十八種　叢1-328
92 古剡茹氏宗譜[浙江嵊州]　史4-30692
古剡陳氏宗譜[浙江嵊州]　史4-32952
94 古懽詞、哀絲詞　集7-48317
古懽錄　史2-6976　叢2-1336
98 古幣考　子7-36240(2)

右

11 右北平集　叢2-1287
17 右丞年譜　史2-11165
右翼近支第四族宗室譜　史5-37894
23 右台仙館筆記　子5-27210　叢2-1920
右編補　史6-47763
24 右繞佛塔功德經　子6-32083(14)、32084

（12）、32086(22)、7-32306
34 右遶佛塔功德經　子6-32081(20)、32088
　(14)、32089(16)、32091(18)、32093(12)
37 右軍(王羲之)年譜　史2-11145　叢2-
　1809
80 右僉都御史巡撫祁公(彪佳)傳　史2-9189

4060₁ 吉

00 吉齋漫錄　集2-8146
吉慶圖　集7-53787
07 吉贛遊草　集4-30350
08 吉敦鐵路沿綫調查錄　史6-44255
10 吉雨詞稿　集7-47830～1
吉雨山房文集　叢2-2050
吉雨山房文集、詩集、北山樵唱　集5-
　35300
吉雨山房詩集　叢2-2050
吉雨山房遺集　叢2-2050
吉雨山房全集二種附二種　叢2-2050
吉石齋集　集4-22448
吉石盦叢書二十七種　叢2-600
吉雲子　子1-18、20
吉雲室日鈔　子4-23308
吉雲草堂集　集4-22056
吉雲居書畫續錄　叢2-751
吉雲居書畫錄、續錄、補遺　子3-14880
吉雲居書畫錄、補遺　叢2-751
12 吉水毛襄懋先生(伯溫)年譜　史2-11469
吉水毛襄懋先生全集(毛襄懋先生文集、東
　塘詩集、奏議、別集、附錄)　集2-7900
吉水縣生員童生官課得獎名冊　史3-
　14989
吉水縣志[康熙]　史8-58916
吉水縣志[道光]　史8-58919
吉水縣志[乾隆]　史8-58917～8
吉水縣志[光緒]　史8-58920
吉水縣志尚義錄　史2-8162
17 吉羽草　集4-23401
吉郡羅氏世系通譜[江西泰和]　史5-
　41083
21 吉皆遺著　集4-29493
22 吉仙剩稿　集5-35495
吉嶺包氏續修宗譜[江西南豐]　史4-
　26203
吉凶影響錄　子5-26912　叢1-15～6、19
　(2)、20(1)、21(2)、22(19)、23(19)、24(2)、249
　(2)、2-731(50)
吉凶服名用篇、敘錄　經1-137、6190

30 吉永豐鷺溪劉楚奇先生惟實集(惟實集)、
　　外集　集1-5458
　吉安府永豐縣志[康熙]　史8-58930
　吉安府永豐縣志[順治]　史8-58929
　吉安府志[順治]　史8-58904
　吉安府志[嘉靖]　史8-58902
　吉安府志[萬曆]　史8-58903
　吉安府志[乾隆]　史8-58905
　吉安府志[光緒]　史8-58906
　吉安府志龍泉縣重修縣志[康熙]　史8-
　　58938
　吉安府萬安縣志[康熙]　史8-58942
　吉安螺山宋文丞相祠志　史7-51852
　吉安縣河西坊廓鄉志[民國]　史8-58915
　吉安縣志[民國]　史8-58913
　吉安縣志記事[民國]　史8-58914
　吉字韻編　子5-26151
31 吉江兩省航利實地調查談　史6-44162,7-
　　49357
32 吉州二義集二種　叢2-870(4)
　吉州鄉土志[光緒]　史7-55880
　吉州志[康熙]　史7-55877
　吉州志[乾隆]　史7-55878
　吉州人文紀畧　史2-8160
　吉州全志[光緒]　史7-55879
35 吉禮擬制　叢2-1705
38 吉祥語　子1-1063
　吉祥雲香說　子4-18904
　吉祥歌　子3-17916
　吉祥止止室詩文稿　集4-32410
　吉祥止止室剩稿　集4-33321
　吉祥止止室内省草　集4-33316
　吉祥戲九種　集7-49707
　吉祥兆　集7-50163
　吉祥喜金剛本續王後分注疏　子7-32959
　吉祥花　子5-27668　集7-50822
　吉祥草堂印譜　子3-17405
　吉祥居存稿　集4-25168
　吉祥錄　子1-2312　叢2-700、1005～9
44 吉草閒吟　集4-31462
　吉林方正縣志[民國]　史7-56320
　吉林度支司前清宣統三年收支報告　史6-
　　43292
　吉林度支司光緒戊申年收支款目報告書
　　史6-43290
　吉林新志二編[民國]　史7-56218
　吉林調查局文報初編　史6-41845
　吉林形勢　史7-49318(20)、50003
　吉林依蘭縣志[民國]　史7-56318
　吉林行省賓州府政書四編　史6-41846

　吉林行省財政各種說明書　史6-43289
　吉林外記　史7-49314、49318(20)　叢2-653
　　(6)、731(58)
　吉林外記、刊誤　叢1-508
　吉林外紀[道光]　史7-56211
　吉林將軍銘安奏摺　史6-49134
　吉林各城每年應進貢鮮數目手折　史6-
　　43605
　吉林彙徵[民國]　史7-56217
　吉林紀事詩　史7-50008　集5-39426
　吉林官銀總號官公貸挪款有著表　史6-
　　44492
　吉林官銀號貸出各債戶歸還期限表　史6-
　　44491
　吉林通志[光緒]　史7-56212～3
　吉林志畧[光緒]　史7-56214
　吉林地理記要　史7-50009
　吉林地志[民國]　史7-56216
　吉林地畧　史7-49318(19)、50004
　吉林勘界記　史6-45625,7-49318(2)
　吉林柳罏報告書、柳罏發明輯要　史6-
　　44894
　吉林哲哩木盟普祥寺等喇嘛銜名册　子7-
　　34808
　吉林成氏家譜[吉林永吉]　史4-26250
　吉林農安己戊己政治報告書　史6-41849
　吉林探源書航叢書二十一種　叢1-531
　吉林日記(清光緒六年至十一年)　史2-
　　13059
　吉林日記(清光緒九年)　史2-13057
　吉林輿地說畧　史7-50005
　吉林輿地圖說　史7-50007
　吉林輿地畧　史7-50006
　吉林輿地畧[光緒]　史7-56215
　吉林全省自治籌辦處第一次報告書　史6-
　　41844
　吉林公牘　史6-47269
　吉林省鄉土志[民國]　史7-56219
　吉林省宣統三年經費說明書　史6-43291
　吉林省官運局第一次報告書　史6-43817
47 吉梸軒集　集4-30494
53 吉甫詩草、補遺、附錄　集6-45097
60 吉里向氏七修族譜[湖南衡東]　史4-
　　26823
　吉田松陰　子7-36496
　吉貝居雜記　史1-763　叢2-599
　吉貝居暇唱　史1-760　集4-22872　叢2-
　　614、841、1569
　吉羅庵印存　子3-16946、17076
　吉羅居士印譜　子3-16947、17077
　吉羅盦印存　子3-16944

67 吉曜齊臨　集7-49687
71 吉階詩草、詞草　集5-35381
76 吉陽先生文錄、吉陽先生詩錄　集2-8548
　　吉陽曾氏族譜[福建上杭]　史5-36618
80 吉人詩稿　集5-34644
　　吉人詩鈔　集5-36946　叢2-886(4)
　　吉金齋古銅印譜、續　史8-65022
　　吉金文字目　史8-64748
　　吉金貞石齋詩存　集4-31765
　　吉金樂石山房文集、續編、詩集　叢2-1719
　　吉金樂石山房詩集　集4-28075
　　吉金樂石山房集　集4-28074
　　吉金志存　史8-64871
　　吉金考識　史8-63670
　　吉金所見錄　史8-64825
　　吉無咎齋日記(清光緒元年)　史2-13141
　　吉羊止止齋詩稿　集4-26893
　　吉羊鐙室詩集(去鄉吟、勞薪草、憂亂草、息
　　　　影草、求伸集)　集4-29567
90 吉堂文稿、詩稿　集4-25585
　　吉光集　集3-16083
　　吉光片羽　子3-14817　叢1-253
　　吉光片羽集　集5-33915
　　吉光片羽錄　叢2-896
　　吉光初集　集3-21275

喜

00 喜慶延年一枝　集7-51990
03 喜詠軒叢書三十四種　叢2-689
10 喜雨納涼一枝　集7-51991
20 喜千秋一枝　集7-51989
22 喜峯路副總兵張玠下所屬董李貳提調并喜
　　峯路標下沿邊關營臺墩邊城高險平易女
　　墻山崖軍馬器械錢糧等項數目　史6-
　　45156
　　喜樂聖母聖心之善法　子7-35530
34 喜滿門庭　集7-49700
37 喜逢春　集7-49710、50082
38 喜溢三農　集7-49701
44 喜地歡天一枝　集7-51988
47 喜怒哀樂十二篇　子5-27308
50 喜春光譜　子3-17881
77 喜聞過齋文集　集4-24781　叢2-886(3)
　　喜聞過齋詩集、詩續集　集5-37435
　　喜聞過齋詩稿　集5-34002
　　喜聞過齋詩續錄　集5-37436
80 喜金剛中圍內自受灌儀　子7-32946

　　喜舞歌　集7-52516
99 喜榮歸　集7-53313

嗇

00 嗇庵府君(趙曾向)年狀　史2-12236
　　嗇庵手鏡　子4-21170～1　叢1-571,2-
　　909
　　嗇庵隨筆　子4-21172
　　嗇廬雜著、別集　集3-13439
25 嗇生居文集、刪餘文稿、駢體文稿、詩集媵
　　稿　集4-22451
80 嗇翁自訂年譜　史2-12373～4
　　嗇翁蘗史　子4-19492、21029

奮

37 奮迅王問經　子6-32081(4)、32082(4)、
　　32083(4)、32084(4)、32085(4)、32086(4)、
　　32088(3)、32089(4)、32090(5)、32091(4)、
　　32092(3)、32093(6)、7-32262
53 奮威將軍左都督王忠勇公(進寶)事實　史
　　2-9320
　　奮威將軍左都督王忠勇公事實　史1-1984

4060₄ 奢

00 奢摩他室曲叢第一集三種　集7-54869

4060₉ 杏

00 杏廬文鈔　集5-37182
　　杏廬遺集(文鈔、詩鈔、詞鈔、集外文、集外
　　詩)　集5-37183
　　杏庭摘稿　叢1-223(60),2-943
　　杏庭摘藁　叢1-5032、5382,6-41784
　　杏庭摘藁、郴江百詠　叢1-5031
10 杏元憶釵　集7-52846
　　杏西篠樹耳目記(清咸豐十年至光緒六年、
　　八年)　史2-12850
11 杏北詩稿　集4-26471
17 杏瓊齋詩集　集4-22493～4
　　杏乃留書　集3-14828

22 杏岑詞稿　集7-47968
　杏山詩集　集2-10214
　杏山擶稿　集1-4363,6-45000
26 杏伯公遺詩　集5-39016
32 杏溪傅氏禹貢集解　經1-77(2)、3156
　杏溪李氏重修族譜［江西南城］　史4-27376
40 杏壇吟　子3-17582、17777
42 杏橋詩草、率爾吟　集4-31483
44 杏坡山人詩草　集5-34604
　杏苑叢譚　子2-10902
　杏花天　子5-28336
　杏花天館詩文存　集4-22602
　杏花香雪齋詩　集5-34988、34990
　杏花香雪齋詩鈔　集5-34989
　杏花山　集7-50460
　杏花寶卷(杏花古蹟、杏花得道)　集7-54493
　杏花村詩　集6-41894(1)
　杏花村詩集　集4-27120
　杏花村琴趣　集7-47263　叢2-1492～3
　杏花村續志［民國］　史7-58073
　杏花村傳奇　集7-50286
　杏花村志　史7-50504　叢2-818
　杏花樓詩稿、補遺　集4-26208
　杏花書屋詩稿　集3-19923
　杏花春雨館日記　史2-13038
　杏花邨志［康熙］　史7-58072
　杏莊府君自敍年譜、崇祀賢良錄　史2-11953
　杏莊左公(輔)崇祠賢良錄　史2-9608
　杏莊太音補遺、續補　子3-17606
　杏蔭堂彙刻　史2-11021
　杏華香雪齋詩　集5-34979、34991
　杏華巢曲剩　集7-50672
　杏華書古今體詩稿、詞稿　集4-23246
　杏村文稿　集5-35310
　杏村詩集　集3-16330
　杏林要言　子2-10725
　杏林碎錦　子2-9486
　杏林莊杏花詩三集　集3-21494
　杏林莊吟草　集3-21495,6-42007(2)
　杏林擷秀　史2-7704
45 杏樓吟草　集5-39704
50 杏本堂詩古文集　集4-24616
　杏春詞剩　集4-24973
　杏東先生文集　集2-7631
51 杏軒文鈔　集4-29807
　杏軒集、續刻、年譜　集4-29806
　杏軒醫案　子2-4770

　杏軒醫案(程杏軒醫案初集、續錄、輯錄)　子2-10600
60 杏圃祕傳先天太素脈訣　子2-6273
　杏園詩鈔　集4-22599
　杏園遺詩　集4-28993

4061₄ 雟

44 雟華需次日記　史2-12702　叢2-1916

4062₁ 奇

00 奇症滙　子2-10585
　奇病症治　子2-5656
　奇病錄　子2-10674
　奇方經驗　子2-8763、9510
　奇方備檢　子2-10048
　奇方備驗　子2-10060
　奇方祕集　子2-10107
　奇方纂要　子2-4668、9687
　奇方類編,附錄經驗祕方　子2-9416
　奇言可笑錄　子5-27473
02 奇證祕錄　子2-10661　叢1-367～8
08 奇效良方　子2-9227、9589
　奇效良方瘡疹論　子2-7666
　奇效丹方　子2-9484
　奇效醫述　子2-10481
10 奇雨樓詩　集4-28058
　奇零草　集2-12679、12683、12685～6、12689
　奇零草,詩餘　集2-12682
　奇零草、北征錄、北征錄文　集2-12681
　奇零草、北征錄、張忠烈公年譜　集2-12678
　奇零草、北征錄、崇禎十五年壬午科鄉試硃卷、張忠烈公年譜　集2-12680
　奇零草、續草　集2-12688
　奇零草、補遺　集2-12687
　奇零草敍論書記　集2-12698
　奇石記　叢2-2232
　奇石山房遺稿　集5-33794
　奇晉齋叢書十六種　叢1-221
11 奇巧繡香團一枝　集7-52723
　奇巧冤(張濟春遭難節烈女上吊)　集7-53238
　奇巧案一段　集7-51526
　奇巧迴圈　集7-53012

12 奇瑞相談　集7-49700
13 奇酸記傳奇　集7-50337　叢2-1551
17 奇子雜言　子4-20693　叢1-22(21)、62~
　　4,2-730(4)
21 奇經八脈攷　子2-4581
　　奇經八脈紋　子2-11168
　　奇經八脈總說　子2-10343
　　奇經八脈總論　子2-10356
　　奇經八脈考　子2-4598、4746、6184、10294
　　　叢1-223(34)
　　奇經八脈圖歌附内景圖　子2-10364
22 奇觚廎文集、外集　集5-37720　叢2-2119
　　奇觚廎詩集、前集、補遺　集5-37721
　　奇觚室樂石文述　史8-64442~3　叢1-
　　　475
　　奇觚室吉金文述　史8-64230
　　奇峯集　集4-26071
　　奇山訪友一枝　集7-51864
23 奇然智禪師語錄　子6-32091(78)
　　奇台縣鄉土志[光緒]　史8-63429
24 奇德新書北京盤山眼科祕訣　子2-7385
25 奇傳鍼灸　子2-10278
26 奇鬼傳　子5-26222、27550　叢1-154、185、
　　　255(3)
　　奇偶分兩辯　子2-5750
27 奇緣　子5-27679
　　奇緣寶卷　集7-54441
30 奇字韻　經2-12836、15110　叢1-223(16)、
　　　282(3)、283(3)、2-731(24)、1090、1092
　　奇字名　經2-14659　叢1-282(4)、283(4)、
　　　2-731(60)
　　奇冤紀聞　史6-46366
　　奇冤寶卷　集7-54513
31 奇福記傳奇　集7-50192
32 奇遁各法　子3-14332
37 奇逢　集7-52422
38 奇游漫記　史7-53076~7　叢2-1107
40 奇克特志畧[民國]　史7-56343
　　奇女子傳　史2-6419
44 奇夢記　集7-50059
45 奇姓通　史2-13300　叢2-803
50 奇忠志、建文從亡諸臣考　史1-2763,2-
　　　7295
56 奇耦典彙　子5-25322
60 奇男子(盧叢史)　集7-49360
　　奇男子傳　叢1-29(4)、185、255(3)
　　奇異隨錄　子5-27290
66 奇器圖說　子4-18646
　　奇器圖說、諸器圖說　叢1-223(38)
67 奇明保例傳　史2-9943
72 奇兵制勝推廣編、續編　子1-3399

77 奇聞隨筆　子5-27250
　　奇聞錄　叢2-2158
　　奇聞類記　史1-1933
　　奇聞類紀摘抄　叢1-84(4),2-730(11)
　　奇門　子3-14310、14366
　　奇門玄妙歌　子3-14311
　　奇門六種　子3-14272
　　奇門雜說　子3-14384
　　奇門雜錄　子3-14383
　　奇門一得　子3-13733
　　奇門三元歌　子3-14314
　　奇門正宗參考大全　子3-14329
　　奇門正義　子3-14362
　　奇門五總龜、煙波釣叟歌解　子3-14289
　　奇門元覽(奇門玄覽、景祐遁甲符應經纂)
　　　子3-14301
　　奇門要畧　子3-14391
　　奇門壬歸要畧　子3-14294
　　奇門集錦　子3-14400
　　奇門統宗大全(奇門大全、奇門統宗寶鑑大
　　　全)　子3-14342
　　奇門行軍要畧　子3-13829
　　奇門便覽　3-14335、14394
　　奇門占驗　叢2-1255
　　奇門例　子3-14375
　　奇門仙機要論　子3-14273
　　奇門斷　子3-14378
　　奇門總要歌軒轅肘後經　子3-14330
　　奇門總歌　子3-14386
　　奇門盤式　子3-14382
　　奇門盤式步局全圖　子3-14399
　　奇門歸宗　子3-14315、14349
　　奇門彙要訣斷祕本　子3-14369
　　奇門定局　子3-14297
　　奇門遁法、奇門吉凶格解　子3-14363
　　奇門遁甲　子3-14309、14331、14395
　　奇門遁甲、陰七局　子3-14407
　　奇門遁甲一覽集　子3-14305
　　奇門遁甲元靈經　子3-14336
　　奇門遁甲要畧　子3-14377
　　奇門遁甲函彙祕旨　子3-14403
　　奇門遁甲統宗(奇門遁甲統宗大全)　子3-
　　　14278
　　奇門遁甲衍義　子3-14303
　　奇門遁甲占驗　子3-14356
　　奇門遁甲經　子3-14402
　　奇門遁甲仙機摘要集成　子3-14276
　　奇門遁甲彙編　子3-14348
　　奇門遁甲祕訣　子3-14272
　　奇門遁甲祕要　子3-12891

奇門遁甲祕錄　子3-14273
奇門遁甲祕笈大全　子3-14298
奇門遁甲啓悟　子1-3873,3-14326　叢2-1421
奇門遁甲十二種　子3-14274
奇門遁甲大全　子3-14313
奇門遁甲大全、諸葛武侯行兵遁甲金函玉鏡　子3-14296
奇門遁甲太公兵法真詮　子3-13826
奇門遁甲七十二局　子3-14388
奇門遁甲起例　子3-14389
奇門遁甲數　子3-14346
奇門遁甲會圖陽遁、陽遁　子3-14390
奇門心法祕纂　子3-14273、14277
奇門演式、陰陽二局遁法　子3-14370
奇門祕要　子3-14371
奇門祕集　子3-14379
奇門祕旨　子3-14071、14334
奇門祕竅和　子3-14376
奇門祕書　子3-14352
奇門祕書五種　子3-14345
奇門祕書握機經、奇門陰陽十八遁　子3-14300
奇門祕錄　子3-14273
奇門法竅　子3-14333
奇門決竅　子3-14360
奇門溯源一枝　集7-51865
奇門鴻寶　子3-14306
奇門通書大全、煙波釣叟歌　子3-14295
奇門十二種　子3-14273
奇門大成　子3-14340
奇門大全　子3-14299、14367
奇門太宗直指　子3-14273
奇門古占兵法　子3-13828
奇門古本　子3-14325
奇門吉凶格解　子3-14273
奇門真解月胎經　子3-14387
奇門標首　子3-14364
奇門考　史6-41653、45155
奇門格局　子3-14339
奇門乾坤變異　子3-14273
奇門摘要　子3-14380
奇門專征賦　子3-14272
奇門指歸　子3-14337
奇門指南　子3-14320
奇門折衷　子3-14347
奇門成式專門　子3-14408
奇門捷經注　子3-14291
奇門易覽　子3-14354～5
奇門圖　子3-14353

奇門圓鏡　子3-14381
奇門賦專征、奇門數署　子3-14307　叢1-146
奇門臆解　子3-14319　叢1-538
奇門原古、遁甲靈華祕經　子3-14392
奇門兵家心法　子1-3457
奇門履　子3-14302
奇門闡祕前編、行軍方便便方　子3-14327
奇門陰遁起例一枝　集7-51866
奇門陰陽遁法　子3-14351
奇門金章　子3-14338　叢1-426
奇門金章歌訣全文　子3-14344
奇門金章全書(奇門金章祕書)　子3-14343
奇門分類雜占　子3-14365
奇門符應要訣　子3-14272
奇門纂要占事極驗　子3-14361
80 奇人像　子3-16346
90 奇賞齋廣文苑英華　集6-42922
　　奇賞齋古文彙編　集6-42924
95 奇情小説情變　子5-27868

4064₁ 壽

00 壽亭侯怒斬關平雜劇　集7-48774(3、4)、49025
　　壽廬南北曲　集7-50673
　　壽慶羣僿　集7-49586、49707
　　壽言聚錦　史2-9459
04 壽詩彙集　史2-9458
06 壽親養老新書　子2-10960、11006　叢1-223(33)、360、424、469、586(3)、2-716(2)
　　壽親養老書　子2-4569、10959
10 壽雪山房詩稿、越中忠節詩　集4-24924
　　壽石齋硯譜　子4-18763
　　壽石山房摹秦範漢印存　子3-17241
　　壽石山房筆記　叢1-373(3)
11 壽頭陀存稿　集3-20355
　　壽張縣鄉土志[光緒]　史8-59025
　　壽張縣志[康熙]　史8-59022～3
　　壽張縣志[光緒]　史8-59024
　　壽研山房詞　集7-48032
12 壽孫館稿(瘦華盦詩稿、瘦華盦留刪詩草、二簞廬漫唱、玉雪軒主草稿、藕欄閒話、銅瓶瓦研之齋詞稿、桃花渡榜謳)　集5-33838
21 壽比南山　子3-17888
22 壽峯先覺寺志畧　史7-51653
　　壽山王氏族譜[山東安邱]　史4-25381

壽山遺稿　集3-18949
壽山堂易說　經1-410
壽山堂易說、圖解　經1-408
23 壽臧和碩公主府日用使費帳　史6-47389
27 壽身小補　子2-5075、11103
壽身小補家臧　子2-5074
壽名一枝　集7-51934
28 壽徵輻輳　集7-49715
30 壽寧縣志[康熙]　史8-58450
壽寧縣志[崇禎]　史8-58449
壽寧堂遺稿　集4-25556
31 壽潛堂詩集　集4-30652～3
32 壽州三命案抄　史1-2815
壽州孫文正公(家鼐)年譜　史2-12268
壽州孫氏譜[安徽壽縣]　史5-33658
壽州孫氏支譜[安徽壽縣]　史5-33659
壽州志[順治]　史7-58010
壽州志[道光]　史7-58012
壽州志[嘉靖]　史7-58009
壽州志[乾隆]　史7-58011
壽州志[光緒]　史7-58013
壽州黃氏宗譜[安徽壽縣]　史5-33907
34 壽斗寶誥　子5-30809
40 壽木記畧、漆工輯要　史6-46582
42 壽櫟廬文集　叢2-2144
壽櫟廬詩文集　集5-39064
壽櫟廬詩集　叢2-2144
壽櫟廬叢書九種　叢2-2144
壽櫟廬卮言和天　叢2-2144
43 壽域詞　集7-46380、46465　叢2-698(14)、720(2)
壽域神方　子2-9221
44 壽萱集　史2-9777～8　集4-22604
壽萱室條議存稿　史6-49168
壽萱堂詩鈔、補遺　集4-31377
壽萱堂詩鈔選　集3-20951
壽塔方氏宗譜[浙江東陽]　史4-25788～93
壽藻堂文集、詩集、雜存、文續　集5-36269
壽藻堂雜存　集5-36270
壽考附錄　叢2-2257
壽花軒詩畧　集4-27287　叢1-423
壽花堂詩集　集4-23549
壽花堂律賦　集4-23550、6-42071
壽藤齋文集　集3-19817
壽藤齋詩　集3-19816　叢2-941
壽藤齋詩集　集3-19814
壽藤齋時文　叢2-941
壽藤軒吟稿　集3-20870
壽芝仙館詩存　集5-39873
壽芝醫案　子2-4689、10700

壽芝醫畧　子2-4689
壽蘇集　史2-8694
壽者傳　史2-6584　叢2-1195、1576
壽蘐詞　叢2-1754
壽世方普及應驗良方　子2-9812
壽世新編　子2-9929
壽世靈方　子2-9517、9818
壽世編　子2-4621
壽世傳真　子2-11198
壽世保元(新刊醫林狀元壽世保元、增補醫林狀元壽世保元)　子2-4894
壽世保元四言藥歌　子2-5774
壽世彙編　子2-4690
壽世良方　子2-9398、9447、9904
壽世祕典　子2-4585、4-24203
壽世內鏡圖說　子2-5936
壽世奇方　子2-10194
壽世青編　子2-4586、11048
壽世青編、病後調理服食法　子2-4770
壽世醫竅　子2-5649
壽世醫鑒　子2-5108
壽世全編　子2-11068
壽世錦囊　子2-9868
壽世簡便集、增補救急良方　子2-9466
壽葉三朋　集7-49715
壽菊仙館吟稿　集4-26156
47 壽聲堂存稿　集5-35414
48 壽松堂詩稿、文稿、靜怡軒詞鈔　集4-27817
壽松堂詩稿、詩續鈔、詩餘　集4-27818
壽梅集　集2-6808　叢1-300
壽梅山房詩存　集4-32091　叢1-438
53 壽甫　集7-49608
55 壽曲一枝　集7-51933
60 壽星歲事錄　子4-24408
壽昌乘[寶祐]　史8-60259
壽昌見如諲禪師語錄　子6-32091(73)
壽昌縣志[康熙]　史7-57207
壽昌縣志[萬曆]　史7-57206
壽昌縣志[乾隆]　史7-57208
壽昌縣志[民國]　史7-57210
壽昌縣志[光緒]　史7-57209
壽昌無明和尚語錄、塔銘　子6-32091(73)
62 壽縣鄉土志[光緒]　史7-58014
66 壽嬰編　子2-8515
76 壽陽記　史7-50480　叢2-779
壽陽祁氏遺稿十四種　叢2-947
壽陽縣志[康熙]　史7-55791
壽陽縣志[乾隆]　史7-55792
壽陽縣志[光緒]　史7-55793

壽陽錢氏重修支譜［安徽壽縣］　史5-40234
77 壽朋集　集4-24993
　壽閒堂雜錄　叢2-707
　壽母小記　史2-7792　叢2-926~7
　壽民詩鈔　集4-24912
80 壽人經　子2-11085、11211
　壽鑫齋書目　史8-65962
　壽命無窮　子2-11132
　壽養叢書三十五種　叢1-117
　壽養叢書選抄三種　子2-4569
88 壽筠簃詩草　集4-33372
　壽筵稱慶　集7-49590、49707
　壽餘雜著　集5-39829
90 壽光縣鄉土志［光緒］　史8-59223
　壽光縣志［康熙］　史8-59219
　壽光縣志［嘉慶］　史8-59220
　壽光縣志［民國］　史8-59221~2
92 壽愷堂集、補編　集5-37538
　壽愷堂九種　叢2-2058
　壽愷堂日記(清光緒廿五年至三十年)　史2-13080　叢2-2058
　壽愷堂尺牘　集5-37539
99 壽榮華　集7-51247

4066₁ 矗

00 矗齋彙選簡要良方　子2-9830

4071₀ 七

00 七療　叢1-197(2)
　七療初集　集3-16536
　七言詩三昧舉隅　集6-45491
　七言詩歌行　叢2-1513~4
　七言詩歌行鈔　集6-42319~20、44225
　七言詩選直解　集1-1014
　七言詩餘師集　集6-44223~4
　七言三韻律　叢2-1309
　七言律詩　子5-29549　叢2-1309
　七言律詩(七言律詩鈔)　集6-42498
　七言律詩鈔　叢2-1513
　七言律細　集6-41768
　七言律選　集2-9559
　七言絕句　叢2-1309
　七言絕句詩鈔　集6-43521

　七言古詩　集1-2474　叢2-1309
　七言排律　集4-28770　叢2-1309
　七言脈訣、病機賦、新編湯頭歌訣　子2-6069
　七言今體詩鈔　叢2-697、698(12)、1504
　七音譜　經2-14463
　七音絕句　集6-43687
　七音畧　經2-14294
　七襄新譜　子3-18512、4-23721
07 七部語要　子5-32073
　七部韻目　經2-15144
　七部名數要記　子5-32074
10 七一齋文集類編、詩集　集5-38998
　七一軒詩鈔　叢2-963
　七一軒稿　集3-17698　叢2-963
　七元召魔伏六天神咒經　子5-29530(27)、30183
　七元璇璣召魔品經　子5-29530(27)、30181
　七元真訣語驅疫祕經　子5-29530(27)、30180
　七元真人說神真靈符經　子5-29530(27)、29535(4)、29536(3)、31668
　七元甲子　子3-14613
　七元禽遁　子3-14271
11 七巧新譜　子3-18510
　七巧集成　子3-18508
　七巧書譜　子3-18509
　七巧圖　子3-18517
　七巧圖解　子3-18511、18515
　七巧圖字畧、補遺　子3-18514
　七巧八分圖　子3-18516
12 七烈傳　叢1-168(3)
14 七破論　子5-29545、31293
16 七硯齋詩草　集5-37229
　七硯齋百物銘、雜著　集5-37231
　七硯齋遺集　集4-30730
17 七子文華　集6-42931
　七子詩選　集6-41986
　七子考說　子1-3057
18 七政　子3-11239
　七政衍　子3-12389　叢1-274(4)、453,2-731(27)
　七政經緯躔度算學　子3-12693
　七政細草補註　子3-11238
　七政臺曆　子3-11704
　七政臺曆萬年書　子3-11706
　七政臺曆全書　子3-11726
　七政南車　子3-11667
　七政推步　子3-11601　叢1-223(34)
　七政捷法立成　子3-11585
　七政星學全書　子3-11386

七政四餘萬年書　子3-11707
七政四餘萬年圖　子3-11705
七政全書大成　子3-11690
七政前均簡法　子3-11239
七政簡要　子3-14529
七政算學　子3-12375~6、12607,7-37500
七政策要　子1-1914
21 七處三觀經　子6-32083(20)
七占意見　子3-14574
七經詩　經2-11446　叢2-765
七經詩、七經義綱　叢2-766
七經讀法　經2-11554
七經講義　經1-166
七經孟子、考文併補遺　叢1-344
七經孟子考文補遺　經2-11984　叢1-223
(12)
七經孟子考文並補遺　經2-11985　叢2-
731(3)
七經緯　經2-12047
七經偶記　經1-122
七經紀聞　經2-11644
七經堪叢刊七種　叢2-2197
七經樓文鈔　集4-29766
七經樓文鈔、補遺、校勘記　叢2-1774
七經圖　經2-11837
七經晷記　經1-72~3
七經異文釋　經2-11635~6
七經義綱　經2-11453~4　叢2-765、774(7)
七經小傳　經1-37,77(4)
七經掌訣　經2-11566
七經精義　經1-114~5
七經精義纂要　叢2-691(2)
22 七變中黃經　叢1-256
七峯詩稿　集4-27062
七峯詩稿、續編　集4-27063
七峯詩選　集4-25935　叢2-886(5)
七峯遺編　史1-3365　叢2-793
七峯草堂詩稿　集3-17411~2
七種爭奇　子4-18539、24189
24 七俠五義全傳　子5-28738~9
七俠圖四十二集　集7-53881
七緯　經1-174
七緯拾遺　經1-175　叢2-1792
七續施公案清烈傳　子5-28709
25 七件聖事畧說　子7-35444
七律中聲　集6-42559
七律分韻　集6-43528
七佛讚唄伽他　子6-32081(43)、32084(23)、
32085(40)、32088(29)、32093(47)
七佛讚唄伽陀　子6-32083(28)、32086(48)、

32089(24)、32090(43)、32091(41)、32092(28)
七佛經　子6-32083(30)
七佛俱胝佛母心大准提陀羅尼法　子6-
32093(39)
七佛所說神咒經　子6-32081(17)、32083
(12)、32085(18)、32086(19)、32088(13)、
32089(15)、32091(17)、7-32936
七佛所說神咒經(廣濟衆生神咒)　子6-
32090(19)、32092(13)
七佛母姓字經　子6-32083(20)、32086(32)
七佛八菩薩所說大陀羅尼神咒經　子6-
32093(42)
七佛八菩薩所說大陁羅尼神咒經　子6-
32084(11)
七佛父母姓字經　子6-32084(17)、32085
(28)、32088(21)、32089(20)、32090(26)、
32091(24)、32092(17)、32093(15),7-32101
26 七釋　叢1-203(3)
27 七夕夜遊記　子5-26730　叢1-587(3)
七夕讚花　集7-52829
七夕集字補遺　集6-44166
七夕密誓　集7-52172
七夕圓槎合記　集7-50367
七夕別韻倡和　集6-44166
七修類稿　叢1-31
七修類稿、續稿　子4-20453~4
七俱胝佛母准提大明陀羅尼經　子6-
32083(9)、32086(14)
七俱胝佛母心大准提陀羅尼經　子6-
32083(9)、32086(14)
七俱胝佛母心大准提陀羅尼真言　子7-
32905
七俱胝佛母所說准提陀羅尼經　子6-
32081(55)、32083(35)、32086(59)、32088
(37)、32089(31)、32090(15)、32091(14)、
32092(10)、32093(35)
七俱胝佛母所說准提陀羅尼經會釋　子6-
32092(44),7-33676
七俱胝佛母所說準提陀羅尼經會釋　子6-
32091(66)
七俱胝獨部法　子6-32093(39)
七旬學易圖題詠册　集6-44307
七峰遺編　子5-28207
30 七注陰符經　子1-3068,5-29728
七注陰符經解　叢1-548
七家詞鈔　叢2-1459~60
七家百家姓(歷代古人名)　集7-53237
七家後漢書　史1-27
七家印譜彙存　子3-17315
七家印跋　子3-16867
七家會診張越階方案　子2-4695、10704
七竅解、脈法　子2-7647

七字百家姓一段　集7-51525

七密里九毛瑟快槍圖說　子7-36988

七寶莊嚴　子5-29530(1)

七寶樓詩集　集5-36461

七寶樓書插架詩集初稿　集5-36460

33　七述　史7-50269　叢2-832(2)

七述、拙政園圖題咏　集1-2822

37　七祖注解金剛般若尊經　子7-33153

38　七道士詩鈔　集4-26176

40　七十二痧症仙方　子2-7054

七十二痧呂祖仙方　子2-7063

七十二列傳　史2-11053

七十二硯齋癸甲集　集4-31354

七十二子列傳　史2-6338

七十二子粹言　子4-23799

七十二峯齋文鈔　集4-32642

七十二峯足徵集、文集　集6-44481

七十二峯堂文勺　集4-27523

七十二候考　史6-49276、49300　叢1-202
(6)、203(12)、241、242(2)、2-731(27)、1920

七十二候表　史6-49291

七十二候表、校錄　子3-11438

七十二候圖　史6-49301　子3-16592

七十二候印譜　子3-17373

七十二候令　子3-17959、18352

七十二候箋　子3-16547

七十二鴛鴦樓詩稿補遺、詩餘補遺　集4-
29111

七十二鴛鴦回環舫詞鈔　集4-29648

七十二家集　集6-41694

七十二神丹祕密真訣　子5-30853

七十二葬法　子3-13147~8、13364

七十二朝人物演義　子5-27740

七十二青芙蓉館詩　集4-30963

七十子表　經1-109~10　史2-6347

七十自定稿　叢2-1293

七十以外吟　集5-35157

七十家賦鈔　集6-42614

七十家賦鈔、札記　集6-42615

七十壽言　集7-49457

七十壽翁詩　集4-32510

七十老人學詩鈔　集4-26129

七十四種疔瘡圖說　子2-4769、7789

七大家文選　集6-44817

七太子傳　史1-1946,2-7153

七克　子7-35272　叢1-135

七克真訓　子7-35273

七女經　子6-32083(21)

七奇圖說　叢1-355

七七寶卷　集7-54412

七雄策纂　史1-5061

七真天僊傳(七真天僊寶傳、七真傳)　集7-
54250

七真天僊寶傳(七真寶傳、天僊七真傳)　集
7-54249

七真因果傳　子5-28919

七真年譜　史2-11014　子5-29530(4)、
29535(7)、29536(7)

七檁硬山大式做法　史6-46549

41　七幅菴　子4-20851　叢1-142

七姬詠林　史2-7135~6　叢2-796

43　七域修真證品圖　子5-29530(9)、31555

七載繁華夢　子5-28625

44　七封山吳氏族譜[湖南長沙]　史4-28140

七塔寺志　史7-51634

七夢緣　集7-53667、53670

七勸口號　叢1-197(1)

七橐　叢2-1685

七嬉　子3-18382　叢1-373(7)

七苦籍規畧　子7-35616

七世祖一齋公年譜　叢2-1148

46　七娛　叢1-202(6)、203(12)、319

47　七殺式　史6-41530、46340

48　七榆草堂詞　集7-47792

七松巖集　子2-7161

七松遊　集3-14157

七松草堂詩稿　集3-17395

七檜山人詞　集2-8395~7

50　七書參同　子1-3029

51　七排分韻集　集6-43528

57　七招　叢1-202(6)、203(12)

60　七星譚氏族譜[湖南湘鄉]　史5-41287

七星巖記　史7-49317(3)、49318(9)

七星巖記[一]　史7-52627

七星巖記[二]　史7-52628

七星山人集　集5-34569

七星寶石　子7-38230

七星如意輪祕密要經　子6-32093(39)

七里松支　史4-26500

七國新學備要　子7-38064

七國正朔不同攷　子3-11241

七國象棋局　子3-17989

七國地理考　史7-49409　叢2-1793

七國地理考、國策編年　史7-49410

七國考　史6-41593　叢1-223(27)、274
(4)、2-731(17)、843

七畧　史8-65411~2　叢1-261,2-761

七畧齋文稿　集4-30061

七畧佚文　史8-65255~6、65413

七畧別錄　史8-65406~8　叢1-403,2-

中國古籍總目書名索引

　　774(8)、775(4)
　七畧別錄佚文　史8－65255～6、65409
　七畧盫唱本目錄　史8－66394
67 七曜考　子7－36240(4)
　七曜攘災決　子6－32093(40)
　七曜星辰別行法　子6－32093(40)
　七曜曆日　叢2－676
75 七體唐詩正音補註　集6－43289
　七體彙鈔　集6－43159
77 七閩觀風錄　史7－50528
　七月西臺奏疏、按遼奏疏、賚恤奏疏、遼東
　　顛末一幾灰草　史6－48498
　七月漫錄　經1－4540　叢2－1868
　七月七(天河配)　集7－50923
　七月七代哭五更　集7－50924
　七賢賞雪　集7－49700
80 七人聯句詩記　叢1－39
　七人聯句詩紀　子5－26219
　七个小套　子3－17895
81 七頌堂識小錄　子3－14774　叢1－202(7)、
　　203(13)、223(42)、244(1)、342、353、2－731
　　(34)、735(5)
　七頌堂詩集　叢1－250
　七頌堂詩集、文集　集3－13667
　七頌堂詩集、別集、文集、尺牘　集3－13666
　七頌堂詞繹　集7－48702、48743　叢1－320、
　　334～5
82 七劍十三俠　子5－28753、28756
86 七知經　子6－32083(18)
87 七錄　史8－65416　叢2－775(4)
　七錄序　史8－65417
　七錄序目　史8－65418　叢1－429,2－673
　七錄齋文集論畧、續刻、別集　集2－12353
　七錄齋文集近稿　集2－12351
　七錄齋文集近稿、詩稿、館課　集2－12346
　七錄齋詩文稿　集3－21052
　七錄齋詩文合集　集2－12345
　七錄齋詩文合集(七錄齋文集近稿、七錄齋
　　集存稿、七錄齋詩稿、七錄齋館課、七錄
　　齋論畧)　集2－12344
　七錄齋詩選　集3－21056
　七錄齋詩鈔　集3－21055
　七錄齋詩鈔、文鈔　集3－21054
　七錄齋集　集2－12349
　七錄齋集、論畧　集2－12352
　七錄齋近集　集2－12348
　七錄齋別集　集2－12350
88 七竹山房詩草、近草　集4－30527
　七篇指畧　經2－9923
　七篇指畧、孟子字學考　子4－23184

90 七省沿海全圖　史7－49721
　七省海疆圖說　史6－45543
　七粒金丹　子5－31475
95 七情管見錄　子2－7163
97 七怪　子1－1425　叢1－197(3)
　七怪脈四言詩　子2－6183

4071₂ 乜

41 乜帖講義　子7－36052

4071₄ 雄

12 雄飛集　集2－10953
16 雄聖惟極禪師語錄　子7－34304
20 雄乘[康熙]　史7－55321
　雄乘[嘉靖]　史7－55319
　雄乘[萬曆]　史7－55320
26 雄白詩集　集5－41474
　雄白集　集5－41473
44 雄黃陣　集7－49658
　雄樹堂集　叢2－2169
62 雄縣新志[民國]　史7－55322
　雄縣鄉土志[光緒]　史7－55323
80 雄雉齋選集　集3－16859

4071₆ 奄

00 奄摩勒樹寄庵隨筆　子4－21965

盦

24 盦黤集　子4－21927
50 盦史　子5－25401　叢1－373(5)
　盦史、拾遺　子5－25400
　盦史粹、拾遺　子5－25402

4073₁ 去

00 去病延年六字氣訣　子2－11213

22 去僞齋文集、闕疑　集2-9878
　　去僞齋集六種　叢2-1140
　　去僞齋集十六種　叢2-1139
23 去伐論　子1-532　叢2-774(9)
26 去吳七牘　集2-11049、11064
28 去傲齋四書存　經2-10881
40 去來吟　集3-15613
44 去楚集　集2-8261
57 去抱柴　集7-53243
60 去蜀入秦詩　集4-30203

　　　　套

21 套上車一枝　集7-50929

4073_2 喪

27 喪祭雜說　經1-5450、6359　叢2-1263~4
　　喪祭說　叢2-1267
35 喪禮廣論　叢2-1351
　　喪禮雜說、常禮雜說　經1-5390、6359
　　喪禮雜說常禮雜說　叢1-197(1)
　　喪禮詳考　經1-5397　集3-19840　叢2-1454
　　喪禮正俗　叢2-1717
　　喪禮吾說篇　經1-5391　叢2-1309
　　喪禮集要　經1-5398
　　喪禮經傳約　1-163(3)　叢1-419
　　喪禮經傳約(約喪禮經傳)　經1-5393
　　喪禮備要　經1-6247、6351
　　喪禮備要補　經1-5400
　　喪禮備纂　經1-5388　集2-7601、7605　叢2-1077~8
　　喪禮通俗編　叢2-2263
　　喪禮或問　經1-99、5395~6　叢2-815、1386
　　喪禮輯要　叢2-1506
　　喪禮輯署　經1-5392
　　喪禮易從　經1-5394
　　喪禮簿　經1-5399
　　喪禮餘言　經1-5389　叢2-1138
44 喪葬雜說　子3-13150、13621
　　喪葬雜錄　經1-5449、6359　叢2-1262
50 喪事十戒　經1-6341
77 喪服雜說　經1-5471、6359
　　喪服要記　經1-5417、5419~20　叢2-

　　　765~6、772(5)、773(5)、775(2)
　　喪服要記注　經1-5440　叢2-774(3)
　　喪服要集　經1-5424　叢2-774(3)
　　喪服翼註　叢1-202(6)
　　喪服翼注　經1-5453、6359　叢1-203(12)
　　喪服經傳　經1-5404　叢2-765
　　喪服經傳王氏注　經1-5415　叢2-774(3)
　　喪服經傳補疏　經1-5472　叢2-2042
　　喪服經傳袁氏注　經1-5432　叢2-774(3)
　　喪服經傳署注　經1-5438　叢2-765~6
　　喪服經傳馬氏注　經1-5403　叢2-774(3)
　　喪服經傳陳氏注　經1-5436　叢2-774(3)
　　喪服制考　經1-5473
　　喪服變除　經1-26~8、31、5407~8、5410、5412~3　叢1-261,2-761、765、772(5)、773(5)
　　喪服變除圖　經1-5421~3　叢2-765、772(1)、773(1)、774(3)
　　喪服私論　經1-5467　叢2-1920
　　喪服釋疑　經1-5425~6　叢2-765、774(3)
　　喪服彙識　叢2-2146
　　喪服通釋　經1-6203、6205、6359
　　喪服難問　經1-5443　叢2-774(3)
　　喪服古今集記　經1-5445　叢2-774(3)
　　喪服世行要記　經1-5444　叢2-774(3、11)
　　喪服表、殤服表　經1-5456
　　喪服或問　經1-5452、5454、6359　叢1-197(1)
　　喪服擬制　叢2-1705
　　喪服今制表　經1-6339、6359
　　喪服會通說　經1-163(3)、5463
　　喪服鄭氏學　經1-5469　叢2-671
　　喪服鄭氏學、大清通禮案語　經1-5468
　　喪服答問紀實　經1-5461　叢2-927

　　　　袁

00 袁亦文稿　集3-14165
　　袁文補注、續刻、三刻　集3-20315
　　袁文補箋　集3-20317
　　袁文合箋　集3-20318
　　袁文箋正　集3-20316
　　袁文箋正、補注　集3-20314　叢1-437
　　袁文箋正補正　叢2-2071
　　袁文榮公文集、詩集　集2-8867
　　袁文榮公文集、詩署　集2-8868
　　袁文榮公詩集　集2-8869
　　袁文榮公詩署　集2-8870
　　袁文榮公集　集2-8871

04 袁詩一臠 叢1-356
07 袁郊三輔舊事 史7-51138 叢2-771(4)
10 袁正獻公(燮)從祀錄 史2-8770
　　袁正獻公遺文鈔 叢2-845(3)
　　袁王綱鑑合編、明紀綱目 史1-1272
　　袁王綱鑑會纂 史1-1271
　　袁天綱外傳 叢1-56
　　袁天罡先師射覆無移□鑑 子3-14012
　　袁石公(宏道)遺事錄 史2-9051
　　袁西山詩稿 集5-37217
17 袁了凡(黃)斬蛟記考 史2-8988
　　袁了凡先生兩行齋集 集2-9796
　　袁了凡斬蛟記考 叢2-2203
　　袁子正論 子4-22111～2 叢2-774(9)、
　　　775(4)
　　袁子正書 子1-523～5 叢2-774(9)、775
　　　(4)
　　袁子正書、袁子、袁子正論 叢2-768～9
　　袁子程遺稿 集4-31890
　　袁子才判牘 史6-46486
　　袁郡謝公祠牌位册[江西宜春] 史5-
　　　40755
　　袁郡張祠續修牌册[江西宜春] 史5-
　　　35222
　　袁郡鄧氏祠册 史5-38818
　　袁郡朱氏族譜[江西] 史4-26673
　　袁郡鄒氏族譜[江西宜春] 史5-36361
　　袁郡李氏續修支譜[江西萬載] 史4-
　　　27389
　　袁郡古氏族譜[江西] 史4-25984
　　袁郡藍祠主譜[江西宜春] 史5-40457
　　袁郡蕭氏祠册[江西宜春] 史5-39966
　　袁郡韓祠主譜[江西宜春] 史5-40374～5
　　袁郡曹氏合譜[江西宜春] 史5-34232
　　袁郡劉祠主譜[江西宜春] 史5-39394
　　袁郡劉氏族譜[江西宜春] 史5-39392～3、
　　　39395～7
　　袁郡學前林氏族譜[江西萬載] 史4-
　　　29359
　　袁郡前劉祠主譜[江西宜春] 史5-39398
　　袁郡鍾祠主譜[江西宜春] 史5-40621
20 袁季常公垂裕堂册[江西萬載] 史4-
　　　31375
21 袁經畧集 集2-11674
22 袁山松郡國志 史7-49307、49424 叢2-
　　　767
　　袁山松後漢書 史1-27、332
　　袁山松宜都山川記 史7-49307
　　袁崧宜都記 史7-50714 叢2-771(3)
　　袁崧宜都山川記 史7-50713 叢2-767
23 袁參坡小傳 叢2-976
24 袁侍郎奏稿、袁希祖列傳 史6-48845
25 袁生懺法 子7-35099 叢2-1126
26 袁伯修小品 集2-10748
27 袁魯望集 集2-9754
　　袁督師(崇煥)列傳、督師文、白冤疏磯聲漩
　　　聲記剖肝錄督師詩 史2-9104
　　袁督師計斬毛文龍始末 史1-1937、3052
　　袁督師配祀關岳議案 史6-42191 叢2-
　　　715
　　袁督師遺集 集2-11675 叢2-715
　　袁督師事蹟 史2-9105 叢2-731(62)、881
30 袁宣卿詞 集7-46378～9、46388、46390～1、
　　　46393
　　袁宣卿詞(宣卿詞) 集7-46572
　　袁家三妹合稿 叢2-1459～60
　　袁家河袁氏家譜[湖南寧鄉] 史4-31388、
　　　31390
　　袁永之集 集2-8575～6
　　袁守定作詩年譜 史2-11857
31 袁江旅稿 集5-35597
　　袁江于役草 集4-26364
32 袁州府志[康熙] 史8-58845
　　袁州府志[正德] 史8-58842
　　袁州府志[嘉靖] 史8-58843～4
　　袁州府志[乾隆] 史8-58846
　　袁州府志[咸豐] 史8-58847
　　袁州府志[同治] 史8-58848
　　袁州二唐人集二種 叢2-870(3)
　　袁州石刻記 史8-63513、63951
33 袁浦行吟 集4-25913
　　袁浦札記 叢2-1703
　　袁浦暇筆 子4-21228
　　袁浦劄記 經2-11655
34 袁湛思詩 集2-12033,6-41943
35 袁禮部詩 集2-9797
37 袁漱六詩稿殘本 集4-32827
　　袁祠曾氏族譜[江西宜春] 史5-36632
38 袁海叟詩集、補 叢1-498
　　袁海叟詩集、補、附錄 集2-5997
　　袁海叟集 集2-5993,6-41935(1)
　　袁海叟在野集 集2-5991
40 袁太君行述 史2-9434
　　袁太沖稿 集2-9152～3,6-45336、45340
　　袁太史詩文遺鈔 集5-37777
　　袁太史時文 叢2-1459～60
　　袁太常疏稿 史6-49147
　　袁太常戊戌條陳 史6-49146
　　袁爽秋(昶)行畧 史2-9861
　　袁爽秋祕笈七種 叢1-506,2-2060
　　袁士杰自撰年譜 史2-12263

袁希祖列傳　史6-48845

袁志山詩選　集2-8286

袁袁山遺集(六柳遺集、未優軒詩集、袁袁
　山時文)　集2-12032

44 袁漺盦(續懋)行述　史2-10398

袁墣秋京鄉日記(清光緒二十六年)　史2-
　13129

袁蘇亭文稿　集4-23238

袁若遺(國梓)行述　史2-9341

袁世凱之新出現　史2-10837

袁樹圃書翰　集5-41005

47 袁柳莊先生祕傳相法　子3-14202~3

袁柳莊先生神相全編　子3-14204

48 袁枚駢體文　叢1-576

50 袁中郎(袁宏道)年譜　史2-11543

袁中郎廣莊　子5-29307

袁中郎文鈔　集2-11062,6-41794、42047

袁中郎集(狂言、別集、觴政、瓶史、廣莊、廣
　陵集、桃源詠、敝篋集、華嵩遊草、破研齋
　集)　集2-11044

袁中郎先生詩　集6-41948

袁中郎先生詩集　集2-11053

袁中郎先生批評唐伯虎彙集、唐六如先生
　畫譜、外集、紀事、傳贊　集2-7431

袁中郎先生全集　集2-11045

袁中郎十集(廣莊、桃源詠、觴政、瓶史、廣
　陵集、華嵩遊草、狂言、狂言別集、敝篋
　集、破研齋集)　集2-11043

袁中郎尺牘　集2-11063

袁中郎全集　集2-11046~8

袁中郎敝篋集　集2-11055

袁忠憲集　集1-486,6-43118

袁忠節公(昶)年譜　史2-12338

袁忠節公乙未草、丁酉草　集5-37543

袁忠節公遺詩(水明樓集、朝隱卮衍)　集5-
　37544

60 袁易齋先生圖民錄　子1-1579

袁甲三列傳　史2-9992

袁景文七律鈔　集2-5998

袁景寧集　集5-39686

袁景寧集、坿錄、傳　叢2-809

64 袁暐獻帝春秋　史1-2280　叢2-771(4)

72 袁氏痘疹叢書　子2-8605

袁氏痘疹全書　子2-8606

袁氏六順堂合修宗譜[浙江龍游]　史4-
　31349

袁氏族譜[江西豐城]　史4-31364

袁氏族譜[江蘇常州]　史4-31309

袁氏族譜[四川新都]　史4-31403

袁氏三修族譜[湖南]　史4-31401

袁氏五修族譜[湖南]　史4-31402

袁氏重修族譜[湖南]　史4-31380

袁氏重修支譜[湖南寧鄉]　史4-31386

袁氏續修族譜　史4-31409

袁氏續修族譜[湖南邵陽]　史4-31399

袁氏續修族譜[湖南湘鄉]　史4-31396

袁氏傳　子5-26222　叢1-56、168(2)、185、
　249(2)、255(4)

袁氏家訓　叢2-974

袁氏家訓叢書　子1-2161　叢2-975

袁氏家譜[雲南石屏]　史4-31405

袁氏家譜[北京]　史4-31301

袁氏家譜[上海松江]　史4-31302

袁氏家譜[江蘇吳縣]　史4-31320

袁氏家譜[浙江紹興]　史4-31335

袁氏家譜[湖南資興]　史4-31398

袁氏家傳四書旨便、附錄新刻佔鰲分印四
　書正文　經2-10413

袁氏家書　叢2-957

袁氏家錄[江蘇吳縣]　史4-31318~9

袁氏良公崇孝堂册[江西萬載]　史4-
　31374

袁氏宗譜　史4-31407、31411

袁氏宗譜[安徽]　史4-31354

袁氏宗譜[安徽和縣]　史4-31355

袁氏宗譜[江西豐城]　史4-31362

袁氏宗譜[江西都昌]　史4-31357

袁氏宗譜[江西興國]　史4-31359

袁氏宗譜[江蘇江陰]　史4-31313~4

袁氏宗譜[江蘇丹徒]　史4-31305

袁氏宗譜[江蘇丹陽]　史4-31306

袁氏宗譜[浙江]　史4-31322

袁氏宗譜[浙江嵊州]　史4-31347

袁氏宗譜[浙江富陽]　史4-31324~5

袁氏宗譜[湖北大冶]　史4-31379

袁氏宗譜[湖北黃岡]　史4-31378

袁氏叢書(袁氏家訓叢書)八種　叢2-975

袁氏叢書六種　叢2-974、976

袁氏通鑑紀事本末撮要　史1-1781

袁氏十四修宗譜　史4-31410

袁氏支譜[湖南長沙]　史4-31381

袁氏世考　史4-31406

袁氏世範　子1-2095　叢1-114(5)、223
　(30)、244(4)、330~1、483、574(4)、2-731
　(20)

袁氏世範(世範)　子1-2094

袁氏世範、集事詩鑒　子1-2093

袁氏世範錄　叢1-31

袁氏藝文志　史8-66048

袁氏藝文志、文錄、詩錄、金石錄、附錄　叢

1-508,2-731(2)

袁氏舊藏曲　集7-54734

袁氏四修族譜　史4-31408

袁氏閨抄　史2-7673

袁氏同宗會譜〔浙江紹興〕　史4-31336

袁氏義犬　集7-48775、49177　叢2-672

77 袁陶村文集　叢2-886(5)

袁學憲集　集2-8574,6-41935(2)

袁學彬行述　史2-10551

袁丹叔稿　集3-14166

袁母薛太夫人哀輓錄　史2-9601

80 袁公奏議　史6-49180

88 袁鑑雲先生(文岷)行狀　史2-10766

袁簡齋手札　集3-20321

袁簡齋先生詩談　叢1-485

袁簡齋自鈔詩稿　集3-20304

90 袁小修先生詩　集6-41948

袁小修日記(珂雪齋外集、游居柿錄)　叢2-720(2)

袁小修日記(珂雪齋外集、遊居柿錄)(萬曆三十六年至四十五年)　史2-12526

袁小修小品　集2-11350

94 袁慎夫殘稿　集4-33439

4077₂ 齒

77 齒關錄　史1-2373

4080₁ 真

00 真齋詩存　集5-38513

真方歌括　子2-9627

真意齋詩存、詩外　集4-29886

真意齋遺著　集4-29887

真意堂三種　叢1-289

真意堂五種　叢1-290

真文忠公政訓　叢1-300

真文忠公政經　子1-858　叢2-1044

真文忠公續文章正宗(西山先生真文忠公續文章正宗)　集6-42676

真文忠公心經　子1-861　叢2-1044

真文忠公心經、政經　叢1-574(3)

真率齋初稿、詞　集4-23633~4

真率記事　子4-22937　叢1-19(9)、20(7)、21(8)、24(10)

真率先生學譜　子4-20789

真率先生學譜(明萬曆三十八年至四十八年、天啓五年至七年)　史2-12528

真率紀事　叢1-137

真率會約　叢1-197(2)

真率筆記　叢1-22(6)、23(5)、2-617(3)

01 真龍虎九仙經　子5-29530(5)、29562、30818

04 真誥　子5-29530(20)、29535(6)、29536(6)、31895、31897　叢1-19(10)、20(8)、21(9)、24(11)、223(47)、268(4)、2-731(10)、788

真誥、薩真人戒行實錄　子5-31896

真誥篇　子2-10972

08 真詮　子5-29535(6)、29536(6)、31286~7

真詮要錄　子7-35951

09 真談　子1-1066　叢2-1093

10 真一金丹訣　子5-29530(5)、29562、31180

真正京調　集7-53514

真正後聊齋志異　子5-27645

真正繡像十續濟公傳　子5-28871

真正宗教論　子7-35710

真靈位業圖　子5-31793　叢1-13、14(2)、22(9)、23(9)、29(1)

真元妙道要畧　子5-29530(18)、31040

真西山文集選　集6-41798

真西山讀書記乙集上大學衍義　子1-838

真西山政訓　叢1-106、111(1)

真西山政訓摘要　史6-42929　叢1-151

真西山先生政經　子1-859

真西山先生集　集1-4088　叢1-214,2-731(45)

真西山先生心經(真文忠公心經)　子1-861

真西山先生教子齋規　子1-1968、2106　叢1-574(4)

真西山全集(西山真文忠公全集、真文忠公全集)七種　叢2-1044

真吾閣集、綠天草堂詩　集4-30108

真吾篋中集　集6-42476

11 真研齋詩草　集4-27836

13 真武靈應護世消災滅罪寶懺　子5-29530(16)、30570

真武靈應真君增上佑聖尊號册文　子5-29530(15)

真武靈應真君增上佑聖尊號册文　子5-31837

14 真功發微　子7-36042

15 真珠船　子4-20443~4、20932　叢1-108,2-731(7)、829

真珠汗衫　集7-54107

16 真理便讀三字經　子7-35655

真理撮要　子7-35656

21 真儒一脈　子1-1232

真經歌　子5-29577、31069
22 真仙要語　子5-32072
　真仙上乘　子5-29561
　真仙祕傳火候法　子5-29530(6)、30829
　真仙直指語錄　子5-29530(24)、31241
　真山老夫子女科八十症　子2-8322
　真山民詩集　集1-4364,6-41779～80　叢
　　1-580,2-746、856
　真山民詩鈔　集1-4367
　真山民集　集6-41784　叢1-223(58)、2-
　　878～9
　真山民集(山民詩集、真山民詩集)　集1-
　　4365
　真山民集、逸詩　集1-4366
　真山人集　集3-13883～4
24 真德彌維禮法啓愛合編　子7-35978
25 真傳正宗琴譜　子3-17627
　真傳傷寒舌苔圖論　子2-6255
　真傳察傷寒舌胎圖論　子2-6251
26 真傀儡　集7-48775、48778、49211　叢2-
　　672
　真偶然　子7-38265
　真息齋詩鈔　集4-27705
　真息詩鈔、續鈔　集4-27706
27 真修寶卷　集7-54531
28 真似鏡　子7-32111
30 真定府志[嘉靖]　史7-55049
　真定王伯子自敍年譜　史2-11550
　真定賈氏宗譜[浙江東陽]　史5-37126～9
　真定集　集3-16002～3,6-45116
　真定奏疏　史6-48577
　真定縣志[順治]　史7-55052
　真定縣志[萬曆]　史7-55051
31 真福亞爾方騷勞持里垓傳　子7-35852
　真福列傳　子7-35893
　真福祿多爾弗傳　子7-35875
　真福直指　子7-35316
　真福克來傳　子7-35880
　真福董文學致命歌訣　子7-35869
　真福藍若望行實致命紀畧　子7-35877
　真福趙奧司定神父傳　子7-35863
　真福劉保祿神父小傳　子7-35867
　真福劉達陡神父傳　子7-35866
32 真州官舍十二詠　集6-41992
　真州救荒錄　史6-44642　叢2-964
　真州風土記　史7-49318(12)、50157
　真州竹枝詞　集4-29507
33 真心直說　子6-32091(64)、32092(43)、7-
　　33974、34032～3
　真心直說、誠初心學人文　子7-34036

真心直說、誠初心學人文、皖山正凝禪師示
　　蒙山法語、東山崇藏主送子行腳法語、蒙
　　山和尚示衆語　子6-32089(52)、32090
　　(66)、32093(52)
38 真冷堂詩稿　集3-13504
　真道衡　子7-35665
　真道自證　子7-35344
　真道解　子7-35650
　真道解疑　子7-35436
40 真有益齋文編　集4-26718
　真有益齋鈔書四種　叢1-307
　真志堂詩集　集3-16377～8
　真真豈有此理　子5-27356
　真真曲　集2-6129　叢1-587(4)
　真奈瓦紅十字公會聯約條款　史6-45095
43 真娘墓詩　叢1-29(4)
44 真藏經要訣　子5-29530(3)、29639
　真草千字文　子3-15675
46 真如子醒言　子4-23963
　真如室詩　叢2-968
　真如志[民國]　史7-56431
　真如里志[乾隆]　史7-56429
　真如里志[民國]　史7-56430
47 真犯雜犯死罪　叢1-114(2)
　真摯康有維一段　集7-51637
48 真教確證　子7-35275
　真教自證　子7-35372
　真教通行錄　子7-35455
　真教問答　子7-35401
　真松閣詞　集7-47656
　真松閣集　集4-27241,6-41994
50 真本女探母　集7-53069
　真本隔簾花影　子5-27913
60 真唯識量畧解　子7-33645
　真唯識量質疑、真唯識量私解、異熟彙義、
　　無明纂義、吳西林先生小傳、阿彌陀鼓音
　　聲王陀羅尼經、佛說大灌頂神咒經卷第
　　子7-33870
　真跡所見述　叢1-373(4)
65 真蹟日錄　子3-14766　叢1-223(37)
　真蹟日錄、二集、三集　子3-14764
　真蹟日錄、清河祕篋書畫表、南陽法書表、
　　名畫表、法書名畫見聞表、清祕藏　子3-
　　14765
67 真歇了禪師頌圓覺經　子7-33499、33511
72 真臘風土記　史1-1914,7-54684　叢1-5、
　　9～10、19(7)、20(5)、21(6)、22(11)、23(11)、
　　24(8)、56、90～1、95、223(26)、374、587(6)、
　　2-624(2)、730(3、5)
　真隱先生(范鳳翼)年譜　史2-11561
　真隱范先生壽言　集6-44010

真氏宗譜[江蘇鎮江]　史4-31297
76 真陽縣志[康熙]　史8-60070
　　真陽縣志[嘉靖]　史8-60069
77 真覺禪宗　子7-34053
　　真學易簡編　叢1-332
80 真人高象先金丹歌　子5-29530(21)、29562、
　　　31129
　　真人妙道要署　子5-29556、31041
　　真八旗樂　集7-53392
　　真金扇　集7-53858
　　真氣還元銘　子5-29530(6)、31116
90 真賞齋帖　子3-15701
　　真賞齋賦　子3-14748　叢1-511
　　真賞齋印林　子3-16988
95 真情種遠覓返魂香　集7-49549
　　真情種遠覓返魂香(波弋香)　集7-49541

走

10 走雪山　集7-53522
22 走嶺子　集7-52579
43 走越厄言　集2-10599
71 走馬急疳真方　子2-4768、8368
　　走馬春秋　子5-28910　集7-51377
　　走馬春秋十六部　集7-51376
　　走馬喉疳論　子2-7503
77 走鳳雛龐統掠四郡雜劇　集7-48774(5)、
　　　49024

4080₆ 賁

53 賁戚錄　集2-9332
60 賁園詩鈔　集5-38853
　　賁園詩鈔、故清遺老嚴雁峯先生行狀、文學
　　　處士嚴君墓誌銘家傳　叢2-702
　　賁園書庫目錄輯署　史8-65276　叢2-702
72 賁隱存編　集2-7797

賫

97 賫恤奏疏　史6-48498

賣

00 賣癡獃　集7-49375
　　賣雜貨一枝　集7-51835
17 賣刀試刀(新出賣刀試刀)　集7-52191
20 賣香煙一枝　集7-52706
26 賣鬼傳　子5-26222　叢1-148、154、185
35 賣油郎　集7-54548
　　賣油郎獨佔花魁女　集7-50760、53634
　　賣油郎獨占花魁一段　集7-51510
37 賣漁灣詞　集7-47852
44 賣花記　集7-51180
　　賣花記全部　集7-51181
　　賣花寶卷　集7-54398、54450、54519
　　賣花女　集7-51179
　　賣花奴同途說豔　集7-49490、49507
　　賣藝文　子4-20987　叢1-369、371
　　賣菜一枝　集7-52705
48 賣橄欖　子5-26423　集7-50759
　　賣橄欖附工尺譜(徽劇)　集7-54783
50 賣畫　集7-52410
60 賣國奴　子7-38179
76 賣胭脂　集7-52411、52707
87 賣鍋記(紅絨繡球記)　集7-53856
95 賣情扎囤　集7-49248

賫

40 賫志長懷詩集、聯語　集5-39951

4090₀ 木

00 木瘦庵詩存　集5-36017、36020
　　木瘦詩鈔　集3-18872
　　木亭雜藁　集2-7626
　　木亭雜藁、續藁、別集　集2-7625
　　木庵文稿　叢2-2140
　　木庵文稿、木庵居士詩、補遺　集5-36410
　　木庵詩集　集3-15623
　　木庵外篇　叢2-1339
　　木庵藏器目　叢1-524,2-731(32)
　　木庵居士詩、補遺　叢2-2140
　　木齋詩說存稿　經1-4363

木齋遺文　集4-26353
04 木訥齋文集　集1-5597　叢2-856
　　木訥先生春秋經筌　經1-77(3)
　　木訥先生春秋經筌(春秋經筌)　經1-7465
10 木耳占記　史7-49317(4)、49318(8)、52645
　　木天清課　集4-32173
　　木天遺草　集2-10861~2
　　木天禁語　集6-45484、45490、45494、45709、
　　　45711　叢1-34、114(4)、195(4)、2-731
　　　(47)
　　木天署八翰林發刊四書聖學中天講意　經
　　　2-10367
　　木天館稿、恆南稿　集2-11226
　　木石庵詩選　集5-38267
　　木石山莊鈔　集4-26478
　　木石居精校八朝偶雋　集6-46250
20 木喬朱氏宗譜[浙江]　史4-26622
　　木香李氏重修宗譜[浙江東陽]　史4-
　　　27230
　　木香李氏宗譜[浙江東陽]　史4-27227~9、
　　　27231~2
　　木香李氏雅溪派本音宗譜[浙江東陽]　史
　　　4-27233
21 木版初印任伯年扇册　子3-16571
　　木衢王氏宗譜[福建長汀]　史4-25315~8
　　木經　史6-46502　叢1-22(18)、23(17)
22 木崖軒詩集、文稿　集5-41288
　　木山閣詩鈔　集4-23950
24 木科雜志　子4-19192
27 木鷄書屋文鈔　集4-28604
　　木鷄書屋文鈔、二集、三集、四集、五集　集
　　　4-28602
　　木鷄書屋集(木鷄書屋文鈔、詩選)　集4-
　　　28601
34 木瀆周氏家譜[江蘇蘇州]　史4-29885
　　木瀆小志[民國]　史7-56989
37 木郎祈雨神呪　史6-49254
　　木郎祈雨咒　子5-31694
40 木南山館詞　集7-47769
　　木皮子詞　集7-51073~4　叢1-443
　　木皮散人鼓詞　集7-51073　叢1-544、547(4)
41 木板四體千字文　子3-15521
43 木城祝氏宗譜[浙江龍游]　史4-31108~9
　　木鳶詩集、賦稿　集3-21182
　　木鳶集　集3-21181
44 木蘭舫書目　史8-65906
　　木蘭寶傳　集7-54582
　　木蘭女　集7-48774(7)
　　木蘭草　集3-20503
　　木蘭書齋詩鈔　集4-29186
　　木蘭書屋詩賦偶存　集5-34791

木蘭陂集、續集、重修集　子4-23182
木蘭陂集節要、續刻木蘭陂集誌記、重修木
　蘭陂集　史7-52951
木蘭館詩鈔　集5-36635~6
木蘭堂集　集2-7838
45 木槵子經　子6-32083(22)
　　木槵經　子6-32093(37)
46 木棉譜　史7-49327　子1-4299　叢1-202
　　　(7)、203(13)、241、242(3)、2-731(30)
　　木棉考　子1-4300~1
47 木樨香　集7-50378
　　木樨香館詩集　集4-29097
50 木青山人詩稿　集4-33636
　　木青山人初稿　集4-33637
52 木剌夷補傳稿　史7-54724　叢1-472
53 木威詩鈔　集3-16983
60 木蘭院詩籠處故里垂芳　集7-49575
　　木田集　集3-15741
　　木田居史論　史1-5279
71 木厓集　集3-14136
　　木厓續集　集3-14137
　　木雁齋雜著　集4-24359
　　木雁齋詩　集6-45142
　　木雁齋詩集　集4-24355~6
　　木雁齋詩鈔　集4-22186
　　木雁齋秋懷詩　集4-24357
　　木雁之間吟草　集4-33366
72 木瓜余氏族譜[湖南平江]　史4-28628
　　木氏宦譜　史4-25546
77 木几冗談　子4-20765　叢1-14(2)、22
　　　(25)、107、111(3)、2-731(8)
　　木屑集(伍比部木屑集)十種　叢2-2068
　　木犀軒元版書目　史8-65940
　　木犀軒收藏舊本書目　史8-65941
　　木犀軒宋本書目　史8-65939
　　木犀軒叢書、續刻六種　叢1-493
　　木犀軒藏書書錄　史8-65943
80 木人剩稿　子6-32091(78)
　　木盫藏器目　史8-64325
　　木鐘集　子1-830　叢1-223(30)
　　木鐘臺集　集2-8438
82 木鍾臺初集十種再集十種雜集十種附年譜
　　　叢2-1093
86 木鐸千聲　集5-39504
88 木筆雜鈔　集6-45637　叢1-195(5)

4090₁ 奈

21 奈何天　集7-50186、50191

奈何天傳奇　集7-50187
奈何集(孤帆遺稿)　集5-40945
奈何編　集4-28729
40 奈女耆婆經　子6-32083(21)
奈女耆域因緣經　子6-32083(20)
44 奈塔勒政要　史7-49318(19)
54 奈搭勒政要　史7-54861
60 奈園錄　叢2-1344

4090₃ 索

21 索綽絡文靖公(寶鋆)行述　史2-10004
60 索易臆說　經1-1143
72 索隱玄宗　子3-13140、13497
88 索笑詞　集7-47822　叢2-1823
索笑簃詩稿　集3-16026
索筆閒吟　集3-17400

4090₈ 來

00 來鹿堂文集、詩集、別集　集4-30631
來齋金石刻考畧　史8-63554　叢1-223
(28)、401、448
08 來諗堂詩草、粵東遊草　集4-25327
10 來玉府君(周宗建)行實、傳、神道碑、墓志
銘　史2-9127
來雨軒存稿　集4-24660
來霞集　集3-17674
來雲閣詩(然灰集、椒雨集、殘冷集、南棲
集、奇零集、壓帽集)　集4-33205
17 來子　子1-18、20
來子談經　經1-70
18 來珍詩集　集3-16821,6-41967
20 來往仙霞集　集4-29416
來往本埠價例　史6-44399
來舜和先生稿　集2-11808、12471
來薰堂文鈔　集5-38351
來集之先生詩話稿　集6-45853
21 來紫堂集　集3-19541
22 來山閣詩草　集3-15280
來山堂文鈔、詩鈔　集3-18792
25 來生福　集7-53819
28 來復齋稿　集2-11222
來復堂論語講義　經2-9586
來復堂孟子講義　經2-10052
來復堂集　集4-27256

來復堂私說　子1-1754
來復堂家規　子1-2266
來復堂海防私籌　史6-45503
來復堂存草、二十四友韻言　集3-17286
來復堂學内篇、外篇　子1-1753
來復堂小學補　子1-2830
30 來安縣鄉土志[光緒]　史7-57854
來安縣志[雍正]　史7-57852
來安縣志[道光]　史7-57853
來安縣志[萬曆]　史7-57851
來寄軒詩草　集3-16135
來賓縣志[乾隆]　史8-61424
來賓縣志二編[民國]　史8-61425
40 來南雜俎　叢2-2256
來南錄　史7-53784　叢1-22(11)、23(11)、
29(3)、255(2)
44 來薰堂文鈔　集3-16093
來懋齋稿　集4-25370
來蘇周氏六修家乘家譜[浙江蕭山]　史4-
29903
來蘇周氏家譜[浙江蕭山]　史4-29902
來蘇周氏宗譜[浙江蕭山]　史4-29904
47 來鶴亭詩稿　集4-30114
來鶴亭集　叢2-618
來鶴亭集、補遺　集1-5666　叢1-223(62)
來鶴庵詩草、五峯詩草　集3-14696
來鶴山房文鈔　集4-29356,6-42068
來鶴山房吟稿　集4-26670
來鶴草堂稿　集1-5665
來鶴草堂稿、番禺稿、既白軒稿、竹洲歸田
稿、敬夫集外詩、鶴亭倡和詩　集1-5650
來鶴草堂藁　集1-5664
來鶴草堂藁、番禺集、既白軒藁　集1-5652
來鶴草堂藁、既白軒藁、竹洲歸田藁、鶴亭
唱和　集1-5651
來鶴樓集　集2-12231
來鶴軒祕方　子2-9644
來鶴堂文鈔、詩鈔　集3-20707
來鶴堂雜鈔　子4-23206
來鶴堂詩鈔　集3-20708
來鶴堂制藝　集3-20710
來鶴堂全集(來鶴堂詩鈔、詩餘鈔、文鈔、試
帖鈔、賦鈔、制藝鈔)　集3-20709
來鵲山房詩集　集4-24429
50 來青草堂詩鈔　集4-26867
來青軒文選　集2-8800
來青軒文鈔　集5-36146
來青軒詩選　集2-8800
來青軒詩鈔　集5-36144～5
來青軒稿　集3-17996

　　來青園文集、詩集　集3-13511
　　來青居詩稿　集3-16759
　　來青閣詩鈔　集3-19896,6-41761
　　來青閣遺稿　集4-26869
　　來青閣書莊書目　史8-66480
　　來青閣書目　史8-66479
　　來青閣書目(第二、三期)　史8-66481
　　來青堂集　集4-26047
　　來青堂遺草　集4-24849,6-41989
54來蝶軒詩　集5-37423
60來夏堂講義　叢2-1771
　　來夏堂私說　叢2-1771
　　來夏堂家禮　叢2-1771
　　來夏堂家規　叢2-1771
　　來夏堂海防私籌　叢2-1771
　　來夏堂學內篇、外篇　叢2-1771
　　來夏堂全書二種　叢2-1771
　　來恩堂草　集2-10124
　　來恩堂草、樂陶吟草　集2-10121
66來瞿唐集　集2-9527
　　來瞿唐先生日錄　子4-20563
　　來瞿唐先生日錄二十九種　叢2-1110
　　來瞿唐先生易注、首(上下經篇義易經字義
　　　易學六十四卦啓蒙說)末、圖　經1-710
　　來瞿塘先生日錄　子4-20562
72來氏易註　經1-704
　　來氏易注象數圖說　經1-2147,~8
76來陽伯集　集2-11551
77來鳳縣志[乾隆]　史8-60404
　　來鳳縣志[同治]　史8-60405
　　來鳳館合選古今傳奇　集7-54631
　　來學纂言　子1-1665　叢2-1621
80來禽館集　集2-10462~4
86來知德上下經篇意　經1-711
99來鶯齋集　集3-20690

4091₃　梳

24梳妝窺影一枝　集7-51926
　　梳妝臺　集7-53272
30梳流小草　集4-24613
35梳油頭子弟書詩篇　集7-52167
90梳粧臺一套　集7-50867
　　梳粧檯京調　集7-53633
　　梳粧檯十送　集7-53633

4091₄　柱

22柱山詩話　叢2-823
　　柱山琴譜　子3-17705
47柱楣蒁記　叢2-1613
60柱國方氏宗譜[浙江永康]　史4-25776~8
88柱笏樓詩　集3-16907
　　柱笏樓詩集　集3-17911

4091₆　檀

00檀齋詩稿　集3-13928　叢1-300
10檀雪齋集　集2-11794~5
17檀孟批點　經1-5810,2-11466　叢1-79、
　　133
　　檀弓　經1-58,5806,5809,5813~4　叢1-
　　140、172
　　檀弓(檀弓記)　經1-5808
　　檀弓辨誣　經1-5823~4　叢2-1735~7
　　檀弓訂誤　經1-5819　叢1-195(1)、201、
　　203(5)、320、366~8、515,2-731(21)
　　檀弓記　子1-44　叢1-127
　　檀弓記標義　經1-5815
　　檀弓論文　經1-5821
　　檀弓解　經1-5807　叢2-1047
　　檀弓疑問　經1-5820　叢1-223(9)
　　檀弓叢訓　經1-5811　叢1-282(2)、283
　　(2),2-731(21)、1092
　　檀弓述注　經1-5817
　　檀弓通、考工記通　經1-5816
　　檀弓輯注　經1-5812
　　檀弓原　經1-5818
20檀香山羣島志　叢1-530~1,2-2056
　　檀香山羣島志、墨西哥述畧　史7-54876
　　檀香山采風記　子7-38155
22檀嶺王氏宗譜[安徽涇縣]　史4-25301
　　檀山陳氏支譜[湖南長沙]　史4-33276
　　檀欒子詞　叢2-2227
24檀特羅麻油述經　子6-32083(13)
33檀心館集　集2-10199~201
60檀園集　集2-11341,6-44428　叢1-223
　　(66)
　　檀園字說、外篇　經2-13556
　　檀園題畫詩跋　子3-16143
　　檀園雅音　叢2-1412
63檀默齋詩話　集6-46069

72 檀氏儀禮韻言　經1-5291
　檀氏儀禮韻言塾課藏本　經1-5290
　檀氏家譜[安徽池州]　史5-40330
　檀氏遺詩　集4-25670
77 檀几叢書　叢1-197(1)
　檀几叢書二集　叢1-197(2)
　檀几叢書五十種二集五十種餘集四十七種
　　附政十種　叢1-197(1)
　檀几叢書錄要七種　叢1-198
　檀几叢書餘集　叢1-197(4)

4091₇ 杭

00 杭府仁錢三學灑埽職　史6-42518　叢2-
　832(4)
17 杭郡庠得表忠觀碑記事　史8-63895　叢
　2-832(1)
　杭郡新刊禮記要旨　經1-5612
　杭郡新刊按誌兩浙人物考　史2-7954
　杭郡印輯　子3-17418
19 杭砂尹氏族譜[福建上杭]　史4-25905
20 杭雙溪先生詩集(雙溪集)　集2-7321
22 杭川集、游武夷山記　集2-12336
28 杭俗新年百詠　叢1-590,2-632
　杭俗遺風　史7-49318(12)、50334~5　叢1-
　496(4)
32 杭州府初選舉人名册、嘉興府初選舉人名
　册　史3-14957
　杭州府志[康熙]　史7-57139
　杭州府志[萬曆]　史7-57138
　杭州府志[乾隆]　史7-57141
　杭州府志[成化]　史7-57137
　杭州府志[民國]　史7-57144
　杭州府節孝全錄、續錄　史2-7984
　杭州雜著　叢2-2177
　杭州龍興寺經幢(佛頂尊勝陀羅尼經)　子
　7-32822
　杭州許氏家譜[浙江杭州]　史5-34388
　杭州三書院紀畧　史7-52044
　杭州再陷紀實　史1-4217
　杭州西天目山師子禪院語錄　子7-34210
　杭州上天竺講寺誌　史7-51601
　杭州上天竺講寺志　叢2-832(7)
　杭州白巖位中符禪師語錄　子7-34273
　杭州鄉土地理　史7-50340
　杭州俗曲九種　集7-50719
　杭州遊記　史7-49318(12)、53368
　杭州大慈山虎跑泉定慧寺志　史7-51621

杭州城南古蹟記　史7-53369
杭州城南古蹟考　史7-49318(12)
杭州蔣氏凡將草堂藏書目錄　史8-65263、
　65977
杭州藏書樓書目　史8-65538
杭州藝文志　史8-66084
杭州葉氏卷盦藏書目錄　史8-65263、65980
杭州忠義傳　史2-7983
杭州路餘杭縣白雲宗南山大普寧寺大藏經
　目錄(元藏目錄)　子6-32093(53)
杭州蠶學館章程　史6-42516
杭州蠶桑女學堂章程　史6-42517
杭州所著書三種附一種　叢2-2176
杭州八旗駐防營志畧　史6-45275
37 杭湖掃墓記　史2-12857
　杭湖防堵記畧　史1-3931　叢2-1926
38 杭遊雜詠　集3-14228
40 杭大宗七種叢書(杭氏七種)　叢2-1432
　杭志三詰三誤辨　叢2-832(5)、1309
　杭志三詰三誤辨[乾隆]　史7-57140
　杭女表徵錄　史2-7985
　杭嘉湖三府減漕記畧　史6-43466
　杭嘉湖三府減漕紀畧、奏稿　史6-41529
43 杭城辛酉紀事詩　史1-1988、3939　叢2-
　832(5)
　杭城元夜　集7-49700
　杭城再陷紀實　史1-1988、3936　叢2-832
　(5)
　杭城紀難詩　史1-1988、3937　叢2-832(5)
　杭城紀難詩編　史1-1988、3940　叢2-832
　(5)
　杭城治火議　史7-50292　叢2-832(5)
　杭城坊巷志　史7-50336
44 杭世卿集　集2-7259,6-41935(1)
50 杭東卿集　集2-7322,6-41935(1)
71 杭阿坦都統奏議　史6-49138
77 杭月吟社詩鈔　集4-31371
　杭屬爨案　史3-14956
　杭居雜憶　叢2-2176~7

4092₇ 柿

31 柿潭亭文集　集4-29034
44 柿葉庵詩選　叢2-731(43)、782(5)
　柿葉軒筆記　叢2-638
60 柿園詩稿　集4-32097

榜

48 榜樣錄　叢1-284

槁

88 槁簡贅筆　集6-45625　叢1-19(8)、20(6)、
　21(7)、22(4)、23(4)、24(8)

檽

40 檽李高逸傳　史2-8000
　檽李詩繋　集6-44586、44589　叢1-223
　　(71)
　檽李譜　子4-19323
　檽李往哲列傳　史2-7998
　檽李往哲續編　史2-7999
　檽李吳氏族譜[浙江嘉興]　史4-27823
　檽李叢書五種　叢2-839
　檽李叢書九種　叢2-840
　檽李遺書二十六種　叢2-838
　檽李古蹟詩　史7-51398
　檽李英華集　集6-44584~5
　檽李梅溪雙桂張氏宗譜[浙江嘉興]　史5-
　　34897
　檽李屠氏藝菊法　子1-4500
　檽李金明寺放生倡和詩集　集6-44590
60 檽里方外詩繋　集6-44587

4093₁ 樵

00 樵庵詞　集1-4889,7-46361、46369、46756
　樵庵紀聞　子4-23603
01 樵語　叢2-1067
08 樵説　子4-21847
09 樵談　子4-20217　叢1-19(11)、20(9)、21
　　(10)、24(11)、195(2)、2-731(8)
10 樵玉山房詞　集7-46431、47358
　樵雨山房詩存、試帖　集4-24571
　樵西草堂詩鈔　集4-33664,6-42007(2)
　樵雲詩甀　集4-24834

樵雲詩集　集2-10486
樵雲集　集3-18698
樵雲獨唱　集1-5013　叢1-223(61)
樵雲獨唱詩集　叢2-860
樵雲獨唱集(樵雲獨唱、樵雲獨唱詩集)　集
　1-5012
樵雲獨唱集詩集　集1-5014
12 樵水集　集1-5456,6-44794
樵孫爾疋檢字敘　經2-11330
17 樵歌　子3-17580、17678　集7-46352、
　46357、46527~8　叢1-265(5)
樵歌詞拾遺　集7-46361
樵歌拾遺　集7-46369、46529
20 樵香小記　子4-22395　叢1-223(40)、274
　(5)、448,2-731(7)、782(5)
22 樵川二家詩　集6-44792~3　叢1-478
樵川集　集6-41932
樵川四家詩　集6-44794
樵山集　集5-35760
樵山堂集　集3-13772
33 樵邊尺牘　集5-34427
37 樵湖詩鈔　集4-29423,6-42007(2)
38 樵海詩鈔　集3-16311
50 樵史　叢1-300
樵史通俗演義　子5-28205
樵夫一枝　集7-51872
樵貴谷詩　集3-18740~-1
樵貴谷詩遺　集3-14951
樵貴谷詩選　集3-21399
樵貴谷詩存　集3-16629
72 樵隱詩話　集6-46146
樵隱詩存、文存　叢2-2184
樵隱詩餘　集7-46352、46357~8、46385、
　46562
樵隱詞　集7-46380、46563　叢1-223(73)、
　2-698(13)、720(2)
樵隱集　集5-40125
樵隱集八種　叢2-2184
樵隱山房詩鈔　集5-35532
樵隱山房詩鈔、北遊草、歸田集、東隱集、署
　存稿　集5-35531
樵隱山人詩集　集5-35533
樵隱昔寱　集5-35475　叢2-1996
樵隱昔寱殘稿　集5-35476　叢2-1995
76 樵陽經女工修煉　子5-29590、31424
77 樵風　集2-7372
樵風樂府　集7-48296　叢2-2143
樵月山房詩文集　集4-27150
樵月山房詩稿　集4-27151
樵叟集、外集　集5-37729
樵叟備忘雜識　子4-24213

87 樵錄　叢1-373(6)
88 樵餘草　集3-18043
　　樵餘筆記　集2-10191

4093₂ 檅

72 檅隱盦賸稿　叢2-897

4094₁ 梓

30 梓室文稿　集3-16234
　　梓潼帝君化書　子5-29530(4)、31796～7
　　　叢1-114(6)、116
　　梓潼帝君救劫寶章　叢1-116
　　梓潼帝君救劫寶章、勸惜字紙文　叢1-114(5)
　　梓潼帝君陰騭文注證新編　子5-30407
　　梓潼帝君陰騭文敷言　子5-30399
　　梓潼文昌帝君陰騭文　子5-30402
　　梓潼傳　集7-49625　叢2-1920
　　梓潼士女志　史2-8296～7　子5-26828
　　　叢1-22(9)、23(9)、29(2)
　　梓潼縣志[乾隆]　史8-61746
　　梓潼縣志[咸豐]　史8-61747
32 梓溪文集　集2-7993
　　梓溪文鈔　集2-7994
　　梓溪文鈔(舒文節公全集)二種　叢2-1088
　　梓溪文鈔外集　叢2-1088
　　梓溪文鈔內集　叢2-1088
　　梓溪劉氏支譜[安徽桐城]　史5-39322
　　梓溪劉氏支譜[江蘇靖江]　史5-39212
　　梓溪陳氏宗譜[浙江麗水]　史4-33139～41
34 梓造福玄機羅經考　子3-13443
60 梓里記　史4-27847
　　梓里聯珠草　集4-25470
　　梓里備查　史7-50161
　　梓里述聞　史7-50160　子4-23563
　　梓里遺聞　史7-50406　叢2-2183
　　梓里舊聞　史7-50159　叢2-809
　　梓里表忠錄　史2-7751
　　梓里搜奇錄　叢2-2266
　　梓園詩鈔　集5-37910
　　梓園詩鈔(古今列女題詞)　集5-37912
　　梓園山房又次稿、續刻　集5-37911
77 梓聞漫拾　子5-26718
　　梓聞餘錄　叢2-2266
　　梓譽蔡氏宗譜[浙江磐安]　史5-38023

88 梓餘詩　集6-45017

4094₆ 樟

00 樟亭集　集2-10830、10833,3-17181　叢2-1194
22 樟山童氏宗譜[浙江淳安]　史5-36492
31 樟汀詩草　集3-21238
44 樟村陸氏宗譜[江蘇武進]　史4-32629
　　樟林徐氏宗譜[浙江蘭溪]　史4-32025

4094₈ 校

00 校註病機賦　子2-5958
　　校註古文參同契、參同契補遺三相類　子5-31016
　　校註橘山四六(橘山四六)　集1-3802
01 校訂漢書揚子(雄)列傳、揚子年表　史2-8451
　　校訂存疑　子4-22510
　　校訂女四書箋註　子1-1977
　　校訂困學紀聞三箋　子4-22184　叢1-482
　　校訂曆書稿　子3-11657
02 校刻五經四書正文　經1-8
　　校刻大藏疏文　子7-34873
　　校刻古今韻考附記　經2-14072～3
　　校刻歷朝捷錄百家評林　史1-5450
　　校刻具茨先生文集　集2-8935
　　校刻具茨先生文集、詩集、遺稿、補遺、附錄　集2-8932
　　校刻篆文論語考證　經2-9201
　　校證讀書敏求記　史8-65643
04 校讀漢書札記　叢2-1963
　　校讀漢書劄記　史1-286
08 校說文稿　經2-12085
10 校正康對山先生武功縣志　叢1-326,2-731(58)
　　校正註釋四書人物考　經2-10305
　　校正京調獻美妃　集7-53454
　　校正京調吊金龜　集7-53452
　　校正京調回龍閣全本　集7-53453
　　校正龍文鞭影　子5-25237
　　校正新刊標題釋文十八史畧　史1-4852
　　校正詳增音訓周禮句解　經1-4942
　　校正元親征錄　叢2-2187
　　校正元親征錄(元聖武親征錄)　叢1-507～8
　　校正元聖武親征錄　叢1-506,2-2060

校正張補五千字文圖注　經2-13506
校正孔氏大戴禮記補注　經1-5916　叢2-
　731(21)、782(2)、2127
校正武經七書　子1-3061
校正重刊官校宋朝文鑒　集6-43607
校正重刊單篇批點論學繩尺(論學繩尺)
　集6-43615
校正便蒙資善寶鑑正文　子1-2915
校正經驗良方　子2-8596
校正朱砂痣京調　集7-53456
校正定庵全集　集4-29151
校正治家良言彙編　子1-2259
校正九章算術及戴氏訂訛　叢2-1637~8
校正九章算術及戴氏定訛　子3-12365
校正古今人表　史1-10(1)、213　叢2-1666
校正七政萬年書(嘉慶甲子年至光緒癸丑
　年)　子3-11724
校正七政萬年書(嘉慶甲子年至癸亥[民國
　十二年])　子3-11725
校正草橋關京調全本　集7-53450
校正萬古愁(擊筑餘音)　叢2-640
校正萬年書　子3-11714
校正韓汝慶先生朝邑縣志　叢1-326
校正朝邑志　史8-62799　叢1-364、468、
　2-1456
校正增廣驗方新編　子2-9672、9677~8
校正托挑碰碑京調　集7-53455
校正輟耕錄大元宗室世系　史1-769　叢
　2-1464
校正四書釋地、孟子生卒年月考　經2-
　10631
校正四書古註羣義十種　經2-11135
校正圖注脈訣　子2-6007
校正原本紅梨記　叢2-689
校正原本紅梨記、紅梨記雜劇　集7-49933
校正馬氏文通　經2-14947
校正陽宅大全圖說　子3-13173
校正八十一難經　子2-5466
校正金光陣京調全本　集7-53451
校正今文孝經、二十四孝考　經2-8488
校正普濟本事方、補遺　子2-9149
校正會稽掇英總集札記　集6-44659
校正公羊　經1-7324
校正錢氏小兒藥證直訣　子2-8356
校正尚友統編　史2-6223
12 校刊何文貞公遺書二種　叢2-886(4)
校刊律音義札記　史6-45743
校刊朱九江先生論史口說、坿錄　史1-
　5722
校刊資治通鑑全書　史1-989
校刊史記集解索隱正義劄記　史1-93

校刊明道本韋氏解國語札記　史1-2085~6
16 校理集　集6-41894(1)
校碑隨筆　史8-63509、64460　叢2-625
校碑隨筆、續　史8-64461
20 校讎叢錄　叢2-2270(2)
校讎述林　史8-65279　叢2-2270(2)
校讎通義　史1-5315　叢2-698(5)、731
　(3)、1527
校讎畧　叢2-673
校讎餘論　叢2-2270(2)
校讐通義　史8-65271~2　叢1-456(2)、
　523,2-709、1525~6、1529
校讐通義外篇　叢2-1528
21 校經廬文集　集4-27050~1
校經齋試帖　集4-31396
校經廎文稿　集4-25039
校經山房叢書二十七種　叢1-417
校經室文集　集5-36709
校經室文集、補遺　集5-36710　叢2-671
校經述微　經2-11766
校經書院志畧　史7-52112
校經叟自訂年譜　史2-12007
校經堂詩鈔　集4-26050
校經堂初集　集5-37638~9
校經堂學程、勸約、學議　子1-1816　叢2-
　1867
24 校牆曹氏宗譜[浙江東陽]　史5-34200~1、
　34203~5
30 校注補遺　集3-16430
校注婦人良方　子2-4771(3)
校注普批百條　子7-36012
校準京調桑園寄子　集7-53457
校定京調斬黃袍　集7-53449
校定新安十七帖釋文音義　子3-15338
校定皇象本急就章、考證、音畧、音畧考證
　叢2-731(21)
校定字音　經2-10849
校定地理犀精　子3-13586
校定前漢書自序　史1-258　叢2-1352
33 校補詩韻合璧、虛字韻藪　經2-13959
校補玉海瑣記　子5-24882、25463
校補石鼓文音訓　史8-64499
校補叢殘　叢2-1645
校補春秋集解緒餘　經1-7724
校補果報錄圖詠　集7-53995
校補金石例四種　集6-46346
校補策學總纂大全正續編　子5-25422
34 校漢書八表　史1 10(1)、211　叢2-686
35 校禮堂文集　經1-111(3)、2-11874　集4-
　24089
校禮堂詩集　集4-24090

校禮堂詩集、文集　叢2-814、1585
校禮堂初稿文、梅邊吹笛譜　集4-24088
校禮堂全集六種　叢2-1585
40 校士算　子3-12754
校梓注釋闡證蔡伯喈、雜卷　集7-49721
44 校勘夢窗詞劄記　集7-46686
校勘歷代法寶記　叢2-713
校勘光緒嘉善縣志劄記[民國]　史7-
57389
校蔡中郎文集疏證、外集疏證、蔡中郎文集
補　集1-231
48 校增三要合編　子4-24684
校增救急易方　子2-9338
校增金壼字考　經2-14750
校松江本急就篇　經2-13297
校松江本急就篇、校補　叢2-2227
50 校史偶得　史1-6000
校夫文集　集5-36197
56 校輯世本　叢2-892
60 校量壽命經　子6-32083(28)
校量數珠功德經　子6-32083(9)
80 校鐫鴛渚誌餘雪窗談異　子5-27070
87 校邠廬初稿　子4-21499
校邠廬逸箋　子4-21501
校邠廬逸箋三種　叢2-1825
校邠廬抗議　史6-41495、47507～8　子4-
21500,7-36263　叢1-483、523
校邠廬抗議議　史6-47510
校邠廬抗議別論　史6-47509　子7-38125
88 校箴膏肓評　經1-7176

4098₂ 核

00 核症良方　子2-10001
01 核訂現行刑律　史6-45908　子7-36662
核訂行政綱目　史6-41752
42 核桃吟　叢1-571
44 核菴集、詩餘　集2-12906
核菴集、詩餘、二集　集2-12907
88 核算英國金鎊要訣　史6-44455

4099₄ 森

00 森齋雜菹　叢2-981
森齋雜俎　集4-25395
森齋彙稿九種　叢2-981

10 森玉堂詩草　集5-39114
44 森林學　子7-37075
60 森羅殿考　集7-52455
森羅殿考子弟書　集7-52154

4111₁ 壠

21 壠上記　子5-26222、26225、26858　集1-
677　叢1-29(4)
22 壠山周氏三修家乘[湖南湘潭]　史4-
30178
壠山周氏續譜[湖南湘潭]　史4-30177

4111₂ 墟

50 墟中十八詠、圖　集6-44671

4111₄ 埕

30 埕進齋詩集　集3-19866
72 埕氏實踐教育學　子7-36733

4111₆ 垣

50 垣中疏議、太常寺疏、通政疏、工部奏疏、少
宰奏疏、詩集、書稿、雜著　史6-48519
55 垣曲縣志[康熙]　史7-55982
垣曲縣志[乾隆]　史7-55983
垣曲縣志[光緒]　史7-55984

4114₉ 坪

32 坪州黎氏族譜　史5-39149
40 坪塘張氏族譜[湖南湘潭]　史5-35391

4121₄ 狂

00 狂言　子4-24124

　　狂言紀署　史1-5491　叢1-22(25)
　　狂言別集　子4-24125
44 狂鼓吏漁陽三弄　集7-48778、49132、
　　49137～9
46 狂狷裁中　史1-5525
47 狂奴醉語　子4-23659
　　狂奴傳　子5-26222　叢1-185
50 狂夫之言　子4-20672　叢1-110,2-731
　　(54)、1170～2
　　狂夫之言、續　叢1-111(5)
　　狂夫之言、續狂夫之言　子4-20671、20673
　　叢2-1174
　　狂夫酒語　子4-19098　叢1-86,2-730
　　(8)、731(41)
77 狂風如吼一枝　集7-51805

4121₇ 瓴

60 瓴園文稿　集5-40770
　　瓴園叢稿　集5-40769
　　瓴園題跋信牘集　集5-40773
80 瓴翁舊著　集5-40772
　　瓴翁削柿　集5-40774

4122₇ 獅

10 獅石鄉淩氏三修族譜[廣東始興]　史4-
　　34667
17 獅子說　子4-19392
　　獅子崖記　史7-49318(9)、53735
　　獅子坪張氏譜書[陝西平利]　史5-35435
　　獅子吼　集7-53912
　　獅子吼觀音求修　子7-32097
20 獅絃集　集3-15339
22 獅山詩鈔　集3-19997
　　獅山余氏族譜[浙江淳安]　史4-28541～4
　　獅山掌錄　子5-25120～1
62 獅吼記　集7-49709、49963～4、53911
　　獅吼寶卷(懼內河東獅吼寶卷、怕妻寶卷、
　　獅吼卷)　集7-54444
　　獅吼妙典　集7-54449

4123₂ 帳

60 帳墨居詩鈔　集5-37474

4126₀ 帖

38 帖海題詞　集3-20552
58 帖撒羅尼迦人前後注釋　子7-35195
60 帖目　子3-15276
75 帖體詩　集4-28201、32315
　　帖體詩存　集4-29607,5-38770
79 帖膡　叢2-1980
87 帖錄　子3-15339　叢1-195(6)、2-731(33)
88 帖箋　子3-15341　叢1-14(2)、25、111(1)、
　　249(3),2-624(3)、731(33)

麵

81 麵缸笑　集7-49390～1

4128₆ 頗

00 頗亭詩集　集3-18384
77 頗間園詩草　集5-40867

4141₆ 姬

24 姬侍類偶　史2-6424　子5-25559～60　叢
　　1-175
　　姬侍類偶、補遺　子5-25561
30 姬宗世譜錄[陝西戶縣]　史5-33513
85 姬鏈師詩　集1-4718

4142₇ 媽

41 媽媽二十四糊塗　集7-53218

4143₂ 娠

47 娠婦須知　子2-4717、8256

中國古籍總目・索引

4144₇　茷

77 茷閒年譜　史2-12227

4146₀　妶

25 妶律　叢1-203(9)

4149₁　嫖

30 嫖客賣定一段　集7-51524
　　嫖客托夢一枝　集7-52719
64 嫖賭機關　子4-24074
　　嫖賭吹新集　子4-24672

4154₆　鞭

17 鞭歌妓　集7-48775、48778、49223～4　叢2-
　　672
27 鞭督郵　集7-49370～1
33 鞭心偶集　子4-24122
47 鞭都郵　集7-49372
51 鞭打蘆花　集7-52254

4188₆　顛

22 顛倒古人名一段　集7-51417
35 顛沛餘生錄(清咸豐三年至九年)　史2-
　　12859
60 顛墨齋遺稿　集4-28337
　　顛愚志　子4-23588

4191₁　櫪

00 櫪齋詩選　集3-13480
32 櫪溪陳氏六修宗譜[江西崇仁]　史4-
　　33247

60 櫪園詩二集　集3-19825
　　櫪園詩集　集3-19824
　　櫪園詩續集　集3-19826

4191₄　柾

17 柾了集　子5-26670　叢1-369
22 柾川全集六種　叢2-2013

極

00 極玄集　集6-41840～1、41853、43250　叢1-
　　223(68)
　　極玄集(唐詩極玄集)　集6-43251
　　極玄集參　集6-43252
　　極玄集選　集6-41876　叢2-948
　　極玄集選(極玄集)　集6-43253
08 極效數方　子2-9243
22 極樂世界　子7-38165
40 極校神方　子2-10040

概

77 概聞錄　叢2-2270(2)

4191₆　桓

01 桓譚新論　叢1-22(10)、23(9)、2-617(2)
10 桓元帥龍山會僚友　集7-48768、49167
17 桓子　子1-25
　　桓子新論　子1-56、436～7　叢1-260～1、
　　272(4)、2-628、698(6)、731(11)
　　桓子鹽鐵論　叢1-183
21 桓仁縣志[民國]　史7-56149～50
30 桓寬公羊春秋說　叢2-2265
40 桓臺志畧[民國]　史8-59174
　　桓真人升仙記　史2-8533　子5-29530(6)
71 桓階別傳　史2-8468、7-49309
72 桓氏世要論　子4-19785　叢2-615(2)、768
80 桓令君集　史7-49309　集1-270

樞

00 樞言　子 4 - 21302　叢 1 - 562
　　樞言、續　叢 2 - 731(16)、872
　　樞言、續樞言　子 4 - 21301
12 樞廷載筆(清道光二十四年)　史 2 - 12729
18 樞政錄　史 6 - 48497
27 樞督相左機緣　史 1 - 1956、3073
41 樞垣記署　史 6 - 42802
　　樞垣紀署　史 6 - 42803
　　樞垣載筆　史 1 - 3694
　　樞垣日記(清光緒三年至四年)　史 2 - 12884
　　樞桓載筆　史 1 - 3769
44 樞莞集　集 2 - 9226
55 樞曹草　叢 2 - 783、1193

4191_7 柜

51 柜軒筆錄　子 4 - 19500　叢 2 - 2053

4191_8 櫃

50 櫃中屍　子 7 - 38196

4192_0 柯

00 柯亭詞　集 7 - 46397〜400
　　柯亭子文集、駢體文集、詩初集、詩二集、詩三集　集 4 - 31835
　　柯亭畫蘭題句　叢 1 - 373(9)
　　柯齋詩餘　集 7 - 46398〜400、47162
　　柯齋選稿　集 3 - 15959
　　柯庭文藪　集 3 - 17046、17049
　　柯庭殘笛譜　集 5 - 41537
　　柯庭餘習　集 3 - 17047〜8　叢 1 - 373(5)
10 柯雪詞　集 7 - 46972
　　柯石庵先生遺詩　集 3 - 17414
17 柯了笤問　子 1 - 1050
　　柯邵忞先生遺著三種　叢 2 - 2121
22 柯山集　集 1 - 2850　叢 1 - 223(52)

柯山集、拾遺　集 1 - 2852
柯山集、拾遺、續拾遺　集 1 - 2851　叢 1 - 230(5)、2 - 731(40)
柯山集、拾遺、續拾遺、張文潛先生年譜　集 1 - 2853
柯山集補　集 1 - 2854　叢 2 - 2004
柯山樂府　集 1 - 2841
柯山漫錄　子 4 - 21736
柯山漫錄存　叢 2 - 1977
柯山小志　史 7 - 52346　叢 2 - 848
27 柯佩韋律選　集 5 - 33729
30 柯家山館詞　集 7 - 47449
　　柯家山館遺詩、詞　集 4 - 26266　叢 2 - 841
42 柯橋蔡氏宗譜[浙江紹興]　史 5 - 37996
44 柯村遺稿　集 3 - 15075
47 柯椽集　集 3 - 19544
50 柯素培詩選　集 3 - 14164、6 - 41970
60 柯園詩草　集 5 - 37118
　　柯園十詠　集 6 - 44672
　　柯園唱和集　集 6 - 44673
72 柯氏宗譜[安徽青陽]　史 4 - 30327
　　柯氏宗譜[安徽懷寧]　史 4 - 30325
　　柯氏支譜[江西上饒]　史 4 - 30332
　　柯氏四子詞　集 7 - 46440
77 柯丹丘臨顏真卿書　子 3 - 15676
　　柯丹丘竹冊　子 3 - 16480

4192_1 桁

22 桁山草閣詩稿　集 4 - 29965
　　桁山草閣詩稿、題詞　集 4 - 29966

4192_7 朽

44 朽菴集　叢 1 - 159
　　朽菴集、說破浮生夢幻集　集 2 - 7800

樗

00 樗亭文鈔　集 4 - 26916
　　樗亭詩稿　集 3 - 15232、19241〜3
　　樗亭詩草　集 4 - 26913〜5
　　樗亭集　集 2 - 7617、7630
　　樗亭榷藝　叢 2 - 1508

 中國古籍總目·索引

樗庵存稿　集4-22786～7
樗庵存稿(文、詩)　集4-22784～5
樗庵日錄　叢1-586(3),2-716(2)
樗齋漫錄　子4-20777
10 樗雲詩鈔　集4-22791～2
22 樗巢詩選　集3-17485
29 樗伴山房詩草　集5-34684
30 樗寮文續藁　叢2-746
樗寮雜錄　子4-24422
樗寮先生吉祥雲室雜錄　子4-24421
樗寮生傳　史2-9763
樗寮未刻稿　集4-26703
樗寮日記(清道光元年至四年)　史2-12670
樗寮隨筆　子4-21445
樗寮筆記　子4-21444
樗寮詩話　集6-46118
40 樗壽山房輯稿　集4-24485
樗壽贈言　叢2-1857
44 樗蒲譜　子4-19403
樗蒲經畧　子3-18201　叢1-22(17)、23(16)
樗莊文稿、尺牘、詩稿　集3-19538
樗繭譜　子1-4453　叢2-1814
樗菴王先生集　集2-8706
樗菴私誌　子4-21187
樗菴存藁　叢2-845(2)
樗菴日錄　子1-1086　叢1-452
樗菴日鈔　子4-21186
樗菴類藁　叢1-223(63)
樗菴類藁　集2-5951
樗林詩存　集3-15597
樗林續筆、演連珠　子4-21038
樗林偶筆、續筆、閒筆　子4-21037
樗林偶筆、續筆、閒筆、演連珠　叢2-1284
樗林摘稿　集2-7365
48 樗散軒叢談　子5-26486
51 樗軒草　集3-14667
樗軒草、古意新聲　集3-14666
60 樗園文稿　集4-32420
樗園銷夏錄　子4-21460　集6-41763　叢1-373(6),2-1635～6
72 樗隱集　集1-5667　叢1-223(62)

4193₁ 檺

60 檺園銷夏錄　子5-26716

4194₃ 橾

21 橾經廬詩集續編　集5-34060
橾經廬詩集初編　集5-34058～9

4194₆ 棹

17 棹歌行集　集4-31460

4194₇ 板

22 板山鄧氏族譜[湖南湘鄉]　史5-38867
板山鄧氏支譜[湖南]　史5-38881
板山鄧氏支譜[湖南湘鄉]　史5-38866
42 板橋雜記　子5-26232、26234、26623、26626　叢1-189、201、203(2、17)、210～1、249(3)、373(8)、395、544、547(3)、583、587(5)、2-731(50)、752、786～7
板橋雜記、續　子5-26624
板橋雜記、續板橋雜記　子5-26627
板橋雜記、吳門畫舫錄　子5-26625
板橋雜記補　子5-26634
板橋詩鈔　集3-18905～7、18914
板橋記　叢1-56
板橋詞鈔　集7-47221
板橋集　集3-18912,5-35128
板橋先生真墨　子3-15730
板橋家書　集3-18913
板橋道情　集7-50534、50539　叢2-2049
板橋姚氏宗譜[安徽旌德]　史4-31210
板橋題畫　子3-14691、15859、16189　叢1-353、469、495、586(3)、2-622、716(3)
板橋題跋　子3-16190　叢1-369
板橋筆記小說　子5-26633
77 板屋吟詩草　集3-20974
板輿迎養圖詩　叢2-1022

4194₉ 枰

00 枰齋詩丙集　集5-40393
枰齋詩集　集5-40394

4196₀ 柘

00 柘亭樂府　集 3－21023
　　柘唐府君年譜　史 2－12113
10 柘石精舍詩餘　集 7－47119
　　柘西草堂詩鈔、續鈔　集 4－29360
　　柘西精舍詞　叢 2－838
　　柘西精舍集　集 7－46430
　　柘西精舍集(柘西精舍詞)　集 7－47118
21 柘上遺詩　集 6－44611
32 柘溪集　集 3－13727
　　柘溪草堂集　集 3－16040
37 柘湖宦游錄　史 2－10922
　　柘湖宦遊錄　叢 2－2213
　　柘湖道情　叢 2－1805
　　柘湖小稿　集 3－17973
　　柘澗山房詩草、詞稿　集 3－18430
41 柘墹詩草　集 4－23669
43 柘城寶氏乘[河南商丘]　史 5－41336
　　柘城縣志[康熙]　史 8－59857
　　柘城縣志[嘉靖]　史 8－59856
　　柘城縣志[乾隆]　史 8－59858
　　柘城縣志[光緒]　史 8－59859
44 柘坡居士集　集 3－20036
　　柘枝譜　子 3－17946　叢 1－22(16)、23(16)
51 柘軒詩集、文集、詞　集 2－6055
　　柘軒詞　集 7－46428、46795
　　柘軒集　集 2－6057～8　叢 1－223(62), 2－833
　　柘軒集、詞　集 2－6056
77 柘叟詩文稿(龍江精舍詩集、湖山倡和集、東華寓廬集、日湖集、冰廬集、劫後集)　集 3－13996

栖

10 栖霞閣野乘　史 1－4531
　　栖霞小誌　史 7－52220
40 栖真志　史 2－6896

樜

32 樜溪居士集　集 1－3233　叢 1－223(53)

90 樜堂詩鈔　集 4－25818　叢 2－1632

4196₁ 梧

10 梧雨山房詩鈔　集 4－28834
　　梧下先生詩鈔　集 4－33497
12 梧孫行吟草　集 4－27848
　　梧孫行吟草、疊聚星堂韻詩　集 4－27849
22 梧峯吳氏重修宗譜[浙江江山]　史 4－27882
　　梧山王先生集　集 2－7338
25 梧生文鈔、詩鈔、詞鈔　集 4－33144
　　梧生駢體文鈔　集 4－33145, 6－42075
26 梧牕夜話　子 4－21160　叢 2－1457
32 梧州府志[崇禎]　史 8－61307
　　梧州府志[乾隆]　史 8－61308
　　梧溪石屋詩鈔　集 4－28437
　　梧溪集　集 1－5778～9　叢 1－223(61)
　　梧溪集、補遺　集 1－5780　叢 1－244(6), 2－731(43)
37 梧潯雜佩　史 7－50932
43 梧城余氏宗譜[浙江雲和]　史 4－28569
44 梧蔭軒文鈔、詩鈔、求愧怍筆記、駢體文鈔、梧蔭樓藏書圖詠集　集 5－40857
　　梧蔭軒詩稿　集 5－35139
47 梧桐庭院詩鈔　集 4－32330
　　梧桐雨　集 7－48772
　　梧桐樹(二十四枝)　子 3－17890
　　梧桐閣集　集 3－15412
60 梧圃詩鈔　集 4－32628
　　梧園文集　集 3－15328
　　梧園詩文集　集 3－15326
　　梧園詩選　集 3－15327
67 梧野山歌　集 4－27036
72 梧丘雜札　叢 2－2265
77 梧風竹月書巢試帖　叢 2－1857
　　梧岡文正續兩集合編　集 2－8594
　　梧岡詩集　集 2－8593, 3－18228
　　梧岡詩稿、文稿　集 6－45041
　　梧岡詩鈔　集 3－21229
　　梧岡琴譜　子 3－17604
　　梧岡集　集 3－16227　叢 1－223(64)
　　梧岡集(詩稿、文稿)　集 2－6447
　　梧岡餘稿、文鈔　集 3－17105
　　梧門詩話　集 6－46030
　　梧門詩話、八旗詩話　集 6－46029
　　梧門先生(法式善)年譜　史 2－11960
79 梧塍徐氏宗譜[江蘇江陰]　史 4－31837～8

中國古籍總目・索引

88 梧竹山房存稿　集4-29815
梧竹軒詩鈔、剩稿　集5-35565

楷

00 楷瘦齋遺稿　集3-19338
34 楷法溯源、目錄　子3-15220
楷法溯源、帖目、古碑目　經2-13209
40 楷木詩稿　集6-44087
41 楷帖四十種　子3-15802
50 楷書訂訛　子3-15450
60 楷園文集　集3-13146
75 楷體蒙求　子3-15226

4196₉ 梧

10 梧玟經　子3-14064　叢1-477

4198₂ 橛

44 橛菴草　集2-13010

4199₀ 杯

37 杯湖續吟　集5-41464
杯湖續吟、文集、對聯　集5-41463
杯湖欸乃　集7-46431、47264　叢2-1492～3
杯湖吟草　集5-41462
50 杯史　子4-18585　叢2-2169
72 杯隱詩集　叢2-2169

4199₁ 標

00 標音古文句解精粹大全前集、後集　集6-42714
17 標孟　經2-9925
24 標射韻學　經2-14443
30 標注蜀本王學士當春秋名臣傳　史2-6292
標準誦文　叢2-2270(3)
37 標次張仲景傷寒論　子2-6329

44 標榭詩選　集3-21090
61 標題評釋武經七書　子1-3036
標題詳注十九史音義明解　史1-4857
標題詳注史畧補遺大成　史1-4854
標題三蘇文　集6-45152
標題武經七書開宗　子1-3042
標題句解孔子家語　子1-205～6、211
標題徐狀元補注蒙求　子5-25508
標題注疏小學集成　子1-2659
標題補注蒙求　子5-25510～1
標題事義明解十九史畧大全　史1-4855～6

4200₀ 刈

10 刈雲詩草　集3-19422,6-41978
44 刈蘭全集　集4-30346

4212₁ 圫

44 圫村詩鈔　集3-21808
圫村王氏族譜[江蘇蘇州]　史4-24881

4212₂ 彭

00 彭文憲公文集　集2-6796
彭文憲公文集、殿試策　集6-45085
彭文憲公集　集2-6795
彭文憲公集、殿試策　集2-6794
彭文憲公殿試策　集2-6797
彭文憲公筆記　史1-1933　子4-20301,5-26219　叢1-39、50～3、55、84(3)、165、269(5)、270(4)、272(4),2-624(3)、730(10)
彭文憲公筆記(可齋筆記)　叢2-731(51)
彭文敬公(蘊章)行狀　史2-9864
彭文敬公集(松風閣詩鈔、歸樸龕叢稿、續編、鶴和樓制義、補編、瓜蔓詞)　集4-29123
彭文敬公集五種　叢2-1762
彭文敬公全集四種　叢2-906
彭文思公文集　集2-6986～8,6-45085
03 彭誠之文集　集4-33470
彭詒穀集三種　叢2-1761
04 彭訥生(慰高)行狀　史2-10069
10 彭玉麟家書　集4-32936

彭王倡和　集6-44162
彭雲亭集存　集3-17123
彭雲客先生(瓏)志矩齋讀書圖　史2-9247
11 彭麗崧(申甫)行狀　史2-10002
12 彭水縣志[康熙]　史8-61611
彭水縣志[光緒]　史8-61612
17 彭孟公江上雜疏　叢2-730(13)、836
彭子穆詩集　集4-31709
20 彭禹峯詩選　集6-41970
彭禹峯先生文集　集3-13477
22 彭山詩稿　集3-16609
彭山縣續志[宣統]　史8-62051
彭山縣鄉土志教科書[民國]　史8-62053
彭山縣志[嘉慶]　史8-62050
彭山縣志[乾隆]　史8-62049
彭山縣志[民國]　史8-62052
24 彭侍郎辭署江督疏　史6-48959
25 彭仲珊文鈔　集4-29699
27 彭蠡小龍記　叢1-29(5)
彭躬庵文鈔　集6-42065
30 彭宮保函稿　集4-32935
彭宮保奏稿　史6-48960　集4-32934
33 彭浦里志[宣統]　史7-56415
36 彭澤縣志[康熙]　史8-58539
彭澤縣志[嘉慶]　史8-58541
彭澤縣志[萬曆]　史8-58538
彭澤縣志[乾隆]　史8-58540
彭澤縣志[同治]　史8-58542
彭澤縣志補遺[光緒]　史8-58543
37 彭凝祉先生雜說　叢2-724
彭祖攝生養性論　子2-10989,5-29530(17)
40 彭大司馬詩稿　集3-19340
彭大司馬詩稿(西江詩草、濟南草、芝庭詩
鈔)　集3-19341
彭大司馬手札　子3-15475,15529
彭大人私訪南京　集7-53409
彭大人私訪蓮花廳　集7-53408
彭塘張氏宗譜[浙江龍游]　史5-34990
彭貫園詩鈔(擬樂府辭、北遊草、浙遊草、詠
古篇、晉遊草、閩遊草、岱遊草、月桂軒初
稿)　集3-21732
41 彭嫣別傳　史2-10501
43 彭城誌[正統]　史7-56595
彭城尋骸記　史2-10412
彭城郡王劉公(繼文)墓志銘、跋　史2-
8606
彭城郡嶺頭坪劉氏族譜[浙江泰順]　史5-
39306
彭城集　集1-2303　叢1-223(51)、230(4),
2-731(39)

彭城近草　叢2-823
彭城權氏四修族譜[江蘇徐州]　史5-
41339
彭城劉氏宛旌禮村世譜[安徽旌德]　史5-
39340～2
彭城劉氏宗譜[浙江麗水]　史5-39308～10
彭城劉氏宗譜[浙江松陽]　史5-39316～7
彭城劉氏福四公裔重修族譜[江西弋陽]
史5-39384
彭城劉氏世系族譜[浙江杭州]　史5-
39246
彭城劉氏歙南族譜[安徽歙縣]　史5-
39329
彭城金氏宗譜[浙江金華]　史4-29682
彭城金氏宗譜[湖北鄂州]　史4-29796
彭城俞氏世譜[江蘇徐州]　史4-30767
彭城錢氏宗譜[安徽徽州]　史5-40231
彭城錢氏宗譜[安徽屯溪]　史5-40230
彭城錢氏宗譜[江蘇吳縣]　史5-40166
彭城錢氏大宗譜[浙江紹興]　史5-40210
彭城錢氏支譜[江蘇吳縣]　史5-40168
彭城錢氏世譜[江蘇太倉]　史5-40172
彭城節母楊太安人八秩祝辭　史2-10498
彭城堂劉氏族譜[江蘇沛縣]　史5-39206
44 彭麓詩鈔　集3-16606
彭燕又先生文集、詩集　集3-13580
彭孝介遺著　叢1-370
彭萃文行狀　史2-10900
彭蔡族譜世系[江西奉新]　史5-38039
彭桂詩　集3-15228,6-41973
47 彭椒巖詩稿　集3-16314
50 彭中叔文鈔　集3-14579,6-42065
彭中堂陳請查辦古吳老農書本　史6-
48865
彭泰和堂丸散膏丹集錄　子2-10028
彭青天無頭案十六部　集7-51302
彭惠安集　集2-6960　叢1-223(64)
彭惠安公文集　集2-6961
彭東瀧先生遺稿　集2-7063
52 彭拙弇讀書餘　子4-24729
53 彭輔相(杞)行狀　史2-9973
60 彭園文集　集5-40177
62 彭縣志[嘉慶]　史8-61667
彭縣志[光緒]　史8-61668
63 彭暄塢手書詩文稿、對聯　集4-33307
72 彭剛直公詩集　集4-32932
彭剛直公神道碑文　史2-10154
彭剛直公奏稿　史6-48958
彭剛直公長江百條(錄三十四條)　史6-
45250
彭剛直公全集二種　叢2-1879

彭剛直公榮哀錄　史 2 - 10153
彭氏(貽生)家難紀實　史 2 - 10500
彭氏誼莊規條　子 1 - 2065
彭氏族譜　史 5 - 35641
彭氏族譜[江西萍鄉]　史 5 - 35554
彭氏族譜[江西萬載]　史 5 - 35562
彭氏族譜[湖南]　史 5 - 35632～3
彭氏族譜[湖南平江]　史 5 - 35595～6
彭氏族譜[湖南永興]　史 5 - 35626
彭氏族譜[湖南江永]　史 5 - 35627～8
彭氏族譜[湖南澧縣]　史 5 - 35585～6
彭氏族譜[湖南湘鄉]　史 5 - 35604、35606、
　35622
彭氏族譜[湖南郴州]　史 5 - 35623
彭氏族譜[湖南長沙]　史 5 - 35570
彭氏族譜[湖南岳陽]　史 5 - 35589～92
彭氏族譜[四川隆昌]　史 5 - 35639
彭氏二文合集　集 6 - 45085
彭氏三修族譜[湖南]　史 5 - 35635
彭氏三修族譜[湖南長沙]　史 5 - 35571、
　35576
彭氏三修宗譜[湖南桂陽]　史 5 - 35624
彭氏三修支譜[湖南長沙]　史 5 - 35574
彭氏郡公房下隆昂元亮合修支譜[湖南湘
　陰]　史 5 - 35594
彭氏重修族譜[湖南醴陵]　史 5 - 35597
彭氏重修族譜[湖南寧鄉]　史 5 - 35582
彭氏家訓　子 1 - 2320　叢 2 - 1853
彭氏宗譜[重慶巴南]　史 5 - 35637
彭氏宗譜[安徽太湖]　史 5 - 35551
彭氏宗譜[江蘇蘇州]　史 5 - 35546～8
彭氏宗譜[浙江景寧]　史 5 - 35549
彭氏宗譜[四川仁壽]　史 5 - 35640
彭氏遺著九種　叢 2 - 1342
彭氏洞田管筆沖黎家沖支譜[湖南長沙]
　史 5 - 35567
彭氏沙子房支譜[湖南]　史 5 - 35631
彭氏大宗譜[湖南長沙]　史 5 - 35566
彭氏大宗支譜[湖南寧鄉]　史 5 - 35583
彭氏支譜[江西萍鄉]　史 5 - 35560
彭氏世譜[安徽桐城]　史 5 - 35550
彭氏舊聞錄　史 2 - 8033　叢 2 - 674
彭氏四修族譜[湖南]　史 5 - 35634
彭氏四修族譜[湖南湘潭]　史 5 - 35601
彭氏四修宗譜[湖南桂陽]　史 5 - 35625
彭氏類編雜說　子 4 - 23984,5 - 25038
77 彭鳳高行述　史 2 - 10225
彭尺木文稿　集 4 - 22277
彭尺木文鈔　集 4 - 22291,6 - 42069
彭尺木先生文稿　集 4 - 22278

80 彭念堂集(皋廡集、獨持集)　集 3 - 18477
　彭公一家書　子 3 - 13137
　彭公案　集 7 - 51198
　彭公筆記　叢 1 - 22(22)、29(7)
87 彭舒蕚信札　集 4 - 30247
88 彭節愍公家書　集 2 - 12073　叢 2 - 615(3)
90 彭省廬先生文集、詩集　集 3 - 14580

4213₁ 壪

88 壪篋集　集 6 - 45126
　壪篋初集　集 3 - 20453

4213₆ 蠚

54 蠚蜈集　集 2 - 12758

4214₀ 坻

48 坻塲集　集 2 - 12794

4214₁ 埏

24 埏紘外乘、續編、補遺　子 7 - 36311
　埏紘外乘、續編、補逸　子 7 - 36231(1)

4216₁ 垢

16 垢硯吟　集 6 - 44957

4220₀ 猁

43 猁犬錄　子 2 - 7826
47 猁狗經　子 6 - 32083(21)、32085(31)、32086
　(36)、32088(22)、32089(22)、32090(28)、
　32091(27)、32092(18),7 - 32586

蒯

17 蒯子　子 4 - 19668　叢 2 - 774(10)
　　蒯君(光典)行狀　史 2 - 10806
27 蒯緱集　集 2 - 9601
　　蒯緱集·丁艾集　集 2 - 9600
　　蒯緱館十一章　叢 2 - 883
　　蒯緱館十一草　集 3 - 14821
80 蒯公子范崇祀錄　集 4 - 32939
　　蒯公子範(德模)歷任治所崇祀錄　史 2 -
　　10148

4221₆ 獵

26 獵吳草　叢 2 - 795
28 獵微閣詩集　集 3 - 16068,6 - 45068～9
　　獵微閣近詩　集 3 - 16069
42 獵狐記　子 5 - 26222　叢 1 - 168(2)、185、255
　　(4)

4223₀ 狐

26 狐貍緣　集 7 - 53772
　　狐貍緣全傳　子 5 - 28913
　　狐貍思春(思春)　集 7 - 52344
47 狐媚蘩談　子 5 - 27037
70 狐腋集　子 4 - 23466

瓠

26 瓠息齋前集　集 3 - 20029
30 瓠容草堂詩　集 3 - 15601
44 瓠落詞　集 7 - 48167　叢 1 - 509
48 瓠樽詩餘　集 5 - 40044
　　瓠樽吟草　集 5 - 40043
60 瓠里子筆談　子 4 - 20462　叢 1 - 241、242
　　(3)、2 - 617(4)、1128
　　瓠園文存　集 5 - 39274
　　瓠園詩集　集 3 - 13094
　　瓠園詩鈔　集 3 - 20497
　　瓠園集　史 7 - 53097　子 5 - 26648　叢 1 -

496(6)
72 瓠瓜錄　子 4 - 21800
77 瓠屋漫稿　集 3 - 20035

4224₇ 猨

77 猨叟詩文書札　集 4 - 30197
　　猨叟書札　集 4 - 30213

4226₉ 幡

42 幡桃會羣僊祝慶　集 7 - 48784

4227₂ 猺

17 猺歌　叢 1 - 282(4)、283(3)、2 - 731(55)
40 猺獞傳　史 7 - 49317(7)、49318(14)、50936

4240₀ 荆

00 荆廬詩稿　集 5 - 35378
　　荆齋詩集　集 1 - 2830,6 - 41894(2)
　　荆音韻彙　經 2 - 13937
10 荆石王相國段註百家評林班馬英鋒選　集
　　6 - 42800
20 荆香齋詩草　集 3 - 21804
22 荆川文集　集 2 - 8846
　　荆川文選　集 6 - 42048～9
　　荆川文粹　集 2 - 8853
　　荆川集　集 2 - 8840　叢 1 - 223(66)、227(11)
　　荆川先生傳稿　集 2 - 8859
　　荆川先生右編　史 6 - 47762
　　荆川先生批點精選漢書　史 1 - 5145～8
　　荆川先生精選批點語錄　子 1 - 152
　　荆川先生精選批點史記　史 1 - 5083～4
　　荆川稗編　叢 1 - 223(43)
　　荆川明經胡氏五義堂宗譜[安徽績溪]　史
　　4 - 30545
　　荆川學脈　史 2 - 7431　叢 2 - 910
　　荆川弟子考　史 2 - 7430　叢 2 - 910
　　荆川公佚文　集 2 - 8855　叢 2 - 910
　　荆山詩　叢 1 - 378

荆山子　子1-18、20、438
荆山集　集6-44834
30 荆室湯淑人事畧　史2-10730
荆室管夫人家傳　史2-10338
31 荆江水災善後辦法(道光二十四年)　史6-44717
32 荆州府江陵縣團練清册　史6-45460
荆州府志[康熙]　史8-60303、60305
荆州府志[嘉靖]　史8-60302
荆州府志[乾隆]　史8-60306
荆州府志[光緒]　史8-60307
荆州府志稿[光緒]　史8-60308
荆州記　史7-49309、50654～6、50658～9、50662～9　叢1-19(2、10)、20(8)、21(2、9)、22(11)、23(10)、24(3、10)、29(2)、2-776、779、2180～1
荆州土地記　史7-49309、50675
荆州右衛志[康熙]　史8-60304
荆州萬城隄續志、後續志　史6-46887
荆州萬城隄志　史6-46886
荆州萬城隄圖說　史6-46885
荆州圖記　史7-49309、50671
荆州圖副　史7-49307、49309、50670、50672　叢2-767
荆州圖經　史7-49309、50673～4　叢2-776
荆州駐防牧廠全圖　史7-50688
荆州駐防八旗志　史6-45283、45290
荆溪龍池幻有禪師語錄、駁語、韻語、閒談　子7-34246
荆溪詞初集　集7-48533
荆溪疏　史7-50177～8　集2-9822～3　叢1-13、14(3)、22(24)、2-1131～5
荆溪集　集1-3512
荆溪集鈔　集1-3528、6-41900
荆溪盧司馬(象昇)殉忠錄　史2-9172
荆溪盧司馬殉忠錄　史1-1937
荆溪盧司馬九台公殉忠實錄　史1-1954～6、1981
荆溪盧司馬九臺公殉忠寔錄　史1-1957～9
荆溪任氏家乘[江蘇宜興]　史4-26762
荆溪外紀　史7-50179　叢2-798
荆溪外紀[嘉靖]　史7-56930
荆溪潘氏家乘[江蘇宜興]　史5-39771
荆溪湖洋渚顧氏宗譜[江蘇宜興]　史5-41389
荆溪葉塘陳氏月谿分譜[江蘇宜興]　史4-32789
荆溪林下偶談　子4-19944　叢1-106、111(1)、223(72)、2-731(7)
33 荆浦張氏宗譜　史5-35443
36 荆湘地記二十九種　史7-49309

37 荆湖近事　叢1-15
荆湖圖經三十六種　史7-49309
荆湖知舊詩鈔　叢2-1587
40 荆太夫人(劉傳祁母)行述　史2-10210
荆南詩　集2-10830～1
荆南丁氏宗譜[江蘇宜興]　史4-24616
荆南石刻三種雙鉤本　史8-64043
荆南石刻錄　史8-64041　叢2-1631
荆南倡和詩集　集6-43670　叢1-223(70)
荆南吳圮里吳氏宗譜[江蘇宜興]　史4-27766
荆南遊草　史7-53259　叢2-611
荆南志　叢2-776
荆南地志　史7-49309、50678～9
荆南莊氏宗譜[江蘇宜興]　史4-31494
荆南萃古編、續　史8-64042
荆南苗俗記　史7-49318(21)、50796
荆南開聖院山暉禪師語錄　子6-32091(75)
荆南小志　史7-50181　叢2-1631
44 荆花館遺詩　集4-30017
荆華仙館初稿　集4-23769
荆華館文存　集5-38914
荆楚方言、茶鏡、曲牌分韻　經2-14911
荆楚歲時記　史7-49309、50676～7　叢1-15、17、19(6)、20(4)、22(12)、23(12)、24(6)、29(2)、74～7、101、107、111(2)、113、223(25)、2-698(5)、873
荆楚修疏指要　史6-46587
荆楚臣重對玉梳　集7-48769～70、48774(2)、49074
荆楚臣重對玉梳記雜劇　集7-48767(3)　叢2-698(16)
荆樹堂自樂草　集4-23684
荆林聶氏衡山族譜[湖南衡山]　史5-40921
60 荆園語錄　子1-1364　叢1-435
荆園進語　子1-1361、1965　叢1-201、202(3)、203(6)、269(4)、270(3)、271、2-691(2)、731(8)、782(3)、1296
荆園小語　子1-1965　叢1-194、201、202(3)、203(5)、269(4)、270(3)、271、369、520、2-691(2)、731(8)、782(3)、1296
荆園小語(申鳧盟先生荆園小語)　子1-1362
荆園小語、進語　叢2-669
荆園小語集證　子1-1363
荆邑堰口王氏宗譜[江蘇宜興]　史4-24873
73 荆駝逸史五十八種附一種　史1-1937
77 荆居書屋集　集4-31043
荆關叢語　子1-1210

荆門詩選　集 4 - 24403
荆門州志[康熙]　史 8 - 60164
荆門州志[萬曆]　史 8 - 60163
荆門州志[乾隆]　史 8 - 60165
荆門州志士傳　史 8 - 60167
荆門直隸州志[嘉慶]　史 8 - 60166
荆門直隸州志[咸豐]　史 8 - 60168
荆門直隸州志[同治]　史 8 - 60169
荆門耆舊紀畧、烈女紀畧　史 2 - 8229
87 荆釵記　集 7 - 49709、49718
荆釵全傳　集 7 - 53810

4241₃ 姚

00 姚彦長觀書例　叢 2 - 659
姚庚甫文集　集 4 - 26146
姚廣孝先生三才數　子 3 - 14673
姚文公公文集選本　集 1 - 4828
姚文公牧菴集　集 1 - 4821、4824～6
姚文敏公遺稿　集 2 - 6772
姚文敏公遺稿(姚文敏公集)、奏議補缺、校
勘記　叢 1 - 508
姚文敏公遺稿、校勘記　集 2 - 6773
姚文敏公遺稿、奏議補缺校勘記　叢 2 - 731
(41)
姚文敏公奏議補缺　史 6 - 48158
02 姚端恪公文集、詩集、外集　集 3 - 14232
姚端恪公文錄　集 6 - 42067
姚刻三韻(姚氏叢刻)三種　經 2 - 15124
10 姚正甫文集　叢 2 - 1926
姚正父文集　集 4 - 29383
姚正父文集六種　叢 2 - 1926
姚元之雜著文　集 4 - 26592
姚平仲　集 7 - 49463、49465
姚西沈氏宗譜[浙江餘姚]　史 4 - 29068
11 姚北沈氏宗譜[浙江餘姚]　史 4 - 29070
姚孺人哀輓錄　史 2 - 10882
17 姚承庵文集　集 2 - 10125
姚君松泉(肇瀛)家傳　史 2 - 10681
20 姚信周易注　經 1 - 2321
姚香館啓甕集　集 4 - 27604
21 姚衡堂(光發)行述　史 2 - 9942
22 姚山人集　集 2 - 9038、6 - 41935(2)
姚樂年樂郊私語　叢 2 - 730(12)、836
24 姚侍御疏草　史 6 - 48483
姚休那詩集　集 2 - 12651～2
25 姚生傳　叢 1 - 56
26 姚伯子論　子 4 - 20875

姚伯山集、日記　集 4 - 27915
姚伯山先生全集四種　叢 2 - 1708
姚伯翁書畫題跋　子 3 - 14958
27 姚鵠詩　集 1 - 1684、6 - 41880、41882
姚叔祥見只編　叢 2 - 730(13)、836
姚叔器先生集　集 1 - 5810
姚叔節文存　集 5 - 40322
28 姚牧庵先生文選　集 6 - 41807
姚牧菴先生文選　集 1 - 4827
29 姚秋農文稿　集 4 - 24255
30 姚室沈夫人哀誄錄　史 2 - 10950
姚之烜(壯之)行述　史 2 - 10309
姚之烜日記(清光緒六年至八年)　史 2 -
12895
姚安縣志[民國]　史 8 - 62564
姚宗璜集　集 3 - 21035
31 姚江童氏宗譜[浙江餘姚]　史 5 - 36498
姚江唐氏家譜[浙江餘姚]　史 4 - 32514
姚江施氏宗譜[浙江餘姚]　史 4 - 30890
姚江王氏家譜[浙江餘姚]　史 4 - 24982
姚江王氏宗譜世系、家乘[山東臨沂]　史 4 -
25395
姚江雲柯許氏宗譜[浙江餘姚]　史 5 -
34405
姚江雲柯柴氏宗譜[浙江餘姚]　史 4 -
31521
姚江雲柯楊氏宗譜[浙江餘姚]　史 5 -
36858
姚江雲柯鄭氏宗譜[浙江餘姚]　史 5 -
38628
姚江孫氏遷杭族譜[浙江杭州]　史 5 -
33572～3
姚江孫氏世乘[浙江餘姚]　史 5 - 33595
姚江嵐環衕洪氏宗譜[浙江餘姚]　史 4 -
30946
姚江程巷黄氏宗譜[浙江餘姚]　史 5 -
33769
姚江釋毀錄　子 1 - 1507　集 4 - 22283　叢
2 - 906、1355
姚江徐氏三續宗譜[浙江餘姚]　史 4 -
31932
姚江徐氏再續增修譜[浙江餘姚]　史 4 -
31931
姚江徐氏續譜[浙江餘姚]　史 4 - 31930
姚江徐氏宗譜[浙江餘姚]　史 4 - 31933
姚江顧氏宗譜[浙江餘姚]　史 5 - 41411
姚江遜橋張氏宗譜[浙江餘姚]　史 5 -
34902
姚江逸詩　集 6 - 44678
姚江古將壇俞氏宗譜[浙江餘姚]　史 4 -
30782

中國古籍總目·索引

姚江孝義西黃氏宗譜[浙江餘姚]　史5-33773
姚江孝義蔡氏宗譜[浙江餘姚]　史5-37994
姚江孝義周氏宗譜[浙江餘姚]　史4-29943
姚江菖浦徐氏宗譜[浙江餘姚]　史4-31938
姚江黃氏宗譜[浙江餘姚]　史5-33775
姚江葉氏再續譜上冊[浙江餘姚]　史5-35674
姚江葉氏續譜上冊[浙江餘姚]　史5-35673
姚江楊氏宗譜[浙江餘姚]　史5-36856
姚江梅川龔氏宗譜[浙江餘姚]　史5-41449
姚江梅川沈氏宗譜[浙江餘姚]　史4-29067
姚江趙氏宗譜[浙江餘姚]　史5-38309
姚江事蹟　史2-8041
姚江書院志畧　史7-52053
姚江曹娥碑　史2-8464
姚江四堡陳氏宗譜[浙江餘姚]　史4-32864
姚江四明黃氏宗譜[浙江餘姚]　史5-33771
姚江景嘉橋魯氏宗譜[浙江餘姚]　史5-39717~8
姚江羅氏家譜[浙江餘姚]　史5-41044~5
姚江羅氏宗譜[浙江餘姚]　史5-41047
姚江鸚山陳氏宗譜[浙江餘姚]　史4-32862
姚江歷山張氏宗譜[浙江餘姚]　史5-34923
姚江陸亦仙先生遺集　集5-39639
姚江勵氏宗譜[浙江餘姚]　史5-40042
姚江學辨　子1-108、1720　叢1-574(3)、2-1820
姚江開元孫氏宗譜[浙江餘姚]　史5-33601
姚江燭溪鄭氏家譜[浙江餘姚]　史5-38626~7
32 姚州志[康熙]　史8-62560
姚州志[道光]　史8-62562
姚州志[乾隆]　史8-62561
姚州志[光緒]　史8-62563
38 姚海槎先生(振宗)年譜　史2-12260,8-65256
姚道沖詩鈔　集3-20262
40 姚培吾集　集2-11592
姚南四明丁山方氏宗譜[浙江餘姚]　史4-25756

姚布政傳　史2-9242　集6-43502
姚吉仙女史詩稿(吟紅館詩草、雙聲詩草、古井居詩草)　集5-35494
41 姚姬傳文鈔　集6-41809
姚姬傳詩　集3-21383
姚姬傳先生唐人五言絕句詩鈔、七言絕句詩鈔　集6-43521
44 姚黃集輯　叢2-622、2254
45 姚樴(建木)行述　史2-9811
46 姚覲元日記(清同治十四年)　史2-12882
47 姚磬兒傳　史2-9756
姚都轉小山遺詩　集4-29384
48 姚梅伯題任渭長人物十二幀　子3-16752
50 姚本修集　集2-8825,6-41935(4)
姚秦三藏西天取清解論(姚秦三藏取清解論寶經)　集7-54138
姚秦寫本僧肇維摩詰經解殘卷校記　叢2-2197
60 姚邑豐山毛氏族譜[浙江餘姚]　史4-25594
72 姚氏鹿山五修支譜[湖南益陽]　史4-31219
姚氏族譜[湖南新晃]　史4-31225~6
姚氏族譜[湖南安化]　史4-31220
姚氏族譜[湖南岳陽]　史4-31222
姚氏三修族譜[湖南安化]　史4-31221
姚氏殘語　子4-20112　叢1-22(5)、23(5)
姚氏重修族譜[江蘇丹徒]　史4-31154
姚氏先德傳　史2-8109　叢2-1715
姚氏續修族譜[湖南寧鄉]　史4-31218
姚氏續修族譜[湖南瀏陽]　史4-31217
姚氏續修族譜[湖南湘鄉]　史4-31223
姚氏續修族譜[湖南長沙]　史4-31216
姚氏粵東世系[廣東廣州]　史4-31227
姚氏家訓、文法直指　子1-2281
姚氏家譜　史4-31228
姚氏家乘[浙江嘉興]　史4-31174
姚氏家俗記　叢2-2102
姚氏宗譜[上海崇明]　史4-31150~1
姚氏宗譜[安徽績溪]　史4-31212
姚氏宗譜[浙江上虞]　史4-31188
姚氏宗譜[浙江寧波]　史4-31176
姚氏宗譜前集正集[浙江紹興]　史4-31179
姚氏遺書三種　叢2-2102
姚氏老譜[浙江紹興]　史4-31178
姚氏世刻　集6-45026
姚氏世譜[浙江平湖]　史4-31175
姚氏藥言　叢1-433
姚氏藥言(藥言)　子1-2149

77 姚母高太君哀輓錄　史2-10932
80 姚鏡塘先生全集　集4-25305〜6
　　姚合詩　集1-1454,6-41872、41880、41882
　　姚公綏心賞山水册　子3-16488
　　姚公遺跡詩鈔　集4-30099
　　姚公遺蹟詩鈔　叢2-1808
　　姚公美政、雜編　史6-43141
86 姚錫光日記(清光緒二十一年至二十二年)
　　　　史2-13187
88 姚節母何太君家傳、墓誌銘　史2-10782
　　姚節母何太君事述　史2-10562
90 姚少師集　集2-6223,6-41935(3)
　　姚少師祕書　子3-14571
　　姚少復集　集5-36538
　　姚少監詩　集6-41735
　　姚少監詩集　集1-1453,6-41858〜9、41878
　　　叢1-223(50),2-635(8)
94 姚惜抱(蕭)年譜　史2-11005
　　姚惜抱先生(蕭)年譜　史2-11905

4241₄　妊

41 妊娠生理篇　子7-37849

4242₇　嫣

50 嫣蜨子集　集2-6257

嬌

18 嬌珍祭奠　集7-52807
40 嬌南瑣記　叢2-617(3)

4243₄　妖

00 妖妄傳　子5-26222、27554　叢1-185、255
　　(3)
10 妖巫傳　子5-26222、27556　叢1-185
24 妖化錄　子5-26928　叢1-22(20)、23(19)
47 妖婦齊王氏傳　史1-3752　叢1-587(2)
50 妖蠱傳　子5-26222、27555　叢1-185
97 妖怪學講義錄總論　子7-38143

4246₄　婚

00 婚雜儀注　叢1-22(9)、23(8)、168(1)
10 婚元節要問答　子3-14538
17 婚配訓言　子7-35594
35 婚禮新編　子5-25568
　　婚禮謁文　經1-5377　叢2-775(2)
　　婚禮注　叢1-378
38 婚啓　叢1-587(5)
46 婚姻進化新論三篇　子7-38089

4252₁　靳

00 靳文襄公治河方畧　史6-46588、46636
　　靳文襄公奏疏(治河題藁)　史6-48673
　　靳文襄公奏疏、輔官巡撫時奏議　史6-
　　　48674
10 靳兩城先生集　集2-8713
31 靳江楊氏六修族譜[湖南長沙]　史5-
　　36990
　　靳江楊氏七修通譜三集[湖南長沙]　史5-
　　36991
50 靳史　子4-24047

4257₇　韜

00 韜庵詩存　集5-35489
　　韜廬詩補遺　集5-36218
　　韜廬詩畧　集5-36216
　　韜廬手稿　集5-36217
　　韜廬隷譜、急就章草　子3-15528
38 韜海珠塵　子1-3249
60 韜園詩集、續集　集5-41185
　　韜畧元機　子3-17977、18055
　　韜畧世法五種　子1-3422
71 韜厂蹈海錄　子5-26619
　　韜厂蹈海錄(陸仁熙)　史2-10949
80 韜谷詩存　集5-41047
88 韜鈐紀畧附八陣圖　子1-3444
　　韜鈐拾慧錄　子1-3914
90 韜光庵紀遊集　史7-53373　叢2-832(3)
　　韜光紀遊初編　史7-51391

4260₂ 晳

37 晳次齋稿　集3-14401

4280₂ 趣

80 趣盦詩存　叢2-2178

4282₁ 斯

00 斯文正統　子1-1323　叢2-1237
　　斯文正宗　集6-43033
　　斯文變相　子5-27877
　　斯文規範　集6-46261
　　斯文雅調　集7-49700
　　斯文會詩　集6-45189
　　斯文精萃　集6-43058
17 斯羽堂評點謝在杭先生史測　史1-5511
30 斯賓塞爾觀學篇　子7-37969
　　斯賓塞干涉論　子7-37970
　　斯賓塞女權篇達爾文物競篇合刻　子7-
　　36238
34 斯邁爾斯自助論　子7-36232
40 斯友堂集　集3-14413~4
　　斯友堂選輯尺牘新編　集6-45318
　　斯友堂日記　子4-20902　叢2-811
　　斯右錄　集4-28352
44 斯芬克斯之美人二十九章　子7-38242
47 斯馨堂古文初集、詩集　集3-19323~4
50 斯未齋文集、詩集　集4-23648
　　斯未信齋主人自訂年譜　史2-12122
　　斯未信齋文編　集4-29748　叢2-1778
　　斯未信齋文錄　集4-29747
　　斯未信齋雜錄　子4-23382~3　叢2-1778
　　斯未信齋語錄　子4-21466
　　斯未信齋詩錄　集4-29744~6
　　斯未信齋集二種　叢2-1778
　　斯未信齋官牘　史6-47141
　　斯未信齋軍書　史6-47142
　　斯未信齋存稿附編興誦集　集4-29749
　　斯未信齋奏疏　史6-48874
77 斯陶說林　子4-24574
　　斯巴達小志　子7-36251

88 斯敏禪師語錄　子7-34392

4291₀ 札

07 札記　叢2-2122、2170
　　札記、今存碑目　叢1-555
　　札記內外篇　叢1-194
37 札逐　子4-22709
　　札逐正誤　叢2-944
42 札樸　子4-22526　叢1-463~4
　　札樸、姑蘇名賢小記　子4-22527

4291₃ 桃

22 桃川剩集　集2-8164　叢2-886(5)
　　桃川剩集、補遺　集2-8165
28 桃谿雪　集7-49611、49615
31 桃江日記(清道光十一年至道光十二年)
　　史2-12674
　　桃源三訪　集7-48777、49228
　　桃源水氏宗譜[浙江鄞州]　史4-25977~8
　　桃源手聽　叢1-19(6)、20(4)、21(6)、22(5)、
　　24(7)、374
　　桃源鄉志[康熙]　史7-57436
　　桃源宋氏宗譜[浙江嵊州]　史4-29164
　　桃源洪氏宗譜[安徽祁門]　史4-30991
　　桃源洞天集　史7-51739
　　桃源洞集　集6-44875
　　桃源漁父　集7-49518　集7-49522
　　桃源索隱　叢1-179
　　桃源林氏家乘[浙江鄞州]　史4-29284
　　桃源縣鄉土志[民國]　史8-60494
　　桃源縣志[康熙]　史7-56646,8-60488~9
　　桃源縣志[道光]　史8-60490
　　桃源縣志[萬曆]　史8-60487
　　桃源縣志[乾隆]　史7-56647
　　桃源縣志[同治]　史8-60491
　　桃源縣志[光緒]　史8-60492
　　桃源縣志初稿[民國]　史8-60493
　　桃源劉氏族譜[浙江鄞州]　史5-39253
　　桃源劉氏族譜[湖南桃源]　史5-39512
　　桃源陳氏思二公支譜[安徽祁門]　史4-33182
　　桃源周氏宗譜[河南汝南]　史4-30114
　　桃源周氏宗譜[浙江鄞州]　史4-29933
　　桃源鄭氏族譜　史5-38584
　　桃源鄭氏族譜[福建永春]　史5-38738~9

桃源鄭氏族譜[浙江鄞州]　史5-38619
桃源鄭氏宗譜[福建永春]　史5-38740
32 桃溪雜詠　集1-5687
桃溪客語　史7-50180　叢1-291～4、373
　　(4、6)、2-731(57)
桃溪淨稿　集2-7026
桃溪潘三仕宗譜[江西婺源]　史5-39846
桃溪札記　子1-1147　叢2-910
桃溪黃氏宗譜[浙江浦江]　史5-33864
桃溪類稿　集2-7027
40 桃李集　集3-17512
桃李花放一枝　集7-51963
桃李園　集7-51965、52489
桃李開放一枝　集7-51964
桃杏花兒香一枝　集7-51968
44 桃花亭詞　集3-21874
桃花庵　集7-51279
桃花破法嫁周公雜劇　集7-48958
桃花圖全傳　集7-51281
桃花岸　集7-52488
桃花仙館詩鈔　集4-29547,6-42007(2)
桃花嶺集、歸桃花嶺詩集　集6-43791
桃花山館吟稿　集4-24910
桃花仕女傳　叢1-168(2)
桃花泉弈譜　子3-17962、18066
桃花泉弈譜提要　子3-17961、18067
桃花緣　集7-49655
桃花扇　集7-50277
桃花扇傳奇　集7-50276、50278
桃花扇傳奇後序詳注　叢2-1002
桃花寶卷(桃花女寶卷、桃花古蹟、順星寶
　　卷、桃花寶卷、長壽寶卷、百壽圖□寶卷)
　　集7-54282
桃花潭文徵　集6-44943
桃花潭館詩　集5-35483
桃花源　集7-49330、49333、49463、49469、
　　50421、52487　叢2-1287、2046
桃花源記　集1-451　叢1-30、119～20
桃花源傳奇、懶閑天籟　集7-49638
桃花源志　史7-51476～7
桃花源志畧　史7-51475
桃花溪叟集　集4-27307
桃花送藥　集7-52839
桃花女破法嫁周公雜劇　集7-48767(1)
　　叢2-698(15)
桃花春水詞　集7-46424
桃花影　子5-28306
桃花影彈詞　集7-53972
桃花影傳奇　集7-50360
桃花吟　集7-49455

桃花隘諸山記　史7-49318(7)、52383
桃花人面　集7-48775、49227　叢2-672
桃花館詩草　集5-35540
桃華聖解盦樂府二種　集7-49637
桃葉編　子4-23000　集2-10830、10834
　　叢2-1194
桃葉渡吳姬泛月　集7-49376、49493
桃葉渡江　集7-49518、49521
桃林吳氏譜[湖南湘陰]　史4-28160
46 桃帕傳　叢1-168(2)
47 桃塢百絕、續桃塢百絕、五畝園續百詠　史
　　7-51994
桃柳爭春　集7-53973
桃柳繞兒一枝　集7-51967
桃柳把春爭(桃柳爭春)一枝　集7-51966
60 桃園手聽　叢1-17、29(6)
桃園結義一枝　集7-51969
桃園結義一段　集7-51557
桃邑沈氏宗譜　史4-29137
77 桃隖謝氏彙刻方書九種　子2-4714
桃隖百詠　史7-49332、51992
桃隖名勝記　史7-51993
88 桃符記　集7-49923

櫈

80 櫈盦叢刻十二種　叢1-557

4291₇ 梔

72 梔臘草　集3-15316

4291₈ 橙

60 橙園四種　叢2-1923
77 橙叟詩存、鷗影詞鈔　集5-37021

橙

76 橙陽散志[乾隆]　史7-57982

4292₁ 析

00 析言論　子4-19834　叢2-775(5)
　　析言論、古今訓　子4-19833　叢2-774
　　(10)
11 析疆增吏篇　子7-36251
16 析酲漫錄　子4-22283
27 析疑參正　子7-35682
　　析疑待正　子4-19491、21147
　　析疑指迷論　子5-29530(6)、29536(5)、
　　31963
35 析津消夏筆記　子4-23395　叢2-2022
　　析津志[至正]　史7-54925
43 析城鄭氏家塾重校三禮圖　經1-6220　叢
　　2-637(1)
77 析骨分經　子2-10296　叢1-22(25)
80 析義　子3-13929

4292₂ 彬

70 彬雅　經2-12885、15125　叢1-430
　　彬雅堂遺稿　集5-39678
　　彬雅堂遺稿(彬雅堂詩集)　集4-30444

杉

00 杉亭詞　集7-47240
　　杉亭集　集3-20556~8
　　杉亭集二種　叢2-1469
31 杉江俞氏宗譜[江西廣豐]　史4-30837
37 杉湖酬唱詩鈔　集4-25683
40 杉木橋李氏六修族譜[湖南衡山]　史4-
　　27603
　　杉木橋李氏五修族譜[湖南衡山]　史4-
　　27602
44 杉陰橋邊舊草堂詩鈔　集4-32451
80 杉盦集　集5-40480
　　杉盦集、續集　集5-40479

4292₇ 橋

10 橋西雜記　子4-21725　叢1-419,2-731

　　(54)
　　橋西山館雜著七種　叢2-1763
11 橋頭一甲李氏續修族譜[湖南湘鄉]　史4-
　　27580
　　橋頭大隆公房　史5-38206
　　橋頭李氏族譜[湖南湘鄉]　史4-27581~2
12 橋水文集　集3-17607
40 橋南詩鈔　集5-34131
　　橋梓詩林初集、續集　集5-37475
50 橋東詩草、情禪謾語　集4-25926
　　橋東集　集4-25927
　　橋東鍾氏譜[廣東南海]　史5-40667
67 橋路工程考　子7-36240(3)

4293₁ 柝

40 柝木遊記　叢2-1122~3

4293₄ 樸

00 樸庵文集　集2-7532
　　樸庵詩鈔　集4-30483
　　樸庵偶存草　集4-28542
　　樸庵四稿　叢2-2035
　　樸廬詩稿、毛孺人詩　叢2-1394
　　樸廬遺稿四種　叢2-1394
　　樸齋詩　集3-21638
　　樸齋先生集　集2-10482
　　樸齋遺稿(布衣詩鈔)　集4-32128
　　樸齋小集　集1-2061,6-41894(2)
　　樸齋省愆錄　叢2-822
　　樸庭詩稿　集3-19698~9
11 樸麗子　叢2-1621
22 樸巢文選、詩選　集3-13621
　　樸巢詩選　集3-13622
　　樸巢詩選、文集　集3-13619
　　樸巢詩選、文選　叢2-934
　　樸巢偶筆　子4-21232
32 樸溪剩草　集3-20245
　　樸溪先生奏疏　史6-48250
　　樸溪潘公文集　集2-8226
44 樸草選　集2-9899,6-41949
　　樸菴疏草　史6-48571
　　樸村文集　集3-16387
　　樸村詩集　集3-16388
　　樸村集(樸村文集、樸村詩集、冷吟集、橋社

　　唱和集)　集3-16386
　　樸村徐公(士修)傳　史2-9497
　　樸樹廬剩稿　集4-27286　叢2-970
51 樸軒詩　集6-45074
60 樸園文集　集4-26645
　　樸園詩鈔　集4-22749
　　樸園邇語　子1-1452　叢2-1338
　　樸畢齋文鈔　集5-40120
77 樸學廬文初鈔　叢2-2024
　　樸學廬文初鈔、詩初鈔、外集鈔文、律陶、律
　　　杜、詩鈔　集4-33413
　　樸學廬外集鈔　叢2-2024
　　樸學廬叢刻四種　叢2-2024
　　樸學齋夜談　叢2-622
　　樸學齋文稿　集3-17141
　　樸學齋文錄　集4-26578　叢2-1668
　　樸學齋文鈔　叢1-584
　　樸學齋詩文稿　集3-17142
　　樸學齋詩稿　集3-17139~40
　　樸學齋集四種　集5-41469
　　樸學齋叢刊十一種　叢2-2232
　　樸學齋叢書第一集二十八種　叢2-944
　　樸學齋所藏小學書目　史8-66253
　　樸學齋算學四種　子3-12404
　　樸學齋筆記　了4-22561　叢2-670
　　樸學齋小記、雜文　子4-21059　叢2-734
　　樸學堂詩文鈔　集4-23151
80 樸谷齋手錄宮廷瑣記　史1-3565

4294₁ 梃

57 梃擊始末　史1-1946、2937

4294₇ 桴

00 桴亭先生文集、補遺　叢2-1268
　　桴亭先生文鈔、續鈔、詩鈔(凝修堂本無文
　　　續鈔)　集6-41758
　　桴亭先生詩集　叢2-1268
44 桴菴詩　集3-13231

楼

30 楼窗隨筆　叢2-1129

4295₃ 機

24 機動圖說　子7-36228(3)、36242(3)、36248、
　　　37229
27 機緣預逗　叢2-1192
48 機警　子4-20310　叢1-22(20)、61~4,2-
　　　730(4)、731(53)
66 機器妻二編　子5-28602
　　機器擇要圖說　子7-36229、37188
77 機關礮戰術之用法　子7-36978
80 機鏡　子7-32111
87 機鍋用法、料理鍋爐新章　子7-37199

4296₄ 栝

44 栝蒼府城儒學東何氏宗譜[浙江麗水]　史
　　　4-28334
　　栝蒼集(後淼園詩集)　集3-15906
　　栝蒼何氏宗譜[浙江麗水]　史4-28338
　　栝蒼彙記[萬曆]　史7-57697
　　栝蒼金石志、續志　史8-63921
48 栝松黌源孟氏宗譜[浙江松陽]　史4-
　　　30314~5

4299₄ 櫟

10 櫟天閣詩集　集3-15215
　　櫟天閣詩存　集3-15216
　　櫟天閣集　集3-15214
30 櫟寄詩存　集4-32376
32 櫟溪楊氏宗譜[浙江鄞州]　史5-36845~8
44 櫟菴算書　子3-12739
60 櫟園府君(周亮工)行述　史2-9237
76 櫟陽金　子4-21154
90 櫟堂詩鈔　集3-20541

4300₀ 弋

08 弋說　叢1-143
76 弋陽山樵稿　集1-5303
　　弋陽縣志[康熙]　史8-58743~4

中國古籍總目・索引

弋陽縣志[乾隆]　史8-58745～6
弋陽縣志[咸豐]　史8-58747
弋陽縣志[同治]　史8-58748
弋陽縣志[民國]　史8-58749

4301₀ 尤

10 尤西川集　集2-8635
　　尤西川先生文集　集2-8636
　　尤西堂尺牘　集6-45195
24 尤射　子1-3515　叢1-11～2、22(17)、23
　　(16)、26～8、29(3)、74、76～7
28 尤徵君遺集　集3-17179
32 尤溪程氏支譜[江西婺源]　史5-36166
　　尤溪縣志[康熙]　史8-58277
　　尤溪縣志[崇禎]　史8-58276
　　尤溪縣志[道光]　史8-58279
　　尤溪縣志[嘉靖]　史8-58275
　　尤溪縣志[乾隆]　史8-58278
　　尤溪縣志[民國]　史8-58280
40 尤太史律詩　集3-14019
　　尤在涇全集　子2-4748
46 尤楊二氏喉科、白喉養陰忌表歌括、湖海玄
　　聲一夜話醫法捷要　子2-7551
50 尤本文選考異補　叢2-2004
70 尤雅集　史1-4965
72 尤氏族譜[江蘇鎮江]　史4-25550
　　尤氏族譜[江蘇常州]　史4-25551
　　尤氏家乘[四川江安]　史4-25556
　　尤氏宗譜[江蘇]　史4-25549
　　尤氏蘇常鎮宗譜[江蘇]　史4-25547～8
　　尤氏喉科　子2-7438～9
　　尤氏喉科祕本、附方　叢2-731(29)
　　尤氏喉科祕書　子2-4771(3)、7430

4303₀ 犬

30 犬窩謎話　子3-18451

4304₂ 博

00 博齋集　集3-17155
　　博奕論　叢2-771(1)
01 博龍溪樊氏宗譜[浙江常山]　史5-39166

03 博識　叢2-1116～8
　　博識續箋　子4-20898　叢1-252
　　博識考事、續箋　子4-23007
07 博望訪星　集7-49538　叢2-688
　　博望乘槎　集7-49705
　　博望山人稿　集2-11559
08 博議樓遺詩　集5-34442
10 博爾濟吉特世譜[內蒙古]　史5-35492
　　博爾濟吉特氏支譜[內蒙古]　史5-35493～4
　　博平度支　史6-43339
　　博平縣續志[光緒]　史8-59043
　　博平縣鄉土志[光緒]　史8-59044
　　博平縣志[康熙]　史8-59041
　　博平縣志[正德]　史8-59040
　　博平縣志[道光]　史8-59042
17 博子墩遊記　史7-49318(22)、54842
20 博依集　集3-13588
　　博愛心鑑痘疹　子2-8663
　　博愛心鑑痘疹(痘疹全書博愛心鑑、博愛心
　　鑑全書)　子2-8613
　　博愛心鑑代斷　子2-8618
　　博愛心鑑撮要　子2-7965、8616
　　博愛堂醫學氣化錄要　子2-10804
　　博集稀痘方論　子2-8630、8663
22 博山和尚參禪警語　子7-34071
　　博山和尚參禪警語、兩世法檀　子7-34070
　　博山志　史7-52504
　　博山志稿[乾隆]　史8-59159
　　博山縣鄉土志[民國]　史8-59161
　　博山縣志[乾隆]　史8-59158
　　博山縣志[民國]　史8-59160
　　博山無異大師語錄集要　子6-32091(74)、
　　7-34251
　　博山篇　子3-13138
23 博戲部紀事雜錄　子3-18301
24 博徒別傳　子7-38229
26 博白縣志[道光]　史8-61347
　　博白縣志[乾隆]　史8-61346
27 博物新編　子7-37428、37464　叢1-373(4)
　　博物新編圖說　子4-21682
　　博物新聞　子7-36229、37429
　　博物誌　叢1-316～7
　　博物記　史7-49308　子4-19759、23737～8
　　叢1-19(3)、2-774(10)
　　博物要覽　子4-18546　叢1-282(3)、283
　　(4)、2-731(33)
　　博物志　子1-61、4-23732～3、5-26224、
　　26825　叢1-15、17、19(1)、20(1)、21(1、5)、
　　24(2)、34、74～7、90～3、99～100、114(5)、
　　144、223(46)、227(7)、2-628、698(8)、730(5)
　　博物志、續博物志　子4-23731

博物志、補　子4-23734　叢1-325

博物志、逸文　子4-23735　叢1-272(4)、
2-731(27)

博物志佚文　子4-23740　叢2-777

博物志補　子4-23739　叢2-1075

博物典彙　子5-25734~6

博物學教授指南　子7-37414

博物知本　子2-4587

博約齋經說　經1-167,2-11795

博約備錄、續集　子4-23451

博約堂文鈔　集5-36805~6　叢2-2013

30 博塞圖式　子3-17956、18215

博濟方　子2-4623　叢1-223(32)、273(4)、
275

博濟方(王氏博濟方)　子2-9132

37 博通便覽、續編　子5-25474

38 博洽齋畫譜考古畧　子3-16081

40 博士詩集　集2-8469

博古齋庚訂燕居筆記藻學情林　子5-
27604

博古齋評點小說警世奇觀　子5-27809

博古齋新輯居家必用　子5-25928

博古齋遵注詩經直解指南彙編　經1-3748

博古頁子　子3-16403　叢2-745

博古心鑒　叢1-321

博古奇書　子4-18636

博古圖　史8-64143　叢1-114(2)

博古圖錄考正　史8-64142

博古公司出售書畫碑帖股票分紅章程　史
6-44515

44 博蒐錄　子5-24967

47 博趣齋藁　集2-7342

52 博採通人說　叢1-312

60 博異記　子5-27531　叢1-77、90~3、223
(45),2-730(5)

博異志　子5-26218、26222、27532　叢1-
11~2、15、19(5)、20(3)、21(4)、22(19)、23
(18)、24(4,5)、26~8、29(3)、38、180、185、249
(2)、255(3)、374、395,2-624(1)

博異志(博異記)　叢2-731(50)

博羅縣志[康熙]　史8-61020

博羅縣志[崇禎]　史8-61019

博羅縣志[乾隆]　史8-61021

博羅贖語　史7-50895

67 博野蔣氏寄存書目　史8-65933

博野縣誌[康熙]　史7-55335

博野縣志[乾隆]　史7-55336

70 博雅　經2-14588~9、15142　叢1-74~7,
2-731(23)

博雅齋琴譜　子3-17787

博雅音　經2-14592~3、14595　叢2-698

(3)、731(23)、782(2)、924

博雅備考　子5-25323

74 博陵尹氏家譜[河北博野]　史4-25886

博陵邵氏宗譜[浙江衢州]　史4-29238

博陵邵氏宗譜[浙江金華]　史4-29239~40

博陵花萼倡和集　集5-38127

77 博聞勝覽考實全書　子5-25105、25204

博聞館飣錄　子5-25159

博學彙書　子4-24214~5

博興縣志[康熙]　史8-59459~60

博興縣志[道光]　史8-59461

博興縣志[民國]　史8-59462

88 博笑集、雁山即目　集4-33103

4310_0　卦

22 卦變彙參　經1-1971

卦變述　經1-1970

卦變考畧　經1-981　叢1-223(4)

27 卦象便覽　子3-13773

40 卦爻斷義　經1-1403

卦爻河圖　叢2-1219

41 卦極圖說　經1-2215　叢2-886(5)

50 卦本圖考　經1-163(2)、2207　叢1-242
(5)、419,2-731(9)

80 卦義一得　經1-70、949

卦合表　經1-2039　叢2-2265

卦氣證　經1-1678

卦氣續考　經1-1774　叢2-1920

卦氣解　經1-120、163(1)、1331　叢1-493,
2-1668

卦氣直日考　經1-1773、1871　叢2-1920、
2078

卦氣表　經1-1677　叢2-1774

卦氣表、卦氣證　叢2-1773

式

00 式齋先生文集　集2-7039

02 式訓集　集4-28526

式訓堂叢書四十一種　叢1-416

04 式詁堂算草　子3-12676

34 式洪室詩文　集5-38877

40 式古訓齋文集、外集、詩存　集5-38014

式古編　子1-1762

式古居彙鈔四十七種　叢1-271

　　式古堂詞譜證異　集7-48659
　　式古堂集　集3-15872
　　式古堂朱墨書畫紀　子3-14722
　　式古堂書畫彙考　叢1-223(38)
　　式古堂書畫彙考、目錄　子3-14781
　　式古堂目錄　史8-65935
47 式馨堂詩後集　集3-17738~9
　　式馨堂詩前集　集3-17737
　　式馨堂集(趣陶園集)(文集、詩前集、詩後
　　　集、詩餘偶存)　集3-17736
　　式馨堂全集(式馨堂集)八種　叢2-1384
48 式敬編　史6-46416
77 式叉摩那尼戒本　子6-32091(68)
80 式谷堂詩存　集5-36982

4310₇ 盍

22 盍山文錄　集5-37468
　　盍山文錄、詩錄　集5-37466
　　盍山談藝錄　叢2-795
　　盍山志　史7-52216
　　盍山舊館詞　集7-46424、48396
　　盍山書影　史8-66493
　　盍山圖書館藏寫本書四種　叢2-692

4311₁ 垸

72 垸髹致美　子7-36248

4311₄ 垞

40 垞南詩草　集4-28762

4312₇ 埔

00 埔裏社紀畧　史7-49317(2)、49318(15)、
　　51270
76 埔陽志[康熙]　史8-60952

4313₂ 求

04 求諸己式　子7-35475
08 求放心齋文集　集5-38849
　　求放心齋文集、補遺　集5-38846
　　求放心齋文稿　集5-38848
　　求放心齋詩稿　集4-28308
　　求放心齋詩稿、文稿、賦稿　集4-31756
　　求放心齋詩鈔　集4-29190,5-39613　叢1-
　　　415
　　求放心齋遺稿　集5-38847
　　求說　子7-35300
　　求謙南文集　集5-41354
10 求一術通解　子3-12364、12399、12718
　　求一術指　子3-12717
　　求一得齋算學七種　子3-12400
　　求一古法　子3-12600
　　求一捷術　叢1-528
　　求一算術　子3-12575
　　求一算述　叢1-286
　　求正弦法　子3-12826
　　求雨文　子3-13101
　　求雨經　子3-13101
　　求雨法　子3-13076　叢2-775(5)
　　求雨法、止雨法　子3-13096
　　求雨篇　子3-13103　叢1-442~3,2-731
　　　(16)
　　求可齋詩鈔、文鈔、文鈔外集　集4-29486
　　求可堂詩鈔　集5-35439
　　求可堂兩世遺書五種　叢2-1004
　　求可堂自記　史2-9428　叢2-1004
　　求可堂家訓　子1-2218　叢2-1004
　　求礦指南　子7-36228(5)、36231(5)、37116
17 求己齋說書了案　經2-10564
　　求己齋奏疏稿　史6-48815
　　求己山房詩草　集4-32083
　　求己錄　子1-1951,4-21835
　　求己筆記　子1-1672　叢2-1680
　　求己堂文集　叢2-1661
　　求己堂詩集　叢2-1661
　　求己堂詩集、文集　集4-26434
　　求己堂八種　叢2-1661
23 求我齋詩草　集5-41425
　　求我山人雜著　集5-39560
25 求生捷徑　子7-32111
　　求積法　子3-12551
26 求自立齋文集　集4-28894

求自立齋詩集　集4-28895

求自得之室文鈔(求自得之室文集)　集4-30808

求自得之室詩說　經1-4230

求自得之室讀書記　經2-10915　子4-21452

求自得之室四書說　經2-10916

求自得之室周易說　經1-1701

28 求復錄　子1-1629　叢2-1506

求牧芻言　史6-43054

求牧芻言餘錄　史6-43055

30 求定齋印章　子3-16896

求定軒文存　集4-24747

求實齋文集、詩集　集5-38518

求實齋叢書十五種　叢1-514

求實齋類稿　集5-38468

求實齋類稿、續編　集5-38469

求實濟齋書目提要　史8-65928

求實學齋文集　集5-38521

31 求福居詩鈔、詩餘　集5-40121

32 求溪稿(詩)　叢2-1110

33 求心錄　叢1-56,2-1621

求治管見、續　子4-21433

求治管見、續增　史6-43078　叢2-920

求補拙齋文畧、詩畧、外集　叢2-1956

求補拙齋日記(清同治三年至光緒六年)　史2-12909

35 求神得子張僊卷　集7-54284

37 求退錄　史6-48202　集2-7141

40 求在我齋文集　集4-32637　叢2-1002

求在我齋文集、詩集　叢2-1873

求在我齋文集、詩集、制藝　集4-33131

求在我齋文存　集4-31606

求在我齋文鈔補編　集4-32639

求在我齋文鈔初編、續編　集4-32638

求在我齋詩集　叢2-1002

求在我齋詩存(山居草、北行草、岳陽草)　集4-31605

求在我齋示子弟帖　史8-66187

求在我齋集　集5-38013

求在我齋制藝　叢2-1873

求在我齋存稿　集4-31604

求在我齋全集九種　叢2-1873

求在我軒一笑草　集4-31482

求內省山房雜記(清光緒五年)　史2-13162

求有得齋詩稿　集5-40573

求有益齋詩草　集5-37610

求有益齋詩鈔　集4-33035

求志齋文集、外集、詩存　集5-39139

求志齋詩稿　集4-32317

求志齋存真吟草　集4-27478

求志集　集6-43124　叢2-691(2)

求志山房文稿　集3-18491

求志山房文稿、年譜　集3-18492

求志山房詩草　集3-18490

求志編　子1-1253　叢1-22(20)、61～4,2-730(4)、731(18)

求志軒文稿　集5-35894

求志居唐詩選　集6-43508

求志居雜錄　史1-2768

求志居詩集、文集、外集、時文、時文補　集4-28248

求志居詩稿　集4-28246

求志居詩經說　經1-4204　叢2-1729

求志居詩草　集5-36325

求志居詩鈔　集3-14966

求志居集　集4-28249

求志居集、外集　集4-28247　叢2-1729

求志居集印　子3-17392

求志居禮說　經1-6098　叢2-1729

求志居存稿　集5-34352

求志居書經說　叢2-1729

求志居春秋說　經1-7961　叢2-1729

求志居時文、補　叢2-1729

求志居全集十種附一種　叢2-1729

求志堂詩集　集5-39958

求志堂詩稿　集5-36061

求志堂存稿彙編　集4-27218

求志堂存稿彙編八種　叢2-1686

求古齋說書　經2-10495

求古居宋本書目　史8-65728

求古居宋本書目、考證　史8-65257、65729　叢1-547(3)

求古錄　史8-63503、63551　叢1-223(28)、418、448

求古錄禮說　經1-6125

求古錄禮說、補遺　經1-163(2)、6124

求古錄禮說補遺　經1-6126

求古錄禮說補遺、續　叢1-419,2-731(21)

求古錄禮說補遺續　經1-6127

求古錄禮說校勘記　經1-6128

求古錄　叢2-1275

求古精舍金石圖初集　史8-63658～9

求古精舍金石圖題辭　史8-63657

求真是齋詩草　集4-29545

求真是齋讀三國志朔閏表初集　史1-428

求真是齋讀晉書朔閏表　史1-550

求真是齋讀後漢書朔閏表初稿　史1-382

求真是齋讀前漢書朔閏表初稿　史1-285

求真是齋集　集4-26409

44 求艾錄　子1-1824
　求若老齋詩鈔　集5-39730
　求舊續錄　史2-8010　叢2-2027
46 求恕齋碑錄　史8-64777
　求恕齋叢書三十一種　叢2-671
50 求表捷術　叢1-456(6)
　求表捷術三種　子3-12384
52 求拙齋遺詩　集5-40544　叢2-2223
60 求是齋文集　集4-27040
　求是齋文存　集4-30851
　求是齋文存、詩存　集4-30848
　求是齋雜存六種　叢2-1806
　求是齋詩存　集4-28694
　求是齋詩草　集5-34537
　求是齋詩鈔　集4-32625
　求是齋碑跋　史8-64435　叢2-615(3)
　求是齋自訂稿　集4-24254
　求是齋遺詩　集4-26411
　求是齋初刻　史7-49340
　求是齋初刻五種　子4-21676
　求是齋甲申詩草　集5-34921
　求是齋吟草偶存　集5-36619
　求是齋印譜　子3-17117
　求是齋印存　子3-16944、17116
　求是齋公牘彙存、鹽務、臬署公牘、模範監
　　獄章程　史6-47222
　求是齋算學四種　子3-12359
　求是於古齋印存　子3-17204
　求是二錄　子4-21313
　求是山房遺集　集4-30855
　求是編　子1-1252　叢2-845(4)
　求是續錄　子4-21314
　求是得之室喪服會通說　經1-5464
　求是室詩存　集4-32779
　求是軒吟稿　集4-30657
　求是堂文集、駢體文　集4-26586　叢2-
　　1669
　求是堂詩集、詩餘　集4-26585　叢2-1669
　求是堂詩餘　集7-47611
　求是堂全集六種　叢2-1669
64 求財卦　集7-49458
67 求野錄　經1-6262　史1-1946、1953、1960、
　　1964～70、1977、1982、3515～6
　求嗣指源　子2-8281
77 求闡過齋詩鈔　集4-26686
　求闡過齋集　集4-26685
　求學須知　子7-36738
　求闕齋文鈔　集4-32020～1
　求闕齋語　子1-1965,4-21675
　求闕齋讀書錄　子4-23275　叢2-1839

求闕齋經史百家雜鈔序目　叢2-1020
　求闕齋奏疏　史6-48926
　求闕齋書錄　集4-32023
　求闕齋戊辰年函稿　集4-32028
　求闕齋日記　叢2-691(3)
　求闕齋日記類鈔　史2-12823　子4-21674
　　叢2-1839
　求闕齋弟子記　史2-10062
80 求全之毀　史1-4087
　求益齋文集　集5-34326　叢2-1945
　求益齋詩鈔　集5-34325
　求益齋讀書記　經2-11702　叢2-1945
　求益齋隨筆　子4-21948　叢2-1945
　求益齋全集五種　叢2-1945
　求雉齋詩集　集4-28111
87 求欲經　子6-32083(19)
88 求等齋佚稿　集5-37337
90 求當集、續集、補遺、續集、補遺　集4-
　　25690
96 求愧怍筆記　集5-40857
98 求慊齋集　集4-31644
　求慊齋全集　集4-31645

4313₄　埃

17 埃及碑釋　叢1-472
　埃及變政史畧　子7-36436
　埃及紀畧　史7-49317(3)、49318(18)　子7-
　　36335
　埃及近世史　子7-36227、36336～7
　埃及近事考　子7-36338
　埃及史　子7-36334
　埃及國記　史7-49317(3)、49318(18)
　埃及慘狀　子7-38147
　埃司蘭情俠傳　子7-38181

4315₀　城

10 城工事宜　史6-46561
　城西許氏家譜[浙江松陽]　史5-34441
　城西程氏家譜[江西婺源]　史5-36162
　城西黃氏家譜[浙江紹興]　史5-33781
　城西日札　叢2-2237
　城西羅氏重修族譜[江西泰和]　史5-
　　41084
　城西錫山毛氏宗譜[浙江鄞州]　史4-

25591

11 城北方氏宗譜[浙江東陽]　史4-25794
　城北天后宫志　史7-51734　叢2-832(3)、
　2073
　城北集　集3-16214　叢2-1353～4
　城北草堂詩稿　集5-39014
　城北草堂詩餘、詞餘　集6-42003,7-47518
　叢1-385
　城北草堂詞餘　集7-50649
　城北草堂存稿　集4-28805～6
13 城武縣志[康熙]　史8-59491～2
　城武縣志[道光]　史8-59493
21 城步宦遊詩集　集2-13002
　城步縣鄉土志[光緒]　史8-60733
　城步縣志[康熙]　史8-60729
　城步縣志[乾隆]　史8-60730
　城步縣志[同治]　史8-60731
　城步縣志稿[民國]　史8-60732
23 城外集　史7-52143
26 城堡新義　子7-38104
27 城鄉保甲章程　史6-45429
　城鄉守合抄　子1-3494
30 城守輯要　子1-3486
　城守驗方　子1-3474　叢2-1192
　城守籌畧　子1-3465、3477
31 城福李氏七修家乘、人物集[湖南邵陽]　史
　4-27625
32 城灣張氏宗譜[江蘇江陰]　史5-34849
34 城社紀畧　集2-12407
37 城潤李氏三修族譜[湖南長沙]　史4-
　27437
　城潤李氏三修族譜[湖南湘鄉]　史4-
　27584
38 城遊錄　集6-44650
40 城塘吳氏宗譜[江蘇宜興]　史4-27764～5
　城南高公(柟)行狀　史2-10736
　城南夜話、續話　子5-27112　叢1-571
　城南龍氏續修族譜[湖南湘鄉]　史5-
　40298、40300
　城南龍氏四修族譜[湖南湘鄉]　史5-
　40301
　城南張在公祠續修支譜[江西萍鄉]　史5-
　35192
　城南聯句　集6-44216
　城南鄧遠齋公五修支譜[江西奉新]　史5-
　38820
　城南鄧氏四修族譜[江西奉新]　史5-
　38819
　城南集、寶芸齋詩草　集4-32047
　城南朱氏支譜[江蘇蘇州]　史4-26449
　城南漆氏族譜[江西宜豐]　史5-38579

城南寺　集7-48780
城南壽　集7-49302
城南樵唱　史7-50386
城南草堂方案　子2-10909
城南草堂詩稿　集3-15646
城南草堂筆記　子5-26529
城南杜氏家譜[廣東廣州]　史4-27034
城南書院志　史7-52107
城南曾氏十一修族譜[江西寧都]　史5-
　36628
41 城垣做法册　史6-46530
50 城書　子1-3489～90
60 城口廳志[道光]　史8-61571
　城口廳志[乾隆]　史8-61570
　城固縣鄉土志　史7-54921
　城固縣鄉土志[光緒]　史8-62961
　城固縣志[康熙]　史8-62959
　城固縣志[嘉靖]　史8-62958
　城固縣志[民國]　史8-62960
72 城隱廬詩鈔　集5-40900
76 城隍廟歲修祀紀事　史7-51872
　城隍考　叢2-771(2)
　城陽山志　史7-52422
　城陽趙氏族譜[山東莒縣]　史5-38408
84 城鎮鄉自治章程并選舉章程　史6-41796
　城鎮鄉地方自治制講義　史6-41801
　城鎮鄉地方自治宣講書　史6-41800

域

10 域西草堂詩集　集4-25937
23 域外叢書　史7-49336

4323₂ 狼

10 狼五山志　史7-52230
44 狼藉在文稿　集3-16823

4323₄ 獄

00 獄帝忿怒咒　子7-32004
18 獄政　叢2-1140
44 獄考　史6-46300　叢2-2109
50 獄中草　集7-50628

92 獄燈小稿　集4-33483

4324₂ 狩

21 狩緬紀事　史1-3505、3728

4325₀ 截

13 截球解義　子3-11252、12368、12389、12640
　　叢1-433、568、2-731(26)、1896
　　截球解義、橢圓求周術　子3-12360、12364
20 截舌公招　集7-49250
31 截江奪斗(張趄船)一段　集7-51469
　　截江奪斗快書詩篇　集7-51470
　　截江奪阿斗(截江)　集7-52997
47 截垜發微　子3-12395
77 截留漕糧撥運奏疏　史6-44150

4332₇ 鳶

27 鳶魚堂文集　集4-31797

4340₇ 妒

25 妒律　子4-24615　叢1-202(4)、203(18)、
　　319、496(5)、587(1)

4341₂ 婉

28 婉佺詩草　集4-24898

4343₂ 娘

17 娘子軍二編　子5-28647
27 娘們鬥牌　集7-53232

嫁

00 嫁衣集　集3-18898　叢2-900

4345₀ 娥

26 娥皇配　集7-53133
31 娥江贈言　集6-44683
67 娥野集　集3-21688

4346₀ 始

00 始康庚子記(清光緒十九年)、出蜀日記　史
　　2-13212
02 始新孫氏宗譜[浙江遂安]　史5-33586
04 始讀軒遺集　集3-14615
07 始誦經室文錄　集5-37860　叢2-647
22 始豐稿　叢1-223(62)
　　始豐稿、補遺、附錄　集2-6000
　　始豐藁　集2-5999、6001、6004
　　始豐藁、補遺、附錄　叢2-833
　　始豐前後稿　集2-6002
　　始豐前藁　集2-6003
27 始終心要　子6-32089(50)、32090(64)、32091
　　(62)、32092(41)、32093(51)、7-33844、
　　33850、33862
　　始終心要義疏　子7-33851
　　始終錄　史1-3081
30 始寧姚氏宗譜[浙江上虞]　史4-31187
　　始安事畧　史1-3007
31 始遷上海陳氏支譜[上海]　史4-32710
40 始有廬詩稿　集4-32446
　　始有廬詩稿、僻月樓詞稿　集4-32447
　　始存詞　集7-46405、46935
50 始事　叢1-17
　　始青閣稿　集2-10247、10255
　　始末徵　集1-2896
77 始學齋遠遊草、後遠遊草　集3-14689
　　始學篇　經2-13354～6、15142　叢2-774
　　(8)、775(3)
　　始興記　史7-50873、50875～6　叢1-19
　　(2)、21(2)、22(11)、23(10)、24(3)、2-731
　　(57)、776、881
　　始興夏氏族譜[廣東始興]　史4-31705

始興縣鄉土志[光緒]　史8-60899
始興縣志[康熙]　史8-60895
始興縣志[嘉慶]　史8-60897
始興縣志[嘉靖]　史8-60894
始興縣志[乾隆]　史8-60896
始興縣志[民國]　史8-60898
始興周所上睦村張氏五修族譜[廣東始興]
　　史5-35412

4354₄ 鞍

00 鞍庫則例　史6-46987

4355₀ 載

00 載賡集　集3-17830,4-24487
07 載記後編　史7-54460
10 載石堂詩稿、尺牘、柴雪年譜　集3-13653
　　載雲舫詩集　集3-15097
　　載雲舫詩畊　集6-43415
30 載之詩存　集2-12805
31 載酒集　集3-19563
　　載酒園詩話、皺水軒詞筌　集6-45859
44 載花舲傳奇　集7-50182
　　載其好音　集7-50682
50 載書圖詩　集6-44172　叢2-948、1336
60 載園詩鈔　集6-41988
　　載恩溥日記(清光緒十七年至二十三年)
　　　史2-12915
63 載咏樓增訂詩經衍義正彙名解　經1-4061
76 載陽堂意外緣　子5-28484

4373₂ 裘

00 裘文達公文集、詩集、補遺、奏議　集3-
　　20044
　　裘文達公文集、詩集、恭和御製詩、奏議、補
　　遺　集3-20043
08 裘效誠祭文、行述　史2-9321
37 裘漁橋太守西臺疏薰　史6-48866
41 裘杆居遺集　集4-26839
47 裘杼樓詩稿　集3-16745、16749
　　裘杼樓藏書目　史8-65668
72 裘氏重修家譜[浙江嵊州]　史5-37179

裘氏宗譜[江西新建]　史5-37188
88 裘竹齋詩集　集1-3953～4,6-41746、
　　41779～80、41923

4375₀ 戡

05 戡靖教匪述編　史1-3765
30 戡定玄機　子3-13838

裁

10 裁雲閣詞餘　集7-50646
　　裁雲閣詞鈔　集5-34365
　　裁雲閣詞鈔、曲　集7-47749
　　裁雲館詞　集7-48184
27 裁物象齋詩鈔、湘雨齋詞草　集4-28618
33 裁減淮北票鹽浮費全案　史6-43878
44 裁花吟館集詩詞鈔、懺春詞　集4-30742
66 裁嚴郡九姓漁課錄　史6-41529、43159
88 裁纂類函　子5-24929

4380₀ 貳

71 貳臣傳　史1-919、926、967～71
　　貳臣傳、逆臣傳　史1-972～5

赴

03 赴試未還鄉一枝　集7-51727
32 赴浙日記、桐廬日記、西泠日記、信州日記
　　(清光緒六年到十八年)　史2-13164
34 赴滇紀程　史2-9503,7-54090
　　赴滇日記　史2-13258
35 赴津日識　史7-54063
52 赴蟠桃　子3-17894
99 赴營記署　史1-3916　叢2-1926

4380₅ 越

00 越言釋　經2-14869

越諺、越諺賸語　經2-14880
01 越語　史1-2021　叢1-74
　　越語肯綮錄　經2-14868　叢2-1309
03 越詠　史7-50436　集4-27224
10 越三子集　叢1-419
　　越王勾踐世家　史1-2021
　　越巫雞卜　子3-14654
　　越雪初集　集4-23008
　　越雪盦詩　集4-33421
17 越殉義傳　史2-8059
　　越郡詩選　集6-44662
　　越郡備志　史7-50434
　　越郡闡幽庚錄　史7-50437
20 越嶠寄廬叢鈔　子5-27230
22 越嶲廳全志[光緒]　史8-62167
　　越嶠書　史7-54660
　　越巢詩集　集3-14532
23 越台興頌(耆英)　史2-9838
26 越峴山人日記(清道光六年至同治二年)
　　　史2-12723
　　越縵雜稿　子4-22710
　　越縵山房叢稿　集5-34998　叢2-1977
　　越縵叢稿棄餘　集5-34999　叢2-1977
　　越縵筆記　叢1-480,2-1976
　　越縵堂文集　集5-35004
　　越縵堂文鈔　集5-35003
　　越縵堂雜稿　集5-34995
　　越縵堂雜著(李越縵先生雜著)　集5-
　　　34996
　　越縵堂雜著十五種　叢2-1976
　　越縵堂詩文集　集5-34976　叢2-1977
　　越縵堂詩文鈔　集5-34977
　　越縵堂詩話　集6-46163
　　越縵堂詩詞集　集5-34987
　　越縵堂詩詞稿　集5-34981
　　越縵堂詩後集　集5-34986
　　越縵堂詩續集　集5-34985
　　越縵堂詩初集　集5-34983
　　越縵堂讀史札記　史1-26
　　越縵堂手稿　集5-34994
　　越縵堂稿　集5-34992
　　越縵堂剩詩　集5-34982
　　越縵堂遺稿　集5-34993
　　越縵堂杏華香雪齋詩　集5-34979
　　越縵堂杏華香雪齋詩鈔　集5-34980
　　越縵堂書札　集5-35016
　　越縵堂書札詩翰　集5-35015
　　越縵堂書目　史8-65830
　　越縵堂日記　史2-12946
　　越縵堂日記(清咸豐十年至同治四年)　史

2-12943
　　越縵堂日記(清同治二年至光緒十五年)
　　　史2-12944
　　越縵堂日記補　史2-12947
　　越縵堂日記摘抄　叢1-402
　　越縵堂日記戊集(清咸豐八年)　史2-
　　　12941
　　越縵堂日記鈔　史2-12942　叢2-611、848
　　越縵堂時文書劄　集5-35012
　　越縵堂所著書八種　叢2-1977
　　越縵堂駢體文　集5-35010
　　越縵堂駢體文、散體文　集5-35011
　　越縵堂駢體文類鈔　集5-35009
　　越縵堂筆記　叢2-622
　　越縵堂筆記(越縵筆記)　子4-22711
　　越縵堂類稿　集5-35006
27 越鳥吟　集2-11093
　　越絕書　史1-2021、2253～5、2258～9　子1-
　　　83　叢1-74～7、91、182～3、223(22)、2-
　　　635(3)、698(4)、730(5)
　　越絕書(越絕書奇賞)　叢1-167
　　越絕書、札記　史1-2256　叢1-380,2-
　　　628、731(64)
　　越絕書、本事　叢1-90
　　越絕書平議補錄　史1-2261
　　越絕書佚文　史1-2257　叢2-777
　　越絕書奇賞　史1-5952
　　越綴四種　叢2-2262
28 越俗蛮音　集4-28651
31 越江遊草　集4-28705
32 越州詩存　集3-16425
　　越州西山以撰禪師塔誌銘　史2-9272
　　越州山陰高氏家譜[浙江紹興]　史4-
　　　32421～2
　　越州山陰徐氏支譜[浙江紹興]　史4-
　　　31950
　　越州紀畧　史1-1992、3957　叢1-496(4)
　　越州清化廣利禪寺古今開闢誌書　史7-
　　　51658
　　越州裘氏本源考[浙江紹興]　史5-37178
　　越州臨民錄　史6-47491
34 越法交兵　集7-53014
37 越祠紀畧　史7-51819
38 越遊草　集3-14051、16594　叢1-556
　　越遊日記　史2-13242
　　越遊小錄　史7-53413　集4-29928　叢1-
　　　369
40 越臺雜記　集5-34846
　　越南交涉稿　史1-3850
　　越南亡國慘　集7-53270
　　越南新聞錄　史1-4238

越南疆域考　史7-49318(15)、54670
越南山川畧　史7-49318(16)、54678
越南顧氏宗譜[浙江上虞]　史5-41421
越南遊記　史7-49318(16)、54682
越南遊歷記　史7-54107
越南道路畧　史7-49318(16)、54679
越南志　史7-49318(15)
越南地輿圖說　史7-49318(15)、54673~4
越南考畧　史7-49318(15)、54680
越南世系沿革畧　史7-49318(15)、54675
越南朝貢遇楚紀事　史1-3849
越南輯畧　史7-54676~7
越南風俗記　史7-49319、54681
越南輿地畧　史7-54671
越南輿地畧、道里記　史7-54672
越女表徵錄　史2-8060~1　叢2-1500
越難經　子6-32083(21)

43 越城任氏家譜[浙江紹興]　史4-26772
　越城江橋陳氏家譜[浙江紹興]　史4-32881
　越城楫里陳氏家譜[浙江紹興]　史4-32882
　越城周氏支譜[浙江紹興]　史4-29957
44 越蔭錄、傳芳錄　史2-8064
　越華紀畧　史7-52125
　越世家　叢1-74
50 越中文獻輯存書十種　叢2-848
　越中文獻輯錄　史2-8062
　越中三子詩　集6-44666
　越中百詠　史7-50435　集4-28654
　越中集　集2-12531
　越中山水志　史7-52146
　越中先賢祠目　史7-51818
　越中先賢祠目序例　史7-51817　叢2-1977
　越中科第表　叢2-1995
　越中名勝百詠　史7-51407
　越中名勝賦　史7-51406　集3-20246
　越中紀遊詩　集5-33746
　越中古刻九種　史8-63909
　越中草　叢2-980
　越中草、冰雪集、勉力集、西行前集、後集　集3-17357
　越中耆舊詩　集6-44665
　越中觀感錄　史2-8063　叢1-479
　越中忠節詩　集4-24924
　越中園亭記　史7-52014　叢2-848
　越中吟　集4-30615
　越中吟草　集5-39635
　越中金石記、越中金石目　史8-63906

越中金石目　史8-63908
越中金石錄　史8-63907
越史畧　史7-49314　叢1-196、223(23)、274(3)、2-731(59)
越事備考　史6-45021
越事摘錄　史6-45020
越畫記　叢1-378
越畫見聞　史2-8065　叢2-625
越畫見聞錄(越畫見聞)　子3-16102
越書品　叢1-378
60 越國汪氏遺譜[安徽歙縣]　史4-28859
　越國汪氏世子正脈[安徽]　史4-28771
68 越吟　集2-10105　叢2-1135、1189
　越吟殘草　集5-35477
　越吟草　集3-18881、4-22252、24726、30614、5-38310　叢2-979
77 越風　集6-44663
　越風校語　集6-44664
　越屐紀遊　史7-53412
　越屐紀遊、虞屐紀遊　叢2-1213
　越問　史7-50256　叢1-197(2)
78 越覽編　叢2-1096
80 越人三不朽圖贊　集2-12161
　越人難經真本說約　子2-5479
　越人姓氏目　史2-13346
　越金損餘　集5-38201
　越鐫　集2-10852
87 越俎巵言　子1-1872

4385₀　戴

00 戴主教大人諭帖存稿　子7-35582
　戴鹿牀手寫宋元四家詩　叢2-692
　戴文節倣古山水册　子3-16608
　戴文節遺稿　集4-30545
　戴文節畫記　子3-16207
　戴文節題畫筆記類編　子3-16207
　戴文節公花卉册　子3-16348
02 戴刻戴褐夫集目錄　集3-16776　叢1-580
07 戴記課兒目次並識語　叢2-2243
　戴記喪禮或問　經1-5454
　戴記舊本大學　經2-8664
10 戴憂庵先生事畧　史2-11781
　戴天章瘟疫論　子2-10510
　戴天章先生存存書屋摘抄　子2-6257
　戴天恨　史2-9356
　戴天恨述畧　史2-9357　子5-26513
　戴石房詩　集2-12819、6-41943

中國古籍總目·索引

　　戴石坪先生春波畫舫錄　集4-27657
　　戴可亭相國夫子(均元)年譜　史2-11937
　　戴醇士山水花卉合册　子3-16605
　　戴醇士倣石谷册　子3-16606
　　戴醇士倣倪高士避暑圖精册　子3-16607
　　戴醇士著述九種附錄二種　叢2-1800
13　戴琮詩　集3-15114
17　戴子高先生詩劄　集5-36558
　　戴子高夢隱圖　子3-16612
18　戴務旃山水册　子3-16638
20　戴重事錄　史2-9231　叢1-496(3)
21　戴紫垣尺牘　集4-22799
　　戴經新旨　經1-5598、5658
　　戴經堂日錄　叢2-1016
24　戴先生所著書考　史8-66032　叢2-814
25　戴仲培先生詩文　叢2-845(3)
27　戴名世年譜　史2-11780
　　戴叔倫詩集　叢2-806
　　戴叔倫詩集、補遺　集1-1132,6-41878
　　戴叔倫集　集1-1131,6-41739、41741、
　　　41743、41819、41824
30　戴家冲大旺公房　史5-38206
33　戴邃谷先生集、西湖聯句　集2-7091
35　戴禮緒言　經1-80、5910　叢2-1381
36　戴褐夫集、補遺、續補遺、紀行、紀畧、年譜、
　　　戴刻戴褐夫集目錄　集3-16776　叢1-
　　　580
　　戴褐夫集紀行　史7-53895
　　戴褐夫集紀畧　史1-3181
38　戴肇辰(友梅)行述、祭文墓誌銘挽詩挽聯
　　　史2-10047
40　戴九靈集　集1-5767,6-43118
　　戴九靈先生年譜　集1-5766
44　戴埼黃氏族譜[江蘇武進]　史5-33742
　　戴花平安室詞　集7-47065　叢2-2140
　　戴村石山黃氏族譜[安徽旌德]　史5-
　　　33911
47　戴桐生遺稿　集4-30952
48　戴垟婁氏宗譜[浙江仙居]　史5-34342
50　戴中丞遺集　集2-8166
　　戴東埜詩　集1-4129
　　戴東埜詩集　集1-4123,6-41779~80
　　戴東原方言校本簽注　經2-14834
　　戴東原集　經1-111(3),2-11860　集3-
　　　20849~50,6-42015
　　戴東原集、覆校札記、戴東原先生年譜　叢
　　　2-698(12)、1517
　　戴東原集、遺墨、戴東原年譜　叢2-814
　　戴東原集、戴東原先生年譜、覆校札記　叢
　　　2-635(13)
　　戴東原先生(震)年譜　史2-11878　叢1-

　　　462
　　戴東原先生文　集3-20848
　　戴東原先生全集二十二種　叢2-814
　　戴東原轉語釋補　經2-14762
52　戴靜齋先生遺書　經1-128
60　戴思訥祭文　史2-9418
　　戴田有時文全集　集3-16766
72　戴氏韻學　經2-14536
　　戴氏族譜　史5-40571、40573、40575~6、
　　　40579
　　戴氏族譜[江西]　史5-40545
　　戴氏族譜[江西宜春]　史5-40547
　　戴氏族譜[湖南邵陽]　史5-40567
　　戴氏二修遷杭世系圖[浙江杭州]　史5-
　　　40504
　　戴氏三種　叢2-1476
　　戴氏三俊集　叢1-423
　　戴氏三修族譜[湖南湘潭]　史5-40559
　　戴氏三修通譜[湖南瀏陽]　史5-40554
　　戴氏五祠合譜[江蘇丹徒]　史5-40485
　　戴氏五祠合譜[江蘇鎮江]　史5-40482
　　戴氏毛詩考正　叢1-312
　　戴氏集　集2-7090
　　戴氏續修族譜[湖南]　史5-40550~1
　　戴氏續修族譜[湖南湘潭]　史5-40563
　　戴氏泉拓　史8-64849
　　戴氏家譜[安徽休寧]　史5-40534
　　戴氏家乘　史5-40577
　　戴氏家乘[江蘇句容]　史5-40490
　　戴氏家乘約編　史5-40574
　　戴氏家乘約編[江蘇鎮江]　史5-40481
　　戴氏家稿(文畧、詩畧)　集5-36361
　　戴氏宗譜[重慶江北]　史5-40570
　　戴氏宗譜[安徽歙縣]　史5-40533
　　戴氏宗譜[江蘇句容]　史5-40488、40491、
　　　40493
　　戴氏宗譜[江蘇無錫]　史5-40495
　　戴氏宗譜[江蘇常州]　史5-40494
　　戴氏宗譜[浙江瑞安]　史5-40525
　　戴氏源流統宗族譜　史5-40544
　　戴氏源流彙考　史5-40572
　　戴氏遷杭續譜[浙江杭州]　史5-40501
　　戴氏遺訓三種　叢2-2052
　　戴氏遺書　叢1-238
　　戴氏遺書十三種　叢2-1475
　　戴氏通譜[湖南]　史5-40568
　　戴氏通譜世系、世編[湖南]　史5-40569
　　戴氏支譜[安徽績溪]　史5-40543
　　戴氏考正　叢1-312
　　戴氏杲溪詩經補　叢1-312

戴氏鼠璞　子4-22178　叢1-245
戴氏合族通譜[湖南瀏陽]　史5-40555
戴氏簡明家譜[浙江杭州]　史5-40505
戴兵部奏疏　史6-48229
73 戴院長神行薊州道　集7-49365、49367
77 戴學憲集　集2-7089,6-41935(1)
戴段合刻　集6-42015
80 戴善夫雜劇一種附一種　叢2-720(4)
戴公(心亨)神道碑銘、墓誌銘、墓表　史2-9610
戴公(箎圃)神道碑銘　史2-9536
88 戴笠吟　集3-16302,6-45091
戴簡恪公遺集　集4-25605
92 戴剡源先生文集　集1-4866
戴剡源先生文集、詩集　集1-4857
93 戴怡(果齋)行述　史2-10732

4390₀ 朴

48 朴翰臣(興文)年譜　史2-12332

4391₁ 梡

47 梡鞠錄　叢1-518

榨

10 榨下水南楊氏族譜　史5-37093

4394₂ 榑

32 榑州詞　集7-47872

4394₇ 柭

53 柭[拔]一切業障根本得生淨土神咒　子7-32468

梭

22 梭山農譜　子1-4198　叢1-394

4395₀ 栽

44 栽花草　集4-23109
77 栽桑問答　子1-4468
栽桑養蠶白話　子1-4397
80 栽盆節日、盆玩瑣言　子4-19187

4395₃ 棧

10 棧雲小藁　叢2-1924
21 棧行圖詩　叢2-1314

4396₈ 榕

00 榕亭文鈔　集4-29081
榕亭詩文鈔(荔莊吟草、行雲雜吟、吳門吟草、燕遊吟草、歸燕吟草、窺杜窗草、還朝集、虹月船吟草、永慕軒詩草、榕亭文集)
集4-29079
榕亭詩詞文鈔　集4-29080
榕亭詩鈔(荔莊吟草、行雲吟草、燕遊吟草、窺杜窗草、還朝集、吳門吟草、歸燕吟草、永慕軒吟草、虹月船吟草、都門吟草)
集4-29078
榕齋詩鈔　集3-20907
榕音指掌　經2-14267
17 榕郡名勝輯要　史7-51426
22 榕巢詞話　集7-48721
30 榕窗隨筆　子1-1724
31 榕江鄉土教材[民國]　史8-62279
34 榕社叢談　子4-23391
38 榕海詩話　集6-45880
榕海舊聞　史7-50536
40 榕壇問業　子1-1266　叢1-223(31)
榕塘吟館詩鈔　集4-29441,6-42007(1)
43 榕城詩話　集6-45947～8　叢1-244(2)、373(6)、386,2-665、731(47)、1432、1434～5

榕城二集　集2-11643

榕城要纂　史7-50537

榕城歲時記　史6-49292

榕城紀聞　史1-3383

榕城考古畧　史7-51425

榕城景物錄　史7-50538

榕城隨筆　史7-50535　叢1-22(25)

44 榕莊詩鈔　集5-36437

榕蔭草堂集　集5-36450

榕蔭草堂遺詩　集4-25272

榕蔭書屋筆記　子1-1751

榕村(李光地)譜錄合考　史2-11767

榕村訂韻　經2-14343

榕村語錄　子1-1495　叢1-223(31),2-
1346～7

榕村語錄續集　子1-1496

榕村語錄續集、河洛奏對　子1-1497

榕村語錄續集摘抄　子1-1498

榕村詩選　集3-16030,6-42486　叢2-
1347

榕村講授　子1-1494　叢2-1346～7

榕村韻書　經2-14344　叢2-1347

榕村韻書、榕村字畫辨訛　經2-14345

榕村譜錄合考　叢2-1347

榕村集　叢1-223(68)

榕村制義初集、二集、三集、四集　叢2-
1346～7

榕村字畫辨訛　經2-13034　叢2-1346～7

榕村通書篇　叢2-698(6)

榕村藏稿　集3-16029

榕村四書說　叢1-223(14)

榕村易經語錄　經1-1090

榕村別集　叢2-1346

榕村全集　叢2-1346

榕村全集、續集、別集　叢2-1347

榕村全集、別集　集3-16027

榕村全集、別集、續集　集3-16028

榕村全集文錄　集6-42066

榕村全書(重編榕村全集、李文貞公全書)
三十二種附十種　叢2-1347

榕村等韻辨擬正誤　經2-14346

60 榕園文鈔　叢2-1768

榕園識字編　經2-13081　叢2-1768

榕園詩鈔　叢2-1768

榕園詞韻、發凡　集7-48674

榕園叢書、續刻　叢1-390

榕園楹帖　叢2-1768

榕園全集　集4-28992

榕園全集(榕園文鈔、榕園詩鈔、潤經堂自
治官書)　集4-29478

榕園全集六種　叢2-1768

73 榕腔白話文、榕腔白話詩　集4-28301

77 榕風樓詩存　集4-27473

78 榕陰譚屑賸稿　子4-23370

榕陰新檢　史2-8135　叢1-407(2)

榕陰草堂文剩　集5-36738

榕陰草堂詩草　集5-36736

榕陰草堂詩餘　集7-48340

榕陰書屋叢編　子4-24703

榕陰書屋筆記　叢2-1013

榕陰日課　子4-22760

90 榕堂詩鈔　集3-14753

榕堂讀書瑣錄　子4-23374

榕堂續錄　子4-23379　叢2-1907

4398₅ 樾

00 樾亭雜纂　子4-24277

樾亭詩稿　集4-22747

48 樾墩集　集2-9035

4398₆ 檳

47 檳榔嶼遊記　史7-49317(5)、49318(17)、
54747

檳榔嶼志畧　史7-54748

4399₁ 棕

00 棕亭詩鈔　集3-20426

棕亭詞鈔　集7-47493

88 棕籃扇　集7-54129

4400₀ 卅

00 卅六芙蓉館詩存　叢2-812

4402₇ 協

10 協天大帝玉律經寶卷(玉律寶卷)　集7-

54200

25 協律二南詩 經1-6470
　協律子 子1-18、20 集1-1388
　協律鈞元、外集 集1-1502 叢2-929、
　1536
27 協紀辨方 子3-14501
　協紀辨方日月表 子3-11548
47 協均度曲 叢1-223(15)、227(7)
50 協忠錄 史2-7020～1
84 協鎮都督府趙良方 子2-9712

4410₀ 封

01 封龍子 子1-18～20
　封龍山碑考 叢1-572
07 封望仙賦稿 集4-33281
08 封諡繙清 史1-4826 叢2-1901
　封諡繙號 叢2-1900
11 封疆列傳 史2-7450
15 封建考 史1-6016 叢2-811
22 封川縣志[康熙] 史8-61130
　封川縣志[天啓] 史8-61129
　封川縣志[道光] 史8-61131
35 封神天榜 集7-50470
36 封禪儀記 史6-41960 叢1-22(8)、23(8)
　封禪書 史6-41959 集7-50417
37 封泥存真 史8-65109
　封泥考畧 史8-65097～8
40 封圭詩鈔 集3-19875
44 封禁山考畧 史7-49319、52479
48 封翰林院編修張君石樵(安保)家傳 史2-
　9868
71 封長白山記 史7-49316、49318(4)、53178
　叢1-195(7)、201、203(4)、210～1、249(3)、
　2-731(55)
72 封丘縣續志[康熙] 史8-59710～1
　封丘縣續志[民國] 史8-59712
　封丘縣志[順治] 史8-59709
　封丘縣志[萬曆] 史8-59708
　封氏見聞記 叢1-24(3)、195(5)
　封氏見聞錄 叢1-17
　封氏聞見記 子4-19887～8 叢1-15、19
　(3)、20(1)、21(3)、22(8)、23(7)、219、223
　(40)、268(3)、272(5)、323、2-731(6)、782(2)
　封氏聞見記校 子4-19889 叢2-2004
　封氏印譜 子3-17148

4410₁ 芷

10 芷雪閣詩鈔 集5-34960
12 芷水安定胡氏續修支譜[湖南沅江] 史4-
　30612
20 芷香閣詩鈔 集4-33322
26 芷泉遺集 集4-22396
31 芷江詩話、補編 集6-46087
　芷江縣志[道光] 史8-60774
　芷江縣志[乾隆] 史8-60773
　芷江縣志[同治] 史8-60775
　芷潭詩鈔 集4-30938
32 芷洲詩鈔 集5-41597
　芷衫詩餘 集7-48269
　芷衫詩鈔 集4-30094
　芷衫吟草 集4-28663
36 芷湘吟稿 集4-29927、29929
　芷湘筆乘 子4-24379
60 芷園素社痎瘧論疏、芷園素社痎瘧疏方 子
　2-6979
　芷園素社痎瘧疏方、芷園素社痎瘧論疏 子
　2-4603
　芷園臆草 子2-4575
　芷園臆草存案 子2-4603、10480
　芷園臆草題藥 子2-5566
　芷園醫種 子2-4575

莖

44 莖草堂詩集 集3-18381

4410₄ 堃

01 堃語祕彙 史1-3193
　堃語祕彙、國難覩記、史閣部黃虎山殉國記
　畧、播遷日記 史1-3194
44 堃菴先生重校驗古聖真詮 子3-13857
46 堃柏先生類稿八種 叢2-1427

基

14 基礎理論 子2-4747

27 基督傳　子7-35816
　基督實錄　子7-35809
　基督實錄引義　子7-35822
　基督神蹟畧解　子7-35821

菫

00 菫廬遺稿　集5-41109
22 菫山文集　集2-7312
　菫山羅氏宗譜輯畧［浙江鄞州］　史5-
　41042

蓳

00 蓳度　叢1-61~4、173,2-730(4)

墥

72 墥戶錄　子4-20434　叢1-22(24)、282(3)、
　283(3)

墓

04 墓誌徵存目錄　史8-64785　叢2-2198
87 墓銘舉例　集6-46342、46346　叢1-223
　(72)、416

臺

88 臺餘詩話　集6-45998~9
90 臺半哌聲　集3-21893

荃

00 荃亭螢雪偶筆　子4-21868
10 荃石居類鈔　集4-28753
30 荃察余齋文續存　集5-39947
　荃察余齋詩續存　集5-39945

荃察余齋詩存、文存　集5-39943
荃察余齋詩存、駢體文存　集5-39944
荃察余齋詩存再續　集5-39946

董

00 董方立文乙集　叢2-917
　董方立文甲集　叢2-917
　董方立文甲集、乙集、蘭石詞　集4-29027
　董方立遺書　子3-12388
　董方立遺書五種　子3-12358
　董方立遺書九種　叢2-917
　董方立遺書八種　子3-12357　叢2-1744
　董方立算書　子7-36231(7)
　董方玄遺書　子7-36248
　董文友文選　集3-15045
　董文友詩選　集3-15046,6-41970
　董文友全集(正誼堂文集、詩集、蓉渡詞)
　　集3-15042
　董文敏山水無上神品　子3-16524
　董文敏秋興八景册(董文敏秋興八景圖)
　　子3-16525
　董文敏書眼　子3-15123
　董文敏公畫禪室隨筆(董文敏公畫禪隨筆)
　　子3-14695
　董文敏公書札册　子3-15351
　董文恪公詩集　集4-23257
　董文恪公遺詩　叢1-564
　董玄宰詩選　集2-10563
　董玄宰先生詩　集6-41948
10 董正先行述　史2-9221
16 董聖人致命歌訣二篇　子7-35870
17 董孟如所著書六種　叢2-1969
　董子　子1-19,332~3　叢2-774(8)
　董子(仲舒)年表　史2-11099
　董子文集　集1-173　叢2-731(10)、782(1)
　董子集西廟大成　集7-48764
　董子定本　經1-8139　叢2-703
　董子故里志　史7-51343
　董子春秋繁露　經1-8126~7　子1-62、
　　64~5、67~8
　董司寇文集　集2-9896
　董司寇疏草　史6-48353
20 董秀英花月東牆記　集7-48774(8)、48886
　董秀英花月東牆記殘本　叢2-720(3)
　董儁翰日記(清咸豐十一年至光緒十二年)
　　史2-12993
　董香光山水册　子3-16523
　董香光倣北苑真山圖卷　子3-16521

24 董幼海先生全集(采薇集、邕歙稿、幽貞集、奇游漫記、董宗伯奏疏輯署) 集2-9326
　　董幼海先生全集三種 叢2-1107
25 董仲舒文抄 集1-176
　　董仲舒文鈔 集6-41794
　　董仲舒集 集6-41695～7
　　董仲舒集(董膠西集、董子文集) 集1-173
26 董白鄉全集(白鄉詩鈔、文鈔、詠史樂府) 集4-28703
27 董叔純(貽清)行述 史2-10260
30 董永賣身(大孝記) 集7-53130
33 董心葵事記 史1-1982、3177 叢1-496(3)
34 董漢州女傳 叢1-168(3)
　　董漢陽碧里雜存 子4-20537 叢2-730(12)、836
　　董漢陽碧里雜存六事 子4-22998
　　董漢陽碧里後集雜存 叢2-1085
　　董漢陽碧里後集疑存 叢2-1085
　　董漢陽碧里後集達存 叢2-1085
　　董漢陽碧里後集鳴存、疑存、雜存、達存、黎龍子 集2-8006
35 董漕副墨 史6-44134
　　董禮部集 集2-10742
　　董禮部集、尺牘 叢2-843
　　董禮部尺牘 集2-10743
36 董遇周易章句 經1-2321
40 董太恭人(瞿錫保妻)行述 史2-10079
　　董太史畫禪室隨筆 子3-14696
42 董狐狸兀魯思罕長委列傳 史1-1929
44 董莊李氏續修宗譜[江蘇常州] 史4-27126
　　董孝(董永葬父) 集7-49516
　　董孝子廟誌 史7-51809
　　董孝子廟志 史7-51810
　　董華亭書畫錄 子3-14753 叢1-524,2-731(34)
　　董華亭墨跡 叢1-378
　　董蓉初(似谷)行述 史2-9984
　　董黃門稿 集2-8943、10511
　　董村丁氏宗譜[江蘇常州] 史4-24609
47 董妃行狀 史1-1995,2-9376
48 董教增奏稿、雜稿 史6-48790
50 董中峯稿 集2-7965～7,6-45336、45340
　　董中峯先生文選、廷試策 集2-7961
　　董春膏(士仁)事畧 史2-10905
　　董東山倣元人山水册 子3-16715
52 董揆仲學庸解 經2-10139
60 董思白論文宗旨、舉業蓓蕾 集6-46245
　　董思白稿 集2-10568～9,6-45336
　　董思白先生書法闡宗 子3-15124

　　董思恭集 集1-663,6-41739、41824
　　董思翁山水兩種合册 子3-16522
72 董劉春秋雜論 經1-7648 集2-12750
　　董氏痘疹專門 子2-8824
　　董氏詩萃 集6-45108
　　董氏詩繫 集6-45109
　　董氏諏吉新書(諏吉新書)、續編 子3-14481
　　董氏族譜[上海松江] 史5-35862
　　董氏族譜[山西平定] 史5-35860
　　董氏族譜[浙江泰順] 史5-35902
　　董氏族譜[湖南華容] 史5-35912
　　董氏續修宗譜[湖南] 史5-35911
　　董氏家譜[河北豐潤] 史5-35859
　　董氏家譜[浙江海寧] 史5-35873～5
　　董氏家譜[浙江嘉興] 史5-35872
　　董氏家乘[江蘇] 史5-35863
　　董氏家乘[江蘇宜興] 史5-35871
　　董氏家乘[江蘇無錫] 史5-35869～70
　　董氏宗譜 史5-35915
　　董氏宗譜[江蘇高郵] 史5-35866
　　董氏宗譜[江蘇贛榆] 史5-35864
　　董氏宗譜[湖北大冶] 史5-35908～10
　　董氏叢書十六種 叢2-985
　　董氏遺書四種 叢2-917
　　董氏支譜[浙江鄞州] 史5-35878
　　董氏春秋 子1-69
　　董氏小兒斑疹備急方論 子2-4601
　　董氏小兒斑疹備急方論(小兒斑疹備急方論) 子2-8594
77 董膠西集 集1-173,6-41694、41698 叢1-183
　　董學士泌園集 集2-8944
　　董學士泌園集、董黃門稿 集2-8943
80 董令升遺事 史2-8730
　　董公祕訣全書 子3-14478
　　董公選要覽 子3-14479
　　董公選祕訣要覽 子3-14484
　　董公選附錄全篇 子3-14483
　　董公擇要 子3-14477
87 董銀峯祕傳走馬曆日 子3-14486
90 董小宛考 史2-9303 叢2-2203
　　董小宛考編年 史2-11704
　　董小宛別傳 史1-1995,2-9302

4410₆ 萱

44 萱坡初稿 集5-38632

萱

32 萱洲聶氏五修族譜[湖南衡山]　史 5 - 40922
36 萱澤堂詩草　集 5 - 38435
40 萱壽山房詩草　集 4 - 30562
　　萱壽軒遺詩　集 4 - 31793
　　萱壽堂詩文集　集 4 - 22449
　　萱壽堂稿續編　集 5 - 41655
　　萱壽堂同懷詩集　集 4 - 22271
60 萱圖錄　史 2 - 9378

薑

00 薑齋文集　叢 2 - 698(11)、1291～2
　　薑齋文集、補遺　叢 2 - 1293
　　薑齋文集補遺　叢 2 - 1292
　　薑齋詩文集(重刊船山遺書)　集 3 - 14115
　　薑齋詩文集、薑齋詩話　叢 2 - 635(12)
　　薑齋詩話　叢 2 - 1292
　　薑齋詩集　叢 2 - 1292
　　薑齋詩編分彙　叢 2 - 1292
　　薑齋詩編年稿　叢 2 - 1293
　　薑齋詩賸稿　叢 2 - 1292～3
　　薑齋詩分體稿　叢 2 - 1293
　　薑齋詩分體彙　叢 2 - 1292
10 薑露庵雜記　子 4 - 23515　叢 1 - 496(7)
60 薑園叢書五種　叢 2 - 713
64 薑畦詩集　集 3 - 20343

4410₇ 蓋

10 蓋平縣鄉土志[民國]　史 7 - 56182
　　蓋平縣鄉土志[光緒]　史 7 - 56181
　　蓋平縣志[康熙]　史 7 - 56178　叢 2 - 785
　　蓋平縣志[宣統]　史 7 - 56179
　　蓋平縣志[民國]　史 7 - 56180
　　蓋天說　子 3 - 11561　叢 2 - 775(5)
43 蓋載圖憲　經 1 - 3180　子 3 - 11311
44 蓋地論　史 7 - 49318(1)
50 蓋東謝氏族譜[浙江上虞]　史 5 - 40719～20
72 蓋氏對數表　子 7 - 37555
88 蓋竹施氏宗譜[浙江蘭溪]　史 4 - 30902

藍

10 藍玉黨供狀　史 1 - 2740
　　藍亞中文集　集 2 - 11685
12 藍水書塾詩文草　集 4 - 30500
　　藍水書塾筆記　子 4 - 24359
16 藍聖衣恩赦撮要　子 7 - 35629
　　藍聖衣會　子 7 - 35630
20 藍采和長安鬧劇　集 7 - 49308
21 藍紅葉從良煙花夢　集 7 - 49108
22 藍川文鈔、鈔續　集 5 - 37908
　　藍川文鈔續　集 5 - 37909
　　藍山集　叢 1 - 223(62)
　　藍山先生詩集　集 2 - 5983
　　藍山先生詩集(藍山集)　集 2 - 5982
　　藍山縣志[康熙]　史 8 - 60688
　　藍山縣志[嘉慶]　史 8 - 60689
　　藍山縣志[同治]　史 8 - 60690
　　藍山縣圖志[民國]　史 8 - 60691
24 藍侍御集　集 2 - 7746～7
32 藍溪黃氏續修房譜[江西宜黃]　史 5 - 33966
　　藍溪唱和集　集 4 - 30940
34 藍染齋集　集 3 - 15188
37 藍湖吳氏支譜[浙江海寧]　史 4 - 27827
　　藍澗詩集　集 2 - 5985
　　藍澗詩集(藍澗集)　集 2 - 5984
　　藍澗集　叢 1 - 223(62)
42 藍橋集　集 6 - 41765
　　藍橋驛　集 7 - 49378～9、49383
　　藍橋會　集 7 - 52381
　　藍橋會一段　集 7 - 51486
45 藍姓支族祖圖[浙江麗水]　史 5 - 40445
47 藍穀詩草　集 4 - 29393～4
60 藍田王摩詰詩　集 1 - 795
　　藍田叔倣古山水冊　子 3 - 16537
　　藍田叔倣梅道人山水卷　子 3 - 16538
　　藍田呂氏鄉約　子 1 - 2010　叢 2 - 1262、1265
　　藍田呂氏遺書　子 1 - 2080　叢 1 - 83
　　藍田縣鄉土志[光緒]　史 8 - 62696
　　藍田縣志[雍正]　史 8 - 62691
　　藍田縣志[順治]　史 8 - 62690
　　藍田縣志[道光]　史 8 - 62693
　　藍田縣志[嘉慶]　史 8 - 62692
　　藍田縣志[隆慶]　史 8 - 62689
　　藍田縣志[民國]　史 8 - 62695
　　藍田縣志[光緒]　史 8 - 62694

藍田余氏統宗世譜［安徽歙縣］　史4-28580
72 藍戶部集　集3-17652
藍氏計開人丁祖簿［浙江松陽］　史5-40451
藍氏族譜［山東即墨］　史5-40465
藍氏族譜［江西遂川］　史5-40463
藍氏族譜［江西萬載］　史5-40459
藍氏族譜［湖南平江］　史5-40468
藍氏族譜［湖南湘潭］　史5-40469
藍氏族譜［湖南長沙］　史5-40467
藍氏族譜［湖南會同］　史5-40471
藍氏族譜［四川隆昌］　史5-40472
藍氏三修族譜　史5-40442
藍氏五修族譜世系、世次　史5-40444
藍氏五修族譜世系、世次［江西萬載］　史5-40462
藍氏重修族譜　史5-40441
藍氏重修族譜［江西］　史5-40464
藍氏重修族譜［江西萬載］　史5-40460～1
藍氏續修族譜［福建上杭］　史5-40453
藍氏續修族譜［湖南湘潭］　史5-40470
藍氏宗譜［浙江雲和］　史5-40450
藍氏宗譜［浙江麗水］　史5-40446～7
藍氏支譜［江西萍鄉］　史5-40455
藍氏四修族譜世系、世次　史5-40443
77 藍尾軒詩稿　集4-27059　叢2-886(3)
藍尾軒吟稿　集4-27058
藍關記　子5-29539、31849
藍關雪　集7-49363
藍關寶卷　集7-54251
藍關九渡　集7-50824
藍關走雪一段　集7-51485

蓋

44 蓋菴遺文　集2-9406

4410₈ 虆

44 虆蒳草堂文集、詩　集5-38748

荳

44 荳蔻詞　集7-46419、48024

47 荳棚閒戲　集7-49714
荳棚閑戲　集7-48785、49387

4411₁ 堪

00 堪齋詩存　集3-14470
40 堪喜齋隨錄　子4-23522
77 堪輿雜著　子3-13138
堪輿說原　子3-13456
堪輿論氣正訣　子3-13433
堪輿譜概　子3-13642
堪輿譜槼　叢2-1892
堪輿一得　子3-13522
堪輿一覽　子3-13597
堪輿正經(青囊經)　子3-13139
堪輿珠璣　子3-13521
堪輿經　子3-13437
堪輿經書　子3-13436
堪輿祕旨　子3-13699
堪輿泄祕　子3-13587
堪輿漫輿　子3-13138
堪輿十一種　子3-13138
堪輿四種　子3-13153
堪輿管見二十四辨　子3-13404～5
堪輿纂畧　子3-13142
堪輿類纂　子3-13687

虼

37 虼湖贈答詩鈔　集5-39184

茳

00 茳蘁詩鈔　集4-25219

菲

26 菲泉先生存稿　集2-8541
菲泉先生存稿續刻　集2-8542

莙

26 莙泉庵讀喬子海外奕心　叢1-191

4411₂ 地

00 地齋詩鈔　集4-24499　叢2-1632
地方行政經費經常門臨時門來源(直隸)
　　史6-43258
地方制度要義　子7-36551
地方自治章程解釋彙鈔　史6-41802
地方自治試辦章程　史6-41792
地方自治研究會第一年報告書　史6-
　　41811
地方自治制度　史6-41793
地方自治制論　史6-41810
地方自治俚言　史6-41805
地方自治審判廳試辦章程　史6-46024
地方自治淺說　史6-41809
地方自治模範　子7-38083
地方自治財政論五編　子7-37264
地方公益研究會己酉年報告　史6-47581
地府十王拔度儀　子5-29530(5)、30609
地文學　子7-37712、37719
地文學教科書　子7-37695
地文學問答　子7-37720
08 地譜世系　經1-6802
10 地丁原始　史6-43379　叢2-1664
地元真訣　子5-29547、29549、31198
地元印證至真口訣　子5-31461
地震說　叢1-369
地震解　子3-11362
地平線離地球圓面表　子3-12522
12 地水師　史6-45145
地水師條陳　史6-45145
地水師邊畧　史6-45145
地水師或問　史6-45145
地水師圖演　史6-45145
地形都邑圖、世系名號圖　叢2-892
13 地球方域考畧　史7-49318(19)、54402
地球誌畧　史7-49316、49318(1)、54305
地球韻言　史7-54359~60　叢1-574(5)
地球說畧　史7-49318(22)　子7-37764
地球一百名人傳　子7-36471
地球百二名王傳　史2-6245

地球形勢說　史7-49318(1)、54333
地球山水答問　史7-49319、54459
地球總論　史7-49316、49318(1)
地球總考　子7-36240(1)
地球寒熱各帶論　史7-49318(19)
地球之過去及未來　子7-37694
地球淺說　史7-49318(1)
地球英雄論　史2-6246
地球推方圖說　史7-49318(19)　子7-
　　37765
地球圖說　子3-12604　叢2-731(27)
地球圖說、補圖　子3-11452　叢1-344
地球圖說補圖　叢2-731(27)
地球與彗星之沖突　子7-37725
地球養民論　子7-36229、37753
16 地理方外別傳　子3-13577
地理辨方真傳　子3-13591
地理辨訛　子3-13599
地理辨正　子3-13480
地理辨正(批注地理辨正直解)　子3-
　　13481
地理辨正疏　子3-13485
地理辨正翼、披肝露膽經　子3-13482
地理辨正參解　子3-13484
地理辨正續解　子3-13489
地理辨正補　子3-13488
地理辨正補證　叢2-2130~1
地理辨正補正、都天寶照經　叢2-2129(4)
地理辨正補義　子3-13147~8、13483
地理辨正圖說　子3-13149、13486~7
地理辨惑　子3-13669
地理玄珠、地理陽宅玄珠　子3-13447
地理六經注六種　子3-13143
地理讀本甲編歐羅巴洲　子7-37763
地理講義　史7-49788
地理諏吉金鏡　子3-13614
地理說　子3-13562
地理說畧　史7-49316、49318(1)
地理一貫　子3-13449
地理一貫集二十七種　子3-13152
地理三十六問　子3-13404
地理三會集　子3-13411
地理正言　子3-13430　叢1-48
地理正傳　子3-13457
地理正宗　子3-13146、13415、13439、13548、
　　13582、13668
地理正宗、地理指迷篇　子3-13553
地理正宗集要　子3-13421
地理正義鉛彈子砂水要訣　子3-13508
地理玉鏡鉤玄　子3-13268

地理五訣　子3-13555

地理五訣、陽宅三要　子3-13157

地理雪心賦句解　子3-13141、13273~4

地理元宗圖說　子3-13594

地理元機　子3-13153、13345

地理平陽全書　子3-13516

地理天玉經補注　子3-13322

地理天機會元　子3-13284

地理天機會元正篇體用括要（重鐫官板地
　理天機會元正篇體用括要）　子3-13285

地理不求人　子3-13479、13663

地理水法要訣　子3-13511、13616　叢2-
　1555~6

地理水海　子3-13650

地理發微註解、畫筴圖解　子3-13371

地理發微論集註、附錄宋山陵議狀　子3-
　13369

地理發微釋義、問辨　子3-13370

地理形勢考　史7-49318(1)、54334

地理醒心錄　子3-13458

地理集要　子3-13540

地理須知　子7-36230、37751、37785

地理後五十段　子3-13557

地理山水明辨　子3-13153

地理參贊玄機僂婆集　子3-13427

地理綜要　子3-13696

地理件目　叢2-863

地理傳心全集四集　子3-13537

地理總論　子3-13152

地理微緒　叢2-1220

地理徵令　史7-49403　叢2-1912

地理宗旨四種　子3-13609

地理心法　子3-13581、13694

地理淺說　史7-49316

地理祕訣祖本　子3-13716

地理祕珍　子3-13695

地理祕傳捷訣　子3-13684

地理祕竅　子3-12891、13471

地理祕錄　子3-13697

地理述　史7-49560、49660　叢2-1094

地理述、貴陽省城移向說、地理述發明　子
　3-13531

地理初桄　了7-36229

地理初桄、智布羅他城地說　子7-37713

地理啓蒙　子7-36228(4)

地理大成　子3-13520

地理大全　子3-13140、13410

地理大全二集理氣祕旨　子3-13498

地理大全十二種　子3-13148

地理直指原真　子3-13524

地理志　史7-49673

地理志稿本　史7-49706

地理志畧　史7-49318(22)、54422

地理支隴乘氣論　子3-13605

地理古鏡歌　子3-13491　叢1-241、242(4)

地理七書　子3-13137

地理真訣　叢2-863

地理真訣二十種　子3-13139

地理真傳　子3-13539

地理真機　子3-13414

地理真機全書　子3-13560

地理真蹤　子3-13613　叢1-367~8

地理索隱　子3-13397、13671、13679　叢2-
　681

地理樞要三種（地理餘書）　子3-13136

地理求真　子3-13626

地理考索　子3-13576

地理孝思集六種　子3-13528

地理孝思集青囊玉尺合刻貫解　子3-
　13527

地理葬書集註　叢1-465

地理葬書集註、葬書問對　子3-13262

地理葬書集注　叢2-860

地理權書　子3-13460

地理薪傳　子3-13559

地理枝言　叢2-854

地理史纂行　史7 49584

地理青囊天玉撼龍經　子3-13307

地理青囊經　子3-13334

地理青囊粹編　子3-13574

地理書抄　史7-49308、49360

地理囊經集注　子3-13372

地理末學　子3-13615　叢2-1555~6

地理指迷　子3-13644

地理指迷臆解　子3-13455、13554

地理指迷篇　子3-13146

地理指南　子3-13635

地理指畧　子7-36228(4)

地理括要　子3-13607

地理或問　子3-13610

地理擇要　史7-54432

地理輯要　子3-13541

地理四彈子　子3-13346~7

地理圖說　子3-13617

地理圖譜　子3-13680

地理圖便覽　史7-49709

地理畧說　史7-54456

地理點穴撼龍經（撼龍經）　子3-13304

地理啖蔗錄　子3-13543

地理臆解二種　子3-13146

地理原委　子3-13691
地理原本說　子3-13530
地理原原篇　子3-13651
地理驪珠　子3-13523　叢1-197(2)
地理質學啓蒙　子7-36244、37752、37774
地理體用合編　子3-13625
地理風俗記　史7-49308、49422
地理犀精附說　子3-13549
地理學　子7-36246
地理學講義　史7-49790
地理學參考　子7-37773
地理問正、約言　子3-13601
地理問答　史7-49767
地理與文明之關系　子7-36251
地理陰陽合纂　子3-13602
地理人子須知　子3-13423
地理八竅追尋古跡心法捷訣　子3-13638
地理八書析義　子3-13538
地理全志　史7-49318(22)　子7-36241、
　36247、37750
地理分合總論　子3-13418
地理會心集　子3-13580
地理知新錄　子3-13545
地理知本金鎖祕　子3-13585
地理錄要　子3-13575
地理小補、續編、辨正發祕初稿　子3-
　13627
地理粹捷　子3-13698
地理類字釋名　子7-36237
地理精語　子3-13147～8、13589
地理精微集　子3-13643
地理精義　史7-49357、49791　子3-13542
21 地行偈　集7-50299
22 地山初稿　集3-19802～3
　地山印稿　子3-17059
24 地緯　叢1-193
27 地名辨異、晉書地理志證今　叢2-788
　地名訓　子7-36332
　地名考異　經1-7001
30 地字圖書　史3-24572
　地官集　集2-11830
32 地祇諸階祕法、追瘴四檄　子5-31686
　地祇上將溫太保(瓊)傳、補遺　史2-8568
　地祇上將溫太保傳、補遺　子5-29530(16)
37 地冪古義　叢2-2265
40 地志韻編唐志補闕正誤考異　史7-49370
　地志集　史4-26393
　地志便覽、地理圖便覽、附志、附錄　史7-
　49709
　地志須知　子7-36230、37755

地志彙纂　史7-49732
地志啓蒙　史7-49319　子7-36244、37754
地志啓蒙、表三種　子7-37786
地志表畧　史7-49763
43 地獄信證　子7-35359
44 地蘭士華路考　史7-49317(3)、49318(18)、
　54864
地藏王菩薩幽冥傳　子7-36133
地藏王菩薩執掌幽冥寶卷　子7-36132
地藏經讚　子7-33788
地藏寶卷　集7-54229
地藏菩薩儀軌　子6-32093(38)
地藏菩薩本願經　子6-32085(55)、32086
　(65)、32088(40)、32089(33)、32090(40)、
　32091(38)、32092(26)、32093(35)，7-
　32973～8、35011　叢2-724
地藏菩薩本願經科注　子7-33786
地藏菩薩本願經演孝疏　子7-33787
地藏菩薩本願經開蒙　子7-33784
地藏菩薩本願經開蒙、品題、科判　子7-
　33785
地藏菩薩本願懺儀　子7-35012
地橢圓說　史7-49318(19)
45 地勢畧解　史7-49319　子7-37766
　地勢學　子7-37747
60 地圖　史7-49426　叢2-776
　地圖說　史7-49318(19)、54340
　地圖經緯說　史7-49318(19)
　地圖綜要　史7-49597
　地圖分編　史7-49778
　地圖分編簡明目錄序例　史8-66281
　地圓說　子3-11442
72 地脈考　史7-52745
　地質學　子7-37767
　地質學簡易教科書　子7-37726
　地質全志　子7-36254
77 地學　子3-13532、13678
　地學雜抄、鐵案心傳　子3-13701
　地學雜錄　子3-13700
　地學諸家彙編　子3-13677
　地學講義　子7-37696
　地學正論醒迷全集　叢2-1644
　地學正經　子3-13686
　地學形勢　子3-13551
　地學歌畧　史7-49799　子3-11497，7-
　36258　叢1-530～1，2-659
　地學政要述畧　史7-54457
　地學須知　子7-36230、36250、37707
　地學稽古論　子7-36229、37704
　地學總論　子7-36254
　地學總考　子7-36240(5)

地學綱目　子3-13606
地學淺釋　子7-36228(2)、36231(4)、36242
　(2)、36248、37706
地學啓蒙　子7-36244、37705
地學求真　子3-13590
地學考　子7-36240(5)、36245
地學薪傳　子3-13550
地學摘要　子3-13714
地學書目考　子7-36240(5)
地學指正　子3-13658
地學指歸　叢1-220
地學指署　子7-37714、37722
地學犀精　子3-13526
地學舉要　子7-36241
地學金針　子3-13631
地學簡明　子3-13662
地學簡明揭要　子3-13648
地學答問　史7-49681　叢2-2129(4)、2131
地學答問、圩漢志三統曆表、圖　叢2-2130
地學慎餘錄　子3-13667
地問　集3-13344
地輿總說　史7-49318(19)
地輿沿革表　史7-49692
地輿沿革表、東都事畧注殘稿　史7-49693
地輿考、天文考、願學篇、多識篇　子4-
　22627~8
地輿圖　史7-49682
地輿圖考、亞細亞洲圖考　史7-54335
地輿隨記　史7-51286
地輿學　子7-36237
80 地鏡　子3-14603,7-32111　叢2-774(10)、
　775(5)
地鏡圖　史7-49307~8　子3-14588　叢
　1-22(10)、23(10)、261,2-761、767、774(10)
90 地券徵存　史8-63524、63744　叢2-602
99 地營圖說　子1-3713
地營圖附說　子1-3712

范

00 范彥公詩　集3-15173
范文正集、別集、補編　叢1-223(51)、227
　(9)
范文正奏議　叢1-223(20)
范文正公(仲淹)遺事　史2-8624
范文正公(仲淹)年譜　史2-11009、11209、
　11212
范文正公(仲淹)年譜、補遺　叢2-845(3)
范文正公文集　集1-1928　叢1-214,2-

731(44)
范文正公文集選　集6-41798
范文正公言行拾遺　史2-8634　叢1-34
范文正公言行拾遺事錄、義莊規矩　史2-
　8633
范文正公言行錄、摘錄　史2-8632
范文正公襃賢祠錄　史2-8630
范文正公建立義莊規矩　子1-2007
范文正公政府奏議　史6-48109　叢2-616
范文正公政府奏議、續集、書牘　史6-
　48110
范文正公集　集1-1919,1922,6-45038~9
范文正公集(宋范文正先生文集、范文正公
　文集)　集1-1925
范文正公集、補編　集1-1924
范文正公集、范文正公年譜、范文正公年譜
　補遺　集1-1927
范文正公集、別集、政府奏議、尺牘、遺文、
　祭文、范文正公年譜、范文正公年譜補
　遺、義莊規矩、襃賢祠記、鄱陽遺事錄、遺
　跡、言行拾遺事錄　集1-1921
范文正公集、別集、政府奏議、尺牘、范文正
　年譜、補遺、言行拾遺事錄、范文正公鄱
　陽遺事錄　叢2-635(8)
范文正公集、別集、尺牘　集1-1920
范文正公集、附錄六種　集1-1923
范文正公集、年譜、附年譜補遺、附錄　集6-
　42037
范文正公鄱陽遺事錄　史2-8625~7
范文正公遺事　叢1-19(9)、20(7)、21(8)、24
　(10)
范文正公忠宣公全集　集6-45038~9
范文正公書牘　集1-1930
范文正公尺牘　集1-1931
范文正公尺牘(文正公尺牘)　集1-1929
范文正公年譜、補遺　史2-11210
范文正公年譜、補遺、遺跡、鄱陽遺事錄　史
　2-11211
范文白遺詩　集3-13461
范文忠集　集2-11804,6-43118
范文忠公文集　集2-11806　叢2-731(45)、
　782(3)
范文忠公文稿　集2-11805
范文忠公初集、范文忠公年譜　集2-11802
范文恪先生雙柏堂集　集2-9755
08 范施梁程四先生授子譜　子3-17962、18117
范施十局　子3-17962、18109
10 范璽卿詩集　集2-11387
范璽卿詩集、補遺　集2-11388
范雪樵詩　集3-14155
范石湖詩　集1-3488,6-41906

范石湖詩集　集1-3479
范石湖詩集註　集1-3490
范石湖詩集注　叢1-420,2-653(6)、731(42)
范西屏弈圖　子3-18069
范西屏先生二四子譜　子3-17962
范西屏四子譜　子3-17962、18070
范雲鵬詩選　集3-21560
11 范張雞黍　集7-48765、48778
17 范子計然　子1-4087～9　叢1-261,2-761、772(4)、773(4)、774(9)
18 范致能七律鈔　集1-3484
20 范香溪先生文集　集1-3274　叢2-636(4)
范香溪先生文集、范蒙齋先生遺文、范楊溪先生遺文　集1-3275
21 范肯堂(當世)墓誌銘　史2-10778
22 范鼎卿先生所著書　史8-63511
23 范允公詩　集3-15482
24 范德機詩　集1-5144、5147,6-41929
范德機詩(范德機詩集)　集1-5142
范德機詩集　叢1-223(60),2-635(11)
范德機詩集、校勘記　集1-5148　叢2-870(4)
范德機木天禁語　集6-45484
范贊臣日記(清同治十三年至民國二十四年)　史2-13192
25 范朱通譜[湖南桂陽]　史4-26729
26 范白舫所刊書十九種　叢1-346
范伯子文集　集5-38663
范伯子文集、詩集　集5-38660
范伯子詩集　集5-38662
27 范蠡歸湖　集7-52309
范魯公[范質]訓從子詩　子1-2076
范魯公訓從子詩　子1-1964
30 范瀓夫文選　集3-18052
范瀓夫一陶園存今詩集選　集3-18050
范永祺信札　集3-21059
范密居集　集3-18391
33 范梁七局　子3-17962、18111
37 范湖詩文鈔　集3-19194
范湖草堂遺稿　集4-33531
范湖草堂曲　集7-50656
范湖草堂日記(清同治三年至五年)　史2-12866
范運吉傳　史2-8956　叢2-718
40 范十山詩集　集3-14493
范十山詩稿　集3-14491
范太僕集　集2-9678
范太史集　叢1-223(51)
范太史集(太史范公文集)　集1-2640

范希文文鈔　集6-41794
44 范蒙齋先生遺文　集1-3275、3627　叢2-636(4)
范若侯詩　集2-12821,6-41943
范村菊譜　子4-19256　叢1-223(39)
范村梅譜　子4-19287　叢1-19(10)、24(10)、223(39)、273(5)、275
46 范楊溪先生遺文　集1-3275、3628　叢2-636(4)
47 范聲山雜著八種　叢2-1740
50 范中方集　集2-9677,6-41935(2)
范中吳集　集2-9660,6-41935(5)
范忠貞(承謨)年譜　史2-11748
范忠貞集　叢1-223(67)
范忠貞公文集　集3-14573
范忠貞公集　集3-14570
范忠貞公畫壁集　集3-14572
范忠宣文集(范忠宣公集)　集1-2318
范忠宣文集、遺文、言行拾遺事錄、鄱陽遺事錄、遺跡、褒賢集、褒賢祠記、論頌、詩頌、義莊規矩、朝廷優崇、諸賢贊頌論疏、祭文　集1-2316
范忠宣集、奏議、遺文、補編、附錄　叢1-223(51)
范忠宣奏議　史6-48122
范忠宣公文集選　集6-41798
范忠宣公集　集6-45038～9
范忠宣公集(范忠宣公全集)、奏議、遺文、補編、附錄　集1-2317
范忠宣公奏議　史6-48121
范忠公全集　集3-14569
60 范蜀公詩集　集6-41896
范蜀公詩鈔　集1-2058,6-41747
范蜀公集　集1-2057
62 范縣鄉土志[光緒]　史8-59784
范縣志[康熙]　史8-59780
范縣志[嘉慶]　史8-59781
范縣志[嘉靖]　史8-59779
范縣志[民國]　史8-59783
范縣志續編[光緒]　史8-59782
64 范勛卿文集　集2-11389
范勛卿文集、詩集　集2-11385
范勛卿詩集　集2-11386
67 范墅詩草　集4-29376
72 范氏記私史事　叢2-844
范氏族譜[山東霑化]　史4-29477
范氏族譜[江蘇鎮江]　史4-29424
范氏族譜[湖南醴陵]　史4-29487
范氏族譜[湖南長沙]　史4-29479
范氏族譜源流序　史4-29492

范氏三種　叢2-1447
范氏三修族譜[湖南寧鄉]　史4-29481
范氏天一閣碑目　史8-64733
范氏琴瑟合譜　子3-17672
范氏重修宗譜[江蘇金壇]　史4-29427
范氏後漢書訓纂　史1-366
范氏後漢書批評　史1-363
范氏家譜[浙江桐廬]　史4-29437
范氏家譜[湖南]　史4-29478
范氏家譜[湖南湘陰]　史4-29486
范氏家譜[湖南長沙]　史4-29480
范氏家譜[湖南岳陽]　史4-29483
范氏家譜[四川成都]　史4-29490
范氏家乘[山東龍口]　史4-29476
范氏家乘[江蘇吳縣]　史4-29431
范氏家乘[江蘇宜興]　史4-29430
范氏家乘[江蘇無錫]　史4-29428
范氏家乘[江蘇常州]　史4-29425
范氏家乘左編[江蘇吳縣]　史4-29432~3
范氏宗譜　史4-29493
范氏宗譜[上海松江]　史4-29423
范氏宗譜[浙江寧波]　史4-29440
范氏宗譜[浙江遂昌]　史4-29472
范氏遁虞稿[浙江上虞]　史4-29450
范氏心箴　子1-1974、2862
范氏支譜[浙江紹興]　史4-29446
范氏支譜[湖南華容]　史4-29484
范氏支使房釣渚支宗譜[江蘇常熟]　史4-29434
范氏奇書(天一閣奇書)二十種　叢1-47
范氏博山堂三種曲、北曲譜　集7-50030
范氏本支家譜[浙江紹興]　史4-29445、29448
范氏四種　叢2-1448
范氏義莊規矩　子1-2007　叢1-330~1
76 范陽盧氏重輯唐清顯公統譜[浙江建德]　史5-40060
范陽盧氏宗譜[浙江永康]　史5-40069
范陽盧氏宗譜[貴州遵義]　史5-40117
范陽鄒氏族譜[江西]　史5-36354
范陽鄒氏重修族譜[江蘇興化]　史5-36332
77 范月槎詩文稿　集4-32745
范用源詩　集4-27139
80 范公義莊翼　史3-24574
86 范錦江詩集　集1-5143、6-41779~80
88 范竹溪集　集2-12202
90 范半池訂地學四種　子3-13145
范當世手稿　集5-38659

4411₃ 蔬

00 蔬庵詩草　集4-22886~7
10 蔬疏附水草　叢1-111(3)、2-731(28)
20 蔬香齋遺稿　集4-31635
蔬香詞　集7-46399~400、47061~2　叢2-1353~4
蔬香館詩鈔　集4-30868
蔬香館日記　史2-12658
蔬香小圃菊志　子4-19282
22 蔬製品　子4-18938
27 蔬彙　子1-4483、4-18952
44 蔬菜栽培法　子7-37077
60 蔬園詩集　集4-22158~9
蔬果爭奇　子4-18539、19115、19150、24189
80 蔬食譜　子4-18906、18915　叢1-4~5、9~10、19(10)、22(17)、23(17)、24(10)、29(6)、2-617(4)
88 蔬筍廬詩署　集5-35145
蔬筍館印存　子3-17322
90 蔬堂文集　集2-12650

4411₇ 蓺

44 蓺苑零珠、經史總論　子5-25980

4411₈ 蒫

18 蒫政摘要　史6-42988　叢1-483、2-1334
蒫政八箴　史6-43973
30 蒫官日記(清同治八年至九年)　史2-12936
40 蒫嘉遺蹟　叢2-1334
44 蒫蒙平政錄　史6-43131
蒫楚學記　集3-14008
53 蒫戎要畧　子1-3276　叢1-195(3)、366~7、2-731(19)

4412₀ 蓟

34 蓟漢微言　叢2-2206
蓟漢昌言　叢2-2207

中國古籍總目·索引

4412₁ 菏

36 菏澤縣鄉土志[光緒]　史 8-59483
　菏澤縣志[光緒]　史 8-59481~2

4412₇ 菲

44 菲薀山房文集、詩集　集 4-26556

勤

00 勤齋集　集 1-4843　叢 1-223(60)
　勤齋考道日錄、續錄　子 1-1467　叢 2-813
　勤襄公詩稿遺存　集 4-24230
18 勤政要典　子 1-899
24 勤勉堂詩鈔　集 5-38100
25 勤生堂詩存　集 5-41171
27 勤約堂文集　集 4-26355
32 勤業齋詩三集、四集　集 4-28253
　勤業齋詩初集、二集　集 4-28252
33 勤補書屋詩鈔　集 4-22263
　勤補軒雜著　集 4-32167
　勤補軒吟稿　集 4-26673
　勤補拙齋文稿　集 4-33402
　勤補拙齋漫錄　叢 2-2220
　勤補錄、客遊筆記、篤行錄(清道光十年至
　　十二年、十九年至二十三年)　史 2-
　　12671
40 勤有詩集、文集　集 2-6646
　勤有書堂剩稿　集 4-28798
　勤有堂隨錄　子 4-20243　叢 1-195(2)、223
　　(41)、448,2-731(8)
43 勤娘子　集 7-53240
44 勤藝堂雜錄　子 4-23521
　勤藝堂丁丑曝書記　史 8-65834
　勤葉堂初稿　集 4-32353
47 勤慤公餘集、詩餘　集 3-18680
53 勤輔壇鶯書方藥集　子 2-9977
77 勤學齋文草　集 4-29281
　勤學堂醫箴　子 2-10943
81 勤領聖體說　子 7-35505
88 勤筆免思　子 4-24754
　勤餘文牘、續編　叢 2-1930

　勤餘文牘、學廬自鏡語、東溪校伍錄　集 5-
　　33786
97 勤懶書生按病滙方　子 2-9962

坳

44 坳芥室小草　子 4-24687
90 坳堂小草　集 3-20750

蒲

00 蒲衣子　子 1-19
10 蒲石山房集　集 2-8718
12 蒲水齋食治廣要　子 2-5858
22 蒲犁廳鄉土志[光緒]　史 8-63404
　蒲山牧唱　集 2-5872
23 蒲編堂訓蒙草詳注　子 4-21201
　蒲編堂路氏藏書目　史 8-65771
24 蒲岐所志　史 7-57677
30 蒲室集　集 1-5395~8,6-41715、41784　叢
　　1-223(60)
　蒲室集、書問、疏、笑隱和尚語錄　集 1-5394
31 蒲江詞　集 7-46352、46380、46655　叢 1-
　　223(73)、2-698(14)、720(2)
　蒲江縣練團規約　史 6-45465
　蒲江縣鄉土志[光緒]　史 8-61698
　蒲江縣志[乾隆]　史 8-61696
　蒲江縣志[光緒]　史 8-61697
32 蒲州府志[乾隆]　史 7-55916
　蒲州志[康熙]　史 7-55915
　蒲州志[嘉靖]　史 7-55914
　蒲溪吟社三家詩鈔　集 6-44411
　蒲溪小志[道光]　史 7-56397
36 蒲褐山房詩話　集 6-46001~3
40 蒲臺縣鄉土志[光緒]　史 8-59467
　蒲臺縣志[康熙]　史 8-59464
　蒲臺縣志[萬曆]　史 8-59463
　蒲臺縣志[乾隆]　史 8-59465
　蒲臺縣志[光緒]　史 8-59466
　蒲塘續草　集 5-39407
　蒲塘遺稿　集 6-45055
　蒲塘十景詩　集 5-40555
　蒲塘吟草　集 5-39406
41 蒲墟朱氏大宗譜[浙江義烏]　史 4-26583
　蒲墟朱氏大宗祠主譜[浙江義烏]　史 4-26584
　蒲坂詩稿　集 4-27861

　　蒲坂楊太宰獻納稿　史 6 - 48265
42 蒲圻張學誠手鈔九種　叢 1 - 576
　　蒲圻縣鄉土志［民國］　史 8 - 60301
　　蒲圻縣志［康熙］　史 8 - 60297
　　蒲圻縣志［道光］　史 8 - 60299
　　蒲圻縣志［乾隆］　史 8 - 60298
　　蒲圻縣志［同治］　史 8 - 60300
43 蒲城志［康熙］　史 8 - 62806～7
　　蒲城縣新志［光緒］　史 8 - 62810
　　蒲城縣續志［康熙］　史 8 - 62808
　　蒲城縣志［乾隆］　史 8 - 62809
44 蒲莞□生草　子 7 - 36228(4)
　　蒲葵栽製法　子 1 - 4315
　　蒲菴詩　集 2 - 6023
　　蒲菴詩文集　集 2 - 6022
　　蒲菴集　集 2 - 6021、6024～5
　　蒲菴集、補遺　集 2 - 6026
　　蒲村詩鈔　集 3 - 21312
　　蒲桔山房詩集　集 4 - 30463～4
48 蒲松齡文集　集 3 - 15920、15922
50 蒲東詩　集 2 - 6716、5 - 34282、7 - 48811、
　　　48819、48823、48829～30
　　蒲東崔張珠玉詩集　集 7 - 48805
60 蒲團上語　子 4 - 20548　叢 1 - 143
62 蒲縣新志［康熙］　史 7 - 55886
　　蒲縣續志［光緒］　史 7 - 55888
　　蒲縣志［乾隆］　史 7 - 55887
71 蒲阪解氏譜畧［山西永濟］　史 5 - 37895
72 蒲氏族譜［湖南新晃］　史 5 - 37103
77 蒲門剩草　集 5 - 39155

　　　　　溥

00 溥廬詩草　集 4 - 26379
20 溥香齋詩草　集 4 - 32982
44 溥花香樹吟草　叢 2 - 908
80 溥益三頌　子 6 - 32091(70)
　　溥益大師佛學十種　子 6 - 32091(70)
　　溥益大師妙觀直指　子 7 - 33849
　　溥益中庸直指　經 2 - 9034
90 溥堂詩集　集 4 - 26774、26776～7
　　溥堂詩集、蕉葉山房館課詩鈔　集 4 - 26775

　　　　　蕩

10 蕩平準部記　史 1 - 3715，7 - 49316、49318(3)

　　蕩平髮逆圖記、圖　史 1 - 4221
22 蕩山志畧　史 7 - 52654
37 蕩澹人僅存稿　集 2 - 9299
40 蕩南集　集 1 - 5802，2 - 7325
44 蕩蕩和風一枝　集 7 - 51699
47 蕩婦秋思、葬花　集 7 - 49540

4412₉ 莎

50 莎車府鄉土志［光緒］　史 8 - 63400
　　莎車府志［光緒］　史 8 - 63399
　　莎車行紀　史 7 - 49317(6)、49318(3)、53990
　　　叢 2 - 1807

4413₂ 菉

24 菉綺園初草　集 5 - 38707
　　菉友蛾術編　子 4 - 22601　叢 2 - 1699～701
44 菉村文集　集 3 - 16562
　　菉村集　集 3 - 16561
60 菉園詩集　集 3 - 19773，4 - 28687
　　菉園詩稿　集 3 - 16704
　　菉園詩鈔　集 5 - 38897
71 菉厓詩鈔、外集　集 4 - 23465
77 菉居文集　集 3 - 13221
　　菉居詩集　集 3 - 13218
88 菉竹齋詩　集 5 - 37380
　　菉竹齋戊申詩卷　集 5 - 37382
　　菉竹書屋詩草　集 4 - 22736
　　菉竹軒文集、詩鈔　集 5 - 40213
　　菉竹堂詩存　集 4 - 22007
　　菉竹堂藁　集 2 - 6818
　　菉竹堂書目　叢 2 - 731(1)

　　　　　菉

00 菉庵詩餘　集 7 - 47275
11 菉斐堂子史彙纂　子 5 - 25774
32 菉溪志［乾隆］　史 7 - 57043
34 菉漪園集(菉漪園文集、菉漪園詩集、菉漪
　　　園詠歸草、解郡本末、閱讞)　集 2 - 12809
　　菉漪園懷舊集　集 6 - 41981
40 菉友雜稿　集 4 - 27667
　　菉友課藝　集 4 - 27670

隶友蛾術編　子4-22601　叢2-1699～701
隶友臆說　叢2-1700
隶友肛說　子4-22599　叢1-524,2-731
　（7）
隶友肛說、教童子法　子4-22600
隶友公制藝　集4-27668
44 隶猗曲　叢2-885
77 隶居封事　史6-48595
88 隶竹軒草　集2-10142
隶竹堂詩存　叢2-886(3)
隶竹堂碑目　史8-64731　叢1-456(4)
隶竹堂書目　史8-65559～60

藜

00 藜齋小集　集1-2674,6-41894(1)
20 藜乘初集、二集　集3-17029
23 藜編唾餘　叢2-1213
24 藜牀潘餘　叢1-22(23)
藜牀囈語　子4-21071
51 藜軒詩稿　集4-32522
藜軒遺文　集2-9409
67 藜吹閣詩鈔　集3-15293
藜照盧叢書十五種　叢2-718
藜照樓明二十四家詩定　集6-43882
77 藜閣傳燈　集6-42888
藜閣十硯銘　子4-18719、18767　叢2-633
90 藜光閣韻對五七言千家詩輯鈔　集6-
　42297

4413₆ 蠢

71 蠢頤山記　史7-49317(4)、49318(8)、52644

4414₀ 斳

32 斳溪雜錄　子4-23191、23193
斳溪補錄　子4-23190
斳溪淩氏近譜[江蘇蘇州]　史4-34642
斳溪草堂集　集3-16357
37 斳湖雜著　集4-23094
斳湖詩稿　集4-23095
91 斳煙亭詞　集7-47773　叢2-885、1017
斳煙亭詞鈔　集4-31017,7-47772

4414₁ 溿

27 溿綠詞　集7-47707～8
溿綠詞、續編　集7-47711
溿綠詞、續編、再續、補遺　集7-47709
溿綠詞續編　集7-47710
39 溿沙王五願經　子6-32081(31)、32085(30)、
　32088(22)、32089(21)、32090(27)、32091
　(26)、32092(18),7-32598

4414₂ 薄

27 薄叔元問穀梁義　經1-7368　叢2-774(5)
38 薄游草　集2-10962
薄海番域錄　史7-49318(21)、54480～1
薄遊草　集3-16577,4-25177
薄遊草、補遺　集4-25178　叢2-788
薄遊書牘　叢2-1125
薄遊小草　集2-11981
62 薄�)書　集2-10517
80 薄命辭寵　集7-52251
薄命曲　叢1-587(4)

4414₇ 坡

00 坡亭詞鈔　集7-47059
16 坡硯山房詩文稿(坡硯山房爐餘集)　集4-
　32326
坡硯山房詩文稿、續稿　集4-32327
22 坡仙集(重刻坡仙集)　集1-2412
坡仙集、東坡先生年譜　集1-2413
坡仙遺事　史2-8689
坡山小學史斷、讀史論署　史1-5376
77 坡門酬唱　集6-43565
坡門酬唱集　叢1-223(68)、559

鼓

07 鼓詞集　集7-51076
11 鼓瑟樓詩偶存　集3-20540
22 鼓峯心法　子2-4973

鼓山爲霖和尚示修淨土旨訣　子7-34501
鼓山集　集5-40228
鼓山永覺和尚廣錄　子6-32091(74)
鼓山志　史7-51670、52437～9
鼓山題名　史8-63497、63941～2
鼓山吟草　集4-31393
41 鼓棹二集　叢2-1292
鼓棹初集　叢2-1292
鼓棹初集、二集　集7-46852　叢2-1293
44 鼓枻文集　集3-15647
鼓枻稿　集2-6095～7、6099　叢2-674
鼓枻稿、考證　集2-6100
鼓枻藁、補遺　集2-6098
67 鼓吹新編　集6-42447
鼓吹集　叢2-1405
鼓吹格　子3-17840　叢1-22(16)、23(16)
77 鼓門王氏宗譜[浙江諸暨]　史4-25057
80 鼓盆歌莊子歎骷髏殘本　叢2-720(4)
84 鼓鑄考　子7-36240(2)
鼓鑄則例　史6-44460
鼓鑄小銀錢節署　史6-44465

4414₉ 萍

00 萍庵詩草　集5-37946
萍廬小著　叢1-373(7)
10 萍西湘東熊氏族譜[江西萍鄉]　史5-38934
萍西姚家洲姚氏族譜[江西萍鄉]　史4-31214
萍西黃氏族譜[江西萍鄉]　史5-33946
萍西胡家坊胡氏族譜[江西萍鄉]　史4-30550
萍西陂頭文氏族譜[江西萍鄉]　史4-25674
萍西段氏族譜[江西萍鄉]　史4-30733
11 萍北王家屋場胡氏族譜[江西萍鄉]　史4-30551
萍北石子嶺黃氏族譜[江西萍鄉]　史5-33947
萍北石源李氏族譜[江西萍鄉]　史4-27346
萍北石源李氏家譜[江西萍鄉]　史4-27347
萍北佛嶺柳氏族譜[江西萍鄉]　史4-30358
萍北魏氏族譜[江西萍鄉]　史5-40431～2
萍北江家灣張氏支譜[江西萍鄉]　史5-35195
萍北灌樹下謝氏族譜[江西萍鄉]　史5-40748
萍北遵化鄉鄧氏族譜[江西萍鄉]　史5-38815
萍北大源頭朱氏族譜[江西萍鄉]　史4-26677
萍北大院歐陽氏族譜[江西萍鄉]　史5-39079
萍北彭氏族譜[江西萍鄉]　史5-35559
萍北蔡氏族譜[江西萍鄉]　史5-38037
萍北梘田黃氏族譜[江西萍鄉]　史5-33948
萍北柵溪土塘黎氏族譜[江西萍鄉]　史5-39126
萍北曹氏族譜[江西萍鄉]　史5-34230
萍北羅氏美公支譜[江西萍鄉]　史5-41072
萍北馬良黃氏續修族譜[江西萍鄉]　史5-33951
15 萍醴昌氏續修族譜　史4-29521
17 萍聚詞　集7-48615
20 萍香詩鈔　集4-22150
萍香集　集4-23454
27 萍鄉文氏誠齋公支譜[江西萍鄉]　史4-25676
萍鄉張氏族譜[江西萍鄉]　史5-35191
萍鄉湘東縣城文氏三修族譜[江西萍鄉]　史4-25677
萍鄉南源梁氏族譜[江西萍鄉]　史5-34681
萍鄉古學前彭氏三修族譜[江西萍鄉]　史5-35556
萍鄉古學前彭氏續修族譜[江西萍鄉]　史5-35555
萍鄉獅子嶺楊氏七修族譜[江西萍鄉]　史5-36953
萍鄉城隍廟善後會圖冊　史7-51851
萍鄉縣志[康熙]　史8-58586
萍鄉縣志[道光]　史8-58589
萍鄉縣志[嘉慶]　史8-58588
萍鄉縣志[乾隆]　史8-58587
萍鄉縣志[同治]　史8-58590
萍鄉公立中學堂師範傳習所兩等小學堂合訂簡章　史6-42539
萍鄉鐵路公牘　叢2-2134
萍鄉火車價表　史6-44310
萍鄉煤礦公司招股章程　史6-44814
萍舟剩草　集4-22908
30 萍寄室印存　子3-16944、17189
32 萍州可談　子4-20057
萍州可談、校勘記　子4-20058
萍洲可談　叢1-196、223(45)、273(5)、448，2-624(2)
萍洲可談、校勘記　叢1-274(5)，2-731(50)
萍瀏危氏四修族譜　史4-26830
萍泛草　叢2-1612
34 萍社詩選　集6-43839
38 萍海墨雨　子4-23436～8
39 萍沙王五願經　子6-32083(21)
40 萍南牛氏塘彭氏族譜[江西萍鄉]　史5-35558
萍南書屋試帖詩鈔　集4-23561
41 萍梗詩鈔　集3-18261

43 萍城北隅甘氏族譜［江西萍鄉］　史4-26050
　萍城北隅劉氏三修族譜［江西萍鄉］　史5-39364
　萍城藍祠族譜［江西萍鄉］　史5-40456
　萍城葉氏族譜［江西萍鄉］　史5-35749
44 萍蓬類稿　集5-34580
　萍蓬類稿三種（皖游紀畧、入湘紀程、湘中隨筆）　集5-34581
　萍草删存　集3-17293
　萍蘿齋詩集　集5-39612
50 萍東泉塘鍾氏宗譜［江西萍鄉］　史5-40613
　萍東大坪劉氏三修族譜［江西萍鄉］　史5-39363
60 萍邑賴氏族譜［江西萍鄉］　史5-39878
　萍邑賴氏日公支譜［江西萍鄉］　史5-39879
　萍邑劉氏支譜［江西萍鄉］　史5-39365
　萍邑姜嶺陳氏族譜［江西萍鄉］　史4-33230
62 萍影集　集4-30322
63 萍踪集　集4-28214
　萍踪絮語　集5-33795
77 萍居集　集2-12948

4415₃ 蕺

22 蕺山（劉宗周）年譜　叢2-982
　蕺山文粹　叢2-982
　蕺山先生人譜　子1-2512
　蕺山先生人譜（人譜）　子1-2513
　蕺山先生年譜　集2-11487
　蕺山劉子詩集　集2-11477
60 蕺園詩集　集3-20436
　蕺園近詩　集3-20437
90 蕺堂駢體文　集4-32087

4416₀ 堵

00 堵文忠公集　集2-12331,6-43118
　堵文忠公集、堵文忠公年譜　集2-12333
　堵文忠公集、堵寅叔事實　集2-12332
　堵文忠公年譜　史2-11621
30 堵寅叔事實　集2-12332
50 堵忠肅公年譜　史2-11620
72 堵氏族譜［江蘇宜興］　史5-33704

4416₁ 塔

04 塔誌銘　叢2-1309
10 塔爾巴哈台事宜、伊犁事宜　史7-54924
　塔爾巴哈台事宜［乾隆］　史8-63443
　塔爾巴哈臺沿革考　史7-49318(18)、51214
　塔爾巴哈臺事宜　史7-49347
17 塔子溝紀畧　史7-49913
　塔子溝紀畧［乾隆］　史7-56117　叢2-785
22 塔山康氏家譜［福建］　史5-34623
24 塔射園詩鈔　集3-21196
　塔射園遺稿　集3-21197
31 塔江樓文集　集3-15074
32 塔灣詩草　集6-41976
37 塔湖吳氏宗譜［浙江義烏］　史4-27912～4
43 塔城九載邊翠請獎摺（光緒二十九年）　史6-45691
62 塔影樓詩賦　集4-27872
　塔影樓詞　集7-46416、46418、47941
　塔影樓遺稿　集5-38805
　塔影樓日記（清同治十一年至十二年）　史2-13138
　塔影樓賦稿　集4-27871
　塔影園文集、詩集　集3-13528
　塔影園集　集3-13527
　塔影園集、詩集　集3-13529　叢2-606

墙

50 墙東類稿　叢1-223(59)

4416₃ 菪

00 菪亭畫記　子3-16267

4416₄ 落

00 落玄軒集選　集2-11703
30 落蕍前　集7-50758
36 落迦山房集　集2-11339

44 落地梅　集7-53848
　落落齋遺集　集2-11409～11,6-43118　叢2-798
　落落軒詩選　集5-39982
　落落軒詩抄　集5-39980
　落落軒詩鐘　集5-39981
　落落輯詩鈔　叢2-888
　落花詩　集3-13331,13814,6-43782　叢2-1293
　落花百首　集3-15389
　落花酬唱集初編　集6-44328
　落花倡和詩集、落花詩和韻、落花詩全韻　集6-43886
　落花春雨巢日記(清咸豐二年至五年)　史2-12971
　落葉詩　集3-14142,5-40067
　落葉編　集4-28983
　落葉相思小草　叢2-2101
48 落梅花　子3-17893
77 落颿樓文集、補遺　集4-29586　叢2-843
　落颿樓文集剩稿　集4-29585
　落颿樓文稿　集4-29582、29584　叢1-359,2-731(46)
　落颿樓文遺稿　集4-29583　叢1-558

4416₉ 藩

11 藩疆攬要　史7-51188
17 藩司沈詳請免提州縣盈餘並各官報效銀兩文稿　史6-43243
23 藩獻記　史1-2013,2-7157～8　叢1-22(21)

4418₁ 塡

07 塡詞　集7-47039　叢2-1309
　塡詞名解　集7-46350、48700
　塡詞圖譜、續集　集7-46350、48643
38 塡海禽言　集5-38603
67 塡鄖續稿　集2-6849

4418₂ 茨

00 茨庵集詩鈔　集3-13945
44 茨菴集詩鈔　集6-44392

茨村詠史新樂府　史1-6169　叢1-407(2)

4418₆ 墳

44 墳墓圖考　史4-32350～1
60 墳易一貫表　經1-2500

4419₄ 堞

62 堞影軒存稿　集4-29667,6-42006
　堞影軒存稿、補遺　集4-29668

藻

20 藻香館詩鈔　集4-31264
　藻香館詞鈔　集7-47642
22 藻川堂文內集、外集　叢2-1999
　藻川堂譚藝　叢2-1999
　藻川堂詩集　叢1-445
　藻川堂詩集選　叢2-1999
　藻川堂詩選　集5-35694
　藻川堂談藝　子4-22643
　藻川堂全集四種　叢2-1999
60 藻里周氏宗譜[上海松江]　史4-29817

4420₁ 苧

00 苧庵遺稿　集3-13831
44 苧莊集　集2-12959
　苧菴壽言　史2-9256
　苧村詩鈔　集4-22081
　苧蘿王氏宗譜[浙江蕭山]　史4-24919
　苧蘿集　集6-44676
　苧蘿山蕉　集2-11066
　苧蘿志　史7-51413
　苧蘿志(施夷光)　史2-8425
60 苧羅夢　集7-49609

4420₂ 蓼

00 蓼庵詩存　集4-26237
　　蓼齋集、後集　集3-13457
　　蓼六啽　叢2-1924
21 蓼紅閒館詩稿　集4-32662
22 蓼綏閣詩鈔、潞舸詞　集5-38678
32 蓼溪文集　集3-16177
　　蓼溪詩畧　集3-21333
　　蓼溪集　集4-27281
44 蓼花齋試帖　集5-34765
　　蓼花齋詩存　集5-34764
　　蓼花詞　集7-46949
　　蓼花洲閒錄　子5-26302　叢1-22(7)、23
　　(7)、29(5)、56,2-731(52)
　　蓼花館吟草(蓼花汀館吟草)　集4-24958
　　蓼莊參訂治痧要畧　子2-8769
　　蓼莪吟館詩集　集4-28340
　　蓼莪餘詠　集4-31574
　　蓼莪手述　史2-9682
　　蓼村集　集3-17178
50 蓼蟲集　集4-32442
　　蓼蟲吟稿　集4-24761
　　蓼東剩草　集5-34700,6-42007(1)
60 蓼園詩續鈔　集5-38119
　　蓼園詩鈔　集5-38117
　　蓼園詩鈔、續鈔　集5-38115～6
　　蓼園五言詩鈔　集5-38118
　　蓼園遺集　集5-39814
67 蓼野年譜　史2-11685
71 蓼原山房詩集(蓉鏡集、使蜀草、行藥鈔、知
　　還草、龄軒草、十笏吟、補遺)　集3-
　　17545
　　蓼原山房詩鈔(咸遇詩、十笏吟、叩檐集、占
　　新集、紅螺集、使蜀草、知還草、偶存鈔)
　　集3-17546
77 蓼與舒蓼辨　叢2-1747
90 蓼懷堂詩草第一集　集3-15116
　　蓼懷堂琴譜　子3-17670

4420₇ 夢

00 夢痕仙館詩鈔　集5-39563～4
　　夢痕寄跡　集4-26378
　　夢痕館詩話　叢2-2067

夢痕錄節鈔　史2-11902
夢痕錄餘(清嘉慶元年至十年)　史2-
　12618
夢癡說夢前編、後編　子5-26611
夢亭遺集　集4-24063～4　叢2-886(5)
夢亭遺稿　叢2-888
夢鹿庵文稿　集5-34344
夢魔草　叢2-1498
夢庵文鈔　集4-22517
夢庵詞　集7-46374、46395、46517
夢庵遺稿　集5-39743
夢廬詩鈔　集4-30945
夢廬畫譜　子3-16551
夢唐詩餘　集7-46432、46849
夢言　子5-26741～2
01 夢語撮要　子6-32091(71)
07 夢韶詩賦鈔　集4-28290
09 夢談隨錄　史6-43148　叢1-496(4)
10 夢玉詞　集7-47745、48374　叢1-584
　　夢雪廬詩鈔　集3-20103
　　夢雪草堂讀易錄　經1-1453
　　夢石樓十種　叢2-1302
　　夢西湖詞　集7-47975
　　夢西湖絕句　史7-53362　叢1-369
　　夢雲私語詩詞集　集5-40879
　　夢雲樓分體詩鈔　集4-23935
　　夢雲閣精纂四書開答主意金聲　經2-
　　10479
11 夢琴府君(希恕)行畧　史2-9837
　　夢琴舸吟剩　集4-32273
15 夢甡齋詩集　集4-31799～800
16 夢碧簃石言　史8-63513、64463
　　夢硯齋詞　叢2-885
　　夢硯齋遺稿　集4-29301
　　夢硯齋日記(清道光二十三年至二十四年、
　　二十七年至三十年、咸豐元年至三年)
　　史2-12725
　　夢硯居遺詩　集3-14337,6-41761
　　夢醒齋詩草　集5-39129
　　夢醒錄　子5-29594、32066
20 夢雋　子3-14622　叢2-774(10)
　　夢航雜說　子4-20993　叢2-1359
　　夢航雜綴　叢2-1359
　　夢香存稿　集5-35263
　　夢香草　集5-35262
　　夢香樓集　集3-13017　叢2-970
　　夢香園剩草　集4-32416,6-42007(2)
　　夢香居詩鈔、二集　集4-27522
　　夢香閣詩　叢2-1611～2
　　夢香堂新錄竹葉舟　集7-50241

21 夢占逸旨　子3-14624　叢1-241、242(2)、2-731(16)、1103～4
夢占類考　子3-14627
夢紅豆村詩集　集5-38814
22 夢山存家詩稿　集2-9285
夢巢詩草、詩餘偶存　集5-36027
夢梨雲仙館詩集　集4-28098
夢梨雲館詩外編　集4-29758
26 夢白文集　叢2-1154
夢白新編白獺傳(繪圖水怪貪歡緣)　集7-53685
夢白新翻錦香亭全傳　集7-53807
夢白先生集　集2-10428　叢2-1157
夢白先生集、味檗齋遺筆、閒居擇言　集2-10426
夢泉外史印譜　子3-17085
夢鯉山房詩鈔　集4-31350,6-42007(2)
27 夢魚書屋詩草　集4-30619
夢幻　子5-27282
夢幻緣　集7-48780、49346
夢幻居畫學簡明　子3-15988
夢幻居題畫詩　子3-16224
夢紀　叢2-1226
夢約軒詩存　集4-30970
夢約軒詩鈔　集4-30969
夢約軒集　集4-30968
夢綠亭會合詩,續編　集4-32228
夢綠詩存　集3-21041
夢綠詩鈔　集6-42006
夢綠山莊集　集4-25501
夢綠草堂詩續鈔(秦山集、蜀棧集、錦里集、布帆集)　集4-32950
夢綠草堂詩鈔　集4-32949
夢綠草堂詩鈔(佩觿集、抱璞集、發軔集、還轅集、寫心集、起舞集、躍馬集、吞鯨集、望雲集、憂日集、藝菊集、米蘭集)、鳳簫集　集4-32948
夢綠草堂槍法　叢1-437
夢綠堂槍法　叢1-269(4)、270(3)、271、272(3)、360,2-731(36)
夢綠堂槍法(夢綠草堂槍法)　子1-3573
28 夢谿筆談　子4-19950
30 夢瀛居士自訂年譜　史2-12140
夢迹圖　子3-16565
夢窗雜詠　集4-26063
夢窗詞集　集7-46683　叢2-2142
夢窗詞集、補、小箋　叢2-698(10)
夢窗詞校議　叢2-845(2)
夢窗詞校勘記、夢窗詞集小箋、夢窗詞校議、補校夢窗新詞藁　叢2-845(2)

夢窗稿、補遺　叢1-223(73)
夢窗甲乙丙丁稿、補遺、重校夢窗詞劄記　集7-46687
夢窗甲稿、乙稿、丙稿、丁稿、絕筆、補遺　集7-46380　叢2-720(2)
夢窗甲稿、乙稿、丙稿、丁稿、絕筆、補遺(夢窗稿、補遺)　集7-46684
夢窗甲稿、乙稿、丙稿、丁稿、補遺、續補遺　集7-46685　叢1-474
夢窗甲藁、乙藁、丙藁、丁藁、夢窗詞補遺、文英新詞藁、夢窗詞藁附錄　叢2-845(1)
夢窗甲藁、乙藁、丙藁、丁藁、絕筆、補遺　叢2-698(13)
32 夢溪詩鈔、越吟草　集4-22252
夢溪續筆談　叢2-731(6)
夢溪補筆談　叢1-109、111(4),2-731(6)
夢溪棹謳　集4-29905
夢溪櫂謳　集7-48276　叢2-2088
夢溪嚴氏宗譜[江蘇鎮江]　史5-41181
夢溪筆譚、補筆談　叢1-100
夢溪筆談　子4-19945～6,5-26224　叢1-17、19(4)、20(2)、21(3)、24(4)、99、157、166、169(4)、373(6)、2-731(6)
夢溪筆談、續筆談、補筆談　子4-19949
夢溪筆談、補、續　叢2-624(2)
夢溪筆談、補、續、校字記　叢2-658
夢溪筆談、補筆談　子4-19948　叢1-31、223(41)
夢溪筆談、補筆談、續筆談　叢1-268(3)
夢溪筆談、校字記　叢1-559
夢溪筆談、校勘記　叢2-636(3)
夢溪筆談校字記　子4-19953
夢溪筆談全編　子4-19947
33 夢逋草堂劫餘稿、補遺、文剩　集4-31378
夢粱錄　史7-50273～5　叢1-195(7)、223(25)、244(6)、268(2)、383、407(3)、587(5)、2-731(59)、735(2)、832(4)
34 夢池草　集4-26142
夢波紀草　集4-28466
夢衲盦詩偶存　集4-30186
36 夢湘廔詞　集7-48158
夢湘樓詩稿(梓餘草、桐葉吟、蔗根詞)　集4-29800
夢湘樓詩稿、繡餘詞草　集4-29799
夢湘樓詩草　集4-29798
夢湘樓桐葉吟　集4-29801
夢湘囈語　史2-10919　叢2-2209
夢澤張先生手授選評四六燦花　集6-43894
夢澤集　集2-8311～2　叢1-223(65),2-

873
夢澤集、拾遺、附錄　集2-8314
夢澤集摘刊　集2-8313
夢澤先生集　集6-42043
夢澤堂文集、詩集、資江唱和集　集3-14446
夢禪室詩集　集5-41161
37 夢湖樓外編　子4-24667
夢選樓文鈔、詩鈔　集5-39120
夢選樓吟草　集5-39121
38 夢游詩鈔　集4-31391
夢游仙館集　集4-28020
夢游錄　子5-26222、27542　叢1-22(19)、23(18)、29(3)
夢海故事大全　子3-14617
夢遊二十一世紀　子7-38269
夢遊赤壁圖題詞　叢1-496(4)
夢遊蟻國記　子5-28643
夢遊錄　叢1-27~8、56、185、249(2)、255(2)、587(3),2-731(50)
夢遊錄(古杭夢遊錄)　叢1-26
40 夢境圖唱和詩集　叢1-316~7,2-731(38)
夢南雷齋文鈔　集5-40597
夢南雷齋縶言三種　子4-22105
夢喜堂詩　集3-21161
夢柰詩稿　集4-31703
夢榜　集7-52235
44 夢荃閣擬古詩草　集4-30869
夢萱室詩存　集5-38865
夢萱室遺詩　集5-38864　叢1-477
夢范山館文集、詩存　集5-35502
夢坡室收藏琴譜提要　史8-66310
夢藻生詩存(歙生館選鈔古近體詩)　集4-32418
夢花亭尺牘　集5-34386,6-45194　叢1-496(5)
夢花亭駢體文集　集5-34385　叢2-843
夢花雜志　子4-21386
夢花雜摭抄　子4-24586
夢花記　子5-26571
夢花酣　集7-50030
夢花窗詞　集7-46398~400、47150
夢花草堂詩稿　集4-29511~4
夢花草堂詩錄　集4-29515,6-42007(1)
夢花樓詩草　集4-25322
夢莊存稿　集3-20401
夢蘅詞、度隴小草　集7-48328
夢蘭瑣筆　子4-21133
夢蘭草堂詩集　集5-36323
夢蘭草堂詩稿初集　集5-38348
夢蘭吟　集4-29830

夢蘭居士存稿　集6-42006
夢蘭閣詩鈔、詞　集5-37205
夢蘭憶友　集7-52827
夢蕉亭雜記　叢2-2149
夢蕉鹿軒醫喉三種　子2-7459
夢蕉詩話　集6-45744　叢1-195(4),2-1075
夢蕉存稿　集2-8268
夢蕉存稿二種　叢2-1075
夢草　集3-13020　叢2-970
夢草亭醫書三種　子2-4679
夢草集　集6-43778
夢草軒詩　集4-26504
夢華雜著　叢1-577,2-620
夢華詩稿　集3-17905
夢華詩草　集4-31545
夢華瑣簿　叢2-683、1819
夢華遺稿　集4-31546
夢華樓詩集　集3-21195
夢華因傳奇　集7-49561
夢華閣詩稿　集4-32859
夢華閣曲譜　集7-54790
夢華錄　叢1-20(9)、21(10)、24(12)
夢若山房詩稿　集5-37199
夢蒼山館遺詩　叢2-886(5)
夢菴詞　集7-46357、46364~5、46799
夢葛集　叢2-1745
夢蘿浮山館詩畧　集4-25657
夢薇樓詩草、詩餘　集5-34957
夢林玄解　子3-14623
45 夢樓詩集　集3-21278
夢樓先生倡和詩　子3-15747
夢樓先生真蹟　子3-15435
夢樓選集　集3-21279　叢1-282(4)
46 夢觀詩稿　集4-29791
夢觀集　集1-5423~7,2-6108　叢1-223(61)
夢柏山房詩草　集4-32456
47 夢鶴草堂集　集3-20911
夢鶴軒楳瀣詩鈔　叢2-785
夢鶴軒梅瀣詩鈔　集4-24010
夢鶴軒梅瀣詩鈔續編　集4-24011
夢姍姍室畫虎集　集5-35849
夢鄲草堂吉金圖、續編　史8-64232
夢榴軒文稿　叢2-2139
夢榴軒雜著(詩稿、文稿、讀書記)　集5-38777
夢榴軒雜著三種　叢2-2139
夢榴軒詩稿　叢2-2139
夢榴軒讀書記　子4-23577　叢2-2139

48 夢松草堂詩稿　集5-36747
　夢松書屋詩文鈔　集4-32882
　夢松軒訂正綱鑑玉衡　史1-1300
　夢松堂帖本詩存　集4-28516
　夢梅仙館吟草　集5-37724
　夢梅華館集十三種　集5-38795
　夢梅華館日記(清光緒三年至十六年)　史2-13183
　夢梅軒詩草　集5-34834、40047
50 夢中緣　子5-28343　集7-50298
　夢中套夢(夢中夢)一枝　集7-52709
　夢中夢　集7-52416
　夢中燈月　集7-49705
　夢蛟山人詩集、補遺　集4-22641
　夢書　子3-14626、14638、14641~2　叢1-22
　　(18)、23(18)、29(3)、261,2-628、761、1596
　夢春廬詞、早花集　集7-47438
　夢春詩鈔　集5-40107
　夢春草堂詩稿　集5-40347
　夢東禪師遺集(徹悟禪師遺稿)、徹悟禪師
　　行畧　集4-22379
51 夢軒文稿　集5-37315
　夢軒詩稿　集5-37314
　夢軒瑣靈　子4-22056
　夢虹奏議　史6-48214~5
54 夢撻嚴嵩　集7-53619
　夢蝶詞　集4-30385
　夢蝶山房試帖　集5-36781
　夢蝶草　集3-18606,4-30796
　夢蝶吟　集5-35182
55 夢蜓草　叢1-419
56 夢揚州　集7-49378~9、49381
　夢蟬樓詩錄　集4-31331
　夢蟬樓遺稿　集4-31330
60 夢墨稿　集2-6301
　夢墨軒詩鈔　集4-23778
　夢墨堂稿、續稿　集3-19922
　夢國詩草　集5-39332
　夢園文集　集5-37671
　夢園雜說　叢2-1874
　夢園試帖　集5-37677
　夢園詩集　集5-37669
　夢園詩集、文集、公牘文集、詞集　集5-37670
　夢園詩集、文集、公牘文集、駢體文集、尺
　　牘、詞集、聯語　叢2-956
　夢園詩草　叢2-1874
　夢園詩藝、律賦、試帖、經藝、書藝　叢2-956
　夢園二集　叢2-956

夢園二集(劉氏家禮、夢園公牘文稿)　集5-37672
　夢園聯語　集5-37678
　夢園子　子4-21328
　夢園瑣記　子5-26542
　夢園瑣事　子5-26543
　夢園經解　經2-11736　叢2-956
　夢園經藝、書藝　集5-37676
　夢園制藝、補遺　集5-37675
　夢園律賦　集5-37673
　夢園叢說內篇　叢1-496(4)
　夢園叢說內篇、外編　子4-21327
　夢園初集　集5-36999　叢2-956
　夢園蒙訓　子1-2912　叢2-956
　夢園史學　叢2-956
　夢園書畫錄　子3-14854
　夢園居士存稿　集4-29829
　夢園尺牘　集5-37679
　夢園駢體文集　集5-37674
　夢園公牘文集　史6-47195
　夢園公牘文稿　史6-47196　叢2-956
　夢田詞　集7-47331
　夢因閣詩鈔　集4-32848
　夢因錄　史2-12177,7-53994　叢2-1823
　夢曇遺草　集5-38341
　夢圓軒詩集　集4-32881
　夢羅浮館仙史遺稿　集5-40057
62 夢影庵遺稿　集5-39412~3
　夢影詞　集7-47242、47564　叢2-1622
　夢影樓詩　集5-33938
　夢影樓稿　集5-33936
63 夢畹詩文集　集4-27456
　夢畹詩集　集4-27457~8
　夢畹詩存　集4-27459
64 夢曉樓集　集3-19019
　夢曉樓集、隨筆、餘筆　集3-19017
　夢曉樓隨筆　集6-46285　叢1-364
　夢曉樓隨筆記　子5-27361
65 夢蹟圖　子3-16545
66 夢曙道人剩稿(年年集、鮫珠集、從軍集、夢
　　曙集)　集3-13354
　夢嚴賦詩鈔　子4-23283
67 夢明湖館詩　集5-41038
68 夢吟詩草　集5-35600
　夢吟集、續集　集3-13907
　夢噉湖樓詩草　集5-39731
70 夢陔堂文說　集6-46296　叢2-1649
　夢陔堂文說初稿　集6-46297
　夢陔堂文集　集4-25944　叢2-1649
　夢陔堂詩集　集4-25941　叢2-1649

中國古籍總目書名索引

夢陔堂詩集、文說　集4-25942
夢陔堂詩集、文說、文集　集4-25943
夢陔堂詩初集　集4-25940
夢陔堂全集五種　叢2-1649
71 夢厂雜著　子5-26441
夢厂雜著七種　叢2-1581
72 夢隱詞　集7-47472、47475
77 夢覺集　集3-17394
夢覺法黃白破愚九轉金丹訣新書　子5-29578
夢月巖詩集　集3-16506~7
夢月巖詩集、詩餘　集3-16508
夢月軒詩草　集4-32295
夢月軒詩鈔　叢2-785
夢履稿　史1-3198
夢閣謎語　子3-18457
夢鷗閣詩鈔　集4-29616
夢鷗筆記(清同治二年)　史2-12892
夢闌瑣筆　叢1-203(17)
80 夢盦居士自編年譜　史2-12121　叢2-645
夢龕詞　集7-47563
87 夢錄亭會合詩、續編　叢2-1851
夢錄草堂詩鈔、續集　集6-42008
88 夢竹齋詩草　集4-33593
夢竹齋宮詞　集4-33594
夢竹軒筆記　子4-21651　叢2-1592
夢符文稿　集4-22063
夢箋詩屋詩　集4-23542
夢筆山房繭甕集、續編、閒雲詞　集3-18934
夢餘詩話　叢2-913
夢餘詩鈔　集4-23225~6
夢餘談剩、竹窗情話　子4-23166
夢餘集　集3-13110、17914
夢餘草　集3-19493、21134,4-22321~2,5-38531　叢2-1378
夢餘老人曲譜大成　集7-54671
夢餘錄　子4-20422　叢1-22(23)
夢餘筆談　叢2-1017
夢築堂詩初集　集3-20073
90 夢懷錄　史2-12463
夢懷小稿　集5-36431
夢憶　子4-23062　叢1-233、373(8)、496(5)
夢堂詩稿　集3-19751
91 夢悟　叢1-330
夢煙舫詩　集4-26130
92 夢恬書屋詩鈔、續鈔　集4-29883
95 夢情集　集4-24296
98 夢悔樓詞　叢2-885

考

00 考亭誌　史7-51427
考亭淵源錄　史2-7073
考亭淵源錄初稿　史2-7072
考亭遺矩　子1-805
考亭遺矩、朱子四師傳　叢2-1497
考辨隨筆　子4-22604
01 考訂朱子世家　子1-754~6
考訂朱子世家[江西婺源]　史4-26689
考訂河洛理數便覽　子3-13762　叢2-1555
02 考證　集6-45495
考證、徵刻書啓五先生事畧、　叢1-547(3)
考證病源　子2-4874
考證文抄　叢2-2270(3)
考證紀畧　子4-22762
考證注解傷寒論　子2-6330
考證周身穴法歌　子2-10330
03 考試司機　子7-37230
考試司機、圖　子7-36231(2)
考試法官必要　史6-46040
07 考詞九轉賀郎兒　集7-49353
10 考工　叢1-460
考工記　經1-58、4897、4958、4980、4985、4987、5173、5181、5184　叢1-127、140、159、172,2-829
考工記、校譌、續校　經1-5174　叢1-376
考工記辨證　經1-5199　叢2-2140
考工記論文　經1-5190、5197　叢2-1449、2011
考工記要　子7-36231(5)、36249~50、37151
考工記要、圖　子7-36228(6)
考工記解　經1-121、4921、5175、5182　叢1-223(8)、273(2)、456(4),2-731(17)、1033
考工記鳥獸蟲魚釋　經1-5209　叢2-922、1786
考工記作車田職淺說　叢2-988
考工記注　經1-5171
考工記補疏　經1-5198　叢2-2140
考工記述注、圖　經1-5178
考工記遺文　經1-135
考工記遺職　經1-135
考工記通　經1-5816
考工記通、集諸家論、圖　經1-5186~7
考工記析疑　經1-5017、5189　叢2-1386
考工記考、圖　經1-5196　叢2-1946
考工記考辨　經1-163(3)、5188

考工記世室重屋明堂考　經1-145、163(4)、
　6154　叢2-1920
考工記車制圖解　經1-111(3)、5203～4
考工記輯注　經1-5179、5183
考工記圖　經1-111(3)、5191～2　叢1-203
　(15)、238、462、2-814、1475
考工記圖解　經1-5177
考工記異讀訓正　經1-5225　叢2-922、
　1786
考工記異字訓正　經1-5224　叢2-922、
　1786
考工記纂注　經1-5185
考工釋車　經1-5202　集4-24611　叢2-
　1910
考工創物小記　經1-108、111(2)、5193～4
　叢2-814
考正武成　經1-105
考正德清胡氏禹貢圖　經1-3274　叢2-
　1832
考正穴法　子2-7779、10332
考正古本大學　經2-10638
13 考職須知　史6-42763
14 考功詞　集7-48292
考功集　叢1-223(65)
考功集(薛考功集)　集2-8138
考功集選　集3-14710　叢2-948、1336
考功驗封條例　史6-42821
18 考政　史6-48053
20 考信編　史1-1403
考信附錄　史2-9562　叢2-731(4)、782
　(4)、1538～9
考信錄　叢2-1538～9
考信錄提要　史1-6007　叢2-731(4)、782
　(4)、1538～9
21 考歲署　叢1-223(59)
22 考川明經胡氏家乘[江西婺源]　史4-
　30560
考川明經胡氏宗譜[江西婺源]　史4-
　30557、30561～2
23 考稽會典　叢2-1317～8
24 考化白金　子7-36229
27 考盤餘事　叢2-624(3)
考槃集　集2-9290、10693、6-45086　叢2-
　1650
考槃集文錄　集4-26076～8
考槃集文錄、半字集、考槃集、王餘集、儀衛
　軒遺詩　集4-26074　叢2-1652
考槃集遺什　集3-18033
考槃餘事　子4-18675～6　叢1-14(2)、
　105、111(1)、249(3)、461、2-731(33)
考槃餘事十七種　子4-18538

30 考空氣礆　子7-36229
考定王制經文　經1-5862
考定經穴　子2-10322
考定皇極指掌圖　叢2-1084
考定檀弓　經1-5822　叢1-269(2)、270
　(1)、2-731(21)
考定磬氏倨句令鼓旁線中縣而縣居線右解
　子3-12365　叢2-1637
考定今水經表　史7-52739
考定竹書　史1-1001　叢2-1313
考察政治日記　史6-47563
考察政治日記(清光緒三十一年)　史2-
　13222
考察各國政治條陳摺稿　史6-41945
考察憲政大臣李家駒奏考察立憲官制錄繕
　成書敬陳管見摺　史6-42760
考察土爾扈特王疆理記　史6-45693,7-
　49357
考察南洋勸業會紀畧　史6-44795
考察英國議院答問　史6-41949
考察英國政府臣民答問　史6-41950
考察日本軍政紀畧　子7-36922
考察日本學校記　子7-36760
考察普魯士國及德意志聯邦憲法成立情形
　史6-46062
考察小學日記　史6-42415
32 考溪書屋題詠　集6-44748
35 考禮　經1-6099　叢2-1775～6
38 考道錄、續　叢1-213
40 考查各省分廠銅幣事宜覆奏摺稿　史6-
　44463
考查奉天省憲政事宜報告書　史6-41842
考古　子3-11582
考古文集(趙考古先生文集)　集2-6347
考古正文印藪　史8-64919
考古正文印藪、印譜舊敍　史8-64920
考古辭宗　子5-24979
考古編　子4-20099　叢1-1、19(8)、223
　(40)、268(3)、2-731(6)
考古續說　史1-6019　叢2-731(4)、782
　(4)、1538～9
考古彙編經集、史集、文集、續集　子5-
　25643
考古祕訣鑑定新書　子4-22268～9
考古軒遺墨　集5-36353
考古圖　史8-64136
考古圖、續考古圖、釋文　叢1-223(38)
考古圖釋文　叢2-731(32)
考古畧　子5-25361、25363
考古畧、補　子5-25362
考古原始　子4-22252

考古質疑　叢1-223(40)、230(4)、404、435、453、468、567、2-856
考古錄　子5-25443
考古類編　子5-25377
考索　集6-45490
43 考城縣志[康熙]　史8-59829
考城縣志[民國]　史8-59830～1
44 考恭肅府君傳、墓誌銘元配魏氏傳　史2-9079
47 考聲　經2-13669、14020、15142　叢2-775(3)
53 考成章程　史6-41729
考成錄暑　史6-43114
78 考驗通書法竅祕訣　子3-13470
考驗吉省官吏章程　史6-42780

芩

00 芩鹿齋詩集　集5-37114

尊

17 尊君府君(童槐)年譜　史2-12039　叢2-1654
20 尊香樓詩草　集5-37379
尊香樓集(尊香樓初集、二集、筆記、分釵集)　集5-37377
27 尊綠華堂遺吟　集4-27623
60 尊園詩集　集3-17713

4421₀ 尅

08 尅敵武畧熒惑神機　子3-13840
56 尅擇部、奇問口訣　子3-13139
尅擇璇璣經集註、括要　叢1-160～1
尅擇璇璣經集注　子3-12892

4421₁ 荒

00 荒鹿偶談　子4-21329
18 荒政　叢1-460、2-771(2)
荒政議　史6-44539、44561　叢1-273(4)、

274(4)、360
荒政要覽　史6-44552
荒政瑣言　史6-44585
荒政便覽　史6-44607
荒政條議　史6-44569
荒政彙編　史6-44553
荒政叢言　史6-44539、44559　叢1-273(4)、274(4)、360
荒政叢書　史6-44539　叢1-223(27)、273(4)、274(4)、360
荒政考　史6-41537、44539、44560、44581　叢1-273(4)、274(4)、360、2-829
荒政摘要　史6-44598
荒政輯要　史6-44594～5　叢1-361
荒政錄、玩草園讀書筆記　史6-44588
27 荒島孤童記　子7-38207
28 荒徼通考　史7-54266　叢2-742
31 荒江老屋詩識　集6-42021
50 荒史　史1-2014　叢2-1103
荒書　史1-3116　叢2-702、1321
荒書、校記　史1-3117　叢2-656
88 荒箸暑　史6-44539、44563　叢1-273(4)、274(4)、360

莞

10 莞爾詞　集7-47372
莞爾堂吟草、即仙館雜詞詩　集4-29725
莞爾堂第九才子書斬鬼傳(第九才子書斬鬼傳)　子5-27822
莞石遺詩　集3-13080

莪

00 莪言　集4-24916　叢1-317
60 莪圃刻書題識、補遺　史8-66464
莪圃藏書題識、補遺　史8-65739
莪圃藏書題識再續錄　史8-65261、65741
莪圃藏書題識續錄、雜著　史8-65261、65740

蘼

44 蘼蕪紀聞　史2-9278　叢2-796
蘼蕪春曉曲　集7-50555

麓

10 麓雲山館詩冊　集5-36475
22 麓山記　史7-49309、52561～2　叢2-776
　　麓山精舍叢書　史7-49309
25 麓生集　集5-35018
40 麓臺詩集　集3-16264
　　麓臺集　叢2-823
　　麓臺題畫稿　子3-16158　叢1-203(15)
　　麓樵小草　集5-33842
　　麓樵小草·續刊　集5-33843
71 麓原詩鈔　集4-29400
77 麓門文續　集3-19872
80 麓人孫氏醫案　子2-10894
90 麓堂詩話　集6-45486、45491、45494、45733
　　　叢1-22(26)、34、244(2)、2-617(5)、731(47)

4421₂ 苑

04 苑詩類選　集6-42346
10 苑西集　集3-16215,6-41969　叢2-1353～
　　4
24 苑結錄　史2-7703
37 苑洛集　集2-7793　叢1-223(65)
　　苑洛先生語錄　子1-1019
　　苑洛志樂　經1-6456～7　叢1-223(14)
　　苑洛餘音　集7-50629
50 苑史先生(霍爲棻)行狀　史2-10163
60 苑里志[光緒]　史8-63477

菀

01 菀譚詩剩　集4-27797
50 菀青集　集3-16923

葹

80 葹谷偶鈔　子4-24416

4421₃ 蒐

20 蒐集羣書紀載萬年壽錄　史2-6580
40 蒐古彙編　史8-63497、64423

4421₄ 花

00 花癖剩吟　集3-18919
　　花癡生詞稿　集4-25315
　　花亭黃氏宗譜[浙江諸暨]　史5-33789～92
　　花亭楓林黃氏宗譜[浙江諸暨]　史5-
　　33793
　　花亭周氏宗譜[浙江諸暨]　史4-29974
　　花塵　子4-19158、19160、19167
　　花庵詩鈔　集3-16353
　　花庵詞選　集7-48453
　　花庵詞選前集、後集　集7-48454
　　花庵絕妙詞選　集7-46348、48450
　　花底拾遺　子5-27430　叢1-201、203(2、
　　17)、371、587(1)
　　花夜記　子4-21932
　　花裏活　叢2-731(54)
　　花裏活、補遺　叢1-195(7)
　　花裏聞歌一分　集7-49705
　　花裏鐘傳奇　集7-50385
01 花語詞　叢2-2153
　　花語山房詩文小鈔　集3-17783
　　花語軒詩鈔　集4-24153,6-41999
06 花韻庵詩餘　叢2-1589
　　花韻集　集5-41084
　　花韻菴詞餘　集7-50660
　　花韻樓詩詞剩稿　集5-38509
　　花韻樓醫案　子2-4770、10671
　　花韻軒詠物詩存　集4-22126
　　花韻軒詩鈔　集4-30642
　　花韻軒集　集3-16463
　　花韻館詞　集7-47545
07 花詞詞　集7-48377
　　花部農譚　子4-23232　叢1-518
08 花墅琴雅　叢2-1694
　　花說　子1-72,4-18542、19178
　　花譜　子4-19195　叢1-34
10 花一枝　集7-51752
　　花王閣賸稿　集2-11793　叢1-525,2-731
　　(43)、782(3)

花疏　子4-19171　叢1-13、14(3)、181

花雨香齋集　集3-21585,6-41980

花雨山房詩選　集5-38594

花雨樓詞　集5-37788

花雨樓叢鈔十一種續鈔十一種附一種　叢1-462

花雨堂詩鈔　集4-23467

花天月地吟　集5-34155

花石張氏五修族譜[湖南湘潭]　史5-35393

花石張氏四修族譜[湖南湘潭]　史5-35392

花石山房遺集　集3-19315

花石吳氏六修族譜[湖南湘潭]　史4-28177

花西公寓齋集　集4-25574

11 花麗村人詩集　集5-40273

12 花飛一片一枝　集7-51753

15 花磚新使　集6-44232

花磚重影集　集5-37989

花磚日影集　集5-37990〜1

17 花聚菴詩集　集3-13829

18 花政　子4-19168

19 花璅事　子4-23971　叢1-30、168(4)、181

20 花備月令　子1-4476　叢2-808

花信詩　集3-14620

花信平章　子4-19181　叢2-2029〜30

花信樓文稿　集5-37857

花信風　子3-17860

花妥樓詩　集3-18375

花舫緣　集7-48775、49236　叢2-672

21 花僊效靈　集7-49700

花僊劍　集7-53585

花經　子4-19153　叢1-10、22(17)、23(17)、29(6)、587(2)

22 花仙(郎玉娟)小志　史2-9680

花仙傳　叢1-587(4)

花仙劫圖詩集　集4-24980

花仙小志　子4-23280　叢2-1597〜8

花山許氏宗譜[浙江諸暨]　史5-34409

花山朱馬氏二修家乘[浙江海寧]　史4-31587

花山朱馬氏重修家乘[浙江海寧]　史4-31589

花山朱馬氏家乘[浙江海寧]　史4-31588

花山遊記　史7-49318(5)、53252

花山劉氏族譜[湖南長沙]　史5-39465

23 花外集　集7-46720　叢2-698(11)

花外集(碧山樂府)　叢1-244(3),2-731(48)

花外集、補遺　叢1-353

花外散吟　集3-16581、17499〜500

花編　子4-19166

26 花泉李氏三修族譜[湖南衡陽]　史4-27599

27 花角樓吟稿　集3-18296

花鳥詞　集7-47249

花鳥爭奇　子4-18539、19115、19120、24189

花鳥緣　集7-53775

花鳥畫范三集　子3-16756

花鳥春秋　子4-19126　叢1-197(4)、587(5)

花名寶卷　集7-54350

花名兒一枝　集7-51755

花名類詠、步鵝紀遊　集3-18346

花嶼讀書堂、文鈔、詞　集4-25675

花嶼詞　集7-47277

花嶼叢鈔、古緪齋經鈔　集6-43060

花嶼草　集6-41969

28 花谿集　集1-5748〜9,6-41784　叢1-223(62)

30 花宜館文畧　集4-29091

花宜館詩續鈔　集4-29090

花宜館詩鈔　集4-29087

花宜館詩鈔、無腔村笛　集4-29088

花宜館詩鈔、無腔村笛、詩鈔續存　集4-29089

花宜館甲乙稿　集4-29086

花之安遺篇集錄　子7-35663

花案　叢1-142

花寮　叢1-128〜9、371

32 花灣詞　集3-20502

花溪子集　集5-35086

花溪遺稿　集3-17129,6-41976

花溪遺草　集3-20603

花溪志補遺[乾隆]　史7-57359

花溪春暉堂文稿　集3-21529

花溪春暉堂隨筆　子4-24226

花活草堂遺稿　集5-36624

花近樓詩存　叢2-2149

花近樓詩存初編、續編、四編、八編　集5-39088

花近樓叢書序跋記　史8-66159

花近樓叢書、補遺、附存　叢1-369

34 花港觀魚一枝　集7-51754

37 花逸居詩稿　集4-22871

38 花洋山館詩鈔、文鈔、補遺　集4-27520

39 花消英氣集　集5-36181

40 花九錫　子4-19152　叢1-22(17)、23(17)、29(4)、255(2)、350、587(2)

花南詩集　集3-21198

花南詩屋存稿　集4-27844

花南溪館詩鈔　集6-42007(4)
花南老屋詩集　集3-15822,6-44591
花南軒筆記　子4-22673
花南吟榭遺草　集4-25014
花志　叢1-9、22(11)、23(11)
花卉譜　子4-19193
花木種植法　子1-4495
花木鳥獸集類　集5-25911　叢1-223(44)
花木蘭　集7-52346、52680
花木蘭征北(花木蘭)　集7-51133
花木錄　叢1-15
花木小志　子4-19141　叢2-1696
花木類考、課花十八法、附錄　子4-19145
41 花獅應節　集7-49705
花杠雜著稿　集4-25551
42 花橋詞鈔　集7-47786
44 花鼓子一套　集7-50918
花交輝閣集　集5-38600
花萼倡和　集6-45076　叢2-918
花萼樓集　集3-15174
花萼吟　集3-18242
花萼吟傳奇　集7-50286、50288
花萼堂吟稿　集6-45119
花薰閣詩述　集6-45496
花蕊詩鈔　集1-1824,6-41900
花蕊夫人宮詞　叢2-731(38)
花蕊夫人宮詞(蜀花蕊夫人宮詞、宮詞)　集1-1823
花草新編　集7-48484
花草粹編　叢1-223(73)
花草粹編、樂府指迷　集7-48476
花草蒙拾　集7-48711、48743　叢1-202(5)、203(11)、320
花草樹木類考　子4-19144
花草圖考　子4-19139
花草粹編、樂府指迷　集7-48477
花苗新約全書　子7-35146
花著盦詩存、流露詞、寒木春華詞　集5-34741
花菴詞選、續集　叢1-223(73)
花村談往　子5-26572
花村談往、補遺　叢2-615(3)
花葉粉　集7-50378
花藥夫人詩集　集6-41779~80
花藥夫人詩集(花蕊詩鈔)　集1-1824
花藥夫人宮詞　集6-41812、41814　叢1-407(4)
46 花幔樓批評寫圖小說生綃剪　子5-27812
花枷良願龍圖寶卷　集7-54341
47 花塢街頭趙氏宗譜[安徽黃山]　史5-38388~9
花塢書堂詩草、梅邊吹笛詞　集4-31334
花塢吟　集3-15880,6-41962
花聲月意樓詞　集7-48365
花朝閣樂府　集2-9513
花好月圓室詞　集7-48109
花柳病療法　子7-37880
花柳白濁各種治毒方　子7-37910
花柳深情傳　子5-28549~50
50 花中君子遺草　集5-34536
花史　子4-19162~3　叢1-496(4)
花史左編　子4-19157、19159
花史左編、花塵　子4-19158、19160
花事草堂詩稿　集4-26012
花事草堂學吟　集4-26011,6-41985
花事錄　子4-19165
花夫人哀輓錄　史2-10673
55 花農雜詩六種　集5-37982
花農雜稿　叢1-373(7)
花農詩鈔　集4-27511
57 花蝴蝶寶卷(雙僊寶卷)　集7-54349
60 花國劇談　子5-26232、27337　叢1-587(6)
花園朱氏宗譜[浙江海寧]　史4-26494、26496
花園徐氏下人房房譜[浙江永康]　史4-32034
花園徐氏宗譜[浙江永康]　史4-32033
花園樓氏宗譜[浙江]　史5-39068
花園相會寶卷　集7-54353
花園欄杆妓女歎十聲　集7-53633
花團錦簇　叢2-2217
花田重周　子4-23160
花田紀事、續紀　子4-20706
花田錯　集7-53537
花甲意記　子7-38286
花甲自譜　史2-11706　集6-44983　叢2-919
花甲數譜　子3-18258　叢1-201、203(5、18)
花甲閒談　史2-9779　子4-22430　叢2-1681
花品　叢2-682
花果會唱和詩　集6-44177
62 花別妻　集7-52345
花影詞　集7-46400、46940、48122　叢1-486,2-731(49)
花影集　子5-27585　叢2-1544
花影編　集2-11895
花影吹笙詞鈔、小遊僊詞　集7-47748
花影吹笙館詞　集7-48128
花縣集　集2-9032

中國古籍總目書名索引

花縣鄉土志[光緒]　史8-60840
花縣志[康熙]　史8-60838
花縣志[民國]　史8-60839
花縣留甘　子4-24402
66 花曙軒詩存　集5-38171
花嚴大懺　子7-32111
花嚴小懺　子7-32111
71 花曆　子4-19172〜3　叢1-22(27)、30、37、
　　181
花曆百詠　集3-16982
花馬池誌迹[光緒]　史8-63328
72 花隱庵詩草　集4-26967
花隱庵遺詩、遺詩補、詞、詞補　集4-32062
花隱庵遺稿　集4-32061
花隱庵揉存草　集5-39806
花隱廬文　集5-39408
花隱詩存　集5-40437
花隱香巢古今體詩　集3-16941
花隱老人遺著　集5-36527
花隱老人遺著二種　叢2-2112
花隱菴隨筆　子4-21400
花隱樓遺稿　集4-23424
花隱居遺稿　集5-38327
花氏宗譜[江蘇常州]　史4-27040
73 花胎曲　集7-50555
75 花陣綺言　子5-27607
花陣奇　子5-28327
77 花鳳樓吟稿　集6-41999
花月痕傳奇　集7-50342
花月痕全書　子5-28519
花月聯環詩　集4-23766
花月繞一枝　集7-51756
花月夢　集7-53776
花月夢續集　集7-53777
花月妓雙偷納錦郎　集7-49123
花月令詩草　集4-33135
花陽聯吟　叢2-1070
花陽樵唱　集4-27500
花叟逢偓　集7-52219
花間詞選　集7-48491
花間正集、續集　集7-48416
花間碎事　子4-19464　叢1-128〜9
花間集　集7-46347〜8、46352、46357、48409、
　　48412〜5　叢1-478,2-698(13)
花間集、補　集7-48410　叢2-635(14)
花間集、補、音釋　集7-48411
花間集、目錄　叢1-223(73)
花間樂府　叢2-1589
花間樂府、外集　集7-47482
花間九奏　集7-49517〜8

花間橝帖　子3-17958
花間四友東坡夢　叢2-720(4)
花間四友東坡夢雜劇　集7-48767(3)、
　　48895　叢2-698(16)
花間笑語　子5-27318　叢1-373(4)
花間笛譜　集7-47692
花間笛譜、庚戌春闈紀事詩、癸丑瑣闈日記
　　集7-47693
花間小集樂府　集7-47891
花間堂詩鈔　集3-19935〜6
78 花陰寫夢詞　集7-47849
80 花盒詩　集6-44199
花鏡雋聲元集、亨集、利集、貞集、韻語　集
　　6-42394
花前一笑　集7-48777、49230
花會傳　子5-28535
花谷選詠　集3-17664
86 花錫新命附廣陵女士殿最　叢1-143
88 花簾詞　集7-47343
花筵賺　集7-50030、50032
花笑廎雜筆　子4-21585
花笑樓詞四種　集7-47935
花笑軒集　集3-15474
花笑軒彙編　集4-33435
花筆草　叢2-1643
花餘亭詩存　集3-21014
90 花小名　子4-19174　叢1-22(27)、30、181
花當閣叢談　子5-26361
花當閣叢談(村老委談)　叢1-269(5)
96 花燭閒談　叢1-587(5),2-624(4)、2078

茌

10 茌平縣志[康熙]　史8-59045〜6
茌平縣志[宣統]　史8-59047
茌平縣志[民國]　史8-59048

莊

00 莊文節公年譜　集2-7053
01 莊諧選錄　子5-27475
05 莊靖集　叢1-223(58)
莊靖集補遺　叢1-4671,6-41926
莊靖樂府　集7-46373、46741
莊靖先生集　集1-4669
莊靖先生遺集　集6-41925　叢2-821

　　莊靖先生遺集(莊靖集)　集1-4670
10 莊王府譜牒　史5-37889
　　莊百俞先生年譜(我一年譜)、家傳　史2-
　　　12485
11 莊頭張氏族譜[浙江紹興]　史5-34932
12 莊列十論　子5-28958、29530(24)　叢1-272
　　　(4)
17 莊子　子1-7、18~20、24、26、50、62~5、67~
　　　70,5-29208、29211、29216、29219、29231、
　　　29247、29278、29305、29381、29412　叢1-
　　　67、172、227(7)、236~7,2-697、698(6)
　　莊子(周)年表　史2-11091
　　莊子旁注　子5-29363~4
　　莊子膏肓　子5-29322
　　莊子章義　子5-29382　叢2-1505
　　莊子辯正　子5-29391
　　莊子音義摘錄　子5-29248　叢2-2212
　　莊子註　子5-29232、29416
　　莊子雜誌　叢2-923
　　莊子評　叢2-1360
　　莊子評補　叢2-2248
　　莊子新解　叢2-2129(3)、2131
　　莊子試妻　集7-53400
　　莊子識小　叢2-2040
　　莊子讀本　子5-29383
　　莊子正讀內篇　子5-29403
　　莊子雪　子5-29390
　　莊子平議　子1-82,5-29399　叢2-1920
　　莊子殘　子5-29242
　　莊子殘卷　子5-29239~40
　　莊子司馬彪注　子5-29227
　　莊子司馬注　叢2-775(4)
　　莊子翼　子5-28945~6、29299、29301、29531
　　　叢2-788
　　莊子翼、采摭書目、附錄　叢1-223(46)
　　莊子翼、補注　子5-29302
　　莊子翼、莊子闕誤、附錄　子5-29300
　　莊子翼評點　子5-29303　叢2-985
　　莊子集辨　子5-29407
　　莊子集釋　子5-29406
　　莊子集解　子5-29418　叢1-579
　　莊子集解補正　叢2-944
　　莊子膚齋口義　子5-28933、29263
　　莊子膚齋口義、釋音　子5-28931、28935、
　　　29262、29268
　　莊子經說敘意　叢2-2129(3)
　　莊子山木篇殘卷　子5-29236
　　莊子佚文　子5-29223~4　叢2-777、2250
　　莊子釋意　子5-29362
　　莊子釋滯、補　叢2-2270(2)
　　莊子解　子5-29287、29349~50、29370~1、

　　　29385　叢1-203(16)、2-818、1115、1290、
　　　1292~3
　　莊子解故　叢2-2206
　　莊子約解　子5-29398
　　莊子約解、外附　叢2-1640
　　莊子徐無鬼篇殘卷　子5-29237
　　莊子注　子5-29228、29271、29417　叢1-
　　　223(46)、2-772(4)、773(4)、2105
　　莊子注、補遺、音、逸篇、逸語、逸篇注補遺、
　　　音補遺、注又補遺、疑義　子5-29226
　　　叢2-770
　　莊子注、莊子注考逸　子5-29225
　　莊子注考逸　子1-56　叢1-260~1
　　莊子審音　子5-29404
　　莊子補釋　叢2-2218
　　莊子達言　子5-29338　叢2-1191
　　莊子遺篇　子5-29218　叢1-371
　　莊子通　子5-29351　叢2-1292~3
　　莊子通、讀莊概辨　子5-28944、29293
　　莊子通義　子5-28936、29276
　　莊子內篇　子5-29217、29327、29345
　　莊子內篇註　子5-29331~2,6-32091(76)、
　　　32092(44)
　　莊子內篇訂正　子5-29273、29530(15)
　　莊子內篇順文　子5-29394
　　莊子內篇注、雜篇注　叢2-2106
　　莊子南華經　子5-28937、28947~8、29311、
　　　29380
　　莊子南華經解　子5-29402
　　莊子南華經心印　子5-29397
　　莊子南華真經　子1-21、61,5-28928、
　　　28939、29207、29210、29212、29230、29234、
　　　29253、29267、29269、29279、29334　叢1-
　　　80~1、114(3)、139、141
　　莊子南華真經(莊子郭註)　子5-29246
　　莊子南華真經、音義　子5-28930、29347
　　莊子南華真經、難字音義　子1-27、30,5-
　　　29214
　　莊子南華真經注釋　子1-22
　　莊子南華真經內外篇　子5-29254
　　莊子存　叢2-750
　　莊子存(山木篇)　叢2-601
　　莊子存(徐無鬼篇)　叢2-601
　　莊子奇文　叢2-632
　　莊子壽(慶椿)行述　史2-10082
　　莊子札記　子5-29415
　　莊子獨見　子5-29377~9
　　莊子故　子5-29373、29419~20　叢1-561,
　　　2 940
　　莊子本義　子5-29388
　　莊子搤墳　集7-53399

莊子口義　子5-28932、28934、29264、29266
　　叢1-223(46)
莊子因　子5-29357
莊子删註　子5-29316
莊子閱　子1-71
莊子闕誤　子1-61,5-29260、29275　叢1-
　　22(20)、223(47)、282(2)、283(2),2-1089~
　　90、1092
莊子人名考　子5-29400　叢2-1920
莊子年表　叢2-2250
莊子義　子5-29257
22 莊鼎臣日記(清光緒三年至五年十年)　史
　　2-13116
莊嶽談　子1-1643　叢2-1595
莊嶽委談　子4-20689　叢2-653(3)、1163
莊巢阿先生臨皇甫君碑　子3-15806
23 莊稼樂一枝　集7-52074
30 莊定山集　集2-7050、7054,6-41935(1)
莊寶樹日記(清光緒四年至五年十年至十
　　二年)　史2-13135
31 莊河廳志[宣統]　史7-56174
莊河縣志[民國]　史7-56175~6
莊渠先生文集(莊渠遺書)　集2-7951
莊渠先生遺書　集2-7952、7954
莊渠先生遺書(莊渠遺書)七種　叢2-1087
莊渠先生門下質疑錄　子1-999
莊渠遺書　叢1-223(65)
莊渠李氏世譜[江蘇吳縣]　史4-27148
33 莊浪政畧　史6-43140
莊浪彙記　史7-51176
莊浪彙記[萬曆]　史8-63088
莊浪志畧[乾隆]　史8-63199
莊浪縣志[康熙]　史8-63197
莊浪縣志畧[乾隆]　史8-63198
37 莊淑人事畧　史2-10772
40 莊在田先生遂生編　子2-8552、8886
42 莊橋楊氏重修大成族譜[江西南昌]　史5-
　　36950
莊櫟遺稿　集4-23018
44 莊夢無傳　子5-27919
50 莊忠甫雜著二十八種　叢2-1191
57 莊擊壤公詩集　集2-6080
66 莊嚴王陀羅尼經　子6-32083(13)、32086
　　(20)
莊嚴王陀羅尼咒經　子6-32081(19)、32085
　　(19)、32088(13)、32089(15)、32090(21)、
　　32091(20)、32092(14)
莊嚴佛法諸義經　子6-32085(6)、32093(8)
莊嚴佛法經　子6-32090(9)、32092(6)
莊嚴菩提心經　子6-32081(4)、32082(4)、
　　32083(4)、32086(5)、32088(4)、32089(4)、

32090(5)、32091(4)、32092(3),7-32495
72 莊氏族譜[江蘇吳江]　史4-31495
莊氏族譜[四川成都]　史4-31505
莊氏族譜引畧　叢2-1191
莊氏家譜[江蘇常州]　史4-31484
莊氏宗譜　史4-31506
莊氏宗譜[江蘇無錫]　史4-31491
莊氏宗譜[江蘇常州]　史4-31485
莊氏心法　經2-13061
莊氏史案　史1-1979、3609
莊氏史案叢鈔　史1-3611
莊氏史案本末　史1-3612
莊氏易義　經1-364　叢2-773(1)
莊氏降香　集7-52173
莊氏慈幼二書　子2-8488　叢1-327
莊氏算學　叢1-223(35),2-1410
莊氏算學(莊氏算法)　子3-12886
77 莊周氣訣解　子5-29530(16)、30896
莊屈合詁　子4-24202　叢2-1272~3
莊騷合刻二種　叢1-80~1
莊學士集　集2-11697
80 莊鏡集　集3-18104
莊年信札　集4-28888
莊義要删　子5-29289
88 莊簡集　集1-3006~8　叢1-223(53)
莊簡集(李莊簡公集)　集1-3005
莊敏公遺集　集2-9661,6-44988
97 莊恪集　集4-25431

　　　　　薩

10 薩天錫詩集　集1-5191~3,6-41780、41927
　　叢1-564,2-635(11)
薩天錫詩集(雁門集)、集外詩　集1-5194
薩天錫詩集、外詩　集6-41928
11 薩瑪第巴克什歷輩根源　7-34758
30 薩遮尼乾子受記經　子6-32083(6)
34 薩婆多部毘尼摩得勒伽　子6-32081(36)、
　　32082(15)、32083(24)、32085(35)、32086
　　(40)、32088(25)、32089(40)、32090(45)、
　　32091(43)、32092(30)、32093(24)
薩婆多部毘尼摩得勒伽經　子6-32084(19)
薩婆多毘尼毘婆沙　子6-32081(36)、32082
　　(16)、32084(19)、32085(35)、32088(25)、
　　32089(41)、32090(46)、32091(44)、32092
　　(30)、32093(24)
薩婆多尼毘婆沙　子6-32086(40)
薩婆多尼毘婆沙論　子6-32083(24)
40 薩真人夜斷碧桃花　集7-48974

薩真人夜斷碧桃花雜劇　集7–48767(3)
　叢2–698(16)
薩真人戒行實錄　子5–30305、31896
50 薩拉齊縣志[民國]　史7–56061
60 薩□多部毘尼摩得勒伽　子7–32638
薩曇芬陀利經　子6–32081(5)、32082(5)、
　32085(6)、32088(4)、32090(7)、32091(6)、
　32092(4)、7–32471
薩曇分陀利經　子6–32083(5)、32086(6)、
　32089(5)、32093(14)
薩羅國經　子6–32083(14)
71 薩雁門宮詞　叢1–407(4)
72 薩氏族譜[福建福州]　史5–40036
薩氏先芬集[福建福州]　史5–40038
85 薩鉢多酥哩踰捺野經　子6–32083(30)
97 薩恪僖公詩集(夢花齋詩集、心太平室詩
　集、心太平室補鈔)　集4–28565

藿

00 藿齋詩集　集3–18507
07 藿郊詩存　集4–29628
08 藿議　集2–11197
60 藿園詩存　集2–10107,6–44990
藿園集　集2–10108
藿園集、蒭易寓言、汗漫游、河梁編、偶寄軒
　稿、兩都社草　集2–10106
藿田集(染月山房集)　集4–24082
72 藿隱詩草　集5–40005

蘿

21 蘿經　子4–19382　叢1–22(27)

4421₆ 虓

25 虓生遺稿　集5–39844

莧

60 莧園雜說　子4–19495

藐

10 藐雪山房詩集　集4–23590
藐雪山房集　集4–23589

4421₇ 梵

00 梵摩渝經　子6–32093(16)
梵摩難國王經　子6–32083(22)
梵摩喻經　子6–32083(19)、32084(16)
梵音斗科　子5–30761
梵音本　子7–33768
梵諦岡與中國　子7–35783
01 梵語雜名　子7–34824
梵語千字文　子7–34823
10 梵天瑟詞　集7–47957
梵天擇地法　子6–32093(37)
梵天火羅九曜　子6–32093(40)
15 梵珠　子7–34900　叢2–1920
梵網六十二見經　子6–32083(18)
梵網經　子6–32083(15)、32084(12)　叢2–
　724
梵網經玄義　子7–33544
梵網經雜集　子7–33544
梵網經手記　子7–33540
梵網經盧舍那佛說心地法門品菩薩戒本、
　新刪定四分戒本、戒壇普說法儀　子7–
　32986
梵網經盧舍那佛說菩薩心地戒品第　子6–
　32093(22)
梵網經盧舍郍佛說心地法門品菩薩戒本
　子7–32985
梵網經心地品菩薩戒義疏發隱　子7–
　33541
梵網經心地品菩薩戒義疏發隱、戒疏發隱
　事義　子7–33542
梵網經心地品菩薩戒義疏發隱、戒疏發隱
　事義、菩薩戒問辨　子7–33543
梵網經心地品菩薩戒義疏發隱、戒疏發隱
　事義、菩薩戒問辯　子7–32099
梵網經直解事義　子7–33545
梵網經古迹記　子7–33538
梵網經菩薩戒　子7–32987、33929
梵網經菩薩戒本　子7–33537
梵網經菩薩戒本疏　子7–33536、33539
梵網經合註、玄義　子7–32113

中國古籍總目·索引

梵網經懺悔行法　子6-32091(70),7-34990
梵網戒光　子6-32091(77),7-33515
30 梵室偶談　子6-32091(70),7-34920
40 梵夾詩集　集3-15346
梵志計水淨經　子6-32083(19)
梵志請問經　子6-32083(22)
梵志頗波羅延問種尊經　子6-32083(19)、32084(16)、32093(16)
梵志女首意經　子6-32081(15)、32085(15)、32088(11)、32089(12)、32090(15)、32092(10)
梵志阿颰經　子6-32083(18)
梵女首意經　子6-32083(11)、32086(16)、32091(14)
44 梵麓山房叢稿、續稿、再續稿　集4-30012
梵麓山房筆記　子4-23177　叢2-649
50 梵本大悲咒　子6-32088(37)、32089(37)
梵書藥師瑠璃光七佛本願功德經　子6-32088(34)、32089(7)
70 梵雅　子7-34842～4
72 梵隱堂詩存　集4-30304、30307～8
梵隱堂詩鈔　集4-30305
梵隱堂集　集4-30303
77 梵門綺語語錄　子5-26682
梵門綺語錄　叢1-587(3,4)

蘆

00 蘆庵稿　集6-44961
22 蘆川詞　集7-46352、46356～7、46380、46382、46544～5　叢1-223(73)、2-698(13)、720(2)
蘆川歸來集　集1-3204～6　叢1-223(54)
蘆川歸來集補鈔　集1-3208,6-41901
蘆川歸來集鈔　集1-3207,6-41900
蘆川竹枝詞、珠樓唱和集　史7-50395
蘆艇詩存　集4-23627
蘆山上宅派王氏宗譜[浙江紹興]　史4-25012
蘆山寺志　史7-51683
蘆山縣志[康熙]　史8-62084
蘆山縣志[民國]　史8-62085
32 蘆洲遺草　集4-31733
蘆灣胡氏西宅房譜[浙江奉化]　史4-30425
蘆溪詩鈔　集3-20077
33 蘆浦筆記　子4-20139～40　叢1-195(5)、223(40)、235、244(5)、353,2-731(6)、735(2)
蘆浦筆記校　子4-20141　叢1-337,2-731(3)

34 蘆漪草　集3-17504,6-44961
35 蘆溝曉月一枝　集7-51827
40 蘆南集　集2-7358
41 蘆坪詩稿　集4-25258
44 蘆花記　集7-53615
蘆花湄集　集2-10476
蘆花絮　集7-49390～1
蘆花餘孽　子7-38221
蘆菴稿　集2-12506
48 蘆槎文集　集2-12957
蘆槎詩稿　集2-12956
50 蘆中集　集3-15607
蘆中秋瑟譜　集7-47471、47475
蘆中四六碎金　集6-42649
蘆中全集　集3-13458
71 蘆雁畫譜　子3-16587

4422₁　猗

44 猗蘭雅操　集7-54678
猗蘿吟草　集5-35591
72 猗氏縣鄉土志[光緒]　史7-55943
猗氏縣志[雍正]　史7-55939
猗氏縣志[康熙]　史7-55938
猗氏縣志[萬曆]　史7-55937
77 猗覺寮雜記　子4-20048～50、22905　叢1-22(5)、23(5)、195(5)、223(39)、230(4)、244(2)、587(4),2-731(6)、735(2)、815

芹

20 芹香書屋文集　集4-29346,6-44970
芹香錄　史3-14920　子4-23545
22 芹山集　集2-8116～7
30 芹宮新譜　子4-24417
34 芹池疊喜詩　集5-37988
66 芹曝錄內篇　子4-21198　叢2-2040

荇

28 荇谿詩集　集6-44591
31 荇汕遺稿　集5-39506
32 荇溪詩集　集3-14367

荷

00 荷亭文集　集2-7191
　　荷亭文集、辨論　集2-7190
　　荷亭辨論　子4-20367　集2-7192
　　荷亭集(荷亭辨論、荷亭書、荷亭集後錄)
　　　集2-7189
　　荷亭古文存　集3-20396
　　荷廊筆記　子4-23537
15 荷珠錄(大學、中庸、論語、孟子)　經2-
　　10429
20 荷香水亭吟草、己壬叢稿　集5-37936
　　荷香館瑣言　子4-23662~3　叢2-646
22 荷牐叢談　子4-21017
33 荷浦詩鈔　集5-35281
34 荷池詩草　集3-21426
40 荷塘詩集　集3-21776~81　叢2-828
　　荷塘詩鈔　集5-38987
　　荷塘鄒氏譜[湖南岳陽]　史5-36374
　　荷塘夢集　集4-30352
　　荷塘單氏重修宗譜[浙江東陽]　史5-
　　35963
44 荷花記　集7-52340
　　荷花山莊詩文鈔　集4-26749
　　荷花寶卷　集7-54345
　　荷花大升　子5-27866
　　荷花蕩　集7-50047
　　荷花蕩將種逃生　集7-49397、49412
　　荷花蕩　集7-49710
　　荷莊檢存稿　集4-24405
　　荷蘭京外官制　史6-42793
　　荷蘭牧牛篇　子7-37100
　　荷蘭國通商和約　史6-44035、44094
　　荷蘭國通商和約章程　史6-44034、44093
　　荷華山房摘稿　集2-10617
　　荷葉露　子4-24034　叢1-159
　　荷薪韻　集2-10661
　　荷薪集　集2-11827
　　荷薪義　子1-1211
50 荷妻老屋叢談　叢2-1906
53 荷戈集　集5-36263
　　荷戈紀程　史7-49316、49317(6)、49318(3)、
　　53966
77 荷犀府君年譜　史2-12037
84 荷鋤雜志　子4-19183
　　荷鋤草　叢2-1544
　　荷鋤吟稿　集4-22465

蘅

20 蘅香館雜著　子4-23626　集4-29140
26 蘅皋遺詩　集4-28187
32 蘅洲文稿　集3-20058
44 蘅夢詞　集7-46407、47428　叢1-486,2-
　　698(12)、731(49)、1635-6
　　蘅夢詞、浮眉樓詞　集7-47424
　　蘅夢樓詞　集7-47427
　　蘅花館日記(清咸豐八年至十年)　史2-
　　12922
　　蘅華館雜稿　子4-23452
　　蘅華館雜著五種　叢2-1973
　　蘅華館詩錄　集5-34855~7
　　蘅華館詩錄附存　集5-34858
　　蘅華館日記　叢2-1973
　　蘅華館日記(咸豐五年九月至十二月)　史
　　2-12921
90 蘅堂詩稿　集4-30251

4422₂ 茅

00 茅亭詩鈔　集3-13777
　　茅亭客話　子4-23779~80　叢1-19(5)、20
　　(3)、21(4)、22(6)、23(6)、24(5)、29(5)、169
　　(4)、223(46)、268(4)、510,2-616、624(2)、
　　873
　　茅亭客話、校譌、補校　子4-23781
　　茅亭客話、校勘記、續校　叢1-376
　　茅鹿門集　集6-42056~9
　　茅鹿門集選　集2-9027
　　茅鹿門稿　集2-9029~31,6-45336、45340
　　茅鹿門先生文集　集2-9023~4
　　茅鹿門先生詩文集　集2-9018
　　茅鹿門先生批評史記抄　史1-5089
　　茅鹿門傳稿　集2-9022
　　茅鹿門選蘇長公集拾遺　集1-2437
12 茅副使集　集2-9019,6-41935(4)
20 茅舫齋詩存　集4-24228
22 茅山記　史7-49318(5)、52266
　　茅山紀遊　史7-53235　集4-28002　叢1-
　　369
　　茅山志　史7-52262~3　子5-29530(7)
　　茅山志、後編　史7-52264
　　茅山志、道秩考　史7-52265
37 茅潔溪集　集2-10089

44 茅茨集　集4-33466
　茅麓明農樹藝有限公司清查報告　史6-44800
47 茅埠張氏支譜[湖南寧鄉]　史5-35318
60 茅見滄先生待問策　集2-8490
　茅見滄策學拔萃　集2-8489
　茅田文氏續修支譜[湖南湘鄉]　史4-25699
72 茅氏宗譜[江蘇海門]　史4-29495～6
77 茅屋盜詩圖　子3-16742
　茅岡周氏族譜[廣東開平]　史4-30238
88 茅簾草堂詩草　集5-37310
　茅簷集　集2-12140,6-45143　叢1-223(67)

4422₇ 蒵

60 蒵園叢書初定總目　史8-66160
　蒵園叢書十一種存目一種　叢1-520

勸

00 勸襄陽士民種桑詩說　子1-4463
03 勸誡錄類編評註　叢2-724
04 勸護和荊(勸和寶卷)　集7-54423
07 勸設隨地保嬰備荒勤檢社章程、勸世昌言　史6-44730
　勸設學綴言　史6-42384　叢2-2041
08 勸放腳圖說　子4-21892
　勸諭十二條　叢1-415
　勸諭十二條　子4-21697
12 勸發諸王要偈　子6-32081(41)、32082(19)、32083(26)、32084(22)、32085(39)、32086(45)、32088(28)、32089(35)、32090(59)、32091(57)、32092(39)、32093(31)
　勸發菩提心文　集7-34502,34934
　勸發菩提心集　集7-33864
17 勸忍百箴考註　叢2-845(4)
　勸忍百箴考注　子4-23824
22 勸種洋棉說　子1-4306
26 勸和寶卷　集7-54423
27 勸多情一枝　集7-52733
　勸修淨土詩　集7-34540
　勸修淨土切要(淨土切要)　集7-34539
　勸修靜土詩　集3-18168
　勸緣條例　集7-33964
28 勸俗篇　子4-21827

　勸懲錄　子4-24001
30 勸濟飢民詩　叢1-474
34 勸漢人婦女勿再纏足說　子4-21959
38 勸導婦女不纏足歌　史6-47578
　勸導留學生日記(清光緒三十一年至三十三年)　史2-13218
40 勸女學集證　子1-3005
　勸真詩　叢1-322
41 勸嫖交友　集7-53248
44 勸花枝一枝　集7-52734
　勸莊稼買賣　集7-53250
　勸蒙歌　子7-36237
　勸孝文　子4-24330
　勸孝詞百章　子1-2627
　勸孝歌　子2-4621
　勸孝懲淫錄　子1-2608
　勸孝篇　子1-2294
　勸葬說　子3-13495　叢2-771(1)
　勸妓留心一段　集7-51532
　勸姑娘一段　集7-51531
　勸世要言　叢2-1722
　勸世白話文　叢2-724
　勸世歸真　子5-30477
　勸世寶卷(勸世二十四孝寶卷)　集7-54424
　勸世道情　集7-52597
　勸世真言　叢2-724
　勸世昌言　史6-44730
50 勸夫郎　集7-51437
53 勸戒六錄　子5-27198
　勸戒三錄　子5-27195
　勸戒五錄　子5-27197
　勸戒續錄　子5-27193
　勸戒條款罪名圖說　史6-45434
　勸戒酒一枝　集7-51903
　勸戒近錄　子5-27192
　勸戒九錄　子5-27201
　勸戒七錄　子5-27199
　勸戒殺吃素文、節錄紀慎齋家訓　子4-23414
　勸戒四錄　子5-27196
　勸戒圖說　子4-23929
　勸戒圖說、太上諸仙法語補集　子4-23928
　勸戒八錄　子5-27200
　勸戒錄十集、近聞因果　子5-27203
　勸戒錄四編　子5-27194
　勸戒錄類編　子5-27202
55 勸農說　子1-4160,4207
　勸農官　集7-49703
　勸農書　子1-4121　叢2-1126

61 勸賑唱和詩　集4-26140
62 勸影堂詞　集3-16337,7-46942
77 勸學文　子1-2370
　勸學瑣言　子1-2490
　勸學芻言　子1-2431
　勸學淺語　子1-2464　叢2-1883
　勸學淺說　子1-2413、2420　叢2-831
　勸學卮言　子4-20959
　勸學篇　經2-13328～33、15116、15137、15142
　　子1-2456,7-36263　叢1-495、586(2)、2-
　　716(1)、772(2)、773(2)、774(7)、775(3)、2000
　勸學篇(制府張尚書勸學內外篇)　叢1-
　　508
80 勸念佛誦經西方淨土公據　子7-34478
　勸美　集7-49490、49506
　勸善歌　子4-20973、21990　叢2-1367
　勸善自強圖　集7-53249
　勸善舉隅　子5-30500
　勸善印譜　子3-17290
　勸善金科十本　集7-50352
　勸善錄　子4-20011　叢1-19(11)、21(10)、
　　24(12)、173
　勸善錄、新編五則　叢1-83
93 勸懺悔文　子7-34989

帶

00 帶病佳人一枝　集7-52656
16 帶硯堂詩存　集4-26258
17 帶了病的晴雯一枝　集7-52657
21 帶經舫詩鈔　集4-26643
　帶經堂詩話　集6-45890　叢1-373(8)
　帶經堂詩話補鈔　叢1-373(7)
　帶經堂集　集3-15447
　帶經堂集文錄　集6-42066
　帶經堂書目　史8-65762～3　叢2-609
　帶經堂墨跡　子3-15383
26 帶白帶靶馬頭調各樣多情小曲　集7-
　　50833
　帶牌子岔曲單　集7-54881
31 帶江園詩草　集4-25464
　帶江園集　集4-25463
34 帶波園詩集　集3-17116
35 帶津詩草　集3-20821
37 帶湖游氏六修族譜[江西臨川]　史5-
　　36523
40 帶存堂集　集3-16620～2
44 帶草軒文鈔　集4-23760
　帶草軒詩　集4-23761

帶草堂集　集5-37558
47 帶格　子4-18866　叢1-22(16)、23(15)
55 帶耕堂遺詩、吳中判牘、蒯公子范崇祀錄
　　集4-32939
60 帶星草堂詩集　集5-36804
　帶星草堂詩鈔　集3-21870　叢2-2013
77 帶月草堂詩集　集3-17812

幕

00 幕府璅言、頤園日錄　史6-43051
　幕府消閒錄　子4-21661　叢2-2022
　幕府古文箋奏稿　史6-49105　叢2-2022
　幕府燕閒錄　叢1-374
　幕府燕閑錄　叢1-15～6
　幕府公牘　史6-44908　叢2-2022
22 幕巢館詩鈔(蘭雪吟)　集5-38319
　幕巢館札記　經2-11758　叢1-584
77 幕學舉要　史6-41534、43013

嵜

33 嵜淚　集2-11863,6-45102

繭

00 繭齋詩存春陵避寇集　集5-37775
　繭齋詩賦稿　集4-24595
20 繭香館吟草　集4-30085
22 繭絲集　集4-28417
23 繭絨抽線法　子7-36228(5)
30 繭室集　集4-31228
　繭室遺詩　集5-39728
　繭窩雜稿、詩稿　集3-15204
　繭窩遺詩(金臺集、青門集、南歸集)　集4-
　　32218
44 繭蕉盦詩鈔、詩餘　集5-36388
50 繭囊稿　集3-20913
77 繭屋文存　集3-19552
　繭屋詩草　集3-19550～1
　繭屋詩草、文存　叢2-979
　繭叟近稿　集5-39838

中國古籍總目·索引

芬

27 芬響閣初稿　集4-32187
　　芬響閣存稿　集4-33558
44 芬若樓四六文鈔　集4-26338
73 芬陀利室詩鈔　集4-31564
　　芬陀利室詞　集7-48203
　　芬陀利室詞(鄭庵遺集第九)　叢2-1984
　　芬陀利室詞、遺集　集7-47755
　　芬陀利室詞話　集7-48741
　　芬陀利華館藏書目　史8-65855
　　芬陀利館瓶稿　集5-39923

芮

31 芮遯齋先生印譜　子3-16950
43 芮城縣續志[光緒]　史7-55931
　　芮城縣志[康熙]　史7-55928
　　芮城縣志[乾隆]　史7-55929
　　芮城縣志[咸豐]　史7-55930
　　芮城縣志[隆慶]　史7-55927
　　芮城縣志[民國]　史7-55932
72 芮氏族譜　史4-27042、27052
　　芮氏族譜[天津寶坻]　史4-27043
　　芮氏族譜[江蘇溧陽]　史4-27045
　　芮氏族譜[江蘇溧陽][天津寶坻]　史4-
　　　27046
　　芮氏家乘　史4-27041
　　芮氏宗譜[安徽旌德]　史4-27051
　　芮氏宗譜[江蘇常州]　史4-27044
　　芮氏宗祠各會總簿[浙江浦江]　史4-
　　　27049
80 芮谷志　史8-63191

芳

10 芳雪軒詞　集7-46826
　　芳雪軒遺集　集2-12584～5　叢1-547(4)、
　　　2-720(6)
　　芳雪軒遺稿　集6-45106
17 芳子流寓草　集3-13587
21 芳紫草堂文鈔　集4-29669
22 芳峻稿　集3-18264

芳山近體詩鈔　集4-30618
26 芳皐棄餘錄　集4-25407,6-45126
32 芳州詩集　集1-4608
　　芳州詩集、校勘記、校勘續記　集1-4609
　　芳州先生年譜　集2-6627、6629
　　芳洲文集、詩集、附錄　集2-6626
　　芳洲文集、芳州先生年譜　集2-6629
　　芳洲文集續編　集2-6630
　　芳洲詩文集　集3-14179,6-41753
　　芳洲詩鈔　集3-16237
　　芳洲集　叢2-870(5)
37 芳潤堂詩稿　集3-17620,6-41975
　　芳潤堂詩鈔　集3-20464
　　芳淑女史詩鈔　集5-37754
40 芳塘余氏宗譜[江西廣豐]　史4-28595
44 芳芷樓詞　集7-46816
　　芳蘭軒詩集　集1-3829、3833,6-41779～80、
　　　41908
　　芳蘭軒詩集、補　集1-3836　叢2-867
　　芳蘭軒詩鈔　集1-3830,6-41900
　　芳蘭軒集　集1-3831,6-41891、44739　叢
　　　1-223(56)
　　芳蘭軒集、補遺　集1-3835,6-41909
　　芳蘭軒集補遺　集1-3832,6-41891
　　芳蘭軒集補鈔　集1-3834,6-41901
　　芳茂山人文集　集4-23615　叢1-418
　　芳茂山人文集、詩錄　叢1-579
　　芳茂山人詩集　集4-23612
　　芳茂山人詩錄　集4-23609～11　叢1-
　　　304～5,2-731(44)
　　芳草詞　集7-47317
　　芳草園文甲集、乙集　集4-30388
　　芳草題詞　集7-47318
　　芳草堂詩賦拾鈔　集4-29864
　　芳草堂遺稿　集4-29865
　　芳草堂合課詩抄箋署　集4-23805
　　芳茹園樂府　集7-50600　叢2-1154、
　　　1156～7,1160
　　芳蓀室律賦　叢2-2082
　　芳蓀書屋存稿　集3-21850
　　芳茵園詩集　集3-18149
　　芳藝館詩集　集5-39442
　　芳杜軒近詩　集5-34788
48 芳墩吳氏宗譜[江西]　史4-28124
60 芳園居等處陳設鋪墊等項清檔　史6-
　　　47385
　　芳田高氏宗譜[江蘇武進]　史4-32401
77 芳堅館書髓　子3-15207
　　芳堅館題跋　史8-63644　集4-27923、
　　　27927　叢1-422、424、469、586(3)、2-716
　　　(3)、2050

80 芳谷詩鈔　集4-26503
　芳谷集　叢1-223(59)
　芳谷集(芳谷文集)　集1-4927
　芳谷集、校勘記　集1-4928　叢2-870(4)
　芳谷先生詩　集1-4926
88 芳節行吟　集7-49705

荔

72 荔隱居日記偶存　史7-54060

莆

40 莆志書目集證　史8-66113
　莆志書目集證、補　史8-66114
50 莆畫錄　子3-16276
60 莆田水利志　史6-46891～2
　莆田樂府　集6-42022
　莆田科第錄　史3-14984
　莆田浮山東陽陳氏族譜[福建莆田]　史4-33216
　莆田九牧西州林氏族譜[福建莆田]　史4-29326
　莆田藝文志[民國]　史8-58305
　莆田林氏西山本支宗譜[福建莆田]　史4-29329
　莆田林氏九牧大宗族譜[福建莆田]　史4-29331
　莆田欖巷文峯庫前陳氏族譜[福建莆田]　史4-33213
　莆田縣志[康熙]　史8-58302
　莆田縣志[乾隆]　史8-58303
　莆田縣志[同治]　史8-58304
　莆田縣志[民國]　史8-58306
　莆田前埭林氏大宗譜[福建莆田]　史4-29330
76 莆陽文獻、列傳　史2-8145～6
　莆陽文輯　叢2-2016
　莆陽稟牘、評語、雜錄　集2-12383
　莆陽比事　史7-50542　叢1-265(3)、266
　莆陽社塘方氏比事錄[福建莆田]　史4-25854
　莆陽黃御史集　集1-1787
　莆陽黃御史集、別錄、附錄　集1-1788　叢1-442～3,2-731(39)
　莆陽黃氏族譜[福建莆田]　史5-33925
　莆陽東里黃氏族譜[福建莆田]　史5-

33927
　莆陽刺桐黃氏續修族譜[福建莆田]　史5-33928
　莆陽刺桐金紫方氏族譜[福建莆田]　史4-25855～6
　莆陽居士蔡公文集　集1-2156、2163
　莆陽居士蔡公文集(宋端明殿學士蔡忠惠公文集)、別紀　集1-2159
　莆陽居士蔡公文集(宋蔡忠惠文集)、別紀　集1-2157
　莆陽尺牘　集2-12382
　莆陽金石初編　史8-63939
　莆陽前明百家濟美錄　史3-14983
　莆陽知稼翁文集、詞　集1-3317
　莆陽知稼翁文集、詞、附錄　集1-3318
　莆陽知稼翁文集、校記　集1-3319
　莆陽知稼翁集　集1-3321
　莆陽知稼翁集(知稼翁集)　集1-3320
77 莆風清籟集　集6-44797
　莆輿紀勝　史7-50544

菁

22 菁山詩鈔　集4-28165
31 菁江詩鈔　集5-37918
44 菁莪軒詩稿　集5-35085
76 菁陽集選　集2-8264

葡

44 葡萄新書　子7-37071
　葡萄架　集7-52450
60 葡國條款　史6-44095

蒨

10 蒨霞軒詩拾遺　集4-26016
　蒨霞軒詩鈔　集4-26014～5
22 蒨山擬存詩　集3-16258
44 蒨榭日記(清光緒三十至三十一年)　史2-13231

蒿

00 蒿庵文集　集5-35218
　　蒿庵詞　集7-48120
　　蒿庵詞、補遺　集7-48121
　　蒿庵集　集3-13664
　　蒿庵集捃逸　叢2-607
　　蒿庵遺集　集5-35217
　　蒿庵奏疏　史6-48633
　　蒿庵閒話　子4-21042~3　叢1-456(3)、2-
　　731(7)、735(3)、736
32 蒿溪喻氏續修族譜[湖南湘鄉]　史5-
　　35952
37 蒿洛訪碑日記　叢2-731(35)
44 蒿菴閒話　叢1-202(6)、203(12)、247、485
60 蒿目集　史1-3938
　　蒿目錄　史1-1988　叢2-832(5)
　　蒿里遺文目錄、補遺　史8-63991　叢2-
　　604
　　蒿里遺文目錄續編、補遺　史8-63992　叢
　　2-2194
　　蒿里遺文目錄卷上　叢1-588
　　蒿里遺文目錄卷中　叢1-588
　　蒿里遺珍、考釋　史8-63506、63989　叢2-
　　597
　　蒿里遺珍拾補　史8-63508、63990
　　蒿里錄　史2-9344
　　蒿園集說　子4-21825
77 蒿叟隨筆　子4-24551
80 蒿盦雜俎　集5-37178
　　蒿盦詩稿　集5-37172
　　蒿盦奏稿　史6-49132
　　蒿盦隨筆、蒿叟隨筆　子4-24551
　　蒿盦類稿、續稿　集5-37173
　　蒿盦類稿、續稿、奏稿　集5-37174
　　蒿谷山人詩稿　集3-15251

蕭

00 蕭亭詩選　集3-15184　叢2-948、1336
　　蕭齊州郡志圖　史7-49313、49466
　　蕭齋日紀　叢2-1206~7
　　蕭齋日紀(明崇禎八年)　史2-12546
　　蕭齋餘事約刊　集5-38631
　　蕭應椿樂源書院課本　史6-42542
01 蕭評郭敬三醫案　子2-10877

10 蕭三式先生地學五種　子3-13505
　　蕭雲稿十五種(家居稿、在京稿、使晉稿、使
　　秦稿、使洪稿、使江稿、金陵稿、謫楚稿、
　　檇李稿、遊冀稿、再入稿、海北稿、征途
　　稿、林臥稿、蕭雲文稿)　集2-9133
　　蕭雲從遺詩　集3-13180
11 蕭瑟詞　集7-47007
17 蕭子開建安記　史7-49307、50540　叢2-
　　767
22 蕭山方氏家譜[浙江蕭山]　史4-25732
　　蕭山唐里陳氏宗譜[浙江蕭山]　史4-
　　32811
　　蕭山章氏家譜[浙江蕭山]　史5-34517~20
　　蕭山新壩倪氏宗譜[浙江蕭山]　史4-
　　31726
　　蕭山新林王氏宗譜[浙江蕭山]　史4-
　　24923
　　蕭山新林周氏宗譜[浙江蕭山]　史4-
　　29906
　　蕭山新田施氏宗譜[浙江蕭山]　史4-
　　30871~3
　　蕭山謝氏世傳麻疹纂要　子2-9040
　　蕭山郭氏宗譜[浙江蕭山]　史4-32284~5
　　蕭山許氏宗譜[浙江蕭山]　史5-34391
　　蕭山許賢鄉繆氏宗譜[浙江蕭山]　史5-
　　40904
　　蕭山三江閘議　史6-46814
　　蕭山王氏族譜[浙江蕭山]　史4-24915
　　蕭山王氏十萬卷樓輯佚七種　叢2-764
　　蕭山王氏所著書八種　叢2-1614
　　蕭山丁氏宗譜[浙江蕭山]　史4-24625~6
　　蕭山于氏宗譜[浙江蕭山]　史4-24720~1
　　蕭山石板衖李氏宗譜[浙江蕭山]　史4-
　　27156
　　蕭山石板巷李氏宗譜[浙江蕭山]　史4-
　　27155
　　蕭山西河王氏泰支瓜瓞譜[浙江蕭山]　史
　　4-24917
　　蕭山西河單氏家譜[浙江蕭山]　史5-
　　35961
　　蕭山西陵徐氏宗譜[浙江蕭山]　史4-
　　31884
　　蕭山張氏宗譜[浙江蕭山]　史5-34886
　　蕭山水利、續刻　史6-46811
　　蕭山水利、續刻、三刻　史6-46812
　　蕭山水利續刻、三刻、蕭山諸湖水利　史6-
　　46813
　　蕭山孔湖張氏宗譜[浙江蕭山]　史5-
　　34885
　　蕭山孫氏宗譜[浙江蕭山]　史5-33574~5
　　蕭山毛氏宗譜[浙江蕭山]　史4-25577

蕭山何氏宗譜[浙江蕭山] 史4-28257～61

蕭山衡河張氏家譜[浙江蕭山] 史5-34884

蕭山任氏家乘[浙江蕭山] 史4-26763～4

蕭山傅氏宗譜[浙江蕭山] 史5-36198

蕭山續修史氏宗譜[浙江蕭山] 史4-26144

蕭山朱家壇朱氏宗譜文集、系圖、行傳[浙江蕭山] 史4-26460

蕭山朱家壇朱氏宗譜文集[浙江蕭山] 史4-26459

蕭山吳氏家譜[浙江蕭山] 史4-27798

蕭山吳氏宗譜[浙江蕭山] 史4-27799～800

蕭山鄉土志[民國] 史7-57170

蕭山繆氏家乘[浙江蕭山] 史5-40903

蕭山徐氏宗譜[浙江蕭山] 史4-31880～1、31887

蕭山汪氏環碧山房書目 史8-65697

蕭山汪氏宗譜[浙江蕭山] 史4-28706

蕭山叢書十一種 叢2-846

蕭山沈沛霖先生分載蕙蕊頭形八法 子4-19230

蕭山湘湖孫氏宗譜[浙江蕭山] 史5-33577

蕭山湘左陳氏宗譜[浙江蕭山] 史4-32817

蕭山湘南韓氏家譜[浙江蕭山] 史5-40353

蕭山湘南韓氏家譜重修西宅寶八房[浙江蕭山] 史5-40355

蕭山漁臨華氏宗譜[浙江蕭山] 史4-31444

蕭山郎氏宗譜[浙江蕭山] 史4-30277

蕭山大橋瞿氏宗譜[浙江蕭山] 史5-40936～8

蕭山塘灣徐氏家譜[浙江蕭山] 史4-31886

蕭山塘灣井亭徐氏宗譜[浙江蕭山] 史4-31883、31885、31888

蕭山來氏族譜[浙江蕭山] 史4-29511

蕭山來氏家譜[浙江蕭山] 史4-29512～3

蕭山苧蘿後沈沈氏宗譜[浙江蕭山] 史4-29029

蕭山勸學所章程 史6-42519

蕭山勸學所己酉年收支總目 史6-42520

蕭山蔣氏宗譜[浙江蕭山] 史5-38115

蕭山茂材錄 史2-7993 叢2-846

蕭山莫氏宗譜[浙江蕭山] 史4-31457～8

蕭山韓湘南先生遺文 集5-36073

蕭山藝文彙鈔 集6-44675

蕭山黃嶺俞氏宗譜[浙江蕭山] 史4-30777

蕭山黃閣河朱氏家譜[浙江蕭山] 史4-26458

蕭山蔡氏近門支譜[浙江蕭山] 史5-37991

蕭山埭上黃氏家譜[浙江蕭山] 史5-33752～4

蕭山埭湖任氏宗譜[浙江蕭山] 史4-26765

蕭山賀氏宗譜[浙江蕭山] 史5-36714

蕭山郁氏宗譜[浙江蕭山] 史4-29506

蕭山趙氏慶源類譜[浙江蕭山] 史5-38300

蕭山趙氏家譜[浙江蕭山] 史5-38299

蕭山趙氏宗譜[浙江蕭山] 史5-38297

蕭山史村許氏方八房宗譜[浙江蕭山] 史5-34390

蕭山史村曹氏宗譜[浙江蕭山] 史5-34175、34177

蕭山史氏宗譜[浙江蕭山] 史4-26143

蕭山東門林氏宗譜[浙江蕭山] 史4-29282～3

蕭山盛氏宗譜[浙江蕭山] 史5-34284

蕭山曹氏宗譜[浙江蕭山] 史5-34176

蕭山田氏宗譜[浙江蕭山] 史4-26091～2

蕭山縣儒學志 史6-42843

蕭山縣鄉土志[民國] 史7-57171

蕭山縣志[康熙] 史7-57164、57166

蕭山縣志[嘉靖] 史7-57162

蕭山縣志[萬曆] 史7-57163

蕭山縣志[乾隆] 史7-57167

蕭山縣志刊誤 叢2-1309

蕭山縣志刊誤[康熙] 史7-57165

蕭山縣志稿、志餘[民國] 史7-57169

蕭山縣志稿[民國] 史7-57168

蕭山單氏家譜[浙江蕭山] 史5-35960

蕭山馬湖傅氏宗譜[浙江蕭山] 史5-36196～7

蕭山馬湖詹氏宗譜[浙江蕭山] 史5-37901

蕭山馬谷陳氏宗譜[浙江蕭山] 史4-32815

蕭山長河來氏詩鈔 集6-45009

蕭山長浜陳氏宗譜[浙江蕭山] 史4-32812

蕭山長巷沈氏譜摘抄[浙江蕭山] 史4-29024

蕭山長巷沈氏續修宗譜[浙江蕭山] 史4-29025～6

蕭山劉氏宗譜[浙江蕭山] 史5-39247

蕭山瓜瀝朱氏宗譜［浙江蕭山］　史4-26461

蕭山陳氏宗譜［浙江蕭山］　史4-32813、32816

蕭山邱氏宗譜［浙江蕭山］　史4-28457～8

蕭山人集　集3-13443

蕭山俞氏宗譜［浙江蕭山］　史4-30776

蕭山前孔孔氏宗譜［浙江蕭山］　史4-25939～40

蕭山義橋韓氏家譜［浙江蕭山］　史5-40357～60

蕭山錢清北祠潘氏宗譜［浙江蕭山］　史5-39785

蕭山鄭氏宗譜［浙江蕭山］　史5-38603～4

蕭山翔鳳朱氏宗譜［浙江蕭山］　史4-26463

蕭山翔鳳村朱氏家譜［浙江蕭山］　史4-26462

23 蕭然自得齋詩集、碧琅玕館詩餘、隨筆　集4-29976

蕭然自得齋詩續集　集4-29977

蕭然吟　集3-13374

27 蕭御史同野集　集2-9338

28 蕭給諫湖山集　集2-7123

30 蕭家灣上蕭氏族譜［江西萍鄉］　史5-39961

31 蕭江復七公房支譜［江西婺源］　史4-26903

蕭江家乘［江西婺源］　史4-26904

蕭江家乘［江蘇吳縣］　史4-26855

蕭江宗譜［安徽徽州］　史4-26874

蕭江宗譜［安徽歙縣］　史4-26879

蕭江大統宗譜［安徽歙縣］　史4-26877

蕭江全譜［江西婺源］　史4-26902

32 蕭冰崖詩集拾遺　集1-4576

蕭冰厓詩集拾遺　叢2-636(4)

蕭叢心堂聯修族譜興國赤塵六修房譜［江西興國］　史5-39965

33 蕭祕書集　集1-1112

蕭梁文苑　集6-45134

蕭梁州疆域圖　史7-49313、49470

34 蕭遠堂文集（西泠王文節先生集）　集3-15240

蕭遠堂詩集（松墅詩選）　集3-15241

35 蕭沖王氏宗譜［安徽樅陽］　史4-25245

36 蕭湯二老遺詩合編　叢2-1565

37 蕭湖遊覽記　史7-49318(21)、53221

蕭淑蘭情寄菩薩蠻　集7-48769、48774(8)、48777、49075

蕭淑蘭情寄菩薩蠻雜劇　集7-48767(4)　叢2-698(16)

蕭深谷文集　集3-15295

蕭選韻系　經2-14235

40 蕭太史鐵峯集　集2-8315

蕭太史鐵峯先生遺稿　集6-45136

蕭爽齋樂府　集7-50533、50620　叢2-672

蕭臺公餘詞　集7-46579

蕭臺公餘詞、蕭臺詩　集6-41892

蕭南厲墅湖丁氏宗譜［浙江蕭山］　史4-24624

蕭七子弟書　集7-52100

44 蕭堪金石錄摘要　叢1-572

蕭茂挺文集　叢1-223(48)，2-798

蕭茂挺文集（蕭祕書集、蕭茂挺集）　集1-1112

蕭艾堂詩集　集4-33148

蕭林初集　集3-13694

48 蕭敬孚叢抄　子4-24483

51 蕭軒稿署　集2-10133

60 蕭邑譚氏宗譜［浙江蕭山］　史5-41247

蕭邑航塢山北萬氏宗譜［浙江蕭山］　史5-35799

蕭邑航隝山北施氏宗譜［浙江蕭山］　史4-30874～6

蕭邑崇化潘氏宗譜［浙江蕭山］　史5-39784

蕭邑桃源衢陽朱氏宗譜［浙江蕭山］　史4-26464

蕭邑蒲山韓氏宗譜［浙江蕭山］　史5-40361

蕭邑苧蘿戴氏宗譜［浙江蕭山］　史5-40506

蕭邑苧蘿葛氏宗譜［浙江蕭山］　史5-35826

蕭邑橫山傅氏宗譜［浙江蕭山］　史5-36199

蕭邑陳氏宗譜［浙江蕭山］　史4-32814

蕭邑屠氏宗譜［浙江杭州］　史5-35476

蕭邑竹橋胡氏宗譜［浙江蕭山］　史4-30395

蕭邑竹林寺世傳產科經驗良方　子2-8147

蕭景唐日記（清光緒二十至二十一年）　史2-13112

62 蕭縣志［順治］　史7-57774

蕭縣志［嘉慶］　史7-57776

67 蕭鳴集　集3-16827

72 蕭氏（日曠）旌孝錄　史2-9379

蕭氏族譜［江西］　史5-39959

蕭氏族譜［江西萍鄉］　史5-39962

蕭氏族譜［湖南新化］　史5-40026～7

蕭氏族譜［湖南漢壽］　史5-39990

蕭氏族譜［湖南湘鄉］　史5-40007

蕭氏族譜[湖南華容]　史5-39996～7
蕭氏族譜[四川三台]　史5-40032
蕭氏二房支譜[湖南長沙]　史5-39979
蕭氏三續族譜[湖南邵陽]　史5-40020～1
蕭氏三修族譜[湖南漢壽]　史5-39991
蕭氏三修支譜[湖南益陽]　史5-39992
蕭氏五修族譜[湖南寧鄉]　史5-39985
蕭氏五修族譜[湖南湘潭]　史5-40005～6
蕭氏五修族譜[湖南長沙]　史5-39980
蕭氏重修族譜[湖南平江]　史5-39998
蕭氏重修宗譜　史5-40034
蕭氏重修宗譜[江蘇宜興]　史5-39951
蕭氏續譜[湖南武陵]　史5-39989
蕭氏續譜[湖南湘鄉]　史5-40012
蕭氏續修族譜[湖南新寧]　史5-40025
蕭氏續修族譜[湖南武岡]　史5-40024
蕭氏續修族譜[湖南湘鄉]　史5-40008～9、
　40014
蕭氏續修族志[湖南新化]　史5-40028
蕭氏續修支譜[湖南安化]　史5-39994
蕭氏家譜[湖南]　史5-39978
蕭氏家乘[湖南]　史5-40030
蕭氏家集　集6-45135～6
蕭氏家世源流記[湖北黃陂]　史5-39975
蕭氏宗譜　史5-40035
蕭氏宗譜[福建]　史5-39957
蕭氏宗譜[湖北武漢]　史5-39973
蕭氏宗譜[湖北武昌]　史5-39974
蕭氏宗譜[湖北黃陂]　史5-39976
蕭氏宗譜[湖南宜章]　史5-40018
蕭氏宗譜[湖南桂陽]　史5-40016
蕭氏源流通譜[湖南邵陽]　史5-40023
蕭氏大成族譜[江西]　史5-39958
蕭氏支譜[湖南湘潭]　史5-40004
蕭氏七甲蕭留晚續修族譜[湖南邵陽]　史
　5-40019
蕭氏世集七種　叢2-991
蕭氏四修族譜[湖南]　史5-40029
蕭氏四修族譜[湖南湘鄉]　史5-40010
蕭氏易說、總論　經1-2051
蕭氏昺祖族譜[湖南安化]　史5-39995
蕭氏八修族譜[湖南湘鄉]　史5-40013
77 蕭閒老人明秀集　集7-46734
蕭閒老人明秀集註、補遺　集7-46735
蕭閒堂集　集5-38851
蕭閒堂遺詩　集5-38850　叢2-2140
80 蕭弅讀碑校勘記　史8-64441
蕭公祖德政頌　集6-44018
蕭公地理心法　子3-13694
97 蕭輝山存藁、葦菴稿　集1-5568

薌

27 薌嶼裘書七種　叢2-1516
43 薌城胡氏宗譜[江西吉安]　史4-30581
44 薌荚詩鈔　集4-33486
薌林詩鈔、詩餘　集4-28614
薌林草堂詩鈔、文鈔　集4-22033
60 薌圃詩草　集4-26806～10
77 薌屏遺詩　集4-30638
薌門遺稿　集4-28462

薦

04 薦諸葛一枝　集7-51781
20 薦香遺稿　集4-33289
22 薦後錄　史6-47128　叢2-1383
31 薦福碑　集7-48772
44 薦葛、戲鳳(徽劇)　集7-54782
77 薦舉同年姓氏　史3-14822

蘭

00 蘭亭主人懷舊集　集4-22060
蘭亭序一枝　集7-51808
蘭亭序三種　子3-15569
蘭亭序考　子3-15328
蘭亭詩草　集4-30930
蘭亭二種　子3-15570
蘭亭集　叢1-22(13)、23(12)、2-622
蘭亭集序　子3-15294
蘭亭集詠　叢2-1437
蘭亭集詩　叢2-1397
蘭亭嶺字從山本考　叢2-1511
蘭亭續考　子3-15327　叢1-223(28)、244
　(3)、2-731(34)
蘭亭偶摘五字考　叢2-1511
蘭亭志　史7-51410～2、52305
蘭亭博議　子3-15326　叢1-19(9)、20(7)、
　21(8)、24(9)
蘭亭考　子3-15322　叢1-223(28)
蘭亭考、羣公帖跋　子3-15323　叢1-244
　(3)、2-731(34)
蘭亭考、羣公帖跋、續考　子3-15325

中國古籍總目·索引

蘭亭考、續考　子3-15324
蘭亭草　集3-20146
蘭亭四妙　子3-15666
蘭亭圖記、遺墨　史7-51409
蘭亭居士日記(清咸豐六年至七年)　史2-12928
蘭亭八種　子3-15571
蘭亭合集字考　叢2-1511
蘭亭會　集7-48776　叢2-672
蘭亭懷古八絕　叢2-1763
蘭庭集　集2-6151、6534~5　叢1-223(64)
蘭言　子4-19225、19231、5-26234　叢1-201、203(3)、2-934
蘭言詩鈔　集4-24352
蘭言集　集6-44022、44119、44130、44132~3、44185　叢2-1575、1745
蘭言集、蘭言二集　集6-44131
蘭言偶錄　子4-19238
蘭言室文存　集4-33433
蘭言室雜記殘編　子5-26702
蘭言述畧　子4-19232
蘭言述畧、藝蘭四說　子4-19233
蘭言初集文集　集4-32184
蘭言萃腋、拾遺　集6-46038
蘭言居試帖、律賦　集5-37663
蘭言居遺稿　集5-37662
蘭音閣詩鈔　集4-33003
01 蘭語集　子4-19227
06 蘭韻山房詩鈔　集4-27367
蘭韻堂詩集　集3-21847
蘭韻堂詩集、御覽集、文集、經進文稿　集3-21848
蘭韻堂詩續集、文續集　集3-21849
08 蘭譜　子3-14982、16344、16376、4-19220、19223、19226、19235~6　叢1-13、14(3)、181
蘭譜(十竹齋蘭譜)　子3-14981
蘭譜、菊譜、竹譜、梅譜　子3-16442
蘭譜、竹譜(冶梅梅竹譜)　子3-16420
蘭譜奧法　子4-19221　叢1-19(9)、20(7)、21(8)、24(10)、86、2-730(8)、731(30)
10 蘭玉堂詩集、詩續集、文集　集3-19596
蘭雪齋詩集　集2-8953、4-25733、6-44954
蘭雪齋詩鈔(閒居集、彈鋏集、息影集、鐵人集、蓬幕集、望瀛集、起夢集、趣園集)　集5-38206
蘭雪齋韓歐文批評、國策選評　集6-43047
蘭雪齋增訂文致　集6-42958
蘭雪詩翰　叢1-373(9)
蘭雪集　集1-4939~40、4943、4-23333
蘭雪集、補遺　集1-4941

蘭雪軒集　集3-14348~9
蘭雪吟　集5-38319
蘭雪堂文集　集3-18617
蘭雪堂詩稿　集3-13594
蘭雪堂集　集2-11213、3-17692
蘭雪堂稿　集3-18617
蘭雪堂古事苑定本　子5-25139
蘭雪堂燼餘集　集2-11214
蘭石齋文稿　集5-37922
蘭石齋存稿　集5-37921
蘭石齋駢體文鈔　集4-29028、6-42075
蘭石詞　子3-12357　集4-29027、7-47519　叢2-917、1744
蘭石集　集3-13100
蘭石山房詩鈔　集3-21467
蘭石畫譜　子3-16450
蘭石畫册　子3-16440
蘭石軒印草　子3-17417
蘭西縣志[民國]　史7-56366
蘭西縣志書[民國]　史7-56367
蘭雲菱夢樓筆記、玉梅後詞　子4-22066
蘭雲菱廔樓筆記　叢2-2155
12 蘭水同聲錄(康廉采)　史2-9284
15 蘭璉朱宗伯彙選當代名公鴻筆百壽類函　子5-25726
17 蘭君仙史花王館之第十有二集　集5-40342
20 蘭爲王者香一枝　集7-51809
蘭舫詩遺　集4-31655
蘭舫詞　集7-46398~400、47098
蘭舫筆記　子4-21286　叢2-796
蘭香吟館詩稿　集5-36980
蘭香吟館詩存　集5-36979
蘭香閣　集7-54389
21 蘭止庵詩詞歌賦　集2-6697
蘭止庵韻畧易通跋　經2-13772
蘭貞刪餘詩草　集5-38307
22 蘭嵓偶說　史7-49345、54812
蘭巖詩稿、翠微山房詞　集3-21756
蘭巖詩鈔　集4-23099
蘭峯徐氏宗譜[浙江金華]　史4-32023~4
蘭山詩草　集3-20624
蘭山課業松崖詩錄　經2-11895　集3-20625、20631
蘭山課業風騷補編　集6-42500
蘭山縣保甲圖　史6-45440
24 蘭綺堂詩鈔　集4-25534~6
26 蘭泉詩稿　集4-24450
蘭泉老人遺集　集1-4642　叢2-827
蘭泉居士日記(清同治元年、十一年至十三

年）史2-13034
蘭皋詩話　集6-45926
蘭皋詩餘近選　集7-47233
蘭皋詩鈔　集3-16379、16398～9
蘭皋集　集1-4338～9、5526、6-41715、
　41784、45074　叢1-223(57)
蘭皋明詞滙選、詩餘近選　集7-48490
蘭臭集、續集　集5-41675
蘭穆齋駢文　集5-40199
27 蘭佩集　集6-44582
蘭修庵消寒錄　子5-27142
蘭修剩稿　集5-41319
蘭修館叢稿　集4-27053
蘭修館賦稿　集4-27052,6-42070
蘭舟漫稿　集2-8609
蘭紉詞　集7-48166　叢1-509
28 蘭舲遺詩　集4-26485
蘭谿三皁張氏宗譜[浙江金華]　史5-
　35023
蘭谿縣志[康熙]　史7-57587
蘭谿縣志[弘治]　史7-57585
蘭谿縣志[嘉慶]　史7-57588
蘭谿縣志[萬曆]　史7-57586
蘭谿縣志[光緒]　史7-57589
29 蘭秋齋讀詩求古編注　經1-4499
蘭秋介雅堂詩畧　集6-41963
30 蘭室叢談　子4-21225　叢2-1498
蘭室祕藏　子2-4549～52、4564、4804～7
　叢1-223(33),2-730(1)、731(30)
蘭宜潘氏信譜[湖南醴陵]　史5-39858
蘭扁前集　集3-17165
31 蘭江集　集2-10850～1
蘭江集、楚編　集2-10849
蘭江負米集　叢2-1544
蘭江沛國朱氏宗譜[浙江蘭溪]　史4-
　26550
蘭江錢氏宗譜[浙江]　史5-40185～6
蘭汀集　集2-9687
蘭汀存藁　集2-9688～9
蘭源戴氏宗譜[浙江]　史5-40529
蘭福堂詩集　集5-40206
32 蘭州府志[道光]　史8-63087
蘭州志[康熙]　史8-63086
蘭州風土記　史7-49317(5)、49318(13)、
　51162
蘭溪方氏重修族譜[江蘇]　史4-25726
蘭溪龍山姚氏家譜[浙江蘭溪]　史4-
　31196
蘭溪龍山姚氏宗譜[浙江蘭溪]　史4-
　31197
蘭溪龍山姚氏祀譜[浙江蘭溪]　史4-

31198
蘭溪詩鈔　集4-23733　叢2-886(3)
蘭溪靈泉李氏重修宗譜[浙江蘭溪]　史4-
　27218
蘭溪張氏重修族譜[浙江金華]　史5-
　35015
蘭溪張氏宗譜[浙江金華]　史5-35019
蘭溪盛氏宗譜[浙江蘭溪]　史5-34291
蘭溪鄭氏族譜[浙江蘭溪]　史5-38666～8
33 蘭心閣詩稿　集4-30074
蘭浦桂源西方陳氏宗譜[浙江浦江]　史4-
　33103
34 蘭池清話　子5-27330
蘭港沈氏宗譜[江蘇無錫]　史4-29006
蘭漪草堂劫餘詩草　集4-28642
蘭渚先生遺稿　集2-9914
蘭渚先生遺藁　集2-7612
蘭渚遺藁　叢2-900
蘭襟集　集5-41546
蘭襟印草　子3-17131
37 蘭湖詩選　集3-17035
蘭湖詩選(續刻)　集3-17036
蘭湄幻墨　集3-21459
蘭湄幻墨二編　集3-21460
蘭湄幻墨前後編　集3-21461
蘭湄幻墨前編、后編　子3-18163
40 蘭士遺稿　集4-21928
蘭臺詩集二種　集6-44979
蘭臺要旨　子2-5141
蘭臺集　叢2-827
蘭臺法鑑錄　史2-7216～7
蘭臺遺稿、續編　集4-24682
蘭臺遺藁、續編　叢2-906
蘭臺妙選　子3-14126
蘭臺摘稿　史6-48468
蘭臺奏疏　史6-48503　叢2-731(18)、782
　(3)、978
蘭臺奏稿　史6-48522
蘭臺軌範　子2-4607～10、4612、9468　叢1-
　223(34)
蘭木紀　子4-24222
43 蘭垞詩鈔　集3-18516
蘭垞遺稿　集3-18517
44 蘭封縣志合編[民國]　史8-59828
蘭芷零香錄　子5-26699　叢2-683、2046
蘭坡詩鈔　集4-25307,5-37303
蘭坡遺墨　集2-8265
蘭藻堂詩集　集4-24857
蘭藻堂詩鈔　集4-24858
蘭藻堂集　集3-19886
蘭花記　集7-53818

中國古籍總目·索引

蘭花堂詩集　集4-25387
蘭莊詩話　集6-45486、45788　叢1-22(14)、23(13)
蘭芬齋詩集　集4-22462
蘭芬詩存　集4-26036
蘭芬館詩鈔　集4-28150
蘭芬小草　集3-21317
蘭陰稿　集2-10639
蘭薰館遺稿　集5-39852
蘭蕙林文鈔、詩鈔、詩餘　集3-20593
蘭蕙原說　子4-19240
蘭蕙同心錄　子3-16549
蘭蕙鏡　子4-19229　叢2-642
蘭艾齋稿　集4-25127
蘭英寶卷　集7-54367
蘭苕館詩集　集4-32921
蘭苕館詩鈔　集4-32922
蘭苕館外史　子5-26544
蘭葉筆存　子4-20910
蘭桂儷傳奇　集7-50345
蘭林集　集6-44318
46 蘭如詩鈔　經2-15126　集4-32774
蘭媎朱宗伯彙選當代名公鴻筆百壽類函釋註　集6-43706
蘭韞詩草　集4-25180
蘭絮話腴　史2-9854
47 蘭娵老人遺作　集4-29112
蘭馨堂詩存　集4-28939
蘭根草舍詩鈔　集4-30375
蘭穀遺詩　集5-38880
48 蘭檢京都日記(清咸豐二年)　史2-12748
50 蘭史　子4-19224　叢2-642、845(2)
蘭史自訂年譜　史2-12123
蘭本紀　叢2-1373
51 蘭軒文集　集4-24526
蘭軒集　集1-4734　叢1-223(60)
蘭軒未定稿初集、二集　集4-26558
52 蘭拙軒遺稿　集4-23553
55 蘭曹讀史日記　史1-5561
60 蘭畹詩鈔　集4-23044
蘭畹詩鈔、續鈔、補遺　集4-23045
蘭畹遺稿　集3-21217
蘭畹遺草　集6-41999
蘭易　叢2-642、845(2)
蘭易、蘭史　子4-19224
蘭園詩集　集4-29822
蘭園詩續集　集4-29823
蘭思詞　集7-46405、47082
蘭思詞話　集7-48755
蘭思詞鈔　集7-47081

蘭田葉氏宗譜[安徽歙縣]　史5-35730
蘭因集　史2-6441　集3-15755　叢2-832(3)
蘭邑傅氏族譜[河南蘭考]　史5-36269
蘭邑瀲西周氏行譜[浙江蘭溪]　史4-30020
64 蘭畦小草且存　集4-26962
66 蘭嬰小傳　史2-10998
67 蘭暉堂集　集2-8401
蘭墅詩稿　集5-34219
蘭墅詩存　集5-38003
蘭墅制藝　集4-22095
70 蘭陔詩集　集3-20700~1、21061~2
蘭陔詩集、詩二集　集3-20702
蘭陔絫養圖詠　叢2-908
蘭陔四六　集3-20703
蘭陔堂文鈔　集4-25405
蘭陔堂詩鈔　集4-25404
蘭陔堂稿(扣舷草、遠遊篇、貂裘草、秋水篇、潤州草、白門草、行藥草、蜩甲草、敝帚草、蘭陔堂尺牘)　集2-11292
72 蘭隱君集　集2-6698　叢2-886(5)
74 蘭陂剩稿　集4-27444,6-45079
蘭陵集　集5-38758
蘭陵仁厚里黃氏宗譜[江蘇武進]　史5-33740
蘭陵繆氏世譜[浙江紹興]　史5-40907
蘭陵江氏宗譜[安徽涇縣]　史4-26895
蘭陵女俠　史1-1995
蘭陵女兒行　叢2-756
蘭陵蕭江氏譜[安徽徽州]　史4-26872
蘭陵蕭氏二書[安徽]　史5-39956
蘭陵蕭氏宗譜[江蘇武進]　史5-39952
蘭陵鄭氏宗譜[江蘇常州]　史5-38593
76 蘭陽縣續志[乾隆]　史8-59822
蘭陽縣志[康熙]　史8-59821
蘭陽縣志[嘉靖]　史8-59820
蘭陽隨筆　叢2-2035
蘭陽養疴雜記　子4-21772　集6-41759　叢2-2009
蘭陽養疴雜紀　叢1-499
77 蘭堅閣詩　集4-27189
蘭閨寶錄　史2-6437
蘭閨寶錄序言　叢1-368
蘭閨清玩　子3-18527
蘭風王氏宗譜[浙江餘姚]　史4-24980
蘭風夏氏家乘[浙江餘姚]　史4-31669
蘭風夏氏世譜[浙江餘姚]　史4-31668
蘭風邵氏三修宗譜[浙江餘姚]　史4-29221
蘭風續修宗譜[浙江餘姚]　史4-30413

蘭風魏氏宗譜［浙江餘姚］　史5-40412～5
蘭風沈氏宗譜［浙江餘姚］　史4-29064～6
蘭風胡氏宗譜［浙江餘姚］　史4-30409
蘭居吟草　集3-15808
蘭閣祕方　子2-8026
78 蘭駢館日記（清光緒二十三年）　史2-13147
80 蘭盆經疏　子6-32089(50)
蘭盆經疏會古通今記　子7-33468
蘭谷山房自怡草　集3-21266
蘭谷先生天籟集　集7-46743　叢1-353
蘭谷遺稿　集4-29256　叢1-554
蘭谷草堂稿　集3-18719
蘭公堂詩鈔　集3-17039
88 蘭竹譜（新增墨蘭竹譜）　子3-16377
蘭竹名卉　子3-16340
蘭竹名世　子3-16445
蘭笑樓藏書目　史8-65975
蘭笑樓贗書目　史8-65976
蘭筍山房稿　集3-15846
90 蘭堂集、補遺　集2-6812
蘭堂剩稿　集3-20861
蘭當詞　集7-48228～9

4422₈ 芥

11 芥彌精舍印萃　子3-17439
芥彌精舍金石彙存　子3-17435
17 芥子彌禪師語錄　子7-34280
芥子彌禪師鉏斧草　集3-13596
芥子園　集7-48841
芥子園繪像第七才子書　集7-49740
芥子園畫傳　子3-16329
芥子園畫傳二集　子3-16330～1
芥子園畫傳二集、芥子園畫傳三集　子3-16338
芥子園畫傳三集　子3-16332～3
芥子園畫傳初集、二集、三集　子3-16335、16337
芥子園畫傳初集、二集、三集、四集、圖章彙篆　子3-16334
芥子園畫傳初集、二集、三集、續集　子3-16336
芥子園畫傳四集、芥子園圖章會纂　子3-16339
芥子園圖章會纂　子3-16778、16813
20 芥航詩存　集5-35070
22 芥巖詩選　集4-23695
芥山詩鈔　集3-21887,6-41990

25 芥生詩選、續選　集4-22489
27 芥舟詩草　集3-20780,6-45127
芥舟集　集3-17173
芥舟書舍全集曲譜　集7-54674
芥舟學畫編　子3-15983
芥舟錄　集4-22923
33 芥浦詩删　集3-19621
38 芥滄館文存、詩集　集5-41076
芥滄館補刊六種　集5-41077
51 芥軒詩草　集6-44995
芥軒咏草　集4-32979
60 芥圃詩鈔　集4-22078
72 芥隱筆記　子4-20150,5-26218　叢1-4～5,9～10,19(5)、20(3)、21(4)、22(2)、23(2)、24(5)、26、28、38、114(5)、169(3)、223(40)、245、268(3)、374,2-731(6)
芥隱筆記、續釋常談　子4-20151

4423₁ 蔭

10 蔭玉閣五種　叢2-853
蔭下王氏五修族譜［湖南衡山］　史4-25491
22 蔭山齋詩集　集4-30292
26 蔭泉亭文稿　集4-23931
27 蔭綠詞　集7-46398～400、46920
蔭綠軒詞　集7-47990
蔭綠軒詞、續集　集7-46921
蔭綠軒詞正續集　集7-47991
34 蔭遠堂詩存　集5-38776
41 蔭梧居日記（清光緒元年）　史2-12888
44 蔭蒼山房詩稿　集5-34808
45 蔭椿書屋詩話　集6-46062　叢2-886(5)
48 蔭松堂詩集　集3-18718
60 蔭圃詩鈔　集4-28881
蔭圃小草詩存、文存、小草續鈔　集4-28880
蔭園詩鈔　集4-32253
63 蔭貽堂旅吟草　集4-26763
88 蔭餘齋詩草　叢2-896
90 蔭堂遺者　集4-32599

蕤

44 蕤芳書屋文鈔　集4-32823
66 蕤呬耶經（玉呬耶經）　子6-32093(33)

4423₂ 蒙

00 蒙廬詩存　集5-35920
　　蒙廬詩存、外集　集5-35919
　　蒙廬詩存、蒙廬雜著、井花館論書　集5-35918
　　蒙廬函稿　集5-35921
　　蒙廬聯語　叢2-757
　　蒙廬日記(清同治十年至光緒十二年)　史2-13010
　　蒙廬日記鈔　叢2-757
　　蒙齋(田雯)年譜、續、補　叢2-949、1337
　　蒙齋文存初集、續集、三集、四集、五集　集4-26536
　　蒙齋文鈔　集4-25010
　　蒙齋集　集1-4244、4246　叢1-223(56)、468
　　蒙齋集、拾遺　集1-4245　叢1-230(5),2-731(40)
　　蒙齋中庸講義　經2-8925　叢1-223(13),2-845(3)
　　蒙齋年譜、續、補　史2-11750
　　蒙齋筆談　子4-20028~9　叢1-23(5)、99、101
　　蒙齋筆談(節錄巖下放言)　叢1-22(5)、56、99~100、195(5),2-735(4)
　　蒙文總彙　經2-15060
　　蒙文法程　經2-15040、15042
　　蒙文指要　經2-15025、15037
　　蒙文指要四種、一種　經2-15040
　　蒙文晰義　經2-15040~1
　　蒙言、續、再續、三續　叢2-1361
02 蒙訓(槐軒蒙訓)　子1-2832
08 蒙旗志稿[民國]　史7-56065
　　蒙旗概觀[民國]　史7-56024
10 蒙正祭竈　集7-49700
　　蒙兀兒史記　史1-2627~8
20 蒙香室叢書　集7-46438
　　蒙香室賦錄　集5-37176,7-46438
　　蒙香草堂時文全集　集4-22091
21 蒙師箴言　子1-2903
22 蒙川詩集　集1-4311,6-41895
　　蒙川先生遺稿　集1-4307
　　蒙川先生遺稿(蒙川遺稿)　集1-4308
　　蒙川先生遺稿、補遺　集1-4309　叢2-864~6
　　蒙川遺稿　集1-4310,6-43118　叢1-223(57)

蒙川吟稿　集3-20692
蒙山施食畧解　子7-35046
蒙山獻書　集7-50825
蒙山和尚示衆語　子6-32089(52)、32090(66)、32093(52)
蒙山和尚普說　子7-34063
蒙山學究語　叢2-2080
24 蒙化府志[康熙]　史8-62534
　　蒙化志稿[民國]　史8-62536
　　蒙化縣鄉土志[宣統]　史8-62537
　　蒙化劉氏宗族譜[雲南大理]　史5-39704
26 蒙自湯氏族規　叢2-888
　　蒙自李氏家譜　叢2-888
　　蒙自楊氏宗譜稿本[雲南蒙自]　史5-37077
　　蒙自縣志[康熙]　史8-62583
　　蒙自縣志[乾隆]　史8-62584
　　蒙自閔氏家譜　叢2-888
　　蒙泉文集、栐芝詩集　集3-20379
　　蒙泉雜言　子4-20378　叢1-22(20)、34、87,2-730(1)、731(12)
　　蒙泉詩稿　集6-41744~5、41891
　　蒙泉詩藁　集1-4148
　　蒙泉詩藁　集6-41746、41888、41892~3、41894(3)、41897~8、41912、41917、41923
　　蒙泉詩鈔　集3-20413,6-41756
　　蒙泉子　叢2-1781
　　蒙泉子、事實册　子4-21645
　　蒙泉集　集1-5337　叢2-852
　　蒙泉外史印譜　子3-16947
　　蒙泉學詩草　集3-19498
　　蒙泉義塾章程　子1-2425
　　蒙泉類博稿　子4-20376　叢1-46
27 蒙墾續供　史6-44870
　　蒙墾奏稿　史6-44867
　　蒙墾陳訴供狀　史6-44868
　　蒙墾陳訴事畧　史6-44869
30 蒙寇志畧　史1-3869
32 蒙溪遺稿　集5-37965
33 蒙演百孝圖、續編　子3-16395
34 蒙漢合璧五方元音　經2-14992
　　蒙漢合璧四書　經2-10135
36 蒙邊新制或問　史6-45706
　　蒙邊偵探日記　史2-13260
40 蒙難瑣言　史1-3909~10
　　蒙難紀畧　史1-3944
　　蒙難述鈔、避兵紀畧附鈔　史1-4151
　　蒙難追筆　史1-4101　叢2-1852
　　蒙難始末　史1-3359
　　蒙難日記　史1-3945

蒙古文法超悟　經 2-15073
蒙古諸部述畧　史 7-49943
蒙古譯語　經 2-14958
蒙古郭爾羅斯後旗旅行記　史 7-49358、53176
蒙古王公爵職襲次表　史 3-24556
蒙古五十一旗考　史 7-49316、49318(2)、49935
蒙古西域諸國錢譜　史 8-64910　叢 1-472
蒙古水道畧　史 7-49316、49317(7)、49318
　(10)、52857
蒙古備志[民國]　史 7-56022
蒙古律例　史 6-45882
蒙古象教志序　叢 2-771(2)
蒙古家譜　史 5-41484
蒙古字括　叢 2-1464
蒙古源流　史 1-2638～9
蒙古源流箋證　史 1-2640
蒙古邊防議　史 6-45707,7-49316、49318(2)
蒙古沿革考　史 7-49318(2)、49940
蒙古通覽[民國]　史 7-56021
蒙古通鑑長編、補編　史 1-1509
蒙古游牧記　史 7-49314、49318(20)、49936～7
蒙古游牧記[咸豐]　史 7-56018
蒙古臺卡志畧　史 6-45710,7-49316
蒙古臺卡畧　史 7-49318(2)
蒙古志[光緒]　史 7-56019～20
蒙古吉林土風記　史 7-49318(2)、49938
蒙古概觀[民國]　史 7-56028
蒙古博爾濟錦氏族譜[內蒙古]　史 5-
　35496～7
蒙古地理摘要　史 7-49944
蒙古地畧　史 7-49318(20)、49942
蒙古考畧　史 7-49318(2)、49941
蒙古世譜圖考　史 5-41485
蒙古世系譜　史 5-41483
蒙古史　子 7-36380
蒙古史四編　史 1-2642
蒙古史料校注四種　史 1-1922
蒙古探險談　史 7-49357、53177
蒙古回部表　史 1-2641
蒙古與張家口關係記　史 7-49357、49910
蒙古與教廷　子 7-35764
蒙古錢譜　史 8-64911
蒙古錢幣考　叢 1-506,2-2060
蒙古鑑[民國]　史 7-56023
蒙古笳樂譜　子 3-17871
蒙古堂事宜書　史 6-47070
蒙木集　集 3-17534
43 蒙求　子 5-25506　叢 2-778、782(2)
蒙求正文、集註　叢 1-268(4),2-731(20)
蒙求正文、集注　子 5-25520

蒙求集註　子 5-25509　叢 1-223(42)
蒙求集注　子 5-25516～7
蒙求續編　子 5-25626
蒙求釋註　集 6-44274
蒙求補宋　子 5-25828
蒙求增輯　經 2-13453
蒙求箋註　子 5-25518
蒙城趙氏宗譜[浙江縉雲]　史 5-38383
蒙城縣政書[民國]　史 7-57826
蒙城縣志[康熙]　史 7-57823
蒙城縣志[順治]　史 7-57822
蒙城縣志[萬曆]　史 7-57821
蒙城縣志[同治]　史 7-57824
蒙城縣志[民國]　史 7-57825
44 蒙藏新志[民國]　史 7-56026
蒙藏狀況[民國]　史 7-56025
蒙韃備錄　史 1-1914、2600　叢 1-11、19
　(9)、20(6)、21(8)、22(9)、24(9)、29(6)、56、
　95,2-730(3)、731(66)、2181
蒙韃備錄校注　史 1-2601
蒙韃備錄校注、西使記　史 1-2602
蒙韃備錄箋證　史 1-1922、2603　叢 2-
　2227、2229
蒙菴集　集 2-6450
50 蒙史　子 1-2791,4-18978、19049
蒙春園集　集 3-15986
58 蒙拾堂詞稿　叢 2-693
60 蒙園紀聞、寶昌雜錄　史 7-49914
70 蒙雅　經 2-13460、13462　叢 2-630
蒙雅校勘記　經 2-13461
72 蒙隱集　集 1-3195　叢 1-223(55)
77 蒙岡文集　集 5-35391
蒙學讀本漢字母音釋　經 2-13545
蒙學讀本全書七編　經 2-13499
蒙學韻語　叢 2-2158～9
蒙學課本　子 1-2890、2910　叢 1-530～1
蒙學論說實在易　子 1-2908
蒙學習算實在易　子 3-12883
蒙學叢編六種　子 7-36235
蒙學叢書三十四種　子 7-36236
蒙學淺說二十章　子 7-35687
蒙學初級修身書　子 7-36237
蒙學地理紀要　子 7-36237
蒙學中國地理教科書　史 7-49798
蒙學書報(蒙學叢書)一百十一種　子 7-36237
蒙學鏡　子 1-2898
蒙學算法　子 3-12884
78 蒙陰縣志[康熙]　史 8-59326～7
蒙陰縣志首[宣統]　史 8-59328
蒙陰縣奉辦團防圖册、蒙陰縣地輿團防全

　　　　圖　史6-45458
80 蒙谷詩　集3-14601,6-41761
　　蒙養詩教　子1-2800　叢1-201、203(2、
　　　17)、367～8
　　蒙養詩抄　子5-25986
　　蒙養函書三編總目　史8-66181
　　蒙養必讀　子1-1970
　　蒙養書十三種　子1-1969　叢1-574(5)
　　蒙養指南　子5-25709
83 蒙館辦書章程　史6-47071
88 蒙筴　子1-2836
　　蒙筴、敬教勸學說、訓蒙功過格　子1-2837
95 蒙情快史　子5-26717

蘽

44 蘽桂軒詩　集2-10328

藤

00 藤亭漫抄　子4-19492、21030
　　藤齋小集　集1-4629,6-41896
10 藤雪樓詩鈔　集5-40736
20 藤香草堂詩稿　集4-33245
　　藤香館詩删存、詞删存　集4-33247
　　藤香館詩鈔　集4-33248
　　藤香館詩鈔、續鈔、詞　集4-33246
　　藤香館詞　集7-47903
　　藤香館詞删存　集7-47904
　　藤香館小品　子5-25394　叢1-437
22 藤山志[民國]　史8-58170
24 藤峽紀畧　史1-1926～7
　　藤峽紀聞　史1-1926～7、2959
26 藤牌撒星陣圖說　叢2-1437
28 藤谿詩　集2-9951
　　藤谿記、藤谿詩　史7-50242
32 藤溪王氏摘支世譜[安徽休寧]　史4-25277
　　藤溪叢書□□種　叢2-1451
41 藤梧館雜體文　集4-23817
　　藤梧館詩草　集4-23818
　　藤梧館詩鈔　集4-23819
44 藤蓋軒詩集　集4-29720
　　藤花亭十七種　叢2-1780
　　藤花亭書畫跋　子3-14964　叢2-725
　　藤花亭鏡譜　史8-64277　叢2-725
　　藤花亭合刻十種　叢2-1779

　　藤花廳偶吟草　集4-25838
　　藤花秋夢　集7-49639
　　藤花書屋遺稿　集4-26784
　　藤花軒詩鈔初集、續集　集4-28861
　　藤花吟館詩錄　集5-36273
　　藤花吟館詩鈔　集4-26441
　　藤花閣詩草　集4-25402
　　藤花館詩、詩餘　叢2-922
　　藤花館詩、詞　集5-35434
　　藤花筵舫字學　經2-13093～4
　　藤蔭雜記　叢1-373(3)
　　藤蔭軒娛我園詩草　集5-35326
　　藤華館詩存　集5-33895
47 藤塢詩集　集3-15024
51 藤軒筆錄　子4-19500　叢2-2053
62 藤縣白馬何壽謙族譜[廣西藤縣]　史4-
　　　28433
　　藤縣志[嘉慶]　史8-61314
　　藤縣志[同治]　史8-61315
　　藤縣志稿[民國]　史8-61316
71 藤阿吟稿　集4-25879
78 藤陰雜記　史7-49322、49831～2　叢2-624(4)
　　藤陰客贅　子4-23496
88 藤笈藏稿　集3-18730

4423₄ 幨

00 幨府燕閒錄　子5-26918　叢1-19(2、5)、20
　　　(1、3)、21(2、4)、22(7)、23(7)、24(2、5)、29(5)

茯

44 茯苓僊　集7-50379
　　茯苓仙傳奇　叢1-587(4)

茉

00 茉齋剿說　叢2-1889

4423₇ 蒹

29 蒹秋遺稿　集4-26104

中國古籍總目書名索引

44 兼葭什　集2-12769
　　兼葭秋水樓詩集　集4-27599
　　兼葭樓詩　集5-41032
　　兼葭里館詩　集5-39443
　　兼葭館詩草初草、續草　集2-10589
　　兼葭堂雜著摘抄　叢1-84(4),2-730(11)、
　　　731(53)
　　兼葭堂雜抄　叢1-22(24)、29(8)
　　兼葭堂稿　集2-9155

蔗

00 蔗亭初稿　集3-17425
　　蔗亭梅花集句　集3-18509
　　蔗庵詩集　集3-14731
　　蔗庵詩選　集3-14728
22 蔗山筆塵　史1-5414　叢1-195(5),2-731
　　　(51)
37 蔗初吾生草　集4-29371
40 蔗查集　集3-19051
　　蔗境軒詩鈔　集3-21724,6-42007(1)
　　蔗塘外集　集3-18885、18889,6-45961　叢
　　　1-249(2)
　　蔗塘未定稿　集3-18886~8
　　蔗塘未定稿、押奩詞、外集　集3-18890
44 蔗菴範禪師語錄　子6-32091(79),7-34290
　　蔗村遺稿、續刻　集3-18017
51 蔗軒遺稿　集4-23957
55 蔗農詞話　集7-48737
60 蔗園詩集　集5-36360
　　蔗園集　集4-28331
　　蔗園外集　集2-10391
　　蔗園噴飯集　集4-31934
　　蔗田詩草　集3-15563
64 蔗畦詩稿　集3-19823
　　蔗畦詞　集7-48337
　　蔗畦吟草、東林吟草　集4-30007
77 蔗尾文集　集3-18957
　　蔗尾詩集　集3-18955~6
　　蔗尾詩鈔　集4-24305
　　蔗閣詩餘　集7-46398~400、46987
80 蔗翁詩稿　集3-18108
88 蔗餘集　集3-18618
　　蔗餘偶筆　子5-26490　叢2-1724、1874
　　蔗餘軒詩　集4-30069
　　蔗餘軒詩畧　集4-32249~50
　　蔗餘軒詩鈔　集5-34186
90 蔗糖西法　子7-36254

廉

44 廉葭書屋詩　集3-17171

蘟

44 蘟蒔山莊遺著(吳隱士遺著)四種　叢2-
　　　1981
　　蘟蒔山莊駢散芟存　集5-35207　叢2-
　　　1981

4424₀ 苻

17 苻子　叢2-774(9)
50 苻秦疆域志補正　史7-49451

蔚

00 蔚庵逸草　集2-9115
　　蔚廬亥子集　叢2-2094
　　蔚廬文集、詩集　集5-37279
　　蔚廬詩文稿(蔚廬亥子集、補過精舍詩稿、
　　　自省齋焚如草、四十五自定稿、京師存
　　　稿)　集5-37278
　　蔚廬所著書十六種　叢2-2094
　　蔚庭詩選　集3-16390
　　蔚文書院全志　史7-52130
17 蔚子詩集　集3-19758
　　蔚子瓜傭漫草　集3-19761
20 蔚秀軒詩集　集4-22724
22 蔚嵐詩草　集4-32281
　　蔚山草堂集　叢1-483
26 蔚伯詩存　集4-23898
32 蔚州魏敏果公詩集　集3-13973
　　蔚州志[順治]　史7-55125
　　蔚州志[崇禎]　史7-55124
　　蔚州志[光緒]　史7-55128
　　蔚州志補[乾隆]　史7-55127
44 蔚蘭堂詩鈔、文鈔　集5-39162
　　蔚菴嫁衣集　集3-13409
　　蔚村三約　子1-2046　叢1-483,2-811

60 蔚園文鈔(文、詩)　集 3 - 19228
　蔚園詩集　集 3 - 18449
　蔚思堂詩鈔　集 4 - 26880
　蔚思堂稿、駢語　集 4 - 26879
62 蔚縣志[乾隆]　史 7 - 55126

4424₁ 薛

40 薛帷瑣語　子 4 - 23053
44 薛荔山房藏稿　集 2 - 10218
　薛荔山莊詩稿　集 4 - 29076
　薛荔山莊詩草　集 6 - 41997
　薛荔村舍遺詩　集 5 - 38168
　薛荔園詩集　叢 1 - 223(66)
　薛荔園詩集(薛荔園稿)　集 2 - 9654
　薛蘿吟社所刊書三種　子 3 - 14711
88 薛槑吟館存稿　集 4 - 31292
　薛槑吟館鈔存　集 4 - 31293～5

4424₇ 獲

00 獲鹿縣鄉土志[光緒]　史 7 - 55039
　獲鹿縣志[嘉靖]　史 7 - 55035
　獲鹿縣志[乾隆]　史 7 - 55036～7
　獲鹿縣志[光緒]　史 7 - 55038
　獲音　集 3 - 13184
08 獲效良方　子 2 - 7747
40 獲嘉縣志[康熙]　史 8 - 59690
　獲嘉縣志[萬曆]　史 8 - 59689
　獲嘉縣志[乾隆]　史 8 - 59691
　獲嘉縣志[民國]　史 8 - 59692

葭

31 葭沚黃氏宗譜[浙江黃巖]　史 5 - 33865
32 葭州鄉土志[光緒]　史 8 - 63022
　葭州志[嘉慶]　史 8 - 63019
　葭州志[乾隆]　史 8 - 63018
　葭州志[光緒]　史 8 - 63020
　葭洲書屋遺稿　集 5 - 39103　叢 2 - 843
44 葭柎草堂集　集 4 - 32759
　葭柎草堂集、續　叢 2 - 1868
45 葭埭顧氏宗譜[江蘇如皋]　史 5 - 41367
51 葭軒印畧　子 3 - 17060

62 葭縣志[民國]　史 8 - 63021

蔣

00 蔣辛田先生流民十二圖、奏疏、蘇松財賦
　圖、蘇松田賦考　史 6 - 43434
07 蔣翃圃羊氏宗譜[江蘇]　史 4 - 26836
10 蔣雪齋吟稿　集 5 - 35162
　蔣石林遺詩　集 2 - 12701
12 蔣廷錫詩選　集 6 - 44441
17 蔣子文傳　叢 1 - 29(4)、56、249(2)、255(3)、
　395
　蔣子遺書七種　叢 2 - 1774
　蔣子萬機論　子 4 - 19786～7　叢 2 - 615(2)、
　768、774(10)、775(5)
　蔣子萬機論、桓氏世要論、劉氏政論、典語、
　杜氏篤論　子 4 - 19785
20 蔣魴切韻　經 2 - 13642、15137
　蔣香生先生所藏善本書目　史 8 - 65880
22 蔣山傭詩集　集 3 - 13744
24 蔣侑石遺書三種　叢 2 - 1978
30 蔣家蕩任氏宗譜[江蘇常州]　史 4 - 26760
　蔣之翰之奇遺稿　叢 2 - 798
32 蔣灣橋周氏續修宗譜[江蘇常州]　史 4 -
　29838～9
33 蔣心餘先生官戒詩　集 6 - 43086
35 蔣清容手書詩稿　集 3 - 20945
　蔣清容先生遺稿　集 3 - 20943
37 蔣選四六文　集 6 - 42658
38 蔣祥墀自記年譜　史 2 - 11005、11993
　蔣道林先生文粹　集 2 - 7972
　蔣道林先生桃岡日錄　子 1 - 1025
40 蔣大鴻小傳　史 2 - 9263
　蔣大人提醒良方歌　集 7 - 53281
　蔣太夫人劉氏墓志　史 2 - 10796
　蔣南冷集　集 2 - 8038～9、6 - 41935(2)
41 蔣橋石大令兩漢條記　史 1 - 5856
42 蔣彬蔚行述　史 2 - 10352
44 蔣恭侯集　史 7 - 49309　集 1 - 331
　蔣若椰詩　集 2 - 11988、6 - 41943
　蔣老五　集 7 - 53633
　蔣老五唱春新聞　集 7 - 53633
　蔣世隆四部　集 7 - 51147
　蔣村草堂稿　集 4 - 29853
　蔣樹聲遺墨　子 3 - 15808
46 蔣觀雲遺詩　集 5 - 41387
50 蔣春農文集　集 3 - 20578
　蔣春農舍人行狀、丹徒趙芸浦給諫行述　史

2 - 9525
57 蔣抑厄先生藏書摘錄　史 8 - 65978
60 蔣最峯寫竹簡明法(寫竹簡明法)　子 3 - 16393
65 蔣晴嵐詩鈔　集 4 - 26538
72 蔣劉氏(錫紳妻)墓誌　史 2 - 10777
　　蔣氏族譜　史 5 - 38217
　　蔣氏族譜[上海松江]　史 5 - 38069
　　蔣氏族譜[江蘇常熟]　史 5 - 38112
　　蔣氏族譜[湖南安化]　史 5 - 38197、38199~200
　　蔣氏族譜[湖南江永]　史 5 - 38211
　　蔣氏敦復堂家乘[上海青浦]　史 5 - 38070
　　蔣氏重修族譜[湖南岳陽]　史 5 - 38204
　　蔣氏重修宗譜[湖南岳陽]　史 5 - 38203
　　蔣氏重修支譜[江蘇蘇州]　史 5 - 38106
　　蔣氏續譜[江蘇常州]　史 5 - 38083
　　蔣氏續修族譜[湖南安化]　史 5 - 38198、38201
　　蔣氏續修族譜[湖南湘鄉]　史 5 - 38207
　　蔣氏家訓　子 1 - 2186　叢 1 - 269(4)、270(3)、2 - 731(20)
　　蔣氏家譜[河北博野]　史 5 - 38067
　　蔣氏家譜[浙江奉化]　史 5 - 38126
　　蔣氏宗譜　史 5 - 38215~6、38218、38221
　　蔣氏宗譜[安徽桐城]　史 5 - 38188
　　蔣氏宗譜[江蘇]　史 5 - 38113
　　蔣氏宗譜[江蘇吳縣]　史 5 - 38111
　　蔣氏宗譜[江蘇丹徒]　史 5 - 38076
　　蔣氏宗譜[江蘇金壇]　史 5 - 38087
　　蔣氏宗譜[江蘇無錫]　史 5 - 38094、38096
　　蔣氏宗譜[江蘇常州]　史 5 - 38084
　　蔣氏宗譜[浙江浦江]　史 5 - 38180 ~ 1、38183
　　蔣氏宗譜[浙江蕭山]　史 5 - 38116
　　蔣氏宗譜[湖南岳陽]　史 5 - 38202
　　蔣氏遺稿(就正編、願學堂詩集、望藩存稿)　集 4 - 32470
　　蔣氏遺編四種　叢 2 - 992
　　蔣氏通譜[湖南]　史 5 - 38213
　　蔣氏游藝祕錄　子 3 - 14702~3
　　蔣氏遊藝祕錄　叢 1 - 353
　　蔣氏支譜[安徽桐城]　史 5 - 38187
　　蔣氏支譜[浙江海寧]　史 5 - 38122
　　蔣氏蘿經　子 4 - 19380~1
　　蔣氏世譜[上海崇明]　史 5 - 38072
　　蔣氏敬日草、外集　集 2 - 11987
　　蔣氏日錄　叢 1 - 22(5)、23(5)
　　蔣氏凡將草堂書目　史 8 - 65979
　　蔣氏年譜、自序　史 2 - 11027
77 蔣鳳笙行述　史 2 - 10877

蔣犀林函牘　集 4 - 28178
蔣丹林學使義學規條　子 1 - 2470　叢 1 - 514
蔣母徐太安夫人節孝錄　史 2 - 9916
蔣母胡太夫人襃揚錄　史 2 - 10461
80 蔣無爲史館奏牘　史 2 - 10682、6 - 49150
　　蔣舍人隨筆　子 4 - 21291
　　蔣公政訓　史 6 - 41518
86 蔣錫紳墓誌、蔣劉氏(錫紳妻)墓誌　史 2 - 10777

覆

40 覆古介書前集十六種後集九種　叢 1 - 146

4424₈ 薇

10 薇天集　集 2 - 11542
　　薇雲室詩稿　集 5 - 34497　叢 2 - 838
12 薇孫(惲毓鼎)行狀　史 2 - 10863
20 薇香集　集 6 - 44957
　　薇香館詩存　集 5 - 39526
37 薇郎集　集 4 - 22509
41 薇垣日記(清咸豐八年至同治八年)　史 2 - 12813
　　薇垣隨記　叢 2 - 2122
　　薇垣小草　集 2 - 11601
44 薇麓山人草　集 5 - 36444
　　薇花吟館詩存　集 5 - 35771
　　薇花吟館續稿　集 5 - 35770
　　薇花吟館初稿　集 5 - 35769
48 薇松館集　集 5 - 35313
77 薇卿遺詩　集 5 - 36864
90 薇省詞鈔　集 7 - 48606　叢 2 - 2155
　　薇省同聲集　集 7 - 46422

4425₀ 莽

44 莽茗錄　子 4 - 18978、18992

4425₃ 茂

10 茂雪堂叢書十九種　叢 1 - 408

17 茂豫山房詩稿　集5-40216
22 茂山堂詩草、二集　集3-18215
27 茂名縣續志[雍正]　史8-61171
　　茂名縣志[康熙]　史8-61169～70
　　茂名縣志[嘉慶]　史8-61172
　　茂名縣志[光緒]　史8-61173
　　茂名公牘　史6-47117　叢2-1358
30 茂實遺文　集5-38860
　　茂實軒初稿　集5-37942
32 茂州鄉土志[光緒]　史8-62096
　　茂州志[道光]　史8-62095
　　茂州志[乾隆]　史8-62094
36 茂邊紀事　史1-2849　叢1-46、178
42 茂荊亭稿　集2-8928
　　茂荊堂詩　集3-15715
44 茂苑日記(清嘉慶二年)　史2-12643
　　茂苑日記(咸豐七年)　史2-12929
　　茂林賦鈔　集3-19977
60 茂園(康基田)行述　史2-9540
　　茂園自撰年譜　集3-21152
　　茂園自撰年譜、霞蔭堂詩集　史2-11887
　　茂田郭氏族譜[湖南醴陵]　集4-32364
62 茂縣概說[民國]　史8-62097
74 茂陵絃　集7-49611
　　茂陵絃(當壚豔)　集7-49620
　　茂陵秋雨詞　集7-47856
　　茂陵書　叢1-261,2-761
　　茂陵馬氏重修宗譜[浙江東陽]　史4-31617
　　茂陵馬氏宗譜[浙江東陽]　史4-31611～6

葳

00 葳齋金石目　史8-63778

藏

00 藏齋詩鈔　集4-31413
　　藏齋集　集5-38749
　　藏府標本藥式　子2-5529
　　藏文文法新編　經2-15093
01 藏龍集、病中吟　集4-32613
　　藏語　史7-51122
05 藏諫研齋疏稿　史6-49029～30
08 藏說小萃十集十一種　叢1-97
　　藏說小萃七種　叢2-799～801
10 藏一話腴　子4-20185　叢1-17、19(3、9)、20(2,7)、21(6,8)、24(3,9)、374,2-673
　　藏一話腴內編、外編　子4-20184　叢1-223(41)
　　藏一話腴內編、外編、校勘記、校勘續記　叢2-870(3)
　　藏一話腴內編、外編、校勘記、續記　子4-20186
　　藏一話腴甲集、乙集　叢2-615(3)
　　藏要舉要[民國]　史8-62633
　　藏天室詩　集5-41545
　　藏雲山房杜律詳解　集1-1062
　　藏雲閣識小錄　史8-64887　叢2-784
　　藏雲閣詩集　集4-31670
11 藏琴錄　子3-17496
15 藏珠記　集7-50051
18 藏政擷要[民國]　史8-62630
　　藏務奏疏　史6-47911
20 藏乘法數　子7-34834
21 藏行紀程　史7-49317(6)、49318(3)、51079　叢1-202(8)、203(14)
　　藏經　子2-5933
　　藏經紙說　子4-18856
　　藏經值畫一目錄　子7-34867
22 藏山稿外編　子4-23356
　　藏山閣詩存、文存、尺牘　集3-13679
　　藏山閣存稿　集3-13681
　　藏山閣存稿偶鈔、年譜　集3-13680
26 藏泉記　叢1-553
　　藏程紀畧　史8-62620
27 藏修齋詩稿　集5-35356
　　藏修堂叢書三十六種　叢1-424
　　藏象通論　叢2-2235
　　藏象篇　叢2-2235
　　藏舟　集7-52256、52643
　　藏舟子弟書、第一落　集7-52163
　　藏紀概[雍正]　史8-62616
　　藏綠周氏佑啓堂小宗譜[浙江諸暨]　史4-29993
28 藏俗記　史7-49318(20)、51110
30 藏寧路程　史7-49318(3)、51098
　　藏密廬文稿　集4-26191
　　藏密齋集　集2-11322～4,6-43118、45143
　　藏密齋書牘　集2-11326　叢2-838
　　藏密詩鈔　集3-19359　叢2-886(3)
35 藏神顯聖　集7-49700
　　藏神卷　集7-54382
36 藏邊之調查錄　史6-45661,7-49357
37 藏逸經書　史8-66343　叢2-631
　　藏逸經書標目　史8-66346　子7-34860
38 藏澂館集　集2-9653

　　藏海詩話　集6－45600　叢1－223(72)、244
　　　(5)、246、282(2)、283(2)
　　藏海居士集　集1－3022、3024,6－41784　叢
　　　1－223(54)
　　藏海居士集、藏海詩話　集1－3023
40藏弆碑目　史8－63776
　　藏弆集　叢2－720(6)
　　藏真吟草　集4－28813
50藏書　史1－182～4
　　藏書訓　史8－65592
　　藏書訓署　史8－65338　叢1－187
　　藏書記　史8－65798
　　藏書記要　史8－65340、65677　叢1－295、
　　　317、369、511、553
藏書論　叢1－187
　　藏書譜　叢1－192
　　藏書集要、補遺　子3－11447
　　藏書紀要　叢1－202(8)、203(14)、316、422、
　　　424、469、486、586(4)、2－716(3)
　　藏書紀事　史1－188　叢1－312
　　藏書紀事詩　史8－65317～9　叢1－524,2－
　　　2119
　　藏書紀事詩摘抄　史8－65320
　　藏書絕句　史8－65316　叢2－745
　　藏書約　史8－65334、65592～3
　　藏書家印記序跋、百宋一廛賦　史8－65325
　　藏書十約　史8－65348　叢1－547(2),2－
　　　2173
　　藏書樓章程　史6－47584
　　藏書樓詩稿　集3－14528
　　藏書樓駢體文鈔　集5－35170
　　藏書題識　史8－65927　叢2－648、673
　　藏書閣詩稿　集3－18074
　　藏春詩集(藏春集)　集1－4769
　　藏春詩集(藏春集、劉太傅藏春集)　集1－
　　　4767
　　藏春詞　集7－46368
　　藏春詞(藏春樂府)　集7－46742
　　藏春集　集1－4768　叢1－223(59)
　　藏春樂府　集7－46369
　　藏春塢琴譜　子3－17619
　　藏春園初集　集5－36194
51藏甀記　史8－64448
52藏拙編　子5－25391
　　藏拙居遺文　子1－1862　叢2－886(2)
60藏蜀界務圖說　史6－45662,7－49319
　　藏園詩鈔　集3－20947,4－32928
　　藏園羣書題記續集　史8－65973
　　藏園羣書題記初集　史8－65972
　　藏園老人遺稿　集5－40930
　　藏甲嚴稿　集2－9480

67藏暉閣詩　集5－34217
77藏月隱日　子5－29530(1)
　　藏印邊務　史6－45663
　　藏印邊務支發薪餉等銀兩清冊　史6－
　　　43936
　　藏印邊務錄　史6－45068～9,7－49319
80藏谷山房集　集5－36079
81藏鑪總記　史7－49317(6)、49318(3)、51082
　　藏鑪述異記　史7－49318(3)、51083
88藏筍稿　叢2－1226

4426₁　蒼

44蒼葍花館詩詞　集4－32395
　　蒼葍花館詩集、詞集、補遺　集4－32396
　　蒼葍花館詞、補遺　集7－46436
　　蒼葍花館詞集、補遺　集7－47839
80蒼盦詩鈔　集4－23012

4428₆　蘋

77蘋叟(楊峴)年譜、續　史2－12228　叢2－
　　　843

蘋

00蘋廬小著　集4－24502
　　蘋齋剩稿　集5－35843
20蘋香水閣琴雅、清雪草堂摘句　集7－47887
　　蘋香偶存詩　集4－22531
　　蘋香秋館約鈔　集5－35463
　　蘋香遺詩　集5－41535
　　蘋香書屋文鈔　集4－24323　叢2－2086
　　蘋香書屋全集五種　叢2－2086
　　蘋香館詩稿、試帖詩　集4－30579
32蘋州漁笛譜　叢2－731(48)
　　蘋洲漁篴譜　叢1－353
　　蘋洲漁笛譜　集7－46711～2　叢1－244(3)、
　　　265(5)
　　蘋洲漁笛譜、集外詞　集7－46710
　　蘋洲漁笛譜、集外詞、校記　叢2－698(10)
　　蘋溪詩草　集4－31755
37蘋湖筆記　史1－3896
44蘋花水閣詩草　集4－32133

蘋花閣藏書目錄　史8-65931
蘋花館詩　集4-32831

4428₉　荻

00 荻廬詩鈔　集4-24842
　　荻廬吟草　集4-24843
　　荻齋初集　集3-16058
02 荻訓堂詩鈔　集5-34258~9
30 荻灘詩稿　集3-16731
32 荻溪章氏族譜[浙江湖州]　史5-34536
　　荻溪章氏家傳族譜[浙江湖州]　史5-34533
　　荻溪章氏支譜[浙江湖州]　史5-34534~5
　　荻溪王氏家乘[江蘇蘇州]　史4-24879
　　荻溪集　集1-5808
　　荻溪紫陽朱氏家乘[浙江湖州]　史4-26478
40 荻塘櫂歌　史7-52930　叢1-571
　　荻存小詠史　史1-6062　叢2-909
44 荻芬書屋文稿　集4-31437~8
　　荻芬書屋詩稿、文稿　集4-31436
　　荻芬書屋詩稿、文稿、賦稿、試帖、制藝　集4-31435
　　荻華堂詩存　集4-33383~4　叢2-788
45 荻樓雜抄　叢1-22(6)、23(6)、587(2)
50 荻書樓遺草　集3-18766

4429₄　葆

10 葆元錄附經驗良方　子2-9662
　　葆天爵齋遺草　集4-29841,6-42007(1)
　　葆醇堂詩文存鈔　集4-26822
　　葆醇堂藏書錄　史8-65709
12 葆璞堂詩集、文集　集3-16847
20 葆香室詩鈔　集4-31230
24 葆化錄　叢1-22(6)、23(6)、29(3),2-617(3)
30 葆淳閣集、易說、王文公年譜　集3-20914
35 葆沖書屋詩集、外集、詩餘　集4-23829
　　葆沖書屋集　叢1-373(10)
36 葆澤堂餘草　集4-30633
40 葆壽集　子2-5030
　　葆真齋集　集4-31165
　　葆真齋讜言初編、續編、補遺　子4-24442
　　葆真山人養性編　子2-11104,5-31472
　　葆真居士集　集1-3067,6-41894(2)

50 葆素齋集　集6-44957
　　葆素齋今樂府　集6-42022
60 葆園詩續　集4-22678
　　葆愚軒集　集5-35660
88 葆筍堂劍南七律讀本　集1-3462
90 葆堂詩草　集4-27257
　　葆光集　子5-29530(22)、29535(5)、29536(5)　集1-4661~2
　　葆光道人祕傳眼科　子2-7303
　　葆光書屋詩集　集4-24642
　　葆光錄　子5-26218、26907　叢1-17、21(5)、24(6)、38,2-731(50)
　　葆光堂集　集3-19302
95 葆精大論　子2-11119

4430₂　邁

00 邁廬遺文(邁廬文集)　集3-21201
31 邁瀘吟草、詩餘　集5-35871~2
50 邁中小語　叢2-1187
60 邁園文鈔　集4-31385

4430₃　蘧

00 蘧庵文鈔　集4-25701
　　蘧庵詩稿　集3-15760
　　蘧廬詩集、詞　集3-14591
　　蘧廬稿選　集2-11212
　　蘧廬稿選、潯江彙稿、韓孟郁雜稿選、仿騷、五惜　集2-11208
　　蘧廬生詩稿　集3-20334
　　蘧齋醫學存稿二種　子2-4719
23 蘧然覺齋詩錄、駢體文、彬雅堂遺稿　集5-39678
　　蘧編　史2-11535　叢2-1177
　　蘧編(葉向高)　史2-11534
60 蘧園集　集2-9242、10479　叢2-1105
　　蘧園蛻錄　子4-24033
80 蘧盦詩鈔　集5-35789~90
　　蘧盦詩鈔、文鈔　集5-35791
　　蘧盦題跋　史8-63748
88 蘧篨　子5-27251

4430₄　蓬

00 蓬亭偶存詩草、餘草　集3-17223
　　蓬庵偶存草　集5-38311
　　蓬廬文鈔　集3-21310
　　蓬廬詩鈔　集3-21304、21307
10 蓬霜輪雪集　集7-48205
22 蓬峯吟稿　集5-38620
　　蓬山詩存　集3-21366
　　蓬山塾課　集4-29449
　　蓬山密記　史1-1995　叢2-611
　　蓬山密記(清康熙四十二年)　史1-4467
　　蓬山清話、九山類藁　子4-23180
　　蓬山清話校勘記　叢2-2170
26 蓬息齋詩稿　集3-20203
27 蓬島雜錄　叢1-373(9)
30 蓬室偶吟　集4-24927、25071　叢2-797~8
　　蓬瀛飛渡　子4-24707
　　蓬瀛真境　集7-49246
　　蓬瀛真境天台奇遇　集7-49986
　　蓬窩詩稿、詞稿　集3-17463
　　蓬牕續錄　子4-20511
　　蓬客詩草　集2-12579
　　蓬窗辨疑　子4-22737
　　蓬窗集　集3-20972
　　蓬窗續錄　叢1-22(23)
　　蓬窗日錄　子4-20526
　　蓬窗吟　集4-27675
　　蓬窗隨錄、續錄　子4-21550
　　蓬窗類記　子4-22982
　　蓬窗類紀　子4-22981
32 蓬州志[正德]　史8-61806
　　蓬州志[光緒]　史8-61808
　　蓬州志畧[道光]　史8-61807
　　蓬溪縣續志[光緒]　史8-61842
　　蓬溪縣近志[民國]　史8-61843
　　蓬溪縣志　叢1-373(3)
　　蓬溪縣志[康熙]　史8-61839
　　蓬溪縣志[道光]　史8-61841
　　蓬溪縣志[乾隆]　史8-61840
33 蓬心小草且存(不遮山樓且存草)　集4-26961
34 蓬池閣遺稿詩、文　集2-10826
38 蓬海珠叢　集6-42170
40 蓬壺海近　集7-49703
　　蓬壺院　集7-49650
　　蓬塘譚氏族譜[湖南常寧]　史5-41297

41 蓬櫳夜話　叢1-22(24)
44 蓬莊詩集　集3-18607
　　蓬蒿文稿　集3-19495
　　蓬蒿園詩集、南州同社挽詩　集2-12903
　　蓬蓬館詩稿　集4-33459,6-42007(3)
　　蓬萊詩草、入川後雜詩　集5-41117
　　蓬萊子評　子4-21929
　　蓬萊集　集2-8261
　　蓬萊仙館尺牘　集6-45322
　　蓬萊山西竈還丹歌　子5-29530(18)、29555、30959
　　蓬萊吳灌先著述三種　叢2-1253
　　蓬萊鼓吹　集7-46352、46356、46367、46395、46676
　　蓬萊葛氏詩文稿五種　集6-45107
　　蓬萊縣續志[光緒]　史8-59276
　　蓬萊縣志[康熙]　史8-59274
　　蓬萊縣志[道光]　史8-59275
　　蓬萊縣志合編[民國]　史8-59277
　　蓬萊陳氏十四世簡歷[山東蓬萊]　史4-33270
　　蓬萊居士珍藏書畫目錄　子3-14868
　　蓬萊閣詩集　集6-44841
　　蓬萊閣詩錄　集4-32308~9
　　蓬萊閣記　史7-51444
　　蓬萊閣集　集6-44842~3
　　蓬萊館尺牘　集5-34275,6-45194　叢1-496(5)
　　蓬萊箋啟　叢2-2125
51 蓬軒吳記　史7-50199　叢1-29(7),2-617(4)
　　蓬軒吳記、別記　史7-50200　叢1-59~60
　　蓬軒吳記、別紀　子5-27014
　　蓬軒別記　叢2-617(4)
　　蓬軒類記　叢1-51,2-674
　　蓬軒類紀　叢1-50、52、55
55 蓬轉草　集5-33823
57 蓬蝸錄　集2-6149
60 蓬園印萃　子3-17213
90 蓬小草　集3-19496

蓮

00 蓮亭小集　集6-41895
　　蓮座垂恩　集7-49700
　　蓮廊雅集　子3-18435
　　蓮喬合稿　集4-31104
10 蓮石詩稿　集4-27311
　　蓮西詩集　集5-35271

蓮西閣詩草、粲花齋詞影　集4-22740
蓮雲庵詩文集　集5-40939
11 蓮北魯文恪公存集　集2-7308～9
12 蓮孫詩稿　集5-39795
17 蓮子湖舫歌一百首　叢2-1521
蓮子居詞話　集7-48731　叢1-373(8)、471,2-617(5)
20 蓮航家書　集5-39296
蓮舫詩文鈔　集3-18882
蓮舫詩鈔　集4-28068
蓮香集　集6-43845
蓮香集、外編　集2-12993
蓮香傳　集7-52393
21 蓮徑集　集3-16726
22 蓮仙尺牘　集4-26306
蓮峯文選、詩選　集3-20287
蓮峯集　集1-3386～7,6-41784　叢1-223(56)
蓮峯先生集　集2-8543
蓮峯宦稿　集3-19063
蓮峯源禪師語錄　子7-34351
蓮峯禪師語錄　子6-32091(80)
蓮峯志　史7-52591　叢2-1292～3
蓮山草堂集、陳園公行狀　集3-13229
蓮山堂集　集2-12935
27 蓮修必讀　子7-34563
蓮修起信錄　子7-34568
蓮修警策　子7-32111
蓮鄉題畫偶存　子3-16217　叢2-642
蓮勺草堂詩草　集4-30476
30 蓮窗雜著　子4-24468
蓮窗書屋詩鈔　集4-26196
蓮宅楊氏族譜[四川簡陽]　史5-37068
蓮宗諸祖傳畧、蓮宗警語　史2-6829
蓮宗諸祖畧傳　子7-34740
蓮宗寶鑒　子7-34467
蓮宗必讀　子7-34549
蓮宗九祖傳畧　史2-6828
蓮宗輯要　子7-34500
32 蓮洲集　集3-18801
蓮溪文稿、續刻　叢2-1751
蓮溪試帖　叢2-1751
蓮溪詩集　集4-27201
蓮溪虞氏宗譜[浙江東陽]　史5-37223
蓮溪先生文存　集4-29359
蓮溪草堂詩集　集3-16462
蓮溪史氏宗譜[江蘇宜興]　史4-26135
蓮溪吟稿、續刻　叢2-1751
蓮溪吟草　集5-39818　叢2-1852
蓮溪全集(懷小編、蓮溪文稿、蓮溪文稿續

刻、蓮溪吟稿、蓮溪吟稿續刻、蓮溪試帖)　集4-29358
33 蓮心室遺稿　集5-41671
34 蓮池大師出世修行寶卷(蓮池寶卷)　集7-54242
蓮池大師戒殺七條　子7-34926
蓮池大師竹窗隨筆　子7-34916
蓮池書院圖咏　史7-52027
蓮池四種　史6-41538
蓮漪文鈔　集4-32381
蓮漪詞　集7-48223
蓮漪曲　集7-50661
蓮漪館遺稿　集5-40088
蓮社高賢傳　子7-34739　叢1-76～7
蓮社詞　集7-46365、46374～5、46394～5、46566、47833
蓮社詞、江東詞社詞選　集7-47832
蓮社備覽　子7-34534～5
蓮社以事舉古訓勉、以理舉古訓勉　子7-34569
37 蓮湖詩草　集4-23426～7
蓮湖集古印譜　史8-64962
蓮湖續稿四集　集4-23428
蓮湖祖氏族譜[福建浦城]　集4-31089～90
蓮湖草　集2-11118
蓮湖楊氏宗譜[浙江金華]　史5-36896
38 蓮洋詩　集3-16145,6-41963
蓮洋詩選　集3-16146
蓮洋詩鈔　集3-16143～4、16147
蓮洋詩鈔、墓誌銘、附錄　叢1-223(67)
蓮洋集　叢2-698(11)
蓮洋集、補遺　集3-16140
蓮洋集、年譜、附錄　集3-16141
蓮洋集選　集3-16139
蓮洋集選補遺　集3-16148
蓮洋吳徵君(雯)年譜　史2-11770　叢2-698(11)
40 蓮友齋詩鈔　集5-37964
蓮臺仙會品　叢1-22(27)、168(3)
蓮塘詩稿　集3-16641
蓮塘詩鈔　集4-22775
蓮塘二姬傳　叢1-168(2)
蓮塘張氏枝譜提綱[浙江金華]　史5-35006
蓮塘任氏宗譜[浙江義烏]　史4-26779
蓮塘朱公(宗藩)鄉賢崇祀錄　史2-9839
蓮塘安犀王氏宗譜[浙江義烏]　史4-25138
蓮塘遺文　集4-22181
蓮塘遺集　集4-22180
蓮塘李氏宗譜[浙江浦江]　史4-27248～51

蓮塘劉氏族譜[江西鄱陽] 史5-39385
43 蓮城詩草 集4-23297
44 蓮坡詩話 集6-45962 叢1-203(17)、321、373(6),2-731(47)、784
蓮坡詩話(蔗塘外集) 集6-45961 叢1-249(2)
蓮花廳志[道光] 史8-58593
蓮花廳志[乾隆] 史8-58592
蓮花廳志[同治] 史8-58594
蓮花廳志稿[光緒] 史8-58595
蓮花面經 子6-32084(11)、32093(15)
蓮花山紀畧 史2-6206
蓮花山紀畧(董三謨) 史2-9132
蓮花室詩鈔 集5-38096
蓮花消暑圖拾遺 集4-24052
蓮花博士圖詠 叢2-1633
蓮花世界詩、續刻 子7-34583
蓮花忿怒咒 子7-32094
蓮花筏 子7-34691 集7-50232
蓮幕歌 集4-30512
蓮華面經 子6-32083(12)
蓮華經 子7-32505
蓮華世界詩 子7-34425
蓮華居士遺集 集5-34440
蓮英驚夢 集7-53608
蓮枝秀化緣疏 叢1-175
50 蓮史詩鈔 集4-28866
蓮青詩館吟稿 集5-36583
蓮東詩集 集5-37907
57 蓮邦消息 子7-34567
蓮邦消息、憨山詩 子7-32111
蓮累詩存、續集 叢2-1880
蓮累詩翰釋文 叢2-1880
60 蓮因室詩集 集4-29564
蓮因室詞(蓮因室詞集) 集7-47840
蓮因室詞、補 集7-46436、47841
蓮因室遺集 集4-29562
蓮因居士雜鈔 子4-24652
蓮品詩鈔 集4-31278
67 蓮鷺雙谿舍遺稿 叢1-521
蓮鷺雙溪舍詩鈔(蓮鷺雙溪舍遺稿) 集5-35400
72 蓮隱詩鈔(愛日精廬集、妙蓮花室詩鈔) 集5-38648
蓮鬚閣文鈔 集2-12397 叢2-883
蓮鬚閣集 集2-12389、12392～4、12396,6-43118、45128
蓮鬚閣集選 集2-12390,6-41949
77 蓮月禪師語錄 了6-32091(75)
蓮居庵志 史7-51624
80 蓮盦十憶 集4-25740

蓮龕尋夢記 史7-53993 叢2-1823
蓮龕集 集3-15195～6
蓮龕十憶(周玉經) 史2-10010
蓮龕支蘿記(清道光二十年) 史2-12809
蓮谷先生讀易索隱 經1-657
蓮谷八詠圖詩 史7-51344
87 蓮飲集 集3-20936
蓮飲集濠上吟稿 叢2-814
90 蓮堂詩話 集6-45702
蓮堂詩話、校譌 集6-45703
蓮堂詩話、校譌、續校 集6-45704 叢1-376,2-731(47)
蓮堂室詩存 集4-33425

4430₇ 芝

00 芝亭詩草 集3-21322,4-31746
芝亭舊稿、遲悔齋文鈔、雜著 集4-29618
芝亭舊草、信口吟草 叢2-962
芝亭賦草殘存 集4-27161
芝廛集 集3-14111～2,6-44533
芝廬詩鈔 集3-17491
芝庭文稿 集3-19349
芝庭詩集、文集 集3-19350
芝庭詩集、文集、附錄 集3-19351
芝庭詩稿 集3-19342～4、19346、19348
芝庭詩稿、文稿 集3-19345、19347
芝庭先生集 叢2-906
10 芝霞莊詩存 集5-35130
芝霞閣學吟、詩餘 集4-26185
芝雲堂雜言、詩稿、詞 集3-17017
芝雲堂雜志 子4-23158
芝雲堂詩稿 集3-17016
12 芝瑞堂集 集3-15070
芝瑞堂稿、詩 集3-14260
20 芝秀軒詩存 集4-30921
芝秀軒遺集 集4-30922
芝秀堂鈔澄懷錄 子4-23816
22 芝嚴秀禪師語錄、行實 子6-32091(75)
芝仙遺詩 集3-17163
芝峯集 集3-19257
芝峯後集 集5-37241
芝山雲蕙集 集2-11817
芝山雲蕙集、嘯月函詩選 集2-11816
芝山集 集2-12933
芝山草堂詩稿 集4-22597
25 芝生雜錄 子4-24681
26 芝泉詩概、詞概 集4-26090

芝泉集概　集4-26089

30 芝房詩存　集4-26042

31 芝源適意草　集3-16470

37 芝湖陳氏家譜[浙江紹興]　史4-32889

　芝潤山房詩詞草　集4-28461

38 芝祥隨筆　史2-13006

40 芝在堂文集　集3-13441～2

　芝在堂語　叢1-194

43 芝城紀畧[光緒]　史8-58217

44 芝麓詩鈔　集3-13853,6-44440

　芝麓山房詩文鈔、時藝、外集　集5-35995

　芝麓山房讀史隨筆　史1-5697

　芝蘭室語　子1-2628

　芝英應敬常田册[浙江永康]　史6-44667

　芝英應氏宗譜[浙江永康]　史5-40865～71

　芝英應氏宗譜思文公派下直傳[浙江永康]
　　史5-40864

　芝英應氏義莊田册[浙江永康]　史6-
　　44666

　芝菴雜記　子4-24369

　芝菴四種　叢2-2092

　芝茁堂稿　集3-13451

51 芝軒集　集1-5794

60 芝里草堂集　集3-20572

　芝圃叢談　子4-19490

　芝園文稿　集2-10223～4

　芝園集　集2-8527～8、8530

　芝園稿　集2-10222

　芝園外集　子4-20488

　芝園偶鈔　集3-20030

　芝園定集、別集、外集　集2-8529

　芝園祕錄初刻七種　叢1-156

　芝田詩鈔　集3-16400

　芝田稿文　集2-7811

　芝田遺集　集2-7811

　芝田書札　集4-22741

　芝田隨筆　叢2-1621

　芝田錄　子5-26885　叢1-10、15、19(1、
　　10)、20(1、8)、21(1、9)、22(7)、23(7)、24(2、
　　11)、29(5)

　芝田小詩　集1-4418　叢2-833

72 芝隱室詩存(楚遊集、兩京班聯集、秦蜀紀
　　行草、閒居吟、東華酬唱集、榆關邊宦草、
　　越遊草、故舊唱和詩、課藝試帖)　集5-
　　34702

　芝隱室詩存、續存、附錄　集5-34703

76 芝陽王氏族譜[山東龍口]　史4-25390

77 芝岡詩鈔,詩補遺,詩餘,試帖,賦鈔　集4-
　　23620

　芝眉介壽　集7-53395

　芝門日記(清同治六年至七年)　史2-

12913

88 芝竹山房詩集　集5-37607

90 芝堂詩稿、文稿　集4-23661

　芝堂詩續稿、文續稿　集4-23662

　芝堂詩鈔　集4-25223

　芝堂遺草　集2-9174

　芝省齋碑錄　史8-64744

　芝省齋瑣記　子4-22570

　芝省齋吟稿　集4-25165

　芝省齋隨筆、日知錄續補正、校字　子4-
　　22568

　芝省齋隨筆、金石餘論　子4-22569

苓

17 苓子　子4-21540　叢2-1920

26 苓泉居士自訂年譜　史2-12437

4432₀ 薊

08 薊旋錄　史7-53845　叢1-402,2-721、1181

32 薊州志[康熙]　史7-55004～5

　薊州志[道光]　史7-55006

　薊州志[嘉靖]　史7-55003

34 薊遼奏議　史6-48272

60 薊易寓言　集2-10106

62 薊縣志[民國]　史7-55007

72 薊丘集　集2-10375

77 薊門塞曲　叢2-1149

　薊門塞曲、雜文　叢2-1148

　薊門摘稿　史6-48468

　薊門兵事　叢2-1148～9

　薊門煙樹一枝　集7-51771

4432₇ 芍

00 芍庭雪卷　集3-20018～9

44 芍藥詩　集4-25976、25978

　芍藥譜　子4-18535、19297　叢1-19(10)、
　　24(10)、181、587(2)、2-721

　芍藥花鮮一枝　集7-51917

　芍藥圃花瑞奇分枝兆相　集7-49576

60 芍園詩稿　集4-24605

74 芍陂紀事　史6-46863

4433₀ 愁

61 愁題上方二山紀游　史7-49318(5)
　　愁題上方二山紀游集　史7-53160
　　愁題上方二山紀遊集　叢1-203(17)
　　愁題上方紀游　叢1-373(4)

苾

27 苾芻五法經　子6-32083(29)
　　苾芻迦尸迦十法經　子6-32083(29)
　　苾芻館詞集　集7-48105~6
44 苾芻習學畧法　子6-32091(44)

4433₁ 燕

00 燕塵雜記　子4-24695
　　燕塵菊影錄　史2-7730
　　燕市商標春錄　史7-49326、49856
　　燕市雜詩　集2-7109　叢1-111(5)、2-731
　　　(43)
　　燕市百怪歌　史7-49324、49868
　　燕市買販瑣錄　史7-49326、49860
　　燕市悲歌　集2-12409
　　燕市集　集2-9805　叢2-1131~2、1134~5
　　燕市稿　集2-10288
　　燕市貨聲　史7-49324、49857
　　燕市負販瑣記　史7-49324
　　燕庭文鈔　集4-29329
　　燕庭手書叢稿　集4-29326
　　燕庭叢稿　集4-29327
　　燕庭遺稿　集5-38135　叢2-908
　　燕庭金石叢詠　史8-63660
　　燕享花木感詠　集5-40694
　　燕京訪古錄　史7-49324、51336
　　燕京雜詠　集4-27723
　　燕京雜詩　集3-16750
　　燕京雜記　史7-49316、49318(12)、49322、
　　　49830　叢1-496(4)、2-752
　　燕京記　史7-49325、49824
　　燕京百詠　集4-27722
　　燕京歲時記　史6-49294
　　燕京負販瑣記　史7-49865

　　燕京開教畧　子7-35773
01 燕語　叢2-1111
03 燕詒錄　集2-8509
08 燕敵記、燕道記　史1-2346
　　燕說　經2-14878　叢2-1857
10 燕王修建北京城趕水四段　集7-51606
　　燕王令旨　史6-47616
　　燕下鄉脞錄　子4-19501、23482~5　叢1-
　　　565、2-735(3)、736
　　燕下鄉小錄　叢2-2170
　　燕石齋詩草　集3-20596
　　燕石詩鈔、續刻、附錄　集3-21364
　　燕石碎編　集3-18839
　　燕石集　集1-5463~7、2-8938　叢1-223
　　　(60)
　　燕石集近體樂府　集7-46373、46771
　　燕石藏稿　集4-29049~50
　　燕晉紀遊草　集4-27737
　　燕晉遊草　集3-14952
　　燕晉遊草、黃山草　集3-14953
11 燕北雜記　史1-4393　叢1-15、19(2、10)、
　　　20(8)、21(2)、22(8)、24(3)
　　燕北襍記　叢1-21(9)
　　燕北錄　史1-4394　叢1-22(9)、374
12 燕孫臏用智捉袁達　集7-49064
17 燕子僧雜劇　叢2-702
　　燕子樓　集7-49362、50396
　　燕于樓傳　叢1-168(3)
　　燕子春秋　子4-19379
　　燕子龕遺詩　集5-41615
　　燕子箋　子5-28251
　　燕子箋記　集7-50061、50064、50066
　　燕子箋彈詞　集7-54032
　　燕翼詒謀錄　史1-2460　叢1-4、19(11)、20
　　　(9)、24(12)、223(20)、388、390
　　燕翼貽謀錄　史1-1914　叢1-9~10、22
　　　(7)、23(7)、26~8、95~6、268(2)、389、2-624
　　　(2)、730(2)
　　燕翼篇　子1-2210　叢1-197(3)
　　燕翼堂詩　集5-35715
　　燕翼堂虞氏譜傳[浙江鎮海]　史5-37199
　　燕翼堂黃氏家譜[海南]　史5-34112
20 燕香齋集　集3-13077
　　燕香二集　集6-44957
　　燕香集　集6-44957
　　燕香居詩稿　集4-28170
21 燕行小草　集3-17111
22 燕川集　集3-20253~6
　　燕川漁唱詩集　集3-16095
　　燕僑齋文賸、詞　叢2-706
　　燕僑齋試帖　集5-38209

燕幾圖　叢2-731(31)

燕峯詩鈔　集3-14518～9　叢2-656、702、1321

燕山集　子3-14209

燕山外史　子5-27661～3

燕山外史註釋　子5-27665

燕山外史注釋　子5-27664

燕山秋吟　叢2-1330

燕山馮氏宗譜[浙江諸暨]　史5-36442

燕山草堂集　集3-14180

燕山闓宦王祕傳痘疹元珠妙訣　子2-8736

燕樂考原　經1-6533　叢1-272(5)、456(3)、2-731(36)、814、1585

燕樂雅樂　經1-6444

23 燕台賸稿　集3-14254

24 燕射記　史6-41992　叢1-22(9)、23(8)

26 燕泉何先生遺藁　集2-7589　叢2-1076

燕泉何先生餘冬序錄　子4-20386

燕魏雜記　史7-49894　叢1-241、242(4)、246、282(2)、283(2)、2-731(57)

燕程日記(清乾隆二年)　史2-12598

30 燕寢考　經1-111(4)、6181　叢1-272(4)

燕寢怡情　子3-16541

燕寓偶談　子4-23067

燕窗閒話　子5-27348

32 燕溪王氏宗譜[湖南桂陽]　史4-25495

34 燕對錄　史1-1923～4　叢1-50～1、55

燕滇雪迹集　集4-23990

燕禧堂五種　叢2-1522

燕禧堂四種　叢2-1523

38 燕游紀程　史2-12736

燕游草　集2-12560

燕遊記　叢2-1188

燕遊集　集4-29658

燕遊稿　集3-15841

燕遊草　集3-14371、16681、19288、19620　叢2-1450

燕遊草(謝啓臣燕遊二十詠)　集3-15296

燕遊日記　史2-12607

燕遊日記、隨安筆記(清光緒六年至八年)　史2-13008

燕遊隨筆　集5-38432

燕遊小草　集4-27046　叢2-1924

燕道記　史1-2346

40 燕九承應樂長春　集7-49706

燕太子(姬丹)傳　史2-8446

燕太子傳　叢2-775(4)

燕友樓集　集3-16008

燕臺文選初集、補遺　集6-44357

燕臺雜詠、舟車賸稿　集5-35841

燕臺旅草　集4-24808

燕臺再遊錄　叢2-785

燕臺集　集2-8033,6-45128

燕臺剩稿　集3-14258

燕臺條約　史6-45065　叢1-496(1)

燕臺七子詩刻　集6-41960

燕臺札記　子4-23428

燕臺花事錄　史2-7695　叢1-496(1)、587(5)、2-721

燕臺花事小錄　子5-26635

燕臺花表　子5-26677　叢1-407(2)

燕臺草　集2-10275,4-31428

燕臺草、客程紀勝　集3-19561

燕臺吟稿　集4-24798

燕臺吟草　集4-32543

燕臺贈行詩　集3-16831

燕臺筆錄　史7-49819　叢1-195(7)、2-731(56)

燕在閣詩草　集4-33084

燕在閣知新錄　子4-22345～6

燕南二俊詩鈔　集6-44390

燕南集　集5-35460

燕南趙北詩鈔　集4-23652,5-35169

燕南日征草　集3-13814

燕志　史1-2340　叢2-653(6)、731(65)

燕支評　叢2-632

燕支評、評外餘言　叢1-590

燕支蘇氏族譜[福建晉江]　史5-41016

燕喜詞　集7-46369、46375、46378～9、46388、46391、46393、46395、46577　叢1-335～6,2-731(48)、860

燕喜堂集　集2-10082

燕喜堂集(雪鴻堂集)　集3-17980

燕喜堂稿　集2-10009

燕來堂詩稿　集4-25064

燕來堂詩稿(石村詩集)　集4-27767

43 燕城花木志　史7-49326、49854

燕城勝蹟志　史7-49326、51335

44 燕蘭小譜　史2-7677　叢1-544、547(3)

燕蘭小譜、海漚小譜　子4-24285

燕甘州集　集5-39941

燕林藏稿、楚風　集2-12744

46 燕榻集　集5-39214　叢2-2150

47 燕都雜詠　史7-49321、49325、49849　集4-29771

燕都識餘　叢1-203(14)

燕都名伶傳　史2-7731

燕都名勝志稿　史7-49324、51334

燕都紀變　史1-1963

燕都紀變定錄　史1-1953～4

燕都志變　史1-3108,2-7358

燕都妓品　叢1-22(27)、37、168(4)

右欄外縦書き：

燕都投贈錄　史2-10764

燕都日記　史1-1938、3128、3130、3164　叢1-496(3)

燕都日記、北事補遺　叢1-309

燕都日記、東塘日劄　史1-3129

燕都風土叢書(雙筆樓叢書)　史7-49325

燕超堂隨筆　子4-23110

49 燕趙吟　集3-17408

燕趙同軌　史7-54078　叢2-1892

50 燕中雜詩　集3-16891

燕中日記(清光緒二十二年至二十三年)　史2-13099

燕史　史1-2347

燕青博魚　集7-48778　叢2-720(3)

燕書　史1-2338　叢1-22(20)、2-653(6)、731(65)

燕書四十篇　叢2-857

60 燕日堂錄七種　叢2-1378

燕園石墨　史8-64746

63 燕貽法錄(家訓)　子1-2147　叢1-143

71 燕臣集隨錄　集3-14546

77 燕几圖　子4-18612　叢1-22(16)、23(16)、35、37、114(3)、119~20、181

燕閒部　子4-23694

燕閒清賞箋摘抄　史8-65126

燕閒四適　子4-23708

燕閒錄　叢1-22(24)、107、111(3)、2-617(4)、731(53)

燕閒筆記　子5-26410

燕居功課　子4-20705

燕居修史圖志　史7-49324

燕丹子　子1-20、56、61、5-26802~3　叢1-260~1、286、303~5、2-698(6)、731(49)

燕閑四適　子3-14707

88 燕箋詩集　集3-13219

燕築吟　集3-19112

90 燕堂詩稿　集1-3667、6-41748、41784　叢1-223(54)

燕堂詩薁　集6-41922

燕堂詩鈔　集3-17475

燕堂詩鈔、賦稿、兗東集、小紅詞集　集3-17474

燕雀歡　集7-54031

蒸

48 蒸檢記要　史6-45891

60 蒸里志畧[光緒]　史7-56494

蕉

00 蕉鹿夢　集7-48776、49218　叢2-672

蕉鹿草堂遺稿、嶺南文獻徵存　集3-20045

蕉鹿園吟草　集5-41264

蕉鹿吟(勒元俠遺詩)　集5-38530

蕉庵琴譜　子3-17748

蕉廊脞錄　子4-23325　叢2-671

10 蕉雪齋詩稿　集4-22921

蕉雪詩鈔　集4-25662、33462

蕉雪山房詩鈔、詩餘　集4-24437　叢1-300

蕉雪山房遺著　集4-24959

蕉雪軒詩　叢1-551

蕉雨齋詩稿　集3-15492

蕉雨山房詩集　集4-26370、6-42007(3)

蕉雨山房詩鈔　集4-30192、5-38293

蕉雨山房集雋　史1-5578

蕉雨山房續集、詩餘、集唐酌存、附編　集5-38294

蕉雨窗詩草　集5-39472

蕉雨軒詩草　集4-31593

蕉雨軒稿　集5-37681

蕉雨軒遺稿　集3-15801

蕉雨軒草　集3-16344

蕉雨吟稿　集4-29066　叢1-571

蕉石山房詩草　集4-26382

蕉雲詩稿(蕉雲遺詩)　集3-17991

蕉雲山館文集、詩集　集5-34447

蕉雲遺詩　叢2-645

20 蕉舫集　集3-16786

22 蕉川徐氏宗譜[浙江遂昌]　史4-32090

26 蕉牕雜記　子4-23773

蕉牕聞見錄　子4-21838　叢1-496(4)

27 蕉綠園吟草　集4-28051

30 蕉窗訓蒙錄、詩文　子1-2921

蕉窗詩鈔　集4-30859

蕉窗詩鈔、同人酬唱集　集4-30860

蕉窗詞　集5-37184、7-48185

蕉窗詞存　集7-47852

蕉窗雨話九則　史1-1995、4529

蕉窗剩課　集5-37193

蕉窗寄人遺稿　集5-35152

蕉窗必讀　子4-24245

蕉窗述奇　叢2-632

蕉窗遺韻　集3-13774

蕉窗九錄　叢1-195(6)、2-731(33)

蕉窗蒐蠼　子4-19842
蕉窗日記　子1-1647~8　叢1-202(7)、203
　(13)、278,2-731(8)
蕉窗囈語、大夢紀年、詩文合鈔　集4-
　29472
蕉窗囈語續集　集4-29473
32 蕉溪揚芬錄　史2-9805
33 蕉心詞　集4-32908、32911
蕉心閣詞　集7-47838　叢2-1957
蕉浪軒稿　集3-17099
40 蕉南舊史詩詞集　集4-26199
44 蕉花書屋偶存集　集4-30092
蕉花園合編桃花源志、續補　史7-51477
蕉花館文存　集4-32646
蕉葉山房館課詩鈔　集4-26775
蕉葉學書一枝　集7-51784
蕉林文稿　集3-14239~40
蕉林詩集　集3-14242
蕉林詩集、文稿　集3-14243
蕉林詩鈔　集3-14244
蕉林近稿　集3-14241
蕉林書屋詩鈔、賦鈔、詞鈔　集4-29655
蕉林書屋詞鈔　集7-47994
蕉林書屋集　集6-41969
蕉林揮塵圖題詠　集6-44235
46 蕉帕記　集7-49709
47 蕉聲館文集、詩集、詩補遺　集4-25898
蕉聲館文集、詩集、詩補遺、詩續補　集4-
　25899
蕉聲館詩集、題詞　集4-25896
蕉聲館集　集4-25897
48 蕉散人題畫詩　集4-31616
51 蕉軒續錄　子4-23434　集5-35190
蕉軒摭錄　子5-27204　叢1-496(7)
蕉軒隨錄　子4-23433
60 蕉圃遺稿　集3-15350
蕉園詩集　集4-30785
蕉園詩集、文集、樵逋尺牘　集5-34427
蕉園詩稿　集4-22118
蕉園詩鈔　集3-21250
蕉園集　集3-19366,6-45141~2
蕉園集拾遺　集3-19367,6-45142
蕉園古今詩　集3-21249
蕉園恬齋集　集3-18382
62 蕉影齋詩集、補遺　集4-27855
64 蕉畦存稿　集3-16893
72 蕉隱篇　集2-11039
77 蕉間館詩鈔　集4-30601
80 蕉盦詩話、續編　叢2-2146~7
蕉盦隨筆　叢2-2146~7

88 蕉竹山房詞剩　集4-30124
蕉簹曝背臆記　叢2-1129

蕪

22 蕪巢拾藁、悲風草　集2-12797
37 蕪湖育嬰堂徵信錄　史6-44703
蕪湖王氏宗譜[安徽蕪湖]　史4-25232
蕪湖政和圩蒲塘王氏宗譜[安徽蕪湖]　史
　4-25233
蕪湖胡氏家乘[安徽蕪湖]　史4-30505
蕪湖縣志[康熙]　史7-57883
蕪湖縣志[嘉慶]　史7-57885
蕪湖縣志[乾隆]　史7-57884
蕪湖縣志[民國]　史7-57886
蕪湖關戶稅則例　史6-43558
43 蕪城集　集3-17184
蕪城校理集　集3-16451
47 蕪鶿枝集　集4-29060
60 蕪園詩集鈔　集2-12096　叢2-834
蕪邑陶氏宗譜[安徽蕪湖]　史5-33495
77 蕪關榷誌　史6-43972

薰

20 薰香草堂賦稿　集5-41324
薰香摘豔曲譜　集7-54771
44 薰蕕並載、雜譚　子5-27136
77 薰風瑤琴寶錄八集　子5-31783
薰風瑤琴錄　子5-32076

赫

00 赫廳　子7-35924
35 赫連泉館古印續存　史8-63505、65055
赫連泉館古印存　史8-63505、65054
62 赫蹏書　子4-24175　叢1-513
80 赫舍里氏祭祀規條　子7-36208

4433₂ 蔥

00 蔥廬全集　集5-37623

22 葱嶺三幹考　史7-49318(8)
77 葱月繞一枝　集7-51687
88 葱餅繞一枝　集7-51688

4433₃ 恭

10 恭王奕訢府帳簿　史6-47390
26 恭和御製詩　集3-20043,4-24252
　恭和御製詩應制詩　集3-15052
27 恭紀詩　集3-15624
　恭紀聖恩詩　集3-16670
　恭紀御試　史6-42331　叢1-406,2-790～
　　1、793
30 恭進編平捻匪粤匪畧表　史6-47950
36 恭祝誥授光祿大夫廣雅尚書制憲張太夫子
　　花甲賜壽　史2-10447
　恭祝誥授光祿大夫頭品頂戴兵部尚書湖廣
　　總督廣雅公六表壽序　史2-10448
37 恭迎大駕記　史1-4463　叢1-201、203(4)
40 恭壽文堂遺詩　集5-36496,6-45107
　恭壽堂詩稿、詩續稿、文稿、神宣遊稿、地志
　　集4-22670
　恭壽堂詩選　集3-21711
　恭壽堂診集　叢2-1280
　恭壽堂編年文鈔　集3-17355
　恭壽堂自磻稿　集3-19679
43 恭城縣志[民國]　史8-61296
　恭城縣志[光緒]　史8-61295
50 恭奏漠北蕩平凱歌　集3-16218
57 恭擬續修大清會典條例　史6-41706
78 恭愍公遺稿　集2-6959
88 恭簡歐陽公(鐸)哀榮錄　史2-8925

慕

00 慕亭老頭宥話　子4-21044
　慕廬文稿　集3-15698
　慕廬詩、豫遊草(壬寅赴吟)　集3-14516
　慕廬詩集　集5-37500
　慕廬先生有懷堂詩箋　集3-15701
06 慕親子剩稿(慕親子憶存草、萍踪草)　集4-
　　29417
10 慕雲山房遺稿　集4-25542
11 慕研齋稿劬餘詩存　集5-40178
21 慕虞軒駢體尺牘　集4-30273
22 慕巌詩畧　集3-17571

26 慕皋廬雜刻四種　叢2-2151
　慕皋廬雜稿　叢2-2150
　慕皋廬雜稿(慕皋廬雜刻)　集5-39206
30 慕濂遺集(鄧自軒遺集)　集3-19177
　慕良雜著　集4-22652
37 慕湖吟稿　集4-30469
　慕汲軒考藏歷代志銘目　史8-64775
　慕汲軒金石文未定稿　史8-63725
42 慕橋詩集　集3-18691
44 慕蓼王先生樗全集　集2-8473～4
　慕蘭山房遺稿　集5-37292
　慕韓遺稿　集5-40002
55 慕耕草堂詩鈔　叢2-1017
60 慕園詩草　集4-31464
70 慕陔堂詩鈔　集5-34872
　慕陔堂乙稿(鴻爪集)　集5-34873
74 慕陵詩稿、補遺　集3-18676
　慕陵總管衙門各旗官兵等三代滿漢清册
　　史6-47402
77 慕鳳巌詩集、醉竹園詩集　集5-36656
　慕陶廬詩鈔、續鈔　集4-24324
　慕陶集　集4-29793
　慕陶軒古塼圖錄　史8-65209
　慕閑詩草　集6-41978

蕊

00 蕊亭隨筆摘要　子4-23123
10 蕊雲集　集3-14208　叢2-1300～1
15 蕊珠合錦　子5-25365
20 蕊香詩草　集3-17641
32 蕊淵詩鈔(自怡集、孤憤集、哀絲集、蕊淵詩
　　稿、漁唱集)　集4-30759
40 蕊榜質神錄　子4-23385
45 蕊棲詞　集7-46398～400、47002、47115
50 蕊春詞　集5-34870
67 蕊明遺集　集3-14289

蕙

10 蕙雪詞甲稿、乙稿、丙稿、丁稿　集7-48202
　蕙西先生遺稿　集4-31817　叢1-419,2-
　　1835
27 蕙修庵日記(清光緒十一年至十六年、十九
　　年至二十三年)　史2-13078　叢2-2058
　蕙綢室初藁　集6-41763

中
國
古
籍
總
目
・
索
引

31 蕙江詩草　集3-14675
34 蕙渚翁氏宗譜[浙江諸暨]　史4-32248
　　蕙潙翁氏宗譜[浙江諸暨]　史4-32247
　　蕙襟集　集5-35962～3,7-46836
44 蕙麓詩存　集4-23149
　　蕙蓀堂集　集4-26587
　　蕙蓀堂燼存草　集4-26588
　　蕙菴詩稿　集1-3470,6-41893
　　蕙菴詩藁　集6-41894(3)、41896、41922
46 蕙榜雜記　子4-22554　叢1-550,2-638
　　蕙榜雜記選鈔　子4-22555
60 蕙圃寄吟、補遺、外集　集3-20017
77 蕙風詞話　集7-48745
　　蕙風叢書七種、附一種　叢2-2155
　　蕙風簃詞稿　集7-48388
　　蕙風簃二筆　叢2-2155
　　蕙風簃隨筆　叢2-2155
　　蕙風簃隨筆、二筆　子4-22066
93 蕙怡堂重鐫經驗方　子2-9454
　　蕙怡堂經驗方　子2-9453

4433₆ 惹

20 惹香居合稿　集6-44960

煮

10 煮石齋稿(安素軒題畫詩)　集5-35601
　　煮石山房詩鈔　集4-24712
　　煮石山房偶存稿　集4-22797
　　煮石年譜　史2-12406
17 煮粥條議　史6-44564　叢1-195(3)、351
26 煮泉小品　子4-18978、19016　叢1-22
　　(26)、25、37、106、111(2)、119～20、129,2-
　　624(3)
30 煮字齋詩集　集3-14168
34 煮凌霄樹詩集　集4-29498
44 煮茶夢記　叢1-22(27)

蕜

60 蕜園文鈔　集4-25631

蕗

00 蕗庭壽言　史2-10334　叢2-1857
　　蕗庭壽言二編　史2-10335
30 蕗宦吟稿　集4-27807

4433₉ 懋

00 懋亭自定年譜　史2-11979
　　懋齋詩鈔　集3-21233
14 懋功廳鄉土志[光緒]　史8-62104
　　懋功屯鄉土志[民國]　史8-62107
　　懋功屯鄉土志畧[光緒]　史8-62106
　　懋功屯志畧[光緒]　史8-62105
　　懋功縣志[民國]　史8-62103
44 懋勤殿書目　史8-65502

4434₂ 尊

27 尊鄉贅筆　子4-21084
40 尊塘趙氏宗譜[浙江諸暨]　史5-38328

4434₃ 尊

20 尊香詞　集3-16472
　　尊香庤遺文　叢1-434
　　尊香堂詩稿　集3-16175
27 尊鄉贅筆　子5-26653～4　叢1-211、373
　　(8),2-629
40 尊塘朱氏宗譜[浙江諸暨]　史4-26535～6
77 尊閣詩藏　集6-42479

4435₁ 薛

10 薛石山房詩存　集3-16614
44 薛花崖館詩集、文畧、家書　集4-30035

4436_0 赭

22 赭山處士吟稿 集4-32795,5-35606
　赭山馮氏家譜[浙江海寧] 史5-36426～7
　赭山馮氏家譜[浙江蕭山] 史5-36423
　赭山馮氏宗譜[浙江蕭山] 史5-36422

4439_4 蘇

00 蘇亭詩話 集6-46164～5 叢2-1921
　蘇亭小志 史7-51779
　蘇庵詩稿 集4-26780～2
　蘇庵詩餘 集7-48054
　蘇庵外集 集4-26783
　蘇齋唐碑選 史8-64683 叢1-433、534,
　　2-731(34)
　蘇齋詩中書畫金石署記 子4-24572
　蘇齋讀書記 子4-22427
　蘇齋論碑帖雜文 史8-64400
　蘇齋叢書十八種 叢2-1513～4
　蘇齋遺稿十一種 叢2-1510
　蘇齋遺稿九種 叢2-1511
　蘇齋存稿五種 叢2-1512
　蘇齋截句鈔 集3-21664
　蘇齋書札 集3-21680
　蘇齋書簡 集3-21678
　蘇齋題跋 史8-64398～9 叢1-337、373
　　(7),2-731(35)
　蘇齋删餘詩 集3-21668
　蘇齋金石題跋 史8-63509
　蘇齋筆記 子4-22426 叢2-1512
　蘇府旅寧同鄉會姓氏録 史7-50218
　蘇文 集1-2529,6-45342
　蘇文庵集二種 集4-30659
　蘇文庵遺書四種 叢2-1764
　蘇文雋 集6-45178
　蘇文定公文集 集6-41803
　蘇文定公文集(欒城集)、後集 集1-2602
　蘇文奇賞 集1-2549
　蘇文忠詩註補正 集1-2506
　蘇文忠詩集補正 集1-2508
　蘇文忠詩合註、目録、東坡先生年譜 集1-
　　2510
　蘇文忠天際烏雲帖真蹟 子3-15645
　蘇文忠公文集 集1-2381,6-41803

蘇文忠公文集、後集、和陶淵明詩、樂語、奏
　議 集1-2386
蘇文忠公文選 集1-2541～2
蘇文忠公詩 集1-2444
蘇文忠公詩集、目録 集1-2439
蘇文忠公詩集擇粹 集1-2513
蘇文忠公詩編註集成、集成總案、諸家雜綴
　酌存、蘇海識餘、賤詩圖 集1-2515
蘇文忠公詩選 集1-2469
蘇文忠公天際烏雲帖墨跡 子3-15646
蘇文忠公集、東坡先生年譜 集1-2393
蘇文忠公集選 集1-2431、2436,6-41801
蘇文忠公行書帖 子3-15642
蘇文忠公外紀 集1-2594
蘇文忠公外紀、逸編 史2-8684
蘇文忠公生日設祀詩 集6-44236
蘇文忠公寓惠集 集1-2420
蘇文忠公宦杭録 史2-8691
蘇文忠公海外集 集1-2416、2418
蘇文忠公海外集、東坡先生年譜 集1-
　2417
蘇文忠公表啓 集1-2575、2580
蘇文忠公明道詩箋註 集1-2518
蘇文忠公膠西集 集1-2443
蘇文忠公尺牘 集1-2564、2570,6-45191
蘇文忠公全集(東坡集、後集、奏議、内制
　集、樂語、外制集、應詔集、續集)、東坡先
　生年譜 集1-2387
蘇文忠公年譜、外紀、外紀逸編 史2-11254
蘇文忠公餘集(内制集、奏議、雜說) 集1-
　2405
蘇文忠公策論 集1-2585
蘇文忠公策論選 集1-2583、2586
蘇文忠公策選、論選 集1-2584
蘇文抄 集6-41800
蘇文嗜 集1-2134
蘇文公文集 集6-41803
蘇文鈔 集1-2538
蘇文精選 集1-2546
04 蘇詩 集1-2446、2509
蘇詩辨正 叢1-369、372
蘇詩辯正 集1-2479
蘇詩註補 集1-2512
蘇詩雜鈔 集1-2458
蘇詩便讀 集1-2480
蘇詩續補遺 叢1-223(52)
蘇詩注補 叢2-2171
蘇詩注内所缺須查補 叢2-1994
蘇詩補註 集1-2511 叢2-731(42)
蘇詩補註、年表、采輯書目 集1-2505 叢

中國古籍總目·索引

1-223(52)
蘇詩補注　叢 1-456(2),2-1513～4
蘇詩選　集 1-2465～7
蘇詩選評箋釋　集 1-2519　叢 2-970
蘇詩查註補正　集 1-2507
蘇詩查注補正　叢 1-463～4,2-653(6)
蘇詩柯選　集 1-2468
蘇詩摘律　集 1-2484
蘇詩鈔　集 1-2453～5
蘇詩鈔讀　集 1-2483
蘇詩精華　集 1-2481
08 蘇許公文集、壠上記　集 1-677
蘇許公詩集　集 1-755～6,6-41872
09 蘇談　史 7-50197　子 5-26219～20　叢 1-
22(22)、29(7)、39～40、57～8、84(4)、88～9、
195(7),2-617(3)、624(3)、730(11)、731(53)
10 蘇平仲文集　集 2-6133～5　叢 2-635(11)
蘇平仲文集、目錄　叢 1-223(62)
蘇平仲集　叢 2-731(41)、859
11 蘇頌詩集　集 6-41847～8
12 蘇廷碩文集、集外附　集 1-757
蘇廷碩集　集 1-754,6-41743、41824、41838
16 蘇碑考　叢 2-1026
17 蘇子　子 4-19598、19624、19818,5-29529
叢 2-774(9、10)、775(4)
蘇子後集　集 2-12804
蘇子緜文　集 1-2624,6-41806
蘇子由文鈔　集 6-41794
蘇子瞻　史 2-7083
蘇子瞻文　集 1-2534,6-41806
蘇子瞻文鈔　集 6-41794
蘇子瞻詩　集 1-2441
蘇子瞻醉寫赤壁賦　集 7-48770、48774(5)、
48986
蘇子瞻集　集 1-2426
蘇子瞻集選　集 1-2432,6-41709
蘇子瞻七律鈔、補鈔　集 1-2457
蘇子瞻畫竹傳神　集 7-49476
蘇子瞻風雪貶黃州　集 7-48774(7)、48916
蘇子瞻風雪貶黃州殘本　叢 2-720(5)
蘇子美集　集 1-2066
蘇郡育嬰堂志　史 6-44679
20 蘇雋　集 1-2485,6-45172
蘇悉地羯羅經　子 6-32081(17)、32082(12)、
32083(12)、32085(17)、32086(19)、32088
(13)、32089(15)、32090(22)、32091(21)、
32092(15)、32093(32)
蘇悉地羯羅供養法　子 6-32084(11)、32085
(55)、32086(65)、32088(40)、32089(38)、
32090(58)、32091(56)、32092(38)、32093(33)
蘇集選　集 6-45183

21 蘇穎濱(轍)年表　史 2-11258
蘇穎濱文選　集 1-2625,6-41689、41802
蘇穎濱稿　集 1-2631,6-45336
蘇穎濱欒城集　集 1-2607
蘇穎濱年表　叢 1-511
蘇紫溪稿　集 2-9973
22 蘇山詩草　集 5-41187
24 蘇侍郎詩集　集 6-41895
蘇侍郎集　集 1-2263
26 蘇伯子集　集 2-9252
蘇魏公文集　叢 1-223(51)
蘇魏公集(蘇魏公文集)　集 1-2261
蘇魏公集、目錄　集 1-2262
27 蘇督撫集　集 2-8248,6-41935(4)
蘇句集聯　集 1-2582
蘇嵋亭詩草　集 3-19206
31 蘇河督年譜　史 2-12135
32 蘇州府水利纂　史 6-46784
蘇州府微顯志　史 2-7870
蘇州府志[雍正]　史 7-56949
蘇州府志[康熙]　史 7-56948
蘇州府志[洪武]　史 7-56945
蘇州府志[道光]　史 7-56952
蘇州府志[乾隆]　史 7-56950
蘇州府志[同治]　史 7-56953
蘇州府志纂修識畧[嘉靖]　史 7-56947
蘇州府藝文志　史 8-66077
蘇州府長元吳三邑諸生譜、國朝三邑鼎甲
表　史 3-14925
蘇州府長元吳三學青衿錄　史 3-14924
蘇州府屬科試新進同登全錄　史 3-14922
蘇州府屬九縣一廳圖說　史 7-50216
蘇州府學志　史 6-42840
蘇州府學明倫堂匾額錄　史 3-14926
蘇州府學金石志　史 8-63875
蘇州府纂修識畧　叢 2-1064
蘇州新年　子 5-27876
蘇州新竹枝詞　叢 2-639
蘇州五奇人傳　史 2-7885
蘇州西園戒幢律寺廣慧和尚行狀　史 2-
10767
蘇州雷氏支譜[江蘇蘇州]　史 5-37148
蘇州碼頭　集 7-50788
蘇州郡珠申市民公社現行章程　史 6-
47587
蘇州山歌　集 7-50722
蘇州山歌抄　集 7-50723
蘇州山歌小曲集　集 7-50724
蘇州織造承辦大婚鹵簿名色物價清冊　史
6-46550

蘇州織造李煦奏摺　史6-48694
蘇州織造局志　史6-42827
蘇州汪氏族譜　叢2-904
蘇州汪氏族譜[江蘇蘇州]　史4-28689
蘇州桃花塢收解豫賑徵信錄　史6-44686
蘇州帶城橋徐氏小宗譜[江蘇蘇州]　史4-
　31847
蘇州老騷　子5-28648
蘇州報恩塔寺、續　史7-51580
蘇州景致　集7-50787
蘇州景德寺普潤大師行業記　子7-34831
蘇州時調　集7-50718
蘇州戶部造幣分廠續添盈餘連交代總冊
　史6-44466
蘇州閒適詩選　叢2-691(3)
蘇州竹菴衍禪師語錄　子6-32091(78)
蘇州竹枝詞　叢2-639
蘇州繁華夢　子5-28627
蘇州勞松壽堂丸散膏丹膠露目錄　子2-
　9696
蘇溪詩集　集3-15635
蘇溪漁隱讀書譜　史2-12281
蘇溪塘塢胡氏宗譜[浙江浦江]　史4-
　30496
34 蘇沈良方　子2-9139　叢1-223(33)、241、
　242(4)、357
蘇沈良方、拾遺　叢2-731(29)
蘇沈良方、拾遺、校勘記　叢1-230(3)
蘇沈良方拾遺、校勘記　子2-9140
蘇沈內翰良方　子2-4625、9138　叢1-244
　(4)
蘇婆呼童子請問經　子6-32084(11)、32089
　(14)、32090(22)、32091(21)、32092(15)、
　32093(33)
蘇婆呼童子經　子6-32081(17)、32082(12)、
　32083(12)、32085(17)、32086(19)、32088(13)
36 蘇洎蘭亭考　叢2-1511
蘇湘東蔡六修族譜[湖南湘潭]　史5-
　38054
37 蘇洵權書　子1-3770
蘇祠小志(蘇亭小志)　史7-51779
蘇祿記畧　史7-54741
蘇祿紀畧　史7-49318(21)
蘇祿考　史7-49318(21)、54742
蘇選古文備要　集6-43128
38 蘇海識餘　集1-2515
40 蘇臺麋鹿記　史1-3905
蘇臺麋鹿記、逆黨姓名紀畧　叢2-1934
蘇臺攬勝詞　史7-51377　叢2-1805
蘇臺吟草　集5-37536
蘇有炯詩　集5-36516

蘇女精修　子7-35829
蘇杭甬路案說帖　史6-44280
蘇杭甬路案申明書　史6-44281
蘇杭甬鐵路始末記　史6-44279
蘇杭甬鐵路檔　史6-44277
蘇杭甬鐵路公牘　史6-44278
41 蘇垣安徽會館錄　史7-50219
蘇垣筆記(清光緒二十七年至二十九年)
　史2-12785
43 蘇城記變　史1-1981
蘇城記變、續記　史1-3353
蘇城紀變　史1-1944、3352　叢1-580
蘇城藥材總捐章程　史6-43580
蘇城東望　史1-1945、3354
蘇娘嘆五更　集7-52837
蘇娥訴冤記　叢1-29(1)、168(2)
44 蘇藩政要　史6-41854～5
蘇藟錄　史6-44680
蘇若蘭璇璣詩圖　集1-465
蘇老泉文　集1-2126～8、6-41806
蘇老泉文集(老泉先生文集)　集1-2107
蘇老泉文集、詩集　集1-2106
蘇老泉文選　集1-2130～1,6-41689、45173
蘇老泉文鈔　集6-41794
蘇老泉評苑　集1-2135
蘇老泉先生全集　集1-2105、2108
蘇老泉嘉祐集　集1-2113～4
蘇老泉批點孟子　經2-9799
蘇老泉尺牘　集1-2136
蘇甘廊詞集　集7-47415
蘇甘廊集　集4-27078
蘇甘室讀說文小識　經2-12687　叢2-848
蘇黃文集　集6-43620
蘇黃墨寶　子3-15644
蘇黃風流小品　集6-42042
蘇黃門龍川畧志　子4-22878～80　叢1-
　2～3,6,2-731(66)
蘇黃門龍川畧志、別志　叢2-652
蘇黃門龍川別志　子4-19973　叢1-99～
　100、166,2-731(66)
蘇黃尺牘　集6-45191
蘇菊村(源生)言行畧　史2-10019
蘇林詩剩　集4-33068
蘇林陳留耆舊傳　史2-8197　叢2-771(4)
46 蘇堤漁唱　集7-50566
蘇堤春曉一枝　集7-51957
47 蘇格蘭獨立記　子7-36399
蘇格蘭獨立志　子7-38243
蘇格蘭獨立史　子7-36398
48 蘇松江夏黃氏宗譜[上海嘉定]　史5-

中國古籍總目·索引

33723
蘇松浮賦議　史6-43430,7-49334
蘇松浮賦考畧　史6-43432
蘇松浮糧考　史6-43433　叢2-811、1268
蘇松漕政例案類編、款則彙編　史6-44168
蘇松太山川考　史7-52145
蘇松田賦考　史6-43434～5
蘇松財考圖說　史6-43436
蘇松財賦圖　史6-43434
蘇松歷代財賦考、各憲請減浮糧疏稿、居官備覽　史6-43431
蘇松常鎮水利圖　史6-46751
蘇松常鎮總兵將領清冊(順治四年)　史1-1984
蘇松常鎮總兵將領清冊(清順治四年)　史3-23730
50 蘇東坡文選　集1-2545,6-41689
蘇東坡詩醇　集1-2482
蘇東坡詩集　叢1-141
蘇東坡詩集註、失編、年譜　集1-2498
蘇東坡詩集註存　集1-2517
蘇東坡詩選　集1-2470
蘇東坡集　子3-15650　集1-2394
蘇東坡集選　集6-41712
蘇東坡外紀　史2-6205、8681
蘇東坡先生文鈔　集1-2536
蘇東坡先生詩集　集1-2438
蘇東坡先生上神宗皇帝書　史6-48126
蘇東坡先生和陶詩(蘇東坡和陶詩)　集1-2521
蘇東坡和陶詩　集1-424、2520,6-41700
蘇東坡書懷素自敘　子3-15643
蘇東坡尺牘　集1-2569、2571～2
51 蘇批孟子　經2-9796、9800
53 蘇軾詩　集1-2445,6-41772
57 蘇拯詩集　集1-1794,6-41741、41824、41859
60 蘇四郎傳　叢1-587(4)
蘇園仲詩集、文集　集3-21174
蘇園仲詩集、文集、補遺　集3-21175
蘇園日記(清光緒十七年至十八年)　史2-12918
蘇園翁　集7-48780、49238
蘇愚山洞續集　集2-11084
蘇曼殊詩集　集5-41616
65 蘇嘯樓詩稿　集4-30916
蘇味庵詩集　集5-39532
67 蘇嚕巴五分施食、百分施食、五水嗒巴剌施食　子7-32953
蘇路北線案牘摘要、圖說　史6-44276
蘇路股東意見書　史6-44275

71 蘇原先生文集、詩集、吉齋漫錄、櫝記、湖山小稿　集2-8146
蘇長公文　集1-2532
蘇長公文集　集1-2530
蘇長公文胰、詩胰　集1-2427
蘇長公文燧　集1-2550
蘇長公譚史　叢1-184
蘇長公二妙集(詩餘、尺牘)　集1-2403
蘇長公集選、東坡居士艾子雜說　集1-2430
蘇長公外紀　史2-8682～3
蘇長公密語　集1-2587～9
蘇長公啓選　集1-2581
蘇長公奏選、啓選、尺牘選　集1-2578
蘇長公表啓　集1-2577
蘇長公表啓尺牘(蘇長公表啓尺牘選)　集1-2576
蘇長公易解　經1-435
蘇長公尺牘　集1-2567
蘇長公尺牘選　集1-2574
蘇長公合作、補、附錄　集1-2559
蘇長公合作內外篇　集1-2557～8
蘇長公小品　集1-2590～1,6-41710
72 蘇氏六條　子4-19852　叢1-66
蘇氏詩集傳　叢1-223(6)
蘇氏韻輯　經2-13808
蘇氏族譜　子1-2077　叢1-22(12)、23(12)
蘇氏族譜[廣東]　史5-41033
蘇氏族譜[山東]　史5-41020
蘇氏族譜[安徽]　史5-41013～4
蘇氏族譜[安徽休寧]　史5-41012
蘇氏族譜[江西萬載]　史5-41019
蘇氏族譜[湖南長沙]　史5-41024
蘇氏族譜[四川內江]　史5-41034
蘇氏族譜畧記[福建閩清]　史5-41015
蘇氏三修族譜[湖南湘潭]　史5-41030
蘇氏重修族譜[湖南茶陵]　史5-41029
蘇氏衍義　叢1-390
蘇氏續修族譜[湖南醴陵]　史5-41027
蘇氏續修族譜[湖南常德]　史5-41026
蘇氏和陶詩　集1-458
蘇氏家語　子1-2159　叢1-22(25)
蘇氏家話　子4-20887　叢1-173
蘇氏家譜[河南許昌]　史5-41021
蘇氏家譜祭典糧數[福建古田]　史5-41017
蘇氏家乘[河南]　史5-41023
蘇氏家乘[河南太康]　史5-41022
蘇氏宗譜[浙江]　史5-41009
蘇氏宗譜[湖南臨武]　史5-41032

蘇氏演義　子4-23760　叢1-16、19(10)、20(8)、24(11)、223(39)、241、242(3)、246、282(1)、283(2)、388~9、448,2-624(2)、731(6)

蘇氏次修族譜[湖南瀏陽]　史5-41025

蘇氏初修宗譜[江西鄱陽]　史5-41018

蘇氏春秋集解　經1-7466　叢1-223(10)、227(3)

蘇氏四修族譜[湖南湘潭]　史5-41031

蘇氏易傳　經1-434　叢1-169(2)、268(1)、330,2-731(8)

蘇氏易傳(東坡先生易傳東坡易傳)　經1-433

蘇氏易解　經1-432

蘇氏印畧　子3-16908~11

77 蘇屬預算說明書省預算丙編　史6-43305

蘇屬財政說明書　史6-43303

蘇屬財政說明書省預算甲編　史6-43304

蘇學士文集　集1-2063　叢2-698(9)

蘇學士文集(蘇學士集)　集1-2064

蘇學士文集、滄浪小志　集1-2062

蘇學士文集、校語　叢2-635(8)

蘇學士集　叢1-223(51)

蘇閣文稿　集3-20819

蘇閣吟卷　集3-20818

蘇門六君文粹　集6-42039

蘇門六君子文粹　集6-43621　叢1-223(69)

蘇門集　集2-8572,6-42062　叢1-223(65)、227(11)

蘇門集選　集2-8573,6-41951　叢2-948、1336

蘇門山房詩草、文草、家乘、東事書　集2-10876

蘇門山客詩鈔　集3-17955

蘇門山人詩集　集3-21474~5

蘇門山人詩存　集4-26843

蘇門山人登嘯集　集4-32811　叢1-521

蘇門山人登嘯集詩鈔、續　叢1-521

蘇門山人集　集4-32812

蘇門山人攅英集　集4-32810

蘇門遣懷集　集4-26531

蘇門遺事　史7-50632

蘇門游記　史7-53628

蘇門遊記　叢2-622

蘇門隨筆　子4-24746

蘇門答拉志　史7-54739

80 蘇盫文錄、駢體文錄、詩錄、詞錄　集5-35250

蘇公寓黃集　集1-2419

84 蘇鎮松太五屬水旱各統收捐則　史6-43306

90 蘇小妹嘆五更　集7-52838

蘇小娟傳　叢1-168(3)

蘇小卿月夜販茶船殘本　叢2-720(3)

蘇小小傳　叢1-168(3)

蘇小小考　史2-8534　叢1-587(4)

蘇堂詩續　集4-33094

蘇常日記　叢2-997

蘇常日記(清咸豐七年)　史2-12838

蘇省巡長巡警功過規則、職守事件　史6-45366

蘇省警察總局現辦章程　史6-45367

蘇省搢紳客目　史3-24554

蘇省牙釐總局觀誠條約十則　史6-43607

蘇省輿地圖說　史7-50082

蘇省鐵路營業報告　史6-44274

蘇省籌辦統捐章程　史6-43609

蘇米齋蘭亭考　子3-15432　叢1-456(4)、515,2-731(35)、1513~4

蘇米譚史廣　史2-6204

蘇米譚史廣(東坡先生譚史廣、南宮先生譚史廣)　子4-24077

蘇米志林　史2-7083

蘇米志林(蘇子瞻)　子4-19977

92 蘇鄰遺詩(髯仙詩舫遺稿)　集5-35342

蘇鄰遺詩續集　集5-35343

97 蘇鄰日記(清同治十三年至光緒元年)　史2-12967

蘇鄰隨筆　子4-23424

4440₀ 艾

00 艾庵密箴　子1-2501　集2-7264

艾庵存稿　集3-14324

艾廬遺稿　集5-40129

艾言　子4-20995　叢1-197(3)

10 艾雪蒼語錄　叢2-886(2)

艾天傭集　集2-11633

艾雲蒼語錄　子1-1223　叢2-886(2)

艾雲蒼先生希聖錄　子1-1222

17 艾子　叢1-15

艾子雜說　子5-27381~2　集1-2430　叢1-22(6)、23(6)、29(5)、154、181、371,2-731(55)

艾子雜說補遺　叢1-371

艾子後語　子5-27396　叢1-22(28)、60、154、371,2-617(4)

艾子外語　叢1-371

20 艾千子稿　集2-11636,6-45336

艾千子先生文集　集2-11630

艾千子先生詩　集2－11626
艾千子先生手著四書發慧捷解　經2－10478
艾千子先生集　集2－11629,6－44818
艾千子先生全稿　集2－11635
艾香吟草　集3－21342
艾香吟草、學詩尺木　集3－21341
22 艾豐日鈔　子4－23645
44 艾葉重發一枝　集7－51648
47 艾聲日譜　史1－4323
50 艾東鄉文選　集2－11634,6－41808
51 艾軒詩集鈔　集3－17396　叢2－834
艾軒詩鈔　集1－3354,6－41900
艾軒集　叢1－223(55)
艾軒先生文集(艾軒集)　集1－3353
67 艾墅朱氏宗譜[江蘇宜興]　史4－26444
72 艾氏族譜[四川]　史4－25981
艾氏重修族譜[湖南平江]　史4－25980
艾氏宗譜[湖北鄂州]　史4－25979
74 艾陵文鈔、詩鈔　叢2－828
艾陵文鈔、補遺、詩鈔　集3－13641
76 艾陽記別　史2－10155
77 艾熙亭先生文集　集2－9508
艾熙亭先生文集(終太山人文集)　集2－9510
艾熙亭先生文集、諸公贈詩　集2－9509
艾學閒談　子4－22425　叢1－373(3)
艾學閒談、唐石經考正　子4－22424
艾學間譚　叢2－1490
80 艾年雅頌　史2－10731
90 艾堂樂府　集7－47297　叢2－1551
艾堂外編、補遺　集4－25111

4440₁ 芊

27 芊綠草堂初集　經1－96

芋

10 芋栗園遺詩　叢2－886(3)
芋栗園遺詩(朱杜鄰遺詩)　集4－24586
20 芋香詩鈔、贈言　集3－15956
芋香山房詩鈔　集4－30607,6－42010
芋香館詩集　集4－32055
21 芋經　子1－4481　叢1－86,2－730(8)
22 芋巖詩鈔　集5－38633

25 芋佛　集7－49643
28 芋僧遺稿　集5－38193
30 芋寧堂詩集　集3－17552
44 芋花菴叢書一百三十種　叢1－586
芋莊詩鈔　集3－15537
60 芋園叢書一百三十種　叢2－716
63 芋畹詩集、越遊草、池陽遊草　集3－16594

茸

20 茸香詩草　集4－29779
43 茸城殉義錄　史1－3357
茸城老友會詩序題詞　集6－41989

莘

00 莘廬遺詩、補遺　叢2－1993
莘廬遺詩、補遺、浮梅日記、詩餘、文　集5－35497
莘廬遺集四種附二種　叢2－1993
莘齋文鈔　集5－37035
莘齋詩鈔、文鈔、詩餘　集5－37034
07 莘郊黃氏族譜[福建莆田]　史5－33926
10 莘石居詩草、詞草、駢文　集4－28752
22 莘樂山房遺集　集5－36541
40 莘塘白璧林氏宗譜[浙江溫嶺]　史4－29297～9
44 莘老詩存(漱芳館詩鈔、輟讀吟、覆瓿草、汴梁近稿、南行雜感、越中吟、歸途瑣錄、燕遊草、歸求集)　集5－38166
55 莘耕詩鈔　集5－35752
60 莘田文集、補遺　集3－15234
莘田詩餘　集7－48017
莘田遺草　集4－29435
62 莘縣鄉土志[光緒]　史8－59039
莘縣志[康熙]　史8－59035～6
莘縣志[正德]　史8－59034
莘縣志[民國]　史8－59038
莘縣志[光緒]　史8－59037
67 莘野詩集、莘野文集、三千里詩　集3－16089
莘野詩集、莘野旅中詩　集3－16090
莘野先生(康乃心)年譜　史2－11769　叢2－829
莘野先生遺書　叢2－829
莘野秦氏宗譜[浙江開化]　史4－31262

莘野纂聞　子5-27023　叢1-22(22)、29(7)、57

71 莘原從政錄　叢2-1655

77 莘民遺稿(莘民雜著)　集3-20921

莛

22 莛仙吟草　集4-31915

莛仙吟草、試帖、賦草　集4-31914

4440₄ 荙

60 荙園詩集(都梁小草、桐谷小草、擁氈閒吟、續擁氈吟)　集5-36976

萎

20 萎香軒吟草　集4-25998

蘡

44 蘡薁軒主人詠懷引玉集　集5-40449

4440₆ 草

00 草亭詩集、文集　集3-14578

草亭讀餘志五編　子4-21830

草亭先生集、年譜　集3-16031

草廬詩稿　集3-18555

草廬韻言鈔存(潛子詩鈔)、東遊草　集5-41067

草廬詞　集7-46369、46753

草廬子　子1-18、20、881

草廬集　集1-4909、4912

草廬經畧　子1-3309~12　叢1-456(2)、496(4)、2-731(19)

草廬經畧輿圖總論　史7-49559　叢2-739~40

草廬先生原理　叢1-34

草廬吳文正公集　叢2-1051

草廬吳文正公外集　叢2-1051

草廬吳文正公道學基統　叢2-1051

草廬吳文正公全書十三種　叢2-1051

草廬吳先生文粹　集1-4914

草廬吳先生輯粹　子1-880

草廬校定古文孝經　經2-8574

草廬校定古今文孝經　經2-8366、8578

草廬合璧遺書　子3-14581

草玄居詩稿　集2-12788

草衣山人集　集3-18114

05 草訣百韻　子3-15187、15367、15410

草訣百韻歌　子3-15116、15119

草訣歌　子3-15118、15422

草訣續韻歌　子3-15116

06 草韻辨體　子3-15117

草韻辨體、草訣百韻歌、後韻草訣歌、草訣續韻歌　子3-15116

草韻彙編　子3-15411~2

07 草詔敲牙(千鍾祿)　集7-52178

08 草說、草書編類　子3-15241

10 草元閣後集　集1-5512

15 草珠一串(京都竹枝詞)　集4-24229

16 草聖彙辨(草聖滙辨)、草訣百韻　子3-15187

草聖滙辨　子3-15186

20 草香堂集　集3-14140

26 草牕詞、補　叢1-353

27 草船借箭　集7-51399

草船借箭(借箭)　集7-52984

草綠書窗剩稿　集4-28452

草綠書窗賸稿　叢2-908

30 草寇草　史1-3997

草窓梅花集句　集2-7225

草窓梅花集句、紅梅集句　集2-7224

草窓梅花集句、竹浪亭集補梅花集句　集2-7226

草字便覽摘要　子3-15233、15489

草字編摘要　子3-15488

草字彙(草字彙法帖)　子3-15421

草字彙、草訣歌　子3-15422

草字入門　子3-15240

草窗韻語　集1-4432　叢2-660

草窗詞　集7-46352、46363、46375、46713

草窗詞、補　集7-46427、46714　叢1-244(6)、474、2-731(48)

草窗詞集　集7-46715

草窗詞補　集7-46716

草窗集　集2-6825

草窗和梅花百詠詩、海粟梅花百詠　集2-7223

草窗梅花集句　集2-7229
草窗隨筆錄、續　叢2-1544
33 草心亭詩鈔　集4-28528
草心樓讀畫集　子3-16228
草心吟館駢體文初鈔　集5-34723、34725
草心閣詩存　集5-34718
草心閣自訂年譜　史2-12271
36 草澤狂歌　集2-6307　叢1-223(63)
40 草古堂焚餘集　集3-18141
草木識　叢2-1168
草木疏校正　經1-3571、4073　叢2-1484～5
草木子　子4-20282～5　叢1-22(20)、62～
4、142、223(41)、2-730(4)、856
草木幽微經　叢1-48、114(7)
草木鳥獸蟲魚疏　叢1-111(3)
草木鳥獸蟲魚疏(草木蟲魚疏)　經1-3570
草木移植心得　子7-37067
草木神品　子2-5717
草木志　叢1-9、22(11)、23(11)
草木春秋演義　子5-28900～1
草木唧恩　集7-49715
44 草花譜　子4-19156　叢1-22(27)
草花百詠　集3-20349
草茅一得、續得　史1-4135
草草　集3-13203
草草亭詩稿　集3-17108,6-41975
草草廬駢體文鈔　集5-33763
草草詩存　集4-24053
草草草　集3-19392
草草草詩文集　集4-32114
草草草堂詩選、詞稿　集4-33654
草草草堂詩草　集4-31956～7,6-42007(3)
草草書屋剩稿　集4-26167
草莽私乘　史2-7129～30　叢1-204、550、
580,2-643、687
草莽閒吟　集5-36448
草茇詩鈔　集4-30625
草藥稿　子2-5921
45 草隸存　經2-13247
46 草帽記(趙氏三姐還魂)　集7-53710
50 草史　子4-24222　叢2-1373
草本藥　子2-5922
草書要領　子3-15228,15298
草書百韻歌　經2-12916
草書習字帖　子3-15839
草書習慎　子3-15430
草書習慎、草訣百韻　子3-15410
草書集韻　子3-15363
草書集成　子3-15538
草書狀　子3-15007　叢2-774(8)

草書編　子3-15253
草書編類　子3-15241
草書備考　子3-15165
草書禮部韻寶　經2-13713
草書考　子3-15163
60 草里生楊氏家譜[浙江嘉善]　史5-36840
草禺子集(萬子迂談)　集2-8924
草囤　集7-53553
61 草題上方二山紀遊集　集3-20224
77 草閒堂新編繡像五鳳吟　子5-28339
草閒堂新編小史警寤鐘　子5-27828
草閣詩集、拾遺、文集　叢1-223(63)
草閣集　集3-14284
草間日記　史1-3807　叢2-804～5
草賢堂詞箋、蘗絃齋詞箋、雜箋、雪堂詞箋、
非水居詞箋　集7-46820
80 草舍利舍詩文佚稿　集5-34449
88 草竹軒詩鈔、餘鈔　集3-17527
草簽即山集　集4-26002
90 草堂賡詠　叢1-131
草堂雜綴　集4-23071
草堂詩話　叢1-223(72)
草堂詩集、草堂詞集　集4-25688
草堂詩餘　集7-46347～9、48420～2、48428、
48430～1、48434、48436、48439、48441、
48443～5　叢1-223(73)、265(5)、461,2-
698(13)
草堂詩餘、雜說、徐卓晤歌　集7-48449
草堂詩餘正集　集7-48438
草堂詩餘續集　集7-48438
草堂詩餘別集　集7-48438
草堂詩餘別錄　集7-48698
草堂說史　史1-5656
草堂三謠　史7-52018
草堂集　子5-29530(22)、29535(5)、29536(5)
集1-1870、4701,6-41894(1)
草堂集、東觀集　集6-41895
草堂先生杜工部詩集　集1-884
草堂之靈　集5-41533
草堂清話　子5-26374
草堂耦雲實禪師語錄　子6-32091(79)
草堂日記　史2-12759
草堂題贈　集6-42006
草堂嗣響　集7-48511
草堂雅集　集6-43660～2、43664　叢1-223
(69)
草堂雅集、補遺　集6-43663
草堂雅集、札記　叢1-559
草堂隨筆　子4-20841,5-26223　叢1-
128、130,2-1060、1173

蕈

20 蕈香詩鈔(自怡悅齋集)　集4-24417
22 蕈種栽培法　子7-37078、37087
32 蕈溪自課　子1-2369　叢1-197(3)

4440₇ 孝

00 孝廉報　集7-53448
04 孝詩　史2-6937　集1-4305,6-41894(3)、
　　41895、41897~8　叢1-195(2)、223(57),2-
　　731(42)
06 孝親圖說　子3-17956
08 孝譜類編、補編　史2-6960
12 孝烈詩甄　集5-41669
　　孝烈遺稿　集5-41534
15 孝建四銖拓本　史8-64851
17 孝子謝霞仙先生家傳　史2-10126
　　孝子集解　經2-8555
　　孝子經　子6-32083(21)、32085(31)、32086
　　(36)、32088(23)、32089(22)、32090(29)、
　　32091(27)、32092(19),7-32589
　　孝子傳　史2-6199、6913~7、6920、6922~33、
　　6938　集7-51325　叢1-19(4)、21(3)、22
　　(9)、23(9)、24(4),2-628、731(61)、770、772
　　(5)、773(5)、775(4)
　　孝子傳補遺　史2-6934　叢2-628、731
　　(61)、770
　　孝子傳輯本　史2-6918　叢2-2045
　　孝子寶卷、孝媳寶卷(精孝流名)　集7-
　　54490
　　孝子報恩拜燭寶瓚(花名寶卷)　集7-
　　54351
　　孝子盛建極事實　史2-9430
21 孝順歌一段　集7-51601
　　孝順事實　史2-6497
　　孝仁訓　集2-9178
　　孝行庸言　子1-2531
　　孝行始末文稿　集2-10736
　　孝行錄　史2-7624、7626~7
　　孝行錄(王原)　史2-8977
　　孝行錄(胡恩燮)　史2-10314
　　孝貞錄　史2-7435
　　孝經　經1-1,10~3,17~8、50、56、77(4)、
　　132、159,2-8280~2、8286、8300、8311、8339、
　　8341、8346~7、8368、8385、8430、8445~6、

8473、8492、8528、8535、8575~6、8578、8589
子3-15460、15789,5-29581、30430　叢1-
108、111(4)、114(6)、146、200、390、405、446、
529,2-635(2)、658、698(1)、748、772(3)、773
(3)、1155、1157
　　孝經(古文孝經孔氏傳)　經2-8303
　　孝經、二十四孝圖說　經2-8345
　　孝經、刊誤　經2-8349
　　孝經、宋本古文孝經　叢1-388
　　孝經、校刊記　經1-131
　　孝經、孝經三本管窺　叢1-218
　　孝經、孝經集注衍義　叢1-234
　　孝經、孝經宗旨　叢1-132
　　孝經、忠經　經2-8533
　　孝經、曾子大孝　經2-8361
　　孝經旁訓　經2-8489、8505
　　孝經廣義　經2-8387
　　孝經章句　經1-141,2-8459、8464、8470、
　　8510、8586、8636~7　叢1-441,2-772(3)、
　　773(3)、774(7)
　　孝經章句(註繹)　叢2-1051
　　孝經章句、刊誤辯說　叢2-1857
　　孝經章句、或問　叢2-1421
　　孝經章義　經2-8500　叢2-1888
　　孝經音訓　經1-170,2-8570~2
　　孝經音義　經2-8569　叢1-457
　　孝經註　經2-8313~5、8574　叢2-765
　　孝經註(殘卷)　經2-8335
　　孝經註疏　經2-8353、8580、8586
　　孝經註疏、考證　經2-8354
　　孝經註疏大全　經2-8433
　　孝經註疏校勘記　經2-8355
　　孝經註釋　經2-8456
　　孝經六藝大道錄　經2-8550
　　孝經雜鈔　經2-8412、8578
　　孝經訂誤　經1-140
　　孝經訓註　經2-8334
　　孝經訓釋　經2-8577
　　孝經訓注　叢2-774(5)
　　孝經詒詁　經2-8552　叢2-691(2)
　　孝經讖　經1-173
　　孝經讀本　經1-169,2-8457
　　孝經讀本、附孝經大義、附錄　經2-8396
　　孝經讀本姚氏學　經2-8563
　　孝經講義　經2-8327、8524、8539
　　孝經講義甲編、乙編　經2-8565
　　孝經說　經2-8375、8556
　　孝經說命徵　經2-8645
　　孝經論題標準　經2-8434
　　孝經詳說　經1-81,2-8442
　　孝經詳解　子1-2681、2684

孝經三本管窺　經2-8451、8586
孝經正解　經2-8437
孝經正義　經1-23,2-8357、8554、8580　叢2-850、1003、2148
孝經正義、校勘記　叢2-698(1)
孝經玉版讖　經2-8644
孝經王氏解　經2-8322　叢2-774(5)
孝經五種彙編十六種　經2-8587
孝經疏畧　叢2-1289
孝經疏鈔　經2-8352、8580~2
孝經列傳　史2-6939
孝經引證　經2-8386、8573、8585　叢1-108、111(4)
孝經刊誤　經1-94、121,2-8585　叢1-223(12)、388~90、574(2),2-1039
孝經刊誤(朱子孝經刊誤)　經2-8362
孝經刊誤辯說　經2-8469
孝經刊誤淺解　經2-8363
孝經刊誤本　經2-8475
孝經酌從編串說　經2-8515
孝經翼　經1-121,2-8403　叢2-731(16)、1212
孝經雌雄圖　經2-8634~5　叢1-441,2-771(3)、772(3)、773(4)、774(7)
孝經集文　經2-8424~5、8580~3
孝經集註　經2-8376、8378、8394、8444、8460、8466、8540、8547　叢1-151
孝經集註詳解　子1-2687
孝經集註衍義　經2-8364
孝經集註述疏　經2-8536
孝經集註指南大全　叢1-150
孝經集證　經2-8502　叢2-1936~7
孝經集靈　經2-8390、8575、8577~8、8582、8584　叢1-195(1)、367~8
孝經集靈、附集　經2-8391、8580~1
孝經集靈節畧　經2-8585
孝經集傳　經1-69,2-8395、8586　叢1-223(12)
孝經集解　經1-150,2-8413、8439、8503、8521、8532
孝經集注述疏、答問　經1-168
孝經集義　經2-8485
孝經集義、刊誤　經2-8379
孝經衍　經2-8512
孝經衍義　經2-8448、8454
孝經衍義、古文孝經、文孝經　經2-8447
孝經便讀　經2-8350
孝經經解　經2-8557
孝經外傳　經2-8468　叢1-241、242(2),2-731(16)、1495~6
孝經緯　經1-177,2-8588　叢1-19(1)、21

(1)、24(1)、273(3)、274(2),2-731(14)、771(3)、772(3)、773(3)、821、1872
孝經緯、讖　經2-8647
孝經緯雜篇　叢2-821、1872
孝經緯讖尚書中侯　經2-8646
孝經緯援神契　經2-8595、8597　叢1-441,2-774(7)、775(3)
孝經緯附錄附補遺　經1-174,2-8639
孝經緯鉤命訣　經2-8619、8621　叢1-441,2-774(7)、775(3)
孝經緒彙　經2-8428
孝經傳　經2-8296~7、8429　叢2-765、774(5)
孝經傳說圖解　經2-8480~1
孝經白話解說　經2-8560
孝經皇氏義疏　經2-8331　叢2-774(5)
孝經總函(孝經總類)十二集　經2-8578
孝經釋文　經2-8566
孝經釋文校勘記　經2-8567
孝經釋疑　經2-8578、8580~3
孝經釋疑(釋疑)　經2-8406
孝經釋義　經2-8525
孝經御註　經2-8587
孝經殷氏註　經2-8325
孝經殷氏注　叢2-774(5)
孝經解　經1-28,2-8318　叢2-772(5)、773(5)
孝經解意　經2-8405、8580
孝經解詁　經2-8377
孝經解讚　經2-8323　叢2-774(5)
孝經解紛　經2-8484、8586
孝經疑問　經2-8383　叢1-433
孝經句解　經1-77(4),2-8577
孝經彙註　經2-8421~2、8580~2
孝經彙刊十二種　經2-8577
孝經彙輯　經2-8575~6
孝經彙目　經2-8423、8580~2
孝經彙纂　經2-8471
孝經約解　經2-8526　叢2-956
孝經約解、孝經古文宋本、孝經古文、孝經刊誤本、孝經題辭、孝經古今文、孝經古今文考　經2-8474
孝經約義　經2-8440　叢2-969~70、1453
孝經徵文　經1-163(3),2-8495　叢1-493
孝經注　經1-26~7、31　叢1-223(12)
孝經注疏　經1-22,24~5　叢1-227(3)
孝經注疏、校勘記　經1-21
孝經注疏、考證　經1-19　叢1-223(12)
孝經注疏校勘記、釋文校勘記　經1-20
孝經注解　經1-77(4),2-8358　叢2-724
孝經注存　叢2-750

孝經之研究　經2-8559

孝經安昌侯說　經2-8309　叢2-774(5)

孝經定本　經2-8369、8586　叢1-223(12)

孝經宗旨　經2-8381～2、8573、8585　叢1-108、111(4)、2-731(16)

孝經河圖　經2-8640　叢2-821、1872

孝經邇言　經2-8389、8578、8580

孝經邇言、提綱、孝經彙目　經2-8575～6

孝經叢書　經2-8574

孝經淺釋　經2-8564

孝經治要　經2-8336～7

孝經述　經2-8493、8507　叢2-1817、1997～8

孝經述言　經2-8514

孝經述註　經2-8426、8494、8586　叢1-223(12)、269(2)、270(1)、2-850、1766

孝經述義　經2-8332～3　叢2-765～6

孝經遺文　經1-135

孝經遺章　經1-135

孝經襯解　經2-8497

孝經襯解、孝經考證　叢2-1763

孝經初學讀本　經2-8458

孝經通論　經2-8561　叢2-1008～9

孝經通釋　經2-8465

孝經通纂　叢1-375

孝經啟蒙　經2-8530

孝經啟蒙新解　經2-8504

孝經十八章輯傳　經2-8520

孝經左契　經1-171、176、2-8602～7　叢1-22(2)、23(2)、273(3)、274(2)、330～1、441、2-731(14)、772(3)、773(3)、774(7)、821、1872

孝經大旨　經2-8575、8583

孝經大指　經2-8431

孝經大全　經2-8400

孝經大全十二集　經2-8582

孝經大全十集　經2-8580～1

孝經大全存六種　經2-8583

孝經大義　經1-77(4)、169、2-8372、8374、8575、8577、8586　叢1-223(12)

孝經大義刊誤　經2-8585

孝經直解　經2-8416、8587　子5-30436　叢2-1640

孝經直解、辨論、孝經正文便讀　經2-8491

孝經內記圖　經2-8628　叢2-771(3)、772(3)、773(3)

孝經內外傳、孝經正文　經2-8438

孝經內事　經1-176、2-8622、8624～6　叢1-22(2)、23(2)、330～1、2-765～6、821、1872

孝經內事圖　經1-171、2-8623、8627　叢1-

273(3)、274(3)、441、2-731(14)、774(7)

孝經存解　經2-8544

孝經古文　經2-8288

孝經古文傳註輯論　叢2-1951

孝經古文解意、釋疑　經2-8577

孝經古文宋本　經2-8287

孝經古文直解、大旨　經2-8577

孝經古註　經2-8585

孝經古微　經2-8522

孝經古祕　經2-8632～3　叢1-441、2-772(3)、773(3)、774(7)

孝經古今文傳注輯論　經2-8506

孝經古今文考　經2-8476

孝經右契　經1-171、176、2-8608～13　叢1-22(2)、23(2)、273(3)、274(2)、330～1、441、2-731(14)、772(3)、773(3)、774(7)、821、1872

孝經校　經1-4484

孝經校刊記　經2-8348

孝經校釋　經2-8548

孝經校勘記(孝經注疏校勘記)、釋文校勘記　經2-8356

孝經校勘記、釋文校勘記　經1-111(3)

孝經核　經2-8562

孝經札記　經1-136、2-8472

孝經董氏義　經2-8298　叢2-775(2)

孝經考　經2-8408、8575、8580～2

孝經孝傳靈感記　經2-8584

孝經孝翔學　經2-8523

孝經中黃　經2-8641　叢2-821、1872

孝經中黃讖　經2-8642　叢2-775(3)

孝經中契　經1-171、2-8598～601　叢1-273(3)、274(2)、441、2-731(14)、772(3)、773(3)、774(7)、821、1872

孝經本贊　經2-8397　叢1-537

孝經本則　經2-8427

孝經本義　經1-86、121、2-8402、8455、8496、8508　叢1-574(4)、2-731(16)、964、2041

孝經本義、列傳　經2-8384

孝經忠經等書合刊四種　叢1-150

孝經春秋傳　叢1-186

孝經指解　經2-8359、8586　叢1-223(12)

孝經授神契　經1-176

孝經援神契　經1-171、2-8590～1、8593～4、8596　叢1-19(1)、21(1)、22(2)、23(2)、24(1)、273(3)、274(2)、330～1、2-731(14)、772(3)、773(3)、821、1872

孝經援神契、補遺　經1-174、2-8592

孝經或問　經1-121、2-8401、8463

孝經威嬉拒　經1-171、2-8629～31　叢1-273(3)、274(3)、2-772(3)、773(3)、821、1872

中國古籍總目·索引

孝經契　經2-8614　叢2-772(3)、773(3)
孝經目錄　經2-8417
孝經易知　經2-8461~2
孝經題辭　經2-8477
孝經別傳　經2-8388
孝經嚴氏註　經2-8329
孝經嚴氏注　叢2-774(5)
孝經臆說　經2-8414、8574~5、8578~9
孝經馬氏註　經2-8310
孝經馬氏注　經1-164　叢2-775(2)
孝經長孫氏說　經2-8307
孝經長孫氏說、附考　叢2-774(5)
孝經劉氏說　經2-8328　叢2-774(5)
孝經后氏說　經2-8308　叢2-774(5)
孝經質疑　經2-8415、8545、8574~5、8578~
　83　叢2-1010
孝經體註、陳選孝經集注　經2-8534
孝經學　經2-8546
孝經學凡例　經2-8538　叢2-2129(2)
孝經闡要　經2-8519
孝經問　經1-163(1)、2-8441、8586　叢1-
　223(12)、2-1309
孝經問業合參　經2-8432
孝經問對　經2-8411、8574
孝經問答　經1-141、2-8511
孝經貫註、存餘、考異、對問　經2-8419
孝經全註　經2-8586　叢2-1347
孝經全註(孝經)　經2-8452
孝經全注　叢2-1346
孝經全書、忠經　經2-8584
孝經今文音義　經1-103、2-8568　叢1-
　317、456(5)
孝經今文直解　經2-8306、8574、8577~8
孝經今譯　經2-8558
孝經義疏　經1-111(4)、2-8330、8479、8482、
　8586　叢2-774(5)
孝經義疏補　經2-8483　叢1-344、2-731
　(16)
孝經義疏補訂補　經2-8501
孝經合解　經2-8443
孝經合本　叢2-1749
孝經會通　經2-8380、8574~8、8580~2
孝經養正　經2-8490
孝經養正、條議、彙編　經2-8587
孝經養正三著　經2-8587
孝經養正復著　經2-8587
孝經鉤命訣　經1-171、2-8616
孝經鉤命決　經1-176、2-8615、8617~8、
　8620　叢1-22(2)、23(2)、273(3)、274(2)、
　330~1、2-731(14)、771(3)、772(3)、773(3)、
　821、1872

孝經鉤命決附補遺　經1-174、2-8638
孝經鄭註　經2-8316　叢1-389~90
孝經鄭註、補證　經2-8320　叢1-244(5)
孝經鄭註疏　經2-8527
孝經鄭註攷證　經2-8543
孝經鄭註附音　經2-8529
孝經鄭注　叢1-388、433、460、2-731(16)
孝經鄭注疏　叢2-698(3)、2066
孝經鄭注補證　經2-8486　叢2-731(16)
孝經鄭注補正　叢1-460
孝經鄭注考證　經1-167
孝經鄭注附音　叢1-505
孝經鄭氏註　經2-8317、8321　叢2-738
孝經鄭氏註箋釋　經2-8549
孝經鄭氏解　經2-8551　叢1-244(5)、2-
　731(16)
孝經鄭氏解、補證　經2-8487
孝經鄭氏解疏　經2-8542
孝經鄭氏解輯　經2-8319　叢1-460
孝經鄭氏注　經2-8312　叢1-337、2-656、
　775(2)
孝經管窺　叢2-958
孝經纂註　經2-8517
孝經纂註、小學纂注、孝傳　經2-8478
孝經類解　經2-8435~6
孝經精義、後錄、或問、原孝、餘論　經2-
　8450
22 孝川方氏宗譜[浙江金華]　史4-25766~7
孝豐西圩施氏宗譜[浙江安吉]　史4-
　30881~2
孝豐縣志[康熙]　史7-57295
孝豐縣志[同治]　史7-57296
23 孝獻莊和至德宣仁溫惠端敬皇后行狀、傳
　史2-9375　叢2-631
24 孝德傳序　史2-6935　叢2-775(4)
25 孝傳　經2-8478、8584　史2-6919　叢1-
　74~7、101、2-731(61)
孝傳千字文　叢1-276
26 孝泉詩鈔　集5-39456
孝泉趙氏宗譜[浙江桐廬]　史5-38301
孝和睿皇后大事檔　史6-47395
27 孝修回郎寶卷　集7-54362
孝侯公(周處)年譜　史2-11141
孝魚叢著二種　叢2-2268
孝紀、拾遺　史2-6952
30 孝字釋　經2-8580~2
33 孝心寶卷(錢孝子寶卷)　集7-54489
37 孝潔黃先生墓誌銘　史2-9407
孝通祖廟志　史7-51877
38 孝道吳許二真君傳　史2-6870　子5-
　29530(9)

　　孝道寶卷　集7-54536
40 孝友傳　史2-6941　叢1-488
　　孝友圖說　史2-6948
　　孝友堂家訓　子1-2173　叢2-731(20)、782
　　　(4)
　　孝友堂家規　子1-1966、2172　叢2-731
　　　(20)、782(4)
　　孝友堂家規、家訓　叢2-1230
　　孝友堂遺草　集3-14307
　　孝女延壽　集7-54406
　　孝女耐兒傳　子7-38253
　　孝女存孤北曲　集7-49532
　　孝女苕仙(陳麗娥)傳　史2-9933
47 孝婦王氏傳　史2-9466
　　孝婦感應寶卷　集7-54488
48 孝敬父母　子7-35465
50 孝史　史2-6949～51
　　孝肅包公奏議　集6-41716　叢1-456(5)、
　　　2-731(18)
　　孝肅包公奏議集　史6-48111、48113
　　孝肅包公奏議集、附錄(包孝肅公奏議)　史
　　　6-48112
　　孝惠公(馮以昌)年譜　史2-11980
52 孝靜康慈皇后大事檔　史6-47397
　　孝靜康慈皇太后大事檔　史6-47398
53 孝威論　集2-11031
　　孝威嬉拒　叢2-731(14)
　　孝威王氏宗譜[湖北孝感]　史4-25401
　　孝威天　集7-50338
　　孝威瑞芝錄翰林館課　集6-45430
　　孝威喬氏族譜[湖北孝感]　史5-36190
　　孝威里志[浙江諸暨]　史5-34957
　　孝威里志[嘉慶]　史7-57172
　　孝威縣、續補志[光緒]　史8-60185
　　孝威縣志[康熙]　史8-60183～4
　　孝威縣志[順治]　史8-60182
55 孝慧汪宜人(端)傳　史2-9869
60 孝思集　史2-10098
　　孝思堂文集、詩集　集3-14936
　　孝思堂文集、詩集、聯集　集3-14935
　　孝畧啓蒙　經2-8531　史2-6962
74 孝陵詔敕　史6-47614
77 孝鳳公古文偶錄　集4-32493
　　孝鳳公時文　集4-32497
　　孝賢寶卷(回郎寶卷)　集7-54366
80 孝介詩鈔　集3-21397
　　孝介先生文鈔　集3-21398
　　孝弟圖說　史2-6946
　　孝弟錄　史2-6944　叢2-886(2)
　　孝弟錄、孝弟續錄　史2-6945

　　孝慈庵集　史7-51609　集3-16346　叢2-
　　　832(3)
　　孝慈經　子3-12896
　　孝慈備覽　子2-6563
　　孝慈淵聖皇帝要錄　史1-1483～4
　　孝慈堂書目　史8-65257、65678　叢1-547
　　　(3)
　　孝義廳志[光緒]　史8-63079
　　孝義旌門沈氏北支十三房上海支族譜[上
　　　海]　史4-28972
　　孝義吳氏宗譜[浙江諸暨]　史4-27851～3、
　　　27856
　　孝義徐氏家譜[浙江餘姚]　史4-31935
　　孝義徐氏宗譜[浙江衢州]　史4-31993～4
　　孝義徐氏宗譜[浙江餘姚]　史4-31934、
　　　31937
　　孝義流子里吳氏宗譜[浙江諸暨]　史4-
　　　27849～50、27854
　　孝義士趙禮讓肥雜劇　集7-48774(6、8)、
　　　48949
　　孝義真蹟珍珠塔　集7-54115
　　孝義青石李氏三修宗譜[浙江諸暨]　史4-
　　　27194
　　孝義縣續志[光緒]　史7-55990
　　孝義縣志[雍正]　史7-55988
　　孝義縣志[乾隆]　史7-55989
　　孝義贈言(雷顯宗)　史2-9240
　　孝義贈言初集　史2-9336
　　孝義周氏宗譜[浙江衢州]　史4-30007
　　孝義殳公傳　史2-9094
　　孝義無礙庵錄　史7-51618、51625　子7-
　　　32099　叢2-832(2)
　　孝義合傳　史2-6953、9356～7
　　孝義勞氏家譜[浙江餘姚]　史5-36534～5
　　孝義勞氏家譜再續[浙江餘姚]　史5-
　　　36536
87 孝錄、理齋忠孝錄　經2-8516
88 孝竹貞松圖題咏　子3-16246
　　孝簡陳先生僅存稿　集5-35961
　　孝節錄　史2-9728
92 孝燈記　集7-51324

　　　　　　　孽

38 孽海記　集7-53531
80 孽鏡　子7-35907

菱

22 菱川百詠　集5-37932
27 菱角　集7-52396
31 菱江集　集3-20549
32 菱溪詩話　集6-46131
　　菱溪詩集　集3-15567
　　菱溪朱氏族譜[浙江湖州]　史4-26474、26477
　　菱溪遺草、輓詩　集3-20655
37 菱湖卜氏族譜[浙江湖州]　史4-25665
　　菱湖王氏支譜[浙江湖州]　史4-24950~1
　　菱湖孫氏大支續譜[浙江湖州]　史5-33588
　　菱湖吳氏族譜[浙江湖州]　史4-27818
　　菱湖紀事詩　史7-50361
　　菱湖志[同治]　史7-57258
　　菱湖鎮志[光緒]　史7-57259
40 菱塘詩集　集3-15735
　　菱塘朱氏族譜[浙江湖州]　史4-26475~6
44 菱花夕照樓詩存　集5-35175

蔓

44 蔓草集　集4-31258
90 蔓堂集　子6-32091(78)　集3-13170

薆

90 薆棠軒印章　子3-17134

4440₈ 荄

31 荄源銀塲詩錄　集5-36731
37 荄湖詩文集　集4-24137
40 荄塘毛氏宗譜[江西廣豐]　史4-25630

萃

00 萃廬小著　叢2-1611~2
　　萃文樓文鈔　集4-30574
　　萃弈搜玄　子3-18014
01 萃龍山記　史7-49317(4)、49318(8)、52643
40 萃古名言　子4-20890
44 萃花儷　集7-49591、49707
　　萃芳集、羅田萬密齋家藏婦人祕科、竹林寺女科　子2-8098
　　萃蘭堂郭氏譜畧[浙江蘭溪]　史4-32304~5
　　萃英堂老人自訂年譜　史2-12128
80 萃善錄　子5-29530(19)、30784
86 萃錦吟　集5-35665~7
　　萃錦吟墨稿　集5-35664
90 萃堂詩錄、詞錄　集5-38229
　　萃堂詞錄　集7-47946

4440₉ 苹

60 苹園二史詩集　集3-17278,6-44591
67 苹野纂聞　子5-26220、26376　叢1-40、195(5),2-731(52)

4441₄ 薙

88 薙簏吟(羹湖詩選)　集3-14895

4442₇ 募

02 募刻五臺山大藏經會約　子7-34874
22 募種兩堤桃柳議　史7-53325　叢1-22(27)
48 募梅精舍詩存　集4-30149

姱

88 姱節堂醫方　子2-9344

㜗

30 㜗窟詞　集7-46356～7、46379～80、46427、
　　46567　叢1-223(73)、2-698(13)、720(2)
88 㜗餘文鈔　集5-37311

荔

00 荔亭詩草　集3-20969
08 荔譜　子4-19318　叢1-202(7)、203(13)
10 荔雨軒文集、文續集、詩集　集4-32210
17 荔子丹房詩遇　集4-30462
20 荔舫吟草、和詩　集4-27375
　　荔香室石刻　子3-15838
　　荔香堂詩集　集3-15706
22 荔崖詩鈔　集3-17800
24 荔牆詞　集7-47858　叢1-423
　　荔牆叢刻(汪氏叢書、荔牆叢書)十三種續
　　　刊二種　叢1-423
25 荔生遺稿　集5-40588
32 荔溪生詩草　集4-30125
33 荔浦縣志[康熙]　史8-61289
　　荔浦縣志[民國]　史8-61290
34 荔波縣志[咸豐]　史8-62284
　　荔波縣志[光緒]　史8-62285
　　荔波縣志資料稿四編[民國]　史8-62286
　　荔社紀事　叢1-201、203(5、18)、220
40 荔支譜　叢1-22(27)
44 荔莊詩存　集5-34146　叢2-1011
　　荔莊詩鈔　集3-19006～7
　　荔莊書屋詩鈔　集5-34145
　　荔薌樓詩鈔　集4-26848
　　荔芰詩　集3-19813
　　荔村詩稿　集4-25729
　　荔村詩鈔　集3-19924
　　荔村草堂詩續鈔　集5-37582
　　荔村草堂詩續鈔(于滇集)　集5-37583
　　荔村草堂詩鈔　集5-37581
　　荔村吟草　集4-28493
　　荔村隨筆　史1-4524　叢2-651
　　荔枝雜著　集6-41764
　　荔枝話　子1-4492　叢1-197(2)、220
　　荔枝記　集7-50518
　　荔枝譜　子4-18535、19309、19313～6、19320
　　　叢1-2～6、8～10、19(10)、20(8)、21(9)、22

(17)、23(17)、24(11)、201、203(3)、220、223
　　(39)、569、2-617(3)、731(30)、799～801
　　荔枝百詠　集6-41764
　　荔枝百吟、雜著　集4-23308
　　荔枝志餘　集6-41764
　　荔枝吟　集6-41764
51 荔軒詞　集7-46399～400、47070
60 荔園詩續鈔　集4-23299
　　荔園詩鈔　集4-23298
　　荔園詞　集7-47850
　　荔園樓集　集5-40742
　　荔園樓續集、外集　集5-40743
62 荔影堂詩鈔　集4-33691、5-34041
71 荔原保賑事畧　史6-44723
72 荔隱山房文畧　叢2-2016
　　荔隱山房詩草、家傳　叢2-2016
　　荔隱山房集(荔隱居日記偶存、衛生集語、
　　　荔香山房詩草、荔香山房文畧、荔香山房
　　　進奉文、楹聯偶存)　集5-36226
　　荔隱山房集九種　叢2-2016
　　荔隱居衛生集語　子2-11116　叢2-2016
　　荔隱居楹聯偶存　叢2-2016
　　荔隱居日記偶存　叢2-2016
　　荔隱居日記偶存(清光緒二十年至二十二
　　　年)　史2-13113
　　荔隱居日記偶存(清光緒二十年至二十二
　　　年)衛生集語　史2-13113
77 荔門詩錄　集3-20271
　　荔門前集外編　子3-16047
　　荔門小集　集4-29018
90 荔裳詩選　集6-41961
　　荔裳詩鈔　集6-41979

萬

00 萬病皆郁論　子2-4769
　　萬病回春　子2-4892、11064
　　萬病回春(新刊萬病回春)　子2-4891
　　萬病回春延年法　子2-11062
　　萬充宗先生經學五書　經1-79
　　萬方仁壽　集7-49699
　　萬方總括　子2-7859
　　萬方祿養　集7-49703
　　萬方會萃　子2-10152
　　萬方類聚　子2-10151
　　萬方類編　子2-9365、9545、9838
　　萬方類纂　子2-9582
　　萬育仙書　子2-11005

萬應靈方　子2-9786
萬應靈方集　子2-9788
萬應神方　子2-10171
萬廣州全集　集4-31072
萬文恭公摘集(履菴文集)、外集　集2-9237
萬言集　子4-21453
萬言肆雅　經2-13454
萬言書、嘯古堂文鈔　集4-31570
10 萬一樓集　集2-9634、9636
萬一樓集、續集、外集　集2-9633
萬一樓集、續集、溪園遺稿、梅花百詠　集2-9635
萬二愚稿　集2-10509~10,6-45336
萬二愚先生遺集　集2-10508
萬玉清秋軒集　集3-18303
萬靈燈儀　子5-29530(5)、30599
萬石山筆嘯　集2-9881
萬石堂詩文稿　集3-21924
17 萬承志堂丸散膏丹全集　子2-9880
萬承縣志[雍正]　史8-61381
萬子迂談　集2-8924、8926
萬翠姚氏後裔重修族譜[安徽旌德]　史4-31208
20 萬倍利　集7-50488
萬季野講經口授　經2-11521
萬季野先生(斯同)繫年要錄　史2-11759
萬季野先生遺稿　叢2-607
21 萬行莊嚴王經　子7-32944
萬行草　集3-15203
22 萬峯和尚語錄　子6-32091(79),7-34228
萬峯閣指法、琴譜　子3-17656
萬峯閣指法閟牋、指法圖　子3-17495
萬峯閣指法閟箋　子3-17654
萬峯閣指法閟箋(萬峯閣指法閟牋)　子3-17655
萬山綱目　史7-52180~1
萬山綱目賸稿　子4-21764
萬山草堂詩集　集5-39440
萬山草堂詩續集　集5-39441
萬山樓詩集　集3-14950
萬山樓詩鈔　集3-14949
萬山樓稿　集3-14948
萬山中詩　集6-44153
23 萬允康詩　集2-12885,6-41943
萬代公論　史1-2894
24 萬斛珠類編　子5-25007
萬化仙禽(新刻劉伯溫萬化仙禽)　子3-14121
25 萬佛洪名慈悲道場懺法　子7-34993
26 萬個山房澆愁集　集4-32481

萬泉縣志[康熙]　史7-55944
萬泉縣志[乾隆]　史7-55945
萬泉縣志[民國]　史7-55946
萬總戎集　集2-8464,6-41935(5)
27 萬壑雲樓　集6-42001
萬壑雲樓詩草　集4-29053
萬壑松風樓詩集　集4-32790
萬象一原　子3-12396、12700~1　叢1-472
萬象一原演式　子3-12698~9
萬象一原校勘記　子3-12401
萬象更新一枝　集7-51975
萬象清平　子3-17897
萬般皆由命一段　集7-51568
萬物真原　子7-35103、35286
萬物權輿　子4-23235,5-26062
萬物吹累室文乙集　集5-40835
萬物吹累室駢文　集5-40836
萬物吹累室類稿　集5-40834
萬綠窗小草　集5-40348
萬綠草堂詩稿　集4-27721
萬綠草堂詩初稿　集4-27720
萬綠堂詩存　集3-14479
萬緣金剛般若波羅蜜經　子7-32348
萬緣金剛般若波羅蜜經集解　子7-33266、33268
萬緣金剛般若波羅蜜經集解附感應圖說　子7-33265
萬緣金剛般若波羅蜜經集注　子7-33267
28 萬僧問答景德傳燈全錄　史2-7107　子7-34724
萬齡邱氏名七房宗譜[浙江奉化]　史4-28459
萬齡鄭氏宗譜[浙江鄞州]　史5-38618
萬齡堂虔修諸門應症丸散總目　子2-9738
30 萬宜樓詩錄、詩聯續錄、書劄、聯語　集5-36532
萬宜樓善本書目　史8-65885
萬家密電　史6-44401
萬家春　集7-48785、49389、49714
萬安縣志[康熙]　史8-58942~3
萬安縣志[道光]　史8-58944
萬安縣志[同治]　史8-58945
萬字正宗、增補等韻音切指南　經2-13058
萬字典　經2-12906
萬密齋醫學全書(萬密齋醫書十種)　子2-4567
萬寶詩山　集5-24901、24944
萬寶全書　子5-25184~7、25189、25194、25196、25200、25202、25253
萬寶全書續編　子5-25254~5
31 萬源縣志[民國]　史8-61997

萬福攸同　集7-49703
32 萬州志[康熙]　史8-61468
萬州志[道光]　史8-61469
34 萬法歸心錄　子7-34108
萬法歸心錄、祖源禪師絕句　子7-34109
萬法寶卷(萬寶寶卷)　集7-54195
萬法精理　子7-36807　叢2-2186
35 萬清軒先生年譜　集4-31558
37 萬涵堂遺稿　集5-35055
萬涵堂遺稿二種　叢2-995
萬潔齋叢刊四種附二種　叢2-842
萬選良方　子2-4722、9891
40 萬培因奏稿　史6-49031
萬卉爭香一枝　集7-51973
萬古愁曲　叢1-544、547(4)
萬古情　集7-48785、49388、49714
萬吉人詩　集2-12420,6-41943
萬壽亭重建紀事本末　史7-51999　叢2-2093
萬壽慶典圖　史6-42096
萬壽詩　集3-15789
萬壽記　史6-42082
萬壽衢歌樂章　叢1-230(6),2-731(43)
萬壽仙書　子2-11004、11037,5-29593
萬壽山工程則例　史6-46557
萬壽山頤和園內排雲殿樂壽堂魚藻軒仁壽殿玉瀾堂留佳亭等各處露天陳設添安石座圖樣　史6-46558
萬壽祝嘏樂府　集7-48191
萬壽冠傳奇　集7-50228
萬壽九如頌　子4-24354
萬壽大藏(崇寧萬壽大藏)　子6-32081(1)
萬壽寺音樂本　子3-17942
萬壽蟠桃　集7-49693
萬壽盛典初集　史6-42094～5　叢1-223(27)
萬壽昇平　集7-50269
萬壽圖　集7-49573
萬壽屏頌　集6-44246
萬壽無疆一枝　集7-51974
萬木草堂詩集　集5-39234
萬木草堂叢書目錄　史8-66038　叢2-715
萬木草堂藏書目　子3-16285
萬木草堂藏書目　史8-65936
41 萬柘坡遺著八種　叢2-1464
43 萬載唐氏族譜[江西萬載]　史4-32529～30
萬載辛氏六房譜[江西萬載]　史4-28663
萬載辛氏族譜[江西萬載]　史4-28653～7
萬載辛氏順房譜[江西萬載]　史4-28662
萬載辛氏幼房譜[江西萬載]　史4-28658～9

萬載辛氏觀房譜[江西萬載]　史4-28661
萬載龍田劉氏永蒸祠田册[江西萬載]　史5-39406
萬載龍氏族譜[江西萬載]　史5-40279～83、40285～6
萬載新田林氏族譜[江西萬載]　史4-29358
萬載謝溪易氏重修族譜[江西萬載]　史4-29522
萬載郭氏支譜[江西萬載]　史4-32336
萬載王氏族譜[江西萬載]　史4-25358
萬載巫氏族譜[江西萬載]　史4-27691
萬載平衛王氏支譜[江西萬載]　史4-25360
萬載西隅藍氏重修族譜[江西萬載]　史5-40458
萬載雲峯張氏族譜[江西萬載]　史5-35234～5
萬載張氏六支族譜[江西萬載]　史5-35226～8
萬載張氏六支譜[江西萬載]　史5-35223～4
萬載張氏六支合譜[江西萬載]　史5-35225
萬載珠樹湯氏族譜[江西萬載]　史5-36570
萬載雙虹劉氏重修族譜[江西萬載]　史5-39402～3
萬載何氏族譜[江西萬載]　史4-28363、5、28367
萬載後槎胡氏族譜[江西萬載]　史4-30580
萬載仙源彭氏族譜[江西萬載]　史5-35564
萬載嶺東蕭氏九都三圖九甲支譜[江西萬載]　史5-39967
萬載白水山灣歐陽氏族譜[江西萬載]　史5-39085
萬載白水歐陽氏族譜[江西萬載]　史5-39086
萬載白良袁恭房譜[江西萬載]　史4-31373
萬載白良袁氏族譜[江西萬載]　史4-31367
萬載白良敖氏族譜[江西萬載]　史4-31088
萬載向氏族譜[江西萬載]　史4-26819
萬載鄉土志[民國]　史8-58877
萬載汪氏族譜[江西萬載]　史4-28942
萬載潭溪謝氏族譜[江西萬載]　史5-40757～9
萬載潭溪徐氏族譜[江西萬載]　史4-32151

中國古籍總目·索引

萬載福溪錢氏重修族譜[江西萬載]　史5-40235
萬載溪塘鍾成公支譜[江西萬載]　史5-40628
萬載梁氏族譜[江西萬載]　史5-34682～3
萬載湖源潘氏族譜[江西萬載]　史5-39849
萬載沙橋丁氏族譜[江西萬載]　史4-24669
萬載大北門常氏族譜[江西萬載]　史5-34325
萬載大橋周氏族譜[江西萬載]　史4-30103～4
萬載壇下何祠牌位譜[江西萬載]　史4-28366
萬載李譜提要[江西萬載]　史4-27385
萬載李家園王氏族譜[江西萬載]　史4-25362
萬載李氏族譜[江西萬載]　史4-27387
萬載李氏遺書四種　叢2-870(6)
萬載袁氏族譜[江西萬載]　史4-31368～70
萬載袁氏重修族譜[江西萬載]　史4-31371
萬載藏溪喻氏族譜[江西萬載]　史5-35936
萬載茭湖張氏牌位譜[江西萬載]　史5-35232～3
萬載黃茅周氏義門錄[江西萬載]　史4-30106
萬載橫嶺邱氏重修族譜[江西萬載]　史4-28483
萬載林氏族譜[江西萬載]　史4-29354
萬載林氏肇高公支譜[江西萬載]　史4-29356
萬載株潭王氏族譜[江西萬載]　史4-25361
萬載株鎮巫氏支譜[江西萬載]　史4-27690
萬載排江歐陽氏族譜[江西萬載]　史5-39081～2
萬載螺塘歐陽氏支譜[江西萬載]　史5-39083
萬載賴氏宗譜[江西萬載]　史5-39883
萬載田下郭氏族譜[江西萬載]　史4-32337～8、32340
萬載田心孫氏族譜[江西萬載]　史4-33665～6
萬載昌田鍾福房支譜[江西萬載]　史5-40629
萬載昌田鍾祠族譜[江西萬載]　史5-40626
萬載昌田鍾祠福房續修支譜[江西萬載]　史5-40630

萬載昌田鍾氏族譜[江西萬載]　史5-40624～5、40627
萬載昌田鍾氏壽房支譜[江西萬載]　史5-40631
萬載縣土著志[道光]　史8-58874
萬載縣志[雍正]　史8-58871
萬載縣志[康熙]　史8-58870
萬載縣志[道光]　史8-58872～3
萬載縣志[同治]　史8-58875
萬載縣志[民國]　史8-58876
萬載嚴坑呂氏宗譜[江西萬載]　史4-26351
萬載劉氏族譜[江西萬載]　史5-39401
萬載陂田鄒氏族譜[江西萬載]　史5-36362
萬載陂田彭氏族譜[江西萬載]　史5-35563
萬載陳氏族譜[江西萬載]　史4-33257
萬載周氏纂修族譜[江西萬載]　史4-30102
萬載歐陽氏族譜[江西萬載]　史5-39084
萬載興仁林氏支譜[江西萬載]　史4-29355
萬載鏡山陳氏重修族譜[江西萬載]　史4-33260
萬載錦衣坊陳氏族譜[江西萬載]　史4-33256
萬載銀山周氏族譜[江西萬載]　史4-30105
萬載第六區團練新編　史6-45459
44 萬花齋詩集　集3-18690
萬花漁唱　集3-21627、21629～30,7-47265 叢1-291、294
萬花樓楊包狄演義　子5-28098
萬花樓全傳　子5-28098　集7-53985
萬花擷繡　子5-25258　叢2-1457～8
萬花筒一枝　集7-52757
萬花燈　子3-17853
萬茂先詩　集2-11530,6-41943
萬世玉衡錄　子1-1994
萬樹梨花館詩稿　集5-39199
萬樹松齋詩鈔　集4-29432
萬樹梅書集　集6-45291
萬葉堂詩鈔　集4-23737
萬藥良方附續集　子2-9849
45 萬姓記數畧　子5-26027
萬姓統譜　史2-13298
萬姓統譜、目錄、氏族博考　叢1-223(43)
萬姓統譜、氏族博考　史2-13299
萬姓錄　史2-13302

46 萬如禪師語錄　子6-32091(73),7-34278、
　　34281
47 萬柳先生文稿　集2-12173
　　萬柳溪邊近話　史2-7835　叢2-916
　　萬柳溪邊舊話　史2-7834　集6-44399
　　　叢1-195(2)、244(3),2-731(51)、798、916
　　萬柳老人詩集殘稿、曉園子詩集殘稿、五河
　　　詩集殘稿、乾元詩集殘稿　集2-12172
48 萬松山房詩鈔　集4-26946
　　萬松山房叢書二種　叢2-666
　　萬松山樵詩草　集3-21338
　　萬松老人評唱天童覺和尚拈古請益錄　子
　　　7-34408～9
　　萬松老人評唱天童覺和尚頌古從容庵錄
　　　子7-34406～7
　　萬松老人評唱天童覺和尚頌古從容庵錄、
　　　音義　子7-34405
　　萬松居士詞　集7-47231　叢2-840
　　萬松閣記客言　史7-49807　叢1-134
　　萬松堂詩鈔、文鈔　集5-40200
　　萬梅華館詩稿　集4-23312
50 萬丈懸崖閣喉病方　子2-7507
　　萬泰郭氏族譜[江西吉安]　史4-32344～5
　　萬青樓經星譜　子3-11431
　　萬青軒先生(斛泉)年譜　史2-12178　叢
　　　2-1822
　　萬青軒全書(尉山堂全集)五種　叢2-1822
　　萬青閣文訓　集6-46278　叢2-1330
　　萬青閣詩餘　集7-46398～400、46961　叢2-
　　　1330
　　萬青閣詩餘、補遺　集7-46960
　　萬青閣集　集3-14914,6-41969
　　萬青閣自訂文集　叢2-1330
　　萬青閣自訂詩　叢2-1330
　　萬青閣自訂詩、詩餘　集3-14913
　　萬青閣自訂詳案　史6-47127　叢2-1330
　　萬青閣自訂制藝　叢2-1330
　　萬青閣歸隱詩　叢2-1330
　　萬青閣勘河詩記　叢2-1330
　　萬青閣全集　集3-14912
　　萬青閣全集二十種　叢2-1330
　　萬忠貞公遺集　集2-11796
　　萬春霓裳　集7-54710
60 萬口碑輯、東南輿誦　集6-44189
　　萬目所視　子5-27109
　　萬里言集　集3-15637
　　萬里尋親錄(劉弘甲)　史2-9299
　　萬里行程記　史7-49315、53942　叢2-731
　　　(56)、821
　　萬里緣　集7-53529
　　萬里安瀾　集7-49693

萬里海防　史6-45488,7-49334
萬里海防圖　史6-45492
萬里遊草　集4-31647,5-35309
萬里遊草殘稿　叢2-874
萬里志　集2-6871,7231
萬里志(張弼)　史2-8871
萬里圓　集7-50159
萬里吟　集2-12774,3-18937,4-26840
萬國商業志　子7-37369
萬國商業地理志　子7-37318、37758
萬國電報通例　史6-44415
萬國現世新史　史6-41489～91、41493～4
　　子7-36256
萬國現世新史(公歷七月至十二月)　子7-
　　36257
萬國政治叢考　子7-36240(1)
萬國政治藝學最新文編　子7-36240(5)
萬國政治藝學全書(萬國政治藝學叢考)四
　　十一種　子7-36240(1)
萬國政治最新文編　子7-36240(5)
萬國政治類考　子7-36550
萬國外交政史　史6-41489～94　子7-
　　36256～7、36851
萬國和約　史6-44947
萬國總說　史7-54385　子7-36228(2)、
　　36242(2)　叢1-548
萬國郵政公會章程　史6-44384
萬國物產考　史7-54400
萬國綱鑒易知錄　子7-36284
萬國憲法比較　子7-36597
萬國憲法志　史6-46047
萬國密號旗公簿　子7-36958、37400
萬國官制志　史6-42786
萬國近政考畧　史7-54403
萬國演義　子5-28231
萬國通商條約　子7-37384
萬國通商史　子7-37319
萬國通語旗號書　子7-36970
萬國通史　子7-36280
萬國通史三編　子7-36276
萬國通史續編　子7-36275
萬國通史攬要　子7-36279
萬國通史前編　子7-36274
萬國通典　子7-36286
萬國通典輯要　子7-36285
萬國通鑒　子7-36272
萬國大地全圖　史7-54416
萬國奇人傳　史2-6244
萬國來朝　集7-49702
萬國地理統紀　子7-37698

萬國地理志　子 7 - 37739

萬國地理志要、補遺　子 7 - 37757

萬國地理問答　子 7 - 37738

萬國地理全集　史 7 - 54454

萬國地理全圖集　史 7 - 49318(22)、54392

萬國地志　子 7 - 36234、37740～1、37746、37782

萬國藝學叢考　子 7 - 36240(3)

萬國藝學最新文編　子 7 - 36240(5)

萬國藥方　子 7 - 37911

萬國梯航　集 7 - 49693

萬國史記　子 7 - 36273　叢 1 - 496(6)

萬國史綱　子 7 - 36278

萬國史畧　史 7 - 54374　子 7 - 36281

萬國國力比較、附比較表附錄　子 7 - 36525

萬國歷史　子 7 - 36277

萬國風俗考畧　史 7 - 49318(22)、54401

萬國聞香　子 4 - 18902

萬國興亡史足本　子 7 - 36283

萬國輿地韻編　史 7 - 54443～4

萬國輿圖　史 7 - 54391

萬國輿圖、新增萬國總說　子 7 - 37783

萬國人名韻編　史 2 - 13368

萬國公法　子 7 - 36241、36250、36804、36809、36815～6

萬國公法要畧　子 7 - 36805

萬國公法釋義　子 7 - 36810

萬國公法提要　史 6 - 45114

萬國公法會通　子 7 - 36799

萬邑西南山石刻記、南浦郡報善寺兩唐碑釋文　史 8 - 64074　叢 2 - 2155

萬邑盧聚興祠族譜［江西萬載］　史 5 - 40102

萬邑潭溪廖氏族譜［江西萬載］　史 5 - 38531～2

萬邑潭溪張氏祭儀牌册［江西萬載］　史 5 - 35236

萬邑溫氏族譜［江西萬載］　史 5 - 36599

萬邑呂氏三修族譜［江西萬載］　史 4 - 26353

萬邑嚴祠牌册［江西萬載］　史 5 - 41229

萬邑鍾祠牌譜［江西萬載］　史 5 - 40632

62 萬縣鄉土志［光緒］　史 8 - 61597

萬縣志［乾隆］　史 8 - 61591

萬縣志［咸豐］　史 8 - 61592

萬縣志［民國］　史 8 - 61596

萬縣志採訪事實［同治］　史 8 - 61594

71 萬厂山房印草　子 3 - 17145

萬曆辛亥京察記事始末　史 1 - 2917

萬曆二十六年進士登科錄　史 3 - 13661

萬曆二十六年戊戌科進士履歷便覽　史 3 - 13662

萬曆二十六年會試錄　史 3 - 13660

萬曆二十二年山東鄉試錄　史 3 - 14449

萬曆二十二年浙江鄉試錄　史 3 - 14215

萬曆二十二年甲午科山東鄉試同年齒錄　史 3 - 14450

萬曆二十二年甲午科山東鄉試卷、萬曆四十一年癸丑會試朱卷　史 3 - 21146

萬曆二十二年陝西鄉試錄　史 3 - 14789

萬曆二十三年乙未科進士履歷便覽　史 3 - 13657

萬曆二十三年乙未科館閣試草　集 6 - 45414

萬曆二十三年會試錄　史 3 - 13656

萬曆二十五年丁酉同年考　史 3 - 13659

萬曆二十九年辛丑科進士履歷便覽　史 3 - 13666

萬曆二十九年進士登科錄　史 3 - 13665

萬曆二十九年會試錄　史 3 - 13664

萬曆二十八年庚子科順天鄉試同年錄　史 3 - 13959

萬曆二十八年順天府鄉試錄　史 3 - 13958

萬曆二十八年福建武舉鄉試錄　史 3 - 14331

萬曆二十八年福建鄉試錄　史 3 - 14330

萬曆二十年壬辰科進士履歷便覽　史 3 - 13655

萬曆二年武舉錄　史 3 - 13639

萬曆二年進士登科錄　史 3 - 13638

萬曆二年會試錄　史 3 - 13637

萬曆三十一年癸卯科湖廣鄉試題　史 3 - 21541

萬曆三十一年癸卯楚事妖書始末　史 1 - 2916

萬曆三十二年進士登科錄　史 3 - 13668

萬曆三十二年甲辰科進士履歷便覽　史 3 - 13669

萬曆三十二年會試錄　史 3 - 13667

萬曆三十五年丁未科進士履歷便覽　史 3 - 13671

萬曆三十五年進士登科錄　史 3 - 13670

萬曆三十八年庚戌科序齒錄　史 3 - 13672

萬曆三大征考　史 1 - 2922～3

萬曆三大征考、東夷考畧、東事答問　史 1 - 2921

萬曆三大征考、東夷考畧、東事答問、都督劉將軍傳　史 1 - 2920

萬曆三年歲次乙亥大統曆　子 3 - 11807

萬曆五年進士登科錄　史 3 - 13641

萬曆五年會試錄　史 3 - 13640

萬曆疏鈔　史 6 - 47828

萬曆丁酉年考　叢2-1359
萬曆元年應天府鄉試錄　史3-14105
萬曆元年廣西鄉試錄　史3-14655
萬曆元年廣東鄉試錄　史3-14616
萬曆元年雲南鄉試錄　史3-14750
萬曆元年順天府鄉試錄　史3-13954
萬曆元年山西鄉試錄　史3-14050
萬曆元年河南鄉試錄　史3-14516
萬曆元年福建鄉試錄　史3-14326
萬曆元年浙江武舉鄉試錄　史3-14210
萬曆元年浙江鄉試錄　史3-14209
萬曆元年湖廣鄉試錄　史3-14555
萬曆元年貴州鄉試錄　史3-14743
萬曆元年四川鄉試錄　史3-14696
萬曆元年陝西鄉試錄　史3-14786
萬曆丙申重刊改併五音集韻　經2-13731
萬曆丙辰會試硃卷　集2-11402
萬曆丙午科浙江鄉試文魁徐行忠硃卷　集2-12982
萬曆天啓崇禎三朝行稿　史6-47837
萬曆癸未謝太常公析產鬮書　史3-24582
萬曆癸未科進士同年序齒錄　史3-13647
萬曆武功錄　史1-2913　叢2-1146
萬曆乙酉科應天鄉試硃卷　集2-10896
萬曆乙未科進士同年序齒錄　史3-13658
萬曆乙卯山東鄉試硃卷　集2-11401
萬曆重修洙陽陳氏族譜[福建閩清]　史4-33200
萬曆上元縣志　叢2-795
萬曆仙居縣志　叢2-855
萬曆科鈔　史6-47830
萬曆將樂縣志　史8-58286
萬曆清丈休寧縣叄拾叄都八圖歸戶緯册　史6-43478
萬曆十一年癸未科進士同年序齒便覽　史3-13648
萬曆十一年武舉錄　史3-13649
萬曆十一年進士登科錄　史3-13646
萬曆十三年山東鄉試錄　史3-14448
萬曆十七年己丑科進士履歷便覽　史3-13654
萬曆十四年丙戌科進士同年總錄　史3-13653
萬曆十四年丙戌科進士履歷便覽　史3-13652
萬曆十四年會試錄　史3-13650~1
萬曆十年應天府鄉試錄　史3-14108
萬曆十年應天武舉鄉試錄　史3-14109
萬曆十年廣西鄉試錄　史3-14658
萬曆十年廣東鄉試錄　史3-14619
萬曆十年雲南鄉試錄　史3-14753

萬曆十年順天府鄉試錄　史3-13957
萬曆十年山西鄉試錄　史3-14053
萬曆十年山東鄉試錄　史3-14447
萬曆十年江西鄉試錄　史3-14384
萬曆十年江北武舉鄉試錄　史3-14110
萬曆十年福建鄉試錄　史3-14329
萬曆十年浙江鄉試錄　史3-14213
萬曆十年湖廣鄉試錄　史3-14556
萬曆十年貴州鄉試錄　史3-14745
萬曆十年四川鄉試錄　史3-14697
萬曆十年陝西鄉試錄　史3-14788
萬曆大政類編　史6-41665
萬曆七年應天府鄉試錄　史3-14107
萬曆七年廣西鄉試錄　史3-14657
萬曆七年廣東鄉試錄　史3-14618
萬曆七年雲南鄉試錄　史3-14752
萬曆七年己卯科山東鄉試同年齒錄　史3-14446
萬曆七年順天府鄉試錄　史3-13956
萬曆七年山西鄉試錄　史3-14052
萬曆七年山東鄉試錄　史3-14445
萬曆七年江西鄉試錄　史3-14383
萬曆七年河南鄉試錄　史3-14518
萬曆七年福建鄉試錄　史3-14328
萬曆七年浙江鄉試錄　史3-14212
萬曆七年陝西鄉試錄　史3-14787
萬曆起居注　史1-1753
萬曆搢紳册　史3-23789
萬曆戊戌至康熙壬戌進士履歷跋尾　史3-13454
萬曆戊戌進士同年序齒錄　史3-13663
萬曆敕命　史6-47651
萬曆墨卷選　集6-45424
萬曆四十六年河南鄉試錄　史3-14519
萬曆四十一年會試　史3-13673
萬曆四年應天府鄉試錄　史3-14106
萬曆四年廣西鄉試錄　史3-14656
萬曆四年廣東鄉試錄　史3-14617
萬曆四年雲南鄉試錄　史3-14751
萬曆四年順天府鄉試錄　史3-13955
萬曆四年山西鄉試錄　史3-14051
萬曆四年山東鄉試錄　史3-14444
萬曆四年江西鄉試錄　史3-14382
萬曆四年河南鄉試錄　史3-14517
萬曆四年福建鄉試錄　史3-14327
萬曆四年浙江鄉試錄　史3-14211
萬曆四年貴州鄉試錄　史3-14744
萬曆甲午科鄉試硃卷　集2-10777
萬曆別錄　史1-1689
萬曆野獲　子4-23077

萬曆野獲編　子4-23074～5　叢1-312
萬曆野獲編、補遺　子4-23076
萬曆野獲編補遺　子4-23079
萬曆欣賞編　子4-23080
萬曆邸鈔　史6-47111～2
萬曆八年庚辰科進士履歷便覽　史3-13644
萬曆八年武舉錄　史3-13645
萬曆八年進士登科錄　史3-13643
萬曆八年四月急選報　史6-42669
萬曆八年會試錄　史3-13642
萬曆年抄檔　史1-2934
萬曆會計錄　史6-43368
72 萬戶集　集1-5784
萬氏詩傳　集4-26756
萬氏石經考　叢1-223(28)
萬氏重修族譜[湖南]　史5-35819
萬氏重修宗譜[湖南岳陽]　史5-35815
萬氏積善堂祕驗滋補諸方、論　子2-9250
萬氏家傳痘疹心法　子2-8634
萬氏家傳廣嗣紀要　子2-4567、8015～6
萬氏家傳保命歌括　子2-4567、9272～3
萬氏家傳傷寒摘錦(傷寒摘錦)　子2-6331
萬氏家藏育嬰家祕　子2-8396
萬氏家抄痘疹諸家方論、附集　子2-8662
萬氏家抄濟世良方　子2-9247、9249
萬氏永思紀畧　叢2-980
萬氏宗譜[安徽黟縣]　史5-35808
萬氏宗譜[江蘇宜興]　史5-35796
萬氏祕傳片玉痘疹(片玉痘疹)　子2-8637
萬氏祕傳片玉心書　子2-8395
萬氏大全族譜[湖南岳陽]　史5-35817
萬氏女科　子2-4567
萬氏女科(萬氏家傳婦人祕科)　子2-8017
萬氏婦科滙要　子2-8018
萬氏婦科達生合編　子2-8020
萬氏婦人科　子2-8019
萬氏醫貫　子2-8389、10495
萬氏分支門譜[湖南岳陽]　史5-35816
萬氏纂要　子2-8401
77 萬用迪吉通書大全　子3-14504
萬履菴集　集2-9235,6-41935(2)
萬印樓印譜　史8-65017
萬桑園詩存、未晚樓文續、別卷　集5-41541
79 萬勝真韜　子1-3804
萬勝車罟圖說　子1-3598
80 萬人迷一枝　集7-50912
萬人迷歎拾聲　集7-50913、53652
萬八山房詩鈔　集5-40720

萬全記　集7-49714
萬全記(富貴山)　集7-50247
萬全玉匣記　子3-14416、14419
萬全縣志[道光]　史7-55138
萬全縣志[乾隆]　史7-55137
萬全縣志[民國]　史7-55139
萬金至寶　子2-9760
萬金備急方、徐靈胎先生慎疾芻言　子2-9345
萬年觴　集7-50212
萬年希　集7-50299
萬年橋志　史7-50589
萬年歡　子3-17849
萬年歡慶　集7-49589、49707
萬年中星更錄三垣恆星圖說各省北極高度偏度表　子3-11432
萬年書　子3-11246、11701～2、11712、11714～5、11717,7-37688
萬年甲子　集7-53042
萬年甲子譜　史1-4833
萬年縣志[康熙]　史8-58761
萬年縣志[道光]　史8-58763
萬年縣志[乾隆]　史8-58762
萬年縣志[同治]　史8-58764
萬年歷理數歌、東明歷、大唐歷代帝王圖記、推背圖　子3-13004
萬年歷歌節解、推背圖精天歌表　子3-14611
萬年歷備考　經1-6585　子3-11688
萬年歷合刻星命須知　子3-11708
萬年少詩　集2-12427,6-41943
萬年少詩文補遺　集2-12426
萬年少先生(壽祺)年譜　叢2-2193
萬年少先生(壽祺)年譜、隰西草堂集拾遺、續拾、年譜補正　史2-11630
萬年少遺詩　集2-12428　叢2-611
萬善先資集　子5-30519　叢2-724
萬善歸　集7-53989
萬善之根　子7-36011
萬善花室文集、續集、詩集、詞稿　集4-28738
萬善花室文稿　集4-28739～40　叢2-731(46)
萬善花室文藁　叢2-782(5)
萬善花室文藁、續集　叢1-509
萬善花室詞　集7-47517　叢1-509
萬善花室駢體文鈔　集6-42075
萬善同歸　子6-32092(42)
萬善同歸集　子6-32084(33)、32089(52)、32090(67)、32091(65)、32093(51),7-34002～3

　　萬善堂集　集3-20102　叢1-282(4)
　　萬善堂集(萬善堂詩集、文集)　集3-20101
　　萬首唐人絕句　集6-43267〜9　叢1-223
　　　(68)
86 萬錦清音□種　集7-49717
88 萬竹樓詞　集7-47897
　　萬竹樓詞選　集7-46420、47898
　　萬竹園倡和集　集6-43815
90 萬光泰雜著三種　叢2-1465
　　萬卷讀餘　子5-25346〜7
　　萬卷瑯嬛　集7-49693
　　萬卷山房詩集　集3-13393〜4
　　萬卷山房詞　集7-46399〜400、46967、47191
　　萬卷菁華　子5-24902
　　萬卷草堂漫稿　集5-40744
　　萬卷樓文稿　集3-18204〜5
　　萬卷樓詩集　集3-18267
　　萬卷樓詩草　集3-20835
　　萬卷樓遺集　集2-8246
　　萬卷樓藏書總目　史8-65521
　　萬卷樓賸稿　集3-18203
　　萬卷青華　子4-24029
　　萬卷書樓詩鈔　集4-33597
　　萬卷書屋詩存　集4-28981　叢1-419,2-
　　　731(44)
　　萬卷堂家藏藝文目　史8-65577
　　萬卷堂藏藝文目錄　史8-65578
　　萬卷堂藝文目錄　史8-65251、65579
　　萬卷堂書目　史8-65257、65575〜6　叢1-
　　　540〜1、547(3),2-593〜4
　　萬卷精華樓藏書記　史8-65844　叢2-821

　　　　　　葂

07 葂詢錄　史2-7755
20 葂稿唱和集　集5-39292

4443₀ 樊

05 樊諫議集七家註　史7-49331
10 樊雲門手寫詩　集5-37569
17 樊子　史7-49331
20 樊集句讀合刻三種　史7-49331
22 樊川文集　集1-1527
　　樊川文集、外集、別集　集1-1523〜4　叢1-
　　　227(9),2-635(8)
　　樊川文集、外集、別集、遺文　集1-1528
　　樊川文集、外集、別集、拾遺　集6-41872
　　樊川文集、別集、外集、補遺　集1-1526
　　樊川詩集　集1-1519
　　樊川詩集、外集　集1-1520,6-41858
　　樊川詩集、別集、外集、補遺　集1-1521
　　　叢2-698(9)
　　樊川王氏繼香集[江蘇溧陽]　史4-24861
　　樊川集　叢1-223(50)
　　樊川集、補遺　集1-1517,6-41878
　　樊川吳氏宗譜[浙江武義]　史4-27957〜8
　　樊川叢話　叢1-373(3)
　　樊川夢　集7-49607　叢2-2067
　　樊川陳氏宗譜[浙江紹興]　史4-32879
　　樊山文鈔,詩鈔　集5-37565
　　樊山政書　史6-47210
　　樊山集　集5-37563
　　樊山集外　集5-37572
　　樊山續集　集5-37570〜1
　　樊山沌水詩錄　叢2-2150
　　樊山時文　集5-37575
　　樊山全集　集5-37564
　　樊山公牘　史6-47212、47214
　　樊山公牘、批判、續集　史6-47211
　　樊山公牘精華、批牘精華、判牘精華　史6-
　　　47213
　　樊山判牘　史6-46493
27 樊紹述文　集1-1538
　　樊紹述集　史7-49331
　　樊紹述集註　叢2-1313
　　樊紹述集註(樊紹述集)　集1-1539
　　樊紹述集註、張注絳守居園池記　集1-
　　　1540
30 樊宗師集　史7-49331
31 樊江詩存　集4-26669
34 樊沈淑人懿行錄　叢1-356
38 樊豀齋詩集　集4-24886
40 樊南文集詳註　集1-1578
　　樊南文集詳注、補　叢2-698(9)
　　樊南文集補編　集1-1581　叢2-698(9)
　　樊南文集箋註　集1-1551
　　樊南文集箋註、年譜　集1-1580
　　樊南詩鈔　集4-25172
　　樊南溟集　集2-8619,6-41935(2)
　　樊南四六集　集1-1573〜4
41 樊姬擁髻　集7-49538　叢2-688
44 樊恭廣蒼　叢2-766
　　樊樊山义鈔　集5-37574
　　樊樊山詩鈔　集5-37573
　　樊樊山尺牘　集5-37576

樊村草堂詩選　集4-24329
樊榭文集　叢1-373(7)
樊榭山房文集　集3-18843
樊榭山房詩　集3-18847
樊榭山房詩集箋注、續集箋注　集3-18850～1
樊榭山房詞　集7-47203～4
樊榭山房北樂府小令(北樂府小令)　集7-50647
樊榭山房集、續集　集3-18842　叢1-223(68)
樊榭山房集、續集、文集　集3-18844
樊榭山房集、續集、文集、集外詩、集外詞、集外曲　叢2-635(13)
樊榭山房集、續集、文集、集外詩、集外詞、集外曲、集外詩、集外詞、集外文　叢2-698(11)
樊榭山房集外詩　集3-18845～6、18848,6-42024　叢1-498,2-617(5)
樊榭山房集外詩、集外詞、集外曲　集3-18849
樊榭山房集目錄　史2-11830
樊榭山房遊仙詩　叢1-392
樊榭山房遊仙三百首詩注　集3-18853
樊榭山房賦　集3-18856,6-42071
樊榭山房全集、集外文、晚辭、軼事　集3-18855
樊榭先生年譜、樊榭山房文集　史2-11832
樊榭悔少集注　叢1-370
47 樊桐詩選　集3-17147
樊桐詩鈔　集3-17148,6-44456
樊桐集　集2-11950,3-17146
樊桐山館倡和集　集7-48568
60 樊園五日戰詩記　叢2-622
樊園戰詩續記　叢2-622
72 樊氏族譜[江蘇揚州]　史5-39161
樊氏重修宗譜[江西南昌]　史5-39172
樊氏集　集2-8620～1
樊氏續修族譜[湖南湘鄉]　史5-39174
樊氏宗譜[上海崇明]　史5-39160
樊氏宗譜[安徽桐城]　史5-39170
樊氏宗譜[四川簡陽]　史5-39176
77 樊學齋詩集　集4-25999
80 樊金定罵城　集7-52190
樊金定罵城子弟書　集7-52119～20
樊公祠錄　史7-51792　叢2-832(6)
87 樊釣石吟草、趣園草　集4-23127

莫

00 莫高窟石室祕錄　史8-66358
莫庭芝祥芝墓誌銘　叢2-1018
10 莫干山志　史7-52315　叢2-2175
11 莫非師也齋文錄　叢2-868
24 莫休符桂林風土記　史7-50903　叢2-767
25 莫仲武書函日記　叢2-1020
莫仲武日記　叢2-1020
27 莫繩孫解京餉沿途州縣印花營汎收條　叢2-1020
29 莫愁湖江采蘋命字　集7-49376、49504
莫愁湖志　史7-52870～4
30 莫宦文草、詩草　集5-40596
40 莫大令遺集　集5-39633
莫友芝存真集　集4-31973
莫友芝書札稿　叢2-1018
莫友芝書翰　集4-31985
莫南沙集　集2-7276,6-41935(4)
46 莫如樓詩選合刻　集4-26399
莫如樓時文合編　集4-26398
48 莫猶人先生(與儔)墓表　史2-9666
50 莫中江集　集2-8883,6-41935(4)
67 莫郘亭(友芝)行述　史2-10053
72 莫氏文稿　叢2-1019
莫氏族譜[湖南武陵]　史4-31465
莫氏族譜[湖南安化]　史4-31467
莫氏三修族譜[湖南安化]　史4-31469
莫氏續修族譜[湖南安化]　史4-31468
莫氏家譜[河南盧氏]　史4-31463
莫氏家譜[四川儀隴]　史4-31473
莫氏家乘[貴州獨山]　史4-31474
莫氏宗譜[江蘇宜興]　史4-31456
莫氏宗譜[江蘇無錫]　史4-31455
莫氏宗譜[河南盧氏]　史4-31462
莫氏藏札一束　叢2-1019
莫氏書札摘要　叢2-1019
莫氏書目　史8-65792
莫氏抄錄驗方五種　子2-9637
莫氏四修族譜[湖南武陵]　史4-31466
莫氏錦囊十二種　子2-4588
77 莫居凶惡勸二篇　子7-35338
80 莫公遠集　集2-9033,6-41935(5)
90 莫少江集　集2-9887,6-41935(4)

葵

00 葵庵全集　集5-37697
03 葵誠草　集5-38822
10 葵露詩鈔　集3-21184
44 葵村詩集　集3-17660
50 葵青居文錄　集4-30799
　　葵青居試律　集4-30797
　　葵青居詩錄　集4-30798　叢2-731(44)
　　葵青居詩錄、夢蝶草　集4-30796
　　葵青居詩錄、夢蜨草　叢1-419
　　葵書、葵書瀁解　子4-21818
51 葵軒詞　集7-46809
　　葵軒詞餘　集7-50605
　　葵軒稿　叢1-300
60 葵園存草　集3-21895　叢2-854
　　葵園詩集　集3-18678
　　葵園詩草　集5-38630
　　葵園集　集3-13483
　　葵園自定年譜　史2-12324
　　葵園偶存　集3-16071
　　葵園蠡語　子1-1892
　　葵園遯叟自訂年譜　史2-12384
　　葵園草詩集　集4-29962
　　葵園四種(王葵園四種)　叢2-2113
67 葵明安翁墓誌銘、行狀　史2-9086
76 葵陽詩鈔　集4-23453
80 葵尊公奏疏　史6-48689
86 葵錦堂集　集2-12832

4443₂ 菰

00 菰蘆詩草　集4-29479
44 菰埜文集　集4-25006
　　菰蘆筆記　史1-3582～3
　　菰村集　叢2-2169
50 菰中隨筆　子4-22312～3　叢1-373(3)、
　　404、453、563,2-731(7)、749、1275～7
　　菰中隨筆、詩律蒙告、校記　叢2-749
　　菰中隨筆、詩律蒙告、亭林著書目錄　子4-
　　22311
　　菰中隨筆、補遺　子4-22314
　　菰中隨筆三校記　叢2 749
　　菰中隨筆校勘記　叢2-749
　　菰中隨筆合刊、文、詩律蒙告　子4-22315

60 菰園初集　集2-10088
90 菰米山房集　集4-28711

4443₇ 萸

00 萸亭紀事　子4-20694
　　萸庵退叟詩賸　集5-34573
31 萸江古文存、詩存、朋舊詩、崇祀鄉賢祠錄
　　集4-23877

4444₁ 葬

00 葬度　叢1-22(25)
06 葬親社約　叢2-1262、1265～6
21 葬經　子1-58、60,3-13141、13254、13256、
　　13383　叢1-86,2-730(7)
　　葬經正義　子3-13144
　　葬經玉尺經二種　子3-13265
　　葬經翼　子3-13258　叢1-169(2)
　　葬經翼、圖、難解二十四篇　叢1-268(3)
　　葬經內篇　子3-13258　叢1-410
　　葬經箋註、圖說　叢1-269(4)、270(3)
　　葬經箋注、圖說　子3-13267
34 葬法　子3-13140
　　葬法倒杖　叢1-223(36)
　　葬法倒杖十二法　子3-13314
35 葬禮　經1-5401　叢2-774(3)
44 葬地篇　叢2-2018
　　葬考　子3-13603　叢2-811
　　葬花　集7-49540
　　葬花(傷春葬花)　集7-52564
50 葬書　子3-13140、13143、13150、13257、
　　13266、13618～9　叢1-223(36),2-1243
　　葬書註　子3-13302
　　葬書五種　子3-13150
　　葬書叢注　叢2-2018
　　葬書內篇外篇雜篇　叢2-1051
　　葬書七種　子3-13142
　　葬書真本　子3-13138
　　葬書校注　子3-13264
　　葬書附錄　子3-13660
　　葬書問對　子3-13262　叢1-465,2-860
60 葬圖　子3-13258　叢1-169(2)
87 葬錄　史2-9024

4444₃ 莽

11 莽張飛大鬧石榴園雜劇　集7-48774(1)、49023
44 莽蒼蒼齋詩　叢2-2089
　　莽蒼蒼齋詩、補遺　集6-41766
80 莽鏡釋文　史8-64287　叢2-934

薭

44 薭草行人詩集　集3-18378

4444₇ 妓

21 妓虎傳　叢1-587(2)
40 妓女悲傷一套　集7-50919
　　妓女悲秋一段　集7-51461
　　妓女上墳　集7-52362
　　妓女上墳一段　集7-51465
　　妓女告狀一段　集7-51464
　　妓女自嘆一套　集7-50851
　　妓女傷懷一套　集7-50899
　　妓女遊地獄一枝　集7-51017
　　妓女存良悲傷一段　集7-51460
　　妓女托夢一套　集7-50850
　　妓女嘆一套　集7-50849
　　妓女吃醋一套　集7-50900

芰

00 芰亭偶集　集3-13379

苃

44 苃茹稿　叢2-1123

4445₆ 韓

00 韓廬劫餘剩稿　集5-40754
　　韓彥弘鑑遊錄　子5-27568
　　韓齋文稿(韓齋稿)　集4-31526
　　韓文　集1-1297、1313、6-41710、41732、42028
　　　　叢1-172
　　韓文(愈)類譜　史2-11013　叢1-449、456(4)
　　韓文、外集、遺集、集傳　集1-1296、6-42027
　　韓文正宗、綱目　集1-1332
　　韓文百篇編年　集1-1346
　　韓文翼　集1-1338
　　韓文集成　集1-1348
　　韓文選　集1-1319、1323、6-41805
　　韓文選鈔　集1-1325
　　韓文考異　集1-1307
　　韓文考異、外集考異、遺文考異　叢1-574(3)
　　韓文杜律　集6-41732
　　韓文起、韓文公年譜　集1-1333
　　韓文故　集1-1342
　　韓文抄　集6-41800
　　韓文公(愈)歷官記　史2-11005
　　韓文公(愈)年譜　史2-11005、11009、11191
　　韓文公文集　集1-1305、6-41803
　　韓文公文鈔　集1-1312
　　韓文公詩集　集1-1290
　　韓文公詩全集　集1-1283
　　韓文公雪擁藍關　集7-49397、49422
　　韓文公集　集1-1293
　　韓文公集選　集6-41801
　　韓文公志　集1-1306
　　韓文公別傳註前集、後集　子7-34783
　　韓文公歷官記　史2-11013、11188　叢1-
　　　　449、456(4)
　　韓文節錄　叢1-356
　　韓文鈔　集1-1301
　　韓文類譜　集1-1303
　　韓文恪公文集、詩集　集2-11947
　　韓襄毅公(雍)傳　史2-8870
　　韓襄毅公家藏文集(襄毅文集)　集2-6845
04 韓詩　經1-4578～9,2-15142　叢1-526
　　韓詩說　經1-4610、4818　叢2-774(2)
　　韓詩翼要　經1-4612～4、4818　叢2-765、
　　　　774(2)、775(2)
　　韓詩毛詩韻訂　經2-14536
　　韓詩外傳　經1-4590～1、4593～5、4604、4815
　　　　子1-83　叢1-19(4、11)、20(9)、21(3、10)、

24(4、11)、71～7、123、144、182～3、223(7)、
236～7、268(1)、410、427、2-675
韓詩外傳、序說 經1-4599
韓詩外傳、補逸 叢2-628
韓詩外傳、補逸、校注拾遺 經1-4603 叢
2-782(2)
韓詩外傳、存 叢1-145
韓詩外傳、校注拾遺 經1-33
韓詩外傳旁注評林 經1-4598
韓詩外傳疏證 經1-4605 叢2-686
韓詩外傳平議補錄 經1-4607
韓詩外傳佚文 經1-4608 叢2-777
韓詩外傳補逸 經1-4600
韓詩外傳校記 經1-4609
韓詩外傳校議 經1-4627
韓詩外傳校注 經1-4601
韓詩外傳校注、補逸 經1-4626
韓詩外傳校注、拾遺 叢2-814
韓詩外傳校注、拾遺、補逸 叢2-731(10)
韓詩外傳校注拾遺 經1-4602
韓詩外傳節抄、薛子、歌譜 經1-4597
韓詩外傳纂要 經1-4596
韓詩細 集1-1282
韓詩注釋評林 子1-28
韓詩述 經1-4616、4819
韓詩遺說 經1-4620、4622
韓詩遺說、訂譌 叢1-426、524、2-731(38)
韓詩遺說、訂訛 經1-4619
韓詩遺說訂訛 經1-4621
韓詩遺說訂訛、補 經1-4623
韓詩遺說續考 經1-4625
韓詩遺說補 經1-4624 叢2-2045
韓詩遺說考 經1-163(3)、4629、4820
韓詩遺說考、外傳附錄 經1-4628
韓詩遺說考、敘錄、補遺 叢2-1001
韓詩內外傳補遺 經1-4631
韓詩內傳 經1-4580～2、4818 叢2-765～
6、773(1)、774(2)
韓詩內傳疑義 經1-4586
韓詩內傳徵 經1-4583
韓詩內傳徵、敘錄、補遺、疑義 叢1-516
韓詩內傳補遺 經1-4585
韓詩內傳考 經1-4588 叢2-1549
韓詩內傳并薛君章句考、二雨堂筆談 經
1-4589
韓詩內傳敘錄 經1-4584
韓詩故 經1-4576～7、4818 叢2-774(2)、
1603
韓詩趙氏學 叢2-775(1)
韓詩趙氏學(韓詩趙氏義) 經1-4615
韓詩趙氏義 經1-164

韓詩輯 經1-4618 叢2-1978
韓詩輯編 經1-4617
韓詩敘錄 經1-4630
10 韓二州文鈔 集5-38238
韓王二公遺事 叢2-691(2)
韓五泉詩 集2-8081、8084
韓五泉詩、五泉韓汝慶附錄 集2-8082
韓五泉詩、韓安人詩 集2-8079
韓五泉詩、韓安人遺詩 集2-8080
韓元方六十感舊詩 集5-40158
韓元師暗度陳倉雜劇 集7-48774(8)
韓元帥暗渡陳倉雜劇 集7-49009
韓雲晶瑞歌 集5-37992
11 韓非子 子1-18～20、25～7、30、55、57、61、
69～70、3964、4053～4、4056、4059～61、4064、
4066～7、4075、5-29530(22) 叢1-19(8)、
20(6)、21(7)、24(9)、223(32)、227(7)、237、
2-635(4)
韓非子、識誤 子1-62～5、67～8、4055 叢
1-308、2-658、697、698(5)
韓非子評補 叢2-2248
韓非子評林 子1-4063
韓非子平議 子1-82、4078 叢2-1920
韓非子集解 子1-4065 叢1-579
韓非子佚文 子1-4058 叢2-777
韓非子解老、喻老 子1-4080
韓非子校正 子1-4074、4076 叢1-258、
2-731(2)、847、1466
韓非子錄要 子1-4079 叢2-1966
韓非子節鈔 子1-4057
韓非子纂 子1-74、3965、4069 叢1-138
16 韓理堂先生(夢周)年譜 史2-11892 叢
2-664
17 韓孟郁雜稿選 集2-11208
韓承旨年譜 集1-1709
韓承恩(月泉)行述 史2-10291
韓子 子1-24～5、50、4071
韓子(愈)年譜 史2-11013、11189～90 叢
1-449、456(4)
韓子文鈔 集1-1298
韓子詩年、初集 集3-14965
韓子二十種(甲寅集、乙卯集、丙辰集、丁巳
集、己未集、庚申集、辛酉集、癸亥集、乙
丑集、丁卯集、戊辰集、庚午集、癸酉集、
戊午集、壬戌集、甲子集、丙寅集、己巳
集、辛未集、壬申集) 集2-11533
韓子樂尚書禹貢纂本祕傳 經1-3189
韓子迂評 子1-4062
韓子榕庵集(文、賦、詩) 集2-11534
韓子纂要 子1-29、4070
韓子粹言 子1-4073 集1-1334～5 叢

中國古籍總目·索引

2-1346～7
韓君平詩集　集1-1170,6-41858～9
韓君平詩集(中唐韓翃詩)　集1-1171
韓君平詩集、補遺　集1-1172,6-41873、41878
韓君平集　集6-41739、41743、41819、41824、41838、41869
韓君平集(韓君平詩集)　集1-1168
18 韓致堯翰林集、香奩集　集1-1699
韓致光七律鈔　集1-1702
20 韓信算卦一段　集7-51444
韓采蘋御水流紅葉殘本　叢2-720(3)
韓集註補　集1-1347
韓集補註　集1-1344
韓集補注　叢2-653(6)
韓集拾瀋　集1-1349
韓集點校　叢2-698(9)
韓集點勘　集1-1271、1336　叢1-223(49)、2-1391
韓集舉正、外集舉正、韓集舉正敘錄　叢1-223(49)
韓集舉正、外集舉正、敘錄　集1-1329
韓集箋正　集1-1340
韓集箋正、外集、年譜　集1-1341
21 韓拜墀先生方案　子2-10205
22 韓川文集、外集、詩集　集4-24619
韓仙(湘)傳　史2-8591
韓仙傳　叢1-22(18)、23(18)、109、111(4)
韓山彙稿　集2-10512
韓山人詩集、續集　集2-6192～3　叢2-639
韓山人詩集、附集　集2-6191
韓山人詩集正集、續集　集2-6190
韓山人詩續集、詞　集2-6189
韓樂吾先生詩集、韓樂吾先生行畧、朱樂齋先生遺詩　集2-8921
23 韓參議集　集2-8083,6-41935(1)
24 韓先生(鄰佐)傳　史2-10490
26 韓魏公言行錄　史2-8652
韓魏公集　集1-2077,6-42036～7　叢1-214,2-731(44)
韓魏公集、別錄、遺事、忠獻韓王家傳　集1-2072
韓魏公集文傳、別錄、遺事、家傳　史2-8648
韓魏公遺事　集6-42037　叢1-19(9)、20(7)、21(8)、24(10)
韓魏公事　史2-8647　叢1-19(9)、20(7)、24(10)
27 韓偓詩　集6-41872
韓偓詩、補遺、香奩集　集6-41882
韓偓詩補遺、香奩集　集1-1701
韓偓詩補遺、香籢集　集6-41880
韓侯釣臺記　史7-49318(11)、53223

韓魯齊三家詩字詁　經1-4814
韓魯齊三家詩考　經1-4633
韓魯人晴窗隨筆四書講義(大學講義、中庸講義)　經2-10784
韓綠卿秪梧桐館藏趙禮原古泉搨本、題跋　史8-64865
30 韓安人詩　集2-8079
韓安人遺詩　集2-8080
韓安人遺詩(韓安人詩)　集2-8085
韓宗何氏重修家乘[江蘇常州]　史4-28249
31 韓江櫂歌　集4-25321
韓江雅集　集6-44218
34 韓淩霄瘟疹要編　子2-6958
36 韓湘子度恩寶卷　集7-54253
韓湘子上壽一段　集7-51445
韓湘子得道全傳　集7-53758
韓湘子寶卷　集7-54252
韓湘子九度文公道情　集7-52585
韓湘巖先生(錫胙)年譜　史2-11865
韓湘寶卷(藍關寶卷)　集7-54251
韓湘南遺文　集5-36072
韓湘南遺稿　集5-36071
韓邊外志　史7-49973　叢2-2186
37 韓祖成僊寶傳(元陽寶傳、韓祖成僊)　集7-54255
韓祖成僊寶傳(湘子全傳)　集7-54254
韓退之文　集6-41806、42034
韓退之文、補遺　集1-1300
韓退之文鈔　集6-41794
韓退之集選　集6-41709、41712
38 韓遊日記　史7-54115
40 韓大司空傳署　史2-6201、8885
韓大司空分家券　史2-6201
韓大中丞奏議　史6-48831
韓內翰香奩集　集1-1705,6-41878
韓內翰別集　集1-1704　叢1-223(50)
韓內翰別集(韓翰林詩別集)　集1-1692
韓內翰別集、補遺　集1-1693,6-41735
韓南溪四種　叢1-472
43 韓城縣續志[康熙]　史8-62771
韓城縣續志[嘉慶]　史8-62773
韓城縣續志[民國]　史8-62774
韓城縣鄉土志[光緒]　史8-62775
韓城縣志[萬曆]　史8-62770
韓城縣志[乾隆]　史8-62772
44 韓范兩集合刻　集6-42037
韓蕈山房試帖　集5-35534
韓苑洛集　集2-7794
韓苑洛全集(苑洛集)　集2-7793
韓芹城先生鄉墨、傳署　集2-12829

韓慕廬稿　集3-15699～700,6-45336
韓蘇合刻　集6-41710
韓蘄王碑釋文　史8-64718
韓世忠傳　史2-7070
韓楚二溪汪氏家乘[安徽祁門]　史4-28897～8
韓楚二溪汪氏家乘[江蘇盱眙]　史4-28681
韓桂舲自訂年譜　史2-11978
47 韓胡氏行述　史2-10228
韓翃詩集　集6-41848
韓柳文　集6-42027
韓柳詩選　集6-43430
韓柳歐蘇諸大家文發明　叢2-1299
韓柳全集　集6-41733
韓柳年譜　叢1-449、456(4)
韓柳合評　集6-42028
韓柳合刻　集6-41734
48 韓翰林(偓)詩譜畧　史2-11206
韓翰林詩譜畧　叢2-2118
韓翰林詩集　集6-41878
韓翰林詩集(韓偓詩、晚唐韓偓詩)　集1-1700
韓翰林詩別集　集1-1692
韓翰林集　集1-1698
韓翰林集、補遺　叢2-829
50 韓中允集　集2-6311,6-41935(3)
韓吏部文公(愈)集年譜　史2-11013、11187　叢1-449、456(4)
韓吏部詩鈔　集1-1289,6-41884
韓忠武王祠墓志　史7-51913
韓忠武王祠墓志正編、續編、李忠定公年譜　史7-51914
韓忠獻王安陽集　集1-2073
韓忠獻王安陽集選　集6-41798
韓忠獻遺事　史1-1914　叢1-95～6,2-730(3)
韓忠獻別錄　叢1-18、19(2)、20(1)、21(2)、24(2)
韓忠獻公(琦)年譜　史2-11009
韓忠獻公遺事　史2-8644　叢1-2～3、6,2-691(2)、731(62)
韓忠獻公遺事、補遺　史2-8645　叢2-833
韓忠獻公別傳—附宋王巖叟編韓魏公別傳　史2-8646
韓忠獻公別錄　史2-8643　叢1-34
韓忠定公(文)墓誌銘　史2-8880
韓忠定公集　史2-8881　集2-7086～7
韓奉議鸚歌傳　叢1-29(7)
60 韓國條約　史6-44041
韓國沿革史　子7-36347
韓晏合編　子1-57

韓呂弌腴　子4-19663　叢2-1191
韓昌黎文選　集1-1320、1322,6-41689
韓昌黎詩集　集1-1276,6-41861
韓昌黎詩集編年箋註　集1-1288
韓昌黎集　集1-1295　叢2-1443
韓昌黎集評註　集1-1318
韓昌黎集選　集6-41734
韓昌黎先生詩鈔　集1-1291
韓昌黎先生全集、外集、補集、朱子校昌黎先生集傳　集1-1265
韓昌黎尺牘　集1-1351
72 韓隱廬詩鈔　集5-38938
韓隱廬詩鈔、補遺　集5-38939
韓氏讀有用書齋書目　史8-65800
韓氏族譜　史5-40331、40392、40395
韓氏族譜[廣東平遠]　史5-40389
韓氏族譜[廣東博羅]　史5-40390
韓氏族譜[山東歷城]　史5-40383
韓氏族譜[安徽潛山]　史5-40365
韓氏族譜[江西萬載]　史5-40379～80
韓氏族譜[江蘇泰州]　史5-40342
韓氏族譜[河北保定]　史5-40332
韓氏族譜正編　史5-40394
韓氏三禮圖說　經1-6221　叢2-630
韓氏舌苔圖說　子2-6266
韓氏山水純全集　子3-15891　叢1-282(2)、283(2),2-731(35)
韓氏續修家乘[江蘇宜興]　史5-40349
韓氏家乘[江蘇金壇]　史5-40347
韓氏宗譜[山西汾陽]　史5-40337～8
韓氏宗譜[安徽歙縣]　史5-40366
韓氏宗譜[江蘇武進]　史5-40346
韓氏宗譜[江蘇鎮江]　史5-40344
韓氏宗譜[湖北武漢]　史5-40384
韓氏源流[安徽歙縣]　史5-40367
韓氏叢抄□□種　叢1-145
韓氏遺書　集1-4930
韓氏南渡支譜[湖南]　史5-40385
韓氏支譜[湖南湘潭]　史5-40386
韓氏世譜　史5-40393
韓氏世譜[江西萬載]　史5-40378
韓氏醫課　子2-4738
韓氏醫案　子2-10936
韓氏醫通　子2-4625、4727、4771(3)、4838
韓氏醫書六種　子2-4736
韓氏榮公支譜[江西萬載]　史5-40381
77 韓朋十義記　集7-50128～9
韓門綴學、續編　叢2-969～70、1453
韓門綴學、續編、談書錄　子4-22533
80 韓愈文鈔　集1-1299

韓愈詩　集1-1278,6-41772
韓愈詩(退之詩選)　集1-1279
88 韓筆酌蠡　集1-1337
韓節愍公遺稿　集2-11210〜1
韓節愍公月峯集　集2-11209
97 韓煥先祠主譜[江西宜春]　史5-40376
韓煥先祠丁享譜[江西宜春]　史5-40377

4446₀ 姑

00 姑妄言　子4-24222　叢2-1373
姑妄聽之　子5-27106　叢2-735(1)、736
姑妄存之詩鈔　集5-36400
05 姑孰張氏宗譜[安徽當塗]　史5-35129
姑孰陳氏宗譜[安徽蕪湖]　史4-33158
07 姑誦草堂遺稿　集4-29004
14 姑聽軒詞　叢2-885
22 姑山集　集2-12546
姑山續集　集2-12547
姑山遺集　集2-12548
姑山陶氏宗譜[安徽宣州]　史5-33498
24 姑射山房存稿　集4-22075
姑射山人集　集3-15887
姑射山人吟稿　集2-9911
32 姑溪詩集　集6-41894(1)
姑溪詞　集7-46356〜7、46380、46382、46427、
46473〜4　叢1-223(72),2-698(13)、720(2)
姑溪集　集1-2756,6-41904
姑溪題跋　子3-14915　叢1-169(4),2-
731(34)、782(2)
姑溪居士文集　集1-2749、2753
姑溪居士文集(姑溪居士前集)、後集　集1-
2750
姑溪居士文集、後集　集1-2754　叢1-456
(7),2-731(39)
姑溪居士文集、後集、校勘記　集1-2751
姑溪居士詩集　集1-2757
姑溪居士集　集6-41895
姑溪居士後集　集1-2752
姑溪居士前集、後集　叢1-223(52)
40 姑存集　集4-27159
姑女自歎　集7-50821
43 姑娘二十四彪　集7-50951
姑娘二十四標一套　集7-50950
姑娘要陪送一套　集7-50952
姑娘看瓜園(審青羊案)　集7-53153
姑娘借油一段　集7-51438
姑娘洗澡(郝長青巧成姻緣)　集7-50915

姑娘十二漂一枝　集7-51010
姑娘十八忙一段　集7-51440
姑娘十錯九不該　集7-53156
姑娘去拔白　集7-53155
姑娘勸夫郎一段　集7-51436
姑娘打鞦韆一枝　集7-51009
姑娘剌大煙一段　集7-51439
姑娘喇大煙(雙婚配)　集7-53154
44 姑蘇雜詠　集2-6239,6-44469
姑蘇雜詠合刻　集6-44469
姑蘇新刻彤管遺編前集、後集、續集、集、別
集　集6-42360
姑蘇采風類記　史7-49318(12)、50215
姑蘇名賢後紀　史2-7862　叢2-645
姑蘇名賢續記　叢2-644
姑蘇名賢續紀　史2-7861
姑蘇名賢小記　子4-22527　叢1-463〜4
姑蘇名賢小紀　史2-7859
姑蘇名賢小紀、續紀　史2-7860
姑蘇襍詠　集2-6215〜6,6-44469
姑蘇臺　集7-53581
姑蘇志[正德]　史7-56946　叢1-223(23)
姑蘇楊柳枝詞　集6-44156
姑蘇楊柳枝詞、補、補註　集6-44157
姑蘇楊柳枝詞、補、補注　叢2-904
姑蘇竹枝詞　史7-50211　叢2-1805
姑蘇竹枝詞、續　集4-30991
姑蘇筆記　叢1-19(9)、20(7)、21(8)、22(4)、
23(4)、24(9)、374
47 姑嫂談情　集7-53159
姑嫂雙修寶卷(雙星臨凡姑嫂雙修、姑嫂同
修)　集7-54336
姑嫂倆紡線　集7-53158
姑嫂盤答雷公報　集7-50750
姑嫂逛萬壽寺　集7-53157
53 姑威郭氏詩草　集4-25242
77 姑留稿　叢2-1692

茹

10 茹雪山詩鈔　集6-42020
茹雪吟草　集4-22404
21 茹經堂文集六編　集5-40138
茹經堂文集初編、二編、三編、四編、五編
集5-40137
茹經堂奏疏　史6-49196
30 茹實齋藏書目錄　史8-65913
40 茹古齋文鈔　集4-27519

茹古齋碑帖目錄　史8-64741
茹古齋集　集4-27518
茹古齋稿　集4-22205
茹古齋叢書十三種　叢2-748
茹古香大司馬詩集　集4-23860
茹古集(茹古集賦選)　集4-28203
茹古山房詩集、讀史餘吟、課徒賦筆、駢體
　文　集5-34605
茹古署集　子5-25750
茹古閣集　集3-20134
茹古堂文集　集4-30326
茹古堂集　集4-24232
44 茹芝山館詩鈔　集4-32116
茹芝山館詩鈔、試帖　集4-32117
茹草編　子2-5886　叢1-86,2-730(7)
茹草紀事　叢1-22(17)、23(17)
茹茶軒文集　集5-39080～1
茹茶軒文續集　集5-39083
茹茶百詠　集3-20265
茹茶軒文集　集5-39082
茹藥閒房詩存　集4-23506
茹藥齋詩稿　集4-30821
72 茹氏經學十二種　經1-85
茹氏家譜[浙江紹興]　史4-30691
91 茹煙吐緞　子3-16411

4446₁ 嬉

88 嬉笑怒罵　子5-27878

4446₄ 婼

80 婼羌縣鄉土志[宣統]　史8-63434
婼羌縣鄉土志圖[宣統]　史8-63433

4448₁ 薿

44 薿薿室詩稿　集5-39854

4449₃ 蓀

20 蓀香詩草　集6-41978

28 蓀谿集　集3-18060
37 蓀湖山房詩草　集5-34597
44 蓀花室雜抄　史2-7941
60 蓀田里村程氏本宗譜[安徽休寧]　史5-
　36114
90 蓀堂集　集2-10322

4450₂ 摹

00 摹廬金石記　叢2-921
摹廬金石經眼錄　史8-63763　叢2-921
40 摹古印存　子3-17212
77 摹印要訣　子3-16802
摹印千字文　子3-16885
摹印傳燈　子3-16866　叢1-469、495、586
　(3),2-716(3)
摹印祕論　子3-16815
摹印述　子3-16861　叢1-514,2-653(2)、
　1833
摹印篆分韻、總字、偏旁假借通用書法備查
　子3-16863

攀

40 攀古廎彝器款識　史8-64207～8
攀古廎款識目　史8-64328～9
攀古廎金文目　史8-64330
攀古小廬文　集4-29892～3
攀古小廬文、補遺　集4-29894
攀古小廬雜著　史8-63670～1　集4-
　29895～6
攀古小廬詩稿　集4-29890
攀古小廬瓦當文字　史8-65207
攀古小廬經韻　經2-14188、14536
攀古小廬遺著　集4-29889
攀古小廬尺牘　集4-29897
攀古小廬金文集釋　史8-64193
攀古小廬鏡銘　史8-64279
44 攀桂書屋隨筆　子5-26586、27284
54 攀轅紀署(百齡)　史2-9589
77 攀輿去思錄　史2-9061

4450₃ 華

41 華梧軒文集　叢2-2178

4450₄ 華

00 華亭唐氏族譜[上海松江]　史4-32488
　華亭詩鈔　集5-33882
　華亭二家詩詞　集6-44532
　華亭百詠　史7-50062　集1-3803　叢1-223(56)
　華亭鄉土志[民國]　史7-56473
　華亭顧氏宗譜[上海松江]　史5-41352～3
　華亭海塘紀畧　史6-46796
　華亭董氏玄賞齋書目　史8-65606
　華亭莫葭士先生遺稿二種(傍秋庵文集、采隱草詩集)　集2-12191
　華亭縣十保張八圖方單册　史6-45433
　華亭縣志[正德]　史7-56469
　華亭縣志[順治]　史8-63194
　華亭縣志[嘉慶]　史8-63195
　華亭縣志[乾隆]　史7-56470
　華亭縣志[民國]　史8-63196
　華亭縣志[光緒]　史7-56471
　華亭臥子說書文箋　經2-10563
　華亭賸稿　集5-33881
　華亭節孝家傳　史2-7768
　華亭節孝錄　史2-7769
　華齋詩鈔、叢錄　集4-33404
　華庭詩鈔　叢1-477
01 華語考源　子7-36229
　華語考原　子7-36735
10 華夏樓文集續編　集5-38333
　華夏人文地誌彙　史7-49382
　華平山人詩鈔　集4-26124
　華不注山房文　集4-23726～7
　華不注山房詩　集4-23725
11 華頂和尚山堂舊稿　集3-13135
12 華延儀(之鴻)行述　史2-10935
　華延年室題跋、殘明大統曆、殘明宰輔表　史8-65381
13 華琯山房詩集　集3-15833
17 華孟達詩稿　集2-11645
　華胥語業　集7-48547
　華胥放言、甬上詩話、戊集　集3-15859
　華胥赤子遺集六種　叢2-2120
　華胥赤子奏章　史6-49045
　華胥吟草　集5-38729
　華胥公詩集　集6-45056
　華聚陀羅尼咒經　子6-32089(12)
　華豫庵集　集5-38331

　華豫菴先生集　集2-8793
　華及堂視昔編　集6-44193
20 華黍齋集印　子3-17232
　華黍莊詩集、補遺、詩餘　集3-16182
　華黍莊詩稿　集3-16181
　華黍莊詩後集、續集　集3-16183
　華黍樓詩稿、索笑簃詩稿、紫芝山館詩稿、賜詩樓詩稿、清崤堂詩稿　集3-16026
　華番貿易言語通曉　經2-15045
21 華比部集　集2-9684,6-41935(2)
　華師道先生文集　集3-19507
22 華川李氏族譜[浙江義烏]　史4-27226
　華川卮辭　叢1-22(20)、61～4,2-731(8)
　華川卮辭　子4-20279　叢1-174、195(2)、2-730(4)、857、859
　華制存考　史6-48045
　華僑革命史　史1-4333　叢2-2242
　華嵩遊草　史7-53088
　華嶽志　史7-52668、52670
　華嶽圖經　史7-52671
　華嶽圖經、校勘記　史7-52672
　華嶽全集　史7-52664～6
　華巖備志(華巖寺志)、石林卽景　史7-51713
　華峯文鈔　集5-39365～6
　華峯 施氏重修宗譜[浙江金華]　史4-30899
　華峯施氏宗譜[浙江金華]　史4-30897～8、30900～1
　華峯夏氏宗譜[浙江龍游]　史4-31680～1
　華峯集　集4-22546
　華峯山志　史7-52604
　華峯漫稿　集1-5410
　華岩室說易　經1-2099
　華嶠後漢書　史1-27、327
　華嶠後漢書注　叢2-771(3)
　華山廟碑　史8-63519、64585
　華山記　史7-52661　叢1-19(2)、21(2)、24(3)
　華山三記　叢1-119～20
　華山經　史7-49318(4)、52667　叢1-197(3),2-829
　華山遊草　集5-33904
　華山志概　史7-49318(4)、52669
　華山書　史7-52299
　華繼昌(伯棠)行述　史2-10658
23 華允誠奏稿　史6-48547
　華佗師喉科灰餘集　子2-7478
　華佗外科十法　子2-7714
　華佗危急漫痧法　子2-7059
　華佗良方　子2-10076

華佗内照（華佗内照法、内照法）　子2-5931

24　華先生中藏經　子2-4564、4568
　　華先生中藏經（中藏經）　子2-4785
　　華德公司勘辦山東五處礦務局公司合同　史6-47464
　　華牆潘氏宗譜[浙江浦江]　史5-39808～10

25　華積樓閣陀羅尼經　子6-32083(29)
　　華積陀羅尼神咒　子6-32083(10)、32086(15)
　　華積陀羅尼神咒經　子6-32081(14)、32085(14)、32088(10)、32089(12)、32090(15)、32091(13)、32092(10)

26　華泉詩集　集2-7657
　　華泉集　集2-7665　叢1-223(65)
　　華泉先生集選　集2-7662,6-41951　叢2-948、1336
　　華泉先生集選、邊仲子詩　集2-7661

27　華嶼嚶鳴　集6-41964

30　華安縣志[民國]　史8-58392
　　華字原　經2-13570
　　華容道　集7-52994
　　華容道一段　集7-51454
　　華容范氏支譜[湖南華容]　史4-29485
　　華容縣志[康熙]　史8-60528
　　華容縣志[乾隆]　史8-60529
　　華容縣志[光緒]　史8-60530

31　華潭居士詩稿　集5-37605

32　華州鄉土志　史7-54921
　　華州鄉土志[光緒]　史8-62780
　　華州志　史7-54919
　　華州志[乾隆]　史8-62778
　　華州志[隆慶]　史8-62776
　　華溪西朱朱氏宗譜[浙江永康]　史4-26552
　　華溪孫氏家乘[浙江永康]　史5-33623
　　華溪武平李氏宗譜[浙江永康]　史4-27220～5
　　華溪虞氏宗譜[浙江義烏]　史5-37210～5
　　華溪草堂集　集4-24178,6-45079
　　華溪中心盛氏續修宗譜[浙江義烏]　史5-34293
　　華溪義豐鄉三門郎氏宗譜[浙江永康]　史4-30280

33　華浣芳詩文　集3-17530

34　華汝立詩　集2-11954,6-41943

35　華禮部集　集2-10331

37　華潤民行畧　史2-10343
　　華潔館詩文鈔（華潔館雜著）　集5-38976
　　華祖外症十方　子2-4683
　　華祖灰餘集　子2-4732,7716

38　華洋訴訟審判機關及上海會審公廨之組織報告書　史6-46029
　　華洋戰書　叢1-548
　　華海堂詩　集3-20934
　　華裕公司擇辦邵建汀煤礦合同　史6-47457

40　華太君紀畧　史2-9624
　　華南先德述　叢2-1412

41　華坪李氏三修族譜[湖南長沙]　史4-27441

43　華榕外集、西湖行吟、牡騑剩語、羊角逸言　集2-12561

44　華封三祝　集7-49708
　　華封祝氏宗譜[浙江龍游]　史4-31110
　　華封嫡派八戸吳譜[重慶銅梁]　史4-28195
　　華蓋山浮丘王郭三真君事實　史2-8164～5　子5-29530(16)
　　華蓋山浮邱王郭三真君事實　子5-29535(7)、29536(7)
　　華蓋山志　史7-52369
　　華蕚館詩草　集3-18783
　　華蕚堂詩文集　集4-29381
　　華芳集　集3-19004
　　華藏室詩鈔　集4-31129
　　華蕊樓遺稿　集5-40920
　　華英讞案定章考　子7-38064
　　華英通商吉書（光緒二十九年）　子7-36868
　　華英通商事畧　子7-36228(6)、36243、36246、37312　叢2-1974
　　華芸谷氏遺著　集4-33539
　　華林莊詩集　集3-18970
　　華林胡氏續修族譜[湖南]　史4-30595
　　華林胡氏宗譜[湖南]　史4-30596

50　華事夷言　史7-49318(21)、54302
　　華夷譯語　經2-14959～61、14963　叢1-50～1、55、2-674
　　華夷譯語、高昌館來文、譯文備覽　經2-14962
　　華夷譯語新增　經2-14964
　　華夷百物考　子4-19123
　　華夷花木鳥獸珍玩考　子4-19121～2
　　華夷風土志　史7-54267　叢1-114(2)
　　華婁光宣志剩稿拾補[民國]　史7-56477
　　華表柱延陵掛劍　集7-49397、49417

53　華盛頓　子7-36469
　　華盛頓傳　史2-9546　子7-36468

54　華拱鄭氏宗譜[浙江麗水]　史5-38705

60　華國編文選　集6-43042
　　華國編賦選　集6-42624

華見田暨朱氏行述、華潤民行畧　史2-10343

華邑游民勸工所稟定章程　史6-44664

62 華影吹笙室詞　集7-48394

華影吹笙閣遺稿　集4-30655

華縣縣志稿[民國]　史8-62781

66 華嚴玄談　子6-32091(65)

華嚴一乘(千)[十]玄門　子7-33307

華嚴一乘十玄門　子7-33343

華嚴一乘十玄門、華嚴五十要問答　子7-33883

華嚴一乘教義分齊章　子6-32088(42)、32089(50)、32090(64)、32091(62)、32092(41)、32093(50),7-33343、33805

華嚴一乘分齊章復古記　子7-33807

華嚴一乘分齊章義苑疏　子7-33806

華嚴三昧章　子7-33803

華嚴五(千)[十]要問答　子6-32093(22),7-33306

華嚴五十要問答　子7-33343

華嚴聖可禪師語錄　子6-32091(78)

華嚴徑遺草　集2-10168

華嚴行願品　子6-32091(65)

華嚴經音義　子6-32089(51),7-34813

華嚴經音義敍錄　子7-34811

華嚴經疏科　子6-32088(42)

華嚴經旨歸　子6-32090(64)、32091(62)、32092(40)、32093(50),7-33343、33886

華嚴經旨歸、修華嚴奧旨妄盡還源觀、華嚴經義海百門　子7-33888

華嚴經旨歸、華嚴還原觀、華嚴經義海百門　子7-33887

華嚴經旨歸等三種　子7-33889

華嚴經傳記　子7-33310

華嚴經心陀羅尼　子6-32093(34)

華嚴經法界觀　子7-33873

華嚴經內章門等雜孔目　子7-33793

華嚴經指歸　子6-32088(42)

華嚴經探玄記畧科　子7-33309

華嚴經畧策　子7-33073

華嚴經品會大義　子7-33903

華嚴經明法品內立三寶章　子6-32088(42)、32090(64)、32091(62)、32092(41)、32093(50),7-33343、33795

華嚴經明法品內立三寶章、華嚴法界玄鏡　子7-33794

華嚴經隨疏演義鈔　子6-32084(32),7-33328

華嚴經義海百門　子7-33343、33884

華嚴色相錄　子5-26676　叢2-683

華嚴緣起章　子7-33343

華嚴綸貫　子7-32387~9

華嚴流轉章　子7-33343

華嚴宗佛祖傳　史2-6826

華嚴宗七祖　子6-32091(65)

華嚴法界玄鏡　子6-32088(42)、32090(64)、32091(62)、32092(41)、32093(50),7-33343、33876

華嚴法界玄鏡、注華嚴法界觀門　子7-33877

華嚴法界觀、華嚴金師子章、華嚴奧旨　子7-33872

華嚴法界觀門　子6-32089(50)

華嚴十明論　子6-32092(41)

華嚴大經處會品目總要之圖　子7-32099

華嚴大經處會品目卷帙總要之圖　子7-32391

華嚴七字經題法界觀三十門頌　子6-32089(52)、32090(67)、32091(65)、32093(50),7-33880

華嚴起宗真禪師語錄　子6-32091(82)

華嚴指歸　子6-32089(50)

華嚴感應緣起傳、首圖　子7-34684

華嚴懸談會玄記　子6-32089(51)、32090(65)、32091(63)、32093(47),7-33342

華嚴懸談會本　子6-32092(42)

華嚴原人論　子6-32093(50),7-33891

華嚴原人論、華嚴原人論解　子6-32089(52)、32090(66)、32091(64)

華嚴原人論解　子6-32092(42)、32093(50),7-33893

華嚴原人論合解　子7-33894

華嚴隨疏演義鈔　子6-32089(50)

華嚴金師子章　子6-32092(41),7-33802

華嚴金師子章解　子7-33343、33804

華嚴念佛三昧論　子7-33907

華嚴念佛三昧論　子7-33072

華嚴普賢行願品別行疏鈔會本　子6-32092(42)

華嚴普賢行願懺儀　子7-32386、32391、35000

華嚴會本懸談會玄記　子6-32092(42)

華嚴頌　子6-32091(77)

華嚴小懺　子7-33384

67 華墅章氏支譜[江蘇江陰]　史5-34513

華野郭公(琇)年譜　史2-11761,6-48679

華野郭公年譜、贈言、祭章、輓章、備員條畧　史2-11762

華野疏稿　史6-48680~1　集3-15774　叢1-223(21)

華野疏稿、備員條畧(華野疏稿)　史6-48682

華鄂堂文鈔　史2-12309

華鄂堂詩稿、研山十詠　集3-17159

68 華吟梅女俠悼詞續刊　史2-10993

70 華陔吟館詩鈔　集4-26463

71 華夏周氏纂修族譜[湖南湘鄉]　史4-30188

華原書院志　子1-2430　叢2-1643

華原風土詞、邰陽雜詠　史7-51155　叢2-829

華原風土詞一百首　集7-48057

72 華隱籠、圃花小說、白雲處士傳、花曆、牡丹志、梅花志　子4-19164

華髮述異　子4-23592

華氏文獻表[江蘇無錫]　史4-31441

華氏音學　經2-14519

華氏新論　子1-530～1　叢2-774(9)、775(4)

華氏西房支譜[江蘇無錫]　史4-31422

華氏山桂公支宗譜[江蘇無錫]　史4-31426

華氏先賢象記[江蘇無錫]　史4-31431

華氏傳芳集　史4-31434、31437

華氏傳芳集[江蘇無錫]　史4-31416

華氏白齋三房廷瑞公派支譜[江蘇無錫]　史4-31443

華氏紀畧[江蘇無錫]　史4-31417

華氏家集八種　集6-45091

華氏宗譜[江蘇無錫]　史4-31418、31421、31425、31437

華氏宗譜[浙江定海]　史4-31448

華氏宗譜[浙江鎮海]　史4-31449

華氏宗譜[湖北陽新]　史4-31454

華氏潭子頭門樓下支譜[江蘇無錫]　史4-31424

華氏溯源編[江蘇無錫]　史4-31420

華氏祠墓始末　史7-51911

華氏祠墓圖考畧　史7-51910

華氏祠墓圖考畧[江蘇無錫]　史4-31440

華氏通十支宗譜[江蘇無錫]　史4-31442

華氏通九支文獻考　史4-31428、31434

華氏通九支宗譜[江蘇無錫]　史4-31428、31434

華氏通四謝蕩公俤公支宗譜[江蘇無錫]　史4-31433

華氏通四三省公支傳芳集　史4-31430

華氏通四三省公支宗譜[江蘇無錫]　史4-31430、31439

華氏通四樂農公支宗譜[江蘇無錫]　史4-31436

華氏通四之省公支文獻考　史4-31430

華氏通四南塘子所公支宗譜[江蘇無錫]

史4-31438

華氏通八支宗譜[江蘇無錫]　史4-31419

華氏通八奇二宗譜[江蘇無錫]　史4-31427

華氏奇一支宗譜[江蘇無錫]　史4-31429

華氏世系原本[江蘇無錫]　史4-31423

華氏黃楊集　集1-5679、6-41935(3)

華氏中西算學全書　子7-37488

華氏中藏經　叢1-265(3)、303～5、2-731(28)

華氏中藏經(中藏經)　子2-4786

華氏折鬚稿　集6-41934

華氏晴雲派天津支宗譜[天津]　史4-31414

華氏醫方滙編　子2-9877

華氏義莊事畧　史6-44738

華氏義田記　史6-44739

華岳神女記　叢1-168(3)

華岳圖經、校勘記　叢2-1774

76 華陽石板灘廖氏族譜[四川雙流]　史5-38567

華陽邵氏統宗譜[安徽績溪]　史4-29256～7

華陽邵氏宗譜[安徽績溪]　史4-29258

華陽集　史5-41408　集1-1148、2236～7、3130～1、6-41904　叢1-223(51、53)、230(4)、2-637(3)、731(39)

華陽集、目錄　叢1-223(48)

華陽稿　集2-7611

華陽貞素齋文集　集1-5628

華陽貞素齋文集、北莊遺稿、可菴搜枯集　集1-5622

華陽貞素齋集文集　集1-5625

華陽山房詩草二集　集4-28005

華陽山房詩鈔　集4-28004

華陽編　集2-10058

華陽寧氏族譜[四川成都]　史5-38783

華陽宮記事　叢1-156

華陽宮紀事　史7-51514　叢1-195(7)

華陽洞主集(惟心集)　集2-12917

華陽洞藁　集2-9322

華陽真逸詩　集6-41739、41741、41824

華陽真逸詩(華陽真逸詩集)　集1-1150

華陽博議　子4-20688　叢2-653(3)、1163

華陽范氏家譜[四川成都]　史4-29489

華陽觀主王先生碑　史8-63501、64703

華陽散稿　集3-18812　叢2-617(4)、720(3)

華陽國志　史1-2291～4　叢1-19(3)、21(5)、24(4)、74～7、90～1、223(22)、282(1)、283(1)、2-635(3)、730(5)、731(58)

華陽國志、補三州郡縣目錄　史1-2297

華陽國志、補三州郡縣目錄、校勘記　史1-2298

華陽國志、補華陽國志三州郡縣目錄　叢2-698(4)

華陽國志、補華陽國志三州郡縣目錄、校勘記　叢2-628

華陽國志佚文、補遺　史1-2295　叢2-777

華陽國志校勘記　史1-2299　叢2-1792～3

華陽國志巴郡士女逸文　史2-8293　叢2-2116、2118

華陽縣志[嘉慶]　史8-61681

華陽縣志[民國]　史8-61682

華陽長短句　集7-46532

華陽隱居真誥　子5-31894

華陽陶隱居(弘景)内傳　史2-8532

華陽陶隱居集　子5-29530(20)　叢1-265(4)、272(5)、540～3、547(4)

華陽陶隱居集(陶貞白集、梁貞白先生陶隱居集)　集1-530

華陽陶隱居傳　叢1-82

華陽陶隱居内傳　子5-29530(6)　叢1-540～3、547(3)

華陽金仙證論　子2-5238,5-29552、31383～5

華陽金仙證論、仙佛真傳南解　子5-31387

華陽館文集、續集　集2-9415

華陽館詩集　集2-9413

華陽館詩集、文集、附錄　集2-9412

華陽館草　集2-12954

華陽舒氏統宗譜[安徽績溪]　史5-36321

77 華屋曲　集7-50665

華學士集　集2-8436,6-41935(2)

78 華陰偶抄　子4-24374

華陰縣續志[民國]　史8-62769

華陰縣志[萬曆]　史8-62767

華陰縣志[乾隆]　史8-62768

80 華俞氏支譜[江蘇無錫]　史4-30773

華首經　子6-32083(11)

華谷集　集1-4615,6-41744～6、41889、41893、41894(3)、41895、41897～8、41904、41912、41923、44794

87 華銀山志　史7-52636

華鄭堂文鈔　集5-36295

88 華笑廎雜筆　叢2-1740～2

華笑廎詞　叢1-346

華笑廎襍筆　叢1-346

90 華光梅譜　子3-14692、15858～9、16286

99 華鏊山樵詩鈔　集4-29098～9

4450₆ 萈

77 萈門雜著　集3-21857

葦

16 葦碧軒詩集　集1-3866、3869,6-41779～80、41908

葦碧軒詩鈔　集1-3867,6-41900

葦碧軒集　集6-41891、44739

葦碧軒集、補遺　集1-3868,6-41909

葦碧軒集補遺　集6-41891

葦碧軒集補鈔　集1-3870,6-41901

20 葦航紀談　叢1-10、17、19(4)、20(2)、21(3)、22(3)、23(3)、24(4)、29(6)、157

葦航紀談、外三種　子5-26304

葦航漫遊稿　集1-4301　叢1-223(57)

31 葦江詩鈔、補遺　集4-24763

35 葦連換笱鷄　集7-52504

40 葦杭子詩　集1-4810

葦杭集　子2-4931

44 葦菴稿　集1-5568,2-12979

49 葦梢吟　集3-21269

77 葦間詩集　集3-14881　叢1-373(6)

葦間詩稿　集3-14879　叢2-610

葦間老人題畫集　子3-16175　叢2-807

葷

44 葷菜名一枝　集7-51762

革

10 革雷得志罟　史7-49318(22)、54851

27 革象新書　子3-11298～300、11302　叢2-857

革象新書(重修革象新書)　子3-11301

40 革喪葬禮約　叢2-1110

47 革朝遺忠錄　史2-7293

革朝志　史1-2747

50 革書　史1-2746

78 革除建文皇帝紀　史1-2753　叢1-397,2-
　617(4)
　革除編年　史1-2750
　革除遺事　史1-2748～9　叢1-22(21)、46、
　50～2
　革除遺事錄　叢1-55
　革除遺事節本　叢1-269(3)、270(2)、2-881
　革除逸史　史1-2751　叢1-223(20)、272
　(3)
80 革命紀聞　叢2-1280
　革命軍　集5-41636
　革命駁議　子4-22053
　革命黨小傳　史2-7527
88 革節卮言　子3-11596

4452₁ 蘄

12 蘄水雨河畢氏六修族譜[湖北蘄水]　史4-
　31541
　蘄水班竹山王氏宗譜[湖北浠水]　史4-
　25404
　蘄水湯先生遺念錄　集5-41131
　蘄水縣續志[康熙]　史8-60244
　蘄水縣志[順治]　史8-60243
　蘄水縣志[嘉靖]　史8-60242
　蘄水縣志[乾隆]　史8-60245
　蘄水縣志[光緒]　史8-60246
25 蘄生必讀　子2-11079
32 蘄州志[康熙]　史8-60248
　蘄州志[嘉靖]　史8-60247
　蘄州志[乾隆]　史8-60249
　蘄州志[咸豐]　史8-60250
　蘄州志[光緒]　史8-60251
76 蘄陽程氏宗譜[湖北蘄春]　史5-36177

4452₇ 勒

00 勒文襄公奏議　史6-48780
10 勒元俠遺詩　集5-38530
27 勒凱編　集6-45428

蘜

22 蘜山集　集6-41956、45115
90 蘜堂野史　史1-4383　叢1-22(7)、23(6)

4453₀ 芙

20 芙航詩� 集3-18758～9
　芙航集　集2-11607,6-45128
25 芙生詩鈔　集6-42007(2)
29 芙秋館詩草　集5-36925
43 芙城錄　子1-1492
44 芙蓉亭　集7-51121
　芙蓉亭詩鈔　集5-35317
　芙蓉誄二集　集7-52184
　芙蓉記　集7-50087
　芙蓉詞　集7-46405,47056
　芙蓉碣傳奇　集5-34945,7-50411
　芙蓉嶂諸山記　史7-49318(7)、52384
　芙蓉集　集3-14225
　芙蓉山館文鈔　集4-23641、23644
　芙蓉山館文鈔續刻　集4-23642
　芙蓉山館詩　集4-23631
　芙蓉山館詩稿、詞稿　集4-23632、23635
　芙蓉山館詩鈔　集4-23636,5-34632
　芙蓉山館詩鈔、詩補鈔、詞鈔、文鈔　集4-
　23629
　芙蓉山館詩鈔續刻　集4-23637
　芙蓉山館詞鈔、拗蓮詞集溫庭筠詩、移箏語
　集7-47296
　芙蓉山館師友尺牘　集6-45195
　芙蓉山館自訂年譜　史2-11966
　芙蓉山館尺牘　集4-23645～7,6-45195
　芙蓉山館全集(芙蓉山館詩鈔、詩補鈔、詞
　鈔、詞附鈔、文鈔、附錄)　集4-23630
　芙蓉秋水詞　集7-47871
　芙蓉江上草堂詩稿　集5-36836～8
　芙蓉池館詩草　集4-26412
　芙蓉湖修隄錄　史6-46782～3
　芙蓉湖櫂歌　史7-50187　集4-22474
　芙蓉城　集7-49647
　芙蓉城四種書　子4-19491
　芙蓉莊紅豆錄　史7-53297　叢1-584
　芙蓉樓傳奇　集7-50183
　芙蓉吟館詩鈔　集4-27771
　芙蓉鏡卮言一集、二集、三集、四集　子5-
　27055
　芙蓉劍　集7-53752
　芙蓉館文集、文外集　集5-34815
　芙蓉館文鈔　集5-34816
　芙蓉館文鈔、詩鈔、隨筆　集5-34812
　芙蓉館詩文鈔　集4-23643

芙蓉館詩鈔　集5-34813~4
芙蓉館詩鈔、文鈔、隨筆　集5-34811
芙村文鈔　集4-26624　叢1-462,2-1703
芙村學吟　集4-26625　叢2-1703

英

00 英文話規　經2-15090
　英文不規則動字分類表　叢2-2269
　英文鐵路釋名　史6-44351
01 英語集全　經2-15046
　英語注解　子7-36782
　英語指南　子7-36781
10 英石硯山圖記　子4-18759
　英雲夢傳　子5-28462
12 英水師律例　子7-36231(6)、36248
　英水師考　子7-36242(3)、36248、36250
18 英政概　史7-49318(19)、54822　子7-
　　36250
　英政概、法政概　子7-36249
22 英例全書　子7-36635
　英山石鼓林王氏族譜[福建柘榮]　史4-
　　25320
　英山縣通志[康熙]　史8-60235
　英山縣志[康熙]　史8-60236
　英山縣志[道光]　史8-60238~9
　英山縣志[乾隆]　史8-60237
　英山縣志[同治]　史8-60240
　英山縣志[民國]　史8-60241
　英山周氏宗譜[浙江永康]　史4-30021
　英山周氏孝義常房譜[浙江永康]　史4-
　　30022
23 英俄印度交涉書　子7-36248、36263
　英俄印度交涉書、續編　子7-36228(5)、
　　36231(2)、36239、36828
24 英德鄉土志[民國]　史8-60859
　英德縣續志[民國]　史8-60858
　英德縣志[道光]　史8-60857
　英德縣志[乾隆]　史8-60856
　英德學制比較　子7-36744
25 英傑歸真　史1-1991　叢2-746
26 英和列傳　史2-9714
28 英倫奉旨設立農會章程　子7-37057
30 英字指南　子7-36794
　英字入門　子7-36783　叢1-496(6)
32 英溪集　集1-4336,6-41784　叢1-223(58)
34 英法兩國條款、四川教案文件　史6-45059
　英法政概　子7-36542

英法俄德四國志畧　史7-54766　子7-
　36228(5)
英法德美郵政詳細價表　史6-44385
英法美俄稅則條款　子7-37398
英法美通商條款附英國續增條約　子7-
　36873
英法美國條款　史6-45060
英法義比志譯畧　史7-54765
40 英臺記　集7-51341
　英臺祭奠　集7-52853
　英臺寶卷　集7-54508
　英志　子7-36245
　英吉利廣東入城始末　史1-3830　叢1-
　　426,2-731(68)
　英吉利記　史7-49318(21)、54815
　英吉利地圖說　史7-49318(17)、54810
　英吉利史　子7-36412~3
　英吉利夷舶入寇記　史1-3824
　英吉利夷舶入冠記　史7-54829
　英吉利國志畧　史7-49318(19)、54821
　英吉利國夷情紀畧　史7-49318(21)、54816
　英吉利小記　史7-49318(21)、54811
　英吉沙爾直隸廳鄉土志[光緒]　史8-
　　63398
　英奇集　集7-54052
　英雄記　史2-6462　叢2-772(5)、773(5)
　英雄記鈔　史2-6461　叢1-22(9)、29(2)、
　　74~7
　英雄譜全傳　集7-54054~6
　英雄配　集7-49631、50426
　英雄俠義風月傳　子5-28357
　英雄傳　子5-26222、27544　叢1-29(3)、
　　185、249(2)、255(3)、395
　英雄修養論　叢2-2259
　英雄概傳奇　集7-50238
　英雄報　集7-49390~1
　英雄成敗　集7-48776、49231~2　叢2-672
　英雄成敗(鄭節度殘唐再創)　集7-49233
　英雄會　集7-54053
　英雄坐監(新刻哭五更)　集7-50874
43 英埃戰紀　子7-36961
44 英藩政概　史7-49318(19)、54355　子7-
　　36250、36543
　英蘭覘國記　史7-54833
　英藏交涉沿革小史　史6-45070,7-49357
　英孝子火山報仇錄　子7-38260
　英華通商事畧　子7-36829
　英杜戰爭軍事之視察　子7-36895
50 英夷說　史7-49318(21)、54813
　英夷入粵紀畧　史1-3829
　英夷入寇記　史1-3825

英夷入浙奏報彙鈔　史 6 - 47938
英夷節次丙寇紀署　史 1 - 3832
54 英持戰記　子 7 - 36457
57 英軺私記　史 7 - 54819　叢 1 - 524，2 - 731
(60)
英軺日記　史 7 - 49317 (7)、49318 (17)、
54817～8、54830
60 英國立憲沿革紀署　子 7 - 36606
英國度支考　子 7 - 37326
英國文明史　子 7 - 36415
英國論署　史 7 - 49318 (21)、54814
英國議定商約、更定寶抽稅則　子 7 - 37376
英國水師律例　子 7 - 36228 (2)、36960
英國水師考　子 7 - 36228 (3)、36959、36971
英國水師公堂傳訊福星被澳順撞沉一案供
詞　史 6 - 45075
英國水師公堂會審福星船案　史 6 - 45076
英國依丁堡大學校考要　子 7 - 36780
英國維新史　史 7 - 54832
英國行船免碰章程、德國行船免碰章程、中
國所定內港江河各船行停免碰及救護賠
償審斷五項專章　子 7 - 37406
英國制度沿革史　子 7 - 36561
英國續議通商行船條約　史 6 - 44061　子
7 - 37407
英國積金法　史 6 - 44504
英國條款　史 6 - 44055
英國條款、續增條約、通商稅則條款　史 6 -
44034、44058
英國條款、續增條約、通商稅則條款、通商
章程善後條款、欽差條款、煙臺條款　史
6 - 44035、44060
英國條款、長江通商章程　史 6 - 44064
英國名將寧耳遜　子 7 - 36502
英國督責金屬礦工程規律　子 7 - 37117
英國租威海衛專條　史 6 - 45073
英國憲法史　子 7 - 36602
英國定準軍藥書　子 7 - 37019
英國通典　子 7 - 36527
英國汽車　子 7 - 37208
英國汽車事件分說　子 7 - 37244
英國樞政法　子 7 - 36607
英國革命戰史　子 7 - 36416
英國增改航海船隻免碰章程　子 7 - 37411
英國國會史　子 7 - 36526
英國員警　子 7 - 36568
英國財政要覽　史 6 - 43207　子 7 - 37385
英國財政志　子 7 - 37320
英國印化稅章程、條　子 7 - 37396
英國鐵路章程　子 7 - 37183
英國鐵路滙考　子 7 - 37167

英國鐵路規定律　子 7 - 37182
英國鑄錢說　子 7 - 37209
英國鑄錢說署　子 7 - 37210　叢 1 - 530～1
英國當鋪取利考　史 6 - 44511
英邑傅家坊傅氏宗譜［安徽安慶］　史 5 -
36255
英果敏公(翰)列傳　史 2 - 10354
英果敏公(翰)行狀　史 2 - 10355
67 英煦齋詩　集 4 - 25917
77 英屬地志　史 7 - 49317 (6)、49318 (17)
英股地圖編號簿　史 7 - 54831
英民史記　子 7 - 36414
英歐使擬中國設局鼓鑄小銀錢節署　史 6 -
44470
英興記　子 7 - 36417
英賢傳　史 2 - 13279　叢 2 - 776
80 英人強賣雅片記　子 7 - 36854
英人楊哈思班游記　史 7 - 49356
英人楊合思班遊記　子 7 - 38019
英人梅生私藏炸藥全案　史 6 - 46255
英人戈登游記　史 7 - 49356
英人戈登遊記　子 7 - 38018
英美要例輯覽四種　子 7 - 36636
英美各國火車准攜行李磅數表　史 6 -
44348
英美日葡四約異同、英美日全約　史 6 -
45063
英公雜詩　集 6 - 41894 (1)
81 英領緬甸志　史 7 - 54705
83 英鐵路章程　子 7 - 36250
84 英鑄錢說　子 7 - 36229
英鑄錢說署　子 7 - 36258

4453₂ 萇

00 萇庵遺集　集 2 - 12763
萇言　集 2 - 11192
26 萇稗集　叢 2 - 1535

4453₄ 韃

46 韃靼考　史 1 - 1922、2643
80 韃金時蒙古考　史 1 - 1922

4454₁ 擇

00 擇庵詩稿　集3-14941～2
10 擇石齋詩注　叢1-373(6)
　　擇石齋續藏諸帖　叢2-1994

4455₁ 莽

00 莽亭詩草　集4-26446～7
　　莽亭詩鈔　集4-26448

4455₃ 莪

00 莪亭偶詠　集3-21058
27 莪怨室吟草　集5-40491
32 莪溪朱氏宗譜[浙江東陽]　史4-26591～2
44 莪慕室殘稿　集5-40492
　　莪慕室吟草(莪怨室吟草)　集5-40491
60 莪園寱語　叢1-375

4455₄ 韡

44 韡華吟舫詩鈔　集4-24596
　　韡華閣集古錄跋尾　史8-63515、64256
60 韡園歲計錄(清同治四年至五年、七年、九
　　　年至十年,光緒三年、十一年至十三年)
　　　史2-12851
　　韡園自定年譜　史2-12217
　　韡園學易圖說　經1-2221
　　韡園醫學六種　子2-4708
67 韡鄂書屋集　集4-30252

4460₀ 苗

10 苗栗縣志[光緒]　史8-63476
11 苗疆水道考　史7-49318(10)、53019
　　苗疆師旅考　史1-3750,7-49318(14)
　　苗疆道路考　史7-49318(14)、51324
　　苗疆城堡考　史7-49318(14)、51322

苗疆村寨考　史7-49318(14)、51323
　　苗疆指掌　史1-3735　叢2-1541
　　苗疆風俗考　史7-49318(14)、51325
　　苗疆聞見錄　史7-51009　叢2-885
　　苗疆險要考　史7-49318(14)
17 苗歌　叢1-282(4)、283(3),2-731(55)
22 苗變記事　史1-4040　叢1-472
28 苗俗記　史7-49317(7)、49318(14)、51006、
　　　51326　叢1-202(2)、203(7)
　　苗俗紀聞　史7-49317(7)、49318(14)、50808
　　　叢1-197(3)
44 苗妓詩　叢1-587(3)
　　苗村盧氏譜[山東日照]　史5-40104
70 苗防論　史1-3688,7-49317(7)、49318(14)
　　苗防備覽　史6-45631　叢2-1605
　　苗防備覽雜識　史6-45632
72 苗氏說文四種　經2-15123
　　苗氏聲讀表　經2-14536
77 苗民考　史7-49317(7)、49318(14)、51327
80 苗公射覆鬼撮腳　子3-13906

苜

44 苜蓿集　集4-28234

菌

08 菌譜　子4-18535、19325　叢1-2～4、6、8～
　　　10、19(10)、22(17)、23(17)、24(10)、223(39)、
　　　273(5)、275,2-855
77 菌閣瑣談　子4-21705
　　菌閣藏印　子3-16921

4460₁ 昔

17 昔耶園集選　集2-12519,6-41949
22 昔巢遺稿　集4-31618
38 昔道人法顯從長安行西至天竺傳　子6-
　　　32084(23)
44 昔夢錄　史2-7762
47 昔柳摭談　子5-27316～7　叢1-496(7)

碁

05 碁訣　叢1-22(17)
21 碁經　子3-18010

耆

22 耆山無爲天師峴泉集　集2-6407
44 耆英奏稿　史6-48856
　　耆英會記　子5-26705
　　耆舊詩存　集6-42012
　　耆舊續聞　子4-20152~3　叢1-223(45)
　　耆舊傳　叢1-15
77 耆卿公筆記三種　叢2-1916
80 耆年燕集詩、贈言　集6-44032

苫

00 苫廬詩集　集5-39310

茜

10 茜雲樓詩集、文存　集4-27648
21 茜紅吟館詩存　集4-32800
31 茜涇記畧[光緒]　史7-57059
32 茜溪詩鈔　集4-23784

菩

44 菩薩訶色欲經　子6-32089(34)
　　菩薩訶色欲法　子6-32090(57)、32091(56)、
　　　32092(38)
　　菩薩訶色欲法經　子6-32093(27)
　　菩薩說夢經　子6-32093(2)
　　菩薩五法懺文　子6-32083(15)
　　菩薩五法懺悔文　子6-32093(23)
　　菩薩五法懺悔經　子6-32081(22)、32085
　　　(21)、32086(24)、32088(16)、32089(39)、
　　　32090(44)、32091(42)、32092(29)

　　菩薩瓔珞經　子6-32081(16)、32082(11)、
　　　32083(11)、32084(10)、32086(17)、32088
　　　(12)、32089(13)、32091(17)，7-32234~5
　　菩薩瓔珞經(現在報經)　子6-32085(16)、
　　　32090(19)、32092(12)、32093(8)
　　菩薩瓔珞本業經　子6-32081(21)、32082
　　　(13)、32083(15)、32084(12)、32085(21)、
　　　32086(23)、32088(15)、32089(38)、32090
　　　(44)、32091(42)、32092(29)、32093(22)，7-
　　　32961
　　菩薩受齋經　子6-32081(22)、32083(15)、
　　　32085(21)、32086(24)、32088(16)、32089
　　　(39)、32090(44)、32091(42)、32092(29)、
　　　32093(23)
　　菩薩行方便境界神通變化經　子6-32083
　　　(6)、32086(8)、32089(7)、32090(8)、32091
　　　(8)、32092(5)，7-32289
　　菩薩行五十緣身經　子6-32081(15)、32083
　　　(11)、32084(9)、32085(15)、32086(17)、32088
　　　(11)、32089(13)、32093(12)
　　菩薩處胎經　子6-32081(17)、32083(12)、
　　　32085(17)、32086(18)、32088(12)、32089
　　　(14)、32090(19)、32091(17)、32092(12)
　　菩薩優婆塞五戒威儀經　子6-32090(44)、
　　　32091(42)、32092(28)
　　菩薩生地經　子6-32081(15)、32083(11)、
　　　32085(15)、32086(16)、32088(11)、32089
　　　(12)、32090(16)、32091(15)、32092(11)、
　　　32093(11)
　　菩薩修行經　子6-32081(15)、32083(11)、
　　　32086(17)、32088(11)、32089(13)
　　菩薩修行經(威施長者問觀身行經)　子6-
　　　32085(15)
　　菩薩修行四法經　子6-32083(8)、32086
　　　(12)、32089(9)，7-32116
　　菩薩名經　子6-32082(26)
　　菩薩從兜術天降神母胎說廣普經　子6-
　　　32093(15)
　　菩薩從兜術天降神母胎說廣普經(菩薩處
　　　胎經)　子6-32084(10)
　　菩薩逝經　子6-32083(7)、32089(8)
　　菩薩道樹經　子6-32081(15)、32084(9)、
　　　32088(11)、32089(12)、32091(15)、32093(11)
　　菩薩道樹經(私呵昧經、道樹三昧經、私呵
　　　三昧經)　子6-32090(16)、32092(11)
　　菩薩道樹經(私呵昧經亦名道樹三昧、私呵
　　　三昧)　子6-32085(15)
　　菩薩十住行道品　子6-32084(4)、32086(5)、
　　　32093(2)
　　菩薩十住行道品經　子6-32081(4)、32083
　　　(4)、32085(5)、32088(4)、32089(5)、32090
　　　(6)、32091(5)、32092(4)，7-32399
　　菩薩十住經　子6-32089(5)

菩薩十無盡戒儀　子7-33921

菩薩内習六波羅蜜經　子6-32081(20)、32083(14)、32085(20)、32086(22)、32088(15)、32089(17)、32090(19)、32091(17)、32092(12)

菩薩内戒經　子6-32083(15)

菩薩地持經　子6-32081(21)、32082(13)、32083(15)、32084(12)、32085(21)、32086(23)、32088(15)、32089(38)、32090(44)、32091(42)、32092(29)、32093(25)

菩薩藏經　子6-32081(22)、32083(15)、32085(21)、32086(24)、32088(16)、32089(39)、32090(44)、32091(42)、32092(29)、32093(22)、7-32142

菩薩本行經　子6-32081(16)、32082(12)、32083(12)、32085(17)、32086(18)、32088(12)、32089(14)、32090(19)、32091(17)、32092(12)

菩薩本生鬘論　子6-32084(32)、32085(55)、32086(65)、32088(40)、32089(47)、32090(53)、32091(51)、32092(35)、32093(27)

菩薩本緣經　子6-32084(21)、32093(30)

菩薩本業經　子6-32089(4)

菩薩戒　子7-33917

菩薩戒經　子6-32083(15)

菩薩戒儀疏　子6-32091(61)

菩薩戒本　子6-32081(21)、32084(12)、32085(21)、32086(23)、32088(15)、32089(38)、32090(44)、32091(42)、32092(29)、32093(23)

菩薩戒本經　子6-32081(21)、32083(15)、32085(21)、32086(23)、32088(15)、32089(38)、32090(44)、32091(42)、32092(29)、7-32624

菩薩戒本經、菩薩戒本經箋要　子7-32625

菩薩戒本經誦　子6-32091(70)

菩薩戒本經箋要　子6-32091(68)、7-33551

菩薩戒問辨　子7-33543

菩薩戒問辨直解事義　子7-33546

菩薩戒問辯　子7-32099

菩薩戒義疏　子6-32089(49)、32090(63)、32092(40)、32093(49)

菩薩戒羯磨文　子6-32081(22)、32083(15)、32084(12)、32085(21)、32086(24)、32088(15)、32089(38)、32090(44)、32091(42)、32092(29)、32093(23)

菩薩戒羯磨文釋　子6-32091(70)、7-33554

菩薩戒羯磨記　子7-33916

菩薩投身飴餓虎起塔因緣經　子6-32081(20)、32082(13)、32085(20)

菩薩投身飼虎起塔因緣經　子6-32086(22)

菩薩投身飼餓虎起塔因緣經　子6-32088(15)、32089(17)、32090(19)、32091(17)、32092(12)

菩薩見實經　子6-32093(3)

菩薩呵色欲經　子6-32083(25)

菩薩呵色欲法　子6-32081(39)、32082(18)、32085(37)、32086(43)、32088(27)

菩薩睒子經　子6-32081(9)、32083(7)、32086(10)、32089(7)、32090(10)、32091(9)、32092(6)

菩薩念佛三昧經　子6-32084(3)、32093(5)

菩薩善戒經　子6-32081(22)、32082(13)、32083(15)、32084(12)、32085(21)、32086(23)、32088(15)、32089(38)、32091(42)、32093(22)

菩薩善戒經(優波離問菩薩受戒法)　子6-32093(22)

菩薩善戒經(菩薩地)　子6-32085(21)

菩薩善戒經(菩薩地經)　子6-32090(44)、32092(29)

菩薩飼虎超(起)塔因緣經　子6-32083(14)

56 菩提行經　子6-32081(44)、32083(28)、32084(24)、32085(41)、32086(49)、32088(30)、32089(35)、32090(55)、32091(53)、32092(36)、32093(27)

菩提心離相論　子6-32081(51)、32082(27)、32083(32)、32084(30)、32085(47)、32086(56)、32088(34)、32089(46)、32090(53)、32091(51)、32092(35)、32093(25)

菩提心觀釋　子6-32081(48)、32082(24)、32083(30)、32084(25)、32086(52)、32088(32)、32090(35)、32091(33)、32092(23)、32093(26)

菩提心義　子6-32093(32)

菩提資糧論　子6-32081(24)、32083(16)、32084(14)、32085(23)、32086(26)、32088(17)、32089(42)、32090(47)、32091(45)、32092(31)、32093(26)、7-32748

菩提場所說一字頂輪王經　子6-32085(49)、32088(36)

菩提場莊嚴陀羅尼經　子6-32081(54)、32082(28)、32083(34)、32086(58)、32087(36)、32088(36)、32089(31)、32090(41)、32091(39)、32092(27)、32093(34)

菩提場莊嚴陁羅尼經　子6-32084(27)

菩提場所說一字頂輪王經　子6-32081(54)、32082(28)、32083(34)、32084(27)、32086(58)、32087、32089(31)、32090(41)、32091(39)、32092(27)、32093(33)

菁

34 菁法六種　經1-2384

蓍法四種　子3-14635
43 蓍卦考誤　經1-2366
88 蓍簪集　集3-18806,6-44532

薔

22 薔種遺草　集4-31474
44 薔薇栽培法　子7-37073
48 薔梅花庵存稿　集5-36899
80 薔盦東游日記(清光緒三十二年至三十三
　　年)　史2-13176

4460₂ 苕

10 苕雪擢歌詞　史7-50360
　　苕雲集鈔　集3-20642
17 苕帚小識初集　子4-22738
20 苕香館遺草　集5-40710
28 苕谿漁隱詩稿　叢2-1742
　　苕谿漁隱詩藁(湖錄紀事詩)　叢1-346
　　苕谿漁隱詞　叢1-346,2-1741~2
32 苕溪詩集　集6-41894(2)
　　苕溪詞　集7-46352、46356~7、46521
　　苕溪集　集1-3050、3053~5,6-41904　叢
　　　1-223(53)
　　苕溪集、目錄　集1-3051
　　苕溪集、目錄、行狀、告詞　集1-3052
　　苕溪吳氏宗譜[浙江湖州]　史4-27820~1
　　苕溪詹丹林詩稿　集4-27188
　　苕溪漁者　集6-41932
　　苕溪漁唱　集1-5335
　　苕溪漁隱詩稿　集4-33269~71　叢2-1741
　　苕溪漁隱詩稿、詞　集4-33272
　　苕溪漁隱詩藁(湖錄紀事詩)　史2-8011
　　苕溪漁隱詞　集7-47392
　　苕溪漁隱叢話　集6-45486、45616　叢1-22
　　　(14)、23(14)
　　苕溪漁隱叢話前集、後集　叢2-731(46)
　　苕溪真寂禪院閒谷大師遺語　子7-34097
44 苕華廬日記　叢2-1973
　　苕華廬日記(道光二十八年十一月至二十
　　　九年閏四月)　史2-12920
　　苕華詩餘　集7-48297
　　苕華詞　叢2-2229
　　苕華閣詩稿　集5-38915
50 苕東湖濱義皋陳漊潘氏宗譜[浙江湖州]

史5-39794
70 苕雅、餘集、苕華詩餘　集7-48297
　　苕雅餘集　叢2-2143
77 苕間詩錄　集4-27349
80 苕父詩鈔　集4-24454

4460₃ 暮

10 暮雲春樹　集6-45327
64 暮時課誦　子7-35092~3

苔

00 苔文館詩存　集5-33926
08 苔譜　子4-19326
10 苔石效顰集　集1-4706　叢1-509
14 苔磯小稿　集3-21575
22 苔岑集　集6-44234
　　苔岑集初刊　集6-42001
　　苔岑經義鈔　叢1-462
26 苔泉閣詩鈔　集3-19094
30 苔窗拾稿　集3-16842

菑

28 菑畬樓論文　集5-41140
37 菑祲窾議　史6-44554

蓄

00 蓄齋二集　集3-16435
　　蓄齋集　集3-16433~4
44 蓄艾編　叢2-1146
　　蓄艾錄　叢1-407(2)
60 蓄墨復齋詩鈔　集5-34286

4460₄ 瞽

00 瞽言　子4-20968　叢2-1243
08 瞽說　叢1-136

41 瘄嫗口授喉科　子2-7623

若

00 若庵詩集　集3-21729
　　若庵集　集3-17835〜6
12 若水齋古今算學書錄　子3-12396、12823
17 若耶溪漁樵閒話　集7-48774(5)
　　若耶溪漁樵閑話　集7-49058
22 若嶺程氏宗譜[湖南平江]　史5-36180
28 若谿算草　子3-12385
30 若寄書屋存稿　集5-35455
31 若汀自定吟草　集4-24588
32 若洲遺集　集4-32394
44 若菴詩餘　集7-47229
　　若菴集五種　叢2-1335
60 若愚直指捷徑門法　經2-14306
　　若愚指南捷徑門法　子7-34480
80 若谷山房詩鈔　集4-27651
　　若谷小集　集6-41963
　　若谷堂文　集3-17566

苦

00 苦言　子4-20878　叢2-1135
10 苦雨堂集　集3-20859
14 苦功悟道經　集7-54142
　　苦功悟道卷　子7-36096
　　苦功悟道卷(苦功悟道寶經)　子7-36094
　　苦功悟道卷句解　子7-36097
38 苦海新談　子5-27363
　　苦海航　集7-47569
40 苦壺詩鈔　集5-37897
　　苦肉計　子7-53200
60 苦口藥　叢2-2081
　　苦口居詩草　集4-24059
68 苦吟　叢1-191
　　苦吟詩草　集4-29789
72 苦瓜和尚畫語　子3-15860、15947
　　苦瓜和尚畫語錄　子3-15861　叢1-244
　　　(2)、353、469、495、586(3)、2-716(3)、735
　　　(5)、1876
　　苦瓜和尚畫語錄、大滌子題畫詩跋　子3-
　　　15948
77 苦學生　子5-28638
78 苦陰經　子6-32083(19)

苦陰因事經　子6-32083(19)
88 苦竹軒杜詩評律(杜詩評律)　集1-1047
　　苦筍齋詩鈔　集4-25211

著

00 著庵先生(唐吉漢)年譜　史2-12160
10 著石堂新刻幼科直言　子2-8430
27 著疑錄　子4-23893
28 著作堂集　集2-11892
33 著述偶存　叢2-2257
40 著存文卷集　史6-47108
　　著存施氏宗譜[浙江東陽]　史4-30912
44 著花庵集　集4-25811　叢2-1646
　　著老堂集　集3-19415
46 著娛齋詩集　集3-13920
50 著書齋偶吟　叢1-556
　　著書自序滙鈔　集3-21225
　　著書餘料　子4-21535　叢2-1920

4460₆ 莒

17 莒瑤館遺集　集4-28568
32 莒州志[雍正]　史8-59312
　　莒州志[康熙]　史8-59311
　　莒州志[嘉慶]　史8-59313
　　莒溪秦氏宗譜[浙江蒼南]　史4-31263
40 莒志約鈔[嘉慶]　史8-59314

菖

44 菖蒲殘集詩草　集3-21191
　　菖蒲集詩選　集3-21189
　　菖蒲續集詩選　集3-21190
　　菖蒲遠志集　子5-25333

薈

00 薈亭詩選　集3-15600
25 薈生信劄詩文稿　集5-39370
44 薈蕞編　子5-26610　叢1-496(7)、2-735
　　　(4)、736

4460₇ 茗

00 茗齋詩　集3-13871
　茗齋詩、補　集3-13869
　茗齋詩稿　集3-13872
　茗齋詩存　叢1-373(9)
　茗齋詩七言律　集3-13873
　茗齋詩餘　集7-46922　叢1-334～5,2-731(49)
　茗齋百花詩　集3-13870
　茗齋集、明詩　叢2-636(4)
01 茗譚　子4-18978、19051
06 茗韻軒遺詩　集4-28577
10 茗一盌談　子4-20799
　茗雪山房二種曲　集7-50377
20 茗香詩論　叢1-244(5),2-731(47)
　茗香室詩畧　集4-26482
　茗香書屋詩集　集5-33887
　茗香堂詞　集7-46411、47806
　茗香堂集　集4-24766
　茗香堂史論　史1-5579　叢1-452
32 茗洲吳氏家典　史3-24571
　茗洲吳氏家典[安徽休寧]　史4-28053～4
41 茗柯文　集4-24677
　茗柯文二編　集4-24676
　茗柯文稿　集4-24672　叢2-610
　茗柯文稿初編　集4-24671
　茗柯文補編、外編　集4-24675　叢2-635(13)
　茗柯文初編、二編、三編、四編　經1-2318　集4-24674　叢1-462,2-635(13)、1615
　茗柯文初編、二編、三編、四編、茗柯詞　叢1-314,2-698(12)
　茗柯詩　集4-24670
　茗柯詞　經1-2318　集3-18193,7-47199、47323　叢1-462,2-1615
44 茗花山館印譜　子3-17123
　茗薌寮志　叢2-1973
　茗草香詩論　集6-46049
50 茗史　子4-19025
60 茗園詩文續集　集5-40601
　茗園詩稿　集5-40600
77 茗叟詩草　集3-20048
88 茗笈　子4-18978、19035　叢2-721
　茗笈、茗笈品藻　叢1-170～1
　茗笈品藻　子4-18978、19036　叢2-721
　茗餘新話　子5-26508
　茗餘隨筆　子4-24324

蒼

00 蒼文詩選　集5-36438
10 蒼玉洞宋人題名　史8-63946～7
　蒼雪齋詩存　集2-12557,6-44990
　蒼雪齋稿　集3-20332
　蒼雪齋儷體文、古文　集3-19856
　蒼雪山房稿　集3-18145,6-44976
　蒼雪和尚南來堂詩集　集3-13084　叢2-886(3)
　蒼雪大師(釋讀徹)行年考畧　史2-11587
　蒼雪菴日鈔十一種　叢1-157
　蒼雪軒全集　集2-10096
　蒼雨集　集3-13579
　蒼霞山房詩意二集、三集、四集　集3-15777
　蒼霞山房遺稿(葉忠節遺稿)　集3-15778
　蒼霞續草　集2-10703　叢2-1176～7
　蒼霞草　集2-10702　叢2-1176～7
　蒼霞草、續草、餘草　集2-10698
　蒼霞草詩　集2-10699　叢2-1176
　蒼霞餘草　叢2-1176～7
　蒼耳齋詩集　集2-11284
　蒼耳齋近稿　集2-11285
　蒼石山房文字談　經2-12535
12 蒼水詩鈔　集4-26626,6-42006
22 蒼崖子　子4-20882
　蒼崖子內篇　子5-25212
　蒼崖先生金石例　集6-46340
　蒼崖先生金石例、札記　叢1-519
　蒼崖先生金石例別卷附錄　集6-46341
　蒼巖俞氏宗譜[浙江嵊州]　史4-30815
　蒼山詩草　集3-20125
　蒼山逸剩詩草　集4-23438～9
　蒼山留別詩　集5-35938
25 蒼生司命　史6-46455
　蒼生司命、藥性　子2-4837
26 蒼峴山人文集　集3-15664
　蒼峴山人文錄　集3-15665,6-42067
　蒼峴山人集、徵雲集詩餘　集3-15662
28 蒼谿倪公(承弼)崇祀鄉賢錄　史2-9773
31 蒼源剩草　叢2-981
　蒼源賸草　集3-14655
32 蒼溪府君(倪承弼)年譜　史2-12057
　蒼溪縣志[康熙]　史8-61710
　蒼溪縣志[乾隆]　史8-61711
　蒼溪縣志[民國]　史8-61712

34 蒼漪山房詩鈔　集5-35282
37 蒼潤軒玄牘紀　史8-63496
　　蒼潤軒碑跋　叢2-610
　　蒼潤軒碑跋紀　史8-64378
　　蒼潤軒碑跋紀、續紀　史8-64379
41 蒼頡廟碑釋文　史8-64717
　　蒼頡訓詁　經2-13266　叢2-774(7)
　　蒼頡訓纂　經2-13325　叢2-773(2)
　　蒼頡子　子1-19
　　蒼頡篇　經2-13251、13261、13267、15142　叢
　　　1-286、2-766、774(7)、1577
　　蒼梧雜志　子5-26273　叢1-22(4)、23(4)、
　　　2-617(2)
　　蒼梧詞　集7-46405、46930～1
　　蒼梧山館詩集　集4-33388
　　蒼梧山館集　集4-33387
　　蒼梧總督軍門志　史6-45129
　　蒼梧志[乾隆]　史8-61311
　　蒼梧縣志[康熙]　史8-61310
　　蒼梧縣志[同治]　史8-61312
　　蒼梧縣志五編[民國]　史8-61313
44 蒼茫獨立樓印選　子3-17334
　　蒼茫獨立軒詩集、七十二鴛鴦回環舫詞鈔
　　　集4-29648
　　蒼茫獨立軒詩續集　集4-29649
　　蒼莨詞　集7-47909
　　蒼莨集三種　叢2-1897
　　蒼莨初集詩集、文集、詞、附錄　叢2-1897
48 蒼松古木一枝　集7-51675
50 蒼史研書　集7-49699
　　蒼書集詁、坤蒼廣蒼集詁　經2-13286
52 蒼虬閣詩集　集5-41432
　　蒼虬閣詩續集　集5-41433
　　蒼虬閣詩鈔、詩續鈔、舊月簃詞　集5-
　　　41431
70 蒼雅堂文集　集4-32835
　　蒼雅堂雜纂　集4-32838
　　蒼雅堂五律詩鈔　集4-32837
80 蒼谷集選　集2-7755
　　蒼谷集錄　集2-7753
　　蒼谷集錄、蒼谷祠錄　集2-7752
　　蒼谷全集　集2-7751
88 蒼筤詩集　集4-33357
　　蒼筤詩集、文集、詞、律賦、駢體文、試帖詩
　　　集4-33358
　　蒼筤詞鈔　集7-46423、47910

4460₈ 蓉

00 蓉庵詩鈔　集3-14457
　　蓉庵詩鈔、海棠巢吟稿　集3-14456
22 蓉川集、蓉川公年譜　集2-7941
　　蓉川集、入夏錄、贈言、附錄　集2-7940
27 蓉舟詩草　集4-25887
　　蓉舟遺詩　集4-31783、6-42007(2)
30 蓉渡詞　集7-46403～4、47058　叢2-698
　　　(14)、798
31 蓉江詩序賸　叢2-706
　　蓉江黃橋楊氏宗譜[江蘇江陰]　史5-
　　　36824
　　蓉江散人遺文(蓉江散人選集)　集5-
　　　35021
32 蓉州初集　集4-32587
　　蓉洲詩鈔　集3-19587
34 蓉波吟草　集4-26745
　　蓉渚別集　集3-15106
37 蓉湖詩續存　集4-27385
　　蓉湖詩鈔　集4-27384
　　蓉湖集　集3-18148
　　蓉湖吳氏族譜[江蘇無錫]　史4-27752
　　蓉湖存稿　集4-26305、6-42006
　　蓉湖古文稿　叢2-2022
　　蓉湖草堂存稿　集3-18947　叢1-477
　　蓉湖草堂贈言錄、先姚惲太夫人(珠)言行
　　　畧、先太夫人逸事隨憶錄　史2-9710
　　蓉湖柳蕩劉氏宗譜[江蘇常州]　史5-
　　　39234
　　蓉湖春色　史2-7888
　　蓉湖吟稿　集4-23827
　　蓉湖周氏宗譜[江蘇武進]　史4-29850
40 蓉塘雜著十種　叢2-1128
　　蓉塘雜纂十種　叢2-1129
　　蓉塘詩話　集6-45486、45780～1　叢1-22
　　　(26)
　　蓉塘詩草、課兒詩草　集4-30147
　　蓉塘記聞　叢1-241、242(3)、2-617(4)
　　蓉塘紀聞　子4-22995　叢2-1128
43 蓉城王氏祠譜[四川成都]　史4-25510
　　蓉城北鄉沙里房氏宗譜[湖南湘潭]　史4-
　　　30288
　　蓉城集　集4-24962
　　蓉城仙館叢書五種　叢2-740
　　蓉城仙館叢書四種　叢2-739
　　蓉城葉氏宗族全譜[四川成都]　史5-
　　　35778

蓉城槐子江羅氏族譜[上海]　史5-41041
蓉城槐子江羅氏族譜[湖南桂陽]　史5-41138
44 蓉村詩稿　集5-36467
48 蓉槎蠡說　子4-21156
50 蓉史公遺詩　集5-39313
77 蓉閣近稿　集6-45114
80 蓉鏡軒吟草　集5-40609
蓉谷詩鈔、駢文、詩餘　集4-30935
蓉谷偶存文集　集5-36521
蓉谷偶存詩集(餘生稿、浪跡吟、集古篇)、
　聯語　集5-36520
88 蓉笙初稿　集7-46440、47513
90 蓉裳文稿　集5-37309
蓉裳詩鈔　集4-26719

4460₉ 蕃

77 蕃卿詩存　集4-28515
86 蕃錦集　集7-47025

4461₇ 葩

21 葩經旁意　經1-64、3825　叢2-1189~90
葩經韻編　經1-4356
葩經一得　經1-4245
葩經聯句　經1-4406
葩經集韻　子5-26185
葩經念本　集4-25275
44 葩苑　經1-3902

4462₇ 荀

17 荀子　子1-7~8、18~21、24~7、30~1、35、
　43、50、52、61、69~70、73、293~4、297、300~
　4、306~7、311~3、317　叢1-140、223(29)、
　227(6)、237、446、579、2-635(3)
荀子、校勘補遺　子1-55、62、64~5、67~8
　叢1-258、2-697、698(5)、731(10)、782(1)
荀子、荀子校勘補遺　子1-63、305
荀子雜誌、補遺　叢2-923
荀子評註　子1-314
荀子評補、佚文輯補　叢2-2248
荀子新書輯注　子1-94、321
荀子詩說　經1-4320　叢2-1920

荀子詩說箋　經1-138、4168
荀子詞例舉要　叢2-2248
荀子議兵篇節評　叢2-2041
荀子正名篇詁釋補正　叢2-2270(2)
荀子平議　子1-82、322　叢2-1920
荀子非十二子篇釋　叢2-2261
荀子攷証　子1-315、325
荀子佚文　子1-296　叢2-777
荀子微言　子1-318
荀子注　子1-326
荀子注釋評林　子1-28
荀子補註　叢2-1570~1
荀子補釋　叢2-2248
荀子補注　子1-319~20　叢2-653(2)、
　1572、1596
荀子大義錄　子1-323　叢1-480
荀子校　叢1-337、2-731(3)
荀子校勘記　子1-324
荀子考異　子1-309~10　叢1-510、2-616
荀子申鑒　叢1-183
荀子年譜　史2-11005、11094
24 荀先詩草　集5-35878
荀侍中集　子1-236　叢1-183
34 荀灌娘突圍救父　集7-49398
荀灌娘圍城救父　集7-49397、49423
40 荀爽周易注　經1-2321
64 荀勗笛律圖注　經1-6540　叢1-411、493、
　2-1604
72 荀氏禮傳　經1-6022　叢2-775(2)
77 荀卿子　子1-295　叢1-236
荀卿子(況)年表　史2-11093
80 荀公曾集　集1-366

葫

11 葫頭集　子5-32028

蔀

00 蔀齋先生文集　集2-6585

藌

00 藌庭詩草、古文　集4-25591

10 藺雲草　集4-25491
21 藺仁府君自訂年譜　史2-12296
40 藺吉詩稿、悼亡百首　集4-23924
50 藺青編年詩草　集5-37810　叢2-2071
60 藺園謎剩　子3-18440
　　藺園謎賸　子3-18428
90 藺堂武公(錫廣)墓誌銘　史2-9967

4464₁ 蒔

27 蒔綠莊焚餘續草　集5-36184
40 蒔古齋遺言　叢2-1634
　　蒔古齋輯著五種　叢1-385,2-1634
　　蒔古齋吟稿　集4-26178、26180　叢2-1634
　　蒔古齋吟稿、遺言　集4-26179
　　蒔古齋隨筆　子4-21333　叢2-1634
44 蒔花居詩存　集4-27447
　　蒔花小築牖蒙草　集5-38969
　　蒔花小築待刪草　集5-38968
　　蒔蕐詩草　集4-27774～5　叢2-1812
　　蒔桂堂詩鈔、試帖鈔　集4-27941
48 蒔梅閣詩草、旅滬吟草、詞文　集5-39787
88 蒔竹讀書記　叢2-2264
　　蒔餘草堂雜錄　集5-34527

4464₇ 護

77 護闈課讀圖、薛母郭太恭人(薛葆楗母)家
　　傳　史2-10208

4466₃ 薵

00 薵言　子4-21740

4471₀ 芒

37 芒洛冢墓遺文　史8-64008　叢2-598
　　芒洛冢墓遺文三編　史8-64012
　　芒洛冢墓遺文續編　史8-64009
　　芒洛冢墓遺文續補　史8-64011
　　芒洛冢墓遺文補遺　史8-64010
　　芒洛冢墓遺文四編、補遺　史8-64013

4471₁ 甚

24 甚德堂文集、詩鈔(秋風紅豆室詩鈔)　集4-
　　25752
37 甚深大迴向經　子6-32083(14)
40 甚希有經　子6-32081(10)、32082(9)、32083
　　(8)、32084(7)、32085(10)、32086(11)、32088
　　(8)、32093(12)

老

10 老雪廬述草　集3-21137
　　老西嫖冤一枝　集7-52692
　　老雲齋詩刪　集3-15847
13 老殘遊記　子5-28597
17 老子　子1-7、18～20、24～6、50、69～70、5-
　　28966、28970、29030、29101、29165、29202
　　叢1-19(10)、20(8)、21(9)、24(10)、236～7
　　老子章義　子5-29175
　　老子辯辭　叢2-2264
　　老子玄通經　子5-30251
　　老子玄通經(天應經)　叢2-604、608
　　老子雜誌　叢2-923
　　老子評補　叢2-2248
　　老子襲常編、諸子擇善錄　子5-29183
　　老子證義　子5-28957、29198　叢2-1939
　　老子識小　子5-29199　叢2-2040
　　老子說五廚經註　子5-29530(15)、29535
　　(2)、29536(2)、29537
　　老子說五廚經註(五廚經)　子5-30060
　　老子說畧　子5-29158　叢1-223(46)
　　老子論畧　子5-29159
　　老子疏畧　子5-29127
　　老子元翼、考異、附錄　子5-29122
　　老子下篇德經殘　叢2-750
　　老子下篇德經義　叢2-750
　　老子平議　子1-82,5-29189　叢2-1920
　　老子天應經　子5-28938、30250
　　老子天木會旨　子5-29068
　　老子發微　叢2-737
　　老子殘卷六種　子5-28962　叢2-608
　　老子融解　子5-29193　叢2-1870
　　老子翼　子5-28945、29117～8、29120～1、
　　29531　叢2-731(10)、788
　　老子翼、采摭書目、考異　叢1-223(46)
　　老子翼、考異　子5-29119

中國古籍總目·索引

老子翼、莊子翼、補注　子5-28946

老子翼評點　子5-29124　叢2-985

老子億　子5-29096　叢2-1079

老子集辨　子5-29196

老子集解、考異　子5-29099　叢1-347,2-731(10)

老子上篇道經殘　叢2-750

老子上篇道經殘、老子下篇德經殘　子5-28961

老子衍　子5-29156　叢2-1290、1292～3

老子鬳齋口義　子5-28931、28933、28935、29050、29054

老子斷注　子5-29136

老子參註　叢2-1593～4

老子參注　子5-29178

老子化胡經殘、考、軼文、補考、校勘記　子5-30249

老子化胡經殘卷　子5-30247～8

老子化胡經存　叢2-592、750

老子化胡經存、考、補考、校勘記、軼文　叢1-589

老子佚文　子5-28975　叢2-777

老子像名經　子5-29530(13)、30051

老子解　子5-29031、29033、29040、29102、29132、29166、29194　叢1-107、111(2)、203(16)、223(46)、547(4)、2-731(10)、1036、1115、1959

老子約說　子5-29170　叢2-1555～6

老子約說三篇續篇一篇　子5-29171

老子微旨例畧　子5-28998、29530(24)

老子注　子5-29185

老子注解、陰符經解　子5-29110

老子河上道德經　子5-28937

老子河上公注　子5-28981

老子心印　叢2-723

老子補註　叢2-944

老子通　子5-29114

老子通、讀老概辨　子5-28944、29113

老子通義　子5-28936、29098

老子道經考異　子5-28974

老子道德經　經1-34　子1-2、8、21、27、30、44、61、2-4610、5-28939、28948、28963、28968、28976、28978～9、28983、28985、28994、28996～7、29028、29066、29097、29139、29155　叢1-141、223(46)、230(4)、446、2-635(5)、708、731(10)

老子道德經、音義　子1-62、64～5、67～8、5-28995　叢2-697、698(6)

老子道德經、古今木考證　子5 28947、29128

老子道德經、篇目　叢1-223(46)

老子道德經玄覽　子5-29103、29545

老子道德經訂註　子5-29169

老子道德經二篇、音義　子1-63

老子道德經發隱　子5-29142

老子道德經參互　子5-29190

老子道德經總評　子5-29152

老子道德經釋畧　子5-29107、29549

老子道德經解　子5-29140

老子道德經注　叢2-738

老子道德經注釋　子1-22

老子道德經直解　子5-29173

老子道德經古本集註　子5-29060

老子道德經古本集註直解　子5-29061

老子道德經古本集注　叢1-447

老子道德經考異　子5-29174　叢1-257、2-731(10)

老子道德經薈解　子5-29131

老子道德經本義　子5-29172、29565

老子道德經輯解、釋音　子5-29104

老子道德經輯注　子5-29181

老子道德真經　子1-43,5-28980、28993　叢1-127、172

老子道德真經、音義　子5-28930、28964

老子道德真經、道德經古本考證　叢1-139

老子道德真經、道德經古今本攷正　子5-28992

老子考異　子5-29034

老子莊子荀子呂覽淮南子(續編)　叢2-1443

老子故　子5-29205

老子本證　叢2-2170

老子本義　子5-29176、29184　叢2-731(10)

老子本義(魏默深先生老子本義)　叢1-508

老子指玄　子5-29105

老子或問　子5-29150

老子口義　子5-28932、28934、29053

老子別錄　子5-29168　叢1-203(17)

老子臆注　子5-29179

老子附證　子5-29180　叢2-1430

老子學辨　叢2-944

老子學派考　叢2-2162

老子開題殘　子5-29000　叢2-750

老子尺木會旨　子5-29126

老子今義　叢2-2264

老子義殘　叢2-604、608

老子義殘卷　子5-28938、29020

老子鍾氏注　子5-28990　叢2-775(4)

老子常清靜經釋畧　子5-29549

老君音誦誡經　子5-29530(16)、30294

老君變化無極經　子5-29530(23)、30108
老君歷世應化圖說　子5-31846
老君金丹火候祕訣歌　子5-29561、31343
22 老倭瓜告狀一段　集7-51489
24 老侍衛歎子弟書　集7-52142
　　老侍衛嘆　集7-52205
25 老生蒙難　史1-1945、3602　叢1-406,2-789〜90
　　老生常談　叢2-821
　　老佛五經　子7-32105
　　老佛爺掌朝一段　集7-51487
26 老泉文　集6-41804
　　老泉文妙　集1-2132
　　老泉文鈔　集1-2125,6-45165
　　老泉詩集　集6-41894(1)、41895
　　老泉詩鈔　集1-2119,6-41773
　　老泉集　集1-2120
　　老泉先生文集　集1-2103,2107,6-45151
　　老泉先生文集、考異　集1-2122
　　老泉先生文集補遺　集1-2123
　　老泉先生文粹　集1-2133
　　老泉先生集　集1-2121,6-45172
　　老泉先生全集錄　集1-2109,6-41708
27 老解　子5-29115
28 老徽班曲師紹甫手訂曲譜　集7-54762
　　老僧補衲　叢2-1524
30 老客婦　集7-49361
34 老斗嘆　集7-52384、52691
　　老漢自嘆一段　集7-51488
38 老遊紀事　集4-32694
40 老女人經　子6-32083(7)
41 老嫗解詩　集7-49705
　　老媽拜年　集7-53202
　　老媽自嘆一本　集7-52615
　　老媽做夢一枝　集7-50884
　　老媽媽赴會一本　集7-52614
　　老媽歎十聲　集7-53204
　　老媽回家歎十聲　集7-53203
　　老媽嘆十聲一套　集7-50967
　　老媽兒自嘆一枝　集7-50883
　　老媽開唠　集7-53205
42 老狐談歷代麗人記　叢1-587(2)
44 老莊郭注會解　子5-28950
　　老莊正義合編　子5-28957
　　老莊翼　子5-28945
　　老莊解　子5-28949
　　老莊通　子5-28944
　　老莊周一枕蝴蝶夢　集7-48774(2)、48925
　　老莊合刻　子5-28939、28947〜8
　　老莊合雋　子5-28956

老芥土苴　集5-37245
老蘇文選　集6-41805
老姥掌游記　史7-49317(4)
老姥掌遊記　史7-49318(8)、53170
老老恆言　子2-11069　叢2-838
老樹村集　集3-13798
老樹軒詩集　集3-20136
老萊子　子5-29511　叢2-774(9)
老林說　史7-49318(13)、51301
46 老婢進言萊公罷宴　集7-49398、49436
47 老鶴吟草　集5-40522
48 老梅書屋遺詩　集4-29712
55 老農經　子1-4155
60 老圃一得　子4-18536
　　老圃集　叢1-223(53)
　　老圃集(洪老圃集)、補遺　集1-2872
　　老圃集(洪駒父老圃集)　集1-2871
　　老圃集、補遺　集6-45036
　　老圃集、補遺、遺文　集1-2873　叢2-943
　　老圃良言　子1-4475　叢1-195(6)、2-731(30)
　　老易軒文鈔　集3-14318
　　老圓　集7-49623　叢2-1920
61 老饕贅語　子5-26603〜4
77 老閒瑣碎錄　叢2-1524
　　老學庵詩　集5-40389
　　老學庵續筆　叢1-21(3)
　　老學庵續筆記　子4-20121　叢1-17、19(3)、20(2)、22(7)、24(3)
　　老學庵筆記　子4-20117、20119〜20,5-26224　叢1-17、19(3)、20(2)、21(3)、22(7)、24(3)、29(6)、31、99〜100、223(41)、227(8)、268(3)、410,2-652、731(51)
　　老學庵筆記、家世舊聞　子4-20118
　　老學後盦自訂詩二集　集4-31682
　　老學後盦自訂詞　集7-47939
　　老學究語　子1-1970、2841　叢2-728
　　老學菴讀書記　子4-22702　叢2-1762
　　老學菴載筆　子4-23092
　　老學菴筆記　叢1-169(3)
　　老學菴筆記續筆記　叢1-23(7)
　　老母經　子6-32083(7)
　　老母女六英經　子6-32083(7)、32089(7)
80 老人夢語　子5-27243
　　老人呈技　集7-49703
　　老八房祭簿[浙江紹興]　史4-29963
　　老父雲遊始末　史1-3615　集3-16124　叢1-354、396,2-617(4)
　　老父雲遊始末附尊前話舊　叢1-397
82 老劍文稿　叢2-2153
88 老竹軒詩　集3-14194

甚

71 甚原詩說　集 6 - 45977　叢 2 - 934

4471₂ 也

21 也紅詞　集 3 - 16449
25 也儂遺稿、詩草　集 5 - 38146
30 也宜書屋藏印　子 3 - 17193
60 也園詩草二集　集 3 - 16882
　　也園詩草初集　集 3 - 16881
　　也園詩鈔　集 4 - 31902
　　也園月上軒草　集 6 - 41969
　　也愚齋詩稿　集 4 - 29950~1
　　也是集、安蹇詩存　集 5 - 40420
　　也是集續編　集 5 - 40421
　　也是山人醫案　子 2 - 4770、10867
　　也是園詩鈔(爐餘吟、載途吟、磨盾吟、歸田
　　　吟、循咳吟)　集 5 - 36931
　　也是園藏書目　史 8 - 65635~8　叢 1 - 569,
　　　2 - 593~4
　　也是錄　史 1 - 1946~7、1953、1960、1964~70、
　　　1977、1982
　　也是錄(永曆帝入緬本末)　史 1 - 3508
　　也是錄刪　史 1 - 1950、3509
　　也足齋梅花詩　集 5 - 41278
　　也足山房吟草　集 4 - 29788
64 也眈吟　集 3 - 19270
68 也吟集　集 4 - 26612
77 也居山房文集、詩集　集 4 - 31174
　　也學詞　集 4 - 31501
90 也堂釣餘集　集 3 - 15947

苞

28 苞徐世譜正宗後牒[浙江紹興]　史 4 -
　　31944
32 苞溪李氏家乘[浙江海鹽]　史 4 - 27170~2

4471₄ 毫

77 毫學齋晬語　子 1 - 1849　叢 2 - 784

毫學集詩、續刻、文、續刻　叢 2 - 1587
80 毫年錄　集 2 - 9028
88 毫餘雜識　子 4 - 20325　叢 1 - 31、106、111
　　(2),2 - 731(53)、1098
　　毫餘詩話　叢 1 - 538
　　毫餘殘瀋　集 3 - 14506

4471₆ 莔

20 莔香詞鈔　集 7 - 46426、47657
　　莔香閣詩集　集 4 - 23181
　　莔香閣詩鈔　集 4 - 24756
44 莔林雜記　子 4 - 23326

菴

20 菴集存稿　叢 2 - 2084
24 菴先生存稿四種　叢 2 - 2084

4471₇ 世

00 世廟識餘錄　史 1 - 2841　叢 1 - 31
07 世調漫草　集 2 - 11298
08 世族譜系　經 1 - 7178
　　世說　叢 1 - 20(9)、21(10)、24(12)
　　世說新語　史 1 - 1914　子 4 - 22778~85、
　　　22789　叢 1 - 95~6、141、223(44)、227(7)、
　　　237、347、410,2 - 628、675、698(8)、730(2)
　　世說新語、引用書目、佚文、校勘小識、補、
　　　考證、釋名　子 4 - 22788
　　世說新語、校語　叢 2 - 635(5)
　　世說新語、世說新語補　子 4 - 22786~7
　　世說新語廣鈔　子 4 - 22806
　　世說新語釋名　子 4 - 22802
　　世說新語注鈔　子 4 - 22799　叢 1 - 122
　　世說新語補　子 4 - 22792~7、22800~1
　　世說新語補、釋名　子 4 - 22790
　　世說新語刪　子 4 - 22803
　　世說碎金　子 4 - 24413
　　世說注所引書目　史 8 - 66316　叢 2 - 2109
　　世說補菁華　子 4 - 22804
　　世說通語　子 4 - 22805
　　世說舊注　子 4 - 22798　叢 1 - 22(23)、282
　　　(2)、283(3),2 - 731(51)

10 世玉集　集1-5571

世要論　子4-19795～6　叢2-774(9)、775
(5)

17 世子　子1-289　叢2-774(8)

20 世系備考　叢2-1705

世系續錄　史5-33754

世系總圖　史5-39952

世系名號圖　叢2-892

世系遺芳集　集1-2177

世系考畧　史1-5975

世系搜遺錄　史5-33754

世系圖考　史5-39188

世統紀年訂　史1-4625

21 世經堂詩鈔、詞鈔、樂府鈔　集3-17114

世經堂集　集2-8642

世經堂集唐詩刪　集3-17115

世經堂樂府　集7-50642

世經堂續集　集2-8643

世經堂初集　集3-17113

22 世綵草堂綜古今喻言、續　子4-24577

23 世外歡　集7-50299

世外品　集6-42424

24 世德紀　史2-8043　叢2-635(12)、698(7)、
1072

世德堂文集　叢2-1312

世德堂雜著　集3-20375

世德堂集(世德堂文集、詩集、水西紀畧)
集3-14372

世德堂家乘(王沛恀)　史2-9423

世德堂遺稿　集6-45074

世德堂遺書　叢2-1312

世德堂遺書二種附一種　叢2-1312

世德堂書目　史8-65932

世緯　子1-1010　叢1-223(31)、244(4)、2-
731(19)

26 世穆兩朝編年史　史1-1608

28 世綸堂詩集　集6-45095

30 世濟堂遺集　集4-24496

世濟堂醫案　子2-10666

世濟堂醫存　子2-10667

世守拙齋識小編　子5-25399

世守拙齋詩存　集5-37537

世實錄　史2-6637

世宗聖訓　叢1-227(6)

世宗御製文集　叢1-227(8)

世宗憲皇帝硃批諭旨　叢1-223(20)

世宗憲皇帝聖訓　叢1-223(20)

世宗憲皇帝上諭內閣　叢1-223(20)

世宗憲皇帝上諭八旗、上諭旗務議覆、諭行
旗務奏議　叢1-223(20)

世宗憲皇帝御製文集、目錄　集3-18125
叢1-223(67)

世宗憲皇帝本紀　史1-873

世宗實錄　史1-1682　叢1-55

33 世補齋雜綴　子2-10756

世補齋不謝方　子2-4685、4709、4714、4782、
9882

世補齋乙酉以後雜識　子2-5183

世補齋醫論　子2-5180

世補齋醫書　子2-4685

世補齋醫書刊後續論　子2-5181

世補齋醫書後集　子2-4686

世補齋醫書續　子2-5182

34 世法周行　子1-2533

36 世澤堂試帖遺稿　集5-39273

世澤堂詩文集　集4-29989

世澤堂集　集5-39270

世澤堂遺稿(世澤堂古近體詩文遺稿)　集
5-39269

世澤堂古文遺稿　集5-39272

世澤堂古近體詩遺稿　集5-39271

37 世祖章皇帝聖訓　史6-47744～5　叢1-
223(20)

世祖章皇帝實錄　史1-1698

世祖章皇帝本紀　史1-873

世祖聖訓　叢1-227(5)

世祖學士獻公致身自敘　史2-8849

42 世樸齋文集　集4-33222

44 世林　子4-24007

48 世翰堂文集、詩集、附錄　集2-8801

世翰堂稿　集2-8802

世故雜錄　叢2-1831

世敬堂集　集2-8505

世敬堂集、校勘記　集2-8506

50 世史正綱　史1-1225

世史淘金　史1-5736

世事皆虛一枝　集7-51932

世事通考全書　子5-25415

世本　史1-1915、2210、2212～9、2221～2　叢
1-77、260～1、2-628、731(64)、763、765、
770、775(3)、1685

世本、考證　史1-1915、2220　叢2-731
(64)、782(4)

世本、世本考證　叢1-418

世本集覽　史1-1915、2223～4　叢2-845
(4)

世本集覽提綱說　史1-2225

世本輯逸　史1-2211

世本八種　史1-1915

世忠程氏延緒公宗譜[安徽歙縣]　史5-
36061

　　世忠程氏泰塘族譜［安徽休寧］　史5-36102
　　世忠堂文集、守城善後紀畧、鄒氏家傳　集4-29318
　　世忠堂文稿　集4-29319
　　世書　子4-24161　叢1-143、202(5)、203(10、18)
　　世書堂稿　集3-13686
55　世耕堂詩集(擇庵詩稿)　集3-14941~2
60　世界商工業史　子7-37290
　　世界商業史　子7-37317
　　世界豪傑論(地球英雄論)　史2-6246
　　世界文明史九章　子7-36267
　　世界新興圖　史7-54450
　　世界諸國名義考　子7-36313
　　世界百傑畧傳　子7-36472~3
　　世界殖民史　子7-36268
　　世界名人傳畧　子7-36475
　　世界名人與聖經　子7-35226
　　世界之交通　子7-37781
　　世界近世史　子7-36289
　　世界近世史前編　子7-36288
　　世界通史　子7-36264~6
　　世界海軍現狀　子7-36967
　　世界十二女傑　子7-36477
　　世界大同議　子7-38046
　　世界大年表　子7-36327
　　世界地理統計表　史7-54458
　　世界地理志　子7-37735
　　世界地理問答　子7-37780
　　世界教育會紀載　史6-42577
　　世界末日記　叢2-632
　　世界哲理進化退化演說　叢2-2129(3)、2130~1
　　世界歷史問答　子7-36270~1
　　世界第一譚　子7-38047
　　世恩堂文鈔　集4-25133,6-41757　叢2-954
　　世恩堂詩集、詞集、經進集　集3-16025
　　世恩堂詞集　集7-46998
63　世貽堂詩鈔　集4-29201
71　世歷　史1-1325
　　世曆　叢2-1103
77　世醫得效方　子2-4623、9189　叢1-223(33)
　　世醫通變要法　子2-4842
80　世人良友　子7-35716
　　世美吳氏族譜［福建福州］　史4-28093
　　世美堂唐詩選　集6-43489
　　世美堂義鈔　叢2-953
　　世美堂詩鈔　叢2-953

　　世善堂藏書目錄　史8-65254　叢1-244(5),2-731(1)
　　世善堂書目　史8-65588~9　叢1-373(6)
88　世篤堂稿　集2-11791
　　世篤堂稿、外集、風雲亭稿、外集　集2-11790
　　世範　子1-2094,2097　叢1-4、9~10、22(12)、23(12)、26~8、83、111(4)
　　世範(袁氏世範)　子1-2095

芑

22　芑川先生合集四種　叢2-1859
　　芑川合集(外丁卯橋居士初稿、東洋小草、觀海集、研劍詞)　集4-32568
　　芑山文集(疏議、書牘、雜序、傳記、進策、雜著、答問、旅詩、制義)　集2-10911
　　芑山文集、詩集、校勘記　集2-10912　叢2-870(5)
　　芑山先生文集　集2-10913~4
31　芑汀詩集　集4-25331
　　芑汀詩草　集4-25332
60　芑園真一酒集蘇　集4-27330
67　芑野詩鈔　集3-17759,6-44540
90　芑堂先生手札　集4-22117

芭

44　芭蕉扇　集7-52224

4472₂　鬱

44　鬱麓齋詩文集　集3-13264
　　鬱華閣遺集詩、詞　叢1-581
　　鬱林州志［乾隆］　史8-61334
　　鬱林州志［光緒］　史8-61335
58　鬱輪袍　集7-49378~80
66　鬱單越頌　叢1-197(2)
77　鬱岡齋筆塵　子4-20729
80　鬱金頌　叢1-168(4)

鬱

00 鬱廖集　集 3 - 15255
28 鬱儀樓集　集 2 - 10249～50
　　鬱儀樓集、調象菴稿、石語齋集、始青閣稿
　　　集 2 - 10247
32 鬱洲遺稿　集 2 - 7206、7209　叢 1 - 223(64)
　　鬱洲遺稿(梁文康公集)　集 2 - 7207
　　鬱洲遺稿、補遺　集 2 - 7208
40 鬱古精舍詩存　集 4 - 28430
44 鬱麓樵詩文集　集 3 - 21272
　　鬱華閣遺集　集 5 - 38124
　　鬱華閣金文目　史 8 - 64337
　　鬱鬱齋古文析義詳解　集 6 - 43009
58 鬱輪袍　集 7 - 48775、48778、49185～6　叢 2 -
　　672
　　鬱輪袍傳　叢 1 - 168(1)、587(4)
66 鬱單越頌　子 7 - 34494
77 鬱岡齋筆塵　子 4 - 20728、20730　叢 1 - 22
　　(22)、373(3)
　　鬱岡齋筆述　子 5 - 31898
80 鬱金頌　集 1 - 379
90 鬱堂詩稿　集 5 - 36499

4472₇ 劫

22 劫後手鈔　子 4 - 24692
　　劫後集　叢 2 - 2183
　　劫後稿　集 7 - 47776
　　劫後吟、文　集 5 - 36090
28 劫徐詩存(慕研齋稿劫餘詩存)　集 5 -
　　40178
38 劫海迴瀾錄　史 1 - 4072
　　劫海吟　集 5 - 41345　叢 2 - 706
40 劫灰集　集 4 - 26141、32275
　　劫灰集(臥雲山館詩存)、詩餘　集 4 - 30931
　　劫灰錄　史 1 - 3447～53　叢 1 - 256、580
　　劫灰錄補注　史 1 - 3454
44 劫夢淚談　史 1 - 4096　叢 1 - 496(7)
　　劫花小乘　子 7 - 38213
50 劫中吟　集 4 - 30858
88 劫餘雜識　史 1 - 3847　叢 2 - 844
　　劫餘雜錄　子 4 - 23462
　　劫餘詩選　集 4 - 30861
　　劫餘詩草　集 5 - 38352

劫餘詩鈔　集 5 - 35997
劫餘殘草　集 5 - 36469
劫餘集　集 5 - 35125
劫餘剩稿　集 5 - 34775
劫餘僅存　集 4 - 30807
劫餘近草　集 5 - 38501
劫餘灰錄　史 1 - 3907
劫餘存稿　集 4 - 33265
劫餘草　集 4 - 29130、29134、31758、31802　叢
　　2 - 970
劫餘枯禪偈　集 5 - 40558
劫餘軒詩錄　集 5 - 34543
劫餘軒存稿　集 5 - 34542
劫餘囈話　子 4 - 24603
劫餘吟　集 4 - 31339
劫餘吟草　集 4 - 31794
劫餘所見詩錄前編、後編　集 6 - 44313
劫餘小紀　史 1 - 4099　叢 2 - 1935
劫餘小錄　集 5 - 36399
劫餘憶稿、雜稿　集 5 - 34318
90 劫火紀焚　集 5 - 35719

勘

00 勘離騷院本　集 7 - 50477
08 勘旅順記　史 7 - 49318(20)、54064
15 勘建三水縣琴沙砲臺文牘　史 6 - 45562
　　勘建虎門砲臺並解運廣西砲公牘　史 6 -
　　45567
　　勘建九龍城砲臺全案文牘　史 6 - 45571
21 勘處播州事情疏　史 6 - 48175　叢 1 - 84
　　(2)、2 - 730(9)、731(68)
30 勘定回疆記　史 1 - 3716、7 - 49316、49318(3)
　　勘定陵寢吉地奏議　史 6 - 47929
50 勘書巢未定稿　集 4 - 25782　叢 2 - 615(3)
80 勘分大連租界專條　史 6 - 45037

茆

32 茆溪森禪師語錄　子 7 - 32102
33 茆濱漁唱　集 5 - 40944

葛

00 葛文康小品　叢 2 - 706

葛文字文滕 叢2-706
葛衣記 集7-49852
葛衣集 集2-12605
02 葛端調編次諸家文集 集6-41798
葛端肅公文集 集2-8691
葛端肅公文集、識闕、附錄葛端肅公家訓
　集2-8690
10 葛一龍集 集2-11024
葛震甫詩集 集2-11025~6
葛震甫先生詩集、遺集 集2-11028
葛覃集 集4-26828
17 葛司農遺集 集2-11180
20 葛稚川內篇 子5-31884
葛稚川內篇、外篇 叢1-111(4)
葛稚威先生(嗣澎)行畧 史2-10899
22 葛仙神火畧 子1-3522
葛仙翁神火 子1-3657
葛仙翁太極沖玄至道心傳 子5-29535(4)、
　29536(4)
葛仙翁太極沖玄至道心傳(沖玄至道心傳)
　子5-31236
葛仙翁肘後備急方 子2-4625,5-29530
　(25)、29535(4)、29536(4)
葛仙翁肘後備急方(肘後備急方) 子2-
　9111
葛仙翁肘後備急方、褚氏遺書 子2-9112
葛仙翁全傳 子5-28284
葛嶺丹爐 集7-49696
葛嶺爐丹 集7-49695
30 葛憲使公集 集2-11924
40 葛太史公集 集2-9156
葛壇游記 史7-49317(2)
葛壇遊記 史7-49318(8)、53570
葛塘連花沖三族規 子1-2024
葛巾 集7-52323
43 葛城詩稿 集3-19462
44 葛坡草堂集(十載我言、續我言、江南詩、笥
　存稿) 集2-12779
葛莊詩鈔 集3-16761~3
葛莊詩鈔選 集6-41972
葛莊編年詩、補遺 集3-16764
葛莊分體詩鈔 集3-16765
葛萬里雜著十二種 叢2-1359
葛世振墓銘 史2-9244
46 葛如麟文集 集2-11925
50 葛中翰集 集2-12272,6-43118
葛中翰遺集、目錄、葛中翰年譜 集2-
　12273
52 葛剌巴傳 史7-49317(5)、49318(17)、54744
60 葛園詩存 集5-39618
72 葛氏(肇基、金烺)兩世墓表誌銘 史2-

7990
葛氏語錄 子4-21854
葛氏族譜[安徽潛山] 史5-35854
葛氏續譜[浙江淳安] 史5-35827
葛氏家譜[江蘇蘇州] 史5-35821~2
葛氏宗譜[安徽肥東] 史5-35851~2
葛氏宗譜[浙江] 史5-35825
葛氏喪服變除 經1-5434 叢2-774(3)
78 葛臥樓搜弄集 集3-15366
80 葛介龕詩 集2-12095,6-41943
葛無懷小集 集1-3469,6-41744~5、
　41888~9、41891~3、41896~8、41917、41921
87 葛銘著述三種 叢2-1758
90 葛光祿集選 集6-44580

4473₁ 芸

00 芸庵詩集 集4-24328
芸庵詩餘 集7-46377、46590
芸庵類藁 叢1-223(55)
芸齋詩鈔 集6-41978
芸齋圖駿清言 子5-27352
芸齋印譜 子3-17061
20 芸香齋韻法新譜 經2-14411
芸香草 集5-37223
芸香書屋詩鈔 集4-28804
芸香閣詩集 集4-31771
芸香閣詩稿續集 集4-30783
芸香館重刊正字畧、補編 經2-13077
芸香館遺詩 叢2-689
芸香館遺詩(芸香館遺集) 集5-35396
芸香堂詩文集 集4-22679
芸香堂詩集 集4-23707~8,6-45021
30 芸客遺詩 集3-20076
芸窗雜識前集、後集 子4-21266
芸窗詩稿 集5-34006
芸窗詩草 集4-33165
芸窗課藝 叢2-2255
芸窗詞 集7-46380、46673 叢2-698(13)、
　720(2)、806
芸窗砭語 叢1-192
芸窗瑣記 子5-27351
芸窗瑣錄 子4-24643
芸窗集藝 子2-5203
芸窗私志 子5-26325 叢1-22(6)、23(5)
芸窗叢話五集續集 子5-27350
芸窗清賞 子4-24454
芸窗存稿 集3-16352

芸窗軼箋　集3-17287
芸窗易草　經1-1373
芸窗吟稿　集4-32482
芸窗雅事　叢1-197(4),2-617(2)
芸窗閒賢　集7-53650
33 芸心識餘、續　子4-23892
38 芸海閣文集　集4-33422
40 芸臺藻鑑　叢1-187
43 芸械先生印存　子3-17139
44 芸莊雜錄備遺　子4-20452
芸莊易註　經1-1363
芸莽詩集　叢2-817
芸菴類稿　集1-3400
46 芸架詩稿　集3-17368
47 芸馨館遺草　集5-34242
50 芸夫詩草　集4-23730
芸書堂剩稿　集3-20259
55 芸農老人七十有一自述　史2-10402
67 芸暉書屋筆記　史6-47191
芸暉館詩集　集4-24989
芸暉小閣吟草　集4-24389　叢2-906
芸暉堂詩集、續稿　集3-15935
芸野集　集4-24964
70 芸辟軒集三種　叢2-1750
芸陔遺集　集5-37947
72 芸隱詩集　集1-4143,6-41904
芸隱倦游、橫舟藁　集6-41888
芸隱倦游稿、橫舟稿　集6-41893、41894(3)、
　41895、41913、41917、41924
芸隱倦游稿、橫舟藁　集6-41898
芸隱倦游藁、橫舟藁　集6-41889、41892、
　41897
芸隱倦遊稿、橫舟稿　集1-4145
芸隱橫舟稿、倦游藁　集6-41744
芸隱橫舟稿、倦遊稿　集1-4144
芸隱橫舟稿、芸隱勷遊稿　叢1-223(57)
芸隱橫舟藁、倦游稿　集6-41891
芸隱橫舟藁、倦游藁　集6-41745
芸隱勷遊藁、芸隱橫舟藁　叢2-806
77 芸居乙稿　集1-3720,6-41744、41893、
　41917、41924
芸居乙稿、補遺、附錄　集1-3721　叢2-
　833
芸居乙藁　集6-41920
芸居乙藁　集6-41745～6、41888、41891～2、
　41894(3)、41896～8、41904、41911、41923
芸居遺詩　集1-3722,6-41909
芸閣詩草　集4-30774
83 芸館課存　集4-22760
88 芸籠偶存　子4-22461　集4-22358
97 芸輝堂詩集、文集、賦稿　集4-28541

藝

00 藝庵遺詩　集4-24608　叢1-364
藝麻輯要　子1-4313
藝文　叢1-460,2-913、1778
藝文備覽、檢字、補詳字義　經2-12887
藝文備覽字義　經2-12888
藝文補遺　史7-50958　叢2-735(5)
藝文考　史7-51814
藝文畧、君臣畧　子5-25167
藝文類聚　子5-24764　叢1-223(42)
09 藝談錄　集6-46094　叢2-1681
10 藝雲詞　集7-47989
藝粟齋墨品　子4-18776、18820
20 藝香詩草　集4-27619
藝香詩草偶存　集4-28320
藝香詩草畧　集4-28319
藝香詞　集7-46397～400、47007～8
藝香詞鈔　集7-47009
藝香未刻稿　集4-27620
21 藝能編　叢2-622
藝術叢編　史8-63508
藝術考　子7-36240(3)
藝術類徵　史8-63508　叢2-630
藝經　子3-18470、18472　叢1-22(17)、23
　(16),2-774(10)
24 藝徒學堂規則　史6-42380、47082
藝贊　集6-42742
27 藝舟雙楫　子3-15200
藝舟雙楫　叢1-469、494～5、586(3),2-716
　(3)、1662
藝舟雙楫(藝舟雙楫)　子3-15201
藝舟雙楫書論　子3-15202
30 藝流供奉志　叢1-23(8)
藝流洪奉志　叢1-22(9)
38 藝游錄、開方釋例　子3-12582
藝游錄、開方釋例識誤　子3-12583
藝海一勺二十三種　叢2-642
藝海珠塵一百六十六種　叢1-241
藝海珠塵二百六種　叢1-242(1)
藝海彙函九十二種　叢1-34
藝海彙編二十九種　叢1-256
藝海瀝液　集6-46251
藝海泂酌晉乘、唐乘　集6-46240
41 藝概　集6-46320
44 藝苑玄幾　集6-46236　叢2-833
藝苑巵言　子4-20635

中國古籍總目·索引

藝苑聯語　叢 2 - 632

藝苑雌黄　集 6 - 45486、45627　叢 1 - 22
(13)、23(13)

藝苑名言　集 6 - 46021

藝苑叢話　子 5 - 27500　叢 2 - 632

藝苑叢鈔一百六十三種　叢 1 - 353

藝苑遺編　集 6 - 42439

藝苑古文稿　集 3 - 19002　叢 2 - 985

藝苑指南　叢 2 - 1831

藝苑捃華(祕書四十八種)　叢 1 - 395

藝苑卮言　叢 1 - 31

藝苑卮言　集 6 - 45491、45494、45751～4　叢
2 - 1111

藝苑閒評　集 6 - 46243

藝苑鉤玄　集 2 - 8183

藝花譜　子 4 - 19155　叢 1 - 13、14(3)、119～
20、181

藝蘅館詞選　集 7 - 48604

藝芳老人詩存　集 5 - 36474

藝芳閣藝海奇鈔十四種　叢 1 - 204

藝芳館詩集　集 5 - 36473

藝蘭、蘭譜　子 4 - 19235

藝蘭說　叢 1 - 490

藝蘭要訣　叢 2 - 642

藝蘭百詠　叢 1 - 365

藝蘭山館詩存、詩餘　集 5 - 37220

藝蘭祕要　子 4 - 19237

藝蘭書屋草　集 4 - 27283

藝蘭四說　子 4 - 19233～4　叢 1 - 474、2 -
683

藝蘭堂文存　集 5 - 39084

藝葵草堂詩稿　集 3 - 14736

藝蓀園拾遺詩鈔　集 4 - 29294

藝芸書舍宋元本書目　史 8 - 65759～61　叢
1 - 585、2 - 662、731(2)

藝芸書舍宋板書目、元板書目　叢 1 - 419

藝芸書舍書目　史 8 - 65758

藝芸館詩鈔　集 3 - 21834

藝菊　子 4 - 19262　叢 1 - 13、14(3)、30、119～
20、181

藝菊新編　子 1 - 4498　叢 2 - 644

藝菊瑣言　子 1 - 4497　叢 2 - 737

藝菊須知　叢 2 - 642

藝菊法　子 1 - 4499

藝菊十三則、菊名詩　子 4 - 19275

藝菊志　子 4 - 19266

藝菊書　子 1 - 4496　叢 1 - 61～4、2 - 622、730
(4)

藝菊軒吟草(藝菊軒吟稿)　集 5 - 34040

藝菊簡易　子 4 - 19276　叢 2 - 642

藝林　集 6 - 45485

藝林一隅、增編　子 4 - 23242

藝林聚錦增補故事白眉　子 5 - 25128

藝林伐山　子 4 - 22230、22232　叢 1 - 496(3)

藝林彙譜　史 2 - 6691～2

藝林彙考　子 4 - 22339　叢 1 - 223(40)

藝林彙考、瓊花彙證　子 4 - 22340

藝林彙考稱號篇　子 4 - 22341

藝林學山　集 6 - 46238　叢 2 - 653(3)、1163

藝林合璧　子 5 - 25158

藝林粹言　子 4 - 24115

藝林悼友錄初集、二集　子 3 - 14726

藝林悼友錄初集、二集、附錄　史 2 - 7674

藝林類考盤珠　子 5 - 25157

47 藝觳、補　叢 1 - 223(40)

藝觳、觳補　子 4 - 22240

49 藝妙記　史 1 - 801

50 藝事通紀　史 6 - 41489～94　子 7 - 36256～7

藝書通輯　史 6 - 41489～94　子 7 - 36256～7

60 藝□　子 4 - 22241

藝圃詩為姜仲子賦　集 3 - 14126

藝圃詩稿　集 5 - 39492

藝圃球瑯　子 4 - 20627

藝圃集　集 3 - 18122

藝圃傖談　集 6 - 46244　叢 2 - 1169

藝圃擷餘　集 6 - 45486、45490～1、45494、
45750　叢 1 - 13、14(3)、31、111(3)、195(4)、
2 - 622、731(47)、811

藝圃折中　子 4 - 20005　叢 1 - 19(6)、20(4)、
22(2)、23(2)、24(7)

藝圃搜奇　子 4 - 22951

藝圃問津　叢 2 - 1722

藝團日涉　子 4 - 24671

62 藝則忍禪師語錄　子 7 - 34295

71 藝栔　叢 2 - 1856

77 藝風先生文　集 5 - 37283　叢 2 - 2117

藝風藏書記　史 8 - 65893

藝風藏書記、續記　叢 2 - 2118

藝風藏書再續記　史 8 - 65895

藝風藏書續紀　史 8 - 65894

藝風老人日記(光緒十四年至民國七年)
史 2 - 13081

藝風老人年譜、行狀　史 2 - 12333

藝風堂文集、外集　集 5 - 37284

藝風堂文集、外篇　叢 2 - 2118

藝風堂文續集、外集　集 5 - 37285

藝風堂文漫存(辛壬稿、癸甲稿、乙丁稿)
集 5 - 37286

藝風堂文別存　集 5 - 37287

藝風堂雜著三種　叢 2 - 2117

藝風堂雜鈔　子 4 - 24748

藝風堂詩存、碧香詞　集 5 - 37282

藝風堂讀書志七種　叢2-2116
藝風堂彙刻十六種　叢2-2118
藝風堂校書隨筆　子4-22768
藝風堂題跋　叢1-588
藝風堂別鈔　集5-37288
藝風堂賦稿　集5-37289
藝風堂金石文字續目　史8-64766～7
藝風堂金石文字目　史8-64765　叢2-2118
藝學文編　史6-41489～94　子7-36256～7
藝學采新　子7-36229、37243
藝學統纂　子4-24522
藝學統纂聲學　子4-24523
藝學彙編　叢1-531
藝學十六種策論　子4-19499
藝學圖表　史6-41489～94　子7-36256～7
88 藝餘草　集3-17950

4473₂ 莨

44 莨茗渠小記　叢2-2265
67 莨墅說書　經1-2844

茛

44 茛楚齋詩集　集5-40188
　茛楚齋書目　史8-65982　叢2-2202
　茛楚齋四筆、五筆、引用書目、目錄　叢2-2202
　茛楚齋隨筆、續筆、三筆　叢2-2202
　茛楚軒詩集　集5-40186

蓑

80 蓑翁墨戲　集3-20095
88 蓑笠軒僅存稿(零雨集、詞、叩抽集、餘清詩稿、朝天初集、碧鑑集、載月吟、北騾集、詞、洗硯齋集)　集3-17399
　蓑笠軒遺文　集3-21514

4474₁ 薛

00 薛立齋醫按　子2-4575

薛方山集　集2-8709
薛方山稿　集2-8711～2,6-45336
薛方山紀述　子1-1081　叢1-108,2-731(8)
薛文清手稿　集2-6660
薛文清先生讀書錄　叢1-214
薛文清公(瑄)行實錄　史2-8860
薛文清公(瑄)年譜　史2-11009　叢2-1057
薛文清公(瑄)年譜、行實　史2-11420
薛文清公文集　集2-6657、6659
薛文清公讀書全錄類編　子1-908
薛文清公讀書錄　子1-903　叢2-731(12)、1826
薛文清公讀書錄(讀書錄)、續錄　子1-906
薛文清公讀書錄鈔　子1-911、915　叢1-435
薛文清公讀書錄鈔、讀書續錄鈔　子1-912　叢2-1555
薛文清公要言　子1-920
薛文清公要語內篇、外篇　子1-919
薛文清公理學粹言　叢2-1057
薛文清公手稿　叢2-1057
薛文清公集九種　叢2-1057
薛文清公行實　史2-8861
薛文清公行實錄　叢2-1057
薛文清公從政名言　史6-42944　叢1-66,2-1057
薛文清公從政錄　叢1-107、111(3),2-731(18)
薛文清公遺事　史2-8862　叢1-34
薛文清公事實　子1-905
薛文清公全集　集2-6649～50
薛文清公全錄(敬軒薛先生文集、薛文清公讀書錄、讀書續錄)　集2-6648
薛文清公策問　叢2-1057
薛文介公文集　集2-10671
01 薛諧孟筆記　史1-3249
04 薛詩拾遺　集2-8136
08 薛許昌詩集　集1-1682,6-41854、41859
10 薛一瓢瘧論　子2-6983
　薛一瓢先生論　子2-10565
　薛一瓢先生溫熱論批本　子2-6832
　薛王二先生敎言　子1-105
　薛靈芸傳　叢1-29(1)、168(1)
　薛西原五言詩鈔　集2-8135
　薛西原集　集2-8132,6-41940
12 薛刑部詩集　集2-6653
17 薛子　經1-4597　子1-18、20,4-19634
　薛子庸語　子1-1080
　薛子讀書錄鈔　子1-913

薛子條貫篇、續　子1-909
薛子道論　子1-20、61、924～5　叢1-61～
　4、195(2)、2-730(4)、731(12)
薛子粹言　子1-921～2　叢1-66
薛君韓詩章句　經1-4611、4818　叢2-774
　(2)
薛司隷集　集1-641～2、6-41694、41698
　叢1-183
21 薛仁齋文集　集4-31449
薛仁齋先生遺集　叢1-574(4)
薛仁齋遺集　集4-31448
薛仁齋遺稿　集4-31450
薛仁貴榮歸故里　集2-720(4)
薛仁貴榮歸故里雜劇　集7-48767(3)　叢
　2-698(14)
薛能詩　集6-41872
薛能詩(薛能集)　集1-1681
薛能集　集6-41850
薛行屋詩選　集6-41970
薛行屋選　集3-13233
24 薛侍郎詞　叢2-2227
25 薛生白濕熱條辨　子2-4750、6831
薛生白醫案　子2-4771(4)、10564、10637
26 薛總戎墓誌銘　史2-9362
27 薛御史中離集　集2-8036
薛象峯詩集　集1-5100、6-41779～80
薛包認母　集7-48774(7)、49061
薛叔耘遺著十六種　叢2-2022
薛叔耘日記(清同治七年至光緒二十年)
　史2-13027
薛叔耘星使銐議　集5-36425
30 薛淮生稿(薛淮生課徒草、味經得雋齋課徒
　草)　集4-32582
薛渡周氏續修族譜[湖南湘潭]　史4-
　30181
薛家三遺文　集3-21798、6-42069
薛家渡周氏續修族譜[湖南]　史4-30236
薛憲副集　集2-8708、6-41935(2)
薛宷詩文稿　集2-12142
薛案辨疏　子2-10471
32 薛溪朱氏重修家乘[浙江義烏]　史4-
　26572
薛浮休集　集2-6528、6-41935(2)
33 薛祕監集　叢1-353
34 薛濤(洪度)傳　史2-8585
薛濤詩　集6-41775～6　叢1-469、495、586
　(4)、2-716(4)
薛濤詩(唐薛校書集、女才子詩、洪度集)
　集1-1229
薛濤傳　叢1-168(3)
薛濤李冶詩集　叢1-223(68)
薛濤年譜　史2-11186
薛洪度詩集　叢1-104
35 薛神父傳　子7-35868
44 薛考功集　集2-8133、8138、6-41935(2)
薛考功集、西原遺集　集2-8139
薛考功集、附集　集2-8137
薛莊詩集　集4-28525
薛恭敏公奏疏　史6-48398～9
薛孝廉拯庵文集　集2-8569
48 薛敬軒集　集2-6654～5
薛敬軒稿　集2-6661、6-45336
薛敬軒先生文集　集2-6658　叢1-214、2-
　731(45)
薛檢討集　集2-7260、6-41935(3)
50 薛中離全書　集2-8035
薛史輯本避諱例　叢2-2240
薛吏部詩　集2-8134
薛蛟觀書　集7-52535
60 薛星使奏議　史6-49104
67 薛昭傳　叢1-56、168(3)、2-731(50)
72 薛氏雜証口訣　子2-7244
薛氏族譜[江蘇]　史5-39933
薛氏族譜[江蘇江陰]　史5-39928～9
薛氏族譜[福建]　史5-39940
薛氏族譜[湖南宜章]　史5-39943
薛氏族譜采遺[江蘇無錫]　史5-39923
薛氏濟陰萬金書　子2-7986
薛氏家譜[陝西維南]　史5-39944
薛氏家乘[湖南桃源]　史5-39942
薛氏宗譜[上海崇明]　史5-39916～7
薛氏宗譜[江蘇如皋]　史5-39918
薛氏宗譜[江蘇無錫]　史5-39925
薛氏江陰宗譜[江蘇蘇州]　史5-39930
薛氏江陰宗譜前集、新集[江蘇蘇州]　史5-
　39931
薛氏祕傳萬金方　子2-9177
薛氏遺書(益都薛氏遺書)　子3-11236
薛氏濕熱論歌訣　子2-4681
薛氏内科撮要　子2-7102
薛氏四修族譜[湖南寧鄉]　史5-39941
薛氏醫案　子2-10470　叢1-223(34)
薛氏醫案(薛生白醫案)　子2-10564
薛氏醫書(薛氏醫案)十六種　子2-4561
薛氏醫按二十四種　子2-4560
薛氏醫錄　子2-7102
薛氏前譜案證[江蘇蘇州]　史5-39932
薛兵憲集　集2-8462、6-41935(4)
77 薛母郭太恭人(薛葆椿母)家傳　史2-
　10208
80 薛公讀書錄　子1-901　叢1-46

90 薛惟文鈔　集3-18966
　　薛懷遠(念祖)行狀　史2-10801
　　薛常州浪語集　集1-3651
99 薛瑩後漢書　史1-27、324

4474₇ 薣

71 薣厓考古錄　子4-22576

4474₈ 莜

60 莜田賸筆殘稿　叢2-1539

4477₀ 廿

00 廿六草、續　集3-17290
10 廿一部諧聲表　經2-14177、14532～3　叢2-630
　　廿一史識餘　史1-4920
　　廿一史彈詞註　史1-6054
　　廿一史彈詞註、類聚數考　史1-6055
　　廿一史約編　史1-4924　叢1-437
　　廿一史提綱歌　史1-4939　子7-36235
　　廿一史四譜　史1-4578　叢2-653(5)
　　廿一史戰畧考　史1-5977　子1-3303
　　廿二子全書　子1-58
　　廿二史商榷(隋書)　史1-634
　　廿二史文鈔　集6-43102
　　廿二史諱畧　史6-42259　叢1-435
　　廿二史發蒙　史1-4991　叢1-496(4)
　　廿二史紀事提要　史1-4942
　　廿二史紀畧(廿二史綜編)　史1-5746
　　廿二史考異　史1-5982～3　叢2-653(5)、731(62)、1488
　　廿二史考異(新舊唐書)　史1-664
　　廿二史考異(五代史)　史1-168,7-49311
　　廿二史考異(元史)　史1-773,7-49311
　　廿二史考異(晉書)　史1-533,7-49311
　　廿二史考異(續漢書)　史1-343,7-49311
　　廿二史考異(魏書)　史1-604,7-49311
　　廿二史考異(宋史)　史1-699,7-49311
　　廿二史考異(宋書)　史1-568,7-49311
　　廿二史考異(漢書)　史1-224,7-49311
　　廿二史考異(遼史)　史1-731,7-49311

　　廿二史考異(南齊書)　史1-581,7-49311
　　廿二史考異(舊唐書)　史7-49311
　　廿二史考異(隋書)　史7-49311
　　廿二史考異(金史)　史1-748,7-49311
　　廿二史考異、修唐書史臣表　叢2-1489
　　廿二史劄記　史1-5280、5981
　　廿二史劄記、補遺　史1-5980　叢2-653(5)、698(5)、731(62)、1486
　　廿二史策案　史1-5985
　　廿二史精華錄　史1-4955
　　廿三史評口訣　史1-5319　子1-1971　叢2-1732
23 廿我齋詩稿　集4-32601～2　叢2-886(4)
43 廿載繁華夢　子5-28601
44 廿花風館詩鈔、補遺　集5-40089
60 廿四家隱語　子3-18414,4-23606
　　廿四史論菁華　史1-5758
　　廿四史菁華錄　史1-4998

甘

00 甘廊文集　集4-27079
10 甘露經陀羅尼　子6-32083(13)
　　甘露軍荼(茶)利菩薩供養念誦成就儀軌　子6-32081(56)、32085(51)、32086(61)、32089(36)、32090(57)、32091(55)、32092(38)
　　甘露軍荼利菩薩供養念誦成就儀軌　子6-32083(36)、32084(27)、32088(37)、32093(36)
　　甘露園短書　子4-20642
　　甘露陀羅尼經　子6-32089(15)
　　甘露陀羅尼咒　子6-32093(43)
　　甘露忿怒咒　子7-32094
　　甘元煥雜稿(甘劍侯元煥雜鈔)　子4-23397
　　甘元煥日記(清光緒元年至四年、十一年至十三年、十七年至二十三年)　史2-13055
12 甘水仙源錄　史2-8206　子5-29530(19)、29535(7)、29536(7)
18 甘孜縣圖誌附俄洛誌[民國]　史8-62131
26 甘白齋詩　集4-22653
　　甘白齋詩稿　集3-21735
　　甘白先生文集　集2-6141
　　甘白先生張子宜詩集　集2-6139～40
　　甘白先生張子宜詩集、文集、詩集補遺　集2-6138
　　甘白先生張子宜詩集、補遺、文集　集2-6137
　　甘泉新論　子1-1031　叢1-195(2),2-881

甘泉集　集 3 - 18617
甘泉獻納編　史 6 - 48217
甘泉先生文集外編　集 2 - 7377
甘泉先生文集内編、外編　集 2 - 7375
甘泉先生文錄類選　集 2 - 7379
甘泉先生兩都風詠　集 2 - 7369
甘泉先生續編大全　集 2 - 7367
甘泉先生岳遊紀行錄　史 7 - 53067
甘泉鄉人雜記　子 4 - 23342
甘泉鄉人殘稿、家乘　集 4 - 28954
甘泉鄉人集　叢 1 - 373 (10)
甘泉鄉人稿　集 4 - 28955～6
甘泉鄉人稿、可讀書齋校書譜　集 4 - 28957
甘泉鄉人稿、年譜　集 4 - 28958
甘泉鄉人稿、餘稿、年譜　集 4 - 28959
甘泉鄉人稿餘　集 4 - 28960
甘泉鄉人邇言　子 4 - 21209
甘泉鄉人餘稿　集 4 - 28953
甘泉宮瓦考　叢 1 - 201
甘泉湛子古詩選　集 2 - 7371
甘泉縣續志[嘉慶]　史 7 - 56736
甘泉縣續志[民國]　史 7 - 56738
甘泉縣鄉土志　史 7 - 54921
甘泉縣鄉土志[光緒]　史 8 - 62733
甘泉縣志[乾隆]　史 7 - 56735、8 - 62732
甘泉縣志[光緒]　史 7 - 56737
甘泉歷年表　史 8 - 62893
甘泉劉氏宗譜[江蘇揚州]　史 5 - 39209
甘泉全集三種　叢 2 - 1068
32 甘州府志[乾隆]　史 8 - 63158
甘州明季成仁錄　史 2 - 8326
36 甘澤謠　子 5 - 27534～5　叢 1 - 19 (5)、20
(3)、21 (4)、22 (19)、23 (18)、24 (6)、26～8、169
(3)、255 (2)、268 (4)、2 - 731 (50)
甘澤謠、東坡刪改圓澤傳　叢 1 - 223 (46)
44 甘莊恪公全集　集 3 - 18456
甘薦室膡稿十五種　叢 2 - 2160
甘苦語　叢 2 - 2270 (4)
甘苦思食盦文虎　子 3 - 18448
甘薯錄　叢 1 - 320、563
甘藷錄　子 1 - 4296　叢 1 - 203 (16)
甘村集(荆南集、燕臺集、海右集)　集 3 -
20137
甘菊籢詩集　集 5 - 36770
50 甘肅高僧傳論贊　子 7 - 34722
甘肅文武各官等支款章程　史 6 - 43363
甘肅新通志[光緒]　史 8 - 63081
甘肅諸水編　史 7 - 49317 (7)、49318 (10)、
53043
甘肅鞏昌府安定縣酌議保甲團練章程　史

6 - 45467
甘肅鄉試闈墨(光緒癸巳恩科、光緒丁酉
科)　史 3 - 22186
甘肅清理財政說明書四編目錄　史 6 -
43365
甘肅通志[乾隆]　史 8 - 63080　叢 1 - 223
(24)
甘肅通志稿[民國]　史 8 - 63082
甘肅大通縣風土調查錄[民國]　史 8 -
63293
甘肅查辦全集　史 6 - 47354
甘肅查辦全案　史 1 - 3843
甘肅地畧　史 7 - 49318 (20)、51160～1
甘肅藩庫宣統元年夏季分支款報告冊　史
6 - 43364
甘肅考畧　史 7 - 49317 (1)、49318 (2)、51159
甘肅勸工廠章程　史 6 - 44850
甘肅忠義錄傳、表　史 2 - 8323
甘肅防勇練兵及各署役夫等支款章程　史
6 - 43362
甘肅陸軍小學堂章程　史 6 - 45315
甘肅民屯賦役全書　史 6 - 43761
甘肅竹枝詞　集 4 - 27024
甘肅省鄉土誌稿[民國]　史 8 - 63083
甘肅省城自蘭泉驛起至新疆路程　史 7 -
49745
甘肅省相距京城各省及新疆等處程限　史
7 - 49758
甘忠果祠堂集　集 3 - 15308
54 甘蠖軒小草　集 5 - 38558
60 甘里甘氏家譜[江蘇丹陽]　史 4 - 26042
72 甘氏族譜[福建建寧]　史 4 - 26047
甘氏傷科方論　子 2 - 7897
甘氏家訓　叢 2 - 2112
甘氏家譜[遼寧瀋陽]　史 4 - 26039
甘氏家藏稿四種附一種　叢 2 - 2164
甘氏奇門一得(奇門一得、甘氏奇一得)　子
3 - 13733
甘氏世譜[山東桓臺]　史 4 - 26056
甘氏四修族譜[湖南]　史 4 - 26058
甘氏四修族譜[湖南武陵]　史 4 - 26059
甘氏印集　子 3 - 16890
75 甘陳氏家譜[江蘇蘇州]　史 4 - 32794
80 甘人詩草　集 4 - 31770
84 甘鎮志[萬曆]　史 8 - 63157
90 甘棠靈會錄　叢 1 - 56
甘棠小志[咸豐]　史 7 - 56734

4477₂ 菡

15 菡珠經　子4-24252　叢1-513

4477₄ 苜

60 苜園詩錄　集5-40883

4477₇ 舊

00 舊唐書　史1-14～7　叢1-227(5)
　　舊唐書、逸文、校勘記　史1-650
　　舊唐書、考證　史1-20、649　叢1-223(17),
　　　2-698(3)
　　舊唐書雜論　史1-5893
　　舊唐書論、唐文歸　史1-5895
　　舊唐書經籍志　史1-652,8-65262　叢2-
　　　731(1)
　　舊唐書白居易本傳　叢1-223(49)
　　舊唐書疑義　史1-656　叢1-288、411,2-
　　　1921
　　舊唐書疑義初稿　叢2-1921
　　舊唐書李靖傳玫證　子1-3095
　　舊唐書李靖傳考證　叢1-508,2-731(19)
　　舊唐書地理志、考證　史1-651,7-49311
　　舊唐書勘同　史1-657　叢2-1921
　　舊唐書本紀校誤　史1-677
　　舊言堂集　集4-22226
　　舊京文存、詩存　集5-40331
　　舊京詞林志　史6-42872　叢2-741
　　舊京瑣記　史7-49861
　　舊京秋詞　史7-49325、49862
　　舊京遺事　史7-49324、49814
　　舊雜譬喻經　子6-32081(39)、32082(18)、
　　　32083(26)、32084(21)、32085(38)、32086
　　　(44)、32088(27)、32089(34)、32090(55)、
　　　32091(53)、32092(36)、32093(27)
02 舊新遺詔聖書樣本　史1-1991,4165
04 舊讀不厭齋詩稿(舊讀不厭齋己未詩稿)
　　　集5-40096
08 舊說文錄　經2-12209
　　舊譜新聲　子3-17912
　　舊譜霓裳　子3-17863
10 舊五代史　史1-14、16～7

舊五代史、考證　史1-15、20、147　叢2-
　698(4)
舊五代史、目錄　史1-146　叢1-227(5)
舊五代史、目錄、考證　叢1-223(18)
舊五代史郡縣志、考證　史1-149,7-49311
舊五代史考異　史1-148　叢2-1549
舊五代史輯本發覆、薛史輯本避諱例　叢
　2-2240
舊兩草堂集　集3-15885
舊雨齋詩集　集3-19453
舊雨齋詩稿　集3-19451～2
舊雨齋集　集3-19454
舊雨集　集4-29633,6-44201、44206、
　44268～9
舊雨集、二集　叢2-639
舊雨集、補遺　集6-44266
舊雨集詩選　集6-44267
舊雨集補編　集6-44270
舊雨草堂文集　集5-36722
舊雨草堂詩、詩餘　集3-19845
舊雨草堂詩文集　集5-40114
舊雨草堂集　集6-45142
舊雨草堂時文　集5-36723
舊雨軒剩稿　集4-31400
舊西寧縣志[民國]　史8-61156
20 舊香居文稿、續稿　集4-28578
21 舊止草堂集　集3-19608,6-45142
22 舊山樓詩錄　集5-34904
　　舊山樓書目　史8-65826
　　舊山樓日記(清同治元年)　史2-12891
23 舊編南九宮譜　集7-54655
　　舊編南九宮譜、十三調南曲音節譜　叢2-
　　　743
24 舊德集　叢1-509
　　舊德錄　集5-37242
　　舊德堂醫案　子2-4768
　　舊德堂醫案、周雅宜醫案、戴天章瘟疫論
　　　子2-10510
25 舊佚錄　叢2-1934
　　舊繡集　集3-20794
　　舊繡集集杜　叢2-971
27 舊鄉行紀　史7-49317(6)、49318(12)、53916
　　　叢2-811
　　舊約註釋　子7-35109
　　舊約詩篇　子7-35128
　　舊約詩篇注釋　子7-35131
　　舊約詩篇官話　子7-35129
　　舊約何西至馬拉基注釋　子7-35136
　　舊約述要　子7-35120
　　舊約希奇諸事　子7-35102
　　舊約史記課程　子7-35119

舊約史記撮要　子7-35117
舊約歷代志畧註釋　子7-35126
舊約歷史合參　子7-35118
舊約全書　子7-35106~8
舊約全書小引　子7-35102
舊約年代表　子7-35102
舊約合參　子7-35115
舊約節錄啓蒙　子7-35113
30 舊寫本仇氏家乘[安徽歙縣]　史4-25658
舊宋史目錄　史1-712
32 舊業堂集　集2-9431
38 舊游日記　子5-26539
舊遊日記　叢1-419,2-731(54)
40 舊南草堂集　集3-20295
舊存今佚錄　史8-63879　叢2-1934
舊存錄　史8-61183
舊志補遺　史7-57334
43 舊城喻經　子6-32083(31)
舊櫨叢札正編　子4-23628
44 舊燕樓近詩(琴怨詩)　集3-14678
50 舊史本傳、新史本傳　叢2-635(7)
舊史學研究法　史1-5338
舊事重提　子4-24281
舊事考逸　史1-5974
舊青浦陳學三先生醫案　子2-10947
舊青藤館板本彙查　史8-65861
舊本白文公年譜　叢1-223(49)
舊本書錄　叢2-1020
舊書抄纂　子4-24654
舊書別錄　叢2-2270(2)
舊書所見述　叢1-373(4)
舊書錄　叢2-2270(2)
51 舊拓元夢英篆書千字文　子3-15626
舊拓宋米南宮篆真宗御製詩　子3-15657
59 舊抄雜稿　子4-24755
舊抄古文尚書殘卷　經1-2552
舊抄棋經訣　子3-17964
舊抄本曲譜　集7-54772
60 舊邑謳思長庚永慶　集7-50502
64 舊時文　集4-31853
舊時月色齋詞　集7-48192
77 舊月簃詞　集5-41431　叢2-2142
舊聞證誤　史1-6032~3　叢1-223(29)、
　282(2)、283(2)、388~90,2-731(66)
舊聞證誤、補遺　史1-6034　叢1-511
舊聞記　叢1-19(2)、21(3)、24(3)
舊聞零拾　史1-1996
舊學(莽蒼蒼齋詩、寥天一閣文、石菊影廬
　筆識、遠貴堂集外文)　集5-34540
舊學蓄疑　子4-22715~6　叢1-493,2-

927
舊學盦筆記　叢2-2154
80 舊金山紀　史7-49317(5)、49318(18)
83 舊館壇碑考　史8-63510、64666
舊館陳氏宗譜[浙江湖州]　史4-32824
88 舊笑話　子5-27293
舊篋零記　叢2-1512
89 舊鈔六壬四種　子3-14025
舊鈔太素經校本敍　叢2-2129(3)、2131
舊鈔本古文孝經解說　經2-8302

4478₁ 蕲

60 蕲園稿　集5-39299

4480₁ 共

04 共讀樓書目　史8-65915
共讀樓所藏年譜目　史8-66268
12 共發編　子4-20745
26 共和縣風土調查記[民國]　史8-63305
43 共城從政錄　史6-43152
共城從政錄、海陵從政錄、廣陵從政錄、莘
　原從政錄　叢2-1655
共城遊記　史7-49317(5)、49318(13)、53625
60 共墨齋漫錄　子4-24590
共墨齋藏漢印譜　史8-65042
77 共學書院誌　史7-52070
90 共賞編　集6-42835

其

21 其仁詩稿　集3-15640,6-45097
25 其生詩草　集6-41978
26 其白富禪師語錄、融徹頂禪師語錄　子6-
　32091(81)
45 其樓詩文集　集3-14845
46 其恕齋詩草　集4-26740
其恕堂稿　集3-18195
60 其田居詩集　集3-19863
88 其餘集　集5-35368

楚

00 楚庭稗珠錄　史7-50683~4　叢1-373(4)
　　楚庭稗珠錄補鈔　叢1-373(8)
　　楚襄王夢遊高唐記　集7-48768、49153
03 楚詠　集6-44865
06 楚譯　集1-139,6-41693
　　楚譯、參疑　集6-41692
07 楚望閣詩集　集5-40147~8　叢2-995
　　楚記　史1-2030
　　楚詞辨韻　叢2-881
　　楚詞新註、校正　叢1-330
　　楚詞講義　叢2-2129(3)、2130
　　楚詞補注　叢1-223(47)
10 楚正則採蘭紉佩　集7-49473
　　楚王案　史6-47815
　　楚王鑄劍記　叢1-29(1)
　　楚雨樓叢書初集　史8-63506
　　楚天樵話　集6-46201
　　楚天吟　集3-15574
　　楚石琦禪師語錄　子6-32092(43)
　　楚石禪師語錄　子6-32091(72)
　　楚石大師北遊詩(北遊詩集、北遊詩)　集1-5524
11 楚北水利隄防紀要　史6-46881
　　楚北金石錄　叢1-373(9)
　　楚疆三文忠傳　史2-6208
12 楚水詞　集5-37476
17 楚邵墨溪黃氏族譜[湖南邵陽]　史5-34071~5
18 楚珍自記年譜　史2-11914
20 楚辭　子1-30、83　集1-4~6、10、15、17、26、28、31、50、63、6-41693、43118　叢1-70、80~1、133、140、236~7、2-635(5)、698(8)、872
　　楚辭、辨證　集1-23
　　楚辭、後語　集1-29~30
　　楚辭、九歌圖　集1-48
　　楚辭、屈原傳　集1-2~3
　　楚辭文心雕龍王阮亭古詩選　叢2-1443
　　楚辭章句　集1-18　叢1-183、223(47),2-731(39)
　　楚辭章句(楚辭)　集1-11、13
　　楚辭章句(楚辭箋注、楚辭、楚辭補註)　集1-14
　　楚辭章句、疑字直音補　集1-12
　　楚辭辨韻　集1-74　叢2-731(25)
　　楚辭音　叢2-2269

楚辭音韻　集1-69
楚辭音殘　叢2-750
楚辭音殘本　叢2-650
楚辭音義　集1-82　叢2-1548
楚辭註畧　集1-45
楚辭雜誌　叢2-923
楚辭訂注　集1-68
楚辭評註(楚辭)　集1-49
楚辭評林、總評(楚辭集註)　集1-25
楚辭新註　集1-61
楚辭新註求確(楚辭)　集1-72
楚辭新集註(楚辭、楚辭新註)、楚懷襄二王在位事蹟考　集1-60
楚辭新解　集1-88
楚辭新注　叢2-829
楚辭講義　叢2-2131
楚辭韻讀　經2-14175　集1-71
楚辭韻讀、宋賦韻讀　經2-14532~3
楚辭韻解　集1-66
楚辭說韻　叢1-223(47)
楚辭詳解　集1-64
楚辭一管　集1-81
楚辭疏　集1-56
楚辭疏(楚辭)、讀楚辭語、楚辭雜論、屈原傳　集1-42
楚辭天問　叢2-1003
楚辭天問箋　集1-134　叢2-653(6)
楚辭聽直、合論　集1-40
楚辭集註　集1-27
楚辭集註、辨證、後語　集1-19、24
楚辭集註、辨證、後語、反離騷　集1-22
楚辭集註、辨證、反離騷　集1-20
楚辭集註、辯證　叢1-410
楚辭集註、辯證、後語　叢1-446、451
楚辭集註、各家楚辭書目　集1-21
楚辭集解、蒙引、大序、小序　集1-36
楚辭集解、蒙引、考異、大序、小序　集1-35
楚辭集注、辯證、後語　叢1-574(3)
楚辭集注、楚辭辯證、楚辭後語　叢1-223(47)
楚辭編　集1-70
楚辭釋　集1-76
楚辭釋、高麗賦注　叢2-2105~6
楚辭句解評林　集1-8~9
楚辭約註　集1-54
楚辭注　集1-16
楚辭補註　集1-37　叢1-347
楚辭補注　叢1-227(11),2-731(39)
楚辭述註　集1-39
楚辭述註、九歌圖　集1-41

楚辭述芳　集1-67

楚辭達　集1-65　叢1-267

楚辭初學讀本審音　集1-75

楚辭通釋　集1-52　叢2-1290,1292～3

楚辭選註考　集1-83

楚辭選鈔　集1-47

楚辭九歌解　集1-107

楚辭大義述　叢2-921

楚辭古韻考　集1-59

楚辭札記　集1-79

楚辭考辨　集1-85

楚辭考異　叢2-2248

楚辭芳草譜　集1-33　叢1-22(17)、23(17)、587(2)

楚辭榷　集1-43

楚辭拾遺　叢2-921

楚辭叶韻考　集1-80

楚辭屈詁　集1-58

楚辭貫　集1-73

楚辭人名考　集1-78　叢2-1920

楚辭箋註　集1-46

楚辭箋註定本　集1-87

楚辭節註、楚辭叶音　集1-62

楚辭餘論　叢1-223(47)

楚辭鈔　集1-86

楚辭燈、楚懷襄二王在位事蹟考、屈原列傳　集1-51

楚香亭集　集3-17343

21 楚衡顏氏族譜[湖南衡陽]　史5-40982～4

楚衡嶽神禹碑文　史8-64522　叢1-146

楚歲吟　集3-14183

楚師儒傳　史2-8217　叢2-875

22 楚峝志畧　叢1-242(5)

25 楚生文存　叢2-985

26 楚粤吟詩集　集3-20659

27 楚峒志畧　史7-50809　叢2-731(56)

30 楚寧鄉東城李氏祠志　史7-51873

楚寧李氏續修支譜[湖南新寧]　史4-27628

楚寶、外篇　史2-8228

楚寶、總論　史2-8215

楚寶目錄　史8-66129　叢2-2094

31 楚江詞　集7-46405、46822

楚江集、采湘詞　集3-15256

楚江編譯官書局書目　史8-66439

楚江情　集7-50415

32 楚州使院石柱題名記　史8-63862

楚州叢書第一集二十三種　叢2-807

楚州城磚錄　史8-63524、65236

楚州城甎錄　叢2-602

楚州金石錄、存目　史8-63861　叢2-602

楚潙山坑唐氏五修家譜[湖南寧鄉]　史4-32547

楚潙范氏族譜[湖南寧鄉]　史4-29482

楚潙喻氏十修支譜[湖南寧鄉]　史5-35949

34 楚漢帝月表　史1-10(1)、4642　叢2-818

楚漢諸侯疆域志　史1-8、10(1),7-49419　叢1-418、568,2-653(4)、731(56)

楚漢春秋　史1-2271、2274　集7-50485　叢1-261,2-761、772(5)、773(4)

楚漢春秋、疑義　史1-2272　叢1-515,2-770

楚漢春秋、疑義、考證　史1-2273　叢1-418

楚漢春秋、疑義、敍錄　叢2-628

楚漢餘話　叢1-166

楚漢餘談　史1-2275

35 楚漕江程　史6-46879～80

36 楚澤吟草　集5-41048

楚邊條約、楚邊餉　史6-45150

楚邊圖說　史6-45151

38 楚游稿　集2-10240

楚游寓目編　子3-14873

楚游草　集4-30787

楚遊雜詠　集3-17505

楚遊紀事　集3-15979

楚遊紀畧　史7-49318(13)、53647

楚遊草　集4-23791、24299、24854、29307、29429,5-35183

楚遊吟　集5-38315

楚遊小記　集6-45114

楚遊小草　集2-12822,4-31779　叢2-1924

40 楚臺疏畧　史6-48475

楚塘樊氏六修支譜[湖南長沙]　史5-39173

楚南諸水源流考　史7-52986

楚南王氏族譜[湖南寧鄉]　史4-25430

楚南雲陽寧氏六修族譜[湖南茶陵]　史5-38782

楚南集　集4-23395～6

楚南詹氏續修族譜[湖南常德]　史5-37931

楚南瀏陽萬古塘劉氏族譜[湖南瀏陽]　史5-39469

楚南潙寧東湖王氏五修族譜[湖南寧鄉]　史4-25434

楚南遊草　集5-37785

楚南李氏編修族譜[湖南桑植]　史4-27475

楚南桃源洞志　史7-51474

楚南蕭氏續修通譜[湖南邵陽]　史5-40022

楚南苗志　史7-50807

楚南黃氏族譜[湖南]　史5-33993

楚南葉氏族譜[湖南]　史5-35771

楚南劉氏族譜[湖南]　史5-39443

楚南劉氏族譜[湖南寧鄉]　史5-39481

楚南劉氏三修族譜[湖南寧鄉]　史5-39482

楚南劉氏三修族譜[湖南湘潭]　史5-39613

楚南劉氏四修族譜[湖南寧鄉]　史5-39483

楚南金石錄　史8-64046

楚南義陵錢氏三修族譜[湖南武陵]　史5-40240

楚南善邑河西六都佘家灘鄧氏支譜[湖南長沙]　史5-38834

楚南小紀　史7-50738　叢1-242(5)

楚雄府志[康熙]　史8-62542

楚雄府志[隆慶]　史8-62541

楚雄縣志[宣統]　史8-62544

楚雄縣志[嘉慶]　史8-62543

41 楚狂之歌　集2-11342、12306

楚狂之歌、小袁幼稿、近遊草　叢2-721

42 楚荊公安縣志畧[康熙]　史8-60325

楚橋印稿　子3-17121

44 楚地記　史7-50732　叢2-776

楚薌(貽穀)六旬唱和詩　史2-10691

楚蒙山房文集　叢2-1411

楚蒙山房詩　集3-18778　叢2-1411

楚蒙山房集　集3-18779

楚蒙山房集六種　叢2-1411

楚蒙山房奏疏　叢2-1411

楚蒙山房易經解　經1-2317　叢2-1411

楚楚詞　集7-48147

楚黃耿氏族譜[湖北麻城]　史4-31293

楚黃周氏族譜[湖北黃岡]　史4-30118

楚村詩集、文集　集3-13404

楚林禪師語錄、俞昭禪師語錄、古宿禪師語錄　子7-34162

47 楚聲　集3-19795

48 楚故畧　叢2-1103

50 楚中文筆　集4-25058

楚中會條　子1-1098　叢2-731(16)、816

楚史檮杌　史1-2233～5　叢1-11、19(5)、20(3)、21(4)、22(9)、24(5)、90～3、237,2-730(5)、731(64)

楚書　史7-50737　叢1-195(7)

60 楚蜀紀遊　史7-53112

楚國文憲公雪樓程先生(文海)年譜　史2-11385

楚國文憲公雪樓程先生文集(雪樓集)、楚國文憲公雪樓程先生年譜　集1-4905

楚國文憲公雪樓程先生文集、楚國文憲公雪樓程先生年譜　集1-4904

楚國先賢傳　史2-8211～4,7-49309　叢1-22(9)、23(9)、29(2),2-776

楚思賦　集2-9698,6-45189

63 楚畹詩餘　集7-46432、47447

楚畹閣詩餘　集7-47663

楚畹閣集　集4-29295

67 楚昭公疎者下船　集7-48878　叢2-720(3)

楚昭公疎者下船雜劇　集7-48767(2)　叢2-698(14)

楚昭公疎者下船雜劇　集7-48774(7)

68 楚吟　集4-25854

70 楚璧吟　集4-27003

77 楚風補、前編、末編　集6-44864

楚騷　集1-1

楚騷綺語　子5-25652　集1-34　叢1-68、454

楚騷偶擬　叢2-1239

楚騷協韻　集1-44

楚騷品　子3-18308　叢1-22(27)

楚闈類記、闈闈類記　史1-3140

80 楚人劉子詩　集2-11378

81 楚頌亭詩　集3-15707

楚頌亭詞第四集　集7-48368　叢2-2150

楚頌齋文稿搜存、試帖詩存　集4-31106

楚頌齋詩集　集4-31105

楚頌樓詩　集5-39205

楚頌堂集　集3-15707

88 楚範　集6-46227

楚餘軒詩存　集5-34804

90 楚小志　史7-50682　叢1-22(25)

楚懷襄二王在位事蹟考　集1-51、60

菙

44 菙莆集　集6-44624

4480₆ 賣

00 賣齋府君(張佩綸)行述　史2-10700

賣齋詩鈔　集5-37883

賫齋詩鈔、春秋左氏傳續紀　集5-37884
賫齋函牘稿　集5-37885

賫

20 賫香詞　集4-22015
　賫香詞選　集7-46412、47330
　賫香樹詩稿　集5-40476
32 賫洲山房文稿　集3-17625
34 賫波詞　集5-37272
37 賫漁雜著　集4-22364
44 賫草子(赤牘篇、銓述篇)　集2-11550
　賫華屋蛻稿(賫華屋蛻餘)　集7-47420
　賫華屋蛻稿(賫華屋蛻餘)、雙頭蓮曲　集7-
　47421

黃

00 黃帝龍首經　子3-14030,5-29530(6)、29560
　叢1-303～5
　黃帝玉訣陰符經　子1-34,5-29725
　黃帝五書　叢1-303～5
　黃帝政教考　史1-2015　叢2-2082
　黃帝顓頊夏殷周魯曆經　叢2-737
　黃帝宅經　子3-13161,5-29530(6)　叢1-
　49,86、169(2)、256、410,2-730(7)
　黃帝神聖工巧甲乙經　子2-10213
　黃帝逸典　子2-8839
　黃帝逸典痘疹精義(仙注痘疹精義全書)
　子2-8840
　黃帝逸典評注　子2-8841
　黃帝九鼎神丹經訣　子5-29530(17)、30850
　黃帝大六壬鬼撮腳　子3-13904
　黃帝太一八門入逆順生死訣　子5-29530
　(12)、31587
　黃帝太一八門入式祕訣　子5-29530(12)、
　31586
　黃帝太乙八門入式訣　子5-29530(12)、
　31585
　黃帝太素人迎脈口診補證　叢2-2130
　黃帝太素人迎脈口診補證(人寸診補證)
　叢2-2129(3)
　黃帝內經　子1-69,2-5316
　黃帝內經靈樞　子1-67-8,2-4759、5318、
　5320、5440　叢2-698(7)
　黃帝內經靈樞註證發微　子2-5444

黃帝內經靈樞集注　子2-4771(1)
黃帝內經靈樞集注(靈樞經)　子2-5447
黃帝內經靈樞校記　子2-5330、5450
黃帝內經靈樞署　子5-29530(20)
黃帝內經太素　子2-5331
黃帝內經太素、遺文　叢1-508,2-731(28)
黃帝內經太素診皮篇補證、古經診皮名詞
　叢2-2129(3)
黃帝內經太素診皮篇補證、古經診皮名詞
　解、釋尺、坿仲景診皮法、楊氏太素論診
　皮　叢2-2130
黃帝內經太素篇目　叢2-2129(3)、2131
黃帝內經始生考　子2-5361
黃帝內經素問　子2-4564、4568、4759、
　5317～9、5385～6、5394、5402、5406　叢1-
　227(7)
黃帝內經素問(新刊黃帝內經素問)、亡篇
　子2-5393
黃帝內經素問(黃帝素問直解)　子2-5407
黃帝內經素問、釋文　叢1-223(32)
黃帝內經素問、黃帝內經靈樞　子2-5314
黃帝內經素問、黃帝內經靈樞、素問補遺
　子2-5323
黃帝內經素問、素問靈樞經　子2-5313
黃帝內經素問、素問遺篇、靈樞　子1-65
黃帝內經素問註證發微、補遺　子2-5401
黃帝內經素問註證發微、補遺、黃帝內經靈
　樞註證發微　子2-5325
黃帝內經素問亡篇　子2-5390
黃帝內經素問詳注直講全集　子2-5412
黃帝內經素問靈樞經合類　子2-5334
黃帝內經素問靈樞運氣音釋補遺　子2-
　5359
黃帝內經素問重校正序　叢2-2131
黃帝內經素問集注　子2-4771(1)、5405
黃帝內經素問集注、黃帝內經靈樞集注　子
　2-5327
黃帝內經素問補註釋文　子5-29530(20)
黃帝內經素問補註釋文、黃帝內經靈樞署、
　黃帝素問靈樞集注　子2-5322
黃帝內經素問遺篇　子2-5389,5-29530
　(20)　叢1-223(33)、452、586(3),2-698
　(7)、716(2)
黃帝內經素問遺篇(京本黃帝內經素問遺
　篇)　子2-5388
黃帝內經素問校義　叢1-419,2-731(4)
黃帝內經素問校義(素問校義)　子2-5434
黃帝內經素問校義、事狀　叢2-942
黃帝內經素問摘抄、黃帝內經靈樞摘抄　子
　2-5315
黃帝內經素問摘錄　子2-5417

黃帝内經素問指歸　子2-4713、5435
黃帝内經素問合纂、靈樞經合纂、素問補遺
　　子2-5326
黃帝内經素問節文註釋　子2-5404
黃帝内經明堂　子2-10284　叢1-508,2-
　　731(28)、2129(3)、2130～1
黃帝内經明堂序　叢2-2131
黃帝内經明堂敍、舊鈔太素經校本敍、黃帝
　　内經、集注敍、黃帝内經素問重校正敍
　　叢2-2129(3)
黃帝素問靈樞集註　子5-29530(20)
黃帝素問靈樞集註、素問遺篇　子2-5324
黃帝素問靈樞經　子2-4564、4568、5317、
　　5440～2　叢2-635(4)
黃帝素問靈樞合纂　子2-5338
黃帝素問宣明論方　子2-4564、5427～8、
　　6468～9、9973
黃帝授三子玄女經　子3-14034,5-29530
　　(6)　叢1-49、86、169(2)、241、242(3)、303～
　　5,2-730(7)
黃帝握奇經　子1-3094
黃帝周書祕奧　子3-13402
黃帝問玄女兵法　子1-3335　叢1-261,2-
　　761
黃帝陰符經　子1-41、44,5-29530(1)、29535
　　(3、4)、29536(3)、29720、29723、29731、29733、
　　29748、29764、29774、29778　叢1-127,2-
　　1137～8
黃帝陰符經、救命書　子5-29765
黃帝陰符經註　子5-29530(3)、29720～1、
　　29752、29755～7
黃帝陰符經註解　子5-29530(3)、29537、
　　29549、29720～1、29736～7
黃帝陰符經講義、圖說　子5-29530(3)、
　　29741
黃帝陰符經疏　子5-29530(3)、29721　叢
　　1-265(4)
黃帝陰符經疏(陰符經疏)　子5-29730
黃帝陰符經集註　子5-29530(3)、29726
黃帝陰符經集解　子5-29530(3)、29558、
　　29721～2、29742、29751
黃帝陰符經解　子5-29530(3)、29720、
　　29744、29767
黃帝陰符經解義　子5-29530(3)、29720、
　　29750
黃帝陰符經注　子2-4588,5-29530(3)、
　　29722、29732、29746～7、29749
黃帝陰符經注解　子5-29530(3)、29722、
　　29745
黃帝陰符經竊註、圖說　子5-29782
黃帝陰符經竊注　叢1-251
黃帝陰符經測疏　子5-29545、29761

黃帝陰符經心法　子5-29530(3)、29721～2、
　　29758
黃帝陰符經十真集解　子5-29535(3)、
　　29536(3)、29743
黃帝陰符經夾頌解註　子5-29530(3)、
　　29720～1、29759
黃帝陰符經夾頌解注　子5-29722
黃帝陰符經直解　子5-29791
黃帝陰符經本義　子5-29565、29789～90
黃帝陰符經頌　子5-29530(7)、29536(3)
黃帝陰符經頌(黃帝陰符經)　子5-29734
黃帝陰符經纂註　子1-44,5-29760
黃帝八十一難經纂圖句解、註義圖序論　子
　　5-29530(20)
黃帝八十一難經纂圖句解、注義圖序論　子
　　2-5455
黃帝金匱玉衡經　子3-13867～8,5-29530
　　(6)　叢1-303～5
黃帝鍼灸甲乙經　子2-10212
黃庸之集　集2-6101,6-41935(3)、44896
黃廉訪詩草　集3-18599
黃廉訪精選經驗方　子2-9921
黃庭詩　集4-22422
黃庭經　子5-29880、29893
黃庭經註解　子5-29886
黃庭經外景　子5-29586
黃庭經解　子5-29567～9、29571、29904
黃庭經注　子2-4588
黃庭經内景　子5-29586
黃庭經考異　子5-29900
黃庭經箋注　子5-29908
黃庭遁甲緣身經　子5-29530(17)、29559、
　　30906
黃庭祕訣　子5-29901
黃庭内外玉景經解　子5-29530(8)、29891
黃庭内外景經統註　子5-29902
黃庭内景玉經　子5-29895
黃庭内景玉經、黃庭外景經　子5-29885
黃庭内景玉經註　子5-29530(8)、29887、
　　29892
黃庭内景五臟六腑補瀉圖　子5-29530(9)、
　　31554
黃庭内景五臟六腑圖說　子5-29543、29889
黃庭内景五臟六腑圖、黃庭内景玉經註、黃
　　庭外景玉經註　子5-29530(6)
黃庭内景經、外景經　子5-29535(3)、29536
　　(3)、29894、29905
黃庭内景經詳註　子5-29907
黃庭内景真經　子5-29909
黃庭堅詩　集1-2705
黃庭人身穴道表　叢1-506,2-2060

黃文貞公忠節紀畧　史2-8835、8847
黃文獻集　集1-5265
黃文獻公文集　集1-5265、5268～9
黃文獻公文集、補遺、附錄　集1-5267
黃文獻公文集別錄　集1-5270
黃文獻公集　集1-5264　叢2-731(41)
黃文獻公集、補遺、附錄　叢2-859
黃文獻公日損齋雜記　子4-20240
黃文獻公筆記　子4-20238　叢1-34
黃文裕公泰泉集　集2-8176
黃文簡公介菴集　集2-6475
黃文簡公介菴集、補遺　叢2-867
黃文節公(庭堅)年譜　史2-11010、11012、
　11265
黃文節公詩正集、外集、別集　集1-2701
黃文節公書簡　集1-2734
黃文節公尺牘　集1-2727、6-45191
黃註陰符經攷異　子5-29740
黃註陰符經考異　叢1-312
黃玄龍集　集2-10316
黃玄龍先生詩集、小品　集2-10315
01 黃龍山記　史7-49318(7)、52388
黃龍士先生棋譜、補遺　子3-17962、18118
黃龍士全圖　子3-17963、18056
黃龍光集　集3-17018
04 黃訥庵詩　集3-15740
黃詩內篇　集1-2704
黃詩全集(山谷詩內集註、山谷詩外集註、
　山谷詩別集註)重刻山谷先生年譜　集
　1-2699
黃詩全集(山谷詩內集注、山谷詩外集註、
　補、山谷詩別集註、補、重刻山谷先生年
　譜)　集1-2698
05 黃熟香考　子4-18900　叢1-197(4)
06 黃韻山文稿　集4-23994
08 黃旂山先生文稿　集2-6615
黃旗營治村志[民國]　史7-55921
09 黃麟元行述　史2-10620
10 黃工部集　集3-17422
黃王糾思行畧　史2-10972
黃五嶽集　集2-8157、6-41935(2)
黃雪山房詩選　集3-16012
黃雪瀑集　集3-14294
黃雪蓬集　集2-6103
黃元公詩　集2-12098、6-41943
黃霧翁氏宗譜[浙江永康]　史4-32250～1
黃干周氏宗譜[江蘇宜興]　史4-29879
黃平象限表　子3-11471
黃平州志[道光]　史8-62262
黃平州志[嘉慶]　史8-62261

黃平縣志[民國]　史8-62263
黃石齋註孝經、儒行　經2-8398
黃石齋手寫詩卷　集2-11719
黃石齋集　集2-11725
黃石齋稿　集2-11739～40、6-45336、45340
黃石齋先生文集　集2-11727
黃石齋先生文節鈔　集2-11730
黃石齋先生離騷全集　集2-11721
黃石齋先生詩草　集2-11716
黃石齋先生集　集2-11724、6-43118
黃石齋先生大滌函書　集2-11731
黃石齋先生大滌函書、正命麟書　集2-
　11732
黃石齋先生尺牘　集2-11738
黃石齋逸詩　集2-11718
黃石齋夫人書孝經　經2-8291
黃石齋書王忠文祠記　子3-15716
黃石齋書孝經　經2-8290
黃石齋未刻稿　集2-11736
黃石齋未刻稿、蔡夫人未刻稿　叢2-742
黃石子　子1-18、20、47、3217
黃石洪氏宗譜[安徽休寧]　史4-30987
黃石婆授計逃關　集7-49397、49402
黃石公　子1-3216
黃石公望空四字數　子3-14049　叢1-86、
　220、2-730(7)
黃石公記　子1-3214　叢2-775(4)
黃石公三畧　子1-3014、3016～7、3028、
　3036、3046、3061、3093～4、3211　叢1-223
　(31)、447、2-731(19)
黃石公三畧(三畧)　子1-3015
黃石公三畧(三畧、太公三畧)　子1-3210
黃石公三畧直解　子1-3021～2
黃石公潤經　叢1-136
黃石公素書　子1-16～7、21、23、27、30、40～
　2、44、51、3219、3221～3、3-15424、5-29530
　(22)、29558　叢1-34、114(5)、127、167、223
　(31)、2-730(6)
黃石公素書(素書)　子1-3227
黃石公素書注　子1-3093
黃石筍詩　集3-14954
黃吾野先生詩集　集2-9468
黃雲孫詩選　集3-14323、6-41970
11 黃琢山房集　集3-21057
黃頭誌　子4-19340、19361、19369～70
12 黃璞閩川名士傳　史2-8299　叢2-771(5)
黃烈婦傳　史2-7621
黃延瑗妻胡氏行狀　史2-9438
黃延棟列傳　史2-9023
黃廷道夜走流星馬　集7-48774(2)
黃孔昭先生詩集　集2-6931

16 黃碧簽 集7-49626、50426

17 黃承暄行狀 史2-10623
黃豫章(庭堅)外紀 史2-8696
黃豫章外紀 史2-6205
黃子(道周)年譜 史2-11583
黃子發相雨書 叢1-508
黃子久秋山無盡圖卷 子3-16474
黃子久富春山色圖卷(富春山居圖卷) 子3-16473
黃子壽文 集5-34127
黃子錄 集2-11734
黃君(式度)行狀 史2-10237
黃君憲民年歷 史2-12444

20 黃辭 子4-20847 叢1-142
黃維章先生詩經嫏嬛體注、詩經集傳 經1-3838

21 黃處士遙峯閣集 集2-11903
黃皆令詩 集3-13865,6-41957
黃皆令詩曲 叢1-373(5)
黃貞父稿 集2-10659~60,6-45336

22 黃川應氏宗譜[浙江永康] 史5-40876
黃川黃氏族譜[安徽休寧] 史5-33895
黃崗胡氏宗譜[浙江永康] 史4-30461
黃巖應氏宗譜[浙江黃巖] 史5-40882
黃巖新橋管氏宗譜[浙江黃巖] 史5-38505
黃巖集 史7-57629
黃巖上陽吳氏族譜[浙江黃巖] 史4-27973
黃巖泉井林氏長房支譜[浙江黃巖] 史4-29294
黃巖洪家塲潘氏宗譜[浙江黃巖] 史5-39813
黃巖南安林氏支譜[浙江黃巖] 史4-29292
黃巖志校議 史7-57630
黃巖縣志[康熙] 史7-57626~7
黃巖縣志[萬曆] 史7-57625
黃巖縣志[乾隆] 史7-57628
黃巖縣志[光緒] 史7-57629~30
黃巖路橋蔡氏宗譜[浙江黃巖] 史5-38022
黃巖路橋劉氏重修宗譜[浙江黃巖] 史5-39304
黃崑圃先生(叔琳)年譜 叢2-731(61)、782(4)
黃山(法若真)年畧 史2-11680
黃山詩留 集3-13704
黃山謎 叢2-721
黃山翠微寺志、隨錄 史7-51668
黃山集 集3-13705~6

黃山行六頌 史7-49351、52401 叢1-22(24)
黃山紀遊 史7-49318(6)、53483~4 叢1-496(4)
黃山紀遊詩 集3-15469、15970、16300、17496、19158、21872,4-22516,6-45067
黃山紀遊詩稿 集3-20560
黃山紀遊詞 集3-15469,6-45067
黃山紀遊草 集3-16051、16782
黃山紀日 史7-53473 集3-16687 叢2-1578
黃山紀勝 史7-53481 叢2-815
黃山叢刊 史7-49351
黃山遊記 史7-49318(6)、49351、53469、53471、53487 叢1-369
黃山遊草 史7-53474 集3-17316、19707、21518 叢2-1398~9
黃山導 史7-49350
黃山十奇 史7-52415
黃山志 史7-52406~7、52418 叢1-373(5)
黃山志續集 史7-52410~1、52413
黃山志續集、圖 史7-52412 叢2-814
黃山志定本 史7-52408
黃山志定本、圖 叢2-814
黃山志定本校記、黃山志續集校記 史7-52414 叢2-814
黃山志畧 史7-52409
黃山木蓮花百詠 集3-16063
黃山樵唱 集5-41448
黃山草 集3-14953
黃山松說 子4-19324
黃山松石譜 史7-49351、53472 叢1-201、203(2)
黃山史概 史7-49318(6)、49351、52420
黃山史槩 叢1-201、203(6)
黃山圖 史7-49351、52402~4 叢2-600
黃山圖經 史7-49351、52397 叢2-600
黃山圖經、後集、新安黃山題詠 史7-52399
黃山圖經、圖 史7-52398 叢2-814
黃山賦 史7-49351、52419 集3-16062
黃山同遊詩草 集4-22939
黃山印藪 子3-17067
黃山普門和尚行蹟 史2-8381 子7-34787
黃山普門和尚究心指 子7-34080
黃山谷(庭堅)先生年譜 史2-11005
黃山谷文集 集1-2685
黃山谷文集選 集6-41798
黃山谷集詩集(黃山谷全集)、外集、別集

集 1-2696
黃山谷外集　集 1-2687
黃山谷書牘　集 1-2736
黃山谷題跋書後　集 1-2738
黃山谷尺牘　集 1-2729～30、2732
黃山谷尺牘選　集 1-2731
黃山領要錄　史 7-49351、52405　叢 1-244
　(5)、2-731(55)、735(4)
黃山小志、續　史 7-52421
黃崇嘏女狀元　集 7-48774(7)
黃梨洲先生(宗羲)年譜　史 2-11650　叢
　2-990、1260～1、1869
黃梨洲先生遺書二種　叢 2-1259
黃梨洲先生遺書三種　叢 2-1258
黃梨洲先生南雷文約、思舊錄、明夷待訪錄
　集 3-13558
黃梨洲先生明夷待訪錄　子 1-1421
黃梨洲先生金石要例　叢 2-1976
黃梨洲遺書七種附一種　叢 2-1260
24 黃先生儒行集傳　經 1-5882
黃先生洪範明義　經 1-3331
黃侍郎公(叔琳)年譜　史 2-11808
黃待制雪蓬集　集 2-6102
黃勉齋先生文集　集 1-3844、3848～50　叢
　1-214、2-731(45)
黃幼玄詩　集 2-11717,6-41943
黃幼元集　集 2-11722
黃贊湯函稿、文稿　集 4-31135
黃贊湯奏稿　史 6-48907
25 黃仲則詩鈔　集 4-23154
黃仲則先生(景仁)年譜　史 2-11939～40
黃律厄言　集 1-2719
黃朱烈婦(佑榮)哀輓錄　史 2-10987
26 黃白山杜詩說句法　集 6-43477
黃白金丹全書　子 5-31313
黃白鏡　子 5-29550、31312
黃白鏡、續　子 5-31311　叢 1-111(4)
黃白鏡、續黃白鏡　叢 1-109
黃白鑑形　子 5-31491
黃穆甫印稿　子 3-17353
27 黃御史集　集 1-1793　叢 1-223(50)
黃魯直文鈔　集 6-41794
黃魯直七律鈔　集 1-2712
黃鵠山記　史 7-49317(3)、49318(7)、52546
黃鵠山志　史 7-52257
黃鵠山人詩初集　集 5-33903
黃紀棠集　集 3-15278
28 黃儀逌詩　集 3-16568
黃給諫遺稿　集 2-6309～10
30 黃流黃氏茹古齋校刊書三種　叢 2-756
黃淮安瀾編　經 1-106　史 6-46690

黃漳浦文集　集 2-11728
黃漳浦詩集　集 2-11715
黃漳浦集　集 2-11726
黃漳浦集、漳浦黃先生年譜　集 2-11723
黃淳父先生全集　集 2-8917
黃淳燿詩　集 2-12485
黃渡續志[宣統]　史 7-56439
黃渡鎮志[咸豐]　史 7-56438
黃進士槐芝堂四書解　經 2-10364
黃之寀本校記　史 2-8360
黃安鄉土志[宣統]　史 8-60230
黃安初乘[萬曆]　史 8-60225
黃安縣志[康熙]　史 8-60226
黃安縣志[道光]　史 8-60227
黃安縣志[同治]　史 8-60228
黃安縣志[光緒]　史 8-60229
31 黃河說　史 7-49318(9)、52789
黃河論、河工紀畧　子 7-36229
黃河工段文武兵夫記畧　史 6-46684　叢
　2-691(1)、2107
黃河疏鑿記　史 6-46671
黃河改道條陳稿　史 6-48900
黃河航路源委記　史 7-49357、52797
黃河編　史 7-49318(9)、52780
黃河源流考　史 7-52792　叢 2-2107
黃河遠　叢 2-1696
黃河沿流考　叢 2-691(1)
黃河考　史 7-52774　叢 1-330
黃河考、東莊遺集　史 6-46656
黃河由鹽窩改道情形　史 7-49319
黃河抄本　史 6-46672
黃河暗射圖　史 7-52963
黃河圖說　史 6-46588、46592
黃河圖議　史 6-46614,7-49334
黃潭先生讀書一得　子 4-20503
黃顧遺書　史 8-65261
黃遵道夜走流星馬　集 7-49079
32 黃州府志[康熙]　史 8-60207
黃州府志[弘治]　史 8-60206
黃州府志[乾隆]　史 8-60208
黃州府志[民國]　史 8-60211
黃州府志[光緒]　史 8-60209
黃州府志拾遺[宣統]　史 8-60210
黃州文獻集　集 3-15401
黃州宦遊草、詞　集 5-36069
黃州大崎山即禹貢大別山說　史 7-52558
黃溪詩證　集 6-44528
黃溪志[道光]　史 7 57021
黃溪書屋吟草　集 5-36814
黃滔詩　集 6-41882

黃滔詩(晚唐黃滔詩)　集1－1791
黃滔詩集　集1－1790,6－41878
33 黃浦考　史7－49319、52798
黃梁陳氏宗譜[浙江仙居]　史4－33132
34 黃池隨筆　叢2－1621
黃社唐氏族譜[湖南平江]　史4－32553
黃衲集　集1－2720
黃遠生遺著　集5－41608
黃婆洞記　史7－49318(9)、53636
35 黃禮讓日記(同治十一年)　史2－12885
37 黃澹翁醫案　子2－4770、10824
黃湄詩選　集3－15649～50
黃運兩河紀畧　史7－52794
黃運河口古今圖說　史7－52793
38 黃海　史7－52400
黃海看雲第一圖題辭、黃海看雲第二圖題
　辭　子3－16239
黃海集　集5－41173
黃海山花圖詠　史7－49351
黃海紀遊　史7－53478
黃海紀遊、黃海遊草　史7－53486
黃海遊錄　史7－54029
黃海吟秋錄　集4－22635
黃海前邀集　集5－36219
黃遵憲書劄　集5－37877
黃遵憲年譜　集5－37876
黃道積度宿次鈴　子3－11585
黃道各宿度分　子3－11585
黃道周真跡書孝經　子3－15349
39 黃沙陳氏宗譜[浙江東陽]　史4－33033、
　33035
40 黃九煙先生詩文雜鈔八種　叢2－1270
黃九煙先生和楚女詩　叢1－587(5)
黃九烟先生三字經　子5－25976
黃大癡沈石田山水八大山人山水花卉合册
　子3－16475
黃大夏文　集3－15543
黃太泉集　集2－8175
黃太史訂正春秋大全、年表序論圖說　經
　1－7561
黃太史怡春堂逸稿　集2－10715
黃太史怡春堂藏稿　集2－10716～7
黃太史精華錄　集1－2713～4
黃土鬪　集7－50481
黃堆戀叟吟、讀史偶得　集3－19396
黃坑吳氏宗譜[浙江東陽]　史4－27949
黃培文字獄案　史1－3658
黃培詩獄錄詞　史1－3657
黃塘李氏宗譜[浙江杭州]　史4－27154
黃塘陳氏重修族譜[湖南湘鄉]　史4－

33373
黃塘陳氏續修族譜[湖南湘鄉]　史4－
　33374
黃皮山遊紀畧　史7－49318(6)、53574
黃志伊詩　集3－15971
黃赤正球　子3－11234
黃赤升度表　子3－11470
黃赤道率附月離　子3－11585
黃赤道距度表用法、交食表、日纏表　子3－
　11400
黃赤道距道表　子3－11234
黃壽南抄輯醫書二十種　子2－4695
41 黃嬭餘話　子4－21263～4　叢1－435,2－
　617(5)
42 黃彭年家書　叢2－1016
黃橋頭陳氏宗譜[浙江東陽]　史4－33055
黃橋顧氏宗譜[江蘇江陰]　史5－41385～6
黃橋陳氏宗譜[江蘇江陰]　史4－32778～9
43 黃博士詩　集2－6312
黃城姜氏家譜[浙江黃巖]　史4－31069
44 黃勤敏公(鉞)年譜　史2－11948　叢2－
　1565
黃勤敏公全集九種附一種　叢2－1565
黃堯圃先生(丕烈)年譜　史2－11998　叢
　1－524,2－731(62)
黃堯圃題跋　史8－65742
黃花集　集4－31273
黃花園八韻詩評注初集　集4－25026
黃花晚節圖題詞、續輯　史2－10158
黃花岡十傑紀實　史1－1994,2－7526
黃花鋪　集7－51140
黃花飼雀圖題詞　叢2－1721～2
黃茅劉房祖主譜　史5－39404
黃茅劉房祖祠族譜[江西萬載]　史5－
　39404
黃茅岡四賢合璧　集6－41712
黃恭十四州記　史7－49307、49438　叢2－
　767
黃孝子尋親紀程、滇還日記、附錄　叢2－
　735(4)
黃孝子尋親圖　子3－16631
黃孝子傳奇　集7－49804
黃孝子紀程　叢1－244(2),2－731(49)
黃孝子遺書　集4－29827
黃葵陽稿　集2－9977～9,6－45336、45340
黃姑竹枝詞　史7－50392
黃華詩集　集4－27260
黃華集　集1－4651　叢2－785
黃蓉石詩集　集4－30927
黃老過不及說　叢2－1317
黃老打犬　集7－53175

黄芸臺治病紀效　子2-10856
黄楚橋詩稿　集4-24868
黄村詩鈔　集4-32288
黄樹齋(爵滋)先生年譜　叢2-871
黄蔡合璧未刻稿　集6-44017
黄葉庵詩集　集2-12136
黄葉庵詩草　集2-12133
黄葉庵遺稿　集2-12135
黄葉山房詩稿、天覺詞鈔　集4-32842
黄葉山樵詩草　集4-32512
黄葉菴遺稿　集6-41941
黄葉村莊詩集　集3-15899～900
黄葉村莊詩集、後集、續集　集3-15901
黄葉樓詩鈔、題贈詩詞　集4-22918
黄葉樓初集　集4-22917
黄葉唱酬集　集3-19613
黄葉閒譚　子4-21876　叢2-2273
黄藥亭先生外科醫案　子2-7742
黄藥無念禪師復問　子6-32091(70)
黄藥無念禪師復問、醒昏錄、附錄　子7-34096
黄蘗山斷際禪師傳心法要、黄蘗山斷際宛陵錄　子6-32089(52)、32090(67)、32093(51)
黄蘗山人詩集　集5-35392
黄蘗傳心法要、黄蘗山斷際宛陵錄　子6-32092(42)
黄蘊生先生陶菴全集(陶菴文集、陶菴詩集、吾師錄)　集2-12476
黄蘊生先生陶菴全集(陶菴文集、陶菴詩集、吾師錄)、谷簾學吟　集2-12477
黄柑漬仇氏宗譜[江蘇宜興]　史4-25656
45 黄埭志[民國]　史7-56990
黄樓集　集5-34400
46 黄楊集　集1-5681、5683、5685,6-45091
黄楊集鈔　集1-5686
黄楊段氏五修宗譜[湖南新化]　史4-30740
47 黄埠徐氏族譜[江西餘干]　史4-32144
黄鶴雲集　集5-35131
黄鶴山樵溪亭觀瀑圖　子3-16485
黄鶴樓　集7-48780、49319
黄鶴賦　子5-29569、29571～2、29577、31066～7
黄椒升遺書三種　叢2-1617
48 黄翰林校正禮記大全　經1-5604
黄翰林校正書經大全　經1-2702
黄梅雜詠　叢2-1738
黄梅五祖寶卷　集7-54235～6
黄梅帥氏支譜[湖北黄梅]　史4-30750
黄梅寶卷　集7-54555

黄梅花屋詩稿　集5-41299
黄梅花館詩集　集4-26352
黄梅花館詩鈔　集4-28780
黄梅東山語錄　子7-34177
黄梅縣志[順治]　史8-60256
黄梅縣志[乾隆]　史8-60257
黄梅縣志[光緒]　史8-60258
黄梅兵事續記　叢2-1738
黄梅兵事考、黄梅沿革考　叢2-1738
49 黄趙客集　集2-9539,6-41935(5)
50 黄史　子4-22081
黄夫人臥月軒稿、續刻　集2-11952
黄泰泉集　集2-8172,6-41935(2)
黄忠端公(道周)年譜、補遺　史2-11582
黄忠端公(尊素)年譜　史2-11584　叢2-990、1869
黄忠端公文畧、詩畧、說畧、黄忠端公正氣錄　集2-11666
黄忠端公集　集2-11668,6-43118　叢2-990
黄忠端公遺文　集2-11729
黄忠端公遺稿　集2-11669
黄忠端公孝經辯義　經2-8399　叢2-1998
黄忠端公明誠堂十四札疏證　集2-11737
黄忠端公明誠堂十四札疏證、題詞　叢2-1938
黄忠壯公遺集　集4-33060～1
黄忠宣公文集、別集　集2-6436
黄忠裕公文集　集2-7819
黄忠馬失前蹄　集7-53176
黄忠馬失前蹄一段　集7-51456
黄忠節公(淳燿)年譜　史2-11626
黄忠節公孝經辯義　叢2-1997
黄忠節公甲申日記　叢2-669
黄書　史1-5275　子1-1400～1　叢1-523、531、563,2-1292～4
黄囊穴髓　子3-13435
黄貴孃秋夜竹窗雨殘本　叢2-720(4)
51 黄攝六詩選　集2-12223
52 黄靜山所著書五種　叢2-1439
53 黄輔相行狀　史2-9872　叢2-1015～6
黄輔辰年譜稿　史2-12247
55 黄慧如歎十六聲　集7-53633
黄慧如探監　集7-53174
60 黄四如先生六經四書講稿　經2-10232～3
黄田章氏四修族譜[湖南湘鄉]　史5-34609
黄甲草廬家世錄(黄甲草廬文鈔)、黎眉駢福集　集5 34422
黄邑解氏宗譜[浙江黄巖]　史5-37897
黄邑烏巖盧氏宗譜[浙江黄巖]　史5-

40081~2

黃邑鴻葭塲潘氏宗譜[浙江黃巖]　史5-39814

黃邑南城花廳王氏宗譜[浙江黃巖]　史4-25193

黃邑楊舋陳氏宗譜[浙江黃巖]　史4-33117

黃邑鳳洋天泗湖頭東吳氏宗譜[浙江黃巖]　史4-27974

黃邑錢山陳氏宗譜[浙江黃巖]　史4-33118

62 黃縣王氏族譜[山東龍口]　史4-25391

黃縣太原王氏族譜[山東龍口]　史4-25392

黃縣志[康熙]　史8-59250

黃縣志[乾隆]　史8-59251

黃縣志[同治]　史8-59252

黃縣志[民國]　史8-59254

黃縣志稿[同治]　史8-59253　叢2-1927

黃縣趙氏東支族譜[山東龍口]　史5-38404~5

67 黃埜橋孫氏家乘[江蘇武進]　史5-33555

黃野人集　集5-38197

68 黃黔陽遺詩鈔　集5-39390

70 黃檗斷際禪師宛陵錄　子6-32081(50)

黃檗山斷際禪師傳心法要　子6-32081(50),7-34056

黃檗山斷際禪師傳心法要、宛陵錄　子7-34055

黃檗山寺志　史7-51672~3

黃檗寺志　史7-51671

71 黃雁山人詩錄　集4-30221,30224

黃雁山人詩錄、詩餘、文　集4-30222

黃雁山人詞錄　集7-47413

黃長倩詩　集2-11983,6-41943

72 黃髮翁集　集2-10515

黃髮翁續集　集2-10514

黃髮翁全集、戲筆　集2-10513

黃氏慶系册[浙江餘姚]　史5-33779

黃氏文鈔　集5-38194

黃氏六修族譜[湖南湘鄉]　史5-34064

黃氏六修宗譜[湖南]　史5-34084

黃氏雜著　子4-24545

黃氏詩法　集6-45734　叢1-114(4)

黃氏詩餘　集7-47719

黃氏讀禮記日抄　經1-5590

黃氏塾課(經外緒言)　子1-2437　叢2-1734

黃氏詞翰錄　史5-33754

黃氏族譜[廣東]　史5-34110

黃氏族譜[廣東電白]　史5-34109

黃氏族譜[廣東順德]　史5-34105

黃氏族譜[廣東佛山]　史5-34103

黃氏族譜[廣東河源]　史5-34096

黃氏族譜[山東青州]　史5-33982

黃氏族譜[安徽旌德]　史5-33909

黃氏族譜[江西]　史5-33938

黃氏族譜[江西南豐]　史5-33961

黃氏族譜[江西萬載]　史5-33980

黃氏族譜[江蘇武進]　史5-33741

黃氏族譜[江蘇江都]　史5-33733

黃氏族譜[福建漳州]　史5-33931

黃氏族譜[福建寧德]　史5-33934

黃氏族譜[湖南]　史5-34080~2、34086~8

黃氏族譜[湖南寧鄉]　史5-34023

黃氏族譜[湖南安化]　史5-34029~31

黃氏族譜[湖南瀏陽]　史5-34010~1、34015~6

黃氏族譜[湖南湘陰]　史5-34038~9

黃氏族譜[湖南耒陽]　史5-34068

黃氏族譜[湖南長沙]　史5-34000

黃氏族譜[湖南臨湘]　史5-34037

黃氏族譜[四川德陽]　史5-34117

黃氏族譜[四川資陽]　史5-34120

黃氏族譜[四川內江]　史5-34118

黃氏族表志[湖南長沙]　史5-34005

黃氏譜　史5-34125

黃氏一家雜著十五種　叢2-1016

黃氏三續族譜[湖南邵陽]　史5-34078

黃氏三修族譜[湖南]　史5-34083

黃氏三修族譜[湖南益陽]　史5-34025

黃氏三修族譜[四川綿陽]　史5-34115

黃氏三修族譜藝文[湖南醴陵]　史5-34044

黃氏正宗譜　史5-34131

黃氏五族總譜　史5-33708

黃氏五大族宗譜　史5-33706~7

黃氏五大族宗譜[浙江諸暨]　史5-33806

黃氏五世吟稿　集6-45099

黃氏重修族譜[江西上猶]　史5-33954

黃氏重修族譜[湖南]　史5-33991

黃氏重修族譜[湖南瀏陽]　史5-34012

黃氏集千家註杜工部詩史補遺　叢2-731(42)

黃氏集千家註杜工部詩史補遺、外集　集1-906

黃氏順天支譜[北京大興]　史5-33709

黃氏備遺錄　史5-33754

黃氏續修族譜[廣東]　史5-34090

黃氏續修族譜[湖南邵陽]　史5-34077

黃氏續修族譜[湖南安化]　史5-34033

黃氏續修族譜[湖南瀏陽] 史5-34008

黃氏續修族譜藝文[湖南醴陵] 史5-34043

黃氏續修家譜[湖南益陽] 史5-34026

黃氏續修支譜[湖南沅江] 史5-34027

黃氏續鈔三種 叢2-1257

黃氏家廟遺據錄[安徽績溪] 史5-33913

黃氏家譜[廣東龍川] 史5-34097

黃氏家譜[浙江諸暨] 史5-33796～800

黃氏家譜[浙江嵊州] 史5-33815～6

黃氏家譜[浙江鄞州] 史5-33762

黃氏家譜[湖南平江] 史5-34042

黃氏家譜[四川德陽] 史5-34116

黃氏家譜[四川簡陽] 史5-34121

黃氏家譜三十二集[浙江諸暨] 史5-33794

黃氏家譜十二集 史5-33705

黃氏家乘[廣東廣州] 史5-34091～2

黃氏家乘[上海崇明] 史5-33727～32

黃氏家乘[山東即墨] 史5-33984～5

黃氏家集六種 叢2-990

黃氏家傳喉科 子2-7428

黃氏家錄 集6-45096 叢2-718

黃氏家錄、黃氏續錄[浙江餘姚] 史5-33765

黃氏宗譜 史5-34123、34127

黃氏宗譜[重慶江北] 史5-34113

黃氏宗譜[安徽霍山] 史5-33908

黃氏宗譜[安徽休寧] 史5-33898

黃氏宗譜[安徽潛山] 史5-33882

黃氏宗譜[安徽桐城] 史5-33877

黃氏宗譜[安徽歙縣] 史5-33886

黃氏宗譜[江西修水] 史5-33945

黃氏宗譜[江西九江] 史5-33943

黃氏宗譜[江西萍鄉] 史5-33950

黃氏宗譜[江蘇江陰] 史5-33748

黃氏宗譜[浙江麗水] 史5-33870

黃氏宗譜[浙江嵊州] 史5-33817、33819～20

黃氏宗譜[浙江永康] 史5-33831

黃氏宗譜[浙江餘姚] 史5-33774

黃氏宗譜[湖北鄂州] 史5-33989

黃氏宗譜[湖南臨湘] 史5-34035～6

黃氏宗譜亭湖支派[上海松江] 史5-33725

黃氏宗譜四十集[浙江諸暨] 史5-33795

黃氏宗支圖[山東即墨] 史5-33983

黃氏補註杜詩 集1-896

黃氏補千家註紀年杜工部詩史 集1 893

黃氏補千家註紀年杜工部詩史、年譜辨疑 集1-895

黃氏補千家集註杜工部詩史 集1-894

黃氏遺書三種 子2-5367

黃氏祖德錄 史2-8852

黃氏祠譜[廣東梅縣] 史5-34098

黃氏逸書考(漢學堂叢書)二百七十四種附六種 叢2-773(1)

黃氏九修族譜[江西寧都] 史5-33955

黃氏大祠主位譜 史5-34128

黃氏大成族譜[江西] 史5-33981

黃氏大成宗譜[江西進賢] 史5-33940～2

黃氏支譜[湖南安化] 史5-34034

黃氏支譜[湖南湘鄉] 史5-34067

黃氏支譜[湖南長沙] 史5-33998～9

黃氏世譜[江西樟樹] 史5-33975～6

黃氏世譜[湖南] 史5-34085

黃氏世德傳贊、竹橋黃氏誥敕、新建竹橋黃氏忠義義塾記 史2-8045

黃氏坎三十七公家譜[浙江浦江] 史5-33853～4

黃氏梅月房譜[廣東順德] 史5-34106

黃氏攟殘集 集6-45096

黃氏畫譜(五言唐詩畫譜、六言唐詩畫譜、七言唐詩畫譜、唐解元倣古今畫譜、草本花詩譜、木本花鳥譜、梅竹蘭菊四譜、張白雲選名公扇譜) 子3-16311

黃氏青囊全集祕旨 子2-9886

黃氏規約 子4-24404

黃氏日抄 叢1-223(30)

黃氏日抄古今紀要逸編 史1-4845 叢1-244(5)、2-731(51)

黃氏日抄古今紀要逸編(古今紀要逸編) 子1-873

黃氏日鈔 子1-872

黃氏四修族譜[湖南] 史5-33992

黃氏四修支譜[江西撫州] 史5-33960

黃氏題名錄 史3-15018

黃氏題名錄[湖南長沙] 史5-34003

黃氏隨筆五種附一種 叢2-2049

黃氏醫緒、救傷集成、解毒集成 子2-5246

黃氏醫書三種 子2-4618

黃氏醫書八種 子2-4617

黃氏全譜[廣東順德] 史5-34104

黃氏金字譜牒[江西修水] 史5-33944

黃氏錦囊喉科集注 子2-7591

黃氏筆記 子4-20239 叢1-22(3)、23(3)

黃氏光祿家廟[安徽歙縣] 史5-33889

黃質山集 集2-8918、6-41935(2)

黃陂縣鄉土志[民國] 史8-60107

黃陂縣志[康熙] 史8-60105

黃陂縣志[嘉靖] 史8-60104

74

黃陂縣志[同治]　史8-60106
黃陵亭長文集　集5-35419
黃陵詩鈔　集3-13817,5-39434　叢2-2079～81
黃陵散人集八種　叢2-2081
黃陵書牘　叢2-2079～80
黃陵縣志[民國]　史8-62750
75 黃陳報冤錄　史1-1932,2766
77 黃鳳六村居山水　子3-16722
黃岡童氏宗譜[湖北黃岡]　史5-36513
黃岡二家詩鈔　集6-44870
黃岡朱氏支譜[湖北黃岡]　史4-26696
黃岡鄉土志[民國]　史8-60218
黃岡汪家集汪氏宗譜[湖北黃岡]　史4-28947
黃岡萬氏心齋公宗譜[湖北黃岡]　史5-35812
黃岡杜氏宗譜[湖北黃岡]　史4-27024
黃岡呂陽村謝氏宗譜[湖北黃岡]　史5-40766
黃岡縣志[康熙]　史8-60213
黃岡縣志[道光]　史8-60216
黃岡縣志[萬曆]　史8-60212
黃岡縣志[乾隆]　史8-60214～5
黃岡縣志[光緒]　史8-60217
黃陶庵文集、詩集　集2-12484
黃陶庵稿　集6-45336
黃陶庵先生吾師錄,黃嘉定吾師錄　子1-1262
黃陶庵先生甲申日記(明崇禎十七年)　史2-12553
黃陶菴稿　集2-12491
黃陶菴先生全稿　集2-12482～3
黃陶樓日記、雜抄(清道光二十七年至二十八年,咸豐六年、八年至九年、十一年、同治二年至四年七年至八年、十年)　史2-12872
黃眉翁賜福上延年雜劇　集7-48774(2)、49277
黃閎武陵記　史7-49307,50756　叢2-767
黃學廬雜述　子4-22731
黃丹巖先生集　集2-7261
黃母左淑人家傳　史2-9924
黃門詩選　集3-17392
黃門集　集2-10232
黃門集、許氏貽謀四則、品藻、雲邨先生年譜　集2-7796
黃門集、雲邨先生年譜　集2-7795
黃門橋胡氏續譜[湖南衡山]　史4-30647～8
黃門奏疏、西臺奏議　史6-48626
80 黃金陳氏續修族譜[湖南湘鄉]　史4-33379
黃金印　集7-53784
黃金印寶卷　集7-54355
黃金策　子3-14061
黃介子詩鈔　集2-11370　叢2-803
黃尊古倣古山水冊　子3-16702
黃美中詩　集3-16123
黃谷瑣談　子4-20506　叢2-826
黃公度先生詩　集5-37870　叢2-704
黃公度先生詩箋　集5-37874　叢2-2251
黃公說字　經2-12867～8
黃公壙記畧　史6-46860
黃公曾源行狀　史2-10810
82 黃鍾通韻　經2-13997,14540
黃鍾通韻、琴圖補遺　經1-6517
83 黃鉞先生年譜　史2-11005
84 黃鑄山八旬雙慶重逢花燭壽言　史2-10581
88 黃籙齋十天尊儀　子5-29530(10)、29563、30663
黃籙齋十洲三島拔度儀　子5-29530(11)、29563、30664
黃籙五苦輪燈儀　子5-29530(5)、30608
黃籙五老悼亡儀　子5-29530(10)、29563、30662
黃籙靈寶半景齋儀　子5-29563
黃籙破獄燈儀　子5-29530(5)、30607
黃籙科儀　子5-30666
黃籙十念儀　子5-29530(10)、29563、30661
黃籙九幽醮無礙夜齋次第儀　子5-29530(11)、30665
黃籙九卮燈儀　子5-29530(5)、30606
黃籙九陽梵炁燈儀　子5-29530(5)、30605
黃籙救苦十齋轉經儀　子5-29530(10)、29563、30660
黃竹子傳　叢1-587(4)
黃竹山房詩鈔　集3-19982
黃竹山房詩鈔、補鈔、田盤紀遊　集3-19983
黃竹山人集　集2-8945
黃竹農家耳逆草　集3-15580
黃竹農家慰饑草　集3-15579
黃竹賦詩　集7-49705
90 黃小松先生嵩麓訪碑記　史8-64023
黃小松先生印譜　子3-16943、17083
黃小松藏碑目　史8-64736
黃小松書札　集4-22659
黃堂豐氏宗譜[浙江金華]　史5-40926～8
黃堂袁氏宗譜[浙江龍游]　史4-31352
黃堂隆道宮志　史7-51724
黃少司寇奏疏　史6-48867

黃少卿蜀游經畧遺書、蜀游視纂經畧佚書
　史 6 - 43097
　黃尚書全集　集 4 - 31219
　黃糠寶卷　集 7 - 54357
　黃糠寶卷(皇封寶卷、欺貧糠噎、炎凉寶卷)
　　集 7 - 54356
91 黃炳壟先生遺稿　集 5 - 36477
94 黃慎軒先生文集　集 2 - 10718
99 黃鶯兒　叢 1 - 177

4480₉ 焚

20 焚香記　集 7 - 49709
　焚香記定本　集 7 - 49992
　焚香彈琴一枝　集 7 - 51718
　焚香七要　子 4 - 18888　叢 1 - 22(26)
　焚香畧　子 4 - 18536、18887
　焚香錄　子 1 - 1628　叢 2 - 1506
22 焚後書　叢 2 - 1373
44 焚黃祝文　叢 2 - 1397
47 焚椒錄　史 1 - 2569　子 5 - 26224　叢 1 -
　　11~2、22(18)、23(18)、105、111(1)、169(4)、
　　407(3)、587(2)
50 焚書　集 2 - 9618　叢 2 - 1112
　焚書雜述　叢 2 - 1114
　焚書讀史　叢 2 - 1112
　焚書襍述　叢 2 - 1112
　焚書書答　叢 2 - 1112、1114
88 焚餘文稿　集 3 - 15967
　焚餘詩草　集 4 - 32332
　焚餘詩草、玉臺詞鈔、律賦　集 4 - 24124
　焚餘集　史 6 - 48332　集 3 - 14200、15171、
　　20608、20963、4 - 32767、6 - 41755　叢 1 - 371
　焚餘稿　集 3 - 14568、4 - 25416
　焚餘續草　集 2 - 12210
　焚餘偶錄　叢 2 - 1721
　焚餘偶錄、續編　集 5 - 34195　叢 2 - 1722
　焚餘偶錄續編　叢 2 - 1721
　焚餘滙存詩鈔　集 4 - 30310
　焚餘草　集 2 - 10209、12502、12505、3 - 13572、
　　21449、4 - 27280、31225、5 - 36351、38651、
　　41357、6 - 44961、7 - 48152　叢 1 - 300、2 -
　　715
　焚餘草(杏本堂詩古文集)　集 4 - 24616
　焚餘草存　集 5 - 35551
　焚餘草存、後刻　集 5 - 35552
　焚餘小草　集 4 - 29651~2、6 - 41999

4488₆ 蘋

22 蘋川集　集 2 - 10233

4490₀ 村

00 村方錄要　子 2 - 10117
05 村塾紀年詩、詩餘　集 4 - 23753
44 村老委談　叢 1 - 269(5)
77 村居雜詠　集 3 - 18109
　村居急救方　子 2 - 4768、9444~5
　村學究語　子 1 - 2843　叢 2 - 1640
　村留草　集 3 - 13892
　村民學藝　集 7 - 49700

榭

44 榭葉山房詩鈔　集 3 - 19372

樹

00 樹廬文鈔　集 3 - 13562
　樹齋詩錄　集 4 - 29308
17 樹君詩鈔　集 4 - 26605、26608
　樹君先生稿　集 4 - 26607
20 樹信堂柴桑關哭靈　集 7 - 50782
　樹香閣遺集　集 4 - 32388
21 樹經堂文集　叢 2 - 1520
　樹經堂詠史詩　史 1 - 6069~70　集 4 -
　　22031、6 - 42013
　樹經堂詩初集、詩續集、文集、詠史詩　集 4 -
　　22030
　樹經堂詩初集、續集　叢 2 - 1520
　樹經堂集三種　叢 2 - 1520
24 樹德軒文稿　集 4 - 32458
26 樹泉集　集 3 - 13364
38 樹滋堂詩集　集 4 - 25270
　樹滋堂稿、李公遺事錄　集 4 - 26833
　樹滋堂遺草　集 3 - 20844
　樹滋堂四子譜、官著譜　子 3 - 18040
40 樹木要編　子 4 - 19142

44 樹萱館詩草　集5-40580
　樹萱錄　子5-26877　叢1-15、19(2)、20(1)、21(2)、22(6)、23(6)、24(2)、29(3)
　樹萱堂詩　集4-28931
　樹藩王君(之屏)墓誌　史2-9587
　樹蕙齋文剩　集5-39187
　樹蕙編　子2-8110,4-19239　叢2-746
　樹蕙軒詩鈔　集4-22119
　樹蕙背遺詩　集5-34590　叢2-885
　樹蘐草堂集　集5-35101
　樹蘐居遺詩　集4-25105
　樹蘐堂文集、詩集、詩餘　叢2-1013
　樹蘐堂詩　集4-22077
　樹藝要畧　史6-41538　子1-4361
　樹藝良規　子1-4504
　樹藝篇　子1-4112
　樹村詩存　集4-32805
　樹村詩草　集3-15737
　樹村集鈔　集3-17871
　樹葉黃一枝　集7-51928
47 樹杞林志[光緒]　史8-63475
50 樹惠不瘱兒科　子2-8485
　樹春山房詩文全集　集4-24155
56 樹提伽經　子6-32083(15),7-32120
62 樹影樓集　集3-13812,6-41969
77 樹桑百益　子1-4436、4464
　樹桑養蠶要畧、樹藝要畧　史6-41538　子1-4361
80 樹人堂讀杜詩　集1-1064
　樹人堂集、搜遺　集3-18931
90 樹堂詩鈔　集3-21553

4490₁ 禁

00 禁率衆朝山告示、禁持齋結會及學習拳棒告示　史6-47320
21 禁衛軍派充名譽軍職暫行章程　史6-45258
　禁衛軍常服服制圖式說畧　史6-45259
22 禁種罌粟示、林文忠公戒煙斷癮經驗良方　史6-45963
30 禁室守志殉死文　叢2-1310
　禁室女守志殉死文　叢2-1309
　禁扁　史7-51509　叢1-205、223(23)
44 禁林讌會集　史6-42848、42859　叢1-244(4)
　禁林集　集6-44219
50 禁書總目　史8-66215　叢1-433、580,2-731(2)

禁書目錄　史8-66230　叢1-580
54 禁持齋結會及學習拳棒告示　史6-47320
90 禁火葬錄　子4-23446
91 禁煙私議　史6-47517
　禁煙條例　史6-45911、46187
96 禁烟諭摺章程辦法　史6-45964
　禁烟條例、秋審條例　史6-45967
97 禁燬書目　史8-66220
　禁燬書目、各省咨查銷燬書目、抽燬書目　史8-66219
　禁燬書目晷　史8-66222

茉

47 茉聲館詞　集7-47448　叢2-840
90 茉堂日記(清道光十二年)　史2-12664
　茉堂日著　子4-23245

蔡

00 蔡文莊公集、艾庵密箴、河洛私見、太極圖說　集2-7264
　蔡文忠公五修祠志[湖南益陽]　史5-38050
　蔡文忠公祠志[湖南益陽]　史5-38046
02 蔡端明(襄)別紀　史2-8656
　蔡端明別紀　史2-8657　子4-18978、19050
04 蔡詩船詩稿　集4-29991
12 蔡癸書　叢2-774(9)
17 蔡子洪範皇極名數　子3-12970
　蔡子獨斷　叢1-183
　蔡君謨文鈔　集1-2165,6-41794
19 蔡琰別傳　史2-8495　叢2-776
20 蔡季犖遺集　集4-30643
21 蔡虛齋集　集2-7265
　蔡虛齋先生四書蒙引　經2-10282～3
　蔡虛齋先生易經蒙引　經1-643、645～6
22 蔡邕十意輯存　子4-19784
　蔡邕月令章句　經1-5835　叢1-403
25 蔡傳正訛　叢2-1542
26 蔡白石集　集2-9222
　蔡白石集、續蔡白石集　集6-41935(2)
　蔡白石續集　集2-9223
　蔡和甫書劄　集5-38367
30 蔡沇濱集　集2-8347
　蔡寅倩集選　集3-14624

蔡宗師訂定三才雜俎　子4-22258

31 蔡江門詩　集2-12550,6-41943

　蔡福州外紀　史2-6205、8658

36 蔡渭生自編年譜　史2-12481

　蔡澤賓詩集　集5-34836

40 蔡太史奏稿　史6-48970

44 蔡莆陽詩集　集1-2161,6-41779～80

　蔡恭靖公詩稿、疏稿、文稿、雜編、附錄　集
　　2-9643

　蔡恭靖公遺稿　集2-9644

　蔡世遠輯　叢1-218

　蔡林屋集　集2-8198

48 蔡翰目集　集2-8195,6-41935(2)

　蔡松坡電文稿　集5-41567

　蔡松坡先生手劄　集5-41566

　蔡松坡先生遺集　集5-41565

　蔡松坡遺墨　集5-41564

50 蔡中郎文集(蔡中郎集)、外傳　集1-228

　蔡中郎文集、外傳　集1-230　叢1-465,2-
　　635(6)

　蔡中郎文集補　集1-231

　蔡中郎文鈔　集6-41794

　蔡中郎集　集1-217、219～20、222、224、226～
　　7,6-41694～9　叢1-183、223(47)

　蔡中郎集(蔡中郎文集)　集1-218

　蔡中郎集、外紀、外集　集1-223　叢2-698
　　(8)

　蔡中郎集、外紀、外集、列傳、年表　叢1-
　　381

　蔡中郎集舉正　集1-232

　蔡中郎忠孝傳　集7-49734

　蔡夫人未刻稿　集2-11741　叢2-742

　蔡忠襄公(懋德)遺事　史2-9117

　蔡忠烈公遺集　集2-12552～4

　蔡忠烈公遺集、後編　集2-12555

　蔡忠烈公遺集、續編　集2-12551

　蔡忠惠詩集全編(莆陽居士蔡公文集)　集
　　1-2163

　蔡忠惠詩集全編、別紀補遺　集1-2162

　蔡忠惠集　集1-2164

　蔡忠惠別紀補遺　史2-8659

　蔡忠惠公詩集　集6-41895

　蔡忠恪公語錄　子1-1249　集6-43118

52 蔡靜甫蜀中叢稿　集4-27834

60 蔡園奏議、龍岡山人文鈔、紫藤花室駢體文
　　鈔、龍岡山人已删草　史6-49046

66 蔡單氏行實　史2-9512

72 蔡氏(蕙)旌孝錄　史2-9441

　蔡氏新譜[上海松江]　史5-37967

　蔡氏旌孝錄　史2-7803

　蔡氏族譜　史5-38066

蔡氏族譜[廣東]　史5-38057

蔡氏族譜[廣東新會]　史5-38061

蔡氏族譜[廣東梅州]　史5-38058

蔡氏族譜[山西平定]　史5-37963

蔡氏族譜[安徽桐城]　史5-38028

蔡氏族譜[安徽歙縣]　史5-38029

蔡氏族譜[江西玉山]　史5-38038

蔡氏族譜[湖北石首]　史5-38042

蔡氏族譜[湖南岳陽]　史5-38052

蔡氏族譜[湖南益陽]　史5-38049

蔡氏西宗五修支譜[湖南益陽]　史5-
　38047

蔡氏貢舉錄　史3-15017

蔡氏發微論校、穴情賦　子3-13139、13368

蔡氏信派支譜[江蘇無錫]　史5-37979

蔡氏仁派支譜[江蘇無錫]　史5-37978

蔡氏化清經　子4-19816　叢2-775(4)

蔡氏先達傳　史5-38065

蔡氏復修族譜[湖南新化]　史5-38056

蔡氏房譜淵源錄[廣東順德]　史5-38063

蔡氏家譜稿[上海]　史5-37970

蔡氏家乘[上海崇明]　史5-37968～9

蔡氏家乘[江蘇蘇州]　史5-37982

蔡氏宗譜[廣東潮州]　史5-38059

蔡氏宗譜[江蘇蘇州]　史5-37986

蔡氏宗譜[江蘇無錫]　史5-37975

蔡氏宗譜[浙江平陽]　史5-38026

蔡氏宗譜[湖北麻城]　史5-38041

蔡氏治証撮要　子2-7151

蔡氏禮派支譜[江蘇無錫]　史5-37977

蔡氏通譜　史5-37960、37962

蔡氏九儒書九種　集6-45118

蔡氏七九公支宗譜[江蘇無錫]　史5-
　37980

蔡氏喪服譜　經1-5433　叢2-774(3)

蔡氏堪翁房譜[江西宜豐]　史5-38040

蔡氏世系源流[浙江杭州]　史5-37990

蔡氏東宗支譜[湖南益陽]　史5-38048

蔡氏易說　經1-206、2322　叢2-774(1)

蔡氏明堂月令章句　經1-5830

蔡氏月令　經1-5831～2　叢1-439,2-
　1630

蔡氏月令章句　經1-101、5829　叢1-517,
　2-628

蔡氏義派支譜[江蘇無錫]　史5-37976

蔡氏小兒痘疹方論　子2-8611、8663

蔡氏小兒痘疹袖金方論、合用藥方並君臣
　佐使之法　子2-8612

蔡質漢官典儀　叢2-771(3)

76 蔡陽陳氏宗譜[浙江溫嶺]　史4-33126

77 蔡同德堂丸散膏丹全錄、續增　子2-9856
　蔡母李太夫人八秩壽言集　史2-10625
80 蔡公松坡(鍔)年譜　史2-12489
88 蔡節母楊太君哀輓錄　史2-10674

4490₃ 綵

31 綵江縣志[道光]　史8-61536
72 綵氏家乘[山東高密]　史5-38461

繫

20 繫香詩草　集4-22219,6-41999

4490₄ 某

00 某庵遺集、清芬續集　集4-26892
24 某先生校注說文條辨　叢1-419
50 某中丞　子5-26681　叢1-587(3)
　某中丞夫人　子5-26678　叢1-587(2)

基

05 基訣　子3-17991～2　叢1-273(4)、275,2-
　680、833
21 基經　子3-18003　叢1-273(4)、274(4)
　基經(棋經)　子3-17979
　基經註　子3-18024
　基經十三篇　叢2-680

茱

90 茱堂節錄　子4-24235

藥

20 藥絃齋詞箋　集7-46820

茱

44 茱萸會雜劇　叢2-702

茶

00 茶亭蔣氏宗譜[江蘇宜興]　史5-38100
　茶庵詩集　集3-18670
　茶庫藏貯圖象目　子3-16263
　茶磨山人詩鈔(拾燹集、抱山集、北郭集、飲
　　淥集)　集5-36579
　茶文　子4-18981、19058
02 茶話　子4-18978、19034
　茶話軒詩集　集4-27338
04 茶詩　子4-18981、19059
07 茶詞　子4-18981、19060
08 茶說　子1-72,4-18542、18978、19028～9、
　19065　叢1-121
　茶譜　子4-18535、18537、18978、18985、
　　19014～5、19044、19064,5-26219　叢1-22
　　(26)、34、36、39、114(6)、116、173,2-1451
　茶譜、茶譜外集　子4-19023
　茶譜五種　子4-19024
　茶譜外集　子4-18535、18985
　茶譜輯解　子4-19073
10 茶疏　叢1-13、14(3)、22(26)、25、37、119～
　　20、181,2-617(3)
　茶醉軒詩選　集5-35167
18 茶務考　子7-36240(3)
20 茶香室經說　經2-11721　叢2-1920
　茶香室叢抄、續抄、三抄、四抄　子4-21536
　茶香室叢鈔、續鈔、三鈔　叢2-735(5)
　茶香室叢鈔、續鈔、三鈔、四鈔　叢2-1920
　茶香閣詞　集7-47883
　茶香閣遺草　集4-30827　叢1-352
　茶乘、拾遺　子4-19033
　茶集　子4-18978、19052
　茶集、附說　子4-19032
21 茶經　子4-18536、18978～80、18982～3、
　　18988、19026　叢1-2～6、9～10、19(11)、20
　　(9)、21(10)、22(15)、23(15)、24(12)、26～8、
　　29(4)、37、114(6)、223(38)、255(2)、268(4)、
　　2-873
　茶經、香譜　子4-18967
　茶經、外集　子4-18984
　茶經、外集、茶具圖贊、水辨、茶譜、茶譜外

集　子4-18985
茶經、茶具圖贊、水辨　子4-18535、18986
茶經外集　子4-18535、19022
22 茶仙子遺集第一集　集5-39720
茶山詩集　集1-3136
茶山集　集1-3137、3139、6-41894(2)　叢1-223(54)
茶山集、拾遺　集1-3138　叢1-230(5)、2-731(42)
茶山鄉志[民國]　史8-61033
茶山老人遺集　集1-5641
27 茶解　子4-18978、19043　叢1-22(26)
茶船誤碰木樁插漏案　史6-46254
30 茶寮記　子4-18978、19018～9　叢1-22(26)、86、121、176、2-730(7)、731(30)
31 茶酒爭奇　子4-18539、24189
34 茶社便覽　子4-24222　叢2-1373
38 茶洋詩鈔　集3-19724
40 茶坊湯氏重修宗譜[浙江嵊州]　史5-36559
44 茶董　子4-19046　叢2-617(5)
茶董、酒顛　子4-18968
茶董、補、酒顛、補　子4-18969
茶董、茶董補　子4-19047
茶董補　子4-19048　叢1-453、2-629、731(30)
茶夢庵續筆　集4-26217
茶夢庵隨筆　集4-26217
茶夢山房吟草　集4-26866
茶夢盦劫後詩稿　集4-33436
茶夢盦爐餘詞、劫後稿　集7-47776
茶考　子4-18978、19030
茶苑　子4-19013
茶苑、茶史補　子4-19067
茶花譜、茶花詠、茶花別名詠、擬詠鏡款茶花詩、總說　子4-19300
茶藪　子4-18981、19057
茶村詩　集3-13600
茶村集　集7-46405、46833
茶葉庵文集　集4-31795
茶葉名兒一枝　集7-51676
茶葉姐一枝　集7-50992
47 茶聲寄興(金翠蜻蜓歌、梅州廿一律、韓江雜詩、韓江赤鯉歌、東江後詠、韓雲晶瑞歌、鳶山從祀詩、授經石歌、連州鍾乳石歌)　集5-37981
50 茶史　子4-19070
茶史、茶史補　子4-19068
茶史補　子4-19067、19069　叢1-202(8)、203(14)
茶書二十七種　子4-18978

茶書十三種　子4-18979
茶書七種　子4-18980～1
51 茶軒吟稿　集3-17690
60 茶品要錄　叢1-86、2-730(7)
茶毘賸稿　集3-18735
71 茶馬記　史1-801
72 茶瓜軒詩　集4-27082
74 茶陵州志[康熙]　史8-60557～8
茶陵州志[嘉慶]　史8-60559～60
茶陵州志[嘉靖]　史8-60556
茶陵州志[同治]　史8-60561
茶陵州學正曾宗逵存稿　集4-31384
76 茶陽饒氏族譜[廣東大埔]　史5-41332
77 茶具十詠　集2-7453
茶具圖贊　子4-18535、18906、18978、18985～6、19009　叢1-35、37、119～20、2-731(31)
茶具圖贊(新刻茶具圖贊)　子4-19011
87 茶錄　子4-18906、18978～80、18994～5、19012、19045　叢1-2～10、15、19(11)、20(9)、21(10)、22(15、26)、23(15)、24(11)、29(6)、114(6)、223(38)、2-731(30)
88 茶箋　子4-18538、19027、19053　叢1-14(3)、22(26)、25、111(1)、249(3)、461、2-624(3)、731(33)
茶餘談薈　子5-26659　叢1-496(7)
茶餘客話　子4-21341～4　叢1-202(2)、203(7)、241、242(3)、373(5)、2-731(51)、735(2)、736
茶餘客話世揮子　子4-21345
茶餘酒後錄　叢2-2255
茶餘漫錄　子4-21837　叢1-496(5)
茶餘醫話　子2-10923
90 茶半軒集　叢2-2169
91 茶煙閣體物集　集7-47023

荼

41 荼坪詩集　集3-17939
荼坪詩鈔　集3-17942
44 荼薇全本(節孝荼薇記銀嬌全)　集7-52932
50 荼史　史6-48338　叢2-606

菓

08 菓譜廣編　叢2-1451

菜

03 菜詠　子1-4482
20 菜香書屋詩文剩　集4-30271
　　菜香書屋詩草　集4-23145、33660
　　菜香書屋詩鈔　集4-29825
　　菜香小圃詩　集4-26059
　　菜香小圃館課詩　集4-26060
44 菜蔬類字釋名　子7-36237
　　菜花剩語　集4-33553
47 菜根譚　子4-20717　叢2-689
　　菜根譚、娑羅館清言、續娑羅館清言　子4-20719
　　菜根譚、娑羅館清語　叢2-691(3)
　　菜根譚前集、後集　子4-20716
　　菜根談　叢2-724
　　菜根談、續　子4-20720
　　菜根香詩選　集4-25624
　　菜根香書屋集　集4-25623
　　菜根草堂吟稿　集5-34030
　　菜根軒詩鈔、續集　集4-28401
　　菜根堂文集　集3-18702
　　菜根堂詩集、古文集　集3-14608
　　菜根堂集、續集　集3-14748
　　菜根堂劄記　經2-10697

葉

00 葉慶樹事狀、葉慶樹遺事　史2-10555
　　葉文定公(適)年譜　史2-11287
　　葉文莊公奏疏　史6-48161
　　葉文莊公全集　集2-6813～4
　　葉文敏集　集3-15037～8
　　葉文敏公集　集3-15039
　　葉奕武先生集　集2-9665
　　葉衣觀自在菩薩經　子6-32081(54)、32083
　　(34)、32084(27)、32085(49)、32086(59)、
　　32088(36)、32089(31)、32090(39)、32091
　　(37)、32092(25)
　　葉衣觀自在菩薩陀羅尼經　子6-32093(35)
07 葉調生日記(清同治八年至九年)　史2-12715
10 葉三則文鈔　集6-41794
　　葉爾羌參贊大臣奏稿　史6-47931
　　葉爾羌參贊大臣璧昌履歷　史2-9897
　　葉天寥自撰年譜、續　叢2-720(5)

　　葉天寥自撰年譜、續、附天寥年譜別記(半不軒留事)、附錄　叢1-580
　　葉天寥自撰年譜、續譜、別記　史2-11589
　　葉天寥四種　叢2-720(5)
　　葉天士雜症口訣　子2-7125
　　葉天士經驗良方　子2-9740
　　葉天士先生辯舌廣驗　子2-6238
　　葉天士先生眼部濟驗良方　子2-7323
　　葉天士幼科醫案　子2-8451
　　葉天士家傳祕訣　子2-10549
　　葉天士祕方　子2-9443
　　葉天士祕方大全　子2-8452
　　葉天士溫熱論　子2-4750、6829
　　葉天士女科醫案　子2-8109
　　葉天士真傳眼科　子2-7322
　　葉天士曹仁伯何元長醫案　子2-10626
　　葉天士醫案　子2-4762、4771(4)、10546、10554、10637
　　葉石林模急就章　經2-13293　叢2-600
　　葉栗垞集　集4-22576
12 葉水心文集校註　集1-3820
17 葉子譜　子3-18223　叢1-22(27)、37
　　葉子譜、續　子3-18222　叢1-13、14(3)、181
20 葉香巖先生醫案附病機選案　子2-4695
　　葉香巖先生醫案附病機醫案　子2-10552
　　葉香城詩　集2-12912、6-41943
　　葉香畹開堂教戲　集7-49490、49511
22 葉種德堂丹丸全錄(葉種德堂丸散膏丹全錄)　子2-9596
23 葉戲原起　子3-18261　叢2-970
24 葉先生詩話(石林詩話、葉夢得詩話)　集6-45572
　　葉先生偶言　子1-1293　叢1-151
　　葉德新先生僅存詩　集1-4982
　　葉德新先生僅存詩、校勘記　集1-4983
　　葉德光堂從化縣長湖房族譜[廣東從化]　史5-35774
25 葉仲韶詩　集2-11864、6-41943
　　葉健庵先生年譜　集4-23511
　　葉健庵自訂年譜　史2-11954
　　葉健菴先生年譜　史2-11955
26 葉白泉詩稿　集3-13072
27 葉向高先生六字格言　子1-2154
　　葉名琛廣州之變　史1-1995、3845
28 葉徵君文鈔　集4-31713
30 葉注青囊曾序　子3-13341
　　葉永溪稿　集2-12988～90、6-45336、45340
　　葉客集　集2-9531、6-41935(5)
　　葉寶太傳接骨祕方　子2-7960

　　葉案批繆　子2-4612、10561
　　葉案括要　子2-10553
34 葉浩吾著述兩種　子4-21968
37 葉潤山詩　集2-12110,6-41943
　　葉潤山疏稿　史6-48508
　　葉潤山奏疏　史6-48509
　　葉潤山輯著全書三十二種　叢1-151
　　葉涵谿文集　集4-31712
　　葉涵谿文稿　集4-31711
　　葉退庵先生(恭綽)年譜　史2-12488
　　葉選醫衡　子2-4771(4)、10555
38 葉海峯文集　集2-8320
40 葉太史參補古今大方詩經大全、小序、詩
　　　圖、綱領　經1-3768
　　葉臺全集(蒼霞草、蒼霞草詩、蒼霞續草、蒼
　　　霞餘草、綸扉奏草、續綸扉奏草、後綸扉
　　　尺牘)　集2-10696
　　葉臺全集七種　叢2-1177
　　葉塘陳氏宗譜[江蘇宜興]　史4-32788
　　葉真人傳世內外各科祕本　子2-5055
41 葉梧叟先生集、附編　集2-12647
43 葉城縣鄉土志[光緒]　史8-63401
44 葉夢得詩話　集6-45572
　　葉赫那蘭氏八旗族譜　史5-35790
　　葉赫那拉氏族譜　史5-35789
　　葉赫那拉氏世系生辰譜　史5-35788
　　葉赫那喇澄泉(瑞麟)行述　史2-10023
　　葉赫國貝勒家乘　史5-35787
　　葉蓉庵詩　集3-14455
　　葉桂年行狀　史2-10670
46 葉相國選訂百子類函　子5-25034
47 葉鶴涂文集　集3-20823
　　葉柳沙先生遺集　史6-48343
50 葉忠節遺稿　集3-15778
　　葉忠節公遺稿　集3-15779~80
57 葉抱崧詩選　集3-19318
60 葉園詩稿　集3-16624
62 葉縣任氏家譜[河南葉縣]　史4-26796
　　葉縣鄉土志[民國]　史8-59925
　　葉縣志[康熙]　史8-59922
　　葉縣志[嘉靖]　史8-59921
　　葉縣志[乾隆]　史8-59923
　　葉縣志[同治]　史8-59924
65 葉嘯廬詩鈔　集3-20604
66 葉眔夫菊譜　子4-19272
72 葉氏痘疹錦囊　子2-8804
　　葉氏文牘　集5-34450
　　葉氏六修族譜[江西]　史5-35760
　　葉氏詩鈔　集4-28349
　　葉氏族譜　史5-35783~4

　　葉氏族譜[廣東番禺]　史5-35773
　　葉氏族譜[江西萍鄉]　史5-35751
　　葉氏族譜[湖南平江]　史5-35766
　　葉氏族譜[四川大竹]　史5-35779
　　葉氏族譜[四川簡陽]　史5-35780
　　葉氏三修宗譜[江西]　史5-35759
　　葉氏三修宗譜[江西定南]　史5-35752
　　葉氏五修族譜[湖南]　史5-35772
　　葉氏五修族譜[湖南湘潭]　史5-35768
　　葉氏重修族譜[江西豐城]　史5-35755
　　葉氏重修家乘[安徽歙縣]　史5-35733
　　葉氏重修宗譜[浙江義烏]　史5-35698
　　葉氏經驗方　子2-9505
　　葉氏經驗方(葉天士經驗方)　子2-9442
　　葉氏伏氣解(伏氣解)　子2-6868
　　葉氏幼科要畧　子2-4634、8449
　　葉氏息園畫譜　子3-16575
　　葉氏傷寒家祕全書　子2-6573
　　葉氏家譜[上海松江]　史5-35642
　　葉氏家譜[上海青浦]　史5-35643
　　葉氏家乘[江蘇宜興]　史5-35646
　　葉氏宗譜　史5-35781~2、35785
　　葉氏宗譜[廣東梅州]　史5-35775
　　葉氏宗譜[上海崇明]　史5-35644
　　葉氏宗譜[安徽霍山]　史5-35744
　　葉氏宗譜[安徽休寧]　史5-35738
　　葉氏宗譜[安徽潛山]　史5-35726
　　葉氏宗譜[安徽黃山]　史5-35728
　　葉氏宗譜[安徽桐城]　史5-35722
　　葉氏宗譜[安徽歙縣]　史5-35729
　　葉氏宗譜[江西武寧]　史5-35748
　　葉氏宗譜[浙江]　史5-35719、35721
　　葉氏宗譜[浙江雲和]　史5-35709
　　葉氏宗譜[浙江上虞]　史5-35679
　　葉氏宗譜[浙江松陽]　史5-35714
　　葉氏宗譜[浙江餘姚]　史5-35672
　　葉氏宗譜[湖北漢陽]　史5-35763
　　葉氏宗譜[湖南平江]　史5-35765
　　葉氏祕本種子金丹　子2-8282
　　葉氏存古叢書四種　史8-65260
　　葉氏女科證治　子2-8108
　　葉氏菉竹堂碑目　叢2-731(34)
　　葉氏菉竹堂書目　叢1-456(4)
　　葉氏世譜[浙江餘姚]　史5-35675
　　葉氏菊譜　子4-19273
　　葉氏觀古堂藏書目　史8-65947
　　葉氏春秋傳　經1-7496　叢1-223(10)、227
　　　(3)
　　葉氏四種　子2-4634
　　葉氏四修族譜[湖南平江]　史5-35767

葉氏眼科方　子2-7320　叢1-423
葉氏醫案　子2-10550
葉氏醫案存真　子2-10547
葉氏八修族譜[江西]　史5-35761
77 葉兒樂府　集7-50534、50539、50562、50675
　　叢1-223(67)、369
　葉學山先生詩稿　叢1-547(4)
　葉民部石洞集　集2-9722
80 葉八白易傳　經1-690　叢1-223(4)
　葉公澄衷榮哀錄　史2-10570
88 葉篔林詩　集5-35583
89 葉鈔五種　子3-12896
90 葉小鸞眉子硯題詞前集、今集　子4-18766
97 葉恂予日記(清光緒九年至十一年)　史2-
　　13072

藾

40 藾塘閒草、藾塘彙錄諸名公贈言、續附　集
　　2-8719
　藾塘閒草、贈言　集2-8720
57 藾邨筆談　子4-24561

藁

43 藁城鄉土地理[民國]　史7-55026
　藁城縣康熙志　史7-54911
　藁城縣志　史7-54911
　藁城縣志[康熙]　史7-55023
　藁城縣志[嘉靖]　史7-55022
　藁城縣志[民國]　史7-55025
　藁城縣志續補[光緒]　史7-55024
　藁城縣志四種　史7-54911
　藁城縣嘉靖志　史7-54911
　藁城縣光緒志　史7-54911

藥

00 藥症忌宜　子2-4770、5581　叢1-422、424
　藥庵詞　集7-46398～400
　藥庵集　集3-18696
　藥方　子2-10204
　藥方雜錄　子2-10136
　藥方隨手記　叢2-1980

藥方類　子2-9267
藥言　子1-2149　叢2-731(20)、2158
藥言、藥言賸稿　子1-1731～2,4-19502
　叢2-1725
藥言、賸稿　叢2-728
藥言補註　叢2-1881
藥言隨筆　子2-5228
01 藥語雜錄、廣藥語　子2-5898　叢1-159
02 藥證忌宜　叢1-469、586(3)、2-716(3)
08 藥論　子2-5706
　藥議　子2-5897　叢1-10、29(6)
　藥譜　子2-5895　叢1-23(17)、29(4)、30、
　　255(2)、367～8
　藥譜字類　子2-5912
10 藥王救苦忠孝寶卷　集7-54233
　藥要便蒙新編　子2-5802
12 藥到回春　子2-10206
　藥聯珠　叢1-586(3)
　藥聯珠古方考　叢1-586(3)
16 藥理近考　子2-4600
　藥彈考　子7-36240(3)
21 藥能備考　子2-5752
　藥師三昧行法　子6-32091(68)
　藥師三昧行法要畧　子7-35014
　藥師琉璃光王七佛本願功德經念誦儀軌
　　子6-32086(66)、32093(47)
　藥師琉璃光王七佛本願功德經念誦儀軌供
　　養法　子6-32086(66)、32093(47)
　藥師琉璃光七佛本願功德經　子6-32081
　　(7)、32082(7)、32083(6)、32085(8)、32086
　　(8)、32088(6)、32093(41)、7-32814
　藥師琉璃光如來本願功德經　子6-32081
　　(7)、32082(7)、32083(6)、32085(8)、32086
　　(8)、32088(6)、32093(33)、7-32810
　藥師瑠璃光七佛本願功德經　子6-32083
　　(36)、32088(34)、32089(6)、32090(8)、32091
　　(7)、32092(5)
　藥師瑠璃光如來消災除難念誦儀軌　子6-
　　32093(37)
　藥師瑠璃光如來本願功德經　子6-32083
　　(36)、32089(6)、32090(8)、32091(7)、32092
　　(5)、7-32096、32114、32811
　藥師瑠璃光如來本願功德經、聖者賢行願
　　王偈　子7-32813
　藥師瑠璃光如來本願功德經直解　子6-
　　32091(67)、32092(44)、7-33682
　藥師瑠璃光如來本願功德經智燈疏　子7-
　　33683
　藥師經擇要　子7-33681
　藥師壇科儀　子7-35013
　藥師七佛供養儀軌經　子7-32958

藥師七佛本願經　子7-32809

藥師如來觀行儀軌法　子6-32093(40)

藥師如來本願功德經　子7-32812

藥師如來本願經　子6-32083(6)、32089(6)

藥師如來念誦儀軌　子6-32093(37、40)

藥師本願功德寶卷(藥師如來本願寶卷)
　集7-54203

藥師本願經古蹟　子7-33679

藥師燈焰　子6-32091(77)

藥經譯辨　子2-5726

27 藥物産地錄　子2-5911

藥物講義　子2-4753

藥物小志　子2-5711

藥名雜抄　子2-5914

藥名譜　子2-5896

藥名兒一枝　集7-52021

28 藥徵　子2-4768、4771(2)

藥徵續編　子2-4768、4771(2)

藥谿詩　集3-17844

30 藥房詩集、蛩音詞草　集3-17697

藥房詩稿　集3-17325

藥房行述　史2-9511

藥房偶存　集4-32278

藥房心語　叢1-202(7)、203(13)、319

藥房樵唱　集1-5468～70　叢1-223(61)、
　2-860

藥準　子2-4553、5561

32 藥洲花農文畧　叢2-1613

藥洲花農文畧續　叢2-1613

藥洲花農詩畧　叢2-1613

藥洲花農詩畧、文畧、文畧續　集4-24513

33 藥治通義輯要　叢2-2130～1

34 藥達　子2-5647

44 藥地炮莊　子5-29353

藥地炮莊、總論　子5-29352

藥夢詩　集5-40514

藥夢詞　集5-40514

藥材出處、藥材別名出新　子2-5905

藥材別名　子2-5904

47 藥欄詩話　叢2-886(5)

50 藥書摘要　子2-5707

60 藥圃詩　集3-16380

藥圃詩集　集6-41969

藥圃集(藥圃文集)　集3-13832

藥園詩稿　集3-18002

藥品辨義　子2-4587、5577

藥品化義　子2-5576

藥品中西名目表　子7-36231(6)

藥品類方　子7-36228(4)

63 藥賦　子2-5838

藥賦新編　子2-4718、5175、5646

71 藥階詩集　集4-29046

72 藥厄言　子2-5173

77 藥與藥相反　子2-5751

78 藥隊補遺　子2-5654

80 藥鏡　子2-4578、5778

藥龕集　集5-34464

藥義明辨　子2-5634

藥會圖　子2-5893

藥會圖曲譜　子2-5907

81 藥餌食物辨性　子2-5883

87 藥錄　子2-5515　叢1-23(17)

88 藥籠小品　子2-4771(4)、5640、10616

90 藥堂詩鈔　集3-19419

95 藥性　子2-5738

藥性主病便覽　子2-5791

藥性主治　子2-4682

藥性主治品部證類歌總要　子2-5790

藥性新編　子2-5723

藥性詩解　子2-4612、5823～4

藥性要畧　子2-5692

藥性要領　子2-5753

藥性巧合記　子2-5665

藥性彈詞　子2-5807

藥性歌　子2-5773、5813

藥性歌括　子2-5209、5827、5837

藥性集要便覽　子2-5803

藥性便覽　子2-5578

藥性總義　子2-5689

藥性彙集　子2-5709

藥性必讀　子2-5740

藥性通考、集錄神效單方　子2-5616

藥性選要　子2-4755、5835

藥性真知益編　子2-5673

藥性考　子7-36240(5)

藥性蒙求　子2-5810

藥性切用　子2-4611～2、5623

藥性摘要　子2-5715

藥性摘錄、食物、常用藥物　子2-5657

藥性摘錄、常用藥物食物　子2-4671

藥性書　子2-5600

藥性撮精　子2-5714

藥性提要歌訣　子2-5836

藥性探源　子2-5754

藥性四言賦　子2-5842

藥性默識　子2-5737

藥性賦　子2-4555、4571、4579～80、4765、
　5776～7、5788、5798、5833～4、5901、6049

藥性賦、珍珠囊　子2-5762

藥性賦註解摘要　子2-5799

藥性賦注　子2-5797
藥性賦祕抄　子2-5792
藥性單方　子2-5742
藥性八畧　子2-5722
藥性分類　子2-5699
藥性簡要　子2-4666、5804
藥性纂要　子2-5596
藥性鈔　子2-5739
藥性類抄　子2-5669
藥性粗評　子2-5771
藥性粗評全注　子2-5826

蘽

77 蘽閣集　集1-3747

虆

22 虆山余氏宗譜[浙江]　史4-28570

4490₈ 萊

17 萊子斑衣　集7-51807
萊郡經籍考、附編　史8-66118
22 萊山堂詩集　集3-14945
32 萊州府志[康熙]　史8-59263
萊州府志[萬曆]　史8-59262
萊州府志[乾隆]　史8-59264
萊州府志[光緒]　史8-59266
38 萊海述　史7-52958
44 萊蕪縣鄉土志[光緒]　史8-59433
萊蕪縣志[康熙]　史8-59429
萊蕪縣志[嘉靖]　史8-59428
萊蕪縣志[民國]　史8-59431～2
萊蕪縣志[光緒]　史8-59430
46 萊娛軒詩草　集3-20981
47 萊根堂詩存　集5-34043
50 萊史　史7-50616　叢2-953
60 萊圃文稿　集4-25430
萊園詩文稿、詩餘、二懷堂詩草　集3-
　15983
萊園詩集、文稿　集3-15984
76 萊陽縣志[康熙]　史8-59260
萊陽縣志[民國]　史8-59261

萊陽竹枝詞　集4-30133
80 萊公(寇準)遺事　史2-8622
萊公集　集6-41894(1)
萊公遺事　史1-1914　叢1-95,2-730(3)

4491₀ 杜

00 杜主開明前志(望帝杜宇叢帝鼈令前志)、
　杜主開明後志(岷陽古帝墓祠後志)　叢
　1-328
杜主開明前志(望帝杜宇叢帝鼈令前志)、
　岷陽古帝墓祠後志　史7-51965
杜意　集1-1043
杜文端公自訂年譜　史2-12010
杜文正公(受田)年譜　史2-12082
杜文貞詩增注　集1-994
杜文貞公詩集　集1-1005
杜文學興郎找父三部　集7-51108
杜註水中鹽　集1-1039
04 杜詩　集1-949
杜詩(杜詩鈔、少陵詩集、杜詩選鈔)　集1-
　887
杜詩註釋　集1-995
杜詩評註　集1-978
杜詩評律　集1-1047
杜詩評選　集6-43318
杜詩評點、杜詩遺珠　集1-1052
杜詩說膚　集1-1059
杜詩論文　集1-1045
杜詩詳註　集1-976
杜詩詳註(杜少陵全集箋注)、附編　集1-
　977
杜詩詳註、補註　叢1-223(48)
杜詩詳註集成　集1-1001
杜詩譜釋　集1-1004
杜詩五言補注　集6-41827
杜詩五古選錄　集1-1013
杜詩百篇　集1-997　叢2-1988
杜詩胥鈔　集1-970
杜詩瑣證　集1-1061
杜詩雙聲疊韻譜括畧　經2-14116～8、
　14540　叢1-241、242(4),2-731(47)、1496
杜詩集評　集1-1058
杜詩集說、年譜　集1-991
杜詩集解　集1-1007
杜詩編年　集1-1068
杜詩偶評　集1-1053
杜詩釋　集1-1040

杜詩解　叢 2－1252

杜詩解意　叢 2－1299

杜詩解意七言律　集 1－974

杜詩句解　集 1－1054

杜詩字評　集 1－1071

杜詩顧註輯要五言律　集 1－982

杜詩通　集 1－1035,6－41831

杜詩選　集 1－1012,2－12656,6－41825、41830

杜詩選註　集 1－1019

杜詩選評　集 6－41843

杜詩選讀　集 1－1016

杜詩選抄　集 1－1018

杜詩直解　集 1－990

杜詩七言律　集 1－972

杜詩七言律註例(杜律註例)　集 1－989

杜詩執鞭錄、杜工部年譜　集 1－1037

杜詩摘句　集 1－1067

杜詩攟　集 1－1036　叢 1－223(48)

杜詩本義　集 1－992　叢 2－1507

杜詩提要　集 1－1048

杜詩長古註解　集 1－950

杜詩附記　集 1－1075

杜詩闡　集 1－1046

杜詩金針　集 1－1073

杜詩鏡銓、讀書堂杜工部文集注解　集 1－1057

杜詩鏡銓、年譜　集 1－1056

杜詩分類(杜詩分類全集)　集 1－957

杜詩分類集注　集 1－953

杜詩義法　集 6－46068

杜詩會意詳說　集 1－1070

杜詩會粹　集 1－975

杜詩箋　集 1－923,6－45486　叢 1－22(13)、23(13)

杜詩鈔　集 6－41842

杜詩鈔評　集 1－1032,6－41829

杜詩鈔述註　集 1－958

杜詩精華　集 1－993

10 杜工部(甫)年譜　史 2－11005、11168～9、11171、11176　集 1－1037　叢 1－223(21),2－635(6)

杜工部文集　集 1－1021

杜工部詩　集 1－876、897～8、922、955、1009

杜工部詩話　集 6－46205

杜工部詩說　集 1－980

杜工部詩疏解　集 1－988

杜工部詩千家註　集 1－926

杜工部詩集、文集　集 1－914

杜工部詩集、外詩、文集、年譜　集 1－985

杜工部詩集解、年譜　集 1－1000

杜工部詩通　集 1－1031

杜工部詩選　集 1－1011

杜工部詩選讀本　集 1－1015

杜工部詩范德機批選　集 1－1010

杜工部詩摘鈔　集 1－890

杜工部詩抄　集 1－984、1003

杜工部詩年譜　史 2－11170　叢 1－223(21)

杜工部詩鈔　集 1－891,6－41884

杜工部詩鈔(杜工部北征詩、少陵詩選、少陵集、杜少陵詩鈔、少陵詩鈔、杜公長律鈔)　集 1－888

杜工部五言詩選直解、七言詩選直解、年譜　集 1－1014

杜工部五言律詩　集 1－945

杜工部五言律詩(杜律五言注解)　集 1－944

杜工部集　集 1－877、880～3　叢 1－227(8)、2－698(8)

杜工部集、外集、文集　集 1－875

杜工部集、外集、文集、年譜　集 6－41726

杜工部集、補遺　集 1－873　叢 1－447

杜工部集、年譜、諸家詩話、唱酬題詠附錄　集 1－878

杜工部編年詩史譜目　史 2－11173　集 1－981

杜工部七言詩註　集 1－938

杜工部七言律詩　集 1－928、931、935、937、973、987

杜工部七言律詩本義　集 1－1030

杜工部七言律詩本義(杜律本義)　集 1－1029

杜工部七言律詩分類集註　集 1－964

杜工部草堂詩箋、詩話、年譜　集 1－902

杜工部草堂詩箋、外集、詩話、年譜　集 1－901

杜工部草堂詩箋、外集、傳序碑銘、目錄、詩話、補遺、年譜　叢 1－446

杜工部草堂詩箋、傳序碑銘、目錄、詩話　叢 2－731(42)

杜工部草堂詩箋、目錄、外集、補遺　集 1－900

杜工部全集、目錄、年譜　集 1－872,6－41728

杜工部分類詩　集 6－41826

杜工部分類詩、賦　集 1－960

杜石樵三種　叢 2－1628

14 杜功王詩草　集 2－12761

17 杜子新論　叢 2－775(4)

杜了春傳　叢 1－29(4)、56、249(2)、255(3)、395

杜子美詩集　集 1－921,6－41828　叢 1－141

　　杜子美沽酒遊春記　集7-50573
　　杜子美七言律　集1-965,6-41732　叢1-172
　　杜子美年譜　史2-11174
20 杜秀才痛哭霸亭廟　集7-49365～6
　　杜秀才痛哭泥神廟　集7-49352
　　杜集(杜工部詩)　集1-876
21 杜征南集　叢1-183
　　杜處士遺詩　集1-4743
22 杜山黄氏宗譜[浙江東陽]　史5-33842
　　杜梨軒詩鈔、文鈔　集5-40097
25 杜律　集1-936、951、966～7
　　杜律(杜律虞注)　集1-933
　　杜律意箋　集1-968
　　杜律註　集1-939
　　杜律註例　集1-989
　　杜律註解　集1-952
　　杜律韻集　集1-1027
　　杜律詳解　集1-1002
　　杜律二註(杜律七言註解、杜律五言解)　集1-947
　　杜律五言註解　集1-942
　　杜律五言集解　集1-961～2
　　杜律五言注解　集1-944
　　杜律五言補註　集1-956
　　杜律五七言　集1-969
　　杜律詹言　集1-1033～4
　　杜律測旨　集1-1025
　　杜律心法　集6-45495、45707
　　杜律淺說詩(杜律淺說)　集1-996
　　杜律演義　集1-1022
　　杜律通解　集1-983
　　杜律選註　集1-959
　　杜律啓蒙、年譜　集1-1055
　　杜律七言註解　集1-929、932
　　杜律七言註解、詩法家數　集1-930
　　杜律七言集解　集1-963
　　杜律七言頗解　集1-1026
　　杜律本義　集1-1029
　　杜律單註　集1-1024
26 杜白二湖全書　史7-52942
　　杜釋會通　集1-1028
28 杜谿文稿　集3-16802
　　杜牧詩　集1-1522
　　杜牧之文鈔　集1-1525,6-41794
　　杜牧之詩酒揚州夢　集7-48766、48770、48945
　　杜牧之詩酒揚州夢雜劇　集7-48767(2)　叢2-698(15)
　　杜牧之集　集1-1518

　　杜牧之古詩選　集6-41774
　　杜牧之樊川詩集　集6-41850
　　杜牧之揚州夢　叢2-810
29 杜秋傳　子5-26222　叢1-29(4)、168(1)、185、255(3)、587(4)
30 杜審言詩集　集1-710,6-41824
　　杜審言詩集(杜審言集)　集1-709
　　杜審言集　集1-708,6-41739、41743、41839、41844～5、41865、41867
35 杜清獻集　集6-41904
　　杜清獻集(清獻集)　集1-4106
　　杜清獻公集(宋杜清獻公集)　集1-4103
　　杜清獻公集、補　集1-4100
　　杜清獻公集、補遺、校勘記　集1-4101
　　杜清獻公集、補遺、杜清獻公年譜　集1-4102
　　杜清獻公集校註　集1-4104
37 杜祁公摭稿　集1-1903
40 杜十娘沉箱　集7-52796
　　杜十娘怒沈百寶箱　集7-52247
　　杜壽域詞　集7-46352、46382、46466
44 杜薌自訂年譜　史2-11896
　　杜蘭香傳　叢1-22(19)、23(18)、168(3)
　　杜蘭香別傳　叢1-19(4)、21(3)、24(4)
　　杜薇之詩稿　集4-26976
　　杜蕊娘智賞金線池　集7-48769　叢2-720(3)
　　杜蕊娘智賞金線池雜劇　集7-48767(3)
　　杜草祕方　子2-10039
　　杜樊川文集選　集6-41798
　　杜樊川集　集1-1516
　　杜韓詩句集韻　子5-26147～8
　　杜荀鶴文集　集1-1710,6-41878
　　杜荀鶴詩　集6-41850
　　杜茶村詩鈔　集3-13601
　　杜茶村先生(濬)年譜　史2-11658
　　杜茶村年譜　集6-44970
　　杜藥娘智賞金線池　集7-48770
　　杜藥娘智賞金線池　集7-48774(6)、48791
　　杜藥娘智賞金線池雜劇　叢2-698(16)
　　杜藕山房叢書十種　叢1-250
　　杜林訓故逸文　經1-3509　叢2-764
46 杜如竹文稿　集3-13081
　　杜楊雜編　叢1-101
50 杜貴墀集　集5-34293
　　杜貴墀事畧　史2-10307
　　杜東原雜著、補遺　集2-6694
　　杜東原詩集　集2-6690
　　杜東原詩集、文集　集2-6692
　　杜東原詩集、文集、補遺　集2-6691

杜東原先生(瓊)年譜　史 2 - 11422　叢 2 - 599
53 杜甫詩　集 1 - 889
55 杜曲集　集 2 - 12762
57 杜撰錄　子 2 - 10207
58 杜拾遺祠墓記　史 7 - 51960
60 杜口湖厰上村陳氏公譜[湖南攸縣]　史 4 - 33331
　杜國大統領古魯家列傳　子 7 - 36251
　杜園說杜　集 1 - 1060
　杜果揭帖(順治九年)　史 6 - 47872、48601
67 杜鵑集　集 5 - 34917
70 杜臆　集 1 - 1038
72 杜氏文譜　集 6 - 46224　叢 2 - 1058
　杜氏雜抄　子 4 - 24728
　杜氏詩譜　叢 2 - 1058
　杜氏族譜[安徽]　史 4 - 27018
　杜氏族譜[河南新鄉]　史 4 - 27020
　杜氏族譜[湖南平江]　史 4 - 27031～2
　杜氏族譜[湖南武陵]　史 4 - 27025
　杜氏族譜[湖南沅江]　史 4 - 27029～30
　杜氏族譜[湖南桃源]　史 4 - 27026
　杜氏幽求新書　子 4 - 19821　叢 2 - 774(9)
　杜氏宗譜　史 4 - 27039
　杜氏宗譜[上海崇明]　史 4 - 26979
　杜氏宗譜[江蘇常州]　史 4 - 26983
　杜氏宗譜[湖北武昌]　史 4 - 27021
　杜氏宗譜[湖北江夏]　史 4 - 27022
　杜氏通典纂要　史 6 - 41544
　杜氏支譜[湖南益陽]　史 4 - 27028
　杜氏畫譜　子 3 - 16325　叢 2 - 1058
　杜氏書譜　子 3 - 15379　叢 2 - 1058
　杜氏春秋釋例土地名　經 1 - 7047
　杜氏四譜　叢 2 - 1058
　杜氏四修族譜[湖南益陽]　史 4 - 27027
　杜氏體論　子 4 - 19797　叢 2 - 768～9、774(9)
　杜氏篤論　子 4 - 19785　叢 2 - 615(2)、768
74 杜陵綺語　集 7 - 47211
　杜陵七歌　集 3 - 13599
76 杜陽雜編　史 1 - 1914　子 4 - 22835～6、5 - 26220　叢 1 - 13、16～7、19(3)、20(2)、22(8)、23(7)、24(4)、29(3)、40、95～6、99～100、223(45)、255(1)、268(4)、2 - 617(2)、730(2)、731(52)、735(3)
　杜陽襪編　叢 1 - 21(5)
77 杜門詩草　集 5 - 35445
　杜門傅氏宗譜[浙江義烏]　史 5 - 36243
　杜門草、擬古詩十九首、目錄　集 2 - 12736
80 杜公長律鈔　集 1 - 888
90 杜少陵詩鈔　集 1 - 888

杜少陵集　集 1 - 874
杜少陵全集分類集注　集 1 - 953
杜少陵全集箋注　集 1 - 977
杜少陵年譜　史 2 - 11175

4491₁ 茳

32 茳溪草堂詩鈔　集 5 - 37940
44 茳花榭詩鈔　集 4 - 33029

4491₂ 枕

01 枕譚　子 4 - 20659　叢 1 - 13、14(2)、22(24)、110、111(5)、113、130、195(6)、2 - 617(4)、624(3)、731(7)
10 枕霞軒詩　集 4 - 24847
　枕干錄　叢 2 - 934～5
　枕干錄(冒襄)　史 2 - 9230
　枕干錄贈言　叢 2 - 935
　枕石編　子 5 - 26587
　枕雲詩稿　集 5 - 36986
　枕雲詞鈔　集 5 - 40111
　枕雲遺集　集 5 - 35377
　枕函小史五種　叢 1 - 184
11 枕頭案一段　集 7 - 51638
　枕琴山館詩　集 4 - 28609
　枕琴山館詩稿　集 4 - 28608
　枕琴僅存草　集 4 - 30062、6 - 42007(2)
　枕琴軒詩草　集 4 - 30840
　枕琴軒詩鈔　集 4 - 30841
16 枕碧樓偶存稿　集 5 - 36675
　枕碧樓叢書十二種　叢 2 - 618
17 枕翠樓詩集　集 3 - 20092～3
　枕翠樓詩續集　集 3 - 20094
21 枕上語　叢 2 - 674
　枕上三字訣　子 2 - 11091　叢 2 - 1920
　枕上吟詩鈔　集 6 - 42007(3)
　枕上吟草　集 4 - 30710
　枕上銘　子 1 - 2251　叢 2 - 1555
　枕虛齋文賸　叢 2 - 706
　枕經山房詞稿　集 7 - 48358
　枕經書屋琴譜　子 3 - 17761
　枕經軒詩鈔　集 4 - 26165
　枕經閣詩稿　集 5 - 34556
　枕經閣詩餘　集 7 - 47688
　枕經堂文集摘錄三種　叢 2 - 1799

枕經堂文鈔、駢體文、金石書畫題跋　集4-33503
枕經堂雜著　集4-31082、33505　叢2-1799
枕經堂詩鈔　集4-33502
枕經堂駢體文　集4-33504
枕經堂金石書畫題跋　史8-63696
枕經堂金石跋　史8-63509、63697
22 枕山詩集　集3-18111
枕山面水草堂詩鈔　集4-23555
枕山樓詩集　集3-15358
枕山樓詩草　集4-25832
枕山樓集　集3-15359
枕山樓吟稿　集3-21689
30 枕流樓詩草　集5-39006
枕流軒詩稿　集5-38579
枕流閣吟草　集4-29250
31 枕江堂詩、文　集3-13780
37 枕湖樓藏硯銘　子4-18770
44 枕葄齋詩經問答　經1-4337
枕葄齋書經補習科　經1-3039
枕葄齋書經問答　經1-3038
枕葄齋春秋問答　經1-8008
枕藏外科　子2-7682
枕藏外科要方　子2-7866
枕藏外科圖(枕藏外科形圖諸症)　子2-7728
枕菊山房劇本　集7-54736
枕菊山房曲譜　集7-54735
50 枕中記　子2-10988、5-26222、26224、29530(17)　集7-49903　叢1-29(4)、82、185、249(2)、255(3)、2-624(1)
枕中經　子5-29530(27)、29535(3)、29536(2)、30185
枕中祕　子5-26346~7
枕中祕二十五種　叢1-176
枕中祕要　子2-4683、10697
枕中十書(大雅堂訂正枕中十書)　子4-23876
枕中草　集2-11873
枕中書　子5-26799、31790　叢1-22(2)、23(2)、26~8、74~7、249(1)、2-726
枕中書(元始上真衆仙記)　叢1-111(2)
枕書樓詩餘　集7-47111
53 枕戈雜言　子1-3785
枕戈室吟草　集4-31506
74 枕肱亭詩集、文集、目錄、附錄　集2-6878
80 枕善齋集　集4-26330
枕善居文　叢2-1679
枕善居雜說　叢2-1679
枕善居雜錄　子4-23554
枕善居詩　叢2-1679
枕善居詩剩　集4-28823
枕善居詩賸　叢2-1679
枕善堂集　集4-26649
枕善堂尺牘一隅　集4-26650~1
88 枕笛山房吟草　集5-36935
枕餘　子1-1295　叢1-142
91 枕煙亭詩茸　叢2-934
枕煙堂詩輯　集3-15824

4491₄ 桂

00 桂亭硯銘　子4-18761
桂亭公餘小草　集4-23259
桂庵詩鈔　集4-28485
桂厧書跋　史8-65390
桂辛山人詩稿、書學雅言　集4-29845
10 桂一齋僅存稿　集4-30459
桂平吳氏支譜[廣西桂平]　史4-28194
桂平縣志[道光]　史8-61327
桂平縣志[乾隆]　史8-61326
桂平縣志[民國]　史8-61328
17 桂子樓稿　集3-16411
20 桂香雲影樂府　集7-49571
22 桂巖子　經1-8133　子1-18、20
桂巖子春秋繁露　經1-8134　子1-48
桂巖嘯客雜劇二種　集7-49370
桂巖吟稿　集1-4198、6-41894(3)、41896
桂巖吟館存稿　集4-28938
桂巖小隱集　集3-21800
桂峯參溪方氏宗譜[浙江金華]　史4-25771
桂岩居詩稿　集4-25288
桂山詩鈔　集5-33863
桂山錄異　子5-27082
桂山堂文選　集3-16335
桂山堂詩集　集3-16409
桂山堂詩鈔　集6-44392
桂山堂集　集6-41969
24 桂皓庭集　叢2-1937
桂皓庭叢稿□□種　叢2-1937
26 桂伯華遺詩　集5-40656
27 桂舟遊草　集3-21086
30 桂室吟　集5-38756
桂之華軒詩集　集5-38409
桂之華軒詩集、詩補遺、文集、文補遺　集5-38408
桂之華軒論文集　集5-38410
桂宮梯　子4-21390

桂宮梯、續輯　子5-30496
32 桂州先生奏議、外集　史6-48234
　桂洲文集　集2-7908,6-43118
　桂洲詩集　集2-7904
　桂洲詞　集7-46810
　桂洲詞(桂洲集)　集7-46811
　桂洲夏文愍公奏議、補遺　史6-48239
　桂洲先生文集　集2-7906
　桂洲先生詞、鷗園新曲　集7-46813
　桂州奏議、外集、桂洲集　史6-48235
　桂州奏議、續集　史6-48236
　桂添富公家乘[湖南祁陽]　史4-31291
　桂溪王氏續修宗譜[福建順昌]　史4-25311
　桂溪項氏族譜[安徽歙縣]　史5-35528
　桂溪項氏宗譜[安徽歙縣]　史5-35527
　桂溪項氏墓圖　史7-51951~2
　桂溪項氏均安門支譜[安徽歙縣]　史5-35529
38 桂海雜誌　叢1-26~8,2-617(4)
　桂海雜志　史7-50906
　桂海香志　子4-18884,18890　叢1-26~8
　桂海集　集5-39160
　桂海虞衡志　史7-50904　叢1-5、9~10、18、19(8)、20(6)、21(8)、22(11)、23(10)、24(9)、26~8、56、90~3、195(7)、223(25)、244(5)、2-624(2)、730(5)
　桂海虞衡志佚文　史7-50905　叢2-777
　桂海蠻志　史7-50907　叢1-26~8
　桂海巖洞志　史7-52629　叢1-22(11)、23(10)、26~8
　桂海岩洞志　叢1-9
　桂海酒志　子4-19085　叢1-26~8
　桂海花志　子4-19154　叢1-26~8
　桂海花木志　子4-19128　叢1-22(17)、23(17)、587(2)
　桂海草木志　叢1-26~8
　桂海蟲魚志　子4-19343　叢1-26~8,2-617(4)
　桂海果志　叢1-26~8,2-617(4)
　桂海獸志　子4-19384　叢1-26~8
　桂海器志　子4-18551　叢1-26~8
　桂海金石志　史8-64051　叢1-26~8
　桂海禽志　叢1-26~8
　桂遊日記　史7-53704　叢2-1681
　桂遊吟草(第一春風集)　集5-38344
40 桂古山年譜　集2-7655
　桂杏聯芳譜、續、音釋　子4-24340
41 桂桓公詩集　集6-45056
44 桂蓋軒文集　集5-38692
　桂蓋軒集　集5-38691

桂坡詞　集7-46405、47038
桂坡集前集、後集　集2-8435
桂坡安徽君(國)傳　史2-8920
桂坡遺草　集2-7868
桂藩事畧　史1-1995、3636
桂考　子2-5928
桂苑功過格　子4-20828
桂苑珠叢　經2-12793~6、15142　叢2-772(2)、773(2)、774(8)
桂苑珠叢、補遺　經2-12797　叢1-500
桂苑珠叢補遺　經2-12798
桂苑叢談　子5-26220、26883~4　叢1-11~2、17、19(4)、20(2)、21(3)、22(4)、23(4)、24(4)、29(3)、40、106、111(1)、148、157、223(45)、255(1)、2-617(3)、624(2)、731(52)
桂苑筆耕集　集1-1729　叢1-453,2-635(8)、731(39)
桂鬱巖洞記　史7-52630
桂鬱巖洞記　史7-49318(8)　叢1-203(17)
桂村小志　史7-57097
桂村小志[道光]　史7-57096
桂枝香　集7-50421、50424　叢1-587(5)、2-2046
桂枝集　集3-14485
桂枝湯講義　叢2-2129(4)、2131
桂枝女子傳　叢1-143
桂林方氏宗譜[安徽歙縣]　史4-25836
桂林方氏宗譜[浙江淳安]　史4-25743~4
桂林方氏支譜[安徽桐城]　史4-25811
桂林府志[康熙]　史8-61258
桂林詩正　經1-65、3826
桂林諸山別記　史7-49318(8)、53706
桂林夏氏家乘[浙江紹興]　史4-31671
桂林夏氏宗譜[浙江]　史4-31665
桂林霜　集7-49438、49447
桂林張氏族譜[廣西桂林]　史5-35415
桂林破愁集　集3-13569
桂林郡志[宣德]　史8-61257
桂林郡奉氏續修宗譜[湖南漵浦]　史4-29277
桂林集　集3-17439
桂林經說(桂林五經)　經1-65
桂林山水　史7-50930
桂林紀遊詩　集5-34955
桂林梁先生(梁濟)年譜、思親記　史2-12398
桂林梁先生遺書六種　叢2-2156
桂林禮約　經1-65
桂林書響　經1-65
桂林春秋義　經1-65、7640
桂林秦仲勤先生年譜　史2-12412

桂林田海記　史1-1941、1981、3495

桂林點易丹　經1-65

桂林點易丹、諸儒易解鉤玄　經1-883

桂林風土記　史7-50902　子7-34885　叢1-195(7)、223(25)、2-731(57)

桂林周氏家集三種　叢2-1013

桂林醫鑒　子2-5193

桂林留守始末　史1-3496

桂林斥斲　集2-8257

45 桂樓雜藝　集5-37628

桂樓雜藝合鈔　集5-37629

47 桂馨塾課　叢2-1751

桂馨書屋遺文　叢2-1751

桂馨書屋遺文、塾課　集4-26168

桂馨堂集　集4-25565～6

桂馨堂遺稿　集4-26197

48 桂故　史7-50908、50911

桂故集　集2-7346

50 桂未谷詩　集4-21943

桂未谷說文段注鈔　經2-12140

桂未谷說文段注鈔、補鈔　經2-12143　叢1-539～43、547(3)

桂未谷先生藏碑跋語　史8-64397

桂東縣鄉土志[光緒]　史8-60658

桂東縣志[康熙]　史8-60654

桂東縣志[嘉慶]　史8-60656

桂東縣志[乾隆]　史8-60655

桂東縣志[同治]　史8-60657

51 桂軒詩集　集2-5989

桂軒詩草　集3-18481

桂軒先生全集　集6-45189

桂軒續稿　集2-7079

桂軒蕖　集2-7078

桂軒小稿　集4-28280

57 桂舶紀程集　集5-38601

桂舶日記(清光緒八年)　史2-13118

71 桂阿集　集3-13957

72 桂隱文集、桂隱詩集　叢1-223(59)

桂隱詩集　集1-5059

桂隱詩集、文集　集1-5058

桂隱詩集、文集、附錄　集1-5057

桂隱詩存　集5-34596

桂隱百課　子4-19455　叢2-622

桂隱集　集1-5060、4-33686

桂隱山房遺稿　集3-21883

桂隱續集　集4-33687

桂隱軒閒集南山招隱編　集2-11508

桂氏族譜[安徽桐城]　史4-31286、31288

桂氏家譜[四川宣漢]　史4-31292

桂氏宗譜[安徽桐城]　史4-31287

桂氏宗譜[湖北]　史4-31290

73 桂院詩删　集2-11165

76 桂陽廊木朱氏族譜[湖南汝城]　史4-26731

桂陽記　史7-49309、50779～80　叢2-776

桂陽王氏纂修族譜[湖南桂陽]　史4-25494

桂陽夏府君(時)年七十行述　史2-10515

桂陽石洞記　史7-49317(3)、49318(9)、52596

桂陽列仙傳　史2-8246、7-49309

桂陽先賢傳　史2-8245、7-49309

桂陽州上溪鄧氏族譜[湖南桂陽]　史5-38871

桂陽州志[雍正]　史8-60624

桂陽州志[康熙]　史8-60623

桂陽州志[嘉慶]　史8-60626

桂陽州志[乾隆]　史8-60625

桂陽州蕭氏族譜[湖南桂陽]　史5-40017

桂陽大灣夏氏三修譜[湖南桂陽]　史4-31703

桂陽直隸州志[同治]　史8-60628

桂陽志　史7-49309、50782

桂陽圖經　史7-49309、50781

桂陽羅氏族譜[湖南桂陽]　史5-41137

桂陽縣續志[康熙]　史8-60630

桂陽縣鄉土志[光緒]　史8-60634

桂陽縣志[康熙]　史8-60629

桂陽縣志[嘉慶]　史8-60632

桂陽縣志[乾隆]　史8-60631

桂陽縣志[同治]　史8-60633

桂陽風俗記　史7-49318(13)、50783

77 桂學答問　史8-66200

桂留山房詩集、詞集　集4-28412

桂留堂集(芝瑞堂集)　集3-15070

桂門自訂初稿　集4-24107

桂門初稿、續稿　集4-24106

79 桂勝　史7-50909～10　叢2-611

桂勝、桂故　史7-50908　叢1-223(25)

桂勝集　集2-7346　叢1-280

桂勝集、外集　集4-27939、6-41765　叢2-1709

80 桂翁詞、鷗園新曲　集7-46812

桂公祠林氏家譜[四川雙流]　史4-29413

90 桂堂吟稿(古華詩鈔)、試體詩、集詠　集4-23716

権

18 権政紀署、奏疏、蒞政八箴　史6-43973
38 権塗偶抄　子4-22739
51 権軒隨筆　叢2-795

権

32 権溪陳氏宗譜[浙江東陽]　史4-33064
44 権花村吟稿、権村樵唱　集4-28596
　　権村樵唱　集4-28596、7-47735
60 権園集　集3-16885

權

00 權齋文稿　叢2-843
　　權齋文存　集3-19394
　　權齋老人筆記　子4-21829　叢2-843
　　權文公詩集　集1-1227、6-41864、41878
　　權文公集　集1-1227　叢1-223(49)、227(8)
　　權言　子4-21980
17 權子　子5-27399　叢1-22(28)、148、154
　　權子雜俎　叢1-371
21 權衡度量實驗考　史6-44531　叢2-597
　　權衡一書　子4-21090~2　叢2-1409
22 權制　子1-3960　叢2-2110
　　權利競爭論　子7-38106
24 權德興集　集1-1223、6-41739、41741、41743、41819、41824、41838
43 權載之文集、補刻、校補　叢2-635(7)
　　權載之文集、摭遺、附錄　集1-1225
50 權書　叢1-22(2)、23(2)
　　權書(蘇洵權書)　子1-3770
　　權書止觀　經1-6862

蘿

00 蘿摩別野詩鈔　集4-30382
10 蘿石山房文集、梅花屋詩草、奏疏、外紀　集2-12321

蘿石山房文鈔、梅花屋詩稿　集2-12320
蘿石山房集、梅花屋詩草、左侍郎奏疏、左忠貞外紀　集2-12322
蘿石山房集、奏疏、梅花屋詩草、別集　集2-12323
蘿石先生(左懋第)年譜　史2-11619　集2-12329
11 蘿北縣通志調查錄[民國]　史7-56348
22 蘿崖集　集2-9253
　　蘿山雜言　子4-20263　叢1-22(20)、45、87,2-730(1)、731(11)、857
　　蘿山集　集4-22059、6-41981
30 蘿窗詞　集7-46405、47173
44 蘿葡頂　集7-53217
　　蘿摩亭文鈔　集4-32777
　　蘿摩亭遺詩、詞　集4-32775
　　蘿摩亭札記　子4-22595　叢2-821、1872
　　蘿蔓青嶂芳山余氏宗譜[浙江開化]　史4-28556
　　蘿華山館詩存　集5-34732
　　蘿華山館遺集　集5-34733
　　蘿蒼山館遺詩　集5-41602
　　蘿菴游賞小志　史7-53121
　　蘿菴遊賞小志　叢1-584,2-735(2)、1976~7
　　蘿菴日鈔　集6-42565　叢2-1977
　　蘿村文稿　集4-28966
　　蘿村雜體詩存　集4-27610
　　蘿村儷言　集3-16261
51 蘿軒變古箋譜　子3-16323
　　蘿軒外集　集1-1941、1965、6-41889、41894(2、3)
77 蘿屋書見　子4-21242
　　蘿月詞　集7-47543
　　蘿月山房古文　叢2-952
　　蘿月山房古文詩詞集　集4-27320
　　蘿月山房古近體詩　叢2-952
　　蘿月山房未定草　集4-32146
　　蘿月榭詩草　集4-27145~6
　　蘿月軒詩集　集4-26472
　　蘿月軒詩鈔　集4-24338~9、5-38317
　　蘿月軒遺稿　集4-24341
　　蘿月軒存稿　集4-24340
80 蘿谷文集　集3-18660
　　蘿谷詩、詞　集5-34025
88 蘿筵齋稿　集3-17544

4491₇ 植

00 植庵集　集5-35652

中國古籍總目·索引

10 植三堂遺草　集3-18290
16 植聖草　集2-13006、3-13143
22 植種萱蔬法(種蔬說)　子1-4311
27 植物須知　子7-36230、37819
　　植物釋名　子4-19146
　　植物名詞　子4-19138
　　植物名實圖考、長編　子4-19137
　　植物近利志　子1-4506　叢1-531
　　植物考　叢2-1092
　　植物教科書　子7-36234、37813
　　植物圖說　子7-36228(4)、37818
　　植物學　子7-36237、37814、37820、37822　叢
　　　1-373(4)
　　植物學、圖　子7-36228(4)
　　植物學歌畧　子7-37823
　　植物學總考　子7-36240(5)
　　植物學實驗初步　子7-37817
　　植物學啓蒙　子7-36244
　　植物學啓蒙三十章　子7-37821
　　植物學考　子7-36240(5)
　　植物學書目考　子7-36240(5)
　　植物人工交種法　子7-37081
　　植物篇　叢1-223(40)
　　植物小志　子7-36237
　　植物類識字法　子7-36237
　　植物類字釋名　子7-36237
34 植漆法　子7-37080
44 植楮法　子1-4321
45 植杖集　集4-25905
　　植杖閒譚　子5-26287
　　植杖閒談　叢1-10、17、19(5)、21(5)、22(5)、
　　　23(5)、29(6)
46 植棉纂要　子1-4307
60 植品　子1-4503
63 植跋簡談　叢1-24(6)
71 植厚堂(歐陽仙根)壽言　史2-9968
80 植八杉齋詩鈔　集5-40874
　　植美棉簡法　子7-37089

楗

22 楗山大雲寺志　史7-51545

萩

00 萩齋詩鈔　集4-24767

44 萩林尋到源頭　子5-25156
　　萩林山房四種　經2-15125
　　萩林伐山　叢2-731(7)

萏

00 萏齋文集　集4-31508
27 萏鄉詩遺鈔、四柳唱和詩　集4-22857
　　萏鄉詩鈔　集4-22856
34 萏渚詩鈔　集4-29672
37 萏湖吳氏支譜[浙江定海]　史4-27834
　　萏湖公遺詩　集4-31898

蘊

15 蘊珠室詩稿　集4-32269
　　蘊珠室詩存　集4-32270
16 蘊碧草堂詩存　集4-30461
18 蘊珍齋小志　子5-26537
20 蘊香齋詞稿　集7-48137
　　蘊香閣試草　集3-20240
22 蘊仙詩草　集5-35807
40 蘊奇錄　子4-24462
　　蘊真軒詩草　集3-19035
　　蘊真軒小草　集6-41999
　　蘊真居詩集、詩餘　集4-24923
44 蘊蘭吟館詩餘、靈岩樵唱、滄浪漁笛　集7-
　　　47853
47 蘊聲詩畧　集4-32319　叢2-894
50 蘊素軒詩集、詞　集5-39890
　　蘊素軒詩稿　集5-39888～9
　　蘊素軒集　集5-39892
　　蘊素閣文集　集4-25945
80 蘊入處界諦緣義　叢2-2235
95 蘊愫閣文集　集4-25949
　　蘊愫閣詩集　集4-25947
　　蘊愫閣詩集、詩續集、詩後集、琴竹山莊樂
　　　府、蘊素閣文集、別集　集4-25945
　　蘊愫閣詩後集　集4-25951
　　蘊愫閣詩續集　集4-25948
　　蘊愫閣未刻文稿　集4-25946
　　蘊愫閣別集　集4-25950

4492₁ 薪

00 薪齋二集　集3-13699
　　薪齋三集　集3-13700
　　薪齋初集　集3-13698
41 薪樬集　集3-15773

4492₇ 勑

15 勑建金山江天禪寺同戒錄　史7-51566
27 勑修百丈清規　子7-34024

栴

90 栴堂山居詩(元嶽林栴堂禪師山居詩)　集
　　1-5570

栲

44 栲栳山人詩集　叢1-223(61)
　　栲栳山人詩集(栲栳山人集)　集1-5414
　　栲栳山人集　集1-5413

楠

44 楠枝閣詩集　集3-16488

楕

60 楕園正術　子7-36241　叢1-433,2-731
　　(26)
　　楕園術　叢1-359,2-731(26)
　　楕園求周術　子3-12389,7-36228(1),36231
　　(7),36241,36242(1),36248　叢1-568
　　楕園新術　子3-12356
　　楕園正術　子3-12360,12364,12640
　　楕園正術解　子3-12356
　　楕圓盈縮簡法　子3-12395
　　楕圓求周術　子3-11252、12357、12360、
　　12364、12388　叢2-917,1744,1896
　　楕圓求周術、圖解　子3-12396
　　楕圓拾遺　子3-12356
　　楕圓周術　子3-12368

菊

00 菊庵詩文選　集3-13656
07 菊部頭傳　叢1-168(1)
　　菊部羣英　史2-7689~90,7-49839,49842
08 菊說　子4-19277　叢1-202(8)、203(14)
　　菊譜　子3-16442,4-19140、19251、19253、
　　19255、19261、19267、19270~1、19285　叢1-
　　2~5、3~7,9~10、19(10)、20(7)、21(9)、22
　　(17)、23(16)、24(10)、86、569、587(3、6)、2-
　　622、721、730(8)、731(28、30)
10 菊醉詞　集7-46405、46871
17 菊磵詩選　集1-4023,6-41903
　　菊磵集　集1-4019~20,6-41784　叢1-223
　　(56)
　　菊磵小集　集1-4021,6-41744、41891~3、
　　41894(3)、41895、41917、41924
　　菊磵小集、續編　集6-41745、41897~8
　　菊磵小集補遺　集1-4022,6-41891
21 菊徑傳書　叢2-900
　　菊徑漫談　子4-20529
　　菊繻紳　子4-24222　叢2-1373
22 菊山詩稿　集2-9191
24 菊佳軒詩　集3-13420
27 菊名詩　子4-19275
31 菊潭詩集　集1-3992,6-41744~6、41888、
　　41891~3、41894(3)、41897~8、41904~5、
　　41911、41917~8、41920、41923~4
　　菊潭詩集、補遺　集1-3993
　　菊潭詩集補遺　集6-41891
　　菊潭詩鈔　集4-25903
　　菊潭集　集1-5363~4,6-41895　叢1-511
　　菊潭驪唱　集5-37063
32 菊叢新話　子4-23186　叢2-1452
34 菊社約　叢1-197(4)
36 菊邊吟　集5-35469
37 菊澗小集　集6-41888、41919
　　菊逸山房天學　子3-13100　叢1-430、
　　440~1、468
　　菊逸山房山法備收　于3-13151
　　菊逸山房山法備考　子3-13659
　　菊逸山房地理正書三種　子3-13151

40 菊臺集秀錄　史 2-7697
　　菊壽盦詞稿　集 7-47855
41 菊坪詩鈔、續　集 4-33434
44 菊坡文存、詩存　集 5-35837
　　菊坡詩稿　集 5-35838～9
　　菊坡集　集 6-41894(3)
　　菊坡集(崔清獻公菊坡集)　集 1-3936
　　菊坡叢語　子 4-20869　叢 1-22(23)
　　菊坡叢話　集 6-46225
　　菊花詞　集 7-47695　叢 2-1830
　　菊花百詠　集 2-7232,4-26394、33330　叢 2-1064～5
　　菊花百詠、菊花集句　集 6-42413
　　菊花七十二吟小草　集 5-37167
　　菊花分韻詩　集 3-21582
　　菊莊詞　集 7-46397～400、47050
　　菊莊詞、菊莊詞話　集 7-47049
　　菊莊論畫　子 3-15984
　　菊莊集　集 3-15888
50 菊史補遺　子 4-18535、19258
51 菊軒樂府　集 7-46356～7、46363、46371、46737
　　菊軒居士詞　集 7-46352
55 菊農公遺詩　集 5-39634
60 菊圃記詠　集 5-41308
　　菊園詩草　集 5-34173
　　菊園詩鈔(瑤金山菊園詩鈔)　集 3-19435
　　菊園印譜　子 3-17436
67 菊墅詩鈔　集 4-24972
　　菊照山房近稿　集 4-28652
72 菊隱廬詩錄　集 5-37036
　　菊隱文集、詩鈔　集 3-13953
　　菊隱詩選　集 3-13955
　　菊隱吟鈔　集 3-19615　叢 2-834
　　菊隱翁詩集　集 5-35824～5
　　菊隱翁詩集(雪溪殘稿、揚州雜詠、詠史偶編、消寒分詠、詠菊二十首)　集 5-35826
80 菊人賦稿　叢 2-837
86 菊知著述　集 4-22425
87 菊飲山房詩草、雜著、菊飲山房同人尺牘、題贈　集 4-25401
88 菊籬詞　集 7-48270

葯

30 葯房心語　子 4-18582
44 葯盦詞　集 7-47089
60 葯圃同春　叢 1-22(27)

　　葯園文集　集 2-11257～8

藕

12 藕孔餘生集　集 4-31513
20 藕航詩草　集 4-25009
　　藕舫焚餘草(詩鈔、文鈔、詞鈔)　集 5-35399
　　藕香亭詩鈔(藕香亭在蜀集詩鈔)　集 5-38736
　　藕香零拾(滇香零拾、滇香零拾叢書)三十九種　叢 1-511
　　藕香書屋詩鈔　集 4-28514
　　藕香書屋拙草　集 4-28393
　　藕香館文錄　集 5-37387
　　藕香館詩鈔　集 4-30901～2,6-41999、42020
　　藕香館遺詩　集 5-36076
22 藕絲詞　集 7-46405、47166、48220
27 藕鄉詞　集 7-47066
　　藕船詞草　集 7-48310
　　藕船題跋　叢 2-963
　　藕船吟草　集 4-32773
32 藕灣詩集　集 3-13472
　　藕灣詩集、文集　集 3-13473
　　藕灣集　集 3-13471
33 藕濱詩集　集 4-24425
37 藕湖詞　集 7-47963
44 藕花詞　集 7-46397～400、46969
　　藕花香榭吟草　集 5-36739
　　藕花莊近詠　集 6-44069
　　藕花村遺草　集 4-23522
　　藕花書屋詩存　集 4-28034
　　藕花書屋詩鈔　集 4-29981
　　藕花書屋集　集 3-17553
　　藕花軒詩鈔　集 4-32125
　　藕花吟社試帖初集　集 4-27164
　　藕花吟社詩集　集 4-27162
　　藕花吟館詩存　集 4-30914
　　藕莊文鈔　集 3-18178
　　藕華園詩　集 3-16835　叢 2-867
　　藕村詞存　集 7-47171
55 藕農詩稿　集 4-28304
71 藕頤類稿、外集　集 4-22478
77 藕居士詩話　集 6-45826　叢 2-1195
　　藕居士友籍　集 2-10138　叢 2-1195
　　藕卿公遺詩　集 5-39839
93 藕怡詩鈔　集 4-22439,6-45190

中國古籍總目書名索引

4493₀ 枕

40 枕左堂詩、詞　集3-16032
　　枕左堂續集　集3-16033
　　枕左堂自娛集　集5-34935
44 枕杜集　集4-22647

4493₂ 菘

41 菘坪小稿　集1-1895
44 菘村詩稿　集3-15805
51 菘耘文鈔　集4-28915
61 菘町遺稿　集4-22316
79 菘塍齋遺稿　集4-24027

4493₄ 模

44 模世語　子4-20676　叢1-30、154、173
88 模範町村　子7-38169
　　模範監獄章程　史6-47222

4494₀ 栟

44 栟芝詩集　集3-20379

4494₁ 檮

41 檮杌近志　史1-1995、4557
　　檮杌萃編十二編　子5-28653
　　檮杌揭幕記　子4-23510
　　檮杌閒評　子5-28182～3

4494₇ 枝

01 枝語　子4-19179　叢2-1313
22 枝山文集　集2-7275
　　枝山野記　子4-22986

枝山野紀　叢1-31
枝山前聞　叢1-22(22)、29(7)、57～8
枝山前聞記　子4-22988
枝巢詩草　集3-20580
枝巢編年詩稿　集5-41010
枝巢和陶詩　集5-41011
30 枝安山房詞草　集7-46413、47183
31 枝江縣志[康熙]　史8-60344
　　枝江縣志[道光]　史8-60346
　　枝江縣志[乾隆]　史8-60345
　　枝江縣志[同治]　史8-60347
45 枝棲吟草　集5-35537

棱

80 棱翁詩鈔　集3-18925

菽

10 菽豆類字釋名　子7-36237
44 菽莊叢書三種　叢2-710
47 菽歡堂詩集、詩餘　集4-26891
　　菽歡堂詩餘　集7-47394
60 菽園雜記　史1-1929　子4-20332～3　叢
　　　1-22(22)、29(7)、31、50～2、55、87～9、223
　　　(45)、273(5)、274(5)、373(3)、2-730(2)、731
　　　(7)
　　菽園雜記摘抄　子4-20334　叢1-84(4)、
　　　2-730(11)
　　菽園詩稿　集3-21205
　　菽園外集　集5-35850
　　菽園著書(菽園叢著)五種　叢2-2104
　　菽園贅談　叢2-2104
　　菽園贅談、庚宣偶存　子5-26690
　　菽園贅談、菽園三種　子4-22705
　　菽園贅談節錄　叢1-587(4)
　　菽田雜記　叢1-53
　　菽田剩筆殘稿　集4-22276
63 菽畹集(懷輯堂雜詩、旅遊紀事、賦)　集3-
　　　16975
64 菽畦居士初集　集4-32508
71 菽原堂詩、江行小集　集4-25822
　　菽原堂初集　集4-25823～4
90 菽堂分田錄　叢2-691(3)

4495₄ 樺

22 樺川縣志[民國]　史7-56349
27 樺甸磐劃界情形　史7-49357
　　樺甸縣志[民國]　史7-56249
　　樺甸縣志稿[民國]　史7-56248
46 樺槐雙蔭初稿　集3-19623

4496₀ 枯

22 枯崖和尚漫錄　史2-7117
25 枯生松齋集詩存、瑣尾集　集5-37038～9
　　枯生松齋遺稿叢編　集5-37040
36 枯禪室詩餘　集4-29726
40 枯木禪琴譜　子3-17762
　　枯木禪七十唱和詩　集3-18096
44 枯蘭集、雜著　集4-30047
　　枯樹齋詩集　集2-12756
　　枯樹花新聞小說　子5-28596
　　枯樹園桃醫感合境寧康　集7-49579
47 枯桐閣詞　叢2-885

楮

07 楮記室　子5-24950～1　叢1-22(3)
　　楮記室六則　子5-24952
44 楮葉詞　集7-48364
60 楮園草　集2-6150
　　楮園草、沈通理詩、蘭庭集　集2-6151

櫧

22 櫧山劉氏三修族譜[湖南湘鄉]　史5-39634
　　櫧山劉氏續修族譜[湖南湘鄉]　史5-39632～3

4496₁ 桔

44 桔茮瑣言　子5-26614

藉

27 藉綠軒詩集　集4-24687
38 藉谿古堂集　集3-20933
　　藉谿古堂集、續稿　集3-20932

4497₀ 柑

60 柑園小識　子4-21760
90 柑堂詩草(庚辰遊草)　集4-29848

4498₁ 棋

05 棋訣　叢1-23(16)、223(38)、392
　　棋訣(碁訣)　子3-17991
08 棋譜　子3-18150
10 棋一枝　集7-51863
20 棋手勢　子3-17968　叢1-22(17)、23(16)
21 棋經　子3-17979、17981、18126　叢1-11～2、22(17)、23(16)、173、176、223(38)
　　棋經彙粹　子3-18019
　　棋經十三篇　子3-17962、17964、17980、17987、18023
　　棋經四篇　子3-17964、17994
34 棋法代珠法　子3-11244
41 棋坪草　集3-21572
60 棋品　子3-17970　叢1-22(17)、23(16)

4498₆ 橫

08 橫議　子7-36251
10 橫雪館詩稿　集3-21812
　　橫雲詞　集7-46405、46986
　　橫雲山人集　集3-16195
　　橫雲山人集(颿言集、山暉集)　集3-16193

橫雲山人集(颺言集、山暉集、望雲集、谷口集、還朝集、淮干集、又還朝集、谷口續集、還朝續集) 集3-16196
橫雲山人集、詩 集3-16194
橫雲山人明史蕘續鈔 史1-5265
橫雲山館詩存 集5-39916
橫雲山館詩存、續存 集5-39915
21 橫經堂詩餘 集7-47669
橫經堂擬古樂府 集4-26161
22 橫崗吳氏會通宗譜[安徽黟縣] 史4-28081
橫山文集、詩集、橫山先生年譜 集3-16161
橫山文鈔 集3-16157
橫山詩文鈔(橫山初集、胡二齋評選橫山初集、橫山文鈔、易皆軒二集) 集3-16159
橫山詩文鈔(橫山初集、易皆軒二集、橫山文鈔、明翠湖亭四韻事) 集3-16160
橫山詩草、使黔草 集3-18179
橫山詩鈔(橫山初集、胡二齋先生評選橫山初集) 集3-16158
橫山記 史7-49318(7)、52353
橫山北墅醫案 子2-10908
橫山張氏西支墓圖記 史7-51909
橫山保石牘存 史6-47223 叢2-806
橫山鄉人叢稿十三種 叢2-2167
橫山鄉人日記 叢2-2167
橫山鄉人尺牘 叢2-2167
橫山鄉人劄記 叢2-2167
橫山鄉人類稿 集5-39780
橫山徐氏族譜[浙江上虞] 史4-31979
橫山徐氏宗譜[浙江上虞] 史4-31980
橫山遺集 集2-8046
橫山遊記 史7-49318(6)、53326、53459 叢2-832(3)
橫山志畧 史7-52279
橫山志畧、補 史7-52280
橫山志畧[雍正] 史7-56974
橫山草堂雜鈔、續鈔 集5-38964
橫山草堂詩集 集2-12610
橫山草堂詩集、補遺 集2-12609
橫山草堂詩鈔 集4-32478
橫山草堂詩鈔、古文辭鈔 集5-38963
橫山草堂詞 集7-46421、48247
橫山草堂叢書二十二種附三種 叢2-806
橫山中灣王氏族譜[江蘇蘇州] 史4-24885
橫山史論 史1-5625
橫山縣志[民國] 史8-63007
27 橫舟稿 集1-4145、6-41893、41894(3)、

41895、41913、41917、41924
橫舟藁 集6-41888~9、41892、41897~8
28 橫谿錄[崇禎] 史7-56975
31 橫江詞 集7-46399~400、46883
橫江集 叢2-2169
橫江劉氏五修族譜[湖南邵東] 史5-39673
橫河草堂筆記 集6-46132
橫河陳氏宗譜[浙江黃巖] 史4-33116
橫渠語錄 子1-96、650
橫渠正蒙 子1-96、616
橫渠張子抄釋 子1-97
橫渠張子抄釋(張子抄釋) 子1-613
橫渠子 子1-18、20、614
橫渠經學理窟 子1-96
橫渠經學理窟(經學理窟) 子1-640
橫渠先生行狀 叢1-223(2)
橫渠先生易說 經1-77(1)
橫渠先生易說(橫渠易說) 經1-418
橫渠易說 叢1-223(2)、227(1)
32 橫州志[乾隆] 史8-61242
橫洲澗丁氏三修族譜[湖南湘鄉] 史4-24691
橫洲澗丁氏四修族譜[湖南湘鄉] 史4-24692
橫溪王氏重修宗譜[浙江富陽] 史4-24926
橫溪王氏宗譜[浙江鄞州] 史4-34060~71
橫溪西村京園張氏重修宗譜[浙江東陽] 史5-35063
橫溪草堂詩鈔 集5-39024
橫溪葛氏宗譜[浙江東陽] 史5-35849
33 橫浦語錄 叢1-19(12)、20(10)、21(11)、24(12)
橫浦詩鈔 集1-3219、6-41900
橫浦集 集1-3217、4-23841 叢1-223(54)
橫浦集補鈔 集1-3220、6-41901
橫浦先生文集、家傳、施先生孟子發題 集1-3215
橫浦先生文集、橫浦心傳錄、橫浦日新、橫浦先生家傳、施先生孟子發題 集1-3216
橫浦先生家傳 集1-3218
橫浦日新 子1-96、4-20016~7
34 橫港大興公房 史5-38206
橫波夫人(顧眉生)考 史2-9280
橫波夫人考 叢2-2203
40 橫塘集 集1-2994 叢1-223(53)、2-864~6
橫塘泛月圖記 叢2-908
橫塘漁唱 集4-32783
42 橫橋堰水利記 史6-46805

横橋堰水利記、泖河案牘　史6-46806
横橋堰水利紀事　史6-46804　叢1-369
横橋吟館圖題詠　叢2-832(5)
43 橫城蔣氏重修宗譜[浙江東陽]　史5-
　38156、38160
　横城蔣氏宗譜[浙江東陽]　史5-38157、
　38159、38161
　横城蔣氏義塾記[浙江東陽]　史5-38158
44 橫林黄氏家譜[江蘇常州]　史5-33736
47 橫切五聲圖　經2-14419
48 橫槎集　集2-9445
53 橫戈集　集2-9699
57 橫擔草堂日記、鄂遊日記(清光緒二十二
　年)　史2-12871
76 横陽詩札記　經1-4418
　横陽札記　叢2-671
77 横岡胡氏支譜[安徽黟縣]　史4-30525
　横岡胡氏支譜[湖北黄陂]　史4-30587
80 横金志[民國]　史7-56986~7
90 横堂文鈔　集4-26320

櫝

44 櫝蓍記　經1-556　叢1-22(1)、23(1)
　櫝蓍説　子3-13732

4499₀ 林

00 林亭文稿　集2-11272
　林亭詩稿　集2-11272
　林亭大稿　集2-7010~1,6-45336、45340
　林鹿庵先生文集　集3-14727
　林庵詩鈔　集4-26152
　林文安公文集　集2-7009
　林文直公奏稿　史6-49058
　林文直公榮哀錄　史2-10721
　林文忠函牘滙存　史6-47138
　林文忠書札詩稿　集4-27895
　林文忠尺牘　集4-27897
　林文忠公(則徐)傳畧　史2-6208、9800
　林文忠公文稿編選　集4-27893
　林文忠公詩集　叢2-1713
　林文忠公政書　史6-48021、48826
　林文忠公政書三集、蒐遺　史6-48823　叢
　2-1713
　林文忠公手改尺牘錄存　集4-27894

林文忠公集　集4-27878
林文忠公集二種　叢2-1713
林文忠公遺墨　集4-27879
林文忠公禁煙奏稿、林文忠公事畧　史6-
　48827
林文忠公事畧、奏議　史2-9801
林文忠公奏議　史6-48020、48824~5
林文忠公奏疏文底　史6-48821
林文忠公戒煙斷癮經驗良方　史6-45963
　子2-9705
林衣集　集2-12607~8　叢2-845(4)
08 林於未定稿　集4-24447
　林於館詩集　集3-21104
　林於館集　集3-21103
10 林靈素傳　叢1-22(19)、23(18)、56
　林下詩談　集6-45486、45680　叢1-22
　(14)、23(14)、587(5)
　林下詩存　集5-38752
　林下詞選　集7-48545
　林下偶譚　叢1-22(4)、23(4)、26、31,2-617
　(2)
　林下偶談　叢1-27~8
　林下清風詩集　集3-16267
　林下清錄　叢1-22(13)、23(12)，2-617(3)
　林下李氏重修宗譜[浙江仙居]　史4-
　27260
　林下草　叢2-1544
　林下盟　叢1-22(25)、30、119~20、154、181,
　2-617(3)
　林下吟、篋餘集　集2-12558
　林下雅音集　集4-23567
　林下風清集　集6-41999
　林下人詩集　集5-39130
　林下人詩稿、雜稿　集5-39131
　林下堂詩　集3-18298
　林石逸興　集7-50606
　林石筍遺稿　集4-26375
　林西崖西征集　集4-22320
　林西仲先生文集　集3-14934
　林西縣志[民國]　史7-56064
　林西小築詩草　集3-21745
　林雲山齋詩稿、畫中詩、枕雲詞鈔、白雲遺
　稿　集5-40111
11 林琴南文鈔　集5-38427~8
　林琴南手稿　集5-38422
12 林登州集　集2-6067,6-41935(3)　叢1-
　223(62)
　林登州遺集(登州集)、附錄　集2-6066
　林水錄　史7-52735　叢1-13、14(3)、22
　(25)、30、119~20、181
14 林確齋文鈔　集3-14023,6-42065

17 林子　子7-36142
　林子三教正宗統論　子7-36143
　林子莊日記(清光緒十三年)　史2-13171
　林子全集　子7-36144
　林子分內集分摘便覽　子7-36141
　林子會編　子7-36145
　林君復詩　集1-1891,6-41785
20 林雙臺先生詩選　集2-8986
　林集詩話　集1-1878
　林集酬唱題詠林集續刻　集1-1879
21 林廬閣氏族譜[河南林州]　史5-40120
22 林鐯然詩　集5-39117
23 林外野言　集1-5632～3,6-41715、41749
　　叢1-223(61)
　林外野言、補遺　集1-5634　叢2-640
　林外野言、補遺、雪履齋筆記　集1-5631
　林黛玉悲秋(新刻悲秋子弟書)　集7-
　　52129
　林我禪師語錄　子6-32091(81)
24 林德美割圓捷法原本　子3-12371
26 林白峯先生詩文集知我軒近說　集2-8948
　林泉高致　子3-14692、15858～9、15883　叢
　　1-4～5、9～10、22(15)、23(14)、353
　林泉高致集　子3-15884　叢1-223(37)
　林泉高士孫西川詩稿　集2-6922
　林泉結契　子4-19119　集6-41894(2)、
　　41896　叢1-195(6)、2-731(42)
　林泉逸想　集6-42443
　林泉老人評唱投子青和尚頌古空谷傳聲集
　　子7-34410～1
　林泉老人評唱丹霞淳禪師頌古虛堂習聽錄
　　子7-34413
　林泉隨筆　子4-23846　叢1-22(23)、87～
　　9、2-730(1)、731(53)
　林和靖　集7-52394
　林和靖詩集　集1-1884
　林和靖詩集、拾遺、附錄　集1-1885　叢2-
　　698(9)
　林和靖詩集、目錄　集1-1886
　林和靖詩集、省心錄、林集詩話　集1-1878
　林和靖詩稿墨跡　集1-1892
　林和靖集　叢1-223(50)
　林和靖集(重編西湖林和靖先生詩集、林和
　　靖詩集)　集1-1881
　林和靖集校正　集1-1894　叢1-258、2-
　　731(3)、847、1466
　林和靖先生詩集、詩話、林集酬唱題詠林集
　　續刻　集1-1879
　林和靖先生書稿　子3-15628
　林和靖夢裏妻梅子鶴(妻梅子鶴)　集7-
　　49472

27 林佩琴醫案　子2-10638
　林阜閒集　集4-29438
　林甸縣志畧[民國]　史7-56346
　林紹年(贊虞)六十壽言錄　史2-10720
30 林寬詩　集6-41880、41882
　林寬詩集　集6-41741、41824、41858～9、
　　41878
　林寬詩集(晚唐林寬詩、林寬詩)　集1-
　　1743
　林家族譜[廣東新會]　史4-29402
37 林湖遺稿　集1-3934,6-41748、45051　叢
　　1-223(56)
　林湖遺藁　集6-41784、41922
　林汲山房遺文　集3-21303
　林汲山房遺稿　集3-21302
　林次崖先生集　集2-7867
　林初文詩文全集　集2-6962
　林初文詩文全集(文、詩)　集2-6963
　林初文詩全　集2-6964
　林初文先生詩選　集2-6965
　林郎中疏畧　史6-47852
40 林太僕文鈔　集5-35214
　林太史集　集4-21972
　林塘馬氏四修族譜[湖南]　史4-31635
　林希五集　集4-23090
　林志□雜抄　子4-24733
43 林榕江先生集　集2-8607
44 林落深幽一枝　集7-51818
　林蘭香　叢1-496(2)
　林蘭香(美益奇觀孝義傳)　子5-28490
　林茂之文草、賦草　集3-13028
　林茂之詩選　集3-13029
　林蕙堂文集　集3-14128
　林蕙堂全集　叢1-223(67)
　林蕙堂全集(林蕙堂集)　集3-14124
　林艾軒先生文鈔　集1-3355
　林孝廉集選　集2-6966,6-41949
45 林棟隆奏稿　史6-48585
48 林松址詩集　叢1-407(2)
　林松址詩集、北行即景　集3-17378
50 林青山文集、詩集　集3-20160
　林青造反一枝　集7-51819
　林忠宣公全集　集2-10494
　林忠堂集、續集　集4-29292
　林東城文集　叢2-809
　林東城集(林東城文集)　集2-8453
52 林拙齋書全解附錄　經1-2631
56 林提學井丹集　集2-9423
60 林邑記　史7-54235　叢1-22(11)、23(10)
　林畏廬尺牘　集5-38429

林員外集　集2-6063,6-41935(1)

61 林顯旺公支譜[江西]　史4-29345

62 林則徐傳　史2-9802

林則徐家書彙鈔　集4-27896

林則徐遺墨三種　集4-27880

林縣志[康熙]　史8-59736

林縣志[順治]　史8-59735

林縣志[萬曆]　史8-59734

林縣志[乾隆]　史8-59737

林縣志[民國]　史8-59739

林縣小志[民國]　史8-59740

67 林昭玆堂族譜[廣東南海]　史4-29407

林野奇禪師語錄　子6-32091(74),7-34270

72 林氏族譜　史4-29420~1

林氏族譜[廣東新會]　史4-29401

林氏族譜[廣東台山]　史4-29405

林氏族譜[廣東寶安]　史4-29396

林氏族譜[廣東南雄]　史4-29387

林氏族譜[廣東博羅]　史4-29394

林氏族譜[江西龍南]　史4-29348

林氏族譜[福建永泰]　史4-29323

林氏族譜[福建南安]　史4-29335

林氏族譜[湖南]　史4-29384

林氏族譜[湖南瀏陽]　史4-29369

林氏族譜[四川德陽]　史4-29414

林氏族譜[四川南充]　史4-29415

林氏族譜[四川成都]　史4-29412

林氏族譜大埔坑嚇蒲村[廣東寶安]　史4-29400

林氏譜牒[安徽宿松]　史4-29312

林氏三修族譜[江西永新]　史4-29362

林氏三修族譜[福建武平]　史4-29338

林氏五種　叢2-2214

林氏西山本支宗譜[江蘇揚州]　史4-29278

林氏西山本支宗譜[福建莆田]　史4-29329

林氏重修族譜[廣東梅縣]　史4-29388

林氏集訓蒙詩　子1-1974、2865

林氏佳話　集7-49705

林氏家譜[福建莆田]　史4-29327

林氏家譜[四川儀隴]　史4-29416

林氏家乘[湖南寧鄉]　史4-29371

林氏宗譜[安徽懷遠]　史4-29314

林氏宗譜[江西]　史4-29363

林氏宗譜[江西廣豐]　史4-29351

林氏宗譜[江西靖安]　史4-29361

林氏宗譜[福建莆田]　史4-29328

林氏宗譜[浙江]　史4-29309

林氏宗譜[浙江象山]　史4-29286

林氏宗譜[湖北麻城]　史4-29365

林氏宗譜[湖北黃州]　史4-29364

林氏宗歷譜雜抄[福建]　史4-29344

林氏活人錄、儆曙齋醫案舉隅　子2-7128

林氏支譜[江西萬載]　史4-29360

林氏支譜[湖南邵陽]　史4-29376~7

林氏明朝中到新界開族[廣東寶安]　史4-29398

林氏眼科簡便驗方　子2-7367

林氏昭玆堂族譜[廣東南海]　史4-29406、29408

林氏屏山鄉石埔村族譜[廣東寶安]　史4-29399

林氏弟子表　史2-7656

林氏纂修族譜[廣東揭陽]　史4-29393

林氏纂修族譜[江西]　史4-29346

林氏纂修族譜[湖南]　史4-29385

林氏纂修族譜[湖南安化]　史4-29372

林氏纂修族譜[湖南瀏陽]　史4-29366

林氏纂修族譜[湖南辰溪]　史4-29379

林氏纂修宗譜[福建晉江]　史4-29334

77 林風閣詩鈔　集5-38556　叢2-671

林屋文稿　集3-14029

林屋文稿、詩稿　集3-14028

林屋詩集　集3-13520　叢2-899

林屋詩蕢　叢2-1577

林屋詩錄　叢2-2150

林屋詩餘　集7-47267　叢2-1394

林屋詩鈔　集3-21807

林屋集　集2-8196

林屋集、南館集　集2-8197

林屋山人證治全生集　子2-7723

林屋山人集、南遊草　集5-41598

林屋山人步君(翔棻)墓誌銘　史2-10942

林屋山人山水畫譜　子3-16370

林屋山人漫稿　集1-4704

林屋山人夢遊草　集4-23592

林屋紀游詩　集5-34905

林屋樵歌　集4-23376

林屋草　集3-16575

林屋唱酬錄　集6-44483~4　叢1-456(3),2-731(38)

林屋民風、見聞錄　史7-52899

林同孝詩　集1-4306,6-41891、41917

林同孝詩(孝詩)　集1-4305

林殿撰東莆集　集2-8998

林居雜稿　集5-35344

林居集　集2-9289,6-45086

林居漫錄輯　子4-20701

林居漫錄前集、別集、畸集、多集　子4-

20702
林居尺牘　集2-12381
林學士詩集、文集　集2-9419
林間社約　叢1-22(25)
林間錄、後集　子6-32091(72)、7-34891
　叢1-223(46)
林間錄前後集　子7-34892
78 林膳部詩集　集2-6064
林臥遙集　集3-14909　叢2-1330
80 林介山集　集2-8715,6-41935(4)
林公(國柱)行狀　史2-10656
林公廸臣奏議公文遺稿　史6-49112
林公子集　集2-8995,6-41935(5)
90 林光祿集　集6-44904
林尚書城南書莊集　集2-10495
91 林熞文稿　集2-9956

枀

00 枀亭文稿　集3-20804
44 枀花庵詩(憶存草、劫餘草)、外集　集4-29130
枀花庵遺文、存詩　集4-29131
枀花盦詩、外集　叢1-419,2-731(44)
枀花盦詩鈔　集4-29137~8
枀花盦詩憶存草　集4-29136
枀華盦日記(清咸豐十年至十一年)　史2-12714

4499₄ 楳

04 楳讀先生存稿　集2-6717
44 楳埶集　集1-4196　叢1-223(57)
楳華溪上圖題詠、翁莊小築圖題詠　集6-44315
67 楳野集　集1-4197

4510₄ 塾

31 塾江縣鄉土志[民國]　史8-61556
塾江縣志[道光]　史8-61554
塾江縣志[乾隆]　史8-61553
塾江縣志[光緒]　史8-61555
40 塾巾詞　集7-47959

4510₆ 坤

05 坤訣　子5-29590、31270
10 坤靈扇傳奇　集7-50413
坤元是保　子2-7983
坤元是保、李醫鄭氏家傳萬全祕書　子2-7984
12 坤瑞襲爵奏章　史6-48784
坤延　集7-54406
24 坤德寶鑑　子5-25825
26 坤臯鐵筆　子3-17071
坤臯鐵筆、餘集、研山印草、補遺　子3-17072
30 坤寧集　子2-8252
34 坤造滙譚　子3-13702
37 坤鑿度　子1-44
50 坤中之要　子2-8173
坤史　史2-6427
62 坤則記　史1-801
77 坤輿外記　叢1-210
坤輿外紀　叢1-211、249(3)、355、395,2-731(59)
坤輿備覽　史7-49753
坤輿格致畧說　子3-11377
坤輿撮要　史7-49319、49379
坤輿撮要問答、附編　子7-37776
坤輿撮要問答　史7-49381
坤輿撮要問答、附編　史7-49380
坤輿圖說　叢1-223(26)、272(4)、2-731(59)
88 坤笈六甲天書　子3-14072

4513₂ 埭

22 埭川識往　子4-23025　叢2-619
埭川顧氏重修續譜[江蘇蘇州]　史5-41395
埭川顧氏續譜[江蘇蘇州]　史5-41390

4513₆ 蟄

00 蟄文存　集5-38461
蟄庵詩存(剛甫詩集)　集5-40454
蟄庵詩鈔　集5-37033

蟄庵詞　集5-39663　叢2-2142
蟄庵集　集5-33856
蟄庵存稿　集3-13692
蟄廬文稿　集5-37294
蟄廬詩鈔　集5-37096
蟄廬診錄　子2-5241
蟄廬叢稿　集5-41581
蟄廬遺集　集4-33631
蟄廬遺稿　集5-35834
蟄廬存稿　叢2-737
10 蟄雲雷齋叢書、續集六種　叢1-568
30 蟄室詩錄　叢2-934
蟄窟吟　叢2-2212
蟄妾七篇　史1-4338　叢2-2127
44 蟄菴日錄　集2-10925　叢2-1184
60 蟄園五種曲　集7-49656
蟄園叢刻五種　叢1-455
68 蟄吟草　集5-37784
80 蟄盦印存　子3-17177

4523₀ 麸

00 麸疹全書　子2-8855

4528₆ 幘

10 幘下張氏宗譜[浙江臨海]　史5-35109

4533₁ 熱

10 熱霍亂輯要　子2-7067
30 熱客頂嘴一套　集7-50860
熱客傷情一套　集7-50861
熱客挑眼一套　集7-50901
31 熱河新志[民國]　史7-55147
熱河工程則例　史6-46559
熱河源記　史7-49318(10)、52847
熱河遊記　史7-54087
熱河志畧[嘉慶]　史7-55145
熱河地方志[民國]　史7-55146
熱河都統衙門啓送各項陳設數目清冊　子4-18648
熱河園庭現行則例　史6-47060
熱河園場開墾詳情記　史7-49357、49912

熱河小記　史7-49316、49318(12)、49911
33 熱心神師　子7-35367
38 熱海游記　史7-49317(1)
熱海遊記　史7-49318(16)
77 熱學須知　子7-36230、37660
熱學考　子7-36245
熱學揭要　子7-37662
熱學圖說　子7-36228(4)、37659

4541₀ 姓

06 姓韻　史2-13321～2　子5-26154
22 姓觿　史2-13293～4
姓觿、劄記　史2-13295
姓觿栞誤、劄記　史2-13296
姓觿　子5-25806　叢2-1103～4
姓觿、劄記　叢2-731(60)
姓觿、劄記、刊誤　叢2-872
姓觿栞誤、劄記　叢2-731(60)
27 姓解　史2-13285　叢1-446,2-731(60)
姓名　叢2-1092
姓名韻編　史2-7777
姓名爵里　集6-41787
31 姓滙　史2-13292　叢2-1103～4
姓源珠璣　史2-13297　子5-25594
44 姓苑　史2-13276　叢2-776
姓苑拾遺　叢2-1465
姓苑印章　子3-16925
50 姓史綴吟、姓史人物考　史2-13319
姓史人物考　史2-13405
姓書　史2-13280　叢2-776
72 姓氏辯誤　史2-13324
姓氏新編　史2-13328
姓氏韻編　史3-13492　集6-44566
姓氏詳註　史2-13306
姓氏譜纂　史2-13301　叢2-1183
姓氏聯珠　史2-13330
姓氏尋源、姓氏辨誤　史2-13325
姓氏爵里詳節　叢1-223(70)
姓氏集編韻　史2-13331
姓氏解紛　史2-13313　叢1-352
姓氏急就篇　史2-13289　子5-24880　叢1-223(43)
姓氏字里詳節　史2-6399　集6-42204
姓氏考　叢1-453,2-731(54)
姓氏考、增補姓氏　史2-13342
姓氏考畧　史2-13312　叢1-195(6)、366～8,2-731(60)

姓氏增補　子5-25667
姓氏書校勘記、古今姓氏書辨證後　子5-25569
姓氏輯畧　史2-13303
姓氏異同小錄　史2-13343
姓氏人物考、姓氏綴吟　子5-26013
姓氏全編　史2-13304
姓氏錄、名字錄　史2-13323
姓氏小傳　史2-13332　集6-43442
姓氏小錄　集6-43161
88 姓纂　史2-13283　叢2-776

4541₇ 執

00 執齋雜筆　叢1-136
執齋集　集2-7383
執齋先生文集(劉端毅公集)　集2-7381
執齋先生選集　集2-7382
16 執硯山館詩集　集5-36108
執硯山館詩集、年譜　集5-36109
21 執虛詩鈔　集4-22557
執虛詩鈔、詞鈔　集4-22556
執虛詞鈔　集7-47803
40 執圭堂詩草　集3-14100
50 執中蘊義　子5-31713
76 執陽子詩稿　集5-35858

4542₇ 姊

45 姊妹花　子5-28585

4543₂ 姨

47 姨奶奶作夢訴功(姨娘訴功)一枝　集7-52775

4549₀ 妺

12 妺聯(姬侍類偶)　史2-6424　叢1-142

4550₂ 摯

40 摯太常文集　叢2-827、829
摯太常遺書　叢2-827、829

4590₀ 杖

27 杖鄉集　集3-20132
30 杖扇新錄、補錄　子4-18626　叢2-2029～30

4591₇ 杶

44 杶蔭宧叢鈔　子4-24325

4592₇ 柿

44 柿葉齋兩漢印萃　史8-64957
柿葉軒筆記　子4-22447

4593₂ 棣

10 棣雨徐氏家乘[浙江海鹽]　史4-31912
20 棣香亭詩鈔　集5-36565
棣香館詩鈔　集5-35738　叢2-854
43 棣垞集、外集　集5-38515
44 棣萼北牕唫草　集2-10241
棣萼香詞　集7-50538
棣萼軒詞　集7-46401、47068
棣華雜著　集1-3428～9　叢1-223(54)
棣華集　集5-40915
棣華樂府　集7-46435
棣華樓續詩選　集3-16458
棣華書屋近刻　集6-44974
棣華軒存稿　集4-28561,6-42006
棣華吟館詩文集　集5-35983
棣華吟館詩集　集5-34944
棣華居詩畧　集3-18930
棣華館小集　集1-3748,6-41889、41893、41904、41922

棣華堂詩稿　集4-29566
棣華堂詞　集7-46397～400、47090
棣蕖合稿　集5-33813
51 棣軒詩草　集4-30368
67 棣鄂堂詩草　集4-28173
棣鄂堂詩義纂要　經1-4065
90 棣懷堂隨筆　子4-23285～6　集4-27387
棣懷堂隨筆、雲湖合編　子4-23284
棣懷堂隨筆、雙圖賦詩鈔、夢嚴賦詩鈔　子4-23283
棣懷堂隨筆、雙圖氏同館賦鈔、詩鈔　集4-27386
棣懷堂隨筆、賦鈔　集4-27388
棣懷堂隨筆七種附二種　叢2-1691

隸

00 隸辨　經2-13173　叢1-223(16)
隸辨檢韻　經2-13175
隸辨節鈔　經2-13174
06 隸韻　叢1-265(2)
隸韻、碑目　經2-13138
隸韻、碑目、隸韻攷證、碑目攷證　經2-13139
隸韻、隸韻考證、碑目考證　叢1-324
隸韻辨體　子3-15133
21 隸經文　經1-163(2),2-11605　叢1-456(5),2-731(5)
隸經文、續　叢2-1618～9
隸經文、續隸經文　經2-11604
隸經雜著甲編、乙編　經2-11807
隸經賸義　經1-163(4),2-11742
24 隸續　史8-64359　叢1-223(28)
隸續、洪文惠公(适)年譜　史8-64360
隸續、洪文惠公(适)年譜、隸續目錄補正　史8-64361
26 隸釋　史8-64355　叢1-223(28)
隸釋、校勘記　史8-64356　叢2-637(2)
隸釋、隸續　叢2-943
隸釋刊誤　叢1-259
隸釋碑目表　叢2-2129(4)
隸釋所錄魏石經碑圖　經2-11385～6　叢2-2227～9
隸釋鈔　史8-64357
30 隸字通考　經2-13196
34 隸法瑣言　子3-14690、15148　叢2-1364
隸法彙纂　子3-15166
37 隸通　經2-13203～4、13213～4　叢1-517
40 隸左句鐫　經1-7100

隸有、拾遺、隸通　經2-13213
隸古文尚書顧命殘本補考　經1-3356　叢1-589
隸古文尚書顧命殘本附校勘記、補考　經1-2550
隸古定尚書孔傳唐寫本殘卷校字記　叢1-588
隸古定尚書孔傳殘卷商書校字記　叢1-588
隸古定尚書殘卷　經1-2553
隸古定尚書存　叢2-592
44 隸華樓存稿　集4-28007
隸華書屋詩集　集4-30345
47 隸楸　經2-13185
48 隸樣　經2-13195
50 隸書正譌　經2-13011　叢1-234
隸書糾謬　經2-13197、14533
隸書糾謬補遺　經2-13198、14533
80 隸八分辨　子3-15167
88 隸篇　經2-13192
隸篇、續、再續　經2-13193
隸篇、續、再續、金石目、部目、字目　經2-13194

4593₆ 槵

44 槵樹軒詩草　集4-28581

4594₄ 棲

10 棲霞讀書圖題詠　集4-28633
棲霞山遊記　史7-49318(8)、53707
棲霞山攬勝記　史7-49318(5)、53208
棲霞山人漫稿　集2-9127
棲霞室詩稿　集4-32798
棲霞室隨筆　子4-21879
棲霞寺志　史7-51715～6
棲霞里陳氏家乘[江蘇宜興]　史4-32786
棲霞縣續志[光緒]　史8-59247
棲霞縣志[康熙]　史8-59244～5
棲霞縣志[乾隆]　史8-59246
棲霞長春子丘神仙磻溪集　集1-4647
棲霞閣野乘　史1-1995
棲霞小稿　叢2-1513～4
棲霞小志　叢1-511,2-795
棲雲山房詩鈔　集4-29666
棲雲山館詞　集7-46419、48027

樓雲山悟元子修真辯難參證　子5-29574
樓雲山悟元子修真辯難參證前編、後編　子5-29575、31396
樓雲閣文集　集3-13626
樓雲閣詩　集3-13623
樓雲閣詩拾遺　集3-13625
樓雲閣詞　集7-47983
樓雲閣集　集3-13624
樓雲館集　集2-9380
11 樓北冗言(明崇禎五年)　史2-12550
16 樓碧山房詩鈔　集4-27823
樓碧山莊詩草　集5-37744
樓碧先生黃楊集、補遺　集1-5684
樓碧先生黃楊集、補遺、附錄　集1-5680、5682
20 樓僻園詩鈔　集4-26827
樓香詞　集7-46934
樓香閣詞　集7-46429、46933
樓香閣藏稿　集5-38050　叢2-2223
樓香閣賦稿、詩草　集4-28841
23 樓然廬吟草　集5-39337
27 樓約齋集選　集2-10027、6-41949
30 樓流署　子4-21804、21806~7
樓流署、斠、雜　子4-21805
樓流所徵信錄　史6-44651
32 樓溪稿　集2-7691
33 樓心庵遺稿　集4-26384
40 樓真宣演拔濟苦海雪過修真仙懺　子5-30587
樓真館集　集2-9983~4
50 樓素山房詩鈔、哭女詩　集4-24461
60 樓里景物署　史7-50327
樓里景物署、補遺　史7-50328
樓園集　集5-38143
77 樓賢山房文集　集3-15757
87 樓飲草堂詩鈔　集4-23943
88 樓筠存草　集3-21454

樓

11 樓北詩鈔　集4-30946
21 樓上樓　子5-28641
22 樓炭經　子6-32081(27)、32083(18)、32085(26)、32086(29)、32088(19)、32089(18)
樓山詩集　集3-18310
樓山遺事　叢2-1215
樓山堂集　集2-12059~62,6-43118　叢1-456(4),2-731(41)、818
樓山堂集、遺文　集2-12058

樓山堂集、遺文、遺詩　集2-12057
樓山堂集、熙朝忠節死臣列傳　叢2-1215
樓山堂遺書五種　叢2-1215
樓山省身錄　史2-9469、11818
23 樓外樓訂正妥註第六才子書　集7-48854
24 樓幼靜詩詞稿　集5-39042
27 樓船日記　史7-54409
樓船日記、羅經差　史7-54410
30 樓流論　史6-46605
44 樓基程氏世系譜[安徽績溪]　史5-36152
樓村詩集　集3-16190
72 樓氏家譜　史5-39069、39071
樓氏宗譜　史5-39072
樓氏四修宗譜[浙江嵊州]　史5-39017
77 樓居雜著、野航詩稿、野航文稿、野航附錄　叢1-223(64)
樓居雜著、野航詩稿、野航文稿、附錄　集2-7103
樓居雜著、野航先生遺詩、附錄　集2-7102
樓居樂府　集2-8236
樓居偶錄　叢2-1000
樓居小草　集3-20986　叢2-1459~60
樓閣音聲、補　子7-32111
樓閣正法甘露鼓經　子6-32083(28)
樓閣叢書　子7-32111
樓閣真音　子7-32111

4594₇ 構

22 構山使蜀日記(清乾隆二十七年)　史2-12605

4596₀ 柚

22 柚岑詩鈔　集5-37827
44 柚村詩文集、竹嬋娟室詞　集4-28169
90 柚堂文存　集3-20573~4　叢2-1483
柚堂續筆談　子4-21281~2　叢2-838
柚堂全集五種　叢2-1483
柚堂筆談　子4-21280　叢2-1483

4596₃ 椿

28 椿齡畫薔　集7-52277

44 椿花閣詩集　集5-37149
　椿莊文輯　集4-25400　叢2-893～4
　椿蔭軒古近體詩鈔　集5-34211
　椿蔭閣詩草　集5-39739
　椿蔭堂詩存稿　集3-21533　叢1-581
　椿樹廬詩存、詞　集5-40610
51 椿軒六種曲　集7-50338
62 椿影集　集4-26102
　椿影集二種附三種　叢2-1656

4599₀ 株

44 株林野史　子5-28361～2
84 株鎮賴祠族譜[江西寧都]　史5-39882

4599₄ 榛

44 榛苓山人草　集3-18575
77 榛輿遺稿　集5-37268

4599₆ 楝

22 楝山存牘　集5-35482
　楝山日記(清咸豐八年至光緒十二年)　史2-12974
30 楝宇篇　叢1-223(40)
40 楝塘前集、後集詩册　集6-43701

棟

00 棟亭詩鈔　集3-17064～7
　棟亭詩鈔、詞鈔、文鈔　集3-17068
　棟亭詩鈔選　集6-41972
　棟亭詩鈔別集　集3-17069
　棟亭詞鈔、別集、文鈔　集7-47071
　棟亭藏書十二種　叢1-205
　棟亭書目　史8-65669～72　叢2-785
44 棟花磯隨筆　子4-21050～1　叢1-538

4600₀ 加

00 加庶編　史6-41538　子1-4192、4217
01 加評倪氏產寶　子2-8100
28 加稅免釐及早實行議　史6-43385
30 加官進祿一枝　集7-51779
33 加減靈祕十八方　子2-4625、9252
　加減乘除釋　子3-12350、12389　叢2-1625～6
　加減十八劑　子2-9253
　加減成案新編、兩岐成案新編　史6-46190
　加減回生第一仙丹經驗良方　子2-9955
51 加批增補四書味根錄、疑題解　經2-10825
　加批增補四書味根錄論語、疑題解　經2-9479
　加批增補四書味根錄孟子、疑題解　經2-10012
　加批增補四書味根錄大學、疑題解學　經2-8817
　加批增補四書味根錄中庸、疑題解　經2-9115
　加批輯註東萊博議、增補虛字註釋　經1-6763

4601₀ 旭

00 旭齋文鈔　集5-37144　叢2-824～5
37 旭初遺稿　集5-40205
44 旭華堂文集、補遺、續編　集3-16584
　旭華堂詩集　集3-16583
　旭林府君(馮春暉)行述　史2-9718
　旭林府君行述　叢2-1656
50 旭東餘草　集3-17909
62 旭影樓初學草　集4-24644
76 旭陽贈別詩　集4-29869

4611₀ 坦

00 坦庵詩餘甕吟　集7-46839
　坦庵詞　集7-46380
　坦庵樂府忝香集　集7-50639
　坦庵浮西施雜劇　集7-49343
　坦庵大轉輪雜劇(大轉輪)　集7-49341
　坦庵枕函待問編　叢2-808
　坦庵拈花笑雜劇　集7-49342

坦庵買花錢雜劇(買花錢)　集7-49340
坦庵長短句　集7-46356～7、46620
坦齋文集　集2-6293
坦齋詩集　集2-5944
坦齋先生文集　集2-5947
坦齋通編　子4-22196　叢1-17、19(6)、20
　(4)、21(6)、22(5)、23(5)、24(7)、29(6)、223
　(40)、274(5)、374,2-731(6)
坦齋劉先生文集　集2-5945
坦齋筆衡　叢1-19(5)、20(3)、21(4)、24(6)、
　374
坦齋筆錄　叢1-17
21 坦上翁集　集2-7624
坦行先生自誌　集2-6070
坦行自志　叢2-991
23 坦然軒吟草　集4-23678
30 坦室詩草　集4-32660～1
坦室遺文、雜著　集4-25287　叢2-1818
44 坦菴詞　集7-46621　叢1-223(73),2-698
　(13)、720(2)
坦菴先生文集　集2-6494
坦菴枕函待問編　叢1-277
60 坦園文錄、詩錄、詞錄、詞餘、賦錄、偶錄　叢
　2-2046
坦園文錄、詩錄、賦錄、偶錄　集5-35819
坦園詞錄　集7-48160
坦園詞餘　集7-50667
坦園傳奇六種　集7-50421　叢2-2046
坦園傳奇四種　集7-50420
坦園叢稿　叢2-2046
坦園遺墨　集4-28276
坦園四書對聯　叢2-2046
坦園全集八種　叢2-2046
76 坦陽金氏重修宗譜[浙江東陽]　史4-
　29739、29742～3
坦陽金氏房譜[浙江東陽]　史4-29741
坦陽金氏宗譜[浙江東陽]　史4-29740
80 坦盦枕函待問編　子4-21565

覯

55 覯韡集詩　集6-44262
90 覯光日紀　集4-32431

4611₃ 塊

10 塊石山房詩鈔　集4-24192

塊石山房詩鈔(福堂詩鈔)　集4-24191
40 塊肉餘生述　子7-38219

4611₄ 埋

10 埋憂集　叢1-373(3)
埋憂集(珠邨談怪)、續集　子5-27225
埋憂集、續集　叢2-735(1)、736
20 埋香塢集　集3-20536
21 埋紅　集7-52412、52472
埋紅集　集4-24881
33 埋滅兩顆頭連傷九條命　集7-51178
67 埋照集　集3-15562,6-41965

4614₀ 埠

23 埠編　叢1-202(6)
44 埤蒼　經2-13340、13346　叢2-774(7)
埤蒼、樊恭廣蒼　叢2-766
埤蒼廣蒼集詁　經2-13286、13353
70 埤雅　經2-14626～9　叢1-440～1,2-731
　(23)
埤雅、音釋　叢1-223(15)、227(4)
埤雅物異記言　經2-14631
80 埤倉　經2-13337～9、13341、13344～5、
　15116、15137、15142　叢1-495、586(2),2-
　716(1)、772(2)、773(2)
埤倉輯本、輯本考異、廣倉輯文、輯本考異
　　經2-13342
埤倉輯本考異　經2-13343

4618₁ 堤

25 堤積術辨　子3-12858,7-36228(4)

4620₀ 帕

90 帕米爾及附近諸地考畧　史7-49319、51212
帕米爾山水形勢風土人情說　史7-49335、
　51213
帕米爾考畧　史7 49319
帕米爾輯畧　史7-49314、51211　叢1-528
帕米爾圖說　史7-49314、49356　子7-

　36263　叢1-528
帕米爾圖敘　史7-49319、51210
帕米爾屬中國考　史6-45702,7-49318(20)
帕米爾分界私議　史6-45703,7-49318(18)
　子7-36258

4621₀ 觀

00 觀塵因室詩鈔　集5-41363
觀齋詩草　集4-29274
觀齋集　集4-24336
觀齋行年自記　史2-12108
觀底胡氏八修族譜八集[湖南衡山]　史4-
　30649
觀文堂詩鈔賸稿　集3-15995
觀音玄義　子6-32088(42)、32089(49)、32090
　(63)、32091(61)、32092(40)、32093(49)
觀音玄義記　子6-32088(42)、32089(49)、
　32090(63)、32091(61)、32092(40)、32093(49)
觀音玄義記、觀音義疏記　子7-33465
觀音靈感真言　子7-33032
觀音經　子7-32463
觀音化度十二圓覺　子7-36185
觀音化度十二圓覺寶卷(觀音化度十二圓
　覺)　子7-36187
觀音濟度本願真經　子7-36183
觀音濟度本願真經(觀世音菩薩本行經簡
　集、慈航寶卷、三皇姑出家香山寶卷)
　集7-54207
觀音密集玄文九種　子7-32097
觀音寶卷　集7-54216
觀音遊地獄　集7-54214
觀音十二圓覺　子7-36185
觀音十二圓覺(十二圓覺、十二圓覺寶經)
　子7-36184
觀音大士三十二贊　史2-8380　子7-
　34652
觀音大士靈籤　子7-34655
觀音大士傳　史2-8378　子7-34777　叢
　1-168(4)
觀音大士自訂觀音經　子7-33779
觀音大士得道壬申寶懺　子7-35077
觀音大士蓮船經　子5-29536(3)
觀音大士救劫靈驗真言　子7-33033
觀音大士慈容五十三現象贊　子7-34653
觀音賣飯試羅蔔(羅蔔挑經)　集7-52802
觀音夢授經　子7-33004
觀音菩薩度十二圓覺真經　子7-36186
觀音菩薩辨夢要門　子7-32097

觀音菩薩魚籃記雜劇　集7-48774(7)、
　49284
觀音菩薩救苦寶卷　集7-54215
觀音救苦經　子7-33004、33016
觀音感應卦　子3-14053
觀音殿記　子3-15671
觀音問　子7-34911　叢2-1115
觀音慈林集　子6-32091(78)、7-34650
觀音義疏　子6-32084(33)、32088(42)、32089
　(49)、32090(63)、32091(61)、32092(40)、
　32093(49)
觀音義疏記　子6-32088(42)、32089(49)、
　32091(61)、32092(40)、32093(49)
觀音義疏記、釋重頌　子6-32090(63)
10 觀二生齋隨筆、楹聯附錄　叢2-2074
觀雪乍冰　集7-52330
觀雨齋詩鈔　集4-29415
觀石錄　子4-18744～5、19479　叢1-197
　(3)、269(5)、270(4)、371、469、495、586(4)、
　2-642、716(3)、731(31)
11 觀玩隨筆　經1-1723　叢2-1827
觀彌勒下生經　子6-32086(10)
觀彌勒上生兜率陀天經　子6-32083(7)
觀彌勒菩薩下生經　子6-32081(8)、32082
　(8)、32083(7)、32085(9)、32088(7)、32089(7)
觀彌勒菩薩上生兜率天經疏　子6-32084
　(33)、7-33346
觀彌勒菩薩上生兜率天經疏殘　子7-
　32119
觀彌勒菩薩上生兜率陀天經　子6-32086
　(8)、32089(7)
12 觀水雜記　史6-46793,7-49317(8)、49318
　(11)
17 觀羣書齋賦鈔　集4-28975
18 觀政集　集2-8126
20 觀香室遺稿　集4-30283
21 觀虛空藏菩薩經　子6-32081(3)、32082(3)、
　32083(3)、32085(4)、32086(4)、32088(3)、
　32089(3)、32090(4)、32091(3)、32092(3)、
　32093(5),7-32207
觀行法　子7-32903
觀貞老人哀輓錄　史2-10665　叢2-705
觀貞老人壽序錄　史2-10664　叢2-705
觀經疏鈔　子7-33358
觀經義疏妙宗鈔　子7-33356
觀經義疏妙宗鈔證義　子7-33360
22 觀劇絕句　集3-19332,7-54865～6　叢1-
　544、547(4)
觀巖陳氏宗譜[浙江浦江]　史4-33086
觀仙泪餘集　集3-19475
觀樂生詩集　集2-6319

23 觀我齋詩選、補遺　集4-25861
　　觀我齋遺詩　集5-35813
　　觀我齋日記(清嘉慶二十一年)　史2-12727
　　觀我生齋詩話　集6-46147
　　觀我生齋詩集　集4-30364
　　觀我生室剩稿　集4-27759
　　觀我生室滙稿　子3-12353
　　觀我軒集　集1-4079,6-41894(2)、41895
　　觀我圖册彙編(馮孜)　史2-8995~6
　　觀我堂叢書十九種　叢1-379
　　觀稼樓詩　集3-17680,6-44976
24 觀化集　子5-32000
　　觀化精舍消夏錄　子4-21895
　　觀德譜　子1-3368
　　觀穫堂文集、文鈔、詩鈔　集3-20789
25 觀生閣家言　子1-2317
　　觀佛三昧海經　子6-32083(12)、32085(16)、32086(18)、32088(12)、32089(14)、32090(18)、32091(17)、32092(12),7-32378
　　觀佛法門畧輯　子7-34543
26 觀自得廬詩存　集4-33494
　　觀自得齋叢書、別集六種　叢1-498
　　觀自得齋漢官私銅印譜　史8-65033
　　觀自得齋秦漢官私銅印譜　史8-65032
　　觀自得齋印記　子3-17284
　　觀自得齋印集　史8-65034　子3-17338
　　觀自在多羅瑜伽念誦法　子6-32081(56)、32083(36)、32085(51)、32086(61)、32088(38)、32089(36)、32090(57)、32091(55)、32092(38),7-32095
　　觀自在多羅菩薩儀軌經　子6-32085(48)、32091(40)
　　觀自在大悲成就瑜伽蓮華部念誦法門　子6-32084(29)、32087、32093(35)
　　觀自在菩薩說普賢陀羅尼經　子6-32081(55)、32083(34)、32084(27)、32086(59)、32088(36)、32089(31)、32090(39)、32091(37)、32092(25)、32093(35),7-32095
　　觀自在菩薩一百八名經　子6-32083(28)
　　觀自在菩薩化身囊麌哩曳童女銷伏毒害陀羅尼經　子6-32093(36)
　　觀自在菩薩心真言一印念誦法　子6-32093(38)
　　觀自在菩薩大悲智印周遍法界利益衆生薰真如法　子6-32093(38)
　　觀自在菩薩如意心陀羅尼咒經　子6-32086(14)、32090(14)、32091(13)、32092(9)
　　觀自在菩薩如意心陁羅尼咒經畧疏　子6-32092(44)
　　觀自在菩薩如意輪瑜伽　子6-32084(29)、32085(53)、32086(64)、32088(39)、32093(35)
　　觀自在菩薩如意輪瑜伽念誦法　子6-32089(37)、32090(57)、32091(55)、32092(38)
　　觀自在菩薩如意輪念誦課法　子6-32090(61)、32091(60)、32092(42)、32093(47)
　　觀自在菩薩如意輪念誦儀軌　子6-32081(56)、32082(15)、32083(36)、32084(27)、32085(50)、32086(61)、32088(37)、32089(36)、32090(57)、32091(55)、32092(37)
　　觀自在菩薩隨心咒經(多利心經)　子6-32093(40)
　　觀自在菩薩隨心陀羅尼經　子6-32083(10)
　　觀自在菩薩母陀羅尼經　子6-32083(32)、32090(36)、32091(35)、32092(24)
　　觀自在菩薩怛嚩多唎隨心陀羅尼經　子6-32081(13)、32082(11)、32085(14)、32088(10)、32089(11)、32090(14)、32091(13)、32092(9)
　　觀自在菩薩怛嚩多唎隨心陀羅尼經　子6-32086(15)
　　觀自在如意輪菩薩瑜伽法要　子6-32081(19)、32084(12)、32085(19)、32086(21)、32088(14)、32090(23)、32091(21)、32092(15)、32093(47)
　　觀自在如意輪菩薩瑜伽法要、金剛頂經五字心陀羅尼　子6-32089(16)
　　觀自在如意輪菩薩瑜伽法要經　子6-32083(13)
　　觀泉詩鈔　集3-17774
　　觀總相論頌　子6-32081(26)、32083(18)、32085(25)、32086(28)、32088(18)、32091(48)、32093(26)
27 觀象廬叢書十八種　叢2-1946
　　觀象玩占　子3-13017、13019~20、13022
　　觀象玩占、拾遺　子3-13018
　　觀象玩占拾遺　子3-13021
　　觀象步天歌　子3-11288
　　觀象臺風呈嘉慶十九年十月十一日　子3-11478
　　觀象授時　經1-111(2),2-11856
　　觀象圖考　子3-13043
　　觀象反求錄　經1-1885　叢2-886(1)
　　觀象居詩鈔　集4-25577、28612
　　觀象居易傳箋　經1-1278　叢2-969~70、1453
　　觀身集　子2-4672
　　觀身經　子6-32083(22)
　　觀物外編　子3-12941
　　觀物外篇　子3-12938
　　觀物外篇衍義　子3-12948
　　觀物博畧　子7-37455
　　觀物草廬剩稿　集3-14745

中國古籍總目書名索引

觀物草廬焚餘稿　集3-14744
觀物篇　子4-21002　叢1-201、203(6)
觀物篇解　子3-12949
觀物篇解、皇極經世解起數訣　叢1-223
　(35)
觀物篇醫說　子2-4978
觀幻山房詩草、紀遊補稿　集4-23790
觀總相論頌　子6-32089(44)、32090(50)、
　32092(33)
28 觀微子　子4-20373　叢1-22(20)、63～4,
　2-730(4)、731(12)
觀徵子　叢1-62
觀復庵詩稿　集3-16347
觀復菴集(觀復菴綺集、觀復菴續集、觀復
　菴禖集、觀復菴緒集)　集2-12402
觀復堂詩集　集5-41601
觀復堂詩鈔　集3-20358
觀復堂集　集2-12148,6-43118
觀復堂稿署　史2-11022　集2-12149～50
　叢2-903
觀復堂藏書總目、分目、拜經樓分撥總記
　史8-65705
30 觀濠居士文存、詩存　集4-32409
觀濠居士集　集4-32408
觀濠居士遺著　集4-32411
觀宅四十吉祥相　子4-22549　叢1-201、
　203(2,17)、206、461
觀察諸法行經　子6-32081(16)、32083(12)、
　32084(10)、32085(17)、32086(18)、32088
　(12)、32089(14)、32090(18)、32091(17)、
　32092(12)、32093(8)
觀察魏先生選刻火攻紀要　子1-3087、
　3540、3556
31 觀河集　集4-22280
觀河集、儒門公案拈題　集4-22279
觀河集節鈔　子7-34586　集4-22281
32 觀溪盧氏族譜[江西萬載]　史5-40100～1
33 觀心論(煎乳論)　子6-32093(50),7-32119
觀心論疏　子6-32084(32)、32088(41)、32089
　(50)、32090(64)、32091(62)、32092(40)、
　32093(50)
觀心論校勘記　叢2-713
觀心二百問　子6-32089(50)
觀心約　子1-1313,4-20320　叢2-731
　(12)、782(3)
觀心室詩存　集4-32144
觀心書屋經驗良方　子2-9403
觀心堂集　集4-32143
34 觀濤奇禪師語錄　子6-32091(79)
37 觀瀾講義　子1-2858　叢1-483
觀瀾閣書畫題跋　子3-16215

觀瀾錄　叢2-1348
觀瀾堂詩鈔　集4-24455
觀瀾堂集　集3-14641
38 觀海二集　叢1-285
觀海集　集3-17266,6-41934　叢2-1320、
　1859
觀海衛志[嘉靖]　史7-57442
觀海草堂集　集3-14175,6-41969
觀海樓詩稿　集4-27138
觀海樓詩鈔　集4-25767
觀海書院出案底簿　史6-42440
觀海唱和　叢2-980
觀海贈言　集5-39146
觀海堂文鈔　集5-39871
觀海堂書目　史8-65886～7
40 觀難書　叢1-21(4)
觀古齋妙蓮集　集4-30214
觀古碑法　史8-64455
觀古閣雜錄　子4-23262
觀古閣詩鈔　集4-31858　叢2-941
觀古閣泉說　史8-64855
觀古閣泉說、續泉說　叢2-941
觀古閣泉拓　史8-64854
觀古閣叢刻十五種　叢2-941
觀古閣叢稿、續稿、三編　集4-31859
觀古閣叢稿、續叢稿、三編、李竹朋續泉說
　叢2-941
觀古堂文外集　集5-40029　叢1-547(2)
觀古堂詩文集　集5-40016～7
觀古堂詩文錄　集5-40015
觀古堂詩集　叢1-547(2)
觀古堂詩集(書空集、朱亭集、北征集、還吳
　集、於京集、南遊集、浮湘集、漢上集、歲
　寒集)　集5-40021
觀古堂詩集,詩錄　集5-40019
觀古堂詩錄(觀古堂詩集)　集5-40020
觀古堂彙刻書二十二種　叢1-540
觀古堂彙刻書十九種　叢1-543
觀古堂彙刻書十四種　叢1-542
觀古堂彙刻書八種　叢1-539
觀古堂書目叢刊十五種　史8-65257
觀古堂所刊書二十一種　叢1-541
觀古堂所著書二十種　叢2-2173
觀古堂駢儷文　集5-40031　叢1-547(2)
觀古堂駢體文　集5-40030
43 觀城王蘊山公(衍謙)傳記　史2-10657
觀城縣鄉土志[光緒]　史8-59033
觀城縣志[康熙]　史8-59031
觀城縣志[道光]　史8-59032
觀始集　集6-44060

44 觀花雜詠　集3-15490
　觀莊趙氏分支小譜［江蘇常州］　史5-38273
　觀莊趙氏分支小譜底稿備刊［江蘇常州］　史5-38272
　觀蓮令節一分　集7-49705
　觀老莊影響論　子5-28959　叢1-142
　觀世音經咒持驗紀　子7-34658
　觀世音心經祕解　子7-33782
　觀世音菩薩諸品經咒　子7-32897
　觀世音菩薩三寶救生經解義、觀世音菩薩考畧、誦經科儀、齋戒日期、觀世音菩薩三寶救生經、辨異、勸言二篇　子7-33783
　觀世音菩薩三十二變相　史2-8379
　觀世音菩薩三十二變相(觀世音菩薩三十二相大悲心懺)　子7-35021
　觀世音菩薩受記經　子6-32083(11)
　觀世音菩薩得大勢至菩薩受記經　子7-34428
　觀世音菩薩得大勢受記經　子6-32091(16)
　觀世音菩薩得大勢菩薩受記經　子6-32081(15)、32082(11)、32085(16)、32086(17)、32088(11)、32089(13)、32090(17)、32092(11)，7-32456
　觀世音菩薩治病靈籤　子7-34654
　觀世音菩薩祕密藏神咒經　子6-32081(12)、32083(9)、32085(13)、32086(14)、32088(9)、32089(10)、32090(14)、32091(13)、32092(9)
　觀世音菩薩祕密藏如意輪陀羅尼神咒經　子6-32093(45)
　觀世音菩薩祕密藏如意輪陁羅尼神咒經　子6-32084(8)
　觀世音菩薩大悲心陀羅尼神咒　子7-32887
　觀世音菩薩大悲神咒　子7-32888
　觀世音菩薩大悲陀羅尼經咒　子7-32875
　觀世音菩薩如意摩尼陀羅尼經　子6-32081(12)、32083(9)、32085(13)、32086(14)、32088(9)、32089(10)、32090(14)、32091(13)、32092(9)、32093(45)
　觀世音菩薩如意摩尼陁羅尼經　子6-32084(8)
　觀世音菩薩如意心陀羅尼經　子6-32089(10)
　觀世音菩薩救諸難呪　子7-33034
　觀世音菩薩本行經(香山寶卷、香山寶卷全集)　集7-54210
　觀世音菩薩本行經簡集　集7-54207
　觀世音菩薩本行經簡集(香山卷、觀世音菩薩本行經文、大乘法寶香山寶卷全集香

　　山卷、香山寶卷)　集7-54208
　觀世音菩薩授記經　子6-32084(10)、32093(5)
　觀世音菩薩普門品膚說　子6-32091(67)
　觀世音菩薩普門品經　子6-32090(7)、7-32510、32514　叢1-114(3)
　觀世音菩薩普門品經(普門品經)　子7-32515
　觀世音菩薩普門品經、佛說如意心陀羅尼神咒、白衣大悲五印心陁羅尼咒　子7-32121
　觀世音救諸難咒二種　子7-33035
　觀世音持驗記　子6-32091(68)
　觀巷蔣氏草譜　史5-38219
　觀其自養齋燼餘錄　集4-30959
　觀樹詩存　集3-14701
　觀樹堂詩集　集3-18208
　觀藥王藥上二菩薩經　子6-32083(11)
　觀槿稿　集2-10102
　觀槿續稿　集2-10103
　觀棋歌　集3-17964、17971
　觀林詩話　集6-45578　叢1-223(72)、274(5)，2-731(46)、873
46 觀想佛母般若波羅蜜經　子6-32083(29)、32089(25)
　觀楞伽阿跋多羅寶經記　子7-32113、33114~5
　觀楞伽阿跋多羅寶經記、補遺　了7-33116
　觀楞伽阿跋多羅寶經記、畧科　子7-33113
　觀楞伽阿跋多羅寶經一切佛語心品遮食肉章記　子7-33117
49 觀妙齋集印　子3-16989
　觀妙齋藏金石文字考畧　叢1-373(9)
　觀妙齋藏金石文考畧　史8-63572
　觀妙居日記(清嘉慶十年至十一年、十五年)　史2-12653
　觀妙居日記(清乾隆六十年至嘉慶元年、九年至十六年、十八年至二十一年)　史2-12654
50 觀畫百詠　集5-40024　叢1-547(2)
　觀畫偶抄　叢2-2270(5)
　觀書例　子1-2477
　觀書後例　子1-2478
53 觀感錄　史2-7264　集6-42558　叢1-203(10)
60 觀星指南　子3-11509~10、13098
　觀易外編　經1-2325　叢2-1555~6
　觀易外編(雙桂堂易說)　經1-2199
64 觀時集　叢1 19(9)、20(7)、24(10)
　觀時錄　叢1-21(8)
71 觀頤先生集　集2-9417

中國古籍總目·索引

觀頤摘稿　集2-6522,6-45026
72 觀所緣論釋　子6-32081(25)、32083(16)、32084(15)、32085(25)、32086(28)、32088(18)、32089(44)、32090(47)、32091(45)、32092(31)、32093(29)
　觀所緣緣論　子6-32081(25)、32083(16)、32084(15)、32085(25)、32086(28)、32088(18)、32089(44)、32090(47)、32091(45)、32092(31)、32093(25)
　觀所緣緣論釋記　子7-33642
　觀所緣緣論釋發硎　子7-33646
　觀所緣緣論釋直解　子7-33645
　觀所緣緣論直解　子7-33645
　觀所緣緣論會釋　子7-33642
　觀所養齋詩稿　叢2-1682
　觀所尚齋詩存、詩補遺、文存　集5-39070
80 觀人錄　叢2-2270(4)
　觀無量壽佛經　子6-32089(7),7-34426
　觀無量壽佛經、校勘記　子7-32108　叢1-394
　觀無量壽佛經疏　子6-32092(40)
　觀無量壽佛經疏妙宗鈔　子6-32088(42)、32089(49)、32090(63)、32091(61)、32092(40)、32093(47),7-33357
　觀無量壽佛經約論　子7-33077
　觀無量壽佛經初心三昧門、受持佛說阿彌陀經行願儀　子7-34423
　觀無量壽佛經四帖疏　子7-33352
　觀念阿彌陀佛相海三昧功德法門　子7-34442
　觀善文　子7-34929
　觀善堂會課題名　史6-42441
　觀普賢觀經　子6-32090(17)、32092(11)
90 觀堂譯稿　叢2-2227、2229
　觀堂集林　集5-41333~4　叢2-2227、2229
　觀堂外集　集5-41335~6　叢2-2227
　觀堂遺墨　集5-41339
　觀堂古金文考釋　叢2-2229
　觀堂古金文考釋五種　叢2-2227
　觀堂別集　集5-41338　叢2-2229
　觀堂別集、補遺、後編　集5-41337　叢2-2227
　觀堂長短句　叢2-2142
　觀光詩集、助教侯先生文集　集2-6279
　觀光詩集、助教侯先生詩集　集2-6280
　觀光詩集、助教侯先生詩集、文集　集2-6277~8
　觀光稿　集1-4829
　觀光紀遊　史7-49318(12)
　觀光日本　史7-54117　子7-35101
　觀光堂遊草　集3-17233

觀省齋詩存　集5-39520
觀省錄　叢2-691(3)

4621₄　猩

46 猩猩灘記　史7-49318(11)、52855
　猩猩園　集7-54020

4622₇　狷

00 狷亭詩稿　集3-17725
　狷庵詩鈔　集5-40263
　狷齋詩、西江遊草　集4-30354
　狷齋遺稿　集4-30353
10 狷夏堂詩集　集5-35998
77 狷叟詩續存　集5-36873
　狷叟詩存　集5-36872
　狷叟詩錄　集5-36871

獨

00 獨言集　集3-16473
04 獨讀淨土論　子7-34558
07 獨誦堂詩集、文集　集5-40839
　獨誦堂遺集　集5-40840
　獨謠齋日抄□□種　叢1-178
10 獨弦詞　集7-46422、48130
　獨石詩存　集4-31660,6-41763
　獨石軒詩逸存　集5-37658　叢2-985
　獨石軒詩鈔　集4-31659
　獨醉亭集　集2-6130　叢1-223(63)
12 獨孤穆傳　叢1-56
　獨孤見夢記　叢1-168(2)
　獨孤公神道銘　叢1-223(48)、227(8)
16 獨醒雜志　史1-4382　子5-26300　叢1-22(5)、23(5)、223(45)、244(2)、2-617(2)、731(51)、735(2)
　獨醒子　子4-20624
20 獨秀峯題壁詩　集4-22260、27377
　獨秀山房四書文、續編　經2-10771　叢2-1515
　獨秀山房四書文續編　經2-10772
21 獨步大羅天　集7-48774(6)、49080
　獨行詩集　集2-12961

獨行流芳錄　集5-38433
獨行堂詩存　集4-26357
獨佔花魁　集7-53132
22 獨峯和尚禪要　子7-34208
獨斷　子1-61、66、4-22106～8　叢1-2～3、
　6～7、19(10)、20(8)、21(10)、22(2)、23(2)、24
　(11)、26、28、71～2、74～7、90～1、101、114
　(6)、182、223(39)、258、2-628、730(5)、731
　(17)
獨斷、古今注　子4-22109
獨斷、校勘記　叢2-637(2)
獨斷文集　集1-229
獨斷佚文　子4-22110　叢2-777
獨山平匪記　史1-4038　叢1-472
獨山州志[乾隆]　史8-62290
獨山莫貞定先生(與儔)年譜　史2-12001
獨山莫氏遺稿三十七種附五種　叢2-1020
獨山莫氏遺稿十五種附一種　叢2-1019
獨山莫氏遺稿八種　叢2-1018
獨山莫氏郘亭叢書七種　叢2-1843
獨山縣志[民國]　史8-62291
獨樂園詩稿　集6-41894(1)、41896
獨樂園稿　集1-2255
24 獨倚樓近詠　集6-44069
30 獨漉子詩文全集(獨漉堂詩集、文集、續編)
　集3-15225
獨漉堂詩　集3-15226、6-44884
獨漉堂詩集、文集　集3-15224
獨漉堂稿　集3-15223
獨寱園叢鈔四種　叢1-538
35 獨清閣詩鈔、詩餘、賦鈔　集4-30072
獨清閣叢稿　集4-30073
37 獨深居點定玉茗堂集(賦集、詩集、文集、尺
　牘)　集2-10401
40 獨志堂詩詞、文　集5-41362
獨志堂叢稿四種　叢2-2231
獨木關　集7-53131
44 獨樹草堂詩稿　集5-39163
獨樹園詩　集3-20817
57 獨抱廬叢刻十一種　叢1-318
60 獨旦集　集3-16213　叢2-1353
獨園外集、詩集　集3-13226
獨異志　子5-26886　叢1-15、19(3)、21
　(5)、22(19)、23(19)、24(4)、99～101、2-731
　(52)
68 獨吟樓詩　集4-26748
77 獨學廬詩稿　集4-23967
獨學廬二稿詩、文、花韻庵詩餘、花間樂府、
　外集、微波詞　叢2-1589
獨學廬二稿文、詩晚香樓集　叢2-1589
獨學廬五稿詩燕居集、文、補遺　叢2-1589

獨學廬外集　集4-23975
獨學廬初稿、二稿、三稿、四稿、五稿、補遺、
　餘稿、文稿　集4-23971
獨學廬初稿、二稿、三稿、四稿、五稿、餘稿
　集4-23969
獨學廬初稿詩、文　叢2-1589
獨學廬初稿詩、文、讀左厄言、漢書刊訛　集
　4-23968
獨學廬初稿詩、文、二稿詩、文、三稿詩、文、
　四稿詩、文、五稿詩、文　集4-23970
獨學廬四稿文、詩池上集　叢2-1589
獨學廬題跋　叢2-1590
獨學廬尺牘偶存、詞　集4-23976
獨學廬全稿七種　叢2-1589
獨學齋詩集、文集　叢2-963
獨學齋集　集3-19576
獨學老人(石韞玉)年譜　史2-11974
78 獨鑒錄　集6-46255　叢1-143
80 獨善堂文集　集3-14310
獨善堂詩鈔　集4-23728
88 獨坐幽篁裏一枝　集7-51712
獨笑齋金石文字殘稿、生春紅室金石述記
　史8-63729
獨笑齋金石文考第一集、第二集　史8-
　63728
獨笑齋金石考畧　史8-63727
獨笑集(越金損餘)　集5-38201
獨笑軒文稿　集4-27917
獨笑軒詩稿、餅桃花館詞　集4-27916
90 獨賞編、勞勞語、洛如集、擬古樂府、花詠
　集2-11747
91 獨悟庵詩　集5-34021
獨悟庵叢鈔四種　子4-23533　叢1-496
　(5)
94 獨慎齋詩鈔　集4-31128
95 獨快山房文集　集3-14690

4623₂ 猥

01 猥譚　叢1-59
09 猥談　子5-27007　叢1-13、14(2)、22(28)、
　60、148、154、2-617(4)

猥

00 猥庵詩集、文稿　集5-38356

4624₇ 幔

00 幔亭詩集　集2-10439
　幔亭集　集2-10440~2　叢1-223(66)

4625₀ 狎

77 狎鷗亭詩鈔　集3-18973
　狎鷗子摘稿　集2-9662
　狎鷗軒集、甌塵紀畧　集4-22013
　狎鷗軒剩稿　集4-22012
　狎鷗堂草　集2-10529

4629₄ 猱

46 猱玀文　經2-14976
　猱玀譯語　經2-14977、14986

4632₇ 駕

10 駕雲螭室詩錄　集4-31415
　駕雲螭室別集　史1-6143　集4-31416
20 駕千遺墨　集4-23773
38 駕海樓稿　集4-32464,6-42007(4)

4633₀ 恕

00 恕廬存稿約編　集5-41265
　恕齋文稿　叢2-1801~2
　恕齋詩稿　叢2-1801~2
　恕齋日錄　叢2-1801~2
10 恕醉齋集　集2-12232
50 恕中和尚語錄　子6-32091(73)
60 恕思堂詩草　集5-36324
80 恕谷語要　子1-1530
　恕谷詩集　集3-17051
　恕谷後集　集3-17052、17054　叢1-215,2-731(45)、782(3)
　恕谷後集、續刻　集3-17053

恕谷中庸講語　經2-9066
87 恕銘朱先生彙選當代名公四六新函　集6-43903
90 恕堂詩　集3-16905~6、16908~9
　恕堂詩存　集3-16904
　恕堂詩鈔　集3-16910
　恕堂存稿　集5-35333

想

27 想多情一枝　集7-52765
66 想罵寶卷　集7-54458
90 想當然詩　集4-24617　叢1-322
　想當然耳　子5-27188
95 想情人哭五更一套　集7-50873

4640₀ 如

00 如齋吟稿　集3-15794
　如意摩尼陀羅經　子6-32083(29)
　如意摩尼陀羅尼經　子6-32089(25)
　如意君傳　子5-28492
　如意寶珠轉輪祕密現身成佛金輪咒王經　子6-32093(38)
　如意寶珠品　子6-32093(37)
　如意寶總持王經　子6-32083(29)
　如意寶册　集7-50459、53899
　如意寶卷　集7-54426
　如意城畧　經1-2311　子1-3260
　如意輪[咒]課法　子6-32089(48)
　如意輪菩薩觀門義注祕訣　子6-32093(35)
　如意輪菩薩念誦法　子6-32093(35)
　如意輪陀羅尼經　子6-32081(12)、32083(9)、32084(8)、32086(14)、32088(9)、32089(11)、32090(14)、32091(13)、32092(9)、32093(40)
　如京集　集4-32322
　如京集、續集　叢2-894
02 如話齋詩稿　集4-28867
　如話齋詩存　集4-28865　叢2-1388
05 如諫果室叢刻三種　叢2-2095
08 如許齋詩稿　集5-35408
　如許齋集(公餘集、續編、課窗存稿)　集5-35407
10 如酉所刻諸名家評點春秋綱目左傳句解彙雋　經1-6903
　如面譚二集　集6-45284

如面談　集6-45283

如面談新集(增補如面談新集)　集6-
　45288

如不及齋文鈔　集4-24424

如不及齋詠史詩　史1-6088

如不及齋詠史詩評　叢1-481

如不及齋試帖、附刻　集4-28367

如不及齋就正草、詩續錄　集4-30217

如不及齋詩集　集4-31083

如不及齋詩鈔　集6-42007(3)　叢1-481

如不及齋詩鈔、詠史詩　集4-33460

如不及齋務實勝集、守寧隨筆　集5-37207

如不及齋叢書(如不及齋彙鈔)　叢1-481

如不及軒詩草　集4-31908,6-42007(2)

12 如水齋讀書志聞　子4-22756

14 如聽萬壑松　子3-17756

21 如此齋詩　集2-11688　叢2-607

如何是可齋謎勝　子3-18438

22 如山于公(成龍)年譜　史2-11758

如山于公(成龍)年譜(于襄勤公年譜)　史
　2-11758

如山奏議　史6-48897

如山居未悟編　集4-27057

25 如積識別　子3-12881

如積引蒙　子3-12722

如積蒙求、和較開方式　子3-12868

26 如皋西鄉李氏族譜[江蘇如皋]　史4-
　27107

如皋張氏族譜[江蘇如皋]　史5-34801

如皋吳氏族譜[江蘇如皋]　史4-27712、
　27714

如皋馮氏宗譜[江蘇如皋]　史5-36404

如皋沙迪生集　集5-37532

如皋志稿[宣統]　史7-56831

如皋李星白先生(延庚)六十壽言集成　史
　2-10848

如皋冒氏詩畧、詞畧　叢2-934

如皋冒氏叢書(冒氏叢書)、附二種　叢2-
　934

如皋冒氏宗譜[江蘇如皋]　史5-40931

如皋縣賈氏宗譜[江蘇如皋]　史5-37105

如皋縣續志[道光]　史7-56829

如皋縣續志[同治]　史7-56830

如皋縣志[康熙]　史7-56826

如皋縣志[嘉慶]　史7-56828

如皋縣志[嘉靖]　史7-56824

如皋縣志[萬曆]　史7-56825

如皋縣志[乾隆]　史7-56827

如皋縣志[民國]　史7-56832

如皋縣東石家甸陳氏增輯宗譜[江蘇如皋]
　史4-32726～7

27 如舟吟館詩鈔　集4-31164

如響錄　子4-24538

如幻三摩地無量印法門經　子6-32091
　(37),7-32457

30 如宜方　子2-9187

如實論　子6-32081(25)、32083(16)、32085
　(25)、32086(28)、32088(18)、32089(44)、
　32090(51)、32091(49)、32092(33)

如實論反質難品　子6-32084(15)、32093
　(27)

31 如江集　集2-10507,6-44961

33 如心齋詩草　集5-40955

如心室未定草　集5-34044

如心道人詩詞鈔　集4-30739

40 如在揚州閣詩鈔　集4-27303

如韋館墨評　子4-18777

如來方便善巧咒經　子6-32081(14)、32083
　(10)、32084(9)、32085(15)、32086(16)、32088
　(11)、32089(12)、32090(16)、32091(15)、
　32092(10)、32093(43)

如來不思議祕密大乘經　子6-32089(32)

如來示教勝軍王經　子6-32081(11)、32083
　(8)、32085(12)、32086(13)、32088(9)、32089
　(10)、32090(11)、32091(10)、32092(7)、32093
　(11)

如來香　子7-34498

如來師子吼經　子6-32081(10)、32082(9)、
　32083(8)、32085(10)、32086(11)、32088(8)、
　32089(9)、32093(9)

如來壽量品　子3-15673

如來莊嚴智慧光明入一切佛境界經　子6-
　32081(8)、32082(8)、32083(7)、32084(6)、
　32085(8)、32086(8)、32088(7)、32089(7)、
　32090(11)、32091(10)、32092(7)、32093(8)

如來藏論　子6-32085(55)、32086(65)、32093
　(26)

如來獨證自誓三昧經　子6-32081(11)、
　32083(8)、32085(12)、32086(13)、32088(9)、
　32089(10)、32090(13)、32091(11)、32092(8)

如來所說示現衆生經　子6-32084(17)、
　32085(31)、32090(28)、32092(18)、32093(20)

如來所說清淨調伏經　子6-32084(13)、
　32085(21)、32090(44)、32092(29)、32093(22)

如來智印經　子6-32083(6)

44 如夢錄　史7-50638　叢2-826

如蘭集　集6-44104

46 如如老祖化度衆生指往西方寶卷全集(如
　如寶卷)　集7-54190

如如老人灰餘詩草　集4-32684

如如居近草　叢2-1611～2

如如居士三教語錄　子7-34944

47 如好色齋稿　集4-25619

中國古籍總目·索引

如椽彙編　集6－43716
50 如畫樓詩鈔　集4－26094　叢2－644
60 如園架上書鈔目、補　史8－65917
　　如是齋集　集6－44957
　　如是齋吟草　集4－29679
　　如是住齋詩稿　集5－35576
　　如是住齋遺集　集5－35575
　　如是經義　子7－33211
　　如是山房增訂金批西廂記　集7－48860
　　如是我聞　子5－27104、29574～5、31433　叢2－735(1)、736
　　如是觀　集7－50162
　　如是觀園記　史7－52008　叢1－496(5)
　　如是想　子4－21273
　　如是翁集　集1－5111
62 如影論　子7－32111
　　如影觀　子7－32111
66 如嬰齋文鈔　集4－31372　叢2－822
71 如願良姻　集7－49700
　　如願迎新　集7－49705
80 如無錄、續魯故　子4－21546
88 如鑑澄禪師語錄　子7－34370

姻

27 姻緣扇　子5－27816
　　姻緣寶卷　集7－54420～1
　　姻緣寶卷(公子寶卷)　集7－54507

4641₃ 媿

25 媿生叢錄　子4－22040～1
　　媿生叢錄、先妻趙孺人事述　子4－22039
44 媿林漫錄　子4－24083～5

4642₇ 娟

32 娟淨豩文集　叢2－2233
　　娟淨豩文集、詩集、雜著　集5－41571
　　娟淨豩雜著四種　叢2－2233
　　娟淨豩詩集　叢2－2233
　　娟淨豩聯語　叢2－2233
　　娟淨豩集三種　叢2－2233
　　娟淨豩隨筆　叢2－2233

46 娟娟傳　叢1－587(5)
77 娟風軒遺稿　集4－29828
80 娟鏡樓叢刻七種　叢2－655

4643₄ 娛

00 娛意錄十八種　叢2－752
06 娛親雅言　經1－4162　子4－22553　叢2－705、841
23 娛我園詩草　集5－35326～7
25 娛生軒詞　集7－48206
35 娛清館雜綴　子5－26689
40 娛志　叢1－86,2－730(7)
　　娛志堂詩鈔、雪鴻詞鈔　集5－35067
44 娛萱草彈詞　集7－54091
　　娛蘭仙館詩鈔　集5－37939
　　娛老亭集　叢2－10635
　　娛老詞　集7－48311
　　娛老集、遺稿　集3－15685
　　娛老吟　集3－17514～5
　　娛老隨筆叢稿　集4－32528
　　娛萊軒雜著五種　叢2－2011
　　娛萊軒字釋　經2－14802
45 娛樓雜俎　子5－27329
50 娛書堂詩話　集6－45486、45651～3、45842　叢1－19(4)、20(2)、21(4)、22(14、26)、23(14)、24(5)、223(72)、278,2－731(47)
60 娛目醒心編　子5－27843
　　娛目軒詩集　叢2－795
　　娛目軒詩集、金陵四十八詠題景　集5－41295
　　娛園重訂靈芬館集十種　叢2－1636
　　娛園叢刻十一種　叢1－486
　　娛園藏畫記　子3－16119
　　娛園老人函牘　集5－34312
　　娛景堂集　集4－26733
67 娛暉草　集3－15208
　　娛暉堂聲畫錄　集6－42569
95 娛性齋詩鈔　集4－30629

4651₇ 韞

10 韞玉慶詞　集7－47400
　　韞玉詩集　集4－24031
　　韞玉先生集　集2－5971
　　韞玉樓詩集　集4－25445

　　韞玉樓集　集4-25444
　　韞玉樓集詩、詞鈔　集4-25443
　　韞玉樓遺詩　集5-41262
11韞瓹集　集6-44298
12韞璞齋稿、燕臺草　集2-10275
22韞山六種曲　集7-49536
　　韞山詩稿　集4-26572~4
　　韞山堂文集　集4-22122
　　韞山堂文錄　集4-22123,6-42067
　　韞山堂詩集、文集(重刻管韞山先生詩文集)　集4-22120
　　韞山堂讀書偶得　子4-22547
　　韞山堂時文初集、二集、三集(管緘若時文)　集4-22125
　　韞山堂時文全集　集4-22124
40韞真詩草、拾遺　集5-34353
90韞光樓印譜　子3-16964

4654₀ 鞞

00鞞摩肅經　子6-32083(19)
34鞞婆沙論　子6-32081(38)、32082(17)、32083(25)、32084(21)、32085(37)、32086(41)、32088(26)、32089(46)、32090(52)、32091(50)、32092(34)、32093(29)

4658₁ 鞮

44鞮芬室詞甲稿　集7-47981
　　鞮芬室近詩　集5-41494

4680₄ 趕

41趕板目錄　集7-54883
44趕考嘆十聲一套　集7-50963
　　趕靴　集7-52321

4680₆ 賀

00賀方回詞　集7-46489
　　賀文忠公集　集2-11838,6-43118
　　賀文忠公遺集　集2-11839~40

02賀端陽一枝　集7-51750
24賀先生文集、尺牘　集5-38019
　　賀先生選著　集5-38017
　　賀先生書牘　集5-38021~2
　　賀升平羣僊祝壽雜劇　集7-49274
26賀總憲議海防摺　史6-49192
28賀復齋(瑞麟)先生行狀　史2-10305
　　賀復齋先生行狀　叢1-574(2)
30賀宿紀聞　史1-3270
　　賀進士王參元失火書　叢2-771(1)
33賀祕監集、外紀　叢2-845(1)
　　賀祕監外紀　史2-8561
　　賀祕監歸鄉詩　集1-740
　　賀祕監遺書　集1-739
35賀清麓先生年譜　史2-12258
40賀九山房詩鈔(漫翁半稿)　集3-18731
　　賀壽慈列傳　史2-10048
44賀蘭雪樵詩集(寶嗇堂詩稿)　集3-16308
　　賀蘭山謫僊贈帶　集7-49397
　　賀蘭山謫僊贈帶(賀蘭山太白救汾陽)　集7-49407
　　賀蘭山太白救汾陽　集7-49398
　　賀蘭山口記　史7-49317(5)、49318(13)、51183
　　賀萬壽五龍朝聖雜劇　集7-48774(3)、49272
48賀松坡詩　集5-38018
　　賀松坡先生文　集5-38020
　　賀松坡先生遺著　集5-38016
51賀振麒列傳　史2-10233
　　賀拓菴先生離騷箋釋　集1-104
56賀耦庚遺文錄存　集4-27955
60賀昇平羣僊祝壽雜劇　集7-48774(6)
　　賀景瞻先生八卦餘生　經1-867
62賀縣志[民國]　史8-61436
　　賀縣志[光緒]　史8-61435
　　賀縣團練條規　史6-45450
72賀后罵殿　集7-53477~8
　　賀氏族譜　史5-36742~3
　　賀氏族譜[湖南醴陵]　史5-36725
　　賀氏族譜[湖南寧鄉]　史5-36719
　　賀氏三修族譜　史5-36744
　　賀氏續修族譜[湖南寧鄉]　史5-36720
　　賀氏續修族譜[湖南湘鄉]　史5-36741
　　賀氏續修族譜[湖南益陽]　史5-36722
　　賀氏家譜紀畧　史5-36745
　　賀氏十一修族譜[江西永新]　史5-36717
　　賀氏十二修族譜[江西永新]　史5-36718
　　賀氏有光公祠志[湖南湘鄉]　史5-36740
　　賀氏喪服譜　經1-5430~1　叢2-774(3)、

775(2)
賀氏喪服要記　經1-5429　叢2-774(3)
賀氏忠孝故蹟錄　史7-51414
76 賀陽亭集　集2-11437
78 賀監(知章)紀畧　史2-8560
80 賀金聲集　集5-38553

4681₀ 覲

00 覲庵詩稿漸于集　集3-14074
覲庵詩鈔　集3-14073
覲庵書跋　叢2-673
22 覲山日省錄　子1-2553
44 覲菴詩鈔　集6-41977

4690₀ 柏

00 柏亭詩集　集4-25635
柏廬外集　集3-14771　叢1-483
柏齋文集　集2-7599
柏齋集　集2-7593　叢1-223(65)
10 柏玉霜自縊　集7-52785
20 柏香書屋詩鈔　集3-19705,4-24421
22 柏川尤氏支譜[安徽黟縣]　史4-25553
柏巖文集、詩集　集3-19014
柏巖文存　集5-40261　叢2-2225
柏巖詩存　集5-40259　叢2-2225
柏巖聯語偶存　叢2-2225
柏巖乙稿、丙稿　集5-34508　叢2-788
柏巖感舊詩話　叢2-2225
柏岩彈奸疏稿　史6-49205
27 柏鄉縣志[康熙]　史7-55458
柏鄉縣志[乾隆]　史7-55459
柏鄉縣志[民國]　史7-55460
柏舟示操詩　集4-25293
柏舟彙載　史2-6400
31 柏潭孫公(繼皋)諭祭葬錄　史2-9009
32 柏溪詩鈔　集4-30525
33 柏心堂遺稿　集4-32138
40 柏臺集　集3-13916
柏支亭稿　集2-10023,6-41790
柏古堂詩稿　集3-21223
41 柏垣瑣志　史6-46434　子4-21754
44 柏蔭軒詞　集7-47713
柏蔭軒約選杜詩五律串解　集1-1017
柏蔭軒萍雲詞、柏蔭軒詞續存　集7-47714

柏蔭軒絮月詞、柏蔭軒萍雲詞、柏蔭軒詞續
存　集7-47715
柏蔭堂詩稿　集3-14849
柏樹灣劉氏重修族譜[湖南衡陽]　史5-
39649
柏樹軒詩稿　集4-29251
柏葉林氏宗譜[浙江]　史4-29281
柏葉盦印存　子3-17343
柏葉盦印存、浮芥亭印存　子3-17342
柏林竹枝詞　史7-54841　叢2-2153
45 柏樓吟　集2-6852
46 柏梘山房文集、駢文　集4-28112
柏梘山房文鈔　集6-42068
柏梘山房詩錄　集4-28114
柏梘山房集　集4-28113　叢1-373(10)
柏梘山房駢體文鈔　集6-42075
55 柏井集　集4-33599
76 柏陽文氏族譜[湖南湘潭]　史4-25690
77 柏鳳山人全集(綠雪堂古文鈔、椿蔭軒詩
鈔、駢體文鈔)　集5-34210
90 柏堂文集　集4-33183
柏堂讀宋鑑論　史1-5280
柏堂讀書筆記　叢2-1888
柏堂集　集1-1464,4-33179
柏堂集(毛溪居士集、畫眉山人集)　集4-
33177
柏堂集前編　集4-33181
柏堂集前編、次編、續編、後編、餘編、補存、
外編　叢2-1888
柏堂集前編、次編、續編、後編、餘編、補存、
外編、附存　集4-33178
柏堂集餘編　集4-33180
柏堂師友言行記　史2-7642
柏堂師友言行記節抄　史2-7643
柏堂經說　叢2-1888
柏堂剩稿　集5-35507
柏堂遺書(方柏堂全集)八種附一種　叢2-
1888
柏堂賸稿　叢1-477

相

00 相應相可經　子6-32083(20)
10 相雨書　子1-4238～9　叢1-22(18)、23
(17),2-731(15)、775(5)
相雨書(黃子發相雨書)　叢1-508
16 相理衡真　子3-14213
20 相手版經　子3-14185　叢1-22(16)

相手板經　叢1-23(15)、29(2)
21 相術　子3-14232
相經　子3-14231　叢2-775(5)
22 相山集　集1-3231　叢1-223(53)
相山撮要　子3-13604
相山居士詞　集7-46352～4、46356～7、46548
24 相續解脫地波羅蜜了義經　子6-32081(7)、32082(7)、32083(6)、32084(6)、32085(7)、32086(7)、32088(5)、32089(7)、32090(8)、32091(7)、32092(5)、32093(7)
相續解脫如來所作隨順處了義經　子6-32085(7)、32090(8)、32091(7)、32092(5)、32093(7)
25 相牛經　子1-4515～6　叢1-4～5、9～10、22(18)、23(17)、29(2)、30、119～20、2-775(5)
相牛心鏡要覽　子1-4517
30 相字祕牒　子3-14643　叢1-430
相宅新編　子3-13217
相宅要說　子3-13171　叢1-173
相宅經纂　子3-13218
相宅造福全書　子3-13188
相宅全書　子3-13181
相宅錄要　子3-13233
相宅管說　子4-20252
相宗絡索　子7-33868　叢2-1293
相宗史傳畧錄　子7-33871
相宗八要　十6-32091(69)
相宗八要解　子6-32091(69)
相宗八要解八種　子7-33642
相宗八要直解　子6-32091(69)、32092(44)、7-33645
32 相州許氏祖訓　叢2-1316
34 相法十六篇　子3-14183　叢1-86,2-730(7)
相法真傳　子3-14237
相法挈要、相法證驗百條(神相證驗百條)　子3-14218
40 相臺書塾刊正九經三傳沿革例　經1-93、125,2-11966　叢1-244(4)、251、341、357、410、456(4)、2-616、731(2)、1523
相在爾室邇言　子4-21733　叢2-1989
相在室集驗方　子2-9956
相女人富貴貞壽歌論總括　子3-14235
43 相城小志[民國]　史7-56992
44 相地指迷　叢1-310
相地指迷、勸葬說　子3-13495
相地捷法　子3-13670
相地採金石法　子7-36231(4)、37136
相地骨經　子3-13252　叢1-22(18)、23

(17)、173
相韓家譜[浙江寧波]　史5-40362
相模州極樂禪寺月峯和尚語錄、頌古　子7-34201
47 相鶴經　子4-19374～6　叢1-4～5、7、9～10、19(5)、20(3)、21(4)、22(18)、23(17)、24(5)、29(2)、30、86、119～20、374,2-730(7)、780
60 相國三文敬公(寶)傳　史2-9519
相國寺志畧　史7-51698
相國寺公孫汗衫記雜劇　集7-48774(5)
相國寺公孫合汗衫　叢2-720(4)
相國寺公孫合汗衫雜劇　叢2-698(14)
相思譜　集7-48776、49244　叢2-672
相思草　集5-33859
相思曲　子3-17582、17782
相貝經　子4-19453～4　叢1-19(5)、20(3)、21(4)、22(16)、23(15)、24(5)、26～8、29(2)、374,2-617(3)、775(5)
71 相馬經　子1-4512～3　叢2-775(5)、780
相馬書　叢1-22(18)、23(17)
77 相兒經　子2-4626,3-14184　叢1-22(18)、23(17)、29(2)
相學齋雜抄　子4-20228
相學齋雜鈔　叢1-22(8)、23(8),2-617(4)
相印軒藏印譜　子3-16976
相門精義　子3-14224
80 相公莊呂氏家譜[陝西臨潼]　中4-26364
88 相鑑　史2-6523
相笏經　子3-14230　叢2-775(5)

4690₃ 絮

10 絮雪吟　集4-31869,6-41999
44 絮菴賸錄　集2-10897
50 絮春樹詩存　集5-37513
62 絮影樓詞選　集7-46439、47159
77 絮月詞　集7-46433、47712
絮閣(敍閣)　集7-52533

4691₀ 桅

11 桅頭徐氏宗譜[浙江常山]　史4-32005
42 桅橋謝氏宗譜[浙江臨海]　史5-40728
64 桅疇楊氏續修宗譜[浙江義烏]　史5-36902
桅疇楊氏宗譜[浙江義烏]　史5-36903～5

4691₁ 棍

45 棍棒體勢　子1-3557

4691₃ 槐

00 槐亭漫録　子4-20568
槐廬詩集(槐廬詩學)　集5-37465
槐廬叢書四十六種　叢1-418
槐廳載筆　史6-42916
槐廳草、吉梔軒集、眷闕草、詞　集4-30494
槐廳小草　集4-30495
槐庭集　集3-20862
槐慶堂集　集4-23136
10 槐下新編多識集　子4-24228
槐下新編雅說集　子4-24227
槐下新編雅說集十九種　叢1-194
槐平山房詩草　集5-35430
槐西雜誌　叢2-736
槐西雜志　子5-27105　叢2-735(1)
槐雲閣詩鈔　集4-32239
槐雲館試帖　集4-33546
22 槐川堂留稿　集2-12525
30 槐窗雜録　子5-26740
槐窗詠物詩鈔　集4-30722　叢2-858
31 槐江詩鈔　集3-17497～8
槐江筆記　子4-23195
槐潭王氏宗譜[浙江嵊州]　史4-25076
32 槐溪王氏宗譜[江西婺源]　史4-25339
槐溪王氏支譜[江西婺源]　史4-25338
40 槐塘詩話　集6-45955
槐塘詩稿、文稿　集3-19593
槐塘程氏重續宗譜[安徽歙縣]　史5-36068
槐塘程氏續修江村正府二派支譜[湖北江陵]　史5-36178
槐塘程氏宗譜[安徽歙縣]　史5-36066
槐南聖廟志　史7-51848
44 槐花吟館詩鈔　集4-31487,6-42007(2)
槐蔭山房曲譜　集7-54695
槐蔭山房醫案　子2-10886
槐蔭樓集　集4-21994
槐蔭書屋詩鈔　集4-24591
槐蔭書屋詩鈔、試帖、制藝　集5-34545
槐蔭書屋琴譜　集3-17729

槐蔭書屋集　集4-25765
槐蔭軒詩　集4-32794
槐蔭軒稿　集4-32793
槐蔭小庭詩草　集4-27440
槐蔭堂詩草、鐵琴山小草　集5-37214
槐蔭堂詩鈔　集5-35382
槐蔭堂稿　集3-19114
槐蔭堂輓詩　史2-9412
槐蔭堂第六才子書　集7-48843
槐茂堂婦人科經驗良方　子2-8095
45 槐樓詩鈔　集5-40848
47 槐柳記署　集2-10927
槐根說聽　叢1-154
51 槐軒雜著　集4-25600　叢2-1640
槐軒詩文集　集3-14860～1
槐軒要語　子1-1699
槐軒千家詩　集6-42293
槐軒解湯海若先生纂輯名家詩、續解　集6-42294
槐軒約言　子1-1697　叢2-1640
槐軒俗言　子1-1700　叢2-1640
槐軒蒙訓　子1-2832　叢2-1640
槐軒思豫録　子1-3937
槐軒全集二十一種附九種　叢2-1640
槐軒小草　子4-21061
67 槐墅詩鈔　集3-18244,6-45068～9
槐野文選　集6-42048～9
槐野文選、別集、附録　集2-8806
槐野先生存笥稿　集2-8809～10
77 槐屋小草　集3-21176
槐卿政績　叢2-1854
槐卿政跡　史6-43151
槐卿遺稿　集4-32373　叢2-1854
槐卿遺稿、槐卿政蹟、補刊　集4-32372
槐卿遺著二種　叢2-1854
槐門文集　集4-26821
78 槐陰樓集　集6-41980
槐陰書屋文集　集4-33053
槐陰屋詩草　集4-27048
槐陰分別　集7-53173
90 槐堂詩注　叢1-373(4)
槐堂詞存　集7-46944
槐堂尺牘存稿　集4-32500

4691₄ 桯

50 桯史　史1-1914　子4-22928～30　叢1-20(9)、21(10)、22(5)、23(5)、24(12)、29(5)、

31、95、99～101、169(3)、223(45)、249(2)、268
(4)、496(3),2－636(3)、730(3)、731(52)、735
(4)

椹

34 椹渚集、適意草　集4－30086
44 椹華館雜錄　子4－23281
　椹華館詩集　集4－27714
　椹華館全集(椹華館文集、駢體文、詩集、雜
　　錄)　集4－27713
88 椹竹齋詩詞鈔　集5－35372

4692₇ 棉

32 棉業新法圖說　子1－4309
35 棉油廠說　子7－36229、37233
50 棉書　子1－4303
76 棉陽學準　子1－1531　叢2－1403～4

楊

00 楊齋集　集3－17473　叢2－884
　楊廉夫七律鈔　集1－5506
　楊文襄公詩集　叢2－886(4)
　楊文襄公家乘　叢2－888
　楊文襄公年譜　叢2－888、2167
　楊文毅公文集、詩集　集2－11991
　楊文毅公詩文集、坿傳　叢2－886(4)
　楊文弱先生集　集2－11831
　楊文憲公(慎)年譜　史2－11475　集2－
　　8094　叢1－328
　楊文憲公玅歲曍　集1－4707
　楊文憲公寫韻樓遺像題詞彙鈔　叢2－886
　　(5)
　楊文定公(溥)年譜　史2－11405
　楊文定公文集　集2－6516
　楊文定公詩集　集2－6515
　楊文定公條記　叢2－706
　楊文懿集　集6－44904
　楊文懿公文集　集2－6874　叢2－845(5)
　楊文懿公文集(晉庵稿、鏡川稿、東觀稿、桂
　　坊稿、金坡稿、銓部稿)　集2－6875
　楊文懿公文集(晉庵稿、鏡川稿、東觀稿、桂
　　坊稿、金坡稿、銓部稿、敷奏稿、講學集大

　　學私抄、中庸私抄、詩私抄)　集2－6876
　楊文懿公復所集　集2－10335
　楊文敬公奏議　史6－49183
　楊文忠三錄　史6－48189　叢1－223(21)
　楊文公文集(楊文公集)　集1－1902
　楊文公談苑　子4－19936　叢1－17、19(5)、
　　21(5)、22(3)、23(3)、24(6)、29(6)
　楊文公集　集1－1901,6－41895
　楊文公逸詩文　集1－1900　叢2－878～9
　楊文敏公集(文敏集)　集2－6503
　楊文節公(萬里)年譜　史2－11288　叢2－
　　2071
　楊文節公詩文全集(誠齋文集、楊文節公詩
　　集、誠齋文節先生錦繡策)　集1－3520
　楊文節公詩集(誠齋詩集)、補遺　叢2－698
　　(10)
　楊文恪公文集　集2－10490
　楊文恪公集　集2－7199
　楊襄毅公本兵疏議　史6－48264
　楊六郎調兵破天陣雜劇　集7－48774(4)、
　　49051
01 楊龍石印存　子3－17184
　楊龍九喉科　子2－7579
　楊龍友詩　集2－12155
02 楊端勤(以增)崇祀名宦錄、崇祀鄉賢錄　史
　　2－9818
03 楊誠齋詩　集6－41906
　楊誠齋詩集　集1－3525
　楊誠齋詩選　叢1－284
　楊誠齋集　集1－3516、3521
　楊誠齋集、別集、附錄　集1－3515
　楊誠齋稿　集1－3541,6－45336
　楊誠齋先生天問天對解　集1－130
　楊誠之(兆鋆)京卿行狀　史2－10749
　楊誠村(芳)六旬壽言　史2－9707
04 楊詩所見選　集2－8101
08 楊施二先生遺著二種　叢1－434
　楊議郎著書　史7－50810　叢2－881
10 楊二社化緣一本　集7－52629
　楊王氏宗譜[安徽桐城]　史5－36938
　楊五郎出家　集7－53501
　楊雪滄日記(清光緒七年至九年)　史2－
　　12897
　楊西亭倣古山水册　子3－16701
　楊西山先生醫集　子2－10562
　楊西山失血大法　子2－7248
　楊雲笠詩鈔　集3－17259
11 楊張氏行述　史2－10041
12 楊弘山先生集　集2－7742
　楊弘山先生存稿　集2－7743　叢2－886(2)
　楊烈婦傳　史2－8579

楊廷璋列傳　史2-9478
楊廷秀七律鈔　集1-3526
楊廷樞先生禹貢祕訣　經1-3187
17 楊孟載手錄眉菴詩集　集2-6073
楊孟載集　集2-6072,6-41935(1)
楊孟載七律鈔　集2-6074
楊盈川文鈔　集6-41794
楊盈川集　集1-720、722～3,6-41723～4
　　叢1-353、482,2-635(6)
楊盈川集(盈川集)　集1-721
楊了公詩稿　集5-40034
楊了公手寫詩詞稿　集5-40033
楊了公遺墨　集5-40035
楊乃武奇案後集　集7-54035
楊子卓先生遺集五種　叢2-1256
楊子卓遺著(西湖記遊草、紅薔薇館未刪吟
　　草、集四書對、秦鏡漢硯齋詩餘、讀易臆
　　說)　集5-36051
楊子書繹　經1-2795
楊子折衷　叢2-1067
楊子日記(清康熙五十六年)　史2-12586
楊子日記(清康熙五十年)　史2-12585
楊子卮言　子4-20431
楊子卮言閏集　子4-20432
楊翠喜志畧　子5-26596
楊勇愨公(岳斌)事畧　史2-10253
楊勇愨公遺集　集5-34154
楊勇愨公奏議　史6-49005、49011
楊君遺集　集5-40777
18 楊珍林自訂年譜　史2-12319
20 楊重雅列傳　史2-10249
楊禹江集　集3-17260
楊維斗稿　集6-45336
楊維斗先生手訂王文恪公家藏未刻稿　集
　　2-7176
楊維斗先生輯著書經宙　經1-2779
楊維節稿　集2-12247,6-45336
楊維節先生稿　集2-12246
21 楊上善黃帝內經太素篇目　叢2-2131
楊仁山(文會)居士事畧　史2-10520
楊仁山居士遺著　子7-32118
楊仁山居士遺著十三種　叢2-2017
楊仁山居士事畧、塔銘　子7-34797
楊行鄉志[民國]　史7-56411
楊行志[嘉慶]　史7-56410
楊師道集　集1-651,6-41739、41824
楊貞復六種　叢2-1151
楊貞復稿　集2-10339～41,6-45336、45340
22 楊幽妍別傳　叢1-22(27)、168(3)
23 楊狀元妻詩集　集2-8461,6-41935(5)

楊俊三詩　集2-12910,6-41943
24 楊斛山集　集2-8307
楊先生冬日記　子1-1115　叢2-1151～2
楊升庵雜著十一種　叢2-1091
楊升庵雜著十二種　叢2-1090
楊升庵辭品　集7-48696～7
楊升庵集　集2-8097
楊升庵稿　集6-45336、45340
楊升庵寓滇集　叢2-888
楊升庵史畧詞話　史1-6057　集7-53664
楊升庵輯要三種　集6-42352
楊升菴雜著十四種　叢2-1089
楊升菴詩　集2-8096
楊升菴詩集　集2-8098
楊升菴集　集6-41935(1)
楊升菴稿　集2-8114～5
楊升菴先生評註先秦五子全書　子1-13
楊升菴先生夫人樂府詞餘　集7-50583
楊升菴先生批點文心雕龍　集6-45504
楊升菴先生異魚圖贊　叢1-325
楊升菴先生長短句(明楊升菴先生長短
　　句)、楊升菴先生夫人樂府詞餘　集7-
　　46807
楊升菴先生年譜　集2-8090
楊勉齋遺集　集5-41656
楊幼殷集　集2-9295
25 楊仲弘詩　集1-5117,6-41929
楊仲弘詩法　集6-45484
楊仲弘集　集1-5117　叢1-223(60)、227
　　(10),2-878～9
楊仲禮集、補　集1-5153　叢2-852
楊朱兩先生著述目錄　史8-66030
26 楊伯衡先生遺稿　集4-30696
楊伯漢遺稿　集5-38362
楊伯起暮夜郤金　集7-49398、49419
楊泉吳氏家書[湖南湘潭]　史4-28178
27 楊龜山集選　集6-41712
楊龜山先生(時)年譜考證　叢2-718
楊龜山先生集　集1-2835　叢1-214,2-
　　731(44)
楊龜山先生集(龜山先生全集、龜山先生
　　集、龜山集)、龜山先生年譜　集1-2833
楊龜山先生集、延平李先生答問、後錄、補
　　錄　集1-2834
楊龜山先生年譜　集1-2832
楊龜山先生年譜考證　史2-11273
楊象濟文稿　集5-34461
楊將軍勸化文(楊公寶卷、楊公勸化文)　集
　　7-54501
楊魚堂遺稿　集3-21918

楊叔嶠文集、詩集　集5-39095

楊叔姬詩文詞錄　集5-41384

28 楊以增題奏　史6-48835

楊復所全集　集2-10334

楊復所全集九種　叢2-1152

30 楊宣樓詩　集3-15099

楊宜閒文集　集2-6793

楊宜閒詩集、文集　集2-6792

楊注太素九候篇診法補證、十二經動脈表　叢2-2130

楊濠叟(沂孫)行述　史2-10065

楊濠叟書篆隸行楷三種　子3-15768

楊濠叟日記(清道光二十六年至二十九年)　史2-12837

楊濠叟篆書詩經真蹟　子3-15769

楊家將傳　子5-28081、28083

楊家將唱本　集7-53543

楊定夫詩　集2-12911,6-41943

楊宗寶解糧　集7-53062

31 楊汕逸(植瀛)行實　史2-9905

楊潭西先生遺書六種　叢2-1402

32 楊灣周氏家譜[江蘇蘇州]　史4-29887

楊溪楊氏宗譜[浙江黃巖]　史5-36921

楊祇庵詩　集5-41097

33 楊浦城詩集　集1-5118,6-41779～80

楊濱石(泗孫)年狀　史2-12248

34 楊漪春侍御奏稿　史6-49155　集6-41766

楊淇園先生超性事蹟　子7-35101

楊達齋遺集　集5-38361

36 楊遇春奏稿　史6-48800

37 楊凝詩　集6-41872

楊凝詩集　集6-41818、41878

楊凝詩集(楊凝詩)　集1-1250

楊通府集　集2-7810,6-41935(4)

楊軍疏草　史6-47982

楊軍門江南善政前後彙錄　史2-10574

38 楊道行集　集2-10450

楊道行集、續集　集2-10451

40 楊九畹事實、奏疏　史2-9788

楊大瓢雜文　集3-16548

楊大瓢雜文殘稿　集3-16549～50

楊大瓢先生雜文殘稿　叢2-796

楊大洪(漣)先生忠烈實錄、忠烈誌銘　史2-9065

楊大洪先生文集　叢1-214,2-731(45)

楊大洪先生文集(楊忠烈遺集)　集2-11204

楊大洪先生忠烈實錄　叢2-607

楊大年先生武夷新集(武夷新集)　集1-1899

楊太守集　集6-44904

楊太真外傳　子5-26218、26226　叢1-19(7)、20(5)、21(6)、22(18)、23(18)、24(8)、29(3)、38、168(1)、249(2)、255(3)、395、546、547(3)

楊太真外傳(太真外傳,楊妃外傳)　子5-27560

楊太真全紀　子5-27569

楊太后宮詞　集1-3981,6-41775　叢1-407(4)、2-661、731(38)

楊太后宮詞、校勘記、附錄　集1-3982,6-41776

楊壽枏詩稿　集5-40543

楊七郎打擂　集7-53382

楊七郎陰送真本　集7-53500

42 楊橋堵氏族譜[江蘇宜興]　史5-33703

43 楊城瑣記(清咸豐八年)　史2-13006

楊娥傳　叢1-587(3)

44 楊勤愨公奏稿　史6-48734

楊夢羽南宮小集、七檜山人詞　集2-8396～7

楊莊詩草　集3-20666

楊芳練兵奏疏　子1-3903

楊蘭芳(畹九)行述　史2-9642

楊孝廉詩鈔　集4-32060

楊蓉裳先生年譜　史2-11967

楊楚孫先生詩集　集5-40493

楊黃門奏疏　史6-48671

楊村草堂日記(清同治元年)　史2-12710

楊菊仙(延俊)行狀、侯太夫人行述　史2-10031

楊藕舫(宗瀚)行狀　史2-10559

楊模張氏三房續修支譜[湖南醴陵]　史5-35355

楊模張氏祀譜[湖南醴陵]　史5-35354

楊林兩隱君集　叢2-886(5)

楊林李氏族譜[湖南永興]　史4-27610

楊林袁氏三修族譜[湖南邵陽]　史4-31400

45 楊贊同日記(清光緒二十八年、宣統二年至民國元年、民國六年至十二年)　史2-13211

46 楊旭庵史衡初集　史1-5505

楊娼傳　叢1-168(3)、249(2)、255(3)

楊韞華梅花冊　子3-16753

47 楊鶴奏議　史6-48438

楊妃醉酒　集7-52581

楊妃外傳　叢1-15、19(4)、21(3)、24(4)

楊胡解紛　叢1-330

楊柳青　集7　53633

楊椒山諭妻兒二則　子1-2131

楊椒山集　集2-9205、9216～7,6-42051

叢1-213
楊椒山先生(繼盛)垂范集　史2-8966
楊椒山先生文集　集2-9219　叢1-214
楊椒山先生垂範集　集2-9214
楊椒山先生集　集2-9198
楊椒山先生集、椒山先生自著年譜　集2-9204
楊椒山先生遺訓　子1-1964、2128
楊椒山遺囑　叢2-724
楊椒山公傳家寶訓　子1-2124
楊椒山公家訓(楊忠愍公家訓)　子1-2126
48 楊救貧先師宅寶經　子3-13158
楊救貧先師宅寶經(新抄楊救貧宅寶經)　子3-13167
楊猶龍詩選　集6-41970
楊敬修堂文稿　集4-30413
楊松筠青囊經原本注解　子3-13332
楊梅臺胡氏海房譜［湖南湘鄉］　史4-30638
49 楊妙泉詩集　集4-24629
50 楊中丞遺稿　史6-48805　集4-25193
楊中臺集　集3-21271
楊夫人曲　集7-50580
楊忠烈遺集　集2-11204
楊忠烈公文集　集2-11202～3、11205，6-43118
楊忠烈公文集、補遺、表忠錄、楊忠烈公年譜　集2-11200
楊忠烈公文集、補遺、表忠錄、表忠續集　集2-11201
楊忠烈公文集、表忠錄　集2-11206
楊忠烈公集　集2-11198～9
楊忠烈公傳　叢1-367～8
楊忠烈公時文　集2-11207
楊忠武侯(遇春)系年家乘　史2-9655
楊忠武侯宣勤積慶圖册　史2-9658
楊忠武公記事錄　史2-9656
楊忠愍集　叢1-223(66)
楊忠愍傳家寶訓　叢2-688
楊忠愍遺囑　子1-2122
楊忠愍蚺蛇膽表忠記　集7-50176　叢2-1235
楊忠愍公詩　集2-9196
楊忠愍公諭子遺書(楊忠愍公遺書)、人帖　子1-2127
楊忠愍公手札題跋　子3-14956、15292
楊忠愍公集　集2-9201～3、9206～10，6-41701、43118　叢1-525，2-731(45)、782(3)
楊忠愍公集(楊椒山先生集)　集2-9198
楊忠愍公集(楊忠愍集)　集2-9197

楊忠愍公集、靈驗記　集2-9212
楊忠愍公集、楊忠愍公行狀　集2-9199～200
楊忠愍公集、表忠記　集2-9211
楊忠愍公集、表忠記傳奇　集2-9213
楊忠愍公傳家寶訓全集(楊忠愍傳家寶訓、楊椒山公傳家寶訓)　子1-2124
楊忠愍公家訓　子1-2126
楊忠愍公家書墨迹　子1-2129
楊忠愍公家書墨蹟　子3-15709
楊忠愍公遺訓(楊椒山先生遺訓)　子1-2128
楊忠愍公遺書　集2-9220
楊忠愍公遺囑年譜　史2-11503
楊忠愍公遺筆　子1-2125　叢1-195(3)、351
楊忠愍公遺筆(椒山遺囑)　叢2-731(20)
楊忠愍公全集　集2-9193～4　叢1-574(3)
楊忠愍公全集、家寶合編　集2-9195
楊忠介集　集2-8304～5　叢1-223(65)
楊忠介公集　集2-8303
楊忠介公全集　集2-8302
楊書巖先生古文稿　叢2-823
楊書巖先生古文鈔、師經堂存詩　集4-23058
楊書巖古文鈔　集4-23059
楊春浦先生七秩壽言　史2-10537
楊貴妃　子7-38174
楊東來先生批評西遊記　集7-49072
楊東里文選　集2-6462
楊東里文鈔　集2-6461
楊東里先生題跋、題畫詩　集2-6463
60 楊國寺公孫合汗衫雜劇　集7-48767(2)
楊四郎嘆五更　集7-52849
楊園訓子語　叢1-574(4)
楊園訓子語(張楊園訓子語、張楊園先生訓子語)　子1-2170
楊園詩　叢2-1265
楊園張先生(履祥)年譜　史2-11652、11655
楊園張先生制藝　集3-13635
楊園張先生全集(楊園全書)十二種　叢2-1267
楊園張先生全集十種　叢2-1262
楊園先生文集　叢2-1262
楊園先生文稿　叢2-1264
楊園先生言行見聞錄　子1-1338　叢2-1262、1264～5
楊園先生語　叢2-1264
楊園先生訓子語　叢2-1262、1264～5
楊園先生訓子語(訓子語)　子1-2169
楊園先生訓門人語　子1-1339　叢2-1262

楊園先生經正錄、學規　叢2-1262、1264～5

楊園先生備忘　子1-1334　叢2-1264

楊園先生備忘、錄遺　叢2-1262、1265

楊園先生備忘錄補遺　子1-1335

楊園先生近古錄　叢2-1262、1264～5

楊園先生近古錄(近古錄)　子1-2171

楊園先生補農書　子1-4131

楊園先生喪祭雜說　叢2-1264

楊園先生喪葬雜錄　叢2-1262、1265～6

楊園先生未刻稿　集3-13634　叢2-838

楊園先生農書　叢2-1264

楊園先生願學記　叢2-1264

楊園先生問目　叢2-1264

楊園先生門人所記　子1-1340

楊園先生全集(張楊園先生集)十七種　叢2-1263

楊園先生全集、年譜　集3-13636

楊園先生全書十三種　叢2-1264

楊園逸集　叢1-373(4)

楊園菁華錄　子1-1348

楊園書　叢2-1265

楊思聖詩稿　集3-14266

楊愚齋先生全集四種　叢2-1629

楊愚齋全集　集4-26177

楊因之詩選　集3-13826

楊昌濬詩稿　集5-34452

61 楊顯之雜劇二種　叢2-720(4)

楊顯若小學二種　經2-13586～7

64 楊時齋中外勤勞錄　史2-9657

65 楊嘯邨印譜　子3-17458

67 楊明遠詩選　集3-13958

68 楊晦叟遺集　集1-4702　叢2-827

72 楊劉周三先生語錄合鈔　叢2-886(2)

楊氏雜錄　子4-21671　叢1-496(5)

楊氏塾訓　子4-23894

楊氏族譜　史5-36756～8、37084～5、37088～9、37091～2、37095～6

楊氏族譜[廣東梅縣]　史5-37055

楊氏族譜[天津寶坻]　史5-36759

楊氏族譜[重慶榮昌]　史5-37058

楊氏族譜[山西代縣]　史5-36761

楊氏族譜[山東益都]　史5-36975

楊氏族譜[江西萬載]　史5-36968

楊氏族譜[湖南平江]　史5-37025、37027

楊氏族譜[湖南武陵]　史5-37010、37013

楊氏族譜[湖南邵陽]　史5-37048

楊氏族譜[湖南湘鄉]　史5-37035

楊氏族譜[湖南湘陰]　史5-37021～2

楊氏族譜[湖南長沙]　史5-36994

楊氏族譜[湖南岳陽]　史5-37017～9

楊氏族譜[四川]　史5-37059、37074

楊氏族譜[四川仁壽]　史5-37071

楊氏族譜[四川什邡]　史5-37062

楊氏族譜[四川綿陽]　史5-37061

楊氏族譜[四川簡陽]　史5-37067、37069～70

楊氏族譜[陝西華陰]　史5-37078

楊氏譜牒[江蘇興化]　史5-36777

楊氏二修族譜[湖南平江]　史5-37026

楊氏三修族譜[江西吉水]　史5-36969

楊氏三修族譜[湖南武陵]　史5-37011

楊氏三修族譜[湖南邵陽]　史5-37049

楊氏三修族譜[湖南寧鄉]　史5-37007

楊氏三修族譜[湖南漢壽]　史5-37014

楊氏三修家乘[湖南邵陽]　史5-37046

楊氏三修支譜[湖南]　史5-36985

楊氏五修族譜[湖南長沙]　史5-36989

楊氏歌訣　子2-10128

楊氏重修族譜[江西]　史5-36972

楊氏重修族譜[湖南瀏陽]　史5-36997

楊氏重修譜[浙江紹興]　史5-36867

楊氏集古印章　史8-64916

楊氏先德錄[江蘇儀徵]　史5-36772

楊氏續修族譜[江西]　史5-36971

楊氏續修族譜[湖南]　史5-37051

楊氏續修族譜[湖南邵陽]　史5-37044

楊氏續修族譜[湖南寧鄉]　史5-37004

楊氏續修族譜[湖南湘陰]　史5-37023

楊氏續修族譜[湖南茶陵]　史5-37029

楊氏續修宗譜[湖南衡陽]　史5-37042

楊氏家訓　史5-36979

楊氏家譜　史5-36755、37083

楊氏家譜[江蘇無錫]　史5-36812

楊氏家乘　史5-37090

楊氏家乘[上海崇明]　史5-36765～6

楊氏家乘[江西南昌]　史5-36951

楊氏家乘[江蘇高淳]　史5-36767～9

楊氏家乘[四川天全]　史5-37072

楊氏家集(審巖集)七種　叢2-954

楊氏家傳鍼經圖像　子2-10336

楊氏家法　史5-36979

楊氏家藏方　子2-9156

楊氏宗譜　史5-37087

楊氏宗譜[廣東連山]　史5-37054

楊氏宗譜[雲南蒙自]　史5-37076

楊氏宗譜[上海寶山]　史5-36762

楊氏宗譜[安徽巢縣]　史5-36944

楊氏宗譜[安徽安慶]　史5-36931

楊氏宗譜[安徽桐城]　史5-36933

楊氏宗譜[安徽懷寧]　史5-36939

楊氏宗譜[江蘇太倉]　史5-36831
楊氏宗譜[江蘇丹陽]　史5-36784
楊氏宗譜[江蘇無錫]　史5-36801～2、36814、36816～8
楊氏宗譜[河南淅川]　史5-36980
楊氏宗譜[福建南安]　史5-36947
楊氏宗譜[浙江雲和]　史5-36927
楊氏宗譜[浙江淳安]　史5-36835
楊氏宗譜[浙江金華]　史5-36891～2
楊氏宗譜[湖北大冶]　史5-36981
楊氏宗譜[湖南岳陽]　史5-37015～6
楊氏宗譜[四川資陽]　史5-37065～6
楊氏宗祠義産事畧　史5-36837
楊氏太極體用全書　子1-3660
楊氏太素診絡篇補證、病表、名詞　叢2-2129(3)、2130
楊氏太素論診皮　叢2-2130
楊氏太素三部診法補證　叢2-2130
楊氏太素三部診法補證、九候篇診法補證　叢2-2131
楊氏太素三部診法補證、九候篇診法補證、十二經動脈表　叢2-2129(3)
楊氏南宮集　集2-8398
楊氏寺頭支譜[江蘇無錫]　史5-36811
楊氏女殺狗勸夫雜劇　集7-48767(2)、48990　叢2-698(14)
楊氏支譜[廣東廣州]　史5-37052
楊氏支譜[安徽潛山]　史5-36941
楊氏支譜[江蘇蘇州]　史5-36828
楊氏支譜[浙江平湖]　史5-36839
楊氏支譜[浙江秀水]　史5-36838
楊氏支譜[湖南邵陽]　史5-37047
楊氏七修族譜[江西萍鄉]　史5-36952
楊氏世譜[山東淄博]　史5-36976
楊氏增補宗譜[四川什邡]　史5-37063
楊氏接修宗譜[江蘇常州]　史5-36788
楊氏青囊經　子3-13142
楊氏婁城支譜[上海金山]　史5-36764
楊氏婁城支譜[江蘇崑山]　史5-36830
楊氏提綱醫方纂要　子2-9420
楊氏四修支譜[湖南湘陰]　史5-37020
楊氏易傳　經1-518　叢1-223(2),2-845(1)
楊氏時疫白喉捷要　子2-7559
楊氏咽喉要訣　子2-7649
楊氏喉科總論　子2-7631
楊氏同仁類萃瘍醫　子2-7800
楊氏問心堂雜記　子2-4695
楊氏全書　集3-17084～5
楊氏全書八種　叢2-1374
楊氏差不貧于古齋古泉喜神譜　史8-64875
楊氏錫典宗譜[江蘇無錫]　史5-36821
楊氏算法　叢1-265(3)
楊氏小兒科　子2-8520
楊岳方稟摺　史6-49107
楊岳斌奏稿　史6-48985
77 楊鳳軒文集　集5-40253
楊周遺詩合鈔　叢1-564
楊用修文鈔　集6-41794、42047
楊用修詩選　集2-8100
楊用民(鑑)行述　史2-10018
楊閣學夢村詩稿　集3-21123
78 楊監筆記　史1-3506　叢2-594
80 楊八姐遊春一段　集7-51607
楊全甫諫草　史6-48410～1
楊益撼龍經　子3-13303
楊金花二部　集7-51338
楊介坪自敍年譜　史2-11999
楊虁生詩　集4-27242
楊令公碰碑快書詩篇　集7-53381
楊慈湖先生詩鈔　集1-3762
楊慈湖先生石魚偶記　子4-22160　叢1-263
楊舍堡城志稿[光緒]　史7-56925
楊曾天機年月陰陽正義　子3-14576
楊曾地理元文四種　子3-13149
楊公(繼宗)政績紀　史2-8874
楊公(金龍)善政前後彙錄　史2-10573
楊公六段玄機賦　子3-13141
楊公政績紀　叢1-195(3)、351,2-731(62)
楊公濟原唱　史7-49354、53313
楊公寶卷　集7-54501
楊公來路玄空煙火活法　子3-13336
楊公來路玄空煙火活法、楊公十八忌玄空經房煞　子3-13337
楊公來路玄空烟火活法　子3-13158
楊公勸化文　集7-54501
楊公枕中書　子3-13137
楊公口授書　子3-13137
楊公騎龍穴詩　子3-13504
楊公金函經刪定　子3-13139、13316
楊公金鋼鑽本形法葬圖訣　子3-13138
楊公養老書　子3-13137
楊公筆談　叢1-137
楊公筆錄　子4-20008　叢1-34、156、163、175、195(5)、223(41)
82 楊鍾氏宗譜[安徽桐城]　史5-40609
楊穌甫先生(調元)家傳　史2-10738
楊穌甫先生手跡　集5-38276
83 楊鐵齋小學劄記　子1-2728

中國古籍總目·索引

楊鐵崖(維楨)先生外記　史 2 - 8808
楊鐵崖文集、史義拾遺、香奩集、西湖竹枝
　　集　集 1 - 5492
楊鐵崖香奩集　集 6 - 44572
楊鐵崖先生文集　集 1 - 5517
楊鐵崖先生文集、鐵笛清江引　集 1 - 5514
楊鐵崖先生文集全錄　集 1 - 5520
楊鐵崖先生詠史古樂府　史 1 - 6047
楊鐵崖先生全集　集 1 - 5491
楊鐵崖宮詞　叢 1 - 407(4)
楊鐵崖古樂府　集 1 - 5499,6 - 41780
楊鐵崖咏史古樂府　集 1 - 5498
88 楊筠松安門樓玉輦經　子 3 - 13141
楊筠松畫筴圖　子 3 - 13136
楊竹君詩鈔　集 5 - 38715
楊符蒼七種　經 1 - 84
楊節母紀述詩文彙編　史 2 - 9813
90 楊惟休詩　集 2 - 12753,6 - 41949
楊少尹詩集　集 6 - 41873,41878
楊少尹詩集(晚唐楊巨源詩)　集 1 - 1209
95 楊性恂先生(德鄰)事畧　史 2 - 10924
96 楊愧庵集　集 3 - 17467
楊惺予詩稿　集 5 - 37501
97 楊輝演算法、楊輝演算法劄記　子 3 - 12347
楊輝算法、札記　子 3 - 12428　叢 1 - 343
楊輝算法札記　叢 2 - 731(26)
楊炯文集　集 1 - 725,6 - 42033　叢 2 - 698
　　(8)
楊炯詩集　集 1 - 724,6 - 41835
楊炯集　集 1 - 718～9、4621,6 - 41725、41741、
　　41743、41824、41839、41844～5、41865、41867

楞

20 楞香齋詩稿　集 4 - 30356
楞香詩草　集 4 - 23709
26 楞伽師資記　叢 2 - 713
楞伽師資記、大唐大安國寺故大德淨覺師
　　塔銘　子 7 - 34723
楞伽經玄義　子 7 - 33124
楞伽經唯識論(破色心論)　子 6 - 32083(16)
楞伽經纂　子 6 - 32081(51)
楞伽山人詩集(依園詩集、妙巖遊稿詩、冷
　　齋集、玉臺集)　集 3 - 17307
楞伽山人近稿,題雜帖詩　集 4 - 23807
楞伽山人尺牘　集 4 - 23813
楞伽心印　子 6 - 32091(77)
楞伽阿拔多羅寶經　叢 2 - 724

楞伽阿跋多羅寶經　子 6 - 32082(7)、32083
　　(6)、32084(6)、32085(7)、32086(7)、32088
　　(5)、32089(6)、32090(8)、32091(7)、32092
　　(5)、32093(7),7 - 32108、32112、32133、
　　32216、33101～2、33111　叢 1 - 114(3)、394
楞伽阿跋多羅寶經註解　子 6 - 32090(65)、
　　32091(63)、32092(43)、32093(47)
楞伽阿跋多羅寶經玄議(義)　子 7 - 33123
楞伽阿跋多羅寶經玄義、義疏　子 7 - 33122
楞伽阿跋多羅寶經講錄　子 7 - 33120
楞伽阿跋多羅寶經一切佛語心品斷食肉章
　　科解　子 7 - 33110
楞伽阿跋多羅寶經參訂疏　子 7 - 33118
楞伽阿跋多羅寶經科解　子 7 - 33108
楞伽阿跋多羅寶經科解、科文　子 7 - 32109
楞伽阿跋多羅寶經科解、楞伽阿跋多羅寶
　　經科解科　子 7 - 33107
楞伽阿跋多羅寶經科解科　子 7 - 33109
楞伽阿跋多羅寶經句義通說　子 7 - 33105～6
楞伽阿跋多羅寶經句義通說、楞伽經句義
　　通說要旨　子 7 - 33104
楞伽阿跋多羅寶經注解　子 7 - 33103
楞伽阿跋多羅寶經宗要　子 7 - 33121
楞伽阿跋多羅寶經宗通　子 7 - 33112
楞伽阿跋多羅寶經心印　子 6 - 32091(80)
楞伽阿跋多羅寶經心印、科文　子 7 - 33125
楞伽阿跋多羅寶經義疏、玄義　子 6 - 32091
　　(66)
楞伽阿跋多羅寶經合轍　子 7 - 33119
楞伽阿跋多羅寶經會譯　子 6 - 32091(66),
　　7 - 32220
44 楞華室詞　集 7 - 46434
楞華室詞鈔　集 7 - 47976～7
60 楞園詩草　集 5 - 36574
楞園賦說　集 6 - 46338
楞喦草堂詩存　集 5 - 37507
66 楞嚴玄義　子 7 - 33730
楞嚴說通　子 7 - 33749
楞嚴正脈　子 7 - 33721
楞嚴疏解辯證　子 7 - 33754
楞嚴集解　叢 2 - 2235
楞嚴集箋　子 7 - 33761
楞嚴經　子 7 - 33044　叢 2 - 724
楞嚴經、圓覺經、金剛經、法華經、壇經　子
　　7 - 32135
楞嚴經說約　子 7 - 33715
楞嚴經集箋　子 7 - 33760
楞嚴經灌頂疏　子 7 - 33769
楞嚴經通議　子 7 - 33717
楞嚴經勢至念佛圓通章疏鈔　子 6 - 32092
　　(44),7 - 33753

楞嚴經指掌疏、楞嚴經指掌疏事儀　子7-33755

楞嚴經指掌疏、事議、懸示　子7-33758

楞嚴經指掌疏、事儀、懸示　子7-33757

楞嚴經指掌疏、事義　子7-33756

楞嚴經擊節　子7-33735

楞嚴經四依解　子7-33733

楞嚴經圓通疏　子6-32091(66)

楞嚴經貫攝　子6-32091(66)

楞嚴經會解　子7-33709

楞嚴自知錄、同安察禪師十玄談　子7-32132

楞嚴述旨　子7-33714

楞嚴法璽印禪師語錄　子6-32091(75)

楞嚴妙指　子7-33734

楞嚴摸象記、諸經摸象記　子7-32099

楞嚴圓通疏前矛　子7-33731

楞嚴呪疏　子7-33775

楞嚴咒疏　子7-33774

楞嚴咒疏、持法、偈文　子7-33672

楞嚴咒校勘記　叢2-2269

楞嚴貫珠　子7-33741

楞嚴答問　子6-32091(77)、7-33777

4694₁　檡

44 檡樹下王氏宗譜[浙江諸暨]　史4-25063～4

4694₄　櫻

42 櫻桃宴　集7-48780、49347

櫻桃夢　集7-49869

櫻桃花下銀簫譜　集7-50676

櫻桃青衣傳　叢1-168(2)

櫻桃軒詩集　集4-25203

櫻桃園　集7-48776、49215　叢2-672

4698₀　枳

00 枳六齋詩鈔　集4-23543

07 枳記　子5-25152

4702₇　郊

62 郊縣續志[乾隆]　史8-59934

郊縣鄉土志[光緒]　史8-59937

郊縣志[康熙]　史8-59932～3

郊縣志[順治]　史8-59931

郊縣志[咸豐]　史8-59935

郊縣志[同治]　史8-59936

鳩

12 鳩飛草堂稿　集2-12504、6-44961

22 鳩巢漫稿　集1-5102

30 鳩安山房吟草　集4-30573

47 鳩塢隨手錄九種　叢1-280

52 鳩拙居初稿　集4-33108

80 鳩茲集　集2-10972、10975

鳩茲集、雜著　集2-10973

鳩茲集選　集2-10976

鳩茲陳氏宗譜[安徽蕪湖]　史4-33157

4711₇　圯

42 圯橋進履　子3-17581、17771

4712₀　均

00 均弈集　集2-7911

32 均州志[康熙]　史8-60114

44 均藻　叢1-282(2)、283(3)

均藻　子5-26109　叢1-353、2-1092

均藻述　子5-26110

60 均田圖式并附算法　史6-44859

63 均賦餘議、雜稿　史6-43389

均賦策　史6-43378　叢1-369

4712₇　埽

00 埽庵集　集2-11891　叢2-973

42 埽垢山房詩鈔　集4-21954
44 埽葉山房叢鈔二十六種　叢1-437

鄞

10 鄞西方氏宗譜[浙江鄞州]　史4-25755
鄞西石乳橋李氏宗譜[浙江鄞州]　史4-27180
鄞西崇德堂張氏譜[浙江鄞州]　史5-34914
鄞西范氏雙杏堂支譜[浙江寧波]　史4-29443
鄞西范氏攟殘内集、外集　集6-45040
鄞西秦氏宗譜[浙江鄞州]　史4-31254
鄞西陳氏宗譜[浙江鄞州]　史4-32844
鄞西倉門徐氏宗譜[浙江鄞州]　史4-31920
鄞西小皎周氏宗譜[浙江鄞州]　史4-29932
12 鄞水吟、許閒居詩、秋詩　集2-12745
17 鄞君事跡攷正　經2-12729
31 鄞江王氏宗譜[浙江鄞州]　史4-24974
鄞江王氏世譜[浙江鄞州]　史4-24960
40 鄞志稿[乾隆]　史7-57432　叢2-845(3)
43 鄞城施氏家乘[浙江鄞州]　史4-30885
44 鄞范氏族譜[浙江寧波]　史4-29439
鄞范氏天一閣書目内編　史8-65572
50 鄞東二十都吳氏宗譜[浙江鄞州]　史4-27840
鄞東五都王氏宗譜[浙江鄞州]　史4-24963
鄞東繆氏宗譜[浙江鄞州]　史5-40906
鄞東徐氏宗譜[浙江鄞州]　史4-31924
鄞東徐氏曾九派十八房支譜[浙江鄞州]　史4-31923
鄞東冰廠跟余氏宗譜[浙江鄞州]　史4-28549
鄞東海月塘朱氏宗譜[浙江鄞州]　史4-26512
鄞東李氏宗譜[浙江鄞州]　史4-27181
鄞東韓嶺陸氏宗譜[浙江鄞州]　史4-32667~8
鄞東華家墾錢氏宗譜[浙江鄞州]　史5-40200~1
鄞東蔡氏房譜[浙江鄞州]　史5-37993
鄞東柳氏主簿[浙江鄞縣]　史4-30347
鄞東柳氏宗譜[浙江鄞縣]　史4 30346
鄞東梅江沈氏宗譜[浙江鄞州]　史4-29058

鄞東梅江戚氏宗譜[浙江鄞州]　史5-34306
鄞東陳氏宗譜[浙江鄞州]　史4-32845~6
鄞東周氏宗譜[浙江鄞州]　史4-29935
鄞東桑氏副譜[浙江鄞州]　史5-33518
鄞東金氏宗譜[浙江鄞州]　史4-29651
鄞東錢堰史氏宗譜[浙江鄞州]　史4-26146
60 鄞邑形勝賦　集2-6821
鄞邑江北戴氏宗譜[浙江寧波]　史5-40508
鄞邑淩氏宗譜[浙江鄞州]　史4-34647
鄞邑城南袁氏宗譜[浙江鄞州]　史4-31332
鄞邑黄古林施氏宗譜[浙江鄞州]　史4-30886
鄞邑蒓湖龔氏宗譜[浙江鄞州]　史5-41447~8
鄞邑小皎厲氏宗譜[浙江鄞州]　史5-38465
62 鄞縣西袁氏家乘[浙江鄞州]　史4-31333~4
鄞縣吳氏家譜[浙江鄞州]　史4-27838
鄞縣江北盧氏宗譜[浙江鄞州]　史5-40063、40065
鄞縣顧氏宗譜[浙江鄞州]　史5-41410
鄞縣沈氏宗譜[浙江鄞州]　史4-29059
鄞縣通志[民國]　史7-57435
鄞縣志[康熙]　史7-57430
鄞縣志[乾隆]　史7-57431
鄞縣志[咸豐]　史7-57433
鄞縣志[同治]　史7-57434
鄞縣范君叔文(世瑋)追悼集　史2-10980
鄞縣松下王氏世譜[浙江鄞州]　史4-24976
鄞縣賦役全書　史6-43686

4713₂ 塚

50 塚中人　子7-38268

4713₄ 堘

22 堘山錢氏宗譜[江蘇無錫]　史5-40156、40161

中國古籍總目·索引

壤

50 壤中雜詠　集3-15321　叢1-364

4713₈ 懿

00 懿言日錄　子4-21628　叢1-483
　　懿畜前編、後編　史2-6603
30 懿安事畧　史1-1937,2-9194
88 懿節彙章初集　史2-9216

4714₇ 埠

22 埠川余氏新纂家乘［安徽宣城］　史4-
　　28588

4718₂ 坎

71 坎巨提帕米爾疏片畧　史6-45700,7-49318
　　(20)

4719₄ 垛

25 垛積一得　子3-12396
　　垛積衍術　子3-12888　叢2-671
　　垛積比類　子3-12356、12396
　　垛積比類後記　子3-12395
　　垛積解義　子3-12390
　　垛積演較　子3-12387、12396
　　垛積籌法　子3-12392

4720₇ 弩

34 弩法備覽　子1-3090、3637

4721₀ 帆

40 帆南集　集4-31263
62 帆影集　集4-31097
67 帆野集　集3-19920
77 帆風詞草　集7-48321

4721₂ 匏

00 匏庵詩存　集5-40108
　　匏庵詩鈔、館課存稿　集4-27081
　　匏廬詩話　集6-46105〜6　叢1-373(4),2-
　　838
　　匏廬詩存、剩草　集5-38809
　　匏廬詩存、賸草　叢2-1000
　　匏廬集印　子3-17323
　　匏廬近稿(匏廬論詩絕句)　集5-38811
　　匏廬公日記、書目　史2-12591
　　匏齋遺稿　集5-35656
44 匏菴先生遺集　集3-13915
　　匏村詩集　集3-20230
　　匏村詩稿　集3-18283
　　匏村詩鈔　集4-27169
　　匏葉山莊集　集3-17561
　　匏葉盦詩存、詩餘、雜俎、外編　集4-25121
　　匏葉龕雜俎、外編　子5-26517
51 匏軒臒言　叢2-1889
57 匏繫齋詩鈔　集5-34745
60 匏園詩集　集5-40066
　　匏園詞　集7-47516
　　匏園掌錄　子4-21656　叢1-435,2-752
67 匏野文集　集3-15742
72 匏瓜集　集3-16015
　　匏瓜室詞　集7-46419、47734
　　匏瓜錄　經2-11512
　　匏瓜錄(詩說)　經1-3929
　　匏瓜錄、校勘記　經2-11513
　　匏隱廬稿　集4-31408
　　匏隱齋詩草　集5-35220
77 匏屋初稿　集4-22330
　　匏肥詩存　集5-36957
　　匏居小稿、有正味齋琴言　集4-22826
80 匏盦詩剩　集5-40800〜1
　　匏翁家藏集、補遺　集2-7017　叢2-635
　　(12)

匏尊山人佚詩　集3-17572
88 匏笙詞　集7-48301

犯

53 犯戒罪報輕重經　子6-32089(40)
　　犯戒罪輕重經　子6-32083(23)
60 犯罪戒(戒罪報)輕重經　子7-32655

翹

44 翹勤軒文集　叢2-2125
　　翹勤軒文集續編　叢2-2125
　　翹勤軒謎語　叢2-2125
　　翹勤軒集聯　叢2-2125
　　翹勤軒叢稿十一種　叢2-2125

4721₄　幄

88 幄籌編　子1-3807

4721₇　猛

00 猛庵文畧　集5-39364
12 猛烈那吒三變化雜劇　集7-48774(8)
　　猛烈哪吒三變化雜劇　集7-49295
21 猛虎齋時文選　集6-45400
27 猛將寶卷　集7-54280
　　猛將寶卷(天曹府劉公傳、劉公傳、劉猛將
　　　神傳全書、劉公寶鑑、劉猛將軍寶卷)
　　　集7-54279
　　猛烏烏得記　史7-49318(21)、51071
35 猛連紀事　子4-24633
60 猛回頭　集7-53859

4722₀　狗

27 狗名兒一枝　集7-51729
60 狗咬呂洞賓　集7-49329

麴

40 麴志　子4-19106
50 麴本草　子4-19076　叢1-22(15)、23(15)
55 麴農遺集　集3-19402

4722₇　郁

77 郁鄌山房文畧　集4-33678　叢2-1962
　　郁鄌山房詩存　叢2-1962
　　郁鄌山房詩存、疏草、駢文　集4-33676
　　郁鄌山房疏艸　叢2-1962
　　郁鄌山房集五種　叢2-1962
　　郁鄌山房駢文　叢2-1962

郁

00 郁離子　子1-15、18、20、25、61,4-20266~8、
　　20270~1　叢1-195(2)、268(3)、388~90
　　郁離子微　子4-20269　叢1-22(20)、61~
　　　4、174,2-730(4)
　　郁離子書正義　子3-13144
04 郁謝麻科合璧(麻科合璧)　子2-8797
10 郁雲語錄　子1-1863　叢2-886(2)
26 郁伽羅越問菩薩行經　子6-32093(3)
32 郁溪易紀　經1-983
36 郁迦羅越問菩薩行經　子6-32082(2)、
　　32083(3)、32084(3)、32085(3)、32086(2)、
　　32088(2)、32089(3)、32090(3)、32091(2)、
　　32092(2)、32093(4),7-32167
40 郁木生吟藁、賦草　集2-9926
44 郁林山館詩　集4-27334
58 郁輪袍傳奇　集7-50001、50038
72 郁氏家乘[浙江嘉善]　史4-29508
　　郁氏宗譜[江蘇]　史4-29504
　　郁氏宗譜[江蘇無錫]　史4-29503
80 郁茲詩鈔　集4-24060

郫

77 郫閣銘摩巖碑考　叢1-334、336~7

鶴

00 鶴亭詩選　集4-30063
　　鶴亭詩存　集3-17109
　　鶴亭乘筆　叢2-1129
　　鶴亭先生類編經史互紀、諸國事畧　史1-4859
　　鶴亭倡和　集1-5653～5
　　鶴亭倡和詩　集1-5650
　　鶴亭唱和　集1-5651、5656
　　鶴齋詩存　集5-38040
　　鶴齋存稿　集4-31491～2
　　鶴應亭詩文草　集3-19667
　　鶴慶府志[康熙]　史8-62530
　　鶴慶州志[光緒]　史8-62531
　　鶴慶縣志[民國]　史8-62532
　　鶴慶軒詩存　集5-34256
01 鶴語軒詩集　集4-22766,6-41999
07 鶴望西南遊草　集5-40985
　　鶴望近詩　集5-40984
10 鶴雪堂詩鈔　集4-22238
　　鶴雪堂詩鈔、補遺　集4-22237
　　鶴天鯨海焚餘稿　集4-29784
11 鶴背生詞　集7-47943　叢2-1921
14 鶴聽詩圖詠　叢2-1633
20 鶴儕詩存　集4-32776,5-37771
　　鶴儕軒詩草　集5-34933
　　鶴舫文鈔　集3-15378,6-42064
　　鶴舫詩詞　集4-27272
　　鶴舫詩稿　集4-30373
　　鶴舫詩鈔　集3-18353,4-24869、27635　叢1-408
　　鶴舫遺詩　集4-24782
22 鶴仙詩鈔、詩鈔續刊、詩別鈔、文鈔　集5-39640
　　鶴嶺山人詩集　集3-13878
　　鶴嶺戴氏五修族譜[湖南湘潭]　史5-40562
　　鶴嶺戴氏四修族譜[湖南湘潭]　史5-40560
　　鶴峯詩鈔　集3-20372　叢2-886(3)
　　鶴峯州[道光]　史8-60407
　　鶴峯州志[乾隆]　史8-60406
　　鶴峯州志續修[同治]　史8-60408
　　鶴峯州志續修[光緒]　史8-60409
　　鶴峯近詩　集3-16863,6-41969
　　鶴峯禪師語錄　子6-32091(81)
　　鶴嶠詩鈔　集3-20079

　　鶴山(魏了翁)述聞　史2-8783
　　鶴山文鈔、周禮折衷、師友雅言　集1-4096
　　鶴山詩集　集1-4094,6-41889、41894(3)、41896
　　鶴山集　叢1-223(56)
　　鶴山集鈔　集1-4095,6-41901
　　鶴山渠陽讀書雜抄　叢1-111(2)
　　鶴山渠陽讀書雜鈔　叢1-27、106,2-731(5)
　　鶴山渠陽讀書雜鈔、經外雜鈔　子4-22164
　　鶴山禪師執帚集　集3-14109
　　鶴山黃氏宗譜[浙江蘭溪]　史5-33829～30
　　鶴山葉氏族譜[廣東鶴山]　史5-35776
　　鶴山題跋　子3-14925　叢1-169(4),2-731(34)
　　鶴山縣志[道光]　史8-61072
　　鶴山縣志[乾隆]　史8-61071
　　鶴山縣志未成稿[民國]　史8-61073
　　鶴山雅言　子4-22924
　　鶴山長短句　集7-46357、46653
　　鶴山全集(鶴山集)　集1-4092
　　鶴山全集三種附一種　叢2-1046
　　鶴山筆錄　子4-22169　叢1-195(5)、221、246、282(2)、283(2)、368
　　鶴巢文存、詩存　集5-40059　叢2-845(5)
　　鶴巢詩選　集3-14469
　　鶴巢詩存　集4-31029　叢2-983
　　鶴巢經箋、鱷序瑣聞、續　經2-11684
　　鶴巢老人語錄　子1-1796　叢2-983
　　鶴巢村人詩稿、賓紅閣樂府　集5-40813
　　鶴巢村人初稿　集5-40811
26 鶴泉文鈔　集4-22467　叢2-1546
　　鶴泉文鈔、續選　叢2-1547
　　鶴泉文鈔續選　集4-22468
　　鶴泉詩選　集3-19555
　　鶴泉詩選鈔　集3-20791
　　鶴泉集　集2-9683
　　鶴泉集唐、初編　集4-22469　叢2-1547
　　鶴泉集唐初編　叢2-1546
　　鶴泉集社　叢2-1547
　　鶴侶齋文稿　集3-16956、16959
　　鶴侶齋文存稿　集3-16957
　　鶴侶齋詩　集3-16955
　　鶴侶堂文存稿　集3-16958
　　鶴皐(祁韻士)年譜　史2-11950　叢2-821
　　鶴皐詩鈔　集4-29044,6-41757　叢2-954
　　鶴和樓制義　叢2-1762
　　鶴和樓制義、補編　叢2-906
27 鶴歸來傳奇　集7-50344
　　鶴舟遺稿　集4-31210
　　鶴緣詞　集7-48078

28 鶴徵後錄　史2-7599　叢1-203(15)
　　鶴徵前錄　史2-7598　叢1-203(15)
　　鶴徵錄、鶴徵後錄　史2-7597
　　鶴谿文稿　集3-21512
　　鶴齡英華書院章程　史7-52136
　　鶴齡錄　史2-6586　叢1-197(1)
30 鶴灘山房印譜　子3-17068
　　鶴寮遺稿　集5-41372
31 鶴汀詩集　集2-11446
　　鶴汀詩稿　集4-28060
　　鶴汀詩草、補遺　集5-35538
　　鶴汀集　集3-15581
　　鶴汀遺草　集4-26300
32 鶴洲殘稿　集3-17603
　　鶴溪詩鈔　集3-20429
　　鶴溪剩稿遺什　集3-21515
33 鶴心偶寄　叢2-1754
35 鶴漊詩選　集3-17464
37 鶴湖偶吟　集4-22771　叢1-300
　　鶴澗詩龕集、蘋波詞　集5-37272
　　鶴澗先生遺詩、補遺　叢2-599
　　鶴澗遺詩　集3-16324
39 鶴沙王氏家譜[上海南滙]　史4-24794
　　鶴沙集　集3-19881
　　鶴沙遺草、鶴沙遺草續編、鶴沙詩餘草　集
　　　3-19049
　　鶴沙瞿氏族譜[上海南滙]　史5-40933
40 鶴臺先生熊山文選　集2-12577
　　鶴塘彭氏續修族譜[廣東英德]　史5-
　　　35636
　　鶴壽山房詩集　集5-38986
　　鶴壽山房四六文　集5-38988
　　鶴壽堂叢書二十四種　叢1-526
43 鶴城輿頌(彭鑄海)　史2-9962
44 鶴麓山房詩稿　集4-24929
　　鶴村三集　集5-34535
　　鶴林玉露　子4-20160～5　叢1-17、19(3)、
　　　20(2)、21(6)、22(4)、23(4)、24(3)、31、99、2-
　　　652
　　鶴林玉露、補遺　子4-20166～8　叢1-
　　　100～1、223(41)、2-731(52)、735(3)
　　鶴林集　集1-4120　叢1-223(56)
　　鶴林僊蹟　集7-49705
　　鶴林寺志　史7-51567～8
　　鶴林類集　子5-32024
45 鶴棲堂詩集　集4-23144
　　鶴棲堂稿詩、文　集3-14018
　　鶴棲堂吟草、詩草、文草　集4-23143
46 鶴駕騙　集7-49700
47 鶴聲詩存　集3-20366
48 鶴塲漫志　史7-50539　叢2-1859

　　鶴槎年譜　史2-12266
52 鶴靜堂集　集3-14043
55 鶴耕集　集3-15035
60 鶴圃堂三錄　子2-10505
　　鶴園詩存外集　集4-31048
　　鶴田草堂集　集2-8413～4
62 鶴影山人文集　集4-22457
　　鶴影山人文稿　集4-22458～9
　　鶴影山人詩稿、詞稿　集4-22456
67 鶴鳴詩鈔　集4-23732
　　鶴鳴集　集2-9711～2、12495、3-18101、
　　　19143、4-23469　叢2-1223、1652
　　鶴鳴集、後集　集2-6395
　　鶴鳴山牟氏支譜[四川大邑]　史4-26976
　　鶴墅詩鈔　集3-18611、6-41761
　　鶴野詞　集4-24710　叢2-842
72 鶴隱園集　集4-28722
76 鶴陽新河詩集　集5-35484
　　鶴陽新河紀畧　史6-46894
77 鶴岡世系考　史5-40843
　　鶴月瑤笙　集7-50601　叢1-86、2-730
　　　(8)、731(49)
　　鶴闈詞　集7-46429、47131
　　鶴駒詩集　叢2-639
　　鶴關文賸　集3-16686　叢2-1578
　　鶴關詩二集、黃山紀日　集3-16687
　　鶴關詩集　集3-16685
　　鶴關詩初集、二集　叢2-1578
　　鶴關全集三種　叢2-1578
　　鶴門雜俎　集3-19782
80 鶴翁異撰　子4-22008
　　鶴舞蟠桃　集7-49701
　　鶴舞呈祥　集7-49703
　　鶴年詩集　叢1-223(61)、2-873
　　鶴年詩集(丁孝子集)、傳　集1-5827
　　鶴年海巢集　集1-5833
　　鶴年海巢集、續集、哀思集、方外集　集1-
　　　5834
88 鶴笙仙館詩詞雜著　集5-36741
90 鶴半巢詩存　集4-22024
　　鶴半巢詩存、續鈔、詞館剩稿　集4-22025
　　鶴半巢前後集　集4-22026

4723₄ 猴

77 猴兒變馬一枝　集7-52678

4728₂ 歡

22 歡樂五更　集7-50848
31 歡潭田氏宗譜[浙江紹興]　史4-26094
40 歡喜三續今古奇觀　子5-27769
　　歡喜冤家　子5-27759～61
　　歡喜冤家、續　子5-27758
　　歡喜奇觀　子5-27764～5
　　歡喜念佛齋詩鈔　集5-40477

4728₆ 獺

27 獺祭錄　子4-24753,5-25288～9

4732₇ 郭

00 郭亭詩稿　集5-33993～4

郝

00 郝亭詞集　集7-47796
　　郝文忠公集　集1-4777,6-43118
　　郝文忠公陵川文集　集1-4775
　　郝文忠公陵川文集(陵川集)、郝文忠公年
　　　譜　集1-4776
　　郝京山稿　集2-10690
10 郝正陽語錄家傳　叢2-831
　　郝正陽先生語錄　叢2-830
　　郝雪海先生筆記　子1-1377　叢2-731
　　　(13)、782(5)
17 郝子鈞玄論　子3-13704
28 郝復陽行實畧　史2-9294
40 郝太僕遺集　集2-10621,6-43118
44 郝蘭石集　集3-13099
　　郝蘭皋先生雜著　子4-21405
　　郝楚望稿　集2-10691,6-45336
50 郝中丞全集(中山詩鈔、文集、史論、奏議)
　　　集3-14500
72 郝氏族譜[山東滕州]　史4-30684
　　郝氏族譜[湖南]　史4-30687
　　郝氏族譜[湖南長沙]　史4-30685

郝氏爾雅義疏　叢1-312
郝氏續修族譜[湖南常德]　史4-30686
郝氏遺書三十三種　叢2-1596
郝氏九經解　經1-46
郝氏世祀鄉賢錄　史2-7738
郝氏春秋二種　經1-8118
77 郝母劉太淑人傳　史2-10151
80 郝公崇祀名宦錄　史2-9295

4733₄ 愨

00 愨齋詩文鈔　集5-33878
50 愨書　集2-11989
60 愨思錄　叢2-784

4734₇ 斅

00 斅音集　集2-11946,3-19512
　　斅音草　集3-13159

4740₁ 聲

00 聲音表　經2-14139　叢2-1577
　　聲音轉逐畧　經2-14541
02 聲訓緯纂　經2-14786
　　聲訓緯纂、重訂諧聲表　經2-14785
04 聲討實錄　史1-3145
　　聲詩微旨　集6-45858
　　聲讀□式　經2-14536
06 聲韻辨　經2-14076
　　聲韻雜鈔　經2-14001
　　聲韻訂訛　經2-14093　叢2-1531
　　聲韻譜　經2-13889　集6-45491
　　聲韻要刊二種　經2-14542
　　聲韻攷　經2-14105,14542
　　聲韻攷、聲類表　經2-14106
　　聲韻叢說　經2-14065、14540　叢1-195
　　　(4)、201、203(4)
　　聲韻考　經2-14104,14540　叢1-203(15)、
　　　238、247,2-731(25)、814、1475、1517
　　聲韻表　子3-16811
　　聲韻轉逐畧　經2-14444
　　聲韻易知　經2-13924
　　聲韻學撮要　叢2-2269

聲韻會通、韻要粗釋 經2-13775～6
07 聲調譜 集6-45491 叢2-1379
聲調谱(吳鎮) 集6-46195
聲調譜(趙執信)集 3-17265、17271、6-
45491～2、45496、45931～3 叢1-223(72)、
241、242(2)、421,2-617(5)
聲調譜、後譜、續譜(聲調三譜) 集6-
45935
聲調譜、續譜 集6-45494、45934
聲調譜說 集6-45983
聲調譜拾遺 集6-45494、46293 叢1-241、
242(4)
聲調三譜 叢1-442～3、534
聲調三譜(學詩法程) 集6-45492
聲調後譜 叢2-1379
聲調續譜 叢2-1379
聲調彙說 集6-45981
聲調前譜 叢2-1379
聲調前譜、後譜、續譜 叢1-442～3、494、
514、534
08 聲說 經2-14242、14536～7
聲譜 經2-13612～5、14241、14536～7、15142
叢2-2018
10 聲玉山齋詩集 集4-24815
20 聲系 經2-14134
聲系叢說 經2-14279
21 聲行速率及回聲考 子7-36240(4)
25 聲律發蒙 子5-25589～90 叢2-886(2)
聲律通考 經1-6557 叢2-1832
聲律啓蒙、新增發蒙古今巧對 叢2-1083
聲律啓蒙對類 子5-26004
聲律啓蒙撮要 經2-13832～3
聲律學 經1-6580
聲律關鍵 叢1-265(5)、266
聲律小記 經1-108、111(3)、6525
聲律小記、單行本琴音記下篇原紀琴音之
數 叢2-814
27 聲疑 經2-14536
聲紐通轉 叢2-2269
30 聲之集 集1-5127
34 聲遠堂文鈔 集4-30571 叢1-572
聲遠堂文鈔補遺 集4-30572
37 聲冤錄(朱漸儀) 史2-9356
50 聲中詩 集3-15355
聲畫集 子3-16129 叢1-205、223(68)
聲表 經2-14312～3
聲表枚數 經2-14536
60 聲園詩集 集2-10420
71 聲原考 子7-36240(4)
77 聲學 子7-36228(1)、36231(5)、36237、
36241、37632

聲學新理 子7-36254
聲學須知 子7-36230、37634
聲學結構 子7-37633
聲學條論 子7-36254
聲學考 子7-36240(4)、36245
聲學書目考 子7-36240(4)
聲學揭要 子7-36250、37636
聲學策 子7-36236
聲學精理 子7-36254
91 聲類 經2-13593～9、14540、14764～5、
15116、15137、15142 叢1-456(2)、495、586
(2),2-662、716(1)、731(25)、772(2)、773
(2)、774(8)、1489
聲類、韻集韻畧聲譜音譜字音韻譜 叢2-
766
聲類出入表 經1-163(2)
聲類溯源八種 經2-14277
聲類表 經2-14106、14373 叢1-238,2-
814、1475
聲類分例 叢2-1580

4740₇ 孴

10 孴雲館小草 集4-31517

4741₀ 姐

45 姐妹撿棉花 集7-53188
姐妹易嫁 集7-53791
50 姐夫戲小姨一枝 集7-51020
77 姐兒要偷跑 集7-53595
姐兒倆觀册頁一枝 集7-52684
姐兒送郎歌一枝 集7-51022
姐兒南園拔大葱一枝 集7-51021

刏

50 刏書補、老學究語 叢2-1725

4741₁ 妮

40 妮古錄 子4-20663 叢1-110、111(5)、
113,2-731(33)、1174

中國古籍總目·索引

4741₂ 娖

45 娖孀封　集7-50421～2　叢1-584,2-2046
60 娖孀封傳奇　叢1-587(5)

4741₄ 妞

77 妞兒要賣花一枝　集7-51853
　　妞兒好出奇一段　集7-51520

4741₇ 妃

17 妃子笑　集6-41764
60 妃園寢工程做法册　史6-46569

4742₀ 朝

00 朝市叢載　史7-49846
　　朝廟宮室考竝圖、田賦考　經1-163(1)
　　朝廟宮室考附圖、校記　叢2-1390
　　朝京打馬格　子3-18199　叢1-22(27)
08 朝議公自訂年譜　史2-12089
10 朝正倡和、朝正歸途倡和、附錄倡和　集6-43784
　　朝元偷譜　集7-49700
　　朝天下名山路引　子4-22096
　　朝天集　集2-6176,4-23336、27687、27933,6-45067　叢2-886(2)、952
　　朝天集、詩餘、關隴輿中偶憶編　集4-27934
　　朝天集、鴻爪集、黄山紀遊詩、十子詩畧、黄山紀遊詞　集3-15469
　　朝天集鈔　集1-3531,6-41900
　　朝天續集　集1-3512
　　朝天續集鈔　集1-3532,6-41900
　　朝天錄　史7-54043
12 朝廷優崇　集1-2316
17 朝珊剩草　集5-35286,6-42007(2)
21 朝拜聖體經解　子7-35501
　　朝拜耶穌聖體　子7-35502
23 朝代紀元表　史1-1364　叢1-482
　　朝俄交界考　史6-45733,7-49318(21)

27 朝綱變例　叢2-1191
28 朝鮮亡國史　子7-36344
　　朝鮮雜誌　叢2-741
　　朝鮮雜述　史7-49318(15)、54581
　　朝鮮雜志　史7-54557
　　朝鮮諸水編　史7-49317(4)、49318(15)、54586
　　朝鮮疆域紀畧　史7-49317(4)、49318(15)、54580
　　朝鮮政界歷史　子7-36437
　　朝鮮樂府　叢2-2059
　　朝鮮傳畧、日本傳畧、琉球傳畧　史2-6248
　　朝鮮彙考　史7-54592
　　朝鮮紀程(清道光十五年)　史7-54113
　　朝鮮紀事　史6-45105,7-54552　叢1-22(22)、29(8)、50～1、55、84(3),2-594、730(10)、731(59)
　　朝鮮紀事詩注　叢1-373(8)
　　朝鮮近世史　子7-36346
　　朝鮮海道圖說　史6-45573,7-49319
　　朝鮮遊稿　集6-45100
　　朝鮮志　史7-49338、54562、54588　叢1-223(26)、241、242(2),2-731(59)
　　朝鮮載記備編　史7-54565　叢2-2058～9
　　朝鮮地理小志　子7-37724
　　朝鮮考畧　史7-49317(4)、49318(15)、54568
　　朝鮮世表　叢2-2059
　　朝鮮史　子7-36343
　　朝鮮史畧　史7-54549～50　叢2-727
　　朝鮮史畧、陳朝紀年　叢1-223(23)
　　朝鮮書目　史8-65252、66290
　　朝鮮採風錄　叢1-373(9)
　　朝鮮軼事　史7-54564　叢2-785
　　朝鮮撤戰守大關軍機疏　史6-47799、48405
　　朝鮮抄案　史6-45002
　　朝鮮日本圖說　史7-54561
　　朝鮮國誌、箕子紀實　史7-54558
　　朝鮮國王諡錄　叢2-1976
　　朝鮮國王世系表　史7-54560　叢2-2058
　　朝鮮國外交檔案　子7-36438、36835
　　朝鮮國備報倭奴情形疏　史1-1929
　　朝鮮國紀　史7-54559　叢1-195(7)
　　朝鮮國通商章程　史6-44039
　　朝鮮國海關章程　史6-44040
　　朝鮮國志　叢1-373(8)
　　朝鮮圖說　史7-49334、54553
　　朝鮮賦　史7-54555　叢1-50～1、55、223(26)
　　朝鮮賦、校勘記　史7-54556　叢2-870(2)
　　朝鮮風俗記　史7-49317(4)、49318(15)、54575
　　朝鮮風土記　史7-49317(4)、49318(15)、54578
　　朝鮮風土畧述　史7-49318(15)、54570

朝鮮輿地說 史7－49317(4)、49318(15)、54574

朝鮮八道紀要 史7－49317(4)、49318(15)、54577

朝鮮會通條例 史7－49317(4)、49318(15)、54576

朝鮮小記 史7－49317(4)、49318(15) 子7－36342

30 朝搴集 集3－17161

朝宗於海論 經2－14820

40 朝真發願懺悔文 子5－29531、30748

43 朝城志[嘉靖] 史8－59026

朝城縣續志[民國] 史8－59029

朝城縣鄉土志[光緒] 史8－59030

朝城縣志[康熙] 史8－59027

朝城縣志畧[光緒] 史8－59028

44 朝考散館大考錄 史3－13479

朝考卷 史3－16058、16294、16495、16580、16614、16706、22677、22885

朝華詞 集5－38574

46 朝觀途記 子7－36074

朝觀事宜 史6－42015

48 朝散集 叢2－870(5)

朝散集、校勘記 集1－2638

50 朝市叢載 子4－23641

60 朝邑志 史8－62799

朝邑志[正德] 叢1－560

朝邑韓志 叢1－352

朝邑趙渡鎮閻氏義莊光錄堂規畧 史6－44746

朝邑縣後志[康熙] 史8－62801

朝邑縣鄉土志 史7－54921

朝邑縣鄉土志[光緒] 史8－62804

朝邑縣志 叢1－326、367

朝邑縣志[正德] 史8－62797～8 叢1－223(23)

朝邑縣志[乾隆] 史8－62802

朝邑縣志[咸豐] 史8－62803

64 朝時課誦 子7－35091

朝時課誦、暮時課誦 子7－35092

67 朝野雜記校 史6－41623 叢2－2004

朝野新聲太平樂府 集7－50523 叢2－635(14)

朝野新聲太平樂府、中州樂府音韻類編 集7－50524

朝野瑣記 子4－23345

朝野紀聞 史1－3384

朝野遺記 史1－1914 叢1－17、19(6)、20(4)、21(6)、22(8)、23(8)、24(7)、95、195(2)、367～8、374、2－730(3)

朝野遺紀 叢1－11、56、2－624(2)

朝野公言 史1－3142

朝野僉言 史1－1914 叢1－22(8)、23(8)、95、2－730(3)

朝野僉載 史1－1914 子4－22807～12 叢1－11～2、16～7、19(1)、20(1)、21(1)、22(8)、23(8)、24(2)、29(3)、56、95～6、111(3)、223(44)、255(1)、2－624(1)、730(2)、731(52)、782(2)

朝野僉載佚文 子4－22813 叢2－777

朝野類要 子4－22180 叢1－175、223(40)、230(4)、235、244(4)、388～90、2－731(17)、735(3)

76 朝陽雜詠 集4－29369

朝陽詩文集 集4－26289

朝陽巖集 集6－44876

朝陽縣志[民國] 史7－56115～6

朝陽鳳 集7－50211

80 朝會儀記 史6－41963 叢1－22(9)、23(8)

90 朝堂集 集6－42432

4742₇ 奶

41 奶媽子嘆一枝 集7－52711

娜

46 娜如山房說尤 子4－21077

婦

00 婦病撮要 子2－8307

婦產嬰驚治療法 子2－8306

11 婦孺須知 子5－26072

婦孺鍾 子5－27880

24 婦德四箴 子1－2961 叢1－197(4)、587(5)

婦幼內科方抄 子2－10182

婦科 子2－4764、8317

婦科、圖 子7－37869

婦科產後 子2－4731

婦科產前 子2－4731

婦科產前、產後 子2－8273

婦科雜症 子2－4660～3

婦科雜證 子2－4671

婦科雜證(婦科雜症) 子2－8209

婦科雜治驗方 子2－8274

婦科一百十七症發明 子2－8288

婦科一盤珠　子2-8111
婦科玉尺　子2-4622、7971、8130
婦科百辨　子2-8042
婦科稿本　子2-8055
婦科備要　子2-8152
婦科備考　子2-8186
婦科傳薪　子2-8304
婦科總括　子2-8284
婦科良方　子2-4615、4744、8113、8295
婦科寶案　子2-8058
婦科宗主、續增胎產心法　子2-8207
婦科冰鑒　子2-8132
婦科心得　子2-8326
婦科心法要訣　子2-4989
婦科祕方　子2-8136、8194　叢1-474
婦科祕傳　子2-8253
婦科祕書　子2-8247
婦科藥囊萬金方　子2-8230
婦科摘抄要訣　子2-8197
婦科指歸　子2-4640、8180
婦科輯要　子2-4616、8115
婦科圖　子2-8342
婦科胎產經驗良方　子2-8114
婦科全書　子2-8338
婦科精蘊圖說　子7-37870
40 婦女延壽寶卷　集7-54406
婦女功過格　叢2-724
婦女雙名記　史2-13384　叢1-195(6)
婦女贊成禁止娶妾律之大會議　叢1-587
(3)
婦女科治方　子2-8339
婦女家訓一段　集7-51432
婦女實發律例彙說　史6-45984
66 婦嬰方書　子2-8235
婦嬰新說　子7-37860
婦嬰三書　子2-7971
婦嬰至寶　子2-4694、4714、4782、7970
婦嬰良方　子2-4682、8224
婦嬰寶鑒　子2-8233
77 婦兒病症撮要　子2-8321
婦學　子1-2974、2995　叢1-202(6)、203
(12)、241、242(2)、491、587(2)、2-2270(4)
婦學齋遺稿　集5-41035、41257
婦學三則　叢1-367
80 婦人病論　子2-8208
婦人產後門　子2-8340
婦人一說曉　子1-2986
婦人集　史2-6429～30　叢1-202(5)、587
(1)、2-781
婦人集、補　史2-6431　叢1-320、453、2-

731(61)
婦人集注　叢2-934
婦人集補　史2-6432　叢1-587(1)、2-934
婦人集附補　叢1-203(11)
婦人科纂集　子2-8298
婦人良方　子2-4560～1、7992
婦人遇辜經　子6-32083(22)
婦人大全良方　子2-4623、7989～90
婦人大全良方、目錄、辨識修製藥物法度
叢1-223(33)
婦人鞋襪考　子4-18878　叢1-197(2)、587
(2)
婦人規　子2-4907
婦人規、婦人規古方　子2-8053
婦人規古方　子2-4907
婦人脈法　子2-8034
婦翁陳先生治疾記　史2-9837

娜

00 娜言解頤　子5-25872
46 娜嬛詩集、文集　集4-22421
娜嬛記　叢1-22(6)、23(6)
娜嬛集　集4-22611
娜嬛仙廬詩初集　集4-27344
娜嬛仙館詩　集4-25046
娜嬛仙館詩畧　集4-25048
娜嬛書屋集句　集4-24743
娜嬛小築詩存、文存　集4-33697

鷦

87 鷦鴿傳　集7-51088

4744₀ 奴

40 奴才小史　史1-1994～5、2-7522
45 奴隸　子7-36251

姍

47 姍姍傳　叢1-587(4)

娬

76 娬隅集　集3-20938

4744₇ 報

00 報應記　子5-27517　叢1-22(13)、23(12)
　　報慶紀行　史7-53837　叢2-701、826
06 報謁例言　叢1-197(4)
14 報功祠錄　史7-51847
　　報功大祭　集7-49700
27 報像功德經　子6-32084(8)、32085(12)、
　　32090(13)、32092(9)、32093(11)
34 報漢元帝　史6-48091　叢1-168(4)
40 報喜　集7-52325
43 報娘恩寶卷　集7-54169
47 報好音齋文稿　集5-34435
50 報本堂坊鎮田氏家譜[湖北鍾祥]　史4-
　　26106
　　報春園詩集　集3-21254
60 報國錄　子1-1883
　　報恩論　經1-2330
　　報恩緣　集7-50321
　　報恩寶卷　子7-36138
　　報恩奉盆經　子6-32083(9)
67 報暉堂詩集　集5-36877
　　報暉堂集　集5-36878
83 報館總考　子7-36240(2)

好

10 好雲樓試律　集4-33530
　　好雲樓二集、臨川答問　集4-33529
　　好雲樓初集　集4-33528
　　好雲樓奏稿　史6-48986
22 好山詩集　集3-18990
23 好我篇　集6-45273
25 好生救劫編　叢1-536
　　好生救劫編、末卷　子4-24309
31 好酒趙元遇上皇　集7-48765、48774(5)、
　　48873　叢2-720(3)
33 好逑傳(義俠好逑傳、英雄俠義風月傳)　子
　　5-28357

37 好湖山樓詩鈔　集5-36965
　　好深湛思室詩存　集4-28156
38 好冷天一枝　集7-51742
40 好古堂正音淺說、全圖、三千文足用　經2-
　　14524
　　好古堂家藏書畫記、續記　叢2-731(34)
　　好古堂書畫記、續記　子3-14782　叢1-
　　278
　　好古堂書目、收藏宋元板書目　史8-65666
44 好夢成虛　集7-49700
47 好狗護三村一枝　集7-51741
50 好事近　子3-17891
60 好男子　子5-28536
　　好是長夏一枝　集7-51743
62 好影軒詩集　集3-21546
77 好學論、語類　子1-735
　　好學爲福齋文鈔　集5-33754
　　好學深思之齋日記(清光緒十五年)　史2-
　　13004
80 好人說　子1-1722
　　好人歌　子1-1955,4-23933　叢2-1138～
　　40
　　好善編　叢1-194

4746₇ 媚

19 媚璃分款全錄　史2-7332
22 媚幽閣文娛　集6-43966　叢2-720(5)
　　媚幽閣文娛二集　集6-43967
77 媚學齋詩存　集4-27630

4748₁ 嫫

44 嫫藝軒雜著　子4-22741　集5-38677　叢
　　2-1971

4748₆ 嬾

00 嬾齋別集自傳、傳餘　史2-9170
31 嬾迂詩稿　集3-14672
40 嬾真子　子1-20、61,4-20040　叢1-31、
　　99～101、223(41),2-731(6)、735(3)
　　嬾真子錄　子4 20041～2　叢1-1、19(4)、
　　20(2)、21(4)、22(7)、23(7)、24(5)、29(6),2-
　　652

嬾真子錄集證　子4-20043
嬾真草堂集　集2-10923　叢2-788
嬾真草堂集詩、文　集2-10920
60 嬾園觸政　子3-18336　叢1-203(18)
嬾園漫稿　集2-12709
80 嬾人詩集　集6-44591

4750₂ 挙

10 挙雲館詩草(還鄉草)　集4-31520
挙雲館懷人詩草　集4-31519
50 挙螃蟹　集7-52420

4752₀ 鞠

07 鞠部明僮選勝錄　史2-7701
26 鞠泉山館吟稿分　集4-28497
31 鞠潛庵剩稿　集4-27113
44 鞠夢廬詩鈔　集4-27640
72 鞠隱詩存　集5-38934
鞠隱山莊遺詩　集5-40535
鞠隱山莊遺詩、槀稿　集5-35544
鞠隱案牘彙存　史6-47224
鞠隱居遺鈔　集4-25508
77 鞠叟公(陳杞)行畧　史2-9621
88 鞠笙(邢崇先)年譜、日記　叢2-822
鞠笙遺集　集5-36220　叢2-822
鞠笙年譜、日記　史2-12308
90 鞠小正　子4-19250

韌

77 韌叟正訂年譜　叢2-2115
韌叟自訂年譜　史2-12329　叢2-745
80 韌盦雜稿偶存　集5-38709

4752₇ 鄆

00 鄆齋宋元押印存　史8-65096

4753₂ 艱

21 艱征集　集2-7808

4754₇ 轂

10 轂下集、當奕集、鵗鳴集、金陵集、去楚集、
蓬萊集　集2-8261

4758₂ 欸

10 欸五更　集7-50790、53653
40 欸十聲　集7-50789
44 欸世無爲寶卷　子7-36099
50 欸中華　集7-50791、53653
60 欸國歌　集7-50794、53653

4760₁ 磬

22 磬山牧亭樸夫拙禪師語錄　子6-32091(79)
27 磬舟遺稿　集6-42007(3)
47 磬聲錄　史1-3816
52 磬折古義　經1-108、111(2)、5200　叢2-814

4762₀ 胡

00 胡廬山集　集2-9278
胡廉一(麒)撫孤井柳錄　史2-8824
胡慶餘堂丸散膏丹全集、續增　子2-9825
胡廣漢制度　史6-41962　叢2-765～6
胡文穆雜著　子4-20339　叢1-223(41)
胡文穆公文集　集2-6493
胡文穆公雜著　叢1-163
胡文恭詩集　集1-1956,6-41896
胡文敬集　集2-6995　叢1-223(65)
胡文敬公(居仁)年譜　史2-11008～10、11012、11437
胡文敬公全集(文敬胡先生集、胡敬齋先生

中國古籍總目書名索引

居業錄）　集2－6992
胡文忠公(林翼)傳畧　史2－6208、10077
胡文忠公政書　史6－47148
胡文忠公政書、年譜　史6－48939
胡文忠公手翰　叢2－800
胡文忠公手劄　集4－32208
胡文忠公行狀　史2－10078
胡文忠公遺集　史6－48021、48938　集4－32199～201　叢1－482、492
胡文忠公遺集五種　叢2－1849
胡文忠公遺集節鈔　集4－32202
胡文忠公翰稿　集4－32207
胡文忠公奏議　史6－48020、48936～7
胡文忠公年譜　叢2－1849
02 胡端敏奏議　叢1－223(21)
胡刻通鑑正文校宋記　史1－1060
胡刻通鑑正文校宋記述畧　史1－1059
胡刻資治通鑑校字記　史1－1058
09 胡麟圖奏稿　史6－48777
10 胡二峯侍郎遺集　集2－12131、12398　叢2－886(4)
胡二溪稿　集2－8726～7、6－45336、45340
胡正惠公(則)年譜　史2－11207
胡玉縉書劄　集5－39373
胡王謀朝記　史7－53168
胡震錢松印譜　子3－17267
胡天岫詩　集3－14288
胡石查書札　子3－15502
胡石查書劄　集5－35360
胡石查書劄真迹　集5－35359
11 胡非子　子1－18、20、4－19522～3　叢2－774(10)
胡張氏行述　史2－10345
17 胡承諾年譜　史2－11639　叢2－731(13)、872
胡子衡齊　子1－1088　叢2－870(3)
胡子威文鈔　集5－37859
胡子易演　經1－684
胡子知言　子1－20、717
胡子知言、疑義　子1－716
胡子知言、疑義、附錄　子1－61　叢1－34、456(3)、2－754
胡子粹言　子1－933～4　集2－6993～4、6997　叢1－66
胡君實印雋　子3－16931
胡翼南全集　集5－38782
18 胡珍府詩文　叢2－888
20 胡維霖集(墨池浪語、冷齋漫評、長嘯山房彙稿、石門雜著、白雲洞彙稿、工部嘯梅軒稿、槩山吟)　集2－11948
24 胡先生陰陽備用　子3－13401

25 胡仲子集　集2－5873　叢1－223(62)、2－731(41)、859
胡仲子先生信安集　集2－5874
26 胡白水著書四種　叢2－1783
胡白水所著書　經1－129
胡伯良集、遊廬山詩　集2－10126
胡鼻山人印譜　子3－17242
胡嶧陽先生遺著十一種附二種　叢2－1824
胡嶧陽遺書　集3－16246
27 胡仰崖遺語　子4－20356　叢2－730(12)、836
胡象岡先生文集　集2－8723
胡祭酒集　集2－6424
胡祭酒頤菴集　集2－6425
胡繩集　叢1－300
胡繩集詩鈔　集2－12939～40
30 胡宗海詩　集5－35109
31 胡汀鷺遺稿　集5－41633
33 胡心泉文集　集3－20931
35 胡迪罵閻　集7－52342～3、52992
胡迪罵閻羅一段　集7－51451
37 胡潤芝信稿　集4－32203
胡澹菴先生文集　集1－3280、3283、6－41784
胡澹菴先生文集、補遺　集1－3281
胡湄村詩稿　集3－19404
38 胡祥麟手稿　集4－29382
胡道南先生全集(敬義堂全集)五種　叢2－1271
40 胡大川先生幻想詩　子3－15852
42 胡橋唐氏宗譜[江蘇武進]　史4－32500
44 胡苑卿集　集2－9248、6－41935(5)
胡莊肅公文集　集2－8182
胡莊肅公遺稿　集2－8181
胡蒙谿詩集、文集　集2－8243
胡蒙谿續集　集2－8244
胡若川金石刀法　子3－17219
胡林翼語錄、通論　子1－1726　叢2－1850
胡林翼致郭嵩燾信札　集4－32204
胡林翼致陶澍等信札　集4－32205
胡林翼手劄墨蹟　集4－32206
胡林翼奏議　史6－48935　叢2－1850
胡林翼奏疏　叢2－1849
胡林翼書牘　叢2－1850
胡林翼批札　史6－47147　叢2－1850
胡林翼全集六種　叢2－1850
胡林翼年譜　史2－12193　叢2－1850
胡林翼判牘菁華　史6－46491
48 胡敬齋集　集2－6998　叢1－213
胡敬齋先生文集　集2－6996　叢1－214、574(2)、2－731(41)

胡敬齋先生居業錄　子1-929　叢1-214、451、574(2)

胡敬齋先生居業錄(刻胡文敬居業錄)　子1-931

胡敬齋先生居業錄(居業錄、刻胡文敬居業錄)　子1-930

胡敬穆先生行畧　史2-10583

胡松儒行述　史2-10170

50 胡忠烈(闓)遺事　史2-8840

胡忠簡澹菴長短句　集7-46553

胡忠簡公文集補遺　集1-3286

胡忠簡公經解　經1-36

52 胡靜庵詩稿　集3-20025

53 胡按察詩　集1-4791

60 胡思泉稿　集2-7466~8、6-45336、45340

胡思敬奏摺　史6-49200

64 胡畸人詩　集3-15175

胡勗之詩稿　集5-37769

72 胡氏(仁楷)崇祀鄉賢錄　史2-9881

胡氏六修族譜[湖南]　史4-30594

胡氏六修族譜[湖南衡陽]　史4-30645

胡氏六修譜[湖南湘潭]　史4-30636

胡氏六修支譜[湖南寧鄉]　史4-30611

胡氏雜說　子4-20277　叢1-22(22)

胡氏雜稿　集5-36858

胡氏雜錄　子4-23649、24610

胡氏雜鈔初編　集5-39553

胡氏族譜　史4-30366~7、30667~8、30673

胡氏族譜[山東]　史4-30586

胡氏族譜[山東章丘]　史4-30584~5

胡氏族譜[安徽績溪]　史4-30548

胡氏族譜[安徽潛山]　史4-30521

胡氏族譜[安徽祁門]　史4-30529、30532

胡氏族譜[安徽歙縣]　史4-30523

胡氏族譜[湖南]　史4-30593

胡氏族譜[湖南寧鄉]　史4-30607、30609

胡氏族譜[湖南江永]　史4-30655

胡氏族譜[湖南湘潭]　史4-30629

胡氏族譜[湖南湘陰]　史4-30619~21、30623

胡氏族譜[湖南岳陽]　史4-30615~6

胡氏族譜草底[浙江金華]　史4-30451

胡氏三種　叢2-996

胡氏禹貢錐指勘補　經1-3254

胡氏統宗譜　史4-30368

胡氏續修族譜　史4-30674

胡氏續修族譜[湖南]　史4-30590

胡氏續修族譜[湖南新化]　史4-30657

胡氏續修族譜[湖南衡陽]　史4-30644

胡氏續修族譜[湖南寧鄉]　史4-30610

胡氏續修族譜[湖南安化]　史4-30613~4

胡氏續修族譜[湖南湘陰]　史4-30624~5

胡氏續修宗譜[安徽懷寧]　史4-30519

胡氏家訓　子1-2265

胡氏家譜[江蘇豐縣]　史4-30374

胡氏家譜[浙江紹興]　史4-30431、30438

胡氏家譜[甘肅平涼]　史4-30664

胡氏家乘　叢2-944

胡氏家乘[浙江永康]　史4-30467~8

胡氏家乘[浙江蕭山]　史4-30396

胡氏宕田算稿　子3-11243

胡氏宗譜　史4-30665~6、30669、30671~2、30675~6

胡氏宗譜[廣東揭陽]　史4-30661

胡氏宗譜[安徽]　史4-30549

胡氏宗譜[安徽涇縣]　史4-30536

胡氏宗譜[安徽桐城]　史4-30506~7、30509、30512

胡氏宗譜[安徽合肥]　史4-30504

胡氏宗譜[安徽懷寧]　史4-30516~8

胡氏宗譜[浙江新昌]　史4-30447~50

胡氏宗譜[浙江淳安]　史4-30401~2

胡氏宗譜[浙江安吉]　史4-30403

胡氏宗譜[浙江蘭溪]　史4-30460

胡氏宗譜[浙江奉化]　史4-30424

胡氏宗譜[浙江金華]　史4-30457

胡氏宗譜[浙江義烏]　史4-30475

胡氏宗譜[浙江餘姚]　史4-30408

胡氏宗譜[湖北英山]　史4-30588

胡氏宗譜[湖南湘鄉]　史4-30641

胡氏宗譜[湖南資興]　史4-30653

胡氏宗譜[湖南桂陽]　史4-30654

胡氏宗譜[四川儀隴]　史4-30662

胡氏宗支記畧[浙江平湖]　史4-30404

胡氏支譜[安徽]　史4-30503

胡氏支譜[湖南]　史4-30659

胡氏墳山祠宇墓田志[湖南]　史4-30591

胡氏燕翼堂家乘[安徽涇縣]　史4-30538

胡氏世系圖[河北蓉城]　史4-30370

胡氏世系錄[江蘇太倉]　史4-30393

胡氏世德堂家規　史3-24573

胡氏世典[湖南湘潭]　史4-30633~4

胡氏書畫考三種　子3-14710

胡氏春秋傳、春秋諸國興廢說、春秋提要　叢1-223(10)

胡氏東竹支譜[浙江東陽]　史4-30488

胡氏恩愛立三房七修譜[湖南湘潭]　史4-30635

胡氏臨證醫案　子2-10893

胡氏篆草　子3-16941

胡氏尚書詳解　叢1-223(5)
胡氏粹編五種　叢1-118
77 胡周修輝先生遺稿　集5-39448
胡閬山尚書禹貢纂本祕傳　經1-3190
80 胡金紫祠光緒壬寅續修宗譜啓[安徽績溪]
　　史4-30547
胡念東手稿　集4-22152
胡奠參司棠譜傅摘抄[安徽桐城]　史4-
　　30515
胡曾詠史詩　集1-1744~5
胡公(宗憲)行實　史2-8960
83 胡鐵華文鈔　集5-36859
88 胡笠僧將軍(景翼)事畧　史2-10991
胡竹薌文稿　集4-29205
胡笳十八拍　集1-261　叢1-168(4)
90 胡懷琛歌詩叢編　集5-41650
胡少師(舜陟)年譜　史2-11289　叢2-942
胡少師總集　集1-3128
胡少師總集、胡少師年譜　集1-3129
94 胡慎柔先生五書要語　子2-4593、4904

4762₇　都

00 都市新談(新輯改良小說怡情佚史)　子5-
　　28502
都玄敬詩話　集6-45739
都京奧字音擇撮錄草底　集6-42632
05 都諫貞齋馮先生疏稿　史6-48216
都諫奏議　史6-48685
10 都下贈言集　集2-9921
都下贈言錄　叢2-1105
都下贈僧詩　集2-7234　叢2-1064~5
都天寶照經　子3-13149、13152、13327　叢
　　2-2129(4)
都天寶照經、玉函真義　子3-13328
都天寶照經正義　子3-13144
都天大六壬總真祕訣　子3-13933
都天圖說　子3-13468
都天無極拔亡御詔　子5-31778
12 都孔目風雨還牢末雜劇　集7-48767(3)、
　　48898　叢2-698(16)
22 都仙真君神功妙濟方　子2-10051
都仙真君神功妙濟方、淨明堂神功妙濟諸
　　方　子2-10052
27 都匀府親轄村寨道里册　史7-51019
都御史謝公行狀　史2-9095
都御史顧公(佐)恩榮錄　史2-8853
都御史陳虞山先生集　集2-7531,6-45072
都魯金礦疏畧　史6-44781,7-49319

都督劉將軍(綎)傳　史2-9019
都督劉將軍傳　史1-2920　叢2-741
30 都安縣概況[民國]　史8-61415
都官集　集1-2168~9,6-41894(1)　叢1-
　　223(51)
都察院巡方總約　史6-42979
都察院咨遵旨釐訂官制歷次各原奏章程摺
　　史6-42747
都察院奏明職掌肅風紀册　史6-42905
都察院則例　史6-47013~5
都察院會題憲務疏　史6-47826
31 都濡備乘　史7-51015　叢2-885
都濡備乘[光緒]　史8-62215
33 都梁政紀　史6-43122
都梁香閣詩集　集4-29565
都梁志　史7-49309、50793
都梁戴氏宗譜[江蘇盱眙]　史5-40475
都梁草、補遺、竹如意齋唱和集　集5-
　　35332
43 都城瑣記　史7-49321、49852
都城紀勝　叢1-205、223(25)、2-832(1)
都城考　史1-2572　叢2-611
47 都均縣志稿[民國]　史8-62282
48 都塲徐氏宗譜[江蘇宜興]　史4-31845
50 都春堂熊羆夢　子2-8203
都表如意摩尼轉輪聖王次第念誦祕密最要
　　畧法　子6-32093(38)
60 都昌詠占詩　集4-26835
都昌縣志[康熙]　史8-58531
都昌縣志[道光]　史8-58532
都昌縣志[同治]　史8-58533
都邑師道興造像記并治療方　子2-9114
都曇別譜　集7-47582
都是春齋集　集4-24917
77 都學繩墨　子1-2813
都門文鈔　叢2-1627
都門文鈔、味蕉試帖　集4-26663
都門識小錄　史1-1995、4550
都門瑣記　史7-49858　叢2-2146~7
都門集、楚南集　集4-23395
都門彙纂　史7-49841~2
都門紀變三十首絕句　集5-38826
都門紀變百詠　集5-40587　叢2-683
都門紀變百咏　史1-1995、4285
都門紀畧(都門彙纂)　史7-49838、49840
都門紀畧(都門彙纂)、菊部羣英　史7-
　　49839
都門草　集2-10211
都門舊草　叢2-1767
都門唱和詩　集4-32746

都門唱和集　集 5 - 39335
都門吟草　集 4 - 27555
都門入里尺牘　集 2 - 12380
都門竹枝詞　史 7 - 49845　叢 1 - 373(7)
都門懷舊記　史 7 - 49859　叢 2 - 2146～7
都興阿奏稿　史 6 - 48968
80 都公譚纂　子 4 - 22993　叢 1 - 233、496(5)、
　2 - 731(53)
都公談纂類記　子 4 - 22994

鴣

44 鴣葉庵遺稿　集 4 - 32140

鵲

00 鵲亭樂府　集 7 - 50643
24 鵲化堂摘集古今印則　子 3 - 16937
26 鵲泉山館詞　集 7 - 47845
鵲泉山館集　集 5 - 34907～8
40 鵲南雜錄　叢 2 - 753、791、793
42 鵲橋一枝　集 7 - 51904
鵲橋緣五部　集 7 - 51217
鵲橋密誓子弟書詩篇　集 7 - 52165
鵲橋盟誓　集 7 - 52444
44 鵲華行館詩鐘　子 3 - 18160　叢 2 - 622
鵲華山人詩集　集 3 - 19616
鵲華秋　集 7 - 49605　叢 2 - 2067

4768₂ 歁

44 歁枕集七種　子 5 - 27694
歁枕開唫　集 6 - 44320
77 歁閣集　集 2 - 12717

4772₀ 切

00 切音韻署　經 2 - 14429
切音導原　叢 2 - 886(5)
切音導原第一篇　經 2 - 12510
切音啓蒙　經 2 - 14453　叢 2 - 845(4)
切音蒙引　經 2 - 14427　叢 1 - 479

切音捷訣、幼學切音便讀　經 2 - 14424
切音輯署　經 2 - 13651
06 切韻　經 2 - 13627、13629～30、13644、13764、
　15116、15137、15142　叢 1 - 442～3、495、586
　(2)、2 - 716(2)、772(2)、773(2)
切韻譜訣　叢 1 - 285
切韻正音經緯圖　經 2 - 14351　叢 2 - 886
　(1)
切韻下字正音　經 2 - 14460
切韻要法全集　經 2 - 14450
切韻射標　經 2 - 14323　叢 1 - 22(25)、173
切韻述言　經 2 - 14433
切韻導原　經 2 - 14452
切韻啓蒙　經 2 - 14447
切韻標射圖　經 2 - 14421
切韻求蒙　經 2 - 14436
切韻考　經 2 - 14196、14376
切韻考、外篇　經 2 - 14197　叢 2 - 1832
切韻考外篇　經 2 - 14198
切韻表　經 2 - 14204、14234　叢 2 - 1866～7
切韻指南　經 2 - 14299、14309、14540　叢 1 -
　586(2)、2 - 716(2)
切韻指掌圖　經 2 - 14283～4、14540　叢 1 -
　223(16)、273(3)、465、2 - 636(2)、731(24)
切韻指掌圖、檢圖之例　經 2 - 14287　叢 2 -
　626
切韻指掌圖校記　經 2 - 14290　叢 2 - 1795
切韻指掌圖檢例　經 2 - 14288
切韻指掌圖檢圖之例　經 2 - 14289
切韻捷徑　經 2 - 14336
切韻入門之法　經 2 - 14448
10 切要雜言　經 2 - 14988
26 切總傷寒　子 4 - 4666、6611
30 切字釋疑　經 2 - 14349　叢 1 - 201、203(6)
切字捷徑說　經 2 - 14538
切字圖訣　經 2 - 14398
切字肆考　經 2 - 14183、14407、14540
32 切近編　子 1 - 1583　叢 1 - 391
33 切補指掌圖檢例　叢 2 - 731(24)
34 切法辨疑　集 6 - 41718
切法辨疑、切法指南　經 2 - 14339
切法指正　經 2 - 14320
切法指南　經 2 - 14340　集 6 - 41718
62 切跳槽　集 7 - 53239
64 切時政要　史 6 - 48717　叢 1 - 267
77 切問齋文錄　集 3 - 17120，6 - 42067
切問齋文鈔　集 6 - 44371
切問齋集　集 3 - 17118～9

中國古籍總目書名索引

劫

40 劫灰錄　史 1 - 1981

却

10 却要傳　叢 1 - 168(3)
57 却掃編　叢 1 - 20(3)、169(3)、268(3)、374、2 -
　　616、658

4772₇ 邯

67 邯鄲記　集 7 - 49709、49877、49906、49908
　　邯鄲郡錯嫁才人　集 7 - 49397~8、49406
　　邯鄲續志[順治]　史 7 - 55515
　　邯鄲淳藝經　子 3 - 18471
　　邯鄲遺稿　子 2 - 8036
　　邯鄲道省悟黃粱夢　叢 2 - 720(3)
　　邯鄲道省悟黃粱夢雜劇　集 7 - 48767(2)、
　　48893　叢 2 - 698(15)
　　邯鄲夢記、枕中記　集 7 - 49903
　　邯鄲夢傳奇　集 7 - 49909、50187
　　邯鄲縣志[雍正]　史 7 - 55517
　　邯鄲縣志[康熙]　史 7 - 55516
　　邯鄲縣志[萬曆]　史 7 - 55514
　　邯鄲縣志[乾隆]　史 7 - 55518
　　邯鄲縣志[民國]　史 7 - 55522
　　邯鄲縣志[光緒]　史 7 - 55519
　　邯鄲縣志十七年首[民國]　史 7 - 55521
　　邯鄲縣志料[民國]　史 7 - 55520

鵪

07 鵪鶉論　子 4 - 19340、19362~3
　　鵪鶉論、黃頭誌、畫眉解、促織經　子 4 -
　　19361
　　鵪鶉譜　子 4 - 19365~7　叢 1 - 201、203(6、
　　18)
　　鵪鶉譜全集　子 4 - 19364
　　鵪鶉圖像詩論全譜　子 4 - 19368

4777₂ 磬

30 磬室所藏鋼印　史 8 - 65057　子 3 - 17391

4780₁ 起

00 起廢疾　經 1 - 29~30、7342~3　叢 1 - 223
　　(9)、242(2)、260~1、448、515、2 - 665、731
　　(63)
10 起一心精進念佛七期規式　子 7 - 34499
　　起死回生跌打損傷祕授　子 2 - 7901
　　起霞劉氏宗譜[安徽宣州]　史 5 - 39339
　　起霞劉氏宗譜[安徽當塗]　史 5 - 39321
　　起雲閣詩鈔　集 4 - 23362、6 - 41999
16 起聖齋詩集　集 5 - 40560
20 起秀堂刊醫書兩種　子 2 - 4601
　　起信論　叢 2 - 991
　　起信論疏筆削記　子 6 - 32089(51)、32090
　　(66)、32091(64)、32092(43)、32093(49)、7 -
　　33657~8
　　起信論裂網疏　子 7 - 33664
　　起信論解　叢 2 - 1206
　　起信論直解　子 7 - 33666
25 起生丹　子 5 - 31471
44 起世經　子 6 - 32084(15)、32085(26)、32086
　　(29)、32088(19)、32089(18)、32090(23)、
　　32091(21)、32092(15)、32093(17)、7 -
　　32545~6　叢 1 - 22(18)、23(17)
　　起世因本經　子 6 - 32081(27)、32083(18)、
　　32084(15)、32085(26)、32086(29)、32088
　　(19)、32089(18)、32090(23)、32091(21)、
　　32092(15)、32093(17)、7 - 32547~8
　　起黃、賈顧、廣王　子 1 - 1930
47 起起廢疾　經 1 - 7418
　　起起穀梁廢疾　經 1 - 7417　叢 2 - 702、2129
　　(2)、2130~1
50 起事來歷真傳　史 1 - 1993、4216
55 起曹稿　集 2 - 9714
71 起脹三日治痘大法　子 2 - 9039
77 起鳳書院答問　子 4 - 21720
　　起居注冊　史 1 - 1769
　　起居注館則例　史 6 - 47019
　　起居安樂　子 4 - 20365
　　起居器服箋　子 4 - 18538、18653　叢 1 - 14
　　(3)、25、111(1)、173、181、249(3)、461、2 - 624
　　(3)、731(33)

4780₂ 趨

00 趨庭詩集　集4-32297
　　趨庭詩稿　集4-24041
　　趨庭記述(經緯)　史2-9980
　　趨庭瑣語　子4-21369　叢2-1639
　　趨庭集　集2-9249　叢2-1544
　　趨庭紀聞　史2-9961、10510　叢2-795
　　趨庭選草　集5-40952
　　趨庭別錄　叢2-2201、2249
　　趨庭隨錄　叢2-2201、2249
　　趨庭聞見述　史2-8182　叢2-2015
　　趨庭小稿　集4-25267
47 趨朝事類　史6-42646　叢1-19(7)、20(5)、
　　22(8)、23(8)、24(7)

4780₄ 趣

00 趣言雜著　叢2-1436
60 趣園六種　叢2-629
　　趣園詩話　叢2-2051
　　趣園詩草　叢2-1436
　　趣園稽古　叢2-2051
　　趣園紀事　叢2-2051
　　趣園初集五種　叢2-1830
　　趣園志異　叢2-2051
　　趣園蓬蹤吟　叢2-2051
　　趣園草　集4-23127
　　趣園見聞錄　叢2-2051
　　趣園圍棋入門碎譜　子3-18152
　　趣園問答篇　叢2-2051
　　趣園八種　叢2-2051
　　趣園益智集　叢2-2051
77 趣陶園集　叢2-1384

4780₆ 超

23 超然集　集1-5562
　　超然樓集　集2-10012
　　超然樓印賞　子3-17051
　　超然抒情集　集5-37692
　　超然堂詩選　集6-41972
　　超然堂稿　集4-28968

24 超化志　史7-51689
32 超淵詩　集3-15750
33 超心錄　子2-7758
46 超觀室詩　集5-41213
60 超日明三昧經　子6-32081(16)、32082(11)、
　　32083(11)、32085(16)、32086(17)、32088
　　(12)、32090(17)、32091(16)、32092(11)
　　超日月三昧經　子6-32089(13)
77 超凡入聖九還七返金液還丹祕訣　子5-
　　29561、31352
78 超脫真詮　子7-34160
　　超覽樓詩稿　集5-38140　叢2-997
80 超今古軒詩草　集5-40708
95 超性學要、復活論　子7-35250
　　超性學要、復活論、降生論、總目　子7-
　　35251

4782₀ 期

00 期齋呂先生集　集2-8671
10 期不負齋詩錄　集5-35787
　　期不負齋政書　史6-49068
　　期不負齋集(政書、文集)　集5-35788
　　期不負齋全集二種　叢2-2003
47 期期草　集2-11938
　　期期月守日記　史2-13032　叢2-2094

4788₂ 欺

33 欺心古典(惡盡滅蹟)　集7-54414
47 欺嫂妙典　集7-54413
80 欺貧糠噎　集7-54356

4791₀ 楓

20 楓香詞　集3-15511、15514~5,7-46399~
　　400、47005
　　楓香集　集3-17678~9,6-44976
　　楓香閣恭和詩、詩存、詞鈔　集4-23740
22 楓川吳氏宗譜[安徽歙縣]　史4-28039
　　楓巌遺草　集3-18868
　　楓山章文懿公(懋)年譜　史2-11439
　　楓山章先生(懋)實紀　史2-8877
　　楓山章先生文集　集2-7058
　　楓山章先生文集、語錄、實紀、楓山章先生

　　年譜　集2-7059
　楓山章先生文集、實紀　集2-7060
　楓山章先生文集、實紀、章文懿公年譜　集2-7062
　楓山章先生語錄、考異　子1-952　叢2-731(12)、859
　楓山章先生集　叢2-731(41)、859
　楓山章先生實紀、語錄　史2-8878
　楓山章先生年譜　叢2-859
　楓山語錄　子1-951　叢1-269(4)、270(3)、272(3)、2-857
　楓山語錄、行實　叢1-223(31)
　楓山集　集2-7061　叢1-223(64)
26 楓牕小牘　叢1-100
28 楓谿櫂歌　史7-50387
30 楓窻小牘　子4-22904　叢1-99、107、223(45)
　楓窻小牘、猗覺寮雜記　子4-22905
　楓窗小牘　叢1-22(5)、23(5)、26～8、101、111(2)、2-617(5)、624(2)、731(51)
31 楓江詩鈔　集4-23558
　楓江宋氏家譜[江蘇吳縣]　史4-29150
　楓江漁唱　史7-50223
　楓江漁唱刪存　史7-50224　集5-41486～7
　楓江漁父圖題詞、重題楓江漁父圖、青門集　集3-15619
　楓江草堂文集　集4-28285
　楓江草堂詩集　集4-28284　叢1-373(6)
　楓江草堂詩集、文集、楓江漁唱、清湘瑤瑟譜、續譜　叢2-843
　楓江草堂詩稿、詞　集4-28282
　楓江草堂詩稿、詞、楓江漁唱、清湘瑤瑟譜　集4-28283
　楓江草堂集　集4-28281
　楓江樓氏宗譜[浙江諸暨]　史5-39005～7
　楓涇沈氏支譜[上海金山]　史4-28976～7
　楓涇陳氏家譜[浙江嘉善]　史4-32838
　楓潭集鈔　集2-8951～2
　楓潭集鈔、文鈔　集2-8950
32 楓溪郁氏家乘[浙江嘉善]　史4-29509
　楓溪櫂歌、雜詠　集5-37358
　楓溪公遺文　集3-18496
40 楓南山館遺集　集4-31840
　楓木山頭金氏宗譜[浙江黃巖]　史4-29761
　楓梓沖李氏三修族譜[湖南湘潭]　史4-27563
44 楓樹山房詩　集4-23195,6-41763
　楓林先生文集　集2-5838
　楓林汪氏宗譜[安徽桐城]　史4-28799
　楓林汪氏支譜[安徽桐城]　史4-28798
　楓林黃氏家乘[貴州貴陽]　史5-34122
　楓林黃氏家乘五種　叢2-1015

4791₇ 杞

10 杞憂芻言　子1-1934
20 杞乘[萬曆]　史8-59804
27 杞紀、罗例　史7-50615
　杞紀[康熙]　史8-59190
40 杞木李氏族譜[江西萍鄉]　史4-27351
44 杞菊軒稿　集1-5274
　杞菊居集古驗方　子2-9730
60 杞園吟稿　集4-32603～4
　杞田集　集3-15686
62 杞縣志[康熙]　史8-59805
　杞縣志[嘉靖]　史8-59803
　杞縣志[乾隆]　史8-59806～7

楹

12 楹聯雜鈔四種　叢2-707
　楹聯集帖　子5-25992
　楹聯集錦　叢1-437
　楹聯彙編　子5-25959
　楹聯彙抄　子5-25960
　楹聯遊戲、楹聯續刻、楹聯聚寶　叢2-2101
　楹聯拾存　叢2-2235
　楹聯附錄　叢2-2074
　楹聯錄存　集5-33748～51、41341　叢2-1917、1920
41 楹帖偶存　叢2-1830
　楹帖見聞隨錄　集4-29953
43 楹裘集　集7-54727
50 楹書集　集4-25155
　楹書偶錄、續　叢2-823
　楹書隅錄、續編　史8-65848～9
　楹書隅錄、續錄　史8-65850
　楹書堂歷代姓氏考　子5-25946

4792₀ 枸

47 枸櫞軒詩鈔　集5-38720

柳

00 柳亭庵志、補遺　史7-51642
柳亭詩話　集6-45883　叢1-461,2-720(2)
柳庭輿地隅說　史7-51284　叢1-455
柳庭輿地隅說、圖說　史7-51283
柳文　集1-1424、1433,6-42028
柳文、別集、外集、後錄　集1-1423
柳文、別集、外集、附錄　集6-42027
柳文、別集二集外集、附錄　集1-1422
柳文洙詩選　集5-37772
柳文選　集1-1438,6-41805
柳文肅公集　集1-5087
柳文抄　集6-41800
06 柳韻樓詩稿　集3-21251
07 柳毅傳　叢1-22(19)、23(18)、29(4)、249(2)、255(3)、395,2-731(50)
柳毅傳書　集7-48777
10 柳元山水譜　集6-43417
柳下詞　集7-47882　叢1-509,2-1686
柳下集　集5-37148
柳下咫聞　子4-24458　叢2-1590
柳下居筆涉　子4-24173
柳下堂集文、詩　集3-14917
柳无涯先生(慕曾)行述　史2-10915
柳无涯先生追悼錄　史2-10916
11 柳非韓難　子4-24653
17 柳子藏書　子5-32039
柳子厚文　集1-1427,6-41806、42034
柳子厚文鈔　集6-41794
柳子厚諸記　集1-1441
柳子厚集選　集6-41709
柳子厚先生(宗元)年譜　史2-11005
18 柳致和室丸散膏丹釋義　子2-9969
20 柳舫集印、夏小正印譜　子3-16965
柳香亭稿　集3-18370
柳集點勘　集1-1442　叢2-746
21 柳仁陳氏宗譜[浙江縉雲]　史4-33144
柳衙雜著　子4-21627
22 柳崖外編　子5-26427～8　叢1-373(7)
柳岸吟　叢2-1293
23 柳外詞、詞韻畧　叢2-913
柳參軍傳　叢1-56、168(2)
24 柳先生(宗元)年譜　史2-11013、11198　叢1-223(49)、449、456(4)
柳待制文集　集1-5089～90　叢2-635(11)、860
柳待制文集(待制集、重刻柳待制文集)、標目、附錄　集1-5088
25 柳生拾真　集7-52824
26 柳泉府君張允垂行狀　史2-9732
柳泉居士詩餘　集7-47284
柳泉居士詞稿　集7-47283
27 柳歸舜傳　叢1-56
28 柳谿先生墓誌銘　叢2-947
柳峪詩集　集3-15119
30 柳宗元文鈔　集1-1426
31 柳江既濟渡志　史6-44721
柳汀雜著　子3-14709
柳河志[光緒]　史7-56288
柳河東詩集　集1-1416～7,6-41861、41877
柳河東詩鈔　集1-1420～1,6-41884
柳河東集　集1-1431
柳河東集、外集、新編外集　叢1-223(49)、227(8)
柳河東集注、別集注、外集注、柳河東集注附錄　叢1-223(49)
柳河東先生詩集　集1-1418,6-41878
柳河縣鄉土志[光緒]　史7-56289
柳潭遺集　集3-13977～8
柳渠集　集4-22874
32 柳州府志[乾隆]　史8-61297
柳州府志畧[乾隆]　史8-61298
柳州府馬平縣志[乾隆]　史8-61299
柳州文　集1-1437,6-41804
柳州文牘　史6-47341
柳州詩集　集6-44596
柳州詞選　集7-48576
柳州遺詩　集5-38956
柳州遺稿　集3-19586
柳州醫話良方　子2-4646
柳州乞巧　集7-49705
柳州煙　集7-49363
柳洲詩存　集3-17417
柳洲醫話良方　子2-10569、10655
柳洲醫話附方　子2-4771(4)
柳溪詩草、靜遠廬試帖　集5-34769
柳溪碎語　叢2-1824
柳溪傅氏宗譜[浙江浦江]　史5-36251
柳溪先生遺詩　集4-22694
柳溪倩書　叢2-1824
柳溪吟草　集3-20127
柳溪陳氏本宗譜續編[江西泰和]　史4-33262
柳溪竹枝詞　集5-39002
33 柳浪館批評玉茗堂紫釵記　集7-49883

柳浪館批評玉茗堂還魂記　集7-49890
柳浪館批評玉茗堂南柯記　集7-49914
柳浪館批評玉茗堂邯鄲記　集7-49904
34 柳汁吟舫詩草、賦草、古文　集4-31197
36 柳邊紀畧　史7-49317(6)、49318(2)、49960～
　　1　叢1-203(15)、373(3)、426,2-731(56)、
　　785
　　柳邊紀畧、塞外草[康熙]　史7-56085
　　柳邊紀畧[康熙]　史7-56082～4
37 柳湖田氏族譜[江蘇鎮江]　史4-26086、
　　26086～90
　　柳湖田氏宗譜[江蘇鎮江]　史4-26087
　　柳漁詩鈔　集3-19032
　　柳湄小榭詩　集4-32758　叢2-1868
　　柳初陽詩集　集1-5084,6-41780
　　柳迎春自嘆一枝　集7-52696
　　柳選尤氏醫案　子2-10535
　　柳選四家醫案　子2-10808
40 柳塘詩集　集3-15772
　　柳塘詩鈔　集4-32605
　　柳塘詞　集7-46397～400,47069
　　柳塘後處士詩集　集3-19499
　　柳塘外集　集1-4331～4,6-41746、41896、
　　41904、41922～3　叢1-223(58)
　　柳塘陳氏宗譜[浙江東陽]　史4-33051～4
　　柳南詩鈔、文鈔　集3-18455
　　柳南續筆摘要　子4-23156
　　柳南隨筆　子4-23152、23154　叢1-373
　　(3),2-790
　　柳南隨筆、續筆　子4-23151、23153　叢1-
　　269(5)、270(4)、496(4),2-731(54)
　　柳南隨筆摘錄　子4-23155
　　柳木劍　集7-53614
42 柳橋詩草　集4-24152
　　柳橋詩鈔　集4-30635
43 柳城縣志[民國]　史8-61300
44 柳花詠　集2-11039
　　柳莊集　集2-6219
　　柳莊先生詩集　集2-6218
　　柳蔭記　集7-51172
　　柳蔭書屋稿　集4-26831
　　柳蔭居詩草　集4-23452
　　柳耆卿詩酒翫江樓殘本　叢2-720(4)
　　柳村詩集　集3-15832
　　柳村詩草　集4-31885
　　柳村詞　集7-46405、46956
　　柳村譜陶　史2-11148
　　柳村琴譜　子3-17706
　　柳村集　集6-41956、45115
　　柳村遺草　集4-27464,6-42007(2)
　　柳林池殺廟　集7-53611

柳林黃氏族譜[湖南安化]　史5-34028
柳林胡氏五修族譜[湖南寧鄉]　史4-
　30605
柳林胡氏續修族譜[湖南寧鄉]　史4-
　30604
柳林胡氏四修族譜[湖南沅陵]　史4-
　30656
46 柳如是詩　集6-41957
　　柳如是詩(河東君詩)　集3-14060
　　柳如是山水册　子3-16641
　　柳如是事輯　史2-9275
　　柳如是尺牘、湖上草　集3-14059
　　柳絮集　集4-23392　叢2-1492～3
　　柳絮繞兒四枝　集7-51826
　　柳絮春　集7-53831
47 柳媚桃嬌一枝　集7-51825
　　柳柳州(宗元)年譜　史2-11009
　　柳柳州文集　集6-41803
　　柳柳州文選　集1-1436,1440,6-41689
　　柳柳州集　集1-1402～3,6-41885
　　柳柳州集選　集6-41734,41801
　　柳柳州外集　集1-1401
48 柳敬亭　集7-52207
　　柳梅序　子5-26554
50 柳屯田樂章　集7-46382
　　柳屯田樂章集　集7-46352,46447,46451
　　柳東先生詩賸稿、竹榭詞、象山縣志目及凡
　　例　集4-27525
　　柳東居士長短句　集7-47412
51 柳軒詩草　集3-15476
57 柳邨雜詠　叢2-1331
60 柳圃文集、別集　集3-19711
　　柳圃先生別集　集3-19712
　　柳園吟草　集4-26539
71 柳蠶發明輯要　史6-44894
72 柳隱叢譚　集6-46307　叢2-1903
　　柳氏諺文志　叢2-713
　　柳氏族譜　史4-30364
　　柳氏續譜[北京通縣]　史4-30338
　　柳氏家藏宅元祕訣　子3-13180
　　柳氏宗譜　史4-30362～3
　　柳氏宗譜[浙江景寧]　史4-30356
　　柳氏世爵籍貫考[山東蓬萊]　史4-30359
77 柳門遺稿　集4-33671～2　叢2-788
　　柳貫上京紀行詩　集1-5086
78 柳陰記　集7-50756
80 柳谷編　叢2-1302～4
88 柳簡堂存稿　集4-22512
90 柳堂訂譌畧　經2-14087
　　柳堂詩話　集6-46188

左側：中國古籍總目·索引

柳堂詩稿　集3-16017
柳堂詩未　集4-27080
柳堂詩鈔　集4-31661
柳堂師友詩錄初編　集6-42007(1)
柳堂外集　集6-41745
柳堂紀年隨筆　史2-12093
柳堂近體詩鈔　集4-26144
柳堂遺集　集2-12831
91 柳煙詞　集7-47212
99 柳營詩傳　集5-35464
柳營會飲　集7-49705

枸

60 枸邑縣新志[民國]　史8-62891

栯

00 栯庵詩稿　集4-23951
27 栯緣日記(清光緒十九年至二十九年、三十四年)　史2-13182
栯緣隨筆　叢2-2141
44 栯莊詩集　集3-17410
47 栯栯編　集2-12844
栯栯日記　叢2-2141
栯栯園文鈔　集3-15751
栯栯園詩　集3-15810
栯栯園詩、京邸吟　集3-15809
栯栯園詞鈔　叢2-2101
栯栯園題畫　子3-16226　叢2-2101
栯栯園翔陽集　叢2-2101
栯栯盦遺箸二種　叢2-2141
60 栯園詞　集7-46399～400、47114、47156
栯園詞棄稿　集7-47113
栯園觸政、栯園增訂西廂記籌令(屈醒陶醉室主人選訂雅令)　子3-18356
栯園叢稿初編　集5-41429
栯園藏稿(文集、詩集、蜀雲草、聯語)　集5-37650
67 栯野詩存　集3-15090

桐

00 桐庵文稿　集3-13177～8

桐庵集(桐庵文集、雲遊詩)　集3-13176
桐廬李氏家集　集6-44991
桐廬樓氏宗譜[浙江桐廬]　史5-38987
桐廬縣志[康熙]　史7-57213
桐廬縣志[嘉靖]　史7-57211～2
桐廬縣志[乾隆]　史7-57214
桐齋學醫錄　子2-5147
桐音館詩草　集5-36202
桐音館詩草、盤泉文稿　集5-36203
06 桐韻詩刪　集3-21592
08 桐譜　子4-19307～8　叢1-17、19(6)、20(4)、22(17)、23(17)、24(6)、26～8、2-615(3)、731(28)
10 桐下聽然　子5-27300
桐石山房詩　集4-22778,6-41985
桐石草堂集　集3-20730
桐西書屋詩鈔、文鈔　集5-34906　叢2-908
桐西撩風胡氏家乘[安徽桐城]　史4-30514
桐西周氏支譜[安徽桐城]　史4-30065
11 桐琴金氏上仁房譜[浙江永康]　史4-29684
12 桐引樓詩　集3-14325
20 桐香館詩稿　集5-38863
桐香館詩存　集4-32976
22 桐川語　子1-1139
桐川王氏支譜[安徽廣德]　史4-25296
桐川夏氏宗譜[浙江東陽]　史4-31685
桐川石墨　史8-63904
桐川樂府　集3-17376
桐川朱氏家譜[江西婺源]　史4-26687
桐川朱氏宗譜[江西婺源]　史4-26686
桐川紀事、續　史7-50495
桐川曹氏宗譜[浙江遂安]　史5-34181
桐川羅浮朱氏支譜[江西婺源]　史4-26688
桐巖山房詩刪　集3-16075
桐嶺館詩鈔　集4-32340
桐變日錄、桐叛紀異、明季日記　史1-2891
桐乳齋詩集　集3-17827
桐乳山房詩稿　集4-26560
桐峯詩集　集5-38733
桐峯集　集3-21502
桐峯翁氏宗譜　史4-32257
桐山詩集　集4-32079
桐山滙草　集3-15503
桐山老農集　集1-5640　叢1-223(61)
26 桐自生齋詩集、詩續集、文集　集5-40054
27 桐鄉詩鈔　集6-44612
桐鄉盧蓉裳先生(福基)哀輓錄　史2-

10800
桐鄉十二家詩稿　集6-44613
桐鄉盛延祐夫婦誌銘行署挽詩彙刻　史2-
9084
桐鄉縣志[康熙]　史7-57366
桐鄉縣志[正德]　史7-57365
桐鄉縣志[嘉慶]　史7-57367　叢1-373
(8)
桐鄉縣志[光緒]　史7-57369
桐鄉縣志稿[光緒]　史7-57368
桐鄉養蠶桑簡明法　子1-4339、4351
桐鄉鄭書田先生(文同)暨德配汪夫人八旬
薦富榮褒錄　史2-10577
桐鄉勞先生遺稿　集5-37171　叢2-2115
桐鄉勞先生遺稿四種　叢2-2115
桐魚詞　集7-46405、46968
桐彝、續　史2-8105
桐響閣詩集　集4-27443
28 桐谿三家詩餘　集7-46432
桐谿存稿　集2-7540
30 桐窓說餘　子4-24153
桐窓囈說　叢1-330
桐愊讀書記　子4-24641
桐窗雜著十種　叢2-1643
桐窗課解偶編、續編　集6-46300　叢2-
1643
桐窗殘筆　集4-25676　叢2-1643
桐窗散存　叢2-1643
桐窗囈說　叢2-1643
桐窗餘著三書　叢2-1643
桐窗餘藁　叢2-1643
31 桐江章氏宗譜[浙江桐廬]　史5-34526
桐江詩話　集6-45486、45684　叢1-22
(14)、23(13)
桐江王氏宗譜[浙江桐廬]　史4-24930
桐江至德姚氏宗譜[浙江桐廬]　史4-
31165
桐江集　集1-4793、4797~8　叢1-265(5)、
266
桐江集、續集　集1-4794
桐江何氏宗譜[浙江桐廬]　史4-28266~7
桐江山陰王氏宗譜[浙江桐廬]　史4-
24932
桐江續集　叢1-223(59)
桐江皇甫氏續修宗譜[浙江桐廬]　史4-
30759
桐江皇甫氏宗譜[浙江桐廬]　史4-30756~8
桐江吳氏宗譜[浙江桐廬]　史4-27807
桐江侯川袁氏宗譜[浙江桐廬]　史4-
31326
桐江緱嶺俞氏宗譜[浙江桐廬]　史4-

30779、30831
桐江潮川潘氏宗譜[浙江桐廬]　史5-
39790
桐江赤洲厚倫皇甫氏宗譜[浙江桐廬]　史
4-30753~5
桐江赤城厚倫前皇甫氏世譜[浙江桐廬]
史4-30752
桐江袁氏宗譜[浙江桐廬]　史4-31327~8
桐江莪溪姚氏宗譜[浙江桐廬]　史4-
31166
桐江榮宅王氏宗譜[浙江桐廬]　史4-
24928~9
32 桐溪童氏宗譜[浙江桐廬]　史5-36489
桐溪文集、補遺　集3-18922
桐溪詩草　集5-40757,6-44290
桐溪紀畧　史6-41529、43161
桐溪馮氏支乘[浙江桐廬]　史5-36424
桐溪達叟自編年譜　史2-12243
桐溪草堂詩　集4-22880
桐溪草堂詩、文　集4-22881
桐溪者隱集　集5-35274
桐溪者隱集、補錄　叢1-508,2-731(39)
桐溪金氏上仁房譜[浙江永康]　史4-
29686
桐溪金氏宗譜[浙江永康]　史4-29685、
29687~8
40 桐南鳳崗李氏宗譜[浙江桐廬]　史4-
27160~1
桐南鳳岡章氏宗譜[浙江桐廬]　史5-
34527
桐木橋唐氏續修族譜[湖南長沙]　史4-
32538
桐木橋晉昌唐氏三修族譜[湖南長沙]　史
4-32539
桐梓縣志[民國]　史8-62202
桐梓縣概況[民國]　史8-62203
41 桐埜副墨　子3-18299　叢1-197(4)、469,
2-716(4)
桐埜副墨(運掌經)　叢1-495
42 桐橋倚櫂錄　史7-52225
桐橋漁隱記　史2-10106
43 桐城方宗誠先生文稿　集4-33182
桐城方氏七代遺書二十種　叢2-937
桐城麻溪姚氏族譜[安徽桐城]　史4-
31204
桐城文學淵源考、引用書目、名氏目錄、補
遺　史2-8108　叢2-2202
桐城文學撰述考、補遺　叢2-2202
桐城許氏宗譜[安徽桐城]　史5-34444
桐城王氏宗譜[安徽桐城]　史4-25234
桐城項氏重修宗譜[安徽桐城]　史5-

35523
桐城張氏家譜[安徽桐城]　史5-35138
桐城張氏宗譜[安徽桐城]　史5-35133
桐城集　集4-23182
桐城川門胡氏宗譜[安徽桐城]　史4-30511
桐城吳先生(汝綸)年譜　史2-12316
桐城吳先生文集　叢2-2033
桐城吳先生文集、詩集、尺牘、補遺、諭兒書
　集5-36679
桐城吳先生詩集　叢2-2033
桐城吳先生經說三種　經1-158
桐城吳先生彙錄諸家史記評話　史1-54
桐城吳先生史記初校本點識　史1-54
桐城吳先生點勘諸子七種　子1-70
桐城吳先生點勘老子　子5-29203
桐城吳先生尺牘、補遺、諭兒書　叢2-2033
桐城吳先生尺牘續編　集5-36686
桐城吳先生全書六種附二種　叢2-2033
桐城吳家柴吳氏宗譜[安徽桐城]　史4-27998
桐城吳摯甫稿　集5-36678
桐城吳氏法律教科書　子7-36577
桐城吳氏古文讀本　集6-43095～6
桐城鄉土志調查[民國]　史7-57913
桐城魯谼方氏族譜[安徽桐城]　史4-25815
桐城鷦石周氏尚義堂支譜[安徽桐城]　史4-30066
桐城官山高氏宗譜[安徽桐城]　史4-32427
桐城汪氏宗譜[安徽桐城]　史4-28797
桐城河灣周氏宗譜[安徽桐城]　史4-30067
桐城浮山江氏宗譜[安徽桐城]　史4-26866
桐城達人錄　史2-8106
桐城左侍御疏稿、左忠毅公集　史6-48495
桐城志畧[民國]　史7-57911
桐城耆舊傳　史2-8107
桐城桂林方氏家譜[安徽桐城]　史4-25812
桐城桂林方氏友慶堂之支譜[安徽桐城]　史4-25813
桐城胡氏所著書七種　叢2-938
桐城梅嶺甘氏宗譜[安徽桐城]　史4-26045
桐城軼事　史1-3592～3
桐城縣誌[弘治]　史7-57906
桐城縣鄉土志畧[光緒]　史7-57912
桐城縣志[康熙]　史7-57907～8

桐城縣志[道光]　史7-57909
桐城縣志[同治]　史7-57910
桐城馬先生(其昶)年譜　史2-12380
桐城劉氏宗譜[安徽桐城]　史5-39325
桐城錢飲光先生全書三種　叢2-1273
桐城光氏族譜首[安徽桐城]　史4-26264
44桐埜詩集　叢2-885
桐花齋詩鈔　集5-38612
桐花齋集　集5-38613
桐花齋自警錄續集　子1-1895
桐花寮方案　子2-10837
桐花書屋詩草　集4-25618
桐花書屋剩稿　集5-34381
桐花書屋初稿　集5-35301
桐花吟館詩　集4-23216
桐花吟館詞　集7-47511
桐花閣詩集　集4-28492
桐花閣詩存　集5-36981
桐花閣詞　集4-28491,7-47650
桐花閣詞、補遺　集7-47651
桐花閣詞鈔　集7-46423、47652、47992　叢2-882
桐花館詩草、詞草　集4-30335
桐花館詩鈔　集4-26917
桐花館夢緣集　集5-38281
桐蔭山房詩鈔　集4-25230
桐蔭志異　叢2-632
桐蔭舊話　叢1-11～2、17
桐蔭書院詩草　集4-29041～2
桐蔭書屋詩　集3-18291,6-44976
桐蔭書屋未定草　集5-36777
桐蔭隨筆　叢2-2019
桐蔭小牘　集6-44281
桐蔭堂詩鈔、補遺　集3-14415
桐蔭堂讀易知新未定本　經1-1989
桐華舸詩稿　集4-31923
桐華舸詩稿、褒忠詩　集4-31925
桐華舸詩鈔　集4-31924、31927
桐華舸詩鈔、續鈔、遺詩、明季詠史詩鈔、褒忠詩　集4-31922
桐華舸手寫詩稿　集4-31926
桐華舸明季詠史詩鈔　史1-6188
桐華仙館詩別鈔　集4-30453
桐華仙館詞　集7-46418、47916
桐華山館詩鈔　集4-32873
桐華吟館詩詞稿　集4-24538～9
桐華吟館詩稿、文鈔、詞稿　集4-24535
桐華吟館詩稿、詞稿　集4-24534
桐華吟館詩稿、瓔珞香龕詞　集4-24537
桐華吟館詩稿二鈔　集4-24536

桐華閣文集　叢1-547(4),2-1947～8
桐華閣文集、詞鈔　集5-34291
桐華閣詩文集　集5-34292
桐華閣詩草、詩餘　集5-38688
桐華閣詩鈔　集4-30068
桐華閣詞鈔　叢1-547(4),2-1947
桐華閣西廂記、桐華閣節本董解元西廂記
　集7-48864
桐華閣叢書六種　叢2-1947
桐華館文集　集5-34295
桐華館詩集　集4-23231
桐華館詩稿　集5-34294
桐華館詩鈔、金屑詞　集4-25628
桐華館詞　集7-47556
桐華館史翼五種　史1-5
桐華竹實之軒詩草、試帖詩鈔　集4-31270
桐華竹實之軒詩鈔、試帖　集4-31271
桐菴文稿　叢1-550
桐菴存稿　集3-13179　叢2-646
桐芭雜著　叢2-1587
桐村詩　集3-18787
桐樹園集、大梅老人尺牘　集3-14101
桐葉山房詩草　集4-25495
桐葉小草、索筆閒吟、秋草吟館偶存　集3-
　17400
桐桂軒課孫草　集5-34493,6-42007(3)
桐薪　子4-22263　叢2-1194
46 桐柏縣志[康熙]　史8-59971
桐柏縣志[乾隆]　史8-59972
47 桐鶴堂膏丹丸散集錄　子2-9603
51 桐軒詩鈔　集4-30302,6-41996
桐軒韻事　集6-44866
57 桐邨詩稿　集3-17810,6-41975
60 桐園草堂琴譜　子3-17703
桐園臥游錄　子3-16272
桐邑方存之文稿　集4-33185
桐邑葉氏宗譜[安徽桐城]　史5-35723
67 桐野詩集　集3-17250、17252　叢2-1020
桐野山人集　集3-17251
桐野山人遺詩　集3-17251
68 桐吟書屋稿　集4-25005
72 桐隱廬詩鈔　集4-29373
74 桐陂趙氏宗譜[安徽桐城]　史5-38386
76 桐陽世家金氏宗譜[浙江金華]　史4-
　29680
桐陽金氏十修宗譜[浙江金華]　史4-
　29681
77 桐鳳集　集5-40452
桐屋剩稿　集6-42021
桐屋遺稿　集5-35142　叢1-554

桐岡童氏宗譜[浙江龍游]　史5-36502
桐岡夏氏宗譜[江西新建]　史4-31695
桐岡集、小稿　集2-8280
桐岡存稿　集3-21065
桐月修簫譜　子3-17833　叢2-647
桐月窗吟稿　集4-27600
桐月樓詩稿、畸人詩草　集4-28906
桐閣文鈔　集4-25677
桐閣雜著四種(病牀日札、諸子雜斷、桐窗
　囈說、羣書摘旨)　子4-21396
桐閣拾遺　叢2-1643
桐閣關中三先生語要　子1-107、179　叢2-
　1643
桐閣全書二十四種　叢2-1643
桐閣性理十三論　子1-1708　叢1-574(4)
桐爨吟餘　集3-19769
78 桐陰雜記　叢1-407(3)
桐陰詩集　集4-21961
桐陰論畫　子3-16006
桐陰論畫、桐陰畫訣、論畫小傳　子3-
　16007
桐陰論畫、桐陰畫訣、續桐陰論畫　子3-
　16008
桐陰論畫、桐陰畫訣、續桐陰論畫、二編、三
　編　子3-16009
桐陰山房叢刻三種　叢2-1957
桐陰清話　子4-21615
桐陰草堂詞　集7-47498
桐陰舊話　史1-1914,2-8199　叢1-21
　(5)、22(7)、23(7)、24(6)、56、95、195(2)、490、
　2-730(2)、731(50)
桐陰畫訣　子3-15860
桐陰畫訣、續桐陰論畫　子3-16010
桐陰書屋詩草　集5-36798
桐陰日省編　叢1-373(7)
桐陰日省編、慎終錄要　子4-21252
88 桐餘集　集3-15094
91 桐叛紀異　史1-2891

楒

71 楒蠶通說　叢2-989

4792₂ 杒

22 杒山集　集1-866　叢1-223(48)
杒山集、補遺　集1-865

柕山集、拾遺　集6-41872

4792₇ 栘

44 栘華館駢體文　集4-28351　叢2-917
　　栘華館駢體文鈔　集4-29029
　　栘林館吉金圖識　史8-64240
65 栘晴堂四六(地山初稿)　集3-19802

梆

17 梆子腔　集7-53523
　　梆子算糧　集7-53547

楒

42 楒柮談屑　子4-21898　集4-31588

橘

00 橘亭詞、補遺　集7-47585
　　橘旁雜論　子2-4771(4)、10616
　　橘弈廬稿　集5-40556
08 橘譜　子4-18535、19322
10 橘天園詩鈔　集4-25685
　　橘西草堂集(雪晴軒文稿、詩集)　集3-15950
20 橘香堂存稿　集3-21886
22 橘山四六　集1-3802　叢1-223(56)
　　橘巢小稿　集3-18314
31 橘潭詩稿　集6-41894(3)、41895、41912、41917、41924　叢2-833
　　橘潭詩藁　集1-4262
　　橘潭詩藁　集6-41745~6、41888、41891~3、41897~8、41904、41923
32 橘洲詩集　集3-13447
33 橘浦記　集7-49967
34 橘社唱和集　集3-16389、6-44178
　　橘社金氏家譜[江蘇吳縣]　史4-29639~40
44 橘坡稿　集2-6719
　　橘蔭軒詩文集(補勤詩存、詩續編、文牘、文牘續編)　集5-33787

橘蔭軒全集七種　叢2-1930
　　橘英男　子7-38167
47 橘榴山館稿　集4-31360
50 橘中祕　子3-18036
60 橘園詩鈔、聯偶　集5-39493
87 橘錄　子4-19321　叢1-2~6、9~10、19(10)、20(8)、21(9)、22(17)、23(17)、24(11)、223(39)、569,2-731(30)

郴

27 郴侯書院　史7-52119
31 郴江百詠　集1-2933、5031　叢1-223(54)、306
　　郴江百詠輯補　集1-2934
　　郴江百詠箋校　集1-2935
　　郴江百咏　集6-41784
　　郴江志　史7-49309、52995
32 郴州集　集5-38928
　　郴州總志[康熙]　史8-60614~5
　　郴州總志[嘉慶]　史8-60617
　　郴州總志[乾隆]　史8-60616
　　郴州直隸州鄉土志[光緒]　史8-60618
　　郴州志[萬曆]　史8-60613
　　郴州圖經　史7-49309、50778
　　郴州首氏宗譜[湖南郴州]　史4-31020
50 郴東桂陽小記　史7-49318(13)、50777
62 郴縣何星聯先生六十壽言　史2-10854
76 郴陽謝氏續修族譜[湖南郴州]　史5-40818
　　郴陽張氏族譜[湖南郴州]　史5-35399

鵁

60 鵁園詩草　集5-39811

4793₂ 根

32 根溪陳氏宗譜[浙江東陽]　史4-33067
33 根心寄草　集5-36618
　　根心堂學規　子1-2382　叢1-197(4)
50 根本說一切有部百一羯磨　子6-32081(35)、32082(15)、32083(23)、32084(19)、32085(34)、32086(40)、32088(25)、32089(40)、32090(45)、32091(43)、32092(30)、

32093(24)

根本說一切有部出家授近圓羯磨儀範　子6-32090(46)

根本說一切有部出家授近圓羯磨儀範、苾芻習學畧法　子6-32091(44)、32092(30)

根本說一切有部苾芻習學畧法　子6-32093(24)

根本說一切有部苾芻尼戒經　子6-32081(35)、32083(23)、32085(34)、32086(39)、32088(24)、32089(39)、32090(46)、32091(44)、32092(30)、32093(24)、7-32646

根本說一切有部苾芻尼毗奈耶　子6-32081(34)、32082(14)、32084(18)、32085(33)、32088(24)、32089(39)、32090(45)、32091(43)、32092(29)、32093(23)

根本說一切有部苾芻尼毗奈耶經　子6-32083(23)、32086(39)

根本說一切有部戒經　子6-32081(35)、32082(15)、32083(23)、32084(19)、32085(34)、32086(39)、32088(24)、32089(39)、32090(45)、32091(43)、32092(29)、32093(24)

根本說一切有部目得迦　子6-32081(35)、32082(14)、32085(33)、32086(39)、32088(24)、32089(39)、32090(46)、32091(44)、32092(30)

根本說一切有部署毗奈耶雜事攝頌　子6-32084(19)

根本說一切有部署毗奈耶雜事攝頌　子6-32093(24)

根本說一切有部毗奈耶　子6-32084(18)、32093(23)、7-32647

根本說一切有部毗奈耶雜事攝頌　子6-32083(24)、32086(40)

根本說一切有部毗奈耶破僧事　子6-32093(24)、7-32648～9

根本說一切有部毗奈耶藥事　子6-32087

根本說一切有部毗奈耶尼陀那目得迦攝頌　子6-32083(24)、32086(40)

根本說一切有部毗奈耶尼陁那攝頌　子6-32084(19)

根本說一切有部毗奈耶頌　子6-32083(24)、32086(40)

根本說一切有部毗柰耶　子6-32081(34)、32083(23)、32085(33)、32086(39)、32088(24)、32089(39)、32090(45)、32091(43)、32092(29)

根本說一切有部毗柰耶雜事　子6-32081(34)、32082(14)、32083(23)、32084(18)、32085(33)、32086(39)、32088(24)、32089(39)、32090(45)、32091(43)、32092(29)、32093(24)

根本說一切有部毗柰耶雜事攝頌　子6-32081(36)、32082(15)、32085(35)、32088(25)、32089(40)、32090(46)、32091(44)、32092(30)

根本說一切有部毗柰耶破僧事　子6-32088(40)、32089(41)、32090(45)、32091(43)、32092(29)

根本說一切有部毗柰耶出家事　子6-32093(24)

根本說一切有部毗柰耶安居事　子6-32093(24)

根本說一切有部毗柰耶皮革事　子6-32093(24)

根本說一切有部毗柰耶藥事　子6-32093(24)

根本說一切有部毗柰耶隨意事　子6-32093(24)

根本說一切有部毗柰耶尼陀那目得迦攝頌　子6-32081(36)、32082(15)、32085(35)、32088(25)、32089(40)、32090(46)、32091(44)、32092(30)、32093(24)

根本說一切有部毗柰耶頌　子6-32081(36)、32082(15)、32084(19)、32085(35)、32088(25)、32089(40)、32090(46)、32091(44)、32092(30)、32093(24)

根本說一切有部毗柰耶羯恥那衣事　子6-32093(24)

根本說一切有部毗柰那(耶)破僧事　子6-32085(55)、32086(65)

根本說一切有部尼陀那　子6-32081(35)、32082(14)、32085(33)、32086(39)、32088(24)、32089(39)、32090(45)、32091(43)、32092(30)

根本說一切有部尼陀那、根本說一切有部目得迦　子6-32084(18)、32093(24)

根本說一切有部尼陀那目得迦　子6-32083(23)

根本薩婆多部律攝　子6-32081(36)、32082(15)、32083(24)、32084(19)、32085(35)、32086(40)、32088(25)、32089(40)、32090(45)、32091(43)、32092(30)、32093(24)、7-32650

65 根味齋詩集　集3-17761

橡

88 橡筆樓詩初集　集5-40474

橡

10 橡栗山房集　集3-13208

37 橡湖仙影　子7-38251
41 橡坪詩話　叢1-373(4)
　　橡坪詩話補鈔　叢1-373(7)
44 橡繭詩　子1-4449　集4-27959
　　橡繭圖說　子1-4450
　　橡村痘訣　子2-8464、8846
　　橡村治驗　子2-8464、10582
71 橡蠶新編、放蠶俚歌　子1-4452
　　橡蠶芻言　子1-4451

4794₀ 柵

22 柵川于氏宗譜[浙江蘭溪]　史4-24725～8

椒

00 椒亭小集　集1-3009、3101,6-41894(2)
10 椒雲詩鈔　集4-30408
　　椒雲年譜　史2-12139
22 椒岑著述(善思齋文續鈔、詩續鈔、黑龍江
　　　述畧底本、歸廬譚往錄、代言輯存、光緒
　　　庚子年近稿)　集5-37324
　　椒山集、餘生錄　集2-9215
　　椒山先生自著年譜　集2-9204
　　椒山先生遺著　集2-9221
　　椒山自著年譜　史2-11502
　　椒山吳氏重修宗譜[浙江義烏]　史4-
　　　27907
　　椒山吳氏宗譜[浙江義烏]　史4-27906、
　　　27908～9
　　椒山遺囑　子1-2123　叢1-269(5),2-731
　　　(20)
25 椒生府君年譜　史2-12206
　　椒生詩集　集5-37002
　　椒生續詩草　集5-37003～4
　　椒生奏議　史6-49123
　　椒生隨筆、椒生詩草、續草　子4-23512
30 椒宮舊事　叢1-13、14(1)、22(21)、134、407
　　　(3)
31 椒江廖洋陳氏宗譜[浙江黃巖]　史4-
　　　33113
　　椒江乃堰陳氏宗譜[浙江黃巖]　史4-
　　　33114
　　椒江陳氏宗譜[浙江黃巖]　史4-33115
44 椒花初頌贈言　集2-12208
　　椒花吟舫文稿　集3-21210
　　椒花吟舫詩稿　集3-21206

椒花吟舫書目　史8-65695
60 椒園文鈔　集6-42064
　　椒園詩文集　集4-28189
　　椒園詩文輯　集4-28188
　　椒園詩稿　集4-24576
　　椒園詩剩　集4-24574
　　椒園詩鈔　集5-35068　叢2-1017
　　椒園居士集　集4-24572～3　叢2-897
72 椒丘詩　叢2-1235
　　椒丘先生文集　集2-6897
77 椒邱文集、外集　集2-6899　叢1-223(64)
80 椒谷詩鈔　集3-20242
90 椒堂雜稿　集4-25895

4794₇ 殺

00 殺府逃國　集7-53031
17 殺子報　集7-50770
30 殺家告廟　集7-53422、53651
47 殺狗記　集7-49709、49757
　　殺狗勸夫寶卷(賢良寶卷、殺狗勸夫)　集7-
　　　54437
　　殺狗勸夫兄弟同心寶卷　集7-54438
50 殺車槌法　子2-4564、6501　叢2-731(29)
60 殺四門　集7-53423

穀

00 穀庵集選　集2-6858,6-45026
　　穀音詩集　集5-37234
03 穀詒彙　子1-1307
　　穀詒堂詩續集　集5-33721
　　穀詒堂詩鈔(穀詒堂集古詩鈔)　集5-
　　　33720
　　穀詒堂集　集5-36192
10 穀玉類編　子5-25313
12 穀孫詩鈔　集4-28724
22 穀山筆麈　子4-20619　叢2-1150
33 穀梁　經1-7373
　　穀梁廢疾　經1-7341　叢2-765～6
　　穀梁廢疾申何　經1-111(4)、7395　叢1-
　　　312
　　穀梁證經異句　經1-153
　　穀梁正義　經1-7405　叢2-1549
　　穀梁疏存、校勘記　經1-7375　叢2-670
　　穀梁疏校勘記　經1-7376

穀梁傳　經1-50、7335、7384～5、8114
穀梁傳評　經1-7389　叢2-1360
穀梁傳例　經1-7369～70　叢2-765～6、
　772(2)、773(2)
穀梁傳注　經1-7348　叢2-765～6
穀梁傳補注　經1-7393　叢1-439,2-1504
穀梁傳選　經1-7355、7386～7　集6-41689
　叢1-297～8
穀梁傳鈔　經1-7394　叢2-1540
穀梁釋經重辭說　經1-7423　叢2-2162
穀梁釋例　叢1-460
穀梁約解　經1-7406　叢2-956
穀梁注疏　叢1-227(2)
穀梁補注　經1-163(4)、7400～1　叢2-698
　(3)
穀梁禮證　經1-163(3)、7399　叢1-460,2-
　881
穀梁逸禮　經1-7403
穀梁大義述　經1-163(3)、7397～8　叢1-
　493
穀梁大義述補　經1-7409
穀梁大義述補闕　經1-7408
穀梁古義　經1-7391　叢1-203(3)
穀梁范注闕地釋　經1-7410
穀梁起廢疾補箋　經1-7407
穀梁申義　經1-7404　叢2-2106
穀梁春秋　經1-7333、8112
穀梁春秋經傳古義疏　經1-7415～6
穀梁春秋經傳古義凡例　經1-7420　叢2-
　2129(2)
穀梁春秋經學外篇凡例　經1-7421　叢2-
　2129(2)
穀梁折諸　叢1-223(11)
穀梁折諸、公羊穀梁後論　經1-7390、8119
35 穀遺詩存　集5-38572
40 穀韋詩文集　集3-15944
　穀來王氏宗譜[浙江新昌]　史4-25096
43 穀城山館文集　叢2-1150
　穀城山館詩集　集2-10269　叢1-223(66)，
　2-1150
　穀城山館詩集、文集　集2-10268
　穀城山館全集四種　叢2-1150
　穀城縣志[同治]　史8-60157
　穀城縣志稿[民國]　史8-60158
60 穀園集(文、詩)　集3-13063
71 穀原詩集　集2-8247
　穀原先生奏議　史6-48253
　穀原奏議　史6-48252
77 穀岡八議　史6-43103
88 穀簾學吟　叢1-525
91 穀類字釋名　子7-36237

4795₃ 橶

20 橶香館詩草　集4-32746

4796₁ 檜

60 檜景齋詩、新安遊草　集3-13767

4796₂ 榴

21 榴紅山房吟草　集5-38363
22 榴山葘古錄　子4-24008
30 榴窗隨判　叢2-2273
　榴實山莊文稿、詩鈔、試律　集4-30680
　榴實山莊文稿、詩鈔、詞鈔、試律　集4-
　30682
　榴實山莊詩稿　集4-31272
　榴實山莊詩稿、文稿　集4-30681
　榴實山莊詩鈔　集4-30679、30683
　榴實山莊遺稿　集5-36564
31 榴江縣志十編[民國]　史8-61304
40 榴南山房詩存　集3-19713
44 榴花夢　集7-53832
　榴花館詩存　集5-40548
　榴蔭山房印譜　子3-17372
　榴蔭軒存稿　集4-30089
80 榴龕居士集　集3-15499
83 榴館初函集選　集3-13825

4796₄ 格

00 格庵集(破山興福寺古跡小芟草、萬籟齊
　音、禪機百物頌)　集3-18864
　格庵奏稿　史6-48154　叢1-272(5)
　格齋先生三松集　集1-3752～3
　格齋先生四六　集6-42073
　格齋四六　叢1-223(55)
　格齋四六(格齋先生四六)　集1-3754
　格齋四六、補、校勘記　集1-3755　叢2-
　870(4)
　格言雜抄　子5-26045

格言聯璧　子4-24490～2　叢1-536,2-691(3)、724

格言聯璧節抄　子4-24499

格言集　子4-23887　集6-41750

格言集要　子4-24498

格言集粹　叢2-724

格言僅錄　叢1-201、203(6)

格言釋證　叢2-724

格言彙編五種　子4-19502

格言滙纂　子2-4605、10525

格言叢錄　子1-2605

格言尤要　子4-23271

格言印譜　子3-17096

格言合璧　子4-24500

格言纂要　子5-32037

格言粹編、清夜鐘　叢2-724

格言類編　子4-24103

18 格致新法、續　子7-36229、37440

格致新機　子7-37441

格致譜　子5-25894～5

格致要論　子2-8632

格致理三家論　子7-36229、37434

格致須知二十八種　子7-36230

格致總論　子7-36254

格致總學啓蒙　子7-36244、37443

格致釋器　子7-37438

格致釋器一照像器　子7-37258

格致彙編　叢1-496(2)

格致滙編　子7-37432

格致滙編醫錄　子2-10821,7-36229

格致叢談　子7-36237

格致叢書一百一十五種　子7-36229

格致叢書□□種　叢1-114(1)

格致淺言　子7-36237

格致演義　子7-36236～7

格致啓蒙　子7-36231(4)、36250、37436

格致啓蒙十六種　子7-37437

格致古微、表　子4-22764,7-36258

格致草　叢1-193

格致指南九種　子7-37461

格致畧論　子7-36229、37435

格致質學啓蒙　子7-36244、37442

格致學　子7-36252

格致舉隅　子7-37433

格致問答類編　叢1-531

格致鏡原　子5-25892～3　叢1-223(44)

格致餘論　子2-4549～51、4564、4740、4812　叢1-223(33)、2-731(28)、857、860

格致餘論、局方發揮　子2-4811

格致小引　子7-36228(3)、36231(4)、36239、

36254、37439

21 格術補　子3-11252、12364、12389、12721　叢2-1896

27 格物廬談　叢1-195(5),2-731(27)

格物辨真錄　子5-25748

格物雜說　子7-36229、37431

格物新理　子7-36237

格物諸圖　叢2-1110

格物要覽　子5-25912

格物須知　子2-4589

格物測算　子7-37457

格物通　子1-1029　叢1-223(31)

格物啓蒙　子7-36228(3)、36254

格物奇事　子7-36237

格物探原　子7-37430

格物質學　子7-37460

格物質學兼賅諸學考　子7-36240(5)

格物學　子7-36246

格物學總考　子7-36240(5)

格物學考　子7-36240(4)

格物學書目考　子7-36240(4)

格物問答　子1-1392　叢2-1301

格物入門(增訂格物入門)　子7-37458

格魯森五十三七米粒密達放快礮操法　子7-36228(6)

格魯森快放礮操作法　子7-37012

40 格古論　叢1-19(11)、20(9)、24(12)

格古要論　子4-23680、23689～92　叢1-86、223(42),2-730(6)

格古瑜論　子4-23693

44 格勒博羅特譜傳[內蒙古]　史5-35495

格林礮操法　子7-36231(3)、36998

88 格餘錄槧　子5-25467

4797₀ 柏

00 柏亭公遺稿　集4-28701

4798₂ 款

21 款紅社詩存　集5-37211,6-42017

30 款塞始末　史1-1926～7

44 款花居詩文　集4-28356

款花居詩文稿　集4-28357

62 款則彙編　史6-44168

4810₇ 盩

71 盩厔三義傳　叢2-1325
　盩厔縣鄉土志[宣統]　史8-62702
　盩厔縣志[康熙]　史8-62697
　盩厔縣志[乾隆]　史8-62698~9
　盩厔縣志[民國]　史8-62701

4811₆ 壖

44 壖苴軒詩存　集3-16730

4814₀ 墩

11 墩頭曹氏宗譜[安徽青陽]　史5-34218~9

救

00 救疫全生篇(瘟疫明辨主治方法)　子2-6964
　救産全書　子2-8075
　救度佛母神咒　子7-32094
　救文格論　史1-5301　叢1-210~1、421,2-617(5)、1275~6
　救文格論、詩委蒙告　集6-45856
　救文格論、詩律蒙告　史1-5303
　救文格論、通韻譜說　史1-5302
10 救五絕諸毒良方　子2-9958
　救面然餓鬼陀羅尼咒經　子6-32083(13)
　救吞生煙良方　子2-10006
　救吞生煙奇效法附戒煙方　子2-9876
20 救吞鴉片煙方法　子2-4702、9829
22 救災福報　史6-44620
23 救偏瑣言　子2-8750
　救偏瑣言、備用良方　子2-8748~9
25 救生集　子2-9628
　救生船　子5-30511~2　叢2-724
　救生家寶　子2-8231
27 救卹出征軍隊之傷者病者條約　史6-45097
　救急方　子4-24534

救急應驗良方　子2-9546、9892
救急新編　子2-9750
救急衛生新法　子7-37881
救急備用經驗彙方　子2-9549
救急良方　子2-9424、9466、9496、9594、9850、9967、9997
救急奇方　子2-9581、9924、10054
救急成方　子2-4725、9874
救急易方　子2-9222
救急單方　叢2-1212
救急丹方　子2-10201
救急驗方　子2-9804
救急合用雜方合刻　子2-9645
救急篇　子2-4621
28 救傷集成　子2-5246
　救傷祕旨、跌損妙方　子2-7906
30 救濟文牘　史6-47207
　救濟日記　史2-13217
　救濟時症良方　子2-10119
　救濟善會本末　史6-44630
39 救迷良方　子2-4652、4657~63、9640
44 救荒六十策　史6-44606
　救荒一得　叢2-1384
　救荒一得錄　史6-41539、44628
　救荒三策　史6-44610
　救荒備覽　史6-41539、44592~3　叢2-731(19)、881
　救荒良方　史6-44599　子2-4752
　救荒定議　史6-44575　叢2-811
　救荒活民補遺書　史6-44542
　救荒活民補遺書(重刊救荒活民補遺書)　史6-44543
　救荒活民補遺書、增補　史6-44544
　救荒活民書(救荒全書)　史6-44541
　救荒活民書、拾遺　史6-44540　叢1-223(27)、273(4)、275、377、394,2-731(19)
　救荒活民類要　史6-44546~7
　救荒事宜　史6-44558、48376　叢1-195(3)、351
　救荒本草　子1-4484~5　叢1-117、223(32)
　救荒成法　史6-44557
　救荒輯要初編　史6-41539
　救荒野譜　子2-5851　叢1-269(4)
　救荒舉要　叢2-2052
　救荒舉要遺編　史6-44609
　救荒全書　史6-44539、44567~8　叢1-273(4)、274(4)、360
　救荒簡易書　史6-44611
　救荒策　史6-44539、44576　叢1-273(4)、274(4)、360、563,2-731(19)

中國古籍總目·索引

救荒策會　史6-44570
救孝子賢母不認屍　集7-48767(4)　叢2-720(4)
救孝子賢母不認屍雜劇　集7-48902　叢2-698(15)
救韓趙　集7-53602
救苦寶卷(觀音菩薩救苦寶卷)　集7-54215
救苦救難靈感觀世音寶卷　集7-54211
救苦忠孝藥王寶卷(藥王救苦忠孝寶卷)　集7-54233
救世血淚牋　子4-21601
救世良方類編　子2-9720、9722
救世福音　子7-35156
救劫靈應孝感達天寶懺　子5-30579
救劫傳　子5-28226
救劫寶經　子5-29581、30232
53 救拔焰口餓鬼陀羅　子6-32091(38)
64 救時要議　史6-41495
救時要策萬言書　史6-47545
救時治平簡明要策　史6-47531
77 救民急務錄、續增　史6-44550
80 救命索　子3-14625
救命書　子1-3467、3469、5-29765　叢1-269(4)、270(3)、271、272(3)、360、2-731(19)、1137～9、1826
救命針　子2-4604
救貧宅經　子3-13169
救貧竈卦　子3-13145
救貧捷法　子1-4156
90 救火器說　子7-36229、37665

4816₆ 增

01 增訂海門聯譜　子5-25876
增訂教案彙編　子7-35797

增

00 增廣病機滙論　子2-7189
增廣高僧前集、後集、續集　集6-41894(4)
增廣音註唐鄖州刺史丁卯詩集　集1-1623
增廣音註唐鄖州刺史丁卯詩集、續集　集1-1624
增廣註釋音辯唐柳先生集、別集、外集、朱文公校昌黎先生文集、外集　集1-1413
增廣註釋音辯唐柳先生集、別集、外集、附

錄　集1-1405、1407～8　叢2-635(7)
增廣註釋音辯唐柳先生集、別集、外集、年譜　集1-1404
增廣訓蒙讀本　子1-2914
增廣新術　子3-12723　叢1-516
增廣試帖三萬選、續集、三集　子5-25328
增廣試帖玉芙蓉、續集、三集　子5-25327
增廣詩韻集成　經2-13914
增廣詩韻全璧　經2-13966、13968　子5-26193
增廣詩韻合璧　經2-13961、13964
增廣詩韻合璧、檢韻　子5-26217
增廣詩句題解彙編、詩家姓氏考　集6-42527
增廣詩句題解彙編、續集　集6-42524、42526
增廣詩句題解彙編四編　子5-25446
增廣許鄖州丁卯詩續集、拾遺　集1-1636
增廣詳註月令粹編　史6-49283
增廣詳注月令粹編、圖說　子5-25954
增廣二十四史尚友錄　史2-6220
增廣玉芙蓉、續　子5-25326
增廣玉匣記通書　子3-14418
增廣五經備旨　經1-143
增廣百家姓　史2-13336
增廣聖宋高僧詩選前集、後集、續集　集6-41892、43573
增廣聖宋高僧詩選前集、後集、續集、補遺　集6-41891
增廣司馬溫公全集　集1-2245
增廣千字文、增廣千字文釋注　經2-13413
增廣千字文釋注　經2-13414
增廣行文寶笈　子5-26041
增廣保嬰要旨　子2-4661、8814
增廣和劑局方圖經本草藥性總論　子2-9164～5
增廣繪像百鳥圖傳　集7-53695
增廣繪像十美圖傳　集7-53921
增廣繪像屖樓傳　集7-53968
增廣寫信不求人　子5-25464
增廣字學舉隅　經2-13086
增廣大生要旨　子2-8122
增廣太平惠民和劑局方、用藥總論　子2-9168　叢1-245、268(3)、2-731(29)
增廣事聯詩學大成　子5-24917
增廣事吟料詩韻集大成　子5-24879
增廣典彙集成　子5-25490
增廣四書備旨遵註詳解　經2-11045
增廣四書典腋　子5-26055
增廣賢文正本　叢2-2270(5)
增廣驗方新編　子2-9672、9677

增廣益智圖 子3-18503

增廣金石名著彙目、續、再續、拾遺 史8-64791

增廣鐘鼎篆韻 經2-13148 叢1-265(2)、266

增廣智囊補 子4-24057,5-25812 叢2-735(5)

增廣箋註簡齋詩集、正誤 集1-3181

增廣箋註簡齋詩集、外集、正誤、校勘記 集1-3183

增廣箋註簡齋詩集、無住詞 叢1-265(5)

增廣箋註簡齋詩集、無住詞、正誤 叢2-635(10)

增廣箋註簡齋詩集、無住詞、外集、正誤、校勘記 叢2-698(10)

增廣箋註簡齋詩集、無住詞、簡齋先生年譜 集1-3182

增廣箋註簡齋詩集、無住詞、簡齋詩箋正誤、簡齋先生年譜 集1-3180

增廣策學總纂大成 子5-25421

增廣尚友錄統編 史2-6224

增註達生編 子2-8085

增註東萊先生左氏博議 經1-6751

增註東萊呂成公古文關鍵 集6-42668

增註周易神應六親百章海底眼前集、後集 子3-13725

01 增訂童氏本草備要 子2-5610

增訂痘疹輯要 子2-8833

增訂唐詩摘鈔、黃白山杜詩說句法 集6-43477

增訂廣事類賦 子5-24788

增訂廣日記故事詳註 子5-26534

增訂廣日記故事詳注 史2-6238

增訂辨似 經2-15133

增訂龍門四書圖像人物備考 史2-6225

增訂龍門四書圖像人物備考、圖 經2-10311

增訂詩韻便覽 經2-13971

增訂詩經精華 經1-4166

增訂詩法 集6-45872

增訂諸名家史記纂 史1-5097

增訂韻辨摘要 經2-13881、15133~5

增訂韻瑞 經2-13860

增訂說文古籀補、補遺、附錄 經2-12302

增訂論語外篇 子1-1221

增訂詳註廣日記故事 子4-24387、24389

增訂一夕話 子5-27450

增訂二三塲羣書備考 子5-25045~6

增訂三字經 子1-2755

增訂三字鑒注釋 子1-2748

增訂三字鑑註釋 經2-13477

增訂三體石經時代辨誤 經2-11387 叢2-2157

增訂正字畧 經2-13078

增訂夏書禹貢注讀 經1-3279

增訂發蒙三字經 子1-2740 叢2-886(2)

增訂刑部說帖、通行條例 史6-46215

增訂武城縣志續編[民國] 史8-59110

增訂碑別字 叢2-2192

增訂集會香譜 子4-18537、18898

增訂集錄 子4-24256

增訂經驗良方 子2-9775

增訂偽藥條辨 子2-5906

增訂化學入門 子7-37630

增訂傳家格言、圖說 子1-2289

增訂保赤輯要、種子說兩則 子2-8479

增訂吳越備史、雜考、五代史吳越世家疑辨 史1-2447

增訂釋文虛字解 經2-14927

增訂釋義經書便用通考雜字 經2-13442~4 子5-25935~7、25940

增訂殷虛書契考釋 史8-65159

增訂解人頤新集五則 子5-27457

增訂傷寒證治明條 子2-6583

增訂傷寒全書(增訂葉評傷寒全書) 子2-6816

增訂傷暑全書 子2-4770

增訂徐文定公集、李之藻文稿、徐文定公年譜 集2-10806

增訂繪圖精忠說岳全傳 子5-28132、28134

增訂濟嬰撮要 子2-8474

增訂字學便覽 經2-13084

增訂叢書舉要、校誤記、徵刻宋人小集啓 史8-66149

增訂心相百二十善 叢1-201、203(2,17)、366~8

增訂治疗要訣 子2-7832

增訂治疗彙要(金匱過氏增訂治疗彙要) 子2-7803

增訂漢魏叢書九十六種 叢1-77

增訂漢魏叢書八十六種 叢1-76

增訂洪氏小兒一盤珠 子2-8453

增訂達生編 子2-8084

增訂達生編、婦科雜證 子2-4671

增訂清文鑑、補編 經2-15006

增訂湘城訪古錄[民國] 史8-60429

增訂十藥神書 子2-4771(3)、7203

增訂太史仇滄柱先生家傳周易備旨 經1-784

增訂南詔野史 史7-51028

增訂吉林地理紀要 史7-50010

增訂花柳指迷 子7-37872

増訂蒙學三字經　子1-2751
増訂蘇文公文鈔　集1-2129
増訂葉評傷暑全書　子2-4771(2)
増訂切字捷法　經2-14402
増訂格物入門　子7-37458
増訂教案彙編　史6-44989
増訂敬信譽錄　子4-24331
増訂敬信錄　子4-21330　叢2-724
増訂敬錄　子4-22048
増訂本草備要　子2-4595
増訂本草附方　子2-9525
増訂春秋衡庫　經1-7626
増訂春秋衡庫、備錄　經1-7627
増訂春秋左傳杜林詳解　經1-6697
増訂春秋世族源流圖考　經1-7752
増訂春秋世本圖譜　經1-7751
増訂批點四書讀本　經2-10932
増訂批點四書集註　經2-10213
増訂握機八陣、附編　子1-3722
増訂輶軒語　子1-2455
増訂日用雜字、品級、服制　經2-13475
増訂四經精華　經1-133
増訂四書集註大全(大學章句大全、中庸章
　　句大全、論語集註大全、孟子集註大全、
　　大學或問、中庸或問)　經2-10275
増訂四書析疑　經2-10720
増訂易經存疑的薫　經1-668
増訂易經精華　經1-1570
増訂圖考四書合講　經2-10716
増訂時行用束明鏡箋　子5-25343
増訂嬰科推拿法　子2-10410
増訂歷代符牌圖錄　叢2-2192
増訂願體集、經驗良方　子1-2535
増訂馬經　子1-4509
増訂胎產心法　子2-8037
増訂周易本義補、圖說　經1-936
増訂又一夕話新集　子5-27452
増訂丹桂籍　子5-31806、31810
増訂醫方歌訣　子2-4681、9756
増訂醫方易簡　子2-9711
増訂醫醫病書　子2-5083
増訂醫門初學萬金一統要訣　子2-4721
増訂問心集　子5-30499
増訂歐陽文忠公(修)年譜　史2-11216
　　叢1-203(7)
増訂駢林摘豔　子5-26067
増訂驗方新編　子2-9677
増訂驗方新編縮本　子2-9677
増訂驗方別錄　子2-9690
増訂臨文便覽　經2-15132

増訂金壺字考、二集、補錄、補注　經2-
　　14744
増訂金壺字考、古體假借字　經2-14748~9
増訂金壺字考附古體假借字　經2-15134
増訂今雨堂詩墨注　集3-19446
増訂合聲簡字譜　經2-13236~7、13592
増訂錦字箋　子5-25879
増訂小學體注　子1-2677
増訂少喦賦草　集4-32654
増訂慎守編　子1-3301
増訂精忠演義說本全傳　子5-28130
増訂精忠演義全傳　子5-28133
増評童氏醫方集解　子2-9379
増評繪圖大觀瑣錄　子5-28382
増評補像全圖金玉緣　子5-28385
増評補圖石頭記　子5-28383
増評加註全圖紅樓夢　子5-28386
増評加批歷史綱鑑補　史1-1270
増評加批歷史綱鑑補、資治明紀綱目、資治
　　明紀綱目三編　史1-1274
増評加批金玉緣圖說　子5-28390~1
増評吊腳痧方論　子2-7039
増評歐陽文忠公文集　集1-2032
02 増刻紅樓夢圖咏　子3-16453
増刻紅樓夢圖咏、紅樓紀署、廣義、紅樓夢
　　論贊　子3-16546
増刻醫便　子2-9285
増刻桑蠶須知、樹桑百益　子1-4436
増刻弟子規　子1-2809
06 増韻詩學含英　子5-25851
10 増一阿含經　子6-32083(18)
増正詩餘圖譜　集7-48627
12 増刊詠梅花集句　集2-6554
増刊王狀元集百家註分類東坡先生詩(増
　　刊校正王狀元集注分類東坡先生詩)
　　集1-2495
増刊王狀元集百家註分類東坡先生詩、東
　　坡紀年錄　集1-2492
増刊石鐘山集、湖口縣八景　史7-52480
増刊校正王狀元集註分類東坡先生詩　集
　　1-2493　叢2-635(8)
増刊校正王狀元集註分類東坡先生詩、東
　　坡紀年錄　集1-2491
増刊校正王狀元集諸家注分類東坡先生詩
　　集1-2494
増刊校正王狀元集百家註分類東坡先生詩
　　集1-2496
増刊黌宮敬事錄　史6-42181
18 増改黑龍江道府廳州縣記署　史7-49357、
　　50030
20 増集續傳燈錄　子6-32091(76)

增集宋元寶繪　子3-16774
增集人天眼目　子7-34020
21 增版東西學書錄　史8-66418
增虞伯生註杜工部詩　集1-922
增虞伯生七言杜選　集1-1008
23 增編會真記　子5-27514
24 增續沔陽縣志[光緒]　史8-62938
增續毘陵科第考　史3-14911
增續長垣縣志[同治]　史8-59717
增續會通韻府羣玉　子5-26091
26 增釋麻衣相法全編(麻衣相、新刊校正增釋
　　合併麻衣先生人相編、麻衣先生人相編)
　　子3-14195
增釋禹貢傳注郡邑今名　經1-3249
27 增修孔庭纂要　史2-8387
增修訂正音點春秋左傳詳節句解(春秋左
　　傳詳節句解)　經1-6787
增修詩話總龜　集6-45569
增修詩話總龜、後集　集6-45567～8　叢2-
　　635(14)
增修諸城縣續志[光緒]　史8-59217
增修施南府志[同治]　史8-60388
增修互註禮部韻畧　經2-13710　叢1-223
　　(16)
增修酉陽直隸州總志[同治]　史8-61614
增修雲林寺誌　叢2-832(4)
增修雲林寺志　史7-51604
增修登州府志[光緒]　史8-59259
增修刑部奏定新章　史6-45992
增修醴陵縣志[乾隆]　史8-60543
增修現行常例　史6-45533
增修現行常例新章大合成　史6-43518
增修仁懷廳志[光緒]　史8-62201
增修山陽縣志[民國]　史8-63074
增修崇慶州志[光緒]　史8-61654
增修崇仁縣志[康熙]　史8-58808
增修鵞湖書田志　史7-52088　叢2-1633
增修條例備考　史6-41659
增修復古編　經2-12987
增修宜興縣舊志[嘉慶]　史7-56928
增修宏濟彙編　子2-5916
增修河東鹽法備覽、卷首　史6-43808
增修灌縣志[光緒]　史8-61662
增修通化縣志[民國]　史7-56283
增修校正押韻釋疑、條例　經2-13718
增修校正押韻釋疑、校正條例　叢1-223
　　(16)
增修藍田鄉約　子1-2013
增修藍田鄉約、提綱　叢1-83
增修萬縣志[同治]　史8-61593

增修甘泉縣志[光緒]　史7-56737
增修埤雅廣要　經2-14630
增修鶴市志畧[民國]　史7-57065
增修朝陽縣志[民國]　史7-56116
增修奉賢縣志[民國]　史7-56518
增修東萊書說　經1-77(2)　叢2-731(63)、
　　859
增修東萊書說、圖說　經1-2636　叢1-223
　　(5)、227(2)
增修附註資治通鑑節要續編　史1-1183～4
增修附注資治通鑑節要續編大全　史1-
　　1185
增修陸狀元集百家注資治通鑑詳節　史1-
　　1100
增修陽穀縣志[民國]　史8-59021
增修膠志[民國]　史8-59296
增修鄭氏族譜[四川隆昌]　史5-38765
增修箋註妙選羣英草堂詩餘前集、後集　集
　　7-48419
增修箋註妙選羣英草堂詩餘前後集　叢2-
　　635(14)
增修籌餉事例　史6-43520
增修籌餉事例條款　史6-45533
增修籌餉事例條款、籌餉事例、增修現行常
　　例　史6-43519
增修籌餉事例條款現行捐例　史6-43517
增修懷遠縣志[道光]　史8-63006
增像三國演義　子5-27995
增像西湖緣真蹟圖咏(增像西湖緣真蹟圖
　　咏)　集7-54046
增像繪圖雙珠球　集7-53958
增像七俠五義　子5-28741
增像劉忠誠事畧　史2-10405
增像全圖三國演義　子5-28000
增像全圖西漢演義　子5-27967
增像全圖清烈傳　子5-28701
增像全圖加批西遊記　子5-28801
增像全圖青樓夢　子5-28531
增像全圖東漢演義　子5-27971
增像全圖足本醒世緣　集7-53995
增像第六才子書　集7-48844～5、48862
30 增注唐策　集6-43553　叢1-223(69)
增注三千字文　經2-13484
增注元徹通旨滴天髓命學指南　子3-
　　14119
增注繪圖官場現形記五編　子5-28558
增注字數標韻　經2-13857
增注七字蒙求　子4-22028
增注四字鑒畧　子1-2802
增注賦學正鵠集釋　集6-42622
增注附音資治通鑑外紀增義　史1-1085

增注類證活人書　子2-6291、6449～50
增注類證活人書(明萬曆本)　子2-4564
增注類證活人書、釋音、傷寒藥性、辨誤　子7-36231(7)
增注類證活人書、釋音、藥性　子2-6453
增定廬山志　史7-52475
增定評註唐詩正聲　集6-43303～4
增定二十一史韻、續編　史1-5484
增定玉壺冰、補　子4-23855　叢1-131
增定五星集腋、續編　子3-14147
增定要規　子7-35598
增定刑錢指掌　史6-46118
增定徐文定公集　集2-10805、10807
增定漢魏六朝別解九十三種　叢1-183
增定大宗議　叢2-1317
增定太白山人漫藁　集2-7980
增定太白山人漫藁、補遺、附錄　集2-7981
增定南九宮曲譜　集7-54651
增定存笥小草　集2-12217　叢2-934
增定古今逸史五十五種　叢1-91
增定華夷譯語　經2-14963
增定史記纂　史1-5096
增定春秋衡庫、備錄　經1-7628
增定國朝館課經世宏辭　集6-45366
增定國朝館課經世宏辭、續集　集6-45368
增定雅俗稽言　子4-22288
增定人子須知地學統宗圖說　子3-13424
增定分類臨民洽政全書　子4-21085
增定鑑畧妥註讀本　史1-5016
33 增補瘟疫論　子2-6909
增補痘疹玉髓金鏡錄　子2-8641
增補痘科保赤類編　子2-8743
增補痧證指微祕書　子2-7030
增補齊省堂儒林外史　集5-28370
增補方論　子2-4632、9392
增補應驗便捷良方　子2-9439
增補廣德州志[道光]　史7-58114
增補麻疹心法　子2-9037
增補文武二度梅二十四本　集7-51291
增補龍頭通考雜字大全　子5-25768
增補評注治溫提要　子2-4771(2)
增補評注溫病條辨　子2-4771(2)
增補詩韻合璧　經2-13960
增補詩經衍義題合參　經1-4060
增補諸家選擇萬全玉匣記　子3-14419
增補郭洙源先生彙輯十太史四書主義寶藏　經2-10397
增補諏吉寶鏡圖　子3-14510
增補族制進化論　子7-37793
增補詳註歷朝捷覽、啓蒙歷代鑑譜　史1-4929

增補一夕話　子5-27449
增補三字經訓蒙析解　子1-2752
增補五方元音　經2-13839～40
增補五子近思錄詳解　子1-139
增補五子性理合參　子1-147
增補五經備旨萃精　經1-143
增補五種遺規　子1-1962
增補五字經　子1-2892
增補五字綱鑑　子1-2893
增補要理問答　子7-35383
增補百難術衍　子3-12715～6
增補貢舉考畧　史6-42269～70
增補武經講意備旨　子1-3327
增補武經三子體註　子1-3070
增補武經集注大全　子1-3055～6
增補武經七書彙解(武經七書講義全彙合參)　子1-3044
增補武經全解　子1-3051
增補武林舊事　史7-50285　叢1-223(25)
增補理氣圖說　子3-13568
增補珍珠囊藥性全書　子2-5785
增補致富全書　子1-4127
增補重訂音義千字文　經2-13392
增補重訂千家詩註解　集6-42286、42289
增補重訂千家詩註解、唐司空圖詩品詳注、笠翁對韻　集6-42285
增補重訂千家詩註解、新鐫五言千家詩會義直解、諸名家百壽詩、贈賀詩、百花詩、百花詩引　集6-42287
增補重編葉天士醫案　子2-10554
增補千字文釋義　經2-13380
增補盧龍縣志[康熙]　史7-55164
增補虛字註釋　經1-6761～3
增補虛字注釋　經2-14944
增補虛字賦　經2-14942
增補紅樓夢　子5-28410
增補鼎鍥幼幼集成　子2-8470
增補崑山玉　子5-25952
增補參贊祕傳天機大要　子3-14453
增補牛痘三要　子2-8962
增補傳家必讀安樂銘　子1-2079
增補白眉故事　子5-25127
增補保赤心法　子2-8643
增補鄉飲酒禮說　叢2-1317
增補急救方　子2-9665
增補彙音　經2-13988
增補傷寒論翼　子2-6548
增補繪芳園酒令　子3-18357
增補繪圖胎產心法　子2-8104

增補注釋故事白眉　子5-25124

增補汧陽志(增補石門遺事)[雍正]　史8-62936

增補祕傳痘疹玉髓金鏡錄真本(增補痘疹玉髓金鏡錄、增補痘疹金鏡錄)、圖像　子2-8640

增補祕傳玉髓痘疹金鏡錄　子2-8551

增補祕傳地理尋龍經訣法　子3-13276

增補祕籍新書、別集　子5-25103

增補神效集、急救應驗良方　子2-9584

增補禮記參新　經1-5639

增補通考全書、外　子5-25416

增補大生要旨　子2-8123

增補太玄集注　叢1-328

增補支那通史　子7-36426

增補古學類編　子5-25211

增補真修寶卷、醒世遺珍　集7-54532

增補地理直指原真、首(增補地理直指原真大全)　子3-13525

增補地理指迷臆解　子3-13554

增補蘇批孟子　經2-9801

增補蘇批孟子、孟子年譜　經2-9800

增補孝經彙註、聚序說　經2-8422

增補萬寶全書　子5-25187、25189～93

增補萬寶全書、續編　子5-25188

增補藥性雷公炮製　子2-5890

增補菊部羣英(羣芳小集)　史2-7690

增補如面譚新集　子5-25800

增補如面談新集　集6-45288

增補都門紀畧(都門彙纂)、菊部羣英、國朝鼎甲錄　史7-49842

增補都門紀畧(都門彙纂)、簪纓盛事錄、國朝鼎甲錄　史7-49841

增補救急良方　子2-9466

增補史目表　史1-10(6)、5324

增補事類統編　子5-25414

增補事類賦統編　子5-24785

增補泰西名人傳　史2-6250

增補忠經體註　子1-448

增補書畫舫　子3-14896

增補春秋左傳杜林合註　經1-6695

增補東山志謝氏宗譜[廣東台山]　史5-40834

增補東坡海南集注釋　集1-2422

增補批點圖像燕居筆記　子5-27603

增補目疾眼科　子2-7361

增補星平會海命學全書　子3-14149

增補四書集註通考　經2-10465

增補四書經史摘證　經2-10586

增補四書微言　經2-10395

增補四書遵註詳解　經2-11035

增補四書人物聚考、總圖　經2-10453

增補四書人物總圖　經2-10454

增補四書義經義式　經2-11031

增補四書精繡圖像人物備考　經2-10312

增補四書精繡圖像人物備考、圖　經2-10310

增補易知雜字全書　子5-25817

增補回生集良方　子2-9492

增補歷法鰲頭通書大全　子3-14464

增補願體廣類集　子5-25389

增補脈訣　子2-4666、6051

增補醫方一盤珠全集　子2-9446

增補醫林狀元壽世保元　子2-4894

增補醫貫奇方　子2-9330

增補分部書法正傳　子3-15162

增補食物祕書　子2-4660～3、5878

增補食物本草備考　子2-5871

增補錦字箋　子5-25880

增補鄭氏周易　經1-239

增補鄭氏周易、周易圖　叢1-223(2)

增補舒氏傷寒集注晰義　子2-6376

增補等韻音切指南　經2-13058、14326

增補算法統宗大全　子3-12464

增補箋註繪像第六才子西廂釋解　集7-48855

增補箋註繪像第六才子西廂釋解、會真記　集7-48856

增補類編音釋四民切用便讀雜字　子5-25785

增補慎之慎之篇　子7-35370

37 增潤小題拆字、拆字續編　集6-45477

增選正續小題文府　集6-45476

增選小題真珠船　集6-45478

40 增壹阿含經　子6-32081(26)、32082(14)、32084(15)、32085(26)、32086(29)、32088(19)、32089(17)、32090(23)、32091(21)、32092(15)、32093(15)、7-32095、32549

43 增城集　集2-12847～8

增城縣清田集　史6-43498

增城縣志[康熙]　史8-60842～3

增城縣志[嘉慶]　史8-60845

增城縣志[嘉靖]　史8-60841

增城縣志[乾隆]　史8-60844

增城縣志[民國]　史8-60846

46 增相錢塘夢　集7-48804

49 增選東山五言類選　集1-1008

增選東山類選杜工部詩　集1-922

51 增批溫熱經緯　子2-6850

增批古文觀止　集6-43054

增批增補了凡綱鑑　史1-1275

增批增補了凡綱鑑、御批資治通鑑綱目三編　史1-1276

增批輯註東萊博議(增批輯註東萊博議注釋)　經1-6764

55 增慧陀羅尼經　子6-32083(30)、32086(52)、32089(27)、32090(35)、32091(33)、32092(23)、32093(46)

增慧陁羅尼經　子6-32081(47)、32082(23)、32084(25)、32085(44)、32088(32)

56 增輯唐墅詩存　集6-44512

增輯急救方　子2-9901

增輯清平縣志[宣統]　史8-59015

增輯難經本義、難經彙攷、闕誤總類　子2-4727

增輯難經本義、難經彙考、闕誤總類　子2-5459

增輯易象圖說　經1-2167

增輯易象圖說(道光本)　叢2-1253

增輯驗方新編(驗方新編、增訂驗方新編、增廣驗方新編、校正增廣驗方新編、重訂驗方新編、增訂驗方新編縮本)　子2-9677

增輯普濟應驗良方　子2-4690、9544

增損呂氏鄉約　子1-1964　叢1-83

增損呂氏鄉約(朱子增損呂氏鄉約)　子1-2012

60 增目讀通鑑論　史1-5593

增圖考釋推拿法　子2-10423

增異說唐祕本後傳　子5-28040

增異說唐祕本全傳　子5-28036

增異說唐羅通掃北全傳　子5-28045

63 增默庵詩遺集　集4-27924

增默齋文集　集4-27926

增默齋詩　集3-18181

增默菴詩遺集　叢2-2050

72 增刪韻府羣玉定本　子5-26092~3

增刪編年拔秀　子5-25706

增刪演算法統宗　子7-36231(7)

增刪十粒金丹　集7-53917

增刪南詔野史　史7-51030

增刪奇門歸宗　子3-14315

增刪東調陰陽鬥桃花傳　集7-54049

增刪四書朱子大全精言　經2-10725

增刪四書朱子大全精言論語　經2-9472

增刪四書朱子大全精言孟子　經2-9965

增刪四書朱子大全精言大學　經2-8811

增刪四書朱子大全精言中庸　經2-9086

增刪四書大全正解定本　經2-10684

增刪四書精言　經2-10633

增刪田家五行全書　史6-49293

增刪喉科心法(喉科心法)　子2-7480

增刪堅瓠集　子5-26644

增刪陶朱公奇書類纂　子5-25171

增刪算法統宗　子3-12388、12465~8

增刪算法統宗、校算記　子3-12469

74 增附南明汪先生書札　集2-9522

77 增岡州遺藁　集6-44900

80 增入音註括例始末胡文定公春秋傳、春秋名號歸一圖、經傳始見諸國圖、東坡列國圖說、氏族　經1-7486

增入名儒講義續宋資治通鑑長編　史1-1474

增入名儒講義續資治通鑑宋季朝事實　史1-1503

增入名儒講義皇宋中興兩朝聖政　史1-1473

增入名儒講義皇宋中興兩朝聖政、分類事目　史1-1497　叢1-265(2)、266

增入名儒集議資治通鑑詳節　史1-1101

增益川公(保)大事本末記　史2-10311

86 增智慧真言　子5-29574

增智慧真言注　子5-31448

88 增篆五方元音大全　經2-13841

增節標目音註精議資治通鑑　史1-1097

增纂世統紀年　史1-4626

4824₀ 散

00 散庵詩集　集3-14850

散文存編　集5-35019

07 散記續編　子2-8464、10584

21 散慮集　叢2-1800

30 散家財天賜老生兒　集7-48765　叢2-720(4)

散家財天賜老生兒雜劇　集7-48767(2)、48899　叢2-698(14)

32 散溪遺書日記　史2-13264

散溪遺書八種　叢2-2263

40 散木齋詩鈔　集4-23361

散木集　集6-41969

散木居奏稿　史6-49175~6

41 散樗書屋詩存(散樗書屋古今體詩摘抄)　集4-32809

44 散花庵雜組、散花菴叢語、散花菴叢語續編　子4-21855

散花庵詞　集7-46380

散花詞　叢2-900

散花天室稿　集4-24995

散花牌譜　叢1-315

散花社詩稿　集4-29677

散花菴詞　集7-46694　叢1-223(73),2-698(13)、720(2)
散花菴叢語　叢2-644
散花丈室詩稿　集4-28677
散花小草　集4-25371
散芳集軼草　集5-35527
55 散曲　叢2-1269
71 散原詩鈔　集5-38447
散原精舍文集　集5-38449
散原精舍詩　集5-38441
散原精舍詩續集　集5-38442
散原精舍詩別集　集5-38443
散原精舍集外詩　集5-38445　叢2-622
72 散氏盤考釋　史8-64266　叢2-2227、2229
散氏銅盤銘釋文　史8-63698
75 散體文　集5-35011、36252
77 散悶開心一套　集7-50902
散叟倦稿　集5-34886
81 散頒刑部格　史6-45749

4826₁ 猶

01 猶龍(李耳)傳　史2-8366～7
猶龍傳　子5-29530(15)、29535(3)、29536(3)
17 猶及編　叢2-731(54)
26 猶得住樓詩稿　集4-31093
猶得住樓詩稿、詞　集4-31094
40 猶太地理志　子7-37730、37770
猶太地理擇要　子7-37718
猶太國曆　子7-35102
猶存集　史2-7793
猶存草堂詩鈔　集5-34360
60 猶見篇　子1-2538　叢1-197(1)
77 猶賢集　子3-18006
猶賢錄　集6-43534

4826₆ 獪

60 獪園　子5-27048　集2-10830　叢2-1194
獪園摘抄　子4-24740

4832₇ 驚

00 驚瘄吐瀉醫書　子2-8541

驚座摭遺　子5-26227、26392
10 驚天雷　史6-46460
14 驚聽錄　叢1-14(2)、148、154
22 驚變埋玉　集7-52368
40 驚喜集　子4-24615,5-26728　叢1-496(5)
44 驚夢啼　子5-27815
驚世奇談　子4-22089
77 驚風辨證必讀書　子2-8539
驚風辨誤　子2-8559
驚風治驗錄　子2-8525
驚風闢妄　子2-8593
驚風闢謬　子2-8854
88 驚筵辨　史1-5487　叢1-142
97 驚鄰詩草　集4-28539

4834₀ 赦

08 赦論　叢2-771(2)
44 赦考　史6-46267　叢2-2109

4840₀ 姒

72 姒氏世譜[浙江紹興]　史4-29195

4841₇ 乾

00 乾齋文鈔　集5-37510
乾方祕書　子3-11325
10 乾一樓詩集　集5-40741
乾三集　集3-19763
乾元詩集殘稿　集2-12172
乾元子三始論　子5-29530(6)、31925
乾元山　集7-53627
乾元祕旨　叢1-278,2-731(15)
乾元祕旨、餘論　子3-14141
21 乾占捷要　子3-13079
27 乾修齋集錦譜　子3-17365
乾象術　叢2-772(4)、773(4)
乾象彙編　叢2-1758
乾象坤圖格鏡　子3-11391
乾象圖　子3-11341
30 乾淳歲時記　史6-49239　叢1-22(12)、23(12)、407(3)
乾淳御教記　史6-41991　叢1-22(9)、23

　　　(8)
　　乾淳起居注　史1-1752　叢1-22(7)、23
　　　(7)、407(3)
　　乾淳教坊樂部　子3-17576　叢1-11、22
　　　(9)、23(8)、154
32 乾州廳志[同治]　史8-60793
　　乾州廳志[光緒]　史8-60794
　　乾州志[崇禎]　史8-62864
　　乾州志[嘉靖]　史8-62863
　　乾州志[乾隆]　史8-60792
　　乾州志稿[光緒]　史8-62866
　　乾州志稿補正[光緒]　史8-62867
　　乾州小志　史7-49318(13)、50803　叢1-
　　　202(5)、203(11)
　　乾溪洞記　史7-49317(3)、49318(9)、52602
35 乾清門奏對記　叢1-201、203(5)
　　乾清門奏封記　史1-4465
37 乾鑿度　經1-2411　叢1-22(1)、23(1)
　　乾鑿度、坤鑿度　子1-44
　　乾初詩文偶錄　集6-44580
　　乾初先生文集、詩集、別集　集3-13325
　　乾初先生文鈔、詩鈔　集3-13327
　　乾初先生文鈔、遺詩鈔　叢2-834～5
　　乾初先生遺集　子4-20967
　　乾初先生遺集四種　叢2-1243
　　乾初別集　集3-13326
38 乾道庚寅奏事錄　史7-53804　叢1-22
　　　(11)、23(11)、29(6)
　　乾道稿　集1-3785　叢2-731(42)
　　乾道稿、淳熙稿、章泉稿　叢1-223(55)
　　乾道稿、淳熙稿、章泉稿、章泉稿拾遺　叢1-
　　　230(5)
　　乾道茶陵圖經　史7-49309、50771
　　乾道四明圖經　史7-54917
　　乾道臨安志　史7-57128　叢1-223(23)、
　　　456(6)、457、2-832(1)
　　乾道臨安志、札記　史7-57129　叢1-416～
　　　7、468、2-731(58)
40 乾嘉詩壇點將錄　史1-1995　叢1-544、
　　　547(4)、590、2-624(4)、632、683、2270(3)
　　乾嘉詩壇點將錄(重刻足本乾嘉詩壇點將
　　　錄)　集6-46160
　　乾嘉三通儒傳　叢2-2274
　　乾嘉道咸四朝鄉會試題名錄　史3-13710
　　乾嘉全閩詩傳　集6-44783
　　乾嘉全閩詩傳小傳　史2-8133　叢2-734
45 乾坤正氣集　集6-43118、43120　叢1-394
　　乾坤正氣集選鈔　集6-43119
　　乾坤元脈錄　子2-6211
　　乾坤兩卦解　經1-1054　叢2-1323
　　乾坤變異錄　子3-13023

　　乾坤生意　子2-9219
　　乾坤法竅　子3-13145、13544
　　乾坤法竅、陰符玄解、八宅明鏡　子3-
　　　13156
　　乾坤清氣　叢1-223(70)
　　乾坤清氣集　集6-43674～5
　　乾坤鑿度　經1-2406、2410、2488　叢1-70、
　　　183、223(5)、2-821、1872
　　乾坤鑿度、周易乾鑿度　叢1-47
　　乾坤大畧、補遺　子1-3317　叢2-731
　　　(19)、782(5)
　　乾坤大畧、四襄書　子1-3320
　　乾坤指掌圖　子3-14593
　　乾坤易簡錄　經1-2004
　　乾坤異占錄　子3-13032
　　乾坤嘯　集7-50226
　　乾坤體義　子3-11354～5　叢1-223(34)
　　乾坤義　經1-351　叢2-772(1)、773(1)
48 乾乾居士集　集1-5637
62 乾縣新志[民國]　史8-62868
77 乾隆府廳州縣圖志　史7-49670　叢2-
　　　1557、1559
　　乾隆六十一年千叟宴詩　集6-44260
　　乾隆六十年乙卯恩科順天鄉試硃卷　史3-
　　　16878～9
　　乾隆六十年乙卯恩科順天鄉試朱卷　史3-
　　　16880
　　乾隆六十年乙卯恩科山西鄉試硃卷　史3-
　　　17698
　　乾隆六十年乙卯恩科江西鄉試硃卷　史3-
　　　20915
　　乾隆六十年乙卯恩科江南鄉試硃卷　史3-
　　　17750
　　乾隆六十年乙卯恩科浙江優拔貢卷　史3-
　　　22581
　　乾隆六十年乙卯恩科浙江鄉試硃卷　史3-
　　　19387～8
　　乾隆六十年乙卯恩科會試硃卷　史3-
　　　15085～6
　　乾隆六十年爵秩新本　史3-23866
　　乾隆六年辛酉科鄉試硃卷　史3-21161
　　乾隆六年辛酉科橫山陳氏硃卷　史3-
　　　21948
　　乾隆六年湖南鄉試錄　史3-14578
　　乾隆諸臣和御製詩　集6-44257
　　乾隆諭旨　史6-47688
　　乾隆諭摺(雍正十三年至乾隆三十二年)
　　　史6-47679
　　乾隆二十六年辛巳恩科會試硃卷　史3-
　　　15070～1
　　乾隆二十六年至二十七年續入字畫　子3-

14813
乾隆二十一年丙子科順天鄉試硃卷　史 3-
16860~2
乾隆二十一年丙子科江南鄉試副貢硃卷
史 3-22230
乾隆二十一年丙子科江南鄉試硃卷　史 3-
17731
乾隆二十一年浙江鄉試錄　史 3-14218
乾隆二十一年日記　史 6-47368
乾隆二十二年丁丑科山東鄉試朱卷　史 3-
21168
乾隆二十二年丁丑科會試同年齒錄　史 3-
13713
乾隆二十三年戊寅科江南歲貢卷、乾隆二
十五年庚辰科歲貢卷　史 3-23286
乾隆二十三年戊寅恩科順天鄉試同年齒錄
史 3-13965
乾隆二十五年庚辰恩科順天鄉試同年齒錄
史 3-13967
乾隆二十五年庚辰恩科山東鄉試朱卷　史
3-21170
乾隆二十五年庚辰恩科山東鄉試硃卷　史
3-21169
乾隆二十五年庚辰恩科湖南鄉試錄　史 3-
14579
乾隆二十七年壬午科浙江鄉試硃卷　史 3-
19368~9
乾隆二十七年江西鄉試題名錄　史 3-
14391
乾隆二十七年江西鄉試錄　史 3-14390
乾隆二十七年江南鄉試題名錄　史 3-
14120
乾隆二十七年浙江鄉試錄　史 3-14219
乾隆二十四年己卯科順天鄉試硃卷　史 3-
16863
乾隆二十四年己卯科順天鄉試朱卷　史 3-
16864
乾隆二十四年己卯科山東鄉試錄　史 3-
14466
乾隆二十四年己卯科江南鄉試硃卷　史 3-
17732~3
乾隆二十四年順天鄉試錄　史 3-13966
乾隆二十八年癸未科會試硃卷　史 3-
15072~4
乾隆二十年乙亥恩科山東鄉試同年齒錄
史 3-14465
乾隆二年丁巳科會試朱卷　史 3-15062
乾隆二年江寧錢糧册　史 6-43298
乾隆三十六年辛卯科江南鄉試硃卷　史 3-
17737
乾隆三十六年辛卯科浙江鄉試硃卷　史 3-
19374

乾隆三十六年辛卯恩科會試硃卷　史 3-
15078
乾隆三十一年丙戌科會試硃卷　史 3-
15075
乾隆三十三年廣東武舉鄉試錄　史 3-
14621
乾隆三十三年順天鄉試錄　史 3-13968
乾隆三十三年浙江鄉試錄　史 3-14220
乾隆三十三年戊子科順天鄉試硃卷　史 3-
16865
乾隆三十三年戊子科山東鄉試硃卷　史 3-
21172
乾隆三十三年戊子科浙江鄉試硃卷　史 3-
19370
乾隆三十五年庚寅三十九年甲午日記　史
2-12608
乾隆三十五年庚寅恩科順天鄉試副貢硃卷
史 3-22193
乾隆三十五年庚寅恩科順天鄉試硃卷　史
3-16866
乾隆三十五年庚寅恩科江南鄉試硃卷　史
3-17736
乾隆三十五年庚寅恩科福建鄉試錄　史 3-
14335
乾隆三十五年庚寅恩科浙江鄉試硃卷　史
3-19371~3
乾隆三十九年甲午科順天鄉試硃卷　史 3-
16867~9
乾隆三十九年甲午科山東鄉試硃卷　史 3-
21173~6
乾隆三十九年甲午科福建鄉試錄　史 3-
14336
乾隆三十九年甲午科浙江優貢卷　史 3-
22580
乾隆三十九年甲午科浙江鄉試硃卷　史 3-
19375
乾隆三十四年己丑科會試硃卷　史 3-
15077
乾隆三十四年己丑科會試硃卷、乾隆三十
年乙酉科鄉試硃卷　史 3-15076
乾隆三十八年四月至五月廷寄　史 6-
47684
乾隆三十年乙酉科山東鄉試朱卷　史 3-
21171
乾隆三十年乙酉科江南鄉試硃卷　史 3-
17734~5
乾隆三年山西鄉試錄　史 3-14059
乾隆三年在京文職漢官俸米及職名黄册
史 1-1985,6-43929
乾隆三年戊午科順天鄉試同年錄　史 3-
13962
乾隆三年戊午科順天鄉試錄履歷　史 3-

13961

乾隆三年戊午科山東鄉試朱卷　史 3－21160

乾隆三年戊午科江南鄉試錄　史 3－14117

乾隆五十一年丙午科山東鄉試硃卷　史 3－21183

乾隆五十一年丙午科山東鄉試朱卷　史 3－21184

乾隆五十一年丙午科江南鄉試硃卷　史 3－17743

乾隆五十一年丙午科浙江鄉試硃卷　史 3－19379

乾隆五十三年戊申預行己酉正科雲南省鄉試名單　史 3－14755

乾隆五十三年戊申科順天鄉試硃卷　史 3－16873

乾隆五十三年戊申科山東鄉試硃卷　史 3－21185～6

乾隆五十三年戊申科江南鄉試硃卷　史 3－17744

乾隆五十三年戊申科浙江鄉試副貢硃卷　史 3－22338

乾隆五十三年戊申科浙江鄉試硃卷　史 3－19380～1

乾隆五十三年戊申科浙江鄉試硃卷、乾隆二十一年丙子科薦卷、乾隆五十一年丙午科貢卷　史 3－19382

乾隆五十至六十年太陽陰入食限遵時憲法推得時刻分秒各種細草　子 3－11651

乾隆五十五年庚戌恩科會試硃卷　史 3－15084

乾隆五十五年戶部倉塲總督奏銷黃册　史 6－43407

乾隆五十九年雲南鄉試錄　史 3－14756

乾隆五十九年聖駕巡幸津甸站圖　史 7－49884

乾隆五十九年爵秩全覽　史 3－23865

乾隆五十九年四川鄉試錄　史 3－14701

乾隆五十九年甲寅恩科順天鄉試硃卷　史 3－16876～7

乾隆五十九年甲寅恩科江南鄉試硃卷　史 3－17747～9

乾隆五十九年甲寅恩科浙江鄉試副貢硃卷　史 3－22340

乾隆五十九年甲寅恩科浙江鄉試硃卷　史 3－19386

乾隆五十七年壬子科順天鄉試硃卷　史 3－16875

乾隆五十七年搢紳全書　史 3－23863

乾隆五十四年己酉科各省選拔同年齒錄　史 3－14823

乾隆五十四年己酉科各省拔貢齒錄　史 3－14824

乾隆五十四年己酉科江南選拔貢卷　史 3－22716

乾隆五十四年己酉科浙江選拔貢卷　史 3－22927～30

乾隆五十四年己酉科會試硃卷　史 3－15083

乾隆五十四年己酉恩科順天鄉試硃卷　史 3－16874

乾隆五十四年己酉恩科山東鄉試朱卷　史 3－21187～8

乾隆五十四年己酉恩科江南鄉試硃卷　史 3－17745～6

乾隆五十四年己酉恩科浙江鄉試副貢硃卷、五十三年戊申薦卷　史 3－22339

乾隆五十四年己酉恩科浙江鄉試硃卷　史 3－19383～5

乾隆五十八年英機黎國入貢始末　史 1－3747

乾隆元年丙辰科江西鄉試朱卷　史 3－20913

乾隆元年丙辰科橫山陳氏硃卷　史 3－21947

乾隆元年丙辰科恩科順天鄉試朱卷　史 3－16855

乾隆元年丙辰科會試朱卷　史 3－15060～1

乾隆元年丙辰恩科山東鄉試朱卷　史 3－21159

乾隆元年山西鄉試錄　史 3－14058

乾隆元年山東省刑事案件文抄　史 6－46150

乾隆廷寄　史 6－47367

乾隆廷寄奏議鈔　史 6－47899

乾隆上諭　史 6－47686～7

乾隆吳陵紀桂芳醫學叢書　子 2－4760

乾隆御定石經考文提要　經 2－11341

乾隆條約　史 6－44940

乾隆名臣奏疏　史 6－47901

乾隆督撫奏疏　史 6－47902

乾隆紹興府志校記　史 7－57489

乾隆宣威州志　叢 2－889

乾隆寶譜　子 3－17016　叢 2－688

乾隆浙江進呈書目　史 8－65465

乾隆浙江通志考異殘稿　史 7－57117　叢 2－2227、2229

乾隆治黃奏疏　史 6－47903

乾隆邊事奏疏　史 6－47905

乾隆初修張氏家乘［浙江平湖］　史 5－34899

乾隆十一年分歲額鹽課錢糧經徵完欠解存款項文册　史 6－43794

乾隆十二年丁卯科順天鄉試硃卷　史 3－

16857

乾隆十二年丁卯科順天鄉試朱卷　史3－16859

乾隆十二年丁卯科山東鄉試朱卷　史3－21164

乾隆十二年丁卯科鄉試硃卷　史3－21163

乾隆十二年丁卯科鄉試朱卷　史3－16858

乾隆十二年丁卯科江南鄉試錄　史3－14119

乾隆十二年江西鄉試錄　史3－14389

乾隆十三年戊辰科會試硃卷　史3－15068～9

乾隆十五年庚午科鄉試硃卷　史3－21165

乾隆十五年庚午科浙江鄉試硃卷　史3－19361

乾隆十九年會試錄　史3－13712

乾隆十七年壬申科浙江恩貢卷　史3－23607

乾隆十七年壬申恩科山東鄉試朱卷　史3－21166

乾隆十七年壬申恩科江南鄉試副貢硃卷　史3－22229

乾隆十八年癸酉科廣西鄉試硃卷　史3－21949

乾隆十八年癸酉科順天鄉試同年齒錄　史3－13964

乾隆十八年癸酉科山東鄉試朱卷　史3－21167

乾隆十八年癸酉科江南鄉試硃卷　史3－17730

乾隆十八年癸酉科浙江鄉試副貢硃卷　史3－22337

乾隆十八年癸酉科浙江鄉試硃卷　史3－19362～7

乾隆十八年癸酉科浙江選拔貢卷　史3－22926

乾隆九年順天鄉試錄　史3－13963

乾隆九年山東鄉試錄　史3－14464

乾隆九年甲子科順天鄉試朱卷　史3－16856

乾隆九年甲子科山東鄉試副貢硃卷　史3－22471

乾隆九年甲子科山東鄉試朱卷　史3－21162

乾隆九年甲子科江南鄉試錄　史3－14118

乾隆九年甲子科會試朱卷　史3－15067

乾隆大藏經　子6－32092(1)

乾隆南巡祕記　史1－3746

乾隆七年壬戌科會試硃卷　史3－15065～6

乾隆蘇藩司批稿　史6－47272

乾隆朝使御製絹檔　子4－18873

乾隆朝移會　史6－47904

乾隆起居註册　史1－1764

乾隆梅里志校勘記　史7－57321

乾隆本東安縣志　史7－54910

乾隆束鹿縣志　史7－54912

乾隆搢紳全書　史3－23803

乾隆四十六年辛丑科會試硃卷　史3－15080～1

乾隆四十六年辛丑科會試同年齒錄　史3－13715

乾隆四十二年丁酉科山東鄉試硃卷　史3－21177

乾隆四十二年丁酉科山東鄉試朱卷　史3－21178～9

乾隆四十二年丁酉科江西鄉試硃卷　史3－20914

乾隆四十二年丁酉科江南鄉試硃卷　史3－17738～9

乾隆四十二年丁酉科江南選拔貢卷　史3－22715

乾隆四十二年丁酉科福建選拔貢卷　史3－23194

乾隆四十二年丁酉科浙江鄉試硃卷　史3－19376～7

乾隆四十二年河南鄉試錄　史3－14521

乾隆四十二年福建武闈鄉試錄　史3－14337

乾隆四十二年浙江鄉試錄　史3－14221

乾隆四十五年庚子科順天鄉試同年齒錄　史3－13969

乾隆四十五年庚子科山東鄉試朱卷　史3－21180

乾隆四十五年庚子科江南鄉試硃卷　史3－17742

乾隆四十九年甲辰科會試硃卷　史3－15082

乾隆四十九年會試錄　史3－13716

乾隆四十四年己亥恩科順天鄉試副貢硃卷　史3－22194

乾隆四十四年己亥恩科順天鄉試硃卷　史3－16870～2

乾隆四十四年己亥恩科各省鄉試齒錄　史3－13850

乾隆四十四年己亥恩科江西鄉試副貢硃卷　史3－22455

乾隆四十四年己亥恩科江南鄉試硃卷　史3－17740～1

乾隆四十四年陝西鄉試錄　史3－14795

乾隆四十八年癸卯科山東鄉試硃卷　史3－21181

乾隆四十八年癸卯科山東鄉試朱卷　史3－21182

乾隆四十八年癸卯科山東鄉試録　史3-
　14467
乾隆四十八年癸卯科鄉試齒録　史3-
　13851
乾隆四十八年癸卯科江南鄉試同年齒録
　史3-14121
乾隆四十八年癸卯科浙江鄉試硃卷　史3-
　19378
乾隆四十八年湖北鄉試録　史3-14558
乾隆四十年乙未科會試硃卷　史3-15079
乾隆四年己未科會試硃卷　史3-15063
乾隆四年己未科會試朱卷　史3-15064
乾隆晚年安殿本　集7-49702
乾隆肆拾貳年分大進黃册　史6-43406
乾隆鏡　集7-53889
乾隆年鄉試會試殿試姓名録　史3-13711
乾饌子　子5-26256　叢1-15、22(4)、23
　(4)、249(3)、2-617(3)、731(52)
乾饌子佚文　叢2-277
84 乾鎮驛鄉土志[民國]　史8-60382
96 乾惕記(清光緒十八至二十九年)　史2-
　13093
乾惕録　子1-1272

4842₇ 翰

10 翰雲草堂詩稿　集5-40922
17 翰承編年紀事小譜　史2-12334
20 翰香閣詩草　集5-36607
　翰香館法書　子3-15370
38 翰海　集6-45228　叢1-496(2)
41 翰垣駢體文存　集4-28138
44 翰苑新書前集　子5-24893
　翰苑新書前集、後集上、後集下、別集、續集
　　叢1-223(43)
　翰苑羣書　史6-42845～6　叢1-223(26)、
　　244(4)
　翰苑羣書前集　史6-42848
　翰苑羣書前集、後集　史6-42847
　翰苑集　集1-1195　叢1-227(11)、2-698
　　(5)
　翰苑集、目録　叢1-223(48)
　翰苑字學舉隅續編　經2-13091
　翰苑遺事　史6-42848、42867　叢1-195
　　(3)、244(4)、388～90
　翰苑初編字學彙海三種　經2-15135
　翰苑存　叢2-732、785
　翰苑楷摺萃珍　子3-15823
　翰苑題名　史6-42848、42861　叢1-244(4)

翰苑印林　史8-64939
翰苑分書正字畧　經2-13112
翰苑分書墨寶　子3-15520
翰苑分書臨文正宗　子5-25877
翰苑分書臨文便覽五種　經2-15133
翰村詩稿　集3-18459
翰林訂證歷科墨卷判選粹　集6-45389
翰林記　史6-42871　叢1-223(26)、2-731
　(18)、881
翰林要訣　子3-15078、15218～9
翰林要訣(新刻翰林要訣)　子3-15075
翰林珠玉(新編翰林珠玉)　集1-5180
翰林玫正杜律七言虞註大成　集1-934
翰林重考字義韻律大板海篇心鏡、韻律　經
　2-12845
翰林集　集1-1694
翰林集、香奩集　集1-1696
翰林集、香奩集、附録　集1-1695
翰林志　史1-1914,6-42848～9　叢1-2～
　6、9～10、15、19(3,11)、20(9)、21(5)、22(8)、
　23(8)、24(4,12)、95、223(26)、244(4)、388～
　90,2-730(2)
翰林古文鈔　集6-42763
翰林考正杜律五言趙註句解　集1-943
翰林楊仲弘詩　叢2-635(11)
翰林楊仲弘詩(楊仲弘詩、楊仲弘集)　集1-
　5117
翰林典古　史6-42959
翰林羅圭峯先生文集　集2-7153
翰林羅圭峯先生文集、續集　集2-7150
翰林別集、香奩集、補遺　集1-1697
翰林壁記　史6-42857　叢1-22(8)、23(8)
翰林院編修黎榮翰奏文　史6-49010
翰林院校閱訓釋南北正音附相法官制筭法
　子5-25663
翰林院故事　史6-42848、42855　叢1-244
　(4)
翰林院則例　史6-47018
翰林風月　集7-48777
翰林學士記　史6-42848、42854　叢1-244
　(4)
翰林學士耐軒王先生天遊雜藁　集2-6333
翰林學士集　集6-43561　叢1-475
翰林學士集存　叢2-2130
翰林學士舊規　史6-42856
翰林學士院舊規　史6-42848　叢1-244
　(4)
翰林曾學士存稿　集2-6511,6-41945
翰林筆削字義韻律鼇頭海篇心鏡、翰林筆
　削字義韻律　經2-12844
翰林節摘性理粹言　子1-996

47 翰馨書屋賦餘　集5-34576
50 翰春軒吟稿　集4-28641
60 翰墨便用故事捷錄注解　子5-25115
　　翰墨緣詩稿　集5-35113
　　翰墨叢記　子5-26299　叢1-22(5)、23(5)
　　翰墨志　子3-15061　叢1-4～6、9～10、19
　　　(10)、20(7)、21(9)、22(15)、23(14)、24(10)、
　　　353、569,2-731(35)
　　翰墨園畫譜滙新　子3-16754
　　翰墨因緣館印存　子3-17482
　　翰墨卮言　子3-15211～2　集6-41757　叢
　　　2-954
　　翰墨會紀　子3-15109
77 翰屏遺著選集　集5-40713

4844₀ 嫩

31 嫩江縣志[民國]　史7-56342
44 嫩蕊芬芳一枝　集7-51850
46 嫩想庵殘稿　集5-39533
　　嫩想盦殘藁、紅燭詞　叢2-655
47 嫩柳垂青一枝　集7-51849

教

00 教童子法　經2-10874　子1-2831,4-
　　22600　叢1-509、524,2-731(20)、1699、
　　1701
　　教育應用兒童心理學八章　子7-36731
　　教育文編　史6-42413
　　教育新論　子7-36691
　　教育詞滙　子7-36688
　　教育說畧　史6-42400
　　教育統論　子7-36689
　　教育行政十一編　子7-36692
　　教育芻言　史6-42401
　　教育準繩　子7-36749
　　教育叢書初集十一種二集十五種三集十一
　　　種　子7-36232
　　教育心理學　子7-36690、36748
　　教育法令錄要　史6-42399
　　教育遺規　子1-2443
　　教育瞽人理法論　子7　36736
　　教育世界　史6-42404
　　教育品分級編目　史6-42430
　　教育原理　子7-36694
　　教育學　子7-36232

　　教育學講義四編　史6-42405
　　教育學教科書　子7-36232
　　教育學問答　子7-36693
　　教育鏡初編　史6-42403
　　教育錄　叢2-2133
　　教育管窺　史6-42402
　　教育小說愛美耳鈔　子7-36232
02 教訓子孫　集7-52366
03 教誡新學比丘行護律儀　子7-33912
04 教讀論　叢2-2243
08 教論語　子1-109、111、1965、2409～10
　　教論語、補　叢1-483
10 教要序論　子7-35320
　　教要六端　子7-35439
　　教要總說　子7-35474
　　教要解畧　子7-35270
　　教要芻言　子7-35324
　　教要或問　子7-35487
16 教理詳解　子7-35421
　　教理便蒙　子7-35373
　　教理簡約　子7-35384
17 教鄧子弟詔　史6-47601　叢1-168(4)
　　教子淺說、留影稿　子1-2325
　　教習堂條約　子1-2380　叢1-195(3),2-
　　　731(20)
18 教務雜記　子7-35807
　　教務紀畧　史1-4315,6-44998　子7-
　　　35804
　　教務紀畧、新約節存　史1-4316
　　教務考　子7-36240(2)
　　教務輯要　史6-44988　子7-35805
　　教務輯要内編、外編　子7-35806
　　教務策　子7-36236
20 教乘法數　子6-32089(52)、32090(66)、32091
　　　(64)、32092(44)、32093(52)、7-34836
　　教乘法數摘要、翻譯名義集選　子7-34838
　　教統辨　子7-35946
21 教經堂文集　集4-23354
　　教經堂文集、詩集　集4-23351
　　教經堂詩　集4-23350
　　教經堂詩集　集4-23352～3
　　教經堂談藪　叢2-798
22 教種山蠶譜　子1-4444
23 教外別傳　子6-32091(70)
　　教稼書　史6-41538　子1-4192、4200　叢
　　　2-1483
24 教化議　子7-36729、36732
25 教練紀要　子1-3882
　　教練輯要　子1-3881
26 教皇特論勤領聖體　子7-35504

教皇定初領聖體年紀諭旨　子7-35506

教皇洪序　子7-35103

30 教家二書　叢2-1155、1157

教家要畧　子1-2135　叢1-83

教家編　子1-2211

教家俚言　子1-2220

教家約言　子1-2267　叢2-1643

教家必戒　子7-36730

教家箴　子1-2152

教官譜　子4-24224

教宗上諭　子7-35578

教宗通牒　子7-35585

教宗禁約　子7-35587

教宗欽定聖方濟各第三會規例　子7-35611

教案文牘輯要　史6-44991

教案處分章程　子7-35801

教案奏議彙編　史6-48044　子7-35796

教案善後辦法章程　子7-35802

教案簡明要覽　子7-35799

33 教心經注　子7-35947

40 教友避靜　子7-35472

教士列傳　子7-35891

教士彙編　子1-2475　叢2-1014

教士邇言　子1-1835　叢2-942

教坊記　子4-22827　叢1-11～2、15、19(4)、20(3)、21(4)、22(13)、23(13)、24(5)、29(3)、56、90～1、114(7)、168(3)、189、223(44)、255(2)、374、407(2)、587(2)、2-730(5)、731(50)

教女彝訓　子1-2987　叢1-483

教女遺規　子1-1956～8、2969　叢2-663、691(2)、698(7)、1387～8

教女遺規摘鈔、補鈔　子1-2971

教女遺規摘鈔、教女遺規補鈔　子1-1960

教女遺規輯要　子1-1959、2970

教女圖說　子1-2996

44 教孝編　子1-2539　叢1-197(2)、198、2-638、800

教藝　子1-3897

教藝編、練兵簡明條約戚南塘訓兵六條　子1-3898

46 教觀綱宗　子7-33444、33861

教觀綱宗、釋義　子6-32091(70)

教觀綱宗、教觀綱宗釋義　子7-33860

教觀綱宗釋義　子7-33444

教觀綱宗釋義記　子7-33863

教觀綱宗釋義紀、始終心要、三千有門頌畧解　子7-33862

47 教款捷要　子7-36041

50 教書難　集7-53185

教秦緒言　子1-2352　叢2-1108～9

52 教授集說、尊師重傳說　子1-2461

教授術　子7-36236

教授術師範　子7-36237

教授法沿革史　子7-36232、36686

教授學　子7-36232、36687

55 教典　子7-36245

教典輯要　子7-36058

63 教戰書　叢2-1175

77 教學五書　子1-1966

教學片羽　叢2-2178

教學編　子1-2432　叢2-1692

教學家言　子1-2845

教民雜錄　叢1-34

教民三圖　經1-6259

教民種桑養蠶繅絲織綢四法　子1-4364

教民榜文　史6-45415

教門論　子7-35946

80 教義宣傳說齋戒　子7-36008

教會政治　子7-35703

教會例文　子7-35744

教會喪禮　子7-35733

教會史記　子7-35756、35762

教會史記隨筆　子7-35784

教會異同　子7-35673

教會問答　子7-35660

教會常例　子7-35743

教養紀事、紀事續編　史6-44584

教養全書　子5-25843

斡

90 斡堂詩集　集5-36620

4844₁ 幹

10 幹電即摩電氣考　子7-36240(4)

15 幹珠仙館詩存、陶陶集、詞　集5-40196

22 幹山志　史7-52214

4844₆ 娹

70 娹雅堂詩話　叢1-423

娹雅堂詩集　叢2-654

婥雅堂詩集、詞集　集3-20939
婥雅堂詩續集　集3-20940
婥雅堂詞　集7-47327
婥雅堂詞集　集7-47328
婥雅堂集　集6-41986
婥雅堂別集　集3-20941

4860₁　警

00 警庵文存　集5-37418　叢2-655
01 警語類抄　子4-23958
08 警謙書屋文存　集4-28251
　　警謙書屋選稿　集4-28250
10 警石府君(錢泰吉)年譜　史2-12097
18 警務研究所章程　史6-45342
　　警務須知　史6-45336
　　警務綱要　史6-45333
30 警富新書　子5-28720
　　警察章程　史6-45346
　　警察雜錄　子4-23643
　　警察課本　史6-45340
　　警察課本初級、進階、高等　史6-45339
　　警察職守事宜問答　史6-45328
　　警察手眼　史6-45335
　　警察彙編　子4-23642
33 警心要語　集2-9388
　　警心錄　子1-2532、2599
40 警來集　子4-21045
44 警世　子6-32092(42)、7-33974
　　警世要言　子3-13139、13464
　　警世功過格　子5-29535(6)、29536(6)、
　　　30536　叢2-724
　　警世吳歌　集7-50799、53653
　　警世通言　子5-27716～7
　　警世選言　子5-27810
　　警世晨鐘　子4-24311
　　警世陰陽夢　子5-28181
　　警黃鍾傳奇　集7-50427
50 警書　子4-21915
62 警睡編初集、二集　子5-26747

4864₀　故

00 故廬江太守范府君之碑、殘石　史8-
　　63518、64635
　　故唐律疏議　叢1-286,2-731(17)
　　故唐律疏議、律音義、校勘記　史6-45747
　　故唐律疏議、纂例　史6-45746
　　故唐律疏議、律音義、校勘記　叢2-637(2)
07 故�鄣南淙韋氏家乘[浙江長興]　史4-
　　31129～32
22 故山遊草　集3-17372
　　故紙隨筆　子4-21584　叢2-1595
23 故代理大總統馮公事狀　史2-10821
27 故鄉草詩鈔　集3-17990
30 故宮方志目、索引　史8-66273
　　故宮方志目續編　史8-66274
　　故宮詩　集3-13503
　　故宮遺錄　史1-2631,7-51517　叢1-244
　　　(3)、249(1)、407(3)、2-731(59)、870(2)
　　故宮漫載　史1-1995,7-51528
　　故宮善本書影初編　史8-66494
35 故清遺老嚴雁峯先生(祖馨)行狀　史2-
　　10790
40 故大總統黎公(元洪)墓誌銘　史2-10868
　　故友詩錄　集6-42008
43 故城賈氏手澤彙編　叢2-893～4
　　故城賈氏躬自厚齋叢書十二種　叢2-894
　　故城縣志[雍正]　史7-55422
　　故城縣志[康熙]　史7-55421
　　故城縣志[萬曆]　史7-55419～20
　　故城縣志[光緒]　史7-55423
50 故事尋源　子5-25822
67 故明工科給事中范公奏摺　史6-48570
77 故聞隨錄　子4-21686

敬

00 敬亭文稿、補遺　集3-18484
　　敬亭詩草　集3-18482
　　敬亭詩草、文稿　集3-18483
　　敬亭集、補遺、姜貞毅先生自著年譜、府君
　　　貞毅先生年譜續編　集2-12627
　　敬亭先生(陳心一)年譜　史2-12131　叢
　　　2-964
　　敬亭自記年譜　史2-11868
　　敬亭唱和集　集3-14508～9
　　敬亭公年譜　史2-11820～1
　　敬廬文畧　集5-34648
　　敬齋文稿　集3-16112,5-35958
　　敬齋雜著　集4-27355
　　敬齋詩集、文集　集3-19696
　　敬齋詩稿(清涆齋詩稿)　集5-37261
　　敬齋詩鈔　集3-15095　叢2-834～5

敬齋集　集3-19425,6-45089

敬齋集、胡子粹言　集2-6994、6997

敬齋集、居業錄要語、胡子粹言　集2-6993

敬齋紅豆雜錄　子5-25248

敬齋經說　經2-11658

敬齋先生古今黈　子4-20220

敬齋先生古今黈、補錄　子4-20223

敬齋先生古今黈、逸文、附錄　叢1-511

敬齋偶存草　集3-15407

敬齋禮說　經1-6068

敬齋遺集、附存　集5-38977

敬齋遺鈔　集5-38978

敬齋存稿　集5-35959　叢2-2014

敬齋古今黈　子4-20221　叢1-223(41)、453、470,2-782(2)

敬齋古今黈、續編、補錄　子4-20224

敬齋古今黈、敬齋先生古今黈逸文、附錄　子4-20225

敬齋古今黈、拾遺　子4-20222　叢1-230(4),2-731(4)

敬齋古今黈補　子4-20226　叢2-2004

敬齋錄　叢2-2064

敬齋箴　子1-1968　叢1-574(4)

敬齋箴(朱子敬齋箴)　子1-2737

10 敬一錄　子1-1430

敬一堂詩鈔　集3-15941

敬天孝親淺訓　叢2-1317

敬天孝親淺說　叢2-1316

敬吾心室彝器款識　史8-64189

敬吾心室鐘鼎款識　史8-64188

17 敬承堂刪存　集5-34682

敬承堂憶存、刪存　集5-34681

敬聚齋稿　集1-5638

敬君詩話　集6-45486、45828　叢1-22(26)

20 敬愛聖母　子7-35531

敬信錄　子2-9764,4-21330、22034

敬信錄經驗方　子2-9505

敬孚文稿　集5-35978

敬孚日記(清咸豐十年至光緒二十七年、二十九年至三十年)　史2-13005

敬孚類稿　集5-35977

21 敬止集　史6-46778～9　集2-10244　叢1-223(24),2-809

敬止述聞　子4-21551

敬止錄[順治]　史7-57429

敬止堂緒抄　集2-9969

24 敬德不伏老　子7-48774(5)、48954

敬德打朝子弟書　集7-52127

敬告我鄉人　子4-22050

敬告我國民　子7-36251

敬告當道者　子7-36251

25 敬仲集　集1-5097

26 敬和堂文稿二種　叢2-1431

敬和堂集　集2-9786～8

27 敬颽全書　子3-13109

敬多情一枝　集7-52687

敬修齋經說　叢2-962

敬修堂文集　集2-11651,4-30412

敬修堂詩　集3-13245

敬修堂詩後甲集　集3-13246

敬修堂諸子出處偶記　史2-7441

敬修堂講錄　經2-11509

敬修堂詞賦課鈔　集6-42623

敬修堂叢書十四種　叢1-252

敬修堂同學出處偶記　叢1-373(5)

敬修堂醫源經旨　子2-4903

敬修堂印譜　子3-16972

敬修堂釣業　史1-3407,6-48580　集3-13244　叢1-426,2-731(19)

敬修堂小課甲編　子1-2833

敬鄉樓詩　集5-41607

敬鄉樓叢書三十八種　叢2-867

敬鄉錄　史2-8090　叢1-223(22),2-615(1)

敬鄉錄、考異　史2-8072　叢2-860

28 敬儀堂經進文稿、經進詩稿、詩存　集4-26235

30 敬避字樣　經2-13095、15121、15132～3　史1-4208　集6-42296～7　叢1-299

敬避字樣抬頭式　經2-12902

敬竈全書　子5-31714～5

31 敬福堂稿　集3-19399

32 敬業編　子1-927

敬業錄　子1-1588

敬業堂文稿(謝方宣遺文)　集5-37512

敬業堂雜錄　子4-23142

敬業堂詩集　集3-16518、16520、16524　叢1-223(68)、373(7)

敬業堂詩集、續集　叢2-635(13)、698(11)

敬業堂詩集、補遺、餘波詞、附錄　集3-16522

敬業堂詩集參正　集3-16525

敬業堂詩稿、文稿　集4-23832

敬業堂詩續集　集3-16521

敬業堂詩校記　叢2-737、868

敬業堂詩鈔　集3-16523、16526

敬業堂集　集3-16515

敬業堂集(鴻雪草、瑤溪草、北遊草、雜著、茶陽草)　集4-32041

敬業堂集補遺　集3-16516　叢2-674

敬業堂窗課、續編　集3-16950

敬業堂近體詩選　集3-16527
敬業堂史論　史1-5812
33 敬補堂文集　集3-16236
敬補堂集　集3-16235
35 敬禮三十五佛懺悔行門　子7-34992
敬禮聖心月　子7-35509
敬禮聖心分務　子7-35514
敬禮聖母月　子7-35526～7
敬禮耶穌聖心月　子7-35508
敬禮若瑟月　子7-35534
敬遺軒稿　集4-31084
敬遺堂集　集3-15716
40 敬壽碑　集7-50348
敬梓小錄　經2-10076
46 敬恕齋遺稿　集5-35429
敬恕翁詩稿　集4-23548
敬恕堂文集　叢2-958
敬恕堂文集紀年、紀事畧、耿嵩陽先生傳
　　集3-14502
敬恕堂詩　集3-19173
敬恕堂詩存　集4-25029
敬恕堂集　集3-14195
敬恕堂集二種　叢2-1308
敬恕堂存稿　集3-14503
48 敬教勸學說　子1-2837
50 敬事草　史1-3024,6-48340　集2-9700
敬夫集外詩　集1-5650
敬夫來鶴草堂藁　集1-5657
敬由編　史6-46393
51 敬軒文集　叢1-223(64)
敬軒集　集3-18194
敬軒遺文　集4-22017
敬軒薛先生文集(文清公薛先生文集、敬軒
　　文集)　集2-6656
52 敬靜定齋文鈔　集4-26974
60 敬躋堂叢書五種　叢2-749
敬思堂詩集　集3-20798
敬思堂集、奏御集、詩集　集3-20797
敬畏齋公牘　史6-47197　叢2-740
72 敬所王先生文集　集2-9426
敬所小稿　集2-6297
75 敬肆闚　叢2-1201
77 敬學軒文集　集4-24217
敬學錄　子1-1501　叢2-811
敬學堂詩鈔　集3-21159
敬民堂小集　集2-12400
79 敬勝堂詩鈔　集4-28668
80 敬義齋稿　集3-15948
敬義書院講義、繼總統論　子4-21784
敬義書院志　史7-52028

敬義堂詩文稿　集4-30023
敬義堂家訓　子1-2249　叢2-1555
敬義堂家譜　叢2-1556
敬義堂贈言　集3-15304
82 敬穌堂藏帖　子3-15490
88 敬簡堂遺詩剩稿　集4-30230
敬簡堂學治雜錄　史6-43049
90 敬堂文　集4-23207
敬堂文稿　叢2-869
敬堂文稿、詩稿　叢2-1586
敬堂訂補萬寶全書　子5-25253
敬堂語錄　子4-21811
敬堂遺書六種　叢2-1586
敬米齋筆記　子4-21231
94 敬惜字紙　子4-21986
敬慎居詩稿　集4-33411　叢2-834

4880₂ 趁

33 趁心願　集7-52264

4883₇ 齡

88 齡筱園遺稿　集5-34024

4891₁ 柞

32 柞溪沈氏應驗良方　子2-9772
柞溪沈氏家乘[浙江桐鄉]　史4-29052、
　　29055
柞溪沈氏世系宗譜[浙江桐鄉]　史4-
　　29054
柞溪沈氏思源堂宗譜[浙江桐鄉]　史4-
　　29053
44 柞林紀譚　叢1-102～3
48 柞翰吟菴金石談　史8-63762
71 柞蠶雜誌　子1-4454
柞蠶彙誌　子1-4459
柞蠶簡法　子1-4457
柞蠶簡法補遺　子1-4458
77 柞桑滙誌　子1-4455

槎

00 槎亭詩鈔　集3-19142
　　槎庵燕語　叢1-22(20)、143
21 槎上老舌　子4-20900　叢1-233、496(5)、
　　2-731(7)
22 槎川劉氏宗譜[浙江永嘉]　史5-39305
30 槎客瑣記　史1-4508
32 槎溪石氏族譜[上海嘉定]　史4-25990
　　槎溪陸氏族譜[江蘇崑山]　史4-32654
　　槎溪學易　經1-1741
33 槎浦王氏宗譜[浙江上虞]　史4-25065
　　槎浦櫂歌　集5-35737
37 槎湖張氏第六次重修宗譜[浙江鄞州]　史
　　5-34916
44 槎菴詩集　集2-11918
　　槎菴燕語　子4-20778〜9
　　槎菴小乘　子4-20780
51 槎軒集　集2-6245〜6
80 槎翁文集　集2-6041
　　槎翁詩　集2-6036
　　槎翁詩集　叢1-223(62)
　　槎翁先生文集、補遺、槎翁先生詩集、補遺
　　集2-6035

4891₆ 欖

20 欖香小品三種　叢2-1941
32 欖溪麥氏族譜[廣東中山]　史5-34265
44 欖芳園詩鈔　集4-33169

4892₁ 榆

00 榆廬數典　叢2-2265
　　榆廬年譜、續　史2-12432
10 榆石山樵詩集(榆石山樵詩草、源池小草、
　　隨意吟草、晚香亭詞草)　集4-30250
　　榆西僊館稿　集4-25593
　　榆西僊館初稿　集4-25595
　　榆西僊館初稿文集、詩稿　集4-25592
　　榆西僊館初稿文鈔　集4-25596
22 榆巢雜識　子4-23221　叢2-735(5)
30 榆塞紀行錄　叢1-554

　　榆塞紀行錄(潞河漁者纂)　叢2-2043
　　榆塞吹蘆集　集4-29554
32 榆溪詩話　集6-46170　叢2-731(47)、869
　　榆溪詩鈔　集3-13465、13467　叢2-731
　　(43)、869
　　榆溪集選　集6-42067
　　榆溪集選、補　集3-13463
　　榆溪逸詩、逸稿　集3-13466
34 榆社縣志[康熙]　史7-55776
　　榆社縣志[乾隆]　史7-55777
　　榆社縣志[光緒]　史7-55778
37 榆次縣續志[康熙]　史7-55766
　　榆次縣續志[光緒]　史7-55769
　　榆次縣志[萬曆]　史7-55765
　　榆次縣志[乾隆]　史7-55767
　　榆次縣志[同治]　史7-55768
　　榆次縣志[民國]　史7-55770
44 榆蔭山房詩存　集4-28289
　　榆蔭山房吟草　集5-34343
　　榆蔭樓詩存　集4-25938
　　榆村詩集　集3-20543
　　榆樹縣鄉土志資料[民國]　史7-56228
　　榆林府志[道光]　史8-62994
　　榆林府志辨訛[咸豐]　史8-62995
　　榆林詩集　集3-20544
　　榆林縣鄉土志[民國]　史8-62997
　　榆林縣志[民國]　史8-62996
45 榆樓題跋　子3-14953
47 榆榴山館詩鈔、補遺　集4-24105
48 榆墩集詩選、集選、榆溪詩鈔、逸詩、逸稿
　　集3-13467
　　榆墩集選　集3-13464
60 榆園雜興詩　集5-33990　叢1-508,2-731
　　(44)
　　榆園雜俎　子4-21966
　　榆園叢刻十五種附一種　叢1-486
　　榆園筆記　子4-21967
　　榆園讀史草　史1-6092　集5-34429
　　榆園讀史草續　集5-34430
77 榆關記畧　史1-3862
　　榆關草　集2-11354　叢2-783、1193
80 榆翁日記(清光緒六年)　史2-12896

4892₇ 粉

48 粉榆小草　子2-10723

梯

10 梯雲府君(李邦黻)年譜稿   史2-12339
　　梯雲山館初稿   集4-33276
　　梯雲館詩鈔   集5-34129
22 梯仙閣餘課   集3-18373,6-45066
　　梯山汪氏族譜[安徽休寧]   史4-28887

4893₂ 松

00 松亭詩鈔   集4-26561
　　松亭行紀   史7-49316、49318(2)、53879～80
　　　叢1-201,203(5)、210～1、223(22),2-617
　　　(3)、1354
　　松亭唔語   子4-19490
　　松塵齋詩稿   集3-21177
　　松塵剩言   子4-21153
　　松塵燕談   子4-23392
　　松廬詩存   集5-40593
　　松廬詩鈔   集4-26207
　　松齋詩草   集3-15688
　　松齋心板   子4-21564
　　松齋戊辰吟草   集3-15687
　　松齋憶存草(松齋詩鈔)   集4-30563
　　松文清公(松筠)升官錄   史2-11958
06 松韻亭詩   集3-19159
　　松韻樓詩稿、醉月詞   集5-40734
09 松麟集   集3-17384
　　松談閣印史   史8-64918
10 松露書屋詩稿   集3-19260
　　松露書屋集   集5-38386
　　松露堂詩稿拾遺   集3-18350
　　松雪廬印彙   子3-17424
　　松雪齋文集(松雪齋集)   集1-4957
　　松雪齋文集、詩文外集   叢2-635(11)
　　松雪齋文集、外集   集1-4949
　　松雪齋文集、外集、續集   集1-4952
　　松雪齋詩集   集1-4954,6-41779～80
　　松雪齋詞   集7-46360～1、46370、46763　叢
　　　1-579,2-799～800
　　松雪齋集   集1-4955～6　叢1-373(9)
　　松雪齋集(松雪齋文集)、外集   集1-4948
　　松雪齋集、外集   叢1-223(59)、227(10)
　　松雪齋與進之帖   子3-15664
　　松雪齋全集   集1-4950～1

松雪詞   集7-46352、46357、46764
松雪詞、補遺   集7-46368、46765
松雪遺稿   集1-4959
松雪堂印萃   子3-17102
松雨軒詩集   叢1-265(5)
松雨軒集   集2-6081～2
松雨軒集、補遺、附錄   集2-6083～4　叢2-833
松下童子遺草   集4-33427
松下雜抄   子5-26753　叢2-674
松下清齋詩稿   集3-20494
松下清齋集   集4-26595
松下清齋印集   子3-17370
松下吟   集3-18157
松下閒談   子5-32038
松夏志[民國]   史7-57506
松霞館贅言   子4-20487　叢1-143
松石廬雜著、詩存   集5-39125
松石廬詩存、雜文   集5-39126
松石齋文集   叢2-1119
松石齋詩集   集2-9785,4-31737,6-42007(2)　叢2-1119
松石齋詩集、文集、奏疏、遼事疏   集2-9784
松石齋詩續   集5-38324
松石齋詩續集   集4-31738
松石齋詩草   集5-38323
松石齋詞   集7-47509
松石齋集(趙文毅公集)文、詩   集2-9783
松石齋集三種   叢2-1119
松石齋書畫瑣言   子3-14713
松石詩鈔   集4-27183
松石山齋詩初稿   集4-32439
松石軒詩評   集6-45748
松石館詩集   集3-15408～9　叢2-729
松靄遺書鈔補   集3-21224
松靄初刻六種   叢2-1495
松雲道人集   集1-5698
松雲閣詩鈔   集4-30893,6-42007(2)
松雲精舍詩錄   集4-32333
松雲精舍詩錄續編   集4-32334～5
松霜閣印集   子3-17304
16 松理茂懋汶各土屯概況[民國]   史8-62108
17 松承堂詩文稿   集4-29987
松子閣詩集   集3-14515
松翠小苑裘文隼   集4-22734
松郡雜記   叢1-300
松郡宦浙同官錄   史3-23747
松郡均役成書   史6-43437

松郡娄縣均役要畧三集　史6-43438
20 松喬堂詩存稿、應制詩稿　集3-14916
松舫居士印譜　子3-17195
松香詞鈔　集7-47510
松絃館琴譜　子3-17633　叢1-223(38)
22 松崖文稿　集3-20628
松崖文稿次編　集3-20629
松崖文鈔　集3-19133～4、21796　叢1-557～8
松崖文鈔、詩鈔續集　集3-21793
松崖雜鈔　子4-22406
松崖詩集　集3-15802
松崖詩集、續集、補遺　集3-21795
松崖詩鈔(松崖漫稿)　集3-21701
松崖讀書記　叢2-757
松崖藏印　子3-17150
松崖筆記　子4-22404　叢1-558
松嵐家塾詩稿　集5-39167
松巖詩草　集4-31058
松巖自怡吟稿　集4-25830
松嶺偶得、瑞竹堂詞　集3-19521
松嶺吳氏家譜[福建晉江]　史4-28102
松峯說疫　子2-6908、6924、6926
松山叢集　集3-18991
松山草堂詩集、補遺　集3-17734
松山陳氏宗譜[浙江東陽]　史4-33036～8、33040～2
松山陳氏思孝堂家譜[浙江東陽]　史4-33039
松巢漫稿　叢2-870(5)
松巢漫稿、校勘記、續記　集1-4405
松巢吟稿　集4-30150
25 松生府君(丁丙)年譜　史2-12286　集5-40284
26 松牎雜錄　叢1-221
松牎百說　子4-19923
松牎漫筆　子4-24570
松牎隨錄　子5-26711
松泉文集　集3-18822～3
松泉文錄　集3-18824,6-42067
松泉詩　集3-18817
松泉詩集　集3-18821,19694
松泉詩集、文集　集3-18819～20　叢1-223(68)
松皋文集　集3-15369～71
松皋集　集2-7582
27 松壑詩選　集3-15241
松壑間合刻詩鈔　集6-41991
松蔦室吟草　集4-23492
松鄉集　集1-4944　叢1-223(59)
松鄉先生文集(元松鄉先生文集、松鄉集)

集1-4945
28 松俗處喪非禮辨　叢2-2263
松谿程先生年譜　集2-8434
松谿小草　叢2-884
松齡醫鐸　子2-5297
29 松鱗軒新鍥春秋愍渡　經1-7658
30 松寥山人詩集　集4-30235
松寥山人詩初集、匡廬游草、南來詩錄　集4-30233
松寥山館詩鈔　集4-22780
松窗囈言　叢1-87、330,2-730(1)
松窗雜記　叢1-17、19(3)、22(8)、23(7)、29(3)、255(1)、2-617(2)、818
松窗雜錄　史1-1914　子5-26218、26255　叢1-15、18、19(1,8)、20(1,2,6)、21(2,3,6)、24(2,3,9)、38、95～6、175、180、223(44)、2-730(2)
松窗百說　叢1-244(5)、265(4)、2-735(3)
松窗百說(松牎百說)　子4-19923
松窗囈言　子1-988　叢1-22(20)、46、269(4)、270(3)、2-731(8)
松窗囈言摘錄　子1-989　叢1-84(4)、2-730(11)
松窗夢語　子5-26335　叢2-833
松窗隨錄　集6-42966
松窗錄畧　叢1-134
松窗餘事草　集4-32614
松窗快筆　史7-50240　叢1-364
松窗快筆、補、補註　史7-50241　叢2-794
松寶詩集　集3-14317
松寮文續編　集4-26708
松寮詩訪存　集6-42007(2)
松寮蟲韻集　集5-37058
31 松江方言問答　經2-14914
松江府續志[光緒]　史7-56468
松江府志[康熙]　史7-56463～4
松江府志[正德]　史7-56459
松江府志[崇禎]　史7-56461～2
松江府志[嘉慶]　史7-56466
松江府志摘要　叢1-496(4)
松江府志摘要[光緒]　史7-56467
松江府屬舊志二種　史7-54913
松江府屬歷科采芹錄初編、二編、三編、四編　史3-14907
松江府輿圖內教堂坐落縣界泛境里數清冊　子7-35790
松江詩鈔　叢1-373(9)
松江正定二府三案筆錄　史6-46250
松江衢歌　史7-50071　叢1-241、242(4)
松江修暇集、詩餘　集5-38223
松江紀事　史1-3369

松江澿缺石塘錄、續載　史6-46788
松江志畧[民國]　史7-56479
松江考志[乾隆]　史7-56478
松江韓氏藏宋元明本書目　史8-65797
松江竹枝詞　史7-50072～3
松源經說　經2-11544
32 松兆堂讀詩隨筆　集6-46172
松溪文集　集3-21051
松溪詩集　集3-17923　叢2-887
松溪詩稿　集4-28084
松溪詩草　集4-23736、23905
松溪詩餘　集7-46398～400、47078
松溪詩鈔　集4-23738
松溪子　子4-20997　叢1-201、203(2)、
　366～8,2-1339
松溪集　集3-13018　叢2-970
松溪漫興　集3-15606,6-41969　叢2-
　1339
松溪胡氏宗譜[浙江金華]　史4-30454
松溪抄案　史6-47302
松溪縣志[康熙]　史8-58248
松溪縣志[嘉靖]　史8-58247
松溪周氏宗譜[浙江淳安]　史4-29911～2
松溪小草　集4-24017
松潘記畧[同治]　史8-62099
松潘紀畧　史7-49901
松潘直隸廳志[嘉慶]　史8-62098
松潘縣志[民國]　史8-62100
33 松心文鈔　集4-27103　叢2-1681
松心雜詩　集4-27099　叢2-1681
松心詩集　集4-27096　叢2-1681
松心詩集(松心十錄)　集4-27100
松心詩錄　集4-27098　叢2-1681
松心集　集6-42008
松心十錄　子4-22431
松心居士文集　叢2-1657
松心居士文集、律賦、試帖、詩集、首編、二
　集、外集　集4-26067
松心居士詩集　集4-26066
松心居士詩集、二集　叢2-1657
松心居士全集十一種　叢2-1657
松心筆記　子2-10573
松心堂文鈔、詩鈔　集5-41599
松心堂醫案驗抄　子2-10572
松濱詩文集　集4-33552
松濱草堂詩鈔(詩民漫詠)　集5-33987
34 松漠記聞　叢1-19(4)、21(3)、22(9)、24(5)
松漠記聞、補遺　叢1-38,2-731(66)
松漠紀聞　史1-1914,2588～9　叢1-11、
　17、20(2)、29(6)、90～1、95、190、374,2-730
(3、6)
松漠紀聞、續　史1-2590　叢1-223(20)
松漠紀聞、續、補遺　史1-2591　叢1-268
　(2)
松漠紀聞、續、補遺、考異　史1-2593　叢
　2-943
松漠紀聞、續、補遺、考異、校勘記　史1-
　2594　叢2-870(2)
松漠紀聞、續、金虜圖、族帳部曲錄　史1-
　2595
松漠紀聞、補遺　史1-2587、2592　子5-
　26218　叢2-785
松漠草　集6-44957
松濤齋詩稿　集5-41477
松濤詩稿　集2-11939
松濤室詩稿　集3-13261
松濤書屋詩稿、詩壇囈語　集4-22782
36 松瀑稿　集1-5258
松禪老人遺墨　子3-15809～10
37 松澗詩稿　集4-25218
松冠堂詩鈔、我蕭詞、自訂年譜　集4-
　32233
松逸詩存　集4-29208
38 松滋吳氏宗譜[湖北松滋]　史4-28136
松滋祠廟事畧　史7-51773
松滋縣志[康熙]　史8-60314～5
松滋縣志[同治]　史8-60316
松滋縣志[民國]　史8 60317
松洋莊氏族譜[福建]　史4-31504
40 松太鹽局試辦官運條款　史6-43820
松壺集　集3-14190～1
松壺畫贊　叢1-373(9)
松壺畫贅　子3-15980　叢1-486,2-731
　(35)
松壺畫贅、松壺畫憶　子3-15981
松壺畫贅集　集4-24952
松壺畫憶　子3-15982　叢1-486,2-731
　(35)
松存存稿八種　叢2-1436
松存軒集　集3-14964
松壽老人自敍　史2-12378
松壽軒詩鈔　集5-36926,6-42007(4)
松壽堂詩鈔　叢2-2149
松壽堂詩鈔(壯遊集、燕臺集、淮浦集、大梁
　集、蘇臺集、征鴻集、鶴樓集、北門集、北
　門續集、偕園集)　集5-39087
41 松垣文集　集1-3945～7
松坪詩存　集5-38714
松坪詩草　集3-18985
松樞十九山九種　叢2-1194
松梧閣詩集、二集、三集、四集　集3-17239

42 松桃廳志[道光]　史 8－62259

44 松坡詞　集 7－46351、46356、46394、46603
　　松坡山舘詩稿　集 3－14196
　　松坡吟草　集 4－24145　叢 1－300
　　松坡居士詞　集 7－46602
　　松坡居士詞集　集 7－46352、46390
　　松夢寮文集　集 5－35471
　　松夢寮詩稿　集 5－35468
　　松花庵詩草　集 3－20621～2
　　松花庵韻史　史 1－6068　叢 1－435
　　松花庵續集　集 3－20630
　　松花庵律古　集 3－20626
　　松花庵逸草、詩餘　集 3－20623
　　松莊文集　集 2－9847
　　松蔭軒稿　集 6－42002
　　松蔭軒稿(紅樓新詠)　集 4－28143
　　松蔭精舍集　集 4－24780
　　松華雙硯齋賦鈔　集 4－27467
　　松華館合集十三種　叢 2－1412
　　松華堂集(松華館合集)(梅川文衍、學古偶
　　　錄、栗山詩存、歲寒亭畫句、華南先德述、
　　　履齋時文、春風堂試帖、硯堂四六、唱酬
　　　紀勝、讀黃合志、梅溪韻會、青玉閣詞、檀
　　　園雅詠)　集 3－19186
　　松桂讀書堂詩集　集 3－18892
　　松桂讀書堂集　集 3－18893
　　松桂林草　集 5－38479
　　松桂堂全集、延露詞、南淔集　叢 1－223(67)
　　松桂堂全集、南淔集、延露詞　集 3－15230
　　松蘿社草　集 6－43816
　　松菊齋文錄　集 5－38167
　　松菊山房詩删　集 5－34492,6－42007(2)
　　松菊堂詩鈔　叢 1－300
　　松林庵小志　集 2－2266
　　松林張氏家譜[浙江紹興]　史 5－34934
　　松林朱氏宗譜[浙江紹興]　史 4－26518
　　松林徐氏宗譜　史 4－32192
　　松林駱氏重修宗譜[浙江義烏]　史 5－
　　　39906
　　松林駱氏宗譜[浙江義烏]　史 5－39905、
　　　39907

46 松柏山房駢體文鈔　集 5－39570～1　叢 2－
　　　2145
　　松柏恆春館詩鈔　集 4－23535

47 松鶴山房文集　集 3－16544
　　松鶴山房文集、詩集　集 3－16541
　　松鶴山房文集鈔錄　集 3－16543
　　松鶴軒吟稿　集 5－38869
　　松鶴堂紀事初草、私淑雜著　集 5－36943
　　松聲池館詩存　集 4－22814

松聲池館詩存四種　叢 1－471
　　松聲閣集　集 3－13227

48 松梅菊齋詩存　集 4－33398

51 松軒講義　子 4－20572　叢 2－1147～9
　　松軒九圖　叢 2－1824

53 松盛堂曲譜　集 7－54714

60 松圃詩草　集 3－21722～3
　　松園詩老小傳　集 2－10938
　　松園集　集 3－20196
　　松園偈庵集　集 2－10948
　　松園偈菴集　集 6－44428
　　松園浪淘集　集 2－10947,6－44428
　　松園浪淘集、耦耕堂存稿詩、文　集 2－
　　　10939
　　松園浪淘集選　集 2－10945
　　松園居士浪淘集　集 2－10946
　　松園印譜　子 3－17099
　　松田文集　集 4－25137
　　松田文集(陳松田先生遺文)　集 4－25136
　　松田遺集　集 4－25135
　　松邑成案　史 6－47301
　　松圓浪淘集、偈庵集　叢 2－609
　　松圓浪淘集選、耦耕堂集選　集 6－41949

67 松明族道坦公支譜[安徽]　史 4－28929
　　松吹讀書堂題詠、小松吹讀書堂題詠　叢
　　　2－832(5)
　　松吹吟　集 3－18653
　　松野詩鈔　集 3－18692

68 松吟軒詩鈔　集 5－35401

71 松厓醫徑　子 2－4770,4828～9
　　松厓醫徑、醫徑句測、醫徑彙方　子 2－4830
　　松阿詩集署選　集 3－15098

72 松所鹽務成案　史 6－43819
　　松隱文集　集 1－3261　叢 1－279,2－670
　　松隱詞　集 7－46375、46551
　　松隱集　集 1－3262,6－41904　叢 1－223(53)
　　松隱唯菴然和尚語錄　子 6－32091(72)

73 松院小草　集 6－42025

74 松陵文獻　史 2－7909
　　松陵文牘　集 5－40828
　　松陵文徵　集 6－44529
　　松陵文署　史 7－57506
　　松陵雜咏　史 7－50232
　　松陵水災新樂府　叢 1－571
　　松陵瑣綴　史 7－50230
　　松陵毛氏族譜[江蘇吳江]　史 4－25575
　　松陵集　集 6－43257　叢 1－223(68),2－873
　　松陵絕妙詞選、華胥語業　集 7－48547
　　松陵黃氏家譜[江蘇吳江]　史 5－33751
　　松陵見聞錄　史 7－50231

松陵唱和詩鈔　集3-18472

松陵陸氏宗譜[江蘇吳江]　史4-32649

松陵陳氏家譜[江蘇吳江]　史4-32800

76 松陽講義　經2-10616　子4-23271　叢1-
　223(14)、451、574(2)、2-1334

松陽賴氏家譜[福建明溪]　史5-39876

松陽賴氏宗譜[浙江松陽]　史5-39875

松陽縣志[順治]　史7-57738

松陽縣志[乾隆]　史7-57739

松陽縣志[民國]　史7-57741

松陽縣志[光緒]　史7-57740

松陽鈔存　子1-1406～7　叢1-213、223
　(31)、391、574(3)、2-731(13)、1334

77 松風集　集5-38793

松風仙館詩草　集4-31102

松風自合琴譜　子3-17776

松風老屋詩稿　集4-24706

松風老屋詩稿、詩餘　集4-24707

松風軒印譜　子3-17430

松風閣詩鈔　集4-29125　叢2-906、1761～2

松風閣琴譜　子3-17660

松風閣琴譜、指法　子3-17661

松風閣琴譜、抒懷操　叢1-223(38)

松風閣指法　子3-17662～3

松風閣小草　集4-29676

松風閣詩鈔　集4-29127

松風餘韻　集6-44531

松風餘稿　集3-15618

松風堂讀書圖題辭　子3-16237

松風堂集　集3-20465

松屋詩集　集5-34191

松月廬詩稿　集3-21369

松月集　集2-6194

松月山莊詩鈔　集4-26857

松月繞兒一枝　集7-51956

松月軒詩稿　集2-12882

松月軒望遙集　集2-12883

松月閣遺稿　集3-20890

松月堂目下舊見　子4-23164

松屬歷科采芹錄(順治至光緒)　史3-
　14906

松屬歷科鄉會題名錄(順治二年至道光九
　年)　史3-14905

松閣閣詩鈔　集4-31077

松鼠圖　子3-16424

松卿詩草　集3-15085

松關偶鈔　子4-23031

松門龔氏復振重修宗譜[浙江義烏]　史5-
　41456

松門龔氏復振宗譜[浙江義烏]　史5-
　41457

松門龔氏復振祠宗譜[浙江義烏]　史5-
　41458

松門龔氏宗譜[浙江義烏]　史5-41459～61

松門詩鈔　集4-25179

松門稿　集2-10526

松門稿、金臺稿、鳳臺稿　集2-11393

松門剩稿　集4-22609

松門遺稿　集3-19200

78 松陰文鈔　子7-37991

松陰詩餘　集7-47490

松陰暇筆　叢2-2209

松陰快談　叢1-203(17)

80 松翁剩稿　集5-40371

松翁近稿、補遺　集5-40369　叢2-2192

松翁未焚稿　集5-40370　叢2-2195

松翁居遼後所箸書三種　叢2-2194

松翁賸稿　叢2-2198

松龕文集、詩集　集4-29611

松龕詩存　集4-30355

松龕先生文集、詩集　叢2-1772

松龕先生奏疏　史6-48876　叢2-1772

松龕先生全集五種　叢2-1772

松龕全集　叢2-821

松年山水花卉雜册　子3-16418

松年長生引　集7-49480、49485

松谷詩集　集1-5823,6-41780

松谷詩鈔　集5-34614

松谷印遺　子3-17065

88 松筼崗劉氏保壽堂活人經驗方　子2-9260

松筠詩鈔(汲古亭詩鈔)　集3-17788

松筠列傳　史2-9612

松筠室謎語大觀　子3-18387

松筠桐蔭館集印　子3-17014

松筠桐蔭館集印補　子3-17015

松筠桐蔭館印譜、集印　子3-17013

松筠閣貞孝錄　史2-10066　叢2-799～801

松筠閣鈔異　子5-27160

松筠小草　集3-17322

松筠堂詩　集3-18351

松竹齋雜錄　子4-24429

松竹山房詩草　集4-32693

松竹軒偶錄　子4-23612

松籌堂集(南峯楊先生松籌堂文集)　集2-
　7236

松節堂詩草　集5-41668

松籟閣詩餘　集7-47145

松籟閣詩鈔　集4-26923

90 松堂閒韻　集3-15721

松堂閒吟　集3-19092

91 松煙小錄　子4-23417～8　叢2-1972
97 松鄰文、松鄰詩、松鄰詞　集5-38919
　　松鄰叢書二十種　叢2-631
　　松鄰遺集(松鄰文集、詩集、詞)　集5-38916
　　松鄰書劄　集5-38917
　　松鄰書劄、詩詞　集5-38918

榆

30 榆塞紀行錄　史7-51157
44 榆林城守紀畧　史1-1982
45 榆樓題跋　史8-65309

4894₀ 枚

20 枚乘集　集1-162
27 枚叔集　集1-163～4,6-41699　叢2-807
44 枚菰遺草　集5-38708　叢2-946
77 枚卿詩稿　集5-36951

橄

48 橄欖山房副墨　集2-11679
　　橄欖治痢奇驗方　子2-7006
　　橄欖軒尺牘　集4-23023～4

橄

00 橄文　史1-1938
88 橄餘錄　集6-42190～1

4894₁ 枡

47 枡櫚詩集　集1-3202,6-41894(2)、41895
　　枡櫚詞　集7-46369、46546
　　枡櫚集　集1-3201,6-41904　叢1-223(53)
　　枡櫚集鈔　集1-3203,6-41901
　　枡櫚先生文集　集1-3199
　　枡櫚先生文集(枡櫚集)　集1-3197

　　枡櫚先生文集、校勘記　集1-3198

4894₆ 樽

31 樽酒詞　集7-47588
　　樽酒銷寒詞　集7-47589
　　樽酒銷寒詞、續錄　集7-48616
80 樽前集　集7-48418

4894₇ 栴

40 栴檀香身陀羅尼經　子6-32083(31)
　　栴檀樹經　子6-32083(22)

4895₇ 梅

00 梅癡吟稿　集5-41375
　　梅亭先生四六標準　集1-4065～6　叢2-636(4)
　　梅亭先生四六標準(四六標準)　集1-4064
　　梅亭隨筆　子4-24313
　　梅庵文鈔、詩鈔、玉門詩鈔、淮西小草　集4-23523
　　梅庵詩鈔　集4-23528,5-36201
　　梅庵集　集4-33312
　　梅庵自編年譜、續編　史2-11957
　　梅廬吟卷　集4-33451
　　梅齋詩草　集4-31932
　　梅廳吟稿　集3-16487
　　梅廳吟藁　集6-41969
　　梅府君(鑑源)年譜、鴉岑詩錄　史2-12254
　　梅文鼎天算書目　史8-66299
　　梅文鼎傳　子3-11439
　　梅文鼎年譜　史2-11743
01 梅龍戲鳳　集7-53618
　　梅龍閣詩集　集4-26287
　　梅龍鎮　集7-49390～1
04 梅讀先生存稿　叢2-845(5)
05 梅諫議集　集1-1967
07 梅詞　集7-46361、46365、46369、46372、46574
08 梅譜　子4-18535、19286　叢1-2～6、8～10、22(17)、23(17)、353、569、587(4)、2-622、721、731(28)
　　梅譜(十竹齋梅譜)　子3-14979

10 梅一枝　集7-51841
　　梅玉配　集7-51190
　　梅玉配八部　集7-51189
　　梅雪爭奇　子4-18539、24189
　　梅雪山房文存　集4-32933,5-40313
　　梅雪繞兒一枝　集7-51840
　　梅雪堪誇一枝　集7-51839
　　梅雪軒詩藁　集2-10319、10321
　　梅雪軒詩藁、飲酒詩　集2-10320
　　梅雪軒全集　集5-37949
　　梅雪把春爭一枝　集7-51838
　　梅雪堂詩集　集4-30325
　　梅雪堂詩稿　集3-16746
　　梅雪堂稿　集4-30324
　　梅石庵印鑑　子3-17302
　　梅石山房詩鈔　集3-20231
　　梅石居詩餘　集7-47834
　　梅石臨百二古銅印譜　子3-17303
　　梅西日録　叢2-2209
16 梅聖俞全集　集1-1984
　　梅魂幻　子5-27803
17 梅子新論　子1-533　叢2-774(9)
　　梅司馬燕臺遺稿　集2-9438
　　梅磵詩話　集6-45663～4　叢1-265(5)、
　　　278,2-731(47)
20 梅季豹居諸集、二集　集2-10225
　　梅禹金詩草　集2-10386
　　梅禹金先生詩　集6-41948
　　梅香館尺牘　叢1-496(7)
22 梅川文衍　叢2-1412
　　梅片詞　集7-47101
　　梅岑詩鈔　集5-37132
　　梅岑集　集3-17197
　　梅崖文鈔　集4-23111　叢2-821
　　梅崖詩話　叢2-821
　　梅崖居士文集　集3-20216
　　梅崖居士文集、外集　集3-20214～5
　　梅崖居士文選鈔　集3-20218
　　梅崖居士集文録　集6-42067
　　梅崖居士續集　集3-20219
　　梅巖主人新編玉鴛鴦　集7-54086
　　梅巖文集　叢1-223(58)
　　梅巖遺詩　集4-31240
　　梅巖胡先生文集(梅巖文集)　集1-4531
　　梅巖小藁　集2-7071
　　梅仙詩集　集4-25801
　　梅仙山莊詩草　集5-36045
　　梅仙觀記　史7-51744　子5-29530(12)、
　　　29535(7)、29536(7)
　　梅峯文存　集5-41135

　　梅峯語録　子1-1105　叢2-731(12)、816
　　梅峯朱氏宗譜[江西廣豐]　史4-26682
　　梅山詞　集7-46369、46375、46584
　　梅山王氏族譜[湖南安化]　史4-25448
　　梅山樂府　叢2-1961
　　梅山續稿詩、雜文、長短句　集1-3632
　　梅山續藁　集1-3633～4　叢1-223(56)
　　梅山范氏宗譜[浙江武義]　史4-29470～1
　　梅山夢草　叢2-985
　　梅山小稿　集1-3635,6-41894(2)
25 梅生遺稿　集5-36105
26 梅伯言文鈔　集6-41809
　　梅伯言先生尺牘　集6-45195
　　梅泉詩選　叢2-2223
　　梅臯詞　集7-46405、47136
27 梅勿菴算書五種　子3-11240
　　梅修書屋詩鈔　集4-30735
　　梅修館詩存　集5-36794
　　梅嶼恨　集7-52192
　　梅緣詩鈔　集4-24873,6-45079
28 梅谿文集　集3-13781
　　梅谿詩集　集6-41895
　　梅谿韻會　叢2-1412
　　梅谿集　集1-3332
30 梅窩詩鈔　集4-32772
　　梅窩詩鈔、詞鈔　集4-32768
　　梅窩詩鈔、詞鈔、遺稿詩、補遺詞　集4-
　　　32769
　　梅窩詩鈔、梅窩詞鈔、梅窩遺稿　集4-
　　　32770
　　梅窩詞鈔　集7-47767
　　梅窩遺稿　集4-32771
　　梅窩吟草　集4-30001
　　梅賓詩鈔　集4-23075～6
31 梅澗草堂集鈔(梅澗集)　集2-11760
　　梅澗節孝録　史2-8267
　　梅澗節孝録後編　史2-8268
　　梅潭蔣氏世譜[廣西全州]　史5-38214
　　梅源饒氏族譜[江西南豐]　史5-41324
32 梅州廿一律　集5-37995
　　梅汾詞　集7-46399～400
　　梅溪度禪師語録　子6-32091(82)
　　梅溪譚士遠掘得書　集3-17535
　　梅溪詩集　集1-3331,6-41894(2)、41908
　　梅溪詩選　集1-3330,5-41128,6-41903
　　梅溪詩草　集3-19421
　　梅溪詩鈔　集4-26046,5-37102
　　梅溪詞　集7-46352、46357、46380、46650　叢
　　　1-223(73)、2-698(13)、720(2)
　　梅溪王忠文公年譜　集1-3328

梅溪集(廷試策、奏議、梅溪前集、後集)、宋龍圖閣學士王公墓誌銘　集1-3327

梅溪剩稿文鈔　集3-19776

梅溪先生廷試策奏稿　史6-48139

梅溪先生廷試策奏議、詩文前集、後集、附錄　叢2-635(10)

梅溪先生遺集　集3-19871

梅溪先生勸學質言　子1-2474　叢2-853

梅溪先生年譜　史2-11982～3

梅溪朱氏重修宗譜[浙江諸暨]　史4-26528

梅溪朱氏宗譜[浙江諸暨]　史4-26527、26529～30

梅溪汪氏宗譜[安徽旌德]　史4-28909

梅溪梁氏享譜[江西萬載]　史5-34684

梅溪洪氏支譜[安徽歙縣]　史4-30980

梅溪黃氏族譜[湖南宜章]　史5-34070

梅溪楊氏族譜[湖南永州]　史5-37043

梅溪馬氏宗譜[浙江諸暨]　史4-31595～7

梅溪前集、後集、廷試策、奏議　叢1-223(55)、223(10)

梅溪筆記　叢2-622

33 梅心集　集5-34658

梅心後集、徐村老農詩稿　集4-28445

梅心續集　集5-34659

梅心續集、梅心集　子3-11243

34 梅渚黃氏宗譜[浙江新昌]　史5-33822～4

35 梅清閣詞　集4-23820

梅神吟館詩草　集5-35549　叢2-1864

梅神吟館集(梅神吟館詩草、詞草)　集5-35550

36 梅邊集、補　集1-4588　叢2-870(4)

梅邊樂府　集5-41495～6

梅邊吹篴詞續存、詩存　集7-48019

梅邊吹笛詩存　集4-32892

梅邊吹笛詞　集4-31334,7-46419、48018

梅邊吹笛譜　集4-24088

梅邊吹笛譜、補錄　集7-47298　叢1-456(7)、457,2-731(49)、1585

梅邊吹笛譜、補錄、凌次仲先生年譜　叢2-814

梅邊笛譜　集7-47673～4、47952

37 梅湖詩鈔　集3-14319～20

梅湖吟稿　集5-41062

梅湖小集　集4-31675

梅澗詩話　集6-45486　叢1-22(14)、23(13)、31,2-617(2)

梅祖盦雜詩、松鄰書剳　集5-38917

38 梅道人遺墨　子3-16130　集1-5377,6-41715　叢1-435

梅道人遺墨、梅花菴稿　集1-5373

40 梅太史訂選左傳神駒　經1-6849

梅太史訂選史記神駒　史1-5108

梅友詩集　集3-13931

梅友近詠存稿　集3-21818

梅塘賀氏復修族譜[湖南湘鄉]　史5-36736

梅南詩草　集5-35608

梅李文獻三志稿[光緒]　史7-57107

梅李補志[光緒]　史7-57105

梅喜緣　集7-50396　叢1-587(5)

梅杏爭春　子5-27697

41 梅墟先生(周履靖)別錄　史2-8999

梅墟先生別錄　叢1-86,2-730(8)

梅坪詩存　集5-35411

梅坪詩鈔　集3-17494,6-44540

梅坪詩鈔(夢梨雲仙館詩集)、詠物詩鈔　集4-28098

梅顛稿選　集2-10188

42 梅圮詩鈔　集4-26623

43 梅垞詩鈔　集4-26183,6-41988

梅城龍氏七修族譜[湖南攸縣]　史5-40295

梅城龍氏七修族譜上編[湖南攸縣]　史5-40295

梅城隨筆錄　子4-23652

梅城鳳尾閣曾氏大宗祠譜[廣東梅縣]　史5-36680

44 梅菉志[光緒]　史8-61206

梅菉志稿[光緒]　史8-61207

梅坡詩集　集3-13352

梅坡詩草　集3-20912

梅坡詩鈔　集3-21017

梅夢緣　子5-28247

梅麓詩鈔　集4-26345～6

梅苑　集7-48455　叢1-205

梅花庵詩稿　集5-34165

梅花庵詩存　集4-23074

梅花詠　集3-15955

梅花詩　集1-4260,2-11582,6-41918、45103　叢1-547(4),2-720(6)

梅花詩百首　集2-6983

梅花詩集唐　集6-41718

梅花詩夢庵印存　子3-17462

梅花詩附錄　叢1-392

梅花韻全傳(真金扇)　集7-53858

梅花三弄　子3-17580、17681

梅花三百首　集3-21584

梅花百詠　集1-4985、5035、5738～9,2-6504、6506、6594～6、7451、9635、12279,3-13107、20264～5,4-28876,5-41674,6-41718、41788、41930、42373　叢1-223(69)、

　　265(5)
梅花百詠、中峯祖集　集1-4984
梅花百詠詩　集2-7230
梅花百詠集句　集2-7082
梅花百詠和中峯大師韻　集3-16617
梅花百和　集6-41718
梅花百絕　集4-28338
梅花集　集5-40525
梅花集詠　集2-7081
梅花集句　集2-7226,6-41718
梅花仙館琴譜　子3-17795
梅花嶺遺事　史1-1995
梅花山館詩鈔　集4-31897
梅花什　叢2-1131～5
梅花繡佛齋草　集3-21907
梅花幻影圖題詞　集4-30033
梅花渡異林　子5-26350
梅花字字香　集1-5129～30
梅花字字香、後集　集6-41715
梅花字字香、校譌　集1-5131
梅花字字香、校譌、續校　集1-5132
梅花字字香前集、後集　集6-41749　叢1-
　　223(60)
梅花字字香前集、後集、校譌　叢2-731(42)
梅花字字香前集、後集、校譌、續校　叢1-
　　376
梅花福奇　集7-53896
梅花溪詩草、續草　集4-24381
梅花衲　集1-4623、4625,6-41891、41893、
　　41894(4)、41898
梅花衲、剪綃集　集1-4624,6-41745、
　　41892、41897、41909、41917
梅花神數　叢2-681
梅花逸叟集　集3-13384
梅花道人遺墨　集1-5376　叢1-223(61)
梅花道人遺墨(梅道人遺墨)　子3-16130
梅花十詠　集2-12088,6-41718
梅花志　子4-19290
梅花志[道光]　史8-58164
梅花喜神譜　子3-16288　叢1-244(6)、265
　　(3)、447,2-731(35)
梅花奇石之齋稿　集5-39800
梅花城梅花雜詠　叢2-1612
梅花夢　集7-50363　叢2-1921
梅花夢傳奇　集7-50362、50364
梅花草盒藏器目　史8-64327　叢1-524,
　　2-731(33)
梅花草堂詩集　集3-15771
梅花草堂集　史2-7893～4　集2-10537～9
　　叢2-735(5)、1165
梅花草堂集三種　叢2-1165

梅花草堂集皇明崑山人物傳　叢2-1165
梅花草堂集筆談　叢2-1165
梅花草堂集筆談全書　子4-23023
梅花草堂筆談　叢1-373(3),2-720(5)、752
梅花老屋剩稿　集5-34404
梅花菴稿　集1-5373～5,6-41715
梅花菴藳　集6-41932
梅花舊盟館遺稿　集5-34174
梅花村稿　集3-19921
梅花村農詩　集3-17124
梅花樓詩草　集3-19021
梅花觀梅拆字數全集(梅花易數,新刻增定
　　邵康節先生梅花觀拆字數全集)　經1-
　　2362
梅花塢　集7-52414～5
梅花書屋文、詩　叢2-1680
梅花書屋文鈔,詩集　集4-27076
梅花書屋詩、文　集4-27074
梅花書屋詩稿、賦稿　集4-28334
梅花書屋詩選　集3-14607
梅花書屋詩鈔　集4-22947,5-36688、
　　36796,6-42007(4)
梅花書屋集　集4-27077
梅花書屋近體詩鈔　集4-23446
梅花書屋遺草　集4-27075
梅花書屋日記　史2-13270
梅花書屋全集　集5-41446
梅花軒遺稿　集3-19339
梅花繫缶集　集2-9175
梅花四體詩　集3-16846
梅花園存稿　叢1-291、294
梅花園存稿、詩餘　集3-14699,6-41792
梅花賦　集6-41718
梅花賦、大梅歌、八十自壽　集3-16618
梅花賦註　集6-41718
梅花吟館詩存　集4-30484
梅花屋詩稿　集2-12320
梅花屋詩草　集2-12321～4
梅花閣詩集　集4-32875
梅花閣集　集4-25496、26530
梅花閣遺詩　集4-31511
梅花閣吟　集4-25762
梅花龕詩、詞　集5-38275
梅花鐵石山房詩鈔　集5-36916
梅花館詩集、詩餘　集5-37070
梅花館尺牘　集5-37235
梅花贊　集7-50298
梅花小隱廬詩稿　集5-36151
梅莊文集　集3-15333
梅莊文錄　集6-42067

梅莊雜著　集3-18685
梅莊雜著(謝梅莊雜著)七種　叢2-1414
梅莊詩集　集3-15776,6-45074、45077
梅莊詩鈔　集4-24147、26641、31123
梅莊遺艸　叢2-878～9
梅莊遺草　集3-14839
梅莊園譜　子3-18219
梅莊唱和集　集6-45074
梅莊全集　集3-15332
梅蘭佳話　子5-28493
梅芝館詩　集3-20082,6-44666
梅華菴二香琴譜　子3-17722
梅華園詩餘　集7-47043
梅華問答編　子5-31454
梅華小隱廬詩、詞　集5-36152
梅巷趙氏重修宗譜[江蘇鎮江]　史5-38248
梅巷趙氏續修宗譜[江蘇無錫]　史5-38279
梅巷趙氏宗譜[江蘇無錫]　史5-38278
梅村文集　叢2-609
梅村文鈔　集4-25143　叢2-822
梅村詩話　集3-13498,6-45852　叢1-498,2-811
梅村詩集注　叢1-373(9)
梅村詩集箋注　集3-13501
梅村詩箋　集3-13497
梅村詩鈔　集3-13496、13502,5-40198,6-44440
梅村詞　集7-46397～400、46404、46842　叢2-698(14)
梅村詞(吳梅村詞)　集7-46843
梅村集　集3-13494　叢1-223(67)
梅村集、目錄　集3-13495
梅村集外詩　叢2-811
梅村山水記　史7-49318(6)、52396
梅村先生樂府三種　叢2-672
梅村先生年譜、世系　叢2-635(12)
梅村家藏稿、補遺、年譜　集3-13493
梅村家藏藁、詩補遺、文補遺　叢2-635(12)、672
梅村賸稿　叢2-788
梅村筆記　子4-24395　叢2-639
梅樹君先生詩稿、文稿　叢2-1670
梅葉閣詩鈔、文鈔　集4-23999
梅林雜詩　集6-41934
梅林詩稿　集3-19927
梅林詩草　集5-34255
梅林汪氏族譜[安徽休寧]　史4-28882
梅林范氏家譜[浙江蘭溪]　史4-29468
梅林范氏家乘[浙江蘭溪]　史4-29469

梅林駱氏重修宗譜[浙江義烏]　史5-39904
45 梅樓詩存　集4-22392
47 梅塢遺瑗　集2-10178
梅塢貽瓊　集6-43703～4　叢1-86,2-730(8)、731(37)
梅鶴詞　集7-47237
梅鶴幻影圖題詠　集4-30246
梅妃傳　子5-26218、26224、26226、27562　叢1-19(7)、20(5)、21(6)、22(18)、23(18)、24(8)、29(3)、38、168(2)、249(2)、255(3)、374、395、407(3)、546、547(3)
梅妃自嘆　集7-52413
梅妃作賦　集7-49518、49523
梅柳詩合刻　集2-12280　叢2-886(3)
50 梅中詩存　集3-17864
梅中丞遺稿　集2-11305
梅中丞遺稿、西州淚　集2-11304
梅史　子4-19291
梅東草堂詩集　集3-15836～7
51 梅軒詩草　集3-21491
梅軒詩鈔　集4-24760
53 梅成棟稿存五種　叢2-1670
55 梅農詩牘　集4-23461
60 梅里詞　集2-12598,7-46405、46823
梅里詞緒　集7-48577
梅里詞輯　集7-48578
梅里備志[民國]　史7-57323
梅里逸詩　集6-44580
梅里志　叢1-373(9)
梅里志[乾隆]　史7-57320
梅里志[光緒]　史7-57322
梅里泰伯廟奉撥歲修田畝案　史7-51777
梅國前集　集2-7686
梅易[余氏]世紀、補說　史4-28637
梅園文鈔　集4-23743
梅園遺興　集5-38750
梅田詩草　集4-29421,6-45079
梅田張氏支譜[江西浮梁]　史5-35189
梅田嶺頭葛渡沙畈周氏宗譜[浙江麗水]　史4-30055
梅田汝南郡周氏宗譜[浙江麗水]　史4-30056～7
梅因閣詩集　集5-34216
梅品　子4-19288　叢1-4～5、9～10、22(17)、23(17)、86、353、587(4),2-730(8)、731(30)
62 梅影庵詩稿　集5-38510
梅影庵詞　集4-32480
梅影山房詩剩　集3-21087
梅影山房詩鈔、遺文、賦鈔　集5-35705

梅影叢談　子4-19494　叢2-729
梅影盫詞集　集7-47954
66 梅瞿山梅鹿墅山水合册　子3-16642
梅嚴文集　集1-4531
67 梅墅詩選　集3-19677
梅墅詩鈔　集4-31431
梅墅集　集5-40641
梅野集　集6-43118
71 梅隴朱氏宗譜[浙江義烏]　史4-26574~8
梅隴朱氏追遠宗譜[浙江義烏]　史4-26580
梅隴朱氏支譜[浙江義烏]　史4-26579
梅原詩鈔　集4-23741
梅原詩鈔、詞鈔　集4-23742
梅臣詩集　集4-30004
72 梅隱庵詞　集4-31999
梅隱廬遺詩、憶梅詞存　集5-36969
梅隱廬楹聯　集5-39625
梅隱詩鈔、詠史詩鈔　集5-35389
梅隱草堂題畫詩　子3-15859、16201
梅隱樓曲譜　集7-54763
梅隱軒吟草　集4-29824
梅氏詩評　集6-45548　叢1-114(4)
梅氏族譜[江蘇江都]　史5-34134
梅氏族譜[湖南臨湘]　史5-34147~8
梅氏重修族譜[湖南寧鄉]　史5-34146
梅氏家譜[浙江麗水]　史5-34140
梅氏宗譜[上海崇明]　史5-34132
梅氏宗譜[江蘇江陰]　史5-34138~9
梅氏宗譜[浙江景寧]　史5-34141
梅氏叢書輯要三十種首　子3-11239
梅氏中西筆算合解　子3-12581
梅氏驗方新編　子2-9885
梅氏筆算　叢1-330
76 梅陽山人集　集5-38775
77 梅屋雜著　集6-41896
梅屋詩稿　集6-41895、41924
梅屋詩稿、融春小綴、梅屋雜著　集6-41894(3)、41917
梅屋詩蒹　集1-4171,6-41919
梅屋詩蒹、雜著　集1-4170
梅屋詩蒹、融春小綴、梅屋第三蒹、梅屋第四蒹、雜著　集1-4169
梅屋詩蒹　集6-41889
梅屋詩蒹、融春小綴、梅屋第三蒹、梅屋第四蒹　集6-41891
梅屋詩蒹、融春小綴、梅屋第三蒹、梅屋第四蒹、梅屋雜著　集6-41898
梅屋詩蒹、融春小綴、梅屋第三蒹、第四蒹、詩餘　集6-41888
梅屋詩蒹、融春小啜、梅屋第三蒹、梅屋第四蒹、梅屋雜著　集6-41897
梅屋詩蒹、梅屋第三蒹、梅屋第四蒹、融春小綴　集6-41892
梅屋詩餘　集7-46361、46365、46369
梅屋詩餘(梅屋詞)　集7-46691
梅屋詩鈔、賦鈔　集4-25388
梅屋詞　集7-46372、46375
梅屋集　集1-4174~5,6-41904　叢1-223(57)
梅屋吟　集1-4011,6-41744~6、41888、41891~3、41894(3)、41895、41897~8、41911~2、41917、41920、41923~4
梅屋吟蒹　集6-41904
梅月五更一套　集7-50854
梅叟閒評　子1-2260　叢2-1596
梅開兩度　集7-54511
梅母陳太君八十壽言　史2-10585
梅母陳太夫人哀輓錄　史2-10586
梅關古蹟　史7-53561
梅關公牘　史6-47336
80 梅盫先生惠蜀書、補遺　集4-32951
梅令　子3-18320
梅會詩選、二集、三集　集6-44592
梅會詩人遺集十三種　集6-44591
梅會李氏族譜[浙江嘉興]　史4-27168
梅谷文蒹　叢2-1622
梅谷詩文集(梅谷文稿、小稿、行卷、耕餘小稿、吳興遊草、續稿)　集3-20274
梅谷行卷　叢2-1622
梅谷續蒹　叢2-1622
梅谷偶筆　子4-21284　叢1-202(3)、203(9),2-1622
梅谷十種書附一種　叢2-1622
梅谷莊先生文集　集2-10094
梅谷蕭山稿　集2-8611
梅公岑草　集2-10907
83 梅館唱酬集　集5-40298
88 梅笙詞　集7-47940
梅竹山房詩鈐、詞鈔　集4-26640
梅竹題跋　子3-14712、16188
梅笑集　集3-21098
梅庵庵詞剩　集5-35203
梅笛菴詞賸蒹　叢2-644
梅笛盫詞剩稿　集7-48118
梅簃遺詩　集3-21499
梅簃隨筆　子4-23274

中國古籍總目·索引

4896₆ 檜

00 檜亭集　集1-5136　叢1-223(60)
　檜亭集(檜亭藁)　集1-5137
　檜亭稿、拾遺　叢2-852
　檜亭藁　集1-5139
　檜亭藁、拾遺　集1-5138
　檜庭吟稿　集1-4614,6-41744、41891、41894
　　(3)、41895、41898、41912、41924
　檜庭吟藁　集6-41918
　檜庭吟藁　集6-41745～6、41888、41892～3、
　　41897、41904、41911、41917、41923
77 檜門府君(金德瑛)行狀　史2-9493
　檜門詩存、觀劇絕句　集3-19332

4896₇ 槍

08 槍譜、棍譜、拳譜　子1-3620
34 槍法圖說　子7-37013
　槍法圖解　子7-36989
42 槍機分類圖說歌訣　叢2-1985
87 槍鐧讚一枝　集7-51871
90 槍拳棍集　子1-3599

4898₁ 樅

22 樅川楊氏宗譜[安徽桐城]　史5-36937
31 樅江遊記　史7-49318(12)、53465
76 樅陽丁氏宗譜[安徽樅陽]　史4-24665

4898₆ 檢

00 檢齋遺集　集3-20777　叢2-886(5)
04 檢討公(夏之蓉)年譜　史2-11846
08 檢說文引異字　經2-12270～1
　檢說文難字　經2-12244
　檢說文難字法　經2-12128
　檢論　叢2-2206
11 檢非齋吟草　集4-31409
25 檢律祭將法式符祕　子3-14671
27 檢身綱目說　叢1-368

　檢身册、後錄　史2-9699
　檢身錄　史2-12136
30 檢字一貫　經2-12924
40 檢查電本法　史6-44412
50 檢蠹隨筆　子4-24013～4
　檢書看劍草堂詩集　集5-35697
　檢書看劍草堂賸稿　集5-35696
60 檢圖之例　經2-14287　叢1-223(16)、273
　　(3)、465,2-626
77 檢骨圖說　子2-5950
　檢骨圖格　史6-45889、46316、46324、46326
78 檢驗雜說歌訣　史6-46340
　檢驗雜說歌訣、七殺式　史6-41530
　檢驗集證　史6-46321
　檢驗合參　史6-46320

4928₀ 狄

10 狄雲行館偶刊(王氏家集)　集4-32495
　狄雲行館奏議　史6-48955
　狄雲山館文　集4-32492
　狄雲山館詩集、文集　集4-32486
　狄雲山館詩草續鈔　集4-32488
　狄雲山館詩草初編　集4-32487
　狄雲山館學古文　集4-32491
　狄雲閣稿、緬甸風土詩　集4-32490
17 狄君厚雜劇一種　叢2-720(5)
21 狄仁傑趕考　集7-53119
33 狄梁公投店子弟書　集7-52118
38 狄道州續志[宣統]　史8-63214
　狄道州志[乾隆]　史8-63213
　狄道縣誌[康熙]　史8-63212
50 狄青復奪衣襖車雜劇　集7-48774(3)、
　　48979
72 狄氏傳　叢1-168(3)
　狄氏家譜[湖南湘陰]　史4-28651

4942₀ 妙

00 妙音吼　叢2-2085
10 妙一齋醫學正印種子編　子2-8048
20 妙香庵詩存　集4-26584
　妙香齋詩集　集4-23061～2
　妙香齋集、補遺　叢2-788
　妙香齋叢抄　子4-24466
　妙香詩草　集4-25703～4

中國古籍總目書名索引

妙香詩草（和中峯禪師梅花百詠）　集 4 - 25705

妙香室集　集 4 - 32057

妙香室集、補遺　集 4 - 32058

妙香室叢話　子 4 - 23319　叢 1 - 496(7),2 - 735(5)

妙香軒詩集、集唐詩鈔　集 4 - 31163

妙香居遺稿　集 5 - 35725

妙香居小草　集 5 - 35726

妙香閣文稿、詩稿　集 4 - 23049

妙香閣詩　集 5 - 37793

妙香閣遺稿　集 5 - 37506

妙香館文鈔　集 4 - 31254

妙香館文鈔、詩鈔、詠物全韻　集 4 - 31253

妙香館啓甕集　集 4 - 31255

妙香小齋詩存　集 4 - 26583

妙集吟堂詩話　集 6 - 45730

21 妙經句記證釋　子 7 - 33456

22 妙峯山志　史 7 - 52188

27 妙色王因緣經　子 6 - 32081(20)、32083(14)、32088(14)

妙色陀羅尼經　子 6 - 32083(31)

妙絕古今　集 6 - 42693～4　叢 1 - 223(69),2 - 870(5)

34 妙法聖念處經　子 6 - 32081(44)、32082(21)、32083(28)、32084(24)、32085(41)、32086(48)、32088(30)、32089(25)、32090(32)、32091(31)、32092(21)、32093(18)

妙法良方　子 2 - 9809

妙法決定業障經　子 6 - 32083(8)、32089(9)、32090(12)、32091(11)、32092(8)

妙法蓮花經　子 6 - 32081(5)、32082(5)、32084(5)、32085(6)、32086(6)、32088(4)、32089(5)、32090(7)、32091(6)、32092(4)、32093(14)

妙法蓮花經論　子 6 - 32083(16)

妙法蓮花經論優波提舍　子 6 - 32082(14)、32085(22)、32086(25)、32088(16)、32090(50)、32091(48)、32092(33)、32093(28)

妙法蓮花經憂波提舍　子 6 - 32081(23)、32082(14)、32084(13)、32085(22)、32088(16)、32090(50)、32091(48)、32092(33)、32093(28)

妙法蓮花經優波提舍　子 6 - 32086(25)

妙法蓮花經優波提舍、妙法蓮花經論優波提舍　子 6 - 32089(41)

妙法蓮花經添品　子 6 - 32091(6)

妙法蓮花經觀世音菩薩普門品　子 7 - 32096、32509

妙法蓮華經　子 5 - 29531,6 - 32078～9,32083(4)、32086(6),7 - 32108、32115、32133、32497～9、32501～4、32506～7、33432　叢 1 -

114(3)、394,2 - 724

妙法蓮華經、音釋　子 7 - 32500

妙法蓮華經、無量義經　子 7 - 32470

妙法蓮華經意語　子 6 - 32091(66),7 - 33439

妙法蓮華經文句　子 6 - 32084(32)、32088(41)、32089(49)、32090(62)、32091(60)、32092(40)、32093(49),7 - 32095、33404

妙法蓮華經文句記　子 7 - 33406

妙法蓮華經玄論　子 7 - 33408

妙法蓮華經玄贊　子 6 - 32084(33),7 - 33411

妙法蓮華經玄贊殘　子 7 - 32119

妙法蓮華經玄義　子 6 - 32084(32)、32088(41)、32089(49)、32090(62)、32091(60)、32093(49),7 - 33393～5

妙法蓮華經玄義釋籤　子 7 - 33401

妙法蓮華經玄義釋籤　子 6 - 32092(40),7 - 33400

妙法蓮華經玄義節要　子 6 - 32091(66),7 - 33402

妙法蓮華經論優波提舍　子 7 - 32736

妙法蓮華經正量論　子 7 - 33447

妙法蓮華經要解　子 6 - 32089(51)、32090(65)、32092(43),7 - 33417

妙法蓮華經弘傳序解　子 7 - 33427

妙法蓮華經弘傳序知音　子 7 - 33425

妙法蓮華經集注（法華科注）　子 7 - 33429

妙法蓮華經集注、集注科文　子 7 - 33457

妙法蓮華經卓解　子 6 - 32091(66)

妙法蓮華經台宗會義　子 6 - 32091(65),7 - 33441～2

妙法蓮華經台宗會義、妙法蓮華經綸貫　子 7 - 33443

妙法蓮華經台宗會義、妙法蓮華經綸貫、教觀綱宗、教觀綱宗釋義　子 7 - 33444

妙法蓮華經科文、妙法蓮華經七喻合文　子 7 - 33420

妙法蓮華經科註　子 7 - 33428

妙法蓮華經科注　子 7 - 33430

妙法蓮華經解　子 7 - 33416

妙法蓮華經解、科文　子 6 - 32093(49)

妙法蓮華經從地湧出品、安樂行品、如來壽量品、分別功德品　子 3 - 15673

妙法蓮華經綸貫　子 6 - 32091(70),7 - 33440

妙法蓮華經演義、科文　子 7 - 33458

妙法蓮華經通義　子 6 - 32091(65),7 - 32113、33433～5

妙法蓮華經遊意　子 7 - 33410

妙法蓮華經大竅　子 7 - 33438

妙法蓮華經大成、音義、提綱、懸談、經題、科文、弘傳序　子 7 - 33449

妙法蓮華經大成、大成音義　子 7 - 33448

中國古籍總目·索引

妙法蓮華經大成、妙法蓮華經大成音義、妙法蓮華經大成科文、懸談、音義　子7-33450
妙法蓮華經直指　子7-33446
妙法蓮華經藥草喻品　子7-32517
妙法蓮華經觀世音菩薩普門品　子7-32094、32110、32114、32127、32512~3
妙法蓮華經觀世音菩薩普門品、摩訶般若波羅蜜多心經　子7-32122
妙法蓮華經觀世音菩薩普門品文句　子7-33460
妙法蓮華經觀世音菩薩普門品經　子6-32090(7)、32091(6)、32092(4)、32093(14)、7-32511
妙法蓮華經觀世音菩薩普門品科註　子7-33461
妙法蓮華經觀世音普門品　子7-32126
妙法蓮華經妙音菩薩品紹繼拾遺　子7-33463
妙法蓮華經指掌疏觀音普門品別行　子7-33462
妙法蓮華經授手　子6-32092(44)
妙法蓮華經授手、科文、大意　子7-32109
妙法蓮華經擊節　子7-33436
妙法蓮華經嵒前記　子7-33421
妙法蓮華經譬喻合文　子7-33419
妙法蓮華經義記　子7-33392
妙法蓮華經義疏　子7-33409
妙法蓮華經合論　子6-32091(66)
妙法蓮華經會解　子7-33422
妙法蓮華經知音　子7-33426
妙法蓮華經知音、弘傳序知音　子7-33424
妙法拆洋樓一段　集7-51514
妙遠堂詩三集、閩游草　集2-12892
妙遠堂詩集　集2-11464
妙遠堂詩鈔　集2-11465
妙遠堂全集　集2-11463
38 妙複軒評石頭記　子5-28387
40 妙女傳　叢1-29(4)、249(2)、255(3)、395、587(4)、2-731(49)
妙吉祥庵彈改詩存、續存　集4-27583
妙吉祥平等瑜珈祕密觀身成佛儀軌　子7-32789
妙吉祥平等瑜伽祕密觀身成佛儀軌　子6-32086(64)、32088(40)、32089(38)、32090(58)、32091(56)、32092(39)、32093(47)
妙吉祥平等祕密最上觀門大教王經　子6-32085(51)、32086(61)、32088(38)、32089(32)、32090(42)、32091(40)、32092(27)、32093(41)
妙吉祥平等觀門大教王經署出護摩儀　子

6-32085(55)、32086(65)、32088(40)、32089(38)、32090(59)、32091(57)、32092(39)、32093(47)
妙吉祥平等最上祕密觀門大教王經　子7-32795
妙吉祥瑜伽大教金剛陪囉嚩輪觀想成就儀軌經　子6-32083(31)
妙吉祥室詩餘、詞餘　集7-47866
妙吉祥室詩鈔、詩餘、雜存　集4-27208
妙吉祥菩薩所問大乘法螺經　子6-32083(30)、32091(38)
妙吉祥菩薩陀羅尼　子6-32083(31)
妙吉羊室琴譜　子3-17767
44 妙蓮花室詩餘　集7-47984
妙蓮花室詞藁、未刊稿、刪餘稿　集7-47985
妙蓮華室詩詞鈔　集4-30569
妙蓮華室詩草、詩餘　集4-30568
妙蓮華室曲譜　集7-54777
妙蓮光影鏡　子7-32111
妙英寶卷　集7-54447
妙英寶卷全集　集7-54448
妙葉堂詩鈔　集3-17556
妙藥神方　子2-9907
55 妙慧童女經　子6-32093(4)
67 妙明真覺無見睹和尚住華頂善興禪寺語錄　子7-34216
妙明書屋遺集　集3-20258
70 妙臂菩薩所問經　子6-32081(45)、32083(29)、32085(42)、32086(49)、32088(30)、32089(25)、32090(33)、32091(31)、32092(21)、32093(45)、7-32795
妙臂印幢陀羅尼　子6-32083(10)、32086(15)
妙臂印幢陀羅尼經　子6-32081(14)、32082(11)、32085(14)、32088(10)、32089(12)、32090(16)、32091(14)、32092(10)、32093(44)
妙臂印幢陁羅尼經　子6-32084(9)
77 妙貫堂餘譚　集6-45925
妙貫堂餘譚甲編　集4-21072
80 妙善勸世人寶卷　集7-54402
84 妙鎮忿怒咒　子7-32094

4942₇　嫦

43 嫦娥子弟書　集7-52151
嫦娥傳　集7-52261

中國古籍總目書名索引

4958₀ 鞦

41 鞦韆會記　叢1-168(2)、587(6)

4980₂ 趙

00 趙鹿泉全集六種　叢2-1484
　趙康敏公遺集　集2-7218
　趙府君(寬)行畧　史2-10871
　趙文毅公奏疏　叢2-1119
　趙文毅公奏疏、遼事疏　史6-48325
　趙文懿公文集　集2-9490
　趙文肅公集　集2-8874,6-42045
　趙文肅公全集(趙文肅公文集)(詩鈔、文
　　鈔、進講錄、)　集2-8872
　趙文學集　集2-8828,6-41935(4)
　趙文敏鵲華秋色圖卷　子3-16471
　趙文敏書詩䌓七月　子3-15667
　趙文敏公松雪齋全集、外集、續集　集1-
　　4950
　趙文敏公書國策墨蹟跋　叢2-771(2)
　趙文恪公自訂年譜　史2-12125
　趙文恪公遺集　集4-29925　叢2-886(4)
　趙註孫子　子1-3130
　趙註孫子十三篇　子1-3132
04 趙計吏集　叢2-827
10 趙王合譜[浙江仙居]　史5-38382
　趙王合譜[浙江蘭溪]　史4-25117
　趙五娘廊會　集7-52382
　趙五娘吃糠　集7-52570
　趙元哲詩集　集2-9134
　趙爾巽行狀　史2-10643
　趙干城　子5-27684
11 趙孺人事畧　史2-10619
12 趙璞庵集　集3-20942
　趙飛燕外傳　子5-26218　叢1-19(6)、20
　　(4)、22(18)、23(18)、24(7)、29(1)、38、71、73、
　　145、168(1)
　趙飛燕外傳(趙后外傳)　子5-27506
　趙飛燕別傳　叢1-19(6)、20(4)、175
　趙飛燕別傳(趙后遺事)　叢1-24(7)
16 趙聖關山歌　集7-50725
17 趙子固水仙卷　子3-16468
　趙子昂詩集　集1-4953
　趙子昂正書三門記　子3-15669

趙子昂畫集　子3-16472
　趙子昂八駿一枝　集7-52065
　趙子常選杜律五言註　集1-946
18 趙攷古先生遺集　集2-6345
　趙攷古先生遺集、詩、續集　集2-6346
20 趙僑鶴稿　集2-10435,6-45336
　趙季梅畫友詩(畫友詩)　子3-16221
　趙雙修醫書十四種　子2-4747
21 趙虞選註杜工部五七言近體合刻(趙子常
　　選杜律五言註、虞伯生選杜律七言註)
　　集1-948
　趙貞姬身後團圓夢　集7-48770、48774(6)、
　　49083、49086
24 趙德興挽詞　史2-9153
　趙侍御奏稿　史6-49202～3
　趙待制詞　集7-46368、46776
　趙待制遺稿　集7-46373、46777　叢1-244
　　(6)、353
　趙待制遺稿(趙仲穆遺稿)　集1-5450
　趙待制遺稿、王國器詞　叢2-731(41)
　趙升可公(堂)家傳　史2-9545
25 趙仲穆百美印譜、百將印譜(百將百美合璧
　　印譜)　子3-17345
　趙仲穆遺稿　集1-5450
　趙仲穆印譜　子3-17350
　趙仲穆臨李伯時人馬卷　子3-16479
27 趙魯庵集　集5-38835
　趙緣督先生革象新書　子3-11302
28 趙微生詩選　集6-41954
　趙徵君東山先生存稿(東山存稿)　集1-
　　5773
　趙谿叔詩　集2-12432
30 趙寬夫顧文稿　集4-25198
　趙進士文論　集2-10433　叢2-1158～9
　趙客亭先生(于京)年譜紀畧　史2-11777
　　叢2-607
　趙定宇書目　史8-65585
　趙甕卿文集、撫宣疏稿、冏署疏稿　集2-
　　11456
　趙寶峯先生文集　集1-5316～8　叢2-845
　　(5)
　趙宋四川世族表　叢2-2270(2)
　趙宋四川長吏表　叢2-2270(2)
　趙宋四川人文補考　叢2-2270(2)
32 趙州諗禪師語錄　子7-32102
　趙州石刻全錄　史8-63816
　趙州集　集5-41400
　趙州和尚語錄、行狀　子6-32091(72)
　趙州鄉土志[光緒]　史7-55100
　趙州志[康熙]　史7-55096
　趙州志[正德]　史7-55094

趙州志［道光］　史 8 - 62540
趙州志［萬曆］　史 8 - 62538
趙州志［乾隆］　史 8 - 62539
趙州志［隆慶］　史 7 - 55095
趙州東晉湖志　史 7 - 52846
趙州屬邑志［光緒］　史 7 - 55099
33 趙浚谷文集、詩集、疏案、永思錄　集 2 - 8913
趙浚谷文集、詩集、永思錄　集 2 - 8912
趙浚谷詩集、文集　集 2 - 8910
趙浚谷疏案　史 6 - 48271
34 趙灌松詩稿　集 5 - 39865
35 趙清獻（抃）年譜　史 2 - 11219
趙清獻公文集　集 1 - 2078～9
趙清獻公文集（趙清獻公集）、目錄　集 1 - 2081
趙清獻公文集（趙清獻公集、清獻集）　集 1 - 2080
趙清獻公詩集　集 6 - 41779～80
趙清獻公詩集（趙清獻詩集）　集 1 - 2082
趙清獻公集（敬恕堂集）　集 3 - 14195
37 趙淑人（細瓊）行述　史 2 - 10366
趙次閑先生印譜　子 3 - 16943、17190
38 趙海仙醫案　子 2 - 10882
40 趙太宜人行述　史 2 - 12214
趙太史詩鈔、文鈔　集 2 - 8873
趙太夫人（朱之榛母）行述、于夫人（朱之榛妻）行畧　史 2 - 10166
趙太常集　叢 2 - 827
趙士春詩文底稿　集 2 - 12578
趙南海詩　集 2 - 6742
趙南星二疏　史 6 - 48453～4
趙南星集　集 2 - 10427
趙南星遺書十種　叢 2 - 1154
趙志鶴詩　集 4 - 30765
趙女表徵錄　叢 2 - 1502
趙李合璧　子 2 - 5008
趙喜奴傳　叢 1 - 168(2)
43 趙城縣志［順治］　史 7 - 55863
趙城縣志［道光］　史 7 - 55865～6
趙城縣志［乾隆］　史 7 - 55864
趙裘萼公剩稿　集 3 - 17304
趙樾村詩選　集 5 - 38280
44 趙夢白雜著五種附一種　叢 2 - 1159
趙夢白稿　集 2 - 10434
趙考古文集　叢 1 - 223(62)
趙考古先生文集　集 2 - 6347
趙菁衫自選古文檢　集 6 - 43165
趙蘭坡所藏書畫目錄　子 3 - 14733
趙恭毅賸稿　集 3 - 15049

趙恭毅公（申喬）行述　史 2 - 9381
趙恭毅公自治官書　史 6 - 43002
趙恭毅公賸稿　集 3 - 16168
趙芸浦（佩湘）給諫行述　史 2 - 9643
趙蘊退詩選　集 6 - 41970
46 趙柏巖集十三種　叢 2 - 2225
47 趙懿子印譜　子 3 - 16942、17194
趙撝詩　集 1 - 1691、6 - 41882
48 趙翰林經濟全集　集 2 - 10626
趙幹江行初雪圖　子 3 - 16460
趙松雪（孟頫）年譜　史 2 - 11390
趙松雪六體千字文　子 3 - 15677
趙松雪蘭亭十三跋　子 3 - 15679
趙松雪畫九歌　子 3 - 16292
趙松雪書海賦墨蹟　子 3 - 15674
趙松雪書膽巴碑真蹟　子 3 - 15672
趙梅峯先生遺稿　集 2 - 8290
50 趙夫人傳　叢 1 - 168(1)
趙惠南全集　集 5 - 39863
趙惠甫書劄　集 5 - 35513
趙忠毅公文集　集 2 - 10431、6 - 43118
趙忠毅公文錄　集 6 - 42067
趙忠毅公三種　叢 2 - 1158
趙忠毅公儔鶴先生史韻　史 1 - 5481～3
趙忠毅公集　集 2 - 10429
趙忠毅公聞居擇言　子 4 - 20810　叢 2 - 1156～7、1159
趙忠毅公閑居擇言　子 1 - 1200
趙忠毅公全集　集 2 - 10425
趙忠愍公景忠集　集 2 - 12121　叢 2 - 886(5)
趙忠節公遺墨　集 5 - 33916　叢 1 - 571
趙書　史 1 - 2331～3　叢 2 - 653(6)、731(65)、776
趙書癡詩　集 3 - 16018
趙東山先生存稿　集 1 - 5775
52 趙撝叔詩文稿　集 5 - 35057
趙撝叔手刻印存　子 3 - 17283
趙撝叔尺牘　子 3 - 15786
56 趙提督奏疏　史 6 - 48260
60 趙園觀梅記　史 7 - 53296　叢 2 - 1953
趙呂氏行述　史 2 - 10331
趙景賢傳　史 2 - 10258
67 趙明遠稿　集 3 - 14006、6 - 45336、45340
趙明跑關東一段　集 7 - 51635
趙鳴秋集　集 2 - 6740、6 - 41935(3)
68 趙盼兒風月救風塵　集 7 - 48771、48774(4)、48794　叢 2 - 720(3)
趙盼兒風月救風塵雜劇　集 7 - 48767(2)　叢 2 - 698(14)
71 趙驪山先生類稿　集 2 - 8540

趙匡胤送金娘　集7-53513

趙匡胤打董達雜劇　集7-48774(3)、49045

趙匡胤算命　集7-52857

趙匡義智娶符金錠　集7-48774(8)、48989

72 趙后外傳　子5-27506　叢1-15、91,2-730
　(5)

趙后遺事　叢1-11～2、22(18)、23(18)、168
　(1)、249(2)、407(2)、587(2)

趙氏六修族譜　史5-38458

趙氏六修族譜[湖南寧鄉]　史5-38415

趙氏雜記　叢2-791

趙氏族譜　史5-38457

趙氏族譜[廣東新會]　史5-38436

趙氏族譜[北京懷柔]　史5-38226

趙氏族譜[山東萊州]　史5-38406～7

趙氏族譜[安徽宿州]　史5-38391

趙氏族譜[江西]　史5-38400

趙氏族譜[江西南豐]　史5-38398～9

趙氏族譜[江西南昌]　史5-38396

趙氏族譜[江蘇吳江]　史5-38293～4

趙氏族譜[江蘇泰興]　史5-38234

趙氏族譜[河南澠池]　史5-38412

趙氏族譜[湖南寧鄉]　史5-38414

趙氏譜畧[江蘇崑山]　史5-38295

趙氏二美遺蹤　叢1-134

趙氏三註　集6-42982

趙氏三姐還魂　集7-53710

趙氏玉牒家譜[廣東]　史5-38440

趙氏孤兒　集7-48765、48778

趙氏孤兒(趙氏孤兒大報讐雜劇)　集7-
　48914

趙氏孤兒大報讐　叢2-720(4)

趙氏孤兒大報讐雜劇　叢2-698(16)

趙氏孤兒大報仇雜劇　集7-48767(2)

趙氏璇璣經　子4-19829

趙氏重修族譜[江西長寧]　史5-38397

趙氏家譜　史5-38446～9

趙氏家譜[廣東番禺]　史5-38434

趙氏家譜[北京]　史5-38225

趙氏家譜[上海奉賢]　史5-38231.

趙氏家譜[山東泰安]　史5-38410

趙氏家譜[遼寧遼陽]　史5-38230

趙氏家譜[四川]　史5-38442

趙氏家法筆記　子3-15899　叢2-674

趙氏家藏集　集2-8507

趙氏宗譜　史5-38451、38453、38455～6

趙氏宗譜[廣東開平]　史5-38439

趙氏宗譜[安徽桐城]　史5-38387

趙氏宗譜[江蘇江陰]　史5-38284

趙氏宗譜[江蘇鎮江]　史5-38236

趙氏宗譜[浙江諸暨]　史5-38318、38330、
　38332

趙氏宗譜[浙江嵊州]　史5-38343

趙氏宗譜[浙江安吉]　史5-38305

趙氏宗譜[浙江餘姚]　史5-38308

趙氏宗譜[湖北武昌]　史5-38413

趙氏淵源集　集6-45110　叢2-1575

趙氏浚儀君邑三江源流族譜[廣東新會]
　史5-38437

趙氏連城　子4-19490

趙氏九修宗譜　史5-38460

趙氏支譜[安徽桐城]　史5-38385

趙氏七修族譜[湖南衡山]　史5-38428

趙氏七修族譜[湖南湘鄉]　史5-38423

趙氏藏書十六種　叢1-482

趙氏世族志[浙江紹興]　史5-38314

趙氏世德錄　史5-38450

趙氏黃橋支甘露世譜[江蘇無錫]　史5-
　38282

趙氏四修宗譜　史5-38459

趙氏易說　叢1-223(2)

趙氏圖書館藏書目錄、補遺、新鈔書目、峭
　帆樓善本書目　史8-66023

趙氏醫案　子2-10910

趙氏賢孝寶卷(賢孝寶卷)　集7-54521

趙氏賢孝寶卷(賢孝寶卷、趙氏五娘賢孝寶
　卷)　集7-54522

趙氏八修族譜[湖南衡山]　史5-38429

趙氏分譜[江蘇鎮江]　史5-38244

趙氏鐵網珊瑚　子3-14740　叢1-223(37)

77 趙凡夫先生傳　史2-9035

趙凡夫先生印譜　子3-16899

趙凡夫傳敘行實　史2-9034

趙凡夫自敘　史2-9036

趙熙雜稿六種　叢2-2200

趙母汪太夫人祭文　史2-9213

趙留守政畧　史6-43168

80 趙讜牘　史1-2822

趙無聲先生選刻快史拾遺　史1-4894

趙美人詩　集6-41939

趙合傳　叢1-56

趙公寶政錄　史6-47493

86 趙知州詩　集1-3142

90 趙小姐守節一段　集7-51636

97 趙煥文殉節紀　史2-10897

4992₇ 梢

10 梢雲山館詩鈔　集4-31617

梢雲吳氏族譜［安徽休寧］　史 4 - 28055〜6

4995_0 桲

37 桲湖文集　集 4 - 31101　叢 1 - 579
　桲湖文錄　集 4 - 31100
　桲湖文錄、詩錄、釣者風　集 4 - 31098
　桲湖詩錄　叢 1 - 445